KONRAD ADENAUER UND SEINE ZEIT
BAND II: BEITRÄGE DER WISSENSCHAFT

Veröffentlichung der Konrad-Adenauer-Stiftung
– Archiv für Christlich-Demokratische Politik –

Deutsche Verlags-Anstalt Stuttgart

Konrad Adenauer und seine Zeit

Politik und Persönlichkeit des ersten Bundeskanzlers

Band II: Beiträge der Wissenschaft

Herausgegeben von
Dieter Blumenwitz · Klaus Gotto · Hans Maier
Konrad Repgen · Hans-Peter Schwarz

Deutsche Verlags-Anstalt Stuttgart

ISBN 3-421-01778-6

Gesamtherstellung: Druckerei Georg Appl, Wemding
Printed in Germany

Inhalt

DAS POLITISCHE SYSTEM DER BUNDESREPUBLIK IN DER ÄRA ADENAUER

DAS BILD ADENAUERS HEUTE

Vorwort

Adenauer und seine Zeit werden im Abstand der wenigen Jahre nach seiner Kanzlerschaft verklärt – so registrieren es die demoskopischen Umfragen. Im Bewußtsein der Bevölkerung mildern sich ehemals negativ empfundene Schärfen des Persönlichkeitsbildes, und die staatsmännischen Leistungen und Tugenden des ersten Bundeskanzlers treten in den Vordergrund. Ein solcher Befund stellt eine Herausforderung an Aufgabe und Selbstverständnis der Wissenschaft dar. Denn nicht Verklärung ist ihr Ziel, sondern Erhellung, nicht einseitige Beleuchtung, sondern umfassende Sicht.
Doch fällt es der Wissenschaft noch schwer, beim Thema „Adenauer und seine Zeit“ den eigenen Ansprüchen gerecht zu werden. Zu nah ist noch die Adenauer-Ära, zu stark sind Politik und heutiges Bewußtsein durch ihn geprägt, und in zu geringem Maße konnten bisher die Archive geöffnet werden, als daß alle unentbehrlichen Voraussetzungen für wissenschaftlich exakte Aussagen und umfassende Arbeiten vorhanden wären. Dennoch ist es möglich, sich der Adenauer-Ära durch Einzelforschungen, Zwischenbilanzen und immer neue Detailstudien zu nähern. Dies ist das Ziel des vorliegenden Bandes.
Während in dem bereits erschienenen ersten Band Weg- und Zeitgenossen Konrad Adenauer und sein Werk gewürdigt haben, ziehen im zweiten Band Wissenschaftler verschiedener Disziplinen eine Summe schon vorhandener Forschungsergebnisse; sie erhellen darüber hinaus bisher blind gebliebene Stellen und geben Anregungen für weitere Fragestellungen und Themen.
Der Band gliedert sich in drei Teile. Der erste hat die internationalen Beziehungen während der Ära Adenauer zum Gegenstand. Dabei werden zu Beginn zentrale Fragen der Sicherheitspolitik behandelt. Es schließen sich Untersuchungen zur Ostpolitik an sowie Darstellungen wesentlicher Aspekte des Verhältnisses zu den USA und zu Frankreich.
Im zweiten Teil wird das politische System der Bundesrepublik während der Kanzlerschaft Adenauers untersucht. Zunächst werden die soziale Basis der Herrschaft Adenauers, die Entwicklung des Parteiensystems und das ambivalente Verhältnis Adenauers zur SPD dargestellt. Daran schließen sich Studien zu institutionellen und verfassungsrechtlichen Problemen der Adenauer-Ära an. Eine weitere Gruppe von Beiträgen erörtert die wirtschafts- und sozialpolitischen Vorstellungen und Aktivitäten des ersten Bundeskanzlers sowie Entwicklungen und Ausformungen des deutschen Katholizismus nach 1945.
Mit dem heutigen Bild Adenauers befaßt sich der dritte Teil. Er kontrastiert die unterschiedlichen Profile, die Adenauer aus dem Blickwinkel der öffentlichen Meinung und der Forschung zugeordnet werden, und zeigt die Lücken auf, die die künftige Adenauer-Forschung zu schließen hat.
Die Herausgeber sind allen Autoren zu herzlichem Dank verpflichtet, ganz

besonders dafür, daß sie trotz knapp bemessener Zeit die Manuskripte pünktlich abgeliefert haben. Zu danken ist auch Herrn Ernst Günter Hansing, der eine bisher unveröffentlichte Porträtskizze Adenauers für diesen Band zur Verfügung stellte.

Die Beiträge wurden für den Druck formal vereinheitlicht. Diese Aufgabe lag in den Händen von Herrn Dr. Rainer Salzmann, Archiv für Christlich-Demokratische Politik der Konrad-Adenauer-Stiftung e. V. in Bonn. Ihm wie auch Frau Elisabeth Zimmermann, Bonn, die das Personenregister erstellte, sei herzlich gedankt.

Die beiden Bände dieses Werkes aus Anlaß des 100. Geburtstags von Konrad Adenauer sind als Einheit konzipiert. Dem wurde auch dadurch Rechnung getragen, daß ein Gesamtregister erstellt wurde, das beide Bände erschließt. Die Stichworte des Sachregisters sind an das der Adenauer-Erinnerungen angelehnt. Für das Sachregister zeichnet Frau Dr. Irena Reuter, Köln, verantwortlich, der ebenfalls Dank gebührt.

Nach Fertigstellung der zweibändigen Publikation ist es den Herausgebern eine angenehme Pflicht, der Deutschen Verlags-Anstalt, und hier besonders Herrn Felix Berner, für die stets bewiesene Kooperationsbereitschaft Dank und Anerkennung auszusprechen.

Wie der erste, so ist auch der vorliegende zweite Band eine Publikation der Konrad-Adenauer-Stiftung. Ihr Vorsitzender, Herr Dr. Bruno Heck, MdB, hat das Werk mit besonderem Verständnis gefördert. Der Stiftung, wie auch ihm persönlich sei nochmals herzlich gedankt.

Im Juli 1976

Dieter Blumenwitz (Würzburg)
Klaus Gotto (Bonn)
Hans Maier (München)
Konrad Repgen (Bonn)
Hans-Peter Schwarz (Köln)

Vorskizze 2 (1961 – 1962) zum Adenauer-Porträt von Ernst Günter Hansing

INTERNATIONALE BEZIEHUNGEN
IN DER ÄRA ADENAUER

KLAUS SCHWABE

Konrad Adenauer und die Aufrüstung der Bundesrepublik (1949 bis 1955)

I.

Als „die Frage unserer politischen Zukunft schlechthin" hat Adenauer die Wiederbewaffnung der Bundesrepublik in seinen „Erinnerungen" bezeichnet, und tatsächlich stand in den Jahren nach der Gründung der Bundesrepublik wohl kaum ein Thema so im Mittelpunkt der westdeutschen Außenpolitik und der innerdeutschen Debatte über den außenpolitischen Kurs der Bundesrepublik wie gerade dieses. Auch heute noch – mehr als 20 Jahre später – gehört Adenauers Sicherheitspolitik der frühen fünfziger Jahre zu den umstrittensten Problemen der jüngsten deutschen Geschichte[1].

Strittig sind immer noch die Motive und Hintergedanken, die Adenauer im August 1950 bewogen, den Westmächten eine Aufrüstung der Bundesrepublik in supranationalem Rahmen anzubieten, strittig die weltpolitischen Bedingungen, unter denen er diesen Schritt tat, strittig die Zusammenhänge zwischen Adenauers Sicherheits- und seiner Deutschlandpolitik, strittig endlich seine Ziele in der kritischen Phase zwischen der Ablehnung der Europäischen Verteidigungsgemeinschaft (EVG) und der Aufnahme der Bundesrepublik in die NATO. Da es indessen an gedrucktem Material nicht mangelt, bietet sich der Versuch an, aus der bisherigen wissenschaftlich-historiographischen Erörterung dieser Frage eine Art Zwischenbilanz zu ziehen. Dabei ist es unvermeidlich, dem Leser gelegentlich auch einige historische Grundtatsachen ins Gedächtnis zurückzurufen, die an sich längst bekannt sind, deren Kenntnis zur Beurteilung kontroverser Punkte indessen unerläßlich ist.

In Adenauers Politik in der Wiederbewaffnungsfrage heben sich vier Phasen ab. Jede soll im folgenden für sich betrachtet und einer spezifischen Frage untergeordnet werden. In einem Ausblick wird es nötig sein, die Ergebnisse unserer Analyse von Adenauers Sicherheitspolitik in den Gesamtrahmen seiner Außenpolitik bis zum Jahre 1955 einzuordnen.

Die erste Phase umfaßt die Vorgeschichte der diplomatischen Verhandlungen über die Wiederbewaffnung Westdeutschlands, in deren Mittelpunkt Adenauers Angebot eines westdeutschen Verteidigungsbeitrages in seinen vielzitierten beiden Denkschriften vom 29. August 1950 steht. Hier stößt man in der Literatur immer wieder auf die Ansicht, daß Adenauer zu jenem Zeitpunkt nur mehr die für die Bundesrepublik relativ günstigste Form eines deutschen Verteidigungsbeitrages habe sicherstellen können, der als solcher bereits beschlossene Sache gewesen sei[2]. In der Behandlung der ersten Phase von Adenauers Sicherheitspolitik gilt es, diese These zu prüfen.

Die zweite Phase reicht von der Bekanntgabe des Pleven-Planes bis zur Unterzeichnung des Vertrages für die Europäische Verteidigungsgemeinschaft

(EVG). An sie knüpft sich die Frage, inwieweit sich Adenauer an der vorläufigen Übernahme und Weiterverfolgung dieses schließlich gescheiterten Projektes beteiligt hat und warum.
Die dritte Phase, die sich mit den innenpolitischen Auseinandersetzungen um die Ratifizierung des EVG-Vertrages deckt, warf aus deutscher Sicht als vielleicht wichtigstes Problem die Frage nach dem Zusammenhang zwischen westlicher Integrations- und Wiedervereinigungspolitik auf, an die sich dann auch die Kontroversen über die Bedeutung der vielzitierten ,,Politik der Stärke“ anknüpften.
Die Schlußphase vom Scheitern der EVG in der französischen Nationalversammlung bis zum Abschluß der Pariser Verträge, legt endlich die Frage nahe, wieweit die Form, in der die Bundesrepublik schließlich Mitglied des westlichen Verteidigungsbündnisses geworden ist, noch mit den Vorstellungen übereinstimmte, die Adenauer über die Wiederaufrüstung Westdeutschlands ursprünglich entwickelt hatte. Der Ausblick auf die Zusammenhänge zwischen Adenauers außenpolitischer Grundkonzeption mit seiner Sicherheitspolitik ergibt sich von da aus von selbst.

II.

Will man die Überlegungen verstehen, die das Aufkommen der Frage einer westdeutschen Aufrüstung in der Presse seit 1949 in Bonn auslöste, muß man die Situation kennen, in der sich die drei westlichen Besatzungszonen Deutschlands vier Jahre nach der Kapitulation des Hitler-Reiches befanden. Es war die Zeit des Besatzungsstatuts, mit dem die Westalliierten erst nach Konstituierung der Bundesrepublik erste bescheidene gesamtstaatliche Autonomierechte den Deutschen zugestanden hatten. Selbst von nominell voller Staatlichkeit war die Bundesrepublik danach noch weit entfernt: Außenpolitik, Außenhandel, Wiedergutmachung blieben im Zuständigkeitsbereich der westlichen Alliierten, und selbst die vom Bundestag verabschiedeten Gesetze mußten jeweils von den Hohen Kommissaren der drei Westmächte erst genehmigt werden. Die Weiterführung von Demontagen und die Fortdauer einer vollständigen Entwaffnung der Bundesrepublik zeigten, daß die westlichen Siegermächte das neue Staatswesen zumindest teilweise nach wie vor als Feind von gestern und noch keineswegs als Verbündeten von morgen behandelten.
Gewiß begann sich das deutsch-alliierte Verhältnis mit der Verschärfung des Kalten Krieges – vor allem während der Berliner Blockade – allmählich zu bessern. Indem sich die Möglichkeit eines militärischen Zusammenstoßes mit der UdSSR abzeichnete, stellte sich ganz von selbst die Frage, wieweit in einem solchen Fall das (übrigens von allen vier Siegermächten eher überschätzte) deutsche militärische Potential zugunsten der Westmächte in die Waagschale fallen könnte. Daß die NATO-Staaten nur dank der atomaren Überlegenheit ihrer amerikanischen Schutzmacht die Sowjets vor kriegerischen Abenteuern in Europa abzuschrecken vermochten, war allen Kennern unzweifelhaft. Auf dem Sektor der konventionellen Streitkräfte war der Westen den Sowjets in Europa hingegen hoffnungslos unterlegen. Selbst eine Verteidigung der NATO am Rhein war keineswegs sichergestellt, und schon in diesem Falle

wären der größte Teil Westdeutschlands, Holland und Dänemark zum Schlachtfeld geworden. Erwog der Westen ernsthaft eine Verteidigung an der vordersten Linie – d. h. an der Elbe –, dann waren erhebliche zusätzliche Aufrüstungsanstrengungen nötig, und es lag nahe, dann auch an das westdeutsche Militärpotential zu denken[3].

Derartige Überlegungen sind seit 1948 denn auch vor allem im Pentagon immer wieder angestellt worden. Gelegentlich drang davon auch einiges an die amerikanische Öffentlichkeit. Diese stand dem Gedanken an eine Aufrüstung Westdeutschlands in ihrer großen Mehrheit jedoch nach wie vor ablehnend gegenüber. Wenn die Westdeutschen wieder bewaffnet werden sollten, dann durfte nach allgemeiner Überzeugung damit die deutsche nationale Wehrmacht mit Generalstab und Rüstungsindustrie jedenfalls nicht wieder erstehen; wenn überhaupt, dann durfte dies vielmehr nur unter strikter alliierter Kontrolle geschehen. Dies war in der Form einer Aufstellung paramilitärischer Polizeiverbände möglich, eventuell aber auch im Rahmen einer westeuropäischen Armee oder durch Eingliederung deutscher Divisionen in die NATO[4]. Die vereinigten Generalstäbe der USA kamen bereits im Mai 1950 – d. h. noch vor Ausbruch des Koreakrieges – zu dem Schluß, daß ein deutscher Beitrag zur Verteidigung des Westens in der zuletzt erwähnten Form unerläßlich sei[5].

Aus der Sicht der in Westdeutschland stationierten Amerikaner stellte sich die Frage nach dem Für und Wider einer Aufrüstung der Bundesrepublik nicht nur im Zusammenhang mit der äußeren Sicherheit der NATO insgesamt, sondern auch im Hinblick auf die innere Sicherheit des westdeutschen Staates. Die Aufstellung von Verbänden der kasernierten Volkspolizei in der DDR (deren Stärke man 1950 ziemlich akkurat auf 60 000 Mann schätzte[6]) gab Anlaß zu der Sorge, ob damit dort nicht eine künftige Bürgerkriegsarmee entstehe, die auch gegen Westdeutschland eingesetzt werden könnte. Dieser Gefahr konnte man durch einen entsprechenden Ausbau der westdeutschen Polizeikräfte begegnen. Die Alliierten haben dann auch im Juli 1950 eine Bereitschaftspolizei der Länder in dem bescheidenen Umfang von 10 000 (!) Mann genehmigt[7]. Ausbaufähig waren auch die seit 1948 bei allen drei Besatzungsmächten tätigen deutschen Arbeitsbataillone, die 1950 allein bei den Amerikanern 10 000 Mann umfaßten, bei den Franzosen z. T. von ehemaligen deutschen Offizieren geführt und insgesamt im Frühjahr 1950 auch mit leichten Waffen ausgestattet wurden[8]. Lag hier am Ende der Kern einer künftigen westdeutschen Armee?

Adenauer hat sich an diesen Vorerörterungen recht zurückhaltend beteiligt. Gewiß erklärte er schon 1948, daß die Bundesrepublik eines Tages auch über Truppen verfügen müsse, und sprach sich 1949 dafür aus, daß auch die Bundesrepublik in die NATO aufgenommen werde. Die Frage war, wann. Hier gab es erhebliche Schwierigkeiten innerhalb und außerhalb der Bundesrepublik zu überwinden[9]. Die deutsche Kapitulation lag schließlich erst vier Jahre zurück! Wie empfindlich die öffentliche Meinung im In- und Ausland immer noch auf die bloße Erwähnung der Möglichkeit einer Wiederaufrüstung Westdeutschlands reagierte, bewies dem Bundeskanzler das Echo, das sein der amerikanischen Tageszeitung „The Cleveland Plain Dealer“ am 4. Dezember 1949 gewährtes Interview hervorrief. Adenauer hatte hier die Aufstellung deutscher

Truppenverbände im Rahmen einer westeuropäischen Föderation in Aussicht gestellt, wenn den deutschen Soldaten dort volle Gleichberechtigung gewährt werde. Eine deutsche Nationalarmee lehnte er ab. Doch selbst diese entscheidende Einschränkung genügte nicht, um die Kritik – auch von seiten der Hohen Kommissare – zu beschwichtigen, die allein der Gedanke, daß Deutsche wieder Waffen tragen sollten, innerhalb und außerhalb Deutschlands provozierte[10].

Adenauer beschränkte sich daraufhin auf mehrere vertrauliche Vorstöße bei der Hohen Kommission, welche die Aufstellung einer Bundespolizeitruppe zum Ziele hatten – ohne damit jedoch, wie schon gezeigt, zunächst auf viel Gegenliebe zu stoßen. Insgeheim und mit inoffizieller Zustimmung lediglich angloamerikanischer (nicht aber französischer) hoher Militärs errichtete er außerdem im Mai 1950 ein Büro, das unter der Leitung des Generals Graf Schwerin stand (das später sogenannte Amt Schwerin) und das den Ausbau der westdeutschen Polizei zur besseren Gewährleistung der inneren Sicherheit der Bundesrepublik, vor allem gegen einen möglichen Angriff der Volkspolizei, vorausplanen sollte[11].

In diese noch weitgehend offene Situation platzte der Koreakrieg. Die Urheberschaft der UdSSR für den Überfall Nordkoreas auf Südkorea schien unzweifelhaft. Der Vergleich mit dem wie Korea zwischen Ost und West geteilten Deutschland drängte sich auf. Die Reaktion der westdeutschen Bevölkerung nahm bisweilen panikartige Formen an[12]. Adenauer scheint von dieser Angststimmung, die durch „Befreiungsdrohungen" von seiten der DDR-Machthaber noch erhöht wurde, zeitweilig selbst erfaßt gewesen zu sein[13].

Der Kanzler rechnete allerdings nicht mit einem Angriff der Roten Armee über die Zonengrenze hinweg; ein solcher hätte den Ausbruch des dritten Weltkrieges bedeutet, Westdeutschland – den wirtschaftlichen Trumpf, dessen sich die UdSSR möglichst in unversehrtem Zustand bemächtigen zu wollen schien – weitgehend entwertet und mit der Niederlage der UdSSR geendet. Was er statt dessen mehr noch als zuvor befürchtete, war der Einmarsch der sowjetzonalen Volkspolizei in westdeutsches Gebiet, eventuell in Unterstützung dortiger innerer Unruhen. Würden die westlichen Alliierten einem solchen „indirekten" Angriff der UdSSR überhaupt und schon an der Zonengrenze entgegentreten? Nicht nur wegen der Schwäche der westlichen Besatzungstruppen meinte Adenauer dies bezweifeln zu müssen[14]. Eine begrenzte Aufrüstung der Bundesrepublik schien ihm, allein um der inneren Sicherheit des neuen westdeutschen Staates willen, notwendig geworden zu sein. Gewiß konnten für die äußere Sicherheit der Bundesrepublik im Moment nur die Besatzungstruppen der Westmächte die Verantwortung übernehmen, und tatsächlich gab es im NATO-Vertrag ein allgemein gehaltenes Garantieversprechen für die westlichen Besatzungszonen Deutschlands. Doch ergab sich daraus noch nicht die Bereitschaft der Westmächte, die Bundesrepublik wirklich am „Eisernen Vorhang" zu verteidigen. In der durch den Koreakrieg momentan hervorgerufenen Krisensituation mußte deshalb die Entschlossenheit der westlichen Okkupationsmächte zur Verteidigung der Bundesrepublik durch eine ausdrückliche Garantieerklärung und durch eine Verstärkung der westalliierten Truppen demonstriert werden[15].

Langfristig, so glaubte Adenauer, würde die Bundesrepublik freilich auch für ihre äußere Sicherheit miteinstehen müssen, weil bei einem künftigen atomaren Patt zwischen den Supermächten von den Amerikanern nicht zu verlangen war, daß sie allein die konventionelle Überlegenheit der westlichen Seite gewährleisten würden[16].

Sowohl vom Standpunkt der inneren als auch von dem der äußeren Sicherheit her gesehen, hatte der Koreakrieg die Frage eines westdeutschen Beitrages zur Verteidigung der Atlantikpaktmächte auf jeden Fall höchst aktuell werden lassen. Das bewiesen die Kommentare der in- und ausländischen Presse ebenso wie die Debatten im Europarat, in dem kein Geringerer als Churchill am 11. August 1950 die Schaffung einer europäischen Armee unter einheitlichem Kommando und mit einer Beteiligung der Deutschen forderte. Noch dramatischer muß eine entsprechende Aufforderung geklungen haben, welche die deutsche Seite durch das „Amt Schwerin" erreichte. Dort soll der stellvertretende amerikanische Hochkommissar, General Hays, den dritten Weltkrieg als unmittelbar bevorstehend hingestellt und die sofortige Aufstellung westdeutscher Verteidigungsstreitkräfte verlangt haben[17].

Es ist bis heute strittig, wieweit und wie lange Adenauer selbst in jenen Krisenwochen von einer akuten Gefährdung der Bundesrepublik überzeugt gewesen ist[18]. Eines nur ist sicher: Er sah nicht nur die Gefahren, die der Koreakrieg für die friedliche Weiterentwicklung der Bundesrepublik heraufbeschwor, sondern er erkannte auch die Chancen, die das Akutwerden der Frage einer westdeutschen Aufrüstung für die Bonner Außenpolitik bot. Wenn die Westmächte, wie man erwarten durfte, eine Beteiligung der Bundesrepublik an den westlichen Verteidigungsanstrengungen wünschten, dann stellten sie damit eine Forderung an die Bundesrepublik, die diese dazu befähigte, ihrerseits Gegenforderungen zu stellen. Was hier am dringendsten war, ergab sich aus der noch völlig unselbständigen Stellung des westdeutschen Staates in seinem Verhältnis zu den westlichen Siegermächten. Adenauer hat diesen Zusammenhang in seinen „Erinnerungen" in lakonischer Kürze festgehalten:

„Auf dem Wege über die Wiederbewaffnung konnte die volle Souveränität der Bundesrepublik erreicht werden."[19]

Nach Vorbesprechungen mit den Hohen Kommissaren und in der Erwartung, daß die Wiederaufrüstung der Bundesrepublik auf der Tagesordnung der auf Anfang September anberaumten Konferenz der NATO-Außenminister erscheinen würde, präzisierte deshalb Adenauer am 29. August 1950 die Haltung der Bonner Regierung in zwei Denkschriften, die er über den amerikanischen Hochkommissar McCloy an die amerikanische Regierung gehen ließ. Die eine (bis heute in ihrem Wortlaut nicht vollständig bekannte) Denkschrift befaßte sich mit der „Sicherung des Bundesgebietes nach innen und nach außen", die andere mit der „Neuordnung der Beziehungen der Bundesrepublik zu den Besatzungsmächten".

Das sogenannte Sicherheitsmemorandum gipfelte in dem Satz:

„Der Bundeskanzler hat ferner wiederholt die Bereitschaft erklärt, im Falle der Bildung einer internationalen westeuropäischen Armee einen Beitrag in Form eines deutschen Kontingents zu leisten. Damit ist eindeutig zum Ausdruck gebracht, daß der Bundeskanzler eine Remilitarisierung durch Aufstellung

einer eigenen nationalen militärischen Macht ablehnt."[20]
Adenauer forderte ferner die Aufstellung einer Schutzpolizei auf Bundesebene und die Verstärkung der westlichen Besatzungstruppen. Eine „Neuordnung der Beziehungen zu den Besatzungsmächten" empfahl Adenauer in der Form, daß der Kriegszustand zwischen Westalliierten und Deutschen beendet und die deutsch-alliierten Beziehungen durch ein System vertraglicher Abmachungen – anstelle des einseitig verordneten Besatzungsstatuts – geregelt werden müßten. Zweck der Besatzung sollte künftig allein die Sicherung gegen äußere Gefahr sein[21].
Wußte Adenauer, daß die Alliierten einen Angriff von sowjetischer oder auch sowjetzonaler Seite erst frühestens in anderthalb Jahren erwarteten? Jedenfalls zog er es vor, in den beiden Denkschriften und in den ihnen vorausgegangenen Besprechungen mit den Hohen Kommissaren, psychologische Argumente ins Feld zu führen[22]: Die Rückschläge, welche die Vereinigten Staaten in Korea erlitten hatten, so bedeutete er den Alliierten, hätten in der deutschen Bevölkerung eine Vertrauenskrise ausgelöst; der Glaube an die Bereitschaft der USA zum Widerstand gegen kommunistische Aggressionen sei geschwunden; in ihrer Apathie würde die westdeutsche Bevölkerung am Ende auch einem Einmarsch der sowjetzonalen Volkspolizei gleichgültig gegenüberstehen. Letzten Endes, so klang es bei Adenauer immer wieder durch, stellte die momentane Schwäche der Westmächte den Erfolg des demokratisch-parlamentarischen Experiments auf westdeutschem Boden in der Auseinandersetzung mit nationalistischen Parolen der Kommunisten in Frage. Deshalb müßten die westlichen Besatzungsmächte nicht nur ihre eigene Stärke mehr zur Schau stellen und ihre militärische Präsenz in Westdeutschland erheblich heraufsetzen – sie müßten gleichzeitig auch den Westdeutschen selbst ein höheres Maß an politischer Verantwortlichkeit und Handlungsfreiheit einräumen als bisher. Nur dann könnte man der westdeutschen Bevölkerung Opfer für die gemeinsame westliche Verteidigung zumuten.
Dem Schreckbild eines potentiell demoralisierten und dem Kommunismus gegenüber immer weniger widerstandsfähigen Westdeutschland, das als Teil des Ostblocks dessen industrielle und militärische Kapazität entscheidend erhöhen würde, stellte Adenauer in einem weiteren begleitenden Memorandum die Aussicht auf eine konsolidierte Bundesrepublik gegenüber:
„Wenn [. . .] die Zuversicht des deutschen Volkes nicht [. . .] gestärkt wird, dann werden die USA das einzige Bollwerk verlieren, das sie in Mitteleuropa gegen die Sowjets besitzen. – Die Regierung der USA soll sich vor Augen halten, daß Westdeutschland mit seiner Bevölkerung von 50 Millionen, anders als die kommunistische Infizierung Frankreichs und Italiens, noch frei von dem kommunistischen Bazillus ist."
Eine Verbesserung der psychologischen Situation in Deutschland würde auch die anti-sowjetischen Kräfte in der Sowjetzone und den Satellitenländern erheblich stärken[23].
Dies war gewiß das Angebot eines westdeutschen Verteidigungsbeitrages – freilich alles andere als ein bedingungsloses Angebot. Im Gegenteil forderte Adenauer als Gegenleistung für eine Wiederaufrüstung Westdeutschlands in europäischem Rahmen einen – aus alliierter Sicht – hohen Preis, dessen Wert er

taktisch dadurch noch erhöhte, daß er sich hütete, sein bedingtes Angebot als solches zu bezeichnen[24].

Die entscheidende Frage bleibt, ob Adenauer dieses bedingte Angebot aus einer Zwangssituation heraus an die westlichen Alliierten hat ergehen lassen, die eine Diskussion über das „Ob" einer Bewaffnung der Bundesrepublik gar nicht mehr erlaubte, sondern nur noch Erörterungen über das „Wie".

Eine Antwort auf diese Frage kann nur ein Blick auf die westalliierten Planungen und Überlegungen über die Möglichkeiten einer militärischen Ausnutzung des westdeutschen Kräftepotentials vermitteln. Gewiß lag hier der Weg nahe, den die Sowjets in ihrer Zone beschritten hatten: Die Aufstellung von als Polizeikräfte getarnten Hilfstruppen. Die Kader für eine solche Aufrüstung hätten die Arbeitsdiensteinheiten abgeben können, die ja in allen drei westlichen Zonen existierten und 1950 auch leicht bewaffnet wurden. Wäre dieser Weg bis zur Aufstellung von tatsächlichen Kampftruppen weiterverfolgt worden, dann hätten sich die westlichen Besatzungsmächte allerdings einen deutschen Beitrag zur eigenen Verteidigung verschafft, ohne der Bundesregierung sonstige Zugeständnisse machen und ohne ihr eine Mitbestimmung über die Verwendung dieser Verbände einräumen zu müssen. Ein Ausbau dieser Arbeitsdiensteinheiten ist gewiß erwogen und in engem Rahmen durchgeführt worden[25].

Daß man aber auf diesem Wege wirklich bis zu einer effektiven Aufrüstung Westdeutschlands weitergegangen wäre, ist doch recht unwahrscheinlich. Wäre man doch auf diese Weise zunächst zu einer nach Zonen getrennten Bewaffnung gelangt, die dem allseits anerkannten Prinzip einer weitestgehend integrierten westlichen Verteidigung widersprochen hätte[26].

Besonders die amerikanischen Politiker und Militärs standen dem Gedanken an deutsche „Söldnereinheiten" aber auch allgemein ablehnend gegenüber, selbst wenn diese als Polizeitruppen getarnt wären, und haben diesen Standpunkt auch den beiden anderen westlichen Besatzungsmächten gegenüber – die sich hier weniger festgelegt hatten – geltend gemacht[27].

Die Amerikaner hielten es überhaupt für wenig sinnvoll, die Westdeutschen in die westliche Verteidigung hineinzuzwingen. Der amerikanische Hochkommissar McCloy hatte im Sommer 1950 empfohlen, die Deutschen in die Lage zu versetzen, ihr Land selbst zu verteidigen, „wenn sie es wollen"[28]. Adenauers pessimistische Beurteilung der inneren Lage in der Bundesrepublik hatte ihn überdies so beeindruckt, daß er sogar den Verlust Westdeutschlands an die östliche Seite für möglich hielt[29]. In dieser Lage auf die Bevölkerung der Bundesrepublik offenen Druck auszuüben, wäre aus amerikanischer Sicht gewiß das Falscheste gewesen, was man hätte tun können.

Wenn die Vereinigten Staaten allein ihre Besatzungszone quasi durch die Hintertür einer Aufstellung von polizeilichen Kampfverbänden hätten aufrüsten wollen, dann hätten sie sich vor allem nicht um die Zustimmung der Mitwirkung der beiden anderen westlichen Besatzungsmächte zu bemühen brauchen. Tatsächlich waren die amerikanischen Militärs schon vor dem Koreakrieg auf einen westdeutschen Verteidigungsbeitrag in Form von der NATO direkt unterstellten und aus der gesamten Bundesrepublik stammenden Divisionen so weitgehend festgelegt, daß nach Ansicht des State Department die Zustimmung Englands und Frankreichs unerläßlich geworden war, falls Amerika diesen Plan verwirklichen wollte. Da ein solches Plazet von französischer Seite nicht zu erwarten und eine Nichtberücksichtigung der Haltung Frankreichs zu unerträglichen Spannungen innerhalb der NATO geführt hätte, hat sich das amerikanische Außenministerium mit Rückendeckung des Präsidenten bis zum Ausbruch des Koreakrieges dem Drängen des Pentagon nach Aufstellung westdeutscher Truppen stets widersetzt[30]. Erst einige Wochen nach Beginn der Koreakrise hat sich die amerikanische Regierung den Wunsch des Pentagons zu eigen gemacht. Die Entscheidung des Präsidenten fiel am 9. September, d. h. erst nach dem Eintreffen der Denkschriften Adenauers, und auch jetzt wollte man auf die Zustimmung Frankreichs zu einer kontrollierten Aufrüstung der Bundesrepublik keineswegs verzichten[31].

Als Adenauer den Amerikanern seine beiden Denkschriften zur westdeutschen Sicherheitsfrage übergab, war die Aufrüstung Westdeutschlands also noch eine in keiner Hinsicht beschlossene Sache. Adenauer befand sich keineswegs in einer Zwangslage, die nur noch Äußerungen über die Form der westdeutschen Wiederbewaffnung zuließ, nicht mehr aber über die Sache selbst. Der Kanzler selber hat seine damalige Situation auch nicht so gesehen.

Allerdings: Von der außenpolitischen Gesamtlage der Bundesrepublik her betrachtet, bedeutete der Entschluß der amerikanischen Regierung zur Aufstellung westdeutscher Verbände im Rahmen der NATO einen unerwarteten Glücksfall, der das Gewicht dieses kaum halbautonomen Staates von einem Tag auf den anderen beträchtlich erhöhte. Nicht aus militärischen Gründen, wohl aber im Interesse einer Verselbständigung der Bundesrepublik konnte Adenauer nicht anders, als diese Gelegenheit ergreifen und den Trumpf eines westdeutschen Verteidigungsbeitrages ausspielen[32].

III.

Adenauers Taktik eines vorsichtigen Entgegenkommens gegenüber dem sich allmählich abzeichnenden Wunsch der USA, die Bundesrepublik zu bewaffnen, machte sich alsbald bezahlt. Auf einer am 12. September 1950 beginnenden Konferenz der Außenminister der Westmächte (und danach der gesamten NATO) machte Dean Acheson für die USA die Erfüllung der westeuropäischen Forderung nach Verstärkung der militärischen Präsenz Amerikas in Europa davon abhängig, daß die NATO-Verbündeten ihrerseits einem Beitrag der Bundesrepublik zur NATO-Verteidigung zustimmten. Dazu erwies sich Frankreich vorerst nicht bereit, stimmte aber mit den beiden übrigen westlichen Besatzungsmächten darin überein, daß man den Deutschen politisch entgegenkommen müsse. Die Bundesrepublik wurde deshalb als einzig legitimierter deutscher Staat anerkannt, ihre Sicherheit nach außen noch einmal ausdrücklich garantiert und die Beendigung des Kriegszustandes und eine Revision des Besatzungsstatuts in Aussicht gestellt[33].

Frankreich erkannte unter dem Eindruck der New Yorker Außenministerkonferenz an, daß es sein uneingeschränktes Nein zu einer Bewaffnung der Westdeutschen auf die Dauer nicht würde durchhalten können, ohne eine Verlage-

rung der amerikanischen Militärmacht in den Fernen Osten zu riskieren. Das Ergebnis dieser Schlußfolgerung war der im Oktober 1950 in groben Zügen bekanntgegebene Pleven-Plan, der auf den Gedanken einer integrierten westeuropäischen Streitmacht zurückgriff. Das ganze deutsche Kontingent sollte, wenn möglich, schon auf Bataillons- oder gar Kompanieebene der Europaarmee eingefügt werden (wodurch die höheren Kommandostellen zunächst automatisch den Deutschen vorenthalten worden wären), während es den anderen Mitgliedern freistand, bereits existierende Truppenverbände weiter unter nationalem Kommando zu belassen[34].
Amerika – vor allem das Pentagon – stand diesem Projekt aus militärisch-praktischen Gründen zunächst skeptisch gegenüber, wenn es diese Vorbehalte auch kaum an die Öffentlichkeit dringen ließ[35]. Intern bemühte es sich weiter um eine Aufstellung deutscher Truppen in Divisionsstärke. Der amerikanische NATO-Botschafter in Paris, Spofford, gewann dann die Franzosen für einen Kompromiß, über den die Westalliierten wiederum mit westdeutschen Militärsachverständigen unter Leitung Theodor Blanks, des neu ernannten Wehrbeauftragten des Kanzlers, auf dem Petersberg verhandelten. Das Ergebnis dieser rein technischen Besprechungen (die sich bis in den Sommer des Jahres 1951 hineinzogen) war für die deutsche Seite recht günstig, insofern die westlichen Militärs die Notwendigkeit einer Bildung von zwölf westdeutschen z. T. schwer bewaffneten Divisionen in einer Stärke von 250000 Mann und ihrer direkten Eingliederung in die NATO anerkannten[36].
Aus politischen Gründen blieb diese Form der westdeutschen Aufrüstung für Frankreich indessen unannehmbar. Die Pariser Regierung beharrte auf dem Grundgedanken einer übernational integrierten westeuropäischen Armee, welche die westdeutsche Mitgliedschaft in der NATO – gleich in welcher Form – gerade ausschloß. Im Sommer 1951 stellten dann Amerikaner und Westdeutsche nacheinander ihre Bedenken zurück und akzeptierten diese Lösung des europäischen Verteidigungsproblems[37].
Welchen Anteil hatte die Bundesregierung an dieser Wendung? Wiederum handelte es sich nicht um Zwangsläufigkeiten. Ein frühes deutliches Nein Bonns zum Pleven-Plan (dessen Details dort freilich zunächst unbekannt waren) hätte diesen wahrscheinlich zum Scheitern verurteilt, da wie erwähnt auch Amerikaner und Briten ihm erhebliche Vorbehalte entgegenbrachten, was Adenauer sehr wohl wußte[38]. Weshalb hat er sich dann zu einer solchen Ablehnung doch nicht bereitgefunden und sich statt dessen auf das schließlich gescheiterte Projekt einer westeuropäisch integrierten Streitmacht eingelassen?
Wenn Adenauer den Pleven-Plan nie ausdrücklich verwarf, so lag dies nicht etwa an unmittelbaren militärischen Vorteilen für die Bundesrepublik, die er sich von ihm erhofft hätte. Bis zu seiner Realisierung, so sah Adenauer voraus, konnte wegen der vielen mit ihm verknüpften juristischen und technischen Probleme ein langer Zeitraum vergehen. Ähnlich wie anfangs auch die französische Regierung betrachtete der Bundeskanzler deshalb dieses Projekt als langfristige Möglichkeit zur Lösung des Problems der westeuropäischen Verteidigung, nicht aber als sicherheitspolitisches Aushilfsmittel für sofortigen Gebrauch[39]. Vor allem aber verstieß der Pleven-Plan, wenn nicht ausdrücklich,

so doch seiner ganzen Grundtendenz nach gegen das Prinzip, auf dem Adenauer beharren mußte, wenn er den deutschen Bundestag eines Tages für die Sanktionierung einer Europaarmee gewinnen wollte: den Grundsatz der Gleichstellung der deutschen Truppen mit denen der übrigen Vertragspartner[40]. Insofern hätte er es begrüßt, wenn die auf dem Petersberg erarbeiteten Rahmenbedingungen für einen westdeutschen Verteidigungsbeitrag auch in den Pleven-Plan eingegangen wären[41]. Dies erwies sich als unmöglich. Nicht nur deshalb blieb ihm freilich keine andere Wahl mehr, als allein auf der Basis des Pleven-Planes zu verhandeln. Er mußte diese Konzeption auch akzeptieren, weil sich im Sommer 1951 die USA endgültig auf das Projekt einer integrierten Europaarmee festgelegt hatten. Nur so schien der Widerstreit zwischen dem französischen Verlangen nach Sicherheit gegenüber Deutschland und dem deutschen Wunsch nach gleichberechtigter Beteiligung an der westlichen Verteidigung lösbar, nur so der Friede in Europa langfristig gewährleistet. Nur so bestand auch die Aussicht, daß ein Westeuropa eines Tages militärisch stark genug sein werde, um seinen Schutz durch amerikanische Streitkräfte entbehren zu können. Die Regierung Eisenhower-Dulles vertrat diesen Standpunkt mit einer noch größeren, an Starrheit grenzenden Entschiedenheit als ihr Vorgänger Truman[42].
Adenauer hätte die Zwangslage, in die er im Sommer 1951 geriet, vermeiden können, wenn er sich schon früher vom Pleven-Plan distanziert hätte. Wenn er dies nicht tat, so lag das gewiß auch an einem militärischen Grund – an seiner Erwartung nämlich, daß die Westeuropäer nicht für immer auf den Schutz amerikanischer Truppen würden rechnen können, sondern eines Tages ihre Verteidigung selbst in die Hand nehmen müßten[43]. Das eigentliche Motiv Adenauers war jedoch politischer Art und reichte bis an den Kern seiner außen- und sicherheitspolitischen Konzeption heran: Von Anfang an hatte er den Pleven-Plan deshalb im Prinzip begrüßt, weil dieser ihm neben dem Schuman-Plan als das geeignetste Mittel erschien, um einer politischen Einigung Westeuropas – auf der Basis einer deutsch-französischen Aussöhnung, nach Möglichkeit aber auch unter Einbeziehung Großbritanniens – den Weg zu ebnen und damit den Frieden in Europa zu sichern[44].

Aber es gab auch unmittelbare Gründe, die eine möglichst schnelle vertragsmäßige Einbindung der Bundesrepublik in die westliche Völkergemeinschaft als dringend erforderlich erscheinen ließen. Befanden sich doch die Westmächte im Frühjahr 1951 in Vorverhandlungen über eine Vier-Mächte-Außenministerkonferenz, auf der u. a. die Entmilitarisierung Deutschlands behandelt werden sollte. Die Regierung Frankreichs stand diesem sowjetischen Plan weit weniger skeptisch gegenüber als die angelsächsischen Mächte. Die Möglichkeit eines neuen Über-Potsdam zeichnete sich ab, d. h. eine Verständigung der Siegermächte auf Kosten Deutschlands, die alle bisherigen außenpolitischen Erfolge der Bundesrepublik wieder hätte in Frage stellen können. Nur eine enge Verbindung zwischen Frankreich und der Bundesrepublik vermochte in Adenauers Augen Paris von einer solchen Politik auf die Dauer zurückzuhalten[45].

Je mehr die aus dem Fernen Osten herrührende Kriegsgefahr in den Hintergrund trat, je wahrscheinlicher die Rückkehr der Bundesrepublik in die Familie der politisch gleichberechtigten Staaten der westlichen Welt wurde, desto größeres Gewicht erlangte für Adenauer das Ziel einer schrittweisen Einigung Westeuropas, bis er schließlich die Europäische Verteidigungsgemeinschaft als Vorstufe für eine politische Integration für wichtiger erklärte als den „General"- bzw. „Deutschland"-Vertrag, der die Gewährung der Souveränität an die Bundesrepublik vorsah[46]. Die Stellung des westdeutschen Staates in Europa und in der Welt verlor Adenauer darüber nicht aus den Augen, sondern optierte wohl auch deshalb für den Pleven-Plan, weil er erwartete, daß Westdeutschland dank seines Menschenpotentials und dank seiner Freiheit von kolonialen Verpflichtungen auf lange Sicht innerhalb einer Europäischen Verteidigungsgemeinschaft maßgeblichen Einfluß gewinnen werde[47].

Von der Übernahme der EVG-Konzeption durch die USA und die Bundesrepublik bis zur Unterzeichnung der Verträge über die Europäische Verteidigungsgemeinschaft (EVG) und die Verselbständigung der Bundesrepublik sollten noch zehn Monate intensiver und klippenreicher Detailverhandlungen vergehen. Sie können hier im einzelnen nicht verfolgt werden[48]. Wichtig für unseren Zusammenhang sind sie nur insofern, als sie die Prioritäten der Adenauerschen Sicherheitspolitik abermals erkennbar machten. Von einer Gleichstellung der Bundesrepublik in der Form, wie sie ihren Verteidigungsbeitrag leisten sollte, war nämlich auch nach der Grundsatzentscheidung Adenauers für das EVG-Projekt noch keineswegs die Rede. Für die künftige westdeutsche Rüstungsindustrie waren Beschränkungen vorgesehen, die teilweise auch noch in dem endgültigen Vertragsentwurf stehenblieben[49]. Wichtiger war vielleicht noch die Frage der westdeutschen Mitgliedschaft in der NATO. Nach französischen Vorstellungen sollte die EVG gerade die Aufnahme Bonns in die NATO überflüssig machen. Das hätte bedeutet, daß Westdeutschland zwar zur Verteidigung des Westens beitragen mußte, daß es aber an den militärpolitischen und strategischen Entscheidungen der atlantischen Allianz nicht beteiligt war. Deshalb war Adenauer immer schon darauf bedacht, zwischen EVG und NATO keine Barriere entstehen zu lassen, welche die Bundesrepublik als EVG-Mitglied unter Umständen sogar in einen Gegensatz zur NATO gebracht hätte. Hier standen die USA natürlich hinter der Bundesrepublik. Die Mitgliedschaft Westdeutschlands in der NATO ließ sich im EVG-Vertrag indessen nicht verwirklichen, denn hier übernahmen die USA nur die Rolle des Vermittlers, obwohl sie dem westdeutschen Wunsch nach einer NATO-Mitgliedschaft verständnisvoll gegenüberstanden[50]: Im Endergebnis wurden auf dem Londoner Treffen der Außenminister der drei Westmächte mit Adenauer Mitte Februar 1952 gemeinsame Sitzungen des NATO-Rates und des EVG-Ministerrates vereinbart, die bereits auf Wunsch eines EVG-Mitgliedes stattfinden sollten, wenn dieses sich für bedroht hielt[51]. Adenauer akzeptierte diesen Kompromiß zusammen mit anderen, die alle auf eine nur partielle Berücksichtigung der westdeutschen Wünsche nach Gleichstellung in der westlichen Verteidigung hinausliefen, obwohl er damit die Kritik nicht nur der Opposition, sondern auch seiner Koalitionspartner in Bonn auf sich lenkte[52]. Er bewies damit, daß er den EVG-Vertrag – wie schon den Pleven-Plan – letzten Endes nicht nach seinen militärischen Vorzügen beurteilte, sondern nach seiner außenpolitischen Funktion. Diese – die Möglichkeit seines Ausbaus bis zur endgültigen Bildung eines politisch geeinten Westeuropa – blieb mit der EVG voll erhalten.

Am 26./27. Mai 1952 wurden EVG- und Deutschland- (bzw. General-) Vertrag unterzeichnet. Adenauer hatte im Bereich der militärischen Interessen der Bundesrepublik einschneidende Verbesserungen des ursprünglichen Pleven-Planes erreicht, wobei die Aufstellung des westdeutschen Kontingents in Divisionsstärke – d. h. die Integration auf einer relativ hohen Ebene – zu seinen wichtigsten Erfolgen gehörte. Die Nichterfüllung des westdeutschen Wunsches nach voller politischer und militärischer Gleichstellung der Bundesrepublik innerhalb der NATO akzeptierte er als westdeutsche Vorleistung für das schließliche Zustandekommen einer westeuropäischen Föderation, für das er die Verabschiedung der EVG für die entscheidende Voraussetzung hielt[53].

IV.

Von der Unterzeichnung des EVG-Vertrages bis zu seiner endgültigen Behandlung in den Parlamenten der Mitgliedstaaten vergingen mehr als zwei Jahre. In dieser Zeit kam es für die beteiligten Regierungen darauf an, das Vertragswerk gegen die Kritik im eigenen Lande und gegen die Auswirkungen abzuschirmen, die seit 1953 von einer Wandlung der Ost-West-Beziehungen ausgingen.

Adenauers Sicherheitspolitik hatte von Anfang an im Schußfeld der innerdeutschen Kritik gestanden, an der zunächst auch ihm sonst nahestehende Politiker seiner eigenen Partei beteiligt waren[54]. Mehr und mehr wurde dann freilich die oppositionelle SPD zum Zentrum der Gegnerschaft gegen die EVG. Es gelang ihr dank ihrer Landtagswahlerfolge im Jahre 1951 und später mit Hilfe des Bundesverfassungsgerichts die Ratifizierung des EVG-Vertrages durch den Bundestag ernsthaft in Frage zu stellen[55].

Das zugkräftigste Argument, dessen sich Adenauers Gegner bei der Linken ebenso wie bei der Rechten bedienen konnten, war der Vorwurf, daß die militärische Westintegration der Bundesrepublik die Wiedervereinigung Deutschlands unmöglich mache. Diesen Einwand zu entkräften, war Adenauers schwierigstes innenpolitisches Problem, wenn er die Annahme des EVG-Vertrages durch den Bundestag sicherstellen wollte. Er mußte mit der Wiedervereinigung als Priorität erscheinen lassen, was nach Lage der Dinge nur ein sekundäres oder doch ferner liegendes Ziel sein konnte. Für die deutsche Öffentlichkeit mußte dagegen die Wiedervereinigung als Ziel der Bundesregierung vor der Westintegration rangieren. Einen Ausweg aus diesem Dilemma fand Adenauer in der Konzeption der sogenannten Politik der Stärke[56].

Die Vorstellung, daß der Westen nur aus einer starken Position heraus in erfolgversprechende Verhandlungen mit der UdSSR eintreten könne, war schon 1949 bei der Ratifizierung des NATO-Vertrages von der amerikanischen Regierung entwickelt worden[57]. Die Erfahrungen mit Hitler dürften dabei nicht ohne Einfluß gewesen sein. Adenauer nahm diesen Gedanken schon ein Jahr später auf. Er verteidigte den von ihm ins Auge gefaßten westdeutschen Wehrbeitrag mit dem Hinweis auf die Verstärkung der westlichen Verhandlungsposition gegenüber der UdSSR, die nur von daher zu einer friedlichen Politik gezwungen werden könne[58].

Wenig später brachte er diese Vorstellung mit der Wiedervereinigung Deutschlands in Zusammenhang. Die Wiederbewaffnung und Verselbständigung der Bundesrepublik, so führte er aus, würden deren Gewicht auch gegenüber den Westmächten erhöhen und dem deutschen Verlangen nach Wiedervereinigung bei diesen größeren Nachdruck verleihen[59]. Zu Ende des Jahres 1950 tauchte dann die Argumentation auf, die Adenauer bis zur Abfassung seiner Memoiren immer wieder vorgebracht hat: Die Sowjetunion werde nur, wenn sie sich von der Geschlossenheit und Stärke des Westens überzeugt habe, ihre weltpolitische Offensive einstellen und mehr noch: Sie werde dann auch über die Reduzierung ihres Einflußbereiches mit sich reden lassen, um ihre Wirtschaft so von der Bürde der Rüstung entlasten zu können[60]. Später setzte Adenauer seine Hoffnungen auf Unruhen im Bereich der sowjetischen Satelliten und den Gegensatz der UdSSR zu Rotchina. Wenn die UdSSR aufgrund der Stärke des Westens einerseits und der eigenen relativen Schwäche andererseits konzessionsbereit geworden sei, dann sei der Moment gekommen, um die Forderung nach einer Wiedervereinigung Deutschlands nach westlichen Vorstellungen zu präsentieren. Nichts könnte diese Entwicklung mehr beschleunigen als die Beteiligung Westdeutschlands an der Aufrüstung des Westens[61].

Adenauer wurde in diesen Hoffnungen sowohl von britischer wie von amerikanischer Seite bestärkt. Schon dies war, wenn man so will, ein „Erfolg" seiner Sicherheitspolitik: Im Interesse der Verwirklichung des westdeutschen Verteidigungsbeitrages wagten es die westlichen Regierungen nicht, die deutschen Hoffnungen auf Wiedervereinigung auf ein realistisches Maß zu reduzieren, weil dies die Opponenten Adenauers nur bestärkt und die Verabschiedung des EVG-Vertrages vielleicht sogar fraglich gemacht hätte[62].

Es lag nahe, einer Politik, welche die Ausübung von Druck und die Ausnutzung der Schwäche des Gegenspielers nüchtern einkalkulierte, den Vorwurf der Erpressung zu machen[63]. Einer derartigen Kritik wurde im amerikanischen Wahlkampf des Jahres 1952 noch zusätzliche Nahrung gegeben, indem sich die Republikaner für ein „Zurückrollen" des „Eisernen Vorhanges" rhetorisch stark machten. Adenauer tat derartige Schlagworte als Wahlpropaganda ab[64] und betonte den friedfertigen Charakter seiner Wiedervereinigungspolitik, zu dem er sich ja auch den Westalliierten gegenüber vertraglich festgelegt hatte[65]. In einer vertraulichen Aussprache mit dem Bundesparteiausschuß der CDU im September 1952 stellte er die deutsche Mitgliedschaft im westlichen Bündnissystem sogar als zusätzliche Gewähr für dessen friedenserhaltenden Zweck hin, weil die Bundesrepublik erst als Mitglied der EVG in der Lage sein würde, in einer kritischen Situation etwaigen kriegerischen Neigungen anderer EVG-Mitglieder entgegenzutreten[66].

Den Moment der Stärke des Westens sah er freilich erst gekommen, wenn der EVG-Vertrag von den Parlamenten der Mitgliedstaaten ratifiziert worden sei. Vorher konnte sich die Außenpolitik der Bundesrepublik nur defensiv verhalten – defensiv auch gegenüber den Westmächten, insofern diese zu einer Neutralisierung Deutschlands neigten[67]. Eine solche Neutralisierungspolitik war für Adenauer das genaue Gegenteil einer Politik der Stärke. Lief sie doch, wie er es sah, auf eine Verewigung der weltpolitischen Minderstellung und Abhängigkeit der Bundesrepublik hinaus, auf eine langfristige Sanktionierung des nach 1945 entstandenen machtpolitischen Vakuums in Mitteleuropa – mit der unvermeidlichen Folge, daß sich die UdSSR mehr und mehr ganz Deutschlands bemächtigen würde. Von der Neutralisierung zur Sowjetisierung ganz Deutschlands war es für Adenauer nur ein Schritt[68]. Im Frühstadium der Wiederbewaffnungsdebatte hatte er den Gedanken an eine effektiv bewaffnete Neutralität eines wiedervereinigten Deutschland noch nicht völlig von sich gewiesen. Als indessen die UdSSR mit ihren bekannten Noten vom Frühjahr 1952 mit scheinbar entsprechenden Vorschlägen hervortrat, lehnte Adenauer diese ab. Von sachlichen Einwänden abgesehen, sah er in diesem Vorstoß nur ein Manöver, um die Unterzeichnung der EVG zu hintertreiben[69].

Adenauer blieb jede Ost-West-Einigung über ein neutralisiertes Gesamtdeutschland suspekt. Insofern litt auch er wie Bismarck unter dem „cauchemar des coalitions". Die EVG war ihm nicht zuletzt das Mittel, um einer Isolierung Deutschlands in Europa, wie es sie in den vergangenen 50 Jahren zum eigenen Schaden mehrfach erlitten hatte, ein für allemal vorzubeugen. Der Ruf nach einer Neutralisierung Deutschlands war für ihn dasselbe wie der Wunsch nach seiner erneuten Isolierung – mit der Folge einer abermaligen Zersplitterung des europäischen Machtpotentials und, im Endergebnis, einer Abwendung der Vereinigten Staaten (wo es ja ebenfalls in Adenauers Augen höchst gefährliche isolationistische Strömungen gab) von der Alten Welt. Den deutschen Verfechtern einer Neutralisierungspolitik hielt er noch in seinen Memoiren entgegen: „Wir durften nicht zwischen Ost und West ein Niemandsland sein. Dann hätten wir nirgends Freunde und im Osten einen gefährlichen Nachbarn. Jede Weigerung der Bundesrepublik, mit dem Westen, mit Europa gemeinsame Sache zu machen, wäre ein deutscher Isolationismus gewesen, wäre eine gefährliche Flucht in das Nicht-Handeln."[70]

Nicht nur die innere Opposition machte es Adenauer nicht leicht, seine sicherheitspolitische Konzeption glaubwürdig zu vertreten – die Abnahme der internationalen Spannungen seit Stalins Tod und der Beginn der Waffenstillstandsverhandlungen in Korea erhöhten seine Schwierigkeiten. Der Hinweis auf die akute Gefährdung des Westens verfing immer weniger, zumal die USA und Großbritannien sich nun ihrerseits einer Entspannungspolitik zuwandten[71]. Zu allem Übel modifizierten die Amerikaner 1953 auch ihre strategische Konzeption für die Verteidigung Europas, das sie jetzt im Kriegsfalle sofort durch den massiven Einsatz von Atomwaffen schützen wollten („massive retaliation"). Eine solche Planung konnte den Ausbau der konventionellen Streitkräfte Europas und damit auch die Bewaffnung der Bundesrepublik leicht überflüssig erscheinen lassen[72]! Die westdeutsche Sicherheits- und Wiedervereinigungspolitik, die auf dem Antagonismus zwischen Ost und West beruhte, begann zu der weltweiten Entspannungstendenz in Widerspruch zu geraten. Bei dem Bemühen, diesen Widerspruch zu bewältigen, entwickelte Adenauer den Gedanken, die EVG als Teilstück eines künftigen gesamteuropäischen Sicherheitssystems zu interpretieren. Bildete nicht die EVG für sich schon ein wichtiges Instrument nicht nur zur Bewaffnung der Bundesrepublik, sondern auch zur Kontrolle eben dieser – vertraglich begrenzten – Aufrüstung[73]?

Adenauer verstand es, seine Sicherheitspolitik so geschickt den damals geläufigen außenpolitischen Wunschvorstellungen anzupassen, daß ihm aus der Verteidigung seiner Wiederbewaffnungspolitik auf jeden Fall kein innenpolitischer Schaden erwuchs. Im Gegenteil! Der Zusammenhalt seiner Regierungskoalition war fest genug, um am 19. März 1953 die Ratifizierung des EVG- und Deutschland-Vertrages im Bundestag zu ermöglichen. Der überwältigende Wahlsieg der Regierungsparteien im September 1953 ebnete dann auch den Weg für eine Abänderung des Grundgesetzes allein mit den Stimmen der Koalition, womit sich auch verfassungsrechtliche Bedenken gegen den westdeutschen Verteidigungsbeitrag erledigt hatten. Am 28. März 1954 beendete die Unterschrift des Bundespräsidenten den Ratifizierungsprozeß auf der westdeutschen Seite.

V.

Dieser Erfolg Adenauers ging gewiß nicht zuletzt auf den Umstand zurück, daß der ursprüngliche Pleven-Plan im Laufe der deutsch-alliierten Verhandlungen doch in vielen Punkten den deutschen Wünschen angenähert worden war. Was die EVG aus der Sicht der Bonner Parlamentarier indessen annehmbarer machte, das ließ sie in den Augen der französischen Nationalversammlung eher noch suspekter erscheinen. Mit teils nationalistischen, teils sowjetfreundlichen, teils auch anglophilen (England gehörte nicht zur EVG!) Argumenten bildete sich eine EVG-feindliche Strömung, die im Winter von 1953 auf 1954 bereits eine solche Stärke erlangt hatte, daß selbst Adenauer an den Chancen einer Verabschiedung der EVG-Vorlage durch die Pariser Nationalversammlung bisweilen zu zweifeln begann[74].

Um den französischen Abgeordneten ein Ja zur EVG schmackhafter zu machen und um gegebenenfalls das Odium eines Nein nicht allein auf Frankreich lasten zu lassen, legte der damalige französische Ministerpräsident Mendès-France den beitrittswilligen Regierungen auf einem Treffen in Brüssel kurz vor der Schlußabstimmung in der Nationalversammlung eine Reihe von Abänderungswünschen für den EVG-Vertrag vor. Diese gingen aber so weit, daß sie eine erneute Ratifizierung bei den übrigen Mitgliedstaaten erforderlich gemacht hätten; sie griffen darüber hinaus so tief in die supranationale Substanz des EVG-Vertrages ein, daß die übrigen EVG-Partner sie nicht alle zu akzeptieren vermochten. Damit war das Nein der französischen Nationalversammlung zur EVG und zum Deutschland-Vertrag unvermeidlich geworden: Der 30. August 1954 wurde der „schwarze Tag" für Europa (so der CDU-Geschäftsführer Heinrich Krone), an dem die französische Nationalversammlung den EVG-Vertrag endgültig ablehnte[75].

Adenauers Außenpolitik geriet damit in ihre bisher schlimmste Krise. Seine Absicht, die Bundesrepublik gleichberechtigt und unwiderruflich in die von den USA geführte Gemeinschaft der westlichen Staaten einzugliedern, war vorerst vereitelt worden. Sollten die Fürsprecher eines neutralistischen Kurses für die Bundesrepublik am Ende doch recht bekommen – einfach weil ein Anschluß Westdeutschlands an die westliche Welt sich als nicht realisierbar erwiesen hatte? Sollte die Versöhnung zwischen dem neuen Deutschland und Frankreich unmöglich sein? Gerade weil Adenauer sich bis zum bitteren Ende an die Hoffnung geklammert hatte, Frankreich würde den EVG-Vertrag schließlich doch ratifizieren, traf ihn der Schock des französischen Neins um so stärker. Noch im Rückblick spricht er denn auch von jenen ,,qualvollen Tagen", in denen die EVG scheiterte. Für sich selbst erwog er einen Moment lang sogar den Rücktritt; denn mit dem Debakel seiner Außen- und Sicherheitspolitik drohten ihm nun auch wieder innenpolitische Schwierigkeiten, die sich wenige Wochen später mit erheblichen Stimmeneinbußen seiner Partei bei den Landtagswahlen in Schleswig-Holstein bereits ankündigten[76]. Eine Vertrauenskrise der westdeutschen Bevölkerung schien unabwendbar, die sich gleichzeitig gegen seine bisherige Politik und gegen den Westen richten würde. Den Westalliierten drohte er bereits mit einem Abgleiten des deutschen Volkes in das östliche Lager im Zeichen eines neuen deutschen Nationalismus[77].

Ein Ausweg, der sich anbot, hätte in einer alleinigen Anlehnung der Bundesrepublik an die beiden angelsächsischen Großmächte bestanden. Adenauer hat ihn kurze Zeit erwogen und auch mit ihm gedroht, ist dann aber doch zu seiner bisherigen Linie einer gleichzeitig profranzösischen und amerika- (bzw. england-) freundlichen Politik zurückgekehrt, wie sie ihm auch von englischer und amerikanischer Seite nahegelegt wurde[78].

Die Probleme der westdeutschen Aufrüstung und der Verselbständigung der Bundesrepublik waren ohne Mitwirkung der Besatzungsmacht Frankreich schlechthin nicht lösbar. Auf der anderen Seite bestand aber auch ein Zugzwang von der Sache her: EVG- und Deutschland-Vertrag waren in dem Sinne durch ein Junktim verbunden, daß der eine Vertrag ohne den anderen nicht in Kraft treten konnte. Das Nein Frankreichs zur EVG drohte also auch das Besatzungsstatut zu verewigen, das mit der fortschreitenden Konsolidierung der Bundesrepublik ohnehin längst obsolet geworden war. Die Fortdauer des Besatzungsregimes untergrub zudem den Anspruch der Bundesrepublik, einzig legitime Sprecherin aller Deutschen zu sein, weil mittlerweile die UdSSR ,,ihr" Deutschland zum souveränen Staat erklärt hatte[79]. Es stand also nicht nur Adenauers Sicherheitskonzeption auf dem Spiel, sondern auch seine Verselbständigungs- und Deutschlandpolitik und nicht zuletzt sein Ansehen als Außenpolitiker in der Bundesrepublik. Es ging damit um seine innenpolitische Stellung, ja, wie er es sah, sogar um Ansehen und Bestand der Demokratie in Deutschland, wenn die Bundesregierung sofort nach dem Debakel der EVG die Forderung nach alsbaldiger Verleihung der Rechte eines souveränen Staates an die Bundesrepublik, jetzt unabhängig von der Lösung der Aufrüstungsfrage, wieder anmeldete[80]. Aber auch die Bewaffnung der Bundesrepublik verlangte er jetzt, und zwar nicht so sehr wegen einer akuten Bedrohung durch die UdSSR, sondern einfach als Attribut eines souveränen Staates[81].

Aus britischer und amerikanischer Perspektive stand jetzt gleichfalls nur noch das ,,Wie" der westdeutschen Aufrüstung und der Lösung der mit ihr zusammenhängenden Probleme zur Debatte – nicht mehr das ,,Ob".

In London wie in Washington gab es militärische Eventualplanungen für den Fall eines Scheiterns der EVG. Ein westdeutscher Verteidigungsbeitrag war vom Pentagon bereits fest eingeplant[82]. Wichtiger waren vielleicht noch die politischen Befürchtungen Washingtons, daß ein zu dauernder Neutralität und Ohnmacht verurteiltes Westdeutschland sich von Adenauer abwenden und schließlich doch sein Heil in einer Annäherung an die UdSSR suchen könnte[83].

Bekanntlich ist es der britische Außenminister Eden gewesen, der einen Ausweg aus dem Dilemma zwischen den Forderungen Bonns nach einer gleichberechtigten Eingliederung der Bundesrepublik in das westliche Bündnissystem und dem französischen Bedürfnis nach einer Kontrolle der zu erwartenden westdeutschen Militärmacht gefunden hat. Er empfahl die Aufnahme der Bundesrepublik in den Brüsseler Vertrag, der 1948 zwischen den europäischen Westmächten geschlossen worden war. Damit war ein europäischer Rahmen für die westdeutsche Wiederaufrüstung gegeben. Gleichzeitig sollte Westdeutschland Vollmitglied der NATO werden. Auf dieser Grundlage sind dann der westdeutsche Verteidigungsbeitrag und der Deutschland-Vertrag in zwei Konferenzen in London und Paris im September/Oktober 1954 erneut verhandelt worden. Am Ende dieser Treffen stand die Erweiterung des Brüsseler Paktes zu einer Westeuropäischen Union durch die Aufnahme der Bundesrepublik und Italiens, die endgültige Vereinbarung des Deutschland-Vertrages in leicht veränderter Form und der Beschluß, die Aufnahme der Bundesrepublik in die NATO zu empfehlen. Erneute anglo-amerikanische (und auf britischer Seite noch erweiterte) Garantien für die Sicherheit Westeuropas und der westdeutsche Verzicht auf die Produktion von ABC-Waffen hatten zu der Annahme von Edens Kompromißvorschlag und dem Erfolg der Konferenzen wesentlich beigetragen[84].

Aber war das noch eine Lösung, die der außen- und sicherheitspolitischen Grundkonzeption Adenauers entsprach? Vom rein militärischen Standpunkt her gesehen, fällt zunächst auf, daß die Form, die der westdeutsche Verteidigungsbeitrag schließlich angenommen hatte, von den ursprünglichen Vorstellungen der deutschen Experten gar nicht so weit abwich. Die Bundesrepublik wurde NATO-Mitglied, stellte ein national geschlossenes Truppenkontingent im Umfange von zwölf Divisionen. Durch ihre unmittelbare NATO-Mitgliedschaft war sie nun auch in den höchsten Führungsgremien der atlantischen Allianz vertreten[85].

Adenauer seinerseits hatte den Preis erhalten, den er, als Gegenleistung für einen westdeutschen Verteidigungsbeitrag, schon 1950 gefordert hatte: Die Bundesrepublik wurde ein im Prinzip souveräner Staat; das Besatzungsregime fiel endgültig. Und doch bezeichnete der CDU-Fraktionsvorsitzende v. Brentano das neue Vertragswerk als nur einen „unbefriedigenden Ersatz für das Projekt der Europäischen Verteidigungsgemeinschaft“[86]. Adenauer selbst deutete die aus seiner Sicht unzweifelhafte Unvollkommenheit der Pariser Verträge noch in seinen „Erinnerungen“ an, in denen er nur noch von einer „Saat“ spricht, die mit der Westeuropäischen Union gelegt worden sei[87]. Unvollkommen erschien ihm die schließliche Eingliederung der Bundesrepublik in die westliche Verteidigung vornehmlich aus einem Grunde: Sie ließ die „supranationalen“ Elemente vermissen, welche die EVG ausgezeichnet hatten und in denen er das eigentlich Zukunftsweisende der EVG sah[88]. Tatsächlich fehlten der Westeuropäischen Union die übernationalen Instanzen – Kommissariat, gemeinsames Budget, gemeinsame Versammlung, oberstes Gericht –, welche die EVG besessen hatte. Das supranationale Element erschien hier nur in der negativen Form einer Kontrollbehörde, welche die Einhaltung des den einzelnen Mitgliedern zuerkannten Maximalrüstungsstandes zu überwachen hatte.

Im übrigen war die Westeuropäische Union ein konventionelles Bündnis mit einer automatischen Beistandsverpflichtung der einzelnen Partner untereinander. Die EVG hätte, wenn sie einmal in Kraft getreten und in der Praxis ihre erste Bewährungsprobe bestanden hätte, mit einer gewissen Zwangsläufigkeit zu einer westeuropäischen Föderation hingeführt, weil der gewaltige militärische Apparat, der mit ihr ins Leben getreten wäre, einer politischen und parlamentarischen Kontrollinstanz bedurfte. Der Vertrag über die Westeuropäische Union enthielt nur eine unverbindliche Absichtserklärung, die weitere Integration Westeuropas ,,zu fördern", die auf militärischem Gebiet bekanntlich nie Wirklichkeit geworden ist. Er hat zwar wie die EVG eine Laufzeit von 50 Jahren; doch führt er seine Mitglieder vermittels seiner Organisationsstruktur nicht mit der gleichen Notwendigkeit näher zusammen, wie dies bei der EVG zu erwarten war. Er besitzt nicht den gleichen Grad an Unwiderruflichkeit wie die EVG. Und darauf ist es Adenauer angekommen. Mit Hilfe des Verteidigungsbeitrages wollte er zunächst Westdeutschland, im Falle der Wiedervereinigung aber auch ganz Deutschland unwiderruflich und auf lange Sicht in die Gemeinschaft der westeuropäischen Völker integrieren und eine Isolierung Deutschlands ein für alle mal unmöglich machen[89]. Dies ist ihm in der erhofften Weise nicht gelungen.

VI.

Damit ist zugleich die Frage nach dem Stellenwert der Aufrüstung Westdeutschlands in dem außenpolitischen Gesamtkonzept Adenauers aufgeworfen. Die meisten Autoren sind sich in dem Urteil einig, daß sie Adenauers Sicherheitspolitik in der Zeit vor der Aufnahme der Bundesrepublik in die NATO als Mittel zum Zweck ansehen. Wenn man einmal von dem allerersten Schock absieht, den der Ausbruch des Koreakrieges auch bei Adenauer ausgelöst hat, blieb die Wiederbewaffnung der Bundesrepublik bei ihm, einem entschiedenen Nicht-Militär, stets politischen Absichten untergeordnet. Die unter Adenauer diensttuenden Offiziere haben diesen Primat der Politik fast bis zur Selbstverleugnung anerkannt[90]. Neben den unmittelbaren ersten Zweck des westdeutschen Verteidigungsbeitrages, Tauschobjekt für die Verselbständigung der Bundesrepublik zu sein, trat bald seine zweite überragende Funktion: Schrittmacher zu werden für die politische Integration Westeuropas. Zusammen mit dem Schuman-Plan war die Wiederaufrüstung der Bundesrepublik im Rahmen der EVG als das wichtigste Mittel zur Verwirklichung einer gemeinschaftsbezogenen Außenpolitik der freiheitlichen Demokratien gedacht[91]. Die Wiedervereinigung Deutschlands mußte dem unmittelbaren und dem langfristigen Zweck der Adenauerschen Außen- und Sicherheitspolitik untergeordnet bleiben. Aber auch der erste unmittelbare Zweck der Wiederaufrüstung – die Erlangung der Souveränität für die Bundesrepublik – besaß für Adenauer nur funktionale Bedeutung. Denn als Staat mit der Fähigkeit zu selbständiger außenpolitischer Willensbildung sollte die Bundesrepublik nach Erlangung ihrer Souveränität um so wirksamer ihren Beitrag zur Integration Westeuropas leisten[92].

War also auch die Souveränität der Bundesrepublik letztlich nur ein Mittel zum Zweck, so kann man es vielleicht als Tragik Adenauers bezeichnen, daß, was für ihn nur ein Mittel gewesen war, durch das Scheitern der EVG mehr und mehr zum Selbstzweck wurde. Nach der Zurückweisung der EVG durch das französische Parlament konnte der Bundesrepublik nur noch um ihrer eigenen Staatlichkeit, um ihres eigenen Ansehens nach außen und nach innen willen an der Gewinnung von Souveränität und Verteidigungsfähigkeit liegen. Der Alltag des konventionellen Nationalstaates mittlerer Größe hatte auch für sie begonnen.

1 Vgl. Konrad Adenauer, Erinnerungen 1945–1953 (Bd. 1), Stuttgart 1965, S. 332; Christian Greiner, Die Dienststelle Blank. Regierungspraxis bei der Vorbereitung des deutschen Verteidigungsbeitrags von 1950–1955, in: Militärgeschichtliche Mitteilungen. Hrsg. vom Militärgeschichtlichen Forschungsamt. 1975, Heft 1, S. 124, Anm. 126.

2 Vgl. z. B.: Die Auswärtige Politik der Bundesrepublik Deutschland. Hrsg. vom Auswärtigen Amt unter Mitwirkung eines wissenschaftlichen Beirats, Köln 1972, S. 27.

3 Vgl. Laurence W. Martin, The American Decision to Rearm Germany, in: Harold Stein (Hrsg.), American Civil-Military Decisions, Birmingham, Alabama 1963, S. 646ff.; Robert McGeehan, The German Rearmament Question, Urbana, Illinois 1971, S. 4ff.

4 Vgl. Martin, S. 647f.; General Clay und der amerikanische Hochkommissar McCloy gehörten schon 1949 zu den internen Fürsprechern einer westdeutschen Aufrüstung, auf britischer Seite schon 1948 Feldmarschall Montgomery. Vgl. dazu Gerhard Wettig, Entmilitarisierung und Wiederbewaffnung in Deutschland 1943–1955, München 1967, S. 230f. und S. 277f.

5 Vgl. Martin, S. 648ff.

6 Vgl. Martin, S. 651; Gerhard Wettig, Die politischen Überlegungen bei der ostdeutschen Wiederbewaffnung 1947–1952, in: Aspekte der deutschen Wiederbewaffnung bis 1955 (Militärgeschichte seit 1945. Hrsg. vom Militärgeschichtlichen Forschungsamt. Bd. 1), Boppard am Rhein 1975, S. 3.

7 Vgl. Wettig, Entmilitarisierung, S. 311.

8 Vgl. Wettig, Entmilitarisierung, S. 232, S. 274ff. und S. 300; französische Zone: Mitteilung Kurt Gebers in: Aspekte, S. 135.

9 In den Parteispitzen der Westzonen wurde schon 1948 die Sicherheitsfrage des geplanten westdeutschen Staates diskutiert; Adenauer ließ sich durch Denkschriften General Speidels informieren. Vgl. Wettig, Entmilitarisierung, S. 244f. und S. 250; Arnulf Baring, Außenpolitik in Adenauers Kanzlerdemokratie, München 1969, S. 68.

10 Vgl. Wettig, Entmilitarisierung, S. 284f.; Baring, Außenpolitik, S. 73.

11 Vgl. Wettig, Entmilitarisierung, S. 300; Hans Buchheim, Adenauers Sicherheitspolitik 1950–1951, in: Aspekte, S. 124.

12 Vgl. Baring, Außenpolitik, S. 81; Wettig, Entmilitarisierung, S. 306ff.; Klaus von Schubert, Wiederbewaffnung und Westintegration. Die innere Auseinandersetzung um die militärische und außenpolitische Orientierung der Bundesrepublik 1950–1952 (Schriftenreihe der Vierteljahrshefte für Zeitgeschichte 20), Stuttgart 1970, S. 24f. Vgl. ferner die Diskussion in: Aspekte, S. 105 und S. 114; Diether Koch, Heinemann und die Deutschlandfrage, München 1972, S. 160.

13 Vgl. Ernst Nolte, Deutschland und der Kalte Krieg, München 1974, S. 287f.;Adenauer, Erinnerungen, Bd. 1, S. 337.

14 Vgl. Adenauers Gespräch mit den Hohen Kommissaren vom 17. August 1950: Adenauer, Erinnerungen, Bd. 1, S. 332f. und S. 336ff.

15 Vgl. Buchheim, S. 122 und S. 127f.

16 Vgl. Adenauer, Erinnerungen, Bd. 1, S. 335.

17 Mitteilung von General Graf Schwerin, dem Leiter des unter seinem Namen bekannten Amtes, in: Aspekte, S. 134; Wettig, Entmilitarisierung, S. 319.

18 Vgl. Anm. 12.

19 Vgl. Adenauer, Erinnerungen, Bd. 1, S. 332.

20 Zitiert nach Buchheim, S. 130.

21 Wortlaut vgl. Adenauer, Erinnerungen, Bd. 1, S. 345ff.

22 Vgl. Buchheim, S. 128f. Dem ist freilich entgegenzuhalten, daß Adenauer in einem Allan W. Dulles zugegangenen Memorandum doch von der Möglichkeit eines sowjetischen Präventivschlages für den Fall sprach, daß deutsche Truppen ohne eine erhebliche Verstärkung der alliierten Streitkräfte in der Bundesrepublik rekrutiert würden (A. W. Dulles an J. F. Dulles, 8. 9. 1950, mit Anlage ,,Aide-mémoire, received September 6, 1950", Dulles Papers, Princeton University Library).

23 Vgl. das eben angeführte ,,Aide-mémoire" Adenauers, ,,received Sept. 6, 1950", Princeton University Library. Ein Vergleich mit der Inhaltsangabe des Adenauerschen Sicherheitsmemorandums vom 29. August 1950 in Adenauers ,,Erinnerungen" zeigt, daß dieses ,,Aide-mémoire" keineswegs mit dem noch unveröffentlichten Sicherheitsmemorandum identisch ist, wie Kolko behauptet (vgl. Gabriel und Joyce Kolko, The Limits of Power. The World and United States Foreign Policy, New York 1972, S. 658, und Adenauer, Erinnerungen, Bd. 1, S. 343f.).

24 Vgl. Hans-Peter Schwarz (Hrsg.), Konrad Adenauer. Reden 1917–1967. Eine Auswahl, Stuttgart 1975, S. 197; charakteristische rückblickende Äußerungen Adenauers bei Koch, S. 167.

25 Vgl. dazu Anm. 8 und Buchheim, S. 126.

26 Eine Integration der gesamten westlichen Verteidigung war gerade ein Hauptwunsch der europäischen Westmächte. Vgl. Martin, S. 655.

27 Vgl. McGeehan, S. 58 und S. 102.

28 Vgl. Dean Acheson, Present at the Creation, New York 1969, S. 439. Achesons Einschätzung der taktischen Lage geht aus seinem Bericht an Truman vom 15. September 1950 hervor: ,,I think we showed that it was quite possible to deal with the German Government on the issue, not as supplicants, but merely agreeing to proposals already made by Adenauer to contribute units to European forces and to force him to accept conditions to our acceptance of his proposals." D. h.: Adenauer war es gewesen, der mit seinen beiden Memoranden den westdeutschen Verteidigungsbeitrag überhaupt erst ,,verhandlungsfähig" gemacht hatte. Vgl. Harry S. Truman, Years of Trial and Hope. Memoirs. Vol. 2, New York 1965, S. 294; zit. auch bei Adenauer, Erinnerungen, Bd. 1, S. 365.

29 Vgl. Acheson, S. 436.

30 Vgl. Martin, S. 648, S. 651, S. 654 und S. 660.

31 Vgl. Martin, S. 654ff.

32 Vgl. McGeehan, S. 18; Buchheim, S. 126.

33 Vgl. Martin, S. 655ff.; McGeehan, S. 39ff.

34 Vgl. Wettig, Entmilitarisierung, S. 363ff.

35 Vgl. McGeehan, S. 84f.; Baring, Außenpolitik, S. 93.

36 Vgl. Wettig, Entmilitarisierung, S. 426ff.

37 Einer der ersten amerikanischen ,,Konvertiten" für die Europa-Armee war Eisenhower. Vgl. McGeehan, S. 127f.

38 Vgl. Wettig, Entmilitarisierung, S. 372, S. 395; Adenauer, Erinnerungen, Bd. 1, S. 428.

39 Vgl. Adenauer, Erinnerungen, Bd. 1, S. 432 und S. 443; Adenauer, Reden, S. 200.
40 Vgl. Adenauer, Reden, S. 200; Baring, Außenpolitik, S. 96f.
41 Vgl. Adenauer, Erinnerungen, Bd. 1, S. 443.
42 Vgl. McGeehan, S. 228ff.
43 Vgl. Adenauer, Erinnerungen, Bd. 1, S. 443.
44 Vgl. Adenauer, Erinnerungen, Bd. 1, S. 367, S. 505 und S. 517.
45 Vgl. Adenauer, Erinnerungen, Bd. 1, S. 469 und S. 494; Baring, Außenpolitik, S. 105; Hans-Peter Schwarz, Das außenpolitische Konzept Konrad Adenauers, in: Rudolf Morsey und Konrad Repgen (Hrsg.), Adenauer-Studien I (Veröffentlichungen der Kommission für Zeitgeschichte, Reihe B, Bd. 10), Mainz 1971, S. 81.
46 Vgl. Adenauer, Reden, S. 244 und S. 287; Adenauer, Erinnerungen, Bd. 1, S. 521. Die weitere Verselbständigung der Bundesrepublik konnte nach der sogenannten „kleinen Revision" des Besatzungsstatuts vom 6. März 1951, durch die der Bundesrepublik u. a. begrenzte außenpolitische Kompetenzen zugesprochen wurden, nur noch als eine Frage der Zeit erscheinen.
47 Vgl. Baring, Außenpolitik, S. 122; Waldemar Besson, Die Außenpolitik der Bundesrepublik, München 1970, S. 111; vgl. auch Anm. 23.
48 Vgl. den Überblick bei Baring, Außenpolitik, S. 112ff.
49 Vgl. Baring, Außenpolitik, S. 99f. und S. 112ff.
50 Vgl. Acheson, S. 609f.
51 Vgl. Baring, Außenpolitik, S. 119; Wettig, Entmilitarisierung, S. 462ff.: Die Bundesrepublik konnte nach dieser Regelung die politischen, nicht aber die im engeren Sinne militärischen Entscheidungen der NATO mitbeeinflussen. Doch haben die Angelsachsen der Bundesrepublik offenbar auch hier ein gewisses Mitspracherecht inoffiziell in Aussicht gestellt.
52 Vgl. Baring, Außenpolitik, S. 115.
53 Vgl. Baring, Außenpolitik, S. 103; Besson, S. 108 und S. 114.
54 So Heinrich v. Brentano (an Adenauer, 22. August 1950) in: Arnulf Baring, Sehr verehrter Herr Bundeskanzler! Heinrich von Brentano im Briefwechsel mit Konrad Adenauer 1949–1964, Hamburg 1974, S. 52ff.; Koch, S. 142ff.
55 Vgl. Wettig, Entmilitarisierung, S. 467ff.; Baring, Außenpolitik, S. 116f. und S. 221ff.; Besson, S. 107ff.; Nolte, S. 296ff.
56 Vgl. Baring, Außenpolitik, S. 107 und S. 333; James L. Richardson, Deutschland und die NATO, Köln 1967, S. 32f.; Schwarz, S. 90.
57 Vgl. Schubert, S. 175.
58 Vgl. Adenauer, Reden, S. 191 und S. 197.
59 Vgl. Adenauer, Erinnerungen, Bd. 1, S. 404; Adenauer, Reden, S. 252.
60 Vgl. Adenauer, Erinnerungen, Bd. 1, S. 518 und S. 521f.; Konrad Adenauer, Erinnerungen 1953–1955 (Bd. 2), Stuttgart 1966, S. 105, S. 122 und S. 207; Adenauer, Reden, S. 273, S. 276 und S. 285.
61 Vgl. Adenauer, Reden, S. 276; Adenauer, Erinnerungen, Bd. 2, S. 122.
62 Vgl. Adenauer, Reden, S. 252; Adenauer, Erinnerungen, Bd. 1, S. 491 und S. 537; Wolfram Hanrieder, West German Foreign Policy 1949–1963, Stanford 1967, S. 81.
63 So der KPD-Abgeordnete Renner, zitiert in: Adenauer, Reden, S. 197.
64 Vgl. Adenauer, Reden, S. 276.
65 Vgl. den Art. 7,2 des Deutschland-Vertrages.
66 Vgl. Adenauer, Reden, S. 276f.
67 Vgl. Adenauer, Erinnerungen, Bd. 1, S. 469 und Bd. 2, S. 234.
68 Vgl. Adenauer, Erinnerungen, Bd. 1, S. 382, S. 442 und S. 521 und Bd. 2, S. 234.
69 Vgl. Adenauer, Erinnerungen, Bd. 1, S. 397 und Bd. 2, S. 62ff.
70 Vgl. Adenauer, Erinnerungen, Bd. 1, S. 518; Adenauer, Reden, S. 252. Adenauer

fürchtete nichts mehr als das Wiederaufleben des Rapallo-Komplexes bei den Westmächten. Vgl. Besson, S. 119.

71 Vgl. Besson, S. 145f.; Adenauer, Reden, S. 250; Erinnerungen, Bd. 1, S. 404 und Bd. 2, S. 204.

72 Vgl. McGeehan, S. 232.

73 Vgl. Adenauer, Erinnerungen, Bd. 2, S. 221f.

74 Vgl. Baring, Außenpolitik, S. 328 und S. 330.

75 Vgl. Heinrich Krone, Aufzeichnungen zur Deutschland- und Ostpolitik 1954–1969, bearbeitet und eingeleitet von Klaus Gotto in: Rudolf Morsey und Konrad Repgen (Hrsg.), Adenauer-Studien III: Untersuchungen und Dokumente zur Ostpolitik und Biographie (Veröffentlichungen der Kommission für Zeitgeschichte, Reihe B, Bd. 15), Mainz 1974, S. 135; Wettig, Entmilitarisierung, S. 575 und S. 580ff.; Adenauer, Erinnerungen, Bd. 2, S. 267.

76 Vgl.Krone, S. 135; Adenauer, Erinnerungen, Bd. 2, S. 291; Wettig, Entmilitarisierung, S. 597.

77 Vgl. Adenauer, Erinnerungen, Bd. 2, S. 297, S. 303 und S. 335.

78 Vgl. Adenauer, Erinnerungen, Bd. 2, S. 292 und S. 315f.; Felix von Eckardt, Ein unordentliches Leben. Lebenserinnerungen, Düsseldorf – Wien 1967, S. 309 und S. 316.

79 Es gab zwar eine informelle Zusage von englischer und amerikanischer Seite, auf diesem Junktim nicht zu bestehen, falls die EVG scheitern würde. Doch ist Adenauer selbst darauf nicht zurückgekommen. Vgl. Besson, S. 155; Eckardt, S. 186. Vgl. ferner: Verteidigung im Bündnis. Planung, Aufbau und Bewährung der Bundeswehr 1950–1972. Hrsg. vom Militärgeschichtlichen Forschungsamt, München 1975, S. 42.

80 Vgl. Adenauer, Erinnerungen, Bd. 2, S. 292 und S. 303.

81 Vgl. Adenauer, Erinnerungen, Bd. 2, S. 296; Paul Noack, Militärpolitische Entscheidungen nach dem Scheitern der Europäischen Verteidigungsgemeinschaft, in: Aspekte, S. 155.

82 Vgl. Wolfram Hanrieder, Die stabile Krise, Düsseldorf 1971, S. 21; Adenauer, Erinnerungen, Bd. 2, S. 298; Wettig, Entmilitarisierung, S. 531.

83 Vgl. Adenauer, Erinnerungen, Bd. 2, S. 299 und S. 303; Besson, S. 156.

84 Vgl. Adenauer, Erinnerungen, Bd. 2, S. 326ff. und S. 338f.

85 Vgl. Wettig, Entmilitarisierung, S. 617.

86 Vgl. Baring, Brentano, S. 143.

87 Vgl. Adenauer, Erinnerungen, Bd. 2, S. 346.

88 Vgl. Adenauer, Erinnerungen, Bd. 2, S. 305 und S. 355. Es war mehr Wunsch als Wirklichkeit, wenn Adenauer die WEU mit dem Kern eines zukünftig integrierten Europa gleichsetzte. Vgl. Erinnerungen, Bd. 2, S. 353 und S. 356.

89 Vgl. Adenauer, Erinnerungen, Bd. 2, S. 292 und S. 296.

90 Vgl. Noack, in: Aspekte, S. 152f.; vgl. ferner Anm. 19 und Klaus Schwabe, Die Außen- und Sicherheitspolitik der Bundesrepublik 1948–1960. Aus der Forschung, in: Militärgeschichtliche Mitteilungen. Hrsg. vom Militärgeschichtlichen Forschungsamt. 1973, Heft 1, S. 150ff., und McGeehan, S. 71.

91 Vgl. Schwarz, S. 87.

92 Vgl. Adenauer, Erinnerungen, Bd. 2, S. 349.

THILO VOGELSANG

Großbritanniens Politik zwischen Mendès-France und Adenauer im August/September 1954

I.

Im Dokumententeil des Erinnerungsbandes ,,100 Jahre Auswärtiges Amt 1870–1970" befindet sich unter den relativ wenigen Stücken zur Nachkriegsgeschichte das Faksimile eines mit den üblichen Bearbeitungsvermerken versehenen, von Konrad Adenauer paraphierten Telegrammentwurfs. Er hat folgenden Wortlaut[1]:

,,Seiner Exzellenz dem Premierminister des Vereinigten Königreichs, Sir Winston Churchill, London, Downing Street.

Ich bin glücklich, Ihnen, sehr verehrter Herr Premierminister, mitteilen zu können, daß die Gespräche mit Außenminister Eden zu einer vollen Übereinstimmung der Auffassungen geführt haben. Der so harmonische Ablauf der Besprechungen hat gezeigt, ein wie glücklicher Gedanke es von Ihnen, Sir Winston, war, die Initiative zu ergreifen und einen Ausweg aus den gegenwärtigen Schwierigkeiten zu weisen."

Zeitpunkt (13. September 1954) und Empfänger stellen für den Leser sofort einen Zusammenhang des Textes mit dem deutschen Verteidigungsbeitrag her, und zwar mit der problematischen Phase ,,zwischen EVG und NATO", nachdem der Vertrag über die Europäische Verteidigungsgemeinschaft am 30. August 1954 endgültig in der französischen Nationalversammlung gescheitert war. Darüber hinaus zeigt das Telegramm die seinerzeit unverzüglich dargebotene Hilfeleistung seitens der Regierung in London, also jenen Vorgang, der in den bisherigen Übersichtsdarstellungen stets nur eine mehr oder weniger knappe Erwähnung gefunden hat, ohne daß die Details und der Hintergrund ausreichend berücksichtigt worden wären[2]. Andererseits standen der einzigen ausführlicheren Untersuchung in dem 1967 erschienenen Buche von Gerhard Wettig[3] der zweite Band der Aufzeichnungen des auch hier aus amtlichen Quellen schöpfenden Bundeskanzlers noch nicht zur Verfügung, die Memoiren Paul-Henri Spaaks kamen zwei Jahre später heraus und die Erinnerungen des damaligen britischen Botschafters in Paris, Sir Gladwyn Jebb[4], erschienen erst im Jahre 1972. Im folgenden soll daher der Entwicklung noch einmal nachgegangen und der Versuch unternommen werden, Motivation und Inhalt der britischen Intervention schärfer zu beleuchten, vor allem aber bislang kaum beachtete Zusammenhänge darzulegen.

Die Vorgeschichte der zu behandelnden Vorgänge braucht hier nicht mehr in Einzelheiten erörtert zu werden. Es genügt vielmehr, die sich seit Beginn des Jahres 1954 abzeichnende Verstärkung der Zweifel in Frankreich zu konstatieren – Zweifel in Gestalt der großen Frage, ob nicht die EVG aufgrund der Vertragsbestimmungen den nationalen Interessen des Landes abträglich sei.

Auf diese Unsicherheit hat bekanntlich auch der verlorene Krieg in Indochina eingewirkt. Eine Sichtung der im Laufe des Sommers bei Öffentlichkeit, Parteien und Regierung anschwellenden Vorbehalte, die sich alsbald in Wünsche und Forderungen umsetzten, ergibt folgenden Befund:

1. Die Bindung starker Teile der französischen Streitkräfte an ein supranationales „europäisches" Entscheidungsgremium wurde teils als schwer, teils als überhaupt nicht zumutbar betrachtet. An der somit beeinträchtigten Sicherheit Frankreichs sollte daher nach Ansicht der Regierungen in Paris (Laniel; Mendès-France) auch die andere nicht-überseeische Besatzungsmacht, Großbritannien, mitwirken, und zwar in der Form einer militärischen Assoziation an die EVG[5].
2. Nachdem in Frankreich der Eindruck entstanden war, als würde London unter Churchill gesteigerten Wert auf außenpolitische Bewegungsfreiheit legen, gewann das Empfinden die Oberhand, daß der EVG-Vertrag und die vorgesehene Europäische Politische Gemeinschaft (Art. 56 und 57) eine künftige Mobilität im Bereich der internationalen Beziehungen erheblich erschweren würden.
3. Wenn jedoch das Verfahren zur Ratifizierung des Vertrages – sei es in der ursprünglichen, sei es in einer modifizierten Form – sich schon in nächster Zeit als unumgänglich erweisen würde, dann sollte ihm eine „innenpolitische Versöhnung" vorausgehen, und das nicht allein um einer – ad hoc mehr als nur wünschenswerten – breiteren Mehrheit willen.

Die so umschriebene Situation erhielt einen besonderen Akzent durch die amerikanische Politik jener Zeit, speziell durch die Haltung John Foster Dulles'. An Appellen aus Washington an die Pariser Adresse, die miteinander durch ein Junktim verbundenen Abkommen über die Beendigung des Besatzungssystems in der Bundesrepublik (26. Mai 1952) und die Europäische Verteidigung (27. Mai 1952) durch parlamentarische Verabschiedung endlich zu verwirklichen, hatte es nicht gefehlt. Der amerikanische Außenminister war bislang auch nicht zu bewegen gewesen, angesichts der seit 1953 anhaltenden Verzögerungen an Alternativlösungen zu denken, geschweige sie in seinem Hause zur Erörterung zu stellen, obwohl er über die Schwierigkeiten in Frankreich laufend und gründlich unterrichtet war. Warum und wie sehr diese Position wider bessere Überzeugung eingenommen wurde und ob er sachliche Gründe dafür hatte, muß später einmal auf der Basis ausführlicherer Quellen, als sie heute zur Verfügung stehen, entschieden werden. Daß es zumindest ein bewußtes taktisches Verhalten gewesen ist, haben damals bereits Zeitgenossen sicher richtig erkannt und auch bezeugt[6], und wir sehen keinen Grund, uns solcher Bewertung nicht anzuschließen. Denn letzten Endes ging es Dulles wie der amerikanischen Regierung vor allem um die Einbindung der Bundesrepublik in das politische Gefüge der westlichen Welt, zu welchem Zweck sich die supranationale Konstruktion einer „Verteidigungsgemeinschaft" als optimales Instrument (mit eingebauten Sicherungen) geradezu anbot[7], ein Faktor also, der von Dulles sehr hoch eingeschätzt wurde, möglicherweise sogar höher als die künftigen zwölf deutschen Divisionen. Nur so erklärt sich das persönliche Engagement des Amerikaners für dieses Ziel seit den Tagen seines Amtsantritts und nur so auch der Einsatz seines Prestiges.

Dulles' Haltung war in Paris bekannt, doch ihre zahlreichen Artikulationen wurden hier als lästiger Druck, ja als Ärgernis empfunden, das die Abneigung gegen den Vertrag letztlich vertiefte und abermals ein Stück der Abhängigkeit von Washington erkennen ließ. War letztere eine Gegebenheit und daher nicht ohne weiteres in Frage zu stellen, so mußte andererseits Pierre Mendès-France, Ministerpräsident seit dem 18. Juni 1954, nunmehr zeigen, ob, wann und wie er das Vertragsproblem einer Erledigung zuzuführen gedachte. Daß es in seiner Regierungserklärung zwar nach Indochina, was verständlich war, überdies aber erst nach wirtschaftlichen und sozialen Aufbaumaßnahmen im Innern rangierte, alarmierte die USA und Großbritannien gleichermaßen, da auch London die Ratifizierung für überfällig erachtete, nachdem es neun Wochen zuvor, am 13. April, in einem förmlichen Vertrag über Zusammenarbeit mit der EVG[8] die Möglichkeiten seiner sicherheitspolitischen Zugeständnisse ausgeschöpft hatte. So kam es, daß man sich bald über Mendès-France Gedanken machte, zumal in seinem Kabinett die Republikanische Volksbewegung (MRP) der Robert Schuman und Georges Bidault nicht mehr vertreten war. Seine Neigung, nach einem „Kalender" persönlicher Präferenzen zu verfahren[9], wurde ebenso schnell bekannt wie sein Verlangen, den fünf Partnern Modifikationsvorschläge für den EVG-Vertrag vorzulegen, die er allen Ernstes vermittels zwischenparteilicher Gespräche ausgehandelt wissen wollte. Einige Beobachter stimmen darin überein, daß Mendès-France ein prinzipieller Gegner der Verträge von 1952 wohl nicht gewesen ist[10], und zusätzlich kann man lesen, daß er – würde er sie vertreten – bei allem Vorwalten des Intellekts gerade hierbei Entgegenkommen und Verständnis für seine Position, ja für die Person selbst erwarten würde[11] und daß er das Geliebt-werden-wollen als Eigenschaft wohl gelegentlich auch auf andere Personen übertrug, zumindest auf Paul-Henri Spaak[12], der wiederum ihn zu verstehen suchte. Allerdings war Mendès-France, wie Spaak mit Recht urteilt, „nicht genug Europäer, um den Kampf zu führen"[13], die Sache der EVG also zu der seinen zu machen.

Eine Respektierung der innerfranzösischen Schwierigkeiten und damit Entgegenkommen in irgendeiner Form erwartete der neue Président du conseil natürlich auch von Bonn, in der Hoffnung, sich notfalls stillschweigend auf jenen Herzenswunsch des Bundeskanzlers stützen zu können, den man in Frankreich rapprochement nannte. Doch die Rechnung ging nicht auf. Um es vorwegzunehmen: Konrad Adenauer hat in diesem Zusammenhang das Aussöhnungsverlangen zeitweilig zurücktreten lassen, und seine begrenzte Kompromißgeneigtheit auf der nachfolgenden Brüsseler Konferenz (19. bis 22. August), die dann doch keinen nachwirkenden Erfolg brachte, ist, ohne dabei Unabdingbares zu gefährden, ausgesprochen „europabezogen" gewesen, in Übereinstimmung vor allem mit Spaak und den Vertretern der übrigen Partnerstaaten[14]. Im Grunde war Mendès-France dem Kanzler ein Fremder; die Ratio des Franzosen, mit Temperament und Gefühl präsentiert, bewirkte bei Adenauer anstelle interessierten Eingehens nur ein Mißtrauen, das sich nie mehr restlos unterdrücken ließ, auch in Rückblicken nicht. Sicher ist des Kanzlers Meinung über Mendès-France nicht in dem Maße „vergiftet" gewesen, wie es eine beträchtliche Zeit lang zweifellos bei Dulles und in dessen Umgebung der Fall war[15], doch nahm er damals alle kritischen Informationen über vermutete Absichten und Taktiken der neuen französischen Regierung besonders ernst. Noch elf Jahre später, als er den zweiten Band seiner „Erinnerungen“ zu Papier brachte, trug er keine Bedenken, den Text einer längeren Warnung („wie ich glaube, aus zuverlässiger Quelle“), die dann Eingang in die Akten gefunden hatte, zur Beleuchtung der Lage vor Brüssel mit aufzunehmen[16].

II.

Soweit die Positionen einiger hier interessierender Akteure. Doch trotz aller Bezugnahme auf den Vertrag über die Verteidigungsgemeinschaft und trotz allen persönlichen Engagements für Europa (Spaak, Adenauer) war die Situation von 1954 mit derjenigen von 1952 nur noch wenig vergleichbar. Von den Veränderungen, die gelegentlich auch mit bestimmten Ereignissen nach Stalins Tod in Wechselwirkung standen, seien an dieser Stelle zwei herausgehoben: 1. selbständigere Regungen der britischen Außenpolitik und 2. eine akzentuierte Höherwertung der amerikanischen Beziehungen zu Bonn durch die republikanische Administration Eisenhower/Dulles.

Das erste Phänomen ergab sich aus dem Bestreben der konservativen Regierung in London, „zur Absicherung des britischen Teils in der anglo-amerikanischen Partnerschaft“[17] auch eigene Initiativen oder abweichendes Verhalten zu wagen. Hierzu gehörten vor allem Churchills Vorschlag einer Gipfelkonferenz der Vier Mächte (11. Mai 1953), hinter dem zu Recht Gedanken vermutet werden durften, die auf eine europäische Friedensregelung hinausliefen, ferner das in Zielen und Methoden sehr unterschiedliche Auftreten und Taktieren Dulles' und Bedell Smith's einerseits sowie Edens andererseits auf der Genfer Indochina-Konferenz. Diese und andere Aktivitäten sollten sowohl dem readjustment britischer Außenpolitik (Northedge) als auch der Friedenssicherung und – wenngleich kaum ausgesprochen – einer vorsorglichen Verantwortung für das Commonwealth Rechnung tragen.

Im Grunde ähnlich personenbezogen war die zweite Veränderung. Wenn heute festgestellt wird, daß die Bundesrepublik seinerzeit für die Vereinigten Staaten „in erster Linie der unabdingbare Schlußstein ihres westeuropäischen Sicherheitssystems“[18] gewesen ist und daß der Bundeskanzler schon 1952 anläßlich seiner – die USA unterstützenden – Ablehnung der sowjetischen Deutschlandnoten gewisse Essentials der amerikanischen Verteidigungspolitik richtig eingeschätzt hat[19], dann ist die Herstellung eines Zusammenhanges mit der damaligen besonderen Einschätzung der Bundesrepublik und Adenauers naheliegend. Bei seinem ersten Staatsbesuch in den USA (April 1953) empfing der Kanzler ausgesuchte Ehrungen und vernahm aus dem Munde von Präsident und Secretary of State sinngemäß, daß sein Land als Partner akzeptiert sei: man habe „gemeinsame Probleme“ und man müsse sie „gemeinsam lösen“. Die Antwort des Gastes war unumwunden. „Wir in Deutschland“, so hielt er sie später in den „Erinnerungen“ fest (wohl aufgrund einer amtlichen Aufzeichnung), „bejahten die amerikanische Politik. Wir würden uns als treuer und zuverlässiger Partner erweisen.“[20] Genau um die „Zuverlässigkeit“ aber ging es John Foster Dulles. Sein Ärger über die Verzögerung der Vertragsratifizierung ließ ihn sich im Dezember 1953 zu der Drohung mit einem ,,agonizing reappraisal" bezüglich des Engagements in Europa hinreißen, und ein Kenner der britisch-amerikanischen Beziehungen vermutet für diesen Zeitpunkt bei Dulles sogar ,,a return to the policy of selective allies" (wie sie Herbert Hoover schon 1950 empfohlen hätte) mit dem Zusatz, zu den Auserwählten habe allem Anschein nach in jener Phase auch die Bundesrepublik gehört[21].

Während dennoch die amerikanische Politik nach außen am EVG-Vertrag als der optimalen Organisationsform innerhalb des gesamtwestlichen Verteidigungssystems festhielt, widersprach sie nicht der im Dezember 1953 geäußerten Auffassung Churchills, daß zur Verteidigung Westeuropas deutsche Streitkräfte auch als nationales Kontingent innerhalb der NATO vorstellbar seien[22], denn daß die Wiederbewaffnung Westdeutschlands ,,unvermeidlich" sei, war die Überzeugung beider Regierungen. Churchills unbefangene Deutlichkeit und Dulles' spezielle Erwartungen lassen daher den Eindruck zu, als hätten beide Politiker das mögliche Scheitern der EVG relativ frühzeitig in ihre Erwägungen einbezogen[23]. Ein Satz in den Memoiren Spaaks, britischerseits würden ,,bereits politische Ausweichlösungen" ausgearbeitet: ,,den Beitritt Deutschlands zum Nordatlantikpakt auf Gleichheitsbasis, oder die Wiederherstellung der vollen Souveränität Deutschlands, wobei man ihm alle Freiheit bezüglich der Aufrüstung ließe"[24], muß, dem Kontext zufolge, zeitlich dessen Treffen mit Dulles am 24. April 1954 in Paris zugeordnet werden. Und zwei Monate später zeigte sich Dulles immerhin geneigt, sich notfalls vom Junktim der beiden Verträge von 1952 zu lösen, denn wenn die Verwirklichung der EVG noch länger auf sich warten lasse, ,,müsse man erwägen, der Bundesrepublik vorweg die Souveränität zu gewähren"[25]. Gleichwohl scheinen die letzten Junitage für Dulles und das Department of State den Durchbruch zur Tolerierung auch von Ersatzlösungen zu markieren. Hierauf verweist nicht nur eine Rede des amerikanischen Botschafters in Paris, Dillon, der die Franzosen mit der Frage schockierte: ,,Soll die unvermeidliche Wiederbewaffnung Deutschlands eine kontrollierte Wiederbewaffnung innerhalb einer Europäischen Verteidigungsgemeinschaft sein oder soll nochmals eine unabhängige Deutsche Nationalarmee geschaffen werden?"[26] Auch eine amerikanisch-britische Studiengruppe begann in London am 5. Juli damit, den von Dulles erwogenen Gedanken einer ,,Vorweg-Souveränität" auf dessen Realisierbarkeit zu überprüfen[27]. Ob zu dieser Forcierung der Entwicklung Konrad Adenauers Worte auf einer Düsseldorfer Kundgebung am 20. Juni, man solle das deutsche Volk ,,nicht mehr warten lassen auf die Rückgabe seiner Freiheit und seiner Souveränität", das auslösende Moment gewesen sind, muß mangels Aktenzugang vorerst offen bleiben. Die Möglichkeit eines Zusammenhanges ist freilich nicht ganz auszuschließen, denn die zustimmende Reaktion des Department of State (,,Übereinstimmung" der Meinungen von Bonn und Washington) erfolgte gewissermaßen auf dem Fuße, auch wenn ihr ein Gespräch zwischen Botschafter Krekeler und Dulles – über jene Passage der Rede – voraufgegangen war[28].

Die offizielle britische Außenpolitik war also in das Problem eingestimmt; vor allem: Zusammen mit der amerikanischen hatte sie sich auf den Weg der Suche nach ,,Ersatzlösungen" begeben, und zwar in konkreter Form zumindest bezüglich der Souveränitätsfrage. Aber das waren zweifellos noch keine offenen Gegensätzlichkeiten innerhalb der Beziehungen zu Paris, zumal die Vorstellung von Frankreich als ,,the most indispensable of Britain's allies"[29] auch in diesem Jahre 1954 grundsätzliche und selbstverständliche Bedeutung besaß. Die Restituierung Frankreichs als Großmacht in Europa und der Welt war zehn Jahre zuvor mit kräftiger britischer Hilfe erfolgt, und im krisenreichen Südostasien hatte London lange Zeit gegenüber Paris eine Politik der Solidarität verfolgt. So erhielt sich in den ersten Nachkriegsjahren der Rahmen einer beiderseitigen Harmonie, sichtbar werdend in der Zusammenarbeit Bevin/Bidault, im Bündnisvertrag von Dünkirchen, dem Brüsseler Pakt (1948) und in der gemeinsamen Überzeugung von der Notwendigkeit einer nordatlantischen Verteidigungsorganisation (1949). Daneben blieb die (durch viele einschlägige Äußerungen belegte) generell wohlwollende Haltung Winston Churchills wirksam, der freilich auch Frankreich auf den Weg nach ,,Europa" wies und diese seine spezielle Interessenahme nach 1951, nunmehr wieder Premierminister, fortsetzte. Doch gerade hier, auf dem Gebiet der ,,European matters", waren gewisse Grenzen der Zugeneigtheit zu erkennen. Sie wurden vollends deutlich, als nach der Brüsseler Konferenz[30] abzusehen war, daß die EVG spätestens nach einer Woche durch Frankreich zu Fall gebracht werden würde, obwohl sich London am 13. April mit einem Vertrag über Zusammenarbeit zusätzlich engagiert hatte. Als Mendès-France am 23. August von Brüssel aus seinen verzweifelten Besuch in Chartwell machte, in der Hoffnung auf Unterstützung, kam es daher auch zu verärgerten Reaktionen des Premierministers. Und Churchills Worte während des Lunchs, von einem Teilnehmer überliefert, ,,You must understand, my dear friend, that we are not prepared to be ruled by the French Chamber – for which we have not got a vote"[31] waren, ernsthaft oder ironisch gemeint, nicht so sehr an den Details der Sorgen des Besuchers orientiert, sondern eben an der von fünf Vertragspartnern akzeptierten und überdies für Großbritannien optimalen Form der europäischen Verteidigung, die im Augenblick jeglicher Unterstützung, geschweige denn Mitträgerschaft durch Frankreich zu entbehren schien.

Gleichwohl fehlte, und das ist nun für das folgende wichtig, jedes Anzeichen für einen Kollisionskurs; die Begegnung verlief keinesfalls in gereizter Atmosphäre. Abgesehen von der erwünschten Gelegenheit, den neuen französischen Regierungschef persönlich kennenzulernen, machte die Zusammenkunft in Chartwell es der britischen Regierung möglich, nach einer längeren Zeit lediglich kritischer Beobachtung die unerfreulich gewordene Situation unmittelbar mit einem der Hauptbeteiligten zu besprechen. Hierfür hatte Außenminister Eden eigens seinen Genesungsurlaub in Kärnten abgebrochen; Churchill stand kurz zuvor nicht nur mit Adenauer in telegraphischer Verbindung[32], sondern auch mit Eisenhower[33]. Für die Beurteilung des Treffens ist es wesentlich, daß die britischen Minister zwar auf die Annahme des Vertrages – mit unveränderten Argumenten – drängten, andererseits aber zusätzlich die Folgen eines Scheiterns beschworen und die Möglichkeiten von Ersatzlösungen erstmalig auch mit der ,,Gegenseite" offen besprachen. Jetzt ging es nicht mehr nur um die Vorweggewährung der Souveränität, der sich der Franzose im übrigen nicht entziehen wollte. Mendès-France mag vielmehr auch die Gefahr der

Isolierung seines Landes bedacht haben, denn zur Frage der Alternativen „with or without France" heißt es in einem referierenden Telegramm Edens an Dulles vom selben Tage: „He did not dissent, and was ready to consider German entry into NATO, with or without smaller grouping within NATO."[34] Obgleich das – zweifellos von den Briten dominierte – Gespräch nachdrücklich auf die Schwierigkeiten abhob, die bei kurzfristiger Zielsetzung einer Ersatzlösung für jeden der betroffenen Vertragsstaaten zwangsläufig entstehen würden, scheint am 23. August mit der im letzten Satz zitierten Passage ein neues gedankliches Element in die zwischenstaatliche Debatte gezielt eingebracht worden zu sein. Wir werden noch öfter darauf zurückkommen, und es stellt sich die Frage, ob britischerseits trotz der höflich-klaren Hinweise („We urged Mendès-France", „We warned him", „We pressed upon him") ausschließlich dem deutschen Bundeskanzler politischer Sukkurs geleistet werden sollte. Der Befund wird ergeben, daß die britische Verantwortung für Frankreich zumindest ebenso stark war wie das Verlangen, eine politische Ehrenschuld gegenüber Adenauer abzutragen.

Zur Beweisführung ziehen wir den britischen Botschafter in Paris, Sir Gladwyn Jebb[35], in die Betrachtung ein. Seine Memoiren zeigen, daß Jebb, wann immer er mit „kontinentalen" Angelegenheiten beschäftigt war (wie z. B. 1948 als Unterstaatssekretär mit dem Entstehen des Brüsseler Vertrages), sich für eine sein Land einschließende Zusammenarbeit eingesetzt hatte, und zwar stets unter Betonung einer britisch-französischen Harmonie. Sein Amt hatte er erst im Frühjahr 1954 angetreten, ohne besondere Instruktionen[36], doch von Anfang an die politische Unruhe in der französischen Hauptstadt sorgsam registrierend. Schon nach wenigen Wochen gelangte er zu der Einsicht, daß man sich auf ein Scheitern der EVG einstellen sowie eine Ersatzlösung und deren Voraussetzungen bedenken müsse: „The only way of getting early and general agreement, as I saw it, was for us to join with France and Germany on a footing of equality in some organization less rigid and potentially federalistic than the EDC, but necessarily narrower and with more authority than NATO"[37]. Den Memoiren zufolge war „such a plan" bereits vorher einmal von Senator Maroger ventiliert worden, und Jebb schreibt, daß er sich gegenüber seiner Regierung für diese Vorstellungen stark gemacht habe („It seemed to me to be the epitome of good sense and I urged our acceptance of it in a general way")[38], wahrscheinlich, wie aus dem Zusammenhang geschlossen werden kann, spätestens ab Ende Mai 1954. Ihm schwebte „a ‚European solution' " vor, und auf keinen Fall „a simple admission of Germany to NATO", worin die Franzosen niemals einwilligen würden, und dieses Problem beschäftigte ihn permanent. Er gab ferner zu bedenken, „that the ‚minimum of supranational content' in any alternative should include some guarantee that we for our part would not withdraw or reduce our forces except with the consent of our European allies"[39]. Und gerade diese Erwägung, die in London noch bis Anfang September strikt abgelehnt, wenn nicht sogar abqualifiziert wurde, verhehlte er auch keineswegs vor Mendès-France, weil er sich von ihrer Verwirklichung ein Einlenken Frankreichs zugunsten einer besseren Lösung versprach. Gladwyn Jebb meint zwar in der Rückschau, es sei ihm dabei gar nicht so sehr um den französischen Ministerpräsidenten als Person gegangen, doch zeigt der Satz ,,The real question was how we could best help him", daß damals jede britische Aktion, die – jetzt oder später – einen Weg aus dem Dilemma zu finden das Ziel hatte, die schwierige Position Mendès' nicht unberücksichtigt lassen konnte.

Obwohl also in Chartwell bei jenem ,,unsatisfactory interview" (Gladwyn) das Drängen auf Annahme des EVG-Vertrages noch im Vordergrunde stand, ist dort etwas Hilfestellung für Mendès-France von britischer Seite zweifellos geleistet worden, und zwar mit der Andeutung der erwähnten kleineren Gruppierung ,,within NATO" Sekundär, da aus den bislang vorliegenden Quellen nicht zu entscheiden, bleibt vorerst die Frage, welche von beiden Gesprächsseiten den Gedanken zuerst aufgebracht hat (Wettig schreibt ihn Mendès-France zu[40]), zumal wir jetzt wissen, daß ihn Gladwyn Jebb sowohl in Paris als auch in London vertrat und daß er in Chartwell zwar sicher nicht vertieft, zumindest aber nicht verworfen wurde, weder von der einen noch von der anderen Seite. Dennoch fällt auf, daß zwei spätere, in Frankreich über Mendès-France herausgekommene Veröffentlichungen den Eindruck entstehen lassen, als sei der Ministerpräsident an der im Herbst gefundenen ,,Lösung" persönlich beteiligt gewesen, gewissermaßen von Anfang an und mithin bereits in Chartwell. In dem speziell die Zeit als Regierungschef schildernden Buch von Pierre Rouanet ist zu lesen: ,,A 17 heures, le Président du Conseil regagne l'aérodrome. Dès ce moment, alors que dans tout l'Occident les espoirs d'organisation commune de la sécurité sont en berne, Churchill, Eden et Mendès France savent que les futurs accords de Londres et de Paris commencent à germer."[41] Diese Stelle wird von Spaak heftig kritisiert[42], doch baut sie offensichtlich wie auch vieles andere in jenem Buche auf Befragungen des Ministerpräsidenten durch den Autor auf, und Mendès-France mag aus der Sicht der ,,futurs accords" bei seinen Hinweisen auf Chartwell durchaus an die dort kurz erörterte ,,smaller grouping" gedacht haben. Jedenfalls spricht Rouanet folgerichtig davon, daß Mendès am folgenden Tage in Bagnoles-de-l'Orne gegenüber Präsident Coty neben den Brüsseler Eindrücken auch über die ,,perspectives ouvertes du côté des Anglais" berichtet habe[43]. Noch deutlicher sind zwei Sätze bei Nantet. Dort heißt es – unter Abhebung von einer ,,diskreten" Meldung der Agentur Reuter –: ,,On voit tout de suite les progrès accomplis de Bruxelles à Londres, des menaces de David Bruce aux plans de sauvetage formulés à Chartwell. Mendès a eu un bon réflexe en introduisant directement les Anglais dans la négociation européenne."[44] Hier wird geradezu der Eindruck von Vorentscheidungen vermittelt, an denen Mendès-France aktiv teilgehabt habe; freilich muß man wissen, daß auch Nantet auf Interviews zurückgriff – eine Äußerung Mendès' zu Chartwell wird kurz zuvor zitiert[45] –, und ein vermutbares Bestreben des Befragten, zwölf Jahre danach seine Person und seine europäische Politik von dem nachwirkenden Negativeffekt des 30. August nach bestem Können zu distanzieren, wäre menschlich verständlich. Wir werden später an diese Stelle noch einmal anknüpfen.

III.

Die britischen Überlieferungen schweigen sich zu alledem aus, unter ihnen auch der englische Biograph Adenauers Charles Wighton, der bezeichnenderweise das die Folgen des 30. August behandelnde Kapitel seines Buches mit der Überschrift „Saved by the British" versah[46]. Über diplomatische Korrespondenzen von Hauptstadt zu Hauptstadt zwischen dem 23. und dem 30. August wissen wir vorerst so gut wie nichts; ihre Zugänglichkeit dürfte noch längere Zeit auf sich warten lassen. Von Spaak ist bekannt, daß er – mit einem weiteren Kompromißvorschlag – den Faden zu Mendès-France nicht abreißen ließ[47], und Adenauer gab sich gar der Hoffnung hin, daß der französische Regierungschef den EVG-Vertrag vor der Nationalversammlung befürworten würde[48]. Doch sofern bestimmte Erwartungen in Brüssel und Bonn überhaupt noch ernsthaft gehegt wurden, erfüllten sie sich nicht. Im allgemeinen wartete man in den europäischen Hauptstädten und in Washington gebannt auf das Unvermeidliche, das dann am 30. August eintrat: Das französische Parlament setzte nach zweitägiger Debatte die Ratifizierung des EVG-Vertrages von der Tagesordnung ab, indem ein Antrag mit entsprechender Wirkung („question préalable") des Abgeordneten General Aumeran mit 319 Ja- gegenüber 264 Nein-Stimmen und zwölf Enthaltungen durchging.

Auf den damit ausgelösten Schock im westlichen Lager braucht hier nicht näher eingegangen zu werden. Wenn Konrad Adenauer das Bundeskabinett zum 1. September nach Bühler Höhe einberief und, mit Rückendeckung durch die USA und Großbritannien, nunmehr klare Forderungen präzisieren ließ, war er moralisch im Recht. Dies geschah durch einen veröffentlichten Beschluß der Bundesregierung vom selben Tage, wonach im Rahmen der Fortführung der Politik der europäischen Einigung als dringliche Ziele besonders die „Wiederherstellung der Souveränität" sowie die „Teilnahme an der westlichen Verteidigung ohne Diskriminierung" zu betreiben waren; der Weg dazu sollten „unverzügliche Verhandlungen mit den Vereinigten Staaten von Amerika und Großbritannien" sein[49]. Auch das verärgerte Reagieren Dulles' und dessen Rede vom 31. August seien an dieser Stelle lediglich erwähnt. In unserem Zusammenhang wichtiger ist die Tatsache, daß Eisenhower und Dulles, entweder wegen des beabsichtigten Aufenthaltes des Secretary of State in Manila (zu Verhandlungen über den SEATO-Vertrag) oder aus taktischen Erwägungen, vorerst bzw. grundsätzlich das Auffinden und Vorbereiten von Ersatzlösungen der britischen Regierung und damit Eden überließen[50]. Auch wenn man die schon vorher zutage getretenen unterschiedlichen Auffassungen Dulles' und Edens bezüglich der Formen der europäischen Einigung und hinsichtlich möglicher Auswirkungen eines Scheiterns der EVG auf die Haltung der Bundesrepublik in Rechnung stellt[51], war dieser Schritt, eine Art Delegierung, durchaus gerechtfertigt, denn über die Notwendigkeit „of a substitute idea" waren sich beide einig, und außerdem bestand ja „seit einer Reihe von Monaten"[52] eine britisch-amerikanische Arbeitsgruppe in London zur vorsorglichen Erarbeitung von Alternativvorschlägen. Vielleicht kam in diesem Entschluß auch – vorübergehend – eine weise Zurückhaltung Dulles' zum Ausdruck, indem er ehrlicherweise dem britischen Kollegen mehr „Unbefangenheit" in der Sache und gegenüber der Regierung in Paris zutraute. Aber das ist nur eine Vermutung, die sich streng genommen mit der zwei Wochen später erfolgten brüskierenden Behandlung Mendès-Frances durch Dulles kaum vereinbaren läßt.

Während Lord Reading anstelle Edens nach Manila reiste, zeigte sich die britische Regierung ihrer besonderen, teils zugewiesenen, teils bei sich selbst längst erkannten Aufgabe gewachsen. Das Kabinett trat am 1. September zusammen; aus Paris wurde Sir Gladwyn Jebb, aus Bonn der Hohe Kommissar, Sir Frederick Hoyer Millar, zugezogen[53]. Das Ergebnis der Sitzung bedeutete einen ersten Fortschritt und lag in der Bereitschaft zur Begünstigung gegenseitiger Konsultationen im Kreise der betroffenen Staaten, mit dem Ziele einer baldigen Konferenz der sechs EVG-Länder, Großbritanniens und der USA, nach Möglichkeit in London. Die anvisierten Lösungen bewegten sich jenseits des EVG-Modells; für erstrebenswert wurde eine unmittelbare NATO-Mitgliedschaft der Bundesrepublik angesehen[54]. Jebb brachte letzteres am 2. September Mendès-France zur Kenntnis[55], während Hoyer Millar am selben Tage Adenauer aufsuchte und – neben Stellungnahmen der Enttäuschung – vom Kanzler erfuhr, daß auch Bonn ,,für die NATO-Lösung" sei. Daneben spielte die Idee einer freiwilligen Selbstbeschränkung im Rahmen einer deutschen Wiederaufrüstung gemäß ,,den Grenzen der EVG" (als Ratschlag Churchills) in diesem Gespräch bereits eine Rolle[56]. Der französische Regierungschef brachte jedoch anstelle der NATO-Lösung eine ,,europäische Koalitionsorganisation mit Einschluß Großbritanniens" in die Unterredung ein, womit er sich zweifellos sehr in der Nähe von Jebbs persönlichen Auffassungen befand[57], der jedoch auftragsgemäß ein ,,Mittelding zwischen der gescheiterten EVG und der NATO" abzulehnen hatte und es auch tat[58].

Aber war damit nicht wieder das Stichwort von Chartwell gefallen? Obgleich die Briten für einen Eintritt in eine (neu zu planende) militärische europäische Organisation à la ,,diluted E.D.C." mit Sicherheit nicht zu haben sein würden (grundsätzlich nicht und aus Zeitgründen nicht), scheint Mendès gleichwohl auf jene in Chartwell angesprochene ,,smaller grouping within NATO" angespielt zu haben, wobei anzumerken ist, daß der Franzose an ein Deutschland und Großbritannien einschließendes neues militärisches System außerhalb der NATO dachte, die britische Seite aber nur eine politische ,,Gruppierung" von NATO-Staaten einschließlich Deutschlands konzedieren würde. Im Grunde genommen blieb dies auch der einzige Weg, wenn London, wie unbedingt anzunehmen ist[59], im eigenen Interesse und im Gegensatz zu Dulles, nicht nur Adenauer, sondern auch Mendès-France und dessen Lande wirklich ,,helfen" wollte[60].

Jebbs Bericht über seine Vorsprache bei Mendès-France steht vorerst der Forschung nicht zur Verfügung. In den ,,Memoirs" wird das Gespräch nicht erwähnt, wohl aber bestätigt der Botschafter, daß er in jenen Wochen mehrfach Mendès bei der Regierung in London Unterstützung lieh (,,[. . .] and indeed I had had frequently to appear in the guise of devil's advocate or prisoner's friend as a result"[61]). Er tat es wohl auch indirekt, indem er in den Gesprächen sowohl die Auffassungen des Foreign Office als auch (vorsichtig) seine eigenen zu Gehör brachte und letztere stillschweigend zur Benutzung durch Mendès-France „freigab". Solches galt nicht zuletzt für die Idee der schon erwähnten, namentlich Frankreich zu gewährenden Garantie „that we for our part would not withdraw or reduce our forces in Germany except with the consent of our European allies"[62]. Auch Mendès muß sie kurz zuvor – und offensichtlich nicht zum ersten Male – deutlich genug geltend gemacht haben, denn am 4. September[63] erhielt Jebb die Anweisung zu einem förmlichen Protest bei ihm „for having once again reverted to this totally unacceptable, and, indeed, ‚shop-soiled' idea – which, since it was my own, I had certainly not discouraged"[64]. Ob nun der Protest erfolgte oder nicht, und gleichgültig auch, was immer an Berichten, Bitten und Ratschlägen zwischen dem 2. und 4. September den Weg nach London fand: Schon unmittelbar darauf zeichnete sich auf der Insel die Vorentscheidung zu der bekannten Lösung ab, die in der Neubelebung des Brüsseler Paktes und dessen Ausgestaltung zur Westeuropäischen Union bestehen sollte. Eden erinnert sich, daß ihm während des Wochenendaufenthaltes „in our Wiltshire cottage" der Gedanke gekommen sei, zur Vorbereitung der angestrebten Konferenz vier europäische Hauptstädte (Brüssel, Bonn, Rom und Paris) zu besuchen, und da trotz Adenauers erwarteter schriftlicher Zustimmung zu der britischen Auffassung (NATO-Lösung mit deutscher Selbstbeschränkung) das Reisegepäck als noch zu leicht befunden wurde, fiel ihm ebendort auch die Verwendung des zu modifizierenden Brüsseler Vertrages als politisches Instrument ein (5. September), gerade um Frankreichs willen. Am Tage danach stimmte Churchill den Überlegungen Edens zu[65]. Wir wissen heute, daß diese „idea of transformation" praktisch schon den Durchbruch zur Überwindung der am 30. August ausgelösten Schwierigkeiten bedeutete, und gerade deshalb sind wohl auch von den Beteiligten selbst nebensächliche Beobachtungen in der Erinnerung festgehalten worden. Eden begegnete „seinem" Gedanken bekanntlich „in the bath on Sunday morning", und der Parlamentarische Staatssekretär im Foreign Office, Anthony Nutting, vermerkt in seiner Schilderung die abendliche Septembersonne, deren Strahlen durch den St. James Park in die hohen Fenster des Beratungszimmers eingefallen seien, als Eden seinen Mitarbeitern die Vorzüge des Brüsseler Vertrages für den gedachten Zweck nahezubringen versuchte.

Der britische Außenminister konnte jedenfalls später für sich in Anspruch nehmen, mit der Brüsseler „Idee" als erster, wenngleich zunächst intern, doch „offiziell" gearbeitet zu haben. Doch war sie tatsächlich das „brain-child"[67] nur Edens allein? In den Erinnerungen findet sich immerhin der Hinweis: „At the Foreign Office a few days before, there had happened to be some discussion of the treaty in another context, and I expect that this put the idea into my head."[68] Dieser Feststellung würde nichts entgegenstehen, denn es ist ohne weiteres denkbar, daß man sich im Augenblick der Entschlossenheit, den deutschen Verteidigungsbeitrag durchzusetzen, Gedanken über Tendenz und Zielsetzung jenes aus dem Jahre 1948 stammenden Vertragswerkes gemacht hat. Oder stoßen wir auch hier auf Spuren Jebbscher Einwirkungen? Nuttings drängender Vorschlag gegenüber Eden im Kreise der „closest advisers", „that the only reassurance that would satisfy the French in their demoralized mood was a British undertaking to keep our existing forces in Europe for the duration of the Brussels Treaty"[69], war ja inhaltlich bereits bekannt durch entsprechende

Vorstöße aus Paris von seiten Jebbs und Mendès'. Und der französische Botschafter in London, René Massigli, deutete gegenüber Eden kurz vor dessen Abreise, wahrscheinlich am 9. September, neue Überlegungen der Regierung in Paris an, „the (Brussels) treaty might be reshaped to include Germany and Italy, and some military arrangements might be made under it"[70]. Wie ist hier zu entscheiden? Lassen wir die Frage einstweilen offen.
Eden hat damals den Inhalt der Ausführungen Massiglis, obwohl sie doch ausdrücklich der Beitrag zu einer politischen Lösung sein sollten, etwas heruntergespielt; von seinem Standpunkt aus mit Recht, denn trotz des Stichwortes „Brüsseler Pakt" dachte die französische Regierung noch in ähnlichen Kategorien wie am 2. September, als Jebb bei Mendès-France vorsprach[71]. Gleichwohl hatte der britische Außenminister nunmehr – und das seit Wochen – von Jebb, Mendès-France, Nutting und Massigli erfahren, welche Art Hilfe Frankreich (und damit Europa) in diesem wichtigen Augenblick von Großbritannien erwartete, und rüstete sich entsprechend aus.
Als Eden am 11. September seine Reise in die europäischen Hauptstädte antrat, war daher das diplomatische Reisegepäck etwas umfangreicher als es die Zeitgenossen zunächst wahrzunehmen imstande waren. Mit dem „Übergewicht" aber verschaffte er sich jenen Spielraum, den er für die Zeitspanne bis zu der anvisierten, zwischendurch auf Wunsch Dulles' und Adenauers verschobenen und dann am 28. September eröffneten Londoner Konferenz der Neun (jetzt einschließlich Kanadas) benötigte. Unterwegs, in Brüssel, Bonn, Rom und Paris, arbeitete er lediglich mit Vorschlägen seiner Regierung, noch nicht jedoch mit dem Versprechen handfester britischer Garantien, und erlebte mit Genugtuung, daß fünf seiner Kollegen in den EVG-Staaten die neue Kombination NATO-Beitritt/Umgestaltung des Brüsseler Vertrages als Lösungsansatz guthießen. Einzig das Gespräch mit Mendès-France am 15. September verlief unbefriedigend, denn kurz zuvor, in der britischen Botschaft, hatte Eden sich wieder einmal gegenüber dem gemeinsamen Insistieren durch Jebb und Nutting schroff ablehnend gezeigt („he utterly refused to offer anything to the French"[72]).
Doch wesentlich sind hier die überlieferten Zusätze zu der Weigerung: „at this stage" (bei Eden[73]) und „at least at this stage" (bei Nutting[74]). Die neue Verpflichtungserklärung, die mehr bedeuten würde als die im April festgelegte Assoziation britischer Truppen an die EVG, sollte vielmehr „at an appropriate stage during the conference" gegeben werden, wie Eden in einer Mitteilung an Churchill vom 27. September festhielt[75], um dann Mendès-France zum endgültigen Einschwenken auf die Londoner Linie zu veranlassen. Der erstaunte Nutting erfuhr noch vor der Konferenz der Neun aus dem Munde seines Ministers, daß letzterer für diesen „Preis" auf eigenes Betreiben bereits das Einverständnis des Kabinetts besaß, sehr wahrscheinlich schon von Beginn der Europareise an[76]. Offensichtlich hat Eden sogar die Preisgabe der Brüsseler Vertragsidee durch Mendès-France vor der Beratenden Versammlung des Europarates in Straßburg (20. September) einigermaßen gleichmütig hingenommen – gerade weil der Franzose sich, wenn auch mit Vorbehalten, diesem Gedanken nunmehr auffällig genähert zu haben schien (jetzt mehr im Sinne Edens) und damit quasi ein Zeichen gab, daß „the appropriate stage" zeitlich

nicht mehr allzu weit entfernt sein würde. Nuttings Feststellung jedoch, die „idea" Edens sei durch den Auftritt Mendès' in Straßburg geradezu usurpiert worden[77], soll uns zu der Frage der „Urheberschaft" zurückführen.
Mendès-France hat sich zu den Ereignissen vor und nach dem 30. August wiederholt gegenüber Autoren geäußert, wie schon aus der Kommentierung der Chartwell-Besprechung durch Rouanet und Nantet zu ersehen war[78]. Letztere sind es auch gewesen, die in ihren in den sechziger Jahren erschienenen Büchern schrieben, Mendès-France habe den Brüsseler Vertrag „comme moule" am 20. September zum ersten Male öffentlich in Vorschlag gebracht[79], die entsprechenden Vorschläge Edens, die am 15./16. September in Paris Gesprächsgegenstand waren, jedoch nicht erwähnten. Andere Hinweise des Ministerpräsidenten finden sich in dem Werk von Drummond und Coblentz. Seine dort abgedruckte Angabe, „er habe allen betroffenen Hauptstädten einen detaillierten Vorschlag bezüglich des Brüsseler Paktes zugeleitet, noch bevor Eden seine Blitzreise unternommen habe"[80], ließe sich zwar mit der Vorsprache Massiglis bei Eden am 9. September in Verbindung bringen[81], doch bleibt sie ohne Stütze in den Erinnerungen Spaaks und Adenauers[82], und es gibt vorerst keinen Grund, beiden Staatsmännern ein Totschweigen zu unterstellen. Gleichwohl wich Mendès' „detaillierter Vorschlag" – soweit er möglicherweise in den Ausführungen Massiglis wiederkehrte – von den Vorstellungen Edens in vielen Punkten ab, so daß wir auch der einfachen Schlußfolgerung von Drummond und Coblentz nicht zustimmen können, Eden und Mendès-France hätten offenbar „die gleiche Idee fast zur gleichen Zeit" gehabt[83].
Es ist vielmehr festzuhalten, daß die Beschäftigung beider mit den Möglichkeiten des Brüsseler Paktes auf gemeinsame Wurzeln zurückzuführen ist, wie sie uns in den großzügig gegebenen Ratschlägen Jebbs und den Andeutungen im Gespräch von Chartwell offenkundig geworden sind. Daß in Paris während des entscheidenden Zeitabschnitts zwischen dem 30. August und dem 15./16. September ernsthaft an „Brüssel" gedacht wurde, hat neuerdings auch François Seydoux, damals Direktor in der Europa-Abteilung am Quai d'Orsay, in seinen Erinnerungen bezeugt: „M. Mendès-France va s'employer à rechercher la formule talismanique qui lui permettra d'éviter ces deux écueils. L'imagination diplomatique se met en branle et, tout à coup, dans les bureaux directoriaux proches du mien, une lumière brille: pourquoi ne pas substituer au traité de Bruxelles, vieux à peine de six ans"[84].

Aus dem Ganzen wird klar, in wie hohem Maße die britische Regierung auf der zunächst internen, später dann offenen Suche nach einer Ersatzlösung, wenn auch nur in prinzipieller Übereinstimmung mit Washington, ihren Verpflichtungen gegenüber Konrad Adenauer („Ehrenschuld") nachkam, gleichzeitig jedoch auch bestrebt war, für die Zukunft keine Beeinträchtigung der Handlungsfreiheit ihres französischen Bundesgenossen zu verursachen – mithin, wenn man so will, „Europapolitik" im damaligen britischen Verständnis, die Verpflichtungserklärung auf der Londoner Konferenz am 29. September inbegriffen. Die spezielle Wirksamkeit Botschafter Jebbs hat dieses Bemühen, wie wir sahen, erleichtert und erschwert zugleich, erschwert zumindest bezüglich

der Regie, die unter allen Umständen (und nicht zuletzt Dulles gegenüber) in Edens Hand bleiben mußte und dann tatsächlich auch blieb.
Edens Vorsprache in Bonn am 12./13. September und seine vor dem Bundeskanzler entwickelten Pläne bestätigten bei Adenauer den Eindruck, daß konkrete „Hilfe", wie sie in diesem Augenblick dringend benötigt wurde, ausschließlich von Großbritannien zu erwarten war. Die persönliche Komponente in den britisch-deutschen Beziehungen, die sich schon zur Zeit der Brüsseler August-Konferenz in telegraphischen Ermutigungen von seiten Churchills gezeigt hatte, war am 2. September abermals in einer persönlichen Botschaft des Premierministers an den Bundeskanzler sichtbar geworden, und Hoyer Millar hatte zum Ausdruck gebracht (im Auftrage Churchills und Edens), „daß die britische Regierung alles in ihren Kräften Stehende tun werde, um zu helfen"[85]. Das Telegramm vom 13. September 1954 war demnach ein Zeugnis aufrichtiger Dankbarkeit, und bezogen auf die voraufgegangenen Eindrücke Adenauers findet auch jener Passus seine Erklärung, der die „Initiative" auf einen „glücklichen Gedanken" Churchills zurückführt.

1 Vgl. 100 Jahre Auswärtiges Amt 1870–1970. Hrsg. vom Auswärtigen Amt, Bonn 1970, S. 197.
2 Vgl. Wilhelm G. Grewe, Deutsche Außenpolitik der Nachkriegszeit, Stuttgart 1960, S. 61; Waldemar Besson, Die Außenpolitik der Bundesrepublik. Erfahrungen und Maßstäbe, München 1970, S. 154; Paul Noack, Deutsche Außenpolitik seit 1945, Stuttgart 1972, S. 46; Walter Lipgens, Europäische Integration, in: Richard Löwenthal und Hans-Peter Schwarz (Hrsg.), Die zweite Republik. 25 Jahre Bundesrepublik Deutschland – eine Bilanz, Stuttgart 1974, S. 535; Ernst Nolte, Deutschland und der Kalte Krieg, München 1974, S. 354f.
3 Vgl. Gerhard Wettig, Entmilitarisierung und Wiederbewaffnung in Deutschland 1943–1955. Internationale Auseinandersetzungen um die Rolle der Deutschen in Europa, München 1967, S. 580ff.
4 Vgl. The memoirs of Lord Gladwyn, London 1972; hier besonders S. 268ff.
5 Einzelheiten bei Anthony Nutting, Europe will not wait. A warning and a way out, London 1960, S. 56, S. 58f. und S. 62.
6 Vgl. dazu die Beobachtungen Conrad Ahlers', im Frühjahr 1954 zu einer von Blank geleiteten deutschen Delegation gehörend, die in Washington auch mit dem Außenminister konferierte, bei Roscoe Drummond und Gaston Coblentz, Duell am Abgrund. John Foster Dulles und die amerikanische Außenpolitik 1953–1959, Köln – Berlin 1961, S. 109f.
7 Vgl. Richard Goold-Adams, The time of power. A reappraisal of John Foster Dulles, London 1962, S. 157f.
8 Text: Keesing's Archiv der Gegenwart 24 (1954), S. 4476f.
9 Vgl. Paul-Henri Spaak, Memoiren eines Europäers, Hamburg 1969, S. 217.
10 Vgl. Gladwyn, S. 272; Spaak, S. 219.
11 Vgl. dazu die Erfahrungen des britischen Botschafters Jebb sowie die Meinung des belgischen Botschafters bei der NATO, André de Staercke, bei Gladwyn, S. 272; ferner Spaak, S. 214.
12 Vgl. Spaak, S. 214.
13 Vgl. Spaak, S. 215.
14 Vgl. Konrad Adenauer, Erinnerungen 1953–1955 (Bd. 2), Stuttgart 1966, S. 275ff.; Spaak, S. 225ff.
15 Vgl. Drummond, Coblentz, S. 110.

16 Vgl. Adenauer, Erinnerungen, Bd. 2, S. 274f.
17 Vgl. Donald C. Watt, England blickt auf Deutschland. Deutschland in Politik und öffentlicher Meinung Englands seit 1945, Tübingen 1965, S. 148.
18 Vgl. Ernst-Otto Czempiel, Die Bundesrepublik und Amerika. Von der Okkupation zur Kooperation, in: Löwenthal, Schwarz, S. 554.
19 Vgl. Thilo Vogelsang, Adenauer und die USA. Bemerkungen zur Grundlegung der Beziehungen (1948–1950), in: Festschrift für Ludwig Jedlicka, Wien 1976.
20 Vgl. Konrad Adenauer, Erinnerungen 1945–1953 (Bd. 1), Stuttgart 1965, S. 569.
21 Vgl. F. S. Northedge, British foreign policy. The process of readjustment 1945–1961, London 1962, S. 189.
22 Vgl. Verteidigung im Bündnis. Planung, Aufbau und Bewährung der Bundeswehr 1950–1972. Hrsg. vom Militärgeschichtlichen Forschungsamt, München 1975, S. 41.
23 Eine ähnliche Auffassung, nach welcher der Secretary of State sogar schon die NATO-Lösung erwogen haben soll, bereits bei John Robinson Beal, John Foster Dulles. A biography, New York 1957, S. 294.
24 Vgl. Spaak, S. 216.
25 Vgl. Wettig, S. 565.
26 Vgl. Wettig, S. 566.
27 Vgl. Hermann Volle, Die Agonie der Europäischen Verteidigungsgemeinschaft. Eine Übersicht über die Entwicklung vom Juni bis zum September 1954, in: Europa-Archiv, Folge 23/1954, S. 7116.
28 Vgl. ebenda; Wettig, S. 565.
29 Vgl. Christopher Montague Woodhouse, British foreign policy since the Second World War, London 1961, S. 94.
30 Zusammenfassung bei Wettig, S. 580ff., ferner Adenauer, Erinnerungen, Bd. 2, S. 280ff., sowie Spaak, S. 225ff.
31 Vgl. Ivone Kirkpatrick, The inner circle. Memoirs, London 1959, S. 261.
32 Vgl. Adenauer, Erinnerungen, Bd. 2, S. 289.
33 Vgl. Dwight D. Eisenhower, Mandate for change. 1953–1956, New York 1963, S. 402.
34 Vgl. The memoirs of Sir Anthony Eden. Full circle, London 1960, S. 148f. Vgl. dazu auch eine Mitteilung Churchills an de Staercke, wiedergegeben bei Spaak, S. 233f.
35 Sir (Hubert Miles) Gladwyn Jebb, geb. 1900, gehörte 1943 bis 1945 zu den britischen Delegationen auf den Alliierten Kriegskonferenzen und bekleidete zwischen 1946 und 1950 verschiedene leitende Stellungen im Foreign Office und bei den Vereinten Nationen. 1950 bis 1954 britischer Botschafter daselbst, 1954 bis 1960 Botschafter in Paris; zur Zeit Stellvertretender Vorsitzender des Politischen Ausschusses im Europäischen Parlament.
36 Vgl. Gladwyn, S. 269.
37 Vgl. Gladwyn, S. 271.
38 Vgl. ebenda.
39 Vgl. Gladwyn, S. 272f., auch zum folgenden.
40 Vgl. Wettig, S. 587.
41 Vgl. Pierre Rouanet, Mendès France au pouvoir (18 juin 1954 – 6 février 1955), Paris 1965, S. 280f.
42 Vgl. Spaak, S. 233, wo allerdings nur auf die Mitteilung Churchills an de Staercke (vgl. Anm. 34) Bezug genommen wird, in der im Gegensatz zu Edens Telegramm von „smaller grouping“ nicht die Rede ist.
43 Vgl. Rouanet, S. 282.
44 Vgl. Jacques Nantet, Pierre Mendès France, Paris 1967, S. 188.

45 Vgl. Nantet, S. 187.
46 Vgl. Charles Wighton, Adenauer – democratic dictator. A critical biography, London 1963, S. 206.
47 Vgl. Spaak, S. 234ff.
48 Vgl. Adenauer, Erinnerungen, Bd. 2, S. 289.
49 Vgl. Adenauer, Erinnerungen, Bd. 2, S. 299. Daß in der Souveränität auch die Wehrhoheit eingeschlossen sein müsse, machte Adenauer am 4. September in einer Rundfunkansprache deutlich (Wettig, S. 593).
50 Vgl. Beal, S. 295.
51 Hierzu ausführlich Drummond, Coblentz, S. 115f.
52 Vgl. Adenauer, Erinnerungen, Bd. 2, S. 306.
53 Vgl. Keesing's Archiv der Gegenwart 24 (1954), S. 4716.
54 Vgl. Eden, S. 149f.
55 Vgl. Wettig, S. 594.
56 Vgl. Adenauer, Erinnerungen, Bd. 2, S. 305ff.; Eden, S. 149f.
57 Vgl. oben S. 44.
58 Vgl. Wettig, S. 594.
59 Vgl. Eden, S. 149.
60 Vgl. Keesing's Archiv der Gegenwart 24 (1954), S. 4703: Nach einer Meldung der „Times" habe Churchill am 23. August bei der Verabschiedung zu Mendès-France gesagt: „Ich werde alles, was ich kann, tun, um Ihnen zu helfen."
61 Vgl. Gladwyn, S. 273.
62 Vgl. oben S. 43.
63 Das Datum ist erschlossen, vgl. Gladwyn, S. 273.
64 Vgl. ebenda.
65 Vgl. Eden, S. 151f.
66 Vgl. Nutting, S. 70.
67 So der Ausdruck bei Nutting, S. 72.
68 Vgl. Eden, S. 151.
69 Vgl. Nutting, S. 71.
70 Vgl. Eden, S. 153.
71 Vgl. oben S. 46.
72 Vgl. Nutting, S. 71.
73 Vgl. Eden, S. 160.
74 Vgl. Nutting, S. 71.
75 Vgl. Eden, S. 166.
76 Vgl. Nutting, S. 72f.
77 Vgl. ebenda.
78 Vgl. oben S. 44.
79 Vgl. Nantet, S. 192; ähnlich Rouanet, S. 306: „Un moule tout préparé."
80 Vgl. Drummond, Coblentz, S. 121.
81 Vgl. oben S. 48.
82 Ein Memorandum über einen französischen „Brüssel-Plan" erhielt der Bundeskanzler erst am 18. September, vgl. Adenauer, Erinnerungen, Bd. 2, S. 315.
83 Vgl. Drummond, Coblentz, S. 122.
84 Vgl. François Seydoux, Mémoires d'outre-Rhin, Paris 1975, S. 189. Vgl. ferner die Wiedergabe von Ausführungen François-Poncets bei Adenauer, Erinnerungen, Bd. 2, S. 315.
85 Vgl. Adenauer, Erinnerungen, Bd. 2, S. 305.

LOTHAR RUEHL

Adenauers Politik und das Atlantische Bündnis – eine schwierige Balance zwischen Paris und Washington

> Ein Staat sein wie die anderen, die Last der Vergangenheit abschütteln, sich unterstützt fühlen gegenüber der Großmacht, die siebzehn Millionen Deutsche gefangen hält und die anderen bedroht, all das läßt sich in einem Wort zusammenfassen: Vertrauen.
> Man muß sich unablässig vergewissern, daß man Vertrauen haben kann. Man muß alles tun, um Vertrauen einzuflößen. Die wichtigste Waffe, die Bundeskanzler Adenauer in der Innenpolitik hatte, war das Vertrauen, das er im Ausland, insbesondere in den Vereinigten Staaten erweckte.
>
> (Alfred Grosser 1972 in seiner „Deutschlandbilanz")

1. Der Bündnisaufbau und die Veränderung der europäischen Politik durch de Gaulle

Vertrauen war Konrad Adenauers einziges Mittel im Umgang mit den westlichen Nachbarn Deutschlands und der amerikanischen Macht in Europa. Handlungsfreiheit und Gleichberechtigung im Verein mit ihnen für ein neues Deutschland war sein Ziel. Die Wiedervereinigung Deutschlands in Freiheit und Frieden das Ideal: Fernziel nicht Nahziel, ein bedingter nicht ein unbedingter Wert. Der Weg der Bundesrepublik Deutschland in die Atlantische Allianz führte über den Akt der Unterordnung auf dem Petersberg mit der Anerkennung der fremden Entschädigungsansprüche auf die vom Krieg verschonten Anlagewerte der westdeutschen Volkswirtschaft und über den in Paris gescheiterten Vertrag für eine Europäische Verteidigungsgemeinschaft. Auf diesem Wege hatten sich die Hindernisse getürmt: Besatzungsherrschaft, Entwaffnung, Rüstungsverbot, internationale Regie der westdeutschen Montan-Industrie nach dem Ruhrstatut, Privilegien und Subsidien, Vorbehaltsrechte und die oberste Zwangsgewalt zugunsten der alliierten Mächte. Hinter ihnen stand wachsam Frankreich, unnachgiebig, anspruchsvoll und schwach, aber zum Widerstand gegen einen neuen Aufstieg des eben mit fremden Kräften geschlagenen Deutschland entschlossen. Dieser französische Widerstand hatte eine Bundesfinanzverwaltung verhindert und war gegen jeden Ansatz für eine Bundespolizei und eine Bundesarmee gerichtet. Frankreich hatte das politische Faustpfand seiner souverän beherrschten Besatzungszone im Südwesten nur widerwillig herausgegeben, um die Gründung der Bundesrepublik Deutschland möglich werden zu lassen. Es hielt beharrlich an der Saar fest, die es aus dem deutschen Staatsverband herausgelöst und nach dem Vorbild der Vasallenstaaten während der Revolutionsepoche und der Napoleonischen Ära in einen abhängigen Miniaturstaat zu verwandeln begonnen hatte.

Die Außenpolitik Adenauers mußte sich einerseits gegen französische Machtpolitik und Teilungspläne richten, andererseits aber gerade das Vertrauen Frankreichs gewinnen, damit so der stärkste Widerstand gegen eine Gleichstellung des neuen deutschen Nationalstaates in Westeuropa allmählich zerstreut werden könnte. Weitsichtige französische Staatsmänner kamen dem deutschen Kanzler am Rhein entgegen: Robert Schuman, Jean Monnet und Charles de Gaulle, der damals zwar noch gegen die europäische Einigung auf der Grundlage der Montan-Union, gegen das Ziel eines supranationalen Bundesstaates über den historischen Nationalstaaten und gegen eine europäische Armee auftrat, dafür jedoch schon im Januar 1951 als erster und lange Zeit einziger unter den französischen Politikern das Recht des deutschen Nachbarn auf vollkommene Gleichberechtigung, auf eine eigene Armee, auf nationale Souveränität und die Behauptung seiner nationalen Interessen in einem festen Bündnis anerkannt hatte[1].

Der Einfluß des Generals, seine unbestrittene Autorität über das Gros seiner Parteigänger in allen nationalen Fragen und weit über die gaullistische Bewegung hinaus auf viele Franzosen, die aus der Widerstandsbewegung oder den Freien Französischen Streitkräften der Kriegszeit hervorgegangen waren und sich seither in allen politischen Parteien betätigten, schließlich die Vetomacht der 1951 gewählten gaullistischen Parlamentsfraktionen in Nationalversammlung und Senat, von deren Stimmen die Kabinette seit dem Wahlausgang von 1951 abhängig geworden waren, um von den Kommunisten unabhängig zu bleiben, trugen zum Scheitern des Vertrages über die Europäische Verteidigungsgemeinschaft 1954 in der Nationalversammlung wesentlich bei. Die Würfel waren tatsächlich schon lange vor der entscheidenden Abstimmung nach der gescheiterten europäischen Konferenz von Brüssel gefallen, als der ehemalige französische Militärgouverneur in Deutschland, General Koenig, von seinem Kabinettsposten in der Regierung Mendès-France zurücktrat, weil er keinen Kompromiß über dieses Projekt vertreten wollte. Koenigs brüske Demission als Verteidigungsminister auf dem Höhepunkt des Streits um die europäische Armee ließ dem Vertrag im Parlament nur noch eine geringfügige Chance. Der Ministerpräsident Mendès-France, selbst in der Sache zögernd und zweifelnd, kein Vorkämpfer eines europäischen Bundesstaates und noch weniger ein Parteigänger der amerikanischen Paktpolitik gegen die Sowjetunion, hatte sich nicht für die EVG engagiert, sondern beharrlich versucht, neue politische Bedingungen zu einem schon unterzeichneten Vertrag auszuhandeln und dabei wesentliche Konzessionen der fünf Partnerstaaten an Souveränität, Nationalprestige und Machtprivileg Frankreichs herauszuschlagen. Darin war Mendès-France im übrigen nur dem Beispiel des Außenministers Bidault und des zeitweiligen Ministerpräsidenten René Mayer gefolgt, die eine Wiederverhandlung über den Vertrag mit Hilfe von Zusatzprotokollen eröffnet hatten[2].

Die Debatte im Palais Bourbon über den EVG-Vertrag – oder strenggenommen über die Verfahrensfrage, ob die Regierungsvorlage überhaupt zur Debatte gestellt werden sollte – zeigte zweierlei: erstens, daß in Frankreich sich der Widerstand gegen eine von Washington und London diktierte Wiederbewaffnung Deutschlands in der Staatsform der Bundesrepublik leidenschaftlich zu einer Art Ehrensache gesteigert hatte und eine rhetorische Befriedigung suchte; zweitens, daß die politische Grundlage für einen bundesstaatlichen Zusammenschluß Westeuropas noch viel zu schwach war, um so tiefgreifende und gewichtige Konstruktionen wie eine Militärunion zu tragen[3].

Es zeigte sich allerdings ebenso deutlich, daß Frankreich weder die Kraft zu einer eigenen Politik gegenüber der Bundesrepublik noch eine Alternative zu dem Plan für eine europäische Verteidigungsgemeinschaft hatte, die ihrerseits nicht mehr als eine französische Notlösung zur Kontrolle des unvermeidlichen deutschen Verteidigungsbeitrags und zur Verhinderung einer gleichberechtigten Bündnismitgliedschaft des deutschen Partners in der Atlantischen Allianz gewesen war. Nachdem die Nationalversammlung diesen Notbehelf der eigenen Politik, eine Erfindung des Verteidigungsministers René Pleven[4], zerstört hatte, war ihre Mehrheit in der dadurch provozierten diplomatischen Krise gegenüber den Alliierten machtlos, ja handlungsunfähig. Sie hatte sich selbst ausmanövriert und die politische Initiative verloren.

Mendès-France zog, mit Billigung de Gaulles und Unterstützung seitens der Gaullisten wie der Sozialistischen Partei, der Christlich-Demokratischen Volksrepublikaner und einer Mehrheit der Liberalen, Konservativen und Radikalsozialisten, die Konsequenz aus dieser außenpolitischen Selbstkastration: Er willigte nicht nur in eine neue Verhandlung mit den Alliierten ein, sondern suchte eine neue Verhandlungsbasis in einer Ersatzkonstruktion bei Beteiligung des britischen Verbündeten, der sich an der EVG nicht beteiligt hatte. Dieses flankierende Manöver hatte den Sinn, in Frankreich eine Mehrheit für die Bewaffnung der Bundesrepublik und in Europa einen starken Partner für die Kontrolle dieser Bewaffnung zu finden. Die Beteiligung Großbritanniens an dieser Unternehmung sollte diesen doppelten Erfolg sichern. Sie sollte Frankreich die Gewähr geben, daß Großbritannien auf dem Kontinent mit einer erheblichen Streitmacht auf deutschem Boden bleiben und als Mitglied einer Militärunion die gleichen Verpflichtungen übernehmen würde wie Frankreich. Beide westeuropäischen Mächte zusammen würden diese Union führen oder jedenfalls beherrschen und dafür sorgen, daß der deutsche Partner im Bündnis nicht zu viel Gewicht gewinnen könnte. Es bot sich der Brüsseler Pakt von 1948 an, den Frankreich, Großbritannien und die drei Beneluxstaaten geschlossen hatten, um eine gemeinsame Verteidigung mit gemeinsamen Streitkräften und mit einer starken Beistandsverpflichtung aufzuziehen. Die 1949 bis 1951 geschaffene neue Militärorganisation des Nordatlantikpaktes (NATO) war dann an die Stelle der noch embryonalen westeuropäischen getreten, so daß diese keine praktische Funktion mehr hatte und tatsächlich in der NATO aufgegangen war. Doch der Brüsseler Pakt bestand als diplomatisches Instrument und völkerrechtlicher Vertrag unverändert fort. Er konnte auch ohne Militärorganisation zur gemeinsamen Kontrolle des westdeutschen Rüstungs- und Verteidigungspotentials im Bündnis genutzt werden. Es genügte dafür, ihn um die Bundesrepublik und Italien zu erweitern, ihm einen neuen Namen zu geben und mit ihm eine internationale Rüstungskontrollbehörde zu schaffen. Die

Abkommen von London und Paris besorgten dies 1954; 1955 traten sie in Kraft[5]. Die Bundesrepublik war so als Folge des Scheiterns der EVG-Pläne gleichberechtigtes Bündnismitglied des Nordatlantikpaktes und der neuen Westeuropäischen Union geworden – bei bestimmten Begrenzungen ihrer Rüstung und militärischen Souveränität. Aber das wesentliche war die Aufnahme in die NATO.

Konrad Adenauer hatte an diesem raschen Wandel der westlichen Bündnispolitik im Sommer des Jahres 1954 nur einen bescheidenen persönlichen Anteil, jedenfalls nach der Brüsseler Frühjahrskonferenz, die ohne Einigung abgebrochen worden war, weil die zusätzlichen Bedingungen Frankreichs von den übrigen fünf Partnern zurückgewiesen wurden[6].

Es ist im Rückblick auf die Ereignisse nach 1954, vor allem auf den algerischen Unabhängigkeitskrieg, der Frankreichs Armee sieben Jahre lang in Nordafrika binden sollte, höchst zweifelhaft, ob die Europäische Verteidigungsgemeinschaft mit einer europäischen Armee Wirklichkeit geworden wäre und der politischen Belastung des Krieges in Algerien standgehalten hätte. Das Ereignis war zu elementar, der Einsatz für Frankreich zu hoch, die Spaltung der französischen Nation und aller ihrer Parteien in diesem Konflikt zu tief, die französische Armee zu stark engagiert, als daß eine so künstliche Bindung wie es die EVG gewesen wäre, sich dagegen hätte behaupten können. Vermutlich hätte sie den Zusammenbruch der IV. Republik im Mai/Juni 1958 nicht überlebt.

Der Bundeskanzler Adenauer hatte 1954 die Verantwortung für den Fehlschlag der EVG vor allem beim Ministerpräsidenten Mendès-France gesucht. In einer denkwürdigen nächtlichen Unterhaltung mit Paul-Henri Spaak und Joseph Bech im Londoner Claridges Hotel während der Zehnerkonferenz der Westmächte, deren Resultat die Aufnahme der Bundesrepublik in die NATO und die Gründung einer deutschen Nationalarmee war, beschuldigte er den französischen Regierungschef, er besorge bewußt das Spiel Moskaus. Die Ungerechtigkeit dieses Vorwurfs wollte der vom Votum der Pariser Kammer zutiefst getroffene deutsche Staatsmann damals nicht einsehen, obwohl Spaak und Bech versuchten, ihm die wirkliche Situation in Frankreich und die innenpolitische Zwangslage des Kabinetts Mendès-France vor Augen zu führen[7].

Adenauer war in jener kritischen Zeit, in der seine gesamte Außenpolitik mit seinem Konzept von Westeuropa in Paris auf dem Spiel stand, unzureichend und einseitig unterrichtet, woran auch sein Freund Robert Schuman (der Vertragssignatar für Frankreich) nicht unschuldig war. Der Kanzler war sich der französischen Zustimmung zwar nie sicher gewesen, aber dennoch hatte er sich, beeinflußt von seiner Umgebung und von nicht sachverständigem Rat, von Wunschvorstellungen und falschen Hoffnungen leiten lassen. Es war ihm nie klar geworden, daß seine politischen Freunde im christlich-demokratischen MRP Frankreichs in Wahrheit va banque mit dem EVG-Vertrag und Europa – wie mit Indochina und Nordafrika – spielten, daß er es mit Hasardeuren zu tun hatte, die unfähig waren, die eingegangenen außenpolitischen Verpflichtungen innenpolitisch zu decken – also den Wechsel auf die europäische Armee einzulösen. Schumans geheimer Brief an Adenauer vor Beginn der Brüsseler Konferenz mit Mendès-France über eine Revision des EVG-Vertrags, in dem der ehemalige Außenminister den Bundeskanzler beschwor, der französischen Regierung keine wesentlichen Zugeständnisse zu machen, sondern sie zu zwingen, zum Vertrag zu stehen, war natürlich in Paris bekannt geworden und hatte zur Zerstörung der Erfolgschancen beigetragen. Diese ungewöhnliche Demarche sollte im übrigen auch Robert Schuman politisch kompromittieren. Er wurde nicht wieder Außenminister.

Für Konrad Adenauer war die Gründung einer neuen deutschen Nationalarmee nicht einfach eine praktische Alternative zur europäischen EVG-Armee, sondern ein historisches Unheil: Ein Rückfall in die nationalstaatliche Vergangenheit und also in die jüngere Geschichte. In der nächtlichen Unterhaltung mit Spaak und Bech in London machte er daraus keinen Hehl. Er sah es als absurd an, daß ausgerechnet Frankreich ihm die deutsche Nationalarmee aufzwang. Er sah eine Renaissance des national gesinnten deutschen Militärs und mit ihm des politischen Nationalstaatdenkens, ja des deutschen Nationalismus voraus, von dem er befürchtete, daß er sich mit dem Neutralismus und dem Wiedervereinigungsstreben verbinden und einen Rückweg nach Rapallo zur Verständigung mit der Sowjetunion über einen neuen deutsch-russischen Pakt suchen würde. Als Träger einer solchen Politik erschienen ihm die Sozialdemokratie, der Liberalismus und die konservativen Kräfte in Armee, Industrie und Verwaltung, also insgesamt das deutsche Bürgertum im Bund mit der sozialistischen Arbeiterbewegung.

Er hatte die Vision einer deutschen „Balancepolitik“ zwischen Ost und West, Bismarckscher und Seecktscher Versuchungen, einer halb deutschnationalen halb preußisch-sozialdemokratischen Politik mit Reichswehrkonzepten von einem „nationalen Interessenausgleich mit den Russen“, die er 1946 bis 1949, zuletzt nach der Veranstaltung in Königswinter 1949 im Adam-Stegerwald-Haus, so entschieden bekämpft und erfolgreich unterdrückt hatte. Er fürchtete, daß in seiner CDU Männer wie Jakob Kaiser, Ernst Lemmer und Karl Arnold schließlich doch noch dem Beispiel der Nadolny, Josef Müller und, schlimmer noch für ihn, der Heinemann und Gericke, folgen würden[8].

Er beschwor damals Spaak und Bech ihm dabei zu helfen, dem vorzubauen, indem die Bundesrepublik mit ihren 60 Millionen Deutschen fest an Westeuropa gebunden würde. Er mahnte: „Nutzen Sie die Zeit, solange ich noch da bin.“[9]

Ein Jahr später, 1955 in Paris nach dem Vollzug des Beitritts zum Nordatlantikpakt, am 11. Mai 1955, fast genau zehn Jahre nach der deutschen Kapitulation, hatte er solche düsteren Vorstellungen längst aus seinen Worten verbannt. Im Sessel eines Salons des Pariser Hotel Bristol zurückgelehnt, sprach er gelassen: „Wir sitzen nun im stärksten Bündnis der Geschichte. Es wird uns die Wiedervereinigung bringen.“[10]

Die Bündnispolitik hatte für Konrad Adenauer mit dem Beitritt zur NATO nach fünf Jahren ungewisser Unternehmungen zwischen Europa und Amerika seit 1950 eine größere Dimension angenommen: Die drei Westmächte waren von dem Vertragswerk als Gegenleistung für den deutschen Verteidigungsbeitrag auf das schon 1952 unterzeichnete Vertragsziel im „Deutschland-Vertrag“ verpflichtet: die nationale Wiedervereinigung. Aber sicherlich so wesentlich für seine Politik wie für die deutschen Interessen war die gesicherte Gleichstellung, die Gleichberechtigung oder Nichtdiskriminierung, die der wiedererlangten

formalen Souveränität erst die politische Bedeutung geben konnte.
Die westeuropäische Einigungspolitik sollte nicht vernachlässigt, sondern mit neuen Impulsen und frischem Schwung wiederaufgenommen werden, während der Aufbau der Bundeswehr und mit ihm die historische Verbindung zur amerikanischen Schutzmacht kraft der amerikanischen Ausrüstung, Ausbildung und Ausrichtung der neuen deutschen Streitkräfte zügig vorangetrieben wurde. Die politischen und rüstungswirtschaftlichen Konsequenzen dieses Vorgangs sollten sehr schnell deutlich werden: Eine auf lange Zeit unauflösliche Bindung der deutschen Verteidigung und Rüstung an die der Vereinigten Staaten und damit eine entsprechende Beschränkung aller Möglichkeiten der deutschen Mitwirkung an europäischen Vorhaben in diesem Bereich, eine Folge die einen politischen Zielkonflikt entstehen lassen mußte, sobald ein europäisches Land wie Frankreich in Konkurrenz zu den Vereinigten Staaten treten würde[11].
Die Politik Adenauers hatte in ihrer idealen Zielvorstellung eine Art prästabilisierter Harmonie des deutsch-amerikanischen und des deutsch-französischen Verhältnisses postuliert, so wie sie angenommen hatte, daß mit der Bündnismitgliedschaft in der NATO die Einigung Westeuropas und die nationale Wiedervereinigung einander wechselseitig bedingten, ja in ihren Wirkungen ergänzten, wie zum Beispiel Wilhelm Grewe ausgeführt hat[12]. Nichts konnte natürlich das eine oder das andere garantieren. Aber die deutsche Politik hatte spätestens ab 1954/55 keine Wahl mehr – sollte sie je eine reale Alternative gehabt haben, wofür keine soliden Anhaltspunkte oder Indizien zu finden sind[13].
Adenauer mußte nun versuchen, zwischen Paris und Washington aber natürlich auch zwischen Paris und London ein Gleichgewicht der politischen Interessen auszuwiegen. Dies war besonders dadurch erschwert, daß der Algerienkrieg Frankreichs politische Energien, militärische und finanzielle Kräfte zu absorbieren begann, und das Land im Innern politisch unsicher, nach außen aber empfindlich wurde, deshalb auch von seinen Verbündeten Hilfestellung, jedenfalls aber Rücksichtnahme auf seine Belastung verlangte. Der Krieg in Algerien wurde in Paris als eine Art vorgeschobener Südflankenverteidigung Europas, die Position Frankreichs in Nordafrika als eine Vorpostenstellung des Westens, die afrikanischen Besitzungen als Rohstoffreservoir und strategischer Rückhalt für Europa ausgegeben. Die Vokabel „Eurafrique“ wurde als europäische Münze französischer Überseeinteressen geprägt[14].
Ab 1956 kam die französische Nordafrikapolitik in offenen Konflikt zu den Bestrebungen der Vereinigten Staaten, deren Politik versuchte, die westliche Position in der arabischen Welt durch Verständnis für den Drang der algerischen Nationalisten nach Autonomie, wenn nicht sogar nach unabhängiger nationaler Existenz ihrer Völker in souveränen Staaten zu entlasten. Die Erdölfunde in der algerischen Sahara beschleunigten die arabische Emanzipation und vergrößerten das französische Interesse an der Sahara, wie auf der anderen Seite den Kampfwillen der algerischen Nationalisten und die Bereitschaft der eben aus französischer Protektoratsherrschaft entlassenen Nachbarländer Tunesien und Marokko, sich mit dem algerischen Nationalismus zu verbünden. Dies wiederum erhöhte das amerikanische Interesse an einer westlichen Orientie-

rung Nordafrikas. So entstand im Laufe des Jahres 1957 ein schwerer politischer Interessengegensatz zwischen den Vereinigten Staaten und Frankreich, der sowohl in der amerikanischen Politik gegen die anglo-französische Suez-Expedition vom Herbst 1956 als auch in dem Versuch seine Ursachen hatte, Nordafrika nach dem Ende der französischen Herrschaft westlichem Einfluß zu erhalten. Konrad Adenauer war Anfang November 1956 gelegentlich eines Besuchs beim französischen Ministerpräsidenten Guy Mollet in Paris Zeuge des Dilemmas der französischen Politik im Augenblick der akuten Krise geworden: Der britische Premierminister Anthony Eden erklärte sich zur Annahme des ultimativen Waffenstillstandsgebotes des UN-Weltsicherheitsrates bereit und setzte Mollet von seiner Absicht in Kenntnis, dies auch ohne Frankreichs Zustimmung zu tun. Präsident Eisenhower hatte warnend und mit drohendem Unterton an beide europäischen Mächte appelliert, das Unternehmen gegen den Suezkanal einzustellen. Der sowjetische Ministerpräsident Bulganin hatte England und Frankreich in einer verklausulierten Form sowjetische Atomraketenangriffe für den Fall einer Fortsetzung ihres Suez-Unternehmens gegen Ägypten angedroht. Der deutsche Bundeskanzler war der einzige fremde Ratgeber in der Krise, und er empfahl dem französischen Ministerpräsidenten dringend, die Aktion einzustellen, um die übergeordneten gemeinsamen Bündnisinteressen nicht aufs Spiel zu setzen[15].

Adenauer wußte damals nicht – und konnte es nicht wissen –, daß Suez ein Wendepunkt in der französischen Haltung gegenüber Amerika sein würde. Das Zurückweichen vor den einander ergänzenden Pressionen Washingtons und Moskaus, die Kapitulation des britischen Alliierten, der seinen französischen Partner im Augenblick der Wahrheit vor Ismailia im Stich ließ und den Abbruch der Offensive auf Suez erzwang, das weitverbreitete Gefühl von Ohnmacht und Einsamkeit in einer feindlichen Umwelt trugen psychologisch mehr als alle Argumente der französischen Militärs zur Orientierung der französischen Politiker, zu einer kritischen Überprüfung der Bündnispolitik und zur Neigung bei, Frankreich eine nationale Nuklearrüstung zu geben[16]. Mit dem Scheitern der Suez-Expedition im November 1956 stiegen die Chancen de Gaulles für eine Rückkehr an die Macht, obwohl auch dies damals nur von wenigen gesehen wurde.

Während des ganzen Jahres 1957 konzentrierte sich Adenauers Politik Frankreich gegenüber auf die neue europäische Initiative, auf einen zweiten politischen Anfang, der mit aktiver Beteiligung der französischen Regierung zur Unterzeichnung der Römischen Verträge über die Wirtschaftsunion (EWG) und Euratom führte. Für die ,,europäische Partei" in den beteiligten Ländern hatte der Zusammenschluß in einem Zollverein das Ziel, auf der Grundlage eines umfassenden gemeinsamen Marktes über die vereinbarte Wirtschaftsgemeinschaft und die schon bestehende Montan-Union zu einer echten politischen Union mit gemeinsamen supranationalen Institutionen und einer Bundesexekutive als höchster Autorität auch über die auswärtigen Beziehungen und die gemeinsame Verteidigung zu kommen. Es handelte sich um einen zweiten Versuch nach dem Scheitern des EVG-Vertrags über eine gemeinsame Verteidigung und dem Verzicht auf den Vertragsentwurf für eine Europäische Politische Gemeinschaft, die supranationale Integration der sechs Montan-

Unionsstaaten zu vollbringen. Euratom sollte dabei helfen, indem mit diesem Instrument von vornherein eine europäische Kernenergie-Union geschaffen und nationale Entwicklungen vor dem Schritt über die Schwelle zur Kernwaffenrüstung in eine gemeinsame europäische Bahn gelenkt würden[17]. Diese europäische Kräftekonzentration wurde dabei nicht als Konkurrenzunternehmen zur NATO angesehen, sondern als eine Ergänzung, als eine partielle Organisation innerhalb des Bündnisses. Europäische Staatsmänner wie Adenauer, Paul-Henri Spaak, Stikker versprachen sich davon eine Stärkung der Atlantischen Allianz und vermehrten Einfluß Westeuropas auf die amerikanische Schutzmacht im Sinne einer ausgewogenen Partnerschaft.
In der Allianz selbst waren nach den taktischen Nuklearwaffen, deren Einführung in die alliierten Streitkräfte in Europa als Mittel zum Ausgleich der konventionellen Überlegenheit der sowjetisch-osteuropäischen Streitkräfte in Europa beschlossen war und auch schon begonnen hatte, die sowjetischen Mittelstreckenraketen und die Frage, ob in der NATO eine europäische Nuklearstreitmacht als Gegengewicht dazu aufgestellt werden sollte, in den Mittelpunkt des Horizonts gerückt[18]. Im Dezember 1957 beschloß in Paris der Nordatlantikrat auf der Ebene der Regierungschefs unter dem Vorsitz des Präsidenten Eisenhower die politischen Richtlinien für ein solches integriertes Ensemble mit amerikanischen Nuklearwaffensystemen und mit einem NATO-Kernwaffenvorrat in Europa. Der wichtigste Beschluß besagte, daß ,,ballistische Mittelstreckenraketen dem Obersten Alliierten Befehlshaber in Europa zur Verfügung zu stellen sind"[19]. Dieser Beschluß sollte nicht verwirklicht werden. Aber er war die Ursache einer mehrere Jahre anhaltenden Krise in der Allianz, vor allem einer Belastung der Beziehungen Frankreichs zur NATO und zu seinen westeuropäischen Gemeinschaftspartnern. Konrad Adenauer war einer der Inspiratoren dieses Beschlusses gewesen. Später versuchte er zusammen mit Spaak, Stikker, dem italienischen Ministerpräsidenten Fanfani und dem Alliierten Oberkommandierenden in Europa, dem amerikanischen General Lauris Norstad, der sich energisch für die Übergabe amerikanischer nuklearer Mittelstreckenraketen an die europäischen Verbündeten in einer integrierten Organisation der NATO einsetzte, eine solche europäische Nuklearstreitmacht in der Allianz durchzusetzen[20]. Er scheiterte dabei an seinem französischen Partner de Gaulle und später an Präsident Kennedy wie am heimlichen Widerstand der britischen Politik. Dieses Thema sollte seine Gespräche mit General de Gaulle von 1958 bis zu seinem Rücktritt 1963 wie ein roter Faden durchziehen. Konrad Adenauer sah in einer solchen europäischen Nuklearstreitmacht mit amerikanischen Raketen und Unterseebooten den Kristallisationskern einer wirksamen europäischen Verteidigungsgemeinschaft und eines selbständigen Westeuropa als Aktionseinheit im Bündnis mit Nordamerika. Er hoffte, daß Frankreich und Großbritannien ihre nationalen Atomstreitkräfte und Rüstungen in eine solche europäische Organisation einbringen würden.
Der Zusammenbruch der IV. Republik unter der Last des ausweglosen Algerienkrieges und des von diesem Konflikt neu entzündeten französischen Nationalismus befreite Europa und die deutsche Politik von einem zur Selbstbehauptung unfähigen, aber dafür in seiner Schwäche und Unsicherheit besonders gefährlichen Partner. Er verwandelte Frankreich nach der Übernahme der

Macht durch General de Gaulle und im Wiederaufstieg des Gaullismus als neuer Inspiration des historischen Nationalismus in eine renovierte europäische Großmacht. Diese Restauration französischer Macht verbunden mit der Renaissance des nationalstaatlichen Denkens in Frankreich veränderte die Bedingungen der deutschen Bündnispolitik zwischen Paris, London und Washington von Grund auf. Adenauer fand einen starken und eigenwilligen Partner für europäische Politik, aber auch einen ebenso unbeugsamen Widerpart in der atlantischen Bündnispolitik mit oder gegenüber der amerikanischen Führungsmacht. Zum erstenmal seit 1948 stand der Kanzler wirklich zwischen zwei Kraftpolen, denn nun strahlten beide Anziehungskraft und Wirkung aus.

2. Das Verhältnis von Kanzler und General im Bündnis

Die persönliche Beziehung zwischen den beiden Staatsmännern Frankreichs und der Bundesrepublik in den fünf Jahren, während derer sie gleichzeitig die Regierung ihrer Länder innehatten, ist schwer aufzuhellen, da es noch immer an eindeutigen, zuverlässigen und dabei verständigen Zeugnissen fehlt. Auf beiden Seiten haben sich noch zu ihren Lebzeiten die im Weben von Legenden zum höheren Ruhme großer Männer geübten Hagiographen eilfertig dieses Verhältnisses angenommen und es zu einer politischen Mythologie stilisiert. Die Faszination, welche die Begegnungen und Gespräche zweier Persönlichkeiten, die in Charakter wie in Statur und Habitus das gemeine Maß der Politiker so sichtbar überragten, auf die Nationen und die Beobachter ausübte, hat den Blick für die Wirklichkeit lange Zeit verdunkelt. Daß dieses Verhältnis mit dem oft gebrauchten Wort von der Altmännerfreundschaft nur oberflächlich umschrieben war, muß nicht hervorgehoben werden. Daß beide von der ersten zögernden Begegnung an füreinander Respekt, ein von Zurückhaltung und Vorsicht bestimmtes Verständnis fanden, war schon nach dem Besuch des Bundeskanzlers 1958 in de Gaulles Landsitz Colombey-les-deux-Eglises deutlich. Aber was aus diesem gegenseitigen Verständnis im Laufe der folgenden Jahre bis zum Rücktritt Konrad Adenauers im Oktober 1963 wirklich geworden ist, bleibt unaufgeklärt. Das oft, auch von den beiden Beteiligten selbst, behauptete „Einverständnis" hat viele Mißverständnisse hervorgerufen, von denen am schwersten für die gemeinsamen Ziele und für die Politik beider Regierungen das von Rambouillet im Jahre 1960 und das von Paris um den Abschluß des deutsch-französischen Freundschaftsvertrags im Januar 1963 wogen. Beide hatten die auf Einheit Westeuropas gerichtete Politik, das Verhältnis zu den Vereinigten Staaten und zu Großbritannien, damit zum Atlantischen Bündnis zum Gegenstand[21].

Diese Vorgänge, deren nähere Umstände und unmittelbare Ursachen heute noch erst skizzenhaft bekannt sind, haben einen tieferen Grund in der Art des Gesprächs zwischen Adenauer und de Gaulle, das bei aller gegenseitigen Achtung und trotz Konrad Adenauers abgeklärtem, nüchternem Selbstbewußtsein von dem Franzosen beherrscht wurde, auch und oft gerade dann, wenn er sich zurückhielt und zuhörte. Alle vertrauenswürdigen Zeugnisse stimmen in einem überein: Der General beschränkte sich zur Sache stets auf einige wesentliche Grundaussagen, die in ihrer scheinbaren Klarheit auf den anderen einfach und überzeugend wirkten, während sie mitunter Vieldeutigkeit, Unverbindlichkeit oder sogar Täuschung verbargen. De Gaulle verhielt sich trotz des von ihm selbst oft genug gepriesenen Vertrauensverhältnisses, das ihn mit Konrad Adenauer verband, diesem gegenüber in seiner persönlichen Diplomatie, das heißt auch in seiner spiegelnden Gesprächskunst, nicht viel anders als anderen gegenüber. Er war ein Meister in der Kunst, jeden Zuhörer, Bittsteller, Ratgeber, Verbündeten oder Gegner, dem er gefallen, den er beruhigen oder zu gewinnen suchte, von dem zu überzeugen, was er ihm eingeben wollte. Diese Erfahrung machten zwischen 1958 und 1968 die meisten seiner Gesprächspartner, die mit ihm in Sachen Politik zu tun hatten. Adenauer war keine Ausnahme und sein letzter, posthum nach seinen Notizen zusammengestellter Erinnerungsband über die Zeit von 1959 bis 1963 enthält dazu bemerkenswertes Material[22]. De Gaulle faszinierte und beunruhigte ihn. Er vertraute ihm, aber nicht ohne Zweifel und oft nicht ohne Selbstüberredung. Er verstand ihn nicht immer und oft genug mißbilligte er, wie seine eigenen Notizen ausweisen, was der französische Präsident vorhatte, tat, sagte oder betrieb. Die Harmonie zwischen beiden war eher sentimental, auf Bewunderung gegründet, auf das Gefühl auch, gemeinsam eine Verantwortung zu tragen, deren mindere Politiker nicht würdig oder zu der sie nicht berufen wären, schließlich auf ein historisches Traditionsbewußtsein, in dem sich die Vergangenheit des alten Europa vor dem Großen Krieg von 1914 lebendig in der Erinnerung erhielt. Auch der herbe, gemessene, spröde Stil in Wort, Geste, Haltung mochte sie einander nähergebracht haben. Ähnliche konservative Überzeugungen, die katholische Religiosität und ihre innere Freiheit ihrer Kirche gegenüber, klassische Schulung und persönliche Kultur trugen bei allen Verschiedenheiten – wie im Glanz der Sprache oder im Schatz der historischen und philosophischen Bildung – dazu bei. Diese politische Harmonie war wohl mehr suggeriert als real, denn sonst hätte sie sich bei so viel Gemeinsamkeit stärker auswirken müssen.

Das Problem wird schon in ihrer ersten Begegnung im September 1958 in Colombey mit Eklat deutlich. Konrad Adenauer besucht de Gaulle auf dessen Einladung am 14. und 15. September auf dessen Landsitz. Diese Zusammenkunft im Hause des Generals war eine besondere Auszeichnung für den Bundeskanzler und sollte nach de Gaulles Intention auch „für die historische Aussprache zwischen dem alten Franzosen und diesem alten Deutschen“ im „Rahmen des Familienheims sinnfälliger als die Kulisse eines Palastes“ sein. Der Gastgeber wollte, wie er später in seinen Memoiren schrieb, diesem ersten Zusammentreffen mit Adenauer „ein außergewöhnliches Gepräge“ geben[23]. Auf die Eingangsbemerkung des deutschen Gastes, es gehe nun darum, zwischen den beiden Ländern „etwas Dauerhaftes zu schaffen“, antwortet de Gaulle – nach seiner Erinnerung – diese Zusammenkunft in seinem Hause finde statt, weil er „den Augenblick für gekommen“ halte, daß sein Land gegenüber Deutschland „den Versuch einer neuen Politik“ unternehme[24]. De Gaulle macht dann einen seiner faszinierenden historischen Exkurse, in dem das archaische Verhältnis zwischen „Galliern und Germanen“ aufgespürt wird, bevor er Sätze spricht wie diesen: „. . . angesichts des überragenden Vorteils einer

Einigung Europas, die vor allem die Zusammenarbeit zwischen Paris und Bonn fordert", halte er es für nötig, „dem Rad der Geschichte in die Speichen zu greifen", die beiden Völker „auszusöhnen und ihre Anstrengungen und Fähigkeiten miteinander zu verbinden".

Nach dieser Einleitung wandten sich die beiden Staatsmänner den europäischen Angelegenheiten zu, die im Mittelpunkt des aktuellen Interesses standen, denn es ging zunächst darum, die Römischen Verträge in Kraft zu setzen, die ökonomischen Voraussetzungen dafür zu schaffen und die Verhandlungen mit England über dessen Verhältnis zu der neuen Gemeinschaft EWG in einer europäischen Freihandelszone vorzubereiten. Adenauer warf die nationale Frage der deutschen Wiedervereinigung auf und fragte nach der Unterstützung Frankreichs für diese deutsche Sache. De Gaulle sagte sie in allgemeiner Form zu. Dann kündigte er dem Bundeskanzler eine Revision der französischen Bündnispolitik an: Frankreich würde in der Allianz bleiben und seine Verpflichtungen nach dem Washingtoner Bündnisvertrag im Aggressionsfall gegen einen Alliierten erfüllen, jedoch „früher oder später das System der NATO verlassen, zumal es eine Kernwaffenrüstung aufzubauen gedenkt, auf die das Integrationsprinzip nicht angewandt werden kann"[25].

De Gaulle hat in seinen Memoiren diese erste Aussprache mit Adenauer in dem Satz resümiert: „Unser Gespräch endet mit dem Beschluß, dafür zu sorgen, daß unsere beiden Länder in allen Bereichen unmittelbare und präferentielle Beziehungen zueinander aufnehmen und sich nicht damit begnügen, zwei unter vielen zu sein in den Organismen, innerhalb derer sich ihre Persönlichkeit verwischt."[26]

Diese Verabredung, ergänzt von der persönlicheren, in enger Verbindung zu bleiben, sollte in der Tat zu einer tiefen Wandlung der Beziehungen zwischen beiden Völkern beitragen. Ihr war das persönliche Vertrauensverhältnis zwischen Adenauer und Robert Schuman, dessen mutige, weitsichtige und großzügige Politik gegenüber Deutschland für einen europäischen Zusammenschluß vorausgegangen. Die Beziehungen waren bis dahin eher gut als schlecht gewesen. Schuman und alle französischen Politiker, die ihn in seinem Bemühen unterstützten, wie Guy Mollet, der Generalsekretär der französischen sozialistischen Partei SFIO, Antoine Pinay, der konservative Ministerpräsident, René Pleven, aber selbst die jüngeren wie Maurice Faure oder Bourgès-Maunoury und Félix Gaillard, die selbst im Kriege gegen die Deutschen aktiv gekämpft hatten, waren seit Jahren in der Unternehmung Versöhnung und Zusammenarbeit mit dem demokratischen Teil Deutschlands engagiert. Sie hatten das Eis brechen und leidenschaftlichen Widerstand in ihrem Land, in ihren Parteien und Parlamentsfraktionen überwinden müssen. Keiner von ihnen genoß die persönliche Autorität und Unabhängigkeit von der Gunst der Parteien, die de Gaulle besaß, als er mit Konrad Adenauer zusammentraf. Sogar sehr viel skeptischere Partner in Paris wie Georges Bidault, René Mayer, Edgar Faure, Pierre Mendès-France hatten ihr Anteil an der neuen Politik gegenüber den Deutschen. Aber de Gaulle konnte dem Verhältnis die Breite und Tiefe geben, in denen allein Dauer und Sicherheit vor schweren Erschütterungen zu finden waren. Adenauer hatte dies von Anfang an erkannt und deshalb das Vertrauen de Gaulles gesucht, den General umworben, allerdings ohne ihm jemals falsche

Versprechungen zu machen oder ihn über die Vorrangbindung an die amerikanische Schutzmacht täuschen zu wollen. Am 14. und 15. September 1958 waren die Hauptthemen der Unterhaltung der Aufbau Europas und das deutsch-französische Verhältnis, wobei Adenauer die nationale Sache der Wiedervereinigung in den Mittelpunkt rückte und de Gaulle in dieser Frage zwar Verständnis zeigte, aber auch Zurückhaltung. Die Nuanciertheit seiner Reaktion mochte Adenauer entgangen sein. In seinen Memoiren mag de Gaulle den unverbindlichen Charakter seiner Worte dazu überdeutlich gezeichnet haben. Dennoch decken sich seine Worte zum Thema Wiedervereinigung Deutschlands mit seiner späteren Politik. Jedenfalls machte er von vornherein klar, daß diese Frage für ihn in einer weiteren europäischen und historischen Perspektive stand, daß sie jedenfalls nicht von politischer Aktualität war. Auch dies ist interessant, denn die Ära der Nachkriegspolitik mit den Vier-Mächte-Veranstaltungen über Deutschland und die Sicherheit in Europa war ja noch nicht zu Ende gegangen. 1959 sollte eine neue Konferenz stattfinden und erst 1960 scheiterte der letzte Versuch in Paris schon vor der Konferenzeröffnung an anderen Hindernissen[27]. In Colombey handelte es sich mehr um das Verhältnis zu England und zu den Vereinigten Staaten nach den Römischen Verträgen, die es in Kraft zu setzen galt. Dort lagen auch Konrad Adenauers erste Sorgen, dort und in der Allianzpolitik, denn nach allem, was de Gaulle seit 1951 öffentlich erklärt hatte, insbesondere über das auch an seinem Widerstand zerschellte Projekt der EVG-Konstruktion, mußte der Bundeskanzler eine Krise in der NATO als Folge der Politik des Generals gewärtigen[28].

Diese Erwartung bestätigte sich schon im September 1958 in Colombey. Die ,,strahlende Laune", die Maurice Couve de Murville, de Gaulles Außenminister und bis dahin Botschafter in Bonn, nach der Rückkehr bei Konrad Adenauer aus den Erzählungen aller Zeugen herausgehört hat[29], erklärt sich aus der Erleichterung über das, was der General ihm über das Verhältnis zwischen den beiden Nationen und die privilegierten Beziehungen zwischen den beiden Regierungen gesagt hatte, wohl auch über die vom französischen Ministerpräsidenten geäußerten Ansichten über die Fortsetzung der europäischen Einigung auf der Grundlage der Römischen Verträge. Aber die Perspektiven, die der Franzose in der Bündnispolitik gewiesen hatte, konnten die Ursache von so viel Heiterkeit nicht sein.

Über der Unterhaltung muß ein Hauch von Unwirklichkeit gehangen haben, wenn man bedenkt, daß nach seinen Notizen am selben Tag, an dem er Adenauer empfing, de Gaulle die Botschaft an Präsident Eisenhower und Premierminister Macmillan redigiert hatte, die als ,,das Memorandum vom 17. September 1958" bekannt wurde. Dieses Dokument provozierte einen diplomatischen Eklat in Westeuropa, belastete die Beziehungen de Gaulles zu den kleineren westeuropäischen Staaten dauerhaft und fachte das Mißtrauen gegen seine Intentionen in der europäischen Politik an. Damit warf es für die deutsche Bündnispolitik ein bis zum Ende der Regierungszeit Konrad Adenauers unbewältigtes Problem auf. Es handelt sich um die Initiative für ein Triumviratsdirektorium der Allianz, von dem später Kennedys Außenminister Dean Rusk sagte[30], wenn die amerikanische Regierung sich darauf eingelassen hätte, sie de Gaulle hätte beschwichtigen können, allerdings um den Preis, die kleineren

westeuropäischen Staaten Frankreich unterzuordnen und den französischen Präsidenten zum Sprecher Westeuropas zu erheben.
Der Autor jener Botschaft schrieb später in seinen Memoiren[31] darüber:
,,Am 14. September 1958 hisse ich die Fahne. In einem persönlichen Memorandum an Präsident Eisenhower und Premierminister Macmillan ziehe ich unsere Zugehörigkeit zur NATO in Frage, die nach meinen Worten den Erfordernissen unserer Verteidigung nicht mehr entspricht. Ohne den Schutz Kontinentaleuropas durch die amerikanischen und britischen Bomben ausdrücklich zu bezweifeln, stellt mein Memorandum fest, eine echte Organisation kollektiver Verteidigung müsse sich über den ganzen Erdball erstrecken und dürfe nicht auf den nordatlantischen Sektor beschränkt sein; und der weltweite Charakter der Verantwortung und Sicherheit Frankreichs mache es notwendig, daß Paris an den politischen und strategischen Entscheidungen des Bündnisses unmittelbar teilhabe, die in Wirklichkeit von Amerika allein, mit exklusiver Konsultation Englands, gefällt werden. Der Zugang Frankreichs zu diesem Gipfel sei um so mehr angezeigt, als das westliche Atommonopol demnächst nicht mehr auf die Angelsachsen beschränkt sein werde, da wir uns solche Waffen beschaffen würden.
Ich schlage daher vor, das Bündnis nicht mehr zu zweit, sondern zu dritt zu lenken, sonst werde sich Frankreich an keiner Entwicklung der NATO mehr beteiligen und sich das Recht vorbehalten, kraft Artikel 12 des Vertrages, auf welchem das System (der NATO) beruht, entweder dessen Reform zu fordern, oder es zu verlassen. Wie erwartet, antworteten die beiden Adressaten ausweichend. Nichts hindert uns also am Handeln."
Wie hoch auch immer der General die Trikolore seiner neuen Bündnispolitik mit der Unterscheidung zwischen der Allianz und ihrer Militärorganisation (die er später machen wird) zwischen dem 14. und dem 17. September gehißt haben mag, seinem neuen deutschen Partner gegenüber bekannte er jedenfalls nicht Farbe. Die ,,Vorzugsbeziehungen" gingen nicht so weit, ihn über diese kapitale und, wie de Gaulle wußte, krisenträchtige Initiative zu informieren, geschweige denn nach seiner Meinung zu fragen.
Diese Unterlassung kann in einer wirklichkeitsnahen Betrachtung nicht als Vertrauensbruch angesehen werden, denn ein echtes Vertrauen konnte zwischen de Gaulle und Adenauer noch nicht entstanden sein. Auch zwang nichts dazu, dem zwar verbündeten und als Partner an den europäischen Verträgen beteiligten deutschen Nachbarn Kenntnis von einem Zug seiner Außenpolitik auf der höheren Ebene der Großmachtbeziehungen zu geben. De Gaulle mochte sogar Indiskretionen in Bonn befürchten. Sein ,,Memorandum" wurde ja erst am 17. September übergeben und dann in Paris den Geschäftsträgern der Bundesrepublik und Italiens verlesen, denen der drei Beneluxstaaten dem Inhalt nach in einem offiziellen Resümee zur Kenntnis gebracht[32]. Aber der Vorgang zeigt deutlich die politischen Grenzen und die diplomatische Realität dieses Verhältnisses: Es bleibt dem grand dessin der de Gaulleschen Politik, einer nationalen Interessenpolitik ohne Rücksicht auf europäische Solidarität, untergeordnet und wird für sie benutzt werden.
Adenauer hat später nach außenhin stets die irreführenden offiziellen Pariser Auslegungen des bisher nicht veröffentlichten, jedoch in seinem Gehalt be-

kannt gewordenen Textes gedeckt. Aber er wußte drei Tage nach seinem Gespräch mit de Gaulle woran er mit der französischen Bündnispolitik war: Das Direktorium der Drei Mächte sollte sich ja nicht nur, wie es in Paris immer behauptet wurde, um die europäischen Partner zu beschwichtigen, auf globale Sicherheitspolitik und Strategie außerhalb der Allianz beziehen, sondern, wie de Gaulle später selbst bestätigt hat, auf die ,,Lenkung und die Entscheidungen des Bündnisses" selbst. Damit war aber seiner eigenen Politik die Frage gestellt, ob er diese Intention und die von de Gaulle nach der Ablehnung durch Eisenhower[33] gezogenen Konsequenzen billigte, vor allem aber, ob er eine Hierarchie zwischen den Mitgliedstaaten der im Entstehen begriffenen Europäischen Gemeinschaft kraft einer Sonderstellung Frankreichs über den anderen zulassen wollte.

Für Konrad Adenauer bestand kein Zweifel daran, daß de Gaulles Politik gegenüber den Vereinigten Staaten und der NATO einerseits einer historischen Situation Frankreichs, einer nationalen französischen Renaissancehoffnung entsprach und für das Selbstbewußtsein der Nation nötig sein mochte, andererseits aber die Allianz schwächen und dabei die Last für die Bindung des amerikanischen Verbündeten in Europa, für seine militärische Präsenz auf dem Kontinent schließlich auf die Bundesrepublik überwälzen müßte. Er billigt die Politik des Generals der NATO gegenüber niemals[34], aber er bemühte sich stets, Verständnis dafür aufzubringen und Einfluß im Sinne einer konstruktiven Bündnispolitik auf de Gaulle zu nehmen. Dabei war der Bundeskanzler, unabhängig von der Person, die dieses Amt innehatte, demandeur. Die französische Position war stärker. Die persönliche Autorität de Gaulles hob sie noch weit über ihre objektive Bedeutung hinaus.

Adenauer konnte zwischen de Gaulle und den übrigen Alliierten weder Partei ergreifen noch vermitteln. Diese Schwierigkeit lag im Verhältnis der Bundesrepublik zwischen Frankreich und den Vereinigten Staaten, zwischen Frankreich und England, zwischen Frankreich und den kleineren westeuropäischen Ländern, schließlich zwischen Frankreich und Osteuropa begründet. Gerade das letztere sollte sich ab 1964 deutlich zeigen, nachdem Adenauer nicht mehr Bundeskanzler war. Die Einwirkung des deutschen Partners auf den französischen war in den fünfziger und sechziger Jahren sehr viel enger begrenzt, schwächer und unsicherer als seither. Schon aus diesem Grund wäre eine ,,Achse Paris-Bonn", von der damals viel die Rede war, ungleich gewichtet und deshalb wenig tragfähig für eine von beiden Partnern gleichsam und gleichwertig bestimmte Politik gewesen. Eine solche Politik wurde Adenauer zwar oft zugeschrieben, aber sie war stets mehr Vorstellung als Wirklichkeit; sie lag jedenfalls nicht in der Absicht des Bundeskanzlers, dessen Realitätssinn ihn vor luftigen Konstruktionen bewahrte.

In der europäischen Politik hatte Frankreich als Staat und Nation ein geringeres Interesse an einem schnellen Aufbau supranationaler Institutionen geschweige denn an einem Souveränitätstransfer auf eine europäische Autorität. De Gaulle hatte dies Adenauer am 14. September 1958 in Colombey gleich zu Anfang in dem Satz bedeutet, daß ,,Frankreich unter dem strikten Gesichtspunkt des nationalen Interesses und ganz im Gegensatz zu Deutschland genaugenommen keiner Organisation Westeuropas bedürfe, denn der Krieg habe ihm weder sein

Ansehen noch seine Integrität geraubt“[35]. Dieses Verständnis der unterschiedlichen nationalen Situationen hatte schon vor de Gaulle die französische Politik in Europa bestimmt, insbesondere die der Kabinette Mayer, Mendès-France und Faure. In der atlantischen Bündnispolitik war Frankreich schon ein privilegierter Hauptverbündeter der Vereinigten Staaten und Großbritanniens. Was immer de Gaulle von der NATO und der Machtverteilung im Bündnis halten mochte, Frankreich hatte damals noch einen unvergleichlich größeren Einfluß auf amerikanische Entscheidungen als jeder andere kontinentaleuropäische Verbündete. Es nahm de facto auch an der Oberleitung der NATO durch die Mitgliedschaft in der Ständigen Planungsgruppe des NATO-Militärausschusses und seines Internationalen Stabs in Washington teil. Diese Planungsgruppe war ein Drei-Mächte-Organ und hätte bei einem geschmeidigen Vorgehen de Gaulles auch leicht in ein heimliches strategisches Direktorium verwandelt werden können, wie Kennedy es 1961 bis 1962 dem General im Grunde nahegelegt hat[36], ohne sich dazu in aller Form zu verpflichten. Selbst in Eisenhowers abweisender Antwort von 1958 war diese Möglichkeit indirekt suggeriert[37].

Dazu war Frankreich im Bundesgebiet und in Berlin Besatzungsmacht mit quasi-souveränen Vorbehaltsrechten und Privilegien für seine ,,Stationierungstruppen“ mit der einen 1954/55 vereinbarten Einschränkung gelegentlich der Aufnahme der Bundesrepublik in die NATO und in die WEU, daß alle im Bundesgebiet stehenden verbündeten Streitkräfte dem Befehl des alliierten Oberkommandierenden in Europa nach den NATO-Richtlinien für den Verteidigungsfall unterstellt würden und also im Militärverband der NATO zu verbleiben hätten.

Schließlich war der französische Verbündete auch im Verhältnis zur vierten Besatzungsmacht Sowjetunion und zu Osteuropa solange zumindest im Vorteil, solange der Konflikt um die deutsche Frage zwischen Bonn und den osteuropäischen Staaten andauerte. Auch in Westeuropa war Frankreichs politische Position trotz aller Kritik an de Gaulle oder der IV. Republik vor ihm im Falle eines deutsch-französischen Gegensatzes stärker.

Gerade deshalb rief de Gaulles Forderung nach einem Drei-Mächte-Direktorium auch in Bonn ernste Befürchtungen über die künftige Entwicklung des Bündnisses hervor. Aber bald sollte die sowjetische Forderung an die drei Westmächte, ihre Position in Berlin aufzugeben und die Umwandlung ihres Berliner Besatzungsgebietes in eine ,,Freie Stadt“, jedenfalls in eine ,,selbständige politische Einheit“ zuzulassen, der DDR die Kontrolle über die Zufahrtswege zwischen Berlin und der Bundesrepublik zuzuerkennen, diese zentrale Frage des Konfliktes in Deutschland in den Mittelpunkt des Ost-West-Verhältnisses rücken[38].

Die Drohung Chruschtschows, mit der DDR einen Friedensvertrag abzuschließen und dann einseitig im dargelegten Sinne zu verfahren, falls die drei Westmächte zu einem Friedensvertrag mit Deutschland zu den sowjetischen Konditionen nicht bereit wären, trug dazu bei, die allianzinterne Krise im atlantischen Bündnis um einige Jahre zu verzögern, so daß diese erst nach Adenauers Kanzlerschaft aufbrach. (Die andere Ursache, die de Gaulle von vornherein als retardierendes Moment in sein Kalkül eingestellt hatte, war der algerische Krieg, der bis zum Sommer 1962 andauerte und Frankreichs Aufmerksamkeit mit Vorrang in Anspruch nahm.)

Für Adenauer trat 1959 ein anderer persönlicher Wechsel von großer Bedeutung ein: der Tod seines vertrauten Freundes, des amerikanischen Außenministers John Foster Dulles, dessen Persönlichkeit seit 1953 die westliche Politik unter der Präsidentschaft Eisenhowers beherrscht hatte. Für Konrad Adenauers Verhältnis zu de Gaulle war zweifellos von großer Bedeutung, daß mit Dulles die Inkarnation des amerikanischen Einflusses auf die deutsche Politik und auf ihn selbst ausgelöscht wurde. Bis zum Ende der Regierungszeit Eisenhowers zum Jahreswechsel 1961 hatte er keinen wirklichen amerikanischen Partner mehr. Mit dem jungen Kennedy konnte er später keine Vertrautheit gewinnen, ja er wußte mit ihm nichts anzufangen. Die auf Dulles folgenden Außenminister, Herter in der Administration Eisenhower und Rusk in der Administration Kennedy, waren für ihn respektable Männer aber keine Respektspersonen, fähige Minister und Ratgeber, doch keine gleichwertigen Persönlichkeiten mit denen er hätte harmonieren können. Der Abgang des großen Dulles fiel zusammen mit der offensichtlichen Dekadenz der Präsidentschaft Eisenhowers, aber auch mit dem Beginn eines neuen Kampfes um Berlin und mit dem Ende der Nachkriegsära in Europa, mit dem das endgültige Scheitern der zwei Vier-Mächte-Konferenzen über Deutschland verbunden war. Für Adenauers Politik entstand damit eine Krise, die 1961 im Mauerbau durch Berlin ohne Widerstand der Westmächte und in der fast verlorenen Bundestagswahl, in der seine Partei die absolute Mehrheit einbüßte, nur ihren äußerlichen Niederschlag fand und die ihn bis zum Ende seiner vom Koalitionspartner verkürzten letzten Kanzlerschaft nicht mehr zu politischer Handlungsfreiheit kommen ließ (relativer Handlungsfreiheit, wie er sie besessen hatte, indem er günstige Bedingungen nutzte).

Die Bündnispolitik in der Atlantischen Allianz war in jenen knapp fünf Jahren der gleichzeitigen Regierung de Gaulles und Adenauers, des Regierungswechsels in Washington und der letzten großen Spannungskrisen des ,,Kalten Krieges" um Berlin und Kuba im wesentlichen von vier Problemen bestimmt:

1. dem Ost-West-Konflikt zugespitzt in Berlin;
2. der damit verbundenen neuen Strategie der USA für die Verteidigung Europas in der NATO und der Straffung der Bündnisführung durch Kennedy;
3. den Bestrebungen, in der NATO eine europäische integrierte Nuklearwaffenstreitmacht aufzubauen und die Bundesrepublik daran zu beteiligen;
4. den Versuchen, eine westeuropäische politische Union mit Frankreich zu begründen und eine gemeinsame Basis für eine europäische Verteidigung in der NATO ohne Auflösung der Integrationsbindungen zu den USA zu finden.

Da die britische Politik unter der Regierung Harold Macmillans keine eigenen Ziele in Europa oder in der Allianz verfolgte, sondern eine möglichst nahtlose Verbindung mit den Vereinigten Staaten bei Mitgliedschaft in der neuen Wirtschaftsgemeinschaft, die man nach längerem Zögern und Lavieren nun suchte, bestimmte das komplexe Verhältnis der amerikanischen und der französischen Interessen in Europa die gesamte Außenpolitik der Bundesrepublik, soweit nicht der bis 1963 andauernde Ost-West-Konflikt um Berlin die Reaktionen in

Bonn entscheidend beeinflußte. Ab 1963 trat im amerikanisch-sowjetischen Weltmachtverhältnis allmählich eine erste Wandlung mit den Verhandlungen über den Moskauer Vertrag zur Ausschließung von Kernwaffenversuchen in der Atmosphäre und unter Wasser ein, dessen Unterzeichnung Frankreich verweigerte, während die Bundesrepublik ihm beitrat wie die DDR.
Die französische Politik in der Allianz war auf eine progressive Herauslösung Frankreichs aus der militärischen Integration und organisierten Zusammenarbeit gerichtet, die de Gaulle im März 1959 mit dem verkündeten Entschluß einleitete, der NATO die französische Mittelmeerflotte für den Kriegsfall ,,zu entziehen"[39]. Kurz darauf folgte das Verbot für den amerikanischen Verbündeten, Kernwaffen in den Basen auf französischem Boden zu lagern oder über Frankreich in Flugzeugen zu transportieren. Danach löste de Gaulle die französische Luftverteidigung aus dem NATO-Verband und verfügte, daß die Überwachung aller Luftfahrzeuge und Flugkörper im französischen Raum nationaler Aufsicht und Leitung unterstellt würde. Schließlich hielt er seine viel beachtete Rede in der Pariser Kriegsakademie, am 3. November 1959, in der er die unabhängige nationale Landesverteidigung proklamierte und die praktische Allianzbindung mit der politischen Doktrin einschränkte: ,,Frankreichs Verteidigung muß französisch sein. Soll eine Nation wie Frankreich in den Krieg eintreten, dann muß es ihr Krieg, ihre eigene Anstrengung sein. Zweifellos läßt sich gegebenenfalls die Verteidigung Frankreichs mit der anderer Länder verbinden. Aber auch dann muß es die unsrige sein, muß sich Frankreich für sich selbst, aus sich heraus und auf seine Art verteidigen."[40] Daraus leitete der Staatschef die Notwendigkeit einer eigenen Strategie im Bündnis und der eigenen Kernwaffenrüstung ab, die er mit Energie betrieb.
Für Konrad Adenauer begann damit die kritische Periode der Beziehungen zu de Gaulle – also nur ein Jahr nach der persönlichen Bekanntschaft in Colombey und dem Treffen in Bad Kreuznach. Am 1. Dezember 1959 fand in Paris eine zweitägige Konferenz von deutschen und französischen Regierungsmitgliedern statt, wie sie dann regelmäßig folgen sollten.
De Gaulle hatte in seiner Ansprache gesagt, das System der NATO in Europa gehöre der Vergangenheit an. Sein Außenminister Couve de Murville behauptete am 1. Dezember in der Unterredung mit Premierminister Debré, für das Bündnis beginne eine neue Periode, weil die Amerikaner sich aus Europa zurückziehen würden, um die Verteidigung gegen den Osten vom eigenen Kontinent aus mit Interkontinentalraketen zu betreiben[41]. Konrad Adenauer notierte darüber in seinen ,,Erinnerungen":
,,Seine Ausführungen waren erschreckend, genau wie die Ausführungen Debrés. Sie zielten darauf hin, daß sich Europa in der nun beginnenden Periode selbst verteidigen müsse und daß dabei Frankreich und Deutschland die Führung übernehmen müßten. Ich habe diesen Erwägungen entschieden widersprochen. Ich habe betont, daß, solange nicht eine kontrollierte nukleare Abrüstung durchgeführt sei, die europäischen Länder schon aus Mangel an finanziellen Mitteln überhaupt nicht in der Lage wären, ein nukleares Gleichgewicht gegenüber der Sowjetunion herzustellen. Die Verteidigung Europas durch Amerika liege natürlich im europäischen Interesse, aber ebenso im amerikanischen Interesse, weil die Vereinigten Staaten von der Sowjetunion erledigt

würden, wenn diese den europäischen Kontinent besäße. Ein Krieg sei dazu für die Sowjetunion nicht notwendig."[42]
Der ehemalige Ministerpräsident Antoine Pinay, damals Finanzminister im Kabinett Debré, warnte Adenauer bei dieser Gelegenheit privat vor „einer für Europa verhängnisvollen Politik" der gaullistischen Minister und sagte ihm, er würde zurücktreten, wenn diese Politik von der Regierung fortgesetzt würde; so jedenfalls hat Adenauer Pinay zitiert. Pinay hat dem auf Befragen nicht widersprochen und tatsächlich stand seine spätere Entlassung mit der Außenpolitik de Gaulles in unmittelbarem Zusammenhang. Der Kanzler war nach seinen eigenen Worten „durch die Ausführungen Pinays sehr erschüttert" und fragte deshalb den Staatssekretär des Kabinetts und späteren Minister Louis Joxe, einen Gaullisten, nach seiner Meinung über das Verhältnis zu Amerika. Zu Adenauers Überraschung „sprach Joxe noch viel negativer als Couve de Murville, in einer [. . .] völlig unrealistischen Richtung. Er sagte unter anderem auch, daß Europa durch eine Union Frankreich-Deutschland verteidigt werden müsse"[43].
Adenauer forderte dann de Gaulle in dem folgenden Gespräch auf, Vorschläge für eine Reorganisation der NATO zu machen, sagte ihm aber, daß nach seinem Urteil gegenüber der Sowjetunion weder eine nationale noch eine europäische Verteidigung möglich wäre, solange keine nukleare Abrüstung verwirklicht worden wäre. De Gaulle wollte sich aber offensichtlich zu jenem Zeitpunkt an der Wende zum Jahre 1960 nicht auf eine Diskussion über die NATO einlassen, obwohl er sie selbst mit seiner Novemberansprache öffentlich begonnen hatte. Adenauer zitiert den General mit dem Wort, daß man an der NATO „nichts Wesentliches ändern" sollte. Er bestätigte, was sein Außenminister vorher gesagt hatte, daß man einen Rückzug der Amerikaner aus Europa in absehbarer Zukunft zu befürchten hätte. Die Vereinigten Staaten würden wohl „nur noch symbolische Streitkräfte in Europa belassen, die Verteidigung würden sie von Amerika aus führen". Der Bundeskanzler widersprach de Gaulle in dem von ihm oben zitierten Sinne. Die beiden Staatsmänner fanden keine gemeinsame Konklusion. Die Bündnispolitik blieb offen und im unklaren, was die französischen Absichten und die gemeinsamen Interessen anging. Dieser Dissens sollte sich auch in den folgenden vier Jahren nicht auflösen.
Kurze Zeit danach, am 19. bis 21. Dezember 1959, bereiteten General de Gaulle, Präsident Eisenhower, Premierminister Macmillan und Bundeskanzler Adenauer gemeinsam die Verhandlungsposition der drei verbündeten Mächte für die auf das Frühjahr 1960 in Paris in Aussicht genommene Vier-Mächte-Konferenz mit dem sowjetischen Ministerpräsidenten und Parteichef der KPdSU, Chruschtschow, vor, den de Gaulle dazu noch vor der Konferenz zum Besuch nach Paris eingeladen hatte. Die Bündnispolitik war als Thema besonderen Aussprachen zwischen de Gaulle und Eisenhower, de Gaulle und Macmillan vorbehalten, die aber keinerlei Veränderung der Positionen ergaben. Für den französischen Staatschef bestand auch kein Grund, eine Verhandlung über Frankreichs Verhältnis zur NATO einzuleiten, wie er und Couve de Murville in ihren Memoiren[44] später darlegten. Im Frühjahr 1960 würde die erste französische Atomversuchsbombe ein fait accompli und damit eine neue Situation

schaffen. Frankreich brauchte Zeit, seine Kernwaffenrüstung in Gang zu bringen und den Krieg in Algerien zu beenden. Für die Drei Mächte und die Bundesrepublik stand zudem Berlin im Vordergrund, wo es um eine gemeinsame Antwort auf die sowjetischen Forderungen ging.
Für Adenauer war keine Gelegenheit, eine Initiative in der Bündnispolitik oder in der internationalen Sicherheitspolitik zu ergreifen. Der deutsche Bundeskanzler spielte damals noch immer eine untergeordnete Rolle in den Bündnisangelegenheiten. Die Wiederbewaffnung und Aufstellung der Bundeswehr seit 1956 vollzogen sich mehr oder weniger nach dem alliierten Plan. Die Allianzbeschlüsse über die Ausrüstung aller NATO-Streitkräfte mit taktischen Kernwaffen in amerikanischen Depots auf europäischem Boden und unter amerikanischer Kontrolle waren gefallen und in der Ausführung begriffen. Die Frage, wie eine integrierte Nuklearstreitmacht der NATO mit strategischen Kernwaffen aufgebaut sein und wer daran teilnehmen sollte, war seit Ende 1957 Gegenstand von Studien bei der NATO und Projekten in Washington, ohne daß diese reif für eine neue Diskussion auf Regierungsebene gewesen wären. Weder Macmillan noch de Gaulle hatten Grund, das Verfahren zu beschleunigen. Eisenhower stand an der Schwelle zu seinem letzten Präsidentschaftsjahr, seines vertrauten Ratgebers Dulles beraubt, unsicher, wie er mit Chruschtschow umgehen, ob er Zugeständnisse in Berlin machen und eine Verhandlung über nukleare Abrüstung mit der Sowjetunion suchen sollte.
Für die atlantische Allianz war eine ungünstige Konstellation entstanden: Eisenhower war amtsmüde und ohnehin behindert, weil er nicht wiedergewählt werden konnte. De Gaulle interessierte sich nicht für eine Stärkung der NATO, rechnete mit einem Abzug der Amerikaner aus Europa oder gab vor, von einem ,,Disengagement" der amerikanischen Militärmacht vom europäischen Kontinent und einer Rückkehr zu ,,peripherer Strategie" (Abschirmung Westeuropas aus der transatlantischen Distanz mit strategischen Kernwaffen und mit Hilfe peripherer Stützpunkte am Rande Westeuropas) überzeugt zu sein. Macmillan war vor allem auf die Bewahrung der aus der Kriegszeit und dem Beginn der bilateralen Zusammenarbeit in der Nuklearbewaffnung überkommenen ,,besonderen Beziehungen" zwischen Washington und London bedacht. Im übrigen scheute er Komplikationen und fürchtete neue akute Krisen im Ost-West-Verhältnis. Er drängte deshalb auf Verhandlungen mit den Russen, wußte aber, daß in Berlin keine Zugeständnisse möglich waren – die wiederum Eisenhower als durchaus möglich ansah –, und nahm an, daß Chruschtschow 1960 an Vier-Mächte-Verhandlungen über Deutschland und Europa in Wahrheit nicht gelegen war, eine Annahme, die er im Dezember 1959 in Paris offen aussprach und die sich bald bestätigen sollte.
Alles in allem waren alle drei westlichen Staatsmänner von ihrer eigenen Situation und ihren nationalen Interessen an einer wirksamen Behandlung der atlantischen Bündnisprobleme und der europäischen Sicherheitsfrage gehindert. Der Bundeskanzler aber vertrat einen Staat, der zwar ein wichtiger Verbündeter geworden, jedoch in hohem Maße von den drei Westmächten politisch und militärisch abhängig geblieben war, schon für die Behauptung West-Berlins und der Fiktion von der Vier-Mächte-Verantwortung für Berlin und Deutschland als Ganzes. Vor der nächsten Vier-Mächte-Verhandlung

mußte Konrad Adenauer sich auf die Wahrung der unmittelbar tangierten deutschen Interessen in und um Berlin konzentrieren, zumal eben Präsident Eisenhower – und auch Macmillan wie sich bald danach zeigen sollte – in seinen Überzeugungen wankend geworden war und mit dem Gedanken eines Arrangements mit Chruschtschow spielte.
Die Bündnispolitik selbst war unlösbar mit der Weiterentwicklung der NATO-Integration, das heißt mit der Frage verbunden, ob eine integrierte Nuklearstreitmacht in der NATO mit deutscher Beteiligung geschaffen und wie die französische Nuklearbewaffnung darin einbezogen werden sollte. Eben darüber war aber ein sinnvolles Gespräch mit de Gaulle nicht möglich, jedenfalls nicht zu jenem Zeitpunkt. Alle drei Hauptpartner machten in ihrem Verhalten bei allem Respekt vor der Person Adenauers doch auch deutlich, daß sie nicht daran dachten, die Hierarchie ihrer Interessen oder den Vorrang im Bündnis zu verändern. Über nuklearpolitische und nuklearstrategische Fragen wie über internationale Rüstungskontrollen sprachen sie jeweils in bilateralen Begegnungen, nicht gemeinsam mit dem Bundeskanzler. Diese Fragen waren auch im Bündnis und im Verhältnis zu den übrigen europäischen Staaten brisant; eine unmittelbare Beteiligung der Bundesrepublik an Planungen für die westliche Politik in diesen übergeordneten und globalen Angelegenheiten hätte damals in der Allianz eine zusätzliche Belastung geschaffen. Die kleineren Verbündeten wollten eine Quadriga mit Deutschland als Allianzdirektorium noch weniger als eine Troika, an die sie sich immerhin leichter hätten gewöhnen können. Die wirkliche Bedeutung der Mitwirkung Adenauers auf den westlichen Gipfeltreffen darf deshalb nicht überschätzt werden. Dies weisen auch de Gaulles und Macmillans Memoiren aus. Konrad Adenauer selbst hat sich in seinen Notizen klarsichtig, wiewohl diskret geäußert.
Im Mai 1960 sollten sich diese Realitäten in Paris anläßlich der gescheiterten Konferenz der „Großen Vier“ mit Eklat bekräftigen. Vor dem Zusammentreffen der westlichen Staatsmänner in Paris am Vorabend der Gipfelverabredung mit Chruschtschow hatte der frühere Hochkommissar in Deutschland, John McCloy, dem Bundeskanzler geschrieben, daß die Aussichten auf eine konsequente Behauptung des gemeinsamen Rechtsstandpunktes gegenüber den sowjetischen Forderungen in Berlin sich verschlechtert hätten und daß es darauf ankomme, aus dieser Konferenz „ohne schwere Einbußen“ hervorzugehen. De Gaulle vertrat ähnliche Ansichten. Schließlich enthob Chruschtschow die westlichen Staatsmänner des diplomatischen Zwangs zu einer Diskussion über Berlin, die DDR und einen Friedensvertrag für Deutschland, weil er sich offensichtlich entschlossen hatte, die Konferenz im letzten Augenblick zu verhindern. Allem Anschein nach rechnete er nicht mehr mit Zugeständnissen der Westmächte. Auch mochte ihm Eisenhower nicht länger als satisfaktionsfähig erscheinen.
In diesem Zusammenhang ist aber eine Bemerkung de Gaulles gegenüber Adenauer am 14. Mai 1960 in Paris interessant, die auf mögliche anglo-amerikanische Konzessionen an die Russen in der europäischen Sicherheitsfrage im Sinne des Konzepts einer Zone begrenzter Rüstungen anspielte[45]. De Gaulle hat später in seinen Memoiren diese Frage nicht erwähnt. Nach Adenauers Notizen

aber übte der General Kritik am Alliierten Oberkommandierenden in Europa, dem amerikanischen Luftwaffengeneral Lauris Norstad, und dessen nuklearer Präokkupation. General Norstad verstünde die Bedeutung von Territorium und konventionellen Landstreitkräften nicht. Er könnte einem Arrangement mit der Sowjetunion für eine Kontrolle von Teilen Europas und der dort stationierten Landstreitkräfte in einem internationalen Vertrag zustimmen und so die Unabhängigkeit und Sicherheit Europas mindern helfen. Die politischen Konsequenzen wären aber gewaltig und gerade diese würden von dem amerikanischen General nicht gesehen. Sie könnten zu einer „Diskriminierung" der europäischen Staaten führen. Frankreich würde einer Rüstungskontrollzone in einem Teil Europas nicht zustimmen, sondern nur in ganz Europa.

Man hat es hier mit der ersten Vorbereitung der großen Initiative de Gaulles für eine militärpolitische Union Westeuropas außerhalb der NATO und unabhängig von den Vereinigten Staaten zu tun, die von der Begegnung de Gaulle-Adenauer in Rambouillet an die westliche Diplomatie und zeitweilig das deutsch-französische wie das deutsch-amerikanische Verhältnis belasten sollte. Adenauer attestierte dem französischen Gastgeber die überragende militärische Kompetenz und bat ihn, nach der Gipfelkonferenz „doch einmal der dringenden Frage der militärischen Struktur der NATO seine Aufmerksamkeit zu schenken"[46]. De Gaulle erwiderte (immer nach Adenauer), er wolle sich nach der Pariser Vier-Mächte-Konferenz ohnehin mit ihm „über die ernsten Probleme der Verteidigung Europas und insbesondere der gemeinsamen Verteidigung Frankreichs und Deutschlands unterhalten".

Wiederum deutet die unterschiedliche Akzentsetzung die Differenzen an: Adenauer sucht de Gaulle zu Vorschlägen für eine Reform oder Reorganisation der NATO zu bewegen. De Gaulle geht darauf nicht ein, aber trägt ein Gespräch über die Verteidigung Europas und eine militärische Zusammenarbeit zwischen Frankreich und der Bundesrepublik an.

Für Konrad Adenauer wie für alle Verbündeten Amerikas und für Chruschtschow war 1960 ein Wartejahr zwischen den amerikanischen Regierungszeiten. Nach acht Jahren würde im Januar 1961 die Präsidentschaft Eisenhowers zu Ende gehen. Nach dem Urteil Adenauers zu jener Zeit war das antlantische Bündnis führerlos. Allgemein wurde in Europa 1959/60 von einer politischen Führungskrise des Westens gesprochen. De Gaulle wirkte dabei nur als störender Reiz, denn er hatte seine neue Außenpolitik noch nicht entfaltet, weil er einerseits in Algerien in größeren Schwierigkeiten denn zuvor war, andererseits die Risiken der europäischen Situation ihn an entschiedenem Auftreten und neuen Orientierungen hinderten, und schließlich die nationale Nuklearbewaffnung, auf die er für einen Machtzuwachs und Einflußgewinn rechnete, nicht schneller voranzutreiben war als es die technischen Möglichkeiten zuließen[47].

In diesem Wartejahr kam nun in Europa eine Konkurrenz zwischen dem Projekt für eine europäische Nuklearstreitmacht in der NATO mit amerikanischen Polaris-Raketen und dem Plan de Gaulles für eine westeuropäische Union mit militärischem Unterbau und einer gemeinsamen politischen Spitze auf. Die deutsche Außenpolitik stand im Spannungsfeld dieser Konkurrenz, denn die Bundesrepublik war für beide Pläne unentbehrlich. Konrad Adenauer aber war an beidem interessiert, und er versuchte, beide auf einen Nenner zu bringen, das heißt, einen Kompromiß mit de Gaulle darüber zu finden. In diesem Versuch wagte er sich sehr weit auf unsicheres Terrain vor und scheiterte schließlich an den Widerständen. Die Ausgangslage dafür war zudem ungünstig:

,,In unserem Verhältnis zu Frankreich, zu de Gaulle, trat in den Wochen nach dem gescheiterten Pariser Gipfeltreffen eine merkwürdige Veränderung ein, nicht zum Guten. Frankreichs Verhalten gegenüber der NATO war dazu angetan, sehr besorgt zu machen. Frankreichs Europapolitik schien unbestimmt und vage [. . .] Die Amerikaner befaßten sich ernsthaft mit einer Reform der NATO, die außer den militärischen auch die wirtschaftlichen und politischen Aspekte berücksichtigen sollte. Offensichtlich aufgrund französischen Drängens stand die Forderung nach einem Dreierdirektorium innerhalb oder neben der NATO in der Diskussion.“[48]

Diese Lagebeurteilung Konrad Adenauers für die Jahresmitte 1960 vertiefte sich in einem Gespräch, das er am 4. Juli in Bonn mit dem inzwischen aus der Regierung ausgeschiedenen Pinay hatte. Adenauer schreibt in seinen Erinnerungsnotizen dazu, er hätte damals mit dem Gedanken gespielt, de Gaulle einen Brief zu schreiben, um ,,an den klügeren Teil des Generals zu appellieren“. Adenauer wollte sogar alle Pläne für die politische Einigung Westeuropas zurückstellen, um Frankreich nicht zu drängen und um de Gaulle Zeit zu lassen, sich mit der europäischen Entwicklung zu befreunden. Für de Gaulles Kritik an der NATO und an der amerikanischen Bündnisführung hatte der Kanzler damals viel Verständnis. Auch suchte er ja, den General für eine Reform der NATO zu benutzen, sozusagen als Prellbock gegen die Mauern der amerikanischen Vormachtstellung in der Allianz. Andererseits konnte und wollte er die Amerikaner weder befeinden, noch ihnen mit Frankreich oder zugunsten Frankreichs ihre Führerschaft im Bündnis streitig machen. Kurz nach dem Besuch Pinays in Bonn lud de Gaulle den Kanzler zu einem Treffen am 29. und 30. Juli 1960 nach Rambouillet bei Paris ein. Inzwischen hatte Premierminister Debré in der Nationalversammlung die Forderung nach einem ,,Dreierkollegium“ der Drei Mächte ,,in der NATO“ öffentlich erhoben und außerdem bei anderer Gelegenheit erklärt, daß nicht nuklear bewaffnete Länder ,,Satellitenstaaten“ seien. Adenauer hatte sich von diesen Äußerungen Debrés in seinen Befürchtungen bestätigt gesehen[49].

In Rambouillet trug der Kanzler dem General seine Sorgen über Frankreichs Politik unumwunden vor. De Gaulle bot dabei ein weiteres Beispiel seiner Finassiertaktik. Er suchte den deutschen Gast mit der Behauptung zu beschwichtigen, gemeint sei nur ein Drei-Mächte-Kollegium außerhalb der Atlantischen Allianz für die globale Politik und Strategie, nicht für die NATO. Das war die Schutzbehauptung seiner Regierung nach außen seit September 1958, um die wirkliche Forderung, die sich auf ein Direktorium in der NATO wie auf die globalen Angelegenheiten außerhalb der NATO richtete, zu verhüllen. Erst als Adenauer ihn auf den Wortlaut der Bemerkungen seines Premierministers im Parlament und auf andere Indizien hinwies, gab der General den Täuschungsversuch auf. Auch das tat er in charakteristischer Weise: Er überging die Hinweise Adenauers schweigend und kam auf das Thema nicht mehr zurück. Statt dessen attackierte er die NATO als eine „Filiale Amerikas in Europa" und als eine mangelhafte militärische Organisation. Dabei sagte er en passant, daß Frankreich eventuell aus der NATO austreten würde, wenn die amerikanische Vormundschaft über Europa nicht aufgehoben würde.

Konrad Adenauer suchte die Gelegenheit zu einem neuen Vorstoß für eine NATO-Reform zu nutzen. Wieder forderte er de Gaulle auf, konstruktive Vorschläge zu machen. Diesmal ließ er es damit allerdings nicht bewenden, sondern regte einen gemeinsamen Plan an, der im Laufe des Sommers ausgearbeitet und dem künftigen amerikanischen Präsidenten bei dessen Amtsantritt übergeben werden sollte. Wie wenig diese Idee dem General zupaß kam, wird aus dem weiteren Verlauf der Gespräche von Rambouillet deutlich. Adenauer hatte, um Washington nicht zu brüskieren, vorgeschlagen, den gemeinsamen Plan erst dem NATO-Rat zu unterbreiten und dann als NATO-Dokument dem neuen Präsidenten vorzulegen. Damit könne man auch dessen Absichten hinsichtlich Europas auf die Probe stellen. De Gaulle wich aus. Er tat dies, indem er Adenauer zustimmte und anregte, man sollte darüber in der zweiten Oktoberhälfte noch einmal sprechen, um einen gemeinsamen Text ausarbeiten zu lassen. Damit war klar, daß aus der Sache nichts werden konnte, denn in der ersten Novemberwoche würde der Präsident in den Vereinigten Staaten gewählt und in der ersten Januarwoche 1961 ins Weiße Haus eingeführt.

Der französische Staatschef kam nun auf das zu sprechen, was er vom deutschen Bundeskanzler eigentlich wollte: eine „allgemeine Kooperation" zwischen beiden Staaten mit regelmäßigen Ministerkonferenzen und Konsultationen. Adenauer stimmte dem zu. Aber noch war der General ihm eine Idee für die Bündnispolitik schuldig. Am 30. Juli trug de Gaulle sie skizzenhaft vor: Die NATO-Konstruktion müßte von einer neuen abgelöst werden, deren tragende Pfeiler die Vereinigten Staaten, Großbritannien, die Bundesrepublik und Frankreich sein sollten. Die Streitkräfte eines jeden verbündeten Landes müßten unter nationaler Verantwortung stehen. Die Vereinigten Staaten sollten fest an Europa gebunden werden, aber ohne die bisherige Vormachtstellung im Bündnis. Europa müßte im Bündnis für seine Verteidigung selbst Verantwortung tragen und deshalb auch handlungsfähig sein. Die NATO-Integration müßte zu diesem Zweck abgeschafft werden. Die stärkeren Staaten mit ausgeprägter „nationaler Persönlichkeit", die er genannt hatte, müßten eine besondere Rolle in der Allianz je nach ihrer geographischen Lage, ihrer politischen und moralischen Stellung in der Welt spielen. Italien könnte eventuell als fünfter Pfeiler hinzukommen. Eine Koordinierung der Verteidigung zwischen diesen Hauptstützen des Bündnisses sei notwendig, eine gemeinsame Befehlsführung möglich. Aber das amerikanische Kommando mit der Militärintegration müsse weichen.

Dieses Konzept war vage und in sich widerspruchsvoll, denn wie sollte Westeuropa als Partner der Vereinigten Staaten gestärkt und selbständig zu seiner Verteidigung fähig werden, solange drei oder vier seiner größten Staaten in einer besonderen Stellung mit nationaler Verteidigung verharrten und nur in einer lockeren Militärkoalition ihre Streitkräfte einander und den amerikanischen zuordnen würden?

Adenauer antwortete, wie er in seinen „Erinnerungen" schrieb, daß er sich die Sache genau überlegen müsse. Jedenfalls sollte man bei dem Reformvorhaben de Gaulles Ideen verwerten. Ein starkes Europa als Partner wäre der beste Garant für ein festes Bündnis und eine wirksame gemeinsame Verteidigung.

So handelte es sich nun um die Gestaltung der westeuropäischen Zusammenarbeit. De Gaulle fragte, ob Adenauer mit regelmäßigen Regierungschefkonferenzen einverstanden wäre. Im Oktober 1960 könnte die erste stattfinden mit der Reform des Atlantischen Bündnisses als Thema der Diskussion. Adenauer stimmte dem zu.

Die Absprache wurde am 30. Juli in dem Resümee de Gaulles vor den versammelten Ratgebern fixiert: Eine neue Phase der Organisation Europas sollte in der Form einer „organisierten Zusammenarbeit" der beteiligten Staaten auf wirtschaftlichem, politischem und kulturellem Gebiet sowie im Bereich der Verteidigung beginnen. Konferenzen der Regierungschefs und der zuständigen Minister würden von Kommissionen nationaler Delegierter, die unter der Autorität ihrer Regierungen weisungsgebunden blieben, vorbereitet und unterstützt werden. Später sollte eine Europäische Versammlung gebildet, allerdings nicht direkt gewählt werden; Delegationen der nationalen Parlamente würden zusammentreten, um gemeinsam zu beraten. Die Versammlung sollte nur konsultativen Charakter haben. Die europäischen Nationen sollten diese „Organisation Europas" durch eine Volksabstimmung billigen, um ihr Dauer zu verleihen und mit der Legitimation eines Referendums politische Autorität zu geben. Das Atlantische Bündnis bedürfe einer Reform, die auf die Tagesordnung der ersten westeuropäischen Regierungschefkonferenz zu setzen sei. Die Reform der NATO müsse die europäische Organisation ergänzen. Beide müßten gleichzeitig verwirklicht werden. Gemeinsame Vorschläge dafür seien nötig. Außerdem dürften die EWG und Euratom sich nicht in „Superstaaten" verwandeln, sondern müßten als Gemeinschaften der bestehenden Staaten handeln, also unter deren Kontrolle.

Man kam in Rambouillet noch überein, die Regierungen der vier übrigen Mitgliedstaaten der EWG zu unterrichten und über das weitere Vorgehen zu Rate zu ziehen. Konrad Adenauer fügt hinzu: „Es zeigte sich leider in den Wochen nach unserem Treffen in Rambouillet, daß wir in einigen Punkten nicht völlig konform gingen und offensichtliche Mißverständnisse vorlagen."[50]

Das Hauptobjekt der von Adenauer erwähnten Mißverständnisse war offenkundig die NATO-Reform, die für den deutschen Partner eine Reorganisation der NATO, für den französischen aber ihre Ablösung durch eine neue, lose Koalition von Nationalstaaten mit einem gemeinsamen Allianzoberkommando, jedoch mit strikt nationaler Verfügung über die Streitkräfte und ohne jede Form militärischer Integration sein sollte. Damit in Zusammenhang stand die geplante militärische und militärpolitische Zusammenarbeit der westeuropäischen Kontinentalstaaten – möglicherweise einschließlich Großbritanniens – im Bereich der Verteidigung, also ein westeuropäischer Verteidigungs- und Sicherheitsrat der Regierungschefs, sekundiert von den Ministern für Verteidigung und für Auswärtiges, unterstützt auch in diesem Bereich von einer Kommission von nationalen Delegierten für militärische Zusammenarbeit.

Diese französische Zielsetzung sollte sich später im Fouchet-Plan für eine Union deutlich ausprägen[51].

Konrad Adenauer hat sich in den Wochen nach Rambouillet von seinen eigenen Beratern und Ministern vorhalten lassen müssen, daß er de Gaulle in einer Unternehmung unterstützt oder wenigstens den Anschein von Unterstützung gegeben habe, die sich gegen die Bündnisbindung in der NATO, gegen das gemeinsame Sicherheitsinteresse an der Präsenz der amerikanischen Schutzmacht, gegen die internationale Allianzarmee auf deutschem Boden, gegen die alliierte Verteidigungsplanung, aber andererseits auch gegen die europäischen Institutionen und das Ziel eines supranationalen Bundesstaates richte. Zudem würden die vier übrigen EWG-Partner dem ebensowenig zustimmen, wie die außerhalb der EWG stehenden übrigen NATO-Partner.

Es war deutlich genug, daß de Gaulle versuchte, mit dem deutschen Hebel das NATO-System und das supranationale Integrationssystem Westeuropas aus den Angeln zu heben, um es durch eine multilaterale Kooperation der nationalen Regierungen zu ersetzen und dadurch statt einer europäischen Aktionseinheit mehr Aktionsfreiheit für Frankreich zu schaffen, noch dazu die französische Autorität in Westeuropa auszubreiten und die übrigen Partner politisch von der Zustimmung Frankreichs zu allen gemeinsamen Unternehmungen abhängig zu machen. Mehrheiten gegen Frankreich würden dabei nicht möglich sein; der deutsche Partner würde in einer besonderen bilateralen Verbindung zwar besonders geehrt und anerkannt, aber auch besonders verpflichtet und für französische Interessen in Anspruch genommen werden. Diejenigen, die etwas voreilig und summarisch von einer ,,Achse Paris-Bonn" sprachen, übersahen, daß damals die Gewichte auf dieser vorgestellten Achse ungleich verteilt waren und daß diese deshalb ihren Schwerpunkt in Paris haben würde. Sie würde sich also den französischen Interessen zuneigen und den deutschen Partner auf diese festlegen. Eine ausgewogene deutsche Politik zwischen Paris, London und Washington würde damit nicht mehr möglich sein und die Bundesregierung würde nicht mehr Spielraum gewinnen, sondern im Gegenteil ihre Handlungsfreiheit eingeengt sehen.

Diese Einwände wurden damals gemacht, auch vom deutschen Botschafter in Frankreich, Adenauers Vertrautem und persönlichem Ratgeber Herbert Blankenhorn. Sie wurden in den folgenden drei Jahren auch gegen die französischen Unionspläne und selbst gegen den deutsch-französischen Vertrag von 1963 vorgebracht.

Während aber Adenauer überlegte, wie er einen Ausgleich zwischen seiner französischen und seiner amerikanischen Politik, zwischen seinen Zielen in Westeuropa und denen in der NATO zustande bringen und die Abrede von Rambouillet korrigieren könnte, reifte die Initiative für eine europäische Nuklearstreitmacht in der NATO, über die er mit de Gaulle noch nicht gesprochen hatte.

Schon im April 1960 hatte in Washington der amerikanische Verteidigungsminister Thomas Gates nach langem Drängen General Norstads dem NATO-Generalsekretär Spaak erklärt[52], daß die Vereinigten Staaten in naher Zukunft in der Lage sein würden, ihren Verbündeten nukleare Raketen zu verkaufen. Gates fügte hinzu, daß die Regierung vorziehen würde, diese nuklearstrategischen Waffen der NATO als Organisation statt den einzelnen europäischen Mitgliedstaaten zu übergeben. Die nuklearen Sprengköpfe würden jedenfalls unter amerikanischer Kontrolle bleiben, und die Ziele würden von der amerikanischen strategischen Zielplanung in Übereinstimmung mit den Plänen des Alliierten Oberkommandierenden in Europa und den alliierten Regierungen bestimmt werden. Der Präsident der USA allein würde den Einsatzbefehl geben können.

Paul-Henri Spaak, der dieses Projekt im Prinzip befürwortete, hatte dann im Juli, noch vor dem Treffen de Gaulle-Adenauer in Rambouillet, einen Gegenvorschlag gemacht, um die Zustimmung de Gaulles zu einem Plan zu erkaufen, der auf die Festigung und Ausweitung des NATO-Integrationsrahmens hinauslief und also der französischen Politik ein neues Hindernis entgegenstellen müßte. Spaak empfahl[53] eine Ausnahme zugunsten Frankreichs zu machen: Die Vereinigten Staaten sollten Frankreich Polaris-Raketen für französische Unterseeboote verkaufen und in nationale französische Verfügung übergeben. Frankreich würde die Atomsprengköpfe dazu bauen und so frei von jeder amerikanischen Kontrolle sein. Es würde seine Polaris-Boote der NATO-Flotille zur Verfügung stellen, allerdings mit einem Vorbehalt, sie jederzeit unter nationalen Befehl zurückziehen zu können. Dieser Status würde dem Großbritanniens in der NATO entsprechen. (Dieser Vorschlag Spaaks entsprach dem, den Ende 1962 Präsident Kennedy Frankreich machte.)

De Gaulle hatte Spaak nicht geantwortet und auch in Rambouillet Adenauer nichts davon gesagt. Adenauer selbst hatte die nukleare Rüstungsfrage vorsichtshalber nicht gestellt.

Während des Sommers konzipierte eine amerikanische Studiengruppe einen Vertragsrohentwurf, der dem Atlantikrat unterbreitet werden sollte. Am 6. September trafen sich in einer Villa am Comer See Adenauer, Spaak, Norstad und der ehemalige niederländische Außenminister Stikker, der Spaaks Nachfolger als NATO-Generalsekretär wurde.

Am Vortage, am 5. September, hatte de Gaulle in Paris eine Pressekonferenz abgehalten, in der er die NATO-Struktur einer äußerst scharfen und summarischen Kritik unterzog, die amerikanische Prädominanz als unerträglich für Europa bezeichnete und praktisch seine Forderungen und Argumente von 1958 für eine Ausweitung der Allianz und für ein Drei-Mächte-Direktorium wiederholte. Adenauer fand, daß der Auftritt de Gaulles gegenüber Amerika und dem Bündnis „schockierend" gewesen sei[54]. Es war aber nun klar, daß mit Frankreich eine integrierte NATO-Nuklearstreitmacht nicht würde geschaffen werden können und daß keine Zeit mehr zu verlieren war, wenn dieses Ziel erreicht werden sollte. Also beschlossen die Versammelten, das Projekt voranzutreiben und dabei noch einen Versuch zu machen, de Gaulle doch noch dafür zu gewinnen. Adenauer unternahm diesen Versuch im Oktober in Bonn gegenüber dem Premierminister des Generals, Michel Debré, der mit der Bemerkung auswich, er könne sich nicht vorstellen, daß der amerikanische Präsident seine Entscheidungsbefugnis abgeben würde. Das Gespräch mit Debré vom 7. Oktober macht wiederum das Ausmaß der Disharmonien in der Bündnispolitik zwischen Bonn und Paris deutlich. Adenauer suchte de Gaulles Kritik an den USA als Argument gegenüber dem französischen Partner für seine eigenen

Absichten zu nutzen und de Gaulle für die schon früher unverbindlich besprochene Initiative in Washington zu gewinnen. Deshalb widersprach er den Thesen des Generals vom 5. September nicht entschieden. Nach seinen eigenen Aufzeichnungen[55] sagte er dazu:
„Meine Sorge sei zweifach: 1. Das Verhältnis zwischen Amerika und Frankreich, bei dem jede Seite voller Ressentiments gegen die andere sei, und 2. die zu starke Abhängigkeit von den Vereinigten Staaten im Bündnis. Der letzte Punkt werde insbesondere deutlich durch die Pflicht, die Zustimmung des amerikanischen Präsidenten für den Einsatz von Atomwaffen einholen zu müssen. Wenn man diesen Strick, mit dem man angebunden sei, einmal los sei, könne man in vielen Punkten mit den Amerikanern ganz anders reden. Um dies zu erreichen, müßten Frankreich und Deutschland zusammenwirken."
Dieses unverhüllte Angebot an Frankreich, gemeinsam gegen die exklusive Kernwaffenkontrolle in der NATO durch die Vereinigten Staaten vorzugehen, um eine westeuropäische Autonomie für den Kernwaffeneinsatz durchzusetzen, widersprach nicht nur dem amerikanischen, sondern auch dem französischen Interesse. De Gaulle wollte die Bündnisführung und die Verantwortung für die Kernwaffen im Bündnis nicht zugunsten einer deutschen Mitbestimmung darüber, selbst nicht in einem deutsch-französischen Sonderverhältnis, verändern. Es lag ihm nichts daran, gemeinsam mit Adenauer auf den amerikanischen Präsidenten einzuwirken, um Westeuropa selbständige Entscheidungsbefugnisse über nukleare Streitkräfte in der NATO einzuräumen. De Gaulle wollte im Gegensatz zu Adenauer, Spaak und Stikker keinerlei Neuauflage der EVG in der NATO, am wenigsten eine nukleare. Er strebte nach einer nationalen Nuklearstreitmacht und Kernwaffenrüstung seines Landes ohne irgendeine Bindung an europäische Partner oder deren Mitwirkung. Lediglich mit Großbritannien konnte de Gaulle sich eine besondere Zusammenarbeit in diesem Bereich vorstellen, ohne dabei die französische Eigenständigkeit aufzugeben. Die Bundesrepublik kam für ihn dafür nicht in Betracht, denn er wollte den vorgestellten Machtabstand zum deutschen Nachbarn bei aller Freundschaft wahren, ja in der Zukunft erweitern und befestigen. Adenauer unternahm also einen Versuch am untauglichen Objekt. Debré ließ sich in Bonn auf nichts ein, auch dann nicht, als der Kanzler ihm einen persönlichen Brief Eisenhowers zeigte, den er gerade einige Tage zuvor empfangen hatte, und in dem der Präsident sich einer Diskussion der Frage des Einsatzbefehls über Kernwaffen aufgeschlossen gezeigt hätte. Der französische Premierminister bestritt solche Bereitschaft und entgegnete, Eisenhower würde nicht bereit sein, bis zum Wahltag am 8. November so weit reichende Veränderungen zuzugestehen und seinen Nachfolger in dieser kapitalen Frage zu binden.
Eben dies wollte Adenauer aber versuchen. Er suchte die französische Regierung nach seinen eigenen Worten dafür zu gewinnen, „daß Frankreich und Deutschland mit vereinten Kräften auf eine solche Entscheidung des amerikanischen Präsidenten hinwirken, die einigen NATO-Ländern gemeinsam die Möglichkeit geben würde, im Ernstfall nukleare Sprengköpfe ohne vorherige Zustimmung des amerikanischen Präsidenten zum Einsatz zu bringen". Er führte auch General Norstad und NATO-Generalsekretär Spaak als Verbündete an, die versuchten, „eine Lösung zu finden, die auch den zukünftigen

amerikanischen Präsidenten binden würde".

Der Dissens über Ziel und Sinn gemeinsamer Bündnis- und Sicherheitspolitik war also auf beiden Seiten eklatant. Es war ebenso klar, daß de Gaulle seit Jahresanfang nur manövriert hatte, um Zeit zu gewinnen und den Präsidentenwechsel in Washington ohne gemeinsame Initiativen mit Adenauer zu überstehen. Paul-Henri Spaak hat in seinen Memoiren „Combats Inachevés"[56] die Manöver, Machinationen und Mißverständnisse in der Bündnispolitik deutlich hervorgehoben und dabei auch an Konrad Adenauers Willfährigkeit, de Gaulle zu glauben oder sich selbst über dessen wahre Absichten hinwegzutäuschen, Kritik geübt. Aber auch der belgische Staatsmann stand 1960 weniger klar und fest auf seiten Adenauers als dieser angenommen hatte. Spaak suchte vor allem immer noch ein Arrangement mit de Gaulle zum Vorteil Frankreichs und unter Ausschluß des deutschen Partners von nuklearer Mitbestimmung. Er wollte Frankreich eine ähnliche Position im Verhältnis zu den USA wie die Großbritanniens gewinnen und suchte amerikanische Assistenz für die französische Nuklearstreitmacht als einziges Mittel, um de Gaulle in der NATO bei der Stange zu halten[57]. Adenauer hatte also in Wirklichkeit keine zuverlässigen Partner für seinen Angriff auf das amerikanische Monopol der Befehlsgewalt über die Nuklearwaffen der NATO.

3. Adenauers Politik in der Ära Kennedy

Für den Kanzler stellte sich die Frage nach der Zukunft des Bündnisses und seiner eigenen Außenpolitik vor allem als ein Problem der amerikanischen Bündnisführung, also der politischen Autorität der Führungsmacht in der Allianz und ihrer Bereitschaft, die Interessen der europäischen Partner gelten zu lassen. De Gaulle hatte das Prinzip der militärischen Integration in der NATO und das amerikanische Monopol der Kernwaffenkontrolle in Frage gestellt, um diese amerikanische Bündnisführung von Frankreich abzustreifen. Ob er wirklich eine europäische Alternative zu öffnen suchte, war damals undeutlich und ist seither zweifelhaft geblieben; jedenfalls strebte er keine westeuropäische Gemeinschaftsautorität als Gegenstück zur amerikanischen im Bündnis an, sondern vielmehr eine Sonderstellung Frankreichs aparte und auf einer höheren Ebene als der kontinentaleuropäischen im Verein mit den EG-Partnern. Adenauer und die deutschen Interessen konnten sich im Gegenteil mit der Organisation des Bündnisses unter amerikanischer Führung sehr wohl akkordieren, zumal die westeuropäischen Partner weder fähig noch bereit zu einer authentischen „europäischen Option" waren und eine solche in keinem Fall eine sicherheitspolitische, strategische und militärische Alternative zur Abschirmung Westeuropas durch Nordamerika bieten konnte. Insofern war das Streben nach einer eigenen europäischen Nuklearstreitmacht oder auch nur nach einer europäischen Autonomie für den Einsatz von Nuklearwaffen zur Verteidigung ohne Zustimmung des amerikanischen Präsidenten zugleich riskant und sinnlos. Die Integration in der NATO bot die beste Gewähr für die Realität des amerikanischen Schutzes und einer wirksamen gemeinsamen Verteidigung. Nur im Integrationsverband der NATO würden alliierte Truppen auf deutschem Boden einem Angriff einigermaßen geschlossen als eine internationale Bündnisstreitmacht entgegentreten können. Eine Auflösung der Integration würde die Gefahr heraufbeschwören, daß im Moment der Entscheidung die unterschiedlichen nationalen Sicherheitslagen nach der geographischen Abstufung der unmittelbaren Gefährdung sich in unterschiedlichen politischen Reaktionen auf eine militärische Aggression auswirken würden und so die Solidarität mit dem am meisten und am frühesten exponierten Partner auf dem Kontinent, dem deutschen, verlorengehen könnte. Dieses Risikos war Konrad Adenauer sich bei allen Gedankenspielen über das Thema europäische Autonomie stets bewußt.

Mit John Kennedy trat ihm ein Amerikaner entgegen, der ein anderes Bild von seinem eigenen Lande hatte als Eisenhower. Kennedy verkörperte die ungeduldige Aufbruchstimmung seiner Zeit. Er hatte im Wahlkampf der Administration Eisenhower vorgeworfen, sie hätte einen Verfall der amerikanischen Macht und selbst einen Rüstungsvorsprung der Sowjetunion zugelassen, zugleich aber die Führerschaft im westlichen Bündnis aufgegeben. Trotzdem war nicht klar, ob der neue Präsident sich mehr nach innen als nach außen wenden, ob er seine Kräfte mehr auf die amerikanische Gesellschaft oder mehr auf die amerikanische Macht konzentrieren würde. Die „Neue Grenze" jedenfalls lag im Innern, im Amerika der ehedem unbegrenzten Möglichkeiten, mit dem Ziel, die Gesellschaft zu reformieren. Adenauer war sich des neuen Mannes im Weißen Haus ebensowenig gewiß wie die übrigen europäischen Staatsmänner, die mit dem Präsidenten der Vereinigten Staaten in einem mehr oder weniger engen Verhältnis umzugehen hatten. Für alle stellte sich zunächst die Frage, ob und wie Kennedy die Allianz führen, wie er Chruschtschow gegenübertreten und was er tun würde, um Europa abzuschirmen.

Eisenhowers zweite Präsidentschaft war in der Ost-West-Beziehung auf Arrangements mit der Sowjetunion und auf Zurückhaltung in der Machtentfaltung bedacht gewesen. Die Bündnispolitik war entsprechend passiv geblieben, wofür das Projekt, der NATO in Europa eine eigene Nuklearstreitmacht als Gegengewicht zu den sowjetischen Mittelstreckenraketen, die ausschließlich kontinentale Reichweiten hatten, zu geben, ein Beispiel bot. 1957, im ersten Jahr dieser Präsidentschaft, konzipiert und den Partnern im Prinzip angeboten, war es Ende 1960 im Augenblick des Regierungswechsels praktisch mit dem Bowie-Plan und dem Gates-Angebot nicht viel weiter vorangebracht worden. Jedenfalls hatte Eisenhower in vier Jahren keinen Beschluß mit Konsequenzen darüber zustande gebracht. Andererseits hatte er die konventionellen Streitkräfte der USA zugunsten der Nuklearwaffen stark reduzieren lassen und sich so in die Lage gebracht, daß er in einer internationalen Krise keine einsatzbereite strategische Reserve für begrenzte Kriegführung hatte und also Verbündeten oder anderen Ländern im Konflikt nicht wirksam zu Hilfe kommen konnte. Was dies bedeuten könnte, sollte sich im Sommer 1961 um Berlin zeigen.

Kennedy und seine Berater wollten in der NATO zweierlei: Eine feste und uneingeschränkte Kontrolle der USA über die Kernwaffen, die nicht weiter unter den Staaten verstreut werden sollten, und eine Stärkung der konventionellen Streitkräfte aller NATO-Partner. Beide Vorhaben summierten sich zu einer noch stärkeren Ausprägung der Unterschiede zwischen den USA einerseits, den europäischen Alliierten andererseits. Damit war aber auch den beiden europäischen Hauptverbündeten Frankreich und Großbritannien eine Alternative ihrer Politik gegenüber der amerikanischen Führungsmacht vorgegeben: Entweder fügten sie sich in diesen Plan für die Allianzordnung und gaben ihre nuklearstrategische Autonomiepolitik auf, um sich und ihre Nuklearstreitkräfte in einen amerikanischen Rahmen einzuordnen. Oder sie lehnten den amerikanischen Anspruch ab und verursachten einen politischen Konflikt in der Allianz. Großbritannien unter Premierminister Macmillans Führung fügte sich, Frankreich unter de Gaulle sperrte sich.

Konrad Adenauer suchte 1961 nach dem Ende der Präsidentschaft Eisenhowers einen Neubeginn in der Bündnispolitik in Erwartung erneuerter und gekräftigter amerikanischer Führung mit dem Ziel, die europäischen Autonomiebestrebungen in einem festen Allianzverband zu fördern. Das Verhältnis zu Amerika hatte vor allem unter der amerikanischen Führungsschwäche, unter der Entschlußscheu Eisenhowers nach dem Abgang Dulles' gelitten. Am 12. April 1961 traf Adenauer zum erstenmal mit Kennedy zusammen. Dean Acheson, der amerikanische Architekt des deutsch-amerikanischen Bündnisverhältnisses, hatte den Kanzler auf das Gespräch vorbereitet, das nach ihrer Erwartung von großer Bedeutung sein würde. Kennedy hatte Acheson nach Europa gesandt, um eine Art „survey“, eine Lagebeurteilung zu geben, die bei der Überprüfung der amerikanischen Bündnispolitik berücksichtigt werden sollte. Kennedy fragte auch Adenauer nach seinem Urteil über den Zustand der Allianz. Adenauers Antwort, so wie er sie in seinen Notizen[58] festgehalten hat, macht den Charakter der latenten Bündniskrise jener Jahre deutlich:

„‚Seit mehreren Jahren stirbt die NATO langsam ab‘, gab ich zur Antwort. ‚Die Mitgliedstaaten erfüllen ihre Verpflichtungen nicht genügend. Die Konsultation ist spärlich, und die amerikanische Führung, der ich so ungeheuren Wert beimesse, ist zu zurückhaltend gewesen. Leider, das muß ich feststellen, auch schon unter meinem Freund Dulles‘.“

Adenauer sagte Kennedy, er hätte schon Dulles zu bedenken gegeben, „daß die Vereinigten Staaten in der NATO nicht die Rolle spielten, die ihrer Stärke und Bedeutung angemessen sei“. Er fügte hinzu, nach seinem Urteil seien „die Vereinigten Staaten zu nachlässig gewesen und hätten von ihrem moralischen Recht zur Führung keinen Gebrauch gemacht“. Er, Adenauer, sei „sehr erfreut“ zu hören, „daß sich dies nunmehr ändern werde“. Der NATO fehle es an „Leben und Aktivität“. Wenn Präsident Kennedy „der NATO dieses Leben einhauchen würde, dann wäre dies eine historische Aufgabe und Leistung“.

Für einen Staatsmann, der nicht einmal ein Jahr vor dieser Begegnung „den Strick“ der Abhängigkeit von Amerika für den Einsatz von Kernwaffen in Europa hatte durchtrennen wollen, „um ganz anders mit den Amerikanern zu reden“, war dies eine bemerkenswerte Aufforderung an den neuen Präsidenten, die Zügel zu ergreifen, die sein Vorgänger seit Jahren hatte schleifen lassen, um die Allianz straffer zu führen und ihr seinen Willen einzugeben. Die Reaktion Kennedys und des Außenministers Dean Rusk auf Adenauers Appell an die Führungsautorität der Schutzmacht charakterisiert die Situation der Amerikaner zwischen den europäischen Alliierten sehr gut. Rusk fragte, ob denn die NATO-Partner bereit seien, eine solche Führung anzunehmen. Adenauers Antwort zeigt seinen Wirklichkeitssinn und sein Verständnis für das Wesent-

liche, aber auch manche Unklarheiten im Urteil über die wirklichen Motive und Interessen de Gaulles[59]:
„Die führende Nation muß natürlich mit den kleineren Mitgliedern freundlich umgehen, weil sonst die Gefahr eines inneren Widerstands besteht. Führung ist ja kein Befehlen, sondern Überzeugen. Vor allem gehört dazu, daß man seinen eigenen Willen klar zu erkennen gibt. Ich glaube schon, daß die Europäer folgen werden."
Schwierig seien Frankreich und de Gaulle. Der General sei aber weitblickend. Man müsse ihn davon überzeugen, daß „das Schicksal Frankreichs am besten in einem Bündnis wie der NATO aufgehoben" sei. Dies sei „der springende Punkt": De Gaulle sei davon nicht überzeugt, „weil die NATO so lahm" sei. Wenn die amerikanische Führung der NATO neue Kraft gäbe, würde sich auch die französische Haltung ändern[60].
Dies war ein schweres Fehlurteil, wie die folgenden Jahre erweisen sollten, als die amerikanischen Präsidenten Kennedy und Johnson versuchten, das Bündnis in ihrem Sinne zu führen und dabei das Problem der nuklearen Abschreckungsmacht und Befehlsgewalt nach dem Grundmuster der bestehenden NATO-Integration bei amerikanischer Kontrolle über alle Nuklearstreitkräfte zu lösen. Kennedy ließ im April 1961 Adenauer über die amerikanischen Pläne nicht im unklaren. Der Kanzler notierte über Kennedys Worte: „Was die amerikanische Regierung beabsichtige, sei eine wirksamere Befehlsgewalt und Kontrolle. Es solle auch verhindert werden, daß Atomwaffen versehentlich eingesetzt würden. Der Einsatz von Atomwaffen, das seien die Bestrebungen, müsse das Ergebnis einer wohlüberlegten gemeinsamen Entscheidung sein."[61] Dabei kündigte Kennedy auch sein Vorhaben an, der Sowjetunion eine Verhandlung über kontrollierte Abrüstung anzubieten und alle Möglichkeiten dafür zu prüfen. Auch deshalb müsse die NATO gestärkt und der Allianzzusammenhalt gefestigt werden. Adenauer erklärte seine Übereinstimmung damit, gab Kennedy aber zu bedenken, daß auch die Russen ihn prüfen würden.
Mit diesem Gedankenaustausch begann für Europa und die Politik Konrad Adenauers das kritische, historisch bemerkenswerte Jahr 1961, in dem die politische Bündnisgrundlage in Berlin der schwersten Belastung seit der Begründung der Allianz und des neuen deutsch-amerikanischen Verhältnisses 1948/49 während der Blockade West-Berlins unterworfen und Adenauers innenpolitische Position zum erstenmal schwer erschüttert wurde. Das Ende seiner Kanzlerschaft im Jahre 1963 durch Koalitionsvereinbarung war die unmittelbare Folge seines Mißerfolgs in der Bundestagswahl von 1961 im Schatten der Teilung Berlins.
Adenauer scheint Washington in der Überzeugung verlassen zu haben, daß Kennedy die russische Herausforderung aufnehmen und sich Chruschtschow zumindest ebenbürtig, wenn nicht überlegen erweisen würde. Jedenfalls beruhigte er am 20. Mai 1961 de Gaulle, der vor Kennedys Zusammentreffen mit Chruschtschow düstere Zukunftsvisionen hatte und Kennedy nicht zutraute, daß er die drohende Krise würde meistern können. De Gaulle erwartete eine plötzliche Krise in Berlin, hervorgerufen durch eine sowjetische Pression oder Attacke auf die seit 1958 politisch attackierte Position und Rechte der Westmächte in Berlin[62].

Für Adenauer stand im Frühjahr 1961 noch immer die Reform der NATO im Vordergrund, für die er de Gaulle noch immer gewinnen wollte. Doch der französische Präsident schickte sich an, in mehreren persönlichen Briefen an Kennedy seinen Vorstoß von 1958 gegenüber Eisenhower und Macmillan für ein Bündnisdirektorium zu erneuern. An einer deutsch-französischen Initiative für eine amerikanisch-westeuropäische Zwei-Säulen-Konstruktion im Bündnis lag ihm auch nach dem Regierungswechsel in Washington nichts. Die Unterhaltung in Bonn verlief sich, wie alle Gespräche mit de Gaulle über die Reorganisation der NATO oder europäische Kernwaffen, auf dem vagen Terrain unverbindlicher Bemerkungen, ablenkender historischer Exkurse und Vertröstungen auf spätere Gelegenheiten, das Thema weiterzubehandeln[63].
Tatsächlich wurde Kennedy in der Wiener Konfrontation mit Chruschtschow klar, daß er statt einer Verhandlung über Abrüstung eine internationale Krise um Berlin zu erwarten hatte und daß diese einen militärischen Konflikt in Europa würde auslösen können, in dem die NATO aller Voraussicht nach von der sowjetischen Übermacht an konventionellen Truppen auf dem Kriegsschauplatz Deutschland geschlagen würde, wenn nicht die amerikanischen Nuklearwaffen angedroht und gegebenenfalls auch eingesetzt würden, um eine Niederlage zu verhindern. Damit war die Gefahr eines dritten Weltkrieges, des Atomkrieges in Europa, plötzlich über den Horizont getreten. Macmillan teilte die Befürchtungen und die pessimistischen Ansichten Kennedys. Für eine rechtzeitige Verstärkung der NATO-Verteidigung durch zusätzliche amerikanische Truppen in Europa war es schon zu spät, wenn die Krise, wie Chruschtschow in Wien gedroht hatte, im kommenden Winter losbrechen würde. Trotzdem setzte in Washington Kennedys Verteidigungsminister McNamara den Aufbau einer neuen konventionellen Interventionsmacht in Gang. Unbeschadet des politischen Zurückweichens der Westmächte in Berlin, das ja nur im passiven Verharren auf der Demarkationslinie zwischen den Westsektoren und dem Ostteil der Stadt und auf den Garnison- und Souveränitätsrechten in diesen Sektoren bestand, begann mit der Verstärkung der amerikanischen Truppen in Europa – vor allem im Bundesgebiet – und der Bereitstellung zentraler Eingreifreserven in Amerika mit dem Ziel, gleichzeitig „zweieinhalb Kriege" in der Welt führen zu können (je zwei getrennte größere und daneben eine kleinere begrenzte militärische Aktion in Übersee), der Prozeß, den Adenauer gewünscht und den de Gaulle in Wahrheit gefürchtet hatte: die zügige Straffung der Bündnisführung durch den amerikanischen Präsidenten und seine Minister mit dem Ziel der Stärkung der militärischen Integration unter amerikanischer Kontrolle und der Sperre gegen nationale Nuklearbewaffnung. Damit wurde der offene Konflikt mit Frankreich unausweichlich, sobald de Gaulle in Algerien die Hände frei haben und die unmittelbare Konfliktgefahr in Europa mit dem Krisenzustand um Berlin gewichen sein würde.
Auch Kennedy nahm sich für die Prüfung der ihm ungelöst übertragenen Allianzprobleme und Reorganisationsprojekte Zeit. Er wollte einerseits die europäischen Bundesgenossen schonen und ihre Aspirationen nicht einfach niederschlagen, andererseits aber war er entschlossen, eine Weiterverbreitung von Kernwaffen in nationalen Händen wenn irgend möglich zu verhindern.

Dieses Ziel bestimmte seine Politik sowohl gegenüber der Sowjetunion nach der Kubakrise als auch gegenüber Westeuropa. Eine europäische Kernwaffenorganisation in der NATO blieb zwar als Thema auf der Tagesordnung. Aber Kennedy teilte die Skepsis seiner Berater. Er vermochte sich für das MLF-Projekt, das er vorgefunden hatte, nicht zu engagieren. Die zu erwartenden Widerstände in Paris und auch in London ließen ihm das Vorhaben als wenig aussichtsreich erscheinen. Andererseits suchte er nach einem Mittel, die Kernwaffenkontrolle in der Allianz abzusichern und auf die existenten nationalen Kernwaffenrüstungen Großbritanniens und Frankreichs auszudehnen. Für seinen Verteidigungsminister McNamara war die nukleare Bewaffnung der NATO-Streitkräfte ein Mittel, um die zentrale amerikanische Kontrolle über die NATO zu festigen.

Nach dem glücklichen Ende der Kubakrise, in der Kennedy nach anfänglicher Unsicherheit Führungskraft und Geschick in der Auseinandersetzung mit Chruschtschow und der sowjetischen Militärmacht bewies, leitete Kennedy eine neue Ära der vorsichtigen, zögernden aber zielbewußten Zusammenarbeit mit der Sowjetunion auf dem Gebiet der nuklearen Rüstungskontrolle ein[64], deren erster Erfolg der Atomversuchsbann des Moskauer Vertrages von 1963 war. Die NATO wurde für diese globale amerikanische Politik der Kriegsverhütung durch begrenzte Zusammenarbeit mit der Sowjetunion zu einem Rüstungskontrollinstrument neben ihrer militärischen Abschreckungs- und Verteidigungsfunktion. Adenauer erlebte diesen Wandel des Bündnisses nicht mehr an der Regierung. Aber die Anfänge wurden 1962/63 in seinem letzten Regierungsjahr doch schon deutlich.

Noch vor dem Moskauer Vertragsschluß brachten die anglo-amerikanischen Beschlüsse von Nassau auf den Bahamas im Dezember 1962 mit einer Neuauflage des MLF-Projektes die nukleare Frage in der Allianz zurück in den Brennpunkt der Interessengegensätze. Das anglo-amerikanische Angebot von Nassau war die Folge der Aufgabe britischer Selbständigkeit in der Nuklearbewaffnung zugunsten einer Einordnung in den amerikanischen Planungsrahmen als Gegenleistung für amerikanische Polaris-SLBM-Flugkörper[65].

De Gaulle lehnte am 14. Januar 1963 zusammen mit dem Beitritt Großbritanniens zur EWG auch das anglo-amerikanische Angebot, Frankreich zu denselben Bedingungen amerikanische Polaris zugänglich zu machen, ab. Das Kommuniqué von Nassau hatte zwei verschiedene Elemente:

1. Die aktive Zusammenarbeit der USA mit den beiden europäischen „Nuklearmächten" Großbritannien und Frankreich für deren nukleare Bewaffnung mit amerikanischen SLBM Polaris auf eigenen britischen und französischen nuklear angetriebenen U-Booten und mit eigenen Nuklearsprengköpfen bei deren Fertigung amerikanische Assistenz gegeben werden könnte. Als Gegenleistung sollten beide sich verpflichten, ihre SLBM-Polaris-Unterseeboote und sonstigen strategischen Waffensysteme, also die Atombomber, der NATO für eine gemeinsame Einsatzplanung zuzuordnen. Nur im Ausnahmefall einer Gefährdung „höchster nationaler Interessen" sollten sie das Recht haben, diese Waffen wieder in nationale Verfügung zurückzuziehen, um sie national einsetzen zu können.

2. Die Beteiligung der übrigen europäischen Partner der NATO an einer

Polaris-Flotte, die eine integrierte Seestreitmacht mit amerikanischen SLBM-Polaris-Flugkörpern auf Überwasserschiffen oder Unterseebooten sein und die unter der zentralen Kontrolle des NATO-Oberbefehlshabers in Europa bewegt würde. Diese Nuklearstreitmacht würde in die amerikanische Abschreckung einbezogen und ihre Ziele würden ihr von der zentralen amerikanischen Zielplanung zugewiesen. Die technische Kontrolle würde automatisch durch elektronische Abschußsperren und Auslöserfreigabe erfolgen.
Die letzte Befehlsgewalt würde unverändert beim Präsidenten der USA liegen. Eine Prädelegation dieser Befehlsgewalt an den NATO-Oberkommandierenden in Europa oder an den ständigen NATO-Rat war nicht vorgesehen. Dagegen sollte ein Gouverneursrat für die Verwaltung dieser ,,multilateral force" oder MLF in der NATO gebildet werden. Eine ,,europäische Option" war für den Fall in Aussicht genommen, daß eines Tages die europäischen Partner eine gemeinsame politische Autorität über ihren nationalen Regierungen für die gemeinsame Verteidigung begründen sollten. Eine solche Instanz sollte effektive Kontrolle über das europäische Element der MLF übernehmen und als Organ eines kollektiven europäischen Partners Zugang haben zu amerikanischen Nuklearwaffeninformationen und teilhaben an den Planungs- und Führungssystemen, also an der Befehlsgewalt und Zielplanung für diese Streitkräfte. Diese europäische Autorität würde von den USA als Träger souveräner Verfügung über die Kernwaffen in europäischem Besitz anerkannt werden. Eine vollkommene Union Westeuropas mit einer Bundesregierung würde als selbständiger Partner der USA für Zusammenarbeit in der Nuklearrüstung und in der strategischen Abschreckung behandelt werden[66].
Das Kommuniqué von Nassau hatte diese ,,europäische Option" noch nicht ausgesprochen. Sie war die Frucht der Verhandlungen in den Jahren 1963/64, eine tote Frucht übrigens, da der Vertragsentwurf nie unterzeichnet, sondern Ende 1964 von Präsident Johnson zunächst aus dem diplomatischen Verkehr gezogen und dann 1965 endgültig zu den Akten gelegt wurde[67]. Für Adenauer war die Unternehmung MLF die letzte Chance, eine Partnerschaft in der Allianz zu begründen. Aber während der letzten Monate seiner Regierung kam das Projekt nicht voran. De Gaulle scheint ihm in undeutlicher und unverbindlicher Weise freie Hand gegeben zu haben, wohl in der Erwartung, daß aus der Sache nichts werden würde. Jedenfalls bot auch das MLF-Angebot keine Handhabe für selbständige Verfügung über Kernwaffen zur Verteidigung Europas noch weniger strategische Autonomie, Partnerschaft oder ein amerikanisch-europäisches nukleares Direktorium in der NATO. ,,Der Strick" der Abhängigkeit vom Befehl des Präsidenten in Washington, den Adenauer hatte durchschneiden wollen, blieb und wurde noch fester gedreht.
Insgesamt war die Bündnispolitik ohne neue Höhepunkte zu einem Ergebnis gelangt, mit dem alle Partner sich abfinden konnten. Die Bundesrepublik war zu einem natürlichen und wertvollen Verbündeten Amerikas, Frankreichs und Englands wie der kleineren Länder Westeuropas geworden. Der amerikanische Schutz war konsolidiert wie der deutsche Verteidigungsbeitrag. Die politische Gleichberechtigung war erreicht aber der Zugang zu Nuklearwaffen blieb versperrt. Die Auflösung des französisch-amerikanischen Gegensatzes und damit des Spannungsverhältnisses im Dreieck Paris-Bonn-Washington war

unmöglich. Die Probleme der Strategie und Militärpolitik waren unbewältigt, aber unter Kontrolle.

Unter diesen Umständen war der deutsch-französische Vertrag vom 22. Januar 1963 ein Akt der Resignation, der eine Periode gescheiterter Versuche dynamischer europäischer und atlantischer Politik mit Frankreich beschloß, und ein Akt der Konsolidierung, der das immerhin schon strapazierte neue Verhältnis zwischen den beiden Partnern festigen sollte. Für beide Staatsmänner, die ihn unterzeichneten, sollte er vor allem die Nachfolger binden, die auf beiden Seiten ungeliebt waren und mit Mißtrauen erwartet wurden. Die Initiative für eine völkerrechtliche Vertragsform der Abmachung ging von Adenauer aus. Der Kanzler bestand auf einer juristischen Bindung. De Gaulle hätte ein feierlich unterzeichnetes Regierungsabkommen, das einer parlamentarischen Ratifikationsprozedur durch den Gesetzgeber nicht bedurft hätte, auch genügt.

Über das Politikum eines Abkommens, gleich in welcher Form, bestand kein Zweifel: Es konnte nur auf einem allgemeinen und grundsätzlichen Einverständnis über Ziele und Wege gemeinsamer Außenpolitik beruhen. In diesem Punkte aber wurden Zweifel laut: Bestand ein solches Einverständnis wirklich, und würde es sich nach dem Rücktritt Adenauers in der Zukunft bewahren lassen? Hatte es also überhaupt einen Sinn, die Nachfolger zu binden? Und worauf sollten sie konkret verpflichtet werden, außer auf das Gebot der guten Nachbarschaft, der Zusammenarbeit und der regelmäßigen diplomatischen Konsultation? Diese Zweifel gründeten sich auf die französische Politik gegenüber der NATO und den USA, gegenüber Großbritannien und in der EG. Am 14. Januar 1963 hatte de Gaulle öffentlich Kennedy eine Absage erteilt und das Angebot von Nassau über die MLF zurückgewiesen, zugleich dem britischen Beitritt zur EWG sein Veto angekündigt. Die Umstände waren dem Abkommen also nicht günstig. Würde die Bundesrepublik nicht als französisches Werkzeug gegen Europa, gegen Amerika, gegen England und das Atlantische Bündnis benutzt werden? Solche Zweifel hegten auch diplomatische Berater des Kanzlers wie Herbert Blankenhorn und Wilhelm Grewe, von Außenminister Gerhard Schröder ganz zu schweigen. Die Schwierigkeiten zwischen Paris und Bonn von 1963 bis 1967 zeigen, daß diese Sorgen nicht vollkommen unbegründet waren. Im Abstand der Zeit nimmt sich der Vertragsabschluß aber zugleich harmloser, nützlicher und wertbeständiger aus. Der Bündnispolitik fügte er nichts Wesentliches hinzu, aber er schadete ihr auch nicht.

1 Am 7. Januar 1951; vgl. Discours de Nimes, in: Charles de Gaulle, Discours et Messages 1946–1958, Paris 1970, S. 401. Eine Analyse seiner Politik zur europäischen Verteidigung und gegenüber den USA wie in der NATO in: Lothar Ruehl, La Politique Militaire de la Ve République, Paris 1976.

2 Das Kabinett René Mayer hatte eine Reihe von Zusätzen zum Vertragstext ausgearbeitet und als Katalog von Bedingungen mit dem Ziel vorgelegt, ein Protokoll als Vertragsannex zu vereinbaren, in dem die supranationalen Kontrollen über die französischen Streitkräfte in Europa eingeschränkt und die Ausnahmeklauseln zugunsten einer souveränen nationalen Verfügung Frankreichs über seine Streitkräfte und Rüstung gestärkt werden sollten. Dieser Katalog wurde nicht Verhandlungsobjekt zwischen den sechs Regierungen, die am EVG-Vertrag beteiligt waren, weil das

Kabinett Mayer einem neuen Regierungswechsel zum Opfer fiel. Mendès-France nahm 1954 diese Forderungen wieder auf und erzwang eine Außenministerkonferenz in Brüssel, die die neuen französischen Zusätze und Vertragsänderungsentwürfe billigen sollte. Diese Konferenz scheiterte, vor allem am Widerstand Konrad Adenauers und Paul-Henri Spaaks. Der Fehlschlag bewirkte, daß Mendès-France sich in der Nationalversammlung für den unveränderten EVG-Vertrag nicht einsetzte, sondern sowohl seinen Ministern als auch den Abgeordneten die Abstimmung darüber freistellte. Die Vorlage wurde nicht auf die Tagesordnung gesetzt, sondern mit der question préalable endgültig zurückgewiesen ohne Behandlung zur Sache. Damit war das Projekt gescheitert. Der Vertrag konnte derselben Nationalversammlung in der Legislaturperiode nicht wieder unterbreitet werden.

3 Die EVG sollte nach den Plänen der sechs Regierungen von einer politischen Union, der EPG, ergänzt und gestärkt werden. Dieses Projekt wurde nach dem Scheitern der EVG im französischen Parlament zunächst aufgegeben.

4 Der Vertrag sah die Möglichkeit eines außereuropäischen Einsatzes von nationalen Streitkräften einzelner Partner zur Verteidigung ihrer außereuropäischen Interessen vor, allerdings nur bedingt und beschränkt. Frankreich hatte sich die nationale Verfügung über eine bestimmte Zahl an Truppen für solche Zwecke vorbehalten, und dies war im Vertrag auch festgehalten.

Aber dieses System hätte der Wucht der Kriege in Indochina und Algerien ab 1953 nicht standgehalten, wenn der EVG-Vertrag so in Kraft gesetzt worden wäre wie er abgeschlossen worden war. Die sechs EVG-Partner hätten sich dauernd mit diesen Kriegen und Frankreichs militärischem wie finanziellem Aufwand dafür beschäftigen oder das De-facto-Ausscheiden Frankreichs aus den EVG-Verpflichtungen hinnehmen müssen. Das eine wie das andere hätte die europäische Politik schwer belastet und zu einer Krise der Beziehungen zu Frankreich geführt, die ungleich schwerer gewesen wäre als alle die Krisen, die in diesem Verhältnis eingetreten sind.

5 Vgl. Ruehl, La Politique Militaire, S. 114ff.

6 Vgl. dazu Anm. 1. Adenauer verhielt sich nach der Abstimmung in der Pariser Kammer reserviert. Die Initiative für neue Verhandlungen ging von Mendès-France und Eden aus. Der britische Außenminister vermittelte und wurde dabei vor allem vom belgischen Außenminister Spaak unterstützt. Mendès-France bemühte sich persönlich aktiv um einen Kompromiß und vertrat diesen dann auch entschieden in Frankreich. Im Unterschied zu seiner Haltung zum EVG-Vertrag setzte er sich energisch für die Annahme der Londoner und Pariser Abkommen ein, die aber erst 1955 während der Amtszeit des Kabinetts Edgar Faure verabschiedet wurden. Adenauer spielte die Rolle des vorsichtig abwartenden Partners, und er operierte in der Deckung, die Eden und Dulles der deutschen Politik boten. Die Vorteile der direkten NATO-Lösung im Vergleich zum EVG-System, das die Bundesrepublik von der NATO fernhalten sollte, wollte Adenauer 1954 nicht einsehen, wie seine nächtlichen Auslassungen in London deutlich zeigen.

7 Die Berichte der deutschen Botschaft in Paris hatten den Kanzler nicht im unklaren über die wirkliche Lage gelassen. Aber Randnotizen an einzelnen Akten zeigen, daß Adenauer ihnen nicht glauben wollte. Er vertraute auf seine persönlichen Kontakte und vor allem auf die falschen Lagebeurteilungen, die ihm sein Freund Robert Schuman und andere führende Politiker des französischen MRP gaben. Auch der Einfluß von diplomatischen Amateuren aus der deutschen Industrie und aus dem Großbankenbereich, von CDU-Protegés in Europaratskreisen und CDU-Abgeordneten, die sich im Straßburger Europarat von französischen Gesinnungsgenossen in ihren optimistischen Ansichten bestätigen ließen, trug dazu bei. Der damalige Staatssekretär im Auswärtigen Amt, Professor Walter Hallstein, hatte in Brüssel zu

Festigkeit gegenüber Mendès-France geraten und damit den Kanzler in der kritischen Verhandlungslage bestärkt, unbeugsam gegenüber neuen Pariser Forderungen zu bleiben. Adenauer, Hallstein und die Umgebung beider waren auch einseitig auf die europäischen Lösungen ausgerichtet. Sie konnten sich im Grunde keine konstruktiven Alternativen vorstellen. In jener Phase zumindest war die Außenpolitik Adenauers weniger pragmatisch als idealistisch. Er war weit von Realpolitik entfernt, weil er sowohl der Harmonie als auch der Rivalität nationalstaatlicher Interessenpolitik in Westeuropa nach den historischen Erfahrungen aus gutem Grund mißtraute.

8 Vgl. dazu Lothar Ruehl, Die Ostverträge – Ein Beitrag zur Konfliktbewältigung in Mitteleuropa, in: Partnerschaft mit dem Osten. Hrsg. vom Verlag Martin Lurz GmbH., München 1976, S. 121.

9 Über das Londoner Mitternachtsgespräch von 1954, das der Verfasser mithörte und notierte, vgl. eine stark gekürzte Darstellung in: Der Spiegel, Nr. 41 vom 6. Oktober 1954. Der Text der Niederschrift ist in den Händen von Arnulf Baring, Berlin.

10 Nach den Notizen des Verfassers, wiedergegeben auch in: Der Spiegel, Nr. 21 vom 18. Mai 1955 (Bericht des Verfassers).

11 Ein Beispiel dafür bieten die Kommuniqués, die 1965 der damalige Verteidigungsminister v. Hassel zunächst in Paris, dann in Washington unterzeichnete.

12 Vgl. Wilhelm G. Grewe, Deutsche Außenpolitik der Nachkriegszeit, Stuttgart 1960, S. 167ff. Eine kritische Analyse dieser These bei Ruehl, Ostverträge.

13 Eine umfassendere Darstellung zu dieser Frage bei Lothar Ruehl, Machtpolitik und Friedensstrategie, Hamburg 1974; vgl. auch André Fontaine, Histoire de la guerre froide. 2 Bde., Paris 1965–1967; Alfred Grosser, Deutschlandbilanz, München 1972; Ernst Nolte, Deutschland und der Kalte Krieg, München 1974.

14 Über die französischen Doktrinen der Strategie für ,,euroafrikanische" Sicherheitspolitik und vorgeschobene NATO-Verteidigung im Mittelmeergebiet vgl. Ruehl, La Politique Militaire, S. 33ff.

15 Notizen des Verfassers, Paris November 1956.

16 Vgl. dazu einen Artikel von Cyrus Sulzberger in der ,,New York Times", einen Artikel in der ,,Revue de Défense Nationale": ,,Les Leçons de Suez", zitiert in: Ruehl, Ostverträge, S. 36ff.

17 Vgl. Ruehl, Ostverträge, insbesondere S. 235ff.

18 Vgl. Ruehl, Ostverträge, S. 19ff. Der Text der Kommuniqués der NATO findet sich in englischer und französischer Sprache in: NATO Final Communiques 1949–1970. Brüssel NATO-Generalsekretariat.

19 Vgl. ebenda. Kommuniqué Dezember 1957.

20 Vgl. eine Darstellung dazu in: Ruehl, Ostverträge, insbesondere S. 74ff.

21 Vgl. Ruehl, Ostverträge, insbesondere S. 64ff.

22 Vgl. Konrad Adenauer, Erinnerungen 1959–1963. Fragmente (Bd. 4), Stuttgart 1968.

23 Vgl. Charles de Gaulle, Memoiren der Hoffnung. Die Wiedergeburt 1958–1962, Wien-München-Zürich 1971, S. 217ff.

24 Vgl. ebenda; vgl. auch Konrad Adenauer, Erinnerungen 1955–1959 (Bd. 3), Stuttgart 1967.

25 Vgl. de Gaulle, Memoiren.

26 Vgl. ebenda.

27 Vgl. dazu Ruehl, Machtpolitik, und de Gaulle, Memoiren.

28 Vgl. dazu Adenauer, Erinnerungen, Bd. 4, S. 54ff.

29 Vgl. Maurice Couve de Murville, Außenpolitik 1958–1969, München 1973, S. 30.

30 Rusks Erklärung ist wiedergegeben im Anhang zu Ruehl, La Politique Militaire.
31 Vgl. de Gaulle, Memoiren, S. 248ff.
32 Vgl. dazu Ruehl, La Politique Militaire.
33 Vgl. dazu Ruehl, La Politique Militaire.
34 Vgl. dazu Adenauer, Erinnerungen, Bd. 4, insbesondere S. 54ff. über das Gespräch mit Pinay und über Rambouillet sowie über das Gespräch mit Debré 1960 auf S. 70ff.
35 Vgl. de Gaulle, Memoiren, S. 221f.
36 Vgl. dazu Ruehl, Ostverträge.
37 Vgl. ebenda.
38 Über die europäischen und internationalen Bedingungen der Berlinkrise von 1961 und das ursprüngliche Ultimatum von 1958 vgl. Ruehl, Machtpolitik, S. 63ff.; Nolte, S. 472ff. und Wilhelm G. Grewe, Spiel der Kräfte in der Weltpolitik, Düsseldorf-Wien 1970, S. 88ff. und S. 625.
39 Vgl. dazu de Gaulle, Memoiren und Couve de Murville.
40 Vgl. de Gaulle, Messages et Discours 1958–1962 und de Gaulles Erläuterungen in den „Memoiren" sowie Couve de Murville; vgl. auch Ruehl, La Politique Militaire.
41 Vgl. über die französische Bündnispolitik insbesondere ebenda.
42 Vgl. Adenauer, Erinnerungen, Bd. 4, S. 16ff.
43 Vgl. ebenda.
44 Vgl. de Gaulle und Couve de Murville.
45 Vgl. Adenauer, Erinnerungen, Bd. 4, S. 42ff.
46 Vgl. ebenda.
47 Vgl. Ruehl, La Politique Militaire, S. 254ff.
48 Vgl. Adenauer, Erinnerungen, Bd. 4, S. 54.
49 Vgl. ebenda und folgende Seiten.
50 Vgl. Adenauer, Erinnerungen, Bd. 4, S. 54.
51 Christian Fouchet, französischer Politiker, war 1954 bis 1955 Minister im Kabinett Mendès-France gewesen. Er war Gaullist aus der Kriegszeit und ein allzeit treuer Gefolgsmann des Generals. Zu jener Zeit war Fouchet französischer Botschafter in Kopenhagen. Später wurde er der letzte Hochkommissar in Algerien und dann Minister. Fouchet legte zwei Entwürfe für einen Vertrag über die Gründung einer Staatenkonföderation zwischen den sechs EWG-Partnern vor, die diskutiert und schließlich in der zweiten Version von den Partnern Frankreichs am 17. April 1962 in Paris abgelehnt wurden. Spaak und Luns waren dafür die wichtigsten Akteure. Sie wollten Großbritannien von vornherein an der Vorbereitung der Staatenunion beteiligen und lehnten das Verteidigungskapitel sowie die Kompetenzen des Ministerrates für Angelegenheiten ab, die schon im Verantwortungsbereich der europäischen Kommissionen lagen. Das Scheitern der Fouchet-Pläne führte dann zum Pariser Vertrag zwischen Frankreich und der Bundesrepublik vom 21. Januar 1963.
52 Vgl. dazu Paul-Henri Spaak, Combats Inachevés, Paris 1969 und Adenauer, Erinnerungen, Bd. 4.
53 Vgl. ebenda.
54 Vgl. Adenauer, Erinnerungen, Bd. 4, S. 70ff.
55 Vgl. ebenda.
56 Vgl. ebenda.
57 Vgl. Ruehl, La Politique Militaire.
58 Vgl. Adenauer, Erinnerungen, Bd. 4, S. 91ff.
59 Vgl. ebenda.
60 Vgl. ebenda.
61 Vgl. ebenda.

62 Vgl. ebenda.
63 Vgl. Adenauers „Erinnerungen" und de Gaulles „Memoiren".
64 Vgl. dazu Ruehl, Machtpolitik.
65 Vgl. dazu insbesondere Ruehl, La Politique Militaire und die dort zitierten Darstellungen, insbesondere Alastair Buchan und André Fontaine.
66 Über die „europäische Option" der MLF vgl. Lothar Ruehl, The Nine and NATO, in: The Atlantic Papers. The Atlantic Institute for International Affairs. Heft 2, 1974.
67 Die oben zitierten Titel enthalten Angaben darüber.

HELGA HAFTENDORN

Adenauer und die Europäische Sicherheit

Dank der Arbeiten von Arnulf Baring, Klaus Gotto und Hans-Peter Schwarz[1] gehört die Außenpolitik des ersten Kanzlers der Bundesrepublik Deutschland zu den am besten erforschten Bereichen deutscher Nachkriegsgeschichte. Obwohl die amtlichen Akten noch unter Verschluß sind, können wir – nicht zuletzt aufgrund der „Erinnerungen" Konrad Adenauers, einem Quellenwerk ersten Ranges, und anderer Niederschriften von Zeitgenossen[2] – mit ziemlicher Genauigkeit nicht nur die Marksteine dieser Politik rekonstruieren, sondern weitgehend auch ihre Ziele, die gehegten Erwartungen und die eingesetzten Methoden nachzeichnen.
Ein Bereich, der noch weitgehend im dunkeln zu liegen scheint, ist die Politik Adenauers im Hinblick auf die Europäische Sicherheit. Zunächst überrascht die Sprödigkeit, mit der er dieses Problem in den „Erinnerungen" behandelt. Mit kräftigen Strichen werden an den verschiedensten Stellen einige der Elemente skizziert – Westbindung und Schutz durch die USA, Ablehnung jeder Neutralisierung der europäischen Mitte, Garantien für Deutschlands Nachbarn – aber die Prioritäten und Bedingungen bleiben weitgehend im dunkeln. In welcher Weise sollte dem Sicherheitsbedürfnis der Osteuropäer und der Sowjetunion Rechnung getragen werden? War für Adenauer eine Beschränkung und Kontrolle der Rüstungen akzeptabel, wenn dadurch die Wiedervereinigung erleichtert wurde? Was waren das für „ungemein unkonventionelle Pläne"[3], die in den fünfziger Jahren im Bundeskanzleramt entwickelt wurden?

Westbindung als dominantes sicherheitspolitisches Strukturprinzip

Das sicherheitspolitische Denken Konrad Adenauers war bestimmt durch die Sorge vor dem machtpolitisch und ideologisch begründeten Expansionsdrang der Sowjetunion. Hierin erblickte er die Ursache der weltpolitischen Spannungen und die Hauptbedrohung des westdeutschen Staates. Die militärische Konfrontation zweier Bündnissysteme ebenso wie die Teilung Deutschlands waren Symptome, aber nicht die Ursachen des Ost-West-Konflikts. Hinzu kam eine geschichtsgesättigte Skepsis, ob das deutsche Volk, ob die westlichen Demokratien insgesamt, die moralische Substanz und innere Widerstandsfähigkeit besitzen würden, um gegenüber totalitären und nationalistischen Versuchungen immun zu sein[4]. Nur die enge Bindung der Bundesrepublik Deutschland an die westliche Staatengemeinschaft würde ihrer freiheitlich-demokratischen Gesellschaftsordnung Bestand geben und den westdeutschen Staat in die Lage versetzen, der vom „Sowjetkommunismus" ausgehenden Gefahr Widerstand zu leisten[5]. „Einheit und Geschlossenheit der freien Völker der Welt" waren aus der Sicht Adenauers „die wirksamste Garantie für die Erhaltung der Sicherheit und Freiheit der westlichen Nationen"[6].

Aus dieser Grundlinie politischen Denkens ergab sich dreierlei. Zum einen konnte Sicherheit nicht ausschließlich und nicht vorrangig militärisch gewährleistet werden, da die Bedrohung ebensosehr in innerer Labilität und gegenseitigem Mißtrauen wie äußerer Aggression bestand. Durch die enge Verbindung der Bundesrepublik mit den westlichen Demokratien sollte die Grundlage für eine politische Gemeinschaft der Westeuropäer geschaffen werden. Adenauer schrieb dazu in seinen Erinnerungen: „Wir konnten die Güter, die wir Europäer von unseren Vorfahren in langen Jahrhunderten übernommen hatten: europäisches Denken, abendländisches Denken, christliches Denken, nur dann wieder zur Geltung bringen und den europäischen Ländern in der Weltwirtschaft und in der Weltpolitik nur dann wieder eine Rolle verschaffen, wenn Europa zu einer Einheit zusammengeschlossen würde. Dafür einzutreten, daß Europa ein kraftvolles, geeintes Europa würde, war die dringende Aufgabe der jetzt lebenden Europäer."[7] Eine wichtige Voraussetzung dafür war, daß der alte Gegensatz zwischen Deutschland und Frankreich überwunden wurde, auch wenn dies große Mühe kosten und, wie z. B. in der Saar-Frage, Opfer seitens der Bundesrepublik erfordern würde[8]. Gleichzeitig bot die Europäisierung der verschiedenen Bereiche politischen Handelns die Möglichkeit, den Wiederaufbau Deutschlands durchzuführen, dem Sicherheitsbedürfnis der westeuropäischen Nachbarn Rechnung zu tragen und die Bundesrepublik Schritt für Schritt als gleichberechtigtes Glied in die Staatengemeinschaft zurückzuführen[9].

Zum anderen mußten für ein gemeinsames politisches Handeln in Westeuropa bestimmte institutionelle Grundlagen geschaffen werden, mit denen nationale Befugnisse Gemeinschaftsorganen übertragen und durch die dem Zusammenschluß ein höheres Maß an Dauerhaftigkeit gegeben werden sollte[10]. Aufgaben und Struktur einer europäischen Gemeinschaft konnten, ja sollten flexibel sein, um sich den jeweils vorherrschenden politischen Bedingungen anpassen zu können[11]. Die Montan-Union, 1950/51 mit dem Ziel entstanden, das Ruhrstatut abzulösen und gemeinsam die Produktion von Kohle, Eisen und Stahl zu regeln; die 1954 am dennoch weiter wirkenden französischen Mißtrauen gegenüber Deutschland gescheiterte Europäische Verteidigungsgemeinschaft; die als Ersatzlösung für die EVG gedachte und zum westeuropäischen „Sicherheitsgurt" für den westdeutschen Verteidigungsbeitrag reorganisierte Westeuropäische Union und schließlich der Gemeinsame Markt im Rahmen der Europäischen Wirtschaftsgemeinschaft sowie die Europäische Atomgemeinschaft markieren diesen Weg. Das auf dem Weg europäischer Gemeinschaftsbildung Erreichte darf jedoch nicht darüber hinwegtäuschen, daß das Ziel Adenauers die Politische Union blieb. „Ich war mir klar darüber, daß die Entwicklung Zeit brauchte. Das Ziel aber mußte [. . .] unverrückt im Auge behalten werden: die politische Einheit Europas."[12]

Der Eintritt der Bundesrepublik als gleichberechtigter Partner in die Staatengemeinschaft und die westeuropäische Gemeinschaftsbildung waren Voraussetzungen für die dritte Säule Adenauerscher Sicherheitspolitik, die atlantische Bündnispolitik. Die Verbindung mit Amerika hatte jedoch eine andere Qualität als diejenige zu den westeuropäischen Nachbarn. Adenauer sah, „daß zwar die Grundinteressen Amerikas und Europas dieselben sind, daß aber nicht alle Lebensinteressen der europäischen Staaten auch Lebensinteressen der Vereinigten Staaten von Amerika zu sein brauchen und umgekehrt, daß sich daraus zwangsläufig Verschiedenheiten der politischen Auffassungen ergeben, die in bestimmten Lagen notwendigerweise zu selbständigem politischen Vorgehen führen müssen"[13]. (West)-Europa war aber keine Großmacht mehr, nur die Vereinigten Staaten waren in der Lage, ein machtpolitisches Gegengewicht zu der als übermächtig empfundenen Sowjetunion zu bilden. Andererseits konnten „die europäischen Länder [. . .] nicht auf die Dauer ihre Kräfte voll entfalten, wenn sie fortführen, ihr Heil und ihre Sicherheit lediglich durch die Patronage der Vereinigten Staaten zu finden"[14]. Daraus ergab sich, 1. eine gewisse Distanz zu Amerika; 2. die Notwendigkeit eigener politischer und militärischer Anstrengungen; und schließlich, 3. das Bemühen, die USA sicherheitspolitisch an Westeuropa zu binden.

Diese Zwecke erfüllt die NATO in besonderer Weise. Der Nordatlantik-Pakt war eben keine integrierte Verteidigungsgemeinschaft wie die für den europäischen Bereich konzipierte und dann fehlgeschlagene EVG, sondern ein Bündnis souveräner Staaten, das jedoch im Gegensatz zu den klassischen Allianzen über einen eigenen militärischen Apparat und damit über einen organisatorischen Rahmen verfügte, in den die Bundeswehr integriert werden konnte. Die besonderen Sicherheitsvorkehrungen, ohne die eine Wiederbewaffnung für die Nachbarn Deutschlands nicht akzeptabel war, ließen sich ohne übermäßige Diskriminierungen im Rahmen der auf die westeuropäischen Staaten beschränkten WEU arrangieren. Auch die gescheiterte EVG wäre mit der Kern-NATO verzahnt gewesen: durch Garantieerklärungen der Vereinigten Staaten sowie der drei für Deutschland verantwortlichen Alliierten, ferner durch Konsultationsvereinbarungen zwischen beiden Organisationen. Auch dadurch wäre deutlich geworden, daß ein verläßlicher Schutz Westeuropas ohne amerikanisches Engagement nicht möglich schien.

Die Beistandszusagen – nicht Beistandsverpflichtungen! – nach Art. 4 des NATO-Vertrages wurden durch Erklärungen der USA und Großbritanniens verstärkt, ihre auf dem europäischen Kontinent stationierten Streitkräfte dort zu belassen und sie im Einvernehmen mit den Partnern zur Verteidigung des Bündnisgebietes einzusetzen[15]. Diese Präsenz alliierter Truppen in der Bundesrepublik hatte die Funktion eines „Stolperdrahtes"[16]; sie stellte eine Garantie dafür dar, daß im Konfliktfall das nukleare Potential der USA seine Abschreckungswirkung entfalten bzw. im Fall einer Aggression zum Einsatz kommen würde. Mit großer Besorgnis verfolgte Adenauer die verschiedenen Änderungen in der amerikanischen Strategie, wie sie sich mit dem Radford-Plan und der inneramerikanischen Kritik an der Strategie der massiven Vergeltung ankündigten, immer in Sorge, daß die Verbindung zwischen den konventionellen Streitkräften in Europa und den strategischen Nuklearwaffen der USA geschwächt werden könnte[17].

Der westdeutsche Verteidigungsbeitrag ist nicht nur in historischer Perspektive untrennbar mit der Ablösung des Besatzungsregimes und der Gewinnung politischer Handlungsfähigkeit verknpüft; Adenauer sah in dieser die entscheidende Voraussetzung für eine Beteiligung der Bundesrepublik an den sicher-

heitspolitischen Überlegungen des Westens[18]. Seine Politik war auf Kriegsverhinderung durch Demonstration der Einigkeit und der Stärke des Westens gerichtet. In diesem Sinne begriff er die Bundeswehr primär als ein politisches und nicht als ein militärisches Instrument. Dies belegt auch folgendes Zitat: ,,Es wurde mir klar, daß in einer Zeit wie der unsrigen Politik so viel Kraft hat, wie die Kraft bedeutet, die hinter ihr steht. Wenn man keine Kraft besitzt, kann man keine Politik machen. Ohne Kraft wird unser Wort nicht beachtet.“[19] Zahlreiche Äußerungen des Kanzlers, z. B. die Behauptung, daß die taktischen Atomwaffen lediglich eine Weiterentwicklung der Artillerie seien oder die folgenreiche Unterlassung, zwischen Trägerwaffen und nuklearen Sprengköpfen zu differenzieren[20], belegen, daß Adenauer wenig von moderner Militärstrategie und Waffentechnologie verstand[21]. In allen militärischen Sachfragen war er in hohem Maße von seinen Beratern abhängig (vor allem Heusinger und Speidel); erst nachdem Franz Josef Strauß im Oktober 1956 das Verteidigungsministerium übernommen hatte, begann die Bundesrepublik, sich mit eigenen Beiträgen an der sicherheitspolitischen Diskussion zu beteiligen.
Vorschläge für eine Rüstungsbeschränkung oder Abrüstung, welche entweder die Bundeswehr als politischen Einflußfaktor, die Westintegration der Bundesrepublik als ,,Sicherheitsnetz“ oder die Präsenz der USA als Gegengewicht zur Sowjetunion antasteten, waren für Adenauer keine Alternativen zu dem seit Anfang der fünfziger Jahre geschaffenen System der europäischen Sicherheit. Zudem schätzte er seit etwa 1952/53 das Risiko einer militärischen Aggression seitens der Sowjetunion relativ gering ein. Daher begriff er derartige Vorschläge als Gefahr für seine Politik der Westbindung und die durch diese Bindung abgesicherte gesellschaftliche und politische Ordnung in der Bundesrepublik, nicht aber als Möglichkeit für Überlegungen über alternative Sicherheitsstrukturen[22].

Neutralisierung und Disengagement als Negativposten europäischer Sicherheitspolitik

Das zentrale Problem der Europäischen Sicherheit war jedoch die deutsche Frage. Sie war der Angelpunkt aller Vorschläge von der Stalin-Note von 1952 bis zum Herter-Plan von 1959, sie war zugleich ein Hebel, den vor allem die Sowjetunion benutzte, um Bewegung in das sich stabilisierende System europäischer Sicherheit zu bringen und dieses in ihrem Sinne zu verändern. Ihre Deutschlandpolitik kombinierte in verschiedenen Varianten das Angebot einer Wiedervereinigung mit der Bedingung einer Neutralisierung Deutschlands; ihr Ziel war die Schwächung der Westbindung der Bundesrepublik und die Konsolidierung, potentiell auch die Expansion, ihres Herrschaftsbereichs. Auf westlicher Seite sollten die verschiedenen Vorschläge für ein Disengagement oder eine neutralisierte Zone in Mitteleuropa die Konfliktgefahr am Eisernen Vorhang herabsetzen und die europäische Situation stabilisieren[23]. Darüber hinaus waren sie ein Versuch, im Hauptbuch der Geschichte einen Strich unter die Folgen des Zweiten Weltkrieges zu ziehen.
Für die Adenauersche Außenpolitik waren derartige Vorschläge Gefahrenzo-

nen besonderer Art. Sie stellten ihn vor die besonders innenpolitisch umstrittene Frage, ob der Westbindung oder der Wiedervereinigung Priorität gegeben werden sollte. Bei allen verbalen Bekenntnissen zum Ziel der Wiedervereinigung hatte Adenauer bereits mit dem Beschluß zur Wiederaufrüstung (eigentlich noch früher, mit der Entscheidung für einen eigenen westdeutschen Staat und gegen das Brückenkonzept Jakob Kaisers[24]) die Entscheidung für den Vorrang einer Politik der Westintegration getroffen[25]. ,,Adenauer [. . .] war an einer Wiedervereinigung nicht interessiert, die Deutschland aus der engeren Verbindung zum Westen gelöst hätte."[26]

Die sowjetischen Vorstöße – mochten sie wie 1952 als Vorschläge zur Wiedervereinigung Deutschlands oder wie 1954 und 1955 als Pläne für ein europäisches Sicherheitssystem gekennzeichnet sein – betrachtete Adenauer als Störmanöver, die sich vor allem gegen den Prozeß der westeuropäischen Einigung richteten. Das zeitliche Zusammentreffen mit den Ratifizierungsdebatten der EVG bzw. des Beitritts zur NATO legte eine derartige Vermutung nahe. Ein Scheitern des westeuropäischen Einigungswerkes würde nach seiner Auffassung nicht nur die Gefahr in sich bergen, daß die jahrhundertealten Rivalitäten wieder aufleben würden, es würde auch den endgültigen Verzicht Westeuropas auf Mitsprache in der Weltpolitik bedeuten[27]. Wenn die europäische Integration nicht zustande käme, bestände weiter das Risiko, daß sich die USA vom europäischen Kontinent zurückziehen würden[28]. ,,Rußland" würde dann ,,seinen Einfluß auf die Bundesrepublik Deutschland verstärken und sich diese für die Dauer nutzbar machen"[29]. Daher gab es nur eine Möglichkeit: ,,Der deutsche Weg mußte nach Europa führen und nicht in eine nationale Einsamkeit, die zugleich weltpolitische Verlassenheit wäre."[30]

Gab Adenauer damit die Wiedervereinigung preis? Seit 1955, seit seinem Besuch in Moskau, dürfte er sich bewußt gewesen sein, daß eine Wiedervereinigung ohne Schwächung der Westbindung in kurz- oder mittelfristiger Perspektive nicht realistisch war[31]. Für ihn blieb nur die Hoffnung, daß die Sowjetunion aus politischen und wirtschaftlichen Gründen – u. a. angesichts ihrer begrenzten ökonomischen Ressourcen und des verstärkten innenpolitischen Zwangs zur Hebung des Lebensstandards der Bevölkerung – eines Tages die DDR freigeben oder zumindest den Menschen ein höheres Maß an Freiheit gewähren würde, um auf diese Weise eine Atempause im rüstungstechnologischen und machtpolitischen Wettbewerb mit dem Westen einzutauschen[32]. Bei den Vorschlägen Adenauers für ein Stillhalteabkommen mit der Sowjetunion in der deutschen Frage fragt man sich freilich, welchen Vorteil diese aus einer derartigen befristeten Absprache gezogen hätte. Was hätte Moskau veranlassen können, einer Vereinbarung zuzustimmen, mit der es – zumindest implizit – die spätere Regelungsbedürftigkeit einer Frage anerkannte, von der sie behauptete, sie sei seit langem entschieden bzw. es sei eine Sache der Deutschen selbst, sich zu verständigen? Lediglich die Bestätigung dieses Zustandes durch den Westen stehe noch aus[33]. Adenauer wußte auch, daß die Nachbarn Deutschlands in der Fortdauer der Spaltung eine geringere Gefahr für die europäische Sicherheit sahen als in einem wirtschaftlich potenten und politisch selbstbewußten wiedervereinigten Deutschland[34].

Die eine Gefahrenzone aus der Sicht Adenauers war daher ein machtpolitisches

Vakuum in Zentraleuropa, das Deutschland zur leichten Beute der Sowjetunion werden lassen würde; die andere bestand in einer Einigung der Siegermächte des Zweiten Weltkrieges auf seine Kosten. „Deutschland durfte nicht wieder zwischen die Mühlsteine geraten, dann war es verloren.“[35] Diese Sorge vor einer erneuten Isolierung ähnlich dem Geschehen vor dem Ersten Weltkrieg hat Hans-Peter Schwarz den „Potsdam-Komplex“ Adenauers genannt[36]. Mit Mißtrauen beobachtete der Kanzler Vorschläge für Gipfelkonferenzen der Vier Mächte, insbesondere wenn nicht sicher war, daß der Westen für diese eine abgestimmte Position besaß. Nur einmal hat Adenauer selbst eine Viererkonferenz vorgeschlagen: 1957, als die Westintegration mit den Verträgen von Paris und Rom vertraglich abgesichert war, die Abstimmung Bonns mit den Westmächten gesichert schien, insbesondere durch das enge Vertrauensverhältnis zwischen Adenauer und Dulles, und als er eine Auflockerung der sowjetischen Haltung im Anschluß an den Briefwechsel mit Bulganin wahrzunehmen glaubte[37].

Den Vorschlägen für Gebiete beschränkter Rüstung oder für Inspektionszonen in Europa stand Adenauer skeptisch gegenüber; sie waren für ihn nur unter der Voraussetzung akzeptabel, daß sie

- die Westbindung der Bundesrepublik und die westeuropäische Integration als ihre wichtigste Methode nicht behinderten;
- keine politische Diskriminierung der Bundesrepublik bedeuteten;
- die Stationierung amerikanischer Truppen in Westeuropa militärisch nicht wertlos machten;
- die Gefahr einer Anerkennung des Status quo vermieden, indem sie z. B. nicht auf der Demarkationslinie als Mittellinie aufbauten[38].

Da weder die verschiedenen Disengagement-Vorschläge noch die diversen Rapacki-Pläne diesen Forderungen entsprachen, betrachtete er sie als „gefährliche Ideen“[39], die konsequent abgeblockt werden mußten durch die Verknüpfung mit Vorbedingungen, z. B. mit gleichzeitigen Schritten zur Wiedervereinigung, oder durch den Hinweis auf vordringlichere Probleme, z. B. eine allgemeine Abrüstung und Entspannung. Dabei ist Adenauer freilich der Vorwurf nicht zu ersparen, daß seine Gegenvorschläge häufig noch ein Quentchen unrealistischer waren, als diejenigen, die er mit dem Hinweis auf die Schwierigkeiten ihrer Verwirklichung zu bekämpfen suchte.

Um eine Einigung auf Kosten der Bundesrepublik zu verhindern, mußte diese eine gemeinschaftsorientierte Außenpolitik betreiben und die Partner überzeugen, daß sie „bei der Stange blieb“[40]. Adenauer war sich der Tatsache bewußt, welche Rolle bei diesen „das Gespenst einer deutschen Schaukelpolitik, einer Rapallo-Politik“ spielte[41]. Deutschland „mußte sich treu bleiben, und es durfte nicht auf den fast verbrecherischen Gedanken kommen, bald mit dem Osten, bald mit dem Westen irgendeine politische Linie zu finden, eine Schaukelpolitik zu betreiben“[42]. Nur auf der Grundlage strikter Westbindung glaubte er, Ostpolitik betreiben zu können. Angesichts des Mißtrauens gegenüber jeder Art deutscher Dynamik beschränkte er sich im wesentlichen auf eine zwar trickreiche, aber doch wenig konstruktive Defensivstrategie. Drohten die Verbündeten von der gemeinsamen politischen Linie abzuweichen, so pflegte sie Adenauer mahnend an die eingegangenen Verpflichtungen, insbesondere im Hinblick auf Deutschland als Ganzes, zu erinnern, oder aber durch Hinweise auf beunruhigende innenpolitische Entwicklungen in der Bundesrepublik oder in einem anderen westlichen Land wieder auf den Pfad der Tugend zurückzulokken. Er scheute sich aber auch nicht, den einen gegen den anderen auszuspielen oder sich bei Dulles Unterstützung gegenüber Macmillan[43] bzw. bei de Gaulle gegen Kennedy[44] zu holen. Dann, wenn er selbst initiativ wurde, z. B. bei der Aufnahme diplomatischer Beziehungen zu Moskau oder bei den Kontakten zu Smirnow und Mikojan, sicherte er diese sorgfältig durch ein Netz von Konsultationen mit den westlichen Partnern ab[45].

Die wirksamste Art, unwillkommenen Ideen entgegenzuwirken, sah der Taktiker Adenauer jedoch darin, selbst Pläne ausarbeiten zu lassen, die den eigenen Sicherheitsvorstellungen Rechnung trugen, gleichzeitig aber genügend Spielmaterial für diplomatische Aktionen boten[46].

Eigene Vorschläge zur Europäischen Sicherheit als diplomatisches Spielmaterial

In den Jahren 1953 bis 1959 wurden auf Veranlassung des Bundeskanzlers eine Reihe von z. T. weitreichenden Vorschlägen zur Europäischen Sicherheit entwickelt. Welche Ziele verfolgte Adenauer mit derartigen Plänen? Waren diese wirklich so „ungemein unkonventionell", wie Hans-Peter Schwarz meint[47]? Wie lassen sich diese in das Grundmuster Adenauerscher Sicherheitspolitik, einer initiativen- und ideenreichen Politik der Westbindung sowie einer defensiven und konservativen Deutschlandpolitik einordnen?

Die ersten Vorschläge für europäische Sicherheitsregelungen, die im Zuge einer Wiedervereinigung Deutschlands in Kraft treten und die „Sicherheitsbedürfnisse aller europäischen Völker, einschließlich des russischen Volkes"[48], berücksichtigen sollten, entstanden im Sommer 1953 im Vorfeld der westlichen Vorbereitungen für eine Vier-Mächte-Außenminister-Konferenz, die im Februar 1954 in Berlin stattfand. Der Akzent dieser Pläne lag auf der Zusicherung, daß Deutschland im Fall einer Wiedervereinigung die politischen Bindungen des EVG-Vertrages nicht in Frage stellen und Beschränkungen hinsichtlich der Mannschaftsstärken, ihrer Rüstung und ihres Rüstungspotentials eingehen würde. Diese Vorschläge waren in einem Schreiben enthalten, das Adenauer am 8. Juli 1953 an Außenminister Dulles richtete, und mit denen er – mit Erfolg – den Versuch unternahm, die deutsche Frage auf die Tagesordnung der westlichen Außenministerkonferenz und der Vier-Mächte-Konferenz zu setzen[49]. Ähnlich äußerte sich Adenauer auch in der Regierungserklärung vom 20. Oktober 1953, in der er auf die friedenssichernde Funktion der europäischen Integration hinwies – z. B. daß die Pariser Verträge nicht nur Angriffskriege zwischen den Partnern, sondern auch gegenüber dritten, am Vertragswerk nicht unmittelbar beteiligten Staaten ausschlössen – und die EVG als Ansatzpunkt für ein System der Rüstungsbeschränkung in Europa bezeichnete[50]. Intern wurden jedoch noch weitreichendere Pläne diskutiert; so übergab der Sicherheitsberater des Kanzlers, Generalleutnant Heusinger, im August dieses Jahres Studien über einen truppenfreien Raum in Mitteleuropa – etwa im Gebiet der DDR – Ministerialdirektor Blankenhorn zur Weiterleitung an den Bundeskanzler[51].

Welche Absichten verfolgte Adenauer mit derartigen Vorschlägen? Zunächst wollte er die Aufmerksamkeit der internationalen Öffentlichkeit, insbesondere der Kritiker an der deutschen Wiederaufrüstung, auf die Tatsache lenken, daß die Bundesrepublik mit den EVG-Verträgen wesentliche militärische und politische Beschränkungen akzeptiert hatte – vor allem ihre Streitkräfte nicht ohne die Zustimmung der Partner einsetzen konnte – und daß diese Bindungen auch im Falle einer Wiedervereinigung fortbestehen sollten. Besonders aber bemühte er sich, den Standpunkt der Bundesregierung in der Frage der Europäischen Sicherheit gegenüber den Westmächten zur Geltung zu bringen. Im Mai 1953 hatte Premierminister Churchill sich vor dem Unterhaus in London für eine neue Initiative in der deutschen Frage ausgesprochen und eine Vier-Mächte-Konferenz vorgeschlagen. In seinen Ausführungen war er auch auf das sowjetische Sicherheitsbedürfnis angesichts der deutschen Wiederbewaffnung eingegangen und hatte in diesem Zusammenhang an den Vertrag von Locarno mit seinem System gegenseitiger Beistandsverpflichtungen erinnert. Die „Erinnerungen" belegen, welche Beunruhigung die britischen Gedankengänge bei Adenauer auslösten[52]. Der „Locarno-Vorschlag" mußte vom Tisch, demgegenüber sollte die Bedeutung des EVG-Vertrages als eine Art von Garantiesystem gegen eine erneute deutsche Aggression betont und die durch die Vorgänge am 17. Juni 1953 in der DDR aktualisierte Frage der Wiedervereinigung Deutschlands in den Vordergrund gerückt werden. Schließlich sollte der Opposition im Innern das Argument genommen werden, die Bundesrepublik verhindere eine Vier-Mächte-Konferenz und lasse damit Möglichkeiten zur Wiederherstellung der Einheit Deutschlands ungenutzt verstreichen.

Die begleitende Argumentation des Regierungschefs machte deutlich – wie schon 1952 bei der Ablehnung der sowjetischen Note –, daß Adenauer alles zu vermeiden suchte, das ein Inkrafttreten des EVG-Vertrages verhindern oder verzögern würde. Es ist daher unwahrscheinlich, daß bereits zu diesem Zeitpunkt eigene deutsche Vorschläge für rüstungsbeschränkte Zonen in die innerwestliche Diskussion eingebracht wurden. Man wollte auf keinen Fall „schlafende Hunde" wecken, mußte aber auf alle Eventualitäten vorbereitet und dann in der Lage sein, Pläne zu präsentieren, die weder die Sicherheit der Bundesrepublik gefährdeten noch ihre Westbindung in Frage stellten. Eine derartige Haltung war durchaus realistisch, bedenkt man die Vielzahl der in jener Zeit ventilierten Vorschläge für ein europäisches Sicherheitssystem[53]. Es ist wahrscheinlich, daß Adenauer zum damaligen Zeitpunkt keine Veranlassung sah, auf die sowjetische Sorge vor einer wiederentstehenden deutschen Militärmacht mit mehr als deklamatorischen Akten einzugehen.

Nach Abschluß des österreichischen Staatsvertrages änderte sich die Situation. Die für das Alpenland gefundene Formel bewaffneter Neutralität stimulierte in West und Ost Überlegungen, die auf ein gesamteuropäisches Sicherheitssystem bei gleichzeitiger Neutralisierung Deutschlands bzw. auf einen Gürtel neutraler Staaten in Zentraleuropa abzielten[54]. „Für uns war das ein gefährliches Thema", schrieb Adenauer in seinen „Erinnerungen"[55]. „Ein derartiger Gürtel würde nach meiner Meinung das Ende Deutschlands und auch Europas bedeuten." Die Vereinigten Staaten würden sich über den Atlantik zurückziehen, und das in der Mitte Europas entstehende Vakuum würde die Sowjetunion vielfältig zur Intervention verlocken. Mit einer Kombination von öffentlichen Äußerungen und diplomatischen Demarchen reagierte er scharf auf derartige Vorschläge. „Die wirksamste Art, den westlichen Neutralisierungsideen entgegenzuwirken, sah ich darin, selbst einen Plan ausarbeiten zu lassen, der auf der einen Seite dem viel zitierten sowjetischen ‚Sicherheitsbedürfnis' entgegenkam, auf der anderen Seite jedoch die Stationierung amerikanischer und westlicher Truppen im Gebiet der Bundesrepublik auch weiterhin ermöglichte. Auf meine Veranlassung wurden von deutscher Seite konkrete Pläne für eine Rüstungsbeschränkung in Mittel- und Osteuropa entwickelt, die die Voraussetzungen für eine Entspannung schaffen sollten."[56]

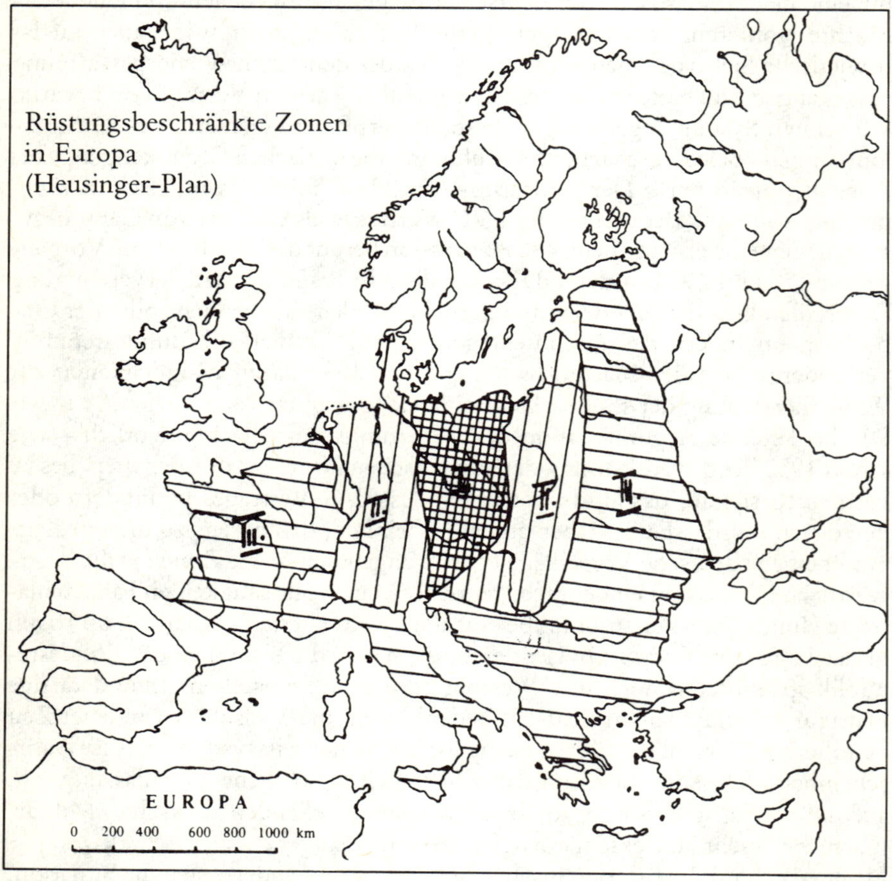

Truppenfreie Zone I

Rüstungsbeschränkte Zone II

Rüstungsbeschränkte Zone III

Quelle: Haftendorn, Abrüstungs- und Entspannungspolitik, S. 47

Bei diesen Plänen handelte es sich um eine Fortführung der von Heusinger und Blankenhorn im August 1953 entwickelten Gedanken eines entmilitarisierten Gebietes im östlichen Mitteleuropa[57]. Wir kennen diese Pläne bisher nicht genau, wissen insbesondere nicht, in welcher Form sie in die westliche Diskussion eingebracht wurden. Bekannt ist eine Studie, die Heusinger Anfang Juni 1955 Blankenhorn (im Auswärtigen Amt) und de Maizière (im neu errichteten Verteidigungsministerium) übermittelte und die in ihrem Kern die Bildung eines truppenfreien Raumes in Zentraleuropa beiderseits der Linie Stettin-Prag-Wien-Triest vorsah. In diesem Gebiet sollten weder eigene noch Stationierungstruppen oder militärische Anlagen unterhalten werden. Daran sollten sich im Osten und Westen zwei weitere rüstungsbeschränkte Zonen anschließen. In der Zone II, die im Westen etwa durch den Rhein und im Osten durch die Linie Riga-Brest begrenzt wurde, konnten beide Seiten ausgewogene Landstreitkräfte (40 Divisionen der NATO und 50 – zahlenmäßig schwächere – des Warschauer Paktes) einschließlich der notwendigen Luftunterstützung unterhalten, jedoch keine weitreichenden Waffensysteme. In der Zone III, die im Westen bis zum Atlantik und im Osten bis zum Dnjepr reichte, sollten nach Zahl und Art äquivalente Streitkräfte unterhalten werden können[58].
Die Prämisse des Heusinger-Plans war die Wiedervereinigung Deutschlands und der Fortbestand des Atlantischen Bündnisses. Der Entwurf enthielt jedoch weder einen Zeitplan noch war er mit konkreten Schritten zur Wiederherstellung der Einheit Deutschlands gekoppelt. Im Kern liefen die Vorschläge Heusingers auf eine Entmilitarisierung der DDR und auf einen Abbau des konventionellen Übergewichtes der östlichen Streitkräfte in Europa hinaus, während die Verteidigungsplanung der NATO nicht beeinträchtigt werden sollte. Großbritannien und Spanien wurden ausgespart, da sich hier die strategischen Luftbasen der Amerikaner und Briten befanden. Die Demarkationslinien der einzelnen Zonen wurden nach militärischen Kriterien festgelegt, gleichzeitig sollte vermieden werden, daß sie mit politischen Grenzen zusammenfielen und eine Grenzregelung in einem Friedensvertrag mit Deutschland präjudizieren würden[59].
Untersucht man die Ideen Heusingers näher und vergleicht sie mit ähnlichen Vorschlägen aus der damaligen Zeit, so erscheinen sie weit weniger revolutionär, als es zunächst den Anschein hat. Auch tritt ihr defensiver Charakter stärker hervor. Ein direkter Bezug besteht zwischen dem Heusinger-Plan und dem Eden-Plan, aber auch den Gedanken des belgischen Außenministers Paul van Zeeland. Dieser hatte verschiedentlich 1953 und im Februar 1955 Vorschläge zur Beilegung des Ost-West-Konflikts gemacht, welche die Schaffung einer entmilitarisierten Zone im Raum der DDR bei gleichzeitiger Begrenzung der Truppenstärken in den Gebieten östlich und westlich dieser Zone vorsahen[60].
Auf der Genfer Gipfelkonferenz im Juli 1955 schlug der britische Premierminister Eden zusammen mit einem Beistandspakt zwischen den vier Siegermächten und einem wiedervereinigten Deutschland ein Abkommen über eine Begrenzung der Streitkräfte „auf beiden Seiten in Deutschland und in den Deutschland benachbarten Ländern“ vor. Die Möglichkeit einer entmilitarisierten Zone zwischen Ost und West wurde angedeutet. Ging dieser sogenannte zweite Eden-Plan noch von der Wiedervereinigung Deutschlands aus und

war daher für die Bundesrepublik noch einigermaßen akzeptabel, so war dies bei dem dritten Vorschlag Edens für ein gemeinsames Inspektionssystem der sich in Europa gegenüberstehenden Streitkräfte nicht mehr der Fall[61]. Auch aus Amerika kam die Kunde, daß in Washington an Plänen für ein neutralisiertes Gebiet in Mitteleuropa gearbeitet wurde[62].
Adenauer war in höchstem Maße alarmiert. Mit der Verwirklichung derartiger Pläne würde nicht nur die Verbindung von Sicherheitsfrage und Wiedervereinigung aufgegeben, sondern auch die Bundesrepublik einseitig diskriminiert und die militärische Verteidigung des Westens geschwächt werden[63]. Der Bundesregierung gelang es zunächst nicht, ihre Bedenken in der westlichen Arbeitsgruppe zur Vorbereitung der Genfer Konferenzen durchzusetzen. Erst als Adenauer persönlich bei Eden und bei Dulles intervenierte, wurde der Stufenplan zur Wiedervereinigung Deutschlands von der Berliner Konferenz, d. h. der erste Eden-Plan, mit dem Sicherheitspakt des zweiten Planes verbunden, der seinerseits durch einige der zentralen Elemente des Heusinger-Plans konkretisiert wurde. So sah Abschnitt 3 des ,,Treaty of Assurance" die Errichtung einer Zone beschränkter Streitkräfte und Rüstung vor: ,,In einer Zone, die beiderseits der Demarkationslinie zwischen einem wiedervereinigten Deutschland und den osteuropäischen Ländern Gebiete von vergleichbarer Größe, Tiefe und Bedeutung umfassen würde, würden Stärken für Streitkräfte festgesetzt werden, um ein militärisches Gleichgewicht herzustellen, das zur europäischen Sicherheit und zur Verminderung der Rüstungslasten beitragen würde. Zur Aufrechterhaltung dieses Gleichgewichts würden geeignete Vorkehrungen getroffen. In dem der Demarkationslinie nächst gelegenen Teil der Zone könnten besondere Maßnahmen bezüglich der Verteilung militärischer Verbände und Anlagen getroffen werden."[64]
Adenauer war es gelungen, mit einer Kombination von militärischen und politischen Argumenten Konzepte vom Tisch zu bringen, die auf einer Neutralisierung West- oder Gesamtdeutschlands aufbauten und die die Gefahr einer Schwächung der Westbindung der Bundesrepublik beinhalteten. Die bei der Genfer Außenministerkonferenz 1955 eingeschlagene Taktik eines flexiblen Junktims zwischen Wiedervereinigung Deutschlands und Maßnahmen regionaler Rüstungsbeschränkung behielt er auch in den folgenden Jahren bei[65]. Von dieser Konzeption geht auch der Plan eines europäischen Sicherheitssystems aus, über den der langjährige Vertraute des Kanzlers und Bundespressechef, Felix v. Eckardt, in seinen Erinnerungen berichtet. Danach sollten in genau terminierten Etappen Schritte zur Wiedervereinigung auf der Basis von freien Wahlen verbunden werden mit der Herstellung zunächst eines von der UNO überwachten Gleichgewichts der in der DDR, Polen und Ungarn stehenden Streitkräfte der Sowjetunion sowie der in Westeuropa stationierten anglo-amerikanischen Truppen und ihrer Rüstung. In einer weiteren Phase sollten die Rote Armee in die Sowjetunion und die ausländischen Truppen an die Peripherie Westeuropas zurückgezogen sowie die Bundeswehr auf eine Stärke von zwölf Divisionen beschränkt werden. Gleichzeitig würden die europäischen Staaten einen Verzicht ,,auf jede thermo-nukleare Kriegführung" aussprechen, der von den Großmächten im Rahmen der UNO-Charta garantiert werden sollte. Nach Angaben v. Eckardts sollen diese Vorschläge – gegen die Außen-

minister v. Brentano ,,aufs schärfste" Stellung nahm – im September oder Oktober 1957 Präsident Eisenhower im Verlauf der westlichen Beratungen über eine Vier-Mächte-Konferenz übermittelt worden sein[66].

Es gibt jedoch keine Hinweise darauf, daß sie tatsächlich in die westlichen Diskussionen eingebracht wurden oder daß sich Adenauer selbst mit Nachdruck für derartige Pläne eingesetzt hätte. Alle zugänglichen Quellen lassen vielmehr den Schluß zu, daß er mit allen verfügbaren Mitteln bemüht war, die durch den Rapacki-Plan auch im Westen wiederbelebte Debatte über rüstungsbeschränkte Zonen in Europa abzuschotten. Als Verteidigungsminister Strauß im Frühjahr 1958 Gegenvorschläge zum Rapacki-Plan formulierte[67], forderte ihn Adenauer umgehend zur Zurückhaltung auf. Er war besorgt, die westliche Abwehrfront gegen die polnischen Vorschläge könnte gelockert und der innenpolitischen Opposition eine Möglichkeit zum Einhaken gegeben werden[68]. Mehrfach ließ sich der Kanzler von seinen Mitarbeitern Gesprächsunterlagen mit der ausdrücklichen Maßgabe anfertigen, ihm ,,gute Ausführungen" für seinen ablehnenden Standpunkt auszuarbeiten[69]. Diese bekam Adenauer von Globke, Grewe, Heusinger und Strauß[70].

Seit Mitte der fünfziger Jahre wuchs bei Adenauer die Einsicht, daß die Sowjetunion einer Wiedervereinigung Deutschlands weder um den Preis einer Neutralisierung des Gebietes der DDR noch Gesamtdeutschlands zustimmen würde. Seine Strategie richtete sich nunmehr darauf, Moskau zu einer Liberalisierung in der DDR zu veranlassen bzw. für eine befristete Zeit ein Stillhalteabkommen in der deutschen Frage einzugehen. Gleichzeitig verloren mit der Einführung weitreichender Nuklearwaffen durch die Streitkräfte der NATO und des Warschauer Paktes rüstungsbegrenzte Zonen in Europa ihren militärischen Sinn. Damit erhielten die Vorschläge und Gegenvorschläge der Bundesregierung zur deutschen Frage zunehmend dilatorischen Charakter, und ihr Drängen nach einer weltweiten allgemeinen Abrüstung hatte in diesem Zusammenhang die Funktion einer Entlastungsoffensive[71], durch die isolierte Zugeständnisse des Westens auf dem Gebiet der europäischen Sicherheit unter dem Druck der Berlinkrise verhindert werden sollten. Dies wird besonders deutlich bei den westlichen Vorbereitungen für die Genfer Außenministerkonferenz 1959, als die Westmächte – und Außenminister v. Brentano! – auf der Basis eines Phasenplans zur Wiedervereinigung und Rüstungsbeschränkung in Europa argumentierten, Adenauer jedoch der Sowjetunion ein Abkommen über eine allgemeine kontrollierte Abrüstung als Gegenleistung für ein Stillhalteabkommen in Deutschland anbieten wollte[72]. In diesen Zusammenhang gehört auch der sogenannte Globke-Plan[73]. Er erscheint weniger als ein Plan zur Wiederherstellung der Einheit Deutschlands, als vielmehr als ein taktischer Schachzug, um Moskau den Hebel ,,Berlin" zu entwinden, mit dem es immer wieder die Westbindung der Bundesrepublik in Frage stellen konnte. Darüber hinaus war er ein Versuch, einen ,,Burgfrieden", vielleicht sogar einen modus vivendi, mit der Sowjetunion in der deutschen Frage ohne Aufgabe von Rechtspositionen zu erzielen und diesen international und innenpolitisch dadurch akzeptabel zu machen, daß er als ,,Zwischenstatus" auf dem Wege zur Wiedervereinigung deklariert wurde[74].

Datum	Internationale Situation	Autor/Verfasser	Forderungen/Voraussetzungen	
Juni/Juli 1953	Vorbereitungen für Berliner Vier-Mächte-Konferenz	Blankenhorn/Heusinger?	Wiedervereinigung Deutschlands	
August 1953		Heusinger → Blankenhorn im Auftrag Adenauers	Wiedervereinigung Deutschlands	
7. 6. 1955	Genfer Gipfel-Konferenz Kritik des 3. Eden-Planes: Inspektionssystem in einem genau festzulegenden Gebiet zwischen Ost und West durch gemeinsame Inspektionsteams (auf der Grundlage des Status quo); Aufgreifen von Elementen des Vorschlages von Paul von Zeeland für rüstungsbeschränkte Zonen in Europa v. 22. 12. 53 u. Febr. 1955.	Heusinger → MD Blankenhorn	Wiedervereinigung Deutschlands (SBZ + BRD); Keine Festlegung der dt. Ostgrenzen (→ Friedensvertragsvorbehalt); Truppenfreier Raum muß sich von der Ostsee bis zum Mittelmeer erstrecken; Die für eine militärische Verteidigung Westeuropas erforderliche Tiefe muß erhalten bleiben.	
Jan. 1957	,,Abwürgen des Radford-Plans" Auflockerungstendenzen in Osteuropa (Poln. Oktober, Ungarischer Aufstand 1956) Überprüfung der am. Außenpolitik: Aufgabe des Junktims und Fortschritte in der Frage der Abrüstung und in der Wiedervereinigung Deutschlands.	Blankenhorn, v. Eckardt; Ablehnung durch AM v. Brentano	Schritte zur Wiedervereinigung Deutschlands u. Intensivierung der westeuropäischen Einigung Europäisches Sicherheitssystem, ,,das einmal den Interessen der westlichen, der freien Welt Rechnung trägt, andererseits aber auch dem Sicherheitsverlangen der Sowjets und ihrem Prestigebedürfnis soweit wie möglich entgegenkommt . . ." *1. Etappe:* Unter Vier-Mächte-Kontrolle Wahlen zu einem dt. Nationalrat: Vorbereitung von freien Wahlen. *2. Etappe:* Volksabstimmung über das vom Nationalrat ausgearbeitete Statut betr. freie Wahlen für eine Nationalversammlung in ganz Deutschland. Aus dieser würde erste provisorische gesamtdeutsche Regierung hervorgehen. Fernziel gesamteuropäische Föderation mit dem Ziel der friedlichen Streitschlichtung.	
April 1957	Vorbereitungen für eine neue Vier-Mächte-AM-Konferenz Entwurf einer Stellungnahme für eine mögl. Gipfelkonferenz ,,Entwicklung von Vorstellungen, die geeignet sind, die öffentliche Meinung in den beteiligten Ländern anzusprechen."	Rudolf Fechter, Boris Meissner mit Billigung Georg Graf v. Baudissins → AM v. Brentano, Ablehnung durch Adenauer	Stufenplan für die Wiedervereinigung, Provisorische gesamtdeutsche Gremien. (v. Brentano: ,,taktische Überlegungen")	
4. 2. 1959	Berlinkrise; Vorbereitung einer westl. Verhandlungsposition für die Vier-Mächte-AM-Konferenz; Am. und brit. Vorschläge; Pläne der Vierergruppe	Globke → Adenauer	Fünf Jahre nach Inkrafttreten Volksabstimmung über die Wiedervereinigung; Wahlen für eine gesamtdeutsche Volksvertretung. Zwischenstatus: Diplomatische Beziehungen zwischen BRD u. DDR; Berlin als Freie Stadt (Wahlen für gemeinsame Volksvertretung in Berlin, Entmilitarisierung).	

Sicherheitspläne

Geographische Zone	Kontroll- und Reduktionsmaßnahmen	Realisierungschance	Quelle
WV Deutschland	Beschränkungen analog dem EVG-Vertrag: Mannschaftsstärken, Rüstung und Rüstungswirtschaft, Verbot des Angriffskrieges, Einbindung der dt. Armee in ein europ. System.	8. 7. 53: Schreiben A. an AM Dulles betr. TO der AM-Konferenz der 3 Westmächte: Vorschläge für geplante Viererkonferenz → 1. Eden-Plan vom 29. 1. 1954	A, II/225 ff. Adenauer, Pressekonferenz, 11. 1. 57, in: EA 3/1957, S. 96/8; Bandulet. S. 86
etwa Gebiet der DDR	truppenfreier Raum	?	Heusinger; A, II/453; DBT II/3, 20. 10. 1953; AP, S. 242–247
3 Zonen: *A: Truppenfreier Raum* beiderseits der Linie Stettin-Prag-Wien-Triest *B: 2 rüstungsbeschr. Zonen* Zone II Ost: Raum zw. Linie Danzig-Bromberg-Prosen-ehem. dt.-poln. Grenze-ehem. dt.-tschechosl. Grenze südl. Glatz-Brünn-Pressburg-österr. ung. Grenze-österr. jug. Grenze-Triest und Linie Riga-Brest; Zone II West: Raum zw. Linie Wismar-Schwerin-Elda-Elbe-Saale b. Hof-dt. tschech. Grenze b. Passau-Linz-Klagenfurt-Triest und Rheinmündung-Westgrenze d. BRD-Oberitalien bis zum Po; *C: 2 Äquivalenz-Zonen* Zone III Ost: Westl. Rußland, Rumänien u. Bulgarien (Linie Narwa-Odessa) Zone III West: Rest Niederlande, Belgien, Frankreich, Italien südl. des Po.	keine dauernd o. vorübergehend stationierten Streitkräfte u. militärischen Anlagen, Industrien u. Forschungskapazitäten; Kontrolle durch Neutrale; Ggf. Sonderregelungen für Berlin, Prag und Wien; Militärisch gleiche Kräfte des Heers u. der takt. Luftwaffe; Zone I Ost: 10 ungar., 14 tschech., 18 poln. 8? russ. Verbände (ausgeglichenes Kräfteverhältnis, da unterschiedl. Stärken) Zone I West: 28 alliierte u. 12 dt. Divisionen Nach Zahl und Art äquivalente Streitkräfte.	Genfer Außenministerkonferenz → revidierter 4. Eden-Plan (Aufnahme des Vorschlages geographischer Begrenzung)	Heusinger; Haftendorn, S. 46 ff. A, II/446; A, III/37 ff.
Raum zw. Rhein-Ems und Linie Weichsel-Narew	*1. Etappe 1957/58:* Gleichgewicht an Mannschaftsstärken, Waffen u. Flugzeugen (Gleichgewicht zu den in der SBZ, Polen u. Ungarn stehenden sowjetischen und den in Westeuropa stehenden anglo-amerikanischen Kräften); Einrichtung eines Radar-Warnsystems; Überwachung durch UNO; *2. Etappe 1959/60:* Rückzug der sowjet. Truppen in die SU und der anglo-amerikanischen Truppen an die Peripherie Westeuropas. Beschränkung der BW auf 12 Divis. Einrichtung eines Luft- und Boden-Inspektionssystems. Verzicht der europäischen Staaten auf Nuklearbewaffnung; Völkerrechtliche Garantie seitens USA, SU und GB im Rahmen der UN-Charta gegen thermonukleare Aggression des geräumten Gebiets.	Brief an Präsident Eisenhower Sept./Okt. 1957? Plan wurde im Herbst 1957 aufgegeben. Gespräche Dulles-Gromyko bringen Klarheit darüber, daß die SU nicht bereit ist, auf Verhandlungen über die dt. Frage einzugehen Empfehlung der Beratenden Versammlung des Europa-Rat, 11. 1. 57 Adenauer Pressekonferenz in Berlin, 15. 5. 1957 Berliner Erklärung der 3 Westmächte und der BRD zur Wiedervereinigung vom 29. 7. 1957	v. Eckardt, S. 319 f., S. 356 ff. Pöttering, S. 152; Hinterhoff, Anhang; Dok. z. Deutschlandpolitik III/3, 2, S. 951; Dok. z. Deutschlanpolitik III/3, 2, S. 1304 ff.
Deutschland, Polen, ČSSR?	Umfassende und wirksame Abrüstungsvereinbarung in versch. Etappen; Disengagement als Vorstufe?	Herter-Plan v. 14. 5. 1959	Baring, S. 21 f., S. 231 f., S. 233 ff.; Krone, S. 148 f.
BRD und DDR	Bei Zugehörigkeit zur NATO: Entmilitarisierung der DDR. oder: Bei Zugehörigkeit zum WP: Entmilitarisierung der BRD. Gewaltverzicht, insbes. betr. Grenzen; Aufsicht und Garantie der UNO.		Adenauer-Studien III, S. 202 ff.

Überblickt man die verschiedenen Vorschläge zur europäischen Sicherheit, die in den fünfziger Jahren im Auftrag und mit Billigung Adenauers ausgearbeitet wurden, so ordnen sich diese nahtlos in seine Politik der Westbindung ein. Im Jahre 1953 sollten die Sicherheitsinteressen der Nachbarn Deutschlands im Fall einer Wiedervereinigung dahingehend berücksichtigt werden, daß die Bedeutung der EVG auch als Garantiesystem betont wurde. Zwei Jahre später wurden rüstungsbeschränkte Zonen in einem militärisch und politisch noch vertretbaren Maß als Gegenleistung für eine Wiedervereinigung Deutschlands und dessen Zugehörigkeit zum Atlantischen Bündnis zur Diskussion gestellt. Die Vorschläge v. Eckardts 1957, von denen ungewiß ist, wieweit sie sich Adenauer zu eigen gemacht hat, versuchten die deutsche Frage wieder auf die Tagesordnung der Ost-West-Verhandlungen über Abrüstung und Sicherheit zu setzen und damit der Bundesrepublik ein größeres Maß an Mitsprache bei diesen zu erwirken. Der ,,Globke-Plan" schließlich, auf dem Höhepunkt der Berlinkrise konzipiert, sollte über ein Stillhalteabkommen mit der Sowjetunion erreichen, daß die deutsche Frage mit ihren Gefährdungen für die Politik der Bundesrepublik von der Ost-West-Tagesordnung abgesetzt wurde. Gleichzeitig waren alle diese Vorschläge flexible Reaktionen auf Entwicklungen im Ost-West-Kontext, welche die Adenauersche Politik der Westintegration in Frage stellen oder eine Einigung der Siegermächte auf Kosten der Bundesrepublik herbeiführen konnten.

Aus dieser Sicht sind die verschiedenen Vorschläge – ob Heusinger-, v. Eckardt- oder Globke-Plan – keine phantasievollen Initiativen Adenauers für neue und dauerhaftere Strukturen der Europäischen Sicherheit, sondern dienten primär der Abwehr aller Tendenzen, welche die Westbindung der Bundesrepublik gefährden konnten[75]. Sie sind darüber hinaus Musterbeispiele eines flexiblen diplomatischen Spiels mit den Versatzstücken der politischen Diskussion der damaligen Zeit.

1 Vgl. Arnulf Baring, Sehr verehrter Herr Bundeskanzler! Heinrich von Brentano im Briefwechsel mit Konrad Adenauer 1949–1964, Hamburg 1974; Klaus Gotto, Adenauers Deutschland- und Ostpolitik 1954–1963, in: Rudolf Morsey und Konrad Repgen (Hrsg.), Adenauer-Studien III (Veröffentlichungen der Kommission für Zeitgeschichte, Reihe B, Bd. 15), Mainz 1974, S. 3ff.; Hans-Peter Schwarz, Das außenpolitische Konzept Konrad Adenauers, in: Rudolf Morsey und Konrad Repgen (Hrsg.), Adenauer-Studien I (Veröffentlichungen der Kommission für Zeitgeschichte, Reihe B, Bd. 10), Mainz 1971, S. 71ff.

2 Vgl. Konrad Adenauer, Erinnerungen 1945–1953 (Bd. 1), Stuttgart 1965; ders., Erinnerungen 1953–1955 (Bd. 2), Stuttgart 1966; ders., Erinnerungen 1955–1959 (Bd. 3), Stuttgart 1967; ders., Erinnerungen 1959–1963. Fragmente (Bd. 4), Stuttgart 1968; Felix von Eckardt, Ein unordentliches Leben. Lebenserinnerungen, Frankfurt am Main–Berlin–Wien o. J. (Ullstein Buch Nr. 2809); Heinrich Krone, Aufzeichnungen zur Deutschland- und Ostpolitik 1954–1969, bearbeitet und eingeleitet von Klaus Gotto, in: Adenauer-Studien III, S. 134ff.; Anneliese Poppinga, Meine Erinnerungen an Konrad Adenauer, Stuttgart 1972 (dtv Nr. 817).

3 Vgl. Schwarz, Das außenpolitische Konzept, S. 95.

4 Vgl. Anneliese Poppinga, Konrad Adenauer. Geschichtsverständnis, Weltanschauung und politische Praxis, Stuttgart 1975, S. 63ff.

5 Vgl. Adenauer, Erinnerungen, Bd. 2, S. 20.

6 Vgl. Adenauer, Erinnerungen, Bd. 2, S. 304. Zur Sicherheitspolitik Adenauers vgl. auch Dieter Mahncke, Adenauer und die Sicherheit der Bundesrepublik Deutschland, in: Helmut Kohl (Hrsg.), Konrad Adenauer 1876/1976, 2. Auflage, Stuttgart–Zürich 1976, S. 103.

7 Vgl. Adenauer, Erinnerungen, Bd. 2, S. 266; dazu auch Poppinga, Adenauer, S. 63ff. und S. 129ff.

8 Vgl. Adenauer, Erinnerungen, Bd. 2, S. 364ff.; Adenauer, Erinnerungen, Bd. 3, S. 253f.

9 Vgl. Adenauer, Erinnerungen, Bd. 1, S. 245, ferner Poppinga, Adenauer, S. 106ff.

10 Vgl. Adenauer, Erinnerungen, Bd. 3, S. 253ff. und S. 265ff.

11 Vgl. Adenauer, Erinnerungen, Bd. 2, S. 314.

12 Vgl. Adenauer, Erinnerungen, Bd. 3, S. 273, vgl. ferner die Weisung Adenauers an alle Bundesminister vom 19. Januar 1956, in: Die Auswärtige Politik der Bundesrepublik Deutschland. Hrsg. vom Auswärtigen Amt unter Mitwirkung eines wissenschaftlichen Beirats, Köln 1972, S. 317f.

13 Vgl. Adenauer, Erinnerungen, Bd. 3, S. 18; vgl. ferner Bd. 3, S. 426, Bd. 4, S. 65, vgl. ferner Poppinga, Adenauer, S. 427.

14 Vgl. Adenauer, Erinnerungen, Bd. 3, S. 18, vgl. ferner Poppinga, Adenauer, S. 80ff.

15 Vgl. Schlußakte der Londoner Neun-Mächte-Konferenz, in: Europa-Archiv, Folge 20/1954, S. 6978ff.

16 Adenauer wird in diesem Zusammenhang die aufschlußreiche Äußerung zugeschrieben: ,,Der erste gefallene Soldat muß ein Amerikaner sein." Vgl. Hans-Gerd Pöttering, Adenauers Sicherheitspolitik 1955–1963. Ein Beitrag zum deutsch-amerikanischen Verhältnis, Düsseldorf 1975, S. 54.

17 Vgl. Pöttering, S. 106ff.

18 Vgl. Adenauer, Erinnerungen, Bd. 3, S. 430ff. In diesem Sinne auch Franz Josef Strauß, Der säkulare Geburtstag, in: Bayernkurier vom 10. Januar 1976, der jedoch sehr weitgehend – leider ohne Kenntlichmachung – die Thesen von Hans-Peter Schwarz übernimmt.

19 Adenauer am 5. Januar 1960; zitiert bei Arnulf Baring, Außenpolitik in Adenauers Kanzlerdemokratie. Bonns Beitrag zur Europäischen Verteidigungsgemeinschaft, München–Wien 1969, S. 68.

20 Vgl. z. B. die Ausführungen Adenauers am 5. April 1957 auf der Bundespressekonferenz, zitiert in: Dokumente zur Deutschlandpolitik. Hrsg. vom Bundesministerium für gesamtdeutsche Fragen. III. Reihe, Bd. 3, Frankfurt am Main–Berlin 1967, S. 518.

21 Ein prominenter Zeuge dafür ist Henry Kissinger, Kernwaffen und auswärtige Politik, München 1959, S. 250ff.

22 Für die Haltung Adenauers zum Problembereich von Abrüstung und Rüstungsbeschränkung vgl. Helga Haftendorn, Abrüstungs- und Entspannungspolitik zwischen Sicherheitsbefriedigung und Friedenssicherung. Zur Außenpolitik der Bundesrepublik Deutschland 1955–1973, Düsseldorf 1974; ferner Gotto, S. 22ff.

23 Für die verschiedenen Vorschläge vgl. Charles E. Planck, Sicherheit in Europa. Die Vorschläge für Rüstungsbeschränkung und Abrüstung 1955–1965, München 1968; und Eugene Hinterhoff, Disengagement, London 1959.

24 Vgl. Hans-Peter Schwarz, Vom Reich zur Bundesrepublik. Deutschland im Widerstreit der außenpolitischen Konzeptionen in den Jahren der Besatzungsherrschaft 1945–1949, Neuwied–Berlin 1966, S. 299ff.

25 Vgl. Adenauer, Erinnerungen, Bd. 1, S. 457. Vgl. dazu auch Raymond Aron, Das außenpolitische Konzept Adenauers, in: Konrad Adenauer 1876/1976, S. 30ff.;

ferner Hans-Peter Schwarz, Das Spiel ist aus und alle Fragen offen, oder: Vermutungen zu Adenauers Wiedervereinigungspolitik, in: Konrad Adenauer 1876/1976, S. 168ff.

26 Vgl. Schwarz, Das außenpolitische Konzept, S. 101.

27 Vgl. Adenauer, Erinnerungen, Bd. 3, S. 266.

28 Vgl. Adenauer, Erinnerungen, Bd. 2, S. 310, ferner Poppinga, Adenauer, S. 80ff.

29 Vgl. Adenauer, Erinnerungen, Bd. 1, S. 496, ferner S. 387f.

30 Vgl. Adenauer, Erinnerungen, Bd. 2, S. 217.

31 Hier teile ich weder die Auffassung Gottos, Adenauer habe die Wiedervereinigung zu einem der drei realen Ziele seiner Politik gemacht, vgl. Gotto, S. 9, noch die Interpretation Poppingas, das Ziel der Wiedervereinigung sei untrennbar in die Adenauersche Politik der Westbindung eingebettet gewesen, vgl. Poppinga, Adenauer, S. 143.

32 Vgl. Adenauer, Erinnerungen, Bd. 2, S. 553ff., Adenauer, Erinnerungen, Bd. 3, S. 154f. und S. 177ff., ferner Poppinga, Adenauer, S. 92ff. Aus der „Atempause" wird dann 1959 der Vorschlag eines „Burgfriedens" mit der Sowjetunion, vgl. den sogenannten Globke-Plan in: Adenauer-Studien III, S. 202ff., sowie das Interview Adenauers am 15. Oktober 1963 mit dem ZDF, zitiert bei Gotto, S. 70f., ferner Bruno Bandulet, Adenauer zwischen West und Ost. Alternativen der deutschen Außenpolitik, München 1970, S. 232f.

33 In diesem Sinne auch Baring, Brentano, S. 24f.

34 Adenauer sprach dies zwar nie aus, aber der Tenor seiner „Erinnerungen" legt eine derartige Vermutung nahe. Vgl. Terence Prittie, Konrad Adenauer. Vier Epochen deutscher Geschichte, Stuttgart 1971, S. 376; ähnlich auch Poppinga, Adenauer, S. 138; ferner Aron, S. 34.

35 Vgl. Adenauer, Erinnerungen, Bd. 2, S. 216.

36 Vgl. Schwarz, Das außenpolitische Konzept, S. 81; Adenauer selbst schreibt von seinem „Alpdruck Potsdam"; Adenauer, Erinnerungen, Bd. 2, S. 216.

37 Vgl. Dokumente zur Deutschlandpolitik, III/3, S. 421ff. Zur Skepsis Adenauers im Hinblick auf Gipfelkonferenzen vgl. auch Eckardt, S. 237.

38 Vgl. die Ausführungen von Bundeskanzler Adenauer am 15. Juni 1957 auf einer Pressekonferenz in Wien, in: Dokumente zur Deutschlandpolitik, III/3, S. 1174ff., am 31. Mai 1957 auf der Bundespressekonferenz, in: Dokumente zur Deutschlandpolitik, III/3, S. 1190f., und in einem Interview am 3. August 1957 mit dem Saarländischen Rundfunk, in: Bulletin des Presse- und Informationsamtes der Bundesregierung, Nr. 43 vom 7. August 1957, S. 1352f.; vgl. ferner Adenauer, Erinnerungen, Bd. 2, S. 446 und S. 453; Adenauer, Erinnerungen, Bd. 3, S. 35ff. und S. 284ff. Der Bundeskanzler stand einem Disengagement – im Sinne eines geographischen Auseinanderrückens der Bündnissysteme – stets skeptisch gegenüber. Mitte der fünfziger Jahre wurden jedoch Pläne erwogen, die auf eine Entmilitarisierung der DDR hinausliefen, vgl. oben S. 100.

39 Vgl. Adenauer, Erinnerungen, Bd. 3, S. 284.

40 Vgl. Adenauer, Erinnerungen, Bd. 2, S. 216.

41 Vgl. Adenauer, Erinnerungen, Bd. 2, S. 310; ferner Poppinga, Adenauer, S. 127; dazu auch Rudolf Augstein, Jener Mongole mit den schlauen Augen, in: Der Spiegel, Nr. 53 vom 29. Dezember 1975, S. 34.

42 Vgl. die Rede Adenauers in Bochum am 15. Juni 1954, zitiert bei Poppinga, Adenauer, S. 127.

43 So z. B. im Frühjahr 1959, vgl. Adenauer, Erinnerungen, Bd. 3, S. 471ff.

44 So 1961/62, vgl. Adenauer, Erinnerungen, Bd. 4, S. 169ff.

45 Vgl. Adenauer, Erinnerungen, Bd. 2, S. 494ff. bzw. Bd. 2, S. 369ff.; ferner

Dokumente zur Deutschlandpolitik. Hrsg. vom Bundesministerium für gesamtdeutsche Fragen. III. Reihe, Bd. 1, Frankfurt am Main–Berlin 1961, S. 287; Europa-Archiv, Folge 8/1958, S. 10698.

46 Vgl. Adenauer, Erinnerungen, Bd. 2, S. 246.

47 Vgl. Schwarz, Das außenpolitische Konzept, S. 95.

48 Vgl. Adenauer, Erinnerungen, Bd. 2, S. 225.

49 Vgl. Adenauer, Erinnerungen, Bd. 2, S. 225ff. Der Hinweis auf die EVG als Sicherheitsgarantie für die Nachbarn eines wiedervereinigten Deutschlands ist bereits in einem Memorandum Adenauers an Präsident Eisenhower vom 29. Mai 1953 enthalten, vgl. Erinnerungen, Bd. 2, S. 217f.

50 Vgl. Verhandlungen des Deutschen Bundestages. 2. Wahlperiode 1953. Stenographische Berichte. Bd. 18, S. 11ff.

51 Diesen Hinweis – der durch Unterlagen im Freiburger Militärarchiv bestätigt wird – verdanke ich General a. D. Heusinger.

52 Vgl. Adenauer, Erinnerungen, Bd. 2, S. 204ff.

53 Vgl. dazu Hinterhoff, Disengagement, Anhang.

54 Vgl. dazu den sogenannten Molotow-Plan, Entwurf für einen gesamteuropäischen Vertrag über kollektive Sicherheit in Europa vom 10. Februar 1954, in: Europa-Archiv, Folge 8/9/1954, S. 6529ff., ferner den Vorschlag Präsident Eisenhowers vom 18. Mai 1955, in: New York Times vom 19. Mai 1955.

55 Vgl. Adenauer, Erinnerungen, Bd. 2, S. 441ff.

56 Vgl. Adenauer, Erinnerungen, Bd. 2, S. 446.

57 Vgl. oben S. 98.

58 Vgl. Bildung eines truppenfreien Raumes in Zentraleuropa. Tgb. Nr. 56/55, 7. 6. 1955, Bundesarchiv/Militärarchiv, Zit. in: Haftendorn, S. 47ff. Vgl. auch die Skizze auf S. 100 sowie die Übersicht auf S. 104/105 dieses Beitrages.

59 Hier stellt sich freilich die Frage, ob eine Wiedervereinigung Deutschlands denkbar war ohne gleichzeitige friedensvertragliche Festlegung seiner Grenzen.

60 Vgl. Frankfurter Allgemeine Zeitung vom 22. Dezember 1953, zitiert bei Hinterhoff, Disengagement, Anhang; ferner Paul van Zeeland, Les Fondements de la Paix, Brüssel 1957; ferner Adenauer, Erinnerungen, Bd. 2, S. 442.

61 Vgl. den Wortlaut der beiden Vorschläge in: Dokumente zur Deutschlandpolitik, III/1, S. 162ff. und S. 199ff.; für eine gute, knappe Zusammenfassung der verschiedenen Eden-Pläne vgl. Baring, Brentano, S. 419.

62 Vgl. Newsweek vom 16. Mai 1955; ferner Die Welt vom 18. Januar 1957.

63 Vgl. Adenauer, Erinnerungen, Bd. 3, S. 35f.

64 Vgl. Adenauer, Erinnerungen, Bd. 3, S. 39f.; zur Vorbereitung der Genfer Außenministerkonferenz vgl. S. 35ff.; ferner die Regierungserklärung der Bundesregierung vom 1. Dezember 1955, abgegeben durch Außenminister v. Brentano, in: Verhandlungen des Deutschen Bundestages. 2. Wahlperiode 1953. Stenographische Berichte. Bd. 27, S. 6101ff.

65 Vgl. das Memorandum der Bundesrepublik Deutschland an die sowjetische Regierung vom 2. September 1956, in: Dokumente zur Deutschlandpolitik. Hrsg. vom Bundesministerium für gesamtdeutsche Fragen. III. Reihe, Bd. 2, Frankfurt am Main–Berlin 1963, S. 706ff.

66 Vgl. Eckardt, S. 321 und S. 359ff.; ferner Baring, Brentano, S. 215; Pöttering, S. 152f.

67 Vgl. Franz Josef Strauß, Der Weg zum Frieden, in: Bulletin des Presse- und Informationsamtes der Bundesregierung, Nr. 39 vom 27. Februar 1958, S. 329f.

68 Vgl. Deutscher Bundestag, Ausschuß für Auswärtige Angelegenheiten, Ausschuß-Drucksache Nr. 9, 5. Mai 1958, S. 16; Adenauer, Erinnerungen, Bd. 3, S. 284f.

69 Vgl. die Ausführungen von Verteidigungsminister Strauß am 23. Januar 1958 im Deutschen Bundestag; Verhandlungen des Deutschen Bundestages. 3. Wahlperiode. Stenographische Berichte. Bd. 39, S. 383f.; ähnlich auch im März 1958; Verhandlungen des Deutschen Bundestages. 3. Wahlperiode. Stenographische Berichte. Bd. 40, S. 871 f.; ferner das Schreiben von Staatssekretär Globke an Staatssekretär Rust vom 18. August 1959 betreffend Unterlage für Besprechungen mit Präsident Eisenhower, zitiert bei Haftendorn, S. 382.

70 Die von Pöttering, S. 162f. geäußerte Ansicht, Heusinger habe den Rapacki-Plan nicht so negativ beurteilt wie die Bundesregierung, läßt sich angesichts der zahlreichen ablehnenden Stellungnahmen des Generalinspekteurs beim gegenwärtigen Forschungsstand nicht aufrechterhalten. Eine vom Militärischen Führungsrat erarbeitete und im Februar 1957 an den Minister (Strauß) weitergeleitete Studie zur Abrüstungsfrage ist inhaltlich nicht bekannt, sie dürfte sich jedoch eher auf die Arbeiten der Londoner Fünf-Mächte-Abrüstungskonferenz bezogen haben. Vgl. Bundesarchiv/Militärarchiv. Die Erwähnung einer etwa vom Ural bis zu den Pyrenäen reichenden Inspektionszone in einem Gespräch zwischen Adenauer und v. Brentano – ähnliche Vorschläge waren vom Westen auf der Genfer Expertenkonferenz zur Verhinderung von Überraschungsangriffen gemacht worden – war ein Versuchsballon, welcher die eigene Skepsis durch ablehnende Argumente des Gesprächspartners fundieren sollte – eine Methode, die Adenauer häufig anwandte. Vgl. Baring, Brentano, S. 236.

71 Zur Abrüstungs- und Entspannungspolitik der Bundesrepublik Deutschland vgl. Haftendorn, insbesondere Kap. II und III.

72 Vgl. Baring, Brentano, S. 239ff.

73 Vgl. den Globke-Plan zur Wiedervereinigung, in: Adenauer-Studien III, S. 202ff.

74 In diese Richtung deuten auch die Aufzeichnungen Heinrich Krones in seinem Tagebuch, in: Adenauer-Studien III, S. 148ff.

75 Es soll betont werden, daß es sich bei dieser Einschätzung um eine vorläufige These handelt, die möglicherweise revidiert werden muß, wenn alle Unterlagen über die Sicherheitspolitik Adenauers zugänglich sind. Der vorliegende Beitrag beschränkt sich auf die Auswertung bereits publizierten Materials.

ANDREAS HILLGRUBER

Adenauer und die Stalin-Note vom 10. März 1952

Die Note, die die Sowjetregierung am 10. März 1952 an die Regierungen der drei Westmächte richtete, und vor allem die Reaktion Adenauers hierauf, die die ablehnende Haltung der Westmächte nachdrücklich unterstützte, sind seit langem Gegenstand politischer, publizistischer und zeitgeschichtlicher Kontroversen[1]. Sie gipfeln in dem an Adenauer gerichteten Vorwurf, daß damals eine „Sternstunde", die zumindest die Chance für eine Wiedervereinigung Deutschlands in sich barg, verpaßt worden sei, ja, daß Adenauer diese Chance bewußt ausgeschlagen habe. Die Vorgänge um die Note und der zeitliche und sachliche Zusammenhang, in den sie gehören, entschwinden dabei, je größer der Abstand und die innere Distanz zu jener Epoche werden, immer mehr in den Bereich des „historischen Optativs" (S. A. Kaehler). Daher ist es beim Versuch einer Klärung jenseits aller Voreingenommenheiten „pro" oder „contra" sinnvoll, zunächst so quellennah wie möglich die öffentlichen Äußerungen des Bundeskanzlers zur Stalin-Note in die Erinnerung zurückzurufen, danach die in seinen Memoiren[2] angeführten Beweggründe für seine Stellungnahmen in der Öffentlichkeit und in den Kontakten mit den Vertretern der Westmächte darzulegen und zu analysieren und schließlich von dem weltpolitschen Rahmen aus, in dem der Bundeskanzler damals erwägen und entscheiden mußte, d. h. in erster Linie von den Absichten Stalins, so wie er sie zu erkennen glaubte, und den Zielvorstellungen der amerikanischen Besatzungsmacht, soweit sie ihm bekannt oder erkennbar waren, über ein „Verstehen" der in der damaligen Situation getroffenen grundlegenden Entscheidungen eine nüchtern-kritische Beurteilung der Position Adenauers im Frühjahr 1952 ohne Anklage oder Apologie zu wagen.

Die Vorgeschichte der Stalin-Note kann als in großen Zügen bekannt vorausgesetzt werden: Je mehr sich im Laufe des Jahres 1951 die langwierigen, komplizierten Verhandlungen zwischen den Westmächten und Bundeskanzler Adenauer über die Ablösung des Besatzungsstatuts und über einen westdeutschen Verteidigungsbeitrag innerhalb der projektierten „Europäischen Verteidigungsgemeinschaft" (EVG) dem Abschluß näherten, um so forcierter bemühte sich die DDR-Regierung unter Grotewohl, durch Entgegenkommen in der Frage einer Wiedervereinigung Deutschlands durch „freie gesamtdeutsche Wahlen", allerdings unter fortdauernder Ablehnung der Einreisegenehmigung in die DDR für eine – im Gegenzug von den Westmächten und der Bundesregierung geforderte – UN-Kommission, die die Voraussetzungen dafür in ganz Deutschland überprüfen sollte, einen Abbruch oder zumindest Aufschub der West-Verhandlungen durch die Bundesregierung zu erreichen. Da alle Anstrengungen Grotewohls ohne Echo bei der Bundesregierung blieben, appellierte die DDR-Regierung am 13. Februar 1952 an die vier

Besatzungsmächte, baldigst einen Friedensvertrag mit Deutschland abzuschließen.

Ohne direkten Bezug hierauf, aber in unverkennbarem Zusammenhang mit den gesamtdeutschen Aktivitäten der DDR-Regierung in den Monaten davor, stellte die Stalin-Note vom 10. März 1952 alles bisher von Grotewohl Vorgeschlagene weit in den Schatten. Sie trug sicher nicht zufällig dieses Datum, wurde damit doch eine gewisse Beziehung zu der Rede Stalins auf dem XVIII. Parteitag der KPdSU am 10. März 1939 angedeutet, die auch – mittelbar wie die Note von 1952 – an die deutsche Adresse gerichtet war und die Bereitschaft zu einem Arrangement signalisierte, damals mit Hitler-Deutschland, nunmehr zugunsten eines (wenn auch um die Ostgebiete verkleinerten) Gesamtdeutschlands, das auf eine Bindung an die Westmächte verzichtete. Jeder Hinweis auf die DDR, jede sozialistische Wendung fehlte in der Note. Vielmehr ließ sich unschwer ein werbender Ton gegenüber dem national-deutschen Bürgertum, ein Anknüpfen an die deutsche Tradition des Eigenweges ,,zwischen Ost und West" aus dem Entwurf ,,für die Grundlagen eines Friedensvertrages" mit Deutschland[3] herauslesen, der den Westmächten als Anlage der Note ,,zur Prüfung" und zur Erörterung in den vorgeschlagenen Verhandlungen zur Ausarbeitung eines gemeinsamen Entwurfs der Siegermächte für einen Friedensvertrag übersandt wurde. Insbesondere Passagen wie ,,(Deutschland) ist gespalten und befindet sich gegenüber anderen Staaten in einer nicht gleichberechtigten Situation" oder ,,Deutschland wird als einheitlicher Staat wiederhergestellt; damit wird der Spaltung Deutschlands ein Ende gemacht, und das geeinte Deutschland gewinnt die Möglichkeit, sich als unabhängiger, demokratischer, friedliebender Staat zu entwickeln" sollten in diesem Sinne wirken, von der Zusage ganz abgesehen, der deutschen Friedenswirtschaft keinerlei Beschränkungen aufzuerlegen und Deutschland ,,eigene nationale Streitkräfte (Land-, Luft- und Seestreitkräfte)" ,,für die Verteidigung des Landes" zu gestatten. Im Kern lief das Stalinsche Deutschlandprogramm – wie es schien – auf ein neutralisiertes, d. h. aus den Militärblöcken in West und Ost ,,ausgeklammertes", in seinem Status von den Siegermächten festzulegendes, aller Wahrscheinlichkeit nach bürgerlich-parlamentarisch strukturiertes Gesamtdeutschland hinaus. Ein Fallenlassen von DDR und SED durch die Sowjetunion schien impliziert, da die SED bei freien gesamtdeutschen Wahlen (die allerdings erst in der zweiten sowjetischen Note an die Westmächte vom 9. April 1952 expressis verbis in das Verhandlungs-,,Paket" einbezogen wurden)[4] unvermeidlich in die Rolle einer Oppositionspartei verwiesen werden würde.

Bevor noch in irgendeiner Form von der Bundesregierung eine Stellungnahme zum Inhalt der Stalin-Note abgegeben wurde, erklärten die Hohen Kommissare der drei Westmächte dem Bundeskanzler am 11. März: ,,Wir werden in unseren Verhandlungen über die Europäische Verteidigungsgemeinschaft und den Deutschland-Vertrag so fortfahren, als ob es die Note nicht gäbe!"[5] Demgegenüber forderte der Bundesminister für gesamtdeutsche Fragen, Jakob Kaiser, in einer Rundfunkansprache am 12. März eine sorgfältige Prüfung der Note durch die Westmächte und die Bundesregierung[6]. ,,Ihm schienen in der heutigen Lage Deutschlands zwischen Ost und West allzu hastige Meinungsäußerungen zu wichtigen politischen Ereignissen nicht von Nutzen zu sein." ,,Eines müsse (allerdings) schon jetzt gesagt werden, nämlich daß Deutschland auf unbestreitbar deutsche Gebiete nicht verzichten könne", d. h. auf die Gebiete östlich von Oder und Neiße. Damit war bereits eine schwerwiegende Feststellung getroffen, die ein negatives Votum zur Stalin-Note nahelegte. Kaisers Rede stellte dennoch eine behutsame Distanzierung von Äußerungen des Sprechers der Bundesregierung vor der Bonner Presse am 11. März[7] dar, ,,die Note biete in wichtigen Punkten keine Verhandlungsgrundlage"; nach Auffassung der Regierung müsse man ,,zu der Feststellung kommen, daß nach Erfüllung der sowjetischen Wünsche Deutschland etwa in den Status Österreichs geraten werde". Daraus war bereits in Pressekommentaren geschlossen worden, ,,daß die Bundesregierung offenbar die entscheidenden Punkte der sowjetischen Note an die Westalliierten als keine Basis für Verhandlungen ansieht"[8].

Staatssekretär Walter Hallstein sprach am 12. März sogar davon, daß die Note substantiell ,,nichts Neues" enthalte[9]. Er wiederholte damit in verkürzter Form das, was ihm am Vortage in Washington der amerikanische Außenminister Acheson als seine Auffassung mitgeteilt hatte, ,,daß die Note nichts Neues über das hinaus brächte, was seit 1945 von den Sowjets immer wieder erklärt worden war. Es werde kein konstruktiver Vorschlag gemacht, während auf der anderen Seite die Westmächte unter Einschaltung der UN-Kommission einen praktischen Weg zur Lösung der Frage der Wiedervereinigung und der Friedensregelung gezeigt hätten."[10] Da über das Gespräch Adenauers mit den Hohen Kommissaren am 11. März nichts in die Öffentlichkeit drang – auch in seinen ,,Erinnerungen" erwähnt er nur ganz kurz, daß er die Erklärung der Hohen Kommissare ,,sehr begrüßt" habe[11] –, lag bislang jedoch eine Stellungnahme des Bundeskanzlers vor der Öffentlichkeit nicht vor, so daß unklar war, ob er mehr der relativ offenen Haltung Jakob Kaisers oder der schroff ablehnenden Hallsteins zuneigte.

An diesem Schwebezustand änderte sich nichts, bis Adenauer die erste Tagung des Evangelischen Arbeitskreises der CDU in Siegen am 16. März zum Anlaß nahm, in einer längeren Rede in einer ins Grundsätzliche gehenden Weise zur Stalin-Note Stellung zu beziehen[12]. ,,Seien wir uns darüber klar, daß dort (im Osten) der Feind des Christentums sitzt. Hier handelt es sich nicht nur um politische, sondern auch um geistige Gefahren [. . .] Es gibt drei Möglichkeiten für Deutschland: den Anschluß an den Westen, Anschluß an den Osten und Neutralisierung. Die Neutralisierung aber bedeutet für uns die Erklärung zum Niemandsland. Damit würden wir zum Objekt und wären kein Subjekt mehr. Ein Zusammenschluß mit dem Osten aber kommt für uns wegen der völligen Verschiedenheit der Weltanschauungen nicht in Frage. Ein Zusammenschluß mit dem Westen bedeutet – und das möchte ich nach dem Osten sagen – in keiner Weise ein(en) Druck gegen den Osten, sondern er bedeutet nichts anderes als die Vorbereitung einer friedlichen Neuordnung des Verhältnisses zur Sowjetunion, zur Wiedervereinigung Deutschlands und zur Neuordnung in Osteuropa[13]. Und das sind auch die Ziele unserer Politik." Direkt auf die Stalin-Note eingehend, meinte er: ,,Im Grunde genommen bringt sie wenig Neues. Abgesehen von einem starken nationalistischen Einschlag will sie die

Neutralisierung Deutschlands, und sie will den Fortschritt in der Schaffung der Europäischen Verteidigungsgemeinschaft und in der Integration Europas verhindern." Gegen den sowjetischen Vorschlag nationaler gesamtdeutscher Streitkräfte wandte er ein, daß unter den gegebenen technologischen Bedingungen jede Möglichkeit fehle, sie mit modernen Waffen auszurüsten und zur Verteidigung Gesamtdeutschlands zu befähigen. ,,Es gehören ungeheure Summen dazu, auch nur einige Divisionen auszurüsten, an die wir gar nicht denken können, und deshalb ist dieser Teil der sowjetischen Note nichts weiter als Papier und sonst gar nichts! Aber die Note ist da, und sie muß beantwortet werden, und sie bedeutet, wenn auch in viel geringerem Maße, als man das allgemein glaubt[14], doch einen gewissen Fortschritt, und darum dürfen wir keine Möglichkeit außer acht lassen, zu einer friedlichen Verständigung zu kommen und eine Neuordnung in dem von mir beschriebenen Sinne zu bekommen. Aber auf der anderen Seite dürfen wir unter gar keinen Umständen zulassen, daß eine Verzögerung in der Schaffung der Europäischen Verteidigungsgemeinschaft Platz greift; denn eine solche Verzögerung würde wahrscheinlich auch das Ende dieser gemeinsamen Bestrebungen bedeuten [. . .] Wenn diese Dinge jetzt nicht zu Ende gebracht werden, dann sind sie nach meiner Auffassung ein für allemal vorbei, und darum wiederhole ich: Der allgemeine Standpunkt gegenüber dieser Note muß sein: Wir dürfen nicht außer acht lassen, daß jede Möglichkeit, bald zu einer Neuordnung Osteuropas[15] zu kommen, ausgenutzt werden muß. Wir dürfen aber ebensowenig ein Werk, wie es sich jetzt der Vollendung nähert, zum Stillstand bringen; denn dann würden die Dinge sehr schlimm werden." Ziel der Politik der Bundesregierung – so schloß Adenauer – müsse es sein: ,,Wir wollen, daß der Westen so stark wird, daß er mit der Sowjetregierung in ein vernünftiges Gespräch kommen kann, und ich bin fest davon überzeugt, daß diese letzte sowjetrussische Note ein Beweis hierfür ist. Wenn wir so fortfahren, wenn der Westen unter Einbeziehung der Vereinigten Staaten so stark ist, wie er stark sein muß, wenn er stärker ist als die Sowjetregierung, dann ist der Zeitpunkt gekommen, an dem die Sowjetregierung ihre Ohren öffnen wird. Das Ziel eines vernünftigen Gesprächs zwischen Westen und Osten aber wird sein: Sicherung des Friedens in Europa, Aufhören von unsinnigen Rüstungen, Wiedervereinigung Deutschlands in Freiheit und eine Neuordnung im Osten. Dann endlich wird die Welt nach all den vergangenen Jahrzehnten das werden, was sie dringend braucht: ein langer und sicherer Frieden!"[16]
In einer im Anschluß an diese Rede der Deutschen Presse-Agentur gegenüber abgegebenen Erklärung spitzte Adenauer seine Ausführungen weiter zu[17]: ,,Ich bin fest davon überzeugt, und auch die letzte Note Sowjetrußlands ist wieder ein Beweis dafür, daß, wenn wir auf diesem Wege fortfahren, der Zeitpunkt nicht mehr allzu fern ist, zu dem Sowjetrußland sich zu einem vernünftigen Gespräch bereit erklärt." Daher richte er ,,drei Fragen an die Sowjetunion": ,,Wie stellt sich Sowjetrußland die Bildung einer gesamtdeutschen Regierung vor? Nach deutscher Auffassung könne eine gesamtdeutsche Regierung nur nach freien und geheimen Wahlen zustande kommen. Wie soll das Problem der deutschen Gebiete jenseits der Oder-Neiße gelöst werden? Die Antwort darauf würde sehr aufschlußreich sein. Drittens: Die in der Sowjetnote vorgeschlage-

ne nationale deutsche Aufrüstung [. . .] sei in Anbetracht der fortgeschrittenen Waffentechnik nicht möglich [. . .] Insofern sei dieser Teil der Note nur ein Fetzen Papier." Adenauer betonte, „daß es nicht Aufgabe der deutschen Bundesregierung sei, auf die Sowjetnote unmittelbar zu antworten; denn die Note sei an die westlichen Alliierten gerichtet. Er sei wohl der Meinung, daß die deutsche Seite ihre Auffassung vertreten müsse; dies müsse jedoch mit der gebotenen Zurückhaltung geschehen."

Nach den entscheidenden Gesprächen mit den Außenministern Eden und Schuman sowie dem amerikanischen Botschafter in Paris, Dunn, erklärte Adenauer am 21. März, daß „völlige Einigung" über die – dann am 25. März – übergebenen Antwortnoten der Westmächte auf die Stalin-Note erzielt worden sei[18]. Es würde „klar zum Ausdruck gebracht, daß freie Wahlen in ganz Deutschland die Voraussetzung für eine Wiedervereinigung und etwaige Besprechungen mit der Sowjetunion seien". Deutschlands Anspruch auf die Gebiete östlich der Oder-Neiße-Linie sei „unverändert". „Die Verhandlungen der Bundesrepublik mit den Westmächten über die westliche Verteidigung sowie die Integrationsbemühungen der westlichen Welt in Europa und überall werden unvermindert weitergehen."

In einem Interview, das er dem Vizepräsidenten der United Press A. L. Bradford kurz vor dem Rückflug nach Bonn in Paris gewährte[19], antwortete der Kanzler auf die Frage, wann „der Augenblick gekommen" sei, in dem man „mit den Sowjets in ein ernsthaftes Gespräch kommen" könne: „Die Wirkung des Notenwechsels wird zeigen, ob die Sowjetunion bereit ist zu erkennen, daß die Weltlage, wie sie sich heute darstellt, für einseitige Lösungen, die dem Interesse der Sowjetunion dienen, keinen Raum mehr läßt." „Es wird nötig sein, die Hoffnung Sowjetrußlands, Deutschland neutralisieren zu können und es damit in den sowjetischen Machtbereich zu bringen, zu zerstören, damit Rußland sieht: Es ist da nichts mehr zu wollen. Die sowjetische Note enthält ja nur scheinbare Konzessionen." Da die Sowjetunion nur eine Unterbrechung der Westverhandlungen angestrebt habe, „war es sehr gut, daß die drei Westmächte und die Bundesrepublik sofort nach der Bekanntgabe der Note erklärt haben: Wir werden in unseren Verhandlungen so fortfahren, als ob die Note nicht angekommen sei." Auf die Bemerkung Bradfords, daß „die Russen [. . .] nun in der Defensive sind", lautete Adenauers Antwort: „Ja, aber sie müssen noch mehr hineingedrängt werden." Der weiteren Frage, „ob die sowjetische Note nicht wegen ihres Hinweises auf die Einheit Deutschlands vom deutschen Volk mit besonderem Interesse verfolgt worden sei", wich der Kanzler mit dem Kommentar aus: „Ja, aber ich glaube, daß die deutsche Bevölkerung zu der Erklärung der drei Westalliierten über die Einheit Deutschlands noch mehr Vertrauen hat[20]; denn die Voraussetzung für die Einheit sind doch die freien Wahlen."

Die Antwort der drei Westmächte vom 25. März, die in getrennten Noten gleichen Inhalts der Sowjetunion übermittelt wurde, legte den Nachdruck eben hierauf[21]. Der Kern der Stalin-Note, die vertraglich zu vereinbarende Neutralisierung Gesamtdeutschlands, wurde mit der Wendung abgelehnt, „daß es der gesamtdeutschen Regierung sowohl vor wie nach Abschluß eines Friedensvertrages freistehen sollte, Bündnisse einzugehen, die mit den Grundsätzen und

Zielen der Vereinten Nationen in Einklang stehen".
Vor der Bundestagsfraktion der CDU/CSU am 27. März umriß Adenauer pointiert seine Position[22], indem er betonte, daß die Frage der deutschen Wiedervereinigung im Zusammenhang mit einer ,,Lösung auch der gesamten osteuropäischen Fragen" gesehen werden müsse. ,,Verhandlungen über eine mittel-und osteuropäische Gesamtlösung setzten eine stärkere Kraft des Westens voraus, als dieser sie zur Zeit besitze. Erfolgversprechende Verhandlungen könnten daher erst nach einem Stärkerwerden des Westens aktuell werden." Mit einer diplomatischen Offensive des Westens rechnete Adenauer in etwa zwei Jahren, wie er seinem publizistischem Hauptkritiker Paul Sethe in einem langen Gespräch darlegte[23].
Auf einer Kundgebung der CDU in Bonn am 28. März sprach Adenauer noch dramatischer als in Siegen von den Gefahren einer Neutralisierung Deutschlands[24]: ,,Wenn (es) wirklich neutralisiert wäre, wenn dann die Integration Europas unmöglich wäre, würde Amerika Europa verlassen und dieses arme, zusammengebrochene Europa würde gegenüberstehen dem ungeheuren Koloß im Osten, der durch seine Unterminierung bei uns und durch seine Anhänger in Italien und in Frankreich es in verhältnismäßig sehr kurzer Zeit fertigbringen würde, auf diesem Wege des Kalten Krieges seine Herrschaft über ganz Europa zu erstrecken." Ein Rückfall in den Nationalismus – Auswirkung einer Neutralisierung Deutschlands – würde auch eine Wiederkehr europäischer Kriege ermöglichen. ,,Dann wird dieses Europa entweder ein Anhängsel des sowjetrussischen Asiens, oder aber es wird einfach von der Höhe seiner Kultur, von der Höhe seiner Wirtschaft heruntersinken auf eine außerordentlich tiefe Stufe. Es gibt für uns nur ein Vorwärts im Zusammenschluß und in der Überwindung dieses nationalstaatlichen Denkens."
In einem Artikel im Berliner ,,Tagesspiegel" vom 6. April legte Adenauer noch einmal den Akzent seiner Analyse der Stalin-Note auf die Durchkreuzung des westeuropäischen Zusammenschlusses im Falle einer Neutralisierung Deutschlands[25]: ,,Ohne Deutschland ist die Integration Europas unmöglich. Europa würde sich zwangsläufig wieder gegen Deutschland gruppieren [. . .] Der Rückfall in einen unzeitgemäßen unfruchtbaren Nationalismus wäre unvermeidlich [. . .] Angesichts der kleinlichen europäischen Händel würde sich das amerikanische Volk enttäuscht von Europa abwenden, und der Weg für eine schrittweise Unterminierung der einzelnen europäischen Staaten wäre frei. Das Ende wäre die völlige Abhängigkeit von der Sowjetunion, die gleichzusetzen ist mit dem Verlust der persönlichen und staatlichen Freiheit." Vor der Delegiertentagung des Deutschen Journalistenverbandes in Bonn bezeichnete der Kanzler am selben Tage ,,die außenpolitische Entwicklung der nächsten beiden Monate (als) von schicksalhafter Bedeutung für die Zukunft des deutschen Volkes"[26].
Ein Teil der Argumente, die Adenauer in seinen öffentlichen Stellungnahmen zur Stalin-Note verwandte, wird erst bei Kenntnis des Standes der West-Verhandlungen und der Position, die der Kanzler in diesen Verhandlungen zäh vertreten hatte, voll verständlich. Das, was er in diesen Verhandlungen durchgesetzt hatte, bestimmte gleichsam die ,,Ansatzhöhe" seiner politischen Zielsetzungen, und an diesen maß er das in der Stalin-Note Angebotene.

Am 22. November 1951 war nach mehrwöchigen, z. T. sehr schwierigen Verhandlungen im Rahmen eines Außenministertreffens, an dem erstmals Bundeskanzler Adenauer als Außenminister und gleichrangiger Partner teilnahm, der sogenannte ,,Dachvertrag" zum Deutschland-Vertrag, in dem die grundlegenden Probleme geregelt wurden, die sich aus dem Übergang der Bundesrepublik vom Status eines besetzten Landes zu dem eines Verbündeten der Westmächte ergaben, paraphiert worden. Am Vortage hatte der amerikanische Außenminister Acheson in einem Gespräch mit Adenauer zum Ausdruck gebracht[27], ,,daß die nächsten 90 Tage von geradezu schicksalhafter Bedeutung seien. In dieser Zeit müßte der Vertrag über die Neuordnung des Verhältnisses der Bundesrepublik zu den Alliierten sowie der Vertrag über die Europäische Verteidigungsgemeinschaft fertiggestellt und abgeschlossen sein. Daß innerhalb dieser Frist die Verträge abgeschlossen sein müßten, sei auch deshalb nötig, weil im Herbst des Jahres 1952 die Präsidentenwahl in den Vereinigten Staaten stattfände und weil daher schon zu Beginn des Frühjahrs 1952 die Gefahr bestehe, daß die Verträge in den amerikanischen Wahlkampf hineingezogen würden." Auf die besorgte Frage Adenauers ,,ob irgendwelche Versuche vorlägen, Deutschland zum Objekt einer Verständigung mit Sowjetrußland zu machen, wie es hier und da in der öffentlichen Meinung befürchtet werde", entgegnete der amerikanische Außenminister, ,,von keiner Seite hätte man es [. . .] gewagt, an ihn mit einem Plan heranzutreten, Deutschland zum Objekt einer Verständigung der Westalliierten mit Sowjetrußland zu machen"[28].

In der gemeinsamen Sitzung der vier Außenminister anläßlich der Paraphierung am folgenden Tage im Quai d'Orsay dankte Adenauer Schuman für seine Begrüßungsworte mit der Feststellung[29]: ,,Die Bundesrepublik hätte bisher gleichsam zwischen Ost und West in der Luft gehangen. Mit dem heutigen Tage spreche die Bundesregierung aus eigener Autorität, eingegliedert in die westliche Welt. Die Beschlüsse der Außenministerkonferenz machten die Bundesrepublik zu einem starken Faktor für die Sicherheit Europas und zu einer großen Attraktion für die Sowjetzone[30]. Sowjetrußland werde erkennen, daß es ihm nicht gelungen sei, mit den Mitteln des Kalten Krieges die Integration Deutschlands in den Westen zu verhindern. Dies alles bedeute einen wesentlichen Schritt zur Konsolidierung der europäischen Verhältnisse."

In den vorausgegangenen wochenlangen Verhandlungen mit den drei Hohen Kommissaren zur Ausarbeitung des ,,Dachvertrages" hatte Adenauer den größten Nachdruck auf eine unwiderrufliche Bindung nicht nur der Bundesrepublik, sondern auch eines wiedervereinigten Deutschlands an die Westmächte (Bindungsklausel des Art. 7) gelegt und darüber hinaus die Westmächte auch vertraglich auf die Wiedergewinnung der deutschen Ostgebiete für das wiedervereinigte Deutschland festzulegen gesucht[31]. Auch wenn letzteres nicht voll gelungen war – die Grenzfrage wurde im Vertragstext in einer recht vagen Formel offengehalten –, so war doch in der Sicht Adenauers das Hauptziel erreicht: Bei künftigen Verhandlungen, auch über einen Friedensvertrag, würden sich stets der Block der Westmächte mit der Bundesrepublik und die Sowjetunion (isoliert) gegenüberstehen; die Gefahr einer Verständigung zwischen den Siegermächten über die Deutschen hinweg schien gebannt.

Nach einer weiteren Außenministerkonferenz in London am 18./19. Februar 1952, in der es um die Klärung der „Verbindung" zwischen NATO und EVG ging, wurde im Schlußkommuniqué ein Passus zur Wiedervereinigung Deutschlands publiziert, der die Gemeinsamkeit der Zielsetzung unterstrich[32]: „Die vier Außenminister waren sich darüber einig, daß die Bemühungen um eine Wiedervereinigung Deutschlands mit demokratischen und friedlichen Mitteln fortgesetzt werden müssen."

In unmittelbarem Anschluß an die Außenministerkonferenz fand (vom 20. bis 25. Februar 1952) in Lissabon eine Konferenz der NATO-Staaten statt, auf der nicht nur die Einbeziehung der Türkei und Griechenlands in den Nordatlantikpakt und die Bildung eines Nahostkommandos der NATO, sondern auch die Aufstellung von etwa 100 Divisionen der NATO (einschließlich der EVG) bis Ende 1954 beschlossen wurden. Damit schien die „Politik der Stärke" konkrete Gestalt anzunehmen. Ohne Kenntnis der Quellen über diese Konferenz und die Perspektiven, die dort erarbeitet wurden, ist es nicht möglich, einen klaren Bezug zwischen den Entscheidungen und Planungen dort und den Äußerungen Adenauers im Blick auf eine anzustrebende und durch die „Politik der Stärke" zu erreichende Umgestaltung der Verhältnisse in Mittel- und vor allem in Osteuropa herzustellen. Fest steht jedoch, daß Adenauer nie zuvor und niemals später eine so weitgespannte Perspektive der westlichen Zielsetzungen erkennen ließ und von solch optimistischen Erwartungen hinsichtlich einer Wendung der europäischen Situation zugunsten des Westens getragen war wie im März 1952.

Als Fazit der erfolgreichen West-Verhandlungen hielt Adenauer in der Rückschau seiner „Erinnerungen" fest[33]: „Wir standen nicht mehr allein. Wir waren nicht mehr nur ein Objekt der Außenpolitik anderer Mächte." „Als Ohnmächtige zwischen den Mächten wären wir Kriegsbeute, die es noch zu verteilen galt, der Magnet für einen Krieg [. . .] (Doch nun) würden die Sowjets [. . .] früher oder später einsehen, daß sie sich mit dem Westen verständigen müßten, daß sie ihn nicht niederzwingen könnten. In einer solchen friedlichen Verständigung lag meine Hoffnung und sah ich unsere Chance. Sie würde allerdings nur dann für uns gegeben sein, wenn wir uns im Zeitpunkt einer solchen allgemeinen Einigung zwischen West und Ost bereits als zuverlässiger Partner des Westens erwiesen hätten. Nur dann würde der Westen bei einer Verständigung unsere Interessen zu seinen eigenen machen."[34] „Erst wenn der Westen stark war, konnte sich ein wirklicher Ausgangspunkt für Friedensverhandlungen ergeben mit dem Ziel, nicht nur die Sowjetzone, sondern das ganze versklavte Europa östlich des Eisernen Vorhangs zu befreien, und zwar im Frieden zu befreien. Der Weg in die europäische Gemeinschaft erschien mir der beste Dienst, den wir den Deutschen in der Sowjetzone erweisen konnten."[35]

Die hier wiedergegebenen Gedanken stimmen völlig mit zeitgenössischen Äußerungen des Kanzlers in den ersten Märztagen 1952, kurz vor der Übergabe der Stalin-Note an die drei Westmächte, überein. Auf einer CDU-Veranstaltung in Heidelberg am 1. März erklärte Adenauer[36]: „Wenn der Westen stärker ist als Sowjetrußland, dann ist der Tag der Verhandlungen mit Sowjetrußland gekommen. Dann wird man auf der einen Seite Deutschland die Furcht nehmen müssen, die es hat. Dann wird man auch Sowjetrußland klarmachen müssen, daß es nicht so geht, daß es unmöglich halb Europa in Sklaverei halten kann und daß im Wege einer Auseinandersetzung – nicht einer kriegerischen Auseinandersetzung, sondern im Wege einer friedlichen Auseinandersetzung – die Verhältnisse in Osteuropa neu geklärt werden müssen." Und am 5. März betonte der Kanzler in einem Rundfunkinterview mit Ernst Friedlaender[37]: „Erst wenn der Westen stark ist, ergibt sich ein wirklicher Ausgangspunkt für friedliche Verhandlungen mit dem Ziel, nicht nur die Sowjetzone, sondern das ganze versklavte Europa östlich des Eisernen Vorhangs zu befreien, in Frieden zu befreien."

Als Zwischenbilanz kann man festhalten: Mit all dem, was seit dem Herbst 1951 zwischen den Westmächten und Adenauer vereinbart worden war, hatte eine fundamentale Veränderung im Verhältnis zwischen der Bundesrepublik und den Westalliierten stattgefunden, die allerdings noch nicht durch Vertragsunterzeichnung und Ratifizierung völkerrechtlich bindend geworden war. Auf diese grundlegende Veränderung gestützt, hatte sich der Kanzler in öffentlichen Bekundungen prinzipieller und programmatischer Art in einer Weise festgelegt, die ein Abrücken, gerade auch in der durch die Stalin-Note gegebenen neuen Situation, zu einem hochgradigen Risiko für die Stellung der Bundesrepublik zu machen drohte, da die Westmächte die Verträge noch verwerfen und die Bundesrepublik weiter unter Besatzungsstatut halten konnten. Dies alles galt ganz unabhängig davon, ob Adenauer in der Note etwas Verlockendes zu erkennen vermochte, das ihn zu einer „Kurskorrektur" hätte veranlassen können, oder nicht. Die Siegener Rede vom 16. März, die im Anschluß daran abgegebene dpa-Erklärung, das Interview mit Bradford und der Artikel im „Tagesspiegel" vom 6. April – um nur die wichtigsten Stationen nach dem 10. März zu nennen – zeigten, daß Adenauer die seit Paraphierung des „Dachvertrages" eingenommene politische Linie in seinen öffentlichen Äußerungen konsequent durchhielt, obwohl er in den ersten Wochen nach Bekanntwerden der Stalin-Note – „sonst in allen Lagen kühl bis ans Herz" – „so erregt (war), daß er oft ungeschickt taktierte, Freunde vor den Kopf stieß, Argumente einfach mißverstand"[38].

Was ergibt sich aus den „Erinnerungen" an zusätzlicher, sozusagen interner Argumentation für die Haltung Adenauers im März 1952[39]? Als „erste Reaktion" nennt er die Überzeugung, daß der in Stalins Friedensvertragsentwurf vorgesehene „neutralisierte und kontrollierte Staat" Deutschland zu einem „Staat zweiter Ordnung", zu einem „machtlosen Gebilde" machen würde, „in dem die Sowjetunion aufgrund ihrer geographischen Lage und ihres gewaltigen Übergewichts den entscheidenden Einfluß gewinnen und das sie jederzeit gänzlich in ihren Machtbereich einbeziehen konnte". Die Note enthielt „nur scheinbare Kompromisse"[40]. Auch noch rückschauend bezeichnet Adenauer die „Zulassung der UN-Kommission, die die freiheitlichen Voraussetzungen" für die Durchführung gesamtdeutscher Wahlen überprüfen sollte und der die DDR-Regierung am 9. März, einen Tag vor der Stalin-Note, erneut den Zutritt verwehrt hatte, als „entscheidend" für den ernsthaften Willen der Sowjetunion, zur Lösung des Deutschlandproblems beizutragen, obwohl dieses Argument den Historiker am wenigsten überzeugt; denn die Zusammensetzung der Vereinten Nationen mit dem damals massiven Übergewicht proamerikanischer Staaten und mehr noch: die UN-Kriegführung in Korea faktisch im Dienste der USA-Interessen schlossen eine Zustimmung der Sowjetunion zur Einreise einer UN-Kommission in ihren Machtbereich, die einer politischen Kapitulation vor dem weltpolitischen Gegenspieler gleichgekommen wäre, aus. Sie durfte realistischerweise von niemandem im Westen erwartet werden. Während dieses Argument daher als vordergründig, wenn auch seinerzeit in der deutschen Öffentlichkeit recht wirksam bezeichnet werden muß, führt der Schluß des Abschnittes „Erste Reaktion" zum Kern der Befürchtungen des Kanzlers für den Fall eines Eingehens auf die Note[41]: „Wir mußten unbedingt verlangen, daß Deutschland von Anfang an bei Friedensverhandlungen vertreten war. Wir durften unter keinen Umständen zulassen, daß zwischen Sowjetrußland und den drei Westalliierten und anderen Ländern, die Sowjetrußland in seiner Note genannt hatte, Verhandlungen über einen Frieden mit Deutschland geführt wurden, ohne daß wir hierbei hinzugezogen wurden, und zwar nicht als Beobachter, sondern als gleichberechtigter Partner. Deutschland konnte aber nur als gleichberechtigter Partner an solchen Verhandlungen teilnehmen, wenn es wiedervereinigt war. Darum mußten die Wiedervereinigung Deutschlands, die Schaffung einer gesamtdeutschen Regierung jedem Eintritt in die Friedensverhandlungen vorangehen. Es würde Aufgabe der Bundesregierung sein, bei eventuell kommenden Ost-West-Verhandlungen zu verhindern, daß womöglich uns Deutschen ein Diktatfrieden auferlegt würde [. . .] Es war nicht Aufgabe der deutschen Bundesregierung, auf die sowjetische Note unmittelbar zu antworten; denn sie richtete sich an die drei westlichen Siegermächte, aber wir mußten unmißverständlich unsere Auffassungen zu der Note aussprechen."

In der Besprechung mit dem französischen und dem britischen Hohen Kommissar sowie dem Vertreter des amerikanischen Hohen Kommissars, die von ihren Regierungen beauftragt waren, seine „Beurteilung zu hören", forderte Adenauer am 17. März[42], in den Antworten auf die Stalin-Note präzise Rückfragen zu stellen, „die von jedermann leicht verstanden würden", vor allem zur UN-Kommission, zu den freien Wahlen, zur Mitwirkung Gesamtdeutschlands in einer „Föderation Europas" und nach der deutschen Ostgrenze, deren Festlegung einem Friedensvertrag vorbehalten bleiben müsse, „und zwar im Zusammenhang mit einer Regelung, die auch eine Bereinigung des deutschpolnischen Verhältnisses enthalte"[43].

In der Unterredung mit den Außenministern Eden und Schuman sowie mit dem amerikanischen Botschafter in Paris, Dunn, am 20. März legte Adenauer gezielt den Akzent auf die Gefahr eines neuen Nationalismus in Deutschland[44]: „Es bestehe die Gefahr, daß eine nationalistische Bewegung in Deutschland, wenn sie auf diese Weise von sowjetischer Seite gefördert würde, an Boden gewänne. Bisher seien die nationalistischen Gruppen ohne Bedeutung gewesen. Dies könne sich aber ändern, wenn Sowjetrußland sich ihrer annähme. Die Erklärungen in der Sowjetnote hinsichtlich der Behandlung früherer Nazis und Offiziere sowie hinsichtlich der Schaffung einer nationalen Armee würden sicher diesen nationalistischen Gruppen Auftrieb geben [. . .] Sowjetrußland habe wieder einmal eine Schwenkung seiner Politik vorgenommen und sich auf Nationalismus umgestellt." Es müsse verhindert werden, daß nun lange Ver-

handlungen begännen. Die Sowjets dürften nicht Zeit erhalten, „die nationalistischen Kräfte in Deutschland wachzurufen und eine neue nationalistische Partei entstehen zu lassen". Vielmehr müsse die Integration West-Europas noch mehr beschleunigt werden. „Ein hundertprozentiges ‚Nein' auf die Note würde allerdings auch nicht richtig sein. In Deutschland sei auf beiden Seiten des Eisernen Vorhangs der Wunsch nach Wiedervereinigung sehr stark. Die Antwortnote dürfe auf keinen Fall den Eindruck erwecken, als ob womöglich für eine Wiedervereinigung kein Interesse bestehe."
Auch in der Reflexion der „Erinnerungen" hielt Adenauer an seiner Grundposition fest[45]: „Es gab [. . .] nur eine einzige Möglichkeit, und zwar, daß wir mit aller Intensität versuchten, die Wiedervereinigung Deutschlands mit Hilfe der Westalliierten zu erreichen. Um die Hilfestellung der Westalliierten zu erlangen, mußten der Deutschland-Vertrag und der Vertrag über die Europäische Verteidigungsgemeinschaft oder ein Ersatz für diese[46] verwirklicht werden. Wir mußten uns eng mit dem Westen verbinden. Wir mußten ein gleichberechtigter Partner der Westmächte werden, zu dem sie Vertrauen hatten, genauso wie wir Vertrauen zu ihnen haben mußten. Auf uns allein gestellt, würden wir nichts erreichen; mit dem Westen vereinigt, würden wir – das war meine Überzeugung – unsere Freiheit behalten und die Wiedervereinigung Deutschlands in Frieden und Freiheit im Laufe der Zeit verwirklichen."
Grundlegend zum Verständnis des Ganzen sind die „Erwägungen", die Adenauer bei seiner Einschätzung der sowjetischen Politik leiteten[47]: „Die Sowjetunion hatte sich in ihren Aufgaben übernommen. Sie konnte nicht gleichzeitig ihr Reich [. . .] zu einem wohlfunktionierenden Staat aufbauen, ihren gewaltigen innenpolitischen Aufgaben gerecht werden und gleichzeitig mit den Vereinigten Staaten in der Aufrüstung Schritt halten. Sie konnte das schon nicht aus dem einfachen Grunde, weil ihre Landwirtschaft nicht ausreichte, um ihre Menschen zu ernähren aus Mangel an anbaufähigem Boden und aus Mangel an Arbeitskräften und Maschinen. Sowjetrußland konnte den Westen nicht niederringen, es konnte auch nicht auf die Dauer mit dem Westen weiterleben in dem gegenwärtigen Spannungsverhältnis, zumal die chinesische Gefahr im Hintergrund auftauchte[48]. Die Entwicklung würde eines Tages dazu führen, daß es sich entscheiden mußte: entweder Auseinandersetzungen mit Westeuropa und dessen Eroberung oder aber Auseinandersetzung mit den Chinesen. Sowjetrußland war bestrebt, Asien nach seinen Vorstellungen kommunistisch zu machen. Es würde zwangsläufig mit den Chinesen in Konflikt kommen, die gleichzeitig versuchten, Asien zu bolschewisieren, jedoch nach chinesischen Vorstellungen und unter asiatischer Führung. Meine Hoffnung war, die Sowjetunion werde eines Tages einsehen: Alles zusammen können wir nicht machen. Meine Hoffnung war, sie werde dann ihre Kräfte auf die Auseinandersetzung mit den Chinesen konzentrieren und Europa in Ruhe lassen. Auf diese Entscheidung mußte gewartet werden. Damit die Entwicklung diesen Gang nähme, mußte das westliche, freie Europa zusammengeschlossen werden, mußte Frankreich als eines der Kernländer unbedingt an der Einigung entscheidend mitwirken. Der Zusammenschluß Europas war notwendig, damit Sowjetrußland einsah: ‚Europa ist so fest zusammengefügt, da kannst du nichts mehr herausbrechen, da ist nichts mehr zu machen. Und es gleichzeitig mit

diesem Europa, mit den Vereinigten Staaten und mit China aufnehmen, ist unmöglich.' Auf diese Erkenntnis mußten wir geduldig warten [. . .] Die Bundesrepublik befand sich in einer gefährlichen Lage. Ein falscher Schritt konnte uns das Vertrauen der Westmächte kosten, ein falscher Schritt, und wir waren lediglich Verhandlungsobjekt zwischen Ost und West. Ich bin überzeugt, daß mit dem letzteren den Deutschen in der Sowjetzone nicht geholfen und daß die Freiheit der Bürger der Bundesrepublik im höchsten Maße gefährdet worden wäre [. . .] Ohne die Unterstützung der drei Westmächte würden wir die Wiedervereinigung niemals erreichen [. . .] Die Politik der Selbstüberschätzung hatte uns ins Verderben gebracht." Der damalige Standpunkt Adenauers lautete der Erinnerung Gerd Bucerius' zufolge[49]: ,,Es ist uns gelungen, die nur zu berechtigten Zweifel an der Friedensliebe und der Zuverlässigkeit der Deutschen fast zu zerstreuen. ,Gehen wir jetzt nach Rapallo, lösen wir bei den Vertragspartnern im Westen [. . .] einen Schock aus, und wir stehen isolierter da, als wenn wir überhaupt nicht verhandelt hätten.' Dann [. . .] kann Stalin mit uns machen, was er will."

Adenauers Argumente und internen Überlegungen, die ihn zu einer grundsätzlichen Ablehnung der von ihm nicht als bloßes Störmanöver, sondern als Teil einer wohldurchdachten weitgespannten politischen Strategie angesehenen Stalin-Note führten und ihn zugleich zur konsequenten Weiterverfolgung seiner Linie der vorrangigen Westintegration der Bundesrepublik bestimmten, lassen sich in knapper Form so zusammenfassen: Ein dem sowjetischen Vorschlag entsprechend neutralisiertes, verkleinertes Gesamtdeutschland würde alle, gerade in den vorausgegangenen Monaten zu großen Hoffnungen und Erwartungen berechtigenden Ansätze zu einer Integration Westeuropas zerstören, den Nationalismus in Deutschland wie in Frankreich und in den übrigen westeuropäischen Ländern neu beleben, eine Isolierung Deutschlands auf einer eventuellen Friedenskonferenz nach sich ziehen, damit jede Chance zu einer gleichberechtigten Mitwirkung an einer europäischen Friedensordnung ausschließen, längerfristig endlich einen Rückzug der USA aus Europa zur Folge haben. Damit aber stünde früher oder später zunächst das neutralisierte Deutschland, später ganz Westeuropa dem sowjetischen Zugriff offen, der durch die Aktivität der westeuropäischen kommunistischen Parteien vorbereitet und unterstützt würde. Die Freiheit des Kontinents wäre für immer verspielt.

Demgegenüber konnte Adenauer im März 1952 davon ausgehen, daß nach mühevollem, Konzessionen, ja Opfer erforderndem Werben ein, wenn auch noch ungefestigtes, Vertrauen der Westmächte zur Bundesrepublik erreicht worden war, das zusammen mit den vertraglichen Bindungen und Verpflichtungen des Deutschland- und des EVG-Vertrages nach menschlicher Voraussicht sicherstellte, daß, wenn es in näherer oder fernerer Zukunft zu Ost-West-Verhandlungen kommen sollte, Deutschland – entweder die Bundesrepublik oder ein gemäß der Bindungsklausel des Art. 7 des Deutschland-Vertrages ein in gleicher Weise engstens mit den Westmächten verbundenes Gesamtdeutschland – nicht als ,,Objekt", sondern als gleichrangiger Partner der drei Westmächte an der Konferenz mit der Sowjetunion beteiligt würde. Im Gegensatz zu Versailles 1919, als die Sieger Deutschland den Frieden diktierten, war damit sieben Jahre nach dem Zweiten Weltkrieg eine Konstellation vorgezeichnet, in der nicht Deutschland der Siegerkoalition in hoffnungsloser Isolierung gegenüberstand, sondern in der sozusagen auf der einen Seite des Verhandlungstisches die Westmächte und Deutschland, auf der anderen die (im Vergleich zu ihnen schwächere und daher nolens volens zu Konzessionen bereite) Sowjetunion saßen. Um diese Situation, die allein einen Frieden in Europa unter freiheitlich-westlichem Vorzeichen ermöglichen würde, zu erreichen, galt es, geduldig zu warten und sich nicht durch halbe Zugeständnisse oder den Schein eines Entgegenkommens der Sowjetunion verwirren zu lassen, bis das – als Folgewirkung der Integration der Bundesrepublik in den Westblock, des Ausbaus der NATO-Streitkräfte in Europa (mit der EVG als festem Kern), der wachsenden Spannungen zwischen der Sowjetunion und China in Asien und der inneren Schwierigkeiten in der Sowjetunion erhoffte und erwartete – Zurückstecken der sowjetischen Führung in Europa und ein Einlenken auf die westlichen Friedensvorstellungen hin unübersehbar wurden.

Dieser Konzeption Adenauers lagen bestimmte Axiome und Prämissen zugrunde, die es vor einer historischen Bewertung der Chancen zu ihrer Verwirklichung hervorzuheben gilt. Zwei „Komplexe“ spielten offensichtlich – teils direkt, teils mittelbar – eine Schlüsselrolle: das, was man als „Versailles-Komplex“ bezeichnen könnte, und der „Rapallo-Komplex“. Adenauer fürchtete fast alptraumartig – wie viele Deutsche nach 1945 im Falle einer Fortdauer oder einer Erneuerung der Ost-West-Kriegskoalition ein „Super-Versailles“, d. h. ein Diktat der Siegermächte, das so hart sein würde, daß die Überlebenschancen Deutschlands zerstört wurden. Entweder würde es gleich zugrunde gehen, oder das Diktat würde als Reaktion eine Renaissance des deutschen Nationalismus hervorrufen, der zum dritten Mal den Frieden und dadurch die Existenz Restdeutschlands auf das schwerste bedrohen würde. Das Auseinanderbrechen der Siegerkoalition des Zweiten Weltkrieges, von Adenauer schon im Herbst 1945 als Faktum angesehen[50], war die entscheidende Voraussetzung dafür, daß es nicht zu dieser Katastrophe für Deutschland kommen mußte, sondern daß sich eine Chance für eine andere Lösung, eine echte europäische Friedensordnung eröffnete. Diese Chance hatte er als Bundeskanzler von 1949 an unter Ausschöpfung der durch den Kalten Krieg gebotenen Möglichkeiten für seine unbeirrbare Politik der Westintegration genutzt und glaubte sich nun im März 1952 mit der bevorstehenden Unterzeichnung des Deutschland- und des EVG-Vertrages an einem wichtigen Etappenziel, von dem aus es seiner Überzeugung nach weder für die Bundesrepublik noch – was entscheidend war – für die Westmächte infolge der eingegangenen wechselseitigen Verpflichtungen mehr eine Umkehr gab.

Kurz vor dem Erreichen des schon in Sichtweite liegenden Etappenziels auch nur den Anschein eines Eingehens auf die Stalin-Note zu erwecken, hieß, bei den Westmächten, vor allem bei dem noch am stärksten im alten Mißtrauen gegenüber den Deutschen befangenen Frankreich, den dort besonders ausgeprägten „Rapallo-Komplex“ heraufbeschwören, die Erinnerung an den deutschen Alleingang vor 30 Jahren, im Frühjahr 1922, und allgemein an jene Schaukelpolitik zwischen Ost und West, die das Deutsche Reich aus westlicher Sicht in der Zeit der Weimarer Republik betrieben hatte und die für Hitler-

Deutschland anfangs so „erfolgreiche", für große Teile Europas verheerende Kriegspolitik eine wichtige Voraussetzung gebildet hatte. Jede Handlung oder Geste der Bundesregierung, die auch nur andeutungsweise als ein Eingehen auf die Vorschläge Stalins auf seiten der Westmächte interpretiert werden konnte, mußte das ja noch kaum überwundene Mißtrauen wieder wachrufen, drohte in Frankreich und Großbritannien den Kräften die Oberhand zu geben, die auf eine Wiederaufnahme der Ost-West-Kontakte zwecks Abbau und Überwindung des Kalten Krieges drängten, und konnte die niemals aus der Diskussion in der westlichen Öffentlichkeit ganz verschwundene Tendenz fördern, vor Unterzeichnung der Westverträge doch noch einmal den Versuch einer Einigung mit der Sowjetunion zu unternehmen – mit dem möglichen Ergebnis, daß damit alles fast schon Erreichte wieder in Frage gestellt wurde und das Etappenziel, wenn überhaupt noch erreichbar, in weite Ferne rückte. Bevor es zu einer Beendigung des Kalten Krieges kam, mußten in Adenauers Sicht die Westverträge unbedingt unter Dach und Fach sein.

Im Zusammenhang mit den beiden „Komplexen" „Versailles" und „Rapallo" sowie der damit verknüpften Sorge vor dem Wiederaufleben eines deutschen Nationalismus stellte der Pessimismus, mit dem Adenauer die politischen Fähigkeiten der meisten Deutschen einschließlich der Führungen der Parteien beurteilte, einen dritten wichtigen Faktor dar, der seine Stellungnahme mitbegründete. Er war davon überzeugt, „daß das deutsche Volk nicht stark genug ist – weder politisch, militärisch und biologisch noch psychisch und charakterlich – eine eigenständig-freie Mitte-Stellung in Europa, und das hieß unter den gegebenen Umständen: zwischen den Giganten in Ost und West, zu wahren"[51]. Dem deutschen Nationalismus, den Adenauer trotz oder gerade wegen der verbreiteten „Ohne-mich"-Strömungen in der westdeutschen Öffentlichkeit nur für scheintot ansah, sollte durch die unwiderrufliche Integration der Bundesrepublik und später Gesamtdeutschlands in ein vereintes Westeuropa sozusagen institutionell für alle Zukunft jede Chance genommen werden. Es sollte nicht mehr von der – wie die Geschichte in der jüngsten deutschen Vergangenheit gezeigt hatte – ja leicht wandelbaren Einsicht wechselnder Mehrheiten der Deutschen abhängen, ob dieser Weg der Anlehnung an den Westen fortgesetzt oder ob nicht doch wieder an die deutsche Tradition „zwischen Ost und West" angeknüpft werden sollte. Vielmehr sollte diese letztere Möglichkeit ein für allemal verbaut werden.

Im übrigen stellte Adenauers Konzeption als ganzes eine für ihn kennzeichnende Verbindung von optimistischen und pessimistischen Prämissen, von Elementen der Hoffnung und der Sorge dar. Der Widerspruch zwischen ideologischer Rigorosität, die mancher Äußerung zum Prinzipiellen eigen war (etwa in der Siegener Rede), und pragmatischem Machtkalkül, löst sich auch bei intensivem Bemühen, Verbindungen zwischen beiden Bereichen zu erfassen, nicht ganz auf. Dies gilt besonders für die Einschätzung der Sowjetunion. Ein – wie er selbst schon wenige Monate später erfahren mußte – allzu großes Vertrauen in die Stetigkeit der Politik der USA, daß diese mit seinen Zielvorstellungen völlig übereinstimme, eine optimistische Erwartung, daß die Führungskraft der Weltmacht Amerika und die eigene Bereitschaft zu weitreichenden Zugeständnissen das zögernde Frankreich sowie das ihm stets seltsam-fremd gebliebene Großbritannien langfristig zu einer absolut gleichgerichteten Politik des gesamten Westblocks bestimmen und dessen Stärke in Relation zur Sowjetunion permanent wachsen würde, korrespondierte mit der Erwartung, daß die Sowjetunion im ,,Wettlauf" mit dem so geschlossen auftretenden Westblock nicht mithalten könne. Es mangelte Adenauer 1952 offensichtlich an einer nüchtern-realistischen Beurteilung der ökonomischen und militärisch-machtpolitischen Möglichkeiten der Weltmacht Sowjetunion, auch an einer differenzierenden Kenntnis der Richtungen in der sowjetischen Führung, vor allem des Ansatzes der Deutschlandpolitik Stalins. Seine Argumentation war nicht frei von dem Klischee, daß die Sowjetunion ein ,,Koloß auf tönernen Füßen" sei; sie neigte der im Westen verbreiteten Auffassung zu, daß das sowjetische System unfähig sei, mit den vielfältigen Problemen fertig zu werden, vor die es in der Nachkriegszeit gestellt war. Die fragwürdige, speziell auf die DDR bezogene ,,Magnet-Theorie" tauchte zwar in seinen Äußerungen im März/April 1952 nur am Rande auf, aber seine mehrfach bekundete Überzeugung, daß die sowjetische Herrschaft in Zentral- und ,,Osteuropa" ohne ,,heißen" Krieg, jedoch bei Fortsetzung der Pressionspolitik des Kalten Krieges zusammenbrechen werde, entsprach dem bekannten seltsam-doppelpoligen Rußland-,,Bild", das seit Jahrzehnten in Deutschland und auch in Westeuropa populär war, in dem sich eine Überschätzung der Bedrohung Europas durch die Sowjetunion mit der Erwartung eines plötzlichen Zusammenbruchs des Sowjetimperiums infolge seiner Überanstrengung verband, Furcht und illusionäre Hoffnung wie in einem Knäuel verwickelnd.

Die für ein historisches Urteil über die Entscheidung Adenauers grundlegende Frage lautet nun, ob die aus allzu optimistischen wie aus äußerst pessimistischen Einschätzungen, aus teils als richtig, teils zumindest als problematisch anzusehenden Elementen bestehende Lageanalyse Adenauers im Frühjahr 1952 und seine Schlußfolgerung, der sowjetischen Zielsetzung eines verkleinerten, neutralisierten Gesamtdeutschlands eine entschiedene Absage zu erteilen, den für den historischen Betrachter deutlicher als für den handelnden Staatsmann 1952 erkennbaren Gegebenheiten und Tendenzen der internationalen Konstellation besser entsprach als eine Befürwortung oder die Forderung nach einer Prüfung des sowjetischen Vorschlags, wie sie der Publizist Paul Sethe aus einer an Stresemann orientierten national-liberalen Grundhaltung[52] und Gustav Heinemann aus der Gewissensnot des protestantischen Christen vor einer dauerhaften Spaltung der Nation und der Gefahr eines Bruderkrieges[53] mit Nachdruck forderten.

Aufgrund intensiver Forschungen zur sowjetischen Außenpolitik der Nachkriegszeit kann heute kaum mehr bestritten werden, daß die Note einem ernsthaften Interesse Stalins an einer Neutralisierung Deutschlands entsprach[54]. Im Gegensatz zu dem Axiom Shdanows, der in der Nachkriegssituation nur zwei große ,,Lager" zu erkennen vermochte, von denen das ,,imperialistische" fest unter der Führung der USA zusammengefaßt war, und von der Konfrontation und dem wahrscheinlichen kriegerischen Zusammenstoß der beiden ,,Lager" überzeugt war, ging Stalin wie in der Zwischenkriegszeit davon aus, daß Spannungen zwischen den ,,imperialistischen" Mächten bestünden, die es im Interesse der Sowjetunion zu fördern galt. Die Wiederermöglichung eines

„Eigenweges" für Deutschland nahm in diesem Rahmen eine zentrale Stellung ein. Eine von Stalin, diesem Ansatz entsprechend, als besonders bedrohlich betrachtete Integration des von ihm aufgrund der Erfahrungen im Kriege 1941 bis 1945 sehr hoch eingeschätzten deutschen Militärpotentials in den Westblock sollte um einen sehr hohen Preis, auch um den der Aufgabe von DDR und SED, verhindert werden. Aus Stalins Sicht war ein von den Westmächten einschließlich der USA mit garantierter Status eines neutralisierten, aber nolens volens bürgerlich strukturierten Gesamtdeutschland eher akzeptabel als die Integrationslösung, die die Westverträge vorsahen. Adenauer hat – von der Ansatzhöhe seiner Konzeption und den Perspektiven, die sich ihm durch den bevorstehenden Abschluß der Westverträge zu öffnen schienen, erklärbar – wohl bewußt nichts unternommen, eine solche die Westmächte als Garantiemächte mit bindende gesamtdeutsche Lösung, die in Ost-West-Verhandlungen im Anschluß an die Stalin-Note hätte anvisiert werden können, ins Spiel zu bringen, obwohl sie eine Sicherung zumindest gegen eine kurz- oder mittelfristige Unterminierung des neutralisierten Deutschland hätte bieten können. Auch wenn er innerlich einer solchen Lösung näher gestanden, sie aus Einsicht in eine partielle Übereinstimmung von deutschem und sowjetischem Interesse nicht a limine ausgeschlossen hätte, wäre ihm von historischer Warte recht zu geben, daß er sie nicht versucht hat, weil er sie in Kenntnis der Ziele der anderen Weltmacht, der USA, die noch die maßgebliche Besatzungsmacht in Westdeutschland war, nicht für realisierbar halten konnte. Für die USA und den Westblock insgesamt hätte eine „Ausklammerung" Westdeutschlands aus dem Bündnis einen unvergleichbar größeren Verlust bedeutet als die Aufgabe der DDR für die Sowjetunion. Seit der großen Schwenkung der amerikanischen Europapolitik im Frühjahr 1947 war für die USA der angestrebte und 1949 errichtete deutsche „Weststaat" die wichtigste und durch nichts ersetzbare Basis auf dem europäischen Kontinent. Ein Rückzug auf das unsichere Frankreich, die Benelux-Staaten oder gar auf die britische Insel wurde seither nicht mehr als eine vertretbare Alternative für die amerikanische Europapolitik angesehen. Die Ablehnung der Stalin-Note durch die USA stand daher – völlig unabhängig von der Stellungnahme Adenauers oder auch der beiden europäischen Westmächte – von vornherein fest[55]. Es ist aus dem gegenwärtig zugänglichen Quellenmaterial nicht zu entnehmen, ob Adenauer wußte, wie wenig sich sein amerikanischer Verhandlungspartner, Außenminister Acheson, für eine deutsche Wiedervereinigung – neutralisiert oder Gesamtdeutschland im Westbündnis – engagierte, ja, daß er im Grunde die Teilung Deutschlands befürwortete[56]. Wie dem auch sei, es verstand sich sozusagen von selbst, daß der Kanzler, als die Republikaner in den USA den Wahlkampf 1952 mit der dynamischen Konzeption des „Roll Back", der „Befreiung" der mittel- und osteuropäischen Nationen von der Sowjetherrschaft gegen die defensive Linie des „Containment" der Demokraten führten, auf den Sieg der Republikaner setzte, der dann in der Tat für eine beschränkte Zeit eine völlige Übereinstimmung der langfristigen Zielvorstellungen Adenauers mit denen des neuen US-Außenministers Dulles mit sich brachte.

So wie die Interessenlage der weltpolitischen Kontrahenten USA und Sowjetunion 1952 in Europa nun einmal war, hätte auch eine andere Haltung Adenauers, die auf einer weniger vertrauensvollen Einstellung gegenüber Amerika und den Westmächten insgesamt beruht und den Versuch unternommen hätte, diese auf einen Kurs des Arrangements mit Stalin auf einer Art ,,mittleren" Linie in Gestalt eines von den Vier Mächten garantierten Status eines wiedervereinigten Deutschland zu drängen, die USA nicht zum Rückzug aus der Bundesrepublik bewegen können. Das Verhältnis zu den Westmächten wäre dadurch nur belastet worden, die Bundesrepublik bei Beharren auf dieser Alternative mit großer Wahrscheinlichkeit weiter unter Besatzungsstatut gehalten worden. Sie wäre in die Rolle eines einseitig abhängigen Satelliten versetzt worden, statt – mit zunehmender Tendenz – in die auf wechselseitiger Abhängigkeit beruhende Stellung eines gleichberechtigten Verbündeten hineinzuwachsen.

Eine Verwirklichung der weitgespannten Zielsetzung Adenauers über die erste Etappe, den Abschluß der Westverträge, hinaus, hing entscheidend davon ab, ob die Erwartung, daß die Verschiebung des Kräfteverhältnisses zwischen Ost und West zugunsten des Westblocks quasi zwangsläufig sei, wenn nur die Integration zustande kam, tatsächlich eintrat. Adenauer konnte 1952 nicht ahnen, wie kurz angesichts des Rüstungswettlaufs zwischen West und Ost die Zeitspanne war, die für die machtpolitische Möglichkeit einer so grundlegenden Veränderung der europäischen Landkarte, wie sie ihm vorschwebte, noch verblieb. Daß die Sowjetunion so schnell rüstungsmäßig aufholen und so bald ein nukleares Patt mit den USA erreichen würde, das jede Verschiebung der Macht- und Einflußsphären in Europa im Sinne der ,,Politik der Stärke" ausschloß, die an die wachsende Überlegenheit des Westblocks gebunden war, hat er aufgrund seines Rußland-,,Bildes", das 1952 noch ganz klischeehaft war und sich erst von 1955 an zunehmend differenzierte, nicht erwartet. Der Wettlauf mit der Zeit, in dem er sich seit 1949 befand, ging in der Mitte der fünfziger Jahre verloren. Auch die Prämisse, daß die Westmächte bei ihrer 1951/52 formulierten gemeinsamen Politik mit dem Ziel, ein wiedervereinigtes Deutschland ebenso fest in das freie Europa zu integrieren wie die Bundesrepublik, im Ost-West-Konflikt konsequent bleiben würden, erwies sich im Falle Großbritanniens schon 1953 (Ausscheren der Regierung Churchill mit dem Vorschlag eines ,,Ost-Locarno"), im Falle Frankreichs 1954 (Ablehnung des EVG-Vertrages durch die französische Nationalversammlung) und im Falle der USA 1955/56 (Aufgabe des Vorrangs der deutschen Wiedervereinigung gegenüber allgemeiner ,,Entspannung" und Abrüstung; Radford-Plan) als brüchig.

Bei der Darlegung seiner Grundposition in der Situation von 1952 unterbricht Adenauer den Gedankengang in seinen ,,Erinnerungen" fast unmotiviert mit einem Einschub, in dem er eine Frage stellt, die die Historiker seit jeher bewegt[57]: ,,In der Politik wird man wohl nie ideale Gegebenheiten vorfinden; treten sie dennoch einmal ein, so sind es ganz große Augenblicke der Geschichte. Dann wiederum stellt sich aber die Frage: Sind auch Staatsmänner da, die diese Gegebenheiten erkennen, und werden dann ihre Völker ihnen folgen?" Adenauer war überzeugt davon, 1952 in einer solchen Situation zu stehen, und auch dem historischen Betrachter erscheint der März 1952 als eine Entscheidungssituation. Adenauer war damals und auch beim Diktieren seiner ,,Erinnerungen" der Überzeugung, der Herausforderung jener geschichtlichen Stunde in der Alternative, den Abschluß der Westverträge zu vollziehen mit den langfristig daran geknüpften Erwartungen für das freie Europa und, darin einbeschlossen, für ein in Frieden und Freiheit wiedervereinigtes Deutschland im festen Bündnis mit den Westmächten – oder aber die in der Stalin-Note anscheinend oder scheinbar enthaltene verlockende Möglichkeit für eine schnelle nationale deutsche Wiedervereinigung zu ergreifen unter Zurückstellung aller Bedenken und ohne Beachtung der von ihm gesehenen langfristigen Gefahren für ganz Europa, gewachsen gewesen zu sein und die – unter den damaligen Gegebenheiten und auch noch aus dem Abstand von fast 15 Jahren großer Enttäuschungen bei der Niederschrift der „Erinnerungen" als richtig angesehene – Entscheidung getroffen zu haben. Ob die anderen leitenden Staatsmänner im Westen seiner Auffassung nach mit gleichem vollen Ernst die Herausforderung der Stunde an sich selbst und an den deutschen Bundeskanzler erkannt haben, läßt er offen.

Die von Triumphgefühlen gewiß nicht freien, für manche Hörer und Leser seiner Worte an Hybris grenzenden, in jedem Falle – wie uns heute scheint – von allzu weitgespannten Erwartungen getragenen Äußerungen Adenauers in den entscheidenden Märzwochen 1952 lassen nur bei oberflächlicher Betrachtung und in vordergründiger Interpretation die tiefe Sorge übersehen, die als Begleitton auch diese Bekundungen umschloß. Das Scheitern des großen Wurfs, das Steckenbleiben auf halbem Wege, so daß die Sicherung nur der Bundesrepublik, nicht Gesamtdeutschlands im Rahmen eines zudem weitaus lockerer gefügten westlichen Bündnisses, als 1952 vereinbart erreicht wurde, könnte, da die Spaltung Deutschlands auf unabsehbare Zeit schon Mitte der fünfziger Jahre feststand, dem Historiker als Nemesis erscheinen, wenn nicht aus den zeitgenössischen wie den späteren Äußerungen Adenauers seine tiefe Einsicht in die Nähe von Triumph und Tragödie bei politischen Entscheidungen dieser Tragweite spräche und die Widmung seines „Erinnerungs"-Werkes „Meinem Vaterland" den Zweifel daran ausschließen sollte, daß er davon durchdrungen war, auch mit seiner Entscheidung im März 1952 diesem gedient zu haben.

1 Zusammenstellung der wichtigsten Titel dieser Kontroversen in: Boris Meissner, Die Sowjetunion und die deutsche Frage, 1949–1955, in: Dietrich Geyer (Hrsg.), Osteuropa-Handbuch, Band: Sowjetunion. Außenpolitik 1917–1955. Köln-Wien 1972, S. 480, Anm. 44; Arnulf Baring, Außenpolitik in Adenauers Kanzlerdemokratie. Bonns Beitrag zur Europäischen Verteidigungsgemeinschaft, München-Wien 1969, S. 404f., Anm. 90.

2 Aus dem in der Stiftung Bundeskanzler-Adenauer-Haus verwahrten Nachlaß sind bisher für die Zeit nach 1949 lediglich die öffentlichen Äußerungen Adenauers für die wissenschaftliche Forschung freigegeben. Da sich Adenauer bei der Abfassung seiner „Erinnerungen" zu dem Problemkomplex der Stalin-Note vom 10. März 1952 auf gegenwärtig nicht zugängliche Dokumentarunterlagen stützte (Mitteilung von Frau Dr. Anneliese Poppinga an den Verf. vom 21. Januar 1976), müssen die „Erinnerungen" vorerst als Ersatzquelle dienen.

3 Vgl. Eberhard Jäckel (Hrsg.), Die deutsche Frage 1952–1956. Notenwechsel und Konferenzdokumente der vier Mächte, Frankfurt am Main – Berlin 1957, S. 23f.

4 Vgl. Jäckel, S. 25ff.

5 Vgl. Konrad Adenauer, Erinnerungen 1953–1955 (Bd. 2), Stuttgart 1966, S. 70.

6 Vgl. Frankfurter Allgemeine Zeitung vom 13. März 1952.
7 Vgl. Frankfurter Allgemeine Zeitung vom 12. März 1952; Die Neue Zeitung vom 12. März 1952.
8 Vgl. Westdeutsche Allgemeine Zeitung vom 12. März 1952.
9 Vgl. Frankfurter Allgemeine Zeitung vom 12. März 1952.
10 Vgl. Adenauer, Erinnerungen, Bd. 2, S. 74.
11 Vgl. Adenauer, Erinnerungen, Bd. 2, S. 70.
12 Im Archiv der Stiftung Bundeskanzler-Adenauer-Haus befinden sich weder Unterlagen, die Adenauer für seine Siegener Rede vom 16. März 1952 verwandte, noch der Redetext selbst (Mitteilung von Frau Dr. Anneliese Poppinga an den Verf. vom 21. Januar 1976). In der „Siegener Zeitung“ vom 17. März 1952 ist ein sehr ausführlicher Auszug in wörtlicher Rede gedruckt. Diesem sind die folgenden Zitate entnommen.
13 Wegen dieser Passage, die in der Presse besondere Beachtung fand, kam es zu einer Debatte im Deutschen Bundestag, in der Adenauer – nicht sehr überzeugend – seine Siegener Äußerung einschränkend zu interpretieren suchte: „Der Satz in Siegen war sehr einfach und beschäftigte sich mit der Frage des deutschen Ostens jenseits der Oder-Neiße-Linie. Daß wir uns nicht den Kopf darüber zerbrechen, geschweige denn irgendeine Anstrengung machen sollen, was schließlich mit den Satellitenstaaten geschieht, das ist eine solche Selbstverständlichkeit, daß man mir wirklich nicht zutrauen sollte, dies gemeint zu haben.“ Vgl. Verhandlungen des Deutschen Bundestages. 1. Wahlperiode 1949. Stenographische Berichte. Bd. 11, S. 8768.
14 Damit spielte Adenauer vor allem auf die Leitartikel Paul Sethes in der „Frankfurter Allgemeinen Zeitung“ vom 12. März und 14. März 1952 an.
15 In der „Siegener Zeitung“ vom 17. März 1952 heißt es „Westeuropa“, doch gibt dies im Zusammenhang mit dem folgenden Satz keinen Sinn. Es spricht logisch alles dafür, daß es „Osteuropa“ heißen muß.
16 Der letzte Satz so im Text der „Siegener Zeitung“ vom 17. März 1952. Wahrscheinlich fehlt darin eine Wendung.
17 Nach dem Original der Deutschen Presse-Agentur (Fotokopie an den Verf. übersandt).
18 Vgl. Frankfurter Allgemeine Zeitung vom 22. März 1952.
19 Vgl. Bulletin des Presse- und Informationsamtes der Bundesregierung, Nr. 35 vom 25. März 1952, S. 353f.
20 Offenbar Anspielung auf das Schlußkommuniqué der Londoner Außenministerkonferenz vom 18./19. Februar 1952. Vgl. dazu oben S. 118.
21 Vgl. Jäckel, S. 24f.
22 Vgl. Frankfurter Allgemeine Zeitung vom 28. März 1952; Baring, Außenpolitik, S. 149f. (allerdings mit der Datierung: 25. März 1952).
23 Vgl. Baring, S. 149.
24 Vgl. Bulletin des Presse- und Informationsamtes der Bundesregierung, Nr. 38 vom 1. April 1952, S. 385ff.
25 Vgl. Der Tagesspiegel vom 6. April 1952; Bulletin des Presse- und Informationsamtes der Bundesregierung, Nr. 41 vom 8. April 1952, S. 425.
26 Vgl. Frankfurter Allgemeine Zeitung vom 7. April 1952.
27 Vgl. Konrad Adenauer, Erinnerungen 1945–1953 (Bd. 1), Stuttgart 1965, S. 513.
28 Vgl. Adenauer, Erinnerungen, Bd. 1, S. 514.
29 Vgl. Adenauer, Erinnerungen, Bd. 1, S. 515.
30 Anspielung auf die sogenannte „Magnet-Theorie“, derzufolge eine prosperierende Bundesrepublik eine so starke Anziehungskraft auf die sowjetische Zone Deutschlands ausüben würde, daß die Sowjetunion eines Tages nicht umhin könnte, die

eigene Zone gleichsam als Ballast abzuwerfen und ihrer Vereinigung mit der Bundesrepublik zuzustimmen.

31 Hierzu detailliert Baring, S. 136ff.

32 Vgl. Adenauer, Erinnerungen, Bd. 1, S. 527.

33 Vgl. Adenauer, Erinnerungen, Bd. 1, S. 537.

34 Vgl. Adenauer, Erinnerungen, Bd. 1, S. 539.

35 Vgl. Adenauer, Erinnerungen, Bd. 1, S. 536.

36 Vgl. Bulletin des Presse- und Informationsamtes der Bundesregierung, Nr. 26 vom 4. März 1952, S. 254.

37 Vgl. Bulletin des Presse- und Informationsamtes der Bundesregierung, Nr. 27 vom 6. März 1952, S. 262.

38 Vgl. Gerd Bucerius, Der Adenauer. Subjektive Beobachtungen eines unbequemen Weggenossen, Hamburg 1976, S. 69.

39 Vgl. Adenauer, Erinnerungen, Bd. 2, S. 69ff.

40 Vgl. Adenauer, Erinnerungen, Bd. 2, S. 70.

41 Vgl. Adenauer, Erinnerungen, Bd. 2, S. 73.

42 Vgl. Adenauer, Erinnerungen, Bd. 2, S. 74.

43 Vgl. ebenda.

44 Vgl. Adenauer, Erinnerungen, Bd. 2, S. 75.

45 Vgl. Adenauer, Erinnerungen, Bd. 2, S. 86.

46 Der Passus ,,oder ein Ersatz für diese“ ist von Adenauer zweifellos aus der Kenntnis des Folgenden, des Scheiterns der EVG, in die Reflexion eingefügt worden. Bis 1954 gab es in Adenauers Sicht keine Alternative oder Ersatzlösung für die EVG.

47 Vgl. Adenauer, Erinnerungen, Bd. 2, S. 87f.

48 Ohne Kenntnis der Dokumentarunterlagen, auf die sich Adenauer bei Abfassung der ,,Erinnerungen“ stützte, ist es nicht möglich festzustellen, ob tatsächlich damals, 1952, der Faktor China bereits in Adenauers Kalkül eine so große Rolle spielte, wie es das Zitat nahelegt, oder ob nicht – wofür vieles spricht – hier Späteres in die Reflexion über 1952 mit einbezogen wurde. Für die Öffentlichkeit wurde erst durch Adenauers Bezugnahme auf das Buch von Wilhelm Starlinger, Grenzen der Sowjetmacht im Spiegel einer West-Ost-Begegnung hinter Palisaden von 1945–1954, Kitzingen 1954, erkennbar, daß der Faktor China bzw. der Konflikt Sowjetunion–China in Adenauers Konzeption einen hohen ,,Stellenwert“ hatte.

49 Vgl. Bucerius, S. 70.

50 Vgl. Adenauer, Erinnerungen, Bd. 1, S. 39f. (Brief an den Duisburger Oberbürgermeister Weitz vom 31. Oktober 1945.)

51 Vgl. Peter Berglar, Konrad Adenauer. Konkursverwalter oder Erneuerer der Nation?, Göttingen 1975, S. 102.

52 Vgl. Paul Sethe, Zwischen Bonn und Moskau, Frankfurt am Main 1956, S. 36ff.

53 Vgl. Diether Koch, Heinemann und die Deutschlandfrage, München 1972, S. 305ff.

54 Vgl. Meissner, S. 479ff.; Gerd Meyer, Die sowjetische Deutschland-Politik im Jahre 1952, Tübingen 1970.

55 Dies geht eindeutig aus den Memoiren von Dean Acheson, Present at the Creation. My Years in the State Department, New York 1969, S. 292ff. und S. 629ff., hervor.

56 Vgl. Acheson, S. 291.

57 Vgl. Adenauer, Erinnerungen, Bd. 2, S. 88.

RAINER SALZMANN

Adenauers Moskaureise in sowjetischer Sicht

Adenauers Moskaureise im September 1955 war von dem Hoffen vieler Millionen Deutscher auf Fortschritte in der Wiedervereinigungsfrage begleitet. Die bis zu diesem Zeitpunkt immer wieder festzustellende Unberechenbarkeit der sowjetischen Deutschlandpolitik mußte nicht zwangsläufig zufriedenstellenden Verhandlungsergebnissen im Wege stehen. Die damaligen Erwartungen erscheinen uns heute als viel zu hoch angesetzt, denn die von der Mehrheit des deutschen Volkes ersehnten politischen Regelungen – mit dem Endziel einer Wiedervereinigung in Freiheit – waren in keiner Phase der Moskauer Gespräche durch Adenauer zu erreichen. Nicht zuletzt deshalb, weil sich das Deutschlandkonzept der Sowjets seit 1954 in einer Periode der Neu- bzw. Umorientierung befand. Von da an wurden die deutschlandpolitischen Vorstellungen der Sowjetregierung immer offenkundiger von der Zwei-Staaten-Theorie bestimmt, d. h. von der Auffassung, daß sich auf deutschem Boden zwei voneinander unabhängige, souveräne Staaten gebildet hätten. Erstmals wurde diese These im Zusammenhang mit dem Treffen der Regierungschefs der Vier Mächte in Genf für eine breitere Öffentlichkeit klar erkennbar formuliert und auf der Konferenz selbst durch den sowjetischen Vertreter wiederholt vorgetragen.

Im Juni 1955 erhielt Adenauer die sowjetische Einladung, im Juli fand die Genfer Gipfelkonferenz statt und im September kam es zur Moskaureise des Bundeskanzlers: Für den damaligen Zeitgenossen bot sich ein verwirrendes Bild; Hoffnung und Enttäuschung lagen in diesen Wochen dicht beieinander. Um die politisch Handelnden und das Verhalten der deutschen Öffentlichkeit auf dieses Geschehen besser verstehen und vor allem um eine Einordnung der deutsch-sowjetischen Verhandlungen in die sowjetische Deutschlandpolitik vornehmen zu können, erscheint es angebracht, die wichtigsten Zusammenhänge und Daten in einem kurzen Rückblick zu nennen.

Boris Meissner charakterisiert die sowjetische Politik in der Deutschland-Frage zwischen 1945 und 1949 als widersprüchlich und führt als Begründung an, „daß die Sowjetführung gleichzeitig Ziele anstrebte, die einander ausschlossen, und sich über die Hauptrichtung ihrer Politik keineswegs einig war"[1]. Bei aller Widersprüchlichkeit der sowjetischen Deutschlandpolitik läßt sich doch – folgt man den offiziell unterbreiteten Vorschlägen und Erklärungen – die Absicht der Sowjets erkennen, „von der Potsdamer Konferenz bis 1948 [. . .] eine gesamtdeutsche Zentralregierung zu errichten", wobei vermutlich ein wichtiger Grund für dieses Bestreben war, „über ein einheitliches Deutschland Einflußmöglichkeiten auf die Wirtschaft Westdeutschlands, vor allem des Ruhrgebietes, zu bekommen"[2].

Einen konkreten Ausdruck dieser sowjetischen Politik stellen die von Molotow auf der Moskauer Außenministerkonferenz am 22. März 1947 unterbreiteten Vorschläge dar. Sie sahen folgendes vor[3]: „1. Errichtung der im Potsdamer

Abkommen vorgesehenen Zentralverwaltungen; 2. Ausarbeitung einer zeitweiligen Verfassung durch den Kontrollrat unter Heranziehung deutscher Repräsentanten; 3. Wahlen aufgrund dieser Verfassung, die einen dezentralisierten Einheitsstaat auf Länderbasis vorsah; 4. Durchführung einer antifaschistisch-demokratischen Regierungspolitik und unbedingte Erfüllung der Verpflichtungen gegenüber den Alliierten; 5. Annahme der ständigen Verfassung Deutschlands durch das deutsche Volk."

Eine Änderung der sowjetischen Deutschlandpolitik deutete die von der SED geführte Volkskongreßbewegung an. Mit der Einberufung der Volkskongresse „für Einheit und gerechten Frieden" – der erste fand am 6. und 7. Dezember 1947 in Berlin statt – wurde der Versuch unternommen, „mit Hilfe der von der SED völlig abhängigen Massenorganisationen und kommunistischen Parteigänger aus den Westzonen" „einen Ersatz für eine gesamtdeutsche Vertretung und zugleich für ein Zonenparlament zu schaffen"[4]. Meissner sieht die Volkskongreßbewegung als ein Instrument des Kreml, „das eine Staatsbildung in der Sowjetzone ermöglichen konnte"[5]. Ob die dann am 7. Oktober 1949 erfolgte Gründung der „Deutschen Demokratischen Republik" einen Vollzug des von Beginn der deutschlandpolitischen Planungen an vorhandenen Separationswillens der Sowjets darstellt oder nur „eine Art Zwischenbilanz auf dem Wege zur Wiedervereinigung im kommunistischen Sinne"[6], oder ob jemals – vor als auch nach diesem Zeitpunkt – echte Chancen für ein wiedervereinigtes neutrales Deutschland vorhanden waren, soll und kann hier nicht entschieden werden.

Folgt man weiterhin den offiziellen Verlautbarungen des Kreml zur Deutschlandpolitik, so läßt sich in der Periode zwischen der Gründung der beiden deutschen Teilstaaten bis zur Genfer Gipfelkonferenz eine Zweigleisigkeit feststellen, die einerseits auf eine Konsolidierung des kommunistischen Regimes in der DDR hinauslief, andererseits jedoch bestrebt war, die „Deutschlandfrage offenzuhalten"[7], um dadurch den „Status Westdeutschlands beziehungsweise eines (möglicherweise) immer noch angestrebten Gesamtdeutschlands mitzugestalten"[8]. Letzteres Bestreben zeigte sich vor allem in den Jahren 1952 bis 1955, als die militärische, wirtschaftliche und politische Integration der Bundesrepublik in den Westen sich abzeichnete, die endgültige Entscheidung aber durch das Scheitern der EVG bis 1954/55 offenblieb[9].

Seit dem Frühjahr 1949 ist als Ausfluß dieser Deutschlandpolitik das Bemühen der Sowjets festzustellen, die SBZ bzw. DDR politisch ins Spiel zu bringen. Das Ziel dieser Aktionen war die Schaffung gesamtdeutscher Gremien auf paritätischer Grundlage. So schlug Wyschinskij – als Amtsnachfolger Molotows – auf der 6. Tagung des Außenministerrates in Paris am 24. Mai 1949 einen gesamtdeutschen Staatsrat vor[10] und unterstützte die Sowjetführung die Bestrebungen des DDR-Ministerpräsidenten Grotewohl, mit der Bundesregierung in einen direkten Kontakt wegen der Bildung eines „Konstituierenden Rates" aus einer gleich großen Zahl von Vertretern der Bundesrepublik und der DDR zu kommen[11]. Der von Grotewohl vorgeschlagene „Rat" – dieser Vorschlag bildete den Ausgangspunkt für die von der Partei- und Regierungsspitze der DDR initiierte Aktion „Deutsche an einen Tisch" – sollte die Bildung einer gesamtdeutschen Regierung vorbereiten, bei der Ausarbeitung eines Friedens-

vertrages für Deutschland den vier Besatzungsmächten beratend zur Seite stehen und ,,die Vorbereitung der Bedingungen zur Durchführung freier gesamtdeutscher Wahlen für eine Nationalversammlung übernehmen".
Ein vielfach seitens der Westmächte und der Bundesregierung vorgebrachtes Argument – neben einer Reihe weiterer Ablehnungsgründe – gegen ein Eingehen auf derartige kommunistische Initiativen stellt der Hinweis auf die fehlenden Garantien für die Abhaltung freier Wahlen in Mitteldeutschland dar. Die Gegenforderung der Bundesregierung bestand logischerweise darin, freie Wahlen unter internationaler Kontrolle an den Beginn von Wiedervereinigungsmaßnahmen zu setzen[12].
Sind die Bemühungen Grotewohls schon als ein wichtiger Bestandteil der sowjetischen Politik anzusehen, die Eingliederung der Bundesrepublik in das westliche Bündnissystem zu verhindern, so darf das in einem weit größeren Maß von der geradezu berühmt-berüchtigten Note der sowjetischen Regierung vom 10. März 1952 an die drei Westmächte gelten[13]. In dieser Note wird der baldige Abschluß eines Friedensvertrages mit Deutschland unter unmittelbarer Beteiligung einer gesamtdeutschen Regierung gefordert. Ein Friedensvertragsentwurf war ihr beigefügt; er sah die Wiederherstellung der staatlichen Einheit Deutschlands auf der Grundlage der bewaffneten Neutralität vor. Deutschland sollte sich verpflichten, ,,keinerlei Koalitionen oder Militärbündnisse einzugehen, die sich gegen irgendeinen Staat richten, der mit seinen Streitkräften am Krieg gegen Deutschland teilgenommen hat". Weiter hieß es in der Stalin-Note: ,,Es wird Deutschland gestattet sein, eigene nationale Streitkräfte (Land-, Luft- und Seestreitkräfte) zu besitzen, die für die Verteidigung des Landes notwendig sind." Die Frage gesamtdeutscher Wahlen wurde in der Note nicht angesprochen. In einer neuerlichen Note vom 9. April 1952 unterbreitete die Sowjetführung ihre diesbezüglichen Vorstellungen[14]. Sie schlug die Einberufung einer Vier-Mächte-Konferenz zur Erörterung gesamtdeutscher Wahlen vor. Die Voraussetzungen für solche Wahlen sollten nach sowjetischer Ansicht durch eine Vier-Mächte-Kommission geprüft werden und nicht – worauf die drei Westmächte in ihrer Note vom 25. März 1952[15] hingewiesen hatten – durch einen UN-Ausschuß.
Die Gründe für die Ablehnung der sowjetischen Vorschläge legten die Westmächte in ihrer Note vom 13. Mai 1952 dar[16]. Sie lagen im Beharren auf der Entscheidungsfreiheit einer freigewählten gesamtdeutschen Regierung – d. h. sie wiesen damit die vorherige Festlegung eines neutralen Status für Deutschland zurück – und in der Ablehnung einer Vier-Mächte-Kommission als Rückkehr zu einer Vier-Mächte-Kontrolle.
Neben dem Bestreben, die Einbindung der Bundesrepublik in das westliche Vertragssystem zu verhindern, sehen einige Zeithistoriker als weiteres Motiv für dieses bis dahin großzügigste sowjetische Angebot einer Regelung der deutschen Frage – das im übrigen in der bundesrepublikanischen Öffentlichkeit sehr heftig und kontrovers diskutiert wurde[17] – Veränderungen in den theoretischen Grundlagen der außenpolitischen Konzeption der Sowjetunion an[18].
Ein unklares Bild ergibt sich bei der Betrachtung der deutschlandpolitischen Vorstellungen der Sowjetführung in den Monaten nach Stalins Tod. Man ist auch hier, wie so oft bei der Beurteilung der sowjetischen Deutschlandpolitik,

großenteils auf Vermutungen angewiesen. Festzustehen scheint, daß die Gruppe um Berija und Malenkow eine gemäßigtere Politik in der DDR – den sogenannten Neuen Kurs – praktizieren wollte und in gesamtdeutschen Fragen anscheinend bestrebt war, die in den Stalin-Noten vom März/April 1952 sichtbar gewordene Linie weiterzuverfolgen[19]. Inwieweit der Volksaufstand vom 17. Juni 1953 in der DDR eine Änderung dieser deutschlandpolitischen Konzeption bewirkt hat, ist nicht eindeutig auszumachen. Er scheint mit zum Sturz Berijas beigetragen und damit auch längerfristig die von ihm und Malenkow verfolgte Linie in der Deutschlandpolitik zum Scheitern gebracht zu haben.

Eine Kurskorrektur deutete sich auf der Berliner Außenministerkonferenz vom 25. Januar bis 18. Februar 1954 an. Molotow unterbreitete seinen westlichen Amtskollegen Vorschläge zur deutschen Frage, von denen die drei wichtigsten lauteten: „Bildung einer provisorischen gesamtdeutschen Regierung durch die Parlamente der Deutschen Demokratischen Republik und der Bundesrepublik Deutschland unter breiter Teilnahme demokratischer Organisationen", deren Hauptaufgabe „die Vorbereitung und Durchführung der gesamtdeutschen freien Wahlen" sein sollte[20], Neutralisierung Deutschlands[21] und ein „gesamteuropäischer Vertrag über die kollektive Sicherheit in Europa"[22], der von der Beteiligung der beiden deutschen Teilstaaten ausging. Damit wurde „zum ersten Mal die Verbindung zwischen der Deutschlandfrage und der europäischen Sicherheit hergestellt"[23], die auf der Genfer Gipfelkonferenz des folgenden Jahres eine bestimmende Rolle spielen sollte. Darüber hinaus wird von westlichen Beobachtern diese Initiative des Kreml als erster mehr oder weniger deutlicher Hinweis auf die sich abzeichnende Zwei-Staaten-Theorie im sowjetischen Deutschlandkonzept gewertet[24].

Das Jahr 1955, also das Jahr der Adenauer-Reise, zeigt eine Vielzahl taktischer Züge der sowjetischen Deutschlandpolitik, über deren Ziel nur spekuliert werden kann. Aus der Rückschau läßt sich sagen, daß die Zwei-Staaten-Theorie in diesem Zeitraum Gestalt gewann, wobei allerdings aus damaliger Sicht andere Konzeptionen nicht von vornherein auszuschließen waren.

In dem Bestreben, die Eingliederung der Bundesrepublik in die westliche Verteidigungsgemeinschaft, mithin die Ratifizierung der Pariser Verträge zu verhindern, gab die sowjetische Regierung am 15. Januar 1955 – im Februar erfolgte die parlamentarische Behandlung des Vertragswerkes durch den Bundestag – eine Erklärung ab[25], in der sie „die Abhaltung allgemeiner freier Wahlen in ganz Deutschland, einschließlich Berlin", unter „einer entsprechenden internationalen Aufsicht" in Aussicht stellte. In den „Schlußfolgerungen" der TASS-Erklärung heißt es u.a.: „Die Sowjetunion unterhält gute Beziehungen zur Deutschen Demokratischen Republik. Die Sowjetregierung ist bereit, auch die Beziehungen zwischen der UdSSR und der Deutschen Bundesrepublik zu normalisieren. Unter den gegenwärtigen Verhältnissen könnte eine Normalisierung der Beziehungen zwischen der Sowjetunion und der Deutschen Bundesrepublik gleichzeitig zu einem besseren gegenseitigen Verständnis und zum Suchen erfolgreicher Wege zur Lösung der Aufgabe der Wiederherstellung der Einheit Deutschlands beitragen." Abschließend wird darauf hingewiesen, daß durch die Ratifizierung der Pariser Verträge „eine neue

Lage" entstehe, ,,bei der die Sowjetunion nicht nur für die weitere Festigung der freundschaftlichen Beziehungen zur Deutschen Demokratischen Republik Sorge tragen wird, sondern auch dafür, daß durch gemeinsame Bemühungen der friedliebenden europäischen Staaten zur Festigung des Friedens und der Sicherheit in Europa beigetragen wird". Diese Erklärung stellt ein letztes – vermutlich rein propagandistisches – Manöver dar, den Beitritt der Bundesrepublik zur NATO zu verhindern. Das Zugeständnis freier Wahlen unter internationaler Kontrolle ist wohl unter diesem Gesichtspunkt zu sehen. Man könnte fast versucht sein, an ein Zurück in das Jahr 1952 in bezug auf die deutschlandpolitische Konzeption des Kreml zu glauben. Jedoch enthält die Erklärung eben auch das Angebot zur Normalisierung der Beziehungen zur Bundesrepublik, das – ohne eine Überinterpretation vornehmen zu wollen – Schlüsse auf ein Hinbewegen zur Zwei-Staaten-Theorie zuläßt[26]. Im übrigen wird mehr als deutlich auf die bevorstehende Gründung (Mai 1955) des Warschauer Paktes und auf die Einbeziehung der DDR in dieses Vertragswerk hingewiesen.

Sicherlich bot diese Erklärung genügend Anlaß zur Verwirrung[27]; überwiegend erweckte sie jedoch bei der deutschen Öffentlichkeit den Anschein, daß die sowjetische Regierung zu sinnvollen Verhandlungen über die Deutschland – insbesondere die Wiedervereinigungsfrage bereit sei. Vor allem der Abschluß des österreichischen Staatsvertrages am 15. Mai jenes Jahres und die Annahme des westlichen Vorschlages für eine Gipfelkonferenz durch die Sowjetführung bestärkte sie in dieser Ansicht.

In diese politische Situation fiel die Note des Kreml vom 7. Juni 1955 an die Bundesregierung, in der die Sowjetführung eine ,,persönliche Fühlungnahme" mit dem Bundeskanzler anregte und betonte, ,,daß die Herstellung und Entwicklung normaler Beziehungen zwischen der Sowjetunion und der deutschen Bundesrepublik zur Lösung der ungeregelten Fragen, die ganz Deutschland betreffen, beitragen wird und damit auch zur Lösung des gesamtnationalen Hauptproblems des deutschen Volkes – der Wiederherstellung der Einheit eines deutschen demokratischen Staates verhelfen muß"[28]. Ein amerikanischer Beobachter der westdeutschen Szene charakterisierte die Stimmung der Bevölkerung nach dem Bekanntwerden der sowjetischen Note mit dem Satz: ,,Keine der vielen Akte der Westmächte haben das Herz und die Phantasie der Deutschen auch nur annähernd so bewegt wie die Note aus Moskau."[29] Verständlicherweise: Wohl jedem Deutschen war klar, daß es eine Wiedervereinigung des Vaterlandes ohne oder gegen die Sowjetunion nicht geben konnte. Die sowjetische Deutschlandpolitik hatte in den zurückliegenden Jahren mehrfach überraschende Wendungen genommen – von einer Aufwertung der DDR durch deren Vertretung in paritätisch besetzten gesamtdeutschen Gremien bis zum Fallenlassen dieses Staatsgebildes konnte es ein kleiner Schritt sein –, und nun beflügelte der gerade unterzeichnete österreichische Staatsvertrag zusätzlich die Phantasie. Hinzu kam, daß sich diese Kremlnote, im Gegensatz zu den vorherigen zur Deutschland-Frage, direkt an die Bundesregierung wandte. Scheinbar ein Beweis mehr für die Ernsthaftigkeit des sowjetischen Bemühens um eine Regelung der deutschen Frage.

Adenauers Reaktion auf die an ihn gerichtete Einladung war nüchtern und sachlich. Er fand mit dem sowjetischen Vorschlag seine bisherige Politik der

Eingliederung der Bundesrepublik in das westliche Vertragssystem, um dann von dieser Position aus Verhandlungen mit Moskau zu führen, bestätigt. Adenauer bemerkte dazu in seinen ,,Erinnerungen": ,,Die Sowjetunion widerlegte mit ihrer Bereitschaft, Beziehungen zur Bundesrepublik aufzunehmen und über die Wiedervereinigung zu sprechen, nicht nur ihre eigenen Drohungen, sondern auch die Befürchtungen und Prognosen der deutschen Sozialdemokraten, die immer wieder verkündet hatten, die Ratifizierung der Pariser Verträge[30] bedeute das Ende der Verhandlungsmöglichkeiten mit der Sowjetunion."[31]

Der Kanzler wertete die Kremlinitiative als den Versuch, ,,die Bundesrepublik aus ihrer festen Bindung an den Westen zu lösen" und ,,einen Keil zwischen die Bundesrepublik und die anderen Westmächte zu treiben", wobei ,,Spekulationen auf die starken Wiedervereinigungsbestrebungen und -wünsche in der Bundesrepublik [. . .] bei diesem Versuch sicherlich Pate standen"[32]. Zwei mögliche Gefahrenmomente sah er durch die sowjetische Einladung für seine Politik der Westintegration und in der Wiedervereinigungsfrage: Zum einen müsse sich die Bundesregierung davor hüten, ,,das Verfahren, das zur Einheit Deutschlands führen sollte, dadurch zu verwirren, daß wir einen von den Vier-Mächte-Verhandlungen unabhängigen zweiseitigen Verhandlungsweg öffneten"[33]. Zum anderen konnte nach Adenauers Meinung die Annahme der Einladung nach Moskau ,,den guten Willen und das Vertrauen der Westmächte zu uns erschüttern". ,,Meine Aufgabe mußte es sein", führt Adenauer in seinen Memoiren weiter aus, ,,die Westmächte von der Gefährlichkeit jeglicher Neutralisierungsgedanken zu überzeugen, ihnen zu versichern, daß wir treu zu den Verträgen stünden und daß direkte Verhandlungen mit Moskau, die ich angesichts des Druckes der öffentlichen Meinung in Deutschland für unumgänglich hielt, in unserer Haltung keinerlei Änderung bringen würden."[34] Ein wichtiges Ziel seiner Moskaureise erblickte Adenauer in der Möglichkeit, ,,in Moskau unsere Politik klar darlegen zu können"[35]. ,,Die Hoffnung, daß man [. . .] der Wiedervereinigung Deutschlands näherkommen würde, war nicht groß."[36]

Im Gegensatz zu Adenauers Bemühen, Deutschland vor einer in seinen Augen verhängnisvollen Pendelpolitik zwischen Ost und West, vor einer Neutralisierung[37] zu bewahren, erstrebte die sozialdemokratische Opposition für die Bundesrepublik bzw. für ein wiedervereinigtes Deutschland eine Politik der Bündnislosigkeit. Sie sprach damals der Wiedervereinigung einen hohen politischen Wert zu und war bereit, dafür den Preis der Neutralität zu zahlen. Die Sozialdemokraten wandten sich gegen die Westintegration der Bundesrepublik, gegen die Annahme des Pariser Vertragswerkes, da diese ,,zu einer verhängnisvollen Verhärtung der Spaltung Deutschlands" führe[38]. Die SPD warf der Bundesregierung vor, es unterlassen zu haben, vor der Ratifizierung der Pariser Verträge bei den Westmächten auf Verhandlungen über die deutsche Frage mit der Sowjetunion zu drängen. In diesem Zusammenhang wurde auch der Vorwurf erhoben, daß man es 1952 versäumt habe, ,,die Ernsthaftigkeit der damaligen Angebote der Sowjetunion zu erproben"[39].

Nach der Ratifizierung der Westverträge ersuchte die SPD in einem Antrag ihrer Bundestagsfraktion vom 27. Mai 1955 die Bundesregierung, ,,in Vorbesprechungen mit den Westmächten darauf hinzuwirken, daß in den Vier-

Mächte-Verhandlungen (gemeint ist die Genfer Gipfelkonferenz, d. Verf.) die in den Pariser Verträgen und im Warschauer Vertrag vorgesehenen einseitigen militärischen Bindungen der beiden Teile Deutschlands ersetzt werden durch die Einbeziehung des wiedervereinigten Deutschlands in ein im Rahmen der Satzung der Vereinten Nationen und der Mitgliedschaft des wiedervereinigten Deutschlands in den Vereinten Nationen zu schaffendes System der kollektiven Sicherheit"[40]. Ergänzend führte Carlo Schmid am 21. Juni vor dem Bundestag dazu aus: ,,Wir muten niemandem zu, einen Vertrag zu brechen, aber wir verlangen, daß, wenn es um die Wiedervereinigung Deutschlands geht, auch die Pariser Verträge zum Gegenstand der Verhandlungen gemacht werden (Lebhafter Beifall bei der SPD), wenn sonst die Zustimmung der Sowjetunion zur Wiedervereinigung nicht zu erhalten ist."[41] Mit dieser Haltung – eventuelle Aufgabe der Mitgliedschaft im westlichen Vertragssystem zugunsten eines auch von der Sowjetunion geforderten kollektiven Sicherheitspaktes – befand sich die Opposition in einer gewissen Nähe zu einigen Punkten der deutschlandpolitischen Konzeption des Kreml, die dieser verständlicherweise propagandistisch zu nutzen suchte. Angesichts des Gesagten kann es nicht erstaunen, daß führende SPD-Politiker nach dem Eintreffen der sowjetischen Einladung Adenauer aufforderten, ,,sehr bald nach Moskau"[42] zu fahren.

Die vor dem zeitgeschichtlichen Hintergrund dargelegten Positionen der entscheidenden politischen Kräfte in der Bundesrepublik zum Deutschlandproblem im allgemeinen und zu den bevorstehenden deutsch-sowjetischen Verhandlungen im besonderen lassen die Frage nach der sowjetischen Haltung im Vorfeld der Moskaureise des Bundeskanzlers und nach dem Stellenwert, den diese Moskauer Gespräche im deutschlandpolitischen Konzept der Sowjets einnehmen sollten, aufkommen. Aus heutiger Sicht erscheint die Antwort leicht, aber dem damaligen Beobachter sowjetischer Deutschlandpolitik mußte sie ungleich schwerer fallen, enthielten doch die Äußerungen der Sowjets zu diesem Thema eine Reihe irritierender Momente, die zwar eine Weiterführung der Zwei-Staaten-Theorie nicht ausschloß, aber – wenigstens bis zur Genfer Gipfelkonferenz – scheinbar auch andere Möglichkeiten offenließ, wobei der Adressat dieses propagandistischen Verwirrspiels nicht Adenauer, sondern die westdeutsche Öffentlichkeit war. Den Bundeskanzler auf diesem Wege direkt zu einer Änderung seiner Politik bewegen zu wollen, erschien vermutlich selbst den Sowjets unvorstellbar; indirekt jedoch durch eine Mobilisierung der ,,Volksmassen"[43] gegen sein Konzept die politische Handlungsfähigkeit des Kanzlers im sowjetischen Sinne einzuengen, ist sicher als ein Ziel des Kreml anzunehmen, wobei nebenher auch auf Reaktionen gegen die Westmächte gehofft wurde.

Die ersten publizierten sowjetischen Stellungnahmen zur Kremlnote vom 7. Juni[44], die neben dem Notentext selbst Rückschlüsse auf die Deutschlandpolitik der Sowjetregierung zuließen, sind die Leitartikel von ,,Prawda" und ,,Iswestija" vom 9. Juni[45]. Beide Zeitungen beschränkten sich darauf, über weite Teile den Inhalt der Note zu referieren, wobei Formulierungen gebraucht wurden, die dem Notenwortlaut sehr nahe kommen. An einigen Stellen verdeutlicht man das sowjetische Anliegen durch darüber hinausgehende Ausführungen, die jedoch keine Abweichungen – allerdings eine wichtige Akzentuierung, über

die noch zu sprechen sein wird – von der in der Note gewiesenen politischen Linie enthalten. Wie in der Sowjetnote wird auch in beiden Leitartikeln unterstrichen, „daß die entscheidende Voraussetzung für die Wahrung und Festigung des Friedens in Europa normale und gute Beziehung zwischen dem sowjetischen und deutschen Volk“ seien. Die „geschichtliche Erfahrung“ lehre, daß „in Zeiten, in denen sie freundschaftlich verbunden waren und zusammenarbeiteten, beide Länder für sich großen Nutzen daraus zogen. Feindschaft und Krieg zwischen der UdSSR und Deutschland brachte ihnen Unglück und Leiden.“[46] Es wird in diesem Zusammenhang in beiden Zeitungen an die Opfer der Weltkriege erinnert und betont, daß der „sowjetische Staat“ sich trotz der ihm im Zweiten Weltkrieg zugefügten Leiden nicht „von Haßgefühlen gegen das deutsche Volk“ leiten ließe. „Davon zeugt die Haltung der Sowjetunion bei der Beantwortung der grundlegenden nationalen Interessen des deutschen Volkes bei der Lösung des deutschen Problems in der Nachkriegszeit. Davon zeugt auch das gute gegenseitige Verhältnis, das zwischen der Sowjetunion und der Deutschen Demokratischen Republik hergestellt wurde und das sich auf der festen Grundlage der Gleichberechtigung und der Nichteinmischung in die inneren Angelegenheiten weiterentwickelt.“[47] Wie in der Note wird auch in beiden Leitartikeln „die Aufmerksamkeit der Regierung der Deutschen Bundesrepublik darauf gelenkt, daß gegenwärtig in bestimmten aggressiven Kreisen einiger Staaten Pläne geschmiedet werden, die darauf gerichtet sind, die Sowjetunion und Westdeutschland einander entgegenzustellen und eine Verbesserung der Beziehungen zwischen ihnen zu verhindern“[48]. Die Ausführung dieser Pläne, wird weiter erklärt, könne zu einem neuen Krieg führen, der „unvermeidlich das Territorium Deutschlands in ein Schlachtfeld und eine Zone der Zerstörung verwandeln würde“[49].
Ausgehend von dem in der Sowjetnote unterbreiteten Vorschlag, „direkte diplomatische und Handelsbeziehungen sowie kulturelle Beziehungen zwischen beiden Ländern herzustellen“, werden in „Prawda“ und „Iswestija“ die beiderseitigen Vorteile eines regen Handels zwischen der Sowjetunion und der Bundesrepublik herausgestellt[50] und auf die „bekanntlich alten Traditionen“[51] der kulturellen Beziehungen zwischen den „Völkern der UdSSR und Deutschlands“ hingewiesen. Die „Prawda“ spricht von einer „ruhmreichen Tradition“ und führt dazu aus: „Die Namen Humboldt und Koch, Goethe und Beethoven sind den Sowjetmenschen ebenso gut bekannt wie die Namen Mendelejew und Pawlow, Tolstoj und Tschajkowskij einer breiten deutschen Öffentlichkeit.“[52]
Die bisher dargelegte Kommentierung hält sich streng an den von der Note vorgegebenen politischen Rahmen. Eine Formulierung in der „Iswestija“ läßt jedoch aufhorchen. In Fortsetzung der Passage über den Nutzen guter Beziehungen zwischen Deutschland und der Sowjetunion führt das Regierungsblatt aus: „Der Abschluß des Rapallo-Vertrages zu Beginn der zwanziger Jahre war ein wichtiger Meilenstein auf diesem Wege.“ Sollte dieser Satz die Möglichkeit von Sonderbeziehungen zwischen beiden Ländern, eventuell ein Zurück zur sowjetischen Deutschlandpolitik des Jahres 1952 andeuten? Eine absichtslose Nennung von „Rapallo“ erscheint angesichts der Struktur des sowjetischen Pressewesens ausgeschlossen, wobei hinzukommt, daß der Rapallo-Vertrag

auch noch ein zweites Mal erwähnt wird. Der Bonner ,,Prawda"-Korrespondent berichtet in einer Presseschau über einen Artikel der ,,Welt"[53] mit folgenden Worten: ,,Die Zeitung erinnert daran, daß nach dem Abschluß des Rapallo-Vertrages im Jahre 1922 und des Berliner Vertrages im Jahre 1926 ,für die deutsch-russischen Beziehungen eine Blütezeit (begann), wie wir sie vorher nie erlebt hatten'. ,Das Russengeschäft – schreibt die Zeitung – wurde in allen Kreisen der Industrie immer populärer. Heute hat man das noch nicht vergessen, und man wartet nur darauf, daß sich dieser Handel wieder entfalten könnte wie ehedem.'"[54] Bei dem hohen Stellenwert, den Übersichten von ausländischen Pressestimmen im politischen Leben der Sowjetunion haben können – hat hier doch die Sowjetführung Gelegenheit, für sie zweckdienliche Nachrichten und Meinungen zu bringen, ohne selbst als ihr Inspirator zu gelten –, ist davon auszugehen, daß auch diesmal die Erwähnung des Rapallo-Vertrages nicht zufällig geschah.

Außer in den genannten Leitartikeln und dem Korrespondentenbericht der ,,Prawda" bildet die Kremlnote vom 7. Juni noch das Thema der in den wichtigsten sowjetischen Presseorganen vom 9. bis 13. Juni erscheinenden Spalte ,,Auslandsecho"[55]. In dieser Rubrik werden unter stark parteiischem Gesichtspunkt ausländische Zeitungen zitiert, wobei die überwältigende Mehrheit die sowjetische Initiative selbstverständlich begrüßt[56] und nur einige wenige amerikanische und britische Presseorgane mit skeptischen oder ablehnenden Stellungnahmen – gleichsam stellvertretend für die ,,aggressiven Kreise" der westlichen Welt – angeführt werden. Nach dem 13. Juni werden die deutsche Frage und die in Aussicht stehenden deutsch-sowjetischen Verhandlungen bis zum Beginn der Genfer Gipfelkonferenz in den sowjetischen Tageszeitungen kaum noch behandelt[57]. Es bietet sich daher ein erstes Resümee der sowjetischen Haltung und Absichten im Zusammenhang mit den in der Note vom 7. Juni geäußerten Vorschlägen an.

Der Inhalt der Moskauer Note und deren Kommentierung durch die sowjetische Presse ergibt für sich genommen noch kein klares Bild über die mit der Einladung an die Bundesregierung verbundenen Ziele der Kremlführung. Der Wunsch nach Aufnahme diplomatischer Beziehungen, die Hervorhebung des guten Verhältnisses zur DDR lassen auf einen weiteren Ausbau der auf der Zwei-Staaten-Theorie fußenden deutschlandpolitischen Konzeption schließen[58]. Die Hervorhebung der Wichtigkeit enger deutsch-sowjetischer Kontakte, der Hinweis auf die vorhandenen, ,,bekanntlich alten" Traditionen im Verhältnis beider Völker, besonders auf Rapallo, und vor allem die Formulierung, daß die ,,Herstellung und Entwicklung normaler Beziehungen" die deutsche Frage einer Lösung näherbringen könne, lassen auch andere Deutungen zu.

Vermutungen über die sowjetische Taktik in diesem Stadium legen folgende Schlüsse nahe: Durch Form und Inhalt der Einladung und durch sonstige Äußerungen sollte eine Brüskierung der Bundesregierung vermieden werden, um Verhandlungen nicht von vornherein unmöglich zu machen[59]. Andererseits ist das Bestreben erkennbar, die parlamentarische und außerparlamentarische Opposition durch Andeutungen einer denkbaren Lösung der deutschen Frage und Hinweise auf das gefährliche Treiben ,,aggressiver" westlicher Kreise zu

ermuntern, die öffentliche Meinung gegen die bisherige Adenauersche Politik zu mobilisieren und für eine Zustimmung zum sowjetischen Vorschlag zu gewinnen. Hierbei erhoffte man sich sowjetischerseits auch die Unterstützung westdeutscher Handelskreise, denn sowohl Note als auch Kommentare enthalten nicht umsonst großzügige Offerten an diese Adresse. Darüber hinaus ist der Versuch des Kreml erkennbar, Spannungen und Mißtrauen zwischen den Westmächten und der Bundesrepublik zu erzeugen. Die in der Note enthaltene Bemerkung über die ,,aggressiven Kreise gewisser Staaten" und deren Bestrebungen, Westdeutschland in einen Krieg gegen die Sowjetunion zu treiben, offenbart die Absicht, antiwestliche Ressentiments bei linken und pazifistischen, aber auch bei nationalistischen und neutralistischen Bevölkerungsgruppen zu schüren. Aus dem gleichen Grund erinnerte die Sowjetpresse an ,,Rapallo", wobei allerdings hierbei die Absicht mitschwang, das Mißtrauen der Westmächte gegen den potentiell unsicheren Bündnispartner Bundesrepublik anzustacheln.
Die aufgrund der Note vom 7. Juni und ihrer Kommentierung nicht eindeutig zu definierende Linie der sowjetischen Deutschlandpolitik erhielt wesentlich klarere Züge durch eine ,,TASS-Erklärung zur deutschen Frage" vom 12. Juli 1955[60]. In dieser anläßlich der bevorstehenden Genfer Gipfelkonferenz abgegebenen Erklärung der Sowjetregierung wird deren Haltung zur Wiedervereinigung dargelegt. Nachdem eingangs die Ansicht westlicher Politiker zurückgewiesen wird, Moskau habe das Interesse an der ,,Vereinigung" Deutschlands verloren, und beteuert wird, ,,daß die Sowjetunion unablässig die Frage der Vereinigung Deutschlands in den Vordergrund gestellt" habe, geht die Verlautbarung auf die ,,sogenannten Pariser Verträge" ein. Es wird betont, daß mit der ,,Wiedererrichtung des Militarismus in Westdeutschland und seiner Einbeziehung in die Westeuropäische Union und den Nordatlantikblock" die ,,Teilnehmerstaaten dieser Verträge die Einheit Deutschlands den Plänen zur Wiedererrichtung des deutschen Militarismus geopfert" hätten. Unter den gegenwärtigen Umständen genüge es deshalb nicht, heißt es unter ausdrücklichem Hinweis auf den Eden-Plan[61] in der Erklärung weiter, ,,über das technische Verfahren der Durchführung gesamtdeutscher Wahlen eine Einigung zu erzielen". Die entscheidende Frage ,,in der neuen Situation" sei, ,,ob Westdeutschland in einen militaristischen Staat verwandelt wird, der in militärische Gruppierungen einbezogen ist, oder ob Maßnahmen getroffen werden, die eine solche Entwicklung Westdeutschlands verhindern". Als Lösungsmöglichkeit wird in der Erklärung ,,die Schaffung eines gesamteuropäischen Systems der kollektiven Sicherheit" vorgeschlagen: ,,An diesem Sicherheitssystem könnte sich sowohl die Deutsche Demokratische Republik als auch die Deutsche Bundesrepublik beteiligen, deren gegenseitige Annäherung notwendig ist, um die Wiederherstellung der Einheit Deutschlands zu beschleunigen. Sobald ein einheitliches, demokratisches und friedliebendes Deutschland wiederhergestellt ist, wird es selbstverständlich seinen würdigen Platz in der Familie der friedliebenden europäischen Völker einnehmen, die durch ein System der kollektiven Sicherheit vereinigt sind."
Nach dieser Erklärung waren nun kaum noch Zweifel über die sowjetische Deutschlandkonzeption möglich, hier wurde für die weitere Zukunft die Prak-

tizierung einer auf die Zweistaatlichkeit Deutschlands ausgerichteten Politik angekündigt. Eine Bestätigung erfuhr die in der TASS-Erklärung dargelegte deutschlandpolitische Linie durch die Eröffnungsrede des sowjetischen Ministerpräsidenten Bulganin[62] am 18. Juli 1955 auf der Gipfelkonferenz der vier Regierungschefs[63] in Genf. Bulganin unterstrich bei dieser Gelegenheit, daß „die Schaffung eines wirksamen Systems der Sicherheit in Europa in bedeutendem Maße die Lösung der deutschen Frage erleichtern und die notwendigen Voraussetzungen für die Vereinigung Deutschlands auf friedlicher und demokratischer Grundlage schaffen würde".

Die Direktive der Regierungschefs an ihre Außenminister vom 23. Juli[64] bedeutet scheinbar ein Infragestellen der durch die TASS-Erklärung und Bulganin gewiesenen Richtung in der Deutschlandpolitik, heißt es doch dort unter dem Punkt „Europäische Sicherheit und Deutschland" u. a.: „Die Regierungschefs sind in Erkenntnis ihrer gemeinsamen Verantwortung für die Regelung des deutschen Problems und der Wiedervereinigung Deutschlands mittels freier Wahlen übereingekommen, daß die Lösung der deutschen Frage und die Wiedervereinigung Deutschlands im Einklang mit den nationalen Interessen des deutschen Volkes und den Interessen der europäischen Sicherheit herbeigeführt werden soll."[65] Jedoch die Ereignisse der nächsten Tage zeigten, daß die Sowjetregierung sich an die Direktive nicht gebunden fühlte bzw. ihr eine Auslegung gab, die eine Kurskorrektur ihrer gerade eingeschlagenen Deutschlandpolitik überflüssig machte.

Am 24. Juli kommentierte die „Prawda" in einem Leitartikel die Ergebnisse der Genfer Konferenz[66]. Zum Meinungsaustausch über die Deutschland-Frage schrieb sie folgendes: „Die Haltung der UdSSR in der Zeit der Vorbereitung und des Abschlusses der Pariser Verträge ist bekannt. Die Sowjetunion hat darauf hingewiesen, daß das Inkrafttreten dieser Abkommen schwierige Voraussetzungen für Verhandlungen zur Deutschlandfrage schaffen und eine Diskussion über die Vereinigung Deutschlands gegenstandslos machen wird. Man kann die Tatsache nicht ignorieren, daß nach dem Krieg zwei Deutschlands entstanden sind – die Deutsche Demokratische Republik und die Deutsche Bundesrepublik – mit verschiedener wirtschaftlicher und gesellschaftlicher Ordnung. Die Deutsche Bundesrepublik hat bekanntlich den Weg der Remilitarisierung beschritten und ist in die militärischen Gruppierungen der Westmächte einbezogen. Was die DDR anbelangt, so hat sie angesichts des Abschlusses der Pariser Verträge den Beschluß gefaßt, an der Organisation des Warschauer Vertrages teilzunehmen. Unter diesen Voraussetzungen kann die Frage der mechanischen Verschmelzung der beiden Teile Deutschlands nicht gestellt werden. Die Deutschlandfrage kann natürlich nicht ohne Teilnahme von Vertretern der Deutschen Demokratischen Republik und der Deutschen Bundesrepublik gelöst werden. Der einzig reale Weg zur Vereinigung Deutschlands sind gemeinsame Bemühungen der vier Mächte und auch des deutschen Volkes, die auf die Entspannung in Europa, auf die Herstellung des Vertrauens zwischen den Staaten abzielen. Die Schaffung eines Systems der kollektiven Sicherheit in Europa unter Teilnahme beider Teile Deutschlands als gleichberechtigte Partner bis zu seiner Vereinigung würde diesem Zweck am besten dienen."

Klarer konnte es wohl kaum gesagt werden: keine ,,mechanische Verschmelzung" der beiden Teile Deutschlands, sondern erst Annäherung beider deutscher Staaten im Rahmen eines kollektiven Sicherheitspaktes. Das hieß entweder die Verewigung der deutschen Teilung oder eine Wiedervereinigung unter kommunistischem Vorzeichen.

Weitere deutliche Konturen erhielt diese auf der Zweistaatlichkeit Deutschlands basierende Politik der Sowjetunion durch die Rede des Ersten Sekretärs der KPdSU, Chruschtschow, am 26. Juli 1955 in Ost-Berlin[67]. Chruschtschow erklärte auf einer Großkundgebung, daß die Lösung des deutschen Problems ,,unter den gegenwärtigen Bedingungen [. . .] große und ernsthafte Anstrengungen sowohl seitens der Großmächte als auch insbesondere seitens des deutschen Volkes in beiden Teilen selbst erforderlich" mache. ,,Das beste aber wäre – fuhr er fort –, wenn die deutsche Frage die Deutschen selbst lösen würden, die zweifelsohne den richtigen Weg für die Entwicklung Deutschlands wählen können [. . .] Man kann die deutsche Frage nicht auf Kosten der Interessen der Deutschen Demokratischen Republik lösen [. . .] Können die Werktätigen der Deutschen Demokratischen Republik auf die Beseitigung aller ihrer politischen und sozialen Errungenschaften, auf die Beseitigung aller ihrer demokratischen Umgestaltungen eingehen? Wir sind überzeugt, daß sich die Werktätigen der Deutschen Demokratischen Republik niemals einverstanden erklären werden, einen solchen Weg zu gehen."Diese Chruschtschow-Rede fand in der gesamten westlichen Welt stärkste Beachtung, da sie als den Bestimmungen der Genfer Direktive zuwiderlaufend verstanden wurde, und löste darüber hinaus in der deutschen Öffentlichkeit tiefe Bestürzung und Enttäuschung aus[68]. Meissner charakterisiert die in der Deutschlandpolitik entstandene Situation mit folgenden Worten: ,,Mit dem Hervortreten Chruschtschows kam eine Richtung zum Zuge, die gegenüber Deutschland eine offensive Status-quo-Politik betrieb. Es war eine Politik, der die Zwei-Staaten-Theorie zugrunde lag und die eine Zementierung der deutschen Spaltung betrieb, ohne sich mit dem Status quo als solchem zu begnügen."[69]

Chruschtschow hatte in seiner Ostberliner Rede in zwei Sätzen auch die bevorstehenden deutsch-sowjetischen Verhandlungen erwähnt und erklärt, daß die Herstellung normaler diplomatischer Beziehungen zwischen der Sowjetunion und der Bundesrepublik ,,die Grundlage für die Zusammenarbeit zwischen der Sowjetunion und Westdeutschland schaffen" würde und somit ,,ein wichtiger Beitrag zur Wiederherstellung der Einheit Deutschlands" wäre[70]. Erklärlicherweise führte er diese im eklatanten Gegensatz zu den übrigen Aussagen stehende Bemerkung nicht weiter aus.

Trotz oder vielleicht wegen der Verhärtung[71] des deutschlandpolitischen Kurses ist das Bemühen der Sowjetführung erkennbar, durch verschiedene Gesten – Adressat bzw. Mitwirkende ist meist die DDR – die freundschaftlichen Gefühle des sowjetischen Volkes gegenüber dem deutschen zu demonstrieren. Bestes Beispiel für derartige Handlungen, die als eine Werbung für die sowjetische Deutschlandpolitik aufzufassen sind, stellt die Rückgabe der von der Roten Armee 1945 in die Sowjetunion gebrachten Kunstwerke der Dresdner Gemäldegalerie dar. In einem Leitartikel der ,,Prawda" vom 27. August 1955, der darauf Bezug nimmt, werden unter der Überschrift ,,Für Freundschaft zwischen dem sowjetischen und deutschen Volk" nachdrücklich die engen Verbindungen zwischen der UdSSR und DDR herausgestrichen, aber darüber hinaus auch freundliche Worte für das gesamte deutsche Volk gefunden. ,,Die hochentwickelte Industrie, das Talent und die Arbeitsliebe des deutschen Volkes" werden hervorgehoben, und es wird einmal mehr erklärt, daß ,,die Erfahrung der Geschichte" lehre, ,,daß das sowjetische und deutsche Volk in Frieden und Freundschaft leben" müßten. Unter Hinweis auf die Rückgabe der Gemälde wird in dem Leitartikel festgestellt, daß die Sowjetregierung ,,damit einen außerordentlich großen Beitrag für die weitere Festigung und Entwicklung der Freundschaft zwischen dem deutschen Volk und dem Volk der Sowjetunion" geleistet habe, und emphatisch ausgerufen: ,,Die Freundschaft zwischen dem sowjetischen und deutschen Volk wird wachsen und sich festigen, zum Wohl unserer Länder, für die Festigung des Friedens!"[72]

Gleichsam ihre Ergänzung findet diese taktische Variante der sowjetischen Politik in der propagandistischen Unterstützung oppositioneller Kräfte in Westdeutschland – nach kommunistischem Verständnis eben der ,,Volksmassen", mit denen sich die Sowjetmenschen in Freundschaft verbunden fühlen –, um sie auf diese Weise in der Auffassung zu bestärken, daß ein Eingehen auf die Vorschläge aus Moskau der einzig richtige Weg für Deutschlands Zukunft sei, und damit einen Druck auf die Deutschlandpolitik der Bundesregierung ausüben zu können. Vornehmlich einige ausführliche Korrespondentenberichte sowjetischer Zeitungen offenbaren derartige Bestrebungen. Programmatik verkünden zum Teil schon die Überschriften der Berichte, wie ,,Das unverrückbare Recht der Deutschen"[73] und ,,Deutsche an einen Tisch – Die deutsche Öffentlichkeit fordert die Annäherung zwischen der Deutschen Demokratischen Republik und der Deutschen Bundesrepublik"[74]. In den Korrespondentenberichten und kommentierten Pressespiegeln, die die bevorstehenden deutsch-sowjetischen Verhandlungen unmittelbar zum Thema haben, wird der Anschein vermittelt, als fordere die übergroße Mehrheit der westdeutschen Bevölkerung ein Abgehen der Bundesregierung von der ,,Politik der Stärke" und erhoffe ein neues politisches Konzept für deren Moskauer Verhandlungen, das die Aufnahme diplomatischer, wirtschaftlicher und kultureller Beziehungen ohne ,,Vorbedingungen" – d. h. ohne sowjetische Vorleistungen in der Wiedervereinigungsfrage – beinhaltet[75]. Laut diesen Berichten findet auch die sowjetische Forderung breite Zustimmung, nach der ein kollektives Sicherheitssystem die Voraussetzung für die Wiedervereinigung und nicht umgekehrt ein wiedervereinigtes Deutschland die Vorbedingung für die Schaffung dieses Sicherheitspaktes darstelle[76].

Unter der Überschrift ,,Worüber man in diesen Tagen in Westdeutschland spricht" schildert der ,,Iswestija"-Korrespondent am 7. September die politische Stimmung der Hamburger Bevölkerung am Vorabend der Adenauer-Reise. Journalisten, Geschäftsleute, Arbeiter und Künstler, alle stehen sie, folgt man diesem Bericht, dem sowjetischen Vorschlag nach Aufnahme diplomatischer Beziehungen positiv gegenüber, wobei besonders das Drängen der Wirtschaftskreise nach dem Abschluß von Handelsvereinbarungen hervorgehoben wird[77]. Des weiteren gibt der ,,Iswestija"-Korrespondent ein Gespräch mit dem Hamburger FDP-Bundestagsabgeordneten Rademacher wieder, in dem dieser dahingehend zitiert wird, daß eine „große Zahl" von Bundestagsabgeordneten eine Verschiebung der Ratifizierung der Pariser Verträge erstrebt habe, bis in die Reihen der CDU/CSU hinein[78]. Es wird also das Bild einer fast geschlossen gegen die Adenauer-Politik stehenden westdeutschen Öffentlichkeit vermittelt, wobei sogar die Hauptstützen dieser Politik, die Bundestagsabgeordneten der größten Regierungspartei, offenbar vielfach nur widerwillig der Adenauerschen Linie folgen.

Die Leitartikel von „Prawda"[79] und „Iswestija"[80], die am Vorabend bzw. am Eröffnungstag der deutsch-sowjetischen Verhandlungen[81] erscheinen, bestätigen in einer nach Inhalt und Form sehr weitgehenden Übereinstimmung die in den davorliegenden Wochen sichtbar gewordene Linie der sowjetischen Deutschlandpolitik. So wird auf die „enge und freundschaftliche Zusammenarbeit zwischen der UdSSR und der Deutschen Demokratischen Republik" hingewiesen und erklärt, daß Deutschland „seine Wiedervereinigung nicht durch eine mechanische Verschmelzung seiner beiden Teile erreichen" könne, sondern nur „Schritt für Schritt auf dem Wege der Minderung der internationalen Spannung in Europa, auf dem Wege der Liquidierung der bestehenden militärischen Gruppierungen der Staaten und der Schaffung eines wirksamen gesamteuropäischen Systems der kollektiven Sicherheit"[82].

Die „Prawda" sieht als Hauptaufgabe der Verhandlungen die Aufnahme diplomatischer Beziehungen an. Zur Wahl des Zeitpunktes für die sowjetische Einladung an den Bundeskanzler werden als Begründung „die Abschaffung des sogenannten Besatzungsstatuts für Westdeutschland" und „die vom Obersten Sowjet der UdSSR angenommenen Beschlüsse über die Beendigung des Kriegszustandes zwischen der UdSSR und Deutschland"[83] genannt.

In beiden Leitartikeln fehlen auch nicht die in der davorliegenden Zeit vermehrt sichtbar gewordenen propagandistischen Manöver zur Beeinflussung der westdeutschen Öffentlichkeit. In diesem Zusammenhang wird der „Standpunkt der Sozialdemokratischen Partei, die neun Millionen Wähler vertritt"[84], gewürdigt und deren Widerstand gegen die Pariser Verträge hervorgehoben[85]. Jedoch wird auch hier, wie schon in den Presseäußerungen der zurückliegenden Wochen, jeder direkte Angriff auf Adenauer vermieden.

Bereits der erste Moskauer Verhandlungstag[86] bestätigte die in den beiden Leitartikeln formulierte und seit der Genfer Gipfelkonferenz deutlich sichtbar gewordene Linie der sowjetischen Deutschlandpolitik. So wies Bulganin in seiner Eröffnungsrede[87] auf „die Realität des Bestehens der Deutschen Bundesrepublik und der Deutschen Demokratischen Republik" hin und betonte: „Die Sowjetregierung war stets der Meinung, daß die Lösung der Frage der Wiedervereinigung Deutschlands vor allem die Sache der Deutschen selbst ist." Am folgenden Tag erfuhren diese Ausführungen durch Chruschtschow eine Bestätigung[88]. Der Parteisekretär wies dabei vor allem auf die nach sowjetischer Vorstellung negativen Folgen der Pariser Verträge und des NATO-Beitritts der Bundesrepublik für die Wiedervereinigung hin. Chruschtschow erklärte, daß die sowjetische Führung auf keinen Fall dem von den westlichen Regierungen vertretenen Standpunkt zustimmen könne, daß das wiedervereinigte Deutschland der NATO beitreten müsse. Auf eine Annullierung der Pariser Verträge oder auf einen Austritt der Bundesrepublik aus der NATO zu drängen, sei – nach Chruschtschows Auffassung – unrealistisch: ,,Deshalb ging die Sowjetunion von der gegenwärtigen realen Situation aus, als sie vorschlug, diplomatische Beziehungen zur Deutschen Bundesrepublik herzustellen und die Voraussetzungen für eine günstige Entwicklung des Handels zwischen beiden Seiten zu schaffen. Und dazu haben wir sehr große Möglichkeiten.“

Es zeigte sich sehr bald, daß sich die deutschen und sowjetischen Verhandlungspositionen diametral gegenüberstanden. Besonders erbittert wurde um die von Adenauer geforderte Freilassung der noch in der Sowjetunion befindlichen deutschen Kriegsgefangenen gerungen[89]. Ein Scheitern der Verhandlungen wegen dieses Punktes schien für einige Zeit in greifbare Nähe gerückt. Von diesem dramatischen Geschehen – soweit es sich nicht in den offiziellen Reden niederschlug – erfuhr der Sowjetbürger nichts oder nur in vagen Andeutungen[90]. Die Presseberichterstattung über die Verhandlungen blieb vornehmlich auf ,,Prawda“ und ,,Iswestija“ beschränkt, wobei in deren Berichten über weite Teile wichtige Stellen der am Vortage gehaltenen Reden referiert und kommentiert und darüber hinaus einige westliche Zeitungen zu dem Geschehen zitiert wurden. Von einer direkten und umfassenden Wiedergabe des Verhandlungsgeschehens kann in keiner Weise gesprochen werden.

Ein Punkt, der sowohl von der ,,Prawda“[91] als auch von der ,,Iswestija“[92] am 10. September behandelt wurde, verdient hervorgehoben zu werden, da er einmal mehr die neue Linie der sowjetischen Deutschlandpolitik dokumentiert. Adenauer hatte bei seiner Ankunft auf dem Moskauer Flughafen u. a. erklärt, ,,daß der erste Kontakt, den wir mit unserer Anwesenheit in Moskau aufnehmen, die Herstellung normaler, guter Beziehungen zwischen Deutschland und der Sowjetunion“ einleiten möge[93]. Nach Meinung beider Zeitungen bedeuteten diese Äußerungen, ,,sich von der Wirklichkeit zu entfernen, die in der Tatsache der Existenz der Deutschen Demokratischen Republik besteht, die längst schon gute, freundschaftliche Beziehungen zur Sowjetunion hat“ (Iswestija).

Die Zweistaatlichkeit Deutschlands wird in den beiden genannten Zeitungen auch noch auf andere Weise mit allem Nachdruck unterstrichen, und zwar werden während der Verhandlungstage in längeren Ausführungen die politischen und wirtschaftlichen Erfolge der DDR unter solch bezeichnenden Überschriften wie ,,Bollwerk der demokratischen und friedliebenden Kräfte des deutschen Volkes“[94] oder ,,Sicheres Bollwerk aller deutschen Patrioten“[95] gewürdigt.

Die sowjetische Seite erreichte bekanntlich bei den Moskauer Gesprächen ihr oberstes Verhandlungsziel: die Aufnahme diplomatischer Beziehungen mit der Bundesrepublik ohne Vorleistungen in der deutschen Frage. Ihre Presse zögerte deshalb auch nicht, in der ersten Reaktion auf die Gespräche von einem Erfolg der Verhandlungen zu sprechen[96]. ,,Trud“[97] bezeichnete die Aufnahme diplomatischer Beziehungen als einen ,,historischen Akt“, die ,,Prawda“[98] sah darüber hinaus in den Verhandlungsergebnissen einen ,,neuen Erfolg der friedliebenden Außenpolitik der Sowjetunion“. Die Leitartikler der sowjetischen Zeitungen stellten das erreichte ,,Hauptziel der Verhandlungen“ (Iswestija) – die Herstellung diplomatischer Beziehungen – an die erste Stelle ihrer Ausführungen. Sie sahen darin einen ,,neuen Schritt auf dem Wege der Minderung der internationalen Spannungen, der Festigung des Friedens in Europa und in der ganzen Welt“[99]. „Krasnaja swesda“[100] glaubte feststellen zu können, daß durch die Verhandlungsergebnisse „die Pläne jener Kreise, die darauf rechneten, die Normalisierung der Beziehungen zwischen der Sowjetunion und der Deutschen Bundesrepublik stören zu können und dadurch einen Vorwand für das Wiederaufleben des ‚Kalten Krieges‘ zu finden“, durchkreuzt wurden. Die Gespräche hätten laut „Prawda“ überzeugend bewiesen, daß die „berüchtigte Politik der Stärke“ ein völlig untaugliches Mittel in der internationalen Politik sei. Als Folge der „erfolgreichen Verhandlungen“ für die Beziehungen zwischen der Bundesrepublik und der Sowjetunion werden „die Entwicklung des gegenseitigen Verständnisses und der Zusammenarbeit“ (Iswestija) und die mögliche Lösung ungeregelter, ganz Deutschland betreffender Fragen genannt. Von allen Zeitungen werden in diesem Zusammenhang sehr betont die nunmehr vorhandenen Entwicklungsmöglichkeiten im deutsch-sowjetischen Handel herausgestellt. Zur Kennzeichnung der Verhandlungsatmosphäre wird von allen Blättern „die große Freimütigkeit und Aufrichtigkeit der Teilnehmer dieser Verhandlungen und vor allem der sowjetischen Vertreter“ hervorgehoben[101].

Die Äußerungen zur deutschen Frage, im engeren Sinne zur Wiedervereinigungsproblematik, zeichnen sich durch Zurückhaltung aus. So werden die Punkte der sowjetischen Politik, die als signifikanter Ausdruck der Verhärtung in der deutschlandpolitischen Konzeption angesehen werden können und in den davorliegenden Wochen wiederholt vorgetragen wurden, nicht zur Sprache gebracht.

Doch bereits zwei Tage später fand diese gemäßigte Haltung der Sowjetpresse ihr Ende. Eine TASS-Erklärung vom 16. September – in Entgegnung auf Ausführungen Adenauers auf einer Pressekonferenz[102] – stellte fest, „daß die Sowjetregierung die Deutsche Bundesrepublik als einen Teil Deutschlands betrachtet. Ein anderer Teil Deutschlands ist die Deutsche Demokratische Republik.“[103] Weiterhin erschienen an diesem Tage in „Prawda“ und „Iswestija“ in einem geradezu überschwenglichen Ton gehaltene Begrüßungsartikel, die sämtliche relevanten Elemente der neuen deutschlandpolitischen Linie enthalten, für eine in Moskau eingetroffene Partei- und Regierungsdelegation der DDR.

Der von dieser Delegation bei ihrem Moskauer Aufenthalt am 20. September abgeschlossene „Vertrag über die Beziehungen zwischen der UdSSR und der DDR“[104] stellt eine außerordentlich wichtige Etappe bei der Verfolgung der sowjetischen Deutschlandkonzeption dar, gaben die Sowjets mit ihm der DDR doch die formellen Souveränitätsrechte und stellten sie damit der Bundesrepublik gleich. Meissner bemerkt zu diesem Vorgang: „Die Aufwertung der DDR durch den ‚Souveränitätsvertrag‘ und der Verlauf der Genfer Außenministerkonferenz[105] schienen der von Bundesaußenminister von Brentano vertretenen Richtung recht zu geben, daß die Aufnahme der diplomatischen Beziehungen zur Sowjetunion verfrüht gewesen sei. Während für Adenauer die Aufnahme der diplomatischen Beziehungen den Beginn des Normalisierungsprozesses darstellte, ging von Brentano davon aus, daß von einer Normalisierung erst nach der Zustimmung der Sowjetregierung zur Wiedervereinigung Deutsch-

lands die Rede sein könnte."[106] Es bleibt festzustellen, daß die politische Entwicklung seit dem Spätsommer 1955 nicht unbedingt gegen die von v. Brentano vertretene Auffassung gesprochen hat.
Resümiert man das bisher Ausgeführte und versucht zusammenfassend die sowjetische Sicht von den deutsch-sowjetischen Verhandlungen oder, konkreter, deren Einordnung in die sowjetische Deutschlandpolitik darzustellen, so ist man auch hierbei in einem gewissen Umfang auf Vermutungen angewiesen, aber doch nicht in dem Maße wie bei der Deutung sowjetischer Politik zwischen Kriegsende und Berliner Außenministerkonferenz (1954). Die hier vorrangig interessierende Frage ist, ob sich die sowjetische Initiative vom 7. Juni 1955 und deren Ergebnisse – deutsch-sowjetische Verhandlungen und Aufnahme diplomatischer Beziehungen – eindeutig als Ausfluß einer bestimmten deutschlandpolitischen Konzeption erklären lassen. Die nach 1955 sichtbar gewordene Entwicklung erleichtert zugegebenermaßen die Beantwortung, aber auch schon die hier aufgezeigten Bewertungen der Adenauer-Reise durch die Sowjets zwischen Juni/Juli und September 1955 lassen nur den Schluß zu: Ein vorrangiges Ziel der sowjetischen Deutschlandpolitik – nach der vollzogenen Westintegration der Bundesrepublik und der wohl auf lange Zeit vergeblichen Hoffnung des Kreml auf ein neutrales oder kommunistisches Gesamtdeutschland – war, durch die Aufnahme diplomatischer Beziehungen zur Bundesrepublik die deutsche Zweistaatlichkeit zu demonstrieren[107]. Damit sollte sowjetischerseits unterstrichen werden, daß es sich bei den beiden Teilen Deutschlands um zwei völlig voneinander getrennte, souveräne Staaten handele[108]. Dies wiederum war der Ausgangspunkt für eine „offensive Status-quo-Politik" Moskaus, die nicht zuletzt das Ziel verfolgte, den Status von Berlin zugunsten der Sowjetunion zu verändern.
Sicherlich war das Bild, das die sowjetische Deutschlandpolitik im Jahre 1955 bot, verwirrend. Jedoch auch in den Kremläußerungen und politischen Handlungen, die der sich abzeichnenden Zwei-Staaten-Theorie scheinbar widersprachen, sind beim genauen Hinsehen doch deren Elemente mitenthalten. Die TASS-Erklärung vom 15. Januar eröffnete die Möglichkeit gesamtdeutscher Wahlen, gab aber gleichzeitig die Bereitschaft Moskaus für Gespräche mit Bonn zu erkennen. Die Note vom 7. Juni hob hervor, daß „normale Beziehungen" zwischen der Sowjetunion und der Bundesrepublik „zur Lösung des gesamtnationalen Problems des deutschen Volkes" beitragen könnten, andererseits nannte sie als Beispiel für ihre positive Haltung gegenüber den „nationalen Grundinteressen" der Deutschen „die guten gegenseitigen Beziehungen, die sich zwischen der Sowjetunion und der Deutschen Demokratischen Republik angebahnt haben". In den Pressekommentaren zu der Kremlnote schließlich wird zwar der Rapallo-Vertrag erwähnt, daneben aber nicht darauf verzichtet, Textstellen – wie die letztgenannte Passage –, die die enge Verbindung zur DDR zum Inhalt haben, ausgiebig zu zitieren.
Eine Klärung ergeben die sowjetischen Auslassungen und Vorschläge auf der Genfer Gipfelkonferenz sowie die deutsch-sowjetischen Verhandlungen und deren publizistische Behandlung unmittelbar vor, während und nach den Gesprächen im Kreml. Die neue deutschlandpolitische Linie der Sowjets erhält bei diesen Anlässen deutliche Konturen. Jedoch sind auch hier wieder Äußerungen

zu vermerken, die offensichtlich nicht in diese Konzeption passen wollen, und zwar der in der Genfer Direktive enthaltene Hinweis auf eine Regelung „des deutschen Problems [. . .] mittels freier Wahlen“[109] und die in einigen Schlußdokumenten der Moskauer Verhandlungen enthaltene Wiederholung der oben zitierten Formulierung von der Möglichkeit, durch die Herstellung diplomatischer Beziehungen zwischen Moskau und Bonn eine günstige Ausgangslage für die Regelung der deutschen Frage zu schaffen[110]. Nun sollten aber diese Passagen nicht übertrieben hoch bewertet werden. Zum einen finden üblicherweise in Kommuniqués, Direktiven der genannten Art o. ä. nicht die Maximalforderungen einer Seite ihren Niederschlag, sondern solche Verlautbarungen sind Ergebnisse von Kompromissen. Zum anderen stand die Sowjetunion unter dem Zwang, ihre insbesondere durch Chruschtschow forcierte sogenannte Entspannungspolitik, deren Wurzeln wohl wirtschaftlicher Natur waren[111], durch spektakuläre Gesten zu beweisen.

In diese „Entspannungsoffensive“[112] fügte sich die Aufnahme diplomatischer Beziehungen zur Bundesrepublik harmonisch ein, bewies sie doch vor der Weltöffentlichkeit sowjetische Entspannungsbereitschaft auch gegenüber dem ehemaligen Kriegsgegner und jetzigen NATO-Mitglied. Bezeichnenderweise lobte dann auch die sowjetische Presse die Herstellung der diplomatischen Beziehungen als einen „Beitrag zur Sache des Friedens“[113].

Eine weitere Erklärung für die sowjetische Taktik, die Zwei-Staaten-Theorie mit vagen gesamtdeutschen Verheißungen zu verknüpfen, ist in dem seit Kriegsende offenkundigen Streben zu sehen, durch massive propagandistische Beeinflussung, vor allem in deutschlandpolitischen Belangen, die westdeutsche Bevölkerung in einen Gegensatz zur Politik der westlichen Besatzungsmächte und später der Bundesregierung zu bringen. Wenn die Sowjets aber die Westmächte und die Bundesregierung einer Spalterpolitik bezichtigten, so konnten sie in ihrer Deutschlandpolitik schlechterdings nicht darauf verzichten, gesamtdeutsche Regelungen für eine mehr oder weniger ferne Zukunft in Aussicht zu stellen[114]. Aus dem oben Dargelegten geht hervor, daß die sowjetische Politik angesichts der bevorstehenden deutsch-sowjetischen Verhandlungen propagandistische Mittel dieser Art vermehrt in den Wochen zwischen der Einladung und der Reise Adenauers einsetzte. Daß die Kremlführung bei ihrer Einladung und verstärkt bei den Verhandlungen die politischen Zwänge mit einkalkulierte, denen Adenauer durch die Wiedervereinigungshoffnungen einer übergroßen Mehrheit der Deutschen ausgesetzt war, steht außer Zweifel[115].

Der Versuch, eine feindselige Stimmung der deutschen Bevölkerung gegenüber den westlichen Siegermächten und jetzigen NATO-Verbündeten zu entfachen bzw. zu schüren, wird – wie schon kurz hervorgehoben – bereits in der Note vom 7. Juni erkennbar, wenn dort von „bestimmten aggressiven Kreisen gewisser Staaten“ die Rede ist, deren Trachten auf eine Konfrontation – kriegerische Auseinandersetzungen nicht ausgeschlossen – zwischen der Sowjetunion und der Bundesrepublik gerichtet sei. Amerikanischer Interessen wegen könnte Deutschland sich ein drittes Mal in ein Schlachtfeld verwandeln und das deutsche Volk einer erneuten, viel verheerenderen Katastrophe entgegengehen – so lautete die Warnung der Sowjetregierung. Folgt man den sowjetischen Zeitungen und Zeitschriften in dem hier behandelten Zeitraum – darüber hinaus ist diese Tendenz vom Ende der vierziger Jahre bis zum Beginn unseres Dezenniums feststellbar –, dann sind es drei Punkte, die in der Moskauer Propaganda immer wiederkehren: Die Regierenden in den USA sehen in den Deutschen nur Kanonenfutter, sie beuten die westdeutsche Wirtschaft aus, sie haben die Spaltung Deutschlands betrieben[116]. Die Adressaten dieser Appelle sind leicht auszumachen – linke, neutralistische und nationalistische Kreise. Die sowjetischen Warnungen vor der Politik der Westmächte blieben schon deshalb bei Teilen der deutschen Bevölkerung nicht ohne Wirkung, weil die Sowjetunion eine der vier Großmächte war und ist, von deren Willen die Wiedervereinigung Deutschlands abhängt.

Eine propagandistische Ausstrahlung nach verschiedenen Richtungen hatte und hat die Erwähnung des Begriffes „Rapallo". Auf der einen Seite dient er als Anreiz für verstärkte neutralistische und nationalistische Bestrebungen der Deutschen, daneben ist er vorzüglich geeignet, alliiertes Mißtrauen gegen Deutschland zu wecken. Recht anschaulich weist v. Eckardt in seinen Lebenserinnerungen auf solche Gefahrenmomente hin und führt dazu im Rückblick auf die Moskaureise Adenauers aus: „Das Wort ‚Rapallo' tauchte immer häufiger in der alliierten Presse auf. Man unterstellte uns nicht direkt die Absicht des Verrats an unseren westlichen Freunden, aber ‚Rapallo', selbst mit Fragezeichen versehen, stellte schon eine gefährliche Beeinflussung der Stimmung dar [. . .] Manche Politiker in der Welt glaubten, wir würden sowjetischen Verführungskünsten verfallen und an den ‚Köder Wiedervereinigung' anbeißen, auch wenn russische Versprechungen noch so unglaubwürdig blieben."[117]

Die Hinweise der Sowjetpresse auf den Rapallo-Vertrag erfolgten unter sehr deutlicher Hervorhebung der damaligen deutsch-sowjetischen Handelsbeziehungen. Das Ziel dieser Art historischer Rückschau war offenkundig: die westdeutschen Industrie- und Handelskreise mit ihrem erkennbar großen Interesse am Osthandel für eine Einflußnahme auf die Regierungspolitik zwecks einer Öffnung nach Osten zu gewinnen.

Die von den Sowjets nach der Anfang Juni erfolgten Einladung an Adenauer eingeschlagene taktische Linie läßt die Absicht erkennen, durch eine geschickte Kombination von Warnungen und Versprechungen die westdeutsche Opposition innerhalb und außerhalb des Parlaments derart in ihrer Argumentation gegen die Adenauersche Deutschland- und Außenpolitik zu stützen, daß es dieser ermöglicht werden sollte, die öffentliche Meinung in der Forderung nach deutsch-sowjetischen Verhandlungen und Aufnahme diplomatischer Beziehungen zu einen, wobei in diesem Kalkül die Unterstützung der Wirtschaftskreise kein unwesentlicher Faktor darstellte.

Daß die Herstellung direkter Beziehungen für die Sowjetführung oberstes Verhandlungsziel bei den Gesprächen mit dem Bundeskanzler war, zeigen nicht nur sowjetische Presseäußerungen zur Genüge – und haben Adenauer[118] und v. Eckardt[119] in Moskau deutlich empfunden und in ihren Memoiren vermerkt –, sondern dies läßt sich auch aus den in den letzten Jahren erschienenen zeitgeschichtlichen Abhandlungen von Sowjethistorikern oder -publizisten zur Außen- oder speziell zur Deutschlandpolitik der Sowjetunion[120] herauslesen. Die Moskauer Verhandlungen und deren Ergebnis werden in diesen Arbeiten als Ausdruck einer realistischen Deutschlandpolitik – Anerkennung zweier souveräner deutscher Staaten – und als Beweis sowjetischen Bemühens um den Abbau der internationalen Spannungen angesehen. Die Ausführungen versuchen zu verdeutlichen, daß es zugleich mit der Festigung der Beziehungen zu dem „Bollwerk der friedliebenden und demokratischen Kräfte des deutschen Volkes" – also der DDR – für die Sowjetregierung das Gebot einer wirklichkeitsnahen Politik war, „die Beziehungen mit dem anderen deutschen Staat" zu normalisieren[121]. In dem vom Geschichtsinstitut der Akademie der Wissenschaften herausgegebenen Werk heißt es ergänzend, daß „die Sowjetunion nicht beabsichtigte, diesen Staat zu ignorieren"[122]. Derartige Formulierungen verdeutlichen, daß sich die Sowjets ihrer deutschlandpolitischen Erfolge durchaus bewußt sind.

Das für die Kremlführung günstige Ergebnis der Moskauer Verhandlungen wird mit den Worten unterstrichen, daß „die Linie der sowjetischen Außenpolitik bei der Herstellung diplomatischer Beziehungen mit der DBR vollständig gesiegt" habe[123]. Ähnlich wie in den sowjetischen Zeitungskommentaren des Sommers 1955 wird „die Normalisierung der Beziehungen zwischen der UdSSR und der DBR als ein großer Schlag für die Politik des amerikanischen Imperialismus"[124] – die „bestimmten aggressiven Kreise" der Note vom 7. Juni werden also genannt – bezeichnet und die Willensbekundungen der westdeutschen Bevölkerung[125], „in Frieden mit der Sowjetunion zu leben "[126], hervorgehoben, die die Entscheidung des Bundeskanzlers für deutsch-sowjetische Verhandlungen beeinflußt hätten.

Jedoch sind auch einige Abweichungen von den publizistischen Äußerungen des Jahres 1955 offensichtlich, die allerdings das Gesamtbild nicht verändern. So ist von einer Schonung der Person Adenauers, wie sie in den sowjetischen Zeitungen und Zeitschriften zwischen Juni[127] und September 1955 zu bemerken war, in den zeitgeschichtlichen Abhandlungen nichts mehr zu spüren. Adenauer wird der Vorwurf gemacht, die Verhandlungen von der „Position der Stärke" aus geführt zu haben, wobei vor allem sein Beharren auf den Alleinvertretungsanspruch und sein hartnäckiger Einsatz für die Freilassung der Kriegsgefangenen heftig kritisiert wird[128]. Im Zusammenhang damit wird – wieder im Gegensatz zur Presse des Sommers 1955 – recht ausführlich auf die Kriegsgefangenenfrage eingegangen und mit Nachdruck betont, daß es sich hierbei um verurteilte Kriegsverbrecher gehandelt habe[129].

Sieht man von diesen beiden Punkten ab, ergeben sich bei der Darstellung der Moskauer Verhandlungen bzw. deren Vorbereitung und Ergebnisse keine erwähnenswerten Abweichungen von den Kommentaren des Jahres 1955. Allerdings soll die etwas andere Beleuchtung dieses Ereignisses durch die sowjetischen Zeitgeschichtler nochmals hervorgehoben werden. Die 1955 sichtbar gewordenen intensiven Bemühungen der Sowjetführer um Aufnahme diplomatischer Beziehungen finden kaum Erwähnung; ihre Herstellung wird als Vollzug einer realistischen, auf der deutschen Zweistaatlichkeit aufbauenden Politik gewertet. Nichtsdestoweniger steht eine solche Darstellung der oben getroffenen Feststellung nicht im Wege, daß in sowjetischer Sicht die Herstellung diplomatischer Beziehungen zur Bundesrepublik eine ausdrückliche Bestätigung ihrer auf der Zwei-Staaten-Theorie beruhenden Deutschlandpolitik bedeutete.

Angesichts der erfolgreichen Durchsetzung der deutschlandpolitischen Linie des Kreml erhebt sich die Frage nach den Gründen für das deutsche Eingehen auf das sowjetische Drängen. Adenauer war sich der politischen Risiken seiner Moskauer Verhandlungen recht genau bewußt. Von Eckardt beschreibt die Situation des Kanzlers mit den Worten: ,,Adenauer reiste nicht gern in die Sowjetunion. Er wußte, daß seine politische Bewegungsfreiheit sehr eingeschränkt war, nicht nur durch die starre Haltung, die die Sowjetunion in Genf gezeigt hatte, sondern auch durch unsere Alliierten, die die ganze Reise mit sehr gemischten Gefühlen betrachteten. Er fürchtete, sich zwischen alle Stühle zu setzen und von dem so mühsam erkämpften Terrain in der westlichen Welt wieder vieles zu verlieren, ohne aus Rußland einen wirklichen Erfolg mitbringen zu können.“[130] Andererseits war sich Adenauer darüber im klaren, daß die deutsche Öffentlichkeit von ihm die Annahme der sowjetischen Verhandlungsofferte erwartete. Der Entschluß zur Reise nach Moskau mußte freilich nicht gleichbedeutend mit dem Eingehen auf das sowjetische Verlangen nach diplomatischen Beziehungen ohne vorherige deutschlandpolitische Zugeständnisse des Kreml sein, und so stellt sich die Frage, wenn man die Verhandlungsergebnisse an der mageren Ausbeute für die deutsche Sache mißt[131], nach den Motiven für das Entgegenkommen Adenauers in diesem Punkt. Adenauer nannte vor dem Bundestag am 22. September 1955 mehrere Gründe für seine Bereitschaft, einem Botschafteraustausch mit Moskau zuzustimmen. Als erstes, und offenbar sollte es als das wichtigste Argument angesehen werden, wies der Kanzler darauf hin, daß es sich bei der Sowjetunion um eine der vier Siegermächte handele, ohne deren Mitwirkung die Wiedervereinigung Deutschlands nicht zu verwirklichen sei und diese durch die Aufnahme diplomatischer Beziehungen gefördert werde[132]. In Anbetracht der von Adenauer als Bundeskanzler verfolgten außen- und deutschlandpolitischen Zielvorstellungen und seiner Beurteilung der sowjetischen Politik erscheint das genannte Motiv als nicht unbedingt stichhaltige Erklärung für seine Handlungsweise. Einen Hinweis auf den wahren Beweggrund – den auch der Kanzler in seiner Bundestagsrede nicht unerwähnt gelassen hatte – gibt uns v. Eckardt in seinen Lebenserinnerungen, indem er den folgenden Ausspruch Adenauers während der Moskauer Tage zitiert: ,,Wenn es darum geht, 10000 Menschen (gemeint sind die deutschen Kriegsgefangenen, d. Verf.) oder mehr hier herauszuholen, bin ich bereit, auch mit des Teufels Großmutter zu reden.“[133]

Der Bundeskanzler erreichte deren Freilassung[134] schließlich durch Zahlung eines hohen politischen Preises, der für die sowjetische Deutschlandkonzeption einen außerordentlich wichtigen Erfolg darstellte. Die Frage danach, ob der gezahlte Preis zu hoch war, verbietet sich angesichts der Tatsache, daß durch seine Zahlung der Leidensweg von knapp zehntausend ehemaligen deutschen Soldaten ein Ende fand.

1 Vgl. Boris Meissner, Die sowjetische Deutschlandpolitik, 1945–1949, in: Dietrich Geyer (Hrsg.), Osteuropa-Handbuch, Band: Sowjetunion. Außenpolitik 1917–1955, Köln-Wien 1972, S. 448. Vgl. dazu auch Hans-Peter Schwarz, Vom Reich zur Bundesrepublik. Deutschland im Widerstreit der außenpolitischen Konzeptionen in den Jahren der Besatzungsherrschaft 1945–1949, Neuwied-Berlin 1966, S. 266. Schwarz resümiert seine Ausführungen über die Deutschlandpolitik

der Sowjets mit den Worten (S. 269): „Wie fast alles, was über die sowjetische Außenpolitik der Periode gesagt werden kann, muß diese Deutung der Vorgänge hypothetisch bleiben." Dieser Satz hat wohl für jeden Gültigkeit, der sich mit einer solchen Thematik befaßt.

2 Vgl. Klaus Erdmenger, Das folgenschwere Mißverständnis. Bonn und die sowjetische Deutschlandpolitik 1949–1955, Freiburg im Breisgau, S. 135. Vgl. ferner Bruno Bandulet, Adenauer zwischen West und Ost. Alternativen der deutschen Außenpolitik, München 1970, S. 70.
Eine sehr differenzierte Darstellung der möglichen Alternativen und Motive der damaligen sowjetischen Deutschlandpolitik gibt Schwarz, S. 203ff.

3 Vgl. Meissner, Sowjetische Deutschlandpolitik, S. 460 und Andreas Hillgruber, Deutsche Geschichte 1945–1972. Die „deutsche Frage" in der Weltpolitik (Deutsche Geschichte. Ereignisse und Probleme. Hrsg. von Walther Hubatsch, Bd. 9), Frankfurt am Main-Berlin-Wien 1974, S. 31.

4 Vgl. Meissner, Sowjetische Deutschlandpolitik, S. 467.

5 Vgl. ebenda.

6 Vgl. Dietrich Geyer, Teilung und Wiedervereinigung Deutschlands in sowjetischer Sicht, in: Günther Franz (Hrsg.), Teilung und Wiedervereinigung. Eine weltgeschichtliche Übersicht, Göttingen-Berlin-Frankfurt am Main-Zürich 1963, S. 238.

7 Vgl. Boris Meissner, Die Sowjetunion und die deutsche Frage, 1949–1955, in: Osteuropa-Handbuch, S. 473.

8 Vgl. Erdmenger, S. 136.

9 Vgl. ebenda.

10 Vgl. Ernst Deuerlein, Die Einheit Deutschlands. Die Erörterungen und Entscheidungen der Kriegs- und Nachkriegskonferenzen 1941–1949. Darstellung und Dokumente. Bd. 1, 2. Auflage, Frankfurt am Main-Berlin 1961, S. 177.

11 Vgl. den Brief Grotewohls vom 30. November 1950 an Adenauer; Heinrich von Siegler (Hrsg.), Dokumentation zur Deutschlandfrage. Von der Atlantik-Charta 1941 bis zur Berlin-Sperre 1961. Bd. 1, 2. Auflage, Bonn-Wien-Zürich 1961, S. 105.

12 Vgl. Die Entschließung des Deutschen Bundestages vom 27. September 1951; Verhandlungen des Deutschen Bundestages. 1. Wahlperiode 1949. Anlagen zu den stenographischen Berichten. Bd. 13, Drucksache Nr. 2596.

13 Für den Wortlaut vgl. Siegler, S. 138ff.

14 Für den Wortlaut vgl. Siegler, S. 142ff.

15 Für den Wortlaut vgl. Siegler, S. 140ff.

16 Für den Wortlaut vgl. Siegler, S. 145ff.

17 Zu Schrifttum über die Note vom 10. März 1952 vgl. Meissner, Die Sowjetunion und die deutsche Frage, S. 480, Anm. 44.

18 Stalin hatte in seinem Aufsatz „Ökonomische Probleme des Sozialismus in der UdSSR", der im Februar 1952 – also unmittelbar vor der Note vom 10. März – verfaßt worden war, davon gesprochen, daß die Gegensätze zwischen einzelnen kapitalistischen Ländern größer seien als die Gegensätze zwischen dem sozialistischen und dem kapitalistischen Lager insgesamt. Er teilte die kapitalistische Welt in „Hauptländer", wie z. B. die USA, und in besiegte Länder, wie Deutschland und Japan, ein, wobei er die Stärkung Deutschlands und Japans als im Interesse der Sowjetunion liegend hinstellte, da sich dadurch die Möglichkeit einer militärischen Auseinandersetzung zwischen Ost und West vermindern würde. Vgl. Bandulet, S. 78f. und Meissner, Die Sowjetunion und die deutsche Frage, S. 482.

19 Vgl. Bandulet, S. 99ff. und Meissner, Die Sowjetunion und die deutsche Frage, S. 484ff.

20 Vgl. Siegler, S. 189f.
21 Vgl. Siegler, S. 195f.
22 Für den Wortlaut vgl. Siegler, S. 196ff.
23 Vgl. Meissner, Die Sowjetunion und die deutsche Frage, S. 490.
24 Vgl. Erdmenger, S. 136, Anm. 12. Meissner und Meier sehen als wichtiges Datum im sowjetischen Bemühen um eine beginnende internationale Aufwertung der DDR den 25. März 1954 an; an diesem Tag wurden dem kommunistischen Teilstaat durch eine Erklärung der Sowjetregierung Souveränitätsrechte übertragen. Vgl. Meissner, Die Sowjetunion und die deutsche Frage, S. 491 und Christian Meier, Trauma deutscher Außenpolitik. Die sowjetischen Bemühungen um die internationale Anerkennung der DDR, Stuttgart 1968, S. 14.
25 Für den Wortlaut vgl. Siegler, S. 269ff.
26 Vgl. dazu die Rundfunkansprache Adenauers vom 22. Januar 1955, in der er auf die Erklärung und die darin enthaltenen Widersprüche einging; Siegler, S. 273ff. Vgl. ferner Konrad Adenauer, Erinnerungen 1953–1955 (Bd. 2), Stuttgart 1966, S. 406ff.
27 Adenauer schreibt in seinen Memoiren dazu: ,,Am 15. Januar 1955 erfolgte ein weiterer Schritt der Sowjetunion, der große Verwirrung in der Bundesrepublik hervorrief und dies offensichtlich auch beabsichtigte.“ Vgl. Adenauer, Erinnerungen, Bd. 2, S. 399.
28 Für den deutschen Wortlaut vgl. Boris Meissner (Hrsg.), Moskau-Bonn. Die Beziehungen zwischen der Sowjetunion und der Bundesrepublik Deutschland 1955–1973. Dokumentation (Dokumente zur Außenpolitik, Bd. 3/1), Köln 1975, S. 71ff. Für den russischen Text vgl. Anm. 44.
29 Zitiert nach: Max Schulze-Vorberg, Die Moskaureise 1955, in: Konrad Adenauer und seine Zeit. Politik und Persönlichkeit des ersten Bundeskanzlers. Beiträge von Weg- und Zeitgenossen, Stuttgart 1976, S. 651.
30 Am 27. Februar 1955 ratifizierte der Bundestag die Pariser Verträge, am 5. Mai wurde aufgrund dieser Verträge die Souveränität der Bundesrepublik proklamiert, und am 9. Mai erfolgte ihre Aufnahme in die NATO.
31 Vgl. Adenauer, Erinnerungen, Bd. 2, S. 448.
32 Vgl. ebenda.
33 Vgl. Adenauer, Erinnerungen, Bd. 2, S. 449.
34 Vgl. ebenda.
35 Vgl. ebenda.
36 Vgl. Adenauer, Erinnerungen, Bd. 2, S. 489.
37 In bezug auf die TASS-Erklärung vom 15. Januar 1955 stellte Adenauer dazu in seinen Memoiren fest: ,,Die folgenschwerste Forderung der Sowjetunion betraf jedoch die Neutralisierung Deutschlands. Ohne Freunde in der Welt, die uns im Falle eines Angriffes helfen würden, kann ein Land in der geographischen Lage Deutschlands, mitten im Herzen Europas, benachbart der aggressiven Sowjetunion, überhaupt nicht bestehen.“ Vgl. Adenauer, Erinnerungen, Bd. 2, S. 407f.
38 Vgl. das Schreiben des SPD-Vorsitzenden Erich Ollenhauer vom 23. Januar an Bundeskanzler Adenauer; Siegler, S. 275ff.
39 Vgl. ebenda.
40 Vgl. Verhandlungen des Deutschen Bundestages. 2. Wahlperiode 1953. Stenographische Berichte. Bd. 24, S. 4629.
41 Vgl. Verhandlungen des Deutschen Bundestages. 2. Wahlperiode 1953. Stenographische Berichte. Bd. 25, S. 4992.
42 So Carlo Schmid am 21. Juni im Bundestag. Vgl. ebenda.
43 DDR-Ministerpräsident Grotewohl sprach am 11. Mai 1955 von den ,,gegen die

Remilitarisierung kämpfenden Volksmassen in Westdeutschland". Vgl. Neues Deutschland vom 13. Mai 1955.

44 Neben „Prawda" und „Iswestija" veröffentlichten sämtliche wichtigen sowjetischen Zeitungen den Wortlaut der Note – einheitlich auf S. 2 – am 8. Juni 1955.

45 Neben Äußerungen von Vertretern der Sowjetführung wurden für diese Untersuchung vorwiegend sowjetische Zeitungen herangezogen, da sie als von der Staatspartei kontrollierte Organe am unmittelbarsten die jeweiligen taktischen Vorstellungen der sowjetischen Regierung wiedergeben.

46 Vgl. Prawda vom 9. Juni 1955.

47 Vgl. Iswestija vom 9. Juni 1955.

48 Vgl. ebenda.

49 Vgl. ebenda.

50 In der Note heißt es dazu: „In diesem Zusammenhang ist es angebracht, daran zu erinnern, daß die Sowjetunion und Deutschland in der Vergangenheit einen für beide Seiten vorteilhaften umfangreichen Handel miteinander führten, wobei der Warenumsatz zeitweise ein Fünftel des gesamten Außenhandelsumsatzes sowohl der Sowjetunion als auch Deutschlands erreichte."

51 So in der Note.

52 Vgl. Prawda vom 9. Juni 1955.

53 Vgl. Die Welt vom 9. Juni 1955 („Blüte und Verfall des Russenhandels. Damals unser bester Kunde und Lieferant – Ein ehrlicher Zahler – Die Chancen der Zukunft" von Ferdinand Fried).

54 Vgl. Prawda vom 12. Juni 1955.

55 Sarubeshnyje otkliki.

56 Ausgiebig werden in diesem Rahmen auch positive Stellungnahmen sozialdemokratischer Spitzenpolitiker gebracht. Vgl. insbesondere die Zeitungen vom 9. Juni 1955.

57 Ausnahmen bilden ein Artikel in der Armeezeitung „Krasnaja swesda" (vgl. Anm. 116) und kurze Meldungen über das politische Geschehen in der Bundesrepublik und der DDR.

58 Beachtung verdient in diesem Zusammenhang ein Artikel von L. Sedin in der Zeitschrift „Neue Zeit" (deutsche Ausgabe von „Nowoje wremja"), in dem es u. a. heißt: „Tatsache bleibt, daß neben der Bundesrepublik die Deutsche Demokratische Republik mit ihren 20 Millionen Staatsbürgern besteht und sich entwikkelt. Das nicht sehen zu wollen, wäre zumindest unrealistisch." Vgl. Neue Zeit, Nr. 25 vom 18. Juni 1955.

59 Die DDR-Presse setzte allerdings ihre Kampagne gegen die Adenauersche Politik mit unverminderter Heftigkeit fort. Vgl. dazu u. a. Neues Deutschland vom 1. Juli 1955 („Provokatorischer Akt gegen Deutschland. Adenauer hintertreibt Normalisierung der Beziehungen mit der UdSSR").

60 Vgl. Prawda und Iswestija vom 13. Juli 1955. Für den deutschen Wortlaut vgl. Siegler, S. 304ff.

61 Der britische Außenminister Eden legte der Berliner Außenministerkonferenz am 29. Januar 1954 einen nach ihm benannten Plan vor, der die Wiedervereinigung Deutschlands in fünf Phasen vorsah. Im ersten Stadium waren „freie Wahlen in ganz Deutschland" geplant, zu deren Durchführung Eden Richtlinien vorgeschlagen hatte. Für den Wortlaut des Eden-Planes vgl. Siegler, S. 181ff.

62 Für den Wortlaut vgl. Siegler, S. 320ff.

63 Eisenhower, Eden, Faure, Bulganin.

64 Die Außenminister der vier Großmächte sollten aufgrund dieser Weisung den Gedankenaustausch über die auf der Gipfelkonferenz behandelten Fragen fortfüh-

ren. Sie traten vom 27. Oktober bis 16. November 1955 ebenfalls in Genf zusammen.

65 Für den Wortlaut der Direktive vgl. Bulletin des Presse- und Informationsamtes der Bundesregierung, Nr. 136 vom 26. Juli 1955, S. 1154.

66 Die Tatsache, daß ,,Neues Deutschland" den Leitartikel einen Tag später in deutscher Sprache abdruckte, hebt seinen programmatischen Charakter hervor.

67 Für den russischen Wortlaut vgl. u. a. Prawda vom 27. Juli 1955; für den deutschen Text vgl. Neues Deutschland vom 27. Juli 1955.

68 Hartl und Marx sprechen von einem ,,Dämpfer", den schon die TASS-Erklärung vom 12. Juli den Hoffnungen der westdeutschen Öffentlichkeit aufgesetzt habe. Vgl. Hans Hartl und Werner Marx, Fünfzig Jahre sowjetische Deutschlandpolitik, Boppard am Rhein 1967, S. 344f. Vgl. dazu auch Schulze-Vorberg, insbesondere S. 652ff.

69 Vgl. Boris Meissner, Die Sowjetunion und Deutschland 1941 bis 1967, in: Europa-Archiv, Folge 14/1967, S. 524f. Vgl. dazu auch Hillgruber, S. 70.

70 Ähnlich vage und knapp sind die Äußerungen in den sowjetischen Zeitungen dieser Tage zu den in Aussicht stehenden deutsch-sowjetischen Gesprächen. Vgl. den Bericht des Genfer Sonderkorrespondenten der ,,Prawda" vom 21. Juli und den Leitartikel (,,Für die Festigung der Freundschaft zwischen dem sowjetischen und deutschen Volk") derselben Zeitung vom 28. Juli anläßlich der Beendigung des Besuches der sowjetischen Partei- und Regierungsdelegation in Ost-Berlin und den Leitartikel der ,,Iswestija" vom selben Tag.

71 Meissner sieht die Motive dafür, unter Verweis auf Edens Memoiren, im Widerstand der Partei- und Armeeführung gegen eine gemäßigtere Politik, deren mögliches Ziel ein wiedervereinigtes Deutschland auf der Grundlage der bewaffneten Neutralität hätte sein können. Vgl. Meissner, Moskau-Bonn, S. 14.

72 Der Schlußsatz des Leitartikels lautet: ,,Das sowjetische Volk ist davon überzeugt, daß das deutsche Volk, das der Welt Bach und Beethoven, Goethe und Schiller, Marx und Engels gab, das voller lebendiger Schöpferkraft ist, zuversichtlich den Weg der Festigung des Friedens und der internationalen Zusammenarbeit beschreiten wird."

73 Vgl. Iswestija vom 18. August 1955.

74 Vgl. Iswestija vom 30. Juli 1955.

75 Vgl. Prawda vom 2. September 1955 (,,Die westdeutsche Öffentlichkeit tritt für eine Normalisierung der Beziehungen zur Sowjetunion ein").

76 Vgl. Iswestija vom 6. September 1955 (,,Vernünftige Überlegungen der westdeutschen Presse").
Grundsätzlich zu dieser Frage vom sowjetischen Standpunkt: Neue Zeit, Nr. 34 vom 18. August 1955 (,,Die Lage in Europa und die deutsche Frage").

77 Vgl. auch den ,,Iswestija"-Artikel ,,Westdeutsche Geschäftskreise für eine Entwicklung des Handels mit der Sowjetunion" vom 4. September 1955.

78 Ein Hinweis auf die strenge (!) Parteidisziplin von CDU/CSU soll hierbei offenbar die Ratifizierung entschuldigen.

79 Vom 8. September 1955.

80 Vom 9. September 1955.

81 Die Verhandlungen dauerten vom 9. bis 13. September 1955.

82 So Prawda.

83 Am 25. Januar 1955.

84 Die Formulierung von der SPD als einer Partei, die sich auf neun Millionen Wähler stützt, erscheint schon am 7. September in der ,,Prawda" (Kommentierte internationale Presseschau ,,Die Moskauer Gespräche müssen im Geist von Genf durchge-

führt werden").

85 Die „Iswestija" spricht – gleichsam in Ergänzung zum „Prawda"-Artikel – von „Millionen Wählern, Mitgliedern von Gewerkschaften und Jugendverbänden, Vertretern von Handelskreisen, einigen Bundestagsabgeordneten von Parteien der Regierungskoalition", die die Sozialdemokratische Partei unterstützten.

86 Da es bei dieser Arbeit nicht um eine Darstellung der Moskauer Verhandlungen, sondern um den Versuch ihrer Einordnung in die sowjetische Deutschlandkonzeption geht, soll hier auf eine ausführliche Schilderung dieser Verhandlungstage verzichtet werden. Für Literatur vgl. Meissner, Moskau-Bonn, S. 15, Anm. 14.

87 Für den deutschen Wortlaut vgl. Bulletin des Presse- und Informationsamtes der Bundesregierung, Nr. 171 vom 13. September 1955, S. 1431 f.
Der russische Wortlaut aller bei den Verhandlungen gehaltenen offiziellen Reden wurde in den sowjetischen Zeitungen (neben Prawda und Iswestija z. B. Trud und Krasnaja swesda) einen bzw. zwei Tage nach ihrem Vortrag abgedruckt.

88 Für den deutschen Wortlaut vgl. Meissner, Moskau-Bonn, S. 96 ff.

89 Adenauer sprach in seiner Rede am 9. September von „der Frage der Freilassung derjenigen Deutschen [. . .], die sich gegenwärtig noch im Gebiet oder im Einflußbereich der Sowjetunion in Gewahrsam befinden oder sonst an der Ausreise aus diesem Bereich verhindert sind". Vgl. Bulletin des Presse- und Informationsamtes der Bundesregierung, Nr. 170 vom 10. September 1955, S. 1421 ff. Neben den knapp 10000 Kriegsgefangenen waren damit „die von der Bundesrepublik beanspruchten 130000 Zivilpersonen" gemeint. Vgl. Meissner, Moskau-Bonn, S. 18.

90 Die Kriegsgefangenenfrage erfuhr in den sowjetischen Zeitungen kaum eine Behandlung, und wenn, dann wurde das „gekünstelte Problem der sogenannten Kriegsgefangenen" (Prawda vom 12. September) als ein Versuch gewertet, die Verhandlungen zu erschweren.

91 Unter dem Titel „Rund um die Gespräche".

92 Unter dem Titel „Die Gespräche begannen . . ."

93 Für den Wortlaut vgl. Meissner, Moskau-Bonn, S. 81 f.

94 Vgl. Prawda vom 11. September 1955. Verfasser ist der ND-Redakteur Günter Kertscher.

95 Vgl. Iswestija vom 13. September 1955.

96 Überschrift des Leitartikels der „Komsomolskaja prawda" – der Zeitung des sowjetischen Jugendverbandes – „Verhandlungen waren von Erfolg gekrönt" (15. September 1955).

97 Vom 14. September 1955.

98 Vom 14. September.

99 Vgl. Iswestija vom 14. September.

100 Vom 15. September.

101 So auch die Zeitschrift „Neue Zeit", Nr. 38 vom 15. September 1955.

102 Für den Wortlaut vgl. Bulletin des Presse- und Informationsamtes der Bundesregierung, Nr. 173 vom 15. September 1955, S. 1445 f.

103 Für den deutschen Wortlaut vgl. Meissner, Moskau-Bonn, S. 128.
Meier (S. 16) sieht diese TASS-Erklärung zu Recht als „eine Replik auf den zweiten Brief Adenauers an Bulganin", dessen Inhalt der Bundeskanzler auf der Pressekonferenz verlesen hatte. Darin war nochmals klargestellt worden, daß trotz der Aufnahme diplomatischer Beziehungen auch weiterhin die Anerkennung des derzeitig beiderseitigen territorialen Besitzstandes einem Friedensvertrag überlassen bleibe und auch keine Änderung des Alleinvertretungsanspruchs der Bundesrepublik eingetreten sei. Im ersten Brief hatte der Kanzler dem sowjetischen Ministerpräsidenten den Entschluß der Bundesregierung zur Aufnahme diplomatischer

Beziehungen mit der Sowjetunion mitgeteilt. Für den Wortlaut vgl. Bulletin des Presse- und Informationsamtes der Bundesregierung, Nr. 173 vom 15. September 1955, S. 1446f.

104 Für den Wortlaut vgl. Neues Deutschland vom 21. September 1955.

105 Im Rahmen dieser Arbeit kann die vom 27. Oktober bis 16. November in Genf tagende Außenministerkonferenz nicht behandelt werden. Für die Konferenzdokumente und Reden vgl. Siegler, S. 396ff.

106 Vgl. Meissner, Moskau-Bonn, S. 22.

107 Denkbare andere Gründe für die Herstellung direkter Beziehungen könnten in dem Bestreben gesehen werden, einen spektakulären Beitrag für die oft beschworene friedliche Koexistenzpolitik zu leisten, die Voraussetzung für ausgedehnte Handelsbeziehungen zu schaffen oder einen Keil zwischen den Westen und die Bundesrepublik zu treiben. Vgl. dazu Wilhelm G. Grewe, Deutsche Außenpolitik der Nachkriegszeit, Stuttgart 1960, S. 219.
Sicherlich haben diese Momente bei dem sowjetischen Wunsch nach diplomatischen Beziehungen zur Bundesrepublik mitgespielt, aber ausschlaggebend waren sie gewiß nicht, denn die Verfolgung der genannten Ziele machte solche Beziehungen nicht zur zwingenden Voraussetzung.

108 Vgl. dazu insbesondere Meissner, Moskau-Bonn, S. 13.

109 Meissner weist darauf hin, daß dies die letzte Erwähnung der Möglichkeit einer Wiedervereinigung Deutschlands aufgrund freier gesamtdeutscher Wahlen gewesen sei, der die Sowjetregierung zugestimmt habe. Vgl. Meissner, Die Sowjetunion und die deutsche Frage, S. 497; vgl. auch Hillgruber, S. 69f.

110 Die hier zur Erörterung stehende Formulierung (Wortlaut vgl. oben S. 135) findet sich im Schlußkommuniqué und in den Schreiben, die Adenauer und Bulganin am 13. September 1955 über die Aufnahme diplomatischer Beziehungen austauschten (vgl. dazu Anm. 131). Der russische Text dieser Passage ist sowohl in der Note vom 7. Juni als auch im Schlußkommuniqué und im Bulganin-Brief völlig gleichlautend, die ins Russische übersetzte betreffende Formulierung im Adenauer-Brief weist geringfügige Abweichungen auf. Vgl. Prawda vom 8. Juni und 14. September 1955.

111 Vgl. dazu Adenauer, Erinnerungen, Bd. 2, S. 553.

112 So Meissner, Die Sowjetunion und die deutsche Frage, S. 495.

113 So Trud vom 14. September 1955.

114 So wurde in einer Erklärung der DDR-Regierung vom 31. Oktober 1955 die Bildung eines Gesamtdeutschen Rates vorgeschlagen; diese Anregung wurde von Molotow in mehreren Reden ausdrücklich begrüßt. Erinnert sei auch an den Vorschlag einer Konföderation zwischen Bundesrepublik und DDR, der seit Ende 1956 wiederholt seitens der DDR – mit starker sowjetischer Unterstützung – vorgebracht wurde.

115 Vgl. dazu u. a. Meshdunarodnaja shisn, Nr. 10 vom Oktober 1955 („Die Sowjetunion und Deutschland"), insbesondere S. 8f.

116 Vgl. dazu insbesondere Krasnaja swesda vom 29. Juni 1955 („Wem die Normalisierung der Beziehungen zwischen der UdSSR und Westdeutschland nicht paßt") und Meshdunarodnaja shisn, Nr. 4 vom April 1955 („Amerikas Monopole gegen die Einheit Deutschlands").

117 Vgl. Felix von Eckardt, Ein unordentliches Leben. Lebenserinnerungen, Düsseldorf-Wien 1967, S. 378f.

118 Adenauer schreibt dazu: „Sie (die Vertreter der Sowjetregierung) betrachteten die Ablehnung der Herstellung diplomatischer Beziehungen oder die mit Bedingungen verknüpfte Aufnahme ihres Vorschlages geradezu als eine Beleidigung der

Sowjetunion." Vgl. Adenauer, Erinnerungen, Bd. 2, S. 553.

119 Von Eckardt spricht vom ,,Hauptkern" der Verhandlungen. Vgl. Eckardt, S. 389.

120 Vgl. insbesondere W. P. Nichamin (Red.), Meshdunarodnyje otnoschenija i wneschnjaja politika Sowetskogo Sojusa 1950–1959. 2. Halbband, Moskau 1960, S. 30ff.; W. G. Truchanowskij (Red.), Istorija meshdunarodnych otnoschenij i wneschnej politiki SSSR. Bd. 3. 1945–1963, Moskau 1964, S. 378ff.; A. A. Galkin, D. E. Melnikow, SSSR, sapadnyje dershawy i germanskij wopros (1945–1965 gg.), Moskau 1966, S. 178; P. A. Nikolajew, Politika Sowetskogo Sojusa w germanskom woprose. 1945–1964, Moskau 1966, S. 229ff. und B. N. Ponomarjow, A. A. Gromyko, W. M. Chwostow (Red.), Istorija wneschnej politiki SSSR. Teil 2. 1945–1970, Moskau 1971, S. 204ff.

121 Vgl. insbesondere Galkin, Melnikow, S. 178.

122 Vgl. Ponomarjow, Gromyko, Chwostow, S. 205.

123 Vgl. Nichamin, S. 32.

124 Vgl. ebenda.

125 Bei Truchanowskij werden besonders die ,,progressiven und Geschäftskreise" herausgestellt; S. 378.

126 Vgl. Ponomarjow, Gromyko, Chwostow, S. 205.

127 Noch im Februar 1955 wurden beispielsweise in der ,,Meshdunarodnaja shisn" (S. 20) Adenauers Ausführungen zur TASS-Erklärung vom 15. Januar mit Hitlers ,,totaler Propaganda" verglichen und von einer ,,unverschämten Verfälschung" der sowjetischen Verlautbarung gesprochen.

128 Vgl. insbesondere Nichamin, S. 32ff.

129 Vgl. Ponomarjow, Gromyko, Chwostow, S. 205f.

130 Vgl. Eckardt, S. 382.

131 Als einen gewissen Erfolg könnte man das Schlußkommuniqué und den Bulganin-Brief mit dem Hinweis auf eine mögliche Regelung der deutschen Frage und die Annahme des Vorbehaltsbriefes vom 13. September an Bulganin durch sowjetische Regierungsstellen ansehen. Vgl. Anm. 110 und 103.
Zu der in den Adenauer-Bulganin-Briefen vereinbarten Formulierung – von deutscher Seite als eine der ,,unerläßlichen Mindestbedingungen für die Aufnahme diplomatischer Beziehungen mit der Sowjetunion betrachtet" (Grewe, S. 219) – schreibt Grewe: ,,Die Vereinbarung einer Formel, die ausdrücklich die Aufnahme diplomatischer Beziehungen als Mittel zur Förderung der Wiedervereinigung bezeichnete, war unerläßlich, um jeder Mißdeutung dieses Aktes im Sinne einer Sanktionierung der Teilung Deutschlands vorzubeugen." Vgl. Grewe, S. 220. Als weitere unerläßliche Vorbedingungen nennt Grewe (S. 219f.): ,,Die sofortige Freilassung der Gefangenen"; ,,die rechtswirksame Anbringung eines deutschen Vorbehalts, der es ausschloß, die Aufnahme diplomatischer Beziehungen als Anerkennung des territorialen status quo zu deuten; [. . .] die entsprechende Anbringung eines Vorbehalts, durch den klargestellt wurde, daß die Bundesrepublik nicht auf ihren Anspruch verzichtete, Sprecher des ganzen deutschen Volkes in internationalen Angelegenheiten zu sein, und daß sie auch in Zukunft nicht daran denke, die sogenannte DDR als Staat oder ihre Regierung als solche anzuerkennen." Grewe spricht im übrigen von einem ,,völlig negative(n) Ausgang der Moskauer Gespräche" in bezug auf Fortschritte in der deutschen Frage. Vgl. Grewe, S. 222.

132 Als weitere Gründe führte Adenauer an, daß durch die Aufnahme der diplomatischen Beziehungen die Bundesrepublik, deren effektive Hoheitsgewalt drei Viertel des deutschen Volkes und 80% seiner produktiven Kräfte umfasse, nunmehr auch von der Sowjetunion anerkannt werde, daß durch die Vertretung der Bundesrepublik – als einer eindeutig westlich, europäisch orientierten Macht – in Moskau, die

Stimme des Westens dort um eine weitere verstärkt werde, daß die Aufnahme der Beziehungen einen Beitrag zur Entspannung leiste und daß sich durch die Anwesenheit eines sowjetischen Botschafters in Bonn manche falschen Eindrücke der Sowjetführer über die Bundesrepublik berichtigen ließen. Für den Wortlaut der Rede vgl. Verhandlungen des Deutschen Bundestages. 2. Wahlperiode 1953. Stenographische Berichte. Bd. 26, S. 5643ff. Vgl. auch die Argumente für und wider die Aufnahme diplomatischer Beziehungen bei Grewe, S. 218f.

133 Dieser Satz bezog sich auf das sowjetische Ansinnen, ,,daß über die Rückführung der noch in der Sowjetunion befindlichen Deutschen nur gemeinsam mit der Pankower Regierung gesprochen werden könne". Vgl. Eckardt, S. 395. Im übrigen kam die sowjetische Seite ,,nach Annahme ihres Vorschlages durch Adenauer [. . .] auf diesen Gedanken nicht wieder zurück". Vgl. ebenda.

134 Adenauer schreibt dazu in seinen Memoiren: ,,Die Russen haben ihr Wort gehalten (die Zusage der Sowjets war nur in mündlicher Form erfolgt, d. Verf.) und das ganze Abkommen genau erfüllt. Die ersten Heimkehrer trafen im Lager Friedland am 7. Oktober 1955 ein. Es folgten nahezu zehntausend. Von den in der Sowjetunion zurückgehaltenen Zivilpersonen kehrten in der Folge über 20000 nach Deutschland zurück." Vgl. Adenauer, Erinnerungen, Bd. 2, S. 551.

DIETER BLUMENWITZ

Der Adenauer-Bulganin-Brief und die Aufnahme diplomatischer Beziehungen zwischen der Bundesrepublik Deutschland und der Sowjetunion

Einige Bemerkungen zur fortwirkenden Bedeutung der Adenauerschen Ostpolitik

Die Aufnahme diplomatischer Beziehungen zwischen der Bundesrepublik Deutschland und der Sowjetunion bildete den Ausgangspunkt für einen Normalisierungsprozeß zwischen den beiden Staaten, der – durch Rückschläge unterbrochen und erneut akzentuiert – auch heute noch keinen Abschluß gefunden hat. Die maßgeblichen Verhandlungen fanden vom 9. bis 13. September 1955 in Moskau statt – ein Jahrzehnt nach dem Ende des Zweiten Weltkriegs und wenige Monate nachdem die Bundesrepublik durch das Inkrafttreten des Deutschland-Vertrags am 5. Mai 1955 von den Westalliierten unter gewissen Vorbehalten die außenpolitische Handlungsfreiheit erlangt hatte. Die vor mehr als zwei Jahrzehnten von Konrad Adenauer gestaltete Ostpolitik ist auch heute noch nachhaltig wirksam und politisch virulent.
In Absatz 3 der Präambel zum Vertrag zwischen der Bundesrepublik Deutschland und der Union der Sozialistischen Sowjetrepubliken vom 12. August 1970 (Moskauer Vertrag) würdigen so z. B. die vertragschließenden Parteien die Tatsache, „daß die früher von ihnen verwirklichten vereinbarten Maßnahmen, insbesondere der Abschluß des Abkommens vom 13. September 1955 über die Aufnahme der diplomatischen Beziehungen, günstige Bedingungen für neue wichtige Schritte zur Weiterentwicklung und Festigung ihrer gegenseitigen Beziehungen geschaffen haben“[1]. Die Bundesregierung des Jahres 1970 hat diese Klausel dahin interpretiert, daß es ihr in ihren Verhandlungen mit der Sowjetunion gelungen sei, „die Position der Bundesrepublik in der Frage der nationalen Einheit intakt zu halten“; dies sei nämlich beim Moskauer Vertrag u. a. dadurch geschehen, daß „in der Präambel auf die Ergebnisse der Verhandlungen Bundeskanzler Adenauers in Moskau 1955 Bezug genommen wird“[2].
Ein weiteres Zentralproblem der deutsch-sowjetischen Verhandlungen im Jahre 1955, die Freilassung der in der Sowjetunion verbliebenen deutschen Kriegsgefangenen[3], wurde im November 1975 ein wichtiger Präzedenzfall für die Zweckmäßigkeit der im sogenannten Ausreiseprotokoll[4] zwischen der Bundesrepublik und Polen getroffenen Regelungen, auf den Opposition und Regierungsseite im Bundesrat ihre Argumente stützten[5].
Obgleich die ersten greifbaren Ergebnisse Adenauerscher Ostpolitik auch heute noch Aktualität besitzen, sind eingehendere völkerrechtliche Untersuchungen der maßgeblichen Akte ausgeblieben[6]; vor allem fehlt noch ein differenzierterer Vergleich nach Form und Inhalt zwischen entsprechenden Instrumenten Adenauerscher und sozialliberaler Ostpolitik.

I.

Sowjetischerseits waren für die deutsch-sowjetischen Verhandlungen im Sommer 1955 drei Themenkreise angesprochen worden: 1. Die Herstellung diplomatischer Beziehungen zwischen der Bundesrepublik Deutschland und Austausch entsprechender Dokumente; 2. Herstellung von Handelsbeziehungen zwischen der UdSSR und der Bundesrepublik und Abschluß eines Handelsvertrages; 3. Herstellung und Entwicklung kultureller Verbindungen zwischen der UdSSR und der Bundesrepublik und Abschluß eines entsprechenden Abkommens. Diese Ziele sollten „selbstverständlich weder von der einen noch von der anderen Seite an irgendwelche Vorbedingungen geknüpft werden“[7]. Die Bundesregierung wies demgegenüber darauf hin, daß insbesondere von der Frage der Aufnahme diplomatischer Beziehungen gewisse Vorfragen nicht getrennt werden könnten. Dazu gehörten 1. die Frage der staatlichen Einheit Deutschlands, von deren Lösung die Schaffung eines Systems zur Gewährleistung der europäischen Sicherheit abhinge, und 2. die Frage der Freilassung der Deutschen in sowjetischem Gewahrsam[8]. Die Sowjetunion erklärte sich mit den Modifikationen des Verhandlungsgegenstandes durch die Anberaumung des Beginns der Verhandlungen einverstanden[9].

1) Die Verhandlungen vom 9. bis 13. September in Moskau führten zu dem Übereinkommen (vorbehaltlich der Zustimmung des Bundeskabinetts und des Bundestages[10] sowie des Präsidiums des Obersten Sowjet), diplomatische Beziehungen zwischen der Bundesrepublik Deutschland und der Sowjetunion aufzunehmen und zu diesem Zweck jeweils Botschaften in Bonn und Moskau zu errichten und diplomatische Vertreter im Range Außerordentlicher und Bevollmächtigter Botschafter auszutauschen. Das Übereinkommen fand seinen Ausdruck in entsprechenden Briefen, die zwischen beiden Seiten ausgetauscht wurden[11]. Die Parteien gingen hierbei übereinstimmend davon aus,

„daß die Herstellung und Entwicklung normaler Beziehungen zwischen der Bundesrepublik Deutschland und der Sowjetunion zur Lösung der ungeklärten Fragen, die das ganze Deutschland betreffen, beitragen wird und damit auch zur Lösung des gesamtnationalen Hauptproblems des deutschen Volkes – der Wiederherstellung der Einheit eines deutschen demokratischen Staates – verhelfen wird“[12].

2) In einem weiteren Schreiben des Bundeskanzlers vom 13. September 1955 wurden „deutsche Vorbehalte“ aus Anlaß der Aufnahme diplomatischer Beziehungen angesprochen. Das Schreiben hat folgenden Wortlaut[13]:

„Herr Ministerpräsident,

Aus Anlaß der Aufnahme diplomatischer Beziehungen zwischen der Regierung der Bundesrepublik Deutschland und der Regierung der UdSSR erkläre ich:

1. Die Aufnahme der diplomatischen Beziehungen zwischen der Regierung der Bundesrepublik Deutschland und der Regierung der UdSSR stellt keine Anerkennung des derzeitigen beiderseitigen territorialen Besitzstandes dar. Die endgültige Festsetzung der Grenzen Deutschlands bleibt dem Friedensvertrag vorbehalten.

2. Die Aufnahme diplomatischer Beziehungen mit der Regierung der Sowjet-

union bedeutet keine Änderung des Rechtsstandpunktes der Bundesregierung in bezug auf ihre Befugnis zur Vertretung des deutschen Volkes in internationalen Angelegenheiten und in bezug auf die politischen Verhältnisse in denjenigen deutschen Gebieten, die gegenwärtig außerhalb der effektiven Hoheitsgewalt liegen.
Diese Erklärung habe ich heute abend der Presse mitgeteilt[14].
Genehmigen Sie, Herr Ministerpräsident, den Ausdruck meiner ausgezeichnetsten Hochachtung.
Adenauer"

Das Schreiben wurde am 14. September vormittags kurz vor dem Abflug der deutschen Delegation dem sowjetischen Ministerpräsidenten zugeleitet und der Empfang durch eine Quittung (ausgestellt vom Geschäftsführer des Ministerrats der UdSSR, Zygitschko) förmlich bestätigt. Das Schreiben wurde jedoch nicht förmlich beantwortet, die Sowjetregierung hat indes ihre rechtliche und politische Präzisierung in einer TASS-Erklärung vom 15. September 1955 bekanntgegeben[15]:
„Bundeskanzler Adenauer hat am 14. September auf der Pressekonferenz in Moskau seine Erklärungen zur Frage der Grenzen Deutschlands und a. m. abgegeben.
Im Zusammenhang damit ist TASS von der Sowjetregierung beauftragt worden, folgendes zu erklären:
Die Sowjetregierung betrachtet die Deutsche Bundesrepublik als einen Teil Deutschlands. Ein anderer Teil Deutschlands ist die Deutsche Demokratische Republik. Im Zusammenhang mit der Herstellung diplomatischer Beziehungen zwischen der Sowjetunion und der Deutschen Bundesrepublik hält es die Regierung der UdSSR für erforderlich zu erklären, daß die Frage der Grenzen Deutschlands durch das Potsdamer Abkommen gelöst worden ist und daß die Deutsche Bundesrepublik ihre Jurisdiktion auf dem Gebiet ausübt, das unter ihrer Hoheit steht."
3) Das Problem der in der Sowjetunion zurückgehaltenen Deutschen wurde in den Erklärungen von Bundeskanzler Adenauer vom 9. und 10. September 1955, von Ministerpräsident Bulganin und von Chruschtschow vom 10. September 1955 nur kurz und wenig ergiebig angesprochen, da die sowjetische Seite den Standpunkt vertrat, es befänden sich lediglich 9626 deutsche Kriegsverbrecher in der UdSSR[16]. Die Kriegsgefangenenfrage wurde sodann in den veröffentlichten Verhandlungstexten nicht mehr berührt. Über die Lösung der Frage berichtete Bundeskanzler Adenauer dem 2. Deutschen Bundestag in seiner 101. Sitzung am 22. September 1955 folgendes[17]:
„Die Verhandlungen über diese Frage nahmen tagelang einen so negativen Verlauf, daß wir allen Ernstes unsere Abreise in Erwägung ziehen mußten. Die Wendung trat ein, als die Herren Bulganin und Chruschtschow mir, nachdem sie zuvor härtesten Widerstand geleistet hatten, am Montagabend das Angebot machten, die Kriegsgefangenen freizulassen, wenn die diplomatischen Beziehungen aufgenommen würden. Die beiden Herren gaben mir darauf ihr Wort, und sie haben es vor den versammelten Delegationen wiederholt. Sie haben diese Zusage auf mein Drängen hin dahin erweitert, daß auch in der Sowjet-

union zurückgehaltene Zivilpersonen, die wir ihnen durch Listen nachwiesen, freigelassen werden."

Der Bundestag faßte hierauf am 23. September einstimmig folgenden Beschluß[18]:

,,Der Deutsche Bundestag hat von dem Versprechen Kenntnis genommen, das der Ministerpräsident der UdSSR dem Bundeskanzler über die Freilassung der bisher zurückgehaltenen Personen abgegeben hat. Der Bundestag gibt der sicheren Erwartung Ausdruck, daß diese Zusagen alsbald verwirklicht werden."

a) Eine schriftliche Zusicherung über die Freilassung der Kriegsgefangenen und sonstigen in der Sowjetunion zurückgehaltenen Deutschen konnte nicht erreicht werden. Hierfür mögen für die UdSSR die folgenden Gründe maßgeblich gewesen sein:

(1) nicht doch noch offiziell über Vorbedingungen zur Aufnahme diplomatischer Beziehungen verhandeln zu müssen[19];

(2) durch das Einlassen auf den Verhandlungsgegenstand nicht auf die Anklagebank versetzt zu werden[20];

(3) die mangelnde Vorbereitung der Materie[21];

(4) die parallelen Bemühungen der DDR um die Freilassung deutscher Kriegsgefangener bzw. ,,Kriegsverbrecher"[22].

Die Abwicklung des Komplexes der in der Sowjetunion zurückgehaltenen Deutschen war deshalb auch etwas komplizierter, als dies der kurze Hinweis in Konrad Adenauers ,,Erinnerungen" vermuten läßt[23]:

,,Die Russen haben ihr Wort gehalten und das ganze Abkommen genau erfüllt. Die ersten Heimkehrer trafen im Lager Friedland am 7. Oktober 1955 ein. Es folgten nahezu 10000. Von den in der Sowjetunion zurückgehaltenen Zivilpersonen kehrten in der Folge über 20000 nach Deutschland zurück."

b) Das Präsidium des Obersten Sowjet faßte zwar bereits am 28. September 1955 einen Beschluß über die Repatriierung kriegsgefangener und internierter Deutscher. Der Beschluß dokumentiert jedoch im Grunde nur die harte Haltung der Sowjetunion in der Kriegsgefangenenfrage zu Beginn der deutsch-sowjetischen Verhandlungen in Moskau; er bezieht die DDR, von der bei dem Chruschtschow-Bulganinschen Versprechen vom 13./14. September 1955 nicht die Rede war, in die Regelung mit ein und nennt als Anlaß ein Ersuchen des Präsidenten und der Regierung der DDR vom 27. Juli 1955[24] und ein nicht näher bezeichnetes ,,Ersuchen der Regierung der Deutschen Bundesrepublik"; die speziell Bundeskanzler Adenauer und der deutschen Verhandlungsdelegation in Verbindung mit der Aufnahme diplomatischer Beziehungen gegebenen Zusagen wurden nicht erwähnt. Der Beschluß hat folgenden Wortlaut[25]:

,,Das Präsidium des Obersten Sowjet der UdSSR hat das Ersuchen des Präsidenten und der Regierung der Deutschen Demokratischen Republik vom 27. Juli dieses Jahres sowie das Ersuchen der Regierung der Deutschen Bundesrepublik geprüft, die deutschen Staatsbürger, die wegen ihrer während des Krieges gegen die Völker der Sowjetunion begangenen Verbrechen Strafen verbüßen, vorzeitig freizulassen und zu repatriieren.

Nach Abschluß der Repatriierung der deutschen Kriegsgefangenen nach

Deutschland verblieben nach dem Stande vom 1. September dieses Jahres auf dem Territorium der Sowjetunion 9626 ehemalige deutsche Kriegsgefangene und deutsche Bürger, die von sowjetischen Gerichten wegen ihrer Verbrechen verurteilt worden waren. In Anbetracht dessen, daß seit Beendigung des Krieges über zehn Jahre vergangen sind und daß die wegen ihrer kriminellen Handlungen verurteilten Kriegsverbrecher einen bedeutenden Teil der Strafe bereits verbüßt haben, hat das Präsidium des Obersten Sowjet der UdSSR verfügt:
1) 8877 deutschen Bürgern die weitere Verbüßung ihrer Strafen zu erlassen und sie entsprechend ihrem Wohnsitz in die Deutsche Demokratische Republik oder in die Deutsche Bundesrepublik zu entlassen;
2) 749 deutsche Bürger entsprechend ihrem ständigen Wohnsitz der Regierung der Deutschen Demokratischen Republik beziehungsweise der Regierung der Deutschen Bundesrepublik als Kriegsverbrecher zu übergeben, weil es das Präsidium des Obersten Sowjet der UdSSR in Anbetracht der Schwere der von diesen Personen gegen das Sowjetvolk verübten Verbrechen nicht für möglich erachtet hat, sie vorzeitig freizulassen."
Daß hier die DDR von der UdSSR zu einer „kostenlosen Trittbrettfahrt" mit der von der Bundesrepublik erkauften Zusage eingeladen wurde, wird noch durch folgenden Umstand dokumentiert: Erst am 16. September 1955 – also zwei Tage nachdem die Verhandlungen zwischen der Regierung der Bundesrepublik Deutschland und der Regierung der UdSSR in Moskau mit dem Versprechen Bulganins und Chruschtschows gegenüber dem Bundeskanzler zur Befreiung aller deutscher Gefangener abgeschlossen waren – wurde im „Neuen Deutschland" ein Schreiben des Präsidenten der DDR, Pieck, vom 31. August 1955 an den Vorsitzenden des Präsidiums des Obersten Sowjet der UdSSR, Woroschilow, mit einer „offiziellen Fürsprache der DDR für die vorfristige Entlassung aller ehemaligen deutschen Kriegsgefangenen, die in der Sowjetunion Strafen verbüßen" veröffentlicht[26]. Das anläßlich der Unterzeichnung des Vertrags über die Beziehungen zwischen der DDR und der UdSSR am 20. September 1955 errichtete Verhandlungskommuniqué enthielt ebenfalls einen Hinweis auf die Kriegsgefangenenfrage[27]:
„Es wurde ein Meinungsaustausch geführt über die Frage des in der UdSSR verbliebenen Teils ehemaliger deutscher Kriegsgefangener, die für die von ihnen begangenen Verbrechen eine Strafe verbüßen. Unter Berücksichtigung des Schreibens des Präsidenten und der Regierung der DDR sowie in Anbetracht der Bitte der Regierung der Deutschen Bundesrepublik hat die Sowjetregierung erklärt, daß sie dieser Frage wohlwollend gegenübersteht und dem Präsidium des Obersten Sowjet der UdSSR ihre Vorschläge unterbreiten wird."
c) Auch die seitens der Bundesregierung mit der Chruschtschow-Bulganinschen Zusage verknüpften Erwartungen wurden nur zögernd erfüllt[28]. Die Frage der Repatriierung der zurückgehaltenen deutschen Zivilpersonen war Anlaß zu einem ständigen Notenwechsel und wurde durch den von der Sowjetunion erhobenen Vorwurf, in der Bundesrepublik würden Sowjetbürger zurückgehalten, noch erschwert[29]. Das nicht zur Veröffentlichung in der Presse bestimmte Dekret des Präsidiums des Obersten Sowjet der UdSSR vom 13.

Dezember 1955 ,,Über die Aufhebung der Beschränkung in der Rechtsstellung der Deutschen und ihrer Familienangehörigen, die sich in Sondersiedlungen befinden"[30] brachte zunächst nur die Befreiung von der administrativen Kontrolle der Organe des MWD und z. B. auch nicht die Rückgabe des bei der Verschickung konfiszierten Vermögens. Auf Betreiben der Deutschen Botschaft in Moskau[31] wurde die Repatriierungsfrage in das Antwortschreiben Adenauers vom 28. Februar 1957 erneut einbezogen[32], mit dem der sowjetische Vorschlag vom 5. Februar 1957 für den Abschluß eines Handelsvertrages und weiterer Verträge[33] beantwortet wurde. Infolge dieses Junktims zogen sich die zweiten Moskauer Verhandlungen vom 23. Juli 1957 bis zum April 1958 hin[34]) Nachdem die sowjetische Seite am 30. Juli 1957 die Repatriierungsfrage unter Bruch der vereinbarten Tagesordnung für abgesetzt erklärte, und Außenminister Gromyko das ganze Problem als nicht existent bezeichnete[35], informierte Botschafter Haas die internationale Presse über die der Deutschen Botschaft in Moskau vorliegenden 80000 Anträge von zurückgehaltenen Deutschen. Erst nach den Bundestagswahlen 1957, die der CDU/CSU die absolute Mehrheit brachten, kamen die Gespräche im Herbst 1957 wieder in Fluß; im Frühjahr 1958 konnten schließlich die sowjetischen Zugeständnisse in der Repatriierungsfrage soweit festgelegt und präzisiert werden, daß es zu einem erfolgreichen Abschluß der Verhandlungen kam[36]. Aber auch hier wurde eine vertragliche Form der Repatriierungsverständigung oder ihre schriftliche Abfassung von sowjetischer Seite abgelehnt. Die Sowjetunion war lediglich bereit, entsprechende Erklärungen in mündlicher Form auszutauschen und der deutschen Seite zu gestatten, die Niederschrift der mündlichen Erklärungen zu veröffentlichen; die ,,Gegenseitigkeit" wurde durch die deutsche Zusage, Repatriierungsfälle von sowjetischen Staatsangehörigen in der Bundesrepublik positiv zu behandeln, hergestellt[37]. Im Schlußkommuniqué vom 28. April 1958[38] wurde die ,,mündliche Vereinbarung bezüglich der mit der Ausreise von Staatsangehörigen beider Länder zusammenhängenden Fragen" ausdrücklich erwähnt.

4) Auch der durch die Repatriierungsfrage verzögerte Abschluß des deutsch-sowjetischen Handels- und Schiffahrtsabkommens vom 25. April 1958[39] brachte noch keine endgültige Stabilisierung der deutsch-sowjetischen Beziehungen. Das Abkommen, das an die Stelle des am 12. Dezember 1925 zwischen dem Deutschen Reich und der UdSSR abgeschlossenen Vertrags[40] trat, erschien nach Form und Inhalt nur als ,,eine Art kleiner Handelsvertrag"[41]. Das Abkommen galt zunächst nach seinem Art. 9 Abs. 2 nur bis zum 31. Dezember 1960 und wurde später durch ein Protokoll vom 31. Dezember 1960 verlängert[42], das für die Zeit nach dem 31. Dezember 1963 an Stelle des automatischen Auslaufens ein Kündigungsrecht der Vertragsparteien setzte[43]. Am 23. Januar 1964 übermittelte die Sowjetregierung der Bundesregierung ein Aide-mémoire, in dem sie ihre Absicht mitteilte, das am 31. Dezember 1963 ,,ausgelaufene Handelsabkommen" nicht zu erneuern. Ein Sprecher des Auswärtigen Amtes teilte hierzu mit, die UdSSR habe vorgeschlagen, den Warenaustausch auf der Basis der für 1963 vereinbarten Warenlisten fortzuführen. In Pressekommentaren wurde die Ansicht geäußert, die UdSSR wolle auf diese Weise die beim Abschluß des Handelsabkommens hingenommene Einbeziehung des Gebietes

West-Berlin in den Geltungsbereich des Abkommens wieder aufheben[44]. Nach dem Protokoll vom 31. Dezember 1960 konnte das Abkommen am 31. Dezember 1963 nur dann auslaufen, wenn dies von einer der Vertragsparteien bis zum 31. Dezember 1962 (also ein Jahr vor dem ersten Beendigungstermin) schriftlich erklärt wurde[45]. In eine Kündigung des Vertrages konnte die Erklärung nicht ohne weiteres umgedeutet werden, da – neben der Frage der Einhaltung der für die Kündigung vorgesehenen Form – die UdSSR der Substanz nach am Handelsabkommen festhalten und nur West-Berlin aus dem Geltungsbereich ausklammern wollte.

Die Bundesrepublik, die sich der Rechtsauffassung der UdSSR nicht anschließen konnte, hielt trotz der sowjetischen Vertragsverletzung (als solche mußte die Ausklammerung Berlins von der Sicht der Bundesrepublik aus gewertet werden) am Substrat des Handelsabkommens – nämlich dem Warenaustausch – fest, da ihr Handelsbeziehungen zur UdSSR mit ihren politischen Nebenfolgen wichtiger erschienen als die Abklärung der Rechtsstandpunkte in bezug auf Berlin[46]. Der Dissens in der Berlin-Frage führte zwar zur Abkühlung der Beziehungen und zur teilweisen Einfrierung der Vertragsbeziehungen. Die Grundstrukturen des Vertragswerks blieben jedoch erhalten. Rechtlich wurde die Lage erst durch die Präambel des am 5. Juli 1972 in Bonn unterzeichneten „Langfristigen Abkommens zwischen der Regierung der Bundesrepublik Deutschland und der Regierung der Union der Sozialistischen Sowjetrepubliken über den Handel und die wirtschaftliche Zusammenarbeit" geklärt. Nach Abs. 3 der Präambel gingen die Vertragspartner beim Vertragsabschluß davon aus,

„daß das durch Protokoll vom 31. Dezember 1960 verlängerte Abkommen über Allgemeine Fragen des Handels und der Schiffahrt zwischen der Bundesrepublik Deutschland und der Union der Sozialistischen Sowjetrepubliken vom 25. April 1958 weiterhin eine Grundlage für die Entwicklung der Wirtschaftsbeziehungen zwischen beiden Staaten ist"[47].

5) Die bereits 1955 angestrebte, aber in den Verhandlungen vom 9. bis 13. September nicht näher erörterte kulturelle Zusammenarbeit zwischen der Bundesrepublik und der Sowjetunion wurde in einer Vereinbarung über kulturellen und technisch-wissenschaftlichen Austausch vom 30. Mai 1959 erstmals vertraglich geregelt[48] und zeitlich bis 1961 begrenzt; sie scheiterte ebenfalls am Berlinproblem[49] und konnte erst nach Abschluß des Moskauer Vertrags und der Viermächteverständigung über Berlin in einem Regierungsabkommen wieder eine vertragliche Grundlage finden[50].

II.

Nachdem die Repatriierungsfrage heute in den deutsch-sowjetischen Beziehungen, von Einzelfällen abgesehen, grundsätzlich als gelöst gilt und die getroffenen Regelungen sich wohl wegen ihrer Einmaligkeit auch nur schwer für die Lösung der noch offenen deutschen Minderheitsprobleme heranziehen lassen[51], die Rückführung der Kriegsgefangenen – sieht man von dem Sonderfall Rudolf Heß ab[52] – bereits in den fünfziger Jahren abgeschlossen werden konnte und Wirtschafts-, Handels- und Kulturabkommen im Rahmen der sogenannten neuen deutschen Ostpolitik bestätigt oder neu abgeschlossen werden konnten, ragt heute von den in den deutsch-sowjetischen Verhandlungen vom 9. bis 13. September 1955 angesprochenen Materien allein noch die deutsche Frage als großer ungelöster Komplex in die Gegenwart, der eine eingehendere Würdigung im Lichte der noch immer anhaltenden deutschen Bemühungen um die „Offenhaltung der deutschen Frage" verdient.

1) Die spezifische deutschlandpolitische Bedeutung der Aufnahme diplomatischer Beziehungen zwischen der Bundesrepublik und der UdSSR liegt in der Verständigung der Vertragsparteien über gemeinsame politische Ziele, die im Briefwechsel, der zur Aufnahme der Beziehungen führte, expressis verbis angesprochen werden:

1. „die Lösung der ungeklärten Fragen, die das ganze Deutschland betreffen" und damit

2. auch die „Lösung des gesamtnationalen Hauptproblems des deutschen Volkes – der Wiederherstellung der Einheit eines deutschen demokratischen Staates"[53].

a) Die inhaltlichen Elemente der deutschlandpolitischen Zielsetzung der Aufnahme diplomatischer Beziehungen dürften auf Formulierungen der sowjetischen Seite zurückzuführen sein; bereits die Note der Sowjetregierung an die Bundesrepublik vom 7. Juni 1955 mit dem Vorschlag der Aufnahme diplomatischer Beziehungen enthielt in ihrem Absatz 7 eine entsprechende Formulierung[54]. Die Formulierungen wurden jedoch so gewählt, daß die unterschiedlichen Rechtsstandpunkte der Vertragsparteien nicht präjudiziert wurden; hierzu trug auch die Ambivalenz des Begriffs „demokratischer Staat" bei, der als Ergebnis der Wiederherstellung der Einheit entstehen sollte. Die Formulierung enthält deshalb auch nichts zur Frage, wie das „gesamtnationale Hauptproblem des deutschen Volkes" gelöst werden kann – sieht man von der Überzeugung der Vertragsparteien ab, daß die Lösung durch die mit der Aufnahme diplomatischer Beziehungen verknüpfte Normalisierung erleichtert werden soll. Der Dissens der Vertragsparteien über den Weg zur Wiedervereinigung konnte weder vor noch während der Vertragsverhandlungen ausgeräumt werden[55] und wurde zum Abschluß der Gespräche nochmals klargestellt[56]. Dennoch ist der politische Wert der Verständigung zwischen der Bundesrepublik und der UdSSR über das Deutschlandproblem von nicht zu unterschätzender Bedeutung. Die Sowjetunion erkannte damit die Wiederherstellung der staatlichen Einheit Deutschlands als ein legitimes Ziel der Außenpolitik an; insoweit bestand Konsens, nicht Dissens.

b) Dies ist nach Form und Inhalt sehr viel mehr als von der sozialliberalen Regierung Jahre später in ihren Verhandlungen mit den Staaten des Ostblocks im Interesse des „Offenhaltens der deutschen Frage" erreicht werden konnte.

(1) Der „Brief zur deutschen Einheit" vom 12. August 1970, den die Bundesregierung anläßlich der Unterzeichnung des Moskauer Vertrages im sowjetischen Außenministerium übergeben ließ, stellte unter Bezugnahme auf den Vertrag fest,

„daß dieser Vertrag nicht im Widerspruch zu dem politischen Ziel der Bundesrepublik Deutschland steht, auf einen Zustand des Friedens in Europa hinzuwirken, in dem das deutsche Volk in freier Selbstbestimmung seine Einheit wiedererlangt"[57].

Die Zustimmungsformel des nach Art. 59 Abs. 2 Satz 1 des Grundgesetzes ergangenen Vertragsgesetzes zum Moskauer Vertrag erfaßt auch den Brief zur deutschen Einheit; in der deutschen Ratifikationsurkunde zum Vertrag (das ist das Ergebnis der nunmehr mit dem Beschluß vom 7. Juli 1975 bekannt gewordenen Ermittlungen des 1. Senats des Bundesverfassungsgerichts[58]) wird auf das Zustimmungsgesetz – und damit indirekt auch auf den Brief – ausdrücklich Bezug genommen. Die Zustimmungserklärung des Obersten Sowjet zum Moskauer Vertrag vom 31. Mai 1972 erstreckt sich dagegen nur auf die Wiedergabe des Vertragsgesetzes, ohne den Brief zur deutschen Einheit oder den Notenwechsel zwischen der Bundesregierung und den drei Westmächten zu erwähnen[59]. Ein echter Konsens über den Inhalt des Briefes konnte auf diese Weise nicht erreicht werden[60]. Dies verdeutlichen auch die vier Erklärungen, die der sowjetische Außenminister Gromyko am 29. Juli 1970 Bundesaußenminister Scheel gegenüber zu den Fragen der Anerkennung von Grenzen, einvernehmlicher Grenzänderungen, der Wiedervereinigung Deutschlands und des Interventionsanspruchs abgegeben hat[61]. Die Wiedervereinigungsfrage wird in der sowjetischen Außenpolitik ihres deutschlandspezifischen, nationalstaatlichen Elements entkleidet und – wie später auch im KSZE-Prinzipienkatalog dokumentiert[62] – einzelstaatlicher Souveränität untergeordnet.

(2) Der Sachverhalt, der sich um den für die deutsch-deutschen Beziehungen unmittelbar bedeutsamen ,,Brief zur deutschen Einheit" vom 21. Dezember 1972 rankt, ist komplexer und auch heute noch nicht vollständig geklärt. Ein ,,Hinweis betreffend Schreiben an die DDR zur nationalen Frage" findet sich erstmals in dem bei Abschluß der Verhandlungen zwischen der Bundesrepublik Deutschland und der DDR über den Grundvertrag vom 8. November 1972 vorgelegten Bulletin des Presse- und Informationsamtes der Bundesregierung[63]. In den Erklärungen des Delegationsleiters anläßlich der Paraphierung des Grundvertrages am 8. November 1972 wurde in keiner Weise ein in Aussicht gestelltes Schreiben der Bundesrepublik erwähnt[64]. Bei der Unterzeichnung des Grundvertrages am 21. Dezember 1972 erwähnte der Delegationsleiter der Bundesrepublik ausdrücklich drei Briefe, nicht aber den ,,Brief zur deutschen Einheit". Von einem Journalisten auf einen solchen Brief im Anschluß an die Unterzeichnungszeremonie angesprochen, erklärte der Leiter der Delegation der DDR: ,,Wenn es einen solchen Brief geben sollte – ich kenne ihn nicht."[65] Die Bundesregierung behauptete demgegenüber, daß vor der Unterzeichnung des Grundvertrages am 21. Dezember der ,,Brief zur deutschen Einheit" (der sich inhaltlich mit dem oben erwähnten Brief vom 12. August 1970 deckt) dem Staatssekretär Kohl zugegangen sei. Im Grundvertragsstreit legte dann die Bundesregierung auf Veranlassung des Bundesverfassungsgerichts eine als ,,Quittung" bezeichnete Urkunde vor[66].

In seinem Grundvertragsurteil vom 31. Juli 1973 ging das Gericht diesbezüglich vom folgenden Sachverhalt aus[67]:

,,Nach dem Ergebnis der mündlichen Verhandlung vom 19. Juni 1973 steht fest, daß der wesentliche Inhalt des Briefes vor Abschluß der Verhandlungen angekündigt und der Brief der Gegenseite unmittelbar vor Unterzeichnung des Vertrages zugestellt worden ist."

Bei einer Begegnung zwischen Bahr und Kohl am 26. Februar 1973 in Bonn hat

Kohl dem Vernehmen nach Vertragsinterpretationen der Bundesregierung, die u. a. auch an den Brief zur deutschen Einheit anknüpften, zurückgewiesen. Protokolle über dieses Gespräch sind nicht bekannt geworden; jedoch nahm der Minister für Auswärtige Angelegenheiten der DDR, Otto Winzer, in seiner Rede am 13. Juni 1973 vor der Volkskammer auf dieses Gespräch Bezug[68]:
,,Die Regierung der Bundesrepublik Deutschland hat dessen ungeachtet in letzter Zeit wiederholt versucht, den Vertrag im Sinne eines sogenannten Offenhaltens der deutschen Frage zu interpretieren. Diese Versuche einer willkürlichen Auslegung wurden vom Staatssekretär beim Ministerrat der DDR, Dr. Michael Kohl, bereits bei seiner Begegnung mit dem Bundesminister der Bundesrepublik Deutschland, Egon Bahr, am 26. Februar 1973 in Bonn entschieden zurückgewiesen."
Dessen ungeachtet bezog die Bundesregierung – wie beim Moskauer Vertrag – den Brief formell in das Zustimmungsgesetz zum Grundvertrag vom 6. Juni 1973 mit ein[69]. In der DDR wurde der Brief nicht Gegenstand des Bestätigungsverfahrens[70]. Auch bei den Beratungen des Grundvertrages in der Volkskammer wurde der Brief niemals ausdrücklich erwähnt. Der Minister für Auswärtige Angelegenheiten der DDR, Otto Winzer, nahm allerdings in seiner Rede zur Begründung des Grundvertrages zur Problematik indirekt wie folgt Stellung[71]:
,,In diesem Zusammenhang möchte ich vor der obersten Volksvertretung der DDR feststellen: Völkerrechtlich verbindlich und von rechtlich gültiger Form ist, was die Verhandlungspartner im Vertrag über die Grundlagen der Beziehungen zwischen der DDR und der Bundesrepublik Deutschland sowie in seinen Zusatzdokumenten vereinbart haben. Sie sind die einzigen Grundlagen für die Auslegung des Vertrages."
Ob die Ratifikationsurkunde (bzw. die ,,entsprechende Urkunde") der Bundesrepublik zum Grundvertrag einen ausdrücklichen Hinweis auf das Vertragsgesetz enthält, ist unbekannt. Bei der Note der Bundesregierung vom 20. Juni 1973 kann nicht ohne weiteres unterstellt werden, daß das übliche Ratifikationsformular mit dem Vertragsgesetz als Anhang (wie etwa auch bei der Ratifikation der Ostverträge) verwendet wurde, da es sich hier beim Inkraftsetzen des Grundvertrages entsprechend seines Art. 10 um den Austausch ,,entsprechender Noten" handelte. Im Gegensatz zum 1. Senat des Bundesverfassungsgerichts im Beschluß vom 7. Juli 1975 zu den Ostverträgen ging der 2. Senat in seinem Grundvertragsurteil nicht auf den Inhalt der Ratifikationsurkunden ein. Aus dem Tatbestand des Urteils ergibt sich nicht einmal, ob dem Gericht die Noten im Sinne von Art. 10 des Grundvertrages vorgelegen haben[72].
(3) Der Inhalt des ,,Briefes zur deutschen Einheit" ist auch bei anderen außenpolitisch relevanten Akten der Bundesrepublik berücksichtigt worden – wenn auch in minderer Form: So z. B. bei der Erläuterung der Voraussetzungen des Beitritts der Bundesrepublik Deutschland zur Organisation der Vereinten Nationen und der Ziele der UN-Politik der Bundesrepublik; Bundesaußenminister Scheel führte in seiner Rede vom 19. September 1973 vor der UN-Generalversammlung aus, es sei schmerzlich, der politischen Realität der Teilung des eigenen Landes ins Auge zu sehen; der Grundlagenvertrag habe jedoch einen neuen Ausgangspunkt geschaffen; unser Ziel bleibe klar: Die Bundesrepublik

Deutschland werde weiter auf einen Zustand des Friedens in Europa hinwirken, in dem das deutsche Volk seine Einheit in freier Selbstbestimmung wiedererlange. Daß dieses Ziel „nur" in einer Rede des Bundesaußenministers vor der Generalversammlung seinen Ausdruck fand, ist insofern bedeutsam, als aus Anlaß des Beitritts der Bundesrepublik zur Organisation der Vereinten Nationen eine Reihe von förmlichen Noten (Briefen) überreicht wurden.
Eine Bezugnahme auf das Ziel des deutschen Volkes, seine Einheit in freier Selbstbestimmung wiederzuerlangen, unterblieb z. B. auch bei der Zeichnung der KSZE-Schlußdokumente in Helsinki, obgleich ein Entschließungsantrag des Freistaates Bayern im Bundesrat eine Klarstellung des deutschen Rechtsstandpunktes in Zusammenhang mit dem Prinzipienkatalog verlangt hatte[73].
c) Da es sich bei den Briefen zur deutschen Einheit nur um einseitige Klarstellungen des deutschen Standpunktes in der Wiedervereinigungsfrage handelt[74], stellt sich die Frage, ob nicht zumindest in den deutsch-sowjetischen Beziehungen noch auf die vertragliche Grundlage vom 13. September 1955 zurückgegriffen werden kann. Diese Frage ist heute – nachdem die Bundesrepublik in den Ostverträgen den Status quo in Mitteleuropa vertraglich hingenommen hat – dringlicher als in den fünfziger und sechziger Jahren, als das „Offensein" der deutschen Frage schon allein durch das Fehlen einer vertraglichen Regelung bewiesen werden konnte. Wie eingangs kurz bemerkt[75], hat die Bundesregierung beim Abschluß des Moskauer Vertrags den Standpunkt vertreten, der Konsens in der Wiedervereinigungsfrage im Briefwechsel vom 13. September 1955 werde durch die neuen Vereinbarungen mit der UdSSR nicht berührt. Politisch sollte durch die Behauptung dem Vorwurf vorgebeugt werden, die Bundesregierung habe 1970 trotz ungleich größerer Zugeständnisse deutschlandpolitisch weniger erreicht als Konrad Adenauer 1955 bei den ersten deutsch-sowjetischen Verhandlungen.
(1) Die Ostverträge sind an sich ihrer Konzeption nach so angelegt, daß Rechtspositionen der Bundesrepublik aus früheren Verträgen unberührt bleiben[76]. Allerdings läßt die Formulierung in Art. 4 des Moskauer Vertrages „die von ihnen früher abgeschlossenen zweiseitigen und mehrseitigen Verträge und Vereinbarungen" offen, ob die Regelung neben den Verträgen, die die Vertragspartner mit dritten Staaten geschlossen haben, auch Verträge erfaßt, die die Vertragsparteien untereinander über denselben Regelungsgegenstand geschlossen haben[77]. Normalerweise hat die Unberührtheitsklausel nämlich nur die Funktion, Vertragsinterpretationen auszuschließen, die in bestehende Verträge mit dritten Staaten eingreifen könnten und dem Grundsatz „pacta sunt servanda" zuwiderliefen[78]; dagegen können die Vertragsparteien über die zwischen ihnen bestehenden Vertragsverpflichtungen frei verfügen; eine frühere Verständigung kann jederzeit durch eine konsentiale neue Regelung ersetzt werden. In diesem Sinne blieben zwar z. B. der Deutschland-Vertrag, das Potsdamer Abkommen und die weiteren interalliierten Abmachungen durch den Moskauer Vertrag unberührt, nicht aber die deutsch-sowjetischen Abkommen, soweit der Moskauer Vertrag die Materien neu regelt. Für diese Interpretation des Art. 4 des Moskauer Vertrages sprechen auch noch die folgenden Gesichtspunkte:
– Absatz 3 der Präambel zum Moskauer Vertrag spricht frühere Vereinbarun-

gen zwischen der Bundesrepublik und der UdSSR (insbesondere das Abkommen vom 13. September 1955 über die Aufnahme diplomatischer Beziehungen) ausdrücklich an und enthält insoweit – ganz gleich wie man die Bestimmung auslegt – eine Spezialregel gegenüber Art. 4 des Moskauer Vertrages.

- Weder die Sowjetregierung noch die Bundesregierung haben sich in ihrer Argumentation in bezug auf frühere Verträge zwischen den Vertragspartnern auf Art. 4 des Moskauer Vertrages bezogen; die Bundesregierung hat sich vielmehr expressis verbis auf Absatz 3 der Präambel berufen.
- Wäre tatsächlich Absatz 3 des Briefwechsels vom 13. September 1955 durch den Moskauer Vertrag „unberührt" geblieben, so wäre der Brief zur deutschen Einheit weitgehend überflüssig; zumindest wäre dem deutschen Anliegen durch eine erneute Bezugnahme auf die Verständigung des Jahres 1955 besser gedient gewesen als durch die Neuformulierung eines deutschlandpolitischen Minimumstandards des Jahres 1970, der weit unter dem von Konrad Adenauer Erreichten liegt.

(2) Beurteilt man jedoch die Weitergeltung des Abkommens vom 13. September 1955 über die Aufnahme diplomatischer Beziehungen im Lichte von Absatz 3 der Präambel zum Moskauer Vertrag, so werden nur die früher von den Vertragsparteien „verwirklichten vereinbarten Maßnahmen"[79] gewürdigt und zur Grundlage der mit dem Moskauer Vertrag angestrebten weiteren Normalisierung der Beziehungen gemacht. „Verwirklicht" wurde aber vom Abkommen vom 13. September 1955 nur die Aufnahme diplomatischer Beziehungen[80]. Die mit der Aufnahme diplomatischer Beziehungen indirekt angestrebte „Lösung des gesamtnationalen Hauptproblems des deutschen Volkes – der Wiederherstellung der Einheit eines deutschen demokratischen Staates" blieb unverwirklicht. Insoweit kann die Formulierung in Absatz 3 der Präambel zum Moskauer Vertrag nur als ein Versuch der Sowjetunion gewertet werden, sich von einer vertraglich verankerten deutschlandrechtlichen Position zu distanzieren. Der Bundesregierung des Jahres 1970 kann hierbei nicht der Vorwurf erspart werden, deutsche Vertragspositionen – auch wenn es sich nur um politische Absichtserklärungen handelt – nicht ausreichend hervorgekehrt und vertraglich abgesichert zu haben.

2) In den Briefen zur deutschen Einheit wie auch im Briefwechsel vom 13. September 1955 wird die Wiedervereinigung bzw. staatliche Einheit nur als „politisches Ziel" angesprochen. Gegenüber einem rechtlich normierten Aktionsprogramm bedingt dies für den interessierten Staat ein entscheidendes Minus: Politische Ziele darf ein Staat immer verfolgen; sie können anderen erklärten politischen Zielen zuwiderlaufen und können sogar vertraglich eingegangenen Rechtspflichten widersprechen, sofern nicht die Vertragspflicht selbst das Vorfeld politischer Meinungsbildung und Zielsetzung erfaßt (was aber nur in völkerrechtlichen Ausnahmesituationen – wie z. B. beim deutsch-österreichischen Anschlußverbot – in Betracht kommt); völkerrechtlich interessant wird erst die Konkretisierung der politischen Zielvorstellungen im zwischenstaatlichen Bereich und das Instrumentarium ihrer Durchsetzung.

a) Bezüglich des politischen und rechtlichen Instrumentariums, mit dem die Einheit des deutschen Volkes wiedererlangt werden soll, enthalten die Briefe

zur deutschen Einheit nichts – sieht man einmal davon ab, daß die deutsche Einheit eingebettet wird in „einen Zustand des Friedens in Europa" und damit Friedensstörungen und Gewaltanwendungen ausgegrenzt werden. Nach dem Inhalt der Briefe zur deutschen Einheit wird wohl die Verwirklichung der „freien Selbstbestimmung des deutschen Volkes" ohne die Zustimmung desjenigen, der sie versagt (dessen Integrität und Jurisdiktion über die Frage aber gleichzeitig anerkannt wird!), nicht ohne Friedensstörung möglich sein. Das in Art. 2 des Grundvertrages angesprochene Bekenntnis beider deutscher Staaten zum Selbstbestimmungsrecht (wie auch ähnliche Bekenntnisse der Teilnehmerstaaten der KSZE) ist für die politische Praxis nicht decisiv, da das Selbstbestimmungsrecht der Völker im zwischenstaatlichen Bereich immer nur dann verwirklicht wird, wenn zwei Voraussetzungen gegeben sind:
(1) Wenn die abstrakte Norm als solche akzeptiert wird; hierzu finden sich in aller Regel auch die Staaten bereit, die die Konkretisierung der Norm am einzelstaatlichen Souveränitätsprinzip scheitern lassen – hoffend, daß die Scheinheiligkeit den Tribut des Lasters an die Tugend in ihrem Falle nicht fordert.
(2) Wenn die Staatenwelt (oder der betroffene Staat) bereit ist, einen Tatbestand zu konsentieren, der unter die Selbstbestimmungsnorm subsumiert werden kann; hierzu haben sich die Staaten in den letzten Jahrzehnten außerhalb des Dekolonialisierungsprozesses kaum bereitgefunden. In den deutsch-deutschen Beziehungen hat die DDR – unterstützt von vielen anderen Staaten – dem Selbstbestimmungsrecht der Völker immer nur in dem Maße zugestimmt, wie sie sich kraft Durchsetzung und Respektierung ihrer eigenen staatlichen Souveränität der Verwirklichung des Selbstbestimmungsrechts des deutschen Volkes widersetzen konnte. Die Normierung eines abstrakten Selbstbestimmungsrechts bei gleichzeitiger konsentierter Abgrenzung der DDR führt deshalb eher zur Harmonisierung der deutschen Spaltung mit dem Selbstbestimmungsrecht der Völker auf der Linie „die Bevölkerung der DDR hat von ihrem Selbstbestimmungsrecht bereits im Sinne des ersten Arbeiter- und Bauernstaates auf deutschem Boden Gebrauch gemacht", als zur Verwirklichung der staatlichen Einheit Deutschlands.
b) Das deutschlandpolitische Instrumentarium, mit dem die im Briefwechsel vom 13. September 1955 konsentierten Ziele erreicht werden sollten, wird seitens der Bundesregierung im sogenannten Adenauer-Bulganin-Brief vom 13. September 1955 reflektiert[81], wobei (und das ist wichtig für die richtige Abschätzung der Proportionen) die Aufnahme diplomatischer Beziehungen zwischen der Bundesrepublik und der Sowjetunion als nicht unmittelbar statusbezogenes Rechtsgeschäft an sich geringere Reaktionen indizierte als die grenzbezogenen Regelungen der Ostverträge.
(1) Die Notwendigkeit des sogenannten „territorialen Vorbehalts" im Adenauer-Bulganin-Brief ergab sich aus dem von der Bundesregierung unterstellten Völkerrechtssatz, daß die vorbehaltslose Aufnahme diplomatischer Beziehungen die Anerkennung des jeweils bestehenden territorialen Besitzstandes einschließt[82]. Im deutsch-sowjetischen Verhältnis ging es hierbei vor allem um den nördlichen Teil Ostpreußens, dessen völkerrechtliche Zugehörigkeit zum deutschen Staatsgebiet nach dem Stande vom 31. Dezember 1937 nur durch

einen Friedensvertrag geändert werden kann, und um die DDR, soweit die Sowjetunion für die ihr 1945 zugefallene Besatzungszone Verantwortung trägt. Darüber hinaus wollte die Bundesregierung auch nicht das Verhältnis der Sowjetunion zu dritten Staaten präjudizieren[83].

Der zweite Vorbehalt, der sich auf den gesamtdeutschen Vertretungsanspruch der Bundesrepublik und die „Nicht-Anerkennung" der DDR bezog, wurde von der Bundesregierung teils rechtlich, teils mit politisch-psychologischen Notwendigkeiten begründet. Die Duldung des Bestehens zweier deutscher Missionen in der Sowjetunion konnte den gesamtdeutschen Vertretungsanspruch der Bundesrepublik beeinträchtigen, den die Bundesregierung aus ihrer demokratischen Legitimation und aus ihrer von den Westmächten eingeräumten Befugnis, in internationalen Fragen für das gesamte deutsche Volk sprechen zu können, herleitete[84]. Dagegen konnte in der Aufnahme diplomatischer Beziehungen zu Moskau, das auch diplomatische Beziehungen zur DDR unterhielt, völkerrechtlich keine Anerkennung der DDR durch die Bundesrepublik gesehen werden; hier mußte jedoch die Durchbrechung des von der Bundesrepublik verfolgten Prinzips, keine diplomatischen Beziehungen mit Staaten zu unterhalten, die ihrerseits diplomatische Beziehungen zur DDR unterhalten, durch die vorliegenden besonders wichtigen Gründe gerechtfertigt werden[85].

(2) Zu den beiden Punkten des Adenauer-Bulganin-Briefes vom 13. September 1955 führt die Regierung der UdSSR in ihrer TASS-Erklärung vom 15. September 1955[86] das genaue Gegenteil aus: Bundesrepublik und DDR sind – wie unterstellt werden muß – gleichberechtigte Teile Deutschlands[87] und in ihrer Jurisdiktion auf das Gebiet beschränkt, das unter ihrer Hoheit steht; die Frage der Grenzen Deutschlands ist bereits durch das Potsdamer Abkommen gelöst worden.

(3) Die inhaltliche Diskrepanz der korrespondierenden Erklärungen der Verhandlungspartner stellt die Frage nach dem rechtlichen Ergebnis des Austausches der Erklärungen zwischen der Regierung der Bundesrepublik und der Regierung der Sowjetunion vom 13. bzw. 15. September 1955.

Die Bundesregierung hat die Funktion des Austausches der Erklärungen in der Aufrechterhaltung des eigenen gegenüber dem abweichenden Rechtsstandpunkt des Vertragspartners gesehen. Der Bundeskanzler[88] hat den Adenauer-Bulganin-Brief als „Vorbehalt" bezeichnet, der als „deutsche Rechtsverwahrung" charakterisiert wurde. Diese Erklärung müsse der anderen Seite nur zugegangen sein[89] und sei damit völkerrechtlich wirksam geworden.

a) Völkerrechtlich ist die Lehre vom Vorbehalt und seine Abgrenzung von vergleichbaren Instituten nicht frei von Zweifeln geblieben[90]. Völkerrechtsgeschichtlich hat sich die Lehre vom Vorbehalt mit der wachsenden Bedeutung multilateraler Verträge entwickelt; die besondere Interessenlage besteht hier darin, daß der Beitritt einer möglichst großen Zahl von Staaten angestrebt wird, die aber wiederum die Berücksichtigung von Sonderdispositionen in Form von Vorbehalten notwendig macht. In der Völkerrechtsliteratur wurde deshalb auch der Standpunkt vertreten, daß Vorbehalte bei zweiseitigen Verträgen nicht zulässig oder nur möglich sind, wenn der Vertragspartner dem Vorbehalt ausdrücklich zustimmt[91]. In den vorbereitenden Arbeiten zur Kodifikation des völkerrechtlichen Vertragsrechts wurde dann die Differenzierung zwischen bi- und multilateralen Verträgen bei Vorbehalten nicht mehr akzentuiert[92]. Das Gutachten des Internationalen Gerichtshofs vom 28. Mai 1951 zu Vorbehaltsfragen im Zusammenhang mit der Genocid-Konvention der Vereinten Nationen hat maßgeblich zur Fortentwicklung der Lehre vom Vorbehalt beigetragen[93], ohne jedoch für die deutschen Vorbehalte vom September 1955 unmittelbar bedeutsam zu werden[94]. Die schon erwähnte Wiener Vertragsrechtskonvention vom 23. März 1969[95] enthält in den Artt. 19ff. einen besonderen Abschnitt über Vorbehalte, der allerdings vornehmlich auf die Bedürfnisse des multilateralen Vertragsabschlusses ausgerichtet ist. Die allgemeine Bestimmung in Art. 19 lautet:

,,Ein Staat kann bei Unterzeichnung, Ratifikation, Annahme eines Vertrages, Zustimmung oder dem Beitritt zu ihm einen Vorbehalt erklären, es sei denn:
(a) der Vorbehalt ist durch den Vertrag ausgeschlossen;
(b) der Vertrag sieht vor, daß nur bestimmte Vorbehalte gemacht werden dürfen, die den in Frage stehenden Vorbehalt nicht miteinschließen; oder
(c) der Vorbehalt ist in anderen als den in Punkten (a) und (b) behandelten Fällen mit dem Gegenstand und Zweck des Vertrages nicht vereinbar."

Obgleich die – noch nicht ratifizierte – Kodifizierung des internationalen Vertragsrechts eine spezielle Regelung für Vorbehalte bei bilateralen Verträgen nicht vorsieht, kann heute davon ausgegangen werden, daß der Strukturwandel der internationalen Beziehungen hier zumindest den Rückgriff auf Vorbehalte nicht ausschließt; gerade die Beziehungen der Bundesrepublik zu ihren östlichen Nachbarn und ganz allgemein die Schwierigkeiten, zu Beginn eines Entspannungsprozesses zu Vertragsschlüssen zwischen Staaten unterschiedlicher Gesellschaftsordnungen zu gelangen, machen deutlich, daß auch im bilateralen Verhältnis Unvereinbarkeiten (vor allem bezüglich der für die Vertragsauslegung wichtigen Vorfragen) auftreten können, die nur durch Vorbehalte oder einseitige Klarstellungen gelöst werden können, wenn das vertragliche Grundverhältnis gleichermaßen politisch gewünscht und angestrebt wird. So werden heute die zwischen Ost und West geschlossenen Normalisierungsverträge meist von einem Geflecht einseitiger Erklärungen umsponnen, die den Regelungsinhalt der Verträge relativieren oder verkürzen.

b) Typisch für diese im Völkerrecht eingetretene neue Situation ist auch die mangelnde begriffliche Schärfe bei der Abgrenzung der verschiedenen Formen einseitiger Erklärungen. Art. 2 Abs. 1 (a) definiert den Vorbehalt als ,,eine einseitige Erklärung, wie immer sie auch lautet oder benannt ist, die ein Staat abgibt, wenn er einen Vertrag unterzeichnet, ratifiziert, annimmt, ihm zustimmt oder ihm beitritt und er damit beabsichtigt, die rechtliche Wirkung gewisser Bestimmungen des Vertrages in ihrer Anwendung auf den betreffenden Staat auszuschließen oder abzuändern."

Der entscheidende Unterschied zwischen einem echten Vorbehalt im Rechtssinne und anderen einseitigen Erklärungen, die mit einem Vertrag in Zusammenhang stehen, liegt deshalb in der vom Erklärenden beabsichtigten rechtlichen Wirkung, am Regelungsinhalt eines Vertrages etwas zu ändern. Am Inhalt eines Vertrages wird in aller Regel nichts geändert, wenn der Vertragspartner mit dem Vertrag nur bestimmte politische Absichten verknüpft, die der Kontrahent nicht teilt, da die politische Absicht als solche in die Völkerrechtslage noch nicht eingreift[96].

Als echte Vorbehalte sind auch nicht Klarstellungen des rechtlichen Gehalts einer Vertragsverpflichtung zu verstehen; hierbei kann auf Rechtspositionen außerhalb des Vertrages verwiesen werden, die der Vertragspartner durch den Vertragsschluß nicht beeinträchtigt sieht (sogenannte Rechtsverwahrungen), oder auf die Interpretation bestimmter Vertragsregelungen, an denen der Vertragspartner ein besonderes politisches oder rechtliches Interesse hat (meist Interpretationsvorbehalt genannt). Derartige Klarstellungen können Auslegungsinstrumente im Sinne von Art. 31, 32 der Wiener Vertragsrechtskonvention sein[97]; sie wollen den vereinbarten Vertragstext und seine objektive Auslegung nicht ändern, sondern nur – mit deklaratorischer Wirkung – verdeutlichen.

c) So klar und eindeutig heute die theoretische Abgrenzung zwischen echten Vorbehalten einerseits und Rechtsverwahrung und Interpretationsinstrument andererseits erscheint, so schwierig ist die Abgrenzung in der Völkerrechtspraxis[98]. Dies hängt einmal damit zusammen, daß hochpolitische völkerrechtliche Verträge, die am Beginn eines Normalisierungsprozesses stehen, meist weite Interpretationsspielräume eröffnen[99], die unter Umständen erst durch die Erklärungen einer der Vertragsparteien im Zusammenhang mit dem Vertragsschluß eingegrenzt oder erweitert werden. Hinzu kommen innenpolitische Implikationen: Eine Vertragspartei wird in aller Regel nicht einräumen, daß eine z. B. verfassungsrechtlich notwendige Regelung nicht im Vertrag selbst, sondern nur in einem einseitigen Vorbehalt getroffen werden konnte; es entspricht deshalb dem politischen Verhaltensstil von Kontrahenten, vorbehaltene Materien nur als klarzustellende Materien zu bezeichnen, da andernfalls der Vorbehalt eine noch offene Vertragsinterpretation zu Lasten des Erklärenden fixieren würde. Ob nun der Adenauer-Bulganin-Brief vom 13. September 1955 als echter Vorbehalt oder nur als Rechtsverwahrung zu beurteilen ist, kann für die einzelnen Punkte nicht einheitlich beantwortet werden und hängt von der Beurteilung einer Reihe von Vorfragen ab:

– Der Hinweis auf die Nichtanerkennung des derzeitigen beiderseitigen territorialen Besitzstandes enthält nur eine Klarstellung, soweit es sich um Grenzfragen der UdSSR mit dritten Staaten handelt, da die mit der Aufnahme diplomatischer Beziehungen möglicherweise verknüpfte Anerkennung des Besitzstandes ohnehin nicht die Rechte Dritter berühren kann[100]. Aber auch soweit die Grenzen Gesamtdeutschlands nach dem Stande vom 31. Dezember 1937 betroffen sind, kann es an einer konstitutiven Erklärung der Bundesrepublik fehlen, da es sich um eine ohnehin von den Siegermächten vorbehaltene Materie handelt[101]. Im übrigen mißt auch die Sowjetunion in ihrer Gegenerklärung der Aufnahme diplomatischer Beziehungen keine entscheidende Bedeutung für die Grenzfrage bei, sondern beruft sich vielmehr auf die angebliche Lösung der Frage durch das Potsdamer Abkommen.
– Der Hinweis der Bundesregierung auf ihre Befugnis zur Vertretung des deutschen Volkes in internationalen Angelegenheiten kann die deutsch-sowjetische Verständigung über die Aufnahme diplomatischer Beziehungen nur insoweit berühren, als es sich um die beabsichtigte Ausübung diplomati-

scher Rechte durch die Botschaft der Bundesrepublik in der UdSSR handelte. Den Alleinvertretungsanspruch auf diplomatischer Ebene in Moskau durchzusetzen, war jedoch niemals das erklärte Ziel der Bundesregierung[102]. Dieser Teil der Erklärung im Adenauer-Bulganin-Brief dürfte vielmehr über Moskau hinausweisen und das Ziel verfolgt haben, den Staaten, die den diesbezüglichen Rechtsstandpunkt der Bundesregierung teilten, die Aufnahme diplomatischer Beziehungen zu einem Staat, der bereits derartige Beziehungen zur DDR unterhielt, zu erläutern.

Als eine die Aufnahme diplomatischer Beziehungen zwischen der UdSSR und der Bundesrepublik im Grunde nicht berührende Klarstellung bedurfte der Adenauer-Bulganin-Brief, um zwischenstaatliche Wirkung zu entfalten, nur der Kenntnisnahme, nicht aber der inhaltlichen Zustimmung durch die Sowjetunion. Die Gegenerklärung der UdSSR vom 15. September 1955, die praktisch in allen Punkten der Erklärung der deutschen Seite widerspricht, vermag die Bedeutung der deutschen Erklärung nicht zu mindern; Erklärung und Gegenerklärung weisen vielmehr auf den noch bestehenden tiefgreifenden Dissens der Vertragspartner in grundsätzlichen Fragen hin und veranlassen zu einer restriktiven Interpretation des Briefwechsels vom 13. September 1955; dies bedeutet wiederum, daß in den Briefwechsel über die Aufnahme diplomatischer Beziehungen und das Bekenntnis zur Lösung des „gesamtnationalen Hauptproblems des deutschen Volkes" hinaus nichts hineingelesen werden darf.

III.

Die politische Wertung der fortwirkenden Bedeutung der Adenauerschen Ostpolitik scheint zunächst vom äußeren Schein ihrer Erfolglosigkeit bestimmt zu sein; denn wenn auch die hin und wieder geäußerten Behauptungen, Konrad Adenauer habe im Grunde keine Wiedervereinigung gewollt, seine angebliche Starrhalsigkeit wie der ihm unterstellte Mangel an Phantasie habe in der Wiedervereinigungsfrage nicht nur Chancen verpaßt, sondern solche gar nicht aufkommen lassen, oder: Wiedervereinigung und Westintegration der Bundesrepublik schlössen sich aus, heute weitgehend als widerlegt gelten können[103], war doch der Adenauerschen Deutschlandpolitik auf den ersten Blick ein nachhaltigerer Erfolg nicht beschieden. Allerdings ist das Kriterium des Erfolgs nicht der einzige Gradmesser einer Politik, deren mögliche Alternativen bis heute weitgehend unbekannt geblieben sind und deren abschließende Würdigung im Lichte späterer Ansätze zur Lösung der deutschen Frage noch einem historischen Klärungsprozeß vorbehalten bleibt. Eine kritische Beurteilung muß sich heute auf die Bewertung der akzeptierten Voraussetzungen der Deutschlandpolitik und ihrer Schlüssigkeit beschränken.

Das Abwägen der Vor- und Nachteile der mit den ersten deutsch-sowjetischen Verhandlungen eingeschlagenen deutschlandpolitischen Marschroute setzt ein klares Urteil über den Wert und die Bedeutung der Politik der Nicht-Anerkennung der DDR und der durch einseitige Maßnahmen geschaffenen Lage in Mitteleuropa voraus. War es eine Politik des Prestiges oder des juristischen Doktrinarismus, ein Ersatz der Politik durch Festhalten an umstrittenen

Rechtstiteln, ein Versuch, Weltpolitik nach Amtsgerichtsmanier zu betreiben? Das damit implizierte Auseinanderdividieren von rechtlichen und politischen Erwägungen wird jedoch zumeist immer dann der im zwischenstaatlichen Bereich verfolgten Interessen nicht gerecht, wenn der Kontrahent etwas „Rechtliches" fordert, nämlich die Festschreibung des Status quo durch eine juristische Immunisierung des faktischen Besitzstandes[104]. Für den Verhaltensstil der Nichtanerkennung der nach 1945 durch einseitige Maßnahmen entstandenen Lage waren eminent politische Motive maßgebend. Der damalige Ministerialdirektor im Auswärtigen Amt, Professor Wilhelm Grewe, hat die fünf wichtigsten Gesichtspunkte dargelegt[105]:

„1. Die Anerkennung der ‚DDR' durch die überwiegende Mehrheit der Staatengemeinschaft und vor allem durch die Bundesrepublik selbst wäre gleichbedeutend mit der völkerrechtlichen Anerkennung der Teilung Deutschlands. Der status quo des gespaltenen Deutschlands würde damit legalisiert. Dieser völkerrechtliche Tatbestand wäre für jede Politik der Wiedervereinigung ein schweres Hindernis, der Wiedervereinigungsanspruch an die vier Mächte würde erlöschen.

2. Politisch und psychologisch würde die Anerkennung der ‚DDR' die übrige Welt darin bestärken, sich mit dem status quo der Teilung Deutschlands abzufinden und die Wiederherstellung seiner Einheit auf unbestimmte Zeit zu vertagen.

3. Dem Widerstand der Zonenbevölkerung gegen das kommunistische Zwangsregime würde mit dessen völkerrechtlicher Anerkennung das Rückgrat gebrochen werden; ein wesentlicher und unentbehrlicher Faktor jeder Wiedervereinigungspolitik würde dadurch entscheidend geschwächt.

4. Mit der Anerkennung der ‚DDR' würde die Wiedervereinigungspolitik unvermeidlicherweise auf das Geleis von Verhandlungen mit Pankow auf einer quasi-völkerrechtlichen Basis der Gleichberechtigung geschoben. Das Ziel der Wiedervereinigung in Freiheit könnte damit nicht mehr erreicht werden, weil in solchen Verhandlungen keiner der beiden Partner einer Lösung zustimmen wird, die seinem politischen Selbstmord gleichkommt.

5. Mit der Anerkennung der ‚DDR' würde der gesamtdeutsche Vertretungsanspruch der Bundesrepublik zusammenbrechen; ihr politisches Gewicht würde damit wesentlich geschwächt werden. Andererseits würde das politische Gewicht der ‚DDR' durch ihre Anerkennung gestärkt werden – und damit auch ihr politischer Wert für die Sowjetunion; deren Neigung, diese Machtposition zu räumen, würde gemindert werden."

Die Schlüssigkeit dieser Argumente ist durch die neue Ostpolitik zumindest nicht widerlegt worden. Die Anerkennung der DDR durch die überwiegende Mehrzahl der Staaten im Anschluß an den Austausch Ständiger Vertretungen zwischen der Bundesrepublik und der DDR[106] hat zur Anerkennung der Teilung Deutschlands geführt, die praktisch alle Bereiche – auch die vom Grundvertrag expressis verbis nicht geregelten[107] – erfaßt. Die völkerrechtliche Anerkennung durch die überwiegende Mehrheit der Staaten hat – in Verbindung mit dem Moskauer Vertrag, dem Grundvertrag, der Aufnahme beider deutscher Staaten in die UNO und mit der Verständigung über die Prinzipien zwischenstaatlichen Verhaltens auf der KSZE – zu einer Legalisierung des Status quo in

Mitteleuropa geführt; die deutsche Frage erscheint nicht mehr in einem ,,spezifischen" Sinne offen; die deutschlandrechtliche und deutschlandpolitische Substanz der Viermächterechte wird zumindest von der UdSSR bestritten.
Die politisch-psychologische Folge der Anerkennung der DDR, das Sichabfinden mit der deutschen Spaltung, ist im Zusammenhang mit dem Abschluß des Grundvertrags mehrfach dokumentiert worden[108]; der Grundvertrag, so wurde vor allem im Ausland argumentiert, bedeute einen Schlußstrich unter die deutsche Frage. Die unnatürliche Lage im geteilten Deutschland wurde vor der Weltöffentlichkeit ,,normalisiert". Die Aufnahme gleichberechtigter Beziehungen mit der DDR und die Förderung ihrer Aufnahme in die Weltorganisation führte im Grunde nur zur Systemstabilisierung eines menschen- und selbstbestimmungsrechtsfeindlichen Regimes[109]. Die Hinnahme des Status quo in Europa impliziert, daß eine Wiedervereinigung heute rechtlich nur mehr möglich ist mit der Zustimmung des zweiten deutschen Staates, der diese erklärtermaßen ablehnt und ablehnen darf; die von dem damaligen Regierenden Berliner Bürgermeister und Kanzlerkandidaten der Opposition, Willy Brandt, und seinem Mitarbeiter, Egon Bahr, vertretene These eines ,,Wandels durch Annäherung"[110], die vor allem in der politischen Publizistik zahlreiche Anhänger fand[111], ist an der Akzentuierung der freiheitlich demokratischen Grundordnung auch in den Beziehungen zur DDR im Grundvertragsurteil[112] und an der bewußten, totalen Abgrenzung der DDR von der Bundesrepublik[113] sowie ihrer nationalen Zuwendung zum sowjetischen Brudervolk gescheitert[114].
Mit der Respektierung der ,,Unabhängigkeit und Selbständigkeit jedes der beiden (deutschen) Staaten in seinen inneren und äußeren Angelegenheiten" (Art. 6 des Grundvertrages) ist nicht nur dem in den Briefen zur deutschen Einheit artikulierten Bemühen der Bundesrepublik, ,,auf einen Zustand des Friedens in Europa hinzuwirken, in dem das deutsche Volk in freier Selbstbestimmung seine Einheit wiedererlangt", eine entscheidende Grenze gesetzt worden, sondern zugleich auch der DDR ein politisches Gewicht vermittelt worden, das sie vorher nicht ausüben konnte. Dieser Gewinn an politischer Gewichtigkeit der DDR war nicht ohne Substanzverlust der Bundesrepublik möglich. Die neue deutsche Ostpolitik hat nicht nur die Bundesrepublik vor einer angeblichen Gefahr der Isolierung bewahrt, sondern auch die DDR zu einem ernst zu nehmenden Konkurrenten der Bundesrepublik in der westlichen Welt bei der Durchsetzung unverzichtbarer deutschlandrechtlicher Positionen und zu einem voll akzeptierten Akteur europäischer Politik gemacht[115]. In dem Maße, in dem die DDR heute zum internationalen Gegenspieler der Bundesrepublik heranreift, muß auch damit gerechnet werden, daß die Staaten des Westens die Bundesrepublik nicht mehr wie bisher über ihre Kontakte zur DDR informieren und die beiden deutschen Staaten in das ,,check and balance" einer Gleichgewichtspolitik eingespannt werden[116]. Der reale Hintergrund der Nichtanerkennungspolitik war für Konrad Adenauer ein starker und gefestigter Westen, der allein die Sowjetunion zu einer Neuorientierung ihrer Deutschlandpolitik veranlassen konnte. Er hielt den politischen Einfluß der Bundesrepublik für ausreichend, die Bündnispartner auf das Ziel der Wiedervereinigung festzulegen. ,,Erst wenn wir im Westen versagen, hört Deutschland an der

Mauer auf" – diese prägnante Zusammenfassung Adenauerscher Deutschlandpolitik in Heinrich Krones Tagebuchaufzeichnungen[117] verweist aber auch realistisch auf die Grenzen der Wiedervereinigungspolitik. Der Prioritätskonflikt zwischen einer den Status quo in Europa in Frage stellenden deutschen Ostpolitik und einer auf die Anerkennung der gegenseitigen Einflußsphären sich gründenden Ost-West-Politik der Vereinigten Staaten wurde nach dem Ausscheiden Adenauers aus der aktiven Politik immer deutlicher[118] und im Rahmen der sozial-liberalen Ostpolitik zugunsten letzterer entschieden. Trotzdem sind die Erfolge Adenauerscher Ostpolitik unbestreitbar: Die zu Beginn des deutsch-sowjetischen Normalisierungsprozesses konsentierten Maßnahmen – wie z. B. die Aufnahme diplomatischer Beziehungen zur Sowjetunion – waren weit weniger gravierend für den Fortbestand der deutschen Einheit als die im Rahmen der sogenannten neuen deutschen Ostpolitik geschlossenen Verträge; andererseits konnte 1955 in den Verhandlungen noch ein Konsens über die deutsche Frage erzielt werden, nach 1969 war dagegen nur mehr ein Dissens der Vertragspartner zu verzeichnen; die einseitigen Rechtsverwahrungen im Adenauer-Bulganin-Brief vom 13. September 1955 fielen sehr viel deutlicher aus als die entsprechenden Briefe zur deutschen Einheit. Die neue deutsche Ostpolitik weist kein Element auf, das geeignet wäre, in der Wiedervereinigungsfrage über die von Konrad Adenauer erzielten Positionen hinauszuweisen. Es läßt sich heute mit Recht die Frage stellen, was nach 1969 im Bereich der Ostpolitik überhaupt noch Verhandlungsposition einer Bundesregierung gewesen wäre, wenn es nicht der Adenauerschen Ost- und Deutschlandpolitik gelungen wäre, den deutschen Rechtsstandpunkt über Jahre hinweg politisch virulent zu erhalten. Diese Ergebnisse erlangen noch zusätzliches Gewicht durch die Tatsache, daß es nach 1969 weder durch die Ostpolitik noch durch den Nuklearverzicht der Bundesrepublik gelungen ist, die Belastung des außenpolitischen Handlungsspielraums durch die Vergangenheit und durch ihre exponierte Sicherheitssituation aufzuheben.

1 Vgl. Bundesgesetzblatt (BGBl). 1972, Teil II, S. 354ff. (deutscher und russischer Text).

2 Vgl. Conrad Ahlers, Zum Vertrag mit der Sowjetunion, in: Die Verträge der Bundesrepublik Deutschland mit der Union der Sozialistischen Sowjetrepubliken und mit der Volksrepublik Polen. Hrsg. vom Presse- und Informationsamt der Bundesregierung, Bonn 1971, S. 48ff., insbesondere S. 50, hierzu kritisch: Dieter Blumenwitz, Die Unberührtheitsklausel in der Deutschlandpolitik, in: Dieter Blumenwitz und Albrecht Randelzhofer (Hrsg.), Festschrift für Friedrich Berber, München 1973, S. 83ff., insbesondere S. 89.

3 Im einzelnen ist hier zu differenzieren zwischen dem Personenkreis der deutschen Kriegsgefangenen und den Zivilinternierten. Beide Personengruppen wurden von Adenauer zum Verhandlungsgegenstand gemacht unter der Bezeichnung von „Deutschen, die sich gegenwärtig noch im Gebiet oder im Einflußbereich der Sowjetunion in Gewahrsam befinden oder sonst an der Ausreise aus diesem Bereich verhindert sind"; vgl. Erklärung des Bundeskanzlers Adenauer vom 9. September 1955, in: Bulletin des Presse- und Informationsamtes der Bundesregierung (zit.: Bulletin), Nr. 170 vom 10. September 1955, S. 1421ff. Sowjetischerseits wurde der Personenkreis der Kriegsgefangenen als „Kriegsverbrecher aus der

ehemaligen Hitlerarmee“ bezeichnet; vgl. Erklärung des Ministerpräsidenten Bulganin vom 10. September 1955, in: Bulletin, Sonderausgabe vom 20. September 1955; russischer Text: Prawda vom 12. September 1955. Zur in Moskau getroffenen mündlichen Regelung der Frage vgl. Erklärung des Bundeskanzlers auf der Pressekonferenz in Moskau am 14. September 1955; Bulletin, Sonderausgabe vom 20. September 1955, S. 18f.; Bericht des Bundeskanzlers vor der Bundespressekonferenz am 16. September 1955; Bulletin, Sonderausgabe vom 20. September 1955, S. 20ff. und die Regierungserklärung des Bundeskanzlers vor dem Deutschen Bundestag am 22. September 1955; Verhandlungen des Deutschen Bundestages. 2. Wahlperiode 1953. Stenographische Berichte. Bd. 26, S. 5643ff.

4 Vgl. Protokoll über ein Zusammentreffen des Bundesministers des Auswärtigen der Bundesrepublik Deutschland, Hans-Dietrich Genscher, und des Ministers für Auswärtige Angelegenheiten der Volksrepublik Polen, Stefan Olszowski, am 1. August 1975 in Helsinki, das von beiden gezeichnet wurde; deutscher Text: Die deutsch-polnischen Vereinbarungen vom 9. Oktober 1975 und ergänzende Texte. Hrsg. vom Presse- und Informationsamt der Bundesregierung, Bonn 1976.

5 Vgl. z. B. die Ausführungen von Ministerpräsident Dr. Filbinger (Baden-Württemberg) einerseits und Minister Dr. Posser (Nordrhein-Westfalen) andererseits bei der Beratung des Entwurfs eines Gesetzes zu dem Abkommen vom 9. Oktober 1975 zwischen der Bundesrepublik Deutschland und der Volksrepublik Polen über Renten- und Unfallversicherung nebst Vereinbarung hierzu vom 9. Oktober 1975; Verhandlungen des Bundesrates 1975. Stenographische Berichte. 425. Sitzung (7. November 1975), S. 308ff., insbesondere S. 315 und S. 318.

6 Teilaspekte behandeln: Hermann Raschhofer, Die Vorbehalte der Bundesrepublik Deutschland bei der Aufnahme der diplomatischen Beziehungen mit der Sowjetunion, in: Recht im Dienste der Menschenwürde. Festschrift für Herbert Kraus. Hrsg. vom Göttinger Arbeitskreis, Würzburg 1964, S. 231ff.; Ingo von Münch, Völkerrecht, Berlin-New York 1971, S. 118f.; Johannes Gascard, Moskauer Vertrag und deutsche Einheit, in: Eberhard Menzel (Hrsg.), Ostverträge – Berlin-Status – Münchener Abkommen – Beziehungen zwischen der BRD und der DDR, Hamburg 1971, S. 97ff.; einen Überblick vermittelt Boris Meissner (Hrsg.), Moskau-Bonn, Die Beziehungen zwischen der Sowjetunion und der Bundesrepublik Deutschland 1955–1973 (Dokumente zur Außenpolitik, Bd. 3/1), Köln 1975, S. 16ff.; ders., Die Ergebnisse der Moskauer Konferenz, in: Internationales Recht und Diplomatie (1956), S. 128ff.

7 Vgl. die Note der Sowjetregierung an die Bundesregierung vom 3. August 1955 über die Aufnahme von Verhandlungen in Moskau; russischer Text: Prawda vom 6. August 1955, deutscher Text: Bulletin, Nr. 144 vom 5. August 1955, S. 1215; vgl. ferner die Note der Sowjetregierung an die Bundesregierung vom 7. Juni 1955 mit dem Vorschlag der Aufnahme diplomatischer Beziehungen; russischer Text: Prawda vom 8. Juni 1955, deutscher Text: Neues Deutschland vom 8. Juni 1955; die Erklärung der Bundesregierung vom 8. Juni 1955 zur Note der Sowjetregierung vom 7. Juni 1955; Bulletin, Nr. 106 vom 11. Juni 1955, S. 877, und die Antwortnote der Bundesregierung vom 30. Juni 1955 auf die sowjetische Note vom 7. Juni 1955; Bulletin, Nr. 119 vom 1. Juli 1955, S. 955.

8 Vgl. die Antwortnote der Bundesregierung vom 12. August 1955 auf die sowjetische Note vom 3. August 1955; Bulletin, Nr. 151 vom 16. August 1955, S. 1269.

9 Note der Sowjetregierung an die Bundesregierung vom 19. August 1955, russischer Text: Prawda vom 20. August 1955, deutscher Text: Bulletin, Nr. 156 vom 23. August 1955, S. 1309.

10 Der deutsche Bundestag billigte am 23. September 1955 in seiner 102. Sitzung die

Aufnahme der diplomatischen Beziehungen einmütig. Vgl. Verhandlungen des Deutschen Bundestages. 2. Wahlperiode 1953. Stenographische Berichte. Bd. 26, S. 5670.

11 Vgl. Schreiben des Bundeskanzlers Adenauer vom 13. September 1955 an Ministerpräsident Bulganin über die Aufnahme diplomatischer Beziehungen zwischen der Bundesrepublik Deutschland und der UdSSR; Bulletin, Nr. 173 vom 15. September 1955, S. 1446; ferner Schreiben des Ministerpräsidenten Bulganin vom 13. September 1955 an Bundeskanzler Adenauer über die Aufnahme diplomatischer Beziehungen zwischen der UdSSR und der Bundesrepublik Deutschland; russischer Text: Prawda vom 14. September 1955, deutscher Text: Bulletin, Sonderausgabe vom 20. September 1955, S. 17. Vgl. hierzu auch das Kommuniqué über die Verhandlungen zwischen der UdSSR und der Bundesrepublik Deutschland vom 13. September 1955; deutscher Text: Bulletin, Nr. 173 vom 15. September 1955, S. 1445, russischer Text: Prawda vom 14. September 1955.

12 Absatz 3 des jeweiligen Briefes; Absatz 3 des Kommuniqués deutscher Fassung (Nachweise Anm. 11).

13 Vgl. Verhandlungen des Deutschen Bundestages. 2. Wahlperiode 1953. Anlage zu den stenographischen Berichten. Bd. 37, Drucksache 1685, Anlage 3.

14 Das Schreiben wurde von Bundeskanzler Adenauer in der Pressekonferenz vor dem Abflug der deutschen Delegation von Moskau am 14. September 1955 bekanntgegeben. Vgl. Erklärung des Bundeskanzlers auf der Pressekonferenz in Moskau; Bulletin, Nr. 173 vom 15. September 1955, S. 1445.

15 Vgl. russischer Text: Prawda vom 16. September 1955, deutscher Text nach Keesing's Archiv der Gegenwart 25 (1955), S. 5363.

16 Vgl. Nachweise Anm. 3.

17 Vgl. Verhandlungen des Deutschen Bundestages. 2. Wahlperiode 1953. Stenographische Berichte. Bd. 26, S. 5645; Konrad Adenauer, Erinnerungen 1953–1955 (Bd. 2), Stuttgart 1966, S. 533ff., schildert die Wende beim Staatsempfang im Kreml am 12. September 1955 im St. Georgs-Saal wie folgt: Bulganin: „Lassen Sie uns zu einer Einigung kommen: Schreiben Sie mir einen Brief (gemeint war die Note mit der Zustimmung der Bundesrepublik zur Aufnahme diplomatischer Beziehungen) und wir geben sie Ihnen alle – alle! Eine Woche später! Wir geben Ihnen unser Ehrenwort!" und ergänzend Chruschtschow: „Wir können keine Garantien oder Zusicherungen geben, weder schriftlich noch mündlich. Aber wir geben Ihnen unser Ehrenwort, und unser Wort gilt!"

18 Vgl. Verhandlungen des Deutschen Bundestages. 2. Wahlperiode 1953. Anlage zu den stenographischen Berichten. Bd. 37, Drucksache 1693 und Verhandlungen des Deutschen Bundestages. 2. Wahlperiode 1953. Stenographische Berichte. Bd. 26, S. 5670f.

19 Vgl. oben Anm. 7.

20 Die Sowjetunion hat sich so auch gegen die Befassung der UNO mit dem Kriegsgefangenenproblem in der Resolution 427 (V) gewandt, vgl. Dieter Blumenwitz, Feindstaatenklauseln, München–Wien 1972, S. 65f.

21 Vgl. hierzu die Ausführungen Chruschtschows am 13. September 1955, zitiert bei Adenauer, Erinnerungen, Bd. 2, S. 551.

22 Vgl. Kommuniqué über den Aufenthalt der Regierungsdelegation der UdSSR in der DDR vom 24. bis 27. Juli 1955 (auf der Rückreise von der Genfer Konferenz der Regierungschefs der Vier Mächte); deutscher Text: Dokumente zur Außenpolitik der Regierung der Deutschen Demokratischen Republik. Hrsg. vom Deutschen Institut für Zeitgeschichte. Bd. 3, Berlin 1956, S. 228ff., russischer Text: Prawda vom 28. Juli 1955; das Kommuniqué enthält zur Kriegsgefangenenfrage folgenden

Abschnitt:
„Auf Initiative der Regierung der Deutschen Demokratischen Republik fand ein Meinungsaustausch über den verbliebenen Teil der ehemaligen deutschen Kriegsgefangenen statt, die eine Strafe für von ihnen gegen das Sowjetvolk begangene Verbrechen verbüßen. Es wurde beschlossen, die Erörterung dieser Frage unter Berücksichtigung der Wünsche der Regierung der Deutschen Demokratischen Republik fortzusetzen."

23 Vgl. Adenauer, Erinnerungen, Bd. 2, S. 551.

24 Vgl. oben Anm. 22.

25 Vgl. russischer Text: Prawda vom 29. September 1955, deutscher Text: Neues Deutschland vom 30. September 1955.

26 Vgl. Neues Deutschland vom 16. September 1955; russischer Text: Zbiór Dokumentów 10 (1955), S. 1535f.

27 Text: Internationales Recht und Diplomatie 4 (1959), S. 56 (deutscher und russischer Text).

28 Vgl. z. B. Erklärung der Bundesregierung zur außenpolitischen Lage vom 1. Dezember 1955, abgegeben durch Bundesminister v. Brentano; Verhandlungen des Deutschen Bundestages. 2. Wahlperiode 1953. Stenographische Berichte. Bd. 26, S. 6101ff.: „Mit Sorge hat die Bundesregierung und hat die deutsche Öffentlichkeit festgestellt, daß seit Wochen die Heimkehrertransporte ausgeblieben sind. Die Bundesregierung appelliert heute in ernster Form an die Regierung der Sowjetunion, dieses Versprechen, das an keinerlei Vorbedingungen geknüpft war, einzulösen."

29 Vgl. z. B. Deutsche Stellungnahme vom 6. Dezember 1955 zu den Vorwürfen der „Iswestija" bezüglich der in der Bundesrepublik wohnenden Sowjetbürger; Bulletin, Nr. 233 vom 13. Dezember 1955, S. 1993f.; Verbalnote der Sowjetischen Botschaft in Bonn an das Auswärtige Amt betreffend die Repatriierung von Sowjetbürgern vom 9. März 1956, russischer Text: Prawda vom 11. März 1956, deutscher Text: Neues Deutschland vom 11. März 1956 (Antwortnote des Auswärtigen Amtes hierzu vom 29. März 1956; Bulletin, Nr. 67 vom 10. April 1956, S. 625f.); Verbalnote des Außenministeriums der UdSSR an die Botschaft der Bundesrepublik Deutschland vom 27. April 1956 betreffend die Repatriierung deutscher Staatsangehöriger; Zbiór Dokumentów 12 (1956), S. 557ff., deutsche Übersetzung: Dokumente zur Deutschlandpolitik. Hrsg. vom Bundesministerium für gesamtdeutsche Fragen. III. Reihe/Bd. 2, 1. Halbband. Bearbeitet von Ernst Deuerlein und Hansjürgen Schierbaum, Frankfurt am Main –Berlin 1963, S. 295ff.; TASS-Erklärung zur Frage der Repatriierung von Sowjetbürgern aus der Bundesrepublik Deutschland vom 18. Mai 1956, in: Prawda vom 18. Mai 1956, deutscher Text: Neues Deutschland vom 19. Mai 1956; Note der Bundesrepublik Deutschland an das Außenministerium der UdSSR vom 23. August 1956 betreffend die Repatriierung deutscher Staatsangehöriger; Bulletin, Nr. 157 vom 23. August 1956, S. 1533; Verbalnote des Außenministeriums der UdSSR an die Botschaft der Bundesrepublik Deutschland vom 28. August 1956 betreffend die Repatriierung von Sowjetbürgern; Prawda vom 30. August 1956, deutsche Übersetzung: Neues Deutschland vom 31. August 1956; Antwortnote des Auswärtigen Amtes hierzu vom 9. Oktober 1956; Bulletin, Nr. 193 vom 12. Oktober 1956, S. 1839.

30 Russischer Text: Bulletin der laufenden Gesetzgebung der UdSSR für die Justiz- und Gerichtsorgane Nr. 5 (Dezember 1955), Moskau 1956; deutsche Übersetzung mit redaktioneller Vorbemerkung: Osteuropa-Recht 4 (1958), S. 221ff.

31 Der Entwurf des Antwortschreibens vom 28. Februar 1957 wurde seinerzeit vom

Ersten Botschaftssekretär an der Deutschen Botschaft in Moskau, Dr. B. Meissner, zusammen mit dem Leiter des Gesamtdeutschen Referats im Auswärtigen Amt, Dr. R. Fechter, überarbeitet.

32 Vgl. Bulletin, Nr. 42 vom 1. März 1957, S. 353f.

33 Vgl. Internationales Recht und Diplomatie 3 (1958), S. 430ff. (nach „Iswestija" russisch und auch deutsch).

34 Vgl. hierzu Meissner, Moskau–Bonn, S. 27ff. mit Hinweisen auf die maßgeblichen Verhandlungsdokumente.

35 Vgl. Erklärung des Außenministers Gromyko zu den deutsch-sowjetischen Verhandlungen; Iswestija vom 1. August 1957, deutscher Text: Internationales Recht und Diplomatie 3 (1958), S. 469ff.

36 Die zweiten Moskauer Verhandlungen wurden am 25. April 1958 durch die Unterzeichnung eines langfristigen Abkommens über den Waren- und Zahlungsverkehr, eines Abkommens über allgemeine Fragen des Handels und der Schiffahrt sowie eines Konsularvertrages abgeschlossen; vgl. Bulletin, Sonderausgabe vom 25. April 1958, S. 3ff., S. 7, S. 9ff. (BGBl. 1959. II, S. 221 und S. 232).

37 Vgl. Text der sowjetischen mündlichen Erklärung zur Repatriierungsfrage und Text der deutschen Gegenerklärung, abgegeben am 8. April 1958 in Moskau: Bulletin, Nr. 65 vom 9. April 1958, S. 630. Der wesentliche Inhalt der nur in der Bundesrepublik veröffentlichten sowjetischen Erklärung: 1) Zustimmung zur Repatriierung der sogenannten Altreichsdeutschen, einschließlich der Ostpreußen, Memelländer (soweit sie 1918 ihren Wohnsitz im Memelland hatten) sowie der Erstumsiedler unter den Vertragsumsiedlern; einzige Voraussetzung war, daß sie am 21. Juni 1941 die deutsche Staatsangehörigkeit besessen haben mußten. 2) Für Vertragsumsiedler, die zunächst sowjetische Staatsangehörige gewesen waren, galt eine „Wohlwollensklausel", die auf die individuelle Entscheidung und die deutsche Volkszugehörigkeit der Familienmitglieder abstellte. 3) Bei den sogenannten Administrativumsiedlern erklärte sich die sowjetische Seite grundsätzlich zu einer Familienzusammenführung bereit.

38 Deutscher Text: Internationales Recht und Diplomatie 3 (1958), S. 521, russischer Text: Prawda vom 29. April 1958 (Der Erwähnung der mündlichen Repatriierungsvereinbarung auch im russischen Wortlaut des Schlußkommuniqués vom 28. April 1958 kommt besondere Bedeutung zu, da die gegenseitigen Erklärungen – vgl. Anm. 37 – in der Sowjetunion nicht veröffentlicht wurden).

39 Vgl. BGBl. 1959. II, S. 224ff. (deutscher und russischer Text).

40 Vgl. Reichsgesetzblatt (RGBl). 1926. II, S. 1ff. (deutscher und russischer Text).

41 Vgl. amtliche Begründung zum Entwurf des Zustimmungsgesetzes; Verhandlungen des Deutschen Bundestages. 3. Wahlperiode. Anlagen zu den stenographischen Berichten. Bd. 58, S. 23ff.; ferner Verhandlungen des Deutschen Bundestages. 3. Wahlperiode. Stenographische Berichte. Bd. 22, S. 2620. Vgl. zum Inhalt des Abkommens Hansgeorg Grossart, Das deutsch-sowjetische Handels- und Schiffahrtsabkommen, in: Juristenzeitung 14 (1959), S. 233ff.

42 Vgl. BGBl. 1961. II, S. 1086; zu den politischen Hintergründen: Meissner, Moskau–Bonn, S. 44f.

43 „Falls keine der Vertragsparteien bis zum 31. Dezember 1962 schriftlich erklärt, daß das in Ziffer 1 genannte Abkommen am 31. Dezember 1963 auslaufen soll, bleibt es so lange in Kraft, bis es von einer der Vertragsparteien gekündigt wird. Nach dem 31. Dezember 1963 kann jede Vertragspartei jederzeit schriftlich erklären, daß sie das Abkommen zu beenden wünscht; im Falle einer solchen Erklärung bleibt das Abkommen noch ein Jahr in Kraft."

44 Vgl. Archiv der Gegenwart 34 (1964), S. 11047.

45 Vgl. Anm. 43.

46 Vgl. Aide-mémoire der Bundesregierung, das der deutsche Botschafter in Moskau am 16. April 1964 überreichte; Archiv der Gegenwart 34 (1964), S. 11170.

47 Vgl. BGBl. 1972. II, S. 843; vgl. hierzu auch das Abkommen zwischen der Regierung der Bundesrepublik Deutschland und der Regierung der UdSSR über die weitere Entwicklung der wirtschaftlichen Zusammenarbeit vom 27. November 1974.

48 Vgl. Die Auswärtige Politik der Bundesrepublik Deutschland. Hrsg. vom Auswärtigen Amt unter Mitwirkung eines wissenschaftlichen Beirats, Köln 1972, Kulturabkommen 1953-1971, S. 962.

49 Vgl. Mitteilung vom 26. Mai 1960 über die vorübergehende Unterbrechung der deutsch-sowjetischen Verhandlungen über ein Kulturabkommen; Bulletin, Nr. 96 vom 26. Mai 1960, S. 924 und ,,Iswestija"-Interview vom 8. Juni 1961 zum Stand der deutsch-sowjetischen Verhandlungen über ein Kulturabkommen, deutscher Text: Meissner, Moskau–Bonn, S. 710f. (Nr. 121).

50 Vgl. Abkommen zwischen der Regierung der Bundesrepublik Deutschland und der Regierung der UdSSR über kulturelle Zusammenarbeit vom 27. November 1973; BGBl. 1973. II, S. 1685.

51 Zieht man Vergleiche zwischen der Regelung der Frage der zurückgehaltenen deutschen Bevölkerung im Jahre 1955/58 und dem im Jahre 1975 zwischen der Bundesrepublik Deutschland und der Volksrepublik Polen vereinbarten Ausreiseprotokoll (vgl. oben Anm. 4), so fällt auf, daß weder 1955/58 noch 1975 die Ausreisefrage in einen rechtlichen Zusammenhang zu den sonst anstehenden und vertraglich geregelten Materien gebracht werden konnte. Die Aufnahme diplomatischer Beziehungen bzw. der Abschluß eines Handels- und Schiffahrtsvertrages einerseits und die Verständigung u. a. über die Leistung einer von der Bundesrepublik zu erbringenden Rentenpauschale in Höhe von 1,3 Mrd. DM andererseits stehen nicht in einem synallagmatischen Verhältnis zur jeweiligen Ausreiseregelung; damit sollte wohl vermieden werden, daß an Menschenhandel grenzende Praktiken transparent werden. Aus diesem Grunde ist auch nicht frei von Zweifeln geblieben, inwieweit die Zugeständnisse der Vertragspartner der Bundesrepublik überhaupt völkerrechtliche Bedeutung haben. Ganz abgesehen von der jeweils völkerrechtlich minderen Form können die Akte inhaltlich als Vertrag, nur einseitige Verpflichtungserklärung oder nur politisch-moralische Verpflichtung gewertet werden.

1) Die Chruschtschow-Bulganinsche Zusage vom 13. September 1955 ist nicht schon deshalb völkerrechtlich unmaßgeblich, weil es sich um eine nur mündliche Zusage handelt; mündliche Vertragsschlüsse sind zwar in der Völkerrechtspraxis selten, doch mangels Formvorschriften grundsätzlich zulässig und wirksam. Allerdings lassen die Begleitumstände, unter denen die Zusage von der sowjetischen Staatsführung gegeben wurde, darauf schließen, daß eine völkerrechtliche Bindung seitens der Erklärenden gerade nicht intendiert war (vgl. oben Anm. 17). Inhaltlich war die Zusage an keine Vorbedingungen geknüpft; allerdings wurde mit der Zusage ,,Wir geben sie Ihnen alle!" auch nicht das Niveau rechtlicher Präzision erreicht, da das Wort ,,alle" auf eine Personengruppe verwies, die erst in langwierigen Auseinandersetzungen ermittelt werden mußte.

2) Bei der Repatriierungsregelung vom April 1958 handelt es sich streng genommen um eine mündliche, einseitige Erklärung der sowjetischen Seite, die von der Bundesrepublik mit einer entsprechenden Erklärung beantwortet wurde; sie genügt den Anforderungen juristischer Präzision, da sie schriftlich festgehalten wurde und auch durch das Schlußkommuniqué vom 28. April 1958 bewiesen

werden kann (vgl. oben Anm. 37 und 38); inhaltlich führte die Erklärung, zumindest was die Gruppe der „Altreichsdeutschen“ anbelangt, zu einer ausreichend präzisen Umschreibung des ausreiseberechtigten Personenkreises, da die deutsche Staatsangehörigkeit als Abgrenzungskriterium akzeptiert wurde.

3) Trotz der Schriftform der maßgeblichen Erklärungen zur Ausreisefrage in den deutsch-polnischen Beziehungen (Ausreiseprotokoll vom 1. August 1975, vgl. oben Anm. 4, auf der Grundlage der Information der Regierung der Volksrepublik Polen über Maßnahmen zur Lösung humanitärer Probleme, Text: Verträge [Anm. 2], S. 161f.) bleibt die Frage offen, ob Polen über die einseitige Information über innerstaatliche Vorgänge in der Volksrepublik hinaus rechtliche Bindungen akzeptiert hat; darüber hinaus bietet der Begriff der „unbestreitbaren deutschen Volkszugehörigkeit“, über dessen Kriterien nach mehr als drei Jahrzehnten Polonisierung allein die polnische Seite befindet, nicht die klare Abgrenzung, die allein die deutsche Staatsangehörigkeit zu vermitteln vermag; vgl. hierzu meine gutachtlichen Stellungnahmen zu den deutsch-polnischen Verträgen vom 1. März 1976 (Az.: O/3303-G-1-76-3-1), 10. März 1976 (Az.: O/3303-G-2-76-3-10) und vom 24. März 1976 (Az.: O/3303-G-2-76-3-23).

52 Zu den Bemühungen der Bundesregierung, im Rahmen der neuen deutschen Ostpolitik und der vorangetriebenen Entspannung auch die Freilassung des letzten im Spandauer Kriegsverbrechergefängnis verbliebenen Häftlings zu erreichen, vgl. Wolf Rüdiger Hess (Hrsg.), Weder Recht noch Menschlichkeit. Eine Dokumentation, Leoni 1974, S. 75ff.

53 Nachweise oben Anm. 11 und 12.

54 Vgl. Text der von der Botschaft der UdSSR in Frankreich der Botschaft der Bundesrepublik Deutschland in Paris übermittelten Note: Prawda vom 8. Juni 1955, deutsche Übersetzung: Neues Deutschland vom 8. Juni 1955.

55 Zum Standpunkt der UdSSR auf der parallel zu den Vorverhandlungen zur Aufnahme diplomatischer Beziehungen stattfindenden Genfer Gipfelkonferenz vgl. die Ansprache des sowjetischen Ministerpräsidenten Bulganin über die Ergebnisse der Genfer Gipfelkonferenz am 24. Juli 1955 in Ost-Berlin: „In den zehn Jahren, die seit der Beendigung des Zweiten Weltkriegs vergangen sind, haben sich auf dem Territorium Deutschlands zwei souveräne Staaten gebildet – die Deutsche Demokratische Republik und die Deutsche Bundesrepublik. Jede von ihnen hat ihre eigene wirtschaftliche und gesellschaftliche Ordnung. Die Souveränitätsrechte jeder von ihnen sind von anderen Staaten anerkannt worden.“

56 Vgl. Anm. 61.

57 Text: Verträge (Anm. 2), S. 12.

58 Sub A I 1; Europäische Grundrechte – Zeitschrift 1975, S. 542ff.

59 Vgl. Wedomosti Werchownogo Soweta SSSR (Nachrichten des Obersten Sowjet der UdSSR), 1972, Nr. 35, Pos. 316.

60 Vgl. Helmut Steinberger, Völkerrechtliche Aspekte des deutsch-sowjetischen Vertragswerkes vom 12. August 1970, in: Zeitschrift für ausländisches öffentliches Recht und Völkerrecht (ZaöRV) 31 (1971), S. 113ff.

61 Die Erklärung 2 und 3 lautet nach „Süddeutscher Zeitung“ vom 14. Dezember 1971:

2. Einvernehmliche Grenzänderungen:

„Jetzt etwas, um Ihre Bedenken zu zerstreuen. Wenn zwei Staaten freiwillig ihre Vereinigung beschließen oder Grenzen korrigieren, wie wir das selbst mit Norwegen, Afghanistan und Polen, dort sogar mehrmals, gemacht haben, oder wenn die Staaten z. B. ihre gemeinsamen Grenzen aufgeben und sich vereinigen wollen wie Syrien und Ägypten, so wäre uns nicht eingefallen, hier zu kritisieren, denn dies ist

Ausdruck der Souveränität und gehört zu den unveräußerlichen Rechten der Staaten und Völker. Wer hier Fragen stellt, sieht Probleme, wo keine sind."

3. Wiedervereinigung Deutschlands:

,,Die dritte Frage, in der wir Ihnen entgegengekommen sind, ist die Wiedervereinigung Deutschlands als zukünftige Perspektive. Ihre Position ist klar, die unsere auch. Auch wir haben unsere Vorstellung, wie die künftige deutsche Einheit beschaffen sein soll. Wir können einen Vertrag machen, der das Kreuz über alle Pläne zur Wiedervereinigung Deutschlands setzen würde. Dann stünde jede Äußerung über die Wiedervereinigung im Gegensatz zum Vertrag."

62 Verknüpfung des sogenannten ,,peaceful change" nicht mit dem Prinzip III (,,Unverletzlichkeit der Grenzen"), sondern mit dem Prinzip I (,,Souveräne Gleichheit, Achtung der der Souveränität innewohnenden Rechte"): ,,Die Teilnehmerstaaten sind der Auffassung, daß ihre Grenzen, in Übereinstimmung mit dem Völkerrecht, durch friedliche Mittel und durch Vereinbarung verändert werden können"; Text des am 1. August 1975 unterzeichneten Schlußdokuments der Konferenz für Sicherheit und Zusammenarbeit in Europa (KSZE): Verhandlungen des Deutschen Bundestages. 7. Wahlperiode. Anlagen zu den stenographischen Berichten. Drucksache 7/3867 vom 23. Juli 1975; vgl. hierzu auch Dieter Blumenwitz, Die Konferenz für Sicherheit und Zusammenarbeit in Europa und die Auswirkung ihrer grenzbezogenen Regelungen auf die Bundesrepublik Deutschland, in: Partnerschaft mit dem Osten. Hrsg. vom Verlag Martin Lurz GmbH, München 1976, S. 217ff.

63 Vgl. Nr. 155, S. 1841ff.

64 Vgl. Bulletin, Nr. 156 vom 10. November 1972, S. 1860ff.

65 Vgl. Frankfurter Allgemeine Zeitung vom 22. Dezember 1972.

66 Die Quittung läßt sich wie folgt beschreiben:

1) Material: Saugpostpapier

2) Format: 1 Halbbogen (DIN A 5)

3) Wortlaut: ,,Einen Brief an Staatssekretär beim Ministerrat der DDR, Herrn Dr. Michael Kohl, erhalten.

Berlin, den 21. 12. 1972 — unleserlich
(Gummistempel) — (Unterschrift)
Büro des Ministerrats
Poststelle

4) Hinweis: Datum und Unterschrift sind mit Kugelschreiber handschriftlich eingetragen. Auf der ,,Quittung" ist kein Behördensiegel, sondern nur ein Gummistempel. Es handelt sich um einen Formularvordruck in hektographierter Maschinenschrift. Der Adressat ist maschinenschriftlich eingesetzt. Vgl. Eve Cieslar, Johannes Hampel, Franz-Christoph Zeitler, Der Streit um den Grundvertrag. Eine Dokumentation (Berichte und Studien der Hanns-Seidel-Stiftung, Bd. 4), München–Wien 1973, S. 209.

67 Vgl. Grundvertragsurteil vom 31. Juli 1973 (2 BvF 1/73) sub B V 1.

68 Vgl. die vom Bereich Presse und Information des Ministeriums für Auswärtige Angelegenheiten der DDR herausgegebene außenpolitische Korrespondenz, Nr. 24 vom 15. Juni 1973, S. 182ff.

69 Vgl. BGBl. 1973. II, S. 421.

70 Vgl. Gesetzblatt der Deutschen Demokratischen Republik (GBl). 1973. Teil II, S. 25.

71 Nachweise Anm. 68.

72 Im Teil A II 3 des Grundvertragsurteils wird lediglich festgestellt: ,,Dem Gericht lagen unter anderem alle Protokolle über die Beratungen der gesetzgebenden

Körperschaften vor, die den Vertrag betreffen, außerdem die den Verfahrensbeteiligten in der mündlichen Verhandlung eingeräumten Schriftsätze zu der in der mündlichen Verhandlung vorgelegten Urkunde über den Empfang des Briefes zur deutschen Einheit."

73 Vgl. Bundesrat. Drucksachen 1975. Bd. 12, Drucksache 446/75.

74 Das in der Wiener Vertragsrechtskonvention vom 23. März 1969 (Text: ZaöRV 29 [1969], S. 711 ff.) kodifizierte Völkergewohnheitsrecht unterscheidet heute zwischen der allgemeinen Auslegungsregel in Art. 31 und zusätzlichen Auslegungsmitteln in Art. 32.
Art. 31 bestimmt, was im Gesamtzusammenhang („context") mit einem Vertrag berücksichtigt werden muß. Nach Art. 31 Abs. 2 der Wiener Vertragsrechtskonvention gibt es heute zwei Möglichkeiten, diesen „context" herzustellen bzw. zu erweitern: Nämlich a) durch eine Vereinbarung („any agreement"), die sich auf den Vertrag bezieht („relating to the treaty") und die die Parteien in Verbindung mit dem Abschluß des Vertrages getroffen haben, oder b) durch eine Urkunde („any instrument"), die von den Vertragsparteien in Verbindung mit dem Vertragsabschluß erstellt („made in connexion with the conclusion of the treaty") und von dem Vertragspartner als Urkunde, die mit dem Vertrag in Beziehung steht („instrument related to the treaty"), anerkannt wurde („accepted"). In diesem Sinne hat wohl die UdSSR den Brief zur deutschen Einheit angenommen, wenn auch nicht inhaltlich gebilligt, so daß von einem Konsens in der Wiedervereinigungsfrage gesprochen werden könnte; der Brief hat damit die Funktion, einen Dissensbereich klarzustellen, der wegen des Regelungsinhaltes des Moskauer Vertrages im Sinne einer weiteren Verfestigung des Status quo nicht vermutet werden kann; die sowjetische Seite kann damit der Bundesrepublik nicht die Verletzung des Moskauer Vertrages vorwerfen, wenn sie ihre im Brief dargelegten politischen Ziele verfolgt.
Demgegenüber läßt sich in den deutsch-deutschen Beziehungen ein Akzeptieren des Briefes zur deutschen Einheit als Auslegungsinstrument nicht ohne weiteres nachweisen; vgl. hierzu auch Karl Doehring, Georg Ress, Gutachten über die rechtliche Qualität des Briefes zur deutschen Einheit, in: Cieslar, Hampel, Zeitler, S. 265 ff. Hat die DDR der Qualifikation des Briefes als Auslegungsinstrument widersprochen, so ist nur ein praktisch bedeutungsloses Instrument nach Art. 32 der Wiener Vertragsrechtskonvention gegeben.
Auf ein Instrument im Sinne von Art. 32 kann nämlich nur zurückgegriffen werden, um eine Sinndeutung, die sich schon aus der Anwendung des Art. 31 ergibt, zu bestätigen („confirm the meaning") oder um den Sinn einer Vertragsbestimmung festzustellen, wenn die nach Art. 31 vorgenommene Auslegung a) zu einem zweideutigen oder unklaren Sinn oder b) zu einem Resultat führt, das offensichtlich absurd oder unvernünftig ist („manifestly absurd or unreasonable"). Da weder die Bundesregierung noch die DDR jemals geltend gemacht haben, der Grundvertrag sei zweideutig geschweige denn offensichtlich absurd oder unvernünftig, könnte die Bundesregierung im Rahmen von Art. 32 der Wiener Vertragsrechtskonvention nur auf den Brief zur deutschen Einheit zurückgreifen, um eine Interpretation, die sich an sich schon unmittelbar aus dem Vertragstext selbst ergibt, nochmals klarzustellen und abzusichern.

75 Vgl. oben Anm. 2.

76 Vgl. die sogenannte Unberührtheitsklausel der Verträge (Art. 4 Moskauer Vertrag, Art. IV Warschauer Vertrag, Art. 9 Grundvertrag).

77 Vgl. Blumenwitz, Unberührtheitsklausel, S. 91.

78 Vgl. Blumenwitz, Unberührtheitsklausel, S. 91 ff.

79 Vgl. oben Anm. 1.

80 Die sowjetische Botschaft in der Bundesrepublik nahm im Dezember 1955 unter Botschafter Sorin, die deutsche Botschaft in der Sowjetunion im März 1956 unter Botschafter Dr. Wilhelm Haas ihre Tätigkeit auf; vgl. Keesing's Archiv der Gegenwart 25 (1955), S. 5487 und S. 5535; Bulletin, Nr. 30 vom 11. Februar 1956, S. 253.

81 Vgl. oben Anm. 13.

82 Vgl. hierzu Wilhelm G. Grewe, Deutsche Außenpolitik der Nachkriegszeit, Stuttgart 1960, S. 220. Demgegenüber vertrat der Sprecher des GB/BHE, Abgeordneter Dr. Mocker, folgende Auffassung: ,,Den gemachten Vorbehalten über die Ostgebiete muß jedoch vorausgeschickt werden, daß nach bestehendem Völkerrecht und einhelliger Auffassung aller Völkerrechtler die Errichtung diplomatischer Beziehungen nicht die geringste rechtliche Bedeutung für Grenzfragen hat." Vgl. Verhandlungen des Deutschen Bundestages. 2. Wahlperiode 1953. Stenographische Berichte. Bd. 26, S. 5670. Richtig dürfte folgende Auffassung sein: Durch die mit der Aufnahme diplomatischer Beziehungen verknüpfte Anerkennung wird ein völkerrechtswidriger Erwerb nicht völkerrechtsmäßig; erfolgt allerdings die Anerkennung seitens des Völkerrechtssubjekts, zu dessen Lasten die Besitzveränderung erfolgte, so kann sie einem vertraglichen Einverständnis gleichstehen und so u. U. konstitutiven Charakter erlangen; vgl. Friedrich Berber, Lehrbuch des Völkerrechts. Bd. 1, 2. Auflage, München 1975, S. 245.

83 Z. B. Frage der baltischen Staaten, der polnischen Ostgrenze (die in funktionellem Zusammenhang mit der polnischen Westgrenze steht), die noch nicht friedensvertraglich gelösten sowjetisch-japanischen Territorialfragen; vgl. Grewe, S. 221.

84 Vgl. Marschall von Bieberstein, Zum Problem der völkerrechtlichen Anerkennung der beiden deutschen Regierungen, Berlin 1959, S. 81 ff.; Dieter Blumenwitz, Das rechtliche Selbstverständnis der Bundesrepublik, in: Archiv des öffentlichen Rechts 99 (1974), S. 314 ff., insbesondere S. 319.

85 Mit dem Adenauer-Bulganin-Brief vom 13. September 1955 war allerdings noch nicht die sogenannte ,,Hallstein-Doktrin" erreicht, da zunächst noch offenblieb, mit welchen Konsequenzen im konkreten Einzelfall dem unfreundlichen Akt der Anerkennung der DDR begegnet werden sollte. Erst die Botschafterkonferenz der Bundesrepublik vom 11. Dezember 1955 brachte die Einengung im Sinne des Abbruchs der Beziehungen, wie er dann 1957 im Falle Jugoslawiens praktiziert wurde; vgl. Interview des Leiters der Politischen Abteilung des Auswärtigen Amtes, Ministerialdirektor Prof. Dr. Grewe, am 11. Dezember 1955 aus Anlaß der Botschafterkonferenz in Bonn; Bulletin, Nr. 233 vom 13. Dezember 1955, S. 1993.

86 Vgl. oben Anm. 15.

87 Die Formulierung der sowjetischen Seite vermeidet es, darüber hinaus zur Rechtslage Gesamtdeutschlands Stellung zu beziehen.

88 Vgl. Verhandlungen des Deutschen Bundestages. 2. Wahlperiode 1953. Stenographische Berichte. Bd. 26, S. 5646; vgl. hierzu auch Grewe, S. 221:
,,Um in diesen Fragen die Rechtsfolge einer implizierten Anerkennung abzuwenden, genügte eine einseitige Klarstellung der deutschen Delegation, daß eine solche Anerkennung nicht in ihrer Absicht lag. Eine solche Vorbehaltserklärung ist, juristisch gesprochen, ein einseitiger, empfangsbedürftiger, aber nicht annahmebedürftiger Rechtsakt. Es war danach unerläßlich, daß die deutsche Vorbehaltserklärung der Sowjetregierung auf ordnungsmäßigem amtlichen Wege zuging; es war jedoch nicht erforderlich, daß sich die Sowjetregierung mit dem Inhalt der deutschen Erklärung einverstanden erklärte oder daß sie die in dieser Erklärung ausgesprochene Auffassung ohne Widerspruch hinnahm."

89 Tatsächlich ist die deutsche Vorbehaltserklärung, deren Text in den Verhandlun-

gen diskutiert worden war, der sowjetischen Regierung am Morgen des 14. September notifiziert worden, nachdem der Bundeskanzler, einer Anregung Bulganins folgend, ihren Wortlaut auf einer unmittelbar voraufgegangenen Pressekonferenz mitgeteilt hatte. Über den Empfang der Note stellte das sowjetische Außenministerium eine schriftliche Bestätigung aus. Vgl. Grewe, S. 221 und oben S. 162. Die schriftliche Bestätigung ist im Gegensatz zur Quittierung des Briefes zur deutschen Einheit durch die Poststelle des Büros des Ministerrats der DDR (vgl. oben Anm. 66) ein zwischenstaatlich unmittelbar bedeutsames Instrument. Vgl. zum Vorgang auch Meissner, Moskau–Bonn, S. 19, Anm. 23.

90 Vgl. Dietrich von Crayen, Die Vorbehalte im Völkerrecht, Luzern 1938; Dietrich Kappeler, Les réserves dans les Traités internationaux, Diss. Bern 1958.

91 Nach Dionisio Anzilotti, Lehrbuch des Völkerrechts (deutsche Übersetzung von C. Bruns und K. Schmid), 3. Auflage, Berlin–Leipzig 1929, S. 306, schließen Wesen und Begriff des Vorbehalts seine Anwendbarkeit auf zweiseitige Verträge aus; der Vorbehalt bedeute im Grunde die Aufhebung der mit dem Vorbehalt versehenen Vertragsbestimmungen und damit – da nur zwei Parteien im Spiele sind – eine Verminderung des Umfangs vertraglicher Verpflichtungen um den durch den Vorbehalt gedeckten Sektor. Nach Charles Rousseau, Principes Généraux du Droit International Public, Paris 1944, S. 295, sind Vorbehalte auch bei zweiseitigen Verträgen möglich, setzen aber die ausdrückliche Zustimmung des Kontrahenten voraus; vgl. hierzu auch Raschhofer, S. 232. Lord Arnold Duncan McNair geht in seinen Untersuchungen zum Vertragsrecht (The Law of Treaties, Oxford 1961, S. 168) davon aus, daß kein Staat durch eine Vertragsbestimmung gebunden ist, der er nicht zugestimmt hat; dieser Grundsatz gelte für alle Vertragsarten in gleicher Weise (S. 159).

92 Vgl. die Definitionsentwürfe der Académie Diplomatique Internationale, Dictionnaire Diplomatique, Bd. 2, S. 560 (Vorbehalte – réserves – sind jene Bestimmungen, „mit welchen Staaten beim Abschluß internationaler Verträge die bindende Wirkung bestimmter Klauseln dieser Verträge einvernehmlich einschränken oder aufheben“) und der Harvard School of International Law, American Journal of International Law 29 (1935), Supplement, S. 843 (Vorbehalte sind formelle Erklärungen, „womit ein Staat, wenn er einen Vertrag unterzeichnet, ratifiziert oder ihm beitritt, als Bedingung seines Willens, Vertragspartner zu werden, gewisse Bestimmungen bezeichnet, die die Wirkung des Vertrages in den Beziehungen dieses Staates mit dem oder den anderen Staaten einschränken, die möglicherweise Vertragspartner werden“).

93 Zur Hauptfrage vertrat der Gerichtshof mit sieben gegen fünf Stimmen folgende Rechtsauffassung: Ein Staat, der einen Vorbehalt erhoben hat und ihn gegen den Widerspruch eines oder mehrerer Vertragsstaaten aufrechterhält, während die anderen nicht widersprechen, kann als Vertragspartei angesehen werden, wenn der Vorbehalt mit Gegenstand und Zweck des Übereinkommens vereinbar ist. Anderenfalls kann er nicht als Vertragspartei angesehen werden.
Zur Frage der Unteilbarkeit des Abkommens wurde wie folgt entschieden: Eine Vertragspartei, die einen Vorbehalt zurückweist, den sie als unvereinbar mit Gegenstand und Zweck des Übereinkommens ansieht, kann in tatsächlicher Hinsicht die vorbehaltenden Staaten als am Vertrag nicht beteiligt ansehen. Eine Vertragspartei, die der Ansicht ist, daß ein Vorbehalt mit Gegenstand und Zweck des Übereinkommens vereinbar ist, kann in tatsächlicher Hinsicht den vorbehaltenden Staat als am Übereinkommen beteiligt ansehen.

94 Im Vordergrund standen die allein bei multilateralen Verträgen bedeutsamen Konsequenzen des Vorbehalts für den Grundsatz der „Unteilbarkeit“ eines Abkom-

mens, vgl. Charles de Visscher, Théorie et Réalités en Droit International Public, 3. Auflage, Paris 1960, S. 335.

95 Vgl. oben Anm. 74.

96 Vgl. oben S. 171.

97 Vgl. oben Anm. 74.

98 Vgl. Anzilotti, S. 262, S. 305; Lord McNair, S. 158; Raschhofer, S. 252ff.

99 Vgl. Steinberger (Anm. 60).

100 Vgl. oben Anm. 82.

101 Vgl. Art. 2 Deutschland-Vertrag (BGBl. 1955. II, S. 305ff.): „Im Hinblick auf die internationale Lage, die bisher die Wiedervereinigung Deutschlands und den Abschluß eines Friedensvertrags verhindert hat, behalten die Drei Mächte die bisher von ihnen ausgeübten oder innegehabten Rechte und Verantwortlichkeiten in bezug auf Berlin und auf Deutschland als Ganzes einschließlich der Wiedervereinigung Deutschlands und einer friedensvertraglichen Regelung." Vgl. hierzu auch die Noten der Westmächte zum Moskauer Vertrag, wonach „der beabsichtigte Vertrag die Rechte und Verantwortlichkeiten der Drei Mächte nicht berührt", Text: Verträge, S. 15f.

102 Zu weitgehend wohl seinerzeit die Ansicht von Staatssekretär Thedieck vom Ministerium für gesamtdeutsche Fragen, es bestehe auch nach dem Austausch diplomatischer Vertretungen zwischen der Bundesrepublik und der Sowjetunion kein Zweifel daran, daß der Botschafter der Bundesrepublik in Moskau der Repräsentant des gesamten deutschen Volkes sei (vgl. Bulletin, Nr. 177 vom 21. September 1955, S. 1477); hier wurde übersehen, daß die Frage der „Repräsentanz" nicht nur den Entsenderstaat, sondern auch maßgeblich den Empfangsstaat betrifft.

103 Vgl. statt vieler Arnulf Baring, Außenpolitik in Adenauers Kanzlerdemokratie. Westdeutsche Innenpolitik im Zeichen der Europäischen Verteidigungsgemeinschaft, 2 Bde., München 1971, Bd. 1, S. 25; Hans-Peter Schwarz, Das außenpolitische Konzept Konrad Adenauers, in: Rudolf Morsey und Konrad Repgen (Hrsg.), Adenauer-Studien I (Veröffentlichungen der Kommission für Zeitgeschichte, Reihe B, Bd. 10), Mainz 1971, S. 102ff.; ders., Das Spiel ist aus und alle Fragen offen, oder: Vermutungen zu Adenauers Wiedervereinigungspolitik, in: Helmut Kohl (Hrsg.), Konrad Adenauer 1876/1976, 2. Auflage, Stuttgart–Zürich 1976, S. 168ff.; Werner Weidenfeld, Der Einfluß der Ostpolitik de Gaulles auf die Ostpolitik Adenauers, in: Rudolf Morsey und Konrad Repgen (Hrsg.), Adenauer-Studien III: Untersuchungen und Dokumente zur Ostpolitik und Biographie (Veröffentlichungen der Kommission für Zeitgeschichte, Reihe B, Bd. 15), Mainz 1974, S. 120; Klaus Gotto, Adenauers Deutschland- und Ostpolitik 1954–1963, in: Adenauer-Studien III, S. 3ff.; ders., Adenauer – Realist und Visionär, in: Politik und Kultur, Heft 3/4, 1975, S. 99ff.; Hans Buchheim, Die Deutschland- und Außenpolitik Konrad Adenauers, in: Politische Bildung, Heft 4, 1971, S. 31ff.; Richard Löwenthal, Vom Kalten Krieg zur Ostpolitik, in: Richard Löwenthal und Hans-Peter Schwarz (Hrsg.), Die zweite Republik. 25 Jahre Bundesrepublik Deutschland – eine Bilanz, Stuttgart 1974, S. 604ff.; Hans Globke, Überlegungen und Planungen in der Ostpolitik Adenauers, in: Konrad Adenauer und seine Zeit. Politik und Persönlichkeit des ersten Bundeskanzlers. Beiträge von Weg- und Zeitgenossen, Stuttgart 1976, S. 665ff.

104 Vgl. hierzu Dieter Blumenwitz, Norm and Reality in International Law. Notes on the Interdependence of International Law and Political Power, in: Law and State 7 (1973), S. 113ff., insbesondere S. 124f.

105 Vgl. Grewe, S. 224.

106 Vgl. hierzu Dieter Blumenwitz, Die Errichtung Ständiger Vertretungen im Lichte

des Staats- und Völkerrechts, Baden-Baden 1975.

107 Vgl. z. B. Dieter Blumenwitz, Die deutsche Staatsangehörigkeit und die Konsularverträge der DDR mit dritten Staaten, in: Politische Studien, Heft 221, 1975, S. 283ff.

108 Vgl. Cieslar, Hampel, Zeitler, S. 163.

109 Vgl. Dieter Blumenwitz, Selbstbestimmung und Menschenrechte im geteilten Deutschland, in: Jahrbuch für Internationales Recht 17 (1974), S. 11ff., insbesondere S. 34f.

110 Vgl. den Vortrag des Leiters des Presse- und Informationsamtes des Landes Berlin, Egon Bahr, am 15. Juli 1963 vor der Evangelischen Akademie Tutzing, in: Boris Meissner (Hrsg.), Die deutsche Ostpolitik 1961 bis 1970. Kontinuität und Wandel, Köln 1970, S. 45ff.

111 Vgl. z. B. Peter Bender, Offensive Entspannung. Möglichkeit für Deutschland, Köln 1964; ders., Zehn Gründe für die Anerkennung der DDR, Frankfurt am Main 1968.

112 Das Grundvertragsurteil geht hier von einer verfassungsrechtlichen Distanzpflicht der Bundesrepublik gegenüber der DDR aus; die Bundesregierung hat die Pflicht, das öffentliche Bewußtsein ,,auch dafür wachzuhalten, welche weltanschaulichen, politischen und sozialen Unterschiede zwischen der Lebens- und Rechtsordnung der Bundesrepublik und der Lebens- und Rechtsordnung der DDR bestehen“.

113 Vgl. z. B. die Tilgung der einheitlichen deutschen Nation durch die Verfassungsänderung in der DDR vom 7. Oktober 1974 (Gesetz zur Ergänzung und Änderung der Verfassung der DDR; GBl. 1974. I, S. 425); das auf dem IX. Parteitag der SED am 23. Mai 1976 beschlossene neue Parteiprogramm enthält keinerlei Hinweise mehr auf die Einheit der deutschen Nation und auf die Wiedervereinigung (wenn auch unter kommunistischem Vorzeichen).

114 Vgl. Vertrag über Freundschaft, Zusammenarbeit und gegenseitigen Beistand zwischen der DDR und der UdSSR vom 8. Oktober 1975 (Text: Deutschland Archiv 8 [1975], S. 1205); ferner die Akzentuierung der brüderlichen Verbundenheit mit der KPdSU, der ,,erprobtesten und erfahrensten kommunistischen Partei“, im neuen Parteiprogramm der SED.

115 Vgl. Robert Gerald Livingston, East Germany between Moscow and Bonn, in: Foreign Affairs, Bd. 50 (1972), S. 297ff.

116 Vgl. z. B. Peter Christian Ludz, Die amerikanische Haltung zur deutschen Frage, in: Deutschland Archiv 5 (1972), S. 573ff., insbesondere S. 594.

117 Vgl. Heinrich Krone, Aufzeichnungen zur Deutschland- und Ostpolitik 1954–1969, bearbeitet und eingeleitet von Klaus Gotto, in: Adenauer-Studien III, S. 166.

118 Vgl. z. B. Karl Kaiser, German Foreign Policy in Transition. Bonn between East and West, London 1968; Manfred Knapp, Zusammenhänge zwischen der Ostpolitik der BRD und den deutsch-amerikanischen Beziehungen, in : Egbert Jahn und Volker Rittberger (Hrsg.), Die Ostpolitik der Bundesrepublik. Triebkräfte, Widerstände, Konsequenzen, Opladen 1974, S. 157ff.

BORIS MEISSNER

Adenauer und die Sowjetunion von 1955 bis 1959

I. Die Sowjetunion in der Lagebeurteilung Adenauers und seiner außenpolitischen Strategie

Gösta v. Uexküll hat in seiner Adenauer-Biographie die These aufgestellt[1], daß Adenauer an Stelle der von ihm überwundenen deutsch-französischen Erbfeindschaft eine deutsch-russische gesetzt habe, „die es bisher in der Geschichte nicht gegeben hatte". Er habe den westlichen Drang nach Osten nicht zur Kenntnis genommen, sondern habe „kühn" einen Drang des Ostens gen Westen erfunden.

Es ist richtig, daß die Ostpolitik Adenauers von der Furcht vor dem sowjetischen Expansionsdrang und der kommunistischen Gefahr bedingt war, daß er infolgedessen in der Sowjetunion den einzigen wirklichen Feind sah. Auf der anderen Seite schloß er eine Wandlung des in der Sowjetunion bestehenden Systems und damit eine veränderte Stellung Rußlands in der Welt nicht aus. Weder war er von einem östlichen Feindkomplex bestimmt, von dem er sich nicht lösen konnte, noch lag seiner Politik die Vorstellung einer deutsch-russischen Erbfeindschaft zugrunde.

Adenauer ist von einer nüchternen Lagebeurteilung ausgegangen, die er im Verlauf seiner Kanzlerschaft und im Ruhestand immer wieder überprüft hat. Außerdem dürfte es für jeden Kenner der Geschichte feststehen, daß es über die Jahrhunderte hinweg auch einen östlichen „Drang nach Westen" gegeben hat, wenn er auch nicht allein von den Russen ausgegangen ist. Die gewaltige Ausweitung des russischen Staatsgebiets unter der Zarenherrschaft ist zu einem großen Teil nicht das Ergebnis friedlicher Kolonisation, sondern einer sehr bewußten kriegerischen Expansion mit imperialer Zielsetzung gewesen[2].

Für Adenauer war die Sowjetunion in erster Linie eine neue Inkarnation des Russischen Reiches. Er zog es daher in seinen Reden anfangs vor, von Sowjetrußland und nicht von der Sowjetunion oder der UdSSR zu sprechen. Er mag die Kontinuität zwischen der zaristischen und sowjetischen Außenpolitik übertrieben haben, aber er hat richtig erkannt, daß der allrussische Nationalismus und der Totalitarismus stalinistischer Prägung als Triebkräfte einer expansiven Außenpolitik keine geringere Bedeutung besaßen als das im Kommunismus wurzelnde weltrevolutionäre Element. Auf diesen Zusammenhang wies er in einer Ansprache vor den Nouvelles Equipes Internationales in Bad Ems am 14. September 1951 hin, wobei er den kontinuierlichen Charakter des russischen Ausdehnungsdranges hervorhob[3]. „Rußland hat von jeher eine stark pan-slawistische Ausdehnungspolitik getrieben und eine Ausdehnungstendenz gehabt. Dieser Drang ist durch den Übergang zur kommunistischen oder besser zur totalitären Staatsform und Diktatur außerordentlich gesteigert worden."

Entscheidend für die Lagebeurteilung Adenauers war, daß Stalin seine 1939 im Zusammenwirken mit Hitler begonnene Expansionspolitik, die zur Einverleibung der baltischen Staaten und von Gebieten anderer Staaten in die Sowjetunion geführt hatte, ab 1944/45 mit der Sowjetisierung der ostmitteleuropäischen Länder und ihrer Besatzungszone in Deutschland fortsetzte. Die Schaffung des Satellitensystems und die Ausdehnung der Macht Sowjetrußlands bis in das Herz Europas sah er als Teil einer Strategie an, die auf die Beherrschung ganz Europas bei gleichzeitiger Verdrängung der Vereinigten Staaten vom Kontinent gerichtet war. Der sowjetrussischen Seite ging es nach seiner Ansicht vor allem darum, die Kontrolle und damit die Verfügungsgewalt über die Wirtschaftskraft Westeuropas und vor allem der Bundesrepublik Deutschland zu gewinnen. Die Erreichung dieses Zieles würde eine ungeheuere Stärkung der militärischen und politischen Macht Sowjetrußlands bedeuten. Das sowjetrussische Kriegspotential würde größer sein als das amerikanische und damit eine weltweite Hegemonie Sowjetrußlands ermöglichen[4]. In einer Rede in Düsseldorf am 20. Juni 1954 sagte er[5]: ,,Die Zielsetzung der Politik der Sowjetunion ist eindeutig und klar. Sie geht hin auf die Beherrschung Europas durch Sowjetrußland. Daher die Satellitenstaaten, daher die Schaffung der Sowjetzone, daher die Schaffung der kommunistischen Parteien in Italien und Frankreich. Die Schlüsselposition [. . .] hält die Bundesrepublik. Ohne die Bundesrepublik ist eine Herrschaft über Westeuropa für Sowjetrußland unmöglich.“

Sehr früh ist von Adenauer die Auffassung vertreten worden, daß die Beherrschung Westeuropas Sowjetrußland ermöglichen würde, ein Übergewicht nicht nur gegenüber den Vereinigten Staaten, sondern auch China zu gewinnen. Auf einer Pressekonferenz am 4. August 1964 in Bonn bemerkte er[6]: ,,Wenn es Sowjetrußland gelingen würde, Westeuropa nicht etwa zum Satelliten zu machen, nein, in sein politisches Kielwasser zu bekommen, dann wäre Sowjetrußland in der Tat die stärkste Macht der Welt, viel stärker als die Vereinigten Staaten [. . .] Hier in Europa liegt die Gefahr für die Welt, auch für die Vereinigten Staaten, liegt auch für Sowjetrußland die Möglichkeit so stark zu werden, daß es auch gegenüber Rotchina bestehen kann.“ Aufgrund dieser Lagebeurteilung war für Adenauer die Wiedervereinigung Deutschlands nicht ein Problem, das nur die Deutschen anging. Es war eine Frage von weltpolitischer Bedeutung[7]. Gelang es Sowjetrußland mit Hilfe einer Neutralisierung Deutschlands ein Machtvakuum in der Mitte Europas zu schaffen, so hätte es keine großen Schwierigkeiten, seinen Einfluß auf ganz Europa auszudehnen.

Der sowjetrussischen Expansionspolitik konnte nach Adenauer mit Erfolg nur durch die Schaffung einer geschlossenen westlichen Abwehrfront, unter Einschluß der Bundesrepublik Deutschland, und durch eine ,,Politik der Stärke“ begegnet werden. Durch die ,,Politik der Stärke“ sollte eine Veränderung des Kräfteverhältnisses zugunsten des Westens erreicht werden, um damit bessere Voraussetzungen für Verhandlungen zu schaffen[8]. ,,Deswegen muß der Westen stark sein, nicht um mit seiner Stärke der Sowjetunion zu imponieren oder einen Zwang auszuüben, sondern um die Sowjetunion an den Verhandlungstisch zu bekommen.“

Adenauer war der Ansicht, daß Sowjetrußland, wie jeder Diktaturstaat, nur mit einem starken und nicht mit einem schwachen Partner verhandeln würde. Die „Politik der Stärke“ bildete für ihn so die Voraussetzung, um durch schrittweise Beseitigung der Spannungsursachen zu einer für beide Seiten vorteilhaften Entspannung zu gelangen. In einer Rede in Offenbach am 24. September 1954 erklärte er[9]: „Ich bin fest überzeugt, daß wenn Sowjetrußland sieht, daß es im Wege des Kalten Krieges keinen Sieg mehr erringen kann, und wenn Sowjetrußland sieht, daß der Westen stark, aber verhandlungsbereit ist, dann wird auch Sowjetrußland mit uns verhandeln, und das wird der Anfang einer allgemeinen Entspannung sein.“

Adenauer war sich der Gefahren, die mit einem Entspannungsprozeß verbunden waren, den die Sowjetunion für ihre außenpolitische Zielsetzung zu nutzen versuchen würde, durchaus bewußt. In einem Brief an Dulles schrieb er am 25. Juli 1955[10]: „Wir werden in zunehmendem Maße mit zunehmenden Entspannungsmanövern der Sowjets rechnen müssen, die darauf abzielen, die öffentliche Meinung unserer Länder einzuschläfern und damit zugleich die Abwehrkraft und Geschlossenheit des Westens aufzuweichen und seine Einheit zu zerstören.“

II. Adenauer bei den Verhandlungen mit den Sowjetführern in Moskau

Durch die Einbeziehung der Bundesrepublik Deutschland in das westliche Verteidigungsbündnis und die Erringung der Souveränität waren für Adenauer die Voraussetzungen gegeben, um zweiseitige Verhandlungen mit der Sowjetunion aufzunehmen. Das Bündnis mit den drei Westmächten bedeutete für ihn den einen Schlüssel, der zur Lösung der Deutschland-Frage benötigt wurde. Daß der zweite Schlüssel in Moskau lag, ist von ihm des öfteren zum Ausdruck gebracht worden. Er hoffte diesen Schlüssel auf dem Verhandlungswege zu erringen, war aber nicht bereit, den Preis der Neutralisierung Deutschlands dafür zu zahlen.

Im Hinblick auf die Wiedervereinigung Deutschlands hatte sich die Lage inzwischen wesentlich verschlechtert. Erstens hat die Volkserhebung vom 17. Juni 1953 eine wesentliche Änderung in der sowjetischen Deutschlandpolitik zur Folge gehabt[11]. Zweitens hatte die Zündung der ersten sowjetischen Wasserstoffbombe im gleichen Jahr das militärische Kräfteverhältnis, wie es sich bald zeigen sollte, entscheidend verändert.

Bis zum 17. Juni 1953 überwog das sowjetische Interesse an einer Wiederherstellung der staatlichen Einheit Deutschlands auf der Grundlage der Neutralität. Seit diesem Zeitpunkt machte sich die Tendenz zur Beibehaltung der Teilung Deutschlands bemerkbar, die sich nach dem Führungswechsel im Kreml im Februar 1955, wesentlich verstärkte. An Stelle von Malenkow wurde Marschall Bulganin Ministerpräsident der UdSSR, an dessen Seite der Erste Parteisekretär Chruschtschow nach vorne rückte. Molotow blieb zwar Außenminister, verlor aber seinen bisherigen Einfluß.

Mit dem Hervortreten Chruschtschows kam jetzt eine Richtung zum Zuge, die gegenüber Deutschland eine offensive Koexistenzpolitik betrieb. Es war eine Politik, der die Zwei-Staaten-Theorie zugrunde lag, und die eine Zementierung der deutschen Spaltung betrieb, ohne sich mit dem Status quo als solchem zu begnügen. Sie strebte die Beseitigung des Vier-Mächte-Status von Berlin an, und wenn sie überhaupt an eine Wiedervereinigung Deutschlands dachte, dann nur an eine solche unter kommunistischen Vorzeichen[12].

Es war für die Sowjetunion schwierig, die Forderungen nach einer Parität der beiden Teile Deutschlands zu erheben, solange man auf der staatsrechtlichen Ebene argumentierte. Infolgedessen ist von Bulganin und Chruschtschow nach der Gipfelkonferenz in Genf im Juli 1955 das ganze Problem auf die völkerrechtliche Ebene gehoben worden, indem sie den Standpunkt vertraten, daß es sich bei beiden Teilen Deutschlands um zwei völlig voneinander getrennte, souveräne Staaten handeln würde. Diese Auffassung klang bereits in der Argumentation des sowjetischen Ministerpräsidenten auf der Genfer Gipfelkonferenz an und lag auch der von ihm vorgelegten modifizierten Fassung des gesamteuropäischen Sicherheitspaktes zugrunde. In der Direktive der vier Regierungschefs an die Außenminister vom 23. Juli 1955 wurde ein Junktim zwischen der Europäischen Sicherheit und Deutschland hergestellt, das später von den Westmächten auch auf die Abrüstung ausgedehnt wurde. In dieser Direktive findet sich die bisher letzte Erwähnung der Möglichkeit einer Wiedervereinigung Deutschlands aufgrund freier gesamtdeutscher Wahlen, der die Sowjetregierung zugestimmt hat. Nach Chruschtschow und Bulganin konnte die „Vereinigung Deutschlands" aber nur von den Deutschen selbst geregelt werden und setzte eine Annäherung zwischen den beiden „souveränen Staaten" voraus, die nicht nur als gleichwertig, sondern auch gleichgewichtig hingestellt wurden.

Im deutsch-sowjetischen Verhältnis stellt daher die Genfer Gipfelkonferenz einen entscheidenden Wendepunkt dar. Mit der Sowjetisierung ihrer Besatzungszone hatte die Sowjetmacht wesentlich zur Spaltung Deutschlands beigetragen, die teilweise auch durch die anfängliche Besatzungspolitik der Westmächte gefördert worden ist. Aber erst mit der Zwei-Staaten-Theorie wurde von der Sowjetführung im Widerspruch zum „Potsdamer Abkommen" und den ihm vorausgegangenen Vier-Mächte-Vereinbarungen von 1944/45 der Versuch unternommen, die staatliche Einheit Deutschlands gänzlich aufzulösen.

Die Aufnahme der diplomatischen Beziehungen zwischen der Bundesrepublik Deutschland und der Sowjetunion hat diese negative Entwicklung der deutsch-sowjetischen Beziehungen nicht verhindern können. Sie bildete aber den Ausgangspunkt für einen Normalisierungsprozeß zwischen den beiden Mächten, der immer wieder durch Rückschläge unterbrochen worden ist.

Die Möglichkeit einer Aufnahme diplomatischer Beziehungen zwischen der Sowjetunion und der Bundesrepublik Deutschland ist bereits 1954 diskutiert worden[13]. Doch erst die Erringung der Souveränität durch die Bundesrepublik schuf die entscheidende Voraussetzung für ihre Verwirklichung. Die Initiative zu der Beziehungsaufnahme ging kurz vor der Genfer Gipfelkonferenz im Juni 1955 von der Sowjetregierung aus. In einer Note vom 7. Juni 1955 wurde von ihr die Aufnahme diplomatischer, wirtschaftlicher und kultureller Beziehungen vorgeschlagen. Zu diesem Zweck wurde Bundeskanzler Adenauer mit einer Delegation nach Moskau eingeladen.

Der Wunsch, die sowjetische Position in der Frage der Wiedervereinigung

Deutschlands besser kennenzulernen und vor allem die ungelöste Kriegsgefangenenfrage, veranlaßten Adenauer, der Einladung der Sowjetführung umgehend Folge zu leisten. Die ersten Verhandlungen zwischen der Bundesrepublik Deutschland und der Sowjetunion sind nicht erst an einem anderen Ort, wie es vom Auswärtigen Amt empfohlen wurde, vorbereitet worden. Der Bundeskanzler entschloß sich vielmehr, nicht zuletzt um einer möglichen Isolierung der Bundesrepublik nach der Genfer Gipfelkonferenz vorzubeugen, aufgrund des stattgefundenen Notenwechsels sofort nach Moskau zu gehen und das damit verbundene Risiko des Scheiterns der Verhandlungen in Kauf zu nehmen.

Adenauer war der Auffassung, daß die Zeit für eine Ost-West-Verständigung noch nicht gekommen war. Er war auch überzeugt, daß die Entscheidung über die Wiederherstellung der Einheit Deutschlands nicht bei diesen ersten Verhandlungen in Moskau fallen konnte. Darüber hinaus war er sich bewußt, daß die Vereinigten Staaten und Großbritannien bestrebt waren, eine allgemeine Entspannung in der Welt herbeizuführen. Er wollte in Moskau die Bereitschaft der Bundesrepublik Deutschland zum Ausdruck bringen, an einem europäischen Sicherheitssystem, das den Entspannungsprozeß fördern sollte, mitzuwirken[14].

Die erste Reise einer deutschen Verhandlungsdelegation in die ferne Sowjetunion wurde wie eine Expedition gründlich vorbereitet. Die Delegation begab sich mit den zuständigen Referenten in zwei großen Flugzeugen nach Moskau, während der restliche Arbeitsstab einen Sonderzug benutzte. Der Zug war mit einem abhörsicheren Konferenzraum, den notwendigen Funkverbindungen und einer Handbibliothek ausgestattet und diente damit der Delegation als Gesprächs- und Aufenthaltsraum. Fragen der sowjetischen Innen- und Außenpolitik waren vorher von den führenden deutschen Ostwissenschaftlern in einer Klausurtagung unter Vorsitz von Staatssekretär Professor Hallstein im Auswärtigen Amt erörtert worden.

Bei seinem Eintreffen auf dem Flugplatz Wnukowo wurde Adenauer in einer feierlichen Zeremonie empfangen. Eine mit neuen Uniformen ausgestattete Ehrenkompanie marschierte im Paradeschritt auf. Zum erstenmal nach dem Kriege erklang das Deutschlandlied auf sowjetischem Boden. Adenauer war beeindruckt, zugleich aber entschlossen, die Gespräche mit den Machthabern im Kreml offen und klar zu führen.

Die Verhandlungen, die vom 9. bis 13. September 1955 stattfanden[15], waren teilweise durch einen dramatischen Verlauf gekennzeichnet.

Die Eröffnungssitzung im Spiridonowka-Palais am 9. September wurde mit einer Rede Bulganins eingeleitet, die stark auf den konkreten Vorschlag der Aufnahme von diplomatischen Beziehungen zugespitzt war. Der sowjetische Ministerpräsident erklärte, daß eine Einigung in dieser Frage wesentlich zur Entwicklung der gegenseitigen Handelsbeziehungen aufgrund entsprechender langfristiger Vereinbarungen beitragen würde. Damit würde auch eine Zusammenarbeit auf kulturellem und wissenschaftlich-technischem Gebiet ermöglicht. Bulganin wies auf die geschichtliche Erfahrung hin, daß gute Beziehungen beiden Völkern stets von großem Nutzen gewesen seien, während Zeiten der Feindschaft und der Entfremdung ihnen nur Entbehrungen und Leid ge-

bracht hätten. Die Gefangenenfrage wurde von Bulganin mit Stillschweigen übergangen, während in der Behandlung der Frage der Wiedervereinigung Deutschlands die veränderte sowjetische Einstellung zum Ausdruck kam.
Adenauer betonte in seiner Erwiderung den Gewaltverzicht als Mittel zur Sicherung des Friedens, den er als das oberste Gut bezeichnete, das es für alle Deutschen zu wahren gelte. Die Gefangenenfrage und die Wiedervereinigung Deutschlands standen im Mittelpunkt seiner anschließenden Ausführungen. Er bezeichnete die Teilung Deutschlands als abnorm und hob die Verpflichtung der Vier Mächte und damit auch der Sowjetunion zur Wiederherstellung der staatlichen Einheit Deutschlands hervor.
Die zweite Arbeitssitzung am 10. September ließ erkennen, daß sich die deutschen und sowjetischen Auffassungen in den beiden Kernfragen diametral gegenüberstanden. In der Diskussion lebten die Leiden und Leidenschaften der Jahre seit 1941 wieder auf. Die brutale Härte der Sowjets in der Kriegsgefangenenfrage veranlaßte den Bundeskanzler, auf die entsetzlichen Dinge hinzuweisen, die in Deutschland nach dem Einmarsch der Roten Armee vorgekommen sind. Diese Feststellung löste wieder eine sehr heftige Reaktion des impulsiven Chruschtschow aus, der schon damals an der Seite Bulganins das große Wort führte.
Adenauer ist in einem Bericht auf der Sitzung des Bundesparteivorstandes der CDU am 30. September 1955 auf die Situation, die sich bei den anfänglichen Gesprächen entwickelte, mit den Worten eingegangen[16]: ,,Die Situation war manchmal eher ein sehr heftiger – wie soll ich sagen – Streit als eine diplomatische Verhandlung; denn es kam, wie es vorauszusehen war, bei diesem ersten Zusammentreffen nach dem Kriege auf beiden Seiten der ganze Groll, der Zorn und die Trauer über alles das heraus, was in diesem Krieg zwischen beiden Völkern geschehen ist, was das eine Volk dem anderen angetan hat.
Sie können überzeugt sein, daß ich – ich war der Sprecher der Delegation – den Herren Chruschtschow und Bulganin nichts schuldig geblieben bin [. . .] Alles in allem genommen, der Kampf war sehr heftig. Die Russen – das muß ich sagen – waren stark im Geben, sie waren aber auch stark im Nehmen. Man konnte den Russen sowohl in der Delegation, wie in den Einzelgesprächen sehr ernst und sehr gründlich und sehr massiv die Meinung sagen, ohne daß das besonders übel genommen wurde."
Es ist interessant, wie Adenauer in seinen Memoiren Chruschtschow, der bis zum Ende seiner Kanzlerzeit sein Gegenspieler sein sollte, geschildert hat[17]: ,,Chruschtschow ist untersetzter Statur, das hervortretende äußere Merkmal sind seine lebhaften Augen [. . .] Im Gegensatz zu Bulganin, der einen völlig anderen Typ darstellt mit seinem Spitzbart, seinem weißen, gescheitelten Haar und dem gutmütigen Gesichtsausdruck, gab Chruschtschow sich bei weitem nicht so onkelhaft und so väterlich. Er gab sich vielmehr von Anfang an ganz als das, was er ist, als Agitator, als Propagandist, als Parteimann [. . .] Übrigens zeigte sich schon hier und immer wieder in den folgenden Verhandlungen, daß der dominierende Mann von den beiden Chruschtschow war. Er sprang stets in die Arena, er redete lange, er redete heftig, während Bulganin sich sehr zurückhielt."
Trotz dieses dramatischen Auftakts ließ Bulganin bereits beim Empfang am

ersten Tage das besondere Interesse an einer Normalisierung der Beziehungen zwischen dem ,,großen russischen Volk" und dem ,,großen deutschen Volk" sehr deutlich erkennen.
Die persönlichen Gespräche in der Datscha, d. h. dem Landhaus, das dem Bundeskanzler zur Verfügung gestellt worden war, und anläßlich der Galavorstellung im Bolschoj-Theater trugen zu einer Auflockerung der gespannten Atmosphäre bei, blieben aber sachlich ohne Ergebnis.
Die Versöhnungsgeste Adenauers im Theater sollte jedoch ihre Wirkung auf die sowjetischen Verhandlungspartner nicht verfehlen. Aufgeführt wurde das Ballett ,,Romeo und Julia" mit der Musik von Prokofjew, wobei die Ulanowa, die berühmteste Tänzerin der Sowjetunion, die Julia tanzte. Am Ende der Vorstellung kam es zu der bekannten Szene, wo sich die Häupter der verfeindeten Veroneser Familien über den Leichen der beiden Liebenden die Hand zur Versöhnung reichten. Es wurde Licht. Die Anwesenden schauten auf die große ehemalige Zarenloge, wo sich die deutsche Delegationsleitung mit den Spitzen der Sowjetführung befand. Adenauer ergriff instinktiv die Hand von Bulganin. Der sowjetische Regierungschef schien überrascht. Chruschtschow trat ein wenig verwirrt zurück. Ein brausender Beifall ging durch die Reihen der anwesenden Repräsentanten der sowjetischen Hochbürokratie und Intelligenz. Dieser Vorfall zeigte, wie populär eine Normalisierung des deutsch-sowjetischen Verhältnisses bei der sowjetischen Oberschicht, die größtenteils aus Russen bestand, war.
Indem Adenauer spontan tiefere Schichten im Verhältnis der beiden Völker ansprach, hat er eine wichtige Voraussetzung für den folgenden erfolgreichen Verlauf der Verhandlungen geschaffen.
Zunächst ließen aber die Gespräche während eines Essens, das von deutscher Seite im Landhaus gegeben wurde, und die Verhandlungen der beiden Außenminister keine Änderung der sowjetischen Haltung erkennen.
Die deutsche Delegation stand bei dieser Sachlage unter dem Eindruck, daß sich die Verhandlungen vollkommen festgefahren hätten. Dieser Eindruck verstärkte sich im Verlauf der Verhandlungen am 12. September. Sie begannen vormittags mit Besprechungen auf der Außenministerebene, die im sowjetischen Außenministerium abgehalten wurden. Nachdem die Gefangenenfrage von deutscher Seite nochmals eindringlich vorgetragen worden war, überreichte Bundesaußenminister von Brentano dem sowjetischen Außenminister Molotow ein Memorandum, in dem die Bildung von besonderen Delegationen vorgeschlagen wurde, denen die weitere Erörterung der einzelnen Sachfragen übertragen werden sollte. Ein solches Verfahren wurde von Molotow strikt abgelehnt, obgleich sich die deutsche Seite zu seiner Überraschung bereit erklärte, die DDR an den Besprechungen über die Kriegsgefangenenfrage zu beteiligen. Auch die Plenarsitzung im Spiridonowka-Palais am Nachmittag führte zu keiner Annäherung der beiden Standpunkte.
Der negative Verlauf der dritten Arbeitssitzung veranlaßte Adenauer bei einer Besprechung der deutschen Delegation im abhörsicheren Konferenzraum des Sonderzuges, einen Abbruch der Verhandlungen in Erwägung zu ziehen. Zu diesem Zweck wurden die Flugzeuge zum Rückflug vorzeitig nach Moskau bestellt, wobei die Anfrage auf Empfehlung des Leiters des Bundespresseam-

tes, Staatssekretärs v. Eckardt, in einem offenen Telefongespräch erfolgte[18]. Dieser taktische Zug der deutschen Seite veranlaßte die Sowjetführung einzulenken, da ein Scheitern der Verhandlungen für sie innenpolitisch eine starke Prestigeeinbuße bedeutet hätte. Die entscheidende Wendung trat aber erst beim großen Bankett im St.-Georgs-Saal im Kreml-Palast ein.

Die Art, wie dieses Bankett gestaltet wurde, erinnerte an alte moskowitische Sitten. An einem hufeisenförmigen Tisch saß eine Spitzengruppe der Sowjetführung in bunter Reihe mit einem Teil der deutschen Delegation. Zur Linken des Bundeskanzlers saß Bulganin, zur Rechten Chruschtschow.

Von den Mitgliedern des ZK-Präsidiums, d. h. des Politbüros, waren außer Molotow, Suslow und Perwuchin, die ebenfalls der Verhandlungsdelegation angehörten, noch Kaganowitsch, Malenkow und Saburow anwesend. In protokollmäßiger Hinsicht ungünstiger gesetzt war der heutige sowjetische Regierungschef Kossygin, der aus einer Talsohle, in die er in seiner Karriere als früheres Politbüromitglied unter Stalin geraten war, wieder hochkam[19].

Alle übrigen Anwesenden – sie wurden auf etwa 500 geschätzt – standen an drei gedeckten Tischen von mindestens 30 Meter Länge. Es standen die Spitzenfunktionäre von Partei und Staat, die Sowjetmarschälle, eine Reihe weiterer Angehöriger der sowjetischen Oberschicht mit ihren Frauen und der Patriarch von Moskau und „ganz Rußland".

Während an dem von dem übrigen Raum abgetrennten „Bojarentisch" getafelt wurde, machte Bulganin dem Bundeskanzler das entscheidende Angebot, das eine Wende in den festgefahrenen Verhandlungen herbeiführen sollte.

Er erklärte, daß sich die Sowjetregierung im Falle der deutschen Zustimmung zur Aufnahme der diplomatischen Beziehungen ehrenwörtlich verpflichten würde, die Rückkehr aller deutschen Kriegsgefangenen und Zivilinternierten zu ermöglichen. Adenauer ging erfreut auf dieses Angebot ein und erklärte sich grundsätzlich mit diesem Vorschlag einverstanden.

Bulganin verständigte darauf Chruschtschow, welcher der Vereinbarung zustimmte. Er sagte: „Wir können keine Garantien oder Zusicherungen geben, weder schriftlich noch mündlich. Aber wir geben Ihnen unser Ehrenwort, und unser Wort gilt!". Bulganin hielt anschließend eine kurze Begrüßungsansprache, auf die der Bundeskanzler antwortete. Adenauer sagte, indem er mit einer Handbewegung auf seinen Nachbarn zu seiner Rechten wies, daß die Verhandlungen teilweise recht schwierig gewesen seien, was von den in der Nähe stehenden sowjetischen Spitzenfunktionären mit einem verständnisvollen Lachen aufgenommen wurde. Chruschtschow rief darauf russisch aus „no on ne nosit kamen sa pasuchoj" – er trägt keinen Stein zwischen dem Gewand und dem Busen –, d. h. er sei nicht hinterlistig. Adenauer reagierte auf diese Bemerkung, die ihm gut übersetzt wurde, sofort und meinte: „Ich weiß, auf das Wort dieses Mannes kann man sich verlassen." Chruschtschow ergriff darauf die Hand des Bundeskanzlers und war sichtlich bewegt.

Nach dem Empfang unterrichtete Adenauer die deutsche Delegation. Es gab heftige Auseinandersetzungen, da dem überwiegenden Teil der führenden Mitglieder der Delegation eine mündliche Zusage nicht genügte. Namentlich waren v. Brentano und Hallstein, wie Adenauer in seinen Memoiren erwähnt[20], nach all dem, was vorgefallen war, absolut gegen die Aufnahme diplomatischer

Beziehungen. Sie befürchteten offenbar, daß ohne Fortschritte in der Wiedervereinigung, die Aufnahme diplomatischer Beziehungen zur Sowjetunion zu einer Vertiefung der Spaltung Deutschlands führen würde. Außerdem ging aus den Gesprächen mit den westlichen Botschaftern in Moskau, die vor allem vom früheren Leiter der Politischen Abteilung, Botschafter Blankenhorn, geführt wurden, eindeutig hervor, daß die Westmächte diplomatische Beziehungen zwischen der Bundesrepublik Deutschland und der Sowjetunion zu diesem Zeitpunkt nicht wünschten[21]. Adenauer zweifelte, wie er betonte, keinen Augenblick an dem von Bulganin und Chruschtschow gegebenen Ehrenwort, erklärte sich aber bereit, die Sowjetführer um eine schriftliche Fixierung ihrer Zusage zu ersuchen.

Die vierte Arbeitssitzung am 13. September wurde vormittags mit einer Besprechung im engen Kreis eröffnet. Es zeigte sich dabei, daß eine schriftliche Zusage in der Kriegsgefangenenfrage von Bulganin und Chruschtschow strikt abgelehnt wurde und daß sie Schwierigkeiten machten, die mündliche Zusage auf alle in der Sowjetunion zurückgehaltenen Deutschen ausdehnen. Sie erklärten sich auf der Plenarsitzung am Nachmittag erst nach längerem Drängen bereit, außer den fast 10000 Kriegsgefangenen auch die von der Bundesrepublik beanspruchten 130000 Zivilpersonen in die mündliche Abmachung unter der Voraussetzung einzubeziehen, daß ihr Aufenthalt von deutscher Seite nachgewiesen werden würde. Von ihrer Seite stellten sie die Behauptung auf, daß auch die Bundesrepublik 200000 Sowjetbürger zurückhalten würde, deren Rückgabe sie forderten. Adenauer erklärte sich sofort mit einer Untersuchung dieser ihm unbekannten Frage einverstanden und versprach alles zu tun, damit diejenigen Sowjetbürger, die dies wünschten, die Möglichkeit erhielten, in ihre Heimat zurückzukehren. Molotow erhob bei dieser Gelegenheit die Beschuldigung, daß vom Gebiet der Bundesrepublik aus durch amerikanische Organisationen große Ballons mit Propagandamaterial gegen die Sowjetunion und andere osteuropäische Staaten aufgelassen würden, die eine Gefahr für den Flugverkehr darstellten. Auch in diesem Fall sagte Adenauer eine sofortige Untersuchung zu.

Im Mittelpunkt der weiteren Erörterungen stand die Formulierung des gegenseitigen Schriftwechsels über die Aufnahme diplomatischer Beziehungen und der völkerrechtlichen Vorbehalte, die von deutscher Seite angemeldet worden waren. In beiden Fällen konnte eine befriedigende Regelung erzielt werden. Nachdem sich der Bundeskanzler vergewissert hatte, daß die Sowjets die deutsche Vorbehaltserklärung entgegennehmen würden, erklärte er sich vorbehaltlich der Zustimmung des Bundeskabinetts und des Bundestages mit der Aufnahme diplomatischer Beziehungen einverstanden. Er wurde in dieser Entscheidung durch den Vorsitzenden des Auswärtigen Ausschusses und späteren Bundeskanzler Kurt Georg Kiesinger und seinen Stellvertreter, Professor Dr. Carlo Schmid (SPD), der als Vertreter der Opposition der deutschen Delegation angehörte, bestärkt, die ihn während der Verhandlungen wirksam unterstützt hatten[22]. Daraufhin fand am Abend des 13. September der Austausch von gleichlautenden Briefen zwischen Adenauer und Bulganin statt, womit die zwischen den beiden Seiten getroffene Vereinbarung in Kraft trat.

In den Briefen wurde nachdrücklich betont, daß die Aufnahme diplomatischer Beziehungen ,,zur Lösung der ungeklärten Fragen, die ganz Deutschland betreffen, beitragen und damit auch zur Lösung des Hauptproblems des deutschen Volkes, der Wiederherstellung eines deutschen demokratischen Staates, verhelfen wird". Damit ist die Wiederherstellung der staatlichen Einheit Deutschlands als ein legitimes Ziel der Außenpolitik der Bundesrepublik Deutschland von der Sowjetunion ausdrücklich anerkannt worden. Diese Feststellung bildete die Geschäftsgrundlage der in Moskau vereinbarten diplomatischen Beziehungen.
Bezüglich der wirtschaftlichen Beziehungen kam man im Schlußkommuniqué überein, in nächster Zeit Besprechungen über Fragen der Entwicklung des Handels abzuhalten. Die Frage der kulturellen Beziehungen wurde im Verlauf der ersten Moskauer Verhandlungen nicht berührt.
Die entspannte Atmosphäre nach dem erfolgreichen Abschluß der Verhandlungen kam in den Trinksprüchen beim Abendessen der Spitzen der beiden Delegationen deutlich zum Ausdruck[23].
Das Vorbehaltschreiben des Bundeskanzlers wurde am 14. September vormittags, kurz vor dem Abflug dem sowjetischen Ministerpräsidenten zugeleitet und der Empfang förmlich bestätigt[24]. Der eine Vorbehalt betraf die Nichtanerkennung aller im osteuropäischen Bereich vollzogenen Gebietsveränderungen und damit auch der Annexion der deutschen Ostgebiete. Der andere Vorbehalt bezog sich auf den gesamtdeutschen Vertretungsanspruch der Bundesregierung. Diesen beiden Vorbehalten, die durch ihre Entgegennahme völkerrechtliche Gültigkeit erlangt haben, stellte die Sowjetregierung in einer TASS-Erklärung vom 15. September 1955 ihre Auffassung entgegen. Sie erklärte darin, daß sie die Bundesrepublik ebenso wie die DDR als einen Teil Deutschlands betrachte. Die Frage der Grenzen Deutschlands sei durch das Potsdamer Abkommen gelöst worden. Diese TASS-Erklärung brachte die für die deutsche Seite günstigere Variante der Zwei-Staaten-Theorie zum Ausdruck, indem sie von zwei Staaten in Deutschland ausging.
Professor Hans Koch, der als Vertrauensmann der Vertriebenen der deutschen Delegation angehörte und mit seinen guten Sprach- und Landeskenntnissen dem Bundeskanzler behilflich sein konnte, hat in einem Vortrag das Verhandlungsgeschick Adenauers besonders hervorgehoben[25]. ,,Der Kanzler war körperlich und geistig in einer überdurchschnittlichen Verfassung. Er hatte blitzschnell schon auf der Fahrt vom Flughafen zur Stadt gemerkt, daß er es hier mit einem Partner zu tun hatte, wie er ihm bisher noch nicht begegnet war. Der Kanzler war würdevoll und ruhig, manchmal witzig, im allgemeinen sehr charmant; bei den Verhandlungen hart, von einem außerordentlichen intuitiven Geschick. Die Sowjets haben sich an seine Art der Verhandlungen rasch angepaßt. Das gegenseitige Abtasten und Studieren ging schnell in ein gut empfundenes Aufeinanderspielen und Untereinanderspielen über."
Der Verfasser, der als Leiter des Ende 1953 errichteten Referats Sowjetunion des Auswärtigen Amtes an der Vorbereitung und Durchführung der ersten Moskauer Verhandlungen beteiligt war, kann diesen Eindruck nur bestätigen. Adenauer strahlte Autorität und Sicherheit aus. Er ging völlig pragmatisch an die einzelnen Probleme heran. In seinen Verhandlungspartnern sah er in erster

Linie Russen und nicht Sowjetmenschen und Kommunisten, was sie ebenfalls waren. Er verstand es, die Verhandlungen hart, aber flexibel zu führen und sie in den Pausen durch seinen rheinischen Humor und Witz aufzulockern. Bezeichnend ist dafür eine Szene, die sich während des Empfangs des Ministerpräsidenten Bulganin für die deutsche Delegation im Beethoven-Saal des Bolschoj-Theaters während der ersten Pause bei der Aufführung des Balletts ,,Romeo und Julia" abspielte. Professor Koch hat dieses Gespräch stenographisch festgehalten[26]. Nachdem Chruschtschow hervorgehoben hatte, daß er aus kleinen Verhältnissen stammte und stets für den sozialen Fortschritt eingetreten wäre, sagte er: ,,Die Sozialisten der Welt sind für den Fortschritt. Wir wollen, daß der Arbeiter den Lohn seiner Arbeit ungestört verzehre, an den Kulturgütern seiner Nation direkten Anteil habe, an Wohlstand und Zufriedenheit zunehme, das Leben täglich schöner und lebenswerter finde."
Adenauer: ,,Dann treten Sie bei uns in die CDU ein!" (Gelächter.)
Chruschtschow: ,,Wenn ich es auch wollte, so würden Sie mich ja doch nicht aufnehmen."
Adenauer: ,,Doch! Mit diesem politischen Programm gehören Sie zu uns!"
Chruschtschow: ,,Aber ich bin ein Mann der Disziplin."
Adenauer: ,,Um so besser."
Chruschtschow: ,,Ich bin ein unbequemer Mann. Sie würden mich ja doch bald hinaustun."
Adenauer: ,,Ich halte Treue."
Bulganin (unterbrechend und gleichzeitig): ,,Man wird Dich nicht hinaustun Nikita; wenn man es aber tun wollte, so trete ich für Dich ein und schreibe ein empfehlendes Brieflein, an meinen Freund, den Bundeskanzler."
Wesentlich hat zum Erfolg der ersten Moskauer Verhandlungen die Entschlossenheit Adenauers beigetragen, sich keinem Erfolgszwang auszusetzen, und die damit verbundene Bereitschaft, bei einer Gefährdung unverzichtbarer eigener Positionen einen Abbruch der Verhandlungen ohne Rücksicht auf die innenpolitischen Folgen in Aussicht zu nehmen. Adenauer war sich außerdem des Unterschiedes bei Verhandlungen mit demokratischen und totalitären Großmächten voll bewußt. In dem einen Fall waren Vorleistungen möglich, da man fest damit rechnen konnte, daß sie später honoriert würden. In dem anderen Fall würde jedes zu weitgehende Entgegenkommen als Schwäche ausgelegt werden. Daher mußten Leistung und Gegenleistung Zug um Zug erfolgen und ausgewogen sein.

An der grundsätzlichen Einstellung Adenauers gegenüber der Sowjetunion hat sich aufgrund der Moskauer Verhandlungen nichts geändert. Die Gespräche, die er mit den Sowjetführern hatte, bestätigten ihn in seiner Grundauffassung, die er in seinen Memoiren mit den Worten zum Ausdruck brachte[27]: ,,Die Größe des Landes, seine diktatorische Regierungsform und der kommunistische Fanatismus, der dort herrscht, bilden meines Erachtens noch sehr lange Zeit für alle anderen Völker eine große Gefahr, und zwar sowohl eine physische wie auch eine geistige Gefahr, der gegenüber man nicht wachsam genug sein kann. Eine Wandlung der Gesinnung und der grundsätzlichen Ziele der Sowjetregierung konnte ich nicht feststellen. Nach wie vor glaubten die Sowjetführer, mit denen ich zusammentraf, fest daran, daß der Kapitalismus zum

Untergang verurteilt sei und daß der russische Kommunismus die Weltherrschaft erlangen werde."

Auf der anderen Seite veranlaßten die während des Moskauer Aufenthalts gemachten Erfahrungen Adenauer, die Sowjetunion differenzierter zu sehen und die innen- und außenpolitischen Probleme dieses großen Landes und seiner Führung besser zu beurteilen. Er konnte sich zum Beispiel davon überzeugen, daß seine frühere Behauptung, in Sowjetrußland habe ,,durch die Ausrottung der Ober- und Mittelschicht das asiatische Element die Oberhand gewonnen"[28], falsch war. Während er früher der Auffassung war, daß es naiv wäre zu glauben, daß Moskau Angst vor dem Westen hätte, war er jetzt bereit, die Besorgnis der Sowjetunion vor den Vereinigten Staaten und ihrer Verbindung mit der Bundesrepublik Deutschland ernster zu nehmen. In seinem Bericht vom 30. September 1955 sagte er[29]: ,,Die Russen haben Besorgnis vor den Vereinigten Staaten. Sie haben auch Besorgnis vor uns, wenn wir mit den Vereinigten Staaten zusammengehen sollten. Vor den europäischen Staaten an sich, einschließlich Deutschland, wenn es allein steht, haben sie keine Besorgnis [. . .] Aber vor den Vereinigten Staaten haben sie Besorgnis. Herr Chruschtschow sagte ganz offen: Wir werden eingekreist von den Vereinigten Staaten. Die haben überall Stützpunkte, um uns herum."

Diese Feststellung bestärkte Adenauer in der Auffassung, daß der Abrüstung eine entscheidende Bedeutung zukommen würde, um den Sowjets diese Besorgnis zu nehmen und damit Fortschritte in der Entspannung, die er durchaus bejahte, zu erreichen.

Die Sowjetführer hatten ihm offen gesagt, daß es vor allem drei Probleme wären, die sie in den nächsten Jahren lösen wollten: Hebung des Lebensstandards der Bevölkerung, Aufrüstung zur Erreichung des Gleichstandes mit den Vereinigten Staaten und Sicherung gegenüber Rotchina[30].

Durch die Gespräche in Moskau war sich Adenauer im verstärkten Maße bewußt geworden, welche große Bedeutung der künftigen Entwicklung der Beziehungen zwischen der Sowjetunion und der Volksrepublik China zukommen würde. Diese Beziehungen sind von ihm anfangs mehr unter dem Gesichtspunkt der wirtschaftlichen Belastung der Sowjetunion gesehen worden. Unter dem Einfluß einer Schrift von Professor Wilhelm Starlinger, der über seine in der Kriegsgefangenschaft gewonnenen Erkenntnisse über das chinesisch-sowjetische Verhältnis berichtete[31], rückte in seinen Überlegungen die politische Problematik dieses Verhältnisses stärker in den Vordergrund. Um so mehr beeindruckte Adenauer, daß Chruschtschow die Besorgnis der Sowjetunion vor der Volksrepublik China, die er 1954 zu Verhandlungen aufgesucht hatte, so offen zugab und ihn um Hilfe ersuchte. Adenauer schreibt in seinen Memoiren[32]: ,,Chruschtschow kam wieder auf Rotchina zu sprechen. Er bezeichnete Rotchina als das größte Problem. ,Stellen Sie sich vor, Rotchina hat jetzt schon über sechshundert Millionen Menschen. Jährlich kommen noch zwölf Millionen hinzu. Alles Leute, die von einer Handvoll Reis leben. Was soll', und dabei schlug er die Hände zusammen, ,was soll daraus werden?' "

Adenauers Reaktion auf diese Bedrohungsvorstellungen der Sowjetführer war zwiespältig. Unter Berücksichtigung der langfristigen Entwicklung konnte die zunehmende Macht der Volksrepublik China die Sowjetunion zu Zugeständ-

nissen im Westen und vor allem zum Abzug ihrer Truppen veranlassen. Infolgedessen glaubte er, daß bei entsprechender Geduld die Zeit „für uns und nicht gegen uns sein wird". Kurzfristig befürchtete er aber, daß dadurch die Sowjetunion in ihrer Absicht, sich Westeuropa zu unterwerfen, bestärkt würde[33].
In den schwierigen innenpolitischen und vor allem wirtschaftlichen Problemen der Sowjetunion und im Bestreben der Sowjetführung, sie zu lösen, erblickte Adenauer ein weiteres wichtiges Moment, das langfristig gesehen die sowjetische Seite zu Zugeständnissen veranlassen könnte.
In seinem Bericht vom 30. September 1955 sagte er[34]: „Sie haben aber auch, ich will nicht sagen Sorge, aber eine gewisse Besorgnis über die Weiterentwicklung ihres eigenen Landes [. . .] Nun haben sie in diesem gegenüber westeuropäischen Begriffen sehr zurückgebliebenen Land tatsächlich außerordentlich große Aufgaben vor sich. Ich sprach z. B. mit Malenkow über die Frage der Atomkraft, nicht zu kriegerischen, sondern zu friedlichen Zwecken, und über die Versorgung mit Strom. Er sprach von den ungeheueren Plänen, die sie hätten hinsichtlich der Wasserkräfte Sowjetrußlands, die noch gar nicht ausgebeutet seien, insbesondere nicht die der sibirischen Flüsse zur Herstellung von Strom [. . .] Sie haben außerordentlich große Aufgaben auf dem Gebiete der Landwirtschaft, und zwar im weitesten Sinne des Wortes genommen. Sie haben auf allen möglichen Gebieten, so des Häuserbaues, der Konsumgüterherstellung usw. ungeheuere Aufgaben für eine Bevölkerung von über 200 Millionen Menschen. Sie sagen ganz offen, daß die großen Ausgaben, die sie machen müssen, um bei der Aufrüstung den Amerikanern gleichzukommen, sie in der Erfüllung dieser von mir eben skizzierten Ziele hinderten und daß sie viel mehr leisten könnten, wenn sie diese Aufrüstungsausgaben in einer solchen Höhe nicht zu machen brauchten."
Adenauer erblickte in dieser inneren Lage der Sowjetunion einen der Gründe, der die Sowjetunion mit der Zeit zu einer wirklichen Entspannung veranlassen würde.
Nach seiner Rückkehr aus Moskau hat Adenauer in seiner Regierungserklärung vom 22. September 1955 die Entscheidung, diplomatische Beziehungen zur Sowjetunion aufzunehmen, mit folgenden Argumenten begründet:
1. Bei der Sowjetunion handelt es sich um eine der vier Siegermächte, ohne deren Mitwirkung die Wiedervereinigung Deutschlands nicht möglich ist. Diese wird daher durch die Herstellung unmittelbarer Beziehungen zur Sowjetunion wesentlich gefördert.
2. Durch die Aufnahme der Beziehungen wird die Bundesrepublik, deren effektive Hoheitsgewalt drei Viertel des deutschen Volkes und 80% seiner produktiven Kräfte umfaßt, von der Sowjetunion anerkannt.
3. Durch die Vertretung der Bundesrepublik als einer eindeutig westlich-europäisch orientierten Macht in Moskau wird die Stimme des Westens verstärkt.
4. Die Aufnahme der Beziehungen dient der Entspannung der internationalen Lage und damit dem Frieden.
5. Die Anwesenheit eines sowjetischen Botschafters kann dazu beitragen, falsche Eindrücke der Sowjetführer über die Bundesrepublik zu berichtigen.
In der Regierungserklärung wurden die gegenüber der Sowjetregierung ausgesprochenen Vorbehalte besonders hervorgehoben.

In Verbindung mit dem zweiten Vorbehalt hieß es in der Regierungserklärung[35]: „Die Bundesregierung ist daher nach wie vor die einzige frei und rechtmäßig gebildete deutsche Regierung, die allein befugt ist, für das ganze Deutschland zu sprechen [. . .] Auch dritten Staaten gegenüber halten wir unseren bisherigen Standpunkt bezüglich der sogenannten DDR aufrecht. Ich muß unzweideutig feststellen, daß die Bundesregierung auch künftig die Aufnahme diplomatischer Beziehungen zur ‚DDR' durch dritte Staaten, mit denen sie offizielle Beziehungen unterhält, als einen unfreundlichen Akt ansehen würde, da er geeignet wäre, die Spaltung Deutschlands zu vertiefen."
Diese Form des gesamtdeutschen Vertretungsanspruchs schloß die Aufnahme von diplomatischen Beziehungen mit den anderen osteuropäischen Staaten nicht aus. Erst auf einer Botschafterkonferenz der Bundesrepublik im Dezember 1955 ist eine Einengung im Sinne der „Hallstein-Doktrin", welche die Sowjetunion als einzige Ausnahme von der Regel der Alleinvertretung gewertet wissen wollte, eingetreten. Als ihr Urheber war Bundesaußenminister v. Brentano anzusehen[36]. Die ursprüngliche Formulierung der gesamtdeutschen Doktrin ließ es offen, welche Konsequenzen im konkreten Einzelfall beim Vorliegen eines „unfreundlichen Akts" gezogen werden sollten. Sie brauchten nicht unbedingt in einem Abbruch der diplomatischen Beziehungen zu bestehen. Erst die Wendung zur „Hallstein-Doktrin" brachte eine Verschärfung, die 1957 zum Abbruch der diplomatischen Beziehungen der Bundesrepublik mit Jugoslawien führte, nachdem die jugoslawische Regierung die DDR anerkannt hatte.
Von dem Deutschen Bundestag wurden aufgrund der Regierungserklärung des Bundeskanzlers die Ergebnisse der Moskauer Verhandlungen einstimmig gebilligt. Die Hoffnung, daß die Beziehungsaufnahme sich auf das Verhältnis zwischen der Sowjetunion und der Bundesrepublik Deutschland günstig auswirken würde, sollte sich nicht erfüllen. Auf der sowjetischen Seite lag es daran, daß der Kampf um die Führung im Kreml noch nicht entschieden war, die sowjetischen Rüstungsanstrengungen wesentlich verstärkt wurden und die Sowjetführer sich mit den Auswirkungen der „Entstalinisierung" im Ostblock auseinandersetzen mußten. Auf der deutschen Seite lag es an unterschiedlichen Auffassungen zwischen Adenauer und v. Brentano in der Ostpolitik und daß bestimmte Möglichkeiten, beim Botschafteraustausch die Atmosphäre zwischen den beiden Mächten zu verbessern, teilweise bedingt durch eine längere Erkrankung Adenauers, nicht genutzt werden konnten.
Während für Adenauer die Aufnahme der diplomatischen Beziehungen den Beginn eines Normalisierungsprozesses darstellte, an dessen Ende unter Mitwirkung aller vier Siegermächte die Wiedervereinigung stehen sollte, ging v. Brentano davon aus, daß vom Beginn eines Normalisierungsprozesses erst nach der Zustimmung der Sowjetregierung zur Wiedervereinigung Deutschlands die Rede sein könnte. Der Außenminister war auch eher bereit, die Möglichkeiten, die sich für die deutsche Diplomatie im europäischen Teil des Ostblocks, insbesondere Polen boten, zu nutzen. Adenauer übte dagegen vor und nach den Ereignissen in Polen und Ungarn größte Zurückhaltung und ließ damit erkennen, daß er die Vormachtstellung der Sowjetunion im ostmitteleuropäischen Raum zu respektieren gedachte. Er tat dieses auch aus der Befürch-

tung, daß ein stärkeres Engagement der Bundesrepublik Deutschland im ostmitteleuropäischen Bereich, insbesondere in Polen, zu einer blutigen Volkserhebung wie in Ungarn mit der Gefahr einer Ausweitung auf die Sowjetzone führen könnte[37]. ,,Dies war auch einer der Gründe, warum wir die Frage der Herstellung der Beziehungen zu Polen und überhaupt zu den Ostblockstaaten mit größter Vorsicht behandelten.“

In einer Rede in Berlin am 2. Februar 1957 gab er seiner Überzeugung Ausdruck, daß der Freiheitswille der Bewohner der Satellitenstaaten auf die Dauer nicht zu ersticken sei[38]. ,,Die Fackel der Freiheit, die Ungarn in den Satellitenstaaten angezündet hat, wird niemals wieder erlöschen.“ Er betonte, daß sich auch in Polen der Freiheitswille des polnischen Volkes klar und eindeutig gezeigt habe. In diesem Zusammenhang gab er seiner Hoffnung Ausdruck, daß der Geist der Freiheit zu tiefgehenden Veränderungen nicht nur im ostmitteleuropäischen Bereich, sondern auch in der Sowjetunion führen wird. ,,Dieser Geist der Freiheit verbreitet sich weiter in den anderen Satellitenstaaten. Er wird auch im russischen Volk selbst immer stärker werden.“

III. Adenauer und die Bulganin-Botschaften

Die unterschiedlichen Auffassungen Adenauers und von Brentanos wurden bei der Behandlung des Bulganin-Briefes vom 5. Februar 1957 besonders deutlich. Die militärische Intervention der Sowjetunion in Ungarn hatte zeitweilig zu ihrer Isolierung geführt. Diese Lage verstärkte die Bereitschaft der Sowjetführung, die Beziehungen zur Bundesrepublik unter Ausklammerung der politischen Hauptprobleme auf eine vertragliche Grundlage zu stellen. Der Botschafterwechsel, der zur Übernahme des Botschafterpostens in Bonn durch Smirnow führte, der ein gutes persönliches Verhältnis zu Adenauer herstellte, war für eine sowjetische Initiative förderlich. Sie erfolgte in einer Botschaft Bulganins an Adenauer vom 5. Februar 1957[39]. Im Brief wurde der Wunsch der Sowjetregierung zum Ausdruck gebracht, ,,eine entscheidende Wende von gegenseitigem Mißtrauen und selbst einer gewissen Feindschaft zum Vertrauen und zur Freundschaft“ herbeizuführen. Zwecks Ausbau der gegenseitigen Beziehungen wurde von Bulganin der Abschluß eines Handelsvertrages, einer Kulturkonvention, eines Abkommens über wissenschaftlich-technische Zusammenarbeit und einer Konsularkonvention vorgeschlagen. Er gab dabei seiner Überzeugung Ausdruck, daß ein Ausbau insbesondere der Handelsbeziehungen zu einer Besserung der politischen Atmosphäre beitragen würde. Er knüpfte daran die Feststellung, daß die Stärkung des Vertrauens und die Herstellung freundschaftlicher Zusammenarbeit zwischen beiden Ländern ,,ohne Zweifel auch bei der Lösung der nationalen Hauptaufgabe des deutschen Volkes – der Vereinigung Deutschlands – helfen würden“. Bulganin verwies die Bundesregierung in dieser Frage im übrigen an die Adresse der DDR, wo zur gleichen Zeit ein von sowjetischer Seite gutgeheißener Konföderationsplan entwickelt worden war.

Anspielungen auf die Größe Deutschlands und die Tradition deutsch-russischer Zusammenarbeit wurden im Brief geschickt mit der Warnung an die Deut-

schen verbunden, für fremde Mächte „die Kastanien aus dem Feuer zu holen“ – eine Formel, die bereits Stalin in seiner bekannten Rede vom 10. März 1939, welche der Kollaboration mit Hitler den Weg bahnte, gebraucht hatte.
In einem Referentenentwurf des Auswärtigen Amtes kam die Bereitschaft, auf die Vorschläge des sowjetischen Ministerpräsidenten einzugehen, deutlich zum Ausdruck. Dieses Entgegenkommen ging von Brentano, der auf seiner alten Linie beharrte, zu weit. Der von ihm angefertigte Entwurf eines Antwortschreibens entsprach wiederum nicht den Vorstellungen Adenauers, der richtig erkannt hatte, daß in der Botschaft ein neuer Ton angeschlagen wurde.
Er fertigte infolgedessen übers Wochenende einen eigenen Entwurf mit großen Schriftzügen an. Dem Verfasser, der zu dieser Zeit die Stellung eines Ersten Botschaftssekretärs bei der Deutschen Botschaft in Moskau bekleidete, und dem Leiter des Referats für gesamtdeutsche Fragen, Dr. Rudolf Fechter, wurde die Aufgabe zuteil, diesen Entwurf zu redigieren und ihn, soweit es notwendig erschien, zu ergänzen.
Die wichtigste Ergänzung betraf die von Adenauer nicht erwähnte Rückführung der in der Sowjetunion zurückgehaltenen Zivilpersonen, die ihm von den Sowjetführern mündlich zugesagt worden war, da der Verfasser wußte, wie sehr die Regelung dieser Frage dem ersten deutschen Botschafter in Moskau, Dr. Wilhelm Haas, am Herzen lag.
In der endgültigen Fassung des Antwortschreibens vom 28. Februar 1957, der Adenauer zugestimmt hatte, wurde daher eindringlich darauf hingewiesen, daß eine zufriedenstellende Lösung der zutiefst menschlichen Frage der Rückführung der in der Sowjetunion zurückgehaltenen deutschen Zivilpersonen einen erheblichen Fortschritt auf dem Wege der Normalisierung der beiderseitigen Beziehungen darstellen würde. Damit wurde das Zustandekommen eines Handelsabkommens, eines Abkommens über wissenschaftlich-technische Zusammenarbeit und eines Abkommens über konsularische Befugnisse von einer befriedigenden Lösung der Repatriierungsfrage abhängig gemacht.
Der Bundeskanzler nahm in seiner Antwort den Hinweis Bulganins auf die gute Tradition deutsch-russischer Zusammenarbeit zum Anlaß, um darauf hinzuweisen, daß gerade die Erinnerung an diese Tradition, die auf einem geordneten Verhältnis beruhte, das jeden Eingriff des einen Volkes in die Lebensordnung des anderen ausschloß, der deutschen Seite es um so schmerzlicher zum Bewußtsein bringen würde, wieviel Trennendes in den gegenwärtigen Umständen des deutsch-sowjetischen Nebeneinanderlebens liege. Er begrüßte die Fortführung der in Moskau begonnenen Gespräche zwischen den Regierungen. Er stimmte auch der Ansicht des sowjetischen Ministerpräsidenten zu, daß der Ausbau von Handelsbeziehungen dazu geeignet sei, die politische Atmosphäre zu verbessern, betonte jedoch, daß die grundsätzliche Klärung des deutsch-sowjetischen Verhältnisses von der Regelung der großen bisher ungelösten Fragen, an deren Spitze die Wiederherstellung der staatlichen Einheit Deutschlands stände, nicht zu trennen sei. Bei der Zurückweisung der im Bulganin-Brief enthaltenen Angriffe gegen die atlantische Verteidigungsgemeinschaft und die westlichen Verbündeten der Bundesrepublik wies Adenauer nachdrücklich auf den Wunsch der Bundesrepublik hin, die ausgezeichneten freundschaftlichen Beziehungen, die sie zu ihren Nachbarn im Westen, Norden

und Süden unterhalte und die sie auch zu ihren Nachbarn im Osten anstreben würde, zu pflegen und zu erhalten. Zu den Abrüstungsvorschlägen Bulganins stellte der Kanzler fest, daß Abrüstungsverhandlungen, an denen die Bundesregierung immer besonders interessiert gewesen sei, nur dann Erfolg haben könnten, wenn alle daran beteiligten Staaten ihre Rüstungen unter Einschluß der Kernwaffen einer uneingeschränkten und wirksamen Kontrolle bedingungslos unterwerfen und gleichzeitig zu einer Beseitigung der Ursachen der bestehenden politischen Spannungen beitragen würden.

Nach einem weiteren Briefaustausch zwischen den beiden Regierungschefs und einem Notenwechsel[40] erklärte sich die sowjetische Seite widerstrebend bereit, auch die Repatriierungsfrage zu erörtern. Infolge des Junktims mit der Repatriierungsfrage sollten sich die zweiten Moskauer Verhandlungen fast zehn Monate hinziehen, die sonst in wenigen Wochen beendet worden wären. Durch das gute Zusammenspiel zwischen der deutschen Delegation unter dem Botschafter Dr. Lahr, dem Stabe der Moskauer Botschaft unter Botschafter Dr. Haas und der Länderabteilung des Auswärtigen Amtes gelang es, in zähen Verhandlungen das von der deutschen Seite angestrebte Ziel zu erreichen.

Ohne die notwendige Rückendeckung durch Adenauer, der sich durch die scharfe Kritik an der deutschen Verhandlungsführung in der Presse nicht beirren ließ, wäre dieser Erfolg nicht zu erzielen gewesen. Auch bei diesen Verhandlungen wurden die Grundsätze beachtet, die 1955 zu einem beide Seiten befriedigenden Erfolg geführt hatten. Außerdem kam der Beratung durch die Ostspezialisten des Auswärtigen Dienstes in diesem Fall eine noch größere Bedeutung zu als 1955.

So konnten die äußerst schwierigen und langwierigen Verhandlungen am 25. April 1958 mit der Unterzeichnung eines langfristigen Abkommens über den Waren- und Zahlungsverkehr, eines Abkommens über allgemeine Fragen des Handels und der Schiffahrt sowie eines Konsularvertrages abgeschlossen werden. Eine Übereinkunft über die Repatriierung der zurückgehaltenen deutschen Staatsangehörigen war diesem Abkommen vorausgegangen. Allerdings konnte bei der Gruppe der ,,Administrativumsiedler", d. h. Rußlanddeutschen, welche die deutsche Staatsangehörigkeit während des Zweiten Weltkrieges erhalten hatten, nur die Familienzusammengehörigkeit erreicht werden. Die Repatriierungsvereinbarung erfolgte durch den Austausch gleichlautender mündlicher Erklärungen, die von deutscher Seite veröffentlicht werden konnten.

Die Unterzeichnung der Abkommen erfolgte anläßlich des Besuchs des Ersten Stellvertretenden Ministerpräsidenten der UdSSR und späteren Vorsitzenden des Präsidiums des Obersten Sowjets der UdSSR, Mikojan, in der Bundesrepublik. Im Schlußkommuniqué vom 28. April 1958 wurde die ,,mündliche Vereinbarung bezüglich der mit der Ausreise von Staatsangehörigen beider Länder zusammenhängenden Fragen" ausdrücklich erwähnt.

Die Möglichkeit der Aufnahme von Handelsbeziehungen, die für die Sowjets besonders interessant waren, sind von deutscher Seite bei den ersten Moskauer Verhandlungen 1955 angesprochen worden. Dagegen ist man auf die kulturellen Beziehungen nicht eingegangen, obgleich sie von sowjetischer Seite genannt worden sind. Es ist erst am 30. Mai 1959 bei keineswegs leichten

Verhandlungen in Bonn zu einer Vereinbarung über den kulturellen und technisch-wirtschaftlichen Austausch zwischen der Sowjetunion und der Bundesrepublik Deutschland gekommen.
Bei allen diesen Vertragsabschlüssen ist sichergestellt worden, daß West-Berlin in den Geltungsbereich der Verträge einbezogen war.
Die Diskussion über die Ausrüstung der Bundeswehr mit Trägerwaffen für atomare Sprengköpfe, die im Gewahrsam der amerikanischen Armee verblieben, lösten während der Moskauer Verhandlungen einen Notenwechsel aus, der sich noch lange Zeit hinziehen sollte. Außerdem wurden die Verwirklichung der Pläne für eine Europäische Atomgemeinschaft und eine Europäische Wirtschaftsgemeinschaft aufgrund der Römischen Verträge von der Sowjetunion mit Mißtrauen aufgenommen.
Diese Entwicklung veranlaßte Bulganin, in zwei Botschaften die Initiative zu ergreifen, um eine Einigung über bestimmte Abrüstungs- und Sicherheitsmaßnahmen auf der Grundlage des Status quo unter Ausklammerung der Frage der Wiedervereinigung Deutschlands zu erreichen.
In der ersten Botschaft vom 10. Dezember 1957 forderte er die Einstellung jeglicher Versuche mit Atom- und Wasserstoffwaffen wenigstens für zwei und drei Jahre, den Verzicht auf die Anwendung von Kernwaffen und auf die Gewaltanwendung bei der Lösung strittiger Fragen, die Schaffung einer atomwaffenfreien Zone in Mitteleuropa im Sinne des Rapacki-Plans und den Abschluß eines Nichtangriffspaktes zwischen der Warschauer Paktorganisation und der NATO, den er bereits auf der Genfer Gipfelkonferenz als Vorstufe zum gesamteuropäischen Sicherheitspakt vorgeschlagen hatte. Außerdem wurde eine Verminderung oder ein Abzug der sowjetischen Truppen in Europa bei entsprechenden Maßnahmen der Westmächte in Aussicht gestellt.
In der zweiten Botschaft vom 8. Januar 1958 wurde eine Gipfelkonferenz nicht nur der Mitgliedstaaten des Warschauer Paktes und der NATO, sondern auch anderer Länder angeregt, auf der diese Vorschläge erörtert werden sollten. Es handelte sich hier um eine Wiederbelebung des Gedankens einer europäischen Sicherheitskonferenz von 1954. Gleichzeitig wurde festgestellt, daß eine Lösung der Deutschland-Frage nur aufgrund eines Abkommens zwischen der Bundesrepublik und der DDR sowie durch die Schaffung einer Konföderation möglich wäre.
Von Chruschtschow wurde ergänzend in einem Interview mit dem Verleger Axel Springer und dem Chefredakteur der „Welt", Hans Zehrer, am 29. Januar 1958 der Gedanke eines Friedensvertrages in die Debatte geworfen, der entweder von den beiden deutschen Teilstaaten oder den Organen der zu bildenden Konföderation abgeschlossen werden sollte. Er fand im Aide-mémoire der Sowjetregierung vom 19. März 1958 seinen Niederschlag[41].
Adenauer war sich seit langem dessen bewußt, daß die Erörterung von Abrüstungs- und Sicherheitsfragen im Interesse einer Minderung der Spannungen notwendig war und daß es schwerfallen würde, das Junktim mit der Wiedervereinigung Deutschlands durchzuhalten. Ihm kam es darauf an, die Deutschland-Frage offenzuhalten und in jedem Fall den Menschen im anderen Teil Deutschlands eine eigenständige und freiheitliche Entwicklung zu ermöglichen. Während er sich in seinem Antwortschreiben an Bulganin vom 20. Januar

1958 den konkreten Abrüstungs- und Sicherheitsvorschlägen des amerikanischen Präsidenten anschloß, war er gleichzeitig bestrebt, die Sowjets für eine Lösung der Deutschland-Frage zu gewinnen, die der Freiheit vor der Einheit den Vorrang einräumte. Er machte daher in der Unterredung mit Botschafter Smirnow am 19. März 1958 den Vorschlag, „der Sowjetzone den Status Österreichs zu geben". Adenauer schreibt zu diesem Vorschlag in seinen Memoiren: „Bei meiner Vorstellung, der Sowjetzone den Status Österreichs zu geben, war ich vor allem von der Hoffnung geleitet, hierdurch den dort lebenden Menschen die Möglichkeit zu einer freien Willensentscheidung bei der Wahl ihrer Regierung zu verschaffen. Es kam mir in erster Linie darauf an, von den Menschen in der Zone den politischen, den geistigen Druck zu nehmen und ihnen die Lebensbedingungen zu erleichtern, selbst für den Preis, daß die Wiedervereinigung nicht unmittelbar durchgeführt würde. Die Chance einer Wiedervereinigung zu einem späteren Zeitpunkt blieb offen. Immer wieder hatte ich das Beispiel der Geschichte Polens vor Augen, die Zähigkeit und Ausdauer des polnischen Volkes bei Verfolgung seines Zieles die Einheit wiederzuerlangen. Wir mußten realistisch unsere Möglichkeiten abschätzen und dessen bewußt bleiben, daß das Wichtigste eine Erleichterung des Loses der Menschen in der Zone war."[42]

Im Gespräch mit Mikojan am 26. April 1958 verwies Adenauer auf den Vorschlag, den er Botschafter Smirnow gegenüber getan hatte, betonte die Notwendigkeit einer kontrollierten allgemeinen Abrüstung auf der Grundlage des Gleichgewichts der Kräfte für die Entspannung und erklärte seinen Wunsch zu einem Neuanfang in der Entwicklung der deutsch-sowjetischen Beziehungen.

Mikojan ließ auf seiner Seite deutlich die sowjetischen Befürchtungen vor einer Aufrüstung der Bundeswehr mit Kernwaffen erkennen, gab andererseits zu, daß sich die militärische Lage aufgrund des Besitzes von interkontinentalen Raketen zugunsten der Sowjetunion verschoben habe. Auch er betonte die Notwendigkeit eines weiteren Ausbaus der gegenseitigen Beziehungen.

Die Ernennung von Dr. Hans Kroll zum neuen Botschafter der Bundesrepublik Deutschland in Moskau war von Adenauer offenbar im Sinne des von ihm angestrebten Neuanfangs gedacht. Der neue Botschafter verstand es zwar, ein gutes persönliches Verhältnis zu Chruschtschow herzustellen, überschätzte aber die Möglichkeiten, die unter den gegebenen Umständen im Verhältnis der Sowjetunion zum geteilten Deutschland vorhanden waren. Die sich daraus ergebenden Konflikte mit der Leitung des Auswärtigen Amtes, über die er in seinen Memoiren[43] berichtet hat, waren für die Fortführung des Normalisierungsprozesses nicht förderlich.

Auf einer Pressekonferenz in West-Berlin am 3. Oktober 1958 wurde die Priorität der Sowjetunion in der deutschen Ostpolitik von Adenauer besonders hervorgehoben. Er sagte, daß „der Schlüssel zur Lösung der ganzen Lage ja doch in Moskau liegt und nicht in den Satellitenstaaten". Er schloß aber die Errichtung von Handelsvertretungen in den Gefolgsstaaten der Sowjetunion unter Auflockerung der „Hallstein-Doktrin" im Sinne der ursprünglichen Auffassung nicht aus[44].

Offenbar wurden von Adenauer die Chancen, den Normalisierungsprozeß zwischen der Bundesrepublik Deutschland und der Sowjetunion voranzutreiben, zu diesem Zeitpunkt trotz der inzwischen aufgetretenen verstärkten Spannungen zwischen Ost und West recht positiv beurteilt. Obwohl das Gespräch, das er mit Botschafter Smirnow am 14. Oktober 1958 führte, eine deutliche Abkühlung des Klimas erkennen ließ, mußte für ihn das Berlin-Ultimatum Chruschtschows überraschend kommen.

IV. Adenauer und das Berlin-Ultimatum Chruschtschows

Die unerwartete Verschärfung der sowjetischen Deutschlandpolitik wurde dadurch begünstigt, daß Chruschtschow nach der Absetzung Bulganins im März 1958 auch das Amt eines Ministerpräsidenten der UdSSR übernommen hatte und damit die Fülle der Staatsgewalt in einer Hand vereinte. Im Zeichen der von ihm ausgeübten Einmannherrschaft kam ein emotionales Moment zum Zuge, das der sowjetischen Außenpolitik bis dahin fremd war.
Hierzu gehörte auch seine Erklärung auf einer Kundgebung im Sportpalast in Moskau am 10. November 1958, daß es an der Zeit sei, den bisher gültigen Vier-Mächte-Status von Berlin aufzuheben und die drei Westmächte zum Abzug ihrer Streitkräfte aus den Westsektoren der Stadt zu veranlassen[45]. Chruschtschow behauptete, daß die Abmachungen über Deutschland und Berlin ständig von den Westmächten verletzt worden seien. Die Sowjetunion erwäge die Lossagung vom Potsdamer Abkommen. Um normale Zustände in Berlin – von Chruschtschow ausdrücklich als Hauptstadt der DDR bezeichnet – wiederherzustellen, sollten die restlichen Funktionen, die von der Sowjetunion im Rahmen der Vorbehaltsrechte der Vier Mächte ausgeübt wurden, auf die DDR übertragen werden. Die Westmächte hätten sich dann künftig in allen Fragen, welche Berlin betrafen, an die DDR zu wenden.
Am 20. November 1958 suchte Botschafter Smirnow Adenauer auf und erklärte, daß die von Chruschtschow angekündigten Maßnahmen, die auf die Beseitigung der Reste des Besatzungsregimes in Berlin und den Abschluß eines Friedensvertrages mit Deutschland gerichtet seien, zu einer Verbesserung und nicht einer Verschlechterung der Beziehungen mit der Bundesrepublik Deutschland gedacht seien[46]. Er kündigte gleichzeitig eine sowjetische Note an, in der auf diese Maßnahmen näher eingegangen werden sollte. Adenauer erwiderte, daß es ihm rätselhaft sei, warum sich die Sowjetunion gerade jetzt zu einem derartigen Schritt entschlossen hätte, der zu einer unerhörten Verschärfung der Situation zwischen der UdSSR und den drei Westmächten und einer wesentlichen Verschlechterung der Weltlage führen müßte.
Was am 10. November 1958 durch Chruschtschow angedeutet wurde, sollte sehr bald die konkrete Form eines sowjetischen Ultimatums erhalten. Am 27. November 1958 richtete die Sowjetregierung an die Regierungen der drei Westmächte eine Note, die sie mit einer weiteren Note vom selben Tage der Bundesregierung zur Kenntnis brachte[47]. In der Note wurde kategorisch die Beseitigung des Besatzungsregimes und damit der Abzug aller Streitkräfte aus den westlichen Sektoren Berlins sowie die Umwandlung West-Berlins in eine selbständige politische Einheit in Gestalt einer entmilitarisierten „Freien Stadt“

gefordert. Gleichzeitig wurde die Übertragung der bisherigen sowjetischen Befugnisse im Hinblick auf Berlin als Ganzes und die Zugänge der Stadt an die DDR angekündigt. Ausgehend davon, daß sich West-Berlin auf dem Territorium der DDR befinden würde, wurde gleichzeitig jede Zuständigkeit der Bundesrepublik für den westlichen Teil Berlins bestritten. In Verbindung mit diesen Ausführungen erklärte die Sowjetregierung, daß sie das Abkommen über die Besatzungszonen in Deutschland und die Verwaltung von Groß-Berlin sowie das Abkommen über die Kontrolleinrichtungen, die 1944/45 von den Vier Mächten im Rahmen der European Advisory Commission (EAC) abgeschlossen worden waren, „als nicht mehr in Kraft befindlich" betrachte. Sie begründete ihr Vorgehen damit, daß die Westmächte durch Verletzung des „Potsdamer Abkommens" und durch Verhinderung eines Friedensvertrages ihre Besetzungsrechte verwirkt hätten und daß die EAC-Abkommen in ihrer Wirksamkeit zeitlich begrenzt gewesen seien.

Die in der sowjetischen Note vom 27. November 1958 enthaltenen Behauptungen wurden von den Westmächten in ihren Antwortnoten vom 31. Dezember 1958, denen sich die Bundesregierung mit einer Note vom 5. Januar 1959 anschloß, entschieden zurückgewiesen und die sowjetische „Aufkündigung" der EAC-Abkommen als völkerrechtswidrig bezeichnet. Die Westmächte vertraten in dieser Note und anderen Dokumenten den Standpunkt, daß sich ihre Besetzungsrechte aus der totalen Niederlage und der Kapitulation Deutschlands ergeben hätten und daher unabhängig von den Vier-Mächte-Vereinbarungen bestehen würden, einschließlich der Rechte auf den Zugang von und nach Berlin. Der Vier-Mächte-Status Berlins beruhe auf den weiter gültigen Bestimmungen der EAC-Abkommen, von denen das Abkommen über die Besatzungszonen in Deutschland und die Verwaltung Groß-Berlins unbefristet sei. Er würde daher nicht vom Potsdamer Abkommen abhängen. Wenn bisher keine Friedensregelung mit Deutschland zustande gekommen sei, so trage die Sowjetunion die Schuld. Infolgedessen könne sich die Sowjetunion nicht einseitig von ihren Vertragsverpflichtungen lösen.

Die sowjetische Forderung, West-Berlin zu einer entmilitarisierten „Freien Stadt" umzuwandeln, rüttelte psychologisch und materiell an der Existenz des freien Berlin und an den Grundlagen des westlichen Bündnisses.

Adenauer war sich dessen durchaus bewußt, aber zugleich wesentlich ruhiger als bei dem späteren Bau der Mauer in Berlin. Er hielt Chruschtschow für einen klugen Mann, zugleich aber für einen großen Schauspieler und Theaterregisseur. Er glaubte, daß der sowjetische Partei- und Regierungschef mit dieser spektakulären Aktion die Aufmerksamkeit der ganzen Welt am Vorabend des XXI. Parteikongresses der KPdSU auf sich lenken wollte[48].

In diesem Sinne war sein Bericht zur politischen Lage vor dem Bundesparteiausschuß der CDU am 28. November 1958 gehalten[49], in dem er sich dagegen wandte, mit einer „gewissen Siedehitze" über die mit dem Berlin-Ultimatum Chruschtschows verbundenen Fragen herzustürzen und „Kombinationen in der Öffentlichkeit auszusprechen, die sich hinterher als verfrüht erweisen". „Von einer freien Stadt zu reden und von einem Weihnachtsgeschenk für das deutsche Volk – wie Smirnow gesagt hat", das sei „fauler Zauber, auf den wir nicht hereinfallen sollten".

Der Optimismus Adenauers sollte sich als richtig erweisen. Die Sowjetunion trug den Argumenten der Westmächte Rechnung. Nachdem bereits Äußerungen der sowjetischen Seite die Bereitschaft zum Einlenken erkennen ließen, erklärte Chruschtschow auf einer Pressekonferenz am 19. März 1959, daß die Westmächte ,,legitime Rechte" hätten, sich in Berlin aufzuhalten, die in der Tatsache der Kapitulation Deutschlands im Ergebnis des gemeinsamen Krieges gegen Hitler-Deutschland begründet seien. Er forderte zugleich im Einklang mit der Note der Sowjetregierung vom 10. Januar 1959 eine Friedensregelung mit dem geteilten Deutschland und drohte bei einer Ablehnung, einen separaten Friedensvertrag mit der DDR abzuschließen, der zum Erlöschen der Besetzungsrechte in Berlin führen würde. Die Westmächte wiesen auch diese These zurück und erklärten, daß ein separater Friedensvertrag mit der DDR rechtlich ,,völlig wirkungslos" sei und ihre Besetzungsrechte in Berlin nicht aufheben könne.
Die Note der Sowjetregierung vom 10. Januar 1959, welcher der Entwurf eines Friedensvertrages mit Deutschland beigefügt war, bildete den zweiten Zug in der Deutschlandoffensive Chruschtschows.
In dem sowjetischen Entwurf eines Friedensvertrages mit Deutschland kam die negative Wendung der sowjetischen Deutschlandpolitik, wie sie sich unter der Alleinherrschaft Chruschtschows vollzogen hatte, deutlich zum Ausdruck. Verglichen mit den Grundsätzen eines Friedensvertrages vom 10. März 1952 wies der Friedensvertragsentwurf vom 10. Januar 1959 eine wesentliche Verschlechterung auf. Er stellte im Grunde genommen ein Friedensstatut und damit ein Friedensdiktat dar, das einem gevierteilten Deutschland auferlegt werden sollte, ohne daß ein gangbarer Weg zur Wiedervereinigung aufgezeigt wurde. Der Friedensvertragsentwurf, der eine Reihe von Bestimmungen enthielt, die das geteilte Deutschland zum Objekt von Maßnahmen der Sicherung und Besserung degradierten, sollte auch durch die Bundesrepublik Deutschland und die DDR im Falle einer staatenbündischen Verbindung durch die deutsche Konföderation und die beiden deutschen Teilstaaten abgeschlossen werden.
Angestrebt wurde eine De-jure-Anerkennung der Demarkationslinien an der Oder-Neiße und Elbe-Werra als Staatsgrenzen, der deutsche Verzicht auf das östliche Deutschland und die Umwandlung West-Berlins in eine ,,Freie Stadt". Mit dem Inkrafttreten des Friedensvertrages sollte das automatische Ausscheiden der Bundesrepublik Deutschland aus der NATO und der DDR aus dem Warschauer Pakt verbunden sein und damit im Unterschied zum Entwurf von 1952 eine Neutralisierung Deutschlands auf der Grundlage der Teilung herbeigeführt werden. Erst danach wurde eine Aufnahme der beiden deutschen Staaten in die Vereinten Nationen und ihre Beteiligung an einem späteren europäischen Sicherheitssystem in Aussicht gestellt. Über die künftige außenpolitische Vertretung West-Berlins war im Entwurf nichts enthalten. In innenpolitischer Hinsicht wies der Entwurf eine Reihe von Bestimmungen auf, die bei ihrer Verwirklichung einschneidende Abänderungen des Grundgesetzes notwendig gemacht hätten. Auf Reparationen wurde verzichtet. Andererseits sollte durch eine Meistbegünstigungsklausel ohne zeitliche Begrenzung und ein Verbot jeglicher Diskriminierung im Außenhandel den Oststaaten die Mög-

lichkeit geboten werden, an den Erfolgen der EWG zu partizipieren.
Der Friedensvertragsentwurf vom 10. Januar 1959 ließ deutlich eine grundlegende Änderung in den bis dahin vertretenen sowjetischen Auffassungen über eine europäische Friedens- und Sicherheitsordnung, die mit einer Lösung der Deutschland-Frage verbunden war, erkennen.
Seit 1951/52 sind von der Sowjetregierung drei unterschiedliche Modelle einer gesamteuropäischen Regelung entwickelt worden:
1. durch Schaffung einer neutralen Staatenzone in der Mitte Europas unter Einschluß eines wiedervereinigten neutralen Deutschland (Berija-Malenkow),
2. durch einen gesamteuropäischen Sicherheitspakt unter Einschluß eines wiedervereinigten neutralen Deutschland (Molotow-Malenkow),
3. durch einen gesamteuropäischen Sicherheitspakt unter zeitweiliger Aufrechterhaltung der Teilung Deutschlands (Bulganin-Molotow).
Von Chruschtschow ist das dritte Modell durch die offizielle Verkündung der These von den beiden souveränen voneinander getrennten deutschen Staaten wesentlich modifiziert worden. Damit wurde in der sowjetischen West- und Deutschlandpolitik eine neue Strategie eingeschlagen.
Der Plan eines gesamteuropäischen Sicherheitspakts, d. h. eines multilateralen Beistandspaktes, ist von der Sowjetunion seit dem Scheitern der Genfer Außenministerkonferenz vom Oktober/November 1955 nicht mehr erneuert worden. Dagegen ist der Vorschlag eines auf die Mitgliedstaaten des Warschauer Paktes und der NATO beschränkten multilateralen Nichtangriffspaktes, an dem die beiden deutschen Staaten beteiligt sein sollten, des öfteren wiederholt worden.
Von Chruschtschow ist als eine weitere Zwischenstufe ein Vertrag über Freundschaft und Zusammenarbeit der europäischen Staaten am 15. Juli 1958 vorgeschlagen worden. Er sollte offenbar im Anschluß an den Nichtangriffspakt geschlossen werden, da in ihm eine Nichtangriffsbestimmung nicht vorgesehen war.
Mit dem Entwurf eines Friedensvertrages mit Deutschland, der von einer Drei-Staaten-These ausging, wurde die in Genf 1955 akzeptierte Verknüpfung zwischen der Deutschland-Frage und europäischen Sicherheit gelöst.
Offenbar hielt Chruschtschow die Sicherheit des Sowjetimperiums auf der Grundlage einer vertraglichen Fixierung der Teilung Deutschlands, wobei West-Berlin eine selbständige „Freie Stadt" bilden sollte, für hinreichend gewährleistet. Er war nur bereit, unter Umständen eine Konföderation der beiden deutschen Staaten aufgrund der von Ulbricht am 30. Januar 1957 genannten Bedingungen zuzulassen, die eine wesentliche Beschränkung der äußeren und inneren Sicherheit der Bundesrepublik bedeutet hätten.
Zu einer Erörterung der einzelnen Bestimmungen des sowjetischen Friedensvertragsentwurfs sollte es nicht kommen, da der sowjetische Außenminister Gromyko auf der Außenministerkonferenz in Genf im Sommer 1959 – der letzten Vier-Mächte Konferenz, die sich mit der Deutschland-Frage befaßte – nicht bereit war, gleichzeitig auch den „westlichen Friedensplan"[50] der auf dem Junktim von Wiedervereinigung, europäischer Sicherheit und Abrüstung beruhte, zu diskutieren.
Dem „westlichen Friedensplan", der vom amerikanischen Außenminister

Herter vorgelegt wurde und daher auch „Herter-Plan" genannt worden ist, lag in dem auf die Wiedervereinigung bezogenen Teil ein deutscher Beitrag zugrunde. Es handelte sich um einen von Dr. Rudolf Fechter und dem Verfasser erarbeiteten Referentenentwurf („Phasenplan zur Wiedervereinigung") vom 22. März 1957, der trotz einer gewissen Modifizierung in seiner Grundkonzeption erhalten blieb[51].

Nach der endgültigen Fassung des „westlichen Friedensplans" sollte der Wiedervereinigungsprozeß stufenförmig erfolgen, wobei der jeweilige Schritt zur Wiedervereinigung mit entsprechenden Maßnahmen auf dem Gebiet der europäischen Sicherheit und Abrüstung verbunden sein sollte. Die freien gesamtdeutschen Wahlen waren erst in der dritten Phase und nicht am Anfang vorgesehen. Die Ausarbeitung des Wahlgesetzes sollte in den Händen eines gemischten deutschen Ausschusses liegen, bestehend aus 25 Mitgliedern der Bundesrepublik als Repräsentanten von damals 52 Millionen Bundesdeutschen und zehn Mitgliedern der Sowjetzonenrepublik als Quasi-Repräsentanten von 17 Millionen Zonendeutschen. Entscheidungen des gemischten Ausschusses sollten mit einer Dreiviertelmehrheit getroffen werden, was ein Überstimmen der Vertretung der DDR unmöglich machte, ihr somit ein Vetorecht einräumte. Dieses Zugeständnis wurde bewußt getan, um der Argumentation zu begegnen, daß in jedem Falle eine Vergewaltigung der anderen Seite angestrebt würde.

Da die Sowjetunion zu einer Diskussion dieses Verfahrensplanes, der in den Friedensvertrag einmünden sollte, nicht bereit war, lehnten es die Westmächte ab, auf den sowjetischen Friedensvertragsentwurf einzugehen. Aus Rücksicht auf die Westalliierten sah die Delegation der Bundesrepublik davon ab, den Entwurf von Grundsätzen eines Friedensvertrages mit Deutschland vorzulegen. Das taktische Ziel wurde dadurch erreicht, daß die Sowjets, nachdem beide Vorschläge vom Verhandlungstisch entfernt waren, veranlaßt werden konnten, die akute Berlin-Frage zu diskutieren und dadurch ein wenig zu entschärfen.

Nach einer Tagebuchaufzeichnung von Heinrich Krone soll Adenauer bei einem Gespräch am 15. Mai 1959 Kritik am „westlichen Friedensplan" geübt haben, „den er nicht vorgelegt bekommen habe und den er in Einzelheiten für zu nachgiebig halte"[52].

Tatsächlich ging der „westliche Friedensplan" nicht so weit wie der im Bundeskanzleramt um die Jahreswende 1958/59 erarbeitete erste Entwurf des Globke-Plans.

Die Einladung Chruschtschows zu einem Besuch in die Vereinigten Staaten führte zu einer Vertagung der Außenministerkonferenz auf unbestimmte Zeit. Es zeigte sich sehr bald, daß die Offensivstrategie Chruschtschows in erster Linie das Ziel verfolgte, bilaterale Gespräche mit den Vereinigten Staaten in Gang zu bringen, um zu einer Abgrenzung der beiderseitigen Interessensphären in Europa zu gelangen.

Die Möglichkeit zu einer Einladung Chruschtschows in die Bundesrepublik Deutschland, zu der v. Eckardt riet[53], ist von Adenauer nicht genutzt worden. Seit Ende 1957 machte er sich Gedanken, ob es nicht richtiger sei, eine Entkoppelung der Problembereiche Wiedervereinigung einerseits, Abrüstung-Entspannung andererseits durchzuführen und danach mit der Sowjetunion in bilaterale Vorverhandlungen über die Deutschland-Frage einzutreten. Immer wieder hatte er Hemmungen, den entscheidenden Schritt zu tun. Allerdings wurde ihm diese Entscheidung immer wieder durch Aktionen Chruschtschows, die sich gegen nationale deutsche Interessen richteten, erschwert.

Auf dem ersten Höhepunkt der Berlinkrise hat Adenauer vor dem bevorstehenden Besuch des schwerkranken amerikanischen Außenministers Dulles eine bemerkenswerte „Analyse der Situation" verfaßt, die er am 30. Januar 1959 nach Washington sandte[54].

Sie läßt erkennen, daß sich die Lagebeurteilung Adenauers seit der Aufnahme der diplomatischen Beziehungen mit der Sowjetunion wenig geändert hatte. In gewisser Weise bedeutete das Berlin-Ultimatum Chruschtschows eine Bestätigung seiner früheren Auffassung. Adenauer geht in seiner Lagebeurteilung davon aus, daß das Ziel der Sowjetunion unverändert sei: „Beherrschung der Welt durch den Kommunismus unter Führung der SU."

Er beklagt, daß die Planmäßigkeit und Weitsichtigkeit der sowjetrussischen Politik von der freien Welt unterschätzt würde. „Die sowjetrussische Regierung hat seit dem letzten Krieg eine sehr zielbewußte Politik der Erringung der Weltherrschaft betrieben [. . .] Alle ihre Maßnahmen waren aufeinander abgestimmt und alle verfolgten nur das eine Ziel: die Ausdehnung der Macht des Kommunismus." Es wäre nicht richtig und würde zu falschen Vorstellungen verleiten, wenn man „die gegenwärtig durch die Sowjets herbeigeführte Situation nur unter dem Gesichtspunkt der Teilung Deutschlands beurteilen würde". „Die Teilung Deutschlands ist nicht die Ursache, sondern die Folge der schon vor der Teilung entstandenen Spannung zwischen SU und USA." Wenn man die Teilung Deutschlands als die größte Gefahr unserer Zeit ansieht, würde man „von der wirklichen Gefahr, dem Ausdehnungsdrang der SU", ablenken.

Adenauer erklärte, daß es eine isolierte europäische Sicherheit nicht geben könne. Es gebe nur eine „gemeinsame Sicherheit aller freien Völker" im Rahmen der NATO.

Die Sowjetunion könne aus eigener Kraft die Vereinigten Staaten nicht überrunden, das wäre nur möglich, wenn sie sich des Wirtschafts- und Menschenpotentials Westeuropas bemächtigen würde. „Wenn die SU durch Gewinnung Westeuropas die erste Wirtschaftsmacht der Welt wird und wenn ihre Bevölkerung durch rund 164 bis 250 Mio Westeuropäer, die fleißige und tüchtige Leute sind, vermehrt wird, hat sie nicht nur gegenüber den Vereinigten Staaten die entscheidende Position gewonnen, sondern auch ihre Stellung gegenüber Rotchina entschieden verbessert. Die Gewinnung des westeuropäischen Wirtschafts- und Menschenpotentials ist daher für die SU in doppelter Hinsicht die Entscheidung für die Zukunft."

Der Expansionsdrang der Sowjetunion müßte auf eine geschlossene Abwehr stoßen, gleichzeitig müßte alles getan werden, um in den Verhandlungen „über eine kontrollierte Abrüstung auf dem Gebiete der nuklearen und konventionellen Waffen" voranzukommen.

Unter der Voraussetzung, daß die freie Welt geschlossen und stark bleibt, schließt Adenauer einen tiefgehenden Kurswechsel in der sowjetischen Außenpolitik, der auch für die Wiedervereinigung Deutschlands Chancen eröffnen könnte, nicht aus. Er schreibt: „Wenn die SU sieht, daß sie mit ihrem Streben nach Weltherrschaft nicht weiterkommt, wenn man ihr durch kontrollierte Abrüstung auf dem Gebiete der nuklearen und konventionellen Waffen ihre Furcht vor einem Angriff nimmt und sie gleichzeitig auf die Möglichkeit einer ungestörten und durch eine weitgehende Abrüstung erleichterte wirtschaftliche Entwicklung in ihrem eigenen Lande hinweist, wird wahrscheinlich eine Entspannung in der Welt eintreten. In einer entspannten Atmosphäre könnten auch andere Fragen, zum Beispiel die Wiedervereinigung Deutschlands, mit Aussicht auf Erfolg verhandelt werden."

Es ist auffallend, wie sich bei Adenauer neben der nüchternen Beurteilung des sowjetischen Expansionsstrebens in der Gegenwart immer wieder solche Äußerungen über die Wandlungsfähigkeit des sowjetischen Systems in der Zukunft finden, die eine optimistische Note aufweisen. So äußert sich jedenfalls nicht ein Mann, der die Sowjetunion und damit Rußland als einen Erbfeind ansieht.

Die Hoffnung Adenauers war vor allem darin begründet, daß er der Ansicht war, daß sich der Freiheitswille eines großen Volkes nicht auf die Dauer durch die diktatorische Herrschaft einiger weniger Machthaber niederhalten läßt[55].

1 Vgl. Gösta v. Uexküll, Konrad Adenauer in Selbstzeugnissen und Bilddokumenten, Reinbek bei Hamburg 1976, S. 83 und S. 93.

2 Vgl. Boris Meissner, Triebkräfte und Faktoren der sowjetischen Außenpolitik, in: Boris Meissner und Gotthold Rhode (Hrsg.), Grundfragen sowjetischer Außenpolitik, Stuttgart 1970, S. 10f.

3 Vgl. Hans-Peter Schwarz (Hrsg.), Konrad Adenauer. Reden 1917–1967. Eine Auswahl, Stuttgart 1975, S. 226.

4 Vgl. Anneliese Poppinga, Konrad Adenauer. Geschichtsverständnis, Weltanschauung und politische Praxis, 2. Auflage, Stuttgart 1975, S. 90ff.

5 Vgl. Poppinga, S. 91.

6 Vgl. Poppinga, S. 92.

7 Vgl. Klaus Gotto, Adenauers Deutschland- und Ostpolitik 1954–1963, in: Rudolf Morsey und Konrad Repgen (Hrsg.), Adenauer-Studien III: Untersuchungen und Dokumente zur Ostpolitik und Biographie (Veröffentlichungen der Kommission für Zeitgeschichte, Reihe B, Bd. 15), Mainz 1974, S. 5f.

8 Vgl. Poppinga, S. 93.

9 Vgl. Poppinga, S. 253, Anm. 262.

10 Zitiert nach Gotto, S. 14.

11 Vgl. Boris Meissner, Die Sowjetunion und die deutsche Frage, 1949–1955, in: Dietrich Geyer (Hrsg.), Osteuropa-Handbuch, Band: Sowjetunion. Außenpolitik 1917–1955, Köln–Wien 1972, S. 473ff.

12 Vgl. die Dokumente I: 82, 84, 85, 87, 88 bei Boris Meissner (Hrsg.), Moskau-Bonn. Die Beziehungen zwischen der Sowjetunion und der Bundesrepublik Deutschland 1955–1973. Dokumentation (Dokumente zur Außenpolitik, Bd. 3/1), Köln 1975.

13 Vgl. die Äußerungen Adenauers in Hamburg und in Baden-Baden am 7. Mai und 3. Juni 1954 sowie die Erklärung Malenkows gegenüber Grotewohl vom 11. Juni 1954; Keesing's Archiv der Gegenwart 24 (1954), S. 4511 und S. 4565f. Die Erörterung der Form der Beziehungsaufnahme in der Länderabteilung des Auswärtigen Amtes

im Spätherbst 1954, an welcher der Verfasser als zuständiger Referent beteiligt war, mußte plötzlich auf höhere Weisung abgebrochen werden.

14 Vgl. Konrad Adenauer, Erinnerungen 1953–1955 (Bd. 2), Stuttgart 1966, S. 493.

15 Vgl. die Dokumente I: 13–53, 81 bei Meissner, Moskau-Bonn.

16 Vgl. Adenauer, Reden, S. 306.

17 Vgl. Adenauer, Erinnerungen, Bd. 2, S. 503.

18 Vgl. Felix von Eckardt, Ein unordentliches Leben. Lebenserinnerungen, Düsseldorf-Wien 1967, S. 396. Mit Recht weist Eckardt, S. 398, darauf hin, daß die Anforderung der Lufthansa-Maschinen entscheidend für das spätere sowjetische Entgegenkommen gewesen ist.

19 Der Verfasser war zusammen mit Professor Grewe Tischnachbar Kossygins. Malenkow saß zwischen Professor Hallstein und Professor Carlo Schmid, Suslow zwischen dem Ministerpräsidenten des Landes Nordrhein-Westfalen, Arnold, und Staatssekretär Globke.

20 Vgl. Adenauer, Erinnerungen, Bd. 2, S. 546. Botschafter Blankenhorn neigte der Auffassung v. Brentanos und Hallsteins zu, während von der Länderabteilung, die in Moskau nur auf der Referentenebene vertreten war, die Aufnahme der diplomatischen Beziehungen unter der Voraussetzung einer Lösung der Kriegsgefangenenfrage und Vorbehalten zur Wahrung des Rechtsstandpunktes der Bundesrepublik befürwortet wurde.

21 Vgl. Eckardt, S. 399. Der amerikanische Botschafter Charles Bohlen, der aufgrund der ihm zugegangenen Informationen mit einem Abbruch der Verhandlungen gerechnet hatte, wurde nach der gegenteiligen Mitteilung Blankenhorns „ziemlich ausfallend gegen die Bundesrepublik“.

22 Auch Eckardt, S. 399, befürwortete einen schnellen Abschluß.

23 Die Tischreden, die von Professor Koch stenographiert wurden, sind als Dokumente I: 39–41, bei Meissner, Moskau-Bonn, abgedruckt. Sie wurden durch einen überschwenglichen Toast von Bulganin eingeleitet, der die historische Bedeutung des Verhandlungsergebnisses unterstrich und den Bundeskanzler als „unseren Freund“ bezeichnete.

24 Die Quittung wurde vom Geschäftsführer des Ministerrats der UdSSR, Zygitschko, ausgestellt.

25 Vgl. Hans Koch, Die deutsch-sowjetische Konferenz von Moskau im September 1955, Konstanz 1956, S. 4.

26 Nach der von Professor Koch dem Verfasser zur Verfügung gestellten schriftlichen Wiedergabe.

27 Vgl. Adenauer, Erinnerungen, Bd. 2, S. 554.

28 Vgl. Adenauer, Reden, S. 226.

29 Vgl. Adenauer, Reden, S. 307.

30 Vgl. Adenauer, Erinnerungen, Bd. 2, S. 527.

31 Vgl. Wilhelm Starlinger, Grenzen der Sowjetmacht im Spiegel einer West-Ost-Begegnung hinter Palisaden 1945–1954. Beiheft 9 zu dem vom Göttinger Arbeitskreis herausgegebenen Jahrbuch der Albertus-Universität Königsberg in Preußen, Kitzingen am Main 1954.

32 Vgl. Adenauer, Erinnerungen, Bd. 2, S. 528.

33 Vgl. Poppinga, S. 97.

34 Vgl. Adenauer, Reden, S. 307f.

35 Wortlaut: Dokument I: 46 bei Meissner, Moskau-Bonn.

36 Vgl. Eckardt, S. 426 und S. 528ff.

37 Vgl. Konrad Adenauer, Erinnerungen 1955–1959 (Bd. 3), Stuttgart 1967, S. 367.

38 Vgl. Adenauer, Reden, S. 348.

39 Zu dem durch den Bulganin-Brief vom 5. Februar 1957 ausgelösten Austausch von Botschaften und Noten sowie zum Verlauf und den Ergebnissen der zweiten Moskauer Verhandlungen vgl. die Dokumente II: 1, 2, 7, 17, 18, 21, 22, 23, 25, 28–32, 34, 35, 37, 52–58, 83 bei Meissner, Moskau-Bonn.

40 Zu den beiden Bulganin-Botschaften vom 10. Dezember 1957 und 8. Januar 1958 und dem anschließenden Notenwechsel vgl. die Dokumente II: 36, 38, 39, 40, 43, 46 bei Meissner, Moskau-Bonn.

41 Vgl. die Dokumente II: 41, 48, 49 bei Meissner, Moskau-Bonn. Die Frage eines gesamtdeutschen Friedensvertrages war kurz vorher vom Bundestagspräsidenten Gerstenmaier aufgeworfen worden. Vgl. Dokument II: 42.

42 Vgl. Adenauer, Erinnerungen, Bd. 2, S. 379.

43 Vgl. Hans Kroll, Lebenserinnerungen eines Botschafters, Köln 1967. Die Memoiren sind als Geschichtsquelle aufgrund des egozentrischen Charakters von Kroll nur mit Vorsicht heranzuziehen. Eine zutreffende Beurteilung der Persönlichkeit Krolls findet sich bei Nikolaus Ehlert, Große Grusinische Nr. 17. Deutsche Botschaft in Moskau, Frankfurt am Main 1967, S. 184ff.

44 Vgl. Dokument II: 79 bei Meissner, Moskau-Bonn.

45 Vgl. Dokument III: 1 bei Meissner, Moskau-Bonn.

46 Vgl. Adenauer, Erinnerungen, Bd. 3, S. 449ff.

47 Zur Note mit dem Berlin-Ultimatum und dem anschließenden Notenwechsel vgl. die Dokumente III: 6, 12, 13, 14 bei Meissner, Moskau-Bonn.

48 Vgl. Adenauer, Erinnerungen, Bd. 3, S. 455.

49 Vgl. Adenauer, Reden, S. 391f.

50 Wortlaut: Internationales Recht und Diplomatie 5 (1960), S. 203ff.

51 Wesentlichen Anteil daran, daß der „Phasenplan“ zum Ausgangspunkt des „westlichen Friedensplans“ wurde, hatte der Ministerialdirigent Georg Graf Baudissin, der die deutsche Seite in der Vier-Mächte-Arbeitsgruppe vertrat.

52 Vgl. Adenauer-Studien III, S. 153.

53 Für eine solche Einladung ist auch der Verfasser, der als Leiter der Strukturreferate der Ostabteilung des Auswärtigen Amtes der „Beraterdelegation“ der Bundesrepublik Deutschland angehörte, eingetreten. Es war die letzte Deutschlandkonferenz, an der er während seiner Zugehörigkeit zum Auswärtigen Dienst teilnahm.

54 Vgl. Adenauer, Erinnerungen, Bd. 3, S. 463ff.

55 Vgl. Poppinga, S. 95.

PETER H. MERKL

Das Adenauer-Bild in der öffentlichen Meinung der USA (1949 bis 1955)

Der Wandel des Adenauer-Bildes in der amerikanischen öffentlichen Meinung der fünfziger Jahre ist nicht ohne weiteres aus sich selbst heraus verständlich. Man muß sich erst vor Augen halten, wie sich in einem solchen Falle die verschiedenen Meinungsorgane verhalten haben, bis man Zitate und dergleichen prüft. Da gibt es sowohl Schichtungen und Nivellierungen als auch die verständlichen Schwierigkeiten der amerikanischen Presse, sich überhaupt über neue Namen und Figuren der Weltpolitik ein Bild zu machen. Das Adenauer-Bild ist nicht leicht vom Deutschlandbild der Meinungsorgane zu trennen, wobei wiederum eine subtile Dialektik zwischen bewußter Meinungsmache und Situation eine Rolle spielen kann.
Im Grunde genommen beginnt das sich wandelnde Adenauer-Bild Ende der vierziger Jahre keineswegs mit der tabula rasa der Unkenntnis, sondern vielmehr mit dem Deutschlandbild, das einerseits aus dem erst gerade beendeten Krieg stammt[1] und andererseits bereits von einer in mancher Hinsicht wohlwollend deutschfreundlichen Stimmung geprägt wird. Trotz der Bitterkeit des Krieges, der toten und verwundeten GIs zeigt sich bereits in vielen Publikationsorganen einesteils eine gewisse amerikanische Großzügigkeit und Großmütigkeit, andernteils auch die Tatsache, daß nach verschiedenen Schätzungen ein Sechstel aller Amerikaner deutschstämmig sein sollen. Daraus ergibt sich zwar keineswegs, wie sich das seinerzeit die Nationalsozialisten und ihr amerikanischer Bund einbildeten, daß viele der Deutschamerikaner für derartige deutsche Verirrungen zu haben seien, aber doch eine erhebliche Bereitwilligkeit, trotz der bitteren Kriegserfahrungen fortschrittlichen, demokratischen Regungen in Deutschland sofort Sympathie entgegenzubringen.
Für diese, meist ziemlich wohlinformierten Kreise sah das Nachkriegsdeutschland von 1948/1949 zwar arm und zusammengebrochen, aber doch keineswegs hoffnungslos aus. Mit dem Marschall-Plan waren die altruistischen Instinkte der amerikanischen Öffentlichkeit in einem starken Maße wachgerufen, und es erschien kaum jemandem als fragwürdige Politik, die Wirtschaftshilfe den ehemaligen deutschen Feinden ebenso wie den französischen und englischen Verbündeten anzubieten. Die dahinterliegende politische Absicht, Europa gegen den Kommunismus abzuschirmen, war dabei der breiten amerikanischen Öffentlichkeit sicher weniger wichtig als die in Amerika immer leicht zu mobilisierende praktische Nächstenliebe. Für die politisch interessierte Minderheit dagegen war die antikommunistische Absicht mit ganz wenigen Ausnahmen selbstverständlich. Hatte man doch das antifaschistische Bündnis der Kriegsjahre mit dem kommunistischen Rußland schon damals als ausgesprochen „unnatürlich" und die demokratischen Prätentionen Stalins als äußerst fragwürdig empfunden. Es bedurfte kaum der Churchill-Rede vom Eisernen

Vorhang in Fulton, Missouri, oder der resoluten antikommunistischen Wendung der amerikanischen Politik in Griechenland (1947), um das antikommunistische Mißtrauen angesichts der kommunistischen Machtübernahme in einem osteuropäischen Land nach dem anderen zu wecken. Der brutale Machtwechsel in Prag und die Berliner Blockade und die Stillegung des Alliierten Kontrollrates wurden daher sofort als Zuspitzung der längst erwarteten Konfrontation mit dem Kommunismus empfunden und die bizonale und spätere westdeutsche Sonderentwicklung als deren logische Folge.

Innerhalb dieses groben Rahmens findet man dann die Einschätzung verschiedener deutscher Nachkriegsparteien und -politiker, und zwar je nach Niveau und politischer Färbung der Meinungsträger differenziert. Dabei kam selbst die deutsche Nachkriegs-SPD in der Tagespresse nicht ohne gewisse Assoziationen mit dem verhaßten Kommunismus weg, während die meisten kleineren Parteien größtenteils ignoriert wurden. Intellektuelle Monats- und Vierteljahresschriften und akademische Schriftsteller nahmen allerdings zum Teil Partei für die SPD, obwohl sie ja im amerikanischen Besatzungsgebiet mit Ausnahme Hessens nicht sonderlich stark war. Zuweilen muß bei der Beurteilung negativer Urteile über Adenauer also eine implizite Parteinahme für die SPD oder doch feindselige Skepsis gegenüber der in Amerika nicht üblichen Rolle der Kirchen in der Tagespolitik mit eingerechnet werden. So konnte es sich zum Beispiel die Zeitschrift „Time" nicht verkneifen, vor der Bundestagswahl von 1949 ihren amerikanischen Lesern, „foxy, polished, 73-year-old Konrad Adenauer" und die CDU mit dem Hinweis auf die Unterstützung durch die römisch-katholische Kirche vorzustellen, während Kurt Schumacher als „violent champion of separation between church and state" bezeichnet wurde[2].

In Kommentaren der linksliberalen Zeitschrift „The Nation" mischen sich die parteipolitischen und die antideutschen, außenpolitischen Motive. Da wird Adenauer gewiß nicht unterschätzt, sondern als gefährlicher Gegner – „an interesting and powerful personality: half fox, half dictator" – dargestellt, und zwar in einem Rahmen der angeblich gewandelten deutschen Haltung von der „disarming humility" vor dem Petersberger Protokoll zur nationalistischen Aggressivität nachher[3]. Ein Jahr später zitiert man mit offensichtlicher Befriedigung „einen westlichen UN-Delegierten", der zum Thema der deutschen Grenzen und der Eingliederung Deutschlands in die Verteidigung des Westens gesagt haben soll[4]:

„All this had been endured only because it was necessary to oppose the Russian threat. But there is a limit to what can be swallowed. We can not endure to see a Germany that feels no shame for the crimes of the Nazis and no obligation to atone for them, that has changed neither its philosophy nor its behavior, again take the first place in Europe, and likely to become the cause of another war. Do you think the world will go to war so that Germany's pre-1939 boundaries can be reestablished? Or so that the Kaiser's and Hitler's dreams of a greater Germany can be realized with the aid of the United States? The answer is no! Let us do what is necessary to check the Russians, but let us not betray the dead of two wars."

„The Nation" hatte auch in den folgenden Jahren über die deutschfreundliche Politik der britischen konservativen Regierung gegenüber Adenauer und den konservativen Kräften seiner Koalitionsregierung wenig Gutes zu sagen. Wenn es doch wenigstens Karl Arnold gewesen wäre, der die Geschicke der Bundesrepublik gelenkt hätte[5]! Selbst die Bereitwilligkeit deutscher Wähler, amerikanische Wahlhilfe für die CDU zu akzeptieren, wurde mit „sensibleren Völkern“ wie den Franzosen oder Italienern verglichen, während Erich Ollenhauers sozialdemokratische Wahlkampagne des Jahres 1953 mit offensichtlicher Sympathie verfolgt wurde. Nur das „traditional bias“ und „unreasoning prejudice“ der Wähler gegen den Marxismus soll der SPD damals hinderlich gewesen sein, besser abzuschneiden[6].

Ganz ähnlich in ihrer Haltung, wenn auch etwas objektiver in der Darstellung, war die gleichfalls linksliberale „New Republic“, die zum Beispiel die Vorbereitung der Wiedergutmachungsverträge mit Israel unter dem Titel „Nazism Rises Again“ zusammen mit Adenauers Verhandlungen mit dem Verband Deutscher Soldaten und verschiedenen Aussprüchen von ihm über die Oder-Neiße-Linie, die Wiederbewaffnung und den wiedererwachenden militaristischen Geist der Waffen-SS brachte[7]. Vor den Wahlen von 1953 kritisierte dieselbe Zeitschrift die amerikanische Außenpolitik, sie habe die westdeutsche demokratische Opposition durch ihre Unterstützung der Adenauerschen Politik so vor den Kopf gestoßen, daß sie sich im Falle eines sozialdemokratischen Wahlsieges oder von Koalitionsschwierigkeiten Adenauers jedwede Alternative verbaut habe. Diese kurzsichtige Politik, so schrieb der Autor, ein deutschstämmiger Politologe[8], der eben von einem längeren Deutschlandaufenthalt zurückgekehrt war, sei auch insofern gefährlich, da sie die proamerikanische Liebedienerei belohne und zugleich die noch nicht offen auftretenden nationalbewußten Kräfte nach rechts abdränge.

Auf der anderen Seite gab es aber auch ausgesprochen adenauerfreundliche Zeitschriften wie etwa das katholische Blatt „America“, das ihn anläßlich seiner Washingtonreise herzlich begrüßte. Der alte Bundeskanzler, so schrieb „America“, ist keineswegs nur ein „caretaker“, sondern „one of the West's most stalwart pillars“, der die „great Christian Democratic tradition of Europe“ repräsentiere. Der Autor wies das Ansinnen ab, es handle sich bei der CDU um eine „katholische“ und noch viel weniger um eine „von der Kirche beherrschte Partei“ und nannte dagegen die sozialistischen Gegner christlich-demokratischer Parteien „largely ultranationalistic“[9]. Nach den entscheidenden Wahlen von 1953 antizipierte der Auslandskorrespondent von „America“ in Bonn sogar, daß die SPD nun wohl ihr marxistisches Programm fallenlassen würde, um in der Konkurrenz zu bleiben[10]. Eineinhalb Jahre später bei einem weiteren Besuch wurde Adenauer von „America“ sogar noch herzlicher willkommen geheißen, denn[11]

„West Germany's foremost statesman, now emerging as one of the truly great public figures of our time, deserves our generous gratitude for his farsighted and unflinching attachment to the ideals of Western civilization. We welcome him and pray God's blessing upon him and his striving for peace and justice.“

In der Tagespresse, fast unberührt von diesen vorgefaßten Parteinahmen des Für und Wider in den anspruchsvolleren aber auflageschwächeren Zeitschriften, findet man das eigentliche Bild der öffentlichen Meinung Amerikas und dessen Wandel. Hier gibt es zwar ebenso Journalisten dieser oder jener politischen Glaubenshaltung, die sie mit oder ohne einschlägige Sachkenntnis an den Mann zu bringen suchen. Hier herrscht aber auch der große Filter der pluralistischen Demokratie, der vor allem scharfe Stellungnahmen gegen große Gruppen der Gesellschaft verbietet. Die Tagespresse lebt von der Werbung und dem Straßenverkauf, und beide wollen es nicht mit erheblichen Kundengruppen verderben. Zudem ist die Tagespresse fast durchwegs ziemlich konservativ gestimmt und hat daher immer ein offenes Ohr für eine ausländische Partei oder Parteiführung, die Mittelstands- und Industrieinteressen vertritt. Auch das Wort „christlich" hört sich im protestantischen (oder katholischen) Amerika recht gut an, solange es nicht mit der verfassungsmäßigen Teilung von Kirche und Staat in Konflikt gerät oder zu Mißverständnissen führt. Denn es hat in den Vereinigten Staaten immer wieder rechtsradikale und rassistische Gruppen wie etwa die Christian Anti-Communist Crusade gegeben[12], die ihren Umtrieben und zuweilen auch ihrem Antisemitismus ein christliches Mäntelchen umzuhängen beliebten. Interessanterweise findet man derartige Mißverständnisse aber nicht in den jüdischen Zeitschriften; in ihnen ist vielmehr ein aufgeklärter und wohlakzentuierter Linksliberalismus anzutreffen, der die deutsche demokratische Entwicklung mit Interesse und Sorge verfolgt. Die Zeitschrift „Commentary" des American Jewish Committee beschrieb zum Beispiel die frischgebackene Bundesrepublik des Jahres 1949 als „unter der politischen und wirtschaftlichen Fuchtel wahrhafter Reaktionäre" stehend[13]:

„To be specific: today the administration of Germany is more firmly than ever in the hands of a conservative and unimaginative bureaucracy; the political power of the churches is greater than under the Empire, the Republic, or the Nazi dictatorship; the economy is in the hands of more or less the same people who ran it for Hitler."

In diesem Rahmen erscheinen Adenauer und die CDU als konservativ, und die SPD steht ähnlich hoch in der Gunst wie in den bereits genannten linksliberalen Schriften. Die schärfste Kritik gilt jedoch der Besatzungspolitik, die die konservative Entwicklung Nachkriegsdeutschlands forcierte und eine entsprechend undemokratische oder vielmehr antiparlamentarische und föderalistische Verfassung zulasse.

Um auf die Tagespresse zurückzukommen, zu Anfang des zu behandelnden Zeitraumes waren die typischen Charakterisierungen in den großen Tageszeitungen Amerikas kaum von denen des Deutschlandkorrespondenten der „New York Times" Delbert Clark zu unterscheiden, der Konrad Adenauer 1949 als „a bad tempered but extremely astute old reactionary", „the great symbol of extreme political Toryism" und „a malicious old man" seinem Publikum vorstellte. Als Adenauer jedoch erst einmal zum Bundeskanzler gewählt war, folgten schon die obligaten Detailschilderungen des großen Mannes. „Man from the Wine Country" hieß das entsprechende Feature im Nachrichtenmagazin „Time". Adenauer wurde nach bewährtem Rezept als ein Mann mit christlichem Sendungsbewußtsein und einer Vision vom geeinten Europa dargestellt. Ein paar persönliche Daten wurden durch einige Bemerkungen über seine Einstellung gegenüber Preußen und dem Nationalsozialismus angereichert. Halbwegs zwischen Rosenzüchten im Ruhestand und seinen kommunalpolitischen Interessen fügte man auch ein paar Worte über den Autokraten im Privatleben ein, wohl zur Vermenschlichung und auch weil man laut Rezept nicht ausschließlich Gutes über die Prominenten sagen darf, ohne unglaubwürdig zu wirken. Der Bonner ,,Time"-Korrespondent David Richardson wurde wörtlich zitiert[14]:

,,Neither young nor dynamic, Adenauer is the kind of pre-Nazi politician who did not succumb to National Socialism and who now must lead his country's new life until a new generation, not tainted by Hitler, can rise to power. Adenauer has limitations, but he can at least be counted upon to seek better relations between Germany and the West. He will try to continue the free enterprise that has done so much to speed German recovery. He is a shrewd and able coalitionist at a time when a coalition government (without Communists) must succeed."

Drei Monate später nannte ihn ,,Time" sogar ,,without doubt the most important German since Hitler", wenn auch offenbar ohne persönliches Charisma. Sein attraktiver Vorteil lag offenbar darin, daß er das neugebackene Staatswesen am Rhein zu konsolidieren versprach[15]:

,,If the Federal Republic lives and prospers, the Reds in East Germany will be contained; but if the West German experiment fails, the Communists in one way or another will sweep westward."

Dabei bot natürlich ein deutscher Wiederaufbau viele Risiken in alliierter Sicht. Aber die Alternative, nämlich keine derartige Entwicklung zuzulassen, war offensichtlich noch schlimmer[16]:

,,Giving German industry increasingly free rein involved risk; giving the West Germans more sovereignty involved risk; backing Konrad Adenauer was a gamble; arming the Germans would be a gamble. But the only real alternative to what the U.S. was doing in Germany would be to let the country stagnate and, eventually, fall to Communism. That would not be a gamble: it would be certain disaster."

Einen ganz ähnlichen Tenor hatte auch ein ausführlicher Aufsatz im Sonntagsmagazin der ,,New York Times", in dem der neue Bundeskanzler unter die Lupe genommen wurde. Hier wurde auch Adenauers tiefe Abneigung gegenüber dem Militarismus erwähnt, sowie sein Katholizismus, seine jedem Großmachtdenken abholde Gesinnung und sein besonderes diplomatisches und politisches Geschick, von den schon genannten Aspekten einmal abgesehen. Die Autorin, Kathleen McLaughlin, unterstrich auch das Bild vom ,,alten Fuchs" oder ,,steinalten Reaktionär", das seine Feinde und Kritiker von ihm zu entwerfen pflegten. Nach ihrer Meinung[17],

,,for varied reasons Dr. Adenauer is peculiarly fitted to pilot the ship of state of the infant republic on its maiden voyage. For while he represents a return to the past rather than the face of the future, he also embodies to the rest of the world a Germany of relative stability and conservatism rather than the hysterical nation of Hitler's era or the uncertainties of socialism and change still fermenting in the political life of all four occupation zones."

Dabei ist wiederum, wie schon vorher, die Betonung des Alters des Kanzlers besonders bemerkenswert. Beim Lesen der damaligen Pressereaktionen auf den neuen Kanzler hat man den Eindruck, als spiele das fortgeschrittene Alter eine taktische Rolle bei der Einschätzung dieses Mannes. Seine mutmaßlichen politischen Gegner nahmen ihn offenbar anfangs nicht allzu ernst, denn man nimmt doch an, daß ein so „alter Mann" nicht lange genug am Ruder bleiben wird, um seinen Gegnern wirklichen Schaden zufügen zu können. Entweder wird er recht bald in den Ruhestand treten oder der Druck und die Konkurrenz jüngerer Leute werden ihn bald zur Seite schieben. Auch neutralen und wohlwollenden Beobachtern war der „alte Fuchs" offenbar am Anfang noch nicht als eine dauerhafte Erscheinung im Kreis der europäischen Spitzenpolitiker erschienen, sondern eher als ein Lückenbüßer, der wegen seines Alters eine Weile lang der Vertagung der politischen Auseinandersetzungen dient, bis sich andere Kräfte aus dem eigenen Lager besser formiert haben. So schrieb Kathleen McLaughlin skeptisch[18]:

„How long he can manage to survive the pressure of forward drives in a country struggling to regain its footing in the world is questionable. As Chancellor he will be a fair target for all dissident factions and he will undoubtedly be compelled to accept into his Government various elements unsympathetic to his own views. At Bonn he proved himself adept at compromise. On the other hand, and at least for the present, he possesses the advantage of the majority confidence of the electorate."

Auf diese Weise läßt sich die verhältnismäßige Milde erklären, mit der die Kritiker Adenauers in den allerersten Jahren der Bundesrepublik ihn beurteilten. Erst ein halbes Jahrzehnt später, als sich herausstellte, daß der vermeintliche Lückenbüßer sich eine mächtige Festung gebaut hatte und noch lange nicht ans Altenteil dachte, kommt eine Note giftiger Bitterkeit auf, die schließlich in allerlei Pauschalurteilen vom „demokratischen Diktator" Niederschlag findet[19].

Vorerst kam noch eine Reihe von Jahren und von besonderen Anlässen, die Adenauer Lob oder Tadel einbrachten oder beides zugleich von verschiedenen Seiten. Zwischendurch erschienen immer wieder mehr oder weniger sorgfältige Untersuchungen von Journalisten, die plötzlich die immerfort steigende Macht und Selbstständigkeit der Adenauerschen Politik bemerkt hatten. So erschien etwa im Juli 1950 ein langer Artikel des Leiters des Korrespondenzbüros der „Times" in Deutschland, Drew Middleton, der als Kriegskorrespondent und Schriftsteller die europäische Politik schon seit einem Jahrzehnt verfolgt hatte. Middleton zog die Bilanz des ersten Jahres der Adenauer-Regierung und vor allem ihrer Beziehungen zu den Alliierten. Er berichtete, daß die Alliierten den Kanzler zunehmend schwieriger als Verhandlungspartner fänden, weil er doch so viel gefestigter sei als die verwirrte und teilnahmslose deutsche Bevölkerung. Adenauer sei zwar ein „interim Chancellor"[20],

„but since his rule coincides with a period in which the Western powers are making decisions on Germany's place in the Western world and the Germans are deciding whether they will abide by these decisions, his administration and his personality are far more important than might have been anticipated when, in September 1949, the Federal Government was established".

Das Amt des Kanzlers stellte sich als eine viel kräftigere Machtbasis heraus, als man das bei den Beratungen des Parlamentarischen Rates hätte voraussehen können. Der Kalte Krieg zwänge ja geradezu die Alliierten, den Deutschen

mehr und mehr Verantwortung zu übertragen, und dieser Machtzuwachs käme vor allem der Position des Kanzlers zugute. Middleton sieht Adenauer als einen eigensinnigen, engstirnigen, aber außerordentlich schlauen Politiker, der den Alliierten dauernd kleine und auch größere Konzessionen abhandelt.
Die Briten und Franzosen waren von vornherein nicht so sehr von ihm begeistert, und jetzt mußten auch die Amerikaner erkennen, daß er keine Marionette ist. Die Kontroverse über den alliierten Einspruch gegen das Einkommensteuergesetz war anscheinend der Anlaß dieser amerikanischen Ernüchterung. Ein Jahr später gar stellte Middleton fest, der Kanzler sei zwar außerordentlich erfolgreich gewesen, doch sei bald die Zeit nahe, daß er der Konsequenzen seiner Politik wegen einem Stärkeren und Jüngeren Platz machen müsse. Dies sei zwar unverdient, aber es sei eben seine Stärke gewesen, Westdeutschland zur Zeit seiner größten Schwäche zu regieren und einer besseren Zukunft zuzuführen[21].
Dieses Jahr 1952 brachte, was der amerikanische Außenminister Dean Acheson einmal als ,,a year of historic decision for Europe" bezeichnete, nämlich die Wahl zwischen dem Neutralismus und dem westlichen Bündnis. Adenauer hatte sich zwar als Schmied der Regierungskoalition bewährt, doch schien seine Position nicht stark genug, um einen eindeutigen Wahlsieg über die neutralistischen Kräfte erringen zu können[22]. Daß dieser Wahlsieg dann doch kam und so unerhört hoch ausfiel, war 1952 kaum zu erwarten gewesen. Andererseits waren nun die Gegner wirklich wach geworden und griffen Adenauer scharf an. Die linksliberale Zeitschrift ,,The Nation" verband den Sieg der CDU/CSU mit einer Stärkung des ,,autoritären Systems", das angeblich seine Regierung kennzeichne und setzte ihn fast mit dem Ende der westdeutschen Demokratie gleich. Der Autor dieses Leitartikels wurde als ,,a prominent Social Democrat who acts as ,The Nation's' correspondent in West Germany" gekennzeichnet[23]. Er kritisierte vor allem Adenauers gewerkschaftsfeindliche Politik und seine Angriffe auf die Massenmedien. Wenig später schrieb derselbe Autor auch von den alten Nazis, die Adenauer wieder in verschiedene Bereiche eingeschleust habe und von den außenpolitischen Rapallo-Neigungen der FDP[24].
Die Mehrheit bei den Wahlen von 1953 bedeutete schließlich den deutschen Eckstein in der atlantischen Verteidigungsfestung. Die ,,New York Times" wurde dadurch z. B. zu Aussagen über Adenauer wie etwa ,,his achievements are remarkable" und ,,Chancellor Adenauer's achievements are unmatched by those of any other West European leader in the post-war period"[25] bewegt. Der Autor, M. S. Handler, schreibt zwar den Wahlsieg auch dem Wirtschaftswachstum und dem psychologischen Klima jenes Jahres zu, aber die Würdigung gilt offensichtlich vorrangig Adenauers ,,great talents as a statesman and politician".
Von diesem Zeitpunkt an überwogen die positiven Stimmen bei der Bewertung Adenauers, trotz aller oppositioneller Kritik, die nun erst richtig einsetzte. So schrieb etwa Karl Löwenstein kurz und bündig im April 1955[26]:
,,The main credit, however, for the German miracle goes to the leadership of Dr. Konrad Adenauer, the Federal Chancellor since 1949. Even to one immune to the uncritical adulation accorded him by American public opinion, his

reputation as the principal architect of the new Germany is fully deserved. The epithet of being ,the greatest German since Bismarck' means little, considering the staggering paucity of political talent in Germany for several generations. But without Adenauer's personal integrity and his firm grasp of economic and political realities, the German miracle could not have materialized."

Die ,,New York Times" übertraf gar noch dieses Urteil, das bekanntlich in den späten fünfziger Jahren laut Meinungsumfragen auch von der westdeutschen Bevölkerung geteilt wurde. M. S. Handler schrieb 1954 in der ,,Times"[27]:

,,He is playing for a permanent place in the history of his people and that of Western Europe. The Chancellor is well aware that should the policy of Western integration materialize he may go down in history as Germany's greatest statesman, surpassing in stature Prince Otto von Bismarck, the Iron Chancellor."

1 Vgl. dazu auch William J. Bosch, Judgment on Nuremberg, American Attitudes toward the Major German War-Crime Trials, Chapel Hill 1970, S. 87ff.

2 Vgl. Time vom 15. August 1949.

3 Vgl. The Nation vom 1. April 1950, S. 295.

4 Vgl. The Nation vom 24. November 1951, S. 438.

5 Vgl. The Nation vom 15. Dezember 1951, S. 518. Dieselbe Zeitschrift berichtete auch genüßlich über alle internen Schwierigkeiten der Regierung Adenauer und brachte sie mit neonazistischen Regungen in Verbindung. Vgl. 5. Juli 1952, S. 9ff. und vom 20. Dezember 1952, S. 223.

6 Vgl. The Nation vom 19. September 1953, S. 224ff.

7 Vgl. New Republic vom 29. Oktober 1951.

8 Vgl. New Republic vom 17. August 1953, S. 13f. Dieser Artikel beschreibt auch die sterile ,,pro-amerikanische Atmosphäre" an den deutschen Universitäten jener Zeit.

9 Vgl. America vom 18. April 1953, S. 70.

10 Vgl. America vom 19. September 1953, S. 598.

11 Vgl. America vom 25. Juni 1955, S. 321.

12 Vgl. Peter H. Merkl und Otey M. Scruggs, Rassenfrage und Rechtsradikalismus in den USA, Berlin 1966, S. 97ff.

13 Vgl. Commentary vom September 1949, S. 227ff. Die Deutschlandautoren dieser Zeitschrift waren meist wohlbekannte Juristen wie etwa A.R.L. Gurland oder Schweizer Journalisten wie Herbert Lüthy oder Fritz René Allemann.

14 Vgl. Time vom 5. September 1949, S. 25. Vgl. auch Newsweek vom 26. September 1949, S. 41f.

15 Vgl. Time vom 5. Dezember 1949, S. 30ff.

16 Vgl. Time vom 5. Dezember 1949, S. 34.

17 Vgl. New York Times, Sunday Magazine, vom 18. September 1949. Sie zitierte auch ein ungenanntes englisches Blatt, das Adenauer als ,,a fine surviving specimen of the antiquated upper middle class of imperial Germany" bezeichnet hatte.

18 Vgl. ebenda.

19 Vgl. Tete Harens Tetens, The New Germany and the Old Nazis, New York 1961.

20 Vgl. New York Times vom 9. Juli 1950.

21 Vgl. ebenda, 11. Mai 1952.

22 Vgl. auch Felix Hirsch, Adenauer or Schumacher, in: Current History. Vol. 22, Nr. 126, S. 70ff.

23 Vgl. ,,German Labor's Perils – The Authoritarian Adenauer", The Nation vom 17. Oktober 1953, S. 309f.

24 Vgl. The Nation vom 31. Oktober 1953, S. 342.
25 Vgl. New York Times vom 13. September 1953, S. 12.
26 Vgl. The German Republic at Bonn, in: Current History. Vol. 28, Nr. 164, S. 236f.
27 Vgl. New York Times vom 20. Juni 1954, S. 10f.

DIETER OBERNDÖRFER

John Foster Dulles und Konrad Adenauer

Das Verhältnis der beiden großen kongenialen Staatsmänner John Foster Dulles und Konrad Adenauer zueinander ist überaus vielschichtig. Eine umfassende systematische wissenschaftliche Analyse ihrer Beziehungen, ihrer Übereinstimmungen und Konflikte, läßt der Stand der wissenschaftlichen Forschung noch nicht zu. Die deutsche Adenauer-Forschung und die amerikanische Dulles-Forschung[1] wurden bisher nur ansatzweise integriert. Speziell für die Beurteilung vieler Äußerungen und Aktionen John Foster Dulles' kommt erschwerend hinzu, daß er im Unterschied zu Bundeskanzler Adenauer als Außenminister Rücksicht auf einen Vorgesetzten, auf Präsident Eisenhower, nehmen mußte. Häufig bleibt unklar, ob Dulles eigene Ansichten darlegt und aus eigenen Überzeugungen handelt oder ob hier nur der amerikanische Außenminister Ansichten seines Präsidenten vertritt. Zahlreiche Fragen, die sich hierauf beziehen, blieben in der Forschung kontrovers. Das gleiche gilt für das schwierige Problem, nämlich inwieweit Dulles wichtige Aspekte seiner Außenpolitik, insbesondere seine Chinapolitik, der Notwendigkeit einer sicheren innenpolitischen Basis durch Anlehnung an die konservativen Republikaner unterordnete. Im Unterschied zur Bundesrepublik, für deren Außenpolitik Konrad Adenauer die klare Priorität der Pflege und des Ausbaus der Beziehungen zu Washington setzte, war die Außenpolitik der amerikanischen Weltmacht notwendigerweise sehr viel komplexer. Zwar spielte die Bundesrepublik in der Ära Dulles in der Washingtoner Europapolitik eine zunehmend dominierende Rolle, dennoch waren die Bundesrepublik und die anderen europäischen Bündnispartner nur ein Teilkomplex neben anderen innerhalb der sich gerade unter John Foster Dulles globalisierenden amerikanischen Außenpolitik. Das Verhältnis John Foster Dulles' zur Bundesrepublik und damit auch zu Konrad Adenauer muß daher stets im Kontext der gesamten amerikanischen Weltpolitik gesehen werden. Eine tiefergehende Analyse der deutsch-amerikanischen Beziehungen unter Dulles setzt also eine detaillierte Kenntnis der ganzen damaligen amerikanischen Weltpolitik voraus. Viele wichtige Details der Weltpolitik Dulles' aber, insbesondere seiner Asienpolitik liegen immer noch im Halbdunkel spekulativer Interpretation. Eine realitätsbezogene wissenschaftliche Aufarbeitung der Beziehungen Dulles' und Adenauers zueinander wird neben diesen und manchen anderen Faktoren nicht zuletzt auch durch die Charakterstruktur der beiden Staatsmänner erschwert. Die Vollblutpolitiker Dulles und Adenauer waren Meister der politischen Taktik. Daraus ergibt sich, daß die Unterscheidung, welche ihrer Äußerungen und Verhaltensweisen tatsächlich dem inneren Kern ihrer eigenen politischen Grundüberzeugungen entsprachen oder nur taktisch gezielt, d. h. zweckbestimmt waren, manchmal sehr schwierig ist. Für den Homo politicus Konrad Adenauer z. B. kann

angenommen werden, daß sich auch bei der Abfassung seiner ,,Erinnerungen" der Politiker Adenauer zu Wort meldete, dem es um einen Beitrag zur postumen Rechtfertigung und politisch-publizistischen Absicherung seines Lebenswerks ging. Abgesehen von der Problematik aller Memoiren, nämlich daß in der nachträglichen Beschreibung viele politische Taten in einem anderen Aggregatverhältnis gesehen werden als im Augenblick ihrer Aktualität, besteht somit Anlaß zur Vorsicht gegenüber der für die Adenauer-Forschung im Augenblick immer noch zentralen Hauptquelle der ,,Erinnerungen".
Diese kursorischen Anmerkungen zum Stand und zu den Problemen der Dulles-Adenauer-Forschung zeigen, daß ein Beitrag über das Verhältnis Dulles – Adenauer vorläufig nur mosaikartige Teilaspekte ihrer Beziehungen anleuchten kann.

1. Adenauer über Dulles

Konrad Adenauer spricht in den ,,Erinnerungen" an einigen Stellen über seinen ,,Freund" John Foster Dulles. In Adenauers kargen und spärlichen Äußerungen drücken sich nicht nur der Charakter und das Naturell des verschlossenen und zurückhaltenden Bundeskanzlers aus, in dessen Natur manifeste Emotionalität einfach keinen Platz hatte, sondern darüber hinaus auch die eigentliche Basis seiner Freundschaft. Es ging ihm bei ihr nicht um Persönliches, nicht um die Person John Foster Dulles', sondern um Sachliches, nämlich um den Lebensnerv seiner Außenpolitik, um die Grundlagen der deutsch-amerikanischen Beziehungen. Dies wird ganz deutlich erkennbar in seinen kurzen Charakterisierungen der Person Dulles'. Neben einer ganz beträchtlichen Portion Kritik an dem Verhalten und Auftreten seines Freundes werden nämlich durchwegs positive Eigenschaften genannt, die für die Stabilität des deutsch-amerikanischen Bündnisses schlechthin konstitutiv waren. So schreibt z. B. Adenauer über seine Gespräche mit Bulganin und Chruschtschow: ,,Ich hielt es für notwendig, meinen Freund Dulles in Schutz zu nehmen. Ich glaubte, so sagte ich, ihn ziemlich gut zu kennen. Dulles könne einem auf den ersten Blick in der Tat durch seine reservierte Haltung und etwas bärbeißige Art einen gewissen Schrecken einjagen, aber wenn man ihn näher kennenlerne, mache er einen ausgezeichneten Eindruck, und man müsse feststellen, daß er ehrlich und zuverlässig sei."[2] Bei dem Besuch Mikojans in Bonn im April 1958 versicherte Adenauer seinem sowjetischen Gesprächspartner, ,,daß Dulles zwar ein im Umgang zuweilen schwieriger Politiker sei, aber ein Politiker von absoluter Zuverlässigkeit"[3]. Anschließend setzte er noch hinzu: ,,Ich habe ihm erklärt, ich sei mit Herrn Dulles befreundet. Herr Dulles habe eine besondere Art zu verhandeln, die vielleicht nicht jedem ohne weiteres eingehe. Er sei aber ein sehr ernster und zuverlässiger Verhandler, der das, was er gesagt habe, auch einhalte. Ich hätte zu Herrn Dulles das größte Vertrauen."[4] In einer Vorbemerkung zu einem Gespräch mit dem amerikanischen Außenminister vom Juni 1956 in Washington schrieb er über Dulles: ,,In den Gesprächen, die ich seit Januar 1953 mit ihm führte, hatte ich ihn als einen durch und durch anständigen Menschen schätzen gelernt. Durch seinen verschlossenen Gesichtsausdruck,

durch seine Art, sich zu geben, auch in der Unterhaltung, wirkte er zunächst nicht für sich einnehmend. Hatte man einmal sein Vertrauen, seine Freundschaft gewonnen, so konnte man sicher sein, sie nicht wieder zu verlieren [. . .] Ich schätzte Dulles sehr. Wir wurden enge Freunde. Diese Freundschaft basierte nicht zuletzt darauf, daß wir stets sehr offen zueinander sprachen."[5]
Adenauers Lob für seinen Freund Dulles erschöpfte sich also in den Charakterisierungen „ehrlich und zuverlässig", „absolute Zuverlässigkeit", „sehr ernster und zuverlässiger Verhandler", „größtes Vertrauen" – lauter Eigenschaften, die die sachlichen Voraussetzungen für den Erfolg seiner Amerikapolitik bildeten. Für das „Vertrauen" in den amerikanischen Bündnispartner mußten dessen Ehrlichkeit und Offenheit im Diskurs und die absolute Zuverlässigkeit in der Einhaltung von Zusagen konstitutiv sein.
Bei den kritischen Bemerkungen Adenauers über Dulles – dieser „könne einem auf den ersten Blick in der Tat durch seine reservierte Haltung und etwas bärbeißige Art einen gewissen Schrecken einjagen", er sei ein „im Umgang zuweilen schwieriger Politiker" er „habe eine besondere Art zu verhandeln, die vielleicht nicht jedem ohne weiteres eingehe", „durch seinen verschlossenen Gesichtsausdruck, durch seine Art sich zu geben, auch in der Unterhaltung, wirke er zunächst nicht für sich einnehmend" – stellt sich die Frage, ob der Bundeskanzler hier bestimmte, wenig einnehmende äußere Verhaltensweisen Dulles' nur zum Zwecke der Verteidigung seines Freundes zitierte oder ob sich in ihnen nicht doch eine gewisse Reservatio mentalis gegen die Persönlichkeit Dulles' ausdrückte. Letzteres kann nicht ganz ausgeschlossen werden. Über alle Gemeinsamkeiten der politischen Grundüberzeugungen und Ziele hinweg und abgesehen von gewissen Ähnlichkeiten ihres Werdegangs – beide hatten es als Juristen aus bescheidenen Verhältnissen kommend zu Wohlstand gebracht –, stießen in ihren Personen so unterschiedliche und in mancher Hinsicht so gegensätzliche religiöse und kulturelle Traditionen aufeinander, daß die völlige Absenz persönlicher Vorbehalte oder gar erst eine Harmonie der Personen sehr verwunderlich wäre. Der liberale Protestant Dulles war durch und durch von der calvinistisch-pietistischen Tradition seines Elternhauses geprägt. Konrad Adenauer hingegen entstammte der sehr viel heiteren Welt der rheinischen Katholizität. Die für Dulles und den Calvinismus typische Verbindung von missionarischem Prinzipieneifer mit bemerkenswerter Geschäftstüchtigkeit und wendigem politischen Realismus wirken auf den Außenstehenden leicht als Bruch im Charakter oder gar als Heuchelei. Bei Konrad Adenauer hingegen verbanden sich Festigkeit im Prinzipiellen mit energischer und umsichtiger hausväterlicher Weltklugheit sehr viel eher zu einer Einheit. In der Welt John Foster Dulles' gab es zwar auch Humor, in der Welt Konrad Adenauers gehörte er aber wesensmäßig dazu. John Foster Dulles war von seiner Herkunft und Erziehung her geradezu prädestiniert, Außenminister der Weltmacht USA zu werden. Sein Vater war zwar ein einfacher presbyterianischer Geistlicher gewesen, aber ein Großvater und ein Onkel hatten den Vereinigten Staaten bereits als Außenminister gedient. Seit seiner Jugend hatte er auf vielen Reisen Europa und Asien besucht und dabei die Bekanntschaft vieler bedeutender Gestalten der Weltpolitik gemacht[6]. Konrad Adenauer hingegen war in der europazentrierten Vorstellungswelt des deutschen Bürgertums der Vorweltkriegs- und

Zwischenkriegszeit aufgewachsen. Als er durch einen historischen Zufall zum Bundeskanzler gewählt wurde, waren seine Kenntnisse der außereuropäischen Welt, insbesondere aber der Vereinigten Staaten, minimal gering.

Daß die Freundschaft Adenauers zu Dulles primär in der sachlichen Gemeinsamkeit ihrer Politik und nur sekundär im emotional-persönlichen Bereich begründet war, zeigt sich auch daran, daß sich Konrad Adenauer nicht einmal die Mühe nahm, sich näher mit der Lebensgeschichte seines Freundes Dulles zu beschäftigen. Diesen Eindruck erwecken jedenfalls Ausführungen Adenauers in seinen „Erinnerungen", in denen er behauptet[7], Dulles habe mehrere Jahre als Missionar gearbeitet bevor er in New York als Rechtsanwalt tätig und „schließlich" in den Dienst der amerikanischen Regierung getreten sei. Dulles habe außerdem „schon unter Roosevelt an zahlreichen Konferenzen mit den Sowjets persönlich teilgenommen und dadurch einen unschätzbaren Reichtum an Erfahrungen im Umgang mit ihnen erworben". Alle diese Behauptungen sind sachlich unrichtig und in der Tendenz der Aussage irreführend. Dulles war nie Missionar gewesen bevor er Rechtsanwalt wurde. Mit Ausnahme der Gründungskonferenz der Vereinten Nationen in San Francisco, zu der er als Vertreter der Republikanischen Partei gegen den Widerstand Roosevelts eingeladen worden war, hat er auch nie an Konferenzen dieses amerikanischen Präsidenten mit den Sowjets teilgenommen. Seine Einstellung zu Sowjetrußland während des Krieges wurde im übrigen von der offiziellen Propaganda geprägt. Wie die meisten Amerikaner glaubte auch Dulles, daß nach der Zerschlagung Hitler-Deutschlands der Friede einkehren und hierfür gerade die Möglichkeit einer kooperativen Koexistenz mit der Sowjetunion die Garantie bieten werde[8]. In diesem Zusammenhang hat sich Dulles sogar sehr positiv über das später von ihm heftig kritisierte Abkommen von Jalta als eines angeblichen ersten Schritts zur Kooperation mit der Sowjetunion geäußert[9]. Es traf ferner nicht zu, daß Dulles nach seiner Tätigkeit als Rechtsanwalt „schließlich" in den Dienst der amerikanischen Regierung getreten war. Schon seit seiner Teilnahme an der Versailler Friedenskonferenz und dann später als Anwalt in der Zwischenkriegszeit war Dulles häufig in halboffizieller und offizieller Mission für die amerikanische Regierung tätig geworden. Dulles gab seine Anwaltspraxis erst auf, als er wegen einer vorzeitigen Vakanz vom Gouverneur des Staates New York zum Senator ernannt wurde[10].

Für die Beziehungen Adenauers und Dulles' zueinander dürfte von nicht unerheblicher Bedeutung die Sprachbarriere, die sie trennte, und der Rollenzwang, dem beide unterworfen waren, gewesen sein. Dulles sprach kein Deutsch, Adenauer sprach kein Englisch. Bei ihren Unterhaltungen waren sie auf die Hilfe eines Dolmetschers angewiesen[11]. Damit war ein Gespräch unter vier Augen ausgeschlossen. Bei ihrem Briefwechsel wußten beide, daß sie dabei stets „offizielle", für Dritte einsehbare Dokumente austauschten. In diesem Zusammenhang fiel zudem ins Gewicht, daß Adenauer – was er selbst lange nicht begriff – eben nicht mit dem „Bundeskanzler" der Vereinigten Staaten, sondern mit dem amerikanischen Außenminister verhandelte. Der eigentliche Grund der politischen Stärke Dulles' war aber gerade seine absolute Loyalität gegenüber Präsident Eisenhower. Eben diese Loyalität, die ihn manchmal zwang, auch gegenüber Bundeskanzler Adenauer Ansichten zu vertreten, die nicht die seinigen waren, verbürgte die langfristige Kontinuität seiner Außenpolitik. Von dieser Basis her gelang es ihm, Präsident Eisenhower, der wiederholt aus der von Dulles definierten offiziellen Linie auszubrechen versuchte, immer wieder auf den eigenen Kurs zurückzudrängen. Adenauer hat daher lange nicht gemerkt, daß es zwischen dem amerikanischen Präsidenten und seinem Außenminister Meinungsdifferenzen gab. Nach den „Erinnerungen" scheint Adenauer die Existenz solcher Gegensätze zum erstenmal im Sommer 1956 erkannt zu haben, als nämlich Präsident Eisenhower in einer Rede den „Neutralismus" Indonesiens und anderer asiatischer Staaten positiv würdigte und einen Tag darauf sein Außenminister in einer öffentlichen Erklärung die Dinge wieder ins Lot brachte, d. h. aber den Grundsatz der Neutralität als überholte Auffassung bezeichnete und gleichzeitig die grundsätzliche Notwendigkeit kollektiver militärischer Sicherheitsbündnisse unterstrich[12]. Abgesehen von diesen aus ihren unterschiedlichen Rollen erwachsenden Kommunikationsproblemen zwischen Adenauer und Dulles muß man sich ferner vergegenwärtigen, daß der Termin- und Arbeitsdruck, dem beide Politiker ausgesetzt waren, wenig Zeit für einen über die Diskussion drängender Sachangelegenheiten hinausgehenden persönlichen Austausch ließ. Bei den 15 Begegnungen mit Dulles, die Adenauer in seinen Memoiren erwähnt, war im Grunde jede Minute für die Erörterung hautnaher akuter politischer Fragen ausgebucht.

In der Distanz und Kühle gegenüber den Mitmenschen, die schon bei dem jungen Adenauer und Dulles beobachtet werden können, war auch der Charakterzug des Mißtrauens mitenthalten. In beider langem erfahrungsreichen Leben, in dem sie übergenug Gelegenheit hatten, die Vieldimensionalität menschlichen Verhaltens kennenzulernen, war ihnen das Mißtrauen zur zweiten Natur geworden. Vor allem für Adenauer schloß daher die Vokabel Freundschaft die weitere Vokabel Mißtrauen keineswegs aus. Dieses Mißtrauen Adenauers, das auch gegenüber seinem Freund Dulles nie erlosch und ihr Verhältnis bis zu dessen Tode begleitete, war aber nicht moralisch-emotional besetzt. Adenauer ging davon aus, daß für das Verhältnis der Nationen letztlich nicht die Gefühle ihrer Staatsmänner, sondern Interessenlagen ausschlaggebend waren. Er wußte ferner, daß selbst bei einer Übereinstimmung in den politischen Grundwerten unterschiedliche Interpretationen des jeweiligen nationalen Interesses möglich waren und daher auch Konflikte zwischen Freunden entstehen konnten. Freundschaft und ihre Substanz, das gegenseitige Vertrauen, waren für Adenauer und Dulles also nicht Besitzstände, sondern mußten immer aufs neue gesichert und gestaltet werden. Beispielhaft für diese Einstellung ist die letzte Botschaft Dulles' an Adenauer. Schon von schwerer Krankheit gezeichnet, hatte er bei seinem letzten Besuch in Bonn Anfang Januar 1959 dem Bundeskanzler versichert, er müsse sich zwar wieder einer Operation unterziehen, die Ärzte schlössen jedoch Krebs als Krankheitsursache aus. Als Dulles' Ärzte nach der Rückkehr in die USA dann doch einen schweren Krebsrückfall feststellen mußten, rief er wenige Stunden nach Erhalt dieser Diagnose seinen Bruder Allan zu sich und bat ihn unverzüglich Konrad Adenauer zu benachrichtigen, daß er ihn nicht getäuscht habe, sondern vielmehr guten Glaubens gewesen sei, als er ihm gesagt hatte, er hoffe, wieder gesund zu werden[13]. Auch in der Zeit des herannahenden Todes ging es Dulles darum, die Substanz seiner Freundschaft zu Adenauer, ihre Glaubhaftigkeit, zu erhalten. Die Schwester Dulles', Eleanor Lansing Dulles, berichtet, als Adenauer ihr diese Geschichte erzählt habe, seien ihm Tränen in den Augen gestanden[14]. Diese Geschichte, die so gar nicht zu dem landläufigen Bild von Bundeskanzler Adenauer paßt, zeigt, daß die ursprünglich nur auf gemeinsame Werte und politische Ziele gegründete Zweckfreundschaft der beiden Staatsmänner in den letzten beiden Jahren vor dem Tode Dulles', als der amerikanische Außenminister und der Bundeskanzler in ihren eigenen Ländern und in der Weltöffentlichkeit immer stärkerer Kritik ausgesetzt waren, als sie ihre Analyse der Weltpolitik, als eines Kampfes für die christliche Vorstellung von der Würde und Einmaligkeit des einzelnen und gegen den sowjetischen materialistischen Kollektivismus, Schulter an Schulter gegen eine zunehmend feindselige Öffentlichkeit verteidigen mußten, dann doch in sehr viel tieferen emotionalen Schichten Wurzeln geschlagen hatte.

2. Grundlagen der Beziehungen Dulles – Adenauer: Dulles' Einstellung zu Deutschland, Frankreich und England

Es ist bekannt, daß die Ansichten Dulles' und Adenauers über die Ursachen des Kalten Krieges und die der Sowjetunion gegenüber einzuschlagende Politik weitgehend identisch waren. Beide sahen im Kampf gegen den Kommunismus weniger einen machtpolitischen Interessenkonflikt als vielmehr eine nur aus dem christlichen Glauben heraus zu durchstehende Auseinandersetzung zwischen dem sowjetischen atheistischen Materialismus einerseits und dem westlichen Kulturbereich andererseits. Beide waren sich darin einig, daß eine weitere Expansion des Sowjetkommunismus nur durch den entschlossenen Einsatz und Aufbau von Gegenmacht zu verhindern war. Gefahren für den Frieden sahen sie beide, primär in eventueller Uneinigkeit und Unentschlossenheit der westlichen Bündnispartner. Durch sie konnten Fehlkalkulationen in der Einschätzung des westlichen Verteidigungswillens auf seiten der Sowjetunion provoziert werden. Speziell für Europa hielten Dulles und Adenauer die europäische Einigung für das Gebot der Stunde. Gerade von ihr erhofften sie sich die endgültige Eindämmung des sowjetischen Expansionswillens.
Diese Analyse des Sowjetkommunismus, die Außenminister Dulles bis zu seinem Tode vertrat, war schon „fertig" als er im Februar 1953 seinen Antrittsbesuch bei Bundeskanzler Adenauer machte und ihn zum erstenmal persönlich kennenlernte[15]. Sie war in systematischer Form von Dulles in seinem zuerst 1950 veröffentlichten und später 1957 unverändert in zweiter Auflage verlegten Buch „War or Peace"[16] entwickelt worden. Ihre Grundzüge finden sich aber schon in zwei Artikeln[17] Dulles' vom Juni 1946 in der Massenillustrierten „Life", die für die amerikanische Meinungsbildung epochemachend wurden. Dulles war damals ja bereits als der außenpolitische Sprecher der Republikanischen Partei anerkannt. Als führender Laie im Bereich des amerikanischen Protestantismus genoß er auch großes Ansehen weit über die Grenzen der eigenen Partei hinaus. Mit den Artikeln in „Life" brach Dulles als einer der ersten führenden Meinungsmacher mit den in weiten Teilen der amerikanischen Öffentlichkeit damals noch immer weit verbreiteten Illusionen über die

Natur der Sowjetunion. Er bereitete durch sie wirkungsvoll publizistisch die erst 1947 mit dem Marshall-Plan von Präsident Truman endgültig vorgenommene Kursänderung der amerikanischen Außenpolitik vor. Die Anstöße zu der Artikelserie in ,,Life" und damit auch zur Abkehr von den eigenen Illusionen der letzten Kriegsjahre hatte Dulles auf der Londoner Außenministerkonferenz vom Herbst 1945 erhalten[18]. Im Anschluß an die Erfahrungen dieser Konferenz hatte er sich intensiv mit Stalins ,,Problemen des Leninismus" beschäftigt. Dieses Buch wurde damals und in der Folge für ihn zum Schlüssel des Verständnisses des sowjetischen Verhaltens. Er führte es stets mit sich – auch bei seinen Reisen – und konnte aus ihm seitenweise auswendig zitieren[19].

Der Gedanke der europäischen Einigung war für Dulles eine Vision, von der er trotz der deprimierenden Erfahrungen mit dem europäischen Nationalismus als amerikanischer Delegierter bei der Versailler Friedenskonferenz schon in den zwanziger Jahren geträumt hatte. Während des Zweiten Weltkrieges hatte er in mehreren Stellungnahmen betont, daß das Prinzip der absoluten nationalen Souveränität überwunden werden müsse und daß nur durch die Aufgabe nationaler Souveränitätsrechte der Aufbau einer stabilen Weltfriedensordnung möglich sei[20]. In diesem Zusammenhang sprach er sich auch mehrfach für ein föderiertes Kontinentaleuropa oder eine Art Commonwealth der europäischen Staaten aus[21]. Nach dem Krieg erhielt das Postulat der wirtschaftlichen Integration und politischen Einigung Europas einen absolut zentralen Rang in der außenpolitischen Gesamtkonzeption Dulles'. In seinem Buch ,,War or Peace" z. B. betonte er unermüdlich, die im Marshall-Plan unternommenen Schritte zum Wiederaufbau der europäischen Staaten würden ohne eine entsprechende wirtschaftliche und politische Einigung Europas ohne dauerhaften Erfolg bleiben. Es müsse die Primäraufgabe der amerikanischen Außenpolitik sein, die wirtschaftliche und politische Einigung Europas aktiv zu unterstützen und voranzutreiben[22].

Innerhalb dieses durch seinen Antikommunismus und seinen Einsatz für die europäische Einigung abgesteckten politischen Rahmens wurde das Verhältnis Dulles' zu Adenauer aber auch sehr wesentlich durch seine Einstellung zu Deutschland, Frankreich und England bestimmt.

Dulles war zunächst keineswegs ein Freund Deutschlands gewesen. Obwohl sein Vater in Heidelberg Theologie studiert hatte und er selbst als Junge mit ihm Deutschland bereist hatte, verband ihn kulturell und geistig wenig mit diesem Land. Der Biograph Beal berichtet von dem jungen Dulles, er habe schon bei der Haager Friedenskonferenz, an der er mit seinem Großvater, John Watson Foster, teilgenommen hatte, unter dem Eindruck des naßforschen Auftretens des mit Mensurnarben gezeichneten deutschen Delegierten eine ,,lebenslange Aversion" gegen den deutschen Militarismus mit nach Hause genommen[23]. Am Ersten Weltkrieg, dem ersten Kreuzzug Amerikas, beteiligte sich Dulles mit dem ganzen Eifer eines echten Wilsonianers. Auf der Versailler Friedenskonferenz hatte Dulles die Kriegsschuldklausel Deutschlands mitausgearbeitet. Zugleich hatte er sich freilich auch sehr entschieden gegen die unsinnigen Reparationsforderungen der europäischen Verbündeten eingesetzt[24]. Wie die meisten konservativen Republikaner sprach sich Dulles bei Ausbruch des Zweiten Weltkrieges für die Neutralität Amerikas aus und bekämpfte die

Interventionspolitik Roosevelts[25]. Daß dies aber nicht mit Deutschfreundlichkeit gleichzusetzen war, zeigte seine Einstellung gegenüber Hitler-Deutschland nach Pearl Harbor. Hitler-Deutschland wurde nun für ihn zum Inbegriff des Bösen in der Weltpolitik. In diesem Sinne entwarf er 1944 in einem privaten Memorandum einen Aufteilungsplan für Deutschland, dessen Inhalt den Morgenthau-Plan eher noch überbot. Von Deutschland sollte nur „ein kleiner Kern in Preußen" übrigbleiben. Das Rheinland war von ihm Frankreich, Süddeutschland Österreich und Ostdeutschland Polen zugedacht worden[26].
Die Furcht Dulles' vor dem deutschen Militarismus manifestierte sich auch bei der Diskussion um die deutsche Wiederaufrüstung. Emphatisch warnte er vor einer nationaldeutschen Armee. Eine nationale deutsche Wiederbewaffnung werde „katastrophale politische Erschütterungen in den westeuropäischen Ländern" auslösen. Sie dürfe „nicht riskiert" werden[27]. Deutschland besitze eine „ominöse Verhandlungsmacht" (bargaining power) zwischen Ost und West[28]. Wenn die Deutschen sich wieder wie 1939 mit dem Sowjetkommunismus vereinigen würden, würde der Sieg dieser Kombination über die Welt gewiß sein[29]. Besorgt fragte Dulles noch 1950 in „War or Peace", ob man wirklich sicher sein könne, „daß die Deutschen in die von uns für richtig gehaltene Himmelsrichtung schießen" würden[30]. Selbst in den Bedingungen, die Dulles damals für eine deutsche Wiederbewaffnung nannte, schwingt noch seine Skepsis mit: „Wir könnten vielleicht Deutsche individuell als einen Teil einer europäischen Armee zusammen mit Franzosen und Belgiern unter nichtdeutschem Kommando riskieren, stationiert irgendwo in Westeuropa, möglichst aber nicht in Deutschland."[31] Als Dulles in „War or Peace" berichtet, wie er sich nach dem Waffenstillstand in Berlin angesichts der verheerenden Zerstörungen der deutschen Hauptstadt an Toynbees Begriffe „Challenge" und „Response" erinnert fühlte und sich sagte, wenn die Deutschen diese „Herausforderung" ihrer Niederlage „beantworten" könnten, „würden sie in der Tat furchtbar" (formidable) sein[32], läßt die Formulierung „furchtbar" nicht unbedingt auf eine freudige Begrüßung der deutschen „Antwort" schließen. Die Bedenken, die er gegenüber Deutschland hegte, gehen aus den Sätzen hervor, mit denen er an der betreffenden Stelle in „War or Peace" fortfuhr: „Es bleibt nur wenig Zeit, um einen Geist in die europäische Bruderschaft abzulenken, der andernfalls die Form bösartigen Nationalismus annehmen wird." Die Furcht Dulles' vor dem deutschen Militarismus manifestierte sich selbst noch nach dem Scheitern der EVG-Verträge. Er konnte sich zu einer „nationalen" deutschen Wiederbewaffnung innerhalb der NATO erst nach einer „Agonie des Umdenkens" (agonizing reappraisal) entschließen.
Mit seinen Befürchtungen vor dem deutschen Militarismus und einer eventuellen deutschen Schaukelpolitik zwischen Ost und West gab Dulles nicht nur eigene Ängste kund, sondern sprach damals für weite Teile der amerikanischen Öffentlichkeit, insbesondere aber für das mächtige liberale Establishment der amerikanischen Ostküste. Konrad Adenauers Politik der Westintegration der Bundesrepublik, vor allem sein Kampf um die Europäische Verteidigungsgemeinschaft, trug gerade diesen Befürchtungen Rechnung. Eine seiner großen historischen Leistungen, der Abbau des Mißtrauens gegen Deutschland, konkretisierte sich also quasi personifiziert gerade auch in seinem Verhältnis zu

Dulles. Während Dulles später mit ständigen, unermüdlichen Beteuerungen und Beweisen der amerikanischen Bündnistreue und Loyalität auf die unausrottbare Furcht des Bundeskanzlers vor einer einseitigen amerikanisch-sowjetischen Verständigung auf Kosten der Bundesrepublik eingehen mußte, stand die erste Begegnung Dulles' mit Adenauer Anfang 1953 umgekehrt im Zeichen traditioneller westlicher Ängste vor dem deutschen Militarismus und der Versuchlichkeit des zukünftigen deutschen Bündnispartners gegenüber Koalitionsangeboten Moskaus.

Die starke Resonanz, die die Europapolitik Adenauers bei Dulles fand, erklärt sich schließlich auch dadurch, daß ihr Primärziel gerade die deutsch-französische Aussöhnung war. Eben Frankreich, dem Land, aus dessen Kulturtradition Calvin hervorgegangen war, gehörten die besonderen Sympathien Dulles'. Er hatte in seiner Jugend an der Sorbonne studiert und dabei auch schlecht und recht Französisch gelernt[33]. In der Zwischenkriegszeit hatte er sich bei vielen Aufenthalten in Frankreich zahlreiche Freunde gemacht. Zu ihnen gehörte auch Jean Monnet. Er hatte ihn bereits bei der Versailler Friedenskonferenz kennengelernt. In der Zwischenkriegszeit und auch während des Krieges hatte er enge Kontakte zu ihm unterhalten[34]. Nach dem Kriege war Dulles häufiger Gast im Hause Jean Monnets, der bekanntlich seinerseits mit Konrad Adenauer eng befreundet war und mit ihm die Grundlagen der deutsch-französischen Annäherung gelegt hat. Als Mitglied vieler franko-amerikanischer Vereinigungen teilte Dulles in seiner Liebe zu Frankreich eine in den amerikanischen Mittel- und Oberschichten weitverbreitete sentimentale Frankophilie. In der französischen Öffentlichkeit meist wenig oder nur spöttisch erwidert, ist diese Liebe schlechthin unerschütterlich. Dies traf auch für Dulles selbst zu. Obwohl er in der französischen Presse regelmäßig miserable Zensuren erhielt, hatte Frankreich in ihm in Washington einen verständnisvollen Interpreten seiner Interessen. Dies galt auch für de Gaulle. Dulles hatte zu ihm eine im ganzen positive Einstellung[35].

So wie im Ziel der deutsch-französischen Verständigung deckten sich auch im Verhältnis zu Großbritannien die Einstellungen Dulles' und Adenauers. Trotz mancher verbaler Äußerungen, in denen die Beteiligung Großbritanniens an der europäischen Einigung postuliert wurde, war ihnen der Anschluß Großbritanniens an Europa im Grunde keine Herzensangelegenheit. Beide hatten sie ein sehr distanziertes Verhältnis zu England. Zwar finden sich bei Dulles nicht jene ausgesprochenen antibritischen Ressentiments, wie sie traditionell unter den konservativen Republikanern beheimatet waren. Es haben ihn aber auch keine tieferen emotionalen Bande mit England verbunden. Die Biographen Drummond und Coblentz unterstellen dem altväterisch, gutbürgerlichen Dulles sogar „einen gewissen Grad presbyterianisch, calvinistischer Kühle gegen den Anglikanismus und die britische Aristokratie"[36].

Die Überwindung der antideutschen Vorbehalte in der amerikanischen Öffentlichkeit und die allmähliche Verwandlung der Beziehungen zur Bundesrepublik zu einer Art „special relationship" – ein Vorgang, der Dulles von seiten bösartiger Kritiker den Vorwurf einbrachte, seine Außenpolitik werde von Adenauer in Bonn gemacht – wurde nicht zuletzt auch möglich, weil die Bundesrepublik im Unterschied zu Frankreich und England zunehmend die

Rolle des ruhenden Pols in der amerikanischen Europapolitik einnahm. In Adenauer fand Dulles nicht nur einen europäischen Staatsmann, der ihm mentalitätsmäßig nahestand und mit dem er in den meisten politischen Sachfragen übereinstimmte, sondern darüber hinaus auch einen Partner, der im Gegensatz zu dem ständigen Wechsel der führenden Personen in Frankreich und England stets da war. Vor allem im Vergleich zu England bereitete ihm die Bundesrepublik nur selten Ärger. Dulles hatte den Briten die schon unter der Regierung Trumans bei der Bekämpfung des Kommunismus aufgetretenen Meinungsdifferenzen nicht verziehen. Die britische Regierung hatte immer wieder versucht, eine Art Mittlerrolle im Ost-West-Konflikt zu spielen. Während Dulles und Adenauer den Kampf gegen den Kommunismus in weltanschaulichen Dimensionen analysierten, neigten Eden und die öffentliche Meinung Englands dazu, ihn als eine traditionelle und daher negotionable Machtrivalität zu interpretieren. Während Dulles von der von Churchill vorgeschlagenen Gipfeldiplomatie gar nichts hielt und seinen Widerstand gegen sie nur unter dem Druck Eisenhowers und der eigenen öffentlichen Meinung zurückstellte, wurde gerade von der britischen Regierung starker Druck auf Washington für die Abhaltung eines Gipfeltreffens ausgeübt. Obgleich in Asien die Vorstöße der britischen Regierung auf Zulassung Rotchinas in die Vereinten Nationen bei Dulles ein offeneres Gehör als bei Eisenhower fanden, ergaben sich im Verhältnis zu Rotchina doch manche empfindliche Reibungsstellen. Die Vereinigten Staaten, die die diplomatische Anerkennung Rotchinas stets strikt abgelehnt und dabei auch versucht hatten, den Handel mit Rotchina zu unterbinden, mußten nicht nur die diplomatische Anerkennung Rotchinas durch Großbritannien, sondern auch intensive Versuche des Ausbaus der englisch-chinesischen Handelsbeziehungen hinnehmen. Während des koreanischen Krieges und noch mehr in den Indochina- und Formosakrisen wurden die USA von England nur zögernd unterstützt. In Europa hielt sich Großbritannien gegenüber dem Lieblingsprojekt Dulles', der Schaffung des Gemeinsamen Marktes, distanziert-kühl zurück. Disengagement- oder Neutralisierungspläne für Deutschland fanden in der englischen Öffentlichkeit und bei der britischen Regierung immer ein offenes Ohr. Dazu kam die Desavouierung der amerikanischen Regierung durch Edens einseitiges Vorgehen während der Suezkrise. In dem schlechten Verhältnis Dulles' zu England mögen aber auch persönliche Antipathien Edens eine Rolle gespielt haben[37]. Während Eden mit dem aristokratisch wirkenden amerikanischen Außenminister Dean Acheson vorzüglich ausgekommen war – über ihn soll er gesagt haben: ,,Acheson sieht nicht wie der typische Bürger der Vereinigten Staaten aus“[38] –, schreibt man ihm über Dulles die spontane Äußerung zu: ,,Jener schreckliche Mann, jener schreckliche Mann.“ Während der Amtszeit von Pierre Mendès-France und im Verlauf der Suezkrise wurde zumindest zeitweilig auch das Verhältnis Dulles' zu Paris, trotz seiner ausgeprägten Liebe zu Frankreich, empfindlich gestört. Über die unmittelbaren Gegensätze in den Fragen der Europäischen Verteidigungsgemeinschaft und der Verteidigung Indochinas hinaus lagen hierbei bei der Aversion Dulles' gegen Mendès-France Befürchtungen zugrunde, jener strebe eine französisch-russische Annäherung auf Kosten des westlichen Bündnisses und der amerikanischen Position in Deutschland an.

3. Konflikte in der Europapolitik

Trotz ihrer engen Verbundenheit in gemeinsamen politischen Prämissen gab es mehrmals ernste Zerwürfnisse zwischen Dulles und Adenauer. Wir zählen im folgenden die wichtigsten auf:

Wie schon angedeutet, stand im Hintergrund des Denkens Adenauers stets die Furcht vor einer einseitigen amerikanisch-sowjetischen Verständigung auf Kosten der Westintegration der Bundesrepublik. Besondere Nahrung erhielt diese Furcht des Bundeskanzlers durch eine von Dulles kurz nach Unterzeichnung des österreichischen Staatsvertrags gehaltene Rede, in der nach Meinung Adenauers ,,sehr versteckt die Möglichkeit durchklang, daß man in den USA gegenüber gewissen Neutralisierungsplänen in Europa unter Einschluß der Satellitenstaaten nicht abgeneigt sein würde“[39]. Die Furcht, daß sich in den Äußerungen Dulles' eine Kursänderung der amerikanischen Außenpolitik abzeichne, wurde im Denken Adenauers endgültig zur festen Realität, als Präsident Eisenhower wenige Tage später auf einer Pressekonferenz die Idee eines Nord-Süd-Gürtels neutraler Staaten zwischen Ost und West in Europa zur Diskussion stellte. Adenauer reagierte außerordentlich scharf. Er beauftragte Botschafter Krekeler, unverzüglich seine ,,starken Bedenken anzumelden“, und rief demonstrativ die deutschen Botschafter in Washington, London und Paris nach Bonn zu einer Konferenz zurück. Angesichts dieser starken Reaktionen Bonns hat sich Dulles sofort öffentlich vom Gedanken der Neutralisierung Deutschlands distanziert. Adenauer selbst läßt noch in seinen Memoiren durchklingen, daß er dem Dementi Dulles' nicht getraut hat. ,,Die Russen reagierten auf das vorsichtige Vorfühlen von Eisenhower und Dulles hinsichtlich der Neutralisierung der osteuropäischen Staaten negativ und trugen dadurch bei, daß man in Washington von dem Gedanken der Errichtung eines neutralen Gürtels in Europa wieder abrückte.“[40] ,,Abrücken“, d. h. mit Adenauer im Klartext, daß man in Washington tatsächlich Neutralisierungspläne ventiliert hatte. Es ist nicht ausgeschlossen, daß Adenauers Mißtrauen begründet war. Durch den Abschluß des österreichischen Staatsvertrages scheint Dulles' Axiom von der Unversöhnlichkeit des sowjetischen Materialismus das einzige Mal während seiner Amtszeit auf kurze Zeit einer versöhnlicheren Stimmung gewichen zu sein[41]. Der Gedanke einer Neutralisierung Ost- und Mitteleuropas konnte für ihn damals auch deshalb ,,denkbar“ werden, da er den österreichischen Staatsvertrag überaus optimistisch als Beginn des Zusammenbruchs des sowjetischen Imperiums bewertete. Bei einem tatsächlichen inneren Zerfall der Sowjetunion wäre für den Westen ein neutralisiertes Mittel- und Osteuropa unter Umständen politisch akzeptabel geworden.

Wiederum aus Furcht vor einer amerikanisch-sowjetischen Einigung auf Kosten der Bundesrepublik warnte Adenauer immer wieder vor der Abhaltung der Genfer Gipfelkonferenz vom Sommer 1955. Gegenüber dem Optimismus Dulles' warnte er, ein Wandel der sowjetischen Politik sei noch nicht eingetreten und die Zeit für eine Gipfelkonferenz sei daher noch nicht gekommen[42]. Dabei verkannte er freilich völlig, daß Dulles, wie wir heute wissen, hier ihm gegenüber eine ihm selbst nur aufoktroyierte Meinung des Präsidenten Eisenhower vertrat. Dulles selbst hegte die gleichen Bedenken wie Adenauer gegen die Abhaltung einer Gipfelkonferenz. Er versuchte daher lange und hartnäckig, das Zustandekommen der Genfer Konferenz zu verhindern. Zuletzt hat er sich dann, angesichts des Drucks des Präsidenten, der amerikanischen Öffentlichkeit und der europäischen Verbündeten, in einer Art verzweifelter Vorwärtsstrategie den Gedanken der Gipfelkonferenz doch zu eigen gemacht. Auch als Adenauer in einem auf den 9. August datierten Brief[43] die Abhaltung der Genfer Konferenz in unmißverständlicher und im Rahmen der diplomatischen Gepflogenheiten geradezu rüden Form als groben Fehler und Mißerfolg der amerikanischen Politik kritisierte, antwortete ihm Dulles[44] immer noch in der Tonlage des offiziellen, von Eisenhower propagierten Washingtoner Optimismus. Erst nach dem schroffen Ablehnen der deutschen Wiedervereinigung durch die Sowjets bei der Genfer Außenministerkonferenz im November 1955 konnte es sich Dulles nunmehr leisten, sich vom Mythos des ,,neuen Geistes von Genf" zu distanzieren und auf die von ihm innerlich stets bejahte Linie Adenauers wieder einzuschwenken[45].

Der schwerwiegendste Konflikt zwischen Dulles und Adenauer ereignete sich im Zusammenhang des sogenannten Radford-Plans[46]. Bundeskanzler Adenauer hatte von diesem im Pentagon ausgearbeiteten und durch eine Indiskretion am 7. Juni von der ,,New York Times" publik gemachten Plan zur Reduktion der amerikanischen Streitkräfte in Europa unmittelbar nach einer Reise in die Vereinigten Staaten erst aus der Presse erfahren[47]. Da er nach seinem Amerikabesuch der deutschen Öffentlichkeit die Einigkeit der amerikanischen und der deutschen Regierung in allen anstehenden wichtigen Fragen versichert hatte, fühlte er sich zu Recht von Washington hintergangen und öffentlich desavouiert. Der Grimm des Bundeskanzlers über den Radford-Plan wurde noch verstärkt, weil der Zeitpunkt der Veröffentlichung mit den scharfen innerdeutschen Auseinandersetzungen über die deutsche Wiederbewaffnung anläßlich der dritten Lesung des Wehrpflichtgesetzes am 6. und 7. Juli zusammenfiel. Die Argumente für die Verteidigung dieses Gesetzes durch die Sprecher der Regierungspartei fielen in sich zusammen, weil in den Meldungen über den Radford-Plan auch berichtet worden war, Dulles habe erklärt, die deutsche Bundeswehr brauche gar nicht 500000 Mann aufzustellen.

Das Mißtrauen des Kanzlers in die amerikanische Politik wurde noch vertieft, als Dulles in einem Brief, den er als Schreiben eines ,,Freundes an einen Freund" tituliert hatte[48], vom Radford-Plan nicht eindeutig abrückte und durchklingen ließ, daß die Grundideen dieses Plans nur eine Konsequenz seiner schon 1954 propagierten Konzeption des ,,New Look" seien. Auch ein Gespräch Adenauers mit Allan Dulles[49], dem Bruder des amerikanischen Außenministers und Chef des amerikanischen Geheimdienstes, am 25. August brachte keine Klärung. Die Vereisung der deutsch-amerikanischen Beziehungen, die von Adenauer ganz bewußt durch verschiedene demonstrative Akte, so z. B. durch die Abberufung der deutschen Botschafter in Washington, London und Paris zu Gesprächen nach Bonn, herbeigeführt wurde, erreichte ihren Höhepunkt als die ursprünglich auf 18 Monate vorgesehene Dienstzeit der Angehörigen der deutschen Streitkräfte vom Bundestag u. a. mit der Begründung auf zwölf Monate herabgesetzt wurde, man könne angesichts der bevorstehenden amerikanischen Truppenreduktion der deutschen Öffentlichkeit das Opfer einer längeren Dienstzeit nicht abverlangen. Dulles sah hierin seinerseits ein listiges Manöver des deutschen Bundeskanzlers, sich um eine äußerst unpopuläre Maßnahme seiner Regierung herumzudrücken. Zuletzt setzte sich Adenauer dann doch gegen die amerikanische Regierung durch. Entscheidend war hierbei der entschlossene Einsatz seines Freundes Dulles. Dieser hatte schließlich begriffen, welch katastrophale politische Auswirkungen die Verwirklichung der Militärkonzeption des Radford-Plans für die Politik Adenauers und damit auch für die amerikanische Europapolitik gehabt hätte. Aus den gleichen politischen Gründen hatte sich Dulles dann auch 1957, als wieder einmal eine Reduktion alliierter Streitkräfte in Europa diskutiert wurde, erfolgreich gegen sie zur Wehr gesetzt[50].

Eine weitere Krise im Verhältnis Adenauers zu Dulles ergab sich, als während der Libanonkrise amerikanische Flugplätze und amerikanische Truppen in Deutschland, ohne vorherige Konsultation der Bundesregierung, zur Unterstützung der amerikanischen Intervention im Libanon herangezogen wurden[51]. Bundeskanzler Adenauer reagierte sofort nachdrücklich auf diesen schlechten Stil gegenüber einem Verbündeten.

Ein mehr prinzipieller Gegensatz scheint auch über die Frage direkter Kontakte zwischen Bonn und Pankow entstanden zu sein. Gegenüber den Befürchtungen Adenauers, solche Kontakte würden die rechtlich-moralische Stellung der ostdeutschen Regierung im In- und Ausland stärken und zudem auch die kommunistische Unterwanderung oder Einflußnahme in Westdeutschland erleichtern, scheint die feurige, vom Gedanken des subversiven Krieges faszinierte Kämpfernatur Dulles' in solchen Kontakten ein mögliches Mittel der Unterwanderung und Unterminierung des kommunistischen Deutschlands gesehen zu haben[52].

Nach unablässiger, jahrelanger Kritik der amerikanischen und internationalen Presse wurde Dulles 1958 im Zusammenhang der von Chruschtschow mit ultimativen Drohungen ausgelösten Berlinkrise[53] fast über Nacht zu ihrem Liebling. Vorher als unbeweglicher und fanatischer Kreuzzugskämpfer angegriffen, rühmte man jetzt den flexiblen, beweglichen Dulles. Der Grund dieses Stimmungswandels in der internationalen Presse waren zwei öffentliche Erklärungen Dulles'. So hatte er auf einer Pressekonferenz im November 1958 die Bereitschaft der Vereinigten Staaten angedeutet, die Reisedokumente amerikanischer Truppen für die Durchfahrt nach Berlin unter Umständen auch von sowjetzonalen Behörden stempeln zu lassen, da letztere ja doch nur Agenten der Sowjetunion seien. Ferner hatte er in einer weiteren Presseerklärung am 13. Januar 1959 auf die Frage eines Journalisten, ob die Vereinigten Staaten auf freien Wahlen als dem einzigen Weg zur Wiedervereinigung bestünden, wörtlich geantwortet: „Nun, wir haben das nie gesagt. Die Formel Wiedervereinigung durch freie Wahlen war die Formel, auf die wir uns geeinigt hatten. Sie scheint uns der natürliche Weg zu sein. Aber ich würde nicht sagen, daß sie der einzige Weg zur Wiedervereinigung ist."

Die Agententheorie Dulles', die ihm eine scharfe Rüge des damaligen Berliner Regierenden Bürgermeisters Willy Brandt einbrachte, wurde weithin als Zeichen einer flexibleren amerikanischen Politik und als erster Schritt zu einer De-facto-Anerkennung Pankows interpretiert. Die Äußerung Dulles' über

eine Wiedervereinigung Deutschlands über andere Wege als freie Wahlen, wurde als Einschwenken Washingtons auf die damals viel diskutierten Konföderationspläne für Deutschland und als Zeichen einer russisch-amerikanischen Annäherung auf Kosten Bonns interpretiert.
Diese Spekulationen, die noch dadurch gefördert wurden, weil der Pressekonferenz Dulles' eine Woche vorher ein von ihm als „äußerst hilfreich" bezeichneter Besuch des stellvertretenden sowjetischen Ministerpräsidenten in Washington vorausgegangen war, wurden von Dulles sofort kategorisch dementiert. Dem deutschen Botschafter in Washington, Wilhelm Grewe, der auf Betreiben Adenauers die amerikanische Regierung um eine Interpretation der Äußerung Dulles' gebeten hatte, versicherte der Außenminister nachdrücklich, er habe lediglich eine technisch präzise Antwort auf eine Journalistenfrage gegeben. Außer freien Wahlen seien in der Tat andere Möglichkeiten zu einer Wiedervereinigung denkbar. Eine dieser Möglichkeiten wäre z. B. ein Erfolg des ostdeutschen Aufstandes vom Jahre 1953 gewesen[54].
Nach allem, was man von Dulles weiß, ist es in der Tat undenkbar, daß er mit seiner Agententheorie und seiner Erklärung über unterschiedliche Möglichkeiten der deutschen Wiedervereinigung eine De-facto-Anerkennung Pankows oder gar erst Neutralisierungspläne in der Gestalt einer Konföderation der beiden deutschen Staaten ventilieren wollte. In diesen Erklärungen erscheint vielmehr, die dem Juristen und Laienprediger Dulles gänzlich fehlende Sensibilität für das mangelnde Verständnis der Öffentlichkeit für juristische Begriffsspaltereien und undiplomatische, selbstmörderische Offenheit. Seine Andeutungen über verschiedene Modelle der Wiedervereinigung waren auf der logischen Ebene sicher richtig, ihre öffentliche Artikulation aber war eine politische Instinktlosigkeit. Bei der Verteidigung Dulles', die Behörden Ostdeutschlands seien lediglich Agenten der Sowjetunion, zog er sich auf eine für den Nichtjuristen nur schwer nachvollziehbare logisch-juridische Distinktion zurück. Ähnlich hatte er z. B. im Wahlkampf 1952 zwischen der Person Dulles und dem Anwalt der Republikanischen Partei unterschieden und sich damit ein moralisches Freibillett für einen überaus demagogischen Wahlkampf verschafft.
Es ist auch möglich, daß die Konzessionsbereitschaft Dulles' in der Frage des Zugangs alliierter Truppen nach Berlin (d. h. Stempelung ihrer Papiere durch die sowjetzonalen Behörden) der Rücksichtnahme auf die damalige Stimmung der westlichen Öffentlichkeit entsprang. Die Biographen Drummond und Coblentz verweisen auf ein Gespräch zwischen Dulles und Paul-Henri Spaak[55]. In ihm hätten sich beide geeinigt, daß es unmöglich sei, die westliche öffentliche Meinung zum Widerstand in der scheinbar trivialen Angelegenheit, wer die amerikanischen Reisedokumente stemple, zu gewinnen. Wenn die Sowjets tatsächlich eine militärische Auseinandersetzung über West-Berlin herbeizwängen, müsse die westliche Position in den Augen der Welt kristallklar sein und jede mögliche Quelle der Verwirrung, des Zweifels und der Unsicherheit über das, worüber gekämpft werden müsse, beseitigt werden.

4. Konflikte über Asien?

Der Europäer Adenauer betrachtete das zunehmende Engagement der Vereinigten Staaten in Asien stets mit großem Mißbehagen. Für ihn fiel die Entscheidung über den zukünftigen Kurs der Weltpolitik in Europa. Gelang es der Sowjetunion sich das wirtschaftliche Potential Westeuropas einzuverleiben, war ihr die Weltherrschaft sicher. Das Hauptinteresse der Vereinigten Staaten mußte daher in seiner Sicht der Schutz Westeuropas sein. Ein zu weitgehendes Engagement der USA in Asien konnte entweder nur auf Kosten Europas gehen oder mußte auf die Dauer die amerikanischen Kräfte überfordern. In diesem Sinne sah Adenauer seine Aufgabe darin, Eisenhower und Dulles vor ihrer „übertriebenen Hinneigung“ „zu den asiatischen Ländern“ zu warnen und bei ihnen „die Erkenntnis“ durchzusetzen, „daß sie niemals einen Einfluß in Asien haben konnten, wenn Europa in das russische Fahrwasser geriet“[56]. An anderer Stelle seiner „Erinnerungen“ schreibt Adenauer: „Es war zwar richtig, daß die Vereinigten Staaten, wie Dulles es in Paris in einem Gespräch mit mir ausgedrückt hatte, eine atlantische und eine pazifische Küste hatten. Mir schien es jedoch, daß die Vereinigten Staaten durch Überbetonung ihres Interesses im Stillen Ozean und die damit einhergehende Vernachlässigung Europas sich selbst schadeten.“[57]

Bei Adenauers Kritik an der amerikanischen Asienpolitik ist bemerkenswert, daß er sehr viel früher als die offizielle Washingtoner Außenpolitik die Existenz von Gegensätzen zwischen Moskau und Peking wahrnahm und ihre in seinen Augen notwendige zukünftige Verschärfung in sein politisches Kalkül hereinnahm[58]. Er sah zunächst in der sowjetisch-chinesischen Kooperation eine schwere wirtschaftliche Belastung Moskaus. Vor allem seit seinem Besuch in Moskau, wo ihm Chruschtschow im vertraulichen Gespräch seine Furcht vor dem chinesischen Koloß angedeutet hatte[59], ging er fest davon aus, daß schon jetzt zwischen der Sowjetunion und China eine in den Gesetzen der Demographie und der Geopolitik begründete tödliche Feindschaft heranwachse. Konsequenzen für seine eigene Politik zu ziehen – z. B. durch eine Annäherung an Rotchina zwecks Bekämpfung des gemeinsamen Feindes, der Sowjetunion –, war für ihn allerdings vorläufig nicht möglich. Abgesehen von der Rücksichtnahme auf den amerikanischen Bündnispartner, stellte für Adenauer das kommunistische China nämlich langfristig eine größere Bedrohung für den Weltfrieden dar als die „europäische“ Sowjetunion. Langfristig würde Rotchina nicht nur die Sicherheit Rußlands, sondern auch Westeuropas bedrohen. Dann müßte ein Bündnis der westeuropäischen Staaten und Rußlands gegen das „asiatische“ Rotchina im beiderseitigen Interesse liegen[60]. Der Zeitpunkt einer solchen Koalition und damit die Beendigung des Kalten Kriegs würde kommen, wenn die Sowjetunion infolge der wachsenden chinesischen Stärke ohne westliche Hilfe nicht mehr überleben könnte.

„Die Gefahr für Europa, die aus den Fernen Osten herüberleuchtet, ist wahrscheinlich viel näher als die meisten von uns glauben [. . .] Die durch die moderne Waffentechnik verursachte Überwindung auch sehr weiter Entfernungen bringt die Gefahren, die im Fernen Osten vorhanden sind, uns unheimlich schnell nahe. Ich glaube, eine Karte würde zeigen, daß die Entfernungen des Gebietes, in dem die Chinesen den nuklearen Krieg vorbereiten, zu den europäischen Großstädten, in der Luft gemessen, erschreckend wenig Sicherheit mehr bedeuten, wenn man sich den Aktionsradius der modernen Fernlenkwaffen vor Augen hält."[61] Aus seinen Gesprächen mit de Gaulle berichtet Adenauer: „Ich fuhr fort, meine Hoffnung stütze sich darauf, daß Rußland durch die Entwicklung in Rotchina gezwungen werde, Streitkräfte aus dem Westen abzuziehen und gegen Rotchina einzusetzen; anders könne für uns ein erträgliches Verhältnis zu Rußland nicht erreicht werden. Ich sei der Überzeugung, daß das rotchinesische Problem für die Menschheit eines Tages zum größten Problem werden könne. Ich meine, man solle alles versuchen, um nach Möglichkeit Rußland zum Damm gegen Rotchina zu machen."[62]

Obwohl nach den „Erinnerungen" Dulles selbst Adenauer zum erstenmal auf die Existenz von Differenzen zwischen Moskau und Peking aufmerksam gemacht hatte[63], spielten in der offiziellen amerikanischen Außenpolitik Spekulationen auf einen möglichen Gegensatz zwischen der Sowjetunion und Rotchina keine Rolle. In den amtlichen Erklärungen Washingtons sah man die Sowjetunion und Rotchina, den „sowjetisch-chinesischen Perimeter", als eine von der Zentrale in Moskau aus straff gelenkte Einheit an. Die Theorie eines von der Schaltstelle Moskau zentral gelenkten einheitlichen „sowjetisch-chinesischen Perimeters" findet sich außer in zahlreichen amtlichen Washingtoner Erklärungen auch in einem Brief Dulles' an Adenauer vom 27. Dezember 1955[64]. Im August des gleichen Jahres hatte Dulles ferner in einem Brief an Adenauer Tschou En-lai als Kronzeugen für die vermutliche Zustimmung der Sowjetunion zur deutschen Wiedervereinigung auf der für den Herbst angesetzten Genfer Außenministerkonferenz zitiert[65]. In der Optik Dulles' lancierte die Sowjetunion quasi über ihren chinesischen Agenten Tschou En-lai ihre wahren Absichten.

Bei diesen Briefen handelt es sich jedoch um amtliche Dokumente. Dulles vertrat in ihnen den offiziellen Washingtoner Standpunkt. Es deutete jedoch vieles darauf hin, daß Dulles selbst starke Vorbehalte gegenüber der von ihm vertretenen „offiziellen" Chinapolitik hegte. Dulles folgte seit seinem Amtsantritt mit dieser offiziellen Sprachregelung weitgehend den Vorstellungen des konservativen Flügels der Republikanischen Partei, einer politischen Gruppe mit der er sich nicht überwerfen konnte, ohne seine eigene innenpolitische Basis zu verlieren.

Aus dem Dulles-Nachlaß in Princeton wurden der Forschung bisher nur die Dokumente zugänglich gemacht, die sich auf Dulles' Einstellung zu China vor seinem Amtsantritt im Jahre 1953 beziehen. Aus ihnen wird deutlich, daß er vor 1953 weniger die Vernichtung des Kommunismus in China als vielmehr die Störung oder den Bruch der Beziehungen zwischen China und Moskau anzielte[66]. Obwohl er selbst sehr gute persönliche Beziehungen zu seinem Freund, dem „Christian Gentleman" Tschiang Kai-schek[67], unterhielt, sprach er sich noch 1950 für die Neutralisierung Formosas bzw. die Anerkennung Formosas als einer eigenständigen Nation aus[68]. Dies konnte nur den Zweck haben, den Weg für eine Annäherung der USA an Peking freizumachen. In diesem Sinne hatte sich Dulles 1950 auch in seinem Buch „War or Peace" für die diplomatische Anerkennung und die Zulassung Rotchinas zu den Vereinten Nationen eingesetzt[69]. Der Moralist Dulles begründet dies überraschenderweise mit dem völkerrechtlichen Argument, die Anerkennung einer Regierung dürfe nicht von moralischen Kriterien, sondern müsse vielmehr vom Nachweis der effektiven Herrschaftsausübung innerhalb ihres Territoriums abhängig gemacht werden. Später als Außenminister hat er dann seine Nichtanerkennungspolitik gegenüber Peking mit der für ihn typischen juristischen Haarspalterei begründet: Gerade die Existenz zweier chinesischer Staaten auf dem chinesischen Territorium zeige, daß Rotchina das 1950 von ihm genannte Kriterium für eine völkerrechtliche Anerkennung noch nicht erfüllt habe. Trotz dieser Einschränkungen in der zweiten Auflage von „War or Peace" (1957), hat sich Dulles deutlich in verschiedenen Erklärungen der Jahre 1957 und 1958 die Option für eine schließliche Anerkennung Rotchinas offengelassen[70].

Aus dem wenigen, was der Forschung bisher bekannt ist, geht jedenfalls deutlich hervor, daß der Amerikaner Dulles Rotchina in einer anderen Dimension als der Europäer Adenauer sah. Für den Amerikaner Dulles war Rotchina nicht nur eine Bedrohung. Verschiedene Äußerungen vor seinem Amtsantritt als Außenminister geben Anlaß zu der Vermutung, daß er in Peking unter bestimmten Bedingungen auch einen möglichen Verbündeten gegen die Sowjetunion gesehen hat. Der Europäer Adenauer hingegen projizierte in das ihm so ferne China die Befürchtungen seiner eigenen Vorweltkriegsgeneration von der „gelben Gefahr". China war für ihn kein potentieller Verbündeter gegen die Sowjetunion, sondern auf lange Sicht die eigentliche Gefahrenquelle für die Freiheit des Westens. Mit dem Ausreifen der Bedrohung durch China würde das „europäische" Rußland gezwungen werden, sich mit dem Westen zu verbünden. Es muß dem Urteil der Geschichte überlassen bleiben, wer von den beiden, Dulles oder Adenauer, die künftige Rolle der Weltmacht China realistischer beurteilt hat. Angesichts der despotischen inneren Struktur des chinesischen Kommunismus und der gewaltigen Macht, die in dem chinesischen Koloß heranwächst, kann nicht ausgeschlossen werden, daß der bodenverbundene, einfache Rheinländer Adenauer gegenüber dem Kosmopoliten Dulles von der Geschichte noch recht erhalten wird.

1 Auf die deutsche Adenauer-Forschung wird nicht näher eingegangen, da sie in verschiedenen Beiträgen dieses Bandes diskutiert wird. Für J. F. Dulles wird insbesondere auf die vorzüglichen Biographien von Townsend Hoopes, The Devil and John Foster Dulles, Boston-Toronto 1973 und Michael A. Guhin, John Foster Dulles. A Statesman and his Times, New York-London 1972 verwiesen. Die Autoren konnten die jetzt schon zugänglichen Teile des Dulles-Nachlasses in Princeton verwerten. Hoopes bringt mehr Information über den Politiker Dulles und dessen politischen Kontext. Guhins aus einer Dissertation hervorgegangenes Buch beschäftigt sich stärker mit Dulles' theoretischen Überlegungen zur internationalen Politik und bringt hierzu auch ausführlichere Quellenangaben. Guhin versucht, einen ausgewogenen „kontinuierlichen" Dulles zu konstruieren und verdeckt dabei manche der Widersprüche und Brüche im Denken Dulles'. Hoopes wertet stark einseitig. Sein eigentlicher Held ist Eisenhower, der sich aber gegen den listigen und „erbarmungslosen Juristen" (ruthless lawyer) nicht durchsetzen konnte. Dulles wiederum erscheint als Gefangener des rechtsradikalen Flügels der Republikanischen Partei. Zu Hoopes vgl. die vorzügliche, ausführliche Rezension von Gaddis

Smith in: Foreign Affairs, Bd. 52 (1973/74), S. 403ff. Wichtig und informativ sind ferner immer noch die Biographien von John Robinson Beal, John Foster Dulles, 1888–1959, New York 1959, und von Roscoe Drummond und Gaston Coblentz, Duel at the Brink, London 1961 (zitiert nach der deutschen Ausgabe: Duell am Abgrund, Köln-Berlin 1961). Wie bei Beal, der Dulles persönlich und politisch nahe stand, finden sich auch in dem Buch der Schwester Dulles', Eleanor Lansing Dulles, The Last Year, New York 1963, viele interessante Informationen zur Biographie Dulles'. Brauchbar ist ferner noch die Biographie von Richard Goold-Adams, The Time of Power. A Reappraisal of John Foster Dulles, London 1962. Wenig ergiebig hingegen ist die Dissertation von E. Raymond Platig, John Foster Dulles. A Study of his Political and Moral Thought prior to 1953 with Special Emphasis on International Relations, University of Chicago 1957. Das Buch von Andrew H. Bercking, Dulles on Diplomacy, Van Nostrand 1965, ist eine völlig unkritische Rechtfertigungsschrift.

2 Vgl. Konrad Adenauer, Erinnerungen 1953–1955 (Bd. 2), Stuttgart 1966, S. 526.

3 Vgl. Konrad Adenauer, Erinnerungen 1955–1959 (Bd. 3), Stuttgart 1967, S. 386.

4 Vgl. Adenauer, Erinnerungen, Bd. 3, S. 393.

5 Vgl. Adenauer, Erinnerungen, Bd. 3, S. 161.

6 Vgl. hierzu die Angaben bei Beal, Drummond und Coblentz, Hoopes und Eleanor Lansing Dulles. Dulles hatte mit seinem Vater Europa bereist. Später hatte er ein Jahr an der Sorbonne studiert. Nach dem Ende des Ersten Weltkriegs hat er als amerikanischer Delegierter an der Versailler Friedenskonferenz teilgenommen. In der Zwischenkriegszeit war er im Auftrag seiner Anwaltsfirma Sullivan & Cramwell häufig in Europa. Sullivan & Cramwell, eine der führenden internationalen Anwaltsfirmen, führte zahlreiche Aufträge für die amerikanische Regierung und verschiedene europäische Staaten durch. Dadurch kam Dulles mit vielen führenden europäischen Politikern dieser Zeit in Kontakt.

7 Für die folgenden Zitate vgl. Adenauer, Erinnerungen, Bd. 3, S. 161.

8 Vgl. Hoopes, S. 67ff.

9 Vgl. Guhin, S. 134.

10 Vgl. Hoopes, S. 75f.

11 Vgl. hierzu die Erinnerungen des Dolmetschers von Adenauer, Heinz Weber, in: Drummond, Coblentz, S. 48ff.

12 Vgl. Adenauer, Erinnerungen, Bd. 3, S. 160, dazu auch S. 306.

13 Vgl. Drummond, Coblentz, S. 252.

14 Vgl. Eleanor Dulles, Adenauer und Dulles, in: Konrad Adenauer und seine Zeit. Politik und Persönlichkeit des ersten Bundeskanzlers. Beiträge von Weg- und Zeitgenossen, Stuttgart 1976, S. 388.

15 Adenauer selbst erwähnt in seinen „Erinnerungen“ (Bd. 3, S. 161), er habe Dulles schon 1947 bei der Amsterdamer Weltkirchenkonferenz kennengelernt. Anläßlich des Antrittsbesuchs Dulles' im Januar 1953 (Irrtum Adenauers – der Besuch fand am 5. Februar 1953 statt), habe er sein erstes „politisches Gespräch“ mit dem neuen amerikanischen Außenminister geführt. Damit deutet Adenauer an, er habe mit Dulles in Amsterdam bereits über „unpolitische“ Dinge gesprochen. Es ist jedoch wenig wahrscheinlich, daß ein wirkliches Gespräch in Amsterdam stattgefunden hat. Dulles erwähnt es jedenfalls nicht. Es mag aber sein, daß Adenauer mit Dulles einige Worte gewechselt hat.

16 Vgl. John Foster Dulles, War or Peace, New York 1950. Die zweite Auflage (1957) enthält ein kurzes Vorwort, in dem sich Dulles vor allem mit der Frage der Anerkennung Chinas auseinandersetzt.

17 Vgl. Life vom 3. und 10. Juni. Die beiden Artikel waren aus einem Memorandum für

die vom amerikanischen Kirchenrat (National Council of Churches) einberufene Kommission für einen ,,Gerechten und dauerhaften Frieden" (Just and Durable Peace) angefertigt worden. Dulles war Vorsitzender dieser für die amerikanische Meinungsbildung sehr einflußreichen Kommission. Das Memorandum Dulles' datiert schon vom Mai. Vgl. hierzu Hoopes, S. 63ff.

18 Vgl. hierzu J. F. Dulles selbst in: War or Peace, S. 25ff.; ferner Hoopes, S. 62ff.

19 Zur Bedeutung von Stalins ,,Probleme des Leninismus" für Dulles, vgl. J. F. Dulles, S. 5ff. und Drummond, Coblentz, S. 18.

20 Vgl. Guhin, S. 77f.

21 Vgl. Guhin, S. 212f.

22 Vgl. J. F. Dulles, S. 214ff.; ferner Guhin, S. 85ff. und S. 212ff.

23 Vgl. Beal, S. 49.

24 Über Dulles' Rolle in Versailles vgl. Guhin, S. 29ff. Nach Guhin scheint Dulles die emotionalen und politischen Konsequenzen der ,,Kriegsschuldklausel" gar nicht begriffen zu haben. In der Reparationsfrage war Dulles im Unterschied zu Wilson, mit dem es darüber zum Bruch kam, bemerkenswert weitsichtig. Vgl. hierzu Guhin, S. 34ff. und Hoopes, S. 28ff.

25 Vgl. Guhin, S. 42f., S. 45ff.

26 Vgl. Hoopes, S. 67f.

27 Vgl. J. F. Dulles, S. 220.

28 Vgl. ebenda.

29 Vgl. J. F. Dulles, S. 156.

30 Vgl. J. F. Dulles, S. 157.

31 Vgl. J. F. Dulles, S. 220f.

32 Vgl. ebenda.

33 Der Mythos von den guten französischen Sprachkenntnissen Dulles' durchzieht die ganze Dulles-Literatur. Der einzige Kronzeuge war der Großvater von Dulles, Außenminister John Watson Foster, der den Studenten Dulles als Übersetzer der chinesischen Delegation (!) für Französisch zur Haager Friedenskonferenz mitgenommen hatte. Hoopes ist dem Mythos nachgegangen und verweist für Dulles' Kenntnisse des Französischen auf das Beispiel einer Unterhaltung zwischen Dulles und Schuman, die von C. L. Sulzberger berichtet wurde und u. a. wie folgt verlaufen sein soll: Schuman: ,,Halten Sie die deutsche Wiederbewaffnung für richtig?" Dulles: ,,Ja, es tut mir leid, daß sie (die Frau Dulles') nicht da ist." Vgl. Hoopes, S. 22.

34 Über Dulles' Freundschaft zu Jean Monnet vgl. insbesondere Drummond, Coblentz, S. 43ff.

35 Vgl. Drummond, Coblentz, S. 243.

36 Vgl. Drummond, Coblentz, S. 184.

37 Über das Verhältnis Dulles' zu Eden vgl. insbesondere Drummond, Coblentz, S. 182ff.

38 Vgl. Drummond, Coblentz, S. 186.

39 Vgl. Adenauer, Erinnerungen, Bd. 2, S. 443.

40 Vgl. Adenauer, Erinnerungen, Bd. 2, S. 444.

41 Vgl. Adenauer, Erinnerungen, Bd. 2, S. 443; über die Stimmungslage Dulles' vgl. ferner die plastischen Ausführungen bei Hoopes, S. 293f. Bei der Bekanntgabe des österreichischen Staatsvertrages umarmte Dulles Molotow öffentlich. ,,His (Dulles) expression altered from polite pleasure to immense delight and happiness. He and Molotow began to exchange handshakes, and soon embraces."

42 Vgl. Adenauer, Erinnerungen, Bd. 2, S. 456.

43 Vgl. Adenauer, Erinnerungen, Bd. 2, S. 478ff.

44 Vgl. Adenauer, Erinnerungen, Bd. 2, S. 481 ff. Vgl. auch S. 490f., auch im September vertrat Dulles immer noch den offiziellen Washingtoner Optimismus gegen Adenauer.
45 Vgl. Adenauer, Erinnerungen, Bd. 3, S. 56.
46 Vgl. zum Zerwürfnis zwischen Adenauer und Dulles über den Radford-Plan Drummond, Coblentz, S. 51 ff.; ferner Hans-Gert Pöttering, Adenauers Sicherheitspolitik. 1955–1963, Düsseldorf 1975, S. 62 ff. Auch aus Pötterings Studie geht nicht klar hervor, ob zwischen dem Radford-Plan und der Herabsetzung der Dienstzeit in den deutschen Streitkräften von 18 auf zwölf Monate tatsächlich ein direkter Zusammenhang bestanden hat bzw. ob eine bewußte Politik Adenauers dem Geschehen zugrunde lag. – Drummond und Coblentz behaupten, Dulles habe vom Radford-Plan, der im Pentagon ausgearbeitet worden sei, gar nichts gewußt. Diese These, die auch von Dulles vertreten wurde, erfaßt nur die halbe Wahrheit des Meinungsgegensatzes mit Bonn. Tatsächlich hatten Dulles und Eisenhower seit langem Überlegungen angestellt, die auf der Linie des Radford-Plans lagen. Vom „New Look" Dulles' (Januar 1954) führt eine logische Linie zum Radford-Plan.
47 Vgl. Adenauer, Erinnerungen, Bd. 3, S. 197 ff.
48 Vgl. Adenauer, Erinnerungen, Bd. 3, S. 207.
49 Vgl. Adenauer, Erinnerungen, Bd. 3, S. 211 ff.
50 Vgl. Adenauer, Erinnerungen, Bd. 3, S. 285 ff.
51 Vgl. Drummond, Coblentz, S. 55.
52 Vgl. Drummond, Coblentz, S. 244.
53 Zu den folgenden Äußerungen Dulles' im Zusammenhang mit der Berlinkrise vgl. insbesondere Jack M. Schick, The Berlin Crisis: 1958 to 1962, Philadelphia 1971.
54 Zur Beurteilung der Pressekonferenzen Dulles' vgl. insbesondere Drummond, Coblentz, S. 230 ff.; speziell über die Erklärung an Botschafter Grewe S. 232.
55 Vgl. Drummond, Coblentz, S. 230 f.
56 Vgl. Adenauer, Erinnerungen, Bd. 3, S. 250.
57 Vgl. Adenauer, Erinnerungen, Bd. 2, S. 446.
58 Zu Adenauers Chinapolitik vgl. Ernst Majonica, Adenauer und China, in: Konrad Adenauer und seine Zeit, S. 680 ff.
59 Vgl. Adenauer, Erinnerungen, Bd. 2, S. 527 ff.
60 In diesem Sinne zitiert auch Adenauer de Gaulle über die Unvermeidbarkeit eines Bündnisses Europas und Rußlands gegen China. Vgl. Konrad Adenauer, Erinnerungen 1959–1963. Fragmente (Bd. 4), Stuttgart 1968, S. 131.
61 Vgl. Adenauer, Erinnerungen, Bd. 4, S. 243.
62 Vgl. Adenauer, Erinnerungen, Bd. 4, S. 183.
63 Vgl. Adenauer, Erinnerungen, Bd. 2, S. 264.
64 Vgl. Adenauer, Erinnerungen, Bd. 3, S. 102.
65 Vgl. Adenauer, Erinnerungen, Bd. 2, S. 483.
66 Vgl. Guhin, S. 101.
67 Vgl. Hoopes, S. 78.
68 Vgl. Guhin, S. 97.
69 Vgl. J. F. Dulles, S. 190.
70 Vgl. Guhin, S. 103 und S. 295 ff.

THOMAS JANSEN

Die Entstehung des deutsch-französischen Vertrages vom 22. Januar 1963*

Konrad Adenauer hat – wie Horst Osterheld berichtet – gegen Ende seiner Kanzlerschaft, anläßlich seines Abschiedsbesuches bei Staatspräsident de Gaulle in einer Tischrede zu Rambouillet gesagt, „daß er den deutsch-französischen Vertrag als Hauptwerk seiner vierzehnjährigen Tätigkeit als Bundeskanzler betrachte“[1].

Das war vielleicht eine sehr subjektive und sentimentale Bemerkung, die die Abschiedsstimmung und der Genius loci dem alten Manne eingegeben haben mag. Wie dem auch sei: Die Bedeutung des deutsch-französischen Freundschaftsvertrages vom 22. Januar 1963 für die Geschichte der Beziehungen der beiden Nachbarstaaten steht außer Frage.

Mit diesem Vertrag wurde gleichzeitig ein Schlußstrich unter die von Mißtrauen, Feindschaft und Krieg bestimmte Vergangenheit und eine Standlinie für eine von Vertrauen, Freundschaft und Zusammenarbeit geprägte gemeinsame Zukunft gezogen. Ein zentrales Kapitel im politischen Werk Adenauers erfuhr seine Vollendung, indem es im Hinblick auf Frankreich exemplarisch gelang, die böse Vergangenheit durch die Institutionalisierung der Perspektive einer guten Zukunft zu bewältigen. Das war ein Kernpunkt aller Adenauerschen Bemühungen um die Einigung Europas gewesen[2].

Die Entstehung des deutsch-französischen Vertrages steht in engem Zusammenhang mit dem Versuch, nach Gründung der Europäischen Wirtschaftsgemeinschaft (EWG), die Politische Union Europas sozusagen auf einen Schlag herzustellen[3]. Es handelt sich dabei um die sogenannten Fouchet-Verhandlungen aus den Jahren 1961/62.

In diesen Verhandlungen, die mit ihren Vorläufen bis ins Jahr 1958 zurückreichen, sind in beispielhafter Prägnanz alle Schwierigkeiten sichtbar geworden, die seitdem das europäische Einigungsgeschäft erschwert haben[4].

Ihre erste Phase reicht vom Inkrafttreten des EWG-Vertrages und dem Beginn der gaullistischen Ära in Frankreich bis zum Sommer 1960. Sie umfaßt die Zeit der ersten Erfolge der EWG, die Sammlung der sieben europäischen Nicht-EWG-Länder in der Freihandelsassoziation (EFTA), die Ansätze zur Neuformulierung der militärstrategischen Konzeptionen in den USA und Frankreich, die ersten Kontakte und Konsultationen nach dem Regierungsantritt de Gaulles und die erste Halbzeit der von der sowjetischen Politik im Jahre 1958 ausgelösten Berlinkrise.

Ausgangspunkt der Gespräche über die Europäische Politische Union (EPU) war ein von Frankreich geförderter Bilateralismus gegenüber der Bundesrepublik Deutschland, die darauf mit der Empfehlung eines multilateralen Vorgehens im Rahmen der EWG antwortete. Sowohl die bilaterale als auch die multilaterale Konsultations- und Kooperationsmethode wurden in der Folge praktiziert und ihre Institutionalisierung angeboten. Die Entscheidung über den einzuschlagenden Weg blieb offen.

In dieser frühen Phase der Gespräche um die Politische Union sind auch bereits erste Überlegungen betreffend eine engere deutsch-französische Entente angestellt worden.

Beim ersten Zusammentreffen von General de Gaulle und Bundeskanzler Adenauer in Colombey-les-deux-Eglises am 14. September 1958 hat de Gaulle die Anregung Adenauers, „einen permanenten Dialog zwischen Frankreich und der Bundesrepublik über alle internationalen Probleme" zu führen[5], aufgegriffen und in einer den Bundeskanzler offensichtlich überraschenden Weise weitergesponnen, indem er direkt konkrete Vorschläge dazu machte:

„Er sei bereits vor Kriegsende für die Einigung Europas eingetreten und habe immer betont, daß die Einigung nur mit Deutschland möglich sei. Vor der aus Asien drohenden Gefahr müsse Europa geeinigt werden, es gelte, ‚dieses Europa nach Osten hin zu entspannen. Man muß das ganze Europa schaffen, oder es wird kein Europa geben. Das gilt insbesondere für die Länder des Eisernen Vorhangs.' Die zu verfolgende Politik müsse also sein, Europa zu einigen. Besonders gelte es, die deutsch-französische Zusammenarbeit zu fördern. Dazu seien dauernde Kontakte notwendig. Vielleicht sei die Zusammenarbeit nicht immer leicht [. . .]

Erreicht müsse aber werden, daß Europa gegenüber den Vereinigten Staaten unabhängig wird. Die Länder hinter dem Eisernen Vorhang dürften nicht zurückgestoßen werden.

Wie sollen die dauernden Kontakte gepflegt werden? ‚Durch die Botschafter, regelmäßige Kontakte und dauernde Konsultation?' Eine gemeinsame Position in der NATO müsse wohl erreicht werden, allerdings sei das vielleicht nicht von großem Interesse ‚angesichts der Tatsache, daß die NATO keine eigene Politik habe'!

Im Zusammenhang mit den permanenten Konsultationen wies er darauf hin, daß er, als Chruschtschow zum letzten Mal eine Gipfelkonferenz vorschlug, sofort Außenminister Couve de Murville nach Bonn gesandt habe."[6]

Adenauer erklärte sich damals mit dem von de Gaulle vorgeschlagenen Katalog der gemeinsam zu lösenden Probleme, der die Abrüstung, Fragen des Vorderen Orients, die wirtschaftliche Zusammenarbeit, gemeinsame Waffenproduktion und die Freihandelszone umfaßte, einverstanden.

Und wenig später, während die Bemühung um eine multilaterale, auf die EWG bezogene Aktion bereits in vollem Gange war, schlug de Gaulle dem Bundeskanzler anläßlich dessen Besuch in Paris Anfang Dezember 1959 eine deutsch-französische Union vor[7]. Adenauer hat dies offensichtlich positiv aufgenommen, sich aber gegenüber de Gaulle darüber wahrscheinlich nicht geäußert.

Während der NATO-Konferenz in Paris am 19./20. Dezember 1959, bei der die Berlin-Frage im Vordergrund der Beratungen stand, sind Adenauer und de Gaulle erneut zusammengekommen. Auch bei dieser Zusammenkunft kam der französische Staatspräsident wieder auf die Koordinierung der deutschen und französischen Politik zu sprechen, diesmal mit der konkreten Vorstellung, daß sich das französische und das deutsche Kabinett öfter treffen sollten[8]. Die Bundesregierung ist darauf nicht eingegangen. Außenminister Heinrich v.

Brentano teilte nämlich nicht die Zuversicht, die der Kanzler nach seinen Gesprächen mit General de Gaulle hinsichtlich der Möglichkeiten eines bilateralen deutsch-französischen Vorgehens an den Tag legte. Er fürchtete, daß davon Störungen für die Arbeit im gemeinschaftlichen Rahmen ausgehen könnten und betonte die Notwendigkeit der engeren Zusammenarbeit auch mit den anderen EWG-Partnern, besonders auch mit Italien[9].

Im Sommer 1960 ergriff der französische Staatspräsident de Gaulle auf der Grundlage vorangegangener Sondierungen die Initiative für eine Organisation der Zusammenarbeit zwischen den EWG-Staaten auf außen-, verteidigungs- und wirtschaftspolitischem Gebiet. Die Konferenz der Staats- und Regierungschefs in Paris im Februar 1961 nahm sich der Sache an, nachdem die Verhandlungswürdigkeit der Idee einer engeren institutionalisierten Kooperation auf allgemeinpolitischem Gebiet trotz skeptischer Beurteilung der Motive Frankreichs akzeptiert war. Das Ergebnis war die Einsetzung einer Studienkommission aus Regierungsvertretern, die konkrete Vorschläge zur Organisation der Zusammenarbeit vorbereiten sollte[10]. Ihr Vorsitzender wurde der französische Botschafter Christian Fouchet.

In dieser Studienkommission gingen in den folgenden Monaten die Auseinandersetzungen vor allem um die Frage der Kooperationsmethode, wobei der von Frankreich bevorzugte intergouvernementale einem von den anderen Staaten geforderten, mehr supranationalen Ansatz gegenüberstand. Durch ein Verlangen der Niederlande entstand schon zu diesem Zeitpunkt das Problem, wie Großbritannien, mit dessen EWG-Beitritt gerechnet wurde, an den Verhandlungen beteiligt werden könne. Auch das Problem des Verhältnisses der geplanten Union zur EWG und zur NATO wurde diskutiert. Nach französischer Auffassung sollte die EPU die primäre Aktionseinheit sein.

In allen diesen Fragen wurden auf Außenministerkonferenzen und abschließend auf der Konferenz der Staats- und Regierungschefs in Bonn am 18. Juli 1961 Kompromisse erzielt (Bonner Erklärung)[11]. Die Organisation einer Zusammenarbeit in grundsätzlich allen Fragen der Politik aufgrund von Initiativen der sechs Regierungen wurde allgemein akzeptiert. Ein Verfahren zur Institutionalisierung dieser intergouvernementalen Kooperation und zu ihrer Notifizierung in einem Statut wurde eingeleitet. Das Mandat hierzu erhielt die bereits erwähnte Studienkommission, die als Fouchet-Kommission bekannt wurde.

Ein französischer Statutenentwurf (Fouchet-Plan I)[12] bestimmte weitgehend die Verhandlungssituation in der Fouchet-Kommission. Die Partner Frankreichs versuchten, ihn durch Zusätze und Änderungsvorschläge zu modifizieren, um diejenigen Elemente zu beseitigen oder abzumildern, die nach ihrer Auffassung die institutionellen Verfahren der EWG gefährden würden. Die Arbeit der Kommission stand durch den im Sommer 1961 erfolgten Antrag Großbritanniens auf Mitgliedschaft in der EWG in verstärktem Maße unter dem Druck der Niederlande, die die Beteiligung der Briten auch an der Ausarbeitung des europäischen Statuts zur Voraussetzung ihrer Mitarbeit machten. Sowohl aber in den materiellen Fragen des Vertragstextes als auch in der England-Frage konnte in der Studienkommission im Dezember ein Kompromiß erzielt werden.

Nach dem Verhandlungsstand zu urteilen waren um die Jahreswende 1961/62 die wichtigsten Voraussetzungen für die baldige Konstituierung einer Europäischen Politischen Union gegeben. Die Gegensätze, die sich abgezeichnet hatten, blieben allerdings latent: Die Niederlande blieben an einer Politischen Union, die ohne Beteiligung Großbritanniens zustande kommen würde, desinteressiert; Frankreich bevorzugte weiterhin eine intergouvernemental strukturierte Union, die als Aktionseinheit Vorrang vor der EWG und vor der NATO haben sollte; Italien, Belgien, Luxemburg und die Bundesrepublik Deutschland votierten demgegenüber mit je eigenen Akzentuierungen für möglichst weitgehende supranationale Elemente ohne Präjudiz für die politische und institutionelle Entwicklung von NATO und EWG.

Durch die Vorlage eines zweiten französischen Entwurfs (Fouchet-Plan II)[13] kehrten die Franzosen im Januar 1962 zu ihrer ursprünglichen, im Sommer 1960 von General de Gaulle formulierten Konzeption, die man inzwischen durch die Bonner Erklärung und die Arbeit der Fouchet-Kommission für überwunden angesehen hatte, zurück. Dieser neue Entwurf berücksichtigte weder die Vorstellung des französischen Vorschlags vom Herbst 1961, der für eine Weiterentwicklung im Sinne ,,supranationaler" Formen immerhin offenblieb, noch die Änderungsanträge und die Verbesserungsvorschläge der fünf Partner. Er war ganz auf die Zusammenarbeit der Regierungen abgestellt und gefährdete eindeutig, indem er dem Rat der Regierungschefs auch die Zuständigkeit für die Wirtschaftspolitik zuwies, die Arbeitsweise der schon bestehenden Gemeinschaftsinstitutionen nach dem EWG-Vertrag.

Diese Veränderung der Verhandlungssituation und die Verschlechterung des Verhandlungsklimas durch das desavouierende französische Vorgehen machte die Suche nach neuen Kompromissen in einer bilateralen Verhandlungsrunde notwendig. Dabei konnten vor allem in deutsch-französischen und italienisch-französischen Kontakten einzelne Vereinbarungen über die strittigsten Punkte (Revisionsklausel, Bundesziele, Erweiterungsklausel) erzielt werden, die den Weg zu einer sinnvollen Fortsetzung der Bemühungen zu öffnen schienen[14]. Sie scheiterten während der Außenministerkonferenz in Paris am 17. April 1962 an der auf eine Erklärung des britischen Schatzkanzlers Edward Heath gestützten Forderung Belgiens und Hollands, Großbritannien sofort zu den Verhandlungen hinzuzuziehen. Die durch das Mißtrauen besonders der kleinen Staaten gegenüber Frankreich gespannte Atmosphäre ließ keinen neuen Kompromiß zu. In dieser letzten Konferenz wurde daher weder ein Kommuniqué verabschiedet noch ein neuer Termin für ein nächstes Treffen festgelegt. Vor allem wurde das Mandat der Kommission nicht erneuert.

Die Idee der Politischen Union und die Vorstellung, daß ihre Verwirklichung in Gestalt eines Statuts vom Typ des in den Beratungen der Studienkommission modifizierten Fouchet-Plans in naher Zukunft doch noch möglich sei, war auch nach dem Scheitern der Regierungsverhandlungen weiter lebendig. In einer Entschließung vom 9. Mai bekräftigte das Europäische Parlament ,,seinen Willen zu einer Politischen Union", als deren Ziele es die Annahme einer gemeinsamen Außen- und Verteidigungspolitik, die Zusammenarbeit auf kulturellem Gebiet, die Vereinheitlichung der Gesetzgebung und die Beilegung der Streitigkeiten im Geiste der Zusammenarbeit formulierte. In diesem Sinne forderte das Parlament die Wiederaufnahme der Verhandlungen im Rahmen der Außenministerkonferenz[15].

Die WEU-Versammlung, die vom 4. bis 8. Juni in Paris tagte, legte in einer Empfehlung die Grundsätze dar, nach denen die Schaffung der Politischen Union vollzogen werden sollte:

„A. Die Politische Union der Völker sollte

1. die Ausdehnung der Zuständigkeiten der Europäischen Gemeinschaft auf die Gebiete der Außen-, Verteidigungs- und der Währungspolitik ermöglichen,

2. die Gestalt einer Gemeinschaftsinstitution annehmen mit einer Exekutive, die von den Mitgliedstaaten unabhängig und einem gewählten Parlament sowie einem Ministerrat verantwortlich ist, der in gewissen Fällen mit qualifizierter Mehrheit abstimmen kann.

B. 1. Auf keinen Fall darf die vorgesehene Politische Union den Gemeinschaftscharakter der durch die Verträge von Paris und Rom geschaffenen Institutionen in Frage stellen.

2. Der supranationale und demokratische Charakter der bestehenden Gemeinschaften sollte dadurch gestärkt werden, daß das Parlament an der Ernennung der Mitglieder der Gemeinschaftsexekutiven beteiligt und daß der Ministerrat durch ein gewähltes Parlament kontrolliert wird.

C. In den Verhandlungen über die Politische Union muß der Beitrag berücksichtigt werden, den das Vereinigte Königreich als Vollmitglied der Europäischen Gemeinschaften leisten wird.

D. Die demokratische Union der Völker Europas sollte die Solidarität des Atlantischen Bündnisses stärken, indem sie für Erhaltung einer ausgewogenen Partnerschaft zwischen Europa und Amerika Sorge trägt."[16]

Ein Memorandum des 4. Kongresses der internationalen Europäischen Bewegung in München vom 8. Juni konkretisierte die Forderung nach dem „politischen Europa":

„Zur Verwirklichung des politischen Europa ist ein neuer Vertrag erforderlich, der jedoch die Befugnisse der Gemeinschaft nicht verringern, ihre Struktur nicht verändern und ihre Dynamik nicht schwächen darf – ebensowenig wie den für die westliche Verteidigung notwendigen Rahmen der NATO. Anders ausgedrückt: Das politische Europa muß mit den Gemeinschaften koordiniert werden, da die bestehenden Verträge es so vorsehen und der Erfolg der Gemeinschaften es ermöglicht. Dabei müssen neue Mitglieder begreifen, daß dies die verschiedenen Etappen ein und desselben Prozesses sind. Die grundsätzliche Anerkennung der drei bestehenden Europäischen Gemeinschaften berechtigt zur Mitwirkung am politischen Europa unter der Bedingung, daß die beitretenden Staaten zum freien Europa gehören und alle Voraussetzungen einer echten Demokratie erfüllen.

Der neue Vertrag muß in einer oder mehreren Etappen dem Rat der bestehenden Gemeinschaften neue Befugnisse außenpolitischer und verteidigungspolitischer Natur übertragen. Dieser Rat tagt auf der Ebene der Regierungs- oder Staatschefs oder der Minister und beschließt auf Vorschlag einer dann endlich vereinigten Exekutive zunächst einstimmig und später mit qualifizierter Mehrheit. Diese Exekutive, die unabhängig von den Staaten ist und das gemeinsame europäische Interesse vertritt, sorgt für die Durchführung der Beschlüsse. In

Ausübung ihrer neuen Befugnisse bleiben Rat und Exekutive der Kontrolle des Parlaments und des Gerichtshofs unterstellt."[17]

Auch das Aktionskomitee für die Vereinigten Staaten von Europa präzisierte in einer Erklärung vom 26. Juni noch einmal die Notwendigkeit, ,,stufenweise die Formen der nationalen politischen Beziehungen umzubilden, um damit zu einer einheitlichen politischen Sicht zu kommen"[18]. Es ging dabei vor allem auf die in den Verhandlungen der Regierungen kontroversen Punkte ein und vertrat besonders in der Frage, wie sich das Verhältnis der neuen politischen Institutionen (vor allem des Rates der Staats- bzw. Regierungschefs) zu den Institutionen der bestehenden Gemeinschaften verhalten solle, eine vermittelnde Position:

,,Es ist zur Zeit noch nicht möglich, auf die Außenpolitik die gleichen Regeln anzuwenden und für sie die gleichen Institutionen zu schaffen, die den materiellen Problemen der Wirtschaft angemessen sind.

In der Anfangszeit wird es deshalb noch nicht möglich sein, über ein System der reinen Zusammenarbeit hinauszugehen. Jedes Abkommen, das darauf abzielt, muß in eindeutiger Weise die Kontinuität und die Zukunft der wirtschaftlichen Integration, welche das Fundament der politischen Einheit bildet, sicherstellen. Diese politische Integration soll weder jetzt noch später in Frage gestellt werden können. Wenn daher die Staatsoberhäupter und Regierungschefs gemeinsam Fragen erörtern, die zum Zuständigkeitsbereich der Gemeinschaften gehören, müssen sie zwangsläufig in Übereinstimmung mit den Vorschriften und Verfahren jener von den Staaten ausgearbeiteten Verträge handeln. Schon jetzt muß klar zum Ausdruck gebracht werden, daß nach Ablauf der Zeit der reinen Zusammenarbeit durch die Überprüfung der von den Staaten übernommenen Verpflichtungen die Möglichkeit geschaffen werden muß, die gleiche Methode, die bereits zur wirtschaftlichen Einigung Europas geführt hat, schrittweise auf dem politischen Gebiet anzuwenden."[19]

Alle diese Stellungnahmen enthalten entweder explizit – wie diejenige der WEU-Versammlung – oder zumindest implizit – wie diejenige der Europäischen Bewegung – im Hinblick auf die erwartete Vollmitgliedschaft die Forderung nach Beteiligung Großbritanniens an der Arbeit zur Gestaltung der Politischen Union. In den interessierten öffentlichen und parlamentarischen Kreisen hatte sich also der seit Beginn der Verhandlungen von der holländischen Regierung vertretene und von der britischen Regierung geförderte Standpunkt durchgesetzt. Dies war einerseits sicherlich ein Ergebnis der in diesem Punkte kompromißlosen Haltung Frankreichs, die auch deswegen Anstoß und heftigen Widerstand erregte, weil sie von einer ausgesprochenen Tendenz zum Abbau der supranationalen Strukturen der Europäischen Gemeinschaft begleitet war. Andererseits spiegelte sich darin aber auch vor allem die Priorität, die in der europäischen Politik in der zweiten Jahreshälfte 1962 die Beitrittsfrage erhielt und mit der ein allgemeiner Optimismus über deren baldige und erfolgreiche Regelung einherging.

Auch die Regierungen hielten zunächst an dem Ziel der Politischen Union fest. So erklärte am 26. April Premierminister Pompidou vor der Nationalversammlung, Frankreich werde weiterhin die Europäische Politische Union, die vorläufig auf die EWG-Staaten beschränkt bleiben solle, anstreben[20]. Auch

Staatspräsident de Gaulle sah im Mai die Bemühungen um ein diesbezügliches Statut offensichtlich noch nicht vollends gescheitert. In seiner Pressekonferenz vom 15. Mai, die durch die – den Austritt von fünf dem Mouvement Républicain Populaire (MRP) angehörenden Ministern aus der Regierung Pompidou provozierenden – Bemerkungen über den illusorischen Charakter des Glaubens an die Methode der Integration berühmt wurde, führte er aus:
„Europa braucht Institutionen, die es zu einem politischen Ganzen machen, so wie es bereits als wirtschaftliches Ganzes existiert [. . .] Was schlägt Frankreich seinen fünf Partnern vor? Ich will es hier noch einmal wiederholen: Um uns politisch zu organisieren, sollten wir doch beim Anfang beginnen. Organisieren wir erst einmal unsere Zusammenarbeit! Lassen wir periodisch unsere Staats- oder Regierungschefs zusammenkommen, damit sie gemeinsam unsere Probleme prüfen und darüber Entscheidungen treffen, die europäische Entscheidungen sein werden! Bilden wir eine politische Kommission, eine Verteidigungs- und eine kulturelle Kommission, so wie wir bereits eine Wirtschaftskommission in Brüssel haben, die die gemeinsamen Fragen prüft und die Entscheidungen der sechs Regierungen vorbereitet [. . .] Nachdem wir Erfahrungen gesammelt haben, können wir nach drei Jahren sehen, was wir tun können, um unsere Bande enger zu knüpfen. Jedenfalls haben wir dann wenigstens angefangen, uns daran zu gewöhnen, gemeinsam zu leben und zu handeln. So sieht der Vorschlag Frankreichs aus. Es glaubt, daß es das praktischste ist, was getan werden kann."[21]
Vor dem Hintergrund dieses allgemeinen Wunsches nach einer Einigung über die Politische Union schien es der Mühe wert, eine Wiederaufnahme der Gespräche über den Vertragstext zu versuchen. Vorausgesetzt, daß die England-Frage gelöst werden konnte.
Einen solchen Versuch unternahm im Mai/Juni die italienische Regierung. Attilio Cattani, Generalsekretär im Außenministerium und als Nachfolger Fouchets letzter Vorsitzender der mit der Ausarbeitung des Statuts beauftragten Kommission der Regierungen, unternahm eine Rundreise durch die Hauptstädte zur Sondierung der Möglichkeiten einer neuen Initiative. Im Anschluß daran schlug er „à titre personnel, pour provoquer les réactions"[22], für verschiedene Artikel des Statuts neue Texte vor[23], die Kompromisse möglich machen sollten. Darin wurden als Organe des Bundes neben der Politischen Kommission auch eine Verteidigungs- und eine Kulturkommission angeregt. Dies entsprach der Vorstellung de Gaulles, die er gerade erst in seiner Pressekonferenz erläutert hatte. Die Kommissionen sollten den entsprechenden Ministerausschüssen zugeordnet sein. Dem europäischen Parlament sollte die Freiheit gegeben werden, „gemeinsame politische Fragen zu erörtern, die in die Zuständigkeit des Bundes fallen". Vor allem sollte das Parlament an der Revision des Vertrages beteiligt werden. Die Revisionsklausel des Cattani-Vorschlages folgte der französischen Formulierung mit einem von Couve de Murville während der Außenministerkonferenz in Luxemburg (20. März 1962) angeregten Zusatz, der – in allerdings vager Form – die Zielsetzung der Revision in Richtung auf eine Stärkung der Organe vorsah.
Hinsichtlich der Frage einer Teilnahme Großbritanniens an der Politischen Union schlug Cattani vor, daß der Vertragsentwurf zunächst im Rahmen der

Sechs verhandelt und fertiggestellt werden solle. Anschließend sollten Gespräche mit Großbritannien geführt werden.

Der italienischen Initiative war kein Erfolg beschieden. Die Vorschläge fanden wegen ihres komplizierten Charakters in den übrigen Hauptstädten keine günstige Aufnahme. Cattani stellte später dazu fest, „daß man damals keine psychologische Basis zur Wiederaufnahme einer Verhandlung über das politische Statut finden konnte“[24].

Übereinstimmend kritisierten während des Staatsbesuchs des Bundeskanzlers in Frankreich (2. bis 8. Juli 1962), Adenauer und de Gaulle die Vermittlungsvorschläge Cattanis. Sie warfen ihm vor allem vor, daß seine Formeln von denen abwichen, über die in den Gesprächen zwischen de Gaulle und Fanfani in Turin (4. April 1962) und zwischen Adenauer und Fanfani in Cadenabbia (7. April 1962) Einigkeit erzielt worden war. Besonderen Anstoß nahmen sie auch daran, daß nach Fertigstellung des Vertrages dieser den Engländern quasi zur Genehmigung vorgelegt werden sollte. Adenauer berichtet in seinen „Erinnerungen“ über sein diesbezügliches Gespräch mit de Gaulle am 3. Juli:

„Auch ich verstand die Italiener nicht. Fanfani hatte mir in Cadenabbia schriftlich die in Turin erzielte Formulierung zur Einigung vorgelegt. Ich hätte, wie ich de Gaulle berichtete, Fanfani daraufhin erklärt, in Baden-Baden sei man zwar etwas weitergegangen, aber an mir solle ein Scheitern nicht liegen. Nunmehr sei Cattani mit völlig anderen Dingen angekommen. Am 30. Mai habe Cattani mich in Bonn aufgesucht. Ich hätte ihm bei unserer Zusammenkunft erklärt, daß ich es seltsam fände, daß zwischen seinem Vorschlag und der Absprache in Cadenabbia beträchtliche Unterschiede bestünden. Cattani habe mir erwidert, in Turin sei nicht genügend Zeit gewesen, um alle Punkte zu erörtern. Ich hätte Cattani gefragt, wie sich de Gaulle zu diesem neuen Entwurf stelle. Cattani habe entgegnet, de Gaulle sei „fatigué“. Ich hätte Cattani daraufhin erklärt, daß ich „très fatigué“ sei und dieses Hin und Her satt hätte. Ich sei dafür, daß man einen Anfang mache, und wenn einer der Sechs dabei nicht mitmachen wolle, solle sein Stuhl freigehalten werden. Ich sei jedenfalls nicht dafür, zu warten, bis sich Großbritannien entschieden habe.“[25]

Im Anschluß, vielleicht auch im Zusammenhang mit den Sondierungen Cattanis brachte eine Äußerung des Bundeskanzlers eine neue Konzeption für eine Politische Union ins Gespräch, die unter der Formel „Fralit“ bekannt wurde. „Fralit“ ist eine Abkürzung für France-Allemagne-Italie und meinte eine Union dieser drei großen EWG-Staaten. Adenauer ist mit seiner diesbezüglichen Anregung einem Vorschlag des Grafen Coudenhove-Kalergi gefolgt, den dieser im Mai in einem Rundschreiben an verschiedene europäische Politiker vorgelegt hatte. Angeblich sollen die Franzosen sogar einen Vertragstext für eine solche Dreierunion ausgearbeitet haben. Die Sache erledigte sich, als die italienische Regierung am 14. Juni den aufgetauchten Gerüchten entgegentrat, indem sie sich von der „Fralit“-Idee eindeutig distanzierte[26]. Es kann kein Zweifel daran bestehen, daß Adenauer zu einer Dreierunion ernstlich bereit gewesen wäre. Ob er allerdings auch an eine Realisierungschance glaubte, ist unwahrscheinlich. Er konnte nicht annehmen, daß die auf die Vermittlerrolle festgelegten Italiener sich an diesem Spiel beteiligen würden. Adenauer benutzte die „Fralit“-Idee wohl als Versuchsballon, um überhaupt irgendwelche

Reaktionen im Zusammenhang mit der Politischen Union zu provozieren. Ihm kam es in dieser Phase der Bemühungen nur noch darauf an, daß erstens in Richtung auf die Bildung der Union irgend etwas getan, daß ein Anfang gesetzt wurde und daß zweitens Deutschland und Frankreich daran beteiligt waren[27].
Der Staatsbesuch des Bundeskanzlers in Frankreich vom 2. bis 8. Juli markierte einen neuen Abschnitt in den Bemühungen um die Politische Union. Bei Aufrechterhaltung des Zieles einer institutionalisierten Kooperation zwischen allen EWG-Staaten, die schließlich zu gemeinsamen Politiken führen sollte, zeichnete sich bei dieser Gelegenheit als Ersatzlösung deutlich die Ausbildung einer deutsch-französischen Entente ab.
Die Unionsverhandlungen waren gescheitert. Und alle Versuche, sie wieder zu beleben, hatten nicht zum Erfolg geführt. Nun sollte die Möglichkeit einer deutsch-französischen Union die unternommenen Anstrengungen wenigstens teilweise zum Erfolg führen und – indem die Offenheit einer solchen Zweierunion betont wurde – einen Ansatzpunkt für eine Weiterführung im Rahmen der Gemeinschaft bieten.
Schon bei einer Vorbesprechung für die Frankreichreise[28] hatte Adenauer die Priorität herausgestrichen, die für ihn das deutsch-französische Zusammengehen gewonnen hatte. Dabei leiteten ihn vor allem Gesichtspunkte der Bündnispolitik. Sie waren gekennzeichnet durch eine gewisse Skepsis gegenüber den Vereinigten Staaten und Großbritannien und durch die ihm für Deutschland negativ erscheinende Aussicht eines Arrangements zwischen Frankreich und England über die Atomwaffe. In enger Anlehnung an Frankreich, das mit der Force de Frappe über ein Instrument verfügte, durch welches ihm die Mitsprache in der Bündnis- und Weltpolitik garantiert war, glaubte Adenauer auch für die Bundesrepublik Deutschland eine Beteiligung an den großen Entscheidungen sichern zu können. Daß Frankreich in besonderem Maße Verständnis der Bundesrepublik entgegenbrachte und sich dem deutschen Anlehnungsbedürfnis nicht verschließen werde, schien durch die französische Haltung in der Berlinkrise belegt worden zu sein. In einer Situation, ,,da sich unter dem sowjetischen Druck auf Berlin, verbunden mit dem atomaren Gleichgewicht, die ersten Anzeichen einer gewissen Gemeinsamkeit der Interessen zwischen den Vereinigten Staaten und der Sowjetunion zeigten, die naturgemäß eine Tendenz zur Einigung ohne Rücksicht auf dritte Staaten mit sich bringen müßte", hatte Frankreich sich abseits gehalten und hatte ,,allein dadurch die Sondierungen nie zu regelrechten Verhandlungen werden" lassen[29]. Das hatte in Bonn und vor allem bei Bundeskanzler Adenauer zu einem ,,Gefühl der Dankbarkeit und einer fast konspirativen Verbundenheit mit Paris" geführt[30].
Entscheidender als dieses Gefühl, einen echten Verbündeten zu haben, war wohl aber die Erkenntnis Adenauers, daß im Verein und mit Hilfe dieses Verbündeten Dinge zu bewirken waren, die die Bundesrepublik alleine zu erreichen nicht in der Lage war. Dabei mag er auch daran gedacht haben, daß in den Vereinigten Staaten wie in Großbritannien die deutsche Politik mehr Gewicht haben würde, wenn sie – so wie General de Gaulle das tat – den Partnern Schwierigkeiten bereitete[31].
Es gehörte zu einer solchen Taktik, den Partnern klarzumachen, daß sie mit einer uneingeschränkten deutschen Gefolgschaft nicht unbedingt und nicht in

jedem Falle rechnen könnten. Was lag näher, als dies durch ein möglichst enges Zusammengehen mit Frankreich, das eine entsprechende Position im Bündnis einnahm, zu demonstrieren?

Vor allem aber konnte damit – abgesehen von allen taktischen Erwägungen und aktuellen Erfordernissen – ein Grundanliegen Adenauers gefördert werden: In der Versöhnung, ja Verbindung zwischen Deutschland und Frankreich hatte er seit je das Fundament der Einigung Europas erkannt. Ohne den gemeinsamen Willen der beiden Nachbarn würde der Kontinent seine Einheit nicht finden. Und nur durch die gegenseitige Festlegung ihrer Politiken auf einen gemeinsamen Weg würde die Gefahr sowjetischer Versuche gebannt, Deutschland oder Frankreich gegen den Nachbarn und damit gegen Europa auszuspielen.

In der Begegnung am 5. Juli im Palais Elysée, an der von französischer Seite de Gaulle, Pompidou, Couve de Murville, Burin des Roziers, Lucet und François Seydoux und auf deutscher Seite Adenauer, Schröder, Carstens, Jansen, v. Hase und Blankenhorn teilnahmen, stellte der französische Staatspräsident die entscheidende Frage, ob die deutsche Regierung bereit sei, mit Frankreich allein in eine Politische Union einzutreten, falls die anderen nicht mitmachen wollten[32]. Adenauer bejahte und de Gaulle meinte, dies sei wichtig: Denn wenn Deutschland und Frankreich wirklich zu einem solchen Schritt bereit wären, dann würden die anderen auch kommen. Man dürfe aber nicht drohen.

Den Vorschlag eines deutsch-französischen Zusammengehens hatte Adenauer – in allerdings zurückhaltender Form – schon vorher, in seinen Gesprächen unter vier Augen mit de Gaulle am 4. und 5. Juli, gemacht. Er hatte dabei weniger auf eine Union als auf Konsultationen zwischen den Regierungen abgestellt. Sein Vorschlag zielte dabei auf die Abwehr der kommunistischen Gefahr. Seine Vorstellung ging – wie er in seinen ,,Erinnerungen" berichtet – dahin, ,,daß als erster Schritt de Gaulle und ich, ohne daß dazu das Parlament gehört werden müsse, zu einem Konsultationsarrangement kämen hinsichtlich aller Ereignisse, die die kommunistische Gefahr beträfen [. . .]

De Gaulle fragte: ,Wie stellen Sie sich diese Konsultationen organisatorisch vor, in welcher Weise sollen sie durchgeführt werden. Sollen sie auf die Regierungen mittels der diplomatischen Kanäle beschränkt sein?' Ich erwiderte, man solle zunächst einmal anfangen mit einer Konsultation zwischen ihm, de Gaulle, und mir, ohne daß dabei schon Diplomaten hinzugezogen würden. Die Konsultationen müßten dann je nach Lage der Dinge auch auf eine breitere Basis übergeleitet werden können. De Gaulle bemerkte, daß er von diesem meinem Vorschlag mit großem Interesse höre; er ging jedoch zunächst auf den Vorschlag weiter nicht ein."[33]

In seinem dritten Gespräch mit de Gaulle, am Morgen des 5. Juli, griff Adenauer diesen Vorschlag wieder auf. Diesmal vermied er es, als Gegenstand der Konsultation ,,Ereignisse, die kommunistische Gefahr betreffend" zu nennen. Vielleicht nahm er an, daß de Gaulle auf seinen Vorschlag nicht eingegangen war, weil er diesen Punkt so stark in den Vordergrund geschoben hatte. Auch hinsichtlich des formalen Charakters der von ihm vorgeschlagenen Konsultationen nahm Adenauer nun eine einschränkende Modifikation vor:

,,Ich sagte, ich verstünde ein derartiges Abkommen nicht im vollen Sinne des Wortes, sondern ich dächte zum Beispiel daran, daß es wünschenswert sei,

wenn die französischen und die deutschen Vertreter in den Verhandlungen über den britischen Beitritt zur EWG engen Kontakt hielten. Ich hielte dies für sehr wichtig und gut, da nach meiner Meinung die Schwierigkeiten eines solchen Beitritts kaum zu überwinden seien und eine gemeinsame französisch-deutsche Stellungnahme großes Gewicht hätte [. . .]
Im übrigen hätte ich auch den Eindruck, daß bei den britischen Wünschen die Überlegung eine Rolle spiele, daß zwischen Frankreich und Deutschland keine zu große Einigkeit bestehen möge."[34]
Auch bei dieser Gelegenheit war de Gaulle offensichtlich nicht auf den Vorschlag des Bundeskanzlers eingegangen.
Nun aber, nachdem er zweimal auf den unter vier Augen unterbreiteten Vorschlag eines Konsultationsarrangements zwischen der französischen und der deutschen Regierung nicht reagiert hatte, stellte de Gaulle selbst die Frage, ob auf deutscher Seite die Bereitschaft zu einem Zusammengehen mit Frankreich vorhanden sei. Er griff dabei gleich höher als Adenauer ihm gegenüber zu greifen wagen konnte. Nicht lediglich sollten Kontakte gepflegt und Konsultationen durchgeführt werden. Seine Frage zielte auf die Bildung einer deutsch-französischen Union als Kern eines „europäischen" Europa.
Wenn man das Verhalten de Gaulles zu interpretieren versucht, wird man sicher nicht in der Annahme fehlgehen, daß er davon überzeugt war, die Initiative zu einem solch entscheidenden Unternehmen müsse von ihm, d. h. von Frankreich, ausgehen. Aufgrund des historischen und auch des aktuellen politischen Verhältnisses, in dem Frankreich und Deutschland zueinander standen, konnte es nur Frankreich sein, das seine Hand dem ehemaligen Feind und Besiegten reichte. Daß Frankreich zu diesem Schritt bereit war und nicht zögerte, ihn auch zu tun, demonstrierte ja in vielen Variationen die ganze Frankreichreise Adenauers, deren Regie de Gaulle persönlich führte. Das Angebot zu einer engen Zusammenarbeit sollte den Gesten der Versöhnung die nötige Substanz geben. Daß de Gaulle dies Angebot schließlich in den Rahmen der Bemühungen um die Politische Union stellte, die auf seine Initiative zurückgingen, hatte sicherlich nicht nur optische und taktische Gründe. Damit wurde unterstrichen, daß es bei der Schaffung der europäischen Union in erster Linie auf das Einvernehmen zwischen Frankreich und Deutschland ankam und daß andererseits die sich anbahnende deutsch-französische Entente eindeutig im Dienste der politischen Einigung Europas stehen sollte.
Als Ergebnis der Gespräche zwischen de Gaulle und Adenauer über die Politische Union wurde beschlossen, den italienischen Ministerpräsidenten Fanfani in getrennten Schreiben aufzufordern, zu einer Gipfelkonferenz, die sich mit dieser Frage befassen sollte, nach Rom einzuladen[35]. Der Vorschlag ist von Adenauer ausgegangen. Ihm war daran gelegen, einen letzten Versuch gemeinsam mit den anderen Partnern machen zu können. Ein deutsch-französischer Alleingang sollte, wenn er nötig werden würde, eindeutig als Ausweg erkennbar sein. Aller Anschein einer Nötigung der Partner mußte vermieden werden. General de Gaulle war skeptisch, ob sich eine solche Konferenz noch lohne. Er stimmte aber schließlich der Initiative Adenauers zu, indem er betonte, daß ihr Erfolg vor Beginn der Konferenz gesichert sein müsse.
Adenauer schlug Fanfani noch im Juli als Termin für die ins Auge gefaßte

Gipfelkonferenz die zweite Hälfte des September vor. Grundlagen für eine Einigung zwischen den Sechs sollten nach seiner Auffassung die „Bonner Erklärung“ vom 18. Juli 1961 und die Besprechungen sein, die er mit Fanfani und de Gaulle in Cadenabbia und Baden-Baden und die Fanfani mit de Gaulle in Turin geführt hatte. Adenauer brachte dabei zum Ausdruck, daß die erstrebte Politische Union nicht so lange aufgeschoben werden dürfe, bis die Verhandlungen mit Großbritannien über den Beitritt zur Europäischen Wirtschaftsgemeinschaft zum Abschluß gekommen seien.

In seiner Entgegnung erklärte sich Fanfani zwar bereit, zu einer Gipfelkonferenz einzuladen, machte jedoch seine Bereitschaft davon abhängig, daß vorher die sechs Außenminister noch einmal „in vertraulichster Weise“ kollegial in einen Meinungsaustausch über den Text des Vertrages über die Politische Union eintreten. Sollte dieser Meinungsaustausch weitgehende Übereinstimmung über sämtliche noch strittigen Punkte ergeben, so sollte einem Gipfeltreffen in Rom nichts entgegenstehen.

Als zweite Bedingung wurde die „offizielle Mitteilung“ der von den Sechs verfolgten Pläne für die politische Entwicklung des Prozesses zur europäischen Einigung an Großbritannien und die Kenntnis der englischen Haltung gegenüber einer derartigen Möglichkeit genannt. Fanfani stellte außerdem fest, daß er sich mit seiner Ansicht in Übereinstimmung mit dem niederländischen Außenminister Luns befände, der sich in jenen Tagen in Rom aufhielt.

Dies war eine Absage. Denn erstens hatten sich ja gerade die Außenminister am 17. April nicht einigen können, weswegen Adenauer und de Gaulle die Dinge auf der höchsten verantwortlichen Ebene behandelt wissen wollten; und zweitens bedeutete die offizielle Mitteilung an Großbritannien mit der Maßgabe, die britische Haltung kennenzulernen, doch praktisch die Einschaltung der Engländer in die Verhandlung. Weder das letztere noch eine erneute Außenministerkonferenz schien Adenauer und mit ihm de Gaulle die Chance für eine sinnvolle Weiterführung der Bemühungen zu bieten.

Fanfanis Vorschlag wurde deshalb von ihnen nicht aufgegriffen. Adenauers Antwort blieb entsprechend unverbindlich. Er brachte noch einmal zum Ausdruck, eine Regierungschefkonferenz zu gegebener Zeit könne das geeignete Mittel sein, die letzten Hindernisse zu überwinden, zumal schon ein hohes Maß an Übereinstimmung zwischen den sechs Partnern bestehe. Seine Regierung bemühe sich weiter, die noch offenen Fragen zu klären.

Im Zusammenhang mit der Reaktion Fanfanis auf den Vorschlag de Gaulles und Adenauers ist ein Blick auf die Motivationslage der Italiener angebracht. Sie betonten besonders die Notwendigkeit einer Rücksichtnahme auf Belgien und die Niederlande, die das Recht hätten, daß ihre Gesichtspunkte, die mit den italienischen nicht vereinbar seien, geprüft und diskutiert würden.

Auch gegenüber Großbritannien plädierten sie für Verständnis und Geduld. London sei in einer sehr delikaten Situation. Außerdem müsse man in der englischen Frage mit einer großen Sensibilität der öffentlichen und parlamentarischen Meinung rechnen, gegen die die italienische Regierung nicht viel machen könne.

Die geheimen Ängste der Italiener wurden aber vor allem vom Mißtrauen gegenüber de Gaulle genährt, dessen Politik ihnen suspekt schien[36].

Paul-Henri Spaak, der belgische Außenminister, hat im Juli noch einmal einen Versuch gegenüber de Gaulle unternommen, durch einen neuen Vorschlag die Gespräche über die Politische Union wieder in Gang zu bringen: Dem Fouchet-Plan in seiner bisherigen Fassung habe er nicht zustimmen können, da er in seinen Augen „unzureichend und wirkungslos" sei. Allerdings wolle er auch nicht unbedingt auf einer sofortigen föderativen oder supranationalen Lösung bestehen. Man solle sich vielmehr an die Erfahrungen, die man mit der Gemeinschaftsmethode gemacht habe, halten, da die Gegenüberstellung der von den nationalen Regierungen und dem Organ der Gemeinschaft vertretenen Auffassungen unbestreitbare Resultate gezeitigt habe. Auch auf politischem Gebiet solle man deshalb Gemeinschaftsorgane entwickeln, die von Stufe zu Stufe ihr Gleichgewicht gegenüber den rein nationalen Kräften finden würden. Seinen Vorschlag selbst faßte Spaak in eine Frage an de Gaulle, ob man nicht im Rahmen des Fouchet-Planes eine europäische politische Kommission schaffen könnte, die sich nicht aus von ihren Regierungen abhängigen Beamten zusammensetzen würde, sondern deren von allen Partnern gemeinsam benannte Mitglieder unabhängig wären und deren Aufgabe im wesentlichen darin bestehen würde, das Interesse der Gemeinschaft gegenüber den nationalen Regierungen zu vertreten und zu wahren. „In der ersten Etappe zumindest sollten die Entscheidungen von den Ministern nur einstimmig gefaßt werden, die Kommission sollte sich darauf beschränken, die Arbeit vorzubereiten, die Diskussion über bestimmte Themen zu veranlassen, das Interesse der Gemeinschaft zu fördern und gegebenenfalls die vom Ministerrat gefaßten Beschlüsse auszuführen."[37]

Spaak nahm bewußt davon Abstand, seinen Vorschlag im einzelnen zu erörtern und auszumalen, weil dies nur dann einen Sinn habe, wenn der allgemeine Gedanke positiv aufgenommen würde.

Bei seinem Besuch in Bonn am 26. Juli trug Spaak seinen Vorschlag auch Bundeskanzler Adenauer und Außenminister Schröder vor. Die Bundesregierung erklärte sich bereit, den Vorschlag näher zu prüfen. Ihr hätte es tatsächlich keine Schwierigkeiten bereitet, Spaaks Idee zu akzeptieren. Es fragte sich nur, wie de Gaulle darauf reagieren würde. Der Bundeskanzler hat Spaak gegenüber offensichtlich zu verstehen gegeben, daß er sich bei de Gaulle für den Vorschlag verwenden werde[38].Bevor aber Adenauer eine Gelegenheit hatte, dies zu tun, traf die Antwort des französischen Staatspräsidenten an Außenminister Spaak ein, in der de Gaulle feststellte, daß diese Idee mit seinen Vorstellungen nicht übereinstimme[39].Hinsichtlich der von Spaak beschworenen Erfahrung mit der Gemeinschaftsmethode im Gemeinsamen Markt gestand de Gaulle zwar zu, die Kommission in Brüssel leiste technische Arbeit von höchstem Wert, betonte jedoch, daß Entscheidungen bezüglich des Gemeinsamen Marktes ausschließlich durch die sechs Staaten getroffen und ausgeführt worden seien. Außerdem sei zu bezweifeln, ob die Mitglieder einer politischen Kommission tatsächlich unabhängig und nur der Gemeinschaft verpflichtet sein könnten. Sie würden wahrscheinlich den Interessen und Sorgen ihres eigenen Landes nicht gänzlich fremd sein. Vor allem aber seien wirtschaftliche Zuständigkeiten und politische Verantwortlichkeiten derart unterschiedlicher Natur, daß sie auch auf verschiedene Weise gehandhabt werden müßten.

Schließlich wiederholte de Gaulle – auch in Form einer Frage – den französischen Vorschlag einer politischen Kommission aus Regierungsvertretern, die mit dem Auftrag auszustatten sei, gemeinsame Entscheidungen der sechs Regierungen vorzubereiten.

Der Spaaksche Vorstoß war der letzte Versuch, auf der Grundlage des Fouchet-Plans zu einem Statut für eine Europäische Politische Union zu kommen. Der Briefwechsel zwischen dem belgischen Außenminister und dem französischen Präsidenten, wie auch die Cattani-Initiative und der Briefwechsel zwischen Adenauer und Fanfani beweisen zwar, daß die Ergebnisse der Verhandlungen in der Fouchet- bzw. Cattani-Kommission noch immer auf dem Tisch lagen, daß aber außer der Bundesregierung keine andere der sechs Regierungen bereit war, sich ihrer zur Fortführung der Bemühungen zu bedienen, ohne gleichzeitig Bedingungen zu stellen, für die es keinen Konsens gab.

Im Auswärtigen Amt[40] gelangte man im August aufgrund dieses Sachstandes zu der Erkenntnis, daß außer der Bundesrepublik am schnellen Zustandekommen der Politischen Union niemand interessiert sei. Das deutsche Interesse daran hatte einen hochaktuellen Hintergrund. Angesichts der Bedrängnis durch Chruschtschows Berlinoffensive hätte die Realisierung dieses Projekts einen politischen Erfolg bedeutet. Es wäre damit leichter gewesen, der sowjetischen Herausforderung zu begegnen. Also wollte man die Suche nach Lösungen noch nicht aufgeben.

Als Kompromißvorschlag für den als unumgänglich bezeichneten nochmaligen Versuch, auf der Außenministerebene eine Einigung herbeizuführen, wurden eine Abschwächung der Revisionsklausel des Bundesstatuts (um de Gaulle entgegenzukommen) und die Berufung eines Gremiums eminenter europäischer Persönlichkeiten (um Spaak zu gewinnen) in Erwägung gezogen.

Als Alternative zu der Politischen Union der Sechs kam für den Fall eines Scheiterns dieses letzten Versuches – dessen Chancen angesichts der starren Fronten als sehr gering eingeschätzt wurden – nunmehr ein deutsch-französisches Regierungsabkommen über politische Zusammenarbeit ins Blickfeld. Dafür wurden im Auswärtigen Amt vorgeschlagen: periodische Beratungen der Staats- und Regierungschefs sowie der zuständigen Minister beider Länder mit alternierendem Vorsitz und Tagungsort; Vorbereitung der jeweiligen Beratungspunkte durch eine permanente Kommission hoher Beamter.

Ein eventuelles Abkommen sollte den anderen EWG-Partnern, bei denen es sicherlich Unwillen erregen würde, zum Beitritt offenstehen. Die Gefahr, daß es die EWG sprengen würde, wurde wegen der Vorteile, die die Mitgliedstaaten aus dem Gemeinsamen Markt zögen, nicht angenommen. Man glaubte, daß dieses Abkommen mit der Zeit Anziehungskraft auf die Zögernden ausüben würde.

Eine solche, auf einen Zweierbund zielende Initiative als Ersatz für die gescheiterte Union mußte allerdings zwei unbekannte Größen berücksichtigen: Einerseits General de Gaulle, von dem man nicht genau wußte, wie weit er wirklich zu gehen bereit war, und andererseits die parlamentarische und öffentliche Meinung in der Bundesrepublik Deutschland.

Als zweite Alternative ist im Auswärtigen Amt die Möglichkeit einer Änderung der deutschen Taktik in den Beitrittsverhandlungen erwogen worden:

Die Briten könnten gezwungen werden, Farbe zu bekennen, indem man für die Zustimmung zur Aufnahme in die EWG forderte, daß sie sich bereit erklärten, zusammen mit den sechs EWG-Staaten eine Politische Union zu begründen und sich schon jetzt mit ihnen über deren wesentliche Grundsätze zu einigen. Man nahm an, daß sich der Bundestag kaum einem solchen Vorgehen widersetzen würde, da sein erklärtes Ziel die Politische Union mit Großbritannien sei. Die britische Regierung würde wahrscheinlich nicht ,,Nein" sagen können. Allerdings könnte Premierminister Macmillan dadurch in eine schwierige Lage kommen und Staatspräsident de Gaulle verärgert werden.

Dieser letzte Vorschlag dürfte beim Bundeskanzler sicherlich kaum auf Gegenliebe gestoßen sein. Adenauer wollte die Engländer nicht in der Politischen Union[41]. Hierin befand er sich eindeutig im Gegensatz zu seinem Außenminister. Gerhard Schröder vertrat den Standpunkt, daß die Engländer dabei sein sollten, ,,weil wir dann besser manövrieren könnten. Wir sollten nicht nur auf Frankreich angewiesen sein."[42] An die Gefahr eines auf die Kontrolle Deutschlands gerichteten engen Zusammengehens Englands und Frankreichs in der Politischen Union, die Adenauer vor Augen hatte[43], glaubte Schröder nicht. Nach seiner Auffassung würden die beiden Staaten um die Führung in der Gemeinschaft rivalisieren; hieraus sei mit einiger Geschicklichkeit für die deutsche Politik Nutzen zu ziehen[44]. Schröder wird seinerseits aus dieser Position heraus wohl kaum die Lösung einer Zweierunion mit Frankreich befürwortet haben. Aber auch die Ausübung von Druck auf Großbritannien, um es in die Politische Union hineinzuzwingen, kann nicht nach seinem Geschmack gewesen sein. Für ihn war, wie er am 27. September vor dem Auswärtigen Ausschuß des Bundestages darlegte, das vordringliche Ziel der deutschen Europapolitik der Beitritt Großbritanniens zur EWG. Die Arbeit an der Politischen Union sollte deshalb bis zu einer Entscheidung hierüber zurückgestellt werden[45].

Am Vorabend des Staatsbesuches General de Gaulles in Deutschland (4. bis 9. September 1962) war die Situation hinsichtlich des weiteren Prozedere der Bundesregierung in dieser Frage noch völlig offen:

,,Morgen beginnt die Woche des de Gaulle-Besuches. Wird er uns politisch weiterbringen? Verstärkung der bilateralen Beziehungen? BK kann nicht sehr weit gehen, wie Hase sagt. Schröder blockiert, mit ihm eine Mehrheit in Fraktion und Kabinett. Aber Verstärkung der Zusammenarbeit kann nicht abgelehnt werden. Dazu gehört aber auch etwas Institutionelles. Wenn BK doch de Gaulle zu einer positiveren Haltung betreffend der Politischen Union bewegen würde. Ich habe auch Zweifel, bei aller positiven Einstellung zur bilateralen Zusammenarbeit, ob nicht de Gaulle unserer europäischen Zusammenarbeit schadet. Wir müssen entschiedener ihm gegenüber auftreten. Das habe ich schon lange vertreten."[46]

Der Staatsbesuch des französischen Präsidenten in der Bundesrepublik Deutschland dauerte vom 4. bis zum 9. September. Gleich am ersten Tag, beim Empfang durch Bundespräsident Lübke im Schloß Brühl, setzte de Gaulle in seiner Tischrede die den weiteren Verlauf der Dinge bestimmenden Akzente. Wie selbstverständlich sprach er von einem ,,Zusammenschluß, den Frankreich und Deutschland erstreben"[47]. Als Gründe für die Notwendigkeit dieses

Zusammenschlusses nannte er die gemeinsame Bedrohung durch die sowjetische Politik, die Bedürfnisse der atlantischen Allianz, den Wunsch nach Entspannung und internationaler Verständigung und schließlich die Anforderungen des Fortschritts auf allen Gebieten. All dies erfordere „auf dem alten Kontinent einen Damm der Macht und des Wohlstandes, [. . .] (der) nur auf der Grundlage der Solidarität unserer beider Staaten errichtet werden (kann)", oder anders gewendet: „eine lebensvolle und starke europäische Gemeinschaft [. . .] das heißt, wesentlich eine einzige und gleiche deutsch-französische Politik"[48].

Der Zusammenschluß Deutschlands und Frankreichs, dessen Modalitäten noch sehr vage und völlig offen blieben, wurde hier also ausdrücklich als der entscheidende Schritt und als die notwendige Grundlage zu einer echten europäischen Gemeinschaft gekennzeichnet. Auch historisch stellte de Gaulle diese seine Initiative in den Rahmen der Bemühungen um die Europäische Politische Union:

„Eigentlich ist der Weg angegeben. Die sechs Staaten Europas [. . .] haben bereits untereinander eine Wirtschaftsgemeinschaft geschlossen. Alle Formeln und Vorschläge liegen jetzt vor, um es ihnen zu ermöglichen, ihre politische Zusammenarbeit zu organisieren. Gewiß haben einige Theorien und Vorurteile von innen heraus, in Verbindung mit gewissen äußeren Einflüssen, vorübergehend den Abschluß aufhalten können. Aber Deutschland und Frankreich haben, was sie betrifft, jeden Grund, da sie sich ja über das Prinzip und die Durchführung dieses entscheidenden Werkes einig sind, ohne noch länger zu zögern, ihre eigene Verbundenheit zu verstärken."[49]

Bundeskanzler Adenauer erklärte sich am folgenden Tage de Gaulle gegenüber mit dessen Ausführungen sehr einverstanden. Auch er „sei für eine präzise und feste Abmachung zwischen Frankreich und Deutschland, die diese beiden Völker dauerhaft verbinde und eine konsequente und abgestimmte Politik, vor allem hinsichtlich des Ostens, ermögliche"[50]. Von seinem Gesprächspartner zur Präzisierung seiner Vorstellungen aufgefordert, wiederholte Adenauer seine Idee von einem Gentlemen's Agreement zwischen ihm und de Gaulle, die er schon bei seinem Besuch in Frankreich vorgebracht hatte. Das schien de Gaulle zu wenig. Auch er hielt einen feierlichen Vertrag für überflüssig, meinte aber, es müsse etwas Praktisches und Konkretes getan, vor allem müsse die Zusammenarbeit organisiert werden. Auch damit war Adenauer einverstanden, der nunmehr vorschlug, daß eine Arbeitsgruppe die verschiedenen Möglichkeiten der Formalisierung einer solchen Abmachung prüfen solle. Es wurde schließlich beschlossen, daß de Gaulle einen Entwurf für eine solche Vereinbarung erstellen, und dem Bundeskanzler bald übermitteln sollte.

Das gemeinsame deutsch-französische Kommuniqué vom 7. September beschränkte sich in diesem Zusammenhang auf die Feststellung, daß „die beiden Regierungen [. . .] praktische Maßnahmen ergreifen (werden), um die Bande wirksam zu verstärken, die bereits auf zahlreichen Gebieten bestehen"[51].

Der Regierungssprecher, Staatssekretär v. Hase, interpretierte am gleichen Tage in einer Erklärung diesen Satz, indem er ausführte:

„Hierzu gehört im politischen Bereich eine Systematisierung der Kontakte und

Konsultationen. Institutionen oder besondere Abmachungen sind nicht erforderlich."[52]

Diese Erklärung sollte wohl zur Beschwichtigung der Bedenken im Bundestag wie im Bundeskabinett gegen eine sich hier anbahnende Zweierunion mit Frankreich dienen. Auch an die Beruhigung der vier anderen EWG-Partner mag dabei gedacht worden sein. Schließlich bedeutete, trotz aller einschränkenden Interpretationen, der Entschluß, nach konkreten Möglichkeiten der Zusammenarbeit und einer Systematisierung der politischen Konsultationen auf bilateraler Basis zwischen Frankreich und Deutschland zu suchen, die Aufgabe des multilateralen Ansatzes und eine gewisse Präjudizierung künftiger Bemühungen. Dies allerdings zu einem Zeitpunkt, zu dem der Versuch der Sechs als gescheitert gelten konnte und mit der ausdrücklichen Absicht, im Hinblick auf die Union aller EWG-Staaten ein Beispiel zu setzen. Daß in diesem Vorgehen neben den Chancen, die es für eine Überwindung der Stagnation der Unionsverhandlungen bot, auch spezifische Gefahren für die zukünftige Entwicklung der Europäischen Gemeinschaft lagen, war den Beteiligten immer bewußt. Die Beurteilung der Ergebnisse dieses Staatsbesuchs mußte deswegen auch bei Ministerialdirektor Jansen, dem verantwortlichen Beamten im Auswärtigen Amt, der in dieser Sache die Linie Adenauers – auch gegen seinen Minister – unterstützte, zwiespältig bleiben:

„Mit Politischer Union direkt nicht vorangekommen. Couve meinte, die Benelux sind zur Zeit blockiert. Wir hoffen, daß verstärkte deutsch-französische Zusammenarbeit Impuls sein wird. Aber mit ‚Modestie' und ‚Modération' vorgehen. Man muß also hoffen, daß wir doch noch vorankommen. Werden Italien und die anderen doch noch mehr in Opposition gehen? Wenn wir vorsichtig sind, könnte ich mir das Gegenteil vorstellen. Innenpolitisch die überraschende Zustimmung der Bevölkerung von größter Wichtigkeit. BK kriegt wieder Luft. Er kann sagen: Meine Politik ist populär."[53]

Ob Adenauer die hier anklingenden Skrupel teilte, bleibt ungewiß. Bei ihm hatte sich im Laufe der Verhandlungen um die Politische Union als Reaktion auf die Schwierigkeiten, die die Holländer, Belgier und Italiener und im Hintergrund die Briten machten, die Erkenntnis durchgesetzt, daß es nunmehr darauf ankäme, sich mit den Franzosen so eng wie möglich zu verbinden. Denn sie allein zählten für ihn im Hinblick auf die ihn – angesichts des Verlaufs der Berlinkrise und des unter Präsident Kennedy immer unsicherer werdenden Engagements der Amerikaner in Europa – vor allem bewegende weltpolitische Auseinandersetzung.

Der Entwurf der französischen Regierung für ein deutsch-französisches Protokoll mit Vorschlägen über gemeinsam zu treffende Maßnahmen zur Verstärkung und zur Organisation der Zusammenarbeit wurde bereits am 19. September übermittelt. Die Bundesregierung beantwortete und ergänzte die französischen Vorschläge durch ihr Memorandum vom 8. November. „Sie teilte darin die Auffassung der französischen Regierung, daß alle Anstrengungen unternommen werden sollten, um die deutsch-französische Zusammenarbeit auf allen Gebieten zu fördern, auf denen das möglich ist."[54] Die gemeinsame Prüfung der Vorschläge durch die beiden Außenminister fand am 16./17. Dezember in Paris statt. Zur Vorbereitung dieses Außenministertreffens war

Jansen am 1. Dezember in die französische Hauptstadt gereist. In einer Reihe von Gesprächen mit den höchsten Beamten des Quai d'Orsay hatte er eine große Bereitschaft zur deutsch-französischen Zusammenarbeit vorgefunden. Allerdings war er dabei auch auf die Befürchtung gestoßen, daß de Gaulle dieser bilateralen Verbindung „eine nationalistische Note" geben könnte. Unklar schienen zu diesem Zeitpunkt noch die praktischen Modalitäten zur vorgesehenen „consultation permanente" zu sein sowie die Frage, wie die militärische Zusammenarbeit funktionieren solle[55].
Bundesaußenminister Schröder, der ohne vorher mit dem Bundeskanzler gesprochen zu haben nach Paris gekommen war, soll sich vor seiner Begegnung mit Couve de Murville sehr skeptisch über die französischen Absichten geäußert haben. Offensichtlich hatte er sich ursprünglich vorgenommen, in den bevorstehenden Gesprächen von den Franzosen eine Zusicherung zu fordern, dem Beitritt Großbritanniens zur EWG zuzustimmen und eine positivere Einstellung zur NATO zu beziehen[56]. Wahrscheinlich aber hat er darauf verzichtet und sich ganz – den Vorschlägen Jansens folgend – auf die Diskussion der zu ergreifenden praktischen Maßnahmen konzentriert. So verliefen die Verhandlungen ungestört. Es wurde ein Modus für die Konsultation gefunden und beschlossen, gemeinsame Instruktionen an die diplomatischen Missionen der beiden Länder ergehen zu lassen; außerdem wurde Einigung über eine Konvention betreffend die Vertretung in Drittstaaten erzielt. Über diese Ergebnisse sollte ein gemeinsamer Bericht erstellt und Präsident de Gaulle und Bundeskanzler Adenauer am 21./22. Januar 1963 in einer ersten gemeinsamen Kabinettsitzung zur Verabschiedung vorgelegt werden[57].
Am 11./12. Januar 1963 wurde dieser Bericht als Protokoll über die zu treffenden Vereinbarungen in Bonn durch Lucet und Jansen fertiggestellt. Seine Prüfung durch die Rechtsabteilung des Auswärtigen Amtes ergab die Notwendigkeit einer Zustimmung des Parlaments nach Art. 59 des Grundgesetzes. Das bedeutete – zum Kummer Adenauers, der eine Ratifizierung und in erster Linie wohl die damit verbundene Parlamentsdebatte über den Text im einzelnen gerne vermieden hätte[58] – die Ersetzung des formlosen Protokolls durch einen Vertrag.
Trotz der zwei Tage vorher erfolgten Absage de Gaulles an das britische Beitrittsgesuch, die auch innerhalb der Bundesregierung Unwillen und Beunruhigung hervorgerufen hatte, wurde in der Kabinettsitzung vom 16. Januar der Text über die Abmachung einstimmig gebilligt[59]. Der eigentliche Vertragstext wurde erst an den Tagen vom 19. bis 21. Januar, unmittelbar vor Vertragsabschluß, durch die Direktoren der Außenämter und in einer weiteren Sitzung der beiden Außenminister in Paris endgültig formuliert. Nachdem Klarheit über die Notwendigkeit einer Ratifizierung im Bundestag bestand, kündigte auch de Gaulle die Ratifizierung durch die Nationalversammlung an. Dies sei nach der französischen Verfassung zwar nicht erforderlich, doch wolle er hierdurch den besonderen und feierlichen Charakter dieses Vertrages unterstreichen. De Gaulle dachte in diesem Zusammenhang sogar daran, ein Referendum zu veranstalten[60].
Im Beisein der begleitenden Minister und unter vier Augen fanden vor der Unterzeichnung des Vertrages weitere politische Gespräche zwischen de Gaulle

und Adenauer statt, die vom französischen Präsidenten als erste Konsultation im Sinne des Vertrages bezeichnet wurden[61]. Der „Vertrag über die deutsch-französische Zusammenarbeit"[62] wurde am 22. Januar 1963 von Staatspräsident de Gaulle und Bundeskanzler Adenauer unterzeichnet. In einer gemeinsamen Erklärung wurden gleichzeitig die den Vertrag bestimmenden Prinzipien herausgestellt. Hierunter figurierte auch die „Erkenntnis, daß die Verstärkung der Zusammenarbeit zwischen den beiden Ländern einen unerläßlichen Schritt auf dem Wege zu dem vereinigten Europa bedeutet, welches das Ziel beider Völker ist"[63]. Hiermit wurde noch einmal die in der Entstehungsgeschichte und wohl auch in der politischen Zielsetzung des Vertrages liegende Verbindung zu den Bemühungen um die Europäische Politische Union hervorgehoben. Die Genese des Vertrages aus diesen Bemühungen und sein Stellenwert im Rahmen künftiger Bemühungen dieser Art wird auch im Vertrag selbst deutlich, in dem die beiden Regierungen die in zweiseitigen Verträgen sonst unübliche Verpflichtung eingehen, „die Regierungen der übrigen Mitgliedstaaten der Europäischen Gemeinschaft über die Entwicklung der französisch-deutschen Zusammenarbeit laufend unterrichtet (zu) halten".

„Vergleicht man den deutsch-französischen Vertrag in seinem Anwendungsbereich und seinen organisatorischen Bestimmungen mit den Vorschlägen zur Begründung eines politischen Zusammenschlusses zwischen den sechs Gemeinschaftsstaaten, so läßt sich auch hier die sachliche Beziehung mit der vorangegangenen Entwicklung und eine weitgehende Übereinstimmung feststellen. Die Zusammenarbeit erstreckt sich auf die Gebiete der Auswärtigen Angelegenheiten, der Verteidigung und der Erziehungs- und Jugendfragen. Ihre Verwirklichung erfolgt durch regelmäßige Konferenzen der Staats- und Regierungschefs, der zuständigen Minister und eine ständige enge Zusammenarbeit zwischen den beteiligten Ministerien und der Vertretungen beider Staaten im Ausland und bei internationalen Organisationen. Mit Ausnahme des Deutsch-Französischen Jugendwerkes sind zwischenstaatliche Institutionen im Vertrag nicht vorgesehen. In jedem der beiden Staaten soll eine interministerielle Kommission die Zusammenarbeit überwachen und koordinieren. Das Kernstück des Vertrages ist die qualifizierte Konsultationsverpflichtung. Die beiden Regierungen sind nicht nur verpflichtet, sich vor jeder Entscheidung in allen wichtigen Fragen der Außenpolitik und in erster Linie den Fragen von gemeinsamem Interesse zu konsultieren, sondern sie haben darüberhinaus die Verpflichtung, zu versuchen, soweit wie möglich zu einer gleichgerichteten Haltung zu gelangen. Auf dem Gebiet der Verteidigung sollen sich die beiden Regierungen bemühen, ihre Auffassungen in Fragen der Strategie und Taktik einander anzunähern, um zu gemeinsamen Konzepten zu gelangen; der Personalaustausch zwischen den Streitkräften soll verstärkt, die Rüstungszusammenarbeit soll enger gestaltet, und es sollen die Voraussetzungen für eine Zusammenarbeit auf dem Gebiet des zivilen Bevölkerungsschutzes geprüft werden. Im Mittelpunkt der Zusammenarbeit im Bereich der Erziehungs- und Jugendfragen steht die Förderung der Sprache jeweils des anderen Landes und die Errichtung eines Austausch- und Förderungswerkes für die Jugend beider Länder."[64]

Am 16. Mai 1963 verabschiedete der Bundestag das Zustimmungsgesetz zum deutsch-französischen Vertrag, dem er eine Präambel zur Sicherung seiner Anwendung im Sinne der Ziele der deutschen Politik voranstellte[65]. Nach Austausch der Ratifikationsurkunden trat der Vertrag am 27. Juni 1963 in Kraft.

Die Geschichte seiner Entstehung läßt keinen Zweifel daran zu, daß der deutsch-französische Vertrag als Station auf dem Wege zur Einigung Europas angelegt war. Die Aussöhnung zwischen Deutschland und Frankreich, die Verständigung und die Zusammenarbeit zwischen den Nachbarn beiderseits des Rheins war von Anfang an als die wesentliche Voraussetzung für ein Gelingen der Bemühungen um die europäische Einheit gesehen worden. Es entsprach diesem Gedanken, daß in einer Lage, in der aufgrund des Fortgangs der Integration im Rahmen der EWG ein Fortschritt zur Politischen Union fällig und dennoch nicht erreichbar war, der Durchbruch im Einvernehmen dieser beiden Partner gesucht wurde. Das war auch der Ansatz gewesen, mit dem Robert Schuman zu Beginn der fünfziger Jahre die Bildung der ersten Europäischen Gemeinschaft bewirkt hatte. Wenn sich in den sechziger Jahren die Hoffnung nicht erfüllte, daß die anderen Partner dem deutsch-französischen Beispiel folgen würden, so lag das an einer Vielzahl von Faktoren, deren Wirkkraft während der sogenannten Fouchet-Verhandlungen schon deutlich geworden war. Konrad Adenauer hatte sich darum bemüht, sie zum Ausgleich zu bringen. Erst als feststand, daß dies nicht gelingen konnte, setzte er auf die Macht des Faktischen. Daß die Zweierunion, seiner Hoffnung entgegen, keine Dynamik im Sinne der angestrebten Europäischen Politischen Union entwikkelte, kann Adenauer nicht angelastet werden. Er hat mit seinem Einsatz für dieses Vertragswerk dennoch recht behalten. Denn schließlich hat es seitdem als ein wesentlicher Stützpfeiler der Europäischen Gemeinschaft in den schweren Zeiten der Integration gewirkt. In ihrem Rahmen konnte – nicht zuletzt zugunsten der Gemeinschaft – manches Mißverständnis geklärt und manche Schwierigkeit im Verhältnis zwischen Deutschland und Frankreich überwunden werden. Auch dadurch wurde bestätigt, daß eine grundlegende Voraussetzung für die Einigung Europas die deutsch-französische Verständigung bleibt. Der Vertrag, der dies besiegeln sollte, hat aber nicht nur dazu beigetragen, aktuelle Schwierigkeiten zu überwinden. Er wurde zu einem Beispiel dafür, wie eine Feindschaft zwischen zwei Nachbarn dauerhaft begraben werden kann, indem sie sich zusammenschließen, um sich gemeinsam den Aufgaben der Zukunft zuzuwenden.

* Für diesen Beitrag sind die relevanten Korrespondenzen, Papiere und Tagebücher von Josef Jansen (1909 bis 1966) aus dessen Nachlaß (im Besitz des Autors) ausgewertet worden.

Dr. phil. Josef Jansen war 1951 bis 1954 Generalkonsul bzw. Gesandter in Luxemburg, 1954 bis 1956 Deutschlandreferent im Auswärtigen Amt, 1956 bis 1960 Gesandter in Paris, 1960 bis 1964 Politischer Direktor im Auswärtigen Amt, danach Botschafter beim Vatikan. Er hat auf deutscher Seite die Verhandlungen um den deutsch-französischen Vertrag geführt.

1 Vgl. Horst Osterheld, Adenauers Abschiedsbesuch bei de Gaulle am 21. und 22. September 1963 – Ein Stück deutsch-französische Freundschaft, in: Konrad Ade-

nauer und seine Zeit. Politik und Persönlichkeit des ersten Bundeskanzlers. Beiträge von Weg- und Zeitgenossen, Stuttgart 1976, S. 606ff.

2 Vgl. zu der grundsätzlichen Position der Adenauerschen Europapolitik vor allem Werner Weidenfeld, Konrad Adenauer und Europa. Die geistigen Grundlagen der westeuropäischen Integrationspolitik des ersten Bonner Bundeskanzlers, Bonn 1976.

3 In der Geschichte der Einigung Europas während der Kanzlerschaft Konrad Adenauers hat es außer diesem einen weiteren bedeutenden Versuch gegeben, auf direktem Wege eine Politische Union zu errichten. Er folgte ziemlich unmittelbar auf die Gründung der Montan-Union und war verbunden mit den Bemühungen um eine Europäische Verteidigungsgemeinschaft (EVG) im Jahre 1952. Es handelt sich um den von Adenauer selbst angeregten Plan einer Europäischen Politischen Gemeinschaft (EPG), der immerhin bis zur Ausarbeitung einer kompletten Verfassung durch einen dazu eingesetzten Ad-hoc-Ausschuß des Europäischen Parlaments gedieh, bevor er gemeinsam mit dem EVG-Projekt im August 1954 in der französischen Nationalversammlung scheiterte. Adenauer hatte auch an diesem Vorgang mit persönlichem Engagement und mit allen Mitteln seiner Regierung großen Anteil.

4 Vgl. hierzu Susanne J. Bodenheimer, Political Union. A Microcosm of European Politics 1960–1966, Leyden 1967; Attilio Cattani, Essai de coopération politique entre les six 1960–1962 et échec des négociations pour un statut politique, in: Chronique de Politique Etrangère. Vol. 20 (1967), Nr. 4, S. 389ff.; Thomas Jansen, Die Bemühungen um eine Europäische Politische Union 1960–1962 (Fouchet-Verhandlungen), in: Material zur Diskussion der Europäischen Integration. Hrsg. von der Politischen Akademie Eichholz der Konrad-Adenauer-Stiftung, Bonn 1971, S. 35ff.; Norbert Lang, Die Bemühungen um die politische Einigung Europas seit dem Scheitern der Europäischen Verteidigungsgemeinschaft, in: Walter Hallstein und Hans-J. Schlochauer (Hrsg.), Zur Integration Europas. Festschrift für Carl Friedrich Ophüls, Karlsruhe 1966, S. 125ff.; Alessandro Silj, Europe's Political Puzzle. A Study of the Fouchet Negotiations and 1963 Veto, Cambridge, Massachusetts 1967; Robert Bloes, Le „Plan Fouchet" et le problème de l'Europe politique, Bruges 1970.

5 Kopie des Protokolls der Unterredung de Gaulle-Adenauer, im Besitz des Autors (Nachlaß Josef Jansen); vgl. Konrad Adenauer, Erinnerungen 1955–1959 (Bd. 3), Stuttgart 1967, S. 424ff.

6 Vgl. ebenda. In diesem Zusammenhang ist interessant, daß Adenauer auf den von ihm bereits im März 1950 (!) – möglicherweise aus propagandistischer Absicht – entwickelten Gedanken einer deutsch-französischen Union in Frankreich nur von de Gaulle lebhafte Zustimmung erhielt. Vgl. Arnulf Baring, Außenpolitik in Adenauers Kanzlerdemokratie. Bonns Beitrag zur Europäischen Verteidigungsgemeinschaft, München 1969, S. 375, Anm. 22.

7 Vgl. Tagebuch von Josef Jansen, Eintragung vom 13. Dezember 1959 (im folgenden zitiert: TB Jansen, Datum der Eintragung).

8 Vgl. TB Jansen, Weihnachten 1959.

9 Vgl. TB Jansen, 26. Dezember 1959.

10 Text des Kommuniqués in: Europa-Archiv, Folge 5/1961, S. D 128f.

11 Text in: Europa-Archiv, Folge 16/1961, S. D 469f.

12 Text in: Europa-Archiv, Folge 19/1964, S. D 466ff.

13 Text ebenda.

14 Vgl. den von der Fouchet-Kommission am 15. März 1962 angenommenen Entwurf (mit Alternativtexten für die Artikel, in denen keine Einigung erzielt wurde); Europa-Archiv, Folge 19/1964, S. D 467ff.

15 Text in: Europa-Archiv, Folge 13/1962, S. D 328f.
16 Text in: Europa-Archiv, Folge 13/1962, S. D 342f.
17 Text in: Europa-Archiv, Folge 13/1962, S. D 347.
18 Text in: Europa-Archiv, Folge 13/1962, S. D 349f.
19 Vgl. ebenda.
20 Vgl. Europa-Archiv, Folge 10/1962, S. Z 100.
21 Text in: Europa-Archiv, Folge 13/1962, S. D 331.
22 Vgl. Cattani, S. 398.
23 Text in: Europa-Archiv, Folge 19/1964, S. D 486ff.
24 Vgl. Cattani, S. 398.
25 Vgl. Konrad Adenauer, Erinnerungen 1959–1963. Fragmente (Bd. 4), Stuttgart 1968, S. 159.
26 Vgl. zu dieser Episode Bodenheimer, S. 65.
Belege für eine amtliche Befassung mit dem „Fralit"-Projekt in Bonn oder Paris sind – abgesehen von spekulativen Betrachtungen in der Presse – nicht bekannt geworden.
27 Vgl. die Position, die Adenauer gegenüber de Gaulle während seines Besuches in Frankreich (Juli 1962) eingenommen hat; Adenauer, Erinnerungen, Bd. 4, S. 158ff.
28 Vgl. TB Jansen, 1. Juli 1962.
29 Vgl. Wolfgang Wagner, Das Geteilte Deutschland, in: Wilhelm Cornides und Dietrich Mende (Hrsg.), Die Internationale Politik 1962, München–Wien, S. 210ff., hier S. 230.
30 Vgl. ebenda.
31 Hierzu und zum Folgenden vgl. TB Jansen, 9. Juli 1962 und 12. Juli 1962 sowie 13. Juli 1962 und 15. Juli 1962.
32 Vgl. TB Jansen, 9. Juli 1962.
33 Vgl. Adenauer, Erinnerungen, Bd. 4, S. 168.
34 Vgl. Adenauer, Erinnerungen, Bd. 4, S. 172.
35 Vgl. Adenauer, Erinnerungen, Bd. 4, S. 160; vgl. auch TB Jansen, 4. Juli 1962 und 9. Juli 1962.
36 Zur italienischen Haltung vgl. besonders auch Silj, S. 28ff., der die Vermittlerattitüde als Grundeinstellung der italienischen Außenpolitik herausstreicht.
37 Text in Paul-Henri Spaak, Memoiren eines Europäers, Hamburg 1969, S. 543ff.
38 Vgl. TB Jansen, 27. Juli 1962.
39 Kopie einer Übersetzung des Antwortschreibens des französischen Präsidenten de Gaulle an den belgischen Außenminister vom 30. Juli 1962 im Besitz des Autors (Nachlaß Josef Jansen).
40 Zum Folgenden finden sich Belege im Besitz des Autors (Nachlaß Josef Jansen).
41 Vgl. TB Jansen, 1. September 1962.
42 Vgl. TB Jansen, 28. August 1962.
43 Vgl. TB Jansen, 1. Juli 1962.
44 Vgl. TB Jansen, 20. August 1962.
45 Vgl. Adenauer, Erinnerungen, Bd. 4, S. 185.
46 Vgl. TB Jansen, 2. September 1962.
47 Text in: Europa-Archiv, Folge 19/1962, S. D 455f.
48 Vgl. Europa-Archiv, Folge 19/1962, S. D 456.
49 Vgl. ebenda.
50 Vgl. Adenauer, Erinnerungen, Bd. 4, S. 178.
51 Text in: Europa-Archiv, Folge 19/1962, S. D 457f.
52 Vgl. Europa-Archiv, Folge 19/1962, S. D 460.
53 Vgl. TB Jansen, 8. September 1962.

54 Vgl. Lang, S. 137.
55 Vgl. TB Jansen, 1. Dezember 1962.
56 Vgl. TB Jansen, 16. Dezember 1962.
57 Vgl. TB Jansen, 17. Dezember 1962.
58 Vgl. TB Jansen, 14. Januar 1963.
59 Vgl. TB Jansen, 16. Januar 1963.
60 Vgl. TB Jansen, 23. Januar 1963.
61 Vgl. ebenda. Zum Inhalt dieser Gespräche vgl. Adenauer, Erinnerungen, Bd. 4, S. 198ff.
62 Text in: Europa-Archiv, Folge 4/1963, S. D 84ff.
63 Text in: Europa-Archiv, Folge 4/1963, S. D 83.
64 Vgl. Lang, S. 138ff.
65 Text in: Europa-Archiv, Folge 14/1963, S. 347f.

DAS POLITISCHE SYSTEM DER BUNDESREPUBLIK
IN DER ÄRA ADENAUER

RUDOLF WILDENMANN

Die soziale Basis der Herrschaft Konrad Adenauers

I.

Seit dem Ende des Zweiten Weltkrieges haben sich die Parteiensysteme der europäischen Industrienationen wesentlich und auf sehr unterschiedliche Weise verändert. Eine der erstaunlichsten Entwicklungen, gemessen an der Geschichte des deutschen Parteiensystems seit der Mitte des 19. Jahrhunderts, trat in der Bundesrepublik ein. Bis zum Untergang der Weimarer Verfassung im Nationalsozialismus war dieses Parteiensystem stark zersplittert, nicht unähnlich den heutigen Vielparteiensystemen in Italien, Dänemark, Norwegen, den Niederlanden oder auch in Frankreich. Auch 1949 noch schien sich diese Zersplitterung fortzusetzen. Seither haben nicht weniger als rund 125 Parteien, zum Teil als kurzlebige Erscheinungen, zum Teil von längerer Dauer, bei Wahlen kandidiert. Bereits unter Adenauers Regierungszeit trat jedoch eine ungewöhnliche Defraktionalisierung ein[1]. Praktisch blieben drei Bundesparteien und eine Regionalpartei übrig, die eine Chance haben, in Parlamenten vertreten zu sein: die CDU, CSU, SPD und FDP. Nur Mitte der sechziger Jahre, im Zeichen der ersten rezessiven Wirtschaftsentwicklung nach der Aufbauperiode, schien sich mit der NPD erneut eine Zersplitterung und gleichzeitig eine „Radikalisierung“ aufzubauen. Mit der sogenannten Großen Koalition ging jedoch auch die NPD unter. Im Jahre 1969 war ein System alternativer Parteiregierungen etabliert; Opposition zur Regierung äußert sich in der Regel durch erhöhte Wahlchancen der jeweiligen Opposition im Bundestag oder auch den Landtagen.

Sigmund Neumann[2] und andere haben trotz der erheblichen Vielfalt der Parteiorganisationen oder der Wahlbevölkerung vier politische Gruppierungen zu identifizieren versucht, die sich in Deutschland kontinuierlich von 1871 bis 1933 erhalten hätten: eine sozialistisch-sozialdemokratische, eine katholische, eine liberale und eine konservative, wobei jeweils an den Flügeln des Spektrums, je nach historischer Konstellation, Auffächerungen eingetreten seien. Das Interessante an solchen Gruppierungen ist weniger die Frage, ob ein solches Modell eine zutreffende Erklärung zur Geschichte der politischen Parteien liefert, sondern vielmehr, daß den Autoren sozialstrukturelle Kriterien für die Gruppierungen dienen. Das Parteiensystem wird als eine Art Klassen-Parteiensystem definiert, freilich mit der Maßgabe, daß das frühere Zentrum nicht im engen Sinn als Klassenpartei verstanden werden kann, sondern als parteipolitische Organisation einer katholisch-kulturellen Minderheit im protestantischen Preußen-Deutschland, die alle sozialen Schichten umfaßte. Andere Faktoren, wie die Regierungsform oder das Wahlsystem, werden in dieser Sicht als modifizierende, jedoch nicht als konstitutive Merkmale betrachtet: Die soziale Basis der Parteien bestimmt das Parteiensystem.

Solche kategorialen Gruppierungen bergen gewiß zutreffende und überragende Gesichtspunkte. Die sich mit der Industrialisierung bildende Arbeiterschaft sah in der SPD ihre Interessenvertretung; mit der Arbeiterpartei trat überhaupt ein neues politisches Organisationsprinzip in die Geschichte ein[3]. Die liberale Gruppierung umfaßte die Mittelschichten. Die konservative Gruppierung hatte ihren Rückhalt in den Großgrundbesitzern. Das Zentrum war im katholischen Milieu – mit der katholischen Kirche und ihrer Gesellschaftslehre als essentiellem sozialem und ideellem Träger – verankert.

Die SPD war eine Kampforganisation der Arbeiterschaft zur Erringung der politischen Freiheit. Die liberalen Parteien stellten lose Vereinigungen zur Wahrung besitzbürgerlicher Interessen dar. Die Konservativen verteidigten die sozialen und damit zugleich politischen Machtpositionen des Großgrundbesitzes und des mit ihm verbündeten Großkapitals. Das Zentrum suchte wenigstens die kulturelle Autonomie der Katholiken durchzusetzen.

Neben anderen Faktoren, etwa dem Einfluß der Bürokratie, sieht Dietrich Bracher[4] den Anfang vom Niedergang der Weimarer Republik wesentlich darin, daß ihre Schöpfer nicht in der Lage gewesen seien, die gegebene Grundkonfiguration der sozialen Interessen zu überwinden. Dabei mag er sich in Einzelheiten von Sigmund Neumann unterscheiden, im wesentlichen begreift aber auch er das Weimarer Parteiensystem als ein System von sozial gebundenen oder von Klassenparteien.

Es liegt nahe, die Unterschiede im Erscheinungsbild des Parteiensystems der Bundesrepublik gegenüber früher auf Veränderungen oder Wandlungen der sozialen Struktur zurückzuführen und davon auszugehen, daß institutionelle Veränderungen, etwa das besondere Wahlsystem mit seiner Sperrklausel, nur einen zusätzlichen Faktor der Defraktionalisierungen bedeutet haben. Die Frage nach der sozialen Basis der heutigen Träger politischer Entscheidungsgewalt heißt jedoch, die Interrelation von sozialem Wandel und institutioneller Verfaßtheit des politischen Prozesses zu untersuchen. Das Grundmuster dazu wurde in der Regierungsperiode Adenauers gelegt. Insoweit stellt die Frage nach der sozialen Basis der Herrschaft Adenauers einen Schlüssel zum Verständnis des heutigen Parteiensystems dar.

II.

In der Analyse solcher Zusammenhänge tut man gut daran, sich zunächst die allgemeinen Grundzüge in den Wechselbeziehungen von politischen Institutionen und sozialer Entwicklung beschreibend zu vergegenwärtigen. Die ursprüngliche Art des Parteiensystems wurde nach 1945 durch Dekrete der Militärregierungen institutionalisiert. Es wurde, wenngleich nicht unabhängig von autonomen Entwicklungen, der Gesellschaft aufgepropft. Mit dem Zulassungsverfahren der Jahre 1945 und 1946 wurde jeweils regional ein Vierparteiensystem geschaffen, bestehend aus der CDU/CSU, der FDP, der SPD und der KPD[5]. Die SPD reorganisierte sich bundesweit sehr früh auf der alten organisatorischen Basis. Die KPD, wiewohl an eine frühere Organisation anküpfend, war zumindest in der personellen Führungsstruktur neu, nachdem der alte

Führungskader zu einem großen Teil den Säuberungen der dreißiger Jahre in der Sowjetunion zum Opfer gefallen war; ansonsten wies die KPD Wahlerfolge in den Gebieten ihres früheren Milieus auf. Die FDP, als Bundesorganisation erst nach Errichtung der Bundesrepublik gegründet, konfigurierte zunächst als parteilicher Verbund bürgerlicher, mittelständischer Gruppen, hier mit dem Schwergewicht auf städtisch-bürgerlichen, dort auf bäuerlich-bürgerlichen Schichten. Es war von Anfang an eine sozial heterogene Partei. Mit der Gründung der regionalen CDU/CSU-Parteien und ihrer Zulassung trat jedoch wiederum ein neues Element in die deutsche Parteiengeschichte ein. Als Bundespartei besteht die CDU erst seit 1950, dem Parteitag in Goslar.

Von katholischen wie protestantischen Widerstandsgruppen gleichermaßen getragen, ersetzte die Union das Zentrum durch eine Organisation, in der die politischen Konfliktdimensionen von Katholizismus und Protestantismus mediatisiert worden sind. (Welche Konsequenzen die Nicht-Mediatisierung dieses Konfliktes noch immer haben kann, insbesondere wenn das durch soziale Konflikte verschärft wird, läßt sich am Beispiel gemischt-konfessioneller Staaten, etwa Irland, ablesen.) Die große Bevölkerungswanderung am Ende des Krieges, die überwiegend zu gemischt-konfessionellen Gebieten führte, hat hierzu gute Voraussetzungen geschaffen.

In der Mitgliedschaft der CDU/CSU, insbesondere in den Führungsorganen, hatten und haben Katholiken jedoch nach wie vor eine starke Mehrheit. Die Auswahl der Kanzler- oder Ministerpräsidentenkandidaten – pars pro toto genommen – bietet hier verläßliche Indikatoren für die internen Beziehungsmuster. Nur Erhard machte eine – protestantische – große Ausnahme, und das nur für relativ kurze Zeit als Kanzler. Kurt Georg Kiesinger, Rainer Barzel, Helmut Kohl, Peter Altmeier, Gebhard Müller, Hanns Seidel, Alfons Goppel, Hans Filbinger, Franz Meyers, Franz-Josef Röder, Heinrich Lübke (der einzige Bundespräsident aus den Reihen der CDU/CSU) und viele andere waren und sind praktizierende Katholiken. Konrad Adenauer war Zeit seines Lebens ein überzeugter Katholik und politisch lange Jahre einer der führenden Köpfe der katholischen Minderheit in Preußen.

Die gegenwärtige Fraktion weist noch immer rund eine Zweidrittelmehrheit katholischer Abgeordneter auf. Des weiteren läßt jede, auch nur überblickartige Analyse der Gesetzgebung auf den Gebieten, die einen stark an Werten orientierten Bezug haben (wie z. B. Eherecht), unschwer den Einfluß der katholischen Gesellschaftslehre erkennen. Der Anteil der katholischen Wähler der Union ist, trotz aller Verschiebungen in der Zusammensetzung der jeweiligen Parteiwähler, noch immer größer als der Anteil der Katholiken an der Gesamtbevökerung. Und jede Wahlanalyse, sei es durch statistische Aggregate, sei es durch Umfragen, zeigt, daß die sichersten Wähler der Union in der Mehrzahl Katholiken sind, wenngleich überzeugte Katholiken seit den sechziger Jahren auch zunehmend die SPD wählen.

Im Lichte solcher Erörterungen könnte man also sagen, daß die CDU/CSU im Grunde nur die soziale Konfiguration des Zentrums erweitert habe, gerade dann, als mit dem Untergang Preußen-Deutschlands und als Konsequenz des Zweiten Weltkrieges die Minderheitensituation der Katholiken überwunden war. (Katholiken und Protestanten bilden heute etwa die Hälfte der Bevölkerung der Bundesrepublik.) Unbestreitbar ist, daß die Union den Bevölkerungsgruppen mit katholischer Wertbindung eine größere Verwirklichungschance geboten hat als das Zentrum jemals in den Geschichtsepochen zuvor. Auch die aktive Unterstützung der katholischen Kirche in der Periode Adenauers bis etwa 1960 hat gewiß zum Erfolg der Union beigetragen, während die evangelischen Kirchen, insbesondere ihre gesinnungsethischen Gruppen, eine geteilte Auffassung hinsichtlich ihrer parteipolitischen Beziehungen und Einbindungen hegten. (Es gibt bezeichnenderweise einen Evangelischen Arbeitskreis in der Union, aber keinen Katholischen.) Dennoch reichen solche Erklärungen zur Analyse und zum Verständnis nicht aus.

Die vier lizensierten Parteigründungen, denen damit de facto politische Privilegien geboten wurden, die ebenfalls lizensierten Zeitungen, einige Verbände, die ersten Landesverfassungen und die Gemeindeverfassungen der Militärregierung bildeten nach 1945 die ersten politischen Strukturprinzipien[6]. Diese waren nicht unwesentlich, insofern der Gedanke handlungsfähiger Repräsentativorgane mit dem einer breiten Partizipation der Bevölkerung an der Willensbildung zu verbinden gesucht worden ist, zumindest in den früheren amerikanischen oder britischen Besatzungszonen. Von einer institutionellen Integration des Staatswesens konnte aber ebensowenig die Rede sein wie von einer sozialpsychologisch begründeten Akzeptierung dieses Staates. Im Gegenteil: Die SPD und Teile ihrer Anhänger, auch die FDP, betrachteten die Bundesrepublik bis 1968 (!) als ein Provisorium: Der „Staat Adenauers" wurde als „Rheinbund" abgewertet.

Die Bevölkerung selber war in ihrer sozialen und politischen Struktur amorph, als der Parlamentarische Rat seine Arbeit aufnahm. Zentral bestand dessen Aufgabe darin, mit einer neuen Verfassung jene Ämter und Verfahrensweisen zu schaffen, die einen repräsentativ-demokratischen sozialen und politischen Prozeß ermöglichen sollten.

Es ist dies nicht der Ort, die neue Verfassung in ihren Einzelheiten zu diskutieren. Ihr hervorstechender Zug ist ihre vielschichtige Verbindung von zentraler parlamentarischer Regierungsfähigkeit mit förderativem Unterbau, von einer strukturellen mit einer differenzierten funktionalen Gewaltenteilung (nicht nur von „checks" und „balances"), von allgemeinen Zieldefinitionen der Verfassung mit expliziten Definitionen der Verfahren zur Verwirklichung dieser Ziele, von formaler Verfassungsstruktur mit inhaltlich-materiellen Absicherungen der Grundrechte und der Verfassungsstruktur selber. Schlußfolgerungen aus den Weimarer Erfahrungen und dem Dritten Reich, ebenso wie die personale Konstellation der beiden rivalisierenden Parteiführer Konrad Adenauer und Kurt Schumacher ließen im Kanzleramt das Zentrum der politischen Aktivität schaffen: eine „regierungsfähige Demokratie" als Antwort auf den Totalitarismus.

Die mit dem Grundgesetz geschaffene Herrschaftsorganisation und die Art, wie die Ämter des Grundgesetzes ausgefüllt oder die Verfahrensweisen der Entscheidungsfindung ausgeformt worden sind, trugen maßgeblich dazu bei, eine soziale und politische Entwicklung der Bundesrepublik zu einem modernen demokratischen Industriestaat einzuleiten, nicht umgekehrt, die soziale Entwicklung die Ausbildung der Herrschaftsorganisation. Die Verfassung war ein Werk der sich bildenden neuen politischen Eliten, diese wiederum, kraft Rollenverständnis, in ihrem Verhalten nicht zwingend an ihr soziales Herkommen gebunden, und ihr Rollenverständnis orientierte sich an der Herrschaftsorganisation.

Das Ergebnis der Bundestagwahlen von 1949 – Union und SPD stellten zusammen 70% der Wähler und Abgeordneten – signalisierte trotz der Zersplitterung einen Wendepunkt der Parteientwicklung. Wer regieren und regieren können wollte, mußte versuchen, eine tragfähige Koalition unterschiedlicher sozialer Kräfte und unterschiedlicher Parteigruppierungen zusammenzuhalten. Ohne die persönlichen Fähigkeiten, die Konrad Adenauer besaß, wäre das sicherlich nicht so leicht gelungen, so daß 1953 bereits, bei der nächsten Wahl, die CDU/CSU rund 45% der Stimmen erreichte und eine Regierungskoalition aus Union, FDP, Deutscher Partei und BHE möglich geworden war.

Es ist jedoch gleichermaßen unwahrscheinlich, daß, aus welchen materiellen politischen Zielsetzungen heraus auch immer, sich die Anfänge des alternierenden Regierungssystems bereits damals abgezeichnet hätten, ohne daß die geschaffene Herrschaftsorganisation der Regierung Konrad Adenauers eine große Handlungsfreiheit gegeben haben würde. Das Amt versetzte Adenauer – und alle Kanzler nach ihm – in eine Lage, in der er in den Augen der Bevölkerung zum Symbol der sozialen und politischen Erwartungen wurde. Die Tatsache, daß er sich mit der Union auf eine Parteigruppierung stütze, deren Träger sich vorwiegend aus Katholiken rekrutierte, war für ihn weder objektiv noch subjektiv von letztlich ausschlaggebender Bedeutung. Eher könnte man umgekehrt sagen, daß die Herrschaftsorganisation der Bundesrepublik, das Rollenverständnis der politischen Eliten und die Amtsauffassung Adenauers auf dem Hintergrund der überwundenen Minderheitssituation das politische Gesellschaftsverständnis von Katholiken, selbst das der katholischen Kirche in Deutschland verändert haben.

In diesem Zusammenhang ist selbstverständlich die Entwicklung der wirtschaftlichen Struktur ebenso relevant wie die Herrschaftsorganisation. Man mag darüber streiten, wem der wirtschaftliche Aufschwung nach 1949 innerhalb von vier Jahren zuzuschreiben ist: der Erhardschen Konzeption der Sozialen Marktwirtschaft, der dieser Konzeption entsprechenden Wirtschaftspolitik, dem in der Bevölkerung vorhandenen technologischen Wissen, der Motivation, die Folgen des Krieges rasch zu überwinden, der Hausse von 1950 im Gefolge des Koreakrieges, dem Marshall-Plan, der Liberalisierung des Handels, des Kapitals oder der Arbeit in der früheren OEEC u. a. m. Ebenso könnte man darüber diskutieren, ob die relativ bessere Position der Bundesrepublik in der Rezession nach 1973 auf die günstigeren Umstände oder die soziale Komposition der Bundesregierung nach 1972/74 zurückzuführen sei. Beides würde übersehen lassen, daß als eine wesentliche Folge der Herrschaftsorganisation von 1949 und der Entwicklung, die diese seit Adenauer erfahren hat, die ausgewogene Aggregation sozialer, wirtschaftlicher und politischer Interessen in wechselnden materiellen Konstellationen möglich geworden ist. Von den Investitionshilfegesetzen der Jahre 1949 bis 1951 bis hin zur erstmals unter Erhard voll praktizierten „Konzertierten Aktion" ist eine hohe Effizienz wirtschaftspolitischer Entscheidungen erreicht worden, freilich unter großen Ver-

zichten auf unmittelbare Partizipation der einzelnen in der Wahrung ihrer Individualinteressen.
Diese Effizienz war wiederum einer der wesentlichen Faktoren für die Herausbildung eines allgemeinen Konsens über die Verfassung. Was in den fünfziger Jahren (und später) als „Restauration" kritisiert worden ist, hat sich bereits damals, vor allem aber heute als eine außerordentliche Reform der wirtschaftspolitischen Willensbildung erwiesen, die in anderen Verfassungsstaaten nicht gleichermaßen gewährleistet ist. Ohne die in den fünfziger Jahren entwickelte Struktur der sozial- und wirtschaftspolitischen Willensbildung wäre kein Kanzler in der Lage, die Bundesrepublik international so zu repräsentieren, wie sie sich in den Augen des Auslandes spiegelt.
Dies zu betonen, heißt freilich nicht, die jeweiligen Inhalte der Entscheidungen per se zu akzeptieren. Es heißt aber, daß offenbar die unter Adenauer entstandene „formale" Herrschaftsorganisation der Bundesrepublik eine hohe Chance effizienter Politik für die Bevölkerung bietet und gleichzeitig den Wandel inhaltlicher Ziele gestattet.
Ämter und Verfahrensweisen der politischen Willensbildung haben eine geschriebene und real praktizierte „Verfassung" geschaffen, in der unterschiedliche soziale Gruppen eine Chance der Verwirklichung ihrer Ziele haben und unterschiedliche soziale Entwicklungen zum Tragen kommen können. Das gilt besonders für die Amtszeit Adenauers. Bei dem Abstand, den wir heute haben, wird es auch deutlich, daß er die Möglichkeiten dieser Herrschaftsorganisation voll auszuschöpfen versucht und sich letztlich nicht auf singuläre soziale Positionen gestützt hat, obwohl er einen sehr ausgeprägten persönlichen Werthorizont besaß. Mit Hilfe der Herrschaftsorganisation hat er sich eine auf lange Zeit tragfähige soziale Basis geschaffen.

III.

Das Entstehen einer, wie es im internationalen Vergleich in den siebziger Jahren scheint, so tragfähigen, repräsentativ-demokratischen Herrschaftsorganisation war in den Jahren nach dem Krieg ebensowenig vorgezeichnet wie die Entwicklung der Gesellschaft in der Bundesrepublik. Es fällt auch allgemein schwer, die unmittelbaren Erfahrungen der Gründergenerationen den Jüngeren zu vermitteln; das historische Palimpsest ist nicht leicht zu entziffern.
Ein zerstückeltes Land, dessen geistig-politische Sonderentwicklung die Katastrophe von 1933 bis 1945 wesentlich verursacht hatte, eine zerstörte Wirtschaft, Millionen von entwurzelten Menschen, zerrissene soziale Einbettungen, keinerlei politische Strukturen (es sei denn, allenfalls als Erinnerung) und eine Militärdiktatur, die zumindest in den Anfängen eine „Agrarisierung" Deutschlands zum Ziele hatte – in dieser Situation gab es überhaupt kaum Ansatzpunkte für eine soziale Einbindung der Politik. Was geblieben war, waren einige wenige aktive Führungsgruppen der Sozialdemokraten oder der Liberalen sowie die Kirchen und ihre aktiven Laien. Gänzlich verloren waren mindestens zwei Generationen von Wissenschaftlern, vor allem der forensischen Disziplinen; der frühere jüdische Bevölkerungsanteil, der die kulturelle und politische Entwicklung Deutschlands so nachhaltig beeinflußt hatte, war

teils emigriert, teils getötet worden. Das muß in aller Deutlichkeit gesehen werden.

Für die Union waren die Erfahrungen der Kirchen und aktiven Laiengruppen im Dritten Reich konstitutiv. Sie boten die Schale, in der sich sozial heterogene Teile der Gesellschaft zusammenfanden. Wie das Zentrum früher für Katholiken, so die Union für Katholiken und Protestanten unter der Bevölkerung gleichermaßen, waren die sich bildenden politischen Einstellungen nicht an soziales Herkommen gebunden. Die Auffassung, daß die CDU/CSU eine ,,klerikale, konservative, kleindeutsche und kapitalistische" Partei sei, wie Kurt Schumacher behauptete, gehörte zu den schwerwiegenden Mißverständnissen der Sozialdemokratie nach 1946. Der Stratifikation nach war die Union immer eine Partei von armen und reichen, ungelernten wie studierten Wählern zugleich. Sie tendierte zur Mehrheitspartei von Anfang an, was die besonderen Probleme solcher Parteien einschloß wie die Regierungschancen, die sich damit boten. Die katholischen wie evangelischen Komponenten in der Mitgliedschaft wie unter den Wählern trugen ebenso zum ,,Erfolg" der Union bei wie auf andere Weise die liberalen, die in den ersten 15 Jahren maßgeblich die wirtschaftliche Strukturbildung beeinflußten.

Insofern war die Union gewiß eine Partei, die gesellschaftspolitisch dem damaligen kirchlich orientierten ,,konservativen" Trend der Bevölkerung entsprach – angesichts der Zerstörung aller sozialen Bindungen nicht gerade unverständlich. Sie war ,,kapitalistisch", insofern sie der sozial gebundenen, liberalen Wirtschaftspolitik das Wort redete – angesichts der in den letzten 30 Jahren eingetretenen Zuwachs- und Produktivitätsraten der Wirtschaft, gerade im Vergleich zu sozialistischen Ländern, ein Werk langfristiger Politik, das für sich spricht.

Als sich Adenauer des Kommandos der Union in der britischen Besatzungszone bemächtigte (man muß den Akt dieser Amtsübernahme so bezeichnen), war die soziale Basis der Union nicht nur heterogen, sondern eher diffus. Von einer ausgeformten Parteiorganisation konnte ebensowenig die Rede sein wie von einer unmittelbaren Bindung an einzelne, bestimmte und strukturierte soziale Gruppen der Gesellschaft und deren politische Meinungen.

Die Konzeption der Sozialen Marktwirtschaft war das Ergebnis des Zusammenwirkens wissenschaftlicher Intelligenz mit Ludwig Erhard, nicht das des Kapitals, dessen Vertreter bis in die fünfziger Jahre ohnehin keine dezidierte wirtschaftspolitische Position auswiesen. Deutlich war allerdings die starke Betonung der individuellen Grundwerte, die dem religiösen wie dem liberalen Denken entsprachen.

In dieser Situation war es zwar nicht vorher bestimmt, aber wichtig, daß Adenauer der Konzeption des Zentrums entschieden widersprach und sich zu einer Mehrheitsstrategie, nicht einer Proportionalisierung sozialer Gruppen entschloß. Die aktiven, sozial gebundenen Gruppen in der Union boten ihm lediglich ein unterstützendes Milieu für Ziele, die weit darüber hinausgingen. Für Auffassungen, in denen sich ,,Fortschritt" mit ,,Sozialismus" verbindet, wie das heute vielfach der Fall ist, ist es unverständlich, nichtsdestoweniger aber richtig, daß Adenauer insofern ein ,,Reformator" war, als er einen tiefgehenden Wandel der sozialen Verhältnisse von vornherein anstrebte.

Wie in der Außenpolitik der ,,einfache" Gedanke der Integration des neuen Deutschland in die politisch-kulturelle Entwicklung der westlich industriellen Demokratien der Leitgedanke seiner Politik war, so zieht sich wie ein Faden durch seine Gesellschaftspolitik die Vorstellung von einer humanen, an individuelle Werte gebundenen und in ihren sozialen und wirtschaftlichen Grundlagen freien Gesellschaft. Die demokratische Herrschaftsordnung mit dem Kanzleramt als Zentrum der Politik ebenso wie die Wirtschaftspolitik, die materielle Güter zuerst schaffen wollte, ehe man an ihre Verteilung denken konnte, waren Mittel zu diesen Zwecken. Die Vorstellungen einer ,,post-industriellen" Gesellschaft, die heute viele bewegt, und die darin beschlossenen vielfältigen Freiheitlichkeiten der Lebensgestaltung, konnten erst dann entstehen, als eine voll entwickelte industrielle Gesellschaft aufgebaut worden war. Und der ausgeprägt individualistische Zug im heutigen sozialen Verhalten wurde erst möglich, als diese Freiheit und Freiheitlichkeiten institutionell und kollektiv abgesichert waren. Es hieße – bei aller Kritik oder Abschattierung – Adenauer unterschätzen, wenn man ihm unterstellen wollte, daß er die Errichtung der Kanzlerherrschaft als Selbstzweck betrieben hätte und so die Ergebnisse seiner Politik lediglich eine List der Vernunft gewesen seien. Je länger, desto deutlicher wird das bewußte politische Wollen Adenauers.

Deutlicher als manche seiner Nachfolger in der Union hatte Adenauer erkannt, daß eine Bindung dieser Partei an bestimmte Gruppen, etwa den katholisch-ländlichen-kleinstädtischen Bevölkerungsteil, eine strukturelle Minderheitensituation herrufen mußte. Das war, zumindest nach 1969, die Gefahr, der sich die CDU/CSU aussetzte. Adenauer gefährdete immer dann seine Basis, wenn er sich in der Gesetzgebung einseitig auf eine bestimmte soziale Gruppe stützte: So 1953 mit der Ernennung Wuermelings zum Familienminister, was ihn selber unmittelbar, vor allem aber die Union in den sechziger Jahren in Widerspruch zu den Wertvorstellungen der Gesellschaft setzte. So nach 1957 mit einer relativ einseitigen Unternehmerpolitik, die eine heftige Opposition geradezu hervorrufen mußte. Eine Mehrheitspolitik hat ihm dagegen immer unmittelbaren Konsens verschafft, so etwa die Gewerkschaftspolitik nach 1951, die Theodor Eschenburg (mehrfach) als die eigentliche Innenpolitik Adenauers bezeichnet hat.

Das Wahlergebnis von 1949, mehr noch aber das ,,Wahlwunder" von 1953 oder die Mehrheit von 1957 spiegeln in der Zusammensetzung der Wählerschaft die eigentliche soziale Basis der Herrschaft Adenauers. Mit Ausnahme der vorwiegend gewerkschaftlich organisierten, kirchlich ungebundenen Arbeiterschaft, der zahlenmäßig geringen, aber meinungsbildenden künstlerischen Intelligenz und des harten Kerns antikirchlicher FDP-Wähler hatte er in allen Schichten starke Unterstützung gefunden. Das Amt und die vom Amt aus geführte Politik hatten eine ,,catch-all-party" im Sinne Otto Kirchheimers geschaffen.

Diese Basis war nicht mehr diffus. Unterschiedlichste Gruppen der Gesellschaft waren organisatorisch inzwischen mit den politischen Institutionen vermittelt, und diese selber waren, wie gesagt, in differenzierter Weise entwickelt worden. Die Risiken lagen für Adenauer – und generell heute für die Union – in dieser Position selber begründet:

Starke Parteibindungen großer Teile der Bevölkerung waren weder das Ziel der Mehrheitspolitik, noch konnten sie sich aus einer solchen Politik bilden. Solange die SPD eine einseitige Politik der Schichtgebundenheit betrieb, hatte sie kaum eine Chance, über 30% der Wähler hinaus zu gelangen. Erst als sie sich nach 1959 mit dem Godesberger Programm anschickte, ebenfalls eine Mehrheitsposition aufzubauen, gefährdete sie die Mehrheitsbasis der Union. Die ersten Erfolge dieser Politik für die SPD stellten sich 1961 ein; die schwache Parteibindung der CDU/CSU-Wähler ließ sie Opposition wählen, wenngleich zunächst auch eher die FDP als die SPD davon profitierte. Generell gilt heute für alle regierenden Parteien, daß die Wahrnehmung einer ,,schlechten" wirtschaftlichen Entwicklung oder eine einseitige Interessenpolitik Kritik hervorruft. Anders gesagt: Es war für Adenauer wegen der SPD-Position leichter als für seine Nachfolger eine Mehrheitspolitik durchzuführen. Aus der Chance ist eine beschwerliche Pflichtübung geworden.

Zweitens ließ es die Art, wie Adenauer diese Mehrheitspolitik noch ausführen konnte, zwar zu, daß das Regierungssystem der Bundesrepublik allgemein akzeptiert wurde, gestattete aber einen deutlich elitistischen Trend in der Meinungsbildung. Politisches Engagement und Partizipation der Bevölkerung gingen zurück, mehr als im Sinne der Aufrechterhaltung gelernter demokratischer Verhaltensweisen gut sein konnte. Solches Engagement ist wieder eher erforderlich, nachdem das System alternierender Regierungen beide Opponenten, Union wie SPD, zwingt, eine Mehrheitsposition nicht nur mit einer ,,over-all" Strategie der Meinungsbildung anzustreben, sondern langfristig, ,,von der Basis her" aufzubauen.

Drittens unterblieb die Weiterentwicklung verfassungspolitischer Verfahrensweisen, die den Problemen der entwickelten Industrienation Bundesrepublik gerecht würden. Die gouvernementale, allein an der Effizienz der Regierung orientierte, stark wirtschaftlich bestimmte Einstellung der Wählerschaft insgesamt beförderte eine Kurzfristigkeit der politischen Entscheidung, die angesichts der wachsenden globalen Probleme sehr kritische Entwicklungen hervorrufen kann und bereits hervorgerufen hat.

Viertens hat die Mehrheitsposition Adenauers unter der Bevölkerung innerhalb der Union etwas vergessen lassen, daß ihre ursprünglich aktiven Mitglieder katholischer und protestantischer Provenienz zugleich waren. Die Schwäche des Evangelischen Arbeitskreises der Union ist ebenso evident wie, im Gefolge einseitiger Einstellungen und personeller Auslesemuster in der Mitgliedschaft und Führung der Union, der Rückgang evangelischer Wählerschichten insgesamt. Darüber hinaus stellt die Zunahme säkularer Einstellungen in der Bevölkerung die Union vor einen neuen Konflikt. Diese Zunahme ist aber ebenso ein Ergebnis der Gesellschaftsentwicklung unter Adenauer, wenngleich gewiß ungewollt.

Wenige Politiker im Deutschland der Nachkriegszeit und wenige Politiker im Ausland hatten und haben so wie Konrad Adenauer begriffen, daß die Verwirklichung einer humanen Gesellschaft ihre Industrialisierung voraussetzt, dies geeignete demokratische Institutionen und Verfahrensweisen erfordert, und eine einseitige Politik im Interesse einer sozialen Gruppe allein, welcher auch immer, diesem Ziel zuwiderläuft. Unsere heutige Aufgabe ist es, zu begreifen, welche Aufgaben und Probleme die Säkularisierung der industriellen Gesellschaft stellt.

1 Vgl. Frank Dishaw, Bemerkungen zur Konkurrenz im deutschen Parteiensystem, in: Sozialwissenschaftliches Jahrbuch für Politik. Hrsg. von Rudolf Wildenmann. Bd. 2, München-Wien 1971, S. 61ff.

2 Vgl. u.a. Sigmund Neumann, Germany, in: Taylor Cole. European Political Systems, New York 1961, S. 323ff.

3 Vgl. Birgitta Nedelmann, Handlungsraum politischer Organisationen. Entwurf eines theoretischen Bezugsrahmens zur Analyse von Parteientstehung, in: Sozialwissenschaftliches Jahrbuch für Politik. Hrsg. von Rudolf Wildenmann. Bd. 4, München-Wien 1975, S. 9ff.

4 Vgl. Karl Dietrich Bracher, Die Auflösung der Weimarer Republik, Stuttgart-Düsseldorf 1957.

5 Vgl. Rudolf Wildenmann, Partei und Fraktion, Meisenheim 1954.

6 Vgl. Rudolf Wildenmann, Macht und Konsens als Problem der Innen- und Außenpolitik, 2. Auflage, Köln 1967.

WERNER KALTEFLEITER

Die Entwicklung des deutschen Parteiensystems in der Ära Adenauer

Als Konrad Adenauer 1949 zum ersten Kanzler der Bundesrepublik mit einer Stimme Mehrheit gewählt wurde, hatten elf Parteien und zwei Unabhängige Sitze im Deutschen Bundestag. Als er 1961 zum vierten Mal zum Bundeskanzler gewählt wurde, waren nur noch CDU/CSU, SPD und FDP im Bundestag vertreten. Diese formale Zusammensetzung des Parlaments signalisiert bereits den Strukturwandel des deutschen Parteiensystems, der in der Ära Adenauer weitgehend vollzogen, jedoch nicht abgeschlossen wurde: es ist der Wandel von einem Vielparteiensystem Weimarer Provenienz zu einem alternierenden Parteiensystem angelsächsischer Prägung. Dieser Strukturwandel des deutschen Parteiensystems bildet den Hintergrund, vor dem sich die Kanzlerdemokratie im Adenauerschen Stil entwickeln konnte. Er bildet zugleich die Rechtfertigung dafür, daß René Allemann bereits 1956 seinem Sammelband über deutsche Politik den später so viel zitierten Titel ,,Bonn ist nicht Weimar" geben konnte[1]. Dieser Strukturwandel umfaßt drei Aspekte:
1. Die quantitative Veränderung der Zahl der Parteien, die sich in dem Konzentrationsprozeß von elf auf drei Parteien widerspiegelt.
2. Die qualitative Veränderung des Parteitypus, der die Weltanschauungsparteien und damit geborene Minoritätsparteien[2], die CDU/CSU und SPD 1949 in Weimarer Tradition noch darstellten, in potentielle Mehrheitsparteien transformierte.
3. Die qualitative Veränderung der Struktur der deutschen Wählerschaft.
Alle drei Aspekte sind selbstverständlich miteinander verwoben. Ohne z. B. die Veränderung der Struktur der Wählerschaft wären die beiden anderen Veränderungen nicht möglich gewesen, die ihrerseits wesentlich dazu beigetragen haben, daß diese Strukturveränderung sich in dieser Form vollziehen konnte.
Konrad Adenauer hat durch seine Politik diese Veränderungen wesentlich mitgeprägt, zum Teil ohne sich der strukturellen Rückwirkungen seines Handelns bewußt zu sein.

1. Die Konzentration des deutschen Parteiensystems

1949 konnten CDU/CSU und SPD gemeinsam etwa 60% der Wählerschaft auf sich vereinigen, nicht viel mehr als SPD und Zentrum in der Weimarer Republik. 1961 waren es über 80% und 1972 gar über 90%. Diese Entwicklung ist um so bemerkenswerter, als nach 1949 zunächst eine Zersplitterung eintrat, die vor allem durch die Erfolge der DRP bzw. SRP, dann auch durch die des BHE gekennzeichnet war. Diese Entwicklung veranlaßte bis 1952 viele Kommentatoren[3], der Bundesrepublik ein Schicksal nach dem Weimarer Vorbild vorauszusagen. Daß es dazu nicht kam, hat vier wesentliche Gründe:

a) Konstitutionaler Faktor für diese Entwicklung war die Entscheidung Konrad Adenauers, zum Teil gegen heftigen Widerstand seiner eigenen Partei[4], 1949 eine Kleine Koalition zu bilden und damit die SPD in die Rolle einer starken Opposition zu verweisen. Freilich kann nicht übersehen werden, daß diese Entscheidung vorgeprägt war durch Erhards Reform der Wirtschafts- und Sozialordnung[5], die nach der Währungsreform von 1948, mehr als ein Jahr vor der Bildung der ersten Bundesregierung, begonnen hatte[6].

Die Koalition für eine freie Wirtschaftsverfassung im Frankfurter Wirtschaftsrat bildet die Basis der Koalition Adenauers[7]. Aber gerade diese inhaltliche Grundlage war vielen in der CDU suspekt, wie sich dies im Ahlener Programm manifestierte[8]. Hinzu kamen viele persönliche Bindungen zur SPD, teils aus dem Widerstand gegen den Nationalsozialismus, teils aus Erfahrungen in der Weimarer Republik heraus. Wie Adenauer sich durchsetzte, ist vielfach beschrieben worden[9]. Er scheint einem sicheren machtpolitischen Instinkt gefolgt zu sein, wesentlich sind die strukturellen Wirkungen. Mit einer starken Opposition war die Grundlage für ein alternierendes Parteiensystem geschaffen. Adenauers CDU und Schumachers SPD symbolisierten alternative Regierungsangebote, um die sich die Wählerschaft konzentrieren konnte. Daß diese Konzentration eintrat, hat vielfältige Ursachen, sie alle hätten aber bei einer Großen Koalition 1949 nicht wirksam werden können. Die historische Frage, was wäre, wenn, ist in der Regel wenig sinnvoll zu stellen. Ein Szenario jedoch, das 1949 mit einer Großen Koalition beginnt, führt nicht zu einer Konzentration des Parteiensystems. Daß Adenauer diese strukturellen Implikationen gesehen hat, erscheint zweifelhaft. Sein Spiel mit dem Gedanken einer Großen Koalition 1962[10] sowie seine Unterstützung dieser Koalition 1966[11] sprechen dagegen. Das schmälert die strukturelle Bedeutung dieser Entscheidung jedoch nicht.

b) Die in der Koalitionsbildung von 1949 angelegte duale Organisation des Parteiensystems wurde durch den polarisierenden Oppositionsstil Kurt Schumachers[12], dessen Führungsanspruch es im übrigen Adenauer wesentlich erleichterte, die Kleine Koalition durchzusetzen, verstärkt. Adenauer griff diesen Oppositionsstil bereitwillig und kampfeslustig auf und erhöhte damit den dualisierenden Effekt. Er ließ die Existenz von politischen Alternativen im System der Bundesrepublik Deutschland in der Bevölkerung rasch bewußt werden – was in Weimar nie der Fall gewesen war[13]. Die Bundestagswahl von 1953 war die erste in Deutschland, die zu einem Personalplebiszit wurde, und die CDU griff, indem sie diese Wahl unter das Motto „Deutschland wählt Adenauer" stellte, diesen Trend auf[14]. Seither sind alle Bundestagswahlen zu einem erheblichen Teil „Kanzlerwahlen" geworden[15], was allen Drittparteien stets die Strategie des „Ja-aber" oder „Nein-aber" aufdrängt[16], sie damit aber letztlich in das duale Parteiensystem hineindrängt (daß es für die FDP heute unbestritten ist, vor einer Wahl eine Koalitionsaussage zu machen, verdeutlicht dies).

Der Wählerschaft wird auf diese Weise eine alternative Fragestellung suggeriert, die formal im Wahlrecht nicht angelegt ist. Von „Adenauer oder Schumacher" bis zu „Schmidt oder Kohl" reicht diese Kette alternativer Fragestellungen in zu Kanzlerwahlen gewordenen Bundestagswahlen. Die in der Verfassung angelegten Elemente des deutschen Regierungssystems, das man später mit dem Begriff „Kanzlerdemokratie"[17] belegte, bildeten dafür eine wesentliche institutionelle Voraussetzung, obwohl die Erfahrungen späterer Kanzlerschaften zeigten, daß das Grundgesetz die Möglichkeit einer „Kanzlerdemokratie" bietet, diese aber nicht von sich aus hervorbringt. Dazu bedarf es ergänzender Faktoren.

c) Die institutionelle Veränderung gegenüber Weimar, an die Stelle des automatischen Systems einen durch die Fünf-Prozent-Klausel begrenzten Proporz zu setzen, wird häufig in seiner Bedeutung überschätzt. Die Fünf-Prozent-Klausel erschwert den Neueintritt in die Politik, sie privilegiert dagegen vorhandene Parteien. Alle Parteien von 1949 hatten die Klausel übersprungen, ihnen haftete also nicht das Image einer Papierkorbpartei an, die Absorption ist somit der Sperrklausel nicht zuzuschreiben. Die Umwandlung der Fünf-Prozent-Klausel[18] in der Wahlrechtsänderung von 1953 von einer landes- zu einer bundesbezogenen Klausel hat dagegen den Konzentrationsprozeß gefördert[19], indem sie Parteien mit regionalen Schwerpunkten (Bayernpartei und Deutsche Partei) die Basis des bundespolitischen Erfolges entzog.

d) Wichtiger als alle diese Faktoren ist jedoch die von der wirtschaftlichen Entwicklung ausgehende soziale Befriedung[20]. Daß es wirtschaftlich wieder nach oben gehen würde, wurde im Winter 1952/53 erstmals perzipiert, und führte dann in der Wahl 1953 zu jenem Stimmenanstieg der CDU/CSU, der als das deutsche Wahlwunder[21] bezeichnet wurde. Die Unionsparteien erreichten 45% der Stimmen und waren damit potentielle Mehrheitspartei, eine Stärke, die sie seither nicht mehr unterschritten haben. Der alten Regel „you can't beat the boom" folgend, kam die Perzeption des Wirtschaftswunders der Regierung zugute, was zugleich zur Folge hatte, daß mit dem Beginn dieses großen Konzentrationsprozesses jenes Strukturproblem des deutschen Parteiensystems geschaffen wurde, das dieses Parteiensystem bis 1965, je nach Betrachtungsweise sogar bis 1972, kennzeichnete: die Asymmetrie[22]. Während der CDU/CSU der Sprung von der Minoritätspartei zur potentiellen Mehrheitspartei innerhalb einer Legislaturperiode gelang, verharrte die SPD zunächst in ihrem Turm von Weimar. Erst 1972 erreichte sie die Stärke der CDU/CSU von 1953.

Die Wahl von 1961 bedeutet einen Meilenstein in dem Abbau dieser strukturellen Asymmetrie, weniger wegen der geringeren Distanz zwischen den beiden großen Parteien, sie betrug immer noch mehr als 9%, als vielmehr wegen des sich in dieser Wahl erstmalig deutlich zeigenden Wandels der Struktur der Parteien und der Wählerschaft[23].

2. Die Veränderung des Parteitypus

Daß Adenauer seine Partei vernachlässigt habe, ist gängigster Kritikpunkt an seiner Kanzlerschaft[24]. Allein die organisatorischen Bemühungen der CDU um eine Reform ihrer Organisationsstruktur, die bereits 1962 mit der Wahl von

Josef Hermann Dufhues zu einem geschäftsführenden Vorsitzenden einsetzten und seitdem nicht enden[25], verdeutlichen diese herrschende Meinung anschaulich. Diese Kritik geht jedoch vielfach von einem Verständnis der Rolle politischer Parteien aus, die den Anforderungen des parlamentarischen Systems nicht entspricht[26]. Vielleicht war die „Vernachlässigung" seiner Partei der wichtigste Beitrag Adenauers zur strukturellen Umgestaltung des deutschen Parteiensystems. Adenauer trieb Regierungspolitik. Die Partei war für ihn das Instrument, um parlamentarische Mehrheiten zu bekommen, in Wahlen bzw. in Koalitionsverhandlungen. Kabinettsentscheidungen traten an die Stelle programmatischer Konzeptionen[27]. Der Kontrast zwischen dem sozialromantischen Ahlener Programm und der an modernen wirtschaftswissenschaftlichen Erkenntnissen orientierten Wirtschaftspolitik der Sozialen Marktwirtschaft verdeutlicht dieses unbestrittene Übergewicht der Regierungspolitik gegenüber der parteipolitischen Programmatik. In diesen scheinbaren Detailfragen verbirgt sich jedoch ein Strukturwandel: Minoritätsparteien können Detailprogramme haben, potentielle Mehrheitsparteien können nur zwischen ebenso nichtssagenden wie allumfassenden unverbindlichen amerikanischen „Plattformen" und den pragmatischen Orientierungen an der Regierungsaussage wählen. Auch hier handelte Adenauer kaum strukturorientiert. Die Situation, in der er sich befand, legte ihm diesen Weg nahe, wollte er erfolgreich sein. Damit brach er seine Partei aus dem katholisch-ländlichen Milieu mit einigem protestantisch-städtischen Festtagsschmuck heraus und machte sie mehrheitsfähig. Die CDU/CSU wurde „Allerweltspartei", ein Begriff, den der Sozialist Kirchheimer[28] als pejorativ erdachte, der das größte Kompliment an eine Partei ist: Nur wer in einer modernen Industriegesellschaft für alle Welt wählbar ist, ist mehrheitsfähig. Volkspartei nannte ein Meinungsforscher überrascht 1961 die CDU/CSU , als er feststellte, daß die Wählerschaft der Union trotz gewisser Schwerpunkte über alle sozialen Gruppierungen hinweggriff[29].

Wäre diese Entwicklung möglich gewesen, wenn Adenauer als Parteivorsitzender im klassischen Sinne um die programmatische Profilierung seiner Partei besorgt gewesen wäre? Deutschland wählte 1953 Adenauer und wandte sich damit zugleich vom Parteitypus der Weimarer Republik ab.

Sechs Jahre innerparteilicher Auseinandersetzungen mußten vergehen, ehe die SPD begann, nachzuziehen[30]. Mit dem Godesberger Programm versuchte sie zu signalisieren, daß der Weg von Adenauers CDU zur Volkspartei nachvollzogen werden müßte, wollte sie erfolgreich sein. Inzwischen ist deutlich geworden, daß das Godesberger Programm in breiten Teilen Formelkompromisse darstellte, die von den Sozialisten in der SPD, d. h. von denen, die die Partei im Sinne einer Weltanschauungspartei des Kaiserreiches verstehen, inhaltlich nicht akzeptiert worden sind. In den innerparteilichen Auseinandersetzungen in der SPD heute[31] spielt auch der Kampf um die „eigenständige Rolle" der Partei neben ihrem Kanzler und seiner Regierung eine Rolle, die keine Partei ohne Gefährdung ihrer Mehrheitschancen spielen kann.

Wenn heute die Frage einer bundesweiten Organisation der CSU oder der Gründung einer vierten Partei mit ähnlicher Funktion erörtert wird, so gehen die Befürworter dieses Konzepts von der Annahme aus, Wählerschichten durch spezifischen Programmproporz ansprechen zu können. Unabhängig von den

Erfolgschancen solcher Maßnahmen, die es hier nicht zu erörtern gilt, ist die Implikation eine Rückverwandlung der deutschen Parteien auf den Stand von 1949: zu weltanschaulich orientierten Minoritätsparteien. Nicht zu Unrecht fürchtet deshalb Helmut Schmidt, daß auf die Gründung der ,,vierten Partei" die einer USPD erfolgt[32]. Adenauer hat auch durch seine Vernachlässigung der ,,eigenständigen" Rolle seiner Partei dazu beigetragen, diesen Parteitypus zu überwinden[33]. Im parlamentarischen System hat die Partei dienende Funktion zum Machterwerb und zur Machtbehauptung. Adenauer hat daran kaum gedacht, er hat danach gehandelt.

3. Strukturwandel der Wählerschaft

Der Strukturwandel der Wählerschaft ist einerseits das Ergebnis der beschriebenen Entwicklungstendenzen, er hat sie andererseits erst ermöglicht. Drei Elemente sind hervorzuheben:

a) Zu den Folgen des Zweiten Weltkrieges gehörte auch, insbesondere bedingt durch die weitgehende Zerstörung der gewachsenen Wohnstrukturen und der Vertreibung, daß überlieferte soziale Gruppierungen und Bindungen und – damit verbunden – Distanzen abgebaut wurden. Diese erzwungene Mobilität[34] führte zu einer Auflösung oder zumindest zur Lockerung von Gruppenbindungen, führte separierte Gruppen zusammen und verminderte die auf Vorurteilen beruhenden Gruppenkonflikte[35]. Gerade ein Vergleich mit der englischen und französischen Gesellschaftsstruktur verdeutlicht diese Modernisierung, die die deutsche Gesellschaft durch diese erzwungene Mobilität erfahren hat. Damit war eine erste Voraussetzung dafür geschaffen, daß die aus dem Kaiserreich überlieferte Konfliktstruktur, die die Grundlage des Vielparteiensystems bildete, abgebaut werden konnte.

b) Das rasche wirtschaftliche Wachstum beschleunigte diesen Prozeß in doppelter Hinsicht. Einerseits ermöglichten die ständigen Wachstumsraten eine soziale Befriedung, die ihren sichtbarsten Ausdruck in der raschen Integration der Vertriebenen fand. Damit war vor allem die soziale Basis für Protestparteien entzogen, wie sie neben der KPD und der SRP, vor allem auch der BHE potentiell darstellte[36].

Nicht weniger wesentlich war jedoch die damit einhergehende Entwicklung der Bundesrepublik zu einer modernen Industriegesellschaft. Das Eindringen städtischer Lebensformen in ländliche Gebiete, sei es durch Industrialisierung, sei es durch die neuen Formen der Massenkommunikation, insbesondere das Fernsehen, bewirkte weitgehende Lockerung der traditionellen Gruppenbindungen des katholisch-ländlichen Milieus. Das gilt in analoger Form auch für die industrielle Agglomeration, wo der Anstieg des Lebensstandards, der die Industriearbeiterschaft in den Mittelstand hineinwachsen ließ, dazu beitrug, daß die sozialistische Kultur die Homogenität verlor, die sie noch in der Weimarer Republik prägte. In wachsendem Umfang gerieten Menschen in den Einzugsbereich sich kreuzender sozialer Kreise[37] und – damit verbunden – heterogener Informationsflüsse[38], mit der Folge, daß auch ihr politisches Verhalten weniger sozial determiniert war. Aus den Anhängern von Minoritäts-

und Weltanschauungsparteien wurden potentielle Wechselwähler – die Voraussetzung für die Entwicklung potentieller Mehrheitsparteien[39].

c) Diese Entwicklung vollzog sich weitgehend in den fünfziger Jahren. Solange die SPD in der traditionellen Rolle einer sozialistischen Minoritätspartei verharrte, ermöglichte dieser Strukturwandel der Wählerschaft nur den Aufstieg der CDU/CSU zur Mehrheitspartei. Dementsprechend vollzog sich der Wählerwechsel in dieser Periode weitgehend zwischen CDU/CSU einerseits und den anderen „bürgerlichen" Parteien, einschließlich der Gruppe der Nichtwähler andererseits. Die SPD partizipierte, wenn man einmal von der Absorption der KPD und einem gewissen Wähleraustausch mit dem BHE absieht, an diesem Wählerwechsel nicht. Sie verharrte in ihrem Turm von Weimar, insbesondere gab es keinen nennenswerten Wähleraustausch zwischen SPD einerseits und CDU/CSU andererseits[40].

Nachdem die Wählerschaft das Godesberger Signal der SPD, sie auch als Volkspartei zu verstehen, perzipierte, kam es in der Bundestagswahl 1961 erstmalig zu einem Wähleraustausch zwischen den beiden großen Parteien[41], womit eine zentrale Voraussetzung für die Entwicklung zu einem alternierenden Parteiensystem geschaffen war. Zwar dauerte es noch bis 1972, ehe die SPD die Stärke der CDU/CSU erreichte (bzw. geringfügig übertraf), wesentlich ist jedoch, daß 1961 die grundsätzliche Öffnung der beiden Wählergruppierungen erreicht war. Beide großen Parteien waren für die Sympathisanten der jeweils anderen Partei grundsätzlich wählbar[42]. Das zeigt sich deutlich auch in den Landtagswahlen nach der letzten Regierungsbildung unter Adenauer, als die Ablehnung seiner Koalition mit der FDP zu deutlichen Stimmenverlusten von CDU/CSU und FDP und entsprechenden Gewinnen der SPD führte, eine Tendenz, die sich wieder umkehrte, als im Frühjahr 1963 Ludwig Erhard – unmittelbar vor der Landtagswahl in Niedersachsen – zum Nachfolger Adenauers benannt wurde[43].

4. Die Labilität des Parteiensystems

Der Konzentrationsprozeß, der Wandel des Parteitypus und die Strukturveränderung der Wählerschaft sind die wesentlichen Elemente der Transformation des Vielparteiensystems in ein alternierendes Parteiensystem. Die wesentlichen Grundlagen für diesen Prozeß wurden während der Kanzlerschaft Adenauers gelegt. Es kann jedoch nicht übersehen werden, daß diese Form des Parteiensystems durch eine strukturelle Labilität gekennzeichnet ist, die ihre Ursache in der fehlenden institutionellen Absicherung hat. Gerade die Erfolge in der NPD, unmittelbar vor und während der Großen Koalition[44], verdeutlichen, daß die Fünf-Prozent-Klausel nicht ausreicht, dieses Parteiensystem abzusichern. Fehlt es an einem ausreichenden Spannungsverhältnis zwischen Regierung und Opposition, wie das in den sechziger Jahren als Folge der Strategie der SPD zur Überwindung der Asymmetrie des Parteiensystems eintrat[45], und kommen protestauslösende Faktoren wie die Stagnation 1966/67 hinzu, dann besteht die Gefahr der erneuten Aufsplitterung. Auch ist die Gefahr von Spaltungen der Alternierungsparteien bei dieser geringen Schwelle für den Neueintritt in die

Politik realistisch, wie gerade die jüngste Diskussion um die Gründung einer vierten Partei zeigt.

Adenauer hat 1956 und 1962 die Einführung eines mehrheitsbildenden Wahlrechts versucht. 1956 konnte die FDP durch den Koalitionswechsel in Nordrhein-Westfalen dieses Bestreben verhindern[46]. Welche Erwägungen den Vorverhandlungen zu einer Großen Koalition 1962 auch immer zugrunde gelegen haben mögen, es kam erst 1966 zu dieser Koalition, die sich aber dann auch als strukturell[47] unfähig erwies, diese sich selbst gestellte Aufgabe zu bewältigen – dem Gesetz folgend, daß ein Parlament nie in der Lage ist, ein Proporzwahlrecht grundsätzlich zu ändern, nachdem es gewählt worden ist[48]. Wesentliche Ursache war dabei der Widerstand in der SPD, die in dieser Frage noch am deutlichsten in ihrer sozialistischen Tradition verhaftet war[49], weil deren Anhänger zu ahnen schienen, daß eine solche Wahlrechtsänderung den Parteitypus grundlegend und auf Dauer verändert hätte. Das Godesberger Programm und alles, was dazu gehörte, kann und konnte als „Imagekorrektur" betrachtet und betrieben werden, eine Wahlrechtsänderung hätte den großen Parteien endgültig den Weg zu einem Rückfall in den Typ einer Weltanschauungspartei verstellt und das alternierende Parteiensystem stabilisiert.

1 Vgl. Fritz René Allemann, Bonn ist nicht Weimar, Köln-Berlin 1956.
2 Zum Begriff vgl. Max Weber, Wirtschaft und Gesellschaft, 1. Halbband, Tübingen 1956, S. 856.
3 Vgl. Alfred Weber, Haben wir Deutschen seit 1945 versagt?, in: Die Wandlung, Dezember 1949, S. 740ff.
4 Vgl. Konrad Adenauer, Erinnerungen 1945–1953, Stuttgart 1965, S. 223ff.
5 Vgl. Heino Kaack, Geschichte und Struktur des deutschen Parteiensystems, Opladen 1971, S. 189.
6 Vgl. Adenauer, S. 225 und S. 229.
7 Vgl. Franz Alt, Der Prozeß der ersten Regierungsbildung unter Konrad Adenauer, Diss. Heidelberg 1968.
8 Vgl. Arnold J. Heidenheimer, Adenauer and the CDU. The Rise of the Leader and the Integration of the Party, Den Haag 1960, S. 122ff.
9 Vgl. z. B. Heidenheimer, S. 178ff.
10 Vgl. Kaack, S. 277.
11 Vgl. Neue Zürcher Zeitung vom 28. November 1966.
12 Vgl. Lewis J. Edinger, Kurt Schumacher. Persönlichkeit und politisches Verhalten, Köln-Opladen 1967, S. 305ff.
13 Vgl. Ferdinand Hermens, Verfassungspolitischer Immobilismus in der Bundesrepublik? Ein offener Brief an den Bundespräsidenten, in: Verfassung und Verfassungswirklichkeit, Jahrbuch 1972, Teil 2, S. 11.
14 Vgl. Wolfgang Hirsch-Weber, Klaus Schütz u. a., Wähler und Gewählte. Eine Untersuchung der Bundestagswahlen 1953, 2. Auflage, Köln-Opladen 1967, S. 29ff.
15 Für 1957 vgl. z. B. Uwe Kitzinger, Wahlkampf in Westdeutschland, Göttingen 1960, S. 70ff., insbesondere auch S. 86ff.
16 Vgl. Werner Kaltefleiter, Konsens ohne Macht? Eine Analyse der Bundestagswahl vom 19. September 1965, in: Verfassung und Verfassungswirklichkeit, Jahrbuch 1966, S. 22ff.
1961 ging die FDP in den Wahlkampf mit der Aussage: mit der CDU, aber ohne

Adenauer; 1965 hieß es: mit Erhard, aber ohne Strauß; 1972 war die Zielsetzung: mit der SPD, aber ohne übergroße Linkstendenz.

17 Vgl. auch Ernst Fraenkel, Deutschland und die westlichen Demokratien, Stuttgart 1964, S. 18, und Kurt Sontheimer, Grundzüge des politischen Systems der Bundesrepublik Deutschland, 3. Auflage, München 1971, S. 161.

18 Vgl. dazu Helmut Unkelbach und Rudolf Wildenmann, Grundfragen des Wählens, Frankfurt am Main-Bonn 1961, S. 32ff.

19 Vgl. Alfred Grosser, Geschichte Deutschlands seit 1945. Eine Bilanz, München 1974, S. 209f. Für einige Einzelheiten vgl. Bernhard Vogel, Dieter Nohlen, Rainer Olaf Schultze, Wahlen in Deutschland, Berlin-New York 1971, S. 56 und S. 94.

20 Eingehend dazu Werner Kaltefleiter, Wirtschaft und Politik in Deutschland. Konjunktur als Bestimmungsfaktor des Parteiensystems, Köln-Opladen 1966, S. 108ff.

21 Vgl. Chr.-Claus Baer und Erwin Faul, Das deutsche Wahlwunder, Frankfurt am Main 1953.

22 So schon Rudolf Wildenmann, Macht und Konsens als Problem der Innen- und Außenpolitik, Frankfurt am Main-Bonn 1963, S. 48ff.

23 Vgl. Rudolf Wildenmann und Erwin K.Scheuch, Zur Soziologie der Wahl, in: Kölner Zeitschrift für Soziologie und Sozialpsychologie, Sonderheft 9, 1965.

24 Vgl. z. B. Heidenheimer, S. 203 oder auch Anton Böhm, Vor der Ablösung, in: Die Politische Meinung 8 (1963), Heft 84, S. 7.

25 Vgl. Wolfgang Falke, Partei und Führung. Zu den innerorganisatorischen Aufgaben der CDU, in: Die Politische Meinung, Sonderheft April 1974, S. 21ff.

26 Vgl. Werner Kaltefleiter, Instrumente demokratischer Regierungsweise, in: Die Politische Meinung, Sonderheft April 1974, S. 16ff.

27 Vgl. z. B. Thomas Ellwein, Das Regierungssystem der Bundesrepublik Deutschland, 2. Auflage, Köln-Opladen 1965, S. 310f.; vgl. auch Lewis J. Edinger, Politics in Germany. Attitudes and Processes, Boston 1968, S. 274 und Alois Schardt, Wohin steuert die CDU?, Osnabrück 1961, S. 107.

28 Vgl. Otto Kirchheimer, Der Wandel des westeuropäischen Parteiensystems, in: Politische Vierteljahresschrift 6 (1965), Heft 1, S. 20ff.

29 Dieser Begriff wurde, so weit feststellbar, erstmalig vom Emnid-Institut 1961 in diesem Sinne verwendet.

30 Eingehend dazu Kaack, S. 247ff.

31 Vgl. Peter Arend, Die innerparteiliche Entwicklung der SPD 1966–1975, Bonn 1975.

32 In diesem Sinne äußerte sich Schmidt in einem Zeitungsinterview. Vgl. Frankfurter Rundschau vom 9. Dezember 1975.

33 Dagegen wird eingewendet, als Folge dieser Entwicklung sei die CDU/CSU nicht auf die Oppositionsrolle ab 1969 vorbereitet gewesen. Dieses Argument übersieht, daß die Oppositionsrolle primär von der Fraktion getragen werden muß, die Parteiorganisation hat dienende Funktion im parlamentarischen System; vgl. dazu z. B. das Verhalten von Partei und Fraktion in Großbritannien, wie es Robert T. McKenzie, Politische Parteien in England, Opladen 1961, beschreibt.

34 Vgl. Werner Kaltefleiter, Wandlungen des deutschen Parteiensystems 1949–1974, in: Aus Politik und Zeitgeschichte 22 (1975), Heft 14, S. 3.

35 Vgl. Peter R. Hoffstätter, Gruppendynamik. Kritik der Massenpsychologie, Reinbek 1971, S. 108ff.

36 Vgl. Kaltefleiter, Wirtschaft und Politik, S. 124ff.

37 Vgl. Georg Simmel, Soziologie. Untersuchungen über die Formen der Vergesellschaftung, 2. Auflage, Berlin 1922, S. 186ff. In der modernen Theorie ist Simmels Gedanke zum Konzept des „cross pressure“ entwickelt worden, vgl. Bernard B.

Berelson, Paul F. Lazarsfeld, William N. McPhee, Voting, 6. Auflage, Chicago-London 1968, insbesondere S. 283ff.

38 Für die Bedeutung für das politische Verhalten vgl. Leon Festinger, A Theory of Cognitive Dissonance, Stanford 1957.

39 Für Einzelheiten vgl. Kaltefleiter, Wirtschaft und Politik, S. 151ff.

40 Vgl. Kitzinger, S. 232.

41 Das wurde in der Wahlrechtsdiskussion noch während der Großen Koalition übersehen, als man noch 1968 die SPD zur geborenen Minoritätspartei erklärte. Vgl. dazu Klaus Liepelt, Alexander Mitscherlich, Thesen zur Wählerfluktuation, Frankfurt am Main 1968, und zur Auseinandersetzung mit dieser These Erwin K. Scheuch, Der deutsche Wähler und ein alternierendes Regierungssystem, in: Verfassung und Verfassungswirklichkeit, Jahrbuch 1967, Teil 2, S. 197ff. und Werner Kaltefleiter, Zur Chancengleichheit der Parteien in der Bundesrepublik, in: Verfassung und Verfassungswirklichkeit, Jahrbuch 1968, Teil 2, S. 214ff.

42 Vgl. Max Kaase, Wechsel von Parteipräferenzen. Eine Analyse am Beispiel der Bundestagswahl 1961, Meisenheim am Glan 1967, S. 106.

43 Vgl. Werner Kaltefleiter, Wähler und Parteien in den Landtagswahlen 1961–1965, in: Zeitschrift für Politik 12 (1965), S. 235ff.

44 Vgl. Vera Gemmecke und Werner Kaltefleiter, Die NPD und die Ursachen ihrer Erfolge, in: Verfassung und Verfassungswirklichkeit, Jahrbuch 1967, Teil 1, S. 23ff.

45 Vgl. Werner Kaltefleiter, Zwischen Konsens und Krise, in: Verfassung und Verfassungswirklichkeit, Jahrbuch 1973, Teil 1, S. 184.

46 Vgl. Vogel, Nohlen, Schultze, S. 242.

47 Vgl. dazu Werner Kaltefleiter, Die Große Koalition. Verfassungspolitische Aufgaben und Probleme, in: Aus Politik und Zeitgeschichte 14 (1967), Heft 18/19, S. 6ff.

48 Vgl. Ferdinand Alois Hermens, Demokratie oder Anarchie? Untersuchung über die Verhältniswahl, Frankfurt am Main 1951, S. 221ff.

49 Vgl. Wilhelm Hennis, Große Koalition ohne Ende?, München 1968, S. 40ff., insbesondere S. 55f. und S. 60.

KONRAD REPGEN

Finis Germaniae: Untergang Deutschlands durch einen SPD-Wahlsieg 1957?

> ,,Wir glauben, daß mit einem Sieg der Sozialdemokratischen Partei der Untergang Deutschlands verknüpft ist"
> (K. Adenauer, 7. Juli 1957)
>
> ,,Er weiß genau, daß das Gegenteil wahr ist"
> (SPD-Pressedienst, 8. Juli 1957)

I.

Jede echte politische Konzeption[1] enthält eine mehr oder minder klare Auffassung von der Zukunft. Jede echte politische Entscheidung will auf diese (befürchtete oder erhoffte) Zukunft Einfluß nehmen. Der Historiker kann daher die Entscheidungen und das Verhalten der Staatsmänner nicht erklären, ohne deren Zukunftsvorstellungen, ihre Hoffnungen und Sorgen, ihre lang-, mittel- und kurzfristigen Erwartungen und Ziele, zu berücksichtigen.

Diesen allgemein anerkannten Sachverhalt theoretisch einsichtig zu machen, ist nicht schwer, aber überaus schwierig ist es oft, praktische Folgerungen aus dieser Einsicht zu ziehen; denn die Quellen für die Zukunftsvorstellung, die einem politischen Verhalten und einer politischen Entscheidung zugrunde gelegen haben, sind meist so dürftig, quantitativ oder qualitativ (und häufig qualitativ und quantitativ), daß nicht nur eine einzige Interpretation zulässig ist. Gibt es mehrere Interpretationsmöglichkeiten für eine Zukunftsvorstellung, so folgen daraus in der Regel mindestens ebenso viele, möglicherweise einander widersprechende, historische Erklärungsmöglichkeiten des gleichen politischen Verhaltens, der gleichen politischen Entscheidung. Die Frage nach den Zukunftsvorstellungen eines Staatsmannes zielt also auf den Kern des Politischen und seiner historischen Erklärung, und es muß daran gelegen sein, dabei ein Höchstmaß von quellengesicherter Zuverlässigkeit zu erzielen.

Wie steht es damit bei Konrad Adenauer? Besorgte Äußerungen über die Zukunft gehörten zu den regelmäßig wiederkehrenden Figuren seines politischen Stils. Adenauer-Passagen mit düsteren Zukunftsprognosen sind daher Legion: ,,Wenn nicht – dann"[2] – auf dieses Argumentationsmuster läßt sich in der Regel zurückführen, was er 20 Jahre hindurch als Staatsmann Deutschlands stündlich und täglich geäußert hat, unter vier Augen und im kleinen Kreis ebenso wie in größeren Gremien und vor der Öffentlichkeit seines Landes oder der Welt. Dieses ,,dann" bezeichnete meist das äußerst Negative: ,,Sie werden es noch erleben, die Russen werden an den Rhein kommen, und dies wahrscheinlich, ohne daß sie einen Schuß abgegeben haben. Aber de Gaulle irrt, wenn er annimmt, sie würden am Rhein verbleiben, ihr Ziel ist der Atlantik", mit dieser apokalyptischen Vision entließ der 91 Jahre alte Mann im März 1967 einen sechzigjährigen Besucher[3] und zeigte von seinem Rhöndorfer Wohnhaus auf die Rheintalstraße hinunter, wo man dann die russischen Soldaten fahren und gehen sehen könne[4]. Dieser Alptraum ist nicht erst für Adenauers letzte Lebenstage überliefert. Er hat seit 1945 ,,nie am expansiven Charakter der sowjetischen Außenpolitik gezweifelt"[5], und die Furcht einer erneuten Einigung der USA mit der Sowjetunion auf Kosten Deutschlands hat ihn nie verlassen, so daß man von einem ,,Potsdam-Komplex" gesprochen hat, der auch im Bewußtsein des Bundeskanzlers dem ,,cauchemar des coalitions" Bismarcks entsprach[6]. Offenbar immer hat Adenauer befürchtet, daß seine Nachfolger schlechte Politik machen würden, daß Westdeutschland in russische Hände geriete. Harold Macmillan, der sich darüber wundert, daß Adenauer, ,,in spite of his unbroken record of success, was always something of a pessimist"[7], notierte sich im Dezember 1957 von einem Gespräch unter vier Augen mit dem Bundeskanzler: Dieser möchte Westdeutschland definitiv mit dem Westen verbunden sehen – durch die NATO oder auf andere Weise. Deshalb war er so versessen auf die EVG, die europäische Armee, EWG-Plan, Freihandelszone, mit einem Wort auf alles, was Deutschland in die Linie der ,,civilised Countries" einfügt. ,,But he knows how his people (ever since Bismarck) hanker after Eastern dreams. When he is dead, he fears that his people will fall for the bait – unified but neutral Germany."[8] Deshalb sei er, obschon jetzt durchaus die beherrschende Figur Deutschlands, ,,sehr besorgt" über die Zukunft. Dies ist die gleiche Konzeption wie am 28. September 1954 in dem schon damals berühmt gewordenen Nachtgespräch mit Bech und Spaak: ,,Mein Gott, ich weiß nicht, was meine Nachfolger tun werden, wenn sie sich selbst überlassen sind, wenn sie nicht in fest vorgezeichneten Bahnen gehen müssen, wenn sie nicht an Europa gebunden sind."[9] ,,Schaffen Sie die EVG, solange ich Kanzler bin", hatte er im Februar 1952 in dem gleichen Sinne den französischen Hochkommissar beschworen[10]; die EVG ist ,,eine bessere Sicherung gegen meine Nachfolger als alle Erklärungen und Verträge"[11]. Ständig stand vor seinem geistigen Auge das Schreckgespenst eines isolierten Deutschland, welches dem russischen Zugriff ausgeliefert wäre, und mit dieser Sorge ist er vor die breiteste Öffentlichkeit getreten: ,,Neutralisierung unter gleichzeitiger Demilitarisierung Deutschlands bedeutet, daß wir in ganz kurzer Zeit ein Satellitenstaat sind", rief er dem Parteitag der CSU im Juni 1951 zu. ,,Es bedeutet weiter, meine Damen und Herren, daß in Frankreich und Italien der Kommunismus triumphieren wird, es bedeutet, daß das christliche Abendland erledigt ist, es bedeutet, daß die Vereinigten Staaten ihr Interesse an Europa verlieren."[12] Ähnliche Äußerungen dieses ,,Staatsmannes der Sorge"[13] ließen sich aus allen Jahren zwischen 1945 und 1967 häufen.

All diese Stellungnahmen sind freilich, in dieser oder jener Weise, auf Wirkung berechnet und, auch wenn sie unter vier Augen erfolgten, doch nach außen gesprochen. Sie sind nicht die zweckfreie Fixierung einer Vorstellung. Es muß daher gefragt werden, ob die Ansicht, die ihnen zugrunde liegt oder in ihnen zu fassen ist, sich mit dem Kern der Adenauerschen Zukunftsvorstellung deckt. Adenauer war, wie treffend bemerkt worden ist, ,,geradezu der Typ eines immer absichtsvoll, immer zweckhaft handelnden Menschen"[14]. Nach allem, was wir wissen, hat er keine Tagebücher oder ähnlich intime Quellen[15] hinterlassen, an denen seine öffentlichen Äußerungen sich überprüfen ließen. Die ,,wirkliche Bedeutung" seiner Argumente und damit der tatsächliche Inhalt seiner öffentlich geäußerten Zukunftsvorstellungen lassen sich darum nur ermitteln, indem man solche Äußerungen im genauen Zusammenhang der Zeitumstände und Tagesereignisse interpretieren[16]. In der Sprache der modernen Hermeneutik ausgedrückt, gilt es, ihren ,,Sitz im Leben" zu bestimmen, um daran ihren Wahrheitsgehalt zu messen.

Dies für die gesamte Zeit nach 1945 im Detail zu erarbeiten, ist eine Hauptaufgabe der künftigen Adenauer-Forschung. Wie man dabei vorzugehen hätte, und was sich dabei als Ergebnis herausstellen könnte, möchte ich an dem berühmten Adenauer-Ausspruch zeigen, der dieser Studie vorangestellt ist.

Das Zitat stammt aus dem Anfang des Bundestagswahlkampfes 1957, der mit dem größten Wahlsieg endete, den Adenauer und die Unionsparteien jemals errungen haben. Der Bundesvorsitzende der CDU hatte am Sonntag, dem 7. Juli, als Gast bei der Schlußsitzung des CSU-Parteitages in der Nürnberger Messehalle zu sprechen. In seiner Rede[17] behandelte er die aktuelle Lage in der Welt (Ost-West-Konflikt[18], Londoner Abrüstungskonferenz) und die sozialdemokratischen Vorschläge dazu (Austritt aus der NATO, Neutralisierung).

Der Kanzler begann nach einleitenden Bemerkungen seine Rede mit der Prophezeiung, daß später einmal drei Dinge von den Historikern der deutschen Nachkriegsgeschichte hervorgehoben würden: Erstens, daß die konfessionellen Gegensätze Deutschlands in der Christlich-Demokratischen Union überwunden worden seien. Zweitens, daß die Unionsparteien immer für die Freiheit der Person und für die Freiheit der Völker eingetreten seien. Drittens, daß die aus diesen Grundsätzen resultierende Europapolitik, die Einfügung Deutschlands in den Westen, in ständigem Gegensatz zur SPD habe geleistet werden müssen. Das habe die deutsche Position im Ausland ,,ungemein erschwert"; denn: ,,Nach dem Zusammenbruch galt bei den Besatzungsmächten nur der noch als frei denkender Mensch, der entweder Sozialist oder – stellenweise – sogar Kommunist war. Wir haben uns unsere Position gegenüber dem Ausland, gegenüber der sozialistischen Partei, die als Partei des Fortschritts und der Freiheit galt, schwer erkämpfen müssen. Bis in die letzte Zeit hinein haben sich, ehrlich, meine Freunde, Politiker des Auslands gefragt: Wird denn nicht eines Tages diese Partei, die Sozialdemokratische Partei, an die Macht kommen, und ist dann nicht alles das vergebens gewesen, was wir zusammen mit dem deutschen Volk gemacht haben?" Hier verzeichnet das Protokoll den Zuruf: ,,Niemals!" Danach fuhr Adenauer fort: ,,Wir sind fest entschlossen, daß die SPD niemals an die Macht kommt. Warum sind wir so fest dazu entschlossen? Nicht etwa – glauben Sie mir das – aus parteipolitischem Haß. Das ist nicht der Grund, sondern wir sind dazu so fest und zutiefst entschlossen, weil wir glauben, daß mit einem Sieg der Sozialdemokratischen Partei der Untergang Deutschlands verknüpft ist." An dieser Stelle notiert das Protokoll lebhafte Zustimmung und anhaltenden Beifall. Offenbar hatte Adenauer seinen 4000[19] Zuhörern mit dieser düsteren Zukunftsvision aus der Seele gesprochen.

II.

Wenngleich Adenauer formaliter nicht als objektive Wahrheit behauptet hatte, daß ein sozialdemokratischer Wahlsieg den Untergang Deutschlands nach sich ziehe, sondern diese Prognose als subjektive Überzeugung formuliert hatte, schlug seine Nürnberger Rede sofort hohe Wellen. Die derart bezeichneten Folgen eines Wahlsiegs der SPD wurden Wahlkampfthema und führten zu so heftigen Auseinandersetzungen, daß dieses Adenauer-Zitat sich dem Gedächtnis der Zeitgenossen tief eingeprägt hat. Der sozialdemokratische Pressedienst bezeichnete am 8. Juli „die Nürnberger Demagogen-Rede" als „Demonstration der Unanständigkeit"; ein „alter und offenbar verbitterter Mann" habe hier „seinen ganzen Haß abreagiert", und man bezichtigte ihn der Unwahrhaftigkeit: „Er weiß genau, daß das Gegenteil wahr ist."[20] Das ist in den folgenden Tagen dann von SPD-eigenen[21] und ihr nahestehenden[22] Zeitungen wörtlich oder inhaltlich wiederholt worden[23]. Nachdem die sozialdemokratischen Länderchefs schon am 8. Juli gegen den Bundeskanzler, dem sie „mörderischen Bruderkampf" vorwarfen, demonstrativ reagiert hatten[24], faßte der Vorstand der SPD am 12. Juli eine „Protest-Resolution gegen Adenauers unanständige Wahlkampf-Methoden"[25], sprach von „Verwilderung der Sitten", von einem „Abgleiten des Wahlkampfes auf das Niveau der Unanständigkeit", von „bewußte(r) Verunglimpfung vieler Millionen Deutscher" und forderte die Wähler auf, „sich von einem Mann zu trennen, der in seinem hemmungslosen Willen zur Alleinherrschaft und in seinem Haß gegen die Sozialdemokratie jeden Sinn für Sachlichkeit, für Respekt [. . .] und für ein würdiges Austragen politischer Gegensätze verloren hat" – Vokabeln, die nach der Meinung des Korrespondenten der „Neuen Zürcher Zeitung" an „Schärfe nicht hinter den Worten des Kanzlers zurückblieben"[26].

Adenauer selbst scheint seinen Gedanken in der Nürnberger Formulierung nicht wiederholt zu haben. Die Sachaussage aber hat er ebenso weiter vertreten, wie er sie auch früher schon entwickelt hatte. Bereits am 2. Juni hatte er vor 20000 katholischen Männern in Bamberg[27] die Wahlentscheidung des 15. September in die Alternative gefaßt: „Es handelt sich darum, ob dieses Deutschland, ob Europa christlich bleibt oder ob es kommunistisch wird."[28] Entscheidend für die außenpolitische Situation Deutschlands sei das Vertrauen des Auslandes, das nicht durch „Schlauheit und Unwahrhaftigkeit", sondern nur durch „Stetigkeit" erworben und bewahrt werden könne. „Glaubt denn irgendeiner", hatte er rhetorisch gefragt, „der in aller Ruhe die Dinge durchdenkt, daß dieses Vertrauen vorhanden sein würde, wenn nun die Sozialdemokratie am 15. September an die Spitze der Bundesregierung träte? Auf wirtschaftlichem und innerpolitischem Gebiete, aber vor allem auf außenpolitischem Gebiet würde alles das zerschlagen werden, was uns in vielen Jahren mühsamer, stetiger und ruhiger Arbeit aufzubauen gelungen ist." Und am 5. Juli hatte er in einer Kieler Massenkundgebung vor 10000 Zuhörern[29] der Sozialdemokratie „bewußte und gewollte Verleumdung" vorgeworfen. Auf einer Bonner Pressekonferenz am 12. Juli[30] wiederholte er deutlich, daß er zu seinen Bamberger und Nürnberger Äußerungen stehe. Er habe das Empfinden, daß weite Kreise sich über die außenpolitische Situation in der Welt ein unzutreffendes Bild machten. Das geschlagene Deutschland sei aufgrund seiner geographischen Lage und seines Potentials wieder ein „maßgeblicher Faktor des Weltgeschehens" geworden; die Frage sei nun, „ob die Wahlen die Außenpolitik ändern würden oder nicht": Bestand oder Schwächung der NATO sei das entscheidende Problem des Wahlkampfes. Adenauer „sei überzeugt", berichtete der erwähnte Schweizer Korrespondent, „daß Deutschland als freies Land nicht weiter bestehen könnte, wenn die SPD ihre Wahlkampfthesen[31] in die Wirklichkeit umsetzen würde."

Mit diesen Sorgen hat der Kanzler einen Beobachter wie Alain Clément nicht überzeugt[32], der in diesem Zusammenhang darauf hinwies, daß ein Wahlsieg der SPD unwahrscheinlich sei. Den Grund für Adenauers Polemik erblickte er in wahltaktischen Überlegungen. „Le chancelier Adenauer tente de secouer l'apathie des électeurs allemands", hat „Le Monde" seinen Artikel überschrieben[33]. Die gleiche Interpretation findet sich in Kitzingers Untersuchung der Bundestagswahlen von 1957: „In addition to Adenauer's own natural rapport with an audience, the tone of his speeches was also a matter of high campaign strategy." Die Wahlkampfleitung der CDU habe gewußt, daß man die breiten Schichten zwei, drei Monate vor der Wahl gewinnen müsse. Um die SPD in die Defensive zu drängen, habe man mit harten Schlägen begonnen; daher sei der Wahlkampf mit den massiven Reden von Bamberg und Nürnberg eröffnet worden. Später sei dann der Ton, ebenfalls aus wahltaktischen Gründen, konzilianter geworden[34].

Kitzinger hat nicht quellenmäßig bewiesen, daß das Motiv für Adenauers scharfe Polemik in wahltaktischen Erwägungen zu sehen ist; seine Vermutungen haben aber genügend Wahrscheinlichkeit für sich. Der aktuelle Zweck des Nürnberger Zitats wäre damit plausibel erklärt: Adenauer hat aus wahltaktischen, sozialpsychologischen Gründen den Untergang Deutschlands bei einem sozialdemokratischen Wahlsieg in dieser zugespitzten Form an die Wand gemalt.

Eine weitere Frage ist dann aber, ob Adenauer selbst von der Richtigkeit seines Arguments überzeugt war oder nicht, und das führt auf das Problem, wie er zu der Nürnberger Formulierung gekommen ist.

III.

Die Adenauerschen Memoiren, die einen sehr „hohen politischen Quellen- und Informationswert"[35] haben, enthalten einen aufschlußreichen Abschnitt über die Bundestagswahl 1957, die den Unionsparteien 50,2% der abgegebenen gültigen Stimmen und Adenauers Fraktion über 53% der Mandate einbrachte[36]. Adenauer geht dort nicht unmittelbar auf seine Bamberger und Nürnberger Äußerungen ein, wohl aber indirekt. Unter wörtlicher Verwendung längerer Passagen aus seinen damaligen Reden, die jedoch nicht als Zitat gekennzeichnet sind[37], berichtet er über die Situation von 1957: „Es war meine Überzeugung, daß die Russen mit einem Sieg der Sozialdemokraten rechneten und hierauf ihre Hoffnung einer Änderung der deutschen Außenpolitik setzten[38]. Die Haltung der Sozialdemokratischen Partei Deutschlands war nun leider nur zu sehr dazu angetan, bei den Russen die Hoffnung zu stärken, durch einen Wahlsieg der Sozialdemokratie werde die NATO sowieso auseinanderfallen. Eine Auflösung der Front der freien Völker des Westens aber würde über kurz oder lang den Sieg des kommunistischen Rußland in Europa bedeuten."[39] Und etwas später: ,,Wenn der 15. September – was, wie ich hoffte, nicht eintreten würde – wirklich eine sozialdemokratische Regierung an die Macht brächte, dann wäre die NATO, dann wäre auch die Europapolitik der Vereinigten Staaten erledigt. Dann würden zunächst wir und dann Frankreich und Italien mit ihren starken kommunistischen Parteien, und dann würden auch die Beneluxländer über kurz oder lang russische Trabanten werden."[40] Er habe in zahllosen Versammlungen vor einer solchen Entwicklung immer wieder gewarnt: ,,Wer die NATO schwächte – und was die SPD propagierte, bedeutete die Zerstörung der NATO durch das Ausscheiden Deutschlands –, wer die NATO schwächte, stärkte den sowjetrussischen Widerstand bei den Abrüstungsverhandlungen in London. Wer Deutschland, ob wiedervereinigt oder nicht, neutralisierte, würde Rußland zum Herrn Deutschlands und damit über kurz oder lang zum Herrn Europas machen."[41] Offenbar in Erinnerung an die Erregung von 1957 fügt er lakonisch hinzu: ,,Ich habe diese Argumente während meiner Wahlreden ganz offen ausgesprochen. Die Sozialdemokraten wurden sehr erregt hierüber. Die Erregung zeigte mir, daß sie meine Argumentation begriffen hatten."[42] Nach Aussage seiner ,,Erinnerungen" war also Adenauer von der Richtigkeit seines Wahlsieg-Untergangsarguments fest überzeugt. Ist das glaubhaft?

Bucerius scheint es zu bezweifeln. In seinem damals allgemein auf Kanzlerkurs geführten Wochenblatt ,,Die Zeit" hatte Gräfin Dönhoff am 11. Juli Adenauers Nürnberger Rede in einem Artikel mit der Überschrift ,,Finis Germaniae" emphatisch abgelehnt[43]. Der ,,Zeit"-Herausgeber Bucerius, der unlängst an das Zitat vom 7. Juli 1957, übrigens mit dubiosem Wortlaut[44], erinnert hat, nennt es ein ,,böses Wort". Er merkt dabei an, daß Kurt Schumacher mit umgekehrtem Vorzeichen ähnliches öffentlich geäußert habe[45], meint jedoch, dessen aus dem Moment der Leidenschaft geborenen Invektiven seien etwas anderes als die in aller Ruhe als eine ,,handliche Waffe" zurechtgeschnitzten Pfeile Adenauers[46]. Beweis ist für ihn die angebliche Entstehungsgeschichte des Zitats, von der er aus zweiter Hand gehört hat[47]: Es sei dem Kanzler abends, als er Notizen für die Rede des nächsten Tages machte, eingefallen, und es habe ihm so gut gefallen, daß er sich gleich ein Gläschen Sekt aufs Zimmer habe bringen lassen.

Diese Bucerius-Version ist kaum zutreffend[48] und steht auch im Widerspruch zu Felix v. Eckardt, der, aus erster Hand informierend, unlängst die Entstehung des Zitates anders geschildert hat[49]. Danach hätte Adenauer, was zum Teil mit Clément und Kitzinger übereinstimmen würde, den Bundespressechef eines Abends nach einer Reizvokabel gefragt, auf die die Sozialdemokratie, die gar nicht aus ihrer Ecke herauskommen wolle, reagieren müsse. ,,Da habe ich ihm gesagt, och, das werden wir schon kriegen. Und ich habe ihm den Vorschlag gemacht zu behaupten, eine sozialdemokratische Regierung wäre das Ende der Bundesrepublik." Adenauer habe eingewendet: ,,'Ist das nicht ein bißchen hart.' Ich erwiderte, Herr Bundeskanzler, man muß immer eine Behauptung

aufstellen, wo das Gegenteil nicht beweisbar ist!" Und dann habe dieser Satz die gewünschte Wirkung getan.
Was bei Bucerius Adenauers persönlicher Einfall ist, wird bei Felix v. Eckardt zum Rat des Propagandaspezialisten, den der Kanzler nicht ohne gewisses Zögern angenommen habe[50]. Beide Versionen stehen in sachlichem Widerspruch zu den Aussagen der Adenauer-Memoiren; denn beide erklären den Satz vom Untergang Deutschlands bei einem Wahlsieg der SPD als eine Art Theaterdonner, als zielbewußt und wirkungsvoll eingesetzte, aber inhaltlich eigentlich nicht ganz ernst zu nehmende „Mache". Diese Erklärung läuft letzten Endes auf den gleichen Punkt hinaus, den damals die sozialdemokratische Gegenpropaganda formuliert hat, wenn sie von Adenauer behauptete, er spreche wider besseres Wissen[51]. Adenauer dagegen hält in den „Erinnerungen" daran fest, daß er von seiner Meinung ganz überzeugt und daß diese Meinung auch zutreffend gewesen sei. Was hat nun zu gelten? Handelt es sich bei dem Nürnberger Zitat um eine eigentlich peinliche Entgleisung des Staatsmannes, handelt es sich um Wahlkampfmätzchen – oder blitzt in der polemischen Zuspitzung der Nürnberger Rede der eigentliche Kern Adenauerscher Alpträume durch?
Diese Frage läßt sich beantworten, und zwar an Hand unzweifelhaft zuverlässiger Quellen, nämlich der damals wörtlich protokollierten Verhandlungen des Bundesvorstandes der Christlich-Demokratischen Union Deutschlands[52].

IV.

Die Christlich-Demokratische Union ist bekanntlich 1945 von unten her entstanden. Sie hat sich erst 1950 zu einer Bundespartei zusammengeschlossen, so daß die Parteispitze organisatorisch und politisch schwach blieb und die Macht, solange Adenauer Bundeskanzler war, bei den Landesverbänden lag[53]. Der Bundesparteivorstand war daher mehr Clearing-Stelle als Führungsorgan, ein Gremium von zwei, drei Dutzend Personen, das in nicht ganz regelmäßigen Abschnitten etwa sechsmal jährlich tagte. Diese meist ganztägigen Sitzungen, in deren Mittelpunkt parteiinterne Fragen standen, wurden fast immer durch ein längeres Referat des Parteivorsitzenden Adenauer über die „Lage" eingeleitet[54]. Einige dieser breit angelegten Übersichten sind vor kurzem von Hans-Peter Schwarz auszugsweise publiziert worden[55]. Adenauers Lageberichte gehören zu den wichtigsten zusammenhängenden Darlegungen des Bundeskanzlers, die wir kennen[56]. Nimmt man seine Diskussionsbeiträge in den Bundesparteivorstandssitzungen hinzu, so erweist sich, daß er weniger einseitig auf Außenpolitik fixiert und stärker innen- und parteipolitisch engagiert war, als bisher meistens angenommen worden ist[57]. Es war jedoch auch bislang unbestritten, daß Adenauer die politischen Wahlen, diesen nicht unwesentlichen Teil aller Innenpolitik, stets sehr ernst genommen hat, da man in einer Demokratie nur mit Mehrheiten Politik machen kann[58]. An Wahltermine brauchte der Bundeskanzler nie erinnert zu werden[59], zumal er sich seit Herbst 1950, als erster in Deutschland, kontinuierlich über die wechselnden politischen Stimmungen der Bevölkerung durch demoskopische Erhebungen unterrichten ließ[60]. Daher wußte Adenauer besser als irgendeiner seiner Kontrahenten, wie unpopulär viele seiner politischen Grundentscheidungen im Volk gewesen sind[61]. Es ist ein Beweis für die staatsmännische Größe Konrad Adenauers, daß er seine für richtig erkannten Grundentscheidungen nicht von der Frage, ,,wie es ankommt", abhängig gemacht, sondern gegen die öffentliche Meinung durchgesetzt hat, daß er es aber auch, wie niemand sonst im demokratischen Deutschland, verstanden hat, am Wahltag Mehrheiten zu gewinnen.

Für die Parteien begann der Wahlkampf 1957 spätestens im Winter 1955/56[62]. Obgleich seit dem Mai 1955 (nach der Ratifizierung des Deutschland-Vertrages und dem Eintritt der Bundesrepublik in die NATO) mehr als 50% der demoskopisch Befragten sich mit der Politik Adenauers im großen und ganzen einverstanden erklärt hatten – nach der Moskaureise im September 1955 waren es sogar fast 60%, die Zahl fiel danach im November auf 51% und kletterte, trotz der ersten Einberufungen zur Bundeswehr, im Januar 1956 noch einmal auf 56%[63] – trotz dieser günstigen Stimmung eröffnete der Bundesvorsitzende seinem Parteivorstand, als am 13. Januar 1956 die Bundestagswahl 1957 beraten wurde, die innere Lage mache ihm Sorgen. Nach seinem Empfinden sei ,,die Situation, ich sage nicht gefährlich, aber doch so geworden [. . .], daß wir sehr achtsam sein müssen". Die wiedererlangte Souveränität bedeute ein ,,Mehr an Verantwortung, die wir vorher nicht hatten, solange wir durch eine Hohe Kommission geleitet oder kommandiert wurden". Dies sei das eine. Und der zweite Grund für seine Sorgen war ebenfalls moralischer Natur: Deutschland habe wieder einen gewissen Wohlstand erreicht, ,,und der Mensch [. . .] verträgt Wohlstand am allerschlechtesten". Das deutsche Volk, heißt es an späterer Stelle, sei durch seinen neuen Wohlstand in eine ,,geistige Lethargie" geraten. Nicht allein in den russischen Armeen, sondern auch in der ,,Weltmission", von der der Kommunismus durchdrungen sei, bestehe die Gefahr. Wenn das so war, mußte dem Kommunismus nicht nur politisch-militärisch etwas Gleichartiges entgegengesetzt werden; die Abwehr des Kommunismus war dann auch eine Sache der moralischen Stärke und der geistigen Auseinandersetzung, auf die man sich einzurichten hätte. ,,Wir müssen [. . .] unsere Bevölkerung immer wieder darauf hinweisen, welch ungeheure Gefahr unserer Weltanschauung, unserer christlichen Lebensauffassung, und der Freiheit, die wir haben wollen, droht. Wenn wir das gut machen, wird es uns doch gelingen, das deutsche Volk aus der geistigen Lethargie [. . .] herauszuführen und auf den Plan zu rufen, um dieser Losung zu folgen."

Die Hauptfrage hieß also für Adenauer Mobilisierung der geistig-politischen Energien für die Grundwerte der christlichen Lebensauffassung und der freiheitlichen Staatsordnung[64]. Dabei verlor sich dieser Bundeskanzler weder in Theorien noch in Träume. Das Problem bestand für ihn nicht in der Bestimmung des Inhaltes der sittlichen Grundwerte, sondern in der Umsetzung dieser Werte, die er als gegeben betrachtete, durch und in politisches Handeln. Er vergaß also nicht die für diese Umsetzung unerläßlichen Machttechniken und Apparaturen. Keine andere Partei hatte damals, nach seinem Urteil, eine so miserable Organisation wie die CDU. Weil er aber meinte, ,,daß höchstwahrscheinlich unsere Situation bei der Bundestagswahl 1957 sehr viel kritischer ist, als sie im Jahre 1953 war", müsse das Fehlende zumindest durch eine bessere

Organisation wettgemacht werden, was in bezug auf die Wahlkampforganisation bekanntlich auch geschehen ist[65]. Im übrigen meinte er, das Jahr 1956 werde schwer werden, ,,weil im Grunde genommen der Ausgang der Bundestagswahl des Jahres 1957 im wesentlichen entschieden wird durch die Arbeit, die wir im Jahre 1956 leisten oder nicht leisten".

Aber würde all dies genügen? Gewiß konnte die Regierung ihre Wahlchancen innenpolitisch verbessern, etwa durch steuerliche Maßnahmen, deren Bedeutung aber begrenzt blieb[66], und vor allem durch Sozialpolitik, die deshalb eigens auf die Tagesordnung des 13. Januar 1956 gesetzt worden war[67]. Aber die Wahlen waren auch von der außenpolitischen Situation abhängig, für die Adenauer vor der Bundestagswahl von 1957 keine wesentlichen Veränderungen erwartete. Die Russen würden zunächst nichts tun und die nordamerikanischen Wahlen (1956) abwarten, deren Ausgang wesentlich davon abhänge, ob Eisenhower wieder kandidiere. Wenn nicht, und wenn ein Demokrat gewählt werde, erwartete er ,,gewisse Änderungen, nicht in der Grundhaltung, [. . .] aber doch in den Methoden". Das Ergebnis der französischen Parlamentswahlen[68] eröffne der russischen Politik ,,alle Möglichkeiten" ohne Gegenleistungen. ,,Und endlich warten sie (die Russen) auf die Bundestagswahl 1957 in der Hoffnung, daß dann ein starker Einbruch in die CDU/CSU erfolge und vielleicht die Sozialdemokraten zusammen mit der FDP im Sinne des Titoismus vorgehen werden, also mit einer neutralen Haltung." Infolgedessen sei in der Wiedervereinigungsfrage vor den Wahlen von Rußland nichts zu erwarten; ,,das ist sehr hart für uns Deutsche [. . .] Aber wir müssen den Tatsachen ins Auge sehen und müssen eine reale Politik treiben". Gerade weil in der Wiedervereinigungsfrage zur Zeit keine Realisierungschancen bestünden, müsse dieses Problem aus dem Wahlkampf 1957 herausgehalten werden – nicht aus politischen, sondern aus moralischen Gründen[69]. Wenn aber all das nicht gelinge? ,,Wenn die nächste Wahl verlorengehen und die Sozialdemokratie an die Führung kommen sollte, dann werden nach meiner festen Überzeugung der wirtschaftliche Wohlstand und die außenpolitischen Errungenschaften, die wir haben, in kürzester Zeit verspielt werden. Dann wird das Wort von ,Finis Germaniae' Wahrheit, weil wir dann in kurzer Zeit ein sowjetrussischer Satellitenstaat irgendeiner Art werden würden[70]. Sehen Sie, meine Freunde, wie es in der Welt aussieht. Sehen Sie, wie es in Frankreich und in Italien aussieht! Denken Sie daran, daß wir Deutsche – und unter den Deutschen unsere Partei – doch der Damm sind, der das westliche Europa und somit auch die übrigen Teile des nördlichen Europa allein noch schützen kann vor der kommunistischen Flut. Wenn wir uns das bei unserer ganzen Arbeit, insbesondere bei der Wahlarbeit, vor Augen halten, dann, glaube ich, können wir doch davon überzeugt sein, daß das deutsche Volk auch im Jahre 1957 wieder unserer Führung folgen wird." An dieser Stelle verzeichnet das Sitzungsprotokoll vom 13. Januar 1956 lebhaften Beifall. Mit dem Stichwort ,,Finis Germaniae" packte er die Mitglieder des Bundesparteivorstandes offenbar ebenso wie anderthalb Jahre später den Parteitag der CSU. Er formulierte das, was er und seine Hörer gemeinsam dachten.

V.

Die Frage nach der Entstehung des Nürnberger Zitats ist damit geklärt. Es ist nicht, wie Bucerius sich erzählen ließ, an einem stillen Juliabend 1957 vom Bundeskanzler als publikumswirksame Wahlkampf-Parole für den Auftritt des kommenden Tages ersonnen worden. Es ist auch nicht zuerst dem versatilen Geist seines um Einfälle nie verlegenen Fachmannes für Public Relations entsprungen, wie v. Eckardts Interview, wenn man von dem Hintergrund nichts wüßte, nahelegt[71]. Nicht allein die Sache, die Zukunftsvorstellung von einem Untergang Deutschlands bei einem Wahlsieg der Sozialdemokratie in den Bundestagswahlen von 1957, sondern auch der Wortlaut, mit dem Adenauer diese Vorstellung formuliert hat, ist bereits Anfang 1956 quellenmäßig faßbar. Dabei handelt es sich nicht um eine Formulierung, die mehr oder minder zufällig sich zweimal, im Januar 1956 und im Juli 1957, in Konrad Adenauers Äußerungen findet: die derart zugespitzt erscheinende Ansicht war vielmehr Ausdruck seiner konstanten Sorge. Sie verband sich für ihn auch in dem Zeitraum zwischen Januar 1956 und Juli 1957, unabhängig von den wechselnden Wahlaussichten der Unionsparteien, mit der Möglichkeit eines Wahlsiegs der SPD.

Im Januar 1956, als Adenauer den Bundesparteivorstand der Union mit dem drastischen Satz vom „Finis Germaniae" konfrontierte, hatte es mit den Wahlchancen noch passabel ausgesehen[72]. In den folgenden Monaten verschlechterte sich dieses Bild. Das Allensbacher Institut ermittelte im Juli für die Unionsparteien 37% und für die Sozialdemokratie 35%[73]. Adenauer meinte am 12. Juli vor dem Bundesparteivorstand: „Ich fasse den Wahlkampf 1957 bei weitem nicht in erster Linie auf als einen Kampf für unsere Partei; natürlich tue ich das auch, aber der Wahlkampf hat, nachdem sich die Dinge so entwickelt haben, eine ganz andere Bedeutung bekommen. Lebten wir in normalen Zeiten – Gott, man würde sich nicht den Kopf abreißen, wenn nun einmal die Opposition siegte und zeigen müßte, was sie denn nun wirklich leisten kann, aber bei dieser Lage in der Welt, in Europa und in Deutschland würde ein Sieg der Sozialdemokratischen Partei im Jahre 1957 nach unserer tiefsten Überzeugung für Deutschland, für Europa und für die Welt geradezu eine Katastrophe bedeuten."[74] Die Wahlaussichten aber wurden in den folgenden Monaten für Adenauer nicht besser, sondern schlechter: Die Zahlen für die Zustimmung zur Sozialdemokratie stiegen nach den Allensbacher Ergebnissen vom September bis Dezember 1956 von 40 auf 45% der Befragten, während die Werte für die Unionsparteien im gleichen Zeitraum 40 – 39 – 38 – 39% betrugen[75]. Adenauers Prognose im Bundesparteivorstand aber lautete am 23. November wiederum[76]: „Wenn [. . .] die Sozialdemokratie [. . .] nach der Bundestagswahl des Jahres 1957 einen irgendwie bestimmenden Einfluß auf die Politik der Bundesregierung bekommen sollte, dann ist es zu Ende mit der Freiheit des deutschen Volkes." „Finis Germaniae", „Katastrophe", „Ende der Freiheit" – Konrad Adenauer meinte mit diesen Vokabeln stets das gleiche: bei einem Wahlsieg der SPD würde Deutschland über kurz oder lang ein russischer Satellitenstaat, und dies wäre der Verlust der Freiheit, der Untergang Deutschlands.

Ab Januar 1957 haben sich die Wahlaussichten verändert. Die Chancen der

Sozialdemokratie verschlechterten sich kontinuierlich, die Chancen der Unionsparteien verbesserten sich laufend[77]. Konrad Adenauer aber ist bei seinem Dictum geblieben. Er begründete es der Öffentlichkeit mit der außenpolitischen Orientierung der SPD seit 1949[78], die in der Tat, zumindest zwischen 1952 und 1959, einen Kompromiß mit Grundentscheidungen der Adenauerschen Außenpolitik nicht erlaubte, was hier im einzelnen darzulegen nicht der Ort ist[79].

Die Konstanz der Finis-Germaniae-Äußerungen Adenauers in den anderthalb Jahren vor der Bundestagswahl von 1957 steht also außer Frage. Im Bundestagswahlkampf 1957 sagte er öffentlich das gleiche, was er zuvor ständig im Bundesparteivorstand behauptet hatte. War das nun rhetorische Floskel – oder beschäftigte sich seine politische Phantasie mit dem Untergang des freien Deutschland als einer konkreten Zukunftsmöglichkeit? Das Geheimnis von Adenauers politischem Erfolg, so lautet unsere These, erklärt sich aus der Übereinstimmung zwischen Denken und Reden. Es gab in den Grundfragen bei ihm keinen Widerspruch zwischen seiner inneren Überzeugung und seinen vertraulichen oder öffentlichen Äußerungen. Adenauer sagte auf den Straßen und Plätzen nichts anderes als zwischen den vier Wänden des Beratungszimmers eines ganz oder halb vertraulichen Parteigremiums.

Kein Einwand gegen diese These ist die unbestrittene Tatsache, daß Adenauer sich wohl bewußt war, wie zugkräftig seine schonungslose Offenheit sei. Am 1. Juli 1957, also unmittelbar vor der Nürnberger Rede, hat er dem Bundesparteivorstand seine Bamberger Rede vom 2. Juni direkt als Muster empfohlen. Er gab seinen üblichen Lagebericht über die internationale Situation und schob darin ein: „Wenn der 15. September – was Gott verhüten möge – wirklich eine sozialistische Regierung an die Macht brächte[80], dann wäre die NATO und dann wäre auch die Europapolitik der Vereinigten Staaten erledigt. Dann würden zunächst wir und dann Frankreich und Italien mit ihren starken kommunistischen Parteien, ebenso auch die Beneluxländer, russische Trabanten werden." Wollte man diese Passage, die wörtlich in die Memoiren übernommen worden ist[81], in ein einziges Schlagwort fassen, so würde es „Finis Europae" lauten müssen. „Das", fuhr er fort, „habe ich auch in Bamberg ausgeführt. Ich habe nicht gesagt, wir seien christlich und die anderen seien nicht christlich. Kein Wort davon[82]! Sondern ich habe im Zuge einer außenpolitischen Auseinandersetzung gesagt, daß letzten Endes[83] die Wahl im Jahre 1957 darüber entscheiden werde, ob Deutschland und Europa christlich bleiben oder kommunistisch werden würden. Und das hat die Sozialdemokratie furchtbar aufgeregt. Das zeigt also, daß sie es verstanden haben. Wenn sie es nicht kapiert hätten und nicht als wahr ansähen, dann würden sie sich nicht so aufregen." Auch diese Sätze sind uns aus den Adenauer-Memoiren, wenn auch mit Veränderung des Umgangssprachlichen ins Schriftdeutsch, bereits bekannt[84]. In Adenauers „Erinnerungen" ist aber nicht die Fortsetzung dieses Gedankens übernommen worden, die der Parteivorsitzende am 1. Juli 1957 vortrug: „Wir sollten also von diesem Argument in der richtigen Form[85] im Wahlkampf Gebrauch machen. Auch nach dem Bericht des Herrn von Eckardt hat kein Argument bisher die Sozialdemokraten so tief getroffen wie dieses, weil sie wissen, daß das deutsche Volk auf solche Argumente hört."

Dem ist nicht viel hinzuzufügen. Der Bundeskanzler wußte 1957, daß seine schonungslose Sprache über und gegen die Sozialdemokratische Partei Anklang fand und propagandistisch wirkungsvoll war. Wollte man annehmen, daß er damit nicht seiner innersten Überzeugung Ausdruck verliehen habe, so würde man sich in Aporien verstricken.

Zur Kontrolle unserer These muß zum Schluß noch gefragt werden, was denn eigentlich gegen die Annahme sprechen könnte, Adenauers Finis-Germaniae-Satz habe seiner persönlichen Überzeugung entsprochen. Dafür finden sich keine durchschlagenden Gründe. Wer die Hypothese von einer Unvereinbarkeit der Untergang-Deutschlands-Äußerungen Adenauers mit Adenauers wirklicher Ansicht vertreten möchte, müßte vor allem plausibel machen, warum der Kanzler gerade dieses Argument immer wieder vor den Mitgliedern seines Parteivorstandes benutzt hat. Gegenüber diesem Gremium, in dem er sich keineswegs immer durchsetzen konnte[86], war mit Kinderschreckmethoden wenig auszurichten. Es war auch nicht nötig, die Mitglieder dieser Parteiinstitution von einer Unterstützung der SPD abzuhalten. Wohl aber konnte der Bundeskanzler hier mit Erfolg an Grundüberzeugungen appellieren, um seine Parteifreunde anzutreiben. Sie teilten offenbar seine Vorstellung, daß ein Wahlsieg der SPD im September 1957 über kurz oder lang den Untergang des freien Deutschland notwendig nach sich zöge, weil die russische Politik sich dann der neutralistischen Kräfte in der Sozialdemokratie bedienen und ein neutralisiertes Deutschland unvermeidlich in den eigenen Herrschaftsbereich ziehen würde. Dies war Konrad Adenauers eigentliche Sorge. Dies zu verhindern und dadurch den Grundwerten Freiheit und Christentum in Europa ihren Raum zu wahren, war der Inhalt seines politischen Lebens nach 1945. „Wir glauben, daß mit einem Sieg der Sozialdemokratischen Partei der Untergang Deutschlands verknüpft ist", dieser Satz enthüllt den innersten Kern dessen, was Konrad Adenauer damals nicht nur gesagt, sondern auch gedacht hat. Man mag das hart und scharf oder übertrieben oder irrig finden. Man muß es aber ernst nehmen, wenn man die politische Substanz des bedeutendsten demokratischen Staatsmannes der deutschen Geschichte verstehen will.

1 Mit „Konzeption" ist hier das gemeint, was Hans-Peter Schwarz, Das außenpolitische Konzept Konrad Adenauers, in: Rudolf Morsey und Konrad Repgen (Hrsg.), Adenauer-Studien I (Veröffentlichungen der Kommission für Zeitgeschichte, Reihe B, Bd. 10), Mainz 1971, S. 77f. als „Konzept" bezeichnet.

2 Franz Josef Strauß, „Der Alte war ein Mann mit vielen Schlichen . . .", in: Helmut Kohl (Hrsg.), Konrad Adenauer 1876/1976, Stuttgart-Zürich 1976, S. 163, erinnerte sich unlängst: „Konrad Adenauer pflegte zur Durchsetzung seiner Vorstellungen immer mit einem ganz großen Lagebericht zu beginnen, der [. . .]unter dem Motto stand: Die Lage ist ernst, aber noch nicht verzweifelt."

3 Vgl. Hans Berger, Weltrevolution vor dem Ende?, in: Ostpreußenblatt vom 25. Oktober 1975, Folge 43, S. 3.

4 Mündliche Mitteilung von Herrn Dr. Hans Berger; vgl. auch Ostpreußenblatt vom 21. Juni 1975, Folge 25, S. 3.

5 Vgl. Schwarz, Konzept, S. 80.

6 Konrad Adenauer zu Ernst Friedlaender, hier zitiert nach Arnulf Baring, Außenpolitik in Adenauers Kanzlerdemokratie. Bonns Beitrag zur Europäischen Verteidigungsgemeinschaft (Schriften des Forschungsinstituts der Deutschen Gesellschaft

für Auswärtige Politik, Bd. 28), München-Wien 1969, S. 314, Anm. 68, am 11. Juni 1953: ,,Bismarck hat von seinem Alpdruck der Koalitionen gesprochen. Ich habe auch meinen Alpdruck: er heißt Potsdam. Die Gefahr einer gemeinsamen Politik der Großmächte zu Lasten Deutschlands besteht seit 1945 und hat auch nach der Gründung der Bundesrepublik weiter bestanden.“ – ,,Potsdam-Komplex“: vgl. Schwarz, Konzept, S. 81.

7 Vgl. Harold Macmillan, Riding the Storm, 1956–1959, London 1971, S. 317.

8 Vgl. Macmillan, S. 335.

9 Vgl. Spiegel-Artikel Lothar Ruehls vom 6. Oktober 1954, hier zitiert nach Baring, S. 58.

10 Vgl. Baring, S. 118.

11 Vgl. ebenda.

12 Vgl. Baring, S. 106f. Das Zitat geht weiter: ,,Darum, meine Freunde, wer die Neutralisierung und Demilitarisierung in Deutschland hier bei uns will, ist entweder ein Dummkopf allerersten Ranges oder ein Verräter.“

13 So die Überschrift des Vorabdrucks des Beitrags von Golo Mann in diesem Band, in: Frankfurter Allgemeine Zeitung vom 14. Februar 1976.

14 Vgl. Baring, S. 60.

15 Wie etwa Theodor Heuss, Tagebuchbriefe 1955/1963. Eine Auswahl aus Briefen an Toni Stolper. Hrsg. von Eberhard Pikart (Veröffentlichung des Theodor Heuss Archivs), Tübingen-Stuttgart 1970. Zum Problem ,,Tagebuch“ bei Konrad Adenauer vgl. Hans Buchheim, Konrad Adenauer oder was Politik ist und wie sie gemacht wird, in: Konrad Adenauer 1876/1976, S. 187.

16 Vgl. Baring, S. 60. Dem Satz Barings: ,,Er (Adenauer) dachte viel zu pragmatisch, als daß er seinen Worten eine große Bedeutung beigemessen hätte“ vermag ich dagegen nicht zuzustimmen.

17 Text nach einer unkorrigierten stenographischen Mitschrift (des Bundespresseamtes), die sich im Rhöndorfer Adenauer-Nachlaß befindet, bei Hans-Peter Schwarz (Hrsg.), Konrad Adenauer. Reden 1917–1967. Eine Auswahl, Stuttgart 1975, S. 364ff.

18 Am 3. Juli hatte TASS gemeldet, daß Chruschtschow seine Gegner Kaganowitsch, Malenkow, Molotow und Schepilow aus der Führung verdrängt habe. Adenauer ging darauf am 7. Juli wie folgt ein: ,,Lassen wir uns zunächst nicht abhalten durch die Hoffnung darauf, was augenblicklich in Moskau geschieht. Was augenblicklich geschieht, wissen weder Sie noch ich, meine Damen und Herren. Aber es handelt sich wahrscheinlich um häusliche Zwistigkeiten, die die Herrschaften in etwas milderer Form, als sie das früher gemacht haben, [aber dennoch] in sehr entschiedener Form austragen. Ich glaube erst daran, daß dort wirklich eine Änderung eingetreten ist, wenn in der Londoner Abrüstungskonferenz der russische Vertreter entsprechende Erklärungen abgibt; früher glaube ich nicht daran.“ Vgl. Adenauer, Reden, S. 368. Mit dieser Skepsis hat er recht behalten. Die russische Offensive der Chruschtschow-Jahre vom Berlin-Ultimatum 1958 bis zur Kubakrise 1962 führte zu besonders gefährlichen Spannungen des Ost-West-Konfliktes und an den Rand des Atomkriegs.

19 Nach dem Bericht der ,,Frankfurter Allgemeinen Zeitung“ (We., München, 7. Juli) vom 8. Juli 1957.

20 Vgl. SPD-Pressedienst P/XII/152 vom 8. Juli 1957, S. 7.

21 Vgl. etwa Die Freiheit, Mainz, 10. Juli 1957: ,,In Nürnberg: Der alte Mann . . .“

22 Vgl. etwa Frankfurter Rundschau vom 9. Juli 1957: ,,Wahlkampf in aller Schärfe. Opposition antwortet auf Adenauers harte Polemik.“

23 Hans Erich Schuld, Neue Rhein Zeitung, Köln, 9. Juli 1957 in seiner Glosse

,,Protest" formulierte: ,,Er (Adenauer) spricht wider besseres Wissen."

24 Sozialdemokratische Ministerpräsidenten hatten die Länder Bayern, Hessen, Nordrhein-Westfalen, Bremen und West-Berlin. Hoegner, Zinn, Steinhoff, Kaisen und Suhr vereinbarten am 8. Juli, einem vorgesehenen Empfang des Bundesrates für die Bundesregierung am 11. Juli fernzubleiben (Rheinische Post, Düsseldorf, 9. Juli 1957: ,,Steigende Nervosität bei der SPD"). Die Presseerklärung der sozialdemokratischen Ministerpräsidenten lautete (nach Die Freiheit vom 10. Juli 1957: ,,Wahlkampf wird mörderischer Bruderkampf"): ,,Bundeskanzler Dr. Adenauer hat nach Pressenachrichten auf einer Wahlversammlung in Nürnberg erklärt, daß mit einem Wahlsieg der SPD der Untergang Deutschlands besiegelt sei. Die sozialdemokratischen Regierungschefs haben daraufhin ihre Teilnahme an der diesjährigen Einladung des Bundesrates für die Bundesregierung abgelehnt. Sie können aus Gründen der Selbstachtung nicht mit jemandem an einem Tisch sitzen, der damit die Leistungen der Sozialdemokraten in dieser ungeheuerlichen Weise schmäht und dazu beiträgt, daß der Wahlkampf zu einem mörderischen Bruderkampf innerhalb des deutschen Volkes ausartet."

25 So der Untertitel im Vorwärts vom 19. Juli 1957, der den Text der Vorstandsresolution mit der Überschrift: ,, ‚Er' will die Alleinherrschaft!" abdruckte.

26 Vgl. Neue Zürcher Zeitung vom 13. Juli 1957 (Ht., Bonn, 12. Juli: ,,Außenpolitische Argumente im deutschen Wahlkampf. Scharfe Angriffe Adenauers auf die SPD"). Der Berichterstatter notierte, daß von sozialdemokratischer Seite (offenbar der Pressesprecher Friedrich Heine) mit Ausdrücken wie ,,Sprache der Gosse", ,,totalitäre Maßlosigkeit" gekontert werde.
Ein Kommentar in Der Tag, West-Berlin, 10. Juli 1957 (Dt.: ,,Wer provoziert wen?"), der bezweifelte, ob die ,,harten Worte Adenauers" notwendig gewesen seien und ,,ob so harte Worte wahltaktisch überhaupt geschickt sind", gab der Sozialdemokratie ein gerüttelt Maß der Schuld daran, daß nun ,,ein beklagenswerter Höhepunkt des Wahlkampfes erreicht sei". Der Kommentator wies auf angeschmierte Losungen in Nürnberg hin (dazu vgl. Neues Deutschland, Ost-Berlin, 9. Juli 1957: ,,Adenauer hetzt gegen die SPD", das im übrigen von ,,regelrechter Pogromstimmung" sprach), auf ein Wahlplakat gegen Adenauers Atompolitik (offensichtlich gemeint das Plakat ,,Atomrüstung zeugt Massentod, die SPD mahnt und warnt", das bei U. W. Kitzinger, German Electoral Politics. A Study of the 1957 Campaign, Oxford 1960, Tafel III, unter b abgebildet ist) und meinte: ,,Es handelt sich doch nicht mehr um eine politische Auseinandersetzung, wenn beispielsweise der Wille der Bundesregierung und der CDU zur Abrüstung und Wiedervereinigung rundweg von maßgeblichen SPD-Sprechern abgestritten wird."

27 Vgl. Münchner Merkur vom 3. Juni 1957: ,,Adenauer eröffnet in Bamberg den Wahlkampf. Warnung vor sozialdemokratischer Regierung – Kabinettsmitglieder bei der Tagung katholischer Männer."

28 Maschinenschriftlicher Text nach einer unkorrigierten stenographischen Mitschrift des Bundespresseamtes im Archiv der Stiftung Bundeskanzler-Adenauer-Haus in Rhöndorf.

29 Vgl. Frankfurter Allgemeine Zeitung vom 8. Juli 1957 (Bericht it., Kiel, 7. Juli: ,,Situation kritischer denn je").

30 Vgl. zum folgenden den Artikel der ,,Neuen Zürcher Zeitung" (vgl. oben Anm. 26).

31 Darunter Abschaffung der Wehrpflicht und Einführung eines Freiwilligenheeres, Mitgliedschaft eines wiedervereinigten Deutschlands in einem kollektiven Sicherheitssystem mit dem Ziel, NATO und Warschauer Pakt aufzulösen. Vgl. Archiv der Gegenwart 27 (1957), S. 6227f. sowie S. 6499f.

32 ,,Sans en avoir conscience, et certainement à contrecoeur, chancelier rend ainsi au

parti socialiste allemand un hommage largement immérité en lui prêtant l'énergie et la capacité s'il arrivait au pouvoir de tout bouleverser, de tout révolutionner et de faire opérer à l'Allemagne occidentale une ,conversion' aussi radicale. Il n'est pas un observateur pondéré au contraire qui ne pense qu'un succès électoral socialiste, pour l'instant d'ailleurs improbable, ne changerait pratiquement rien à l'orientation générale de l'Allemagne de l'Ouest, même si les leaders socialistes, transformés du jour au lendemain en hommes d'Etat, savaient se dispenser des flottements et des maladresses qui guettent toujours les néophytes du pouvoir."

33 Vgl. Le Monde vom 14. Juli 1957.

34 Vgl. Kitzinger, S. 122.

35 Vgl. Rudolf Morsey, Zum Verlauf und Stand der Adenauer-Forschung, in: Konrad Adenauer 1876/1976, S. 123. Eine (zu) kurze Übersicht über wichtigere Rezensionen der Memoiren bei Helmut Grieser, Konrad Adenauer im Urteil der Forschung, in: Geschichte in Wissenschaft und Unterricht 27 (1976), S. 33f.

36 Vgl. Konrad Adenauer, Erinnerungen 1955–1959 (Bd. 3), Stuttgart 1967, S. 311ff. = Abschnitt X, 7: ,,Die Bundestagswahl 1957."

37 Dies ergibt sich aus einem Vergleich der Adenauer-Memoiren mit den bei Adenauer, Reden, S. 361–364 (Rede vom 3. Juli 1957) und S. 364–372 (Rede vom 7. Juli 1957) abgedruckten Texten: vgl. Erinnerungen, Bd. 3, S. 311, Z. 24 von unten bis Z. 13 von unten mit Reden, S. 365, Z. 19 von unten bis Z. 8 von unten; Bd. 3, S. 311, Z. 12 von unten bis S. 312, Z. 12 von oben mit Reden, S. 365, Z. 7 von unten bis S. 366, Z. 17 von oben; Bd. 3, S. 314, Z. 15 von unten bis S. 315, Z. 5 von oben mit Reden, S. 361, Z. 34 von unten bis Z. 17 von unten; Bd. 3, S. 315, Z. 5 von oben bis Z. 16 von oben mit Reden, S. 361, Z. 5 von unten bis S. 362, Z. 5 von oben; Bd. 3, S. 315, Z. 17 von oben bis S. 316, Z. 5 von oben mit Reden, S. 362, Z. 6 von oben bis Z. 12 von unten.
Die wichtigen Hinweise von Anneliese Poppinga, Meine Erinnerungen an Konrad Adenauer, Stuttgart 1970 auf die Entstehungsgeschichte der Memoiren hat Schwarz, Konzept, S. 75, Anm. 4 zusammengestellt.

38 Welche Akten Adenauer für diese Ausführungen zugrunde lagen, wäre zu ermitteln.

39 Vgl. Adenauer, Erinnerungen, Bd. 3, S. 316. Die daran anschließende Memoirenpassage, S. 316, Z. 4 von unten bis S. 317, Z. 11 von oben ist wörtlich aus Adenauers Lagebericht vor dem Bundesparteivorstand der CDU (vgl. dazu unten Anm. 45) am 1. Juli 1957 übernommen. Auch die Bd. 3, S. 317, Z. 12 bis 17 folgenden drei Sätze sind wörtlich aus dieser Ansprache vom 1. Juli 1957 übernommen, finden sich dort aber an verschiedenen Stellen; wörtlich übernommen der Abschnitt Bd. 3, S. 317, Z. 7 von unten sowie Z. 5 von unten bis S. 318, Z. 5.

40 Vgl. Adenauer, Erinnerungen, Bd. 3, S. 317. Auch diese Passage findet sich wörtlich in der Ansprache vom 1. Juli 1957 vor dem Bundesparteivorstand der CDU. Vgl. unten Anm. 80.

41 Vgl. Adenauer, Erinnerungen, Bd. 3, S. 317. Diese Passage finde ich dem Wortlaut nach im Protokoll der Sitzung des Bundesparteivorstandes der CDU vom 1. Juli 1957 nicht; sie stammt vermutlich aus einer Mitschrift seiner Ausführungen vor der Bonner Presse am 12. Juli 1957 (vgl. oben S. 296).

42 Vgl. Adenauer, Erinnerungen, Bd. 3, S. 317. Nicht ganz wörtlich übernommen aus der Ansprache vor dem Bundesparteivorstand der CDU vom 1. Juli 1957; vgl. dazu unten. Anm. 78.

43 Vgl. Die Zeit vom 11. Juli 1957 (Dff.: ,,Finis Germaniae"): ,,Vielen – auch manchem, der nicht zur SPD gehört – ist der Zorn flammend rot ins Gesicht gestiegen beim Lesen jener Worte, die der Kanzler in Nürnberg sprach." Die Zeit vom 18. Juli 1957 brachte dann unter der Überschrift ,,Der Kanzler und die SPD – Schmutzige

Wäsche" Leserbriefe pro Adenauer.

44 Nach Gerd Bucerius, Der Adenauer. Subjektive Beobachtungen eines unbequemen Weggenossen, Hamburg 1976, S. 59, hätte Adenauer gesagt: „Ein Sieg der SPD ist der Untergang Deutschlands." Der oben Anm. 28 zitierte Text nach der unkorrigierten stenographischen Mitschrift des Bundespresseamtes verdient den Vorzug, obgleich die amtliche Überlieferung der Wahlreden des Kanzlers schlecht ist (vgl. Adenauer, Reden, S. 16); denn er stimmt im entscheidenden Punkt mit dem Wortlaut überein, den der Korrespondent der „Frankfurter Allgemeinen Zeitung" (vgl. oben Anm. 19) bringt: „Wir sorgen dafür, daß die Sozialdemokratische Partei niemals an die Macht kommt. Wir sind dazu zutiefst entschlossen, weil wir glauben, daß mit einem Sieg dieser Partei der Untergang Deutschlands verknüpft ist."

45 In diesem Zusammenhang zitiert Bucerius, S. 58f., nicht den bekannten Zwischenruf „Der Bundeskanzler der Alliierten" aus der Nachtsitzung des Bundestages vom 24./25. November 1949, sondern vier in der allgemeinen Erinnerung weniger bekannt gebliebene Passagen:
– „Planung ist die erste Voraussetzung zur Vermeidung der deutschen Katastrophe. Entweder wird es uns gelingen, Deutschlands Wirtschaft sozialistisch zu machen, oder wir werden aufhören, ein deutsches Volk zu sein" (Bundestagswahlkampf 1949).
– „Wer diesem General-Vertrag zustimmt, hört auf, ein Deutscher zu sein" (UP-Interview vom 22. Mai zum Deutschland-Vertrag vom 26. Mai 1952, zitiert von Heinrich G. Ritzel, Kurt Schumacher in Selbstzeugnissen und Bilddokumenten, Reinbek bei Hamburg 1972, S. 109, nach Konrad Adenauer, Erinnerungen 1945–1953 [Bd. 1], Stuttgart 1965, S. 533. Vgl. dazu auch die von Ritzel, S. 134f., aus dem Schumacher-Nachlaß zitierte Gegenäußerung Kaisens nach einem Bericht der „Kölnischen Rundschau" vom 25. Mai 1952).
– „Die Führung der CDU hat nationalpolitisch versagt, sie hat bewußt eine Politik mit den Alliierten gegen das deutsche Volk gemacht."
– „Das Schlagwort ‚Soziale Marktwirtschaft' ist nichts als eine Lügenparole à la Blut und Boden."
Sehr harte Polemik gegen Adenauer findet sich bekanntlich nicht allein bei Schumacher und nicht allein in der Frühzeit seiner Kanzlerschaft. Anneliese Poppinga, Konrad Adenauer. Geschichtsverständnis, Weltanschauung und politische Praxis, Stuttgart 1975, S. 227 Anm. 97 weist gegenüber Alfred Grosser, Deutschlandbilanz. Geschichte Deutschlands seit 1945, 4. Auflage, München 1972, S. 179, der Adenauers Zitat vom 14. August 1961 in Regensburg („Herr Brandt alias Frahm") als „Schlag unter die Gürtellinie" bezeichnet hat, mit Recht auf Willy Brandts vorhergehende Rede vom 12. August 1961 in Nürnberg hin. Noch im nordrhein-westfälischen Wahlkampf 1962 wurde die Legende vom „Separatisten" Adenauer von dem SPD-Landtagskandidaten Willi Sinnecker in seiner Broschüre „Christliche Politik? Karl V. und Konrad Adenauer. Zweimal Nachkriegsseparatismus?" Krefeld 1962, insbesondere S. 53, wiederholt (vgl. Rudolf Morsey, in: Neue Politische Literatur 7 [1962], Sp. 363, Anm. 1), was in der gleichen SED-parteilichen Linie lag, die P. Klein und H. Bertsch in Ost-Berlin 1961 vertreten hatten und die eine Übernahme der NS-Linie Ilges-Schmidt (1933/34), E. Schulte (1936 und 1939) und H. Volz (1942), SED-lich dann J. Peck (1952), bedeutete: vgl. Rudolf Morsey, Die Rheinlande, Preußen und das Reich, in: Rheinische Vierteljahrsblätter 30 (1965), S. 190, Anm. 60.

46 Ähnlich im Urteil Felix von Eckardt, Ein unordentliches Leben. Lebenserinnerungen, Düsseldorf-Wien 1967, S. 185: „Schumacher war in seinen Formulierungen noch schärfer als der Kanzler, aber jeder, der ihn kannte, billigte ihm zu, daß seine

Nerven in der Nazizeit furchtbar gelitten hatten."

47 Vgl. Bucerius, S. 59: ,,Es ist schon merkwürdig: Noch heute hält man Adenauer seine Redesünden vor, die Schumachers aber sind vergessen.
Doch gewiß nicht nur, weil man dem Glücklichen auch seine Fehler härter ankreiden muß. Adenauer soll selber einmal geschildert haben, wie sein böses Wort im Wahlkampf 1957: ‚Ein Sieg der SPD ist der Untergang Deutschlands' zustande kam. Das sei ihm eingefallen, als er am Abend Notizen für die Rede des nächsten Tages gemacht habe, und es habe ihm gleich so gefallen, daß er sich ‚ein Gläschen Sekt' aufs Zimmer kommen ließ und sich selbst beglückwünschte.
So schnitzte sich Adenauer in aller Ruhe eine handliche Waffe zurecht; Leidenschaft und Hitze des Wahlkampfs brauchte er für diese Schöpfung nicht."

48 Ob Adenauer in der Nacht vom 6./7. Juli im Hotel geschlafen hat, wohin er sich ein Gläschen Sekt habe bringen lassen, oder, was wahrscheinlicher ist, im Sonderzug, lasse ich dahingestellt. Daß Adenauer mit vorbereiteten Texten gerade bei Wahlreden sehr eigenwillig umging, stellt Schwarz in: Adenauer, Reden, S. 16f. fest. Es war Adenauers Art, sich vom Augenblick und der Situation inspirieren zu lassen. Vgl. Eckardt, Lebenserinnerungen, S. 266.

49 Vgl. Weltbild vom 5. Januar 1976, S. 28/29: ,,Zweitens is dat amüsant . . . /Felix von Eckardt über seinen alten Chef." Der Abschnitt mit dem Zwischentitel ,,Woher das Wort vom Untergang stammte" lautet: ,,Einmal, als wieder Wahlkampf war, da sagte er abends zu mir: ‚Es ist so schwer, diesen Wahlkampf zu führen, die SPD kommt gar nicht aus ihrer Ecke – wie ein Boxer, sie bleibt da einfach sitzen und läßt sich mit dem Handtuch fächeln.' Da habe ich ihm gesagt, och, das werden wir schon kriegen. Und ich habe ihm den Vorschlag gemacht zu behaupten, eine sozialdemokratische Regierung wäre das Ende der Bundesrepublik. Da sind sie dann aus ihrer Ecke gekommen. Adenauer sagte: ‚Ist das nicht ein bißchen hart?!' Ich erwiderte, Herr Bundeskanzler, man muß immer eine Behauptung aufstellen, wo das Gegenteil nicht beweisbar ist! Und dann kamen sie auch aus ihrer Ecke rausgeflitzt, und dann ging der Fight los." In Eckardts Memoiren (vgl. oben Anm. 46) findet sich diese Anekdote nicht.

50 In seinen Lebenserinnerungen, S. 267, beschreibt v. Eckardt die umgekehrte Situation: ,,In einem Punkte waren wir uns allerdings nicht einig. Da der Kanzler persönlich sehr hart angegriffen wurde, zahlte er mit gleicher Münze heim. Doch ich glaube, daß die breite Masse, die entweder in Verehrung zu ihm aufsah oder ihm doch Respekt zollte, von ihm erwartete, über solche persönlichen Angriffe erhaben zu sein. Sehr oft haben wir uns über diesen Punkt gestritten, und Adenauer wies mir an Hand von Zitaten nach, daß seine Gegner ihn viel härter behandelten, als er selbst gegen sie vorging. Zweifellos war das richtig, und doch bleibe ich dabei, daß das Volk von seinem Regierungschef eben etwas anderes erwartet als von der zur Macht drängenden Opposition."

51 Vgl. oben Anm. 23.

52 Herrn Ministerpräsidenten Dr. Helmut Kohl, dem Bundesvorsitzenden der Christlich-Demokratischen Union Deutschlands, danke ich für die Genehmigung der Benutzung dieser internen Akten. Sie sind mit Bezug auf den hier interessierenden Teil der Sitzung vom 13. Januar 1956 kurz herangezogen bei Poppinga, Adenauer, S. 28 und S. 149f.; vgl. auch unten Anm. 70.

53 Die Erforschung der Organisationsgeschichte der CDU steht noch in den Anfängen. Für unser Problem vgl. einstweilen Helmuth Pütz, Die Christlich-Demokratische Union, Bonn 1971.

54 Die Tagesordnung für die Sitzung des 13. Januar 1956 enthielt:
1) Bericht über die politische Lage

2) Bericht über den Stand der Vorarbeiten zur Sozialreform
3) Bundesparteitag 1956
4) Bundestagswahlgesetz
5) Vorbereitung der Bundestagswahl 1957
6) Verschiedenes.

55 30. September 1955, 23. November 1956, 7. Februar und 11. Mai 1957, 28. November 1958 und 7. Februar 1962. Schwarz beschreibt in seiner Einführung zu Adenauer, Reden, S. 17 den Wert dieser internen Ansprachen sehr treffend: ,,Sie lassen in ihrer Mischung von präziser und differenzierter Sachaussage, gelegentlichen persönlichen Sympathiekundgebungen oder Seitenhieben, Sarkasmen, beschwörendem Ernst oder kritischem Appell besonders deutliches Licht auf den Führungsstil Adenauers werfen."

56 Ein Teil dieser Ausführungen ist, ohne daß der Leser dies erkennen kann, in die grundsätzlichen Erörterungen der Adenauer-Memoiren eingegangen, die Schwarz, Konzept, S. 74, als ,,leitmotivische Abschnitte" bezeichnet. Auf viele Einzelnachweise muß ich verzichten; man vgl. etwa den Schlußabschnitt der Darstellung der Bundestagswahl 1957 (Adenauer, Erinnerungen, Bd. 3, S. 318) mit den Gedanken, die Adenauer in der Bundesparteivorstandssitzung des 19. September 1957, vier Tage nach der Wahl, ausgeführt hat: ,,Sehr wichtig scheint es mir zu sein, daß es uns gelingen muß, die Sozialdemokratie als Klassenpartei zu erledigen, und zwar spreche ich jetzt vom deutschen Standpunkt aus. Seitdem es eine Sozialdemokratische Partei gibt, war sie eine Klassenpartei und trieb dadurch einen Keil ins Volk. Es ist uns nun gelungen, einen gewissen Prozentsatz der jungen Arbeitnehmer herauszuholen. Hier wird gerade unsere Junge Union eine große Aufgabe haben, um die jungen Arbeitnehmer aus dem Klassengedanken herauszubringen."

57 Vgl. dazu jetzt Hans Günter Hockerts, Adenauer als Sozialpolitiker, im vorliegenden Band, S. 466ff.

58 Vgl. Eckardt, Lebenserinnerungen, S. 262. Am 19. September 1957 erklärte er sich vor dem Bundesparteivorstand für ein Zusammengehen mit einer anderen Partei trotz der absoluten Mehrheit der CDU/CSU; denn allein auf CDU/CSU gestützt die Regierung zu bilden, ,,würde, obwohl es unberechtigt ist, dem Gefühl weiter Kreise des deutschen Volkes hinsichtlich einer Einparteienherrschaft zu sehr entgegenkommen und würde der SPD eine Möglichkeit der Propaganda stärksten Ausmaßes geben. Denken wir daran, daß bei den kommenden Landtagswahlen das, was wir im Bund tun, eine große Rolle spielen wird. Wir müssen alle sehr vorsichtig taktieren, trotz unserer großen Mehrheit, um nicht den Sozialdemokraten in den Ländern billige Waffen gegen uns in die Hand zu geben."

59 Vgl. Eckardt, Lebenserinnerungen, S. 220.

60 Vertrag des Bundespresseamtes mit dem Allensbacher Institut vom September 1950; vgl. Elisabeth Noelle-Neumann, Konrad Adenauer, die öffentliche Meinung und Wahlen, in: Konrad Adenauer 1876/1976, S. 130.

61 Vgl. die Diagramme für 1950 bis 1963 bei Noelle-Neumann, S. 137ff.; durch Markierung wichtiger politischer Ereignisse noch übersichtlicher die gleichen Diagramme, für die Jahre 1950 bis 1959, bei Gerhard Schmidtchen, Die befragte Nation. Über den Einfluß der Meinungsforschung auf die Politik (Freiburger Studien zu Politik und Soziologie), Freiburg 1959, Faltblatt zwischen S. 152 und S. 153. Noelle-Neumann, S. 130, stellt fest: ,,Den größten Teil seiner Regierungszeit hatte Konrad Adenauer den Wind der öffentlichen Meinung gegen sich gehabt."

62 Die organisatorischen Vorbereitungen der CDU hatten schon unmittelbar nach der Bundestagswahl 1953 begonnen. Vgl. Kitzinger, S. 100.

63 Vgl. Noelle-Neumann und Schmidtchen (gemäß Anm. 61).

64 Dies war für Adenauer nicht nur Teil einer Wahlstrategie, sondern dauernde Aufgabe. Unmittelbar nach der Bundestagswahl erklärte er vor dem Bundesparteivorstand am 19. September 1957, nachdem er „das Zusammenwachsen der beiden christlichen Konfessionen auf politischem Gebiet" als „nach wie vor unsere vornehmste Aufgabe" bezeichnet hatte: „Es bleibt weiter übrig – das war eines der großen Ziele, die wir bei der Gründung unserer Partei gehabt haben – der Kampf gegen den dialektischen Materialismus, gegen den Einfluß von Sowjetrußland her. Nur die Tatsache, daß wir zusammen auf christlichem Boden stehen, kann uns die Kraft geben, auch wirtschaftliche oder außenpolitische Krisen zu überwinden. Nur dieses Fundament kann uns eine Dauer geben, die nötig ist, damit wir gegenüber dem östlichen Materialismus, dessen Gefahren nach meiner Meinung in keiner Weise genügend erkannt werden, bestehen können. Diese Gefahr aus dem Osten wird bei uns nicht genügend erkannt, auch nicht bei den Kirchen, nirgendwo. Nur das Fundament, von dem ich eben sprach, kann uns auf die Dauer Kraft geben, unser christliches Erbe zu bewahren. Dazu gehört in erster Linie, daß die beiden christlichen Konfessionen zusammenarbeiten. Wir müssen diese Zusammenarbeit in besonderer Weise pflegen. Insbesondere müssen wir in unserer Partei, namentlich innerhalb unserer Jugend, das Weltanschauliche, das uns trägt, pflegen. Ich weiß, daß es Leute gibt, die sagen, was haben weltanschauliche Fragen mit einer politischen Partei zu tun. Eine solche Frage konnte man vielleicht einmal vor 100 Jahren stellen. In unserer Zeit kann man sie nicht stellen. Wie sich die Verhältnisse in Europa und in der Welt nun einmal entwickelt haben, ist es unsere vornehmste Aufgabe, mit ideellen und ethischen Mitteln den Kampf gegen den östlichen Materialismus zu führen."

65 Vgl. Kitzinger, S. 100ff.

66 „Ich stehe auch auf dem Standpunkt", erklärte Adenauer in der Sitzung des 13. Januar 1956, „daß man – das ist z. B. eine Bemerkung, die man in einem solchen Kreise machen kann – in einem Wahljahr auch einmal einen Groschen mehr ausgeben kann als in einem Nichtwahljahr. Ich möchte mich deutlicher gar nicht ausdrücken, damit das nicht mißverstanden wird. Aber man soll doch nicht das Kind mit dem Bade ausschütten. Wir müssen vor allem auch daran denken, daß, wenn man in einem Wahljahr Steuern senkt und im Jahre darauf die Steuern wieder erhöhen muß – wie das in England geschehen ist –, dann die letzten Dinge schlimmer sein werden als die ersten."

67 Vgl. oben Anm. 54.

68 Am 2. Januar 1956 war gewählt worden. Die Kommunisten und Progressisten hatten die Zahl ihrer Mandate um mehr als ein Drittel erhöht (+53), Poujade auf Anhieb 52 Mandate erhalten und die Mittel- und Rechtsgruppen (MRP, Dissidente Gaullisten, Sozialrepublikaner) insgesamt 81 Sitze verloren und 183 behalten. Vgl. Archiv der Gegenwart 26 (1956), S. 5549f.

69 „Wir müssen dafür sorgen, daß die Frage der Wiederherstellung der Einheit Deutschlands nicht zu einem wesentlichen Moment der Wahlpropaganda des Jahres 1957 wird. Ich halte das geradezu für ein moralisches Unrecht gegenüber den Deutschen, die von uns getrennt sind, wenn Parteien in Deutschland, obwohl sie genau wissen, daß zur Zeit nichts zu machen ist, immer wieder schreien, schreien und nochmals schreien und somit die Regierung beschuldigen, daß sie schuld ist, indem sie sagen, daß unser Rufen kein Gehör findet, liegt an Euch.
Die Wiedervereinigung Deutschlands darf nicht zu einer Propagandaformel werden. Allmählich droht sie es zu werden. Bis sich die außenpolitische Lage geändert hat oder anfängt sich zu ändern – und früher wird nichts erfolgen auf dem Gebiet der Wiederherstellung der Einheit Deutschlands, haben wir folgende Aufgaben zu erfül-

len [. . .], damit sie (die Menschen in der Zone) den Eindruck bekommen, der Westen hat uns nicht verlassen, sondern er steht auf der Wacht und wird wirklich in dem Augenblick, wo auch nur eine gewisse Aussicht auf Erfolg besteht, handeln."

70 Vom Beginn des Zitats bis hierhin bei Poppinga, Adenauer, S. 226, Anm. 84.

71 Meine These lautet also nicht, daß v. Eckardts Version frei erfunden sei, zumal Adenauer mit v. Eckardt nachweislich über die Wirkung seines Bamberger Arguments (Christentum oder Kommunismus) gesprochen hat (vgl. S. 304). Von Ekkarts Erzählung trifft aber insofern an dem historischen Kern vorbei, als Adenauer längst, wie v. Eckardt vermutlich gewußt hat, im kleineren Kreise schon oft vom Untergang Deutschlands bei einem Wahlsieg der SPD gesprochen hatte. Vgl. das Folgende.

72 Vgl. oben S. 301. Die Zahlen für die Allensbacher Frage: „Sind Sie im großen und ganzen mit der Politik Adenauers einverstanden oder nicht einverstanden?" Die entsprechenden Zahlen für die Frage: „Welche Partei steht Ihren Ansichten am nächsten?" ergaben nach Schmidtchen, Faltblatt zwischen S. 160 und S. 161, für die CDU/CSU im September 1955, unmittelbar nach Adenauers Moskaureise, 47% und fielen kontinuierlich bis zum Januar 1956 auf 41%, während im gleichen Zeitraum die SPD-Zahlen ziemlich konstant von 31 auf 36% anstiegen.

73 Vgl. ebenda. Die Zahlen für Adenauer selbst betrugen: Februar, März, April 1956: 48 – 47 – 48%; Mai, Juni, Juli: 40 – 41 – 42% (vgl. Noelle-Neumann, S. 138 und Schmidtchen, Faltblatt zwischen S. 152 und S. 153).

74 Adenauers Äußerungen in den dazwischenliegenden Sitzungen des Bundesparteivorstandes bestätigen die Konstanz seiner Auffassungen. Am 24. Februar 1956 meinte er: „Wenn die Bundestagswahl so ausfiele, daß eine neutralistische Partei wie die SPD in die Regierung und somit gegenüber der FDP in Führung käme, dann würde den Vereinigten Staaten die Lage in Europa höchstwahrscheinlich aussichtslos erscheinen. Und daraus würden die Vereinigten Staaten in ihrem eigenen Interesse gezwungen sein, Konsequenzen zu ziehen. Diese Konsequenzen ziehen heißt, sich mit Sowjetrußland auf Kosten Europas verständigen." Am 10. März 1956 wiederholte er vor dem gleichen Gremium seine Warnung vor den geistigen Gefahren des Kommunismus: „Es ist aber eine große Aufgabe den christlichen Parteien, insbesondere unserer Partei hier in Deutschland, gestellt, und zwar der Abwehrkampf gegen den dialektischen Materialismus, gegen den Kommunismus. Dieser geistige Kampf wird noch lange dauern. Er geht Hand in Hand mit dem politischen Machtkampf. Aber man soll in dieser ganzen Entwicklung nicht nur einen politischen Machtkampf oder einen wirtschaftlichen Machtkampf sehen, wir müssen auch darin sehen einen geistigen Kampf, den wir unbedingt bestehen müssen. Und diesen Kampf kann nur eine Partei bestehen, die ihn führt vom Boden der christlichen Grundsätze aus."

75 Vgl. Schmidtchen, Faltblatt zwischen S. 160 und S. 161. Adenauers Kurve fiel vom Juli 1956 (42%) bis September auf 38% und stieg dann bis zum Dezember 1956 auf 45%. Vgl. Schmidtchen, Faltblatt zwischen S. 152 und S. 153 sowie Noelle-Neumann, S. 138.

76 Seit dem 17. Juli war der Radford-Plan bekannt geworden. Vgl. Archiv der Gegenwart 26 (1956), S. 5889 f. Am 20. September 1956 führte Adenauer im Bundesparteivorstand aus: „Ich habe den Eindruck gewonnen, als wenn es jetzt in erster Linie heiße: Nicht Verteidigung der freien Welt, sondern Verteidigung der Vereinigten Staaten. Und das ist für uns Europäer eine sehr ernste Angelegenheit [. . .] Die These, die namentlich Carlo Schmid seinen Leuten eingeprägt hat, ist falsch. Wir müssen immer mit der Möglichkeit rechnen, daß sich namentlich bei der Entwicklung der nuklearen Waffen, Amerika zurückzieht. Das Wort von der ‚Festung

Amerika' ist ein Wort, das wir uns immer vor Augen halten müssen."
Zu Adenauers Lagebericht vom 23. November vgl. auch Adenauer, Reden, S. 342.

77 Die monatlichen Allensbach-Zahlen für die CDU/CSU lauteten von Januar bis September 1956 nach Schmidtchen, Faltblatt zwischen S. 160 und S. 161: 42 – 42 – 41 – 42 – 43 – 44% (= Juli) – 46 – 48 – 50% (= September); die entsprechenden Zahlen für die SPD: 40 – 40 – 40 – 40 – 39 – 38 – 37% (= Juli) – 36 – 35 – 34 – 32% (= September).
Die Zahlen für Einverständnis oder Nicht-Einverständnis mit der Politik Adenauers im großen und ganzen im gleichen Zeitraum: 45 – 47 – 43 – 41 – 42 – 41% (= Juni) – 49% (= Juli) – 43% (= August) – 46% (= September). Vgl. Schmidtchen, Faltblatt zwischen S. 152 und S. 153 sowie Noelle-Neumann, S. 138. Vgl. die Lageberichte vor dem Bundesparteivorstand am 7. Februar und 11. Mai 1957; Adenauer, Reden, S. 350ff. und S. 353ff. Am 7. Februar hatte er in einem a. a. O. nicht abgedruckten Teil gemeint: „Ein Staat – ich wiederhole jetzt wörtlich ein Wort, das mir mal Herr Dulles gesagt hat –, der keine Wehrmacht besitzt, das gilt auch für die Neutralisierungsidee, ist bestenfalls ein Protektorat, aber kein Staat."

78 In der Bamberger Rede (vgl. oben Anm. 28) vom 2. Juni 1957 hieß es dazu: „Ich habe vor kurzem einmal die Stellungnahme der deutschen Sozialdemokratie zu den wichtigsten Fragen des deutschen Volkes in den vergangenen acht Jahren zusammenstellen lassen. Und was war das Ergebnis? Ich glaube, bei jeder Frage haben sie einmal Ja gesagt und einmal Nein gesagt. Warum? Zum Teil wohl, weil sie in sich selbst uneins sind und weil bald die eine Richtung nach oben kommt und bald die andere Richtung. Und zum zweiten haben sie diese ständig wechselnde, so sterile und unfruchtbare Haltung eingenommen, weil sie zu feige waren, ihre wirkliche Meinung zu sagen [. . .] Ich habe mir sehr viel Mühe gegeben, ich kann das mit allem Nachdruck sagen, bei entscheidenden nationalen Fragen die Sozialdemokratie dazu zu bewegen, mit uns zusammenzugehen. Es war einfach unmöglich. Das, muß ich Ihnen sagen, ist eine sehr bittere Erfahrung. Das deutsche Volk war bisher und wird auch noch in der Zukunft nicht so gesichert sein, daß es sich in Lebensfragen Meinungsverschiedenheiten erlauben kann. Ich bin der Auffassung: Über aller Politik steht letzten Endes doch das Vaterland und das Volk."

79 Dazu jetzt, gut ausgewogen, im Zusammenhang der zentralen Frage nach der Wiedervereinigung: Hans-Peter Schwarz, Das Spiel ist aus und alle Fragen offen, oder: Vermutungen zu Adenauers Wiedervereinigungspolitik, in: Konrad Adenauer 1876/1976, S. 140ff., hier, zu dem prinzipiellen Dissens von 1952 bis 1959, S. 149.

80 Über die Allensbacher Resultate zum damaligen Zeitpunkt vgl. oben Anm. 73. Adenauer beschwor am 1. Juli 1957 den Bundesparteivorstand in einem anderen Teil seiner Rede: „Ich bitte Sie um Gottes willen darum, nicht die Meinung aufkommen zu lassen, als wenn die CDU/CSU den Sieg schon in der Tasche hätte. Den hat sie nicht in der Tasche."

81 Vgl. oben S. 299 und Anm. 40.

82 Tatsächlich heißt es in der Bamberger Rede (vgl. oben Anm. 28) dazu: „Ich spreche hier auf einer großen Versammlung katholischer Frauen und Männer und vielleicht wird der eine oder andere von ihnen fragen, was hat schließlich die Religion mit der Politik zu tun. – Es mag einmal Zeiten gegeben haben, in denen man Politik und Religion auseinanderhalten konnte, und zwar deswegen, weil damals die ganzen Völker gläubig waren und weil damals alle Politik auf dem Fundament des Christentums gegründet war. In dieser Zeit leben wir nicht! Bei uns stehen gegeneinander: die Politiker und die Politik, die auf christlichem Boden stehen, und die Politik, die nicht auf christlichem Boden steht, die Politik – lassen Sie mich das noch einmal wiederholen, denn in keiner Weise läßt sich prägnanter ausdrücken –, die die Freiheit

der Person achtet und die deswegen jede nur mögliche Freiheit geben will, um die Persönlichkeit zu entfalten. Auf der anderen Seite steht die Politik, die auf dem Boden der Staatsallmacht oder auf dem Boden der Macht des Kollektivs steht und die dem Menschen nicht die persönliche Freiheit geben will. Wenn die Zeiten so geworden sind wie diese Zeit, in der wir leben und in der wir Aufgaben zu erfüllen haben, dann kann man in Wahrheit nur Politik treiben, wenn man von den Grundlagen der christlichen Religion ausgeht."

83 „Letzten Endes" steht in der unkorrigierten Mitschrift des Bundespresseamtes (vgl. oben Anm. 28) nicht.

84 Vgl. Anm. 42.

85 Ob das Nürnberger Zitat die „richtige Form" gewesen ist, diese Frage muß der Historiker selbstverständlich auch erörtern, wenngleich das an dieser Stelle nicht geschehen kann. Für die Beurteilung wäre eine eingehende Behandlung auch der gegnerischen Propaganda unumgänglich; die oben Anm. 26 zitierten Stellen können das natürlich nicht ersetzen. Wichtig sind auch einige Passagen aus Bundesparteivorstandssitzungen. Am 7. Februar 1957 erklärte Adenauer deutlich, „man muß immer nobel bleiben, auch bei einem politischen Gegner", nachdem Reinhold Maier sich bei ihm beschwert hatte, unter Plakate mit seinem Kopf seien in Baden-Württemberg Streifen mit den Worten „Handlanger Moskaus" geklebt worden. „Wenn das wahr ist" – Dichtel bestritt die Richtigkeit –, „und wenn es von uns veranlaßt worden ist, dann wäre das höchst bedauerlich." Unmittelbar nach der Wahl suchte Adenauer die Stimmung im Bundesvorstand der CDU gegen den Wahlkampf der DP zu besänftigen und meinte (19. September 1957): „Die Deutsche Partei hat einen Wahlkampf geführt, der sicher große Erbitterung hervorgerufen hat (Zurufe: Sehr richtig!), aber glauben Sie, unser Wahlkampf hätte keine Erbitterung hervorgerufen? Sie glauben gar nicht, was unser Wahlkampf die Leute geärgert hat. Man sollte das alles nicht so tragisch nehmen."

86 Zum Beispiel in der sehr delikaten Frage nach dem Verhältnis der Christlich-Demokratischen Union Saar und der Christlichen Volkspartei 1956/57, überhaupt in vielen parteiinternen Problemen. Das Thema „Adenauer als Parteivorsitzender nach 1949" ist ein Desiderat der Forschung. Für die Zeit bis 1949 vgl. Rudolf Morsey, Vom Kommunalpolitiker zum Kanzler, in: Konrad Adenauer. Ziele und Wege. Drei Beispiele. Hrsg. von der Konrad-Adenauer-Stiftung, Mainz 1972, S. 13ff.; ders., Konrad Adenauer – Der lange Anlauf zur Politik. Die Zeit von 1876 bis 1949, in: Rudolf Morsey, Konrad Löw und Peter Eisermann, Konrad Adenauer. Leben und Werk. München 1976, S. 13ff., hier S. 41ff.; Helmuth Pütz, Einführung in die Dokumentation: Konrad Adenauer und die CDU der britischen Besatzungszone 1946–1949. Dokumente zur Gründungsgeschichte der CDU Deutschlands. Hrsg. von der Konrad-Adenauer-Stiftung, Bonn 1975, S. 1ff.

KLAUS GOTTO

Der Versuch einer Großen Koalition 1962

Die Frage nach der richtigen Koalition für die zu bildende Bundesregierung ist so alt wie die Bundesrepublik selber. 1949 wurde darüber heftig gestritten; die Entscheidung fiel auf der berühmten Rhöndorfer Konferenz vom 21. August 1949[1]. Zwei grundsätzliche Standpunkte prallten dabei aufeinander: sollte man eine Notzeit am besten auf möglichst breiter Basis überwinden oder waren die prinzipiellen politischen Divergenzen zwischen den führenden Parteien SPD und CDU/CSU so gravierend, daß nur ein Entweder-Oder möglich schien. Adenauer bezog 1949 den Standpunkt, die Grundsätze seiner Politik seien sowohl außen- wie innenpolitisch nur in einer kleinen Koalition mit den bürgerlichen Parteien durchzusetzen[2].

Trotz der Heftigkeit der politischen Auseinandersetzung zwischen Regierung und Opposition in den fünfziger Jahren blieb bei nicht unmaßgeblichen CDU-Politikern die Frage, ob nicht der Zeitpunkt kommen könne, die anstehenden großen nationalen Probleme gemeinsam, d. h. in einer Großen Koalition oder gegebenenfalls in einer Allparteienregierung, zu lösen. Weimarer Erfahrungen spielten dabei ebenso eine Rolle wie die prinzipielle Forderung, die Opposition besser in den Staat zu integrieren[3]. Eine engere Zusammenarbeit zwischen CDU/CSU und SPD wurde praktiziert etwa in der Frage der Wehrgesetzgebung oder auch in Fragen der Sozialpolitik, so bei der Rentenreform 1957[4].

Nach der Wahl 1957, die zwar der CDU eine absolute Mehrheit, der SPD aber auch die Sperrminorität bei Grundgesetzänderungen gebracht hatte, ergab sich für Probleme, die eine Grundgesetzänderung implizierten, ein Zwang zur Kooperation; das Godesberger Programm 1959 und die außenpolitische Schwenkung der SPD 1960 warfen schließlich die Frage auf, ob es wirklich noch unüberwindbare Divergenzen zwischen CDU/CSU und SPD gäbe. Hinzu kam, daß die Erfahrungen der Koalitionspartner CDU und FDP miteinander nicht gerade überschwenglich positiv waren, ja daß sich im Laufe der Zeit Mißtrauen und Überdruß breit gemacht hatten, so daß stellenweise der Zusammenhalt im Negativen – die SPD von der Regierung fernzuhalten – zur stärksten Klammer wurde[5].

Die hier nur skizzierten Umstände erhielten erstmals 1961 politische Bedeutung, als nach dem Mauerbau die CDU ihre absolute Mehrheit verloren hatte und die FDP die Ablösung Adenauers zu einer zentralen Forderung bei den Koalitionsverhandlungen machte[6].

Adenauer war – nicht zuletzt dank seiner Entschlossenheit und taktischen Klugheit – auch 1961 der letztlich unbestrittene Kanzlerkandidat[7]. Jedoch stand im Hintergrund aller Überlegungen bei der Regierungsbildung schon explizit oder implizit die Frage seiner Nachfolge. Sie bestimmte alle Koalitionserwägungen mit. Adenauer hatte im vertrauten Kreis geäußert, daß er zwar eine

Koalition mit der FDP anstrebe, daß jedoch bei einem Scheitern der Verhandlungen die Koalition mit der SPD das Ziel sei[8]. Nicht ganz zu Unrecht hatte es schließlich am 26. September 1961 im FDP-Pressedienst geheißen, daß die SPD zum „Salto Mortale des deutschen Sozialismus für Konrad Adenauer" bereitstehe[9]. Zwar hatte die SPD nach der Wahl eine Bestandsaufnahme der deutschen Politik und eine Allparteienregierung gefordert und später eine Dokumentation über die „Lüge von der schwarzroten Gefahr" bei den Koalitionsverhandlungen des Herbstes 1961 verbreitet[10], doch war man bei führenden CDU-Politikern sicher, daß ein Koalitionsangebot der CDU auf fruchtbaren Boden gefallen wäre. Nur allzu deutlich glaubte man zu spüren, daß das eigentliche Ziel der SPD die Regierungsbeteiligung sei[11].

Die schwierigen Koalitionsverhandlungen mit der FDP brachten ein gerüttelt Maß an Distanz zwischen die Parteien. Das neuerliche Bündnis von CDU/CSU und FDP war von Anfang an von Mißtrauen beherrscht und die Koalitionsregierung zu kooperativer Zusammenarbeit kaum fähig. Auf diesem Hintergrund tauchten neue Überlegungen selbst bei solchen CDU-Abgeordneten auf, die bisher eine Koalition mit der SPD für eine Sünde wider den demokratischen Geist gehalten hatten. Franz Böhm schrieb etwa am 3. November 1961 an den Fraktionsvorsitzenden Heinrich Krone: „Die Dinge liegen eben so: seit den Wahlen ist die Alternative nicht mehr: Hier Regierungskoalition, dort SPD-Opposition (als die eine Möglichkeit) und ein zusammenbastardidierter Über-Regierung-Leviathan CDU/SPD (als die andere Möglichkeit). Sondern die Alternative lautet: Entweder Erpresserdruck der kleinsten Partei, die aber jeder der beiden Großen braucht, um eine Regierung bilden zu können, als die eine Möglichkeit oder ein Gentleman's Agreement zwischen den beiden Großen zur Rettung des Zwei-Parteien-Systems und zur Verabschiedung eines Wahlgesetzes, das den Gerne-Groß-Experimenten jeder Sorte von ‚dritter Kraft' ein Ende setzt."[12]

Die Schwierigkeiten in der Regierung, das tief nachwirkende Ausscheiden von Brentanos, die spürbare Verlegenheit, einen geeigneten Nachfolger für Adenauer zu finden, und schließlich die sich abzeichnenden außenpolitischen Schwierigkeiten, kurz die innen- wie außenpolitischen Querelen und das Gegeneinander am Ende der Adenauer-Ära ließen bei einigen CDU-Abgeordneten die Koalitionsfrage schon bald nach der Regierungsbildung im Herbst in neuem Licht erscheinen. Zwar paralysierten sich die Gruppierungen der Nachfolgeaspiranten in der CDU gegenseitig und Adenauer hatte wie 1959 nicht die Autorität, einen ihm geeignet erscheinenden Nachfolger zu bestimmen[13] – diese Situation gab jedoch Einzelpersönlichkeiten oder kleineren Gruppen die Möglichkeit, selbst initiativ zu werden und weitgehende Vorgespräche zu führen.

Den entscheidenden Vorstoß unternahm der CSU-Abgeordnete Freiherr von und zu Guttenberg. Guttenberg – in der Öffentlichkeit eher bekannt als schneidender Kritiker des Deutschland-Plans der SPD[14] – hatte im Auswärtigen Ausschuß des Deutschen Bundestags gute Erfahrungen mit SPD-Kollegen gemacht und weitgehende Übereinstimmung in Sachfragen gefunden. Im Frühsommer 1962 vereinbarte er mit Herbert Wehner ein Gespräch, das eine kurze Aussprache im Anschluß an eine Sitzung des Auswärtigen Ausschusses fortsetzen sollte[15]. Wehner lud daraufhin Guttenberg zu einem Abendessen in seine Wohnung ein, das Anfang Juli stattfand und Gelegenheit zu einem zweistündigen Gespräch unter vier Augen bot. Nachdem beide Gesprächspartner Übereinstimmung in ihrer negativen Bewertung der FDP und ihrer skeptischen Beurteilung der innen- und außenpolitischen Lage festgestellt hatten, erklärte Guttenberg Wehner in aller Offenheit, daß er mit einer bestimmten Absicht gekommen sei: die Möglichkeit einer Großen Koalition zu erkunden. Er sei der Auffassung, daß nach dem Abgang Adenauers die Stabilität der Demokratie und die Kontinuität der von der CDU eingeleiteten Politik nur durch eine Große Koalition zu sichern sei. Eine solche Koalition müsse man jedoch vorbereiten, um beim Kanzlerwechsel nicht überrascht zu werden; am besten dadurch, daß man einen festen Plan entwickle, den eine kleine Gruppe von Abgeordneten beider Fraktionen hinter verschlossenen Türen erarbeiten solle, einen Marsch- und Fahrplan für beide Parteien für den Fall X. Guttenbergs Voraussetzungen für den politischen Inhalt dieses Plans waren schon zu diesem Zeitpunkt eindeutig formuliert: klare außenpolitische Kursbestimmung, Abstimmung über Tarif- und Sozialpolitik, Festlegung der Personalfragen und als unbedingte Voraussetzung die Änderung des Wahlrechts. Zeitlich bis 1969 begrenzt solle unter Geltung eines neuen mehrheitsbildenden Wahlrechts nach österreichischem Proporzsystem regiert werden. Wehner erklärte seine Bereitschaft, auf dieser Grundlage und unter ausdrücklicher Einbeziehung der Wahlrechtsänderung in Verhandlungen mit einer kleinen Gruppe aus beiden Parteien einzutreten.

Guttenberg, der von Wehners Ehrlichkeit überzeugt war, informierte mündlich und schriftlich den Fraktionsvorsitzenden Heinrich v. Brentano und den Sonderminister und Adenauer-Vertrauten Heinrich Krone[16]. Brentanos Antwort an Guttenberg lautete: Die innen- und außenpolitische Entwicklung erzwinge geradezu eine Verbreiterung der Regierungsbasis. Er glaube jedoch, daß die überwiegende Mehrheit der Kabinettsmitglieder einschließlich Adenauers sich einer Neuorientierung verschließen werde. Man dürfe Adenauer nicht in den Rücken fallen, das verbiete allein schon der Respekt vor seiner Leistung in den vergangenen zwölf Jahren und die Loyalität, die man ihm schuldig sei. Andererseits müsse man „aus der Verantwortung heraus, die wir alle tragen, an den Tag X denken. Und man muß das, was dann kommen soll, behutsam vorbereiten."[17]

Heinrich Krone reagierte auf die Mitteilungen Guttenbergs ähnlich zurückhaltend und ermunternd zugleich: Er befürwortete die Intention und hatte keine Bedenken prinzipieller Art, jedoch Einwände gegen das konkrete Vorgehen Guttenbergs. Sowohl Brentano wie Krone kamen mit Guttenberg überein, das Gespräch über das Thema Große Koalition fortzusetzen. Guttenberg konnte daraufhin Wehner in einem Zwischenbescheid mitteilen, daß er für das gemeinsame Vorhaben bei einigen Herren in seiner Fraktion uneingeschränkte Sympathie gefunden habe; es seien jedoch auch Zurückhaltung und Vorsicht festzustellen gewesen, obwohl man seinen Gedankengängen prinzipiell zugestimmt habe. Er wies jedoch auch realistisch auf die „großen psychologischen und intern-politischen Schwierigkeiten" innerhalb seiner Fraktion hin[18].

Zwischen diesen Gesprächen und dem Ausbruch der Regierungskrise im Umfeld der Spiegel-Affäre lagen drei Monate. Sie waren gekennzeichnet von einer neu ausbrechenden Diskussion um den Rücktrittstermin von Bundeskanzler Adenauer, einer schweren Niederlage der Koalitionspartner bei den Landtagswahlen in Nordrhein-Westfalen und von der Ungewißheit, wie die sich abzeichnende Wirtschaftskrise, etwa im Kohlebergbau, angegangen werden solle[19]. Die Spiegel-Affäre wurde dann zum auslösenden Moment der Regierungskrise einer von Anfang an brüchigen Koalition. Dauerte die Regierungsbildung 1961 fast zwei Monate, so brauchte Adenauer zur Erneuerung des Bündnisses von CDU/CSU und FDP im Herbst 1962 wiederum eine ungewöhnlich lange Zeit – fast sechs Wochen. Jedoch stand 1962 nicht so sehr die Erneuerung dieser Koalition oder der definitive, von Adenauer selbst festgelegte Rücktrittstermin im Mittelpunkt der Diskussionen, sondern die für ein paar Tage nahezu greifbare Aussicht auf eine Große Koalition aus CDU/CSU und SPD[20].

Die ernsthaften Verhandlungen über eine Große Koalition dauerten gut zehn Tage, die öffentliche Diskussion gar nur die ersten sechs Tage des Dezember. Es lassen sich drei Phasen unterscheiden: die vorbereitenden Gespräche zwischen dem 25. November und dem 1. Dezember, die Beratung in den entscheidenden Beschlußgremien von CDU/CSU und SPD zwischen dem 3. und 5. Dezember, und das Scheitern der Verhandlungen, bevor sie formell begonnen hatten, am 5. und 6. Dezember.

Die vorbereitenden Gespräche zwischen den Hauptbeteiligten – Lücke und Guttenberg auf der einen, Wehner auf der anderen Seite – wurden durch einen Zufall ausgelöst. Bundeswohnungsbauminister Lücke unterstützte, wie lange vorher abgesprochen, Baron Guttenberg im bayerischen Landtagswahlkampf. Am 19. November war er in Guttenbergs Wahlkreis Forchheim[21]. Durch den Rundfunk erfuhren beide Politiker vom Rücktritt der fünf FDP-Minister, der nach einer Tagung des FDP-Bundesvorstands in Nürnberg bekanntgegeben wurde[22]. Vorausgegangen waren Forderungen der FDP, Verteidigungsminister Strauß müsse aus dem Kabinett ausscheiden und kaum noch verhüllte Ankündigungen von Justizminister Stammberger und des stellvertretenden FDP-Vorsitzenden Döring, bei den Vorgängen in Bonn stünde auch die Position des Kanzlers zur Debatte[23]. Guttenberg informierte Lücke über seine Gespräche mit Wehner. Lücke war zwar als prinzipieller Anhänger eines Mehrheitswahlrechts bekannt, er hatte sich jedoch bisher keineswegs als Befürworter eines Koalitionswechsels engagiert.

In der Woche vom Montag, dem 19. November, und Montag, dem 26. November, verwirrten das Bonner Hin und Her um die Spiegel-Affäre, die Rolle von Strauß, die Verjüngung des Kabinetts und die Kapriolen des bayerischen Wahlkampfs selbst politisch gut informierte Beobachter. Ein zum Verständnis der nachfolgenden Ereignisse wichtiger Umstand kam hinzu: Die Krise drohte sich auszuweiten in eine Autoritätskrise Adenauers, die auch seine Kanzlerschaft in Frage stellen würde. Der vorzüglich unterrichtete Bonner Korrespondent der „Neuen Zürcher Zeitung", Fred Luchsinger, der offensichtlich als einer der ersten Journalisten von den Kontakten mit der SPD erfahren hatte, gab am 30. November seiner Zeitung einen Telefonbericht, in dem es hieß: „Wie ernst die Versuche nach jener Richtung hin gemeint sind, läßt sich nicht genau beurteilen. Viel Zeit zu großen taktischen Manövern hat Adenauer jedoch nicht mehr. Er muß sich im klaren sein, daß es um seinen eigenen Kopf gehen wird, wenn er nicht bald eine Lösungsformel präsentieren kann, die wenigstens die Politiker in Bonn befriedigt. Ob sie dann auch im Lande draußen zu überzeugen vermag, ist eine Frage für sich.“[24]

In dieser Situation ergriff Lücke am Montag, dem 26. November, einen Tag nach dem absoluten Wahlsieg der CSU in Bayern, die Initiative. „Nach reiflicher Überlegung und aus eigenem freien Entschluß“, wie er betonte, rief er gegen 18 Uhr Herbert Wehner an, der sofort gegen 18.45 Uhr in Lückes Ministerium kam; bis ca. 22 Uhr verhandelten beide Politiker über die Große Koalition als Weg aus der Krise[25].

Lückes Entschluß lag ein sorgsames Durchdenken der verbliebenen Möglichkeiten zugrunde: Für ihn kam eine CDU/CSU-Minderheitsregierung nicht in Frage, da sie zu einer substantiellen politischen Führung unfähig sei; die Fragwürdigkeit einer Koalition mit der FDP lag seiner Ansicht nach offen zutage, da die Gefahr einer Dauerkrise der Regierung, in die zwangsläufig auch die CDU als Partei hineingezogen würde, überwiege. Danach blieb für ihn schließlich nur noch die Möglichkeit einer Koalition mit der SPD. Doch Lücke war ganz und gar nicht bereit, aus negativen Erwägungen heraus die größte innenpolitische Kehrtwendung seit 1949 anzusteuern. Für ihn kam es entscheidend darauf an, unter Führung Adenauers die Grundlagen des jungen Staates und das Fundament der Demokratie zu festigen[26].

Wehner stimmte in diesem Gespräch nicht nur der politischen Lagebeurteilung Lückes zu, sondern akzeptierte auch die zwei Grundbedingungen Lückes für weitere Verhandlungen: die zeitlich nicht terminierte Kanzlerschaft Adenauers und die Einführung eines Mehrheitswahlrechts. Wehner erklärte, für beide Voraussetzungen kämpfen zu wollen, und überzeugte Lücke durch Vertrauenswürdigkeit und menschliche Aufrichtigkeit[27]. Sofort nach diesem Gespräch begann Lücke, sein Vorhaben in die Tat umzusetzen. Am Montag morgen vor seinem Gespräch mit Wehner hatte er im Zusammenhang mit der Regierungskrise Bundeskanzler Adenauer aufgesucht und ihn gebeten, eine Große Koalition in seine Erwägungen einzubeziehen, jedoch ohne mit ihm nähere Einzelheiten zu besprechen[28]. Kurz nach dem Gespräch mit Wehner telefonierte Lücke um 22.15 Uhr mit Rhöndorf und ließ den Bundeskanzler über dessen Sohn Paul benachrichtigen. Dieser solle insbesondere die von Wehner akzeptierten Bedingungen weitergeben. Gegen 23 Uhr wurde Krone ebenfalls telefonisch informiert; dieser gab seine volle Zustimmung.

Am darauffolgenden Dienstag war Lücke bereits vormittags um 9.40 Uhr im Bundeskanzleramt, um Adenauer auch persönlich zu unterrichten. Er stellte seinen Bericht unter das Leitthema, Adenauer müsse „sein Haus bestellen“, und dies sei im Augenblick nur in einer Großen Koalition möglich. Zum Gespräch wurden Krone und der Fraktionsvorsitzende Brentano hinzugezogen. Adenauer sagte nicht nein, sondern schlug vor, nun frei nach zwei Seiten zu verhandeln.

Am Nachmittag erhielt Adenauer im Fraktionsvorstand und in der Fraktion den Auftrag zur Neubildung des Kabinetts, ohne daß er auf eine bestimmte Koalition festgelegt wurde. Es handelte sich jeoch um eine von der Fraktionsmehrheit eher diplomatisch aufgefaßte Formulierung: ,,Die Meinungsbildung in der Fraktion war aber ganz deutlich die, daß eine Koalition mit der FDP erreicht werden müsse"[29].

Die entscheidende Abklärung, ob überhaupt Verhandlungen mit der SPD auch sachlich-politisch aufgenommen werden könnten, wurde am Mittwoch, dem 28. November, bei einem Mittagessen zwischen Guttenberg, Lücke und Wehner im Hause Guttenberg in Bonn erzielt. Es herrschte Übereinstimmung über die zeitlich nicht festgelegte Kanzlerschaft Adenauers, die Einführung eines Mehrheitswahlrechts und die Aufteilung der Ministersitze im Verhältnis 11:9 analog der Sitzverteilung im Bundestag. Es war weiterhin bald klargestellt, daß die Finanzreform zwischen Bund, Ländern und Gemeinden, gemeinsame Anstrengungen zur Überwindung der wirtschaftlichen Krise, beschleunigte Verabschiedung der Notstandsgesetzgebung und die Weiterführung der bisherigen NATO- und Europapolitik die Grundlagen eines künftigen Regierungsprogramms sein sollten[30]. Wehner seinerseits erwartete, daß Adenauer verbindlich die Ernsthaftigkeit der Verhandlungen mit der SPD dokumentiere, und erklärte sich bereit, für die Durchsetzung der vereinbarten Punkte zu kämpfen. Er gab seiner Zuversicht Ausdruck, eine Mehrheit in seiner Partei hinter sich zu bringen; dies gelte auch für die in der SPD umstrittene Frage des Mehrheitswahlrechts.

Mit diesem Gespräch war ein Punkt erreicht, wo die bisherige persönliche Fühlungnahme von Vertretern aus CDU/CSU und SPD nicht mehr nur durch informelle Benachrichtigung des Bundeskanzlers und führender CDU-Politiker abgedeckt sein mußte, sondern einer offiziellen Legitimation sowohl von seiten des Bundeskanzlers wie auch von seiten der bisher nicht informierten SPD-Führung bedurfte[31]. Auf Vorschlag Lückes richtete Adenauer an Guttenberg ein Schreiben, das auch offiziell grünes Licht gab für weitere Verhandlungen. Er bat darin Guttenberg, mit Wehner aufgrund der bisher gemachten Vorschläge weitere Einzelheiten zu klären und nannte ausdrücklich als Voraussetzung für eine Große Koalition, daß mit Hilfe eines Mehrheitswahlrechts die demokratischen Verhältnisse in der Bundesrepublik stabilisiert würden[32]. Guttenberg erhielt diesen Brief am Vormittag des 29. November ausgehändigt. Bei dieser Gelegenheit waren außer dem Kanzler und Guttenberg auch Krone und Globke anwesend. Dabei zeigte sich Adenauer entschlossen, auf die Große Koalition zuzusteuern. Sein einziges Bedenken bestand in der Frage, ob Wehner sich in seiner Partei durchsetzen könne[33].

An diesem Donnerstag flog Guttenberg nach Berlin, um an einer Tagung des Kuratoriums Unteilbares Deutschland teilzunehmen, Wehner war ebenfalls in Berlin zu einer Sitzung des SPD-Vorstands. Abends traf man sich in einer Berliner Privatwohnung zu einer über zweistündigen Unterredung, bei der der Rahmen für eine Koalition schriftlich fixiert wurde. Guttenberg legte Wehner zwei Exposés vor, eines für eine gemeinsame Verlautbarung der künftigen Koalitionsparteien und eines für ein zu beschließendes neues Wahlgesetz[34]. Im wesentlichen war in beiden Exposés das festgelegt, worüber mündlich bei dem Mittagessen am 28. November bereits Übereinkunft erzielt worden war. Darüber hinaus einigte man sich auf die Einführung von Staatsministern, auf die Bestellung von zwei Vizekanzlern, die Neuschaffung eines Europaministeriums und auf eine Diskussionsgrundlage für die Kabinettsbildung[35]. Wehner erweiterte nun seinerseits den Kreis der Informierten. Noch in der Nacht besprach er die bisherigen Ergebnisse mit Ollenhauer und Erler und konnte Guttenberg am Morgen auch schriftlich mitteilen, daß beide einverstanden seien und daß mit der Einigkeit der Führungstroika Ollenhauer, Erler und Wehner wohl kaum noch mit Schwierigkeiten in der SPD zu rechnen sei. Man wolle sich im SPD-Vorstand am gleichen Tag für die Große Koalition als eine der „theoretischen Möglichkeiten" Plazet geben lassen, und ab Montag würden die Führungsgremien der SPD in Permanenz tagen[36].

Wehner bestätigte nochmals, daß folgende Punkte Grundlagen für die Gespräche über eine Große Koalition seien: das ihm übergebene Exposé über eine gemeinsame Verlautbarung, der Entwurf für ein neues Wahlgesetz und die – wenn auch weitgehenden Änderungen prinzipiell unterworfene – Kabinettsliste.

Während Guttenberg, begleitet von Lückes persönlichem Referenten Dr. Walter, in Berlin mit Wehner verhandelte und Wehner seinerseits die SPD-Führung unterrichtete[37], bereitete Lücke in Bonn das Terrain innerhalb der CDU vor und hielt ständigen Kontakt zu Bundeskanzler Adenauer. Am Mittwoch, dem 28. November, war Ministerpräsident Kiesinger unterrichtet worden, der den in Asien weilenden Bundespräsidenten Lübke in Bonn vertrat. Kiesinger votierte für eine Große Koalition, selbst wenn man auf die Einführung eines Mehrheitswahlrechts verzichten müsse[38]. Am Donnerstag sprach Lücke im Anschluß an eine Sonderkabinettsitzung mit Adenauer, und dieser rief ihn nochmals spätabends in seinem Haus in Bensberg an. An diesem Tag telefonierte Lücke weiterhin mit Kiesinger, Krone und Vertretern der katholischen Kirche. Nachdem Lücke Adenauer über die Berliner Ergebnisse durch einen persönlichen Beauftragten hatte vorab unterrichten lassen, traf er mit ihm am 30. November, um 16.30 Uhr zusammen und gab ihm einen ausführlichen Bericht[39]. Bei diesem Gespräch waren zeitweilig außer Krone und Globke auch der nordrhein-westfälische Ministerpräsident Meyers anwesend. Nachdem auch noch das Ergebnis der SPD-Vorstandssitzung – Wehners Darlegungen, daß ihm bei den gegebenen Umständen eine Große Koalition als die beste Lösung erschiene, waren einhellig akzeptiert worden – nach Bonn durchgegeben worden war, wurde die CDU/CSU-Verhandlungskommission für den folgenden Samstag, den 1. Dezember, 10 Uhr einberufen.

In der Zwischenzeit hatten sich in den Verhandlungen mit der FDP und in der Auseinandersetzung um Verteidigungsminister Strauß neue Entwicklungen ergeben. Die Mitglieder der Verhandlungskommission der CDU/CSU, Brentano, Schmücker, Barzel, Struve, Strauß und Dollinger, hatten sich zu einer ersten Zusammenkunft mit FDP-Vertretern am Donnerstag, dem 29. November, getroffen. Die Sitzung war schwierig verlaufen; immerhin hatte man eine Unterkommission eingesetzt, die die nächste Vollsitzung am Montag, dem 3. Dezember, vorbereiten sollte. Nicht nur bei der CSU hatte es jedoch Empörung hervorgerufen, daß die FDP ein Abendessen im Bundeskanzleramt an eben diesem Donnerstag abgelehnt hatte, weil daran auch Strauß teilnehmen sollte[40]. Am Freitag, dem 30. November, erklärte Strauß in München vor dem Landesvorstand seiner Partei, er werde einer künftigen Regierung nicht mehr angehören[41]. Damit war zwar eine schwere Hürde für die weiteren Koalitionsverhandlungen mit der FDP beiseite geräumt, andererseits war jedoch auch dem gegenseitigen Mißmut neue Nahrung gegeben. Darüber hinaus war für die Verfechter der Großen Koalition jetzt der Zeitpunkt gekommen, wo sie handeln mußten, um gegenüber eventuellen Fortschritten in den Verhandlungen mit der FDP nicht zu spät zu kommen.

Die Sitzung der CDU/CSU-Verhandlungskommission, zu der auch Lücke, Erhard, Dufhues und Krone geladen waren, dauerte sechseinhalb Stunden bis 16.30 Uhr. Lücke gab einen Bericht über die bisherigen Gespräche. Bei der ausführlichen Diskussion zeichneten sich im wesentlichen bereits die Fronten der kommenden Tage ab: Bundeswirtschaftsminister Schmücker sowie Strauß reagierten empört, weil sie nicht informiert worden waren, Erhard war gegen jeden Versuch, die überwiegende Mehrheit sprach sich für Gespräche auch mit der SPD aus – darunter Strauß[42]. Ergebnis dieser Sitzung war die Einberufung aller Parteigremien auf den Montag, 3. Dezember, sowie die Verschiebung des ursprünglich auf denselben Tag angesetzten Koalitionsgesprächs mit der FDP.

Am Sonntag, dem 2. Dezember, konnten sich dann die Fronten endgültig aufbauen, die sich bei den Sitzungen am Montag zeigen sollten. Guttenberg war noch am Samstag, dem 1. Dezember, abends zu einer Sitzung mit führenden CSU-Landespolitikern und Mitgliedern der CSU-Landesgruppe nach München geladen worden, bei der ihm sein Schweigen über die Gespräche mit Wehner heftig vorgehalten wurde. In der entscheidenden Frage der Koalition mit der SPD überwogen hier Bedenken taktischer Art[43]. Demgegenüber hatte der geschäftsführende CDU-Vorsitzende Dufhues am Wochenende eindeutig für eine Große Koalition Stellung genommen.

Die pausenlosen Beratungen der CDU-Führungsgremien am Montag, dem 3. Dezember, verliefen überwiegend ähnlich. Die jeweiligen Debatten unterschieden sich nur unwesentlich[44]. Zunächst tagten Parteipräsidium und Bundesvorstand der CDU, danach der Fraktionsvorstand und schließlich die CDU/CSU-Fraktion. In allen Sitzungen ergriff nach einleitenden Worten – sei es des geschäftsführenden CDU-Vorsitzenden Dufhues oder sei es des Fraktionsvorsitzenden Brentano – Adenauer zunächst das Wort, um anschließend Lücke zu einem Bericht über Genese und Stand der Gespräche zu bitten[45]. Lücke hob zum Schluß seines Berichts hervor, daß sich eine Basis für eine vertrauensvolle Zusammenarbeit mit der SPD schon allein dadurch abzeichne, daß seit seinem ersten Gespräch mit Wehner keine Festlegung irgendeine Änderung erfahren habe und daß keinerlei Indiskretion erfolgt sei. Er gab weiterhin seiner Überzeugung Ausdruck, daß es nur mit einer Großen Koalition gelingen könne, die junge Demokratie zu festigen und die Stabilität der bisherigen Politik zu gewährleisten: „Nur auf diese Weise wird unserem Bundeskanzler die Vollendung und Sicherung seines Lebenswerkes garantiert, uns aber die Möglichkeit gegeben, auf diesem Wege in den nächsten Jahren zum Wohle unseres Volkes weiterzuarbeiten."

Adenauer focht von Sitzung zu Sitzung immer kämpferischer für echte Verhandlungen mit der SPD. Im Parteivorstand führte er noch aus, daß er voller Mißtrauen sei und – selbst wenn man Wehner Ehrlichkeit unterstelle – man nicht wissen könne, wie Erler und Ollenhauer stünden. Gleichzeitig unterzog

er jedoch die FDP einer vernichtenden Kritik. Es handele sich nicht mehr um eine Regierungs-, sondern um eine Vertrauenskrise. Mit Leuten wie Döring, der der eigentliche Wortführer der FDP geworden sei, sei eine Koalition besonders aus außenpolitischen Gründen kaum noch möglich. Es seien ständig Krisen zu erwarten, die deutsch-französische Freundschaft und eine vernünftige Nuklearpolitik seien mit der FDP nicht durchführbar.
Im Fraktionsvorstand verwies er sogar auf die neutralistische Linie in der FDP und bezeichnete die Zusammenarbeit in der Koalition im letzten Jahr als schrecklich. Man müsse zu echten Verhandlungen mit der SPD kommen. Er verlange von seiner Partei, daß sie Ehrgefühl zeige und sich nicht ins Gesicht schlagen lasse. Wenn die Verhandlungen mit der SPD Erfolg hätten, würde sich das Ansehen der Bundesrepublik in der Welt gewaltig steigern. Am Abend antwortete Adenauer auf Krones zweifelnde Feststellung: ,,Sie bekommen es nicht durch" diesem schlicht: ,,Doch."[46]
Auf seiten Adenauers sowie Lückes und Guttenbergs ergriffen insbesondere Dufhues, Brentano, Struve, Jaeger, Katzer und Wuermeling das Wort. Sie variierten abwechselnd das Thema, daß die Alternative nicht mehr Koalition mit der FDP oder der SPD heiße, sondern Koalition mit der SPD aufgrund weitgehender Übereinkünfte und mit der Institutionalisierung eines Zweiparteiensystems oder Fortsetzung der bisherigen Krisenkette mit der FDP.
Als strikte Gegner formierten sich hauptsächlich Schmücker, Blank, Fricke, v. Merkatz, Müller-Hermann, Blumenfeld sowie Erhard. Ihre Argumente waren unterschiedlich gelagert. Die Führer der norddeutschen CDU plädierten einmütig gegen die Einführung eines Mehrheitswahlrechts, weil dadurch auf unabsehbare Zeit in ihren Ländern eine SPD-Mehrheit fundamentiert und stabilisiert werde und weil das sich mühsam heranbildende konfessionelle Gleichgewicht innerhalb der CDU zerstört werden müßte. Sie befürchteten, daß so die Gefahr einer tödlichen Umarmung entstünde.
Schmücker sah in einer Koalition mit der SPD eine Gefahr für den Unionsgedanken überhaupt. Die CDU werde in reinen Pragmatismus abgleiten. Er befürchtete weiterhin, man wolle den Teufel mit Beelzebub austreiben[47]. Blank sprach am heftigsten gegen eine Koalition mit der SPD, weil er eine klare Abhebung von ihr als unerläßlich ansah. Er hatte sich auch bereits eine zahlenmäßige Zusammenstellung der Auswirkungen eines Mehrheitswahlrechts aufbereitet und behauptete, eine nur geringfügige Änderung des Wählertrends bedeute eine Mehrheit für die SPD. Erhard meinte sarkastisch, er sei überzeugt, die SPD werde noch mehr versprechen, aber man müsse sich klar sein, daß bei einer Koalition mit der SPD die CDU vor der SPD kapituliere, und nicht umgekehrt. Darüberhinaus sei innenpolitisch noch wenig festgelegt, und dort würden sich die eigentlichen Kontroversen abspielen[48].
Differenziert, wenn auch dadurch indirekt gegen eine Große Koalition, sprachen sich insbesondere Strauß, Gerstenmaier und Barzel aus. Gerstenmaier argumentierte, die Risiken einer Koalition mit der FDP kenne man, die einer mit der SPD nicht; es sei weiterhin völlig ungeklärt, ob es zu einer Verständigung über die Frage kommen könne, was sozialer Rechtsstaat eigentlich bedeute; nicht zuletzt fürchte er für die CDU in einer solchen Koalition, da sie kein Gesinnungsverband sei. Barzel sagte, die Koalitionsfrage sei kein Dogma, man

könne erst nach den Gesprächen mit der FDP, die positiv liefen, entscheiden. Strauß gab sich zwar als Anhänger eines Mehrheitswahlrechts zu erkennen, er meinte aber, daß die CDU und CSU völlig umstrukturiert werden müßten, bevor ein Mehrheitswahlrecht eingeführt werden könne. Die Wahlaussichten der CDU für 1965 seien schlecht, wenn der Weg der SPD vom Untergang Deutschlands 1957 über die Rettung Deutschlands 1962 zur Zukunft Deutschlands 1965 dargestellt werden könne. Barzel, Gerstenmaier und Strauß sprachen sich jedoch prinzipiell für Verhandlungen mit der SPD aus, wenn auch mehr unter taktischen Gesichtspunkten und in der langfristigen Erwartung, daß eine solche Koalition 1965 Wirklichkeit werden könnte[49].

Die Diskussion der abendlichen Fraktionssitzung endete ohne formelle Abstimmung, jedoch zeigte sich im Stimmungsbarometer ein labiler Gleichstand der Befürworter und Gegner einer Großen Koalition mit leichter Tendenz für die Befürworter[50]. Psychologisch nicht unerheblich wirkte sich die Empörung darüber aus, daß insbesondere Schmücker und Strauß über die Gespräche mit der SPD nicht informiert worden waren. Entscheidendes Ergebnis der Beratungen des Tages war jedoch ein Kommuniqué nach den Sitzungen von Präsidium und Parteivorstand. Sein Kernsatz lautete: „Gegen eine Reihe von energisch vorgetragenen Bedenken haben Parteipräsidium und Bundesvorstand der CDU beschlossen, den Bundeskanzler zu bitten, Koalitionsverhandlungen mit der SPD aufzunehmen."[51]

Adenauer war danach entschlossen zu handeln. Um 17.30 Uhr übergab er Guttenberg einen Brief an Ollenhauer, in dem für den kommenden Tag eine Unterredung für 10.30 Uhr vorgeschlagen wurde[52]. Guttenberg übergab den Brief Wehner und arrangierte ein vorheriges persönliches Treffen Adenauers mit Ollenhauer für 10 Uhr. Beide – Guttenberg und Wehner – verständigten sich auch nochmals über die gemeinsam festgelegte Marschroute und stellten fest, daß rasches Handeln insbesondere in der Frage des Mehrheitswahlrechts vonnöten sei, wobei Wehner versicherte, er werde in seiner Fraktion eine Mehrheit finden[53].

Während die FDP auf die neue Entwicklung völlig unvorbereitet war und ihre Bereitschaft zur Fortsetzung der Koalitionsverhandlungen mit der CDU erklärte, veröffentlichte der SPD-Pressedienst vier Bedingungen für die Besserung des Verhältnisses zwischen SPD und CDU/CSU: Die SPD dürfe nicht als Prellbock für Auseinandersetzungen in der bisherigen Koalition dienen, sie werde nicht zulassen, daß eventuelle Gespräche den Charakter von Erpressungsmanövern gegenüber der FDP erhielten, mögliche Ungesetzlichkeiten im Verlauf der Spiegel-Affäre müßten geklärt und die Grundlagen einer wirkungsvollen Innen- und Außenpolitik klargestellt werden[54].

Diese Bedingungen der SPD waren Gegenstand der Unterredung unter vier Augen zwischen Ollenhauer und Adenauer am Morgen des 4. Dezember. Adenauer gab dabei Ollenhauer die Versicherung, die CDU/CSU denke nicht daran, die SPD als Prellbock oder zu Erpressungsmanövern zu mißbrauchen. Hinsichtlich der Klärung innen- und außenpolitischer Probleme verwies er auf die Gespräche Lückes und Guttenbergs mit Wehner, und in der Frage der Klärung von eventuellen Unklarheiten oder Ungesetzlichkeiten in der Spiegel-

Affäre kam man überein, den ministeriellen Bericht abzuwarten und diese Frage jetzt nicht zu diskutieren[55].

Die anschließende Gesprächsrunde von CDU/CSU- und SPD-Vertretern dauerte von 10.45 Uhr bis 13.15 Uhr. Anwesend waren die Mitglieder der CDU/CSU-Verhandlungskommission – Brentano, Schmücker, Struve, Barzel, Strauß und Dollinger – sowie Krone, Lücke und Guttenberg auf der einen Seite und Ollenhauer, Erler und Wehner auf der anderen Seite. Adenauer bezeichnete zu Beginn der Diskussion eine feste und stabile Regierung als eine staatspolitische Notwendigkeit. Ollenhauer erwiderte ihm, daß es der SPD darum gehe, die Vorstellungen der CDU über das weitere Vorgehen kennenzulernen und mit eventuellen Vereinbarungen genauer vertraut zu werden. Auch Erler betonte, daß das Gespräch zunächst dazu diene, festzustellen, ob man über die erste inoffizielle Fühlungnahme hinaus zu echten Verhandlungen gelangen könne. Was bisher gesprochen worden sei, habe den Charakter einer unverbindlichen Vorabklärung. Wehner bestätigte demgegenüber, daß er alle zwischen Guttenberg und ihm erarbeiteten Gesprächsunterlagen inhaltlich voll billige. Dies wurde ebenfalls von Guttenberg bescheinigt, der ergänzte, wichtigster Punkt sei die Verständigung darüber gewesen, für 1965 ein Mehrheitswahlrecht einzuführen.

Genau diese Frage stand im Mittelpunkt aller weiteren Diskussionen. Man war sich nämlich schnell darüber einig, daß in der Außen-, Verteidigungs- und Europapolitik keine schwerwiegenden Divergenzen vorhanden seien und daß eine Verständigung in den sicherlich kritischeren Fragen der Wirtschafts-, Finanz- und Sozialpolitik von einer konkreten Untersuchung abhinge. Ollenhauer gab jedoch zu dem von der CDU/CSU geforderten Mehrheitswahlrecht zu verstehen, daß in der Fraktion der SPD überwiegend das Verhältniswahlrecht befürwortet werde, wenn es auch zahlreiche Anhänger des Mehrheitswahlrechts gäbe. Die SPD sei bereit, über diese Frage zu reden, es entstehe jedoch eine neue Lage, falls die Einführung des Mehrheitswahlrechts zur conditio sine qua non gemacht werde. Erler ergänzte, daß man sich vor dem Eindruck hüten müsse, die SPD und CDU/CSU seien sich nur darin einig, der FDP das Wasser abzugraben. Er sei für ein Wahlrecht, das zu klaren Mehrheiten führe, er sei jedoch auch der Meinung, daß ein neues Gesetz erst für 1969 eingeführt werden sollte. Brentano brachte die auch von Erler gebilligte Kompromißformel in die Diskussion, das neue Wahlrecht dann eben im Grundgesetz zu verankern. Von seiten der CDU wurde übereinstimmend zum Ausdruck gebracht, daß die Form des Mehrheitswahlrechts zwar keine Vorausbedingung für Koalitionsverhandlungen sei, daß jedoch ein neues Wahlrecht ein entscheidendes Element zur Stabilisierung der Demokratie darstelle. Zwei für eine weitere Verhandlung wichtige Punkte wurden schließlich noch geklärt. Auf eine Frage Ollenhauers antwortete Adenauer, er fühle sich an seinen Brief an Heinrich Krone von 1961 gebunden, daß er den Wahlkampf 1965 nicht mehr zu führen gedenke und rechtzeitig aus seinem Amt ausscheiden wolle. Schließlich einigte man sich darauf, daß Lücke, Guttenberg und Wehner eine kurze Zusammenfassung des Inhalts der ausgetauschten Entwürfe erarbeiten sollten. Diese Zusammenfassung könne die Marschrichtung für künftige Verhandlungen andeuten.

Übereinstimmung herrschte zum Schluß darüber, daß allein schon dieses Gespräch eine wünschenswerte Verbesserung des Verhältnisses zwischen CDU/CSU und SPD darstelle. Zur Möglichkeit einer Koalition erklärte Adenauer, er habe den Eindruck, daß das Gespräch mit der SPD in einem sympathischeren Grundton geführt worden sei als die erste Verhandlung mit der FDP. Wehner bezeichnete die Fühlungnahme als „den ganz großen Versuch deutscher Nachkriegsgeschichte".

Die weitere Entwicklung hing nach diesem Gespräch entscheidend von der Haltung der SPD ab – innerhalb der CDU wartete man ab und bereitete sich auf weitere Verhandlungen mit der SPD vor, die letzte Entscheidung lag eindeutig bei Bundeskanzler Adenauer und der Verhandlungskommission. Am Nachmittag fand zwar wie verabredet ein Koalitionsgespräch mit der FDP statt, eine neue Wendung erfolgte jedoch nicht[56]. Am 4. Dezember kamen Partei- und Fraktionsvorstand der SPD zusammen, um über das Gespräch im Bundeskanzleramt zu diskutieren. Es ergab sich eine Mehrheit von 23 gegen 13 Stimmen, die weitere Verhandlungen mit der CDU/CSU führen wollte[57]. Die Diskussion in diesem Gremium bestätigte jedoch Erlers Vermutung, die er beim Gespräch im Bundeskanzleramt geäußert hatte. Er hatte befürchtet, Querschüsse seien zu erwarten und ein Haupteinwand werde sein, alles sei schon passiert, ohne daß vorher gefragt worden sei. Die heftigen Auseinandersetzungen gingen um die Frage von schon getroffenen Abmachungen, um die Wahlrechtsreform und um die Kanzlerschaft Adenauers[58]. Man nominierte schließlich eine fünfköpfige Verhandlungskommission, der Ollenhauer, Brandt, Wehner, Schoettle und v. Knoeringen angehörten. Da die Sitzung viel länger als geplant dauerte, mußte die für 20.00 Uhr vorgesehene Sitzung der Bundestagsfraktion verschoben werden.

Ebenfalls verschoben wurde ein Gespräch, um das die FDP bei der SPD nachgesucht hatte. Spät abends, nach der Sitzung der Verhandlungskommissionen von FDP und CDU/CSU, kam Wolfgang Döring in die SPD-Baracke und sprach mit Erler. Man vereinbarte für den Vormittag des nächsten Tages eine offizielle Zusammenkunft. Am Vormittag des 5. Dezember kamen von seiten der FDP Mende, Bucher, Döring und Kühlmann-Stumm und sprachen eine Stunde lang mit Brandt, Erler und Schoettle[59]. Ollenhauer und Wehner nahmen an der Besprechung gar nicht erst teil. Das negative Ergebnis des Gesprächs wurde von Brandt kurz und bündig so dargestellt, man habe illusionslos miteinander gesprochen und vereinbart, die Unterredungen gelegentlich fortzusetzen. Auf Koalitionsmöglichkeiten mit der FDP angesprochen, erwiderte er genauso lakonisch, die FDP müsse erst einmal mit sich selber ins reine kommen[60].

Nicht diese politisch eher belanglose Episode am Rande, die nur wegen der Hektik und Unsicherheit des Tages publizistische Bedeutung gewann, bestimmte das Geschehen des 5. Dezember, sondern die Sitzung der SPD-Bundestagsfraktion. In einer von vormittags bis zum Abend dauernden stürmischen Debatte prallten die Meinungen hart aufeinander. Angeführt vom parlamentarischen Geschäftsführer Mommer plädierte eine Minderheitsgruppe der SPD-Abgeordneten grundsätzlich gegen eine Koalition mit der CDU/CSU mit der Begründung, die SPD werde in einer solchen Koalition unglaubwürdig[61]. Entscheidendes Gewicht erhielt jedoch, daß offensichtlich für eine große Anzahl von Abgeordneten – etwa die Hälfte der Fraktionsmitglieder –, die Kanzlerschaft Adenauers und die Einführung eines Mehrheitswahlrechts untragbar erschienen. Die SPD-Führung sah sich angesichts dieser Widerstände gezwungen, eine Kompromißformel zu suchen, um die bisherigen Ergebnisse der Verhandlungen mit der CDU/CSU nicht gänzlich in Frage zu stellen. Ollenhauer hatte bereits von sich aus den Beschluß von Partei- und Fraktionsvorstand vom 4. Dezember, weitere Verhandlungen mit der CDU/CSU zu führen, für die Fraktionssitzung erweitert und beschränkt zugleich durch die Sätze: ,,Die SPD ist zu Verhandlungen über eine Koalition mit der CDU/CSU bereit, die auch alle personellen und sachlichen Voraussetzungen umfassen. Die SPD ist zur Fortsetzung der Gespräche mit der FDP bereit."[62] Der gegen zwölf Stimmen bei vier Enthaltungen angenommene Fraktionsbeschluß verschärfte nochmals den Ollenhauerschen Vorschlag und lautete: ,,Die SPD-Bundestagsfraktion beschließt in Übereinstimmung mit dem Parteivorstand die Fortsetzung der Verhandlungen mit der CDU/CSU mit der Maßgabe, daß alle sachlichen und personellen Fragen, die für eine Regierungsbildung notwendig sind, zur Verhandlung gestellt werden."[63] Zusätzlich erzwang die Fraktion, daß Karl Mommer, einer der schärfsten Gegner einer Großen Koalition, in die Verhandlungskommission neu aufgenommen wurde.

Damit war klar, daß die zwischen Wehner, Guttenberg und Lücke ausgehandelten und von Ollenhauer und Erler im Prinzip gebilligten Grundlagen für eine Große Koalition zumindest im ersten Anlauf in der SPD-Fraktion nicht akzeptiert worden waren. Wehners taktische Linie, möglichst schnell eine umfassende Verhandlungsvollmacht zu erhalten, um danach das vorher längst Abgesprochene durchzusetzen, war gar völlig gescheitert.

Während die Bundestagsfraktion der SPD tagte, waren die Vorbereitungen auf seiten der Union für die nächste Verhandlungsrunde mit der SPD intensiv weitergelaufen. Am 5. Dezember erhielt Lücke von Staatssekretär Globke eine auf Wunsch der CDU/CSU-Verhandlungskommission angefertigte Aufzeichnung über die Einführung eines Mehrheitswahlrechts. Sie sollte die Grundlage für die Verhandlungen mit der SPD in dieser Frage bilden[64]. Es war eine modifizierte Form eines absoluten Mehrheitswahlrechts: in ca. 400 Wahlkreisen sollte der gewählt sein, der die meisten Stimmen erhält. Auf je vier in den Wahlkreisen gewählte Bewerber einer politischen Partei sollte zusätzlich ein Mandat für die Bundesliste dieser Partei gewährt werden. Dieses neue Wahlrecht hätte für die Bundestagswahl 1965 erstmals Gültigkeit haben sollen. Die Neueinteilung der Wahlkreise wäre durch eine paritätisch aus CDU/CSU und SPD zu besetzende Kommission mit neutralem Vorsitz vorzubereiten gewesen.

Ebenfalls am 5. Dezember schickte Ministerialdirektor Mercker vom Bundeskanzleramt an Guttenberg eine Aufzeichnung von Arbeitsrichtlinien über das Programm einer Koalitionsregierung zwischen SPD und CDU/CSU[65]. Dieses Programm war konzipiert als Entwurf der CDU/CSU aufgrund der zwischen Guttenberg und Wehner in Berlin ausgetauschten Papiere. Die politische Zielsetzung einer Großen Koalition wurde folgendermaßen umschrieben: ,,Das Zusammenwirken der beiden großen Parteien und die Bildung einer gemeinsamen Regierung geschieht zu dem Ziele der endgültigen Festigung freiheitlicher demokratischer Verhältnisse in der Bundesrepublik. Beide Parteien verkünden ihre Absicht, bis zum Ende der laufenden Legislaturperiode alle noch offenen Lücken zu schließen und noch nötige gesetzliche und andere institutionelle Vorkehrungen zu treffen, um die deutsche Demokratie krisenfest zu machen. Beide Parteien erklären, das Fehlen einer starken Opposition nur solange hinnehmen zu wollen, als die Erfüllung der genannten gemeinsamen Aufgabe ein befristetes Zusammenwirken nötig macht."

Im übrigen umfaßte das Regierungsprogramm innen- und außenpolitisch die in Berlin gefundene Aufgabenstellung. In einer wohl von Guttenberg formulierten Anlage wurden folgende Punkte als noch klärungsbedürftig bezeichnet: die Atomausrüstung der NATO, die Einführung von Staatsministern, die Neuerrichtung eines Europaministeriums sowie der Rücktritt Adenauers. Zum letzteren hatte sich Guttenberg notiert, daß der Kanzler sich gegenüber seiner Fraktion festgelegt habe, daß er rechtzeitig vor den Bundestagswahlen 1965 zurücktreten werde[66].

Alle diese Vorbereitungen waren jedoch überflüssig geworden, als der SPD-Sprecher Barsig den Beschluß der SPD-Fraktion dahingehend interpretierte, daß die Verhandlungskommission der SPD auch die Frage der Ablösung Adenauers aufwerfen werde. Adenauer sagte nach Erhalt einer entsprechenden dpa-Meldung die bereits für den nächsten Tag anberaumte Sitzung mit der SPD ab[67].

An dieser Absage änderte auch die hektische Aktivität nichts mehr, die die Befürworter einer Großen Koalition entwickelten. Guttenberg redete mit Wehner und berichtete anschließend dem Bundeskanzler. Wehner bezeichnete dabei die Fraktionsentscheidung einen ,,schlechten Beschluß", betonte jedoch, eine eindeutige Mehrheit sei für Verhandlungen mit der CDU/CSU. Er selber habe in den umkämpften Fragen der Kanzlerschaft Adenauer und der Einführung eines neuen Wahlrechts abstimmen lassen wollen und eine knappe Mehrheit für sich erwartet, Ollenhauer sei jedoch dagegen gewesen[68]. In gleichem Sinne wurde Lücke von Wehner informiert[69]. Abends waren dann Lücke, Guttenberg und Krone beim Kanzler. Nachdem Ollenhauer sofort brieflich die Interpretation Barsigs als unzutreffend korrigiert und eine persönliche Erläuterung angeboten hatte[70], war Adenauer zu einer teilweisen Zurücknahme seiner Ausladung an die SPD bereit. Er übergab Lücke und Guttenberg einen Brief an Ollenhauer, der präzise noch einmal die Bedingungen für eine Große Koalition umschrieb[71]. Der Brief lautete:

,,Sehr geehrter Herr Ollenhauer,
zu Ihrem heutigen Fraktionsbeschluß möchte ich folgendes feststellen:
1) Grundlage für eine Große Koalition sind die zwischen dem Herrn Bundestagsabgeordneten Wehner, Herrn Bundesminister Lücke und Herrn Bundestagsabgeordneten Freiherr zu Guttenberg getroffenen Abreden.
2) Diese vorbereitenden Abreden gehen von meiner Kanzlerschaft aus mit dem Ziele, mit Hilfe eines Mehrheitswahlrechts stabile Verhältnisse in unserer Demokratie zu schaffen.
3) In der ersten Fühlungnahme der Verhandlungskommission der CDU/CSU

mit Ihnen sowie den Herren Wehner und Erler wurde diese sachliche und personelle Verhandlungsbasis auch von Ihnen als Grundlage weiterer Gespräche anerkannt. Ich bitte um Mitteilung, ob diese Voraussetzung für weitere Koalitionsgespräche noch gilt. Falls dies der Fall ist, stehe ich Ihnen morgen vormittag zur Verfügung.
Mit vorzüglicher Hochachtung
Adenauer."

Als Lücke und Guttenberg am späten Abend in die Berliner Landesvertretung kamen, wo die SPD-Führung sich treffen sollte, fanden sie Ollenhauer nicht vor und die übrigen führenden Leute in einer solchen Stimmung, daß ein ernsthaftes Gespräch unmöglich war[72].

Das Spiel war aus, es galt nur noch die Begründung nachzuliefern und die Konsequenzen zu ziehen. Beides geschah am Morgen des 6. Dezember 1962, als Adenauer im Kreis seiner engsten Mitarbeiter Globke und Krone und anschließend vor der CDU/CSU-Verhandlungskommission das Ende seiner Ära für den Herbst 1963 ankündigte und erklärte, bis dahin als Kanzler auf Zeit in einer Koalition mit der FDP weiterregieren zu wollen.

Am Morgen erhielt Adenauer von Krone und Globke auf die Frage: „Was soll ich tun?" übereinstimmend die Antwort, er solle im Laufe des nächsten Jahres zurücktreten, am besten nach den Sommerferien. Als sei es die selbstverständlichste Sache von der Welt und als sei über diese Frage nicht heftigst gestritten worden, erklärte der Kanzler, er wolle dies tun und es auch öffentlich sagen[73]. Er hielt sein Versprechen und verkündete seinen Beschluß der ab 10 Uhr tagenden Verhandlungskommission der CDU/CSU.

Im Laufe der Sitzung dieser Kommission mußte sich Adenauer vorhalten lassen, seine sofortige Absage des Gesprächs mit der SPD sei nicht richtig gewesen, er hätte sich den Fraktionsbeschluß von kompetenter Seite erläutern lassen müssen[74]. Adenauer erklärte demgegenüber, daß aus dem Verlauf der Sitzung der SPD-Fraktion hätte gefolgert werden müssen, daß diese nicht bereit sei, Koalitionsverhandlungen auf der Grundlage der zwischen Wehner, Guttenberg und Lücke erzielten Ergebnisse zu führen. Für seine Meinung führte er folgende Gründe an: Er habe am gestrigen Abend von Bundestagspräsident Gerstenmaier erfahren, daß Mommer für die SPD ausgerechnet habe, daß diese bei Einführung eines Mehrheitswahlrechts 30% ihrer jetzigen Mandate verlieren würde. Das sei für ihn, Adenauer, ein entscheidender Grund für die Annahme, daß weitere Verhandlungen zwecklos seien. Er habe weiterhin den Eindruck, daß zwar Wehner zur Sache gestanden habe, daß aber Erler und Ollenhauer sich bei der internen SPD-Diskussion offensichtlich sehr zurückgehalten hätten.

Übereinstimmend wiesen alle Teilnehmer – außer Adenauer waren Krone, Strauß, Lücke, Brentano, Schmücker, Struve, Barzel, Guttenberg, Vogel, Katzer, Dollinger, Wacher und Globke anwesend – darauf hin, daß man in Zukunft die SPD pfleglich behandeln müsse. Strauß betonte, für die Zukunft müsse man auf jeden Fall die Möglichkeit einer Großen Koalition offenhalten. Abschließend kam man überein, Ollenhauer, Wehner und Erler ins Bundeskanzleramt zu bitten. Als Ollenhauer darauf hinwies, daß dies unmöglich sei, weil inzwischen seine Partei eine Verhandlungskommission nominiert habe, wurde Ollenhauer allein zu einem Vier-Augen-Gespräch mit Adenauer eingeladen. Dieses Gespräch fand am Abend statt. Ollenhauer bestätigte dabei Adenauer, daß sich in seiner Fraktion keine Mehrheit für eine Wahlrechtsänderung gefunden hätte[75].

Die beiderseits melancholisch geführte Aussprache beendete die inoffiziellen und offiziellen Fühlungnahmen. Der Versuch einer Großen Koalition war gescheitert. Brentano unterrichtete vor den Verhandlungen mit der FDP am nächsten Tag die Öffentlichkeit, nach weiteren fünf Tagen war am 11. Dezember die neue Koalitionsregierung aus CDU/CSU und FDP gebildet[76].

Die ,,Neue Zürcher Zeitung" begann ihren ersten ausführlichen Bericht über die Gespräche zwischen CDU/CSU und SPD mit dem Satz: ,,In Bonn rückt eine bedeutsame politische Umstrukturierung in den Bereich des Möglichen, die, wenn sie verwirklicht werden sollte, die bisher tiefste innenpolitische Zäsur in der Geschichte der Bundesrepublik darstellen würde."[77] Das Bewußtsein, an einer möglichen innenpolitischen Wendemarke zu stehen, kennzeichnete auch die meisten zeitgenössischen Kommentare, gleichgültig, ob man sich für oder gegen eine Große Koalition aussprach[78]. Und in der Tat hätte sich eine neue Perspektive der deutschen Politik abgezeichnet, wenn das Ende der Adenauer-Ära mit der Regierung einer Großen Koalition verbunden worden wäre. Innenpolitische Stabilisierung und außenpolitische Kontinuität hießen die Losungen, mit denen führende Politiker aus CDU/CSU und SPD ihre Vorstellungen in die Tat umsetzen wollten.

Adenauer hatte mit dem ihm eigenen politischen Instinkt schnell die durch die Vorgespräche zwischen Lücke, Guttenberg und Wehner gegebenen Chancen erkannt. Es bot sich ihm nämlich unverhofft die Möglichkeit, nicht nur seiner Politik von ihm selber mitgetragene Dauer und einen vorläufigen Abschluß zu geben, sondern darüber hinaus die bisher an den Rand gedrängte SPD in die von ihm geprägte Bundesrepublik zu integrieren. Daß eine solche Krönung seines politischen Lebenswerkes eine große Faszination auf ihn ausübte, ist selbstverständlich[79]. Nicht unbedingt zu erwarten war jedoch, daß er mit solcher kraftvollen Energie und politischer Phantasie das vielen seiner eigenen Parteifreunde und seiner Wähler Undenkbare anstrebte. Adenauer hatte trotz aller Widerstände und trotz allen nachgesagten Autoritätsverlustes das politische Heft während der Verhandlungen mit der SPD fest in der Hand. Im Gegensatz zu den Ereignissen um die Wahl des Bundespräsidenten 1959, als er schon einmal das Problem der künftigen Absicherung seiner Politik auf unkonventionelle Weise zu lösen versucht hatte, gelang ihm 1962 sogar, Entscheidungen, die in informellen Gremien vorbereitet waren, in den zuständigen Gremien durchzusetzen[80]. Adenauers Haltung in der Frage einer Koalition mit der SPD war zwar bestimmt von Mißtrauen, daß sich der Plan in der SPD nicht durchsetzen ließe, jedoch nicht von Taktik. Er brach den Versuch ab, als seine Autorität als Regierungschef von seiten der SPD in Frage gestellt wurde. Ein im Umkreis der Spiegel-Affäre erzwungener Rücktritt Adenauers wäre im übrigen auch für die CDU inakzeptabel gewesen. Mit dem Scheitern der Großen Koalition war jedoch klar, daß Adenauers Autorität als Kanzler nur noch teilweise wiederhergestellt werden konnte[81]. Nur so ist seine Resignation er-

klärlich, daß er sich von einem auf den anderen Tag zu einem zeitlich genau festgelegten Rücktrittstermin bewegen ließ.
Gegenüber der Bedeutung, die Adenauers Haltung und Handeln zukam, war der Einfluß der meisten führenden Persönlichkeiten aus CDU und CSU sowie der verschiedenen Gruppierungen und Richtungen eher gering[82]. Bis zu den Sitzungen des 3. Dezember waren nur wenige informiert, und nach dem Beschluß, Koalitionsverhandlungen mit der SPD aufzunehmen, bestimmte wiederum Adenauer die Richtung. Das Geschehen war von den Wenigen so vorbereitet, daß nur ein prinzipielles Nein zu Koalitionsverhandlungen Adenauer und seinem engsten Kreis das Gesetz des Handelns hätte entreißen können. Dieser Kreis läßt sich mit den Namen Krone, Brentano, Globke, Lücke und Guttenberg umschreiben. Krone und Brentano schätzten beide die Erfolgsaussichten für eine Große Koalition skeptisch ein und daher war ihre Aktivität gemindert, obwohl beide engagierte Befürworter eines solchen Regierungsbündnisses waren[83]. Ihre Bedeutung lag darin, daß sie Adenauer bestärkten und seine Ansichten in der CDU/CSU stützten.
Die treibenden Kräfte waren ohne Zweifel Guttenberg und Lücke. Guttenberg betrachtete die Große Koalition als eine unabdingbare Voraussetzung für die Erhaltung der Demokratie und für die Gewährleistung der bisherigen außenpolitischen Grundrichtung. Seinem Temperament entsprechend betrieb er die Verhandlungen mit ungeduldigem Eifer. Bei Lücke standen zwar auch diese Fragen im Mittelpunkt, sie waren jedoch bei ihm stärker mit anderen konkreten Zielen verbunden. Lücke wollte auf jeden Fall verhindern, daß auch Adenauer in den Strudel der Regierungskrise hineingezogen würde. Er wollte ihm eine letzte Chance ermöglichen, „sein Haus zu bestellen", sein Ausscheiden vom Amt des Bundeskanzlers in jeder Hinsicht gut vorzubereiten. Für ihn kam es weiterhin darauf an, daß Vorsorge getroffen war für die Zeit nach Adenauer. Dies konnte seiner Meinung nach nur durch die Einführung eines Mehrheitswahlrechts geschehen[84]. Nur dadurch, so argumentierte er, könnten stabile Regierungen aus den Wahlen hervorgehen und nur dadurch sei auch für die großen Parteien ein Zwang gegeben, ihre Politik zur Mitte hin zu orientieren. Damit erhielten aber Randgruppen keine Möglichkeit mehr, aus Profilierungssucht extreme Positionen zu besetzen und so etwa eine langfristige Deutschlandpolitik zu unterlaufen.
Die für viele der Beteiligten und gerade für die Verhandlungspartner Guttenberg, Lücke und Wehner überraschendste Erfahrung war die, daß nicht Einzelgruppierungen in der CDU die Verhandlungen über eine Große Koalition stoppten, sondern daß die SPD-Fraktion ihrer Führung die Gefolgschaft versagte. Herbert Wehner, der die Regierungsbeteiligung der SPD anstrebte und diese nur in einer Großen Koalition für realisierbar ansah, war offensichtlich fest davon überzeugt, daß sein taktisches Konzept gebilligt würde[85]. Dieses Konzept stellte in Rechnung, daß eine Koalition mit der CDU/CSU ohne Adenauer nicht erreichbar und daß die Einführung eines Mehrheitswahlrechts unumgänglich war. Wehner konnte jedoch nur die SPD-Führung überzeugen, nicht die Gefolgschaft. Dabei mag eine Rolle gespielt haben, daß sich Erler und Ollenhauer von Wehner zu lange übergangen fühlten, als daß sie mit der gleichen Verve wie Wehner für eine Große Koalition gekämpft hätten. Ent-

scheidend war jedoch, daß Wehner die in langen Jahren fest verwurzelten Antipathien von SPD und CDU/CSU zu gering einschätzte und daß er glaubte, seine kühlen, von bemerkenswerter Selbstsicherheit getragenen Überlegungen könnten die emotionalen Vorbehalte gegenüber der CDU/CSU überwinden. Innerhalb der SPD hatte sich zudem eine spürbare Machtverlagerung zugunsten der Bundestagsfraktion vollzogen. Die selbstbewußter gewordene Fraktion war nicht mehr bereit, Entscheidungen der Parteiführung oder der mit dieser weitgehend identischen Fraktionsführung widerspruchslos hinzunehmen[86]. Wehner, der zumindest gegenüber seinen Gesprächspartnern von der CDU/CSU immer wieder betonte, wenn führende Leute wie Erler und Ollenhauer mitzögen, sei die Entscheidung gefallen, hatte diese Entwicklung offensichtlich in ihrer Auswirkung unterschätzt oder nicht zur Kenntnis genommen.

Wenn auch die Große Koalition 1962 scheiterte, so läßt sich doch sagen: „Nachher war nicht mehr alles so wie vorher."[87] Gerstenmaier konnte schon früh feststellen: „Ein Tabu ist gebrochen"[88], und der sozialdemokratische „Vorwärts" konstatierte später, daß die Regierungsfähigkeit der SPD in das Grundbuch der Nation eingeschrieben worden sei[89]. Das innenpolitische Klima hatte sich geändert, das Verhältnis der beiden großen Parteien zueinander war entscheidend gebessert. Wehners Prognose, „daß man darauf zurückkommen kann, wie sehr nahe man sich in dieser Situation gewesen ist, wenn sich später neue Notwendigkeiten ergeben sollten"[90], ging 1966 in Erfüllung. Die Frage ist, ob der richtige geschichtliche Zeitpunkt 1966 nicht schon vorbei war.

1 Vgl. dazu Franz Alt, Es begann mit Adenauer. Der Weg zur Kanzlerdemokratie, Freiburg 1975, S. 61 ff., sowie Klaus Dreher, Der Weg zum Kanzler. Adenauers Griff nach der Macht, Düsseldorf-Wien 1972, S. 229 ff. und die S. 341 ff. zusammengestellten Augenzeugenberichte.

2 Vgl. Konrad Adenauer, Erinnerungen 1945–1953, Stuttgart 1965, S. 224 ff.

3 Vgl. dazu die gute Überblicksdarstellung bei Heribert Knorr, Die Große Koalition in der parlamentarischen Diskussion der Bundesrepublik 1949 bis 1965, in: Aus Politik und Zeitgeschichte, B 33/74 vom 17. August 1974, S. 24 ff.

4 Vgl. dazu den Beitrag von Hans Günter Hockerts, Adenauer als Sozialpolitiker, in diesem Band.

5 Vgl. dazu etwa die Bemerkungen von Hauptbeteiligten; Konrad Adenauer, Erinnerungen 1953–1955, Stuttgart 1966, passim, sowie Erich Mende, Die FDP. Daten, Fakten, Hintergründe, Stuttgart 1972.

6 Vgl. dazu im einzelnen Wolfgang E. Dexheimer, Koalitionsverhandlungen in Bonn 1961, 1965, 1969 (Untersuchungen und Beiträge zu Politik und Zeitgeschehen, Bd. 14), Bonn 1973, sowie Erich Mende, Die schwierige Regierungsbildung 1961, in: Konrad Adenauer und seine Zeit. Politik und Persönlichkeit des ersten Bundeskanzlers. Beiträge von Weg- und Zeitgenossen, Stuttgart 1976, S. 302 ff.

7 Vgl. Dexheimer, S. 28 ff.

8 Freundliche Mitteilung von Herrn Bundesminister a. D. Dr. Heinrich Krone. Vgl. auch Knorr, S. 34.

9 Vgl. Parlamentarisch Politischer Pressedienst vom 26. September 1961, S. 3.

10 Vgl. dazu die Dokumentation: Die Lüge von der schwarzroten Gefahr. Eine Dokumentation über die Haltung der SPD in den Koalitionsverhandlungen in der Zeit vom 17. September bis zum 7. November 1961, Bonn 1961.

11 Vgl. auch Knorr, S. 35.

12 Der Brief Professor Böhms liegt in Durchschrift in den Materialien des CSU-Abgeordneten Karl Theodor Freiherr von und zu Guttenberg. Ich habe Rosa Freifrau von und zu Guttenberg herzlich dafür zu danken, daß sie mir Einblick in die schriftlichen Unterlagen ihres verstorbenen Gatten gestattete. Die Unterlagen werden im folgenden als „Materialien Guttenberg" gekennzeichnet.

13 Vgl. dazu Klaus Gotto, Adenauer, die CDU und die Wahl des Bundespräsidenten 1959, in: Konrad Adenauer. Ziele und Wege. Hrsg. von der Konrad-Adenauer-Stiftung, Mainz 1972, S. 97 ff., hier S. 136 f.

14 Zur Persönlichkeit Guttenbergs vgl. Paul Pucher, Freiherr zu Guttenberg. Ein politisches Porträt (Persönlichkeiten der Gegenwart, Bd. 18), Freudenstadt 1971. Bei aller Sympathie des Autors für die von ihm dargestellte Persönlichkeit ist Pucher im ganzen ein zutreffendes Porträt gelungen.

15 Vgl. den ausführlichen Brief Guttenbergs an den CDU/CSU-Fraktionsvorsitzenden Heinrich v. Brentano vom 23. Juli 1962; Durchschlag in den Materialien Guttenberg. In diesem fünfseitigen Brief, auf dessen Angaben auch das Folgende beruht, schildert Guttenberg detailliert den Vorgang. Die Angabe bei Karl Theodor Freiherr zu Guttenberg, Fußnoten, Frankfurt am Main 1972, S. 50, das Gespräch habe im Frühjahr 1961 stattgefunden, ist offensichtlich ein Irrtum. Treffend ist demgegenüber die Schilderung der Atmosphäre des Gesprächs.

16 Freundliche Mitteilung von Herrn Bundesminister a. D. Dr. Heinrich Krone.

17 Vgl. den Brief Brentanos an Guttenberg vom 26. Juli 1962 in den Materialien Guttenberg. Das Urteil von Arnulf Baring, Sehr verehrter Herr Bundeskanzler. Heinrich von Brentano im Briefwechsel mit Konrad Adenauer 1949–1964, Hamburg 1974, S. 383, Brentano habe als Fraktionsvorsitzender bei keiner der großen Fragen seit 1961 eine bemerkenswerte Rolle gespielt, ist zumindest für das hier zu behandelnde Thema unzutreffend.

18 Vgl. den Brief Guttenbergs an Wehner vom 3. August 1962 in den Materialien Guttenberg.

19 Vgl. dazu Friedrich Keinemann, Von Arnold zu Steinhoff und Meyers. Politische Bewegungen und Koalitionsbildungen in Nordrhein-Westfalen 1950–1952, Münster 1973, hier S. 191 ff.

20 Ein – wenn auch im Detail unzuverlässiger – Leitfaden findet sich in der Zusammenstellung „Die Umbildung einer Regierung. Eine Chronik der Koalitionskrise in Bonn" von Klaus Dreher in: Frankfurter Allgemeine Zeitung vom 19. Dezember 1962. Eine offensichtlich auf Einzelkenntnissen beruhende Darstellung der Verhandlungen über eine Große Koalition ist der Aufsatz von Otto B. Roegele, Die Bemühungen um eine Große Koalition in Bonn. Der erste Anlauf 1962, in: Richard Wisser (Hrsg.), Politik als Gedanke und Tat, Mainz 1967, S. 215 ff. Vgl. weiterhin den Beitrag von Knorr.

21 Vgl. dazu und zu den Motiven Lückes Wilhelm Born, Weg in die Verantwortung. Paul Lücke, Recklinghausen 1965, S. 78. Zur Wahlkampfreise Lückes vgl. den Bericht in: Nürnberger Nachrichten vom 20. November 1962. Herrn Bundesminister a. D. Paul Lücke habe ich herzlich dafür zu danken, daß er mir alle seine Unterlagen, die das Thema betreffen, zur Einsicht und Auswertung zur Verfügung stellte. Er hat überdies in mehreren Gesprächen weitere mündliche Auskünfte gegeben. Die Unterlagen werden im folgenden als Materialien Lücke gekennzeichnet.

22 Vgl. Die Welt vom 20. November 1962.

23 Vgl. Süddeutsche Zeitung vom 19. November 1962.

24 Vgl. Neue Zürcher Zeitung vom 1. Dezember 1962.

25 Paul Lücke verfertigte für die Sitzung des Partei- und Fraktionsvorstands der CDU und der CDU/CSU am 3. Dezember 1962 einen über 20seitigen Bericht, in dem alle Vorgänge, Besprechungen und Abmachungen minutiös verzeichnet sind. Die hier gegebene Darstellung, die folgenden Zitate sowie die Ablaufschilderung beruhen auf diesem Bericht, der sich in den Materialien Lücke befindet.

26 Die entscheidenden Sätze Lückes sind wörtlich zitiert bei Paul Lücke, Ist Bonn doch Weimar? Der Kampf um das Mehrheitswahlrecht, Frankfurt am Main 1968, S. 39.

27 Die Atmosphäre des Gesprächs ist gut eingefangen bei Roegele, S. 220.

28 Vgl. das Telegramm Lückes vom 26. November 1962, 16 Uhr, an Außenminister Schröder, der Bundespräsident Lübke auf dessen Asienreise begleitete; Abschrift in den Materialien Lücke.

29 Vgl. die Aktennotiz von Margot Kalinke vom 4. Dezember 1962, Materialien Margot Kalinke, Archiv für Christlich-Demokratische Politik, Bonn.

30 Vgl. Bericht Lücke; Anm. 25. Lücke verfertigte weiterhin eine detaillierte Gesprächsaufzeichnung zur Unterrichtung des Bundeskanzlers, die am gleichen Tag übergeben wurde. Sie befindet sich ebenfalls in den Materialien Lücke.

31 Am 27. November hatte Ollenhauer noch erklärt, Gerüchte, die SPD strebe eine Große Koalition an, würden nur ausgestreut, um Druck auf die SPD auszuüben. Die SPD werde sich nicht zu einem solchen Erpressungsversuch hergeben. Vgl. die Zusammenstellung von Äußerungen führender SPD-Politiker in der ,,Neuen Zürcher Zeitung" vom 3. Dezember 1962.

32 Der Brief ist abgedruckt bei Lücke, S. 37, allerdings mit falschem Datum: 29. November 1962. Der Brief ist zwar erst an diesem Tag übergeben worden, ist jedoch auf den 28. November datiert. Adenauer hatte eine Aktennotiz über das Gespräch Guttenberg, Lücke und Wehner erhalten, und seine Formulierung ,,auf Grund der bisher gemachten Vorschläge" bezog sich offensichtlich auf dieses Papier. Der Brief und die Aktennotiz befinden sich sowohl in den Materialien Lücke wie in den Materialien Guttenberg.

33 Vgl. die Aufzeichnung Guttenbergs über dieses Gespräch in den Materialien Guttenberg.

34 Vgl. den Brief Guttenbergs an Bundeskanzler Adenauer, datiert auf den 29. November 1962. Er ist wohl in der Nacht vom 29. auf den 30. November geschrieben und befindet sich in den Materialien Guttenberg.

35 Laut diesem Vorschlag, der allerdings für weitgehende Änderungen offen sein sollte, erhielt die CDU/CSU außer dem Kanzleramt folgende Ministerien: Wirtschafts-, Finanz-, Justiz-, Verteidigungs-, Landwirtschafts-, Post-, gesamtdeutsches, Familien-, Verkehrs-, Atom- und Sonderministerium. Danach wären auf die SPD entfallen das Außen-, Europa-, Innen-, Schatz-, Bundesrats-, Arbeits-, Vertriebenen-, Wohnungsbau- und Gesundheitsministerium. Als Vizekanzler waren Erhard und Ollenhauer vorgesehen. Dieser Vorschlag war mit Staatssekretär Globke abgestimmt.

36 Vgl. den Brief Wehners an Guttenberg vom 29. November 1962. Der Brief ist auf Briefpapier des Hotels Hilton geschrieben und befindet sich in den Materialien Guttenberg.

37 Vgl. die Notizen Guttenbergs über Gespräche in Berlin mit Wehner am 29. und 30. November 1962 in den Materialien Guttenberg.

38 Vgl. die minutiöse zeitliche Ablauftabelle, die sich Lücke wohl als erste Arbeitsgrundlage für seinen Bericht vor den CDU-Gremien am 3. Dezember zusammengestellt hat. In ihr sind vom 26. November bis 1. Dezember alle Aktivitäten Lückes mit genauer Zeit-, Orts- und Inhaltsangabe verzeichnet. Sie befinden sich in den Materialien Lücke.

39 Vgl. den Bericht Lückes für die Sitzung der CDU-Gremien am 3. Dezember 1962; Anm. 25.

40 Vgl. die Darstellung in: Der Spiegel, Nr. 50 vom 12. Dezember 1962.

41 Die Erklärung ist abgedruckt in: Neue Zürcher Zeitung vom 2. Dezember 1962; dort auch ein ausführlicher Bericht über die näheren Umstände.

42 Freundliche Mitteilung von Herrn Bundesminister a. D. Dr. Heinrich Krone. Vgl. auch Roegele, S. 225 f. sowie den Bericht in: Die Welt vom 3. Dezember 1962.

43 Vgl. die Schilderung bei Pucher, S. 39 f.

44 Für die Haltung und die Argumentationsweisen der wichtigsten CDU-Politiker vgl. Roegele, S. 223 ff., der aber keine Ereignisschilderung des Ablaufs dieses Tages gibt.

45 Die folgende Darstellung stützt sich auf handschriftliche Mitschriften des damaligen Bundesratsministers Dr. von Merkatz. Eine Kopie befindet sich in den Materialien Margot Kalinke, vgl. Anm. 29. Zum Bericht Lücke vgl. Anm. 25.

46 Freundliche Mitteilung von Herrn Bundesminister a. D. Dr. Heinrich Krone.

47 Die antisozialistische Komponente der Diskussionen wird besonders in dem Aktenvermerk Margot Kalinkes betont. Vgl. Anm. 29.

48 Die differenzierende Interpretation der Haltung Erhards bei Roegele, S. 223 ff., trifft so nicht zu.

49 Zu den persönlichen Motiven vgl. die Darlegungen bei Roegele, S. 225 ff.

50 Vgl. Bonner Rundschau vom 5. Dezember 1962 und die dort wiedergegebenen Äußerungen des Geschäftsführers der CDU/CSU-Fraktion, Dr. Heck.

51 Die Presse war natürlich in den Tagen der ersten Dezemberwoche voller Berichte, Spekulationen und Hintergrundinformationen. Einen meist zutreffenden Überblick geben die Berichte in: Süddeutsche Zeitung vom 5. Dezember und Neue Zürcher Zeitung vom 5. bis 7. Dezember 1962.

52 Kopie in den Materialien Guttenberg.

53 Vgl. die Notizen über das Gespräch zwischen Guttenberg und Wehner in den Materialien Guttenberg.

54 Vgl. dazu etwa die übereinstimmenden Berichte in: Die Welt, Frankfurter Allgemeine Zeitung, Süddeutsche Zeitung und Bonner Rundschau vom 4. Dezember 1962.

55 Vgl. die Notizen Guttenbergs über das folgende Gespräch im Bundeskanzleramt, zu dessen Beginn Adenauer einen kurzen Bericht über seine Unterredung mit Ollenhauer gab, der von Ollenhauer voll bestätigt wurde. Auch die folgende Darstellung basiert auf diesen Notizen. Sie befinden sich in den Materialien Guttenberg.

56 Vgl. etwa Die Welt vom 5. Dezember 1962.

57 Vgl. Hartmut Soell, Fraktion und Parteiorganisation. Zur Willensbildung der SPD in den 60er Jahren, in: Politische Vierteljahresschrift 10 (1969), S. 604 ff., hier S. 608.

58 Vgl. Knorr, S. 39.

59 Vgl. Bonner Rundschau vom 6. Dezember 1962.

60 Vgl. ebenda sowie übereinstimmend die übrige Tagespresse vom 6. Dezember 1962. Das entscheidende Hindernis für echte Verhandlungen – einmal abgesehen von den sachlichen Differenzen – war die Tatsache, daß die FDP für den Fall der Wahl eines SPD-Kanzlers „für die weitere Entwicklung der FDP-Fraktionsstärke keine sichere Antwort geben" konnte. So die SPD-offizielle Darstellung in: Tatsachen-Argumente. Hrsg. vom Parteivorstand der SPD, 55, Februar 1963, S. 13. Vgl. auch Soell, S. 609.

61 Vgl. Knorr, S. 39; zur Diskussion um die Wahlrechtsfrage vgl. auch Thomas von der Vring Reform oder Manipulation. Zur Diskussion eines neuen Wahlrechts (res novae, Bd. 62), Frankfurt am Main 1968, S. 99 ff., sowie Rüdiger Bredthauer, Das Wahlsystem als Objekt von Politik und Wissenschaft. Die Wahlsystemdiskussion

der BRD 1967/68 als politische und wissenschaftliche Auseinandersetzung (Studien zum politischen System der Bundesrepublik Deutschland, Bd. 2), Meisenheim am Glan 1973, S. 37 f. Beide Analysen sind historisch unzulängliche Darstellungen. Eine gute Zusammenstellung findet sich in dem Artikel: Chronik einer Krise. Mehrheitswahl, Mehrheitsqual, in: Sonntagsblatt vom 16. Dezember 1962.

62 Vgl. Soell, S. 609. Soell stellt zutreffend fest, daß die SPD-Führung ihren Entschluß und das Ergebnis der Beratungen des Partei- und Fraktionsvorstands gewissermaßen der Fraktion zur Disposition stellte bzw. sich dazu gezwungen sah.

63 Vgl. Parlamentarisch Politischer Pressedienst vom 6. Dezember 1962.

64 Der Brief Globkes und die Aufzeichnung befinden sich in den Materialien Lücke.

65 Der Brief Merckers und die Arbeitsrichtlinien befinden sich in den Materialien Guttenberg.

66 Die Anlage befindet sich in den Materialien Guttenberg. Bei der Frage des Rücktritts von Adenauer war nicht eigens auf die Übereinkunft in Berlin hingewiesen, daß allein die CDU/CSU den Nachfolger Adenauers zu bestimmen gehabt hätte.

67 Vgl. Knorr, S. 39. Zu den entsprechenden Meldungen vgl. Alfred Grosser und Jürgen Seifert, Die Spiegel-Affäre I. Die Staatsmacht und ihre Kontrolle, Olten und Freiburg 1966, S. 278.

68 Vgl. die Notizen Guttenbergs über dieses Gespräch in den Materialien Guttenberg.

69 Vgl. Lücke, S. 41.

70 Vgl. Knorr, S. 39.

71 Der Brief ist abgedruckt bei Lücke, S. 38.

72 Freundliche Mitteilung von Herrn Bundesminister a. D. Paul Lücke. Der nicht übergebene Originalbrief Adenauers an Ollenhauer befindet sich in den Materialien Lücke.

73 Freundliche Mitteilung von Herrn Bundesminister a. D. Dr. Heinrich Krone.

74 Die folgende Darstellung stützt sich auf Notizen Guttenbergs über den Verlauf der Sitzung. Sie befinden sich in den Materialien Guttenberg.

75 Vgl. Knorr, S. 40.

76 Vgl. Bonner Rundschau vom 7. Dezember 1962.

77 Vgl. Neue Zürcher Zeitung vom 4. Dezember 1962. Ähnlich begann ein Kommentar in: Die Welt vom 4. Dezember 1962: „Der gestern von der CDU gefaßte Beschluß ist die innenpolitisch umwälzendste Entscheidung seit dem Tage, an dem Konrad Adenauer vor dreizehn Jahren Kanzler wurde."

78 In den Kommentaren und Berichten der zeitgenössischen Presse überwogen die positiven Stimmen für eine Große Koalition. Eine eingehende Analyse der Pressestimmen wäre eine eigene Untersuchung wert. Als Beispiele seien hier nur die Stellungnahme so unterschiedlicher Organe wie der „Bild"-Zeitung vom 6. Dezember 1962 unter der Balkenüberschrift „Dies wäre unsere Traumregierung" und der Wochenzeitung „Die Zeit" vom 14. Dezember 1962 unter der Überschrift „Verpaßte Gelegenheit" aufgeführt.

79 Gegenüber der Vorstellung, für Adenauer sei eine Große Koalition unter keinen Umständen in Betracht gekommen, ist darauf hinzuweisen, daß er seine Kanzlerkandidatur in der Weimarer Republik von einer Großen Koalition abhängig gemacht hatte. Vgl. dazu Hugo Stehkämper, Konrad Adenauer und Reichskanzleramt während der Weimarer Zeit, in: Hugo Stehkämper (Hrsg.), Konrad Adenauer. Oberbürgermeister von Köln, Köln 1976, S. 405 ff., hier S. 413 ff.

80 Vgl. Gotto, S. 144. Einen guten, wenn auch stellenweise überzeichneten Einblick in die Führungsstruktur der CDU findet sich bei Ulrich Dübber, An den Stellwerken der Macht. Über die Führungsstruktur von CDU und SPD, in: Die neue Gesellschaft 10 (1963), S. 101 ff.

81 Vgl. dazu den Artikel „Kanzlerkrise" in: Frankfurter Allgemeine Zeitung vom 6. Dezember 1962.

82 Vgl. zur Haltung der führenden Persönlichkeiten und Gruppierungen Roegele, S. 223 ff.

83 Krone sollte seit dem 28. November mit seinem alten Bekannten aus der Zeit der Weimarer Republik Erich Ollenhauer Kontakt aufnehmen. Dies ist nicht geschehen.

84 Vgl. Lücke, passim. Zur hier nicht zu diskutierenden Frage der Einführung eines Mehrheitswahlrechts vgl. Erhard H. M. Lange, Wahlrecht und Innenpolitik. Entstehungsgeschichte und Analyse der Wahlgesetzgebung und Wahlrechtsdiskussion im westlichen Nachkriegsdeutschland 1945–1956 (Marburger Abhandlungen zur Politischen Wissenschaft, Bd. 26), Meisenheim am Glan 1975, sowie die Darstellung von Bredthauer.

85 Zu Wehners Haltung vgl. sein Interview in: Süddeutsche Zeitung vom 10. Dezember 1962.

86 Vgl. den Aufsatz von Soell, insbesondere S. 608 ff.

87 Vgl. Roegele, S. 235.

88 Vgl. Frankfurter Rundschau vom 5. Dezember 1962.

89 Vgl. Vorwärts vom 12. Dezember 1962.

90 Vgl. das Interview Wehners mit der „Süddeutschen Zeitung" vom 10. Dezember 1962.

HANS BUCHHEIM

Die Richtlinienkompetenz unter der Kanzlerschaft Konrad Adenauers

Nach Art. 65 des Grundgesetzes bestimmt der Bundeskanzler die Richtlinien der Politik und trägt dafür die Verantwortung. Man findet auch heute noch in der Literatur die irrige Auffassung, diese Richtlinienkompetenz sei eine Befugnis, Rechtsnormen zu setzen und Rechtspflichten zu begründen. So heißt es z. B. im Kommentar von Maunz-Dürig-Herzog: ,,Die Richtlinien sind, da sie für eine unbestimmte Anzahl von Fällen alle Bundesminister binden, Rechtssätze."[1] Dagegen hat schon Ernst Ulrich Junker überzeugend dargelegt, daß es sich bei den Richtlinien der Politik keinesfalls um Rechtssätze handeln kann: ,,Wären die Richtlinien Normen, so wären Hoheitsakte, die im Widerspruch dazu stehen, rechtsfehlerhaft. Ein richtlinienartiger Akt einer Verwaltungsbehörde ist aber ohne Zweifel rechtlich einwandfrei."[2]

Die Richtlinien der Politik sind auch keine Weisungen. Der Bundeskanzler ist nicht der Vorgesetzte der Bundesminister, sondern Vorsitzender eines politischen Gremiums. Die Minister sitzen zudem nicht nur als Ressortchefs im Kabinett, sondern auch als Repräsentanten unterschiedlicher Gruppierungen und Interessen, die gerade in solchen Angelegenheiten integriert werden müssen, welche Gegenstand der Richtlinien der Politik zu sein pflegen. Für diese Aufgabe hat das Grundgesetz dem Kanzler die Richtlinienkompetenz als eine Prärogative der politischen Führung zugewiesen, doch hat es ihm die Aufgabe und das Risiko politischer Führung damit nicht abgenommen. Es gibt dem Bundeskanzler eine privilegierte Zuständigkeit für die Gestaltung der Politik der Bundesregierung, damit auch ein Recht der Initiative und des Präjudizierens, nicht aber die Sicherheit, daß er sich mit dem, was er will, auch wirklich durchsetzt. Vielmehr muß er die Minister immer wieder aufs neue von der Qualität seiner Politik überzeugen, für seine Vorstellungen gewinnen, das Kabinett integrieren, wenn er seiner Führungsaufgabe gerecht werden will. Man kann das Verhältnis von Richtlinienbestimmung und politischer Führung ebensowenig aus dem Satz ,,Der Bundeskanzler bestimmt die Richtlinien der Politik" entwickeln, wie sich aus dem Satz ,,Über Meinungsverschiedenheiten zwischen den Bundesministern entscheidet die Bundesregierung" (Art. 65 des Grundgesetzes) Aufgaben und Tätigkeit des Kabinetts ableiten lassen. In beiden Fällen hebt die Verfassung lediglich eine Einzelkompetenz aus der Gesamtzuständigkeit jedes der beiden Organe ausdrücklich hervor. Die Richtlinienbestimmung ist ein Instrument der politischen Führung und Gestaltung, diese aber sind nicht Ausfluß der Richtlinienkompetenz.

Als wichtigstes Mittel der Integration des Kabinetts diente Adenauer die allgemeine politische Aussprache zu Beginn der Kabinettsitzung vor Eintritt in die Tagesordnung. Hier pflegte er eine Darstellung der Lage zu geben, wie er sie sah und einschätzte. Er kritisierte Mängel, hob Leistungen und Fortschritte hervor, teilte mit, wie er in den einzelnen Angelegenheiten weiter zu verfahren gedachte, worauf besonders geachtet werden müsse, welche Gefahren drohten und welche Chancen sich möglicherweise böten. Immer wieder neu steckte er bei diesen Aussprachen Richtung und Konzept der Politik ab, für die er politische Verbindlichkeit in Anspruch nehmen konnte, die er jedoch keineswegs ex cathedra verkündete. Die allgemeine politische Aussprache im Kabinett war wirklich eine Aussprache, ein Vorgang gemeinsamer Überlegungen bzw. des Bemühens einander zu überzeugen.

Anschauliche Beispiele für den Gebrauch der Prärogative und des Rechts zu präjudizieren, bietet die Führung der Verhandlungen über einen Wiedergutmachungsvertrag mit Israel. Adenauer schrieb am 29. Februar 1952 an den Bundesfinanzminister, er habe auf der Grundlage der Bereitschaftserklärung der Bundesregierung vom 27. September 1951, das den Juden angetane Unrecht materiell wiedergutzumachen, mit Nahum Goldmann, dem Beauftragten des Jewish World Congress, die baldige Aufnahme von Verhandlungen vereinbart. Er bat nunmehr den Finanzminister, die erforderlichen Vorbereitungen mit möglichster Beschleunigung zu treffen und in die Verhandlungsdelegation besonders ausgewählte Herren zu entsenden. Er setzte hinzu: „Ich gebe dem Wunsche Ausdruck, daß die Verhandlungen unter weitgehender Hintanstellung aller Bedenken, die in einem anderen Fall sehr verständlich wären, in einem Geiste vorbereitet und durchgeführt werden, der dem moralischen und politischen Gewicht und der Einmaligkeit unserer Verpflichtung entspricht."

Als die mit Israel geführten Verhandlungen Ende April 1952 auf einem toten Punkt angelangt waren, weil der Bundesfinanzminister und der Leiter der deutschen Delegation auf der Londoner Schuldenkonferenz die Höhe der israelischen Forderungen nicht meinten akzeptieren zu können, schickte der Bundeskanzler den Delegationsleiter der Verhandlungen mit Israel, Professor Franz Böhm, am 23. Mai nach Paris zu einem Gespräch mit Nahum Goldmann und gab ihm freie Hand, eine Vorvereinbarung nach seinem Ermessen zu treffen. Durch diesen Schritt war die weitere Verhandlungspolitik der Bundesregierung so präjudiziert, daß die Gegenstimmen nur noch eine geringe Chance hatten.

Aber in all den vielen Fällen, in denen Adenauer im Laufe der Jahre in entsprechender Weise verfuhr – wie übrigens auch jeder andere Kanzler verfahren muß und darf, wenn er seiner Führungsaufgabe gerecht werden soll –, fiel doch keine unwiderrufliche Entscheidung. Die Beschlußfassung des Kabinetts wurde präjudiziert, aber nicht determiniert, ganz zu schweigen vom Votum des Parlaments. In allen Fällen, in denen die letzte Entscheidung bei Bundestag und Bundesrat lag, kalkulierte Adenauer schon in dem Augenblick, in dem er eine politische Initiative einleitete, wie groß seine Chancen, die notwendigen Mehrheiten zu gewinnen, wären.

Natürlich kann man im Bemühen, die Kompetenz des Kanzlers, die Richtlinien der Politik zu bestimmen, wirklichkeitsgerecht auszulegen, die politische Aussprache im Kabinett, den im Brief an den Finanzminister zum Ausdruck gebrachten Wunsch, wie die Verhandlungen mit Israel zu führen seien, die Bevollmächtigung Professor Böhms und unzählige andere Maßnahmen vergleichbarer Art als Formen unausdrücklich vorgenommener Richtlinienbestimmung interpretieren. Es fragt sich jedoch, ob das in Anbetracht der Tatsache, daß in allen diesen Fällen das Wort „Richtlinie" nicht vorkommt, Sinn hat. Das Verfahren liefe darauf hinaus, das gesamte Geschäft der politischen Führung als Richtlinienbestimmung zu erklären, diesen Terminus aber jeder deutlichen Kontur zu berauben.

Es lassen sich bisher nur wenige Fälle dafür belegen, daß Adenauer sich ausdrücklich auf die Richtlinienkompetenz berufen hat; an ihnen entdeckt man eine interessante Abweichung von der gängigen Vorstellung, wie die Richtlinienkompetenz anzuwenden sei. Im Zusammenhang mit den Bemühungen um eine europäische Integration schrieb Adenauer an die Bundesminister am 19. Januar 1956 gleichlautende Briefe, in denen er ausführte: Wenn die europäische Integration gelinge, könne die Bundesrepublik bei den Verhandlungen sowohl über die Sicherheit als auch über die Wiedervereinigung als wesentliches neues Argument das Gewicht eines einigen Europas in die Waagschale werfen. „Daraus ergibt sich als Richtlinie unserer Politik, daß wir den Beschluß von Messina entschlossen und unverfälscht durchführen müssen. Noch stärker als bisher muß der politische Charakter dieses Beschlusses beachtet werden, der nicht allein eine technische Kooperation aus fachlichen Erwägungen, sondern eine Gemeinschaft herbeiführen soll, die (auch im Interesse der Wiedervereinigung) die gleiche Richtung des politischen Willens und Handelns sichert [. . .] Insbesondere muß für die Durchführung des Programms von Messina folgendes gelten: [. . .] Ich bitte, das vorstehend Dargelegte als Richtlinie der Politik der Bundesregierung (Art. 65 GG) zu betrachten und danach zu verfahren."[3]

Im Zusammenhang mit den Auseinandersetzungen um die Saar-Frage hatte der Bundesminister für gesamtdeutsche Fragen, Jakob Kaiser, im Januar 1950 ein Memorandum abgefaßt (was auch in der Öffentlichkeit bekannt wurde), in dem er die Politik Adenauers kritisierte. Dieser schrieb daraufhin am 30. Januar einen Brief an Kaiser, in dem er feststellte, daß in dem Memorandum Gedanken erörtert und Vorschläge gemacht würden, „die mit den Richtlinien meiner Saarpolitik, die ich, wie ich immer wieder hervorhebe, mit dem Kabinett abgestimmt habe, im gegenwärtigen Augenblick nicht übereinstimmen [. . .] Wie das im Grundgesetz eindeutig festgelegt ist, soll die Politik der Bundesregierung einheitlich geführt werden. Die Übernahme eines Postens in der Bundesregierung bedeutet daher für den in die Regierung eintretenden Minister die Aufgabe des Rechtes, zu politischen Fragen sich frei und abweichend von der Gesamtpolitik des Kabinetts zu äußern. Geschieht das doch, muß der Minister in Kauf nehmen, daß der Bundeskanzler als Leiter des Kabinetts und als derjenige, der nach dem Grundgesetz die Richtlinien der Politik bestimmt, von derartigen Erklärungen öffentlich abrückt."

Im Sommer 1958 schrieb Adenauer an einen Bundesminister: „Ihr Verhalten nötigt mich, Ihnen folgendes mitzuteilen: Den Art. 65 Grundgesetz kennen Sie. Danach hat jeder Bundesminister innerhalb der Richtlinien seinen Geschäftsbereich selbst zu verwalten. Nach dem Grundgesetz hat auch die Bundesregierung, das sind die Bundesminister unter Vorsitz des Bundeskanzlers, eine Aufgabe. Kein Kabinettsmitglied hat das Recht, Entscheidungen von solcher Bedeutung, daß sie jedem Kabinettsmitglied die Frage aufzwingen, ob es in einem Kabinett verbleiben kann, zu treffen, ohne dem Kabinett die betreffende Angelegenheit vorzulegen. In Sachen von ernster Bedeutung trägt das ganze Kabinett vor der Öffentlichkeit und dem Bundestag die Verantwortung. Ein Kabinett, eine Bundesregierung, hat eine gemeinsame Verantwortung, deren Tragen durch das selbstherrliche Vorgehen eines einzelnen Ministers nicht unmöglich gemacht werden darf."

In allen drei Fällen bestimmte Adenauer nicht etwas, was er zunächst allein für richtig hielt und wollte, als Richtlinie für das Kabinett, sondern er bezeichnete diejenige Auffassung als Richtlinie, in der er mit dem Kabinett Übereinstimmung erzielt hatte. Im ersten Brief spricht er in diesem Sinne sogar von einer „Richtlinie der Politik der Bundesregierung". Die Richtlinie ist hier also nicht ein Mittel, um das Kabinett zu integrieren, sondern Ergebnis einer bereits gelungenen Integration. In zwei der zitierten Fälle berief sich Adenauer ausdrücklich auf die so verstandenen Richtlinien der Politik, um einen einzelnen Minister in die Disziplin der gemeinsamen politischen Linie des Kanzlers und des Kabinetts zu nehmen[4]. Dabei kann man sich fragen, ob diese Gemeinsamkeit auf den betreffenden Minister nicht größeren Eindruck machte, als die Berufung auf die Richtlinienkompetenz, die hier mehr in der Rolle eines formalen Zusatzarguments erscheint. Selbst die förmlich ausgesprochene Richtlinie hat keine Rechtsverbindlichkeit, sondern ist nur politisch verbindlich. Dabei dürfte sie in der Regel aber geringere politische Kraft besitzen, als der gemeinsame Wille des Bundeskanzlers und des Kabinetts. Ein Minister handelt weder verfassungswidrig noch unbedingt pflichtwidrig, wenn er versucht, sich der Prärogative des Kanzlers zu entziehen. Adenauer erzählte mit dem Ausdruck der Zustimmung, daß ein Minister einmal zu ihm gesagt habe, den Minister möchte er sehen, der nicht an einer Richtlinie des Bundeskanzlers vorbeikomme. Die Bedeutung der Richtlinie liegt in dem inhaltlichen Beitrag, den sie zur Gestaltung der Politik leistet, eine reale eigene Kraft zur Durchsetzung dieser Gestaltung besitzt sie durch sich selbst nicht. Das bestätigt das Beispiel des Reichskanzlers der Weimarer Republik. Auch er besaß die Kompetenz, die Richtlinien der Politik zu bestimmen (Art. 56 der Weimarer Reichsverfassung), aber sie vermochte in keiner Weise das Machtdefizit des Regierungschefs gegenüber dem Reichspräsidenten wettzumachen.

Kurt Georg Kiesinger dürfte die Richtlinienkompetenz etwa so wie Adenauer verstanden haben. Am Anfang seiner Kanzlerschaft bemerkte er in einem Interview mit der „Stuttgarter Zeitung"[5]: „Selbstverständlich wird jeder Regierungschef auf Effektivität bedacht sein. Dazu gehört, daß er sein Kabinett integriert. Der Regierungschef scheint mir der stärkste zu sein, der nie expressis verbis von seiner Richtlinienkompetenz Gebrauch macht – oder jedenfalls selten. Er muß eben führen und zusammenführen. Das ist seine Aufgabe."

Natürlich ist es nicht ausgeschlossen, daß sich die Richtlinienbestimmung unter den besonderen Umständen eines Einzelfalles zu einer Richtlinienentscheidung verdichtet und an die Stelle einer an sich erforderlichen Entscheidung des Kabinetts tritt. Reinhold Maier hatte eine solche Richtlinienentscheidung erwogen, als es 1953 von der baden-württembergischen Landesregierung (FDP/SPD-Koalition) abhing, ob der Deutschland- und der EVG-Vertrag die Zustimmung des Bundesrates fänden oder nicht. Ludwig Erhard griff 1966 zur

Richtlinienentscheidung, um die Aufnahme der diplomatischen Beziehungen zu Israel durchzusetzen. In beiden Fällen aber bot sich der Rückgriff auf die Richtlinienkompetenz nicht als ein Mittel der Integration des Kabinetts an, sondern als Ersatz für eine nichtmögliche Integration bzw. für mißglückte Integrationsbemühungen. Reinhold Maier betont in seinen „Erinnerungen"[6], in einer fast achtjährigen Vergangenheit sei es ihm erspart geblieben, je einmal auf das Regieren mittels der dem Ministerpräsidenten zustehenden Vollmacht, die Richtlinien der Politik zu bestimmen, zurückzugreifen, wobei er dies offenkundig mit einer Entscheidung aufgrund der Richtlinienkompetenz völlig gleichsetzt.

Ein Regierungschef, der von seinem Recht, die Richtlinien der Politik zu bestimmen, Gebrauch machen würde, um so die Mühe, das Kabinett politisch zu integrieren, zu sparen, wäre rasch am Ende seiner Kunst angelangt.

Im ersten Entwurf einer Geschäftsordnung der Bundesregierung, der im Frühjahr 1950 im Bundesinnenministerium und Bundeskanzleramt angefertigt worden war, hieß es, der Bundeskanzler bestimme „die Grundsätze der inneren und äußeren Politik (Richtlinien der Politik) nach Inhalt und Umfang". Dazu bemerkte Bundespräsident Heuss kritisch, man solle doch das Wort „Grundsätze" vermeiden, denn es ziele bei den Deutschen ins Weltanschauliche und Dogmatische und entbehre der Elastizität, deren ein Regierungsprogramm, das einen Koalitionshintergrund besitze, bedürfe. Die Erwähnung des Koalitionshintergrundes offenbart die Motive, die Heuss zu seiner Bemerkung veranlaßten; gleichwohl hat er mit Recht auf die irrige Vorstellung hingewiesen, daß es sich bei den Richtlinien um Grundsätze der Politik handle.

Wer dem Kanzler die Zuständigkeit für das Grundsätzliche und den Ministern dessen konkrete Ausführung zuweist, der schneidet den Kanzler von der Politik ab. Denn das Feststellen von Grundsätzen und die Benennung von Zielen ist überhaupt noch keine Politik. Politik ist immer konkret, tatsächliche Beeinflussung und Gestaltung der Wirklichkeit. Daher muß auch die Richtlinienbestimmung konkret sein, wenn sie etwas mit Politik zu tun haben soll. Ihr Spezifikum besteht nicht darin, daß sie sich auf das Prinzipielle, sondern darin, daß sie sich auf das Ganze bezieht. Daher kann die Richtlinienbestimmung auch Einzelfragen betreffen, die sachlich gesehen zwar zur Kompetenz eines bestimmten Ressorts gehören, politisch aber für die Gestaltung der Gesamtpolitik von Belang sind. Ob der Innenminister einem Professor zum 70. Geburtstag gratuliert, der große wissenschaftliche Verdienste hat, daneben aber als „Chefideologe" einer rechtsradikalen Partei hervortritt, ob die Bundeswehr in einer Spannungssituation ein Manöver abhält, ob der Entwicklungshilfeminister eine Delegation einer nicht anerkannten „Befreiungsbewegung" empfängt, das sind Fragen, die für die Gestaltung der Gesamtpolitik von erheblicher Bedeutung sind, und deren Entscheidung deshalb der Bundeskanzler aufgrund seiner Richtlinienkompetenz an sich ziehen kann. Als Bundesfinanzminister Schäffer einmal erhebliche öffentliche Kritik und Mißstimmung hervorgerufen hatte, weil er einen geringfügigen Betrag zur Anschaffung von Wolldecken für das Durchgangslager Friedland nicht bewilligte, erklärte Adenauer ihm – zwar im Scherz, aber doch nicht ohne ernsthafte Bedeutung –, die Anschaffung von Wolldecken gehöre in Zukunft zur Richtlinienkompetenz des Bundeskanzlers.

Eine Regierung muß darauf bedacht sein, daß sie ihre Politik durch sinnfällige Maßnahmen der Öffentlichkeit zur Anschauung bringt bzw. daß sie nicht durch sinnfälliges Ungeschick ihre eigene Politik desavouiert. Das ist eine Frage der politischen Gesamtverantwortung, in die der Bundeskanzler gegebenenfalls eingreifen muß, wenn sie in einem konkreten Fall nicht beachtet wird.

Ebensowenig wie es sich bei den Richtlinien der Politik um Grundsätze handelt, bestehen sie aus einzelnen Maßnahmen, die der Kanzler anzuordnen und die Minister ,,durchzuführen" hätten. Ernst Ulrich Junker bemerkt zutreffend, daß die Geschäftsordnung der Reichsregierung einen ,,normativ formalisierten Richtlinienbegriff" gehabt habe und daß die Geschäftsordnung der Bundesregierung in die gleiche Richtung weise; sie scheine einen technischen Begriff der Richtlinien vorauszusetzen, was in keiner Weise der Praxis entspreche[7]. Die Verwandtschaft der beiden Geschäftsordnungen beruht darauf, daß die Verfasser des Entwurfs einer Geschäftsordnung der Bundesregierung, ohne schon viel praktische Erfahrung zu haben, die Geschäftsordnung der Reichsregierung als Vorlage benutzt hatten. So kam folgender, ziemlich praxisferner Text des § 1 Abs. 1 der Geschäftsordnung der Bundesregierung zustande: ,,Der Bundeskanzler bestimmt die Richtlinien der inneren und äußeren Politik. Diese sind für die Bundesminister verbindlich und von ihnen in ihrem Geschäftsbereich selbständig und unter eigener Verantwortung zu verwirklichen. In Zweifelsfällen ist die Entscheidung des Bundeskanzlers einzuholen."

Als in der zweiten Hälfte der fünfziger Jahre eine Revision der Geschäftsordnung vorbereitet wurde, machte Adenauer zu diesem § 1 den Randvermerk: ,,Die Richtlinien schaffen einen Gesamtcharakter der Politik." Diese Feststellung entsprach nicht nur voll seiner eigenen Praxis, sondern trifft auch den Kern der Sache: Wenn die Richtlinienkompetenz einen politischen Sinn haben soll, muß sie als Zuständigkeit für den Gesamtcharakter der Politik verstanden werden. Einen solchen Gesamtcharakter kann der Kanzler nicht dadurch schaffen, daß er lediglich Prinzipien aufstellt oder einzelne Vorschriften macht, die die Minister durchzuführen haben, sondern er muß zahllose Einzelfragen der Tagespolitik auf das von ihm verfolgte Konzept abstimmen. Die Wachsamkeit und der Einfallsreichtum, mit denen er das tagaus tagein selbst oder mit Hilfe der Beamten des Kanzleramtes tut, entscheiden darüber, ob die Politik der Bundesregierung klare Konturen und eine charakteristische Gestalt gewinnt. So gesehen ist der Begriff ,,Richtlinien der Politik" ein Pluraletantum und bedeutungsgleich mit ,,Gesamtcharakter der Politik". Das meint Art. 65 des Grundgesetzes mit dem Satz ,,Der Bundeskanzler bestimmt die Richtlinien der Politik", wobei das Wort ,,bestimmen" nicht auf einen Grad der Verbindlichkeit von Anordnungen, sondern auf den Modus der Ausgestaltung eines Konzepts zielt. In diesem Sinne hatte auch Hugo Preuß in seiner Denkschrift vom 3. Januar 1919 die Richtlinienkompetenz mit der Bemerkung erläutert: ,,Für die Gesamtpolitik der Regierung trägt der Reichskanzler die Verantwortung." Der Sinn dieses Satzes war nicht gewesen, dem Reichskanzler eine besondere Weisungsbefugnis gegenüber den Ministern zu geben. Vielmehr sollte festgestellt werden, daß erstens der Kanzler und nicht etwa der Reichspräsident für die Gesamtpolitik und daß zweitens der Kanzler nur für die Gesamtpolitik zuständig sei, im übrigen aber die Minister ihr Ressort in eigener Verantwortung zu verwalten hätten[8].

Wenn es im Art. 65 des Grundgesetzes heute heißt, daß jeder Bundesminister „innerhalb" der Richtlinien seinen Geschäftsbereich selbständig und in eigener Verantwortung leite, so ist damit nicht ein allgemeiner Rahmen gemeint, den er konkret ausfüllt, sondern einer, innerhalb dessen er sich bewegen muß, so wie auch eine Verfassung einen Rahmen darstellt, den wir nicht ausfüllen, sondern innerhalb dessen wir uns bewegen sollen. Die Bundesminister sollen nicht Anweisungen des Bundeskanzlers in eigener Verantwortung durchführen, sondern sie sollen ihre eigenverantwortliche und auf eigener Initiative beruhende Tätigkeit in ihrem jeweiligen Ressort immer am Gesamtcharakter der Politik orientieren.

Die differentia specifica der Begriffsverbindung „Richtlinien der Politik" ist der Begriff „Politik"; es handelt sich um Richtlinien der Politik, nicht der Gesetzgebung, der Verwaltung oder ähnlichem. Wie man sich solche Richtlinien vorzustellen hat, hängt demnach davon ab, wie Politik beschaffen ist. Die Richtlinien können nicht von ganz anderer Beschaffenheit sein als die Politik. Als Beiträge zur Gestaltung einer Politik müssen die Richtlinien selbst politisch sein. Das ist insbesondere in Anbetracht der Erfahrungstatsache von Bedeutung, daß die Ressorts dazu tendieren, sachlich und verwaltungstechnisch perfekte Lösungen anzustreben, die allgemein-politischen Momente der Probleme dagegen zu vernachlässigen. Es ist in solchen Fällen Aufgabe des Kanzlers, diese Gesichtspunkte zur Geltung zu bringen. Bei den über Jahre sich hinziehenden Auseinandersetzungen um das Bundesbankgesetz, strebte das zuständige Ressort im Verein mit den Fachleuten im Interesse einer optimal sachgerechten Währungskontrolle eine völlige Unabhängigkeit der Notenbank von der Regierung an und forderte aus banktechnischen Gründen ein zentralistisches Banksystem. Adenauer dagegen stellte sich auf den Standpunkt, daß eine politisch so eminent wichtige Aufgabe wie die Erhaltung der Währungsstabilität der politisch verantwortlichen Regierung nicht völlig entzogen und ganz einem Gremium übertragen werden dürfe, das sich nicht parlamentarisch verantworten muß. Außerdem lehnte er das zentralistische Banksystem als eine unnötige Durchbrechung des föderalen Systems und als einen überflüssigen Affront gegen die Länder ab.

So entstanden der Zentralbankrat, dem auch die Präsidenten der Landeszentralbanken angehören, und die Bestimmung des § 12 des Bundesbankgesetzes, welche die Bundesbank verpflichtet, „unter Wahrung ihrer Aufgaben die allgemeine Wirtschaftspolitik der Regierung zu unterstützen". Im Kabinett gab es zwischen Finanzminister und Ernährungsminister einmal einen Streit wegen der Beihilfe bei Ernteschäden. Der Ernährungsminister wollte allen Ländern gleich zuteilen, der Finanzminister dagegen wollte pflichtgemäß aus Ersparnisgründen die Zuteilung nach der Finanzkraft der einzelnen Länder abstufen. Das führte zu erheblicher Verärgerung bei den Ländern. Deshalb forderte Adenauer den Finanzminister auf, seinen Widerstand aufzugeben, denn die relativ geringe finanzielle Ersparnis lohne nicht die große politische Verstimmung.

Politik ist komplex. Folglich müssen die Richtlinien so beschaffen sein, daß sie auch komplexe Sachverhalte erfassen können. Sie müssen zum Beispiel geeignet sein, verschiedenen Strömungen der Politik, die sich zwar theoretisch ausschließen, praktisch jedoch nebeneinander verlaufen, gleichzeitig gerecht zu werden. In der Europapolitik zum Beispiel mußte Adenauer seit Sommer 1958 sowohl die Linie supranationaler Integration einhalten, als auch auf de Gaulles Bestreben eingehen, zum System nationaler Kooperation zurückzukehren. Wären die Richtlinien der Politik normative Sätze, dann hätte er diese Aufgabe nicht lösen können; er hätte eine Entscheidung treffen müssen, wo es gerade darauf ankam, eine Entscheidung vorerst zu vermeiden.

Politik ist oft zu einem wesentlichen Teil vertraulich. Deshalb muß der Bundeskanzler unter Umständen auch für unvollständige Äußerungen einer im Ganzen unausgesprochen bleibenden Politik politische Verbindlichkeit in Anspruch nehmen können. Das kann zum Beispiel erforderlich werden, wenn die Bundesregierung Anlaß hat, die Haltung Deutschlands gegenüber einem anderen Staat zu überprüfen. Es wäre wenig sinnvoll, die Einleitung einer alternativen Politik in verbindlichen eindeutigen Sätzen zu formulieren, nur damit klare „Richtlinien" gegeben werden können.

Die Richtlinienkompetenz ist zu einem nicht geringen Teil eine Kompetenz des Akzentuierens, des Forcierens und Retardierens und unter Umständen des Schweigens und Abwartens. Ein klassisches Beispiel des Akzentuierens bietet Adenauers Saarpolitik in den frühen fünfziger Jahren. Die französischen Behörden an der Saar ließen sich damals in zahlreichen Fällen offenkundige Verletzungen demokratischer und rechtsstaatlicher Grundsätze zuschulden kommen. Da Adenauer um einer Verständigung mit Frankreich und um seiner Bemühung um eine europäische Integration willen jede Verschärfung von Gegensätzen vermeiden wollte, interpretierte er konsequent alle Verstöße gegen das Recht als bloße Mißverständnisse oder höchstens als Übergriffe, die von der französischen Regierung in keiner Weise gedeckt seien. Jakob Kaiser und andere deutsche Politiker wollten dagegen einer Politik der „Anprangerung" und des „Appells an das Weltgewissen" den Vorzug geben; deshalb kam es zu dem oben zitierten Brief des Bundeskanzlers an Kaiser. Ein Beispiel einer Politik des Retardierens ist gegenüber der Sowjetunion nach der Aufnahme der diplomatischen Beziehungen im Herbst 1955 zu beobachten; eine Politik des – gegenüber Frankreich und England sehr wohlwollenden – Abwartens trieb Adenauer in der Suezkrise im Herbst 1956. In all diesen und vielen anderen Fällen war es der Bundeskanzler, der den Gesamtcharakter der Politik bestimmte; man braucht sich den Verlauf dieser Ereignisse und die sie begleitende diplomatische Aktivität nur konkret vorzustellen, um zu erkennen, wie absurd es wäre, wenn der Bundeskanzler in solchen Situationen die Richtlinien der Politik wie Normen hätte fixieren sollen.

Die Bindung des einzelnen Ministers wird dadurch, daß er nicht Normen einhalten oder Weisungen befolgen, sondern sich am Gesamtcharakter einer Politik orientieren muß, eher enger als lockerer. Denn er ist nicht nur zur Erfüllung eines bestimmten Zieles verpflichtet, es genügt nicht, wenn er auf seine Weise an der Verwirklichung bestimmter Programmpunkte teilnimmt, sondern er muß auch den Nuancierungen und Akzentuierungen folgen, die der Kanzler vornimmt. Es gibt zahlreiche Beispiele dafür, wie Adenauer Minister, die seiner Meinung nach den Gesamtcharakter seiner Politik – besonders in öffentlichen Verlautbarungen – nicht beachteten, zur Ordnung rief. Er schrieb in solchen Fällen kurze Briefe von kaum mehr als zehn Zeilen, in denen es etwa hieß: „Einer Meldung der ‚Frankfurter Allgemeinen Zeitung' vom [. . .] zufolge sollen Sie am letzten Sonntag in einer Rede in [. . .] gesagt haben, [. . .] Eine solche Äußerung würde sich nicht in Übereinstimmung mit der erklärten Politik der Bundesregierung befinden. Ich bitte Sie deshalb, mir mitzuteilen, was Sie tatsächlich gesagt haben."

Inhaltlich bezog sich die Richtlinienbestimmung unter Adenauer vorwiegend auf zwei Bereiche der Politik, die aber wohl auch allgemein als spezifische Kompetenz des Bundeskanzlers anzusehen sind: die Außenpolitik und die Vorsorge für die Machtbasis im eigenen Land, deren eine Regierung bedarf, um handlungsfähig zu sein. Adenauer ließ den Ressortministern in ihrem Fachbereich sehr weitgehend freie Hand, sofern sie sich in Übereinstimmung mit der Außenpolitik der Regierung hielten und keine Ansichten äußerten oder Maßnahmen trafen, die nach seiner Auffassung geeignet waren, der Regierung ernste Schwierigkeiten im Bundestag oder Bundesrat, in der Koalition oder den Fraktionen zu bereiten oder die öffentliche Meinung gegen die Regierung aufzubringen.

Die Prärogative des Kanzlers in der Außenpolitik kann man nicht einfach mit dem persönlichen Interesse Adenauers erklären. Sie findet vielmehr ihre Begründung in der Tatsache, daß die Außenpolitik gerade in ihren wichtigsten Belangen nicht ein Fachgebiet ist, das gegenüber der Gesamtpolitik seine abgrenzbaren Eigenständigkeiten hätte, sondern ein wesentliches Stück dieser Gesamtpolitik selbst. Auf außenpolitischem Gebiet können auch Einzelfragen, wie die Verwendung bestimmter Beamter im diplomatischen Dienst, die Abstimmung von Terminen verschiedener Verhandlungen, Nuancen des Ausdrucks in diplomatischen Schriftstücken von fast unmittelbarer Bedeutung für die Staatspolitik als solche und für das Schicksal des Volkes sein. Regierungen pflegen fundamentale Veränderungen ihrer Politik nicht von heute auf morgen in voller Breite und Offenheit vorzunehmen, sondern bringen sie zunächst durch neue Nuancen sanktionierter Formeln und durch leichte konditionale Abwandlungen ihrer bisherigen Redeweise ins Gespräch. Die Keime einer neuen Politik werden als leichte Modifikationen der bisherigen präsentiert. Wenn man das durch widerspruchslose Hinnahme sanktioniert anstatt ihnen durch entsprechende Nuancierungen des eigenen Standpunktes zu begegnen, kann man das Interesse des eigenen Landes nicht wahren. Wegen der weitreichenden Wirkung und Bedeutung auch der Nuance und des Details für den Gesamtcharakter außenpolitischer Beziehungen, ist die Ressortverantwortung des Außenministers gegenüber dem Kanzler relativiert. Natürlich ist es zunächst Sache des Außenministers, Botschafter und Delegationsleiter zu instruieren, aber der Kanzler kann jederzeit und bis in Einzelheiten hinein eingreifen. Dementsprechend ist es im internationalen Verkehr die Regel, nicht den Außenminister, sondern den Regierungschef als den eigentlichen Repräsentanten seines Landes und somit als den letztlich verantwortlichen Mann zu betrachten.

Der Bundeskanzler besitzt aufgrund der Verfassung eine starke Stellung sowohl im politischen System der Bundesrepublik überhaupt, wie auch speziell gegenüber den Bundesministern. Diese sind dem Kanzler gegenüber nicht nur deshalb im Nachteil, weil sie nicht vom Bundestag gewählt, sondern auf Vorschlag des Kanzlers vom Bundespräsidenten ernannt sind. Es kommt hinzu, daß die Selbständigkeit und eigene Verantwortung, unter denen sie gemäß Art. 65 des Grundgesetzes ihre Ressorts zu leiten haben, logisch und praktisch mit der Verantwortung des Kanzlers für das Kabinett insgesamt kollidiert. Da der Bundestag den einzelnen Minister nicht zum Rücktritt zwingen kann, wird er berechtigterweise den Kanzler auch für das Tun seiner Minister verantwortlich machen. Folglich sieht sich der Kanzler in der Lage, für jeden einzelnen Minister vor dem Parlament einstehen zu müssen, und es kann nicht ausbleiben, daß er deshalb die Minister stärker in Disziplin zu nehmen versucht. Adenauer betonte im Laufe der Jahre immer stärker, was er die Einwirkung des Art. 67 auf das Verhältnis des Bundeskanzlers zu den Bundesministern nannte. Der Ausdruck „Richtlinien der Politik" sei im Hinblick auf Art. 67 zu schwach, pflegte er zu bemerken. Im Bundestag erklärte er am 22. Juni 1956: „Wenn nun der Bundeskanzler für alles das, was jeder einzelne Minister tut, hier schließlich nach dem Grundgesetz die Verantwortung übernehmen muß, dann werden Sie verstehen, daß sich der Bundeskanzler innerhalb eines gewissen Rahmens auch um diese Dinge bekümmert."[9]

Obgleich das Grundgesetz das Amt des Bundeskanzlers sehr bevorzugt, hätte dieser allein aufgrund der Verfassung doch nicht die Machtposition gewonnen, die er tatsächlich innehat. Das Grundgesetz hat notwendigerweise viele Einzelfragen des Verhältnisses des Bundeskanzlers zum Kabinett sowie der Bundesregierung zum Bundestag und zu den Länderregierungen offengelassen; oft sind diese Fragen überhaupt erst in der Praxis aufgetaucht. Daß sie in der Regel zugunsten der Bundesregierung bzw. zugunsten des Bundeskanzlers entschieden wurden, ist nicht so selbstverständlich, wie es uns heute unter dem Eindruck der Gewöhnung zuweilen scheinen will; vielmehr ist es aus der besonderen Situation der Jahre 1949/50 zu erklären.

Der wichtigste Faktor jener Anfangszeit war, daß unter dem Besatzungsstatut der Bundeskanzler einziger Verhandlungspartner der drei Hohen Kommissare war. Das änderte zwar nichts an den verfassungsmäßigen Rechten und Pflichten des Kanzlers gegenüber Kabinett und Bundestag, legte ihm jedoch zusätzlich zu der parlamentarischen Verantwortlichkeit die Verantwortlichkeit gegenüber den Besatzungsmächten auf, die zwar vom Grundgesetz nicht vorgesehen war und auch nicht vorgesehen sein konnte, die aber trotzdem als rechtens anerkannt werden mußte. Es handelte sich einerseits darum, daß der Kanzler in bezug auf die im Besatzungsstatut verankerten alliierten Vorbehaltsrechte gegenüber den Hohen Kommissaren verantwortlich war; daß er andererseits gegenüber dem deutschen Volk die Verantwortung dafür trug, daß die Besatzungsmächte die durch das Besatzungsstatut gezogenen Grenzen respektierten und nicht mehr überschritten. Infolge dieser zusätzlichen Verantwortlichkeiten war der Kanzler gezwungen und hatte zugleich das Recht und die Chance, die Geschäfte der Bundesregierung viel straffer zu führen, als das unter normalen Umständen nötig und möglich gewesen wäre. Da er von den Hohen Kommissaren praktisch auf alle Fragen der inneren und – zunächst embryonalen – äußeren Politik angesprochen werden konnte und von ihnen auch tatsächlich häufig mit Detailfragen eines Ressorts konfrontiert wurde, mußte er von den Bundesministern bis ins einzelne gehende Informationen verlangen und ihnen zuweilen auch detaillierte Wünsche der Kommissare übermitteln. Andererseits mußte er dafür Sorge tragen, daß die alliierten Dienststellen der mittleren und unteren Ebene sich abgewöhnten, auf nachgeordnete deutsche Dienststellen direkten Einfluß zu nehmen, wie es vor dem Inkrafttreten des Besatzungsstatuts ihr Recht gewesen war. Schließlich bestand in den ersten Monaten der Bundesrepublik noch die Gefahr, daß deutsche Behörden bei Differenzen untereinander versuchten, ein alliiertes Machtwort zu ihren Gunsten zu erwirken. Aus diesen Gründen mußte der Bundeskanzler darauf dringen, daß die Hohe Kommission sich in allen Fragen ausnahmslos an ihn wandte. Der Verkehr zwischen der Hohen Kommission und der Bundesregierung ist mehrfach Verhandlungsgegenstand auf dem Petersberg gewesen. Diese Verhandlungen führten am 16. Dezember 1949 zu der Vereinbarung, daß der schriftliche und mündliche Verkehr zwischen der Hohen Kommission und der Bundesregierung in allen Fragen grundsätzlicher Bedeutung über das Bundeskanzleramt („Verbindungsstelle zur Alliierten Hohen Kommission") erfolgen müsse. Diese Bestimmung ist beispielhaft dafür, daß die besonderen Besatzungsverhältnisse dem Bundeskanzler zwar keine Rechte und Kompetenzen verschafften, die mit dem Grundgesetz nicht zu vereinbaren gewesen wären, daß jedoch die Möglichkeiten, die die Verfassung dem Bundeskanzler bot, von Anfang an voll ausgeschöpft werden mußten und konnten.

Ein weiterer Faktor, der der Stellung des Bundeskanzlers von vornherein zusätzliches Gewicht verlieh, war die Möglichkeit, die Bundesverwaltung von Grund auf neu aufzubauen und personell zu besetzen sowie über deren zukünftige Arbeitsweise zu entscheiden. Diese Entscheidungen lagen in den Grundzügen auf der Linie der Tradition der alten Reichsverwaltung, allerdings mit nicht unerheblichen Abänderungen wichtiger Einzelheiten. Bei der Auswahl der personellen Besetzung ging man von der fachlichen Eignung aus, schloß jedoch diejenigen Beamten aus, die durch ihr Verhalten im Dritten Reich belastet waren. Während Adenauer aus parteipolitischen Gründen zunächst dazu neigte, möglichst keine Beamten in die Bundesverwaltung zu nehmen, die der SPD angehörten oder ihr nahestanden, vermochten Hans Globke und einige andere Berater ihn davon zu überzeugen, daß es richtiger sei, fachlich geeignete Beamte einzustellen, auch wenn sie Sozialdemokraten waren oder der SPD nahestanden; das müsse ja nicht gerade für die entscheidenden Stellen des Wirtschaftsministeriums gelten. Schließlich gelang es Adenauer, Kompetenzfragen, die das Grundgesetz offengelassen hatte, wenn sie in der Tagespolitik auftauchten, zugunsten des Amtes des Bundeskanzlers zu entscheiden. So machte z. B. die SPD in den frühen fünfziger Jahren zahlreiche Versuche, das Verhältnis von Parlament und Regierung so zu interpretieren, als sei die Bundesregierung lediglich ein Vollzugsorgan des Bundestages und als dürfe sie sich auch in Einzelfragen nur in einem vom Parlament abzusteckenden Spielraum bewegen. Auch wurde z. B. versucht, dem Bundestagsausschuß für Auswärtige Angelegenheiten das Recht der Initiative zu verleihen, worauf Adenauer sofort eingriff und feststellte, daß dieser Ausschuß wie jeder andere Parlamentsausschuß nur diejenigen Angelegenheiten behandeln dürfe, die ihm vom Plenum zugewiesen würden. Die offenen Fragen zwischen Bundeskanzler und

Bundespräsident, wie etwa das materielle Prüfungsrecht des Präsidenten bei der Ausfertigung von Gesetzen und Beamtenernennungen, wurden fast ausnahmslos in gutem Einvernehmen zwischen Heuss und Adenauer entschieden. Das lag nicht daran, daß Heuss eine schwache Persönlichkeit gewesen wäre (er konnte unter Umständen sehr unangenehm werden), der Grund war vielmehr, daß auch er davon überzeugt war, daß das Amt des Bundeskanzlers so stark wie möglich und politisch maßgebend sein müsse. Daß Heuss trotzdem das Interesse seines eigenen Amtes zu wahren wußte, lehrt die Tatsache, daß er gegen Adenauers Willen die Einfügung von § 5 (Unterrichtung des Bundespräsidenten) in die Geschäftsordnung der Bundesregierung durchsetzte. Die Entwürfe der Geschäftsordnung der Bundesregierung enthalten übrigens ein geradezu klassisches Beispiel dafür, mit welch bemerkenswertem Blick für das politisch Wesentliche Adenauer von vornherein Weichen stellte, wo sich die Gelegenheit dazu bot: In der Geschäftsordnung der Reichsregierung war bestimmt, daß der Reichskanzler „Deputationen" nur in Ausnahmefällen empfangen sollte, und zwar in der Regel nur auf Befürwortung des zuständigen Reichsministers und nur nachdem die Abordnung durch diesen schon empfangen worden war, andernfalls der Minister beim Empfang durch den Reichskanzler anwesend sein sollte. Im ersten Entwurf der Geschäftsordnung der Bundesregierung war diese Bestimmung in § 10, 2 schon auf den Satz reduziert: „Der Bundeskanzler empfängt Abordnungen nur in Ausnahmefällen", was Adenauer dann mit eigener Hand abänderte in „nur in besonderen Fällen"[10].

Möglichkeiten und Praxis der politischen Führung und der Gestaltung der Politik der Bundesregierung durch den Bundeskanzler haben sich, wie gezeigt wurde, aus dessen verfassungsmäßiger Stellung überhaupt, aus der Natur der Sache und den besonderen Umständen der ersten Jahre des Bestehens der Bundesrepublik ergeben. Die Regierungspraxis Adenauers, wie auch die seiner Nachfolger, vollzog sich zwar im Rahmen der Bestimmungen des Art. 65 und der Geschäftsordnung der Bundesregierung über die Richtlinienkompetenz, jedoch kann man bei unvoreingenommener Betrachtung der Dinge nicht behaupten, daß sie dadurch ermöglicht worden sei oder sich davon ableite. Vielmehr muß man feststellen, daß die Regierungstätigkeit des Kanzlers sich im großen und ganzen genauso wie jetzt vollziehen würde, wenn der Satz „Der Bundeskanzler bestimmt die Richtlinien der Politik" nicht im Grundgesetz stünde und es keine Geschäftsordnung der Bundesregierung gäbe. Das gilt um so mehr, als die ursprüngliche Bedeutung des Verfassungssatzes, wie gezeigt wurde, gar nicht darauf zielte, dem Kanzler ein bestimmtes Führungsmittel zur Verfügung zu stellen, sondern einerseits seine Führungskompetenz zu bestätigen, andererseits die Selbständigkeit der Bundesminister in ihrem Ressort zu begründen. Auch wurde die Geschäftsordnung der Bundesregierung erst ausgearbeitet und in Kraft gesetzt, als die Praxis der Gestaltung des Gesamtcharakters der Politik der Bundesregierung bereits entwickelt war. Verfassung und Geschäftsordnung haben diese Praxis nicht hervorgebracht; wichtig ist aber, daß sie sie bestätigen und absichern.

1 Vgl. Theodor Maunz, Günter Dürig, Roman Herzog, Grundgesetz. Kommentar, 3. Auflage, München 1973, Bd. 2, Art. 65, RdNr. 2.

2 Vgl. Ernst Ulrich Junker, Die Richtlinienkompetenz des Bundeskanzlers, Tübingen 1965, S. 51ff.

3 Vgl. Die Auswärtige Politik der Bundesrepublik Deutschland. Hrsg. vom Auswärtigen Amt unter Mitwirkung eines wissenschaftlichen Beirats, Köln 1972, S. 317f.

4 Unausgesprochen gilt das übrigens auch für die „Messina-Richtlinie", die vor allem auf den Bundeswirtschaftsminister gemünzt war, der gern einer unpolitischen, dafür aber mehr Länder umfassende Freihandelszone den Vorzug gegeben hätte.

5 Vgl. Stuttgarter Zeitung vom 5. Dezember 1966.

6 Vgl. Reinhold Maier, Erinnerungen 1948–1953, Tübingen 1966, S. 490ff.

7 Vgl. Junker, S. 31 und S. 52.

8 Vgl. Junker, S. 20ff.

9 Vgl. Verhandlungen des Deutschen Bundestages, 2. Wahlperiode 1953. Stenographische Berichte. Bd. 30, S. 8159.

10 Der mit der Ausarbeitung des Entwurfs der Geschäftsordnung der Reichsregierung beauftragte Geheime Regierungsrat Wever schrieb über den Empfang von Deputationen am 27. Februar 1924 erläuternd: „In der Praxis hat sich, namentlich im ersten Jahre nach der Staatsumwälzung, die Unsitte ergeben, daß Abgeordnete unangemeldet beim Reichskanzler oder einem Reichsminister vorsprachen und trotz des Empfangs noch andere Reichsminister in derselben Frage aufsuchten. Bisweilen wurden so die Wünsche an mehreren Stellen vorgetragen, und es wurde dadurch – abgesehen von der Gefahr uneinheitlicher Bescheidung – Zeit und Kraft verschwendet."

Die Bestimmung über den Empfang von Abordnungen, die wir aus heutiger Sicht als eine Einschränkung der Aktionsmöglichkeiten des Reichskanzlers empfinden, scheint also ursprünglich mehr zu dessen Schonung konzipiert worden zu sein.

DOLF STERNBERGER

Erprobung der Staatsorgane

Der Bundeskanzler, der Bundespräsident, die Opposition und das Verfassungsgericht im Streit um die Wiederbewaffnung – in publizistischen Zeugnissen eines Zeitgenossen

I.

Die verfassungspolitische Krise, welche durch die Entschlossenheit, die Konsequenz, die drängende Ungeduld und auch die Schläue des Bundeskanzlers Adenauer im Streit um die sogenannten Westverträge im Jahre 1952 ausgelöst worden ist, nimmt sich aus einer Entfernung von mehr als 20 Jahren eher wie ein aufgeregtes Zwischenspiel aus. Auch mag es heute scheinen, als habe sie kaum irgend wesentliche Spuren hinterlassen. Der Gegenstand des Streits, der Plan der Wiederbewaffnung im festen Rahmen einer ,,Europäischen Verteidigungsgemeinschaft", ist alsbald, nämlich mit der Ablehnung durch die französische Nationalversammlung im August 1954, dahingefallen. Die Frage, die uns damals erregte, ob dieser Plan mit der Verfassung der Bundesrepublik Deutschland, mit dem Grundgesetz, wie es erst drei Jahre zuvor ausgearbeitet und in Kraft gesetzt worden war, übereinkomme oder ob er ihm widerspreche, ist niemals beantwortet worden: Anstatt dessen hat der 1953 neu gewählte, der 2. Bundestag, in dem die Regierung dank dem Wahlsieg der Unionsparteien und dank der breiten Koalitionsbildung Adenauers über eine Zweidrittelmehrheit verfügte, das Grundgesetz in solcher Weise ergänzt, daß die vorigen Zweifel sich erledigten. Mit der veränderten Verfassung, also mit der inneren rechtlichen Kompetenz zur Truppenaufstellung ausgerüstet, trat die Bundesrepublik schließlich in die Nordatlantische Paktorganisation ein. Das Scheitern der kleineren, der europäischen Lösung hat ironischerweise einen Zuwachs an Souveränität erbracht und dem jungen Staat am Ende eine weit bedeutendere Rolle innerhalb des größeren Bündnissystems verschafft, als sie ihm zuvor zugedacht war und zugedacht werden konnte.

Aber nicht allein in außenpolitischer und internationaler, sondern auch in innenpolitischer, verfassungspolitischer Hinsicht mutet uns jene Krise heute wie ein flüchtiges Zwischenspiel an. Sie scheint so gut wie vergessen, hat offenbar keine Wunden hinterlassen oder doch nur gut verheilte. Und dennoch können wir nicht annehmen, daß eine solche Erregung, wie sie in diesen Monaten und Jahren das Parlament, die Parteien, die öffentliche Meinung ergriffen hat, wie sie aus den Zeugnissen der Zeit, sogar aus Adenauers eigener Darstellung (im zweiten Band der ,,Erinnerungen") uns entgegenschlägt, wie auch der Verfasser dieses Beitrags sie beim Wiederlesen seiner eigenen öffentlichen Äußerungen von damals nicht ohne Überraschung aufs neue wahrnimmt, daß eine solche Erschütterung des ganzen, eben erst errichteten Staatsgebäudes wie ein Spuk gewesen sein sollte, der jetzt erschreckt und dann vergeht. Das historische Bewußtsein will nicht allein Ursachen, es will auch Folgen ausmachen, es kann keine folgenlosen Ereignisse anerkennen.

Heute glaube ich, diese Folgen, den fortwirkenden Haupteffekt dieser Erschütterung, in der Tat bezeichnen zu können. Ich vermute, sie hat den Verfassungsstaat belebt und gestärkt. Und da es hier in diesem Buch und auch in diesem Beitrag auf die Person des damaligen Kanzlers und seine Leistung ankommt, so kann ich auch sagen, Adenauers vordringliches, ja ausschließliches und geradezu stürmisches Streben nach der ,,Westintegration" als der einzig erreichbaren politischen Sicherung der Bundesrepublik, dieses Streben, dem er alle Kräfte und Institutionen seines Staates dienstbar zu machen suchte, habe die paradoxe Wirkung erzielt, diese Kräfte und Institutionen zum Selbstbewußtsein und zur Selbstbehauptung anzureizen. Indem er wie den Verfassungstext so auch die Parteien, die Opposition, die öffentliche Meinung, das höchste Gericht in diese seine große politische Operation einzubeziehen suchte, wurden diese Organe, die kaum frisch gebildet waren, einer Erprobung ausgesetzt, die sie gleichsam erst ganz zum Leben aufrief. Die Verfassung in ihren wesentlichen Faktoren wurde in Anspruch genommen, abgeklopft und durchgerüttelt derart, daß sie nur sich kräftigen konnte, wenn sie nicht diesem mächtigen Willen erliegen wollte. Und sie ist ihm nicht erlegen, sie hat sich gekräftigt. Die parlamentarische Opposition ist, als Einrichtung, aus dieser Erprobung gestärkt hervorgegangen, obgleich die Sozialdemokratische Partei, die dieses Amt versah, in den Wahlen von 1953 eine schwere Niederlage erlitt. Das Bundesverfassungsgericht ist aus dieser Erprobung gestärkt hervorgegangen, obgleich von ihm in der Sache – der Sache der Verfassungsmäßigkeit der Westverträge – keine Entscheidung gefällt wurde. Das Amt des Bundespräsidenten hat an Autorität auf längere Sicht nicht eingebüßt; eine gewisse Unsicherheit in der Bestimmung der Grenzen seines Handlungsspielraumes ist ihm wohl bis heute eigentümlich geblieben.

Und schließlich muß hinzugefügt werden, daß der Kanzler Adenauer mit seinem so entschieden außenpolitischen Drang solche innenpolitischen Wirkungen doch auch nicht nur wider Willen hervorgebracht hat. Vielmehr hat der Chef der Bundesregierung als Verfassungsfaktor auch sich selbst bewährt, indem er alle jene Kräfte, auch die widerstrebenden, im letzten Grund und im Ergebnis respektiert hat. Einfacher und deutlicher ausgedrückt: Er ist nicht zum Diktator geworden. ,,Ich wollte nicht auf Kosten der Demokratie siegen." Das ist vielleicht der wichtigste Satz, der in seiner eigenen Darstellung dieser Vorgänge zu lesen steht[1]. Er gereicht ihm zur Ehre – auch wenn die Spur einer abgewehrten Versuchung noch daraus hervorscheinen sollte, ja gerade dann.

II.

Von solchen Wirkungen ist in den Zeugnissen, die hier nachfolgen, immerhin eine deutliche Vorahnung zu bemerken. Sie sind indessen stärker von der unmittelbaren zeitgenössischen Wahrnehmung, von der aktuellen Betroffenheit geprägt, vom politischen, nicht vom historischen Urteil. Daher ist ihre Sprache zuweilen rasch und heftig, Ausdruck des Augenblicks, nicht der gelassenen Abwägung. Gerade in diesem Sinn ist es ihr Charakter als einer Quelle, freilich einer sekundären, der die gegenwärtige Veröffentlichung rechtfertigen

mag. Es handelt sich um zwei Radioreden, wie ich sie damals – seit 1946 und hernach noch bis 1966 – vierzehntäglich im Hessischen Rundfunk gehalten habe. Indem ich ediere, was ich damals selbst verfaßt habe, trete ich in eine seltsame Doppelrolle ein, als beteiligter Publizist von ehedem und als distanzierter Historiker von heute. Vielleicht ist das ein unvermeidliches Merkmal der Zeitgeschichte, sofern sie von denen betrieben wird, die dabei waren. Die beiden Rollen sollen nicht ineinander fließen. Darum ist an diesen Manuskripten nichts geändert, nichts redigiert.
Einer näheren Einführung bedarf es wohl nicht. Die Daten, die Umstände, die verfügbaren Informationen des Tages sind im Text angegeben, er führt medias in res.

Vortrag vom 11. Dezember 1952

Verehrte Zuhörer,
wir haben in diesen Tagen, gestern und heute, von einer Verfassungskrise und von einer Staatskrise hier bei uns in der Bundesrepublik reden hören. Die Worte sind nicht zu stark, wenn sie freilich auch von der einen oder anderen kämpfenden Partei als Waffen zu ihrem jeweiligen Nutzen gebraucht werden mögen. Es ist in den letzten acht Tagen soviel moralisches Porzellan bei uns zerschlagen, es sind so viele Keime zertreten worden, wie bisher wohl noch niemals in den drei Jahren, die diese Republik besteht. Es ist zum Verzweifeln. Und es ist unheimlich zu beobachten, wie da ein Stoß den anderen hervorrief, und sich in einer Kettenreaktion ein Prozeß abspielte, der beinahe alle Organe des Staates in Mitleidenschaft gezogen, ja erschüttert hat.
Sie erinnern sich der wesentlichen Tatsachen, meine Hörer. Es geht um die Verträge, um den Deutschland-Vertrag und vor allem den Vertrag über die Europäische Verteidigungsgemeinschaft, das heißt: Es geht praktisch-politisch um die militärische Rüstung der Bundesrepublik im Rahmen der westlichen Verteidigung. Der Bundeskanzler hat kein anderes Ziel, als diese Verträge durchzusteuern, ihre möglichst rasche Annahme zu sichern. Die sozialdemokratische Opposition widerspricht ihnen mit Schärfe, sie bezweifelt insbesondere, daß die militärische Rüstung mit der gegebenen Verfassung vereinbar sei. Als vor fünf Monaten die Verfassungsbeschwerde der 144 sozialdemokratischen und anderen Abgeordneten als unzulässig von dem höchsten Gericht in Karlsruhe abgewiesen wurde, hatte der Herr Bundespräsident seinerseits ein Gutachten von demselben Gericht angefordert. Über dieses Gutachten sollte ursprünglich vor zwei Wochen in Karlsruhe öffentlich verhandelt werden. Aber der Bundeskanzler bat das Gericht, die Verhandlung zu verschieben, und zwar wegen einer ernsthaften Erkrankung des Staatssekretärs Hallstein, der mit anderen bestimmt sei, die Regierung vor Gericht zu vertreten. Gleichzeitig setzte die regierungstreue Mehrheit des Bundestages die Zweite und Dritte Lesung der Vertragsgesetze für die vergangene Woche an. Dieses Spiel war sehr durchsichtig: Der Kanzler wollte politisch vollendete Tatsachen schaffen, aller Welt sichtbare Tatsachen, und es dem Gericht erschweren, etwa nachträglich in seinem Gutachten dies oder das in seiner Geltung anzuzweifeln. Das Gericht

gewährte Aufschub, die Verhandlung über das Gutachten sollte am Dienstag der gegenwärtigen Woche, am 9. Dezember, stattfinden, und insoweit schien alles ganz nach dem Wunsch des Herrn Bundeskanzlers zu laufen. Bis er sich vorige Woche mitten in der Debatte plötzlich eines anderen besann, selber in aller Hast eine Klage in Karlsruhe einreichte und seinerseits seine parlamentarischen Gefolgsleute dazu überredete, es mit der Zweiten Lesung der Verträge genug sein zu lassen und die Dritte zu vertagen, bis seine Klage in Karlsruhe entschieden sei. Daß seine Klage positiv beschieden werden würde, dessen war er offenbar ganz sicher, denn er meinte, auf diese Art, mit dieser neuen Taktik, könnte man Ende Januar alles definitiv unter Dach haben. Warum er nun Hü sagte, nachdem er monatelang Hott gerufen hatte, das ist bis heute nicht vollständig durchsichtig geworden. Es gibt im wesentlichen zwei Theorien, die Schwenkung zu erklären: Die eine, die die weit überwiegende Verbreitung genießt, besagt, der Kanzler sei aus Karlsruhe zuverlässig darüber informiert worden, daß das Gutachten in manchen Hinsichten ungünstig für die Regierung ausfallen werde. Die andere Theorie vermutet außenpolitische Einwirkungen, ohne daß dafür bestimmte Zeichen angeführt würden. Es ist aber auch wiederum schwer oder doch sehr irritierend, sich vorzustellen, wie aus der geheimen Beratung der 23 Karlsruher Richter vor deren Abschluß etwas an das Ohr des Bundeskanzlers dringen kann, zumal wenn man bedenkt, daß der Chef der Bundesregierung sich ja nicht von Saaldienern wird informieren lassen. Wie dem aber auch sei, jedenfalls sagte Dr. Adenauer nun Hü, und seine Fraktion machte die Schwenkung im großen Bogen mit. Die Klage wurde eingereicht, die Dritte Lesung wurde verschoben. Aber siehe da, die erste Wirkung, die von dieser Einreichung einer Klage erhofft wurde, trat nicht ein: Das Bundesverfassungsgericht blieb dabei, daß es diese Woche über das Gutachten verhandle. In der Sitzung vom Dienstag morgen, die diesem Zweck gewidmet war, und bei der die Bundesregierung durch ganze 19 beauftragte Vertreter unter Anführung der beiden Staatssekretäre Hallstein und Strauß in Erscheinung trat, teilte der Vorsitzende mit, daß dieses Gutachten, welches das Gericht zu erstatten im Begriffe stand, bindende Kraft für die beiden Senate des Gerichts habe. Wenn also etwas Ungünstiges, für die Regierung und für den glatten Ablauf der Ratifizierungsprozedur Abträgliches bei dem Gutachten herauskäme – hieß das –, so würde es überhaupt keinen Ausweg mehr geben, und die neuerdings eingereichte Klage der Bundesregierung, die in die Zuständigkeit des Zweiten Senats fällt oder fallen soll, würde keine andere Entscheidung aus dem Gericht herausholen können, als dieses Gutachten sie der Sache nach bereits darstelle. Diese Entscheidung des Gerichtshofes wirkte wie eine Bombe. Die Regierungsdelegierten erklärten, es sei eine vollkommen neue Lage damit eingetreten, sie beantragten Vertagung, der Antrag wurde gewährt, sie reisten zurück, das Kabinett trat zweimal zusammen, der Kanzler hatte zwei Unterredungen mit dem Bundespräsidenten, eine weitere Nacht verging, und gestern morgen zog der Bundespräsident sein Ersuchen um ein Gutachten zurück. Dieser Schritt des Bundespräsidenten ist ohne Zweifel auch ein Ergebnis der Besprechungen, die er mit Herrn Dr. Adenauer hatte. Er hat uns gestern abend in seiner Rundfunkerklärung gesagt, er pflege seine Entschlüsse in eigener Entscheidung zu treffen – wir respektieren diesen Satz, wir haben keinen Zweifel daran, aber es kann andrerseits wohl auch kein Zweifel daran herrschen, daß zu dieser eigenen Entscheidung des Herrn Bundespräsidenten die Argumente des Herrn Bundeskanzlers beigetragen haben. Die meisten Berichterstatter und Beobachter drückten sich gestern sehr viel einfacher aus. Es ist äußerst schmerzlich, daß der Bundespräsident in die Lage kommen mußte, sich gegen den Argwohn verteidigen zu müssen, er treibe die Politik der Regierungskoalition.

Inzwischen haben eine Menge von offiziellen und offiziösen Regierungssprechern und haben auch die journalistischen Mundstücke der Bundesregierung eine Flut von teils tief entrüsteten, teils wutschnaubenden, teils mehr salbadernden Belehrungen über das Bundesverfassungsgericht ausgeschüttet, und der Staatssekretär Lenz vom Bundeskanzleramt, der wohl den Kanzler auch in Rechtssachen berät, ist so weit gegangen, mit großer Schnödigkeit öffentlich auszusprechen, es sei der Regierung „unerfindlich", auf welche Grundlagen das Karlsruher Gericht diesen Entscheid über die Verbindlichkeit des Gutachtens stütze. Alle Leute wissen es jetzt besser, was das Gesetz und was die Verfassung verlangt – vielmehr: nicht alle Leute, sondern nur diejenigen, die sich durch diese Entscheidung benachteiligt glauben. Es sind aber dieselben Leute, die drei Tage zuvor noch selber eine Klage einreichten, um von diesem selben Gericht Gerechtigkeit zu erhalten. Ich bitte, mir den Vergleich nicht übelzunehmen, aber dieses Verhalten des Herrn Staatssekretärs Lenz und all der anderen einschließlich des „Deutschland-Union-Dienstes", der jetzt die Verfassungsweisheit mit Löffeln gegessen hat, gemahnt in manchen Zügen an die Fußballmannschaft, die den Schiedsrichter fortjagt, um die Sache selber in die Hand zu nehmen. In der Tat kommen schon Stimmen aus dem Regierungslager, die für eine Reform des Bundesverfassungsgerichts votieren und ein ganz neues Gesetz verlangen. Die Einrichtung ist ein Jahr alt, meine Hörer! Es mag sein, daß das Gericht überempfindlich gewesen ist gegen den Verdacht, der eine seiner beiden Senate sei überwiegend „rot", der andere überwiegend „schwarz", beide also seien politische Körperschaften in rechtlichen Roben. Mag sein, daß es sich eben deswegen, weil in der Tat die Parteifraktionen des Parlaments bei der Bestellung der Richter – gemäß der gesetzlichen Vorschrift – ein entscheidendes Wort gesprochen haben, in einer krampfartigen Abwehrreaktion in übersteigernder Weise auf seinen richterlichen, unabhängigen Charakter versteift und nicht ohne eigene Affekte den Versuch abgewehrt hat, die Senate widereinander auszuspielen und überhaupt Gerichte politisch auszunützen. Aber das ist doch tausendmal besser, als wenn der umgekehrte Fall eingetreten wäre, und das Gericht sich tatsächlich hätte benutzen lassen. Diesen Argwohn abzuwehren, ja zu widerlegen, scheint mir ein durchaus edles Motiv zu sein: ein Motiv übrigens, das denen recht gibt, die erwartet haben, daß der Geist des Amtes sich bei den Richtern durchsetzen werde, selbst gegen ihre politische Herkunft und Hinneigung. Mir scheint die Autorität des Gerichts durchaus nicht geschädigt, sondern nur gestärkt zu sein. Sie ist beinahe das einzige, was in diesem allgemeinen Wüten gegen die geistigen und sittlichen Grundlagen unseres Staatswesens, dessen Zeugen wir sind, bisher noch intakt geblieben ist: denn auch sachlich kann der einfache Verstand – im Unterschied offenbar zu demjenigen mancher Juristen – an der Entscheidung vom Dienstag früh nichts Tadelnswertes finden. Ein Gutachten sei unverbindlich, heißt es, und könne deswegen nicht die Senate in ihrem Urteil binden. Ein Gutachten ist unverbindlich, wie ich es verstehe, für den Empfänger: Er kann ihm folgen, und er kann es auch übergehen. Aber es kann doch nicht unverbindlich sein für den Gutachter selbst: Er bindet sich selbst, indem er gutachtlich eine Meinung über die Verfassungsmäßigkeit der Verträge äußert, und er kann nicht eine andere Meinung von sich geben in dem Augenblick, wo er im Wege der Klage um ein Urteil angegangen wird. Und was die zwei Senate anlangt, so sind sie zwar selbständige Gebilde, aber Senate eines Gerichts, wenn auch eines ,,Zwillingsgerichts", wie man in Karlsruhe selber diese Konstruktion recht glücklich bezeichnet hat. Es wäre für den einfachen Verstand unerträglich, wenn etwa das Plenum des Gerichts gutachtlich ausführte, der Wehrbeitrag fordere eine Änderung der Bonner Verfassung, und wenn nachher der Zweite Senat ein Urteil fällte, wonach der Wehrbeitrag sich glatt mit der Bonner Verfassung vertrage.

Nicht das Gericht und sein Spruch also hat eine Verfassungs- oder eine Staatskrise hervorgerufen: Es hat sich gegen den Argwohn der Parteilichkeit rein erhalten. ,,Es gibt noch ein Verfassungsgericht in Karlsruhe", möchte man geradezu rufen, wie der Müller von Sanssouci rief: ,,Es gibt noch ein Kammergericht in Berlin." Die Krise liegt darin, daß die Bundesregierung sich einem Gericht nicht unterwerfen will, das ihr nicht gefügig ist, ihr nicht pariert. Spielte sich das alles in einem fernen exotischen Lande ab, meine Hörer, so gäbe es den Stoff zu einer hübschen Komödie. Da es sich aber hier bei uns abspielt, ist es ein großes Trauerspiel. Wir haben gesehen, wie der Machtstaat unterging, und wir waren froh über den Aufgang des Rechtsstaates. In diesen Tagen erleben wir ein solches Übermaß von Taktik, einen solchen Mangel an Fairneß, an verbindlicher Sitte, an Gefühl für Spielregeln und für die natürlichen Grenzen der Macht, daß wir an den Talenten unseres Volkes zur Staatsbildung zu zweifeln, ja zu verzweifeln versucht sind.

Auf Wiederhören!

Vortrag vom 8. Januar 1953

Verehrte Zuhörer,

über die Feiertage und zwischen den Jahren ist stiller Schnee gefallen und hat eine Decke des Schweigens über der verwühlten und zerrissenen Erde gebildet: Darunter schien auch der Konflikt eine Weile lang zu ruhen, der den jungen Staat der deutschen Bundesrepublik so schwer und gewiß auch nachhaltig erschüttert, der Konflikt zwischen der Bundesregierung und dem Bundesverfassungsgericht. Inzwischen schmilzt der Schnee, und die Erde, die darunter zum Vorschein kommt, sieht nicht viel anders aus als zuvor. In der Tat sind die ersten Stimmen, die nach der Pause in dieser Sache wieder vernehmlich geworden sind, so widersprüchlich und zum Teil auch so verworren und verwirrend, daß wir bisher keinen befriedigenden Weg daraus abzulesen vermögen, der zugleich die sachlichen Fragen zu lösen wie auch die Autorität der beteiligten Organe und die Reinheit des Verfahrens wiederherzustellen verspräche. Es sind

auch jetzt wieder so ziemlich alle Vorschläge in die öffentliche Diskussion gebracht worden, die überhaupt denkbar sind.
Die Bundesregierung, insbesondere der Bundeskanzler, brütet noch über dem Plan, der vor Weihnachten von verschiedenen Seiten angeregt worden ist, daß nämlich Bundestag, Bundesrat und Bundesregierung gemeinsam ein neues Rechtsgutachten beantragen möchten – ein Gutachten also von eben derselben Art, wie es Anfang Dezember bei dem Gericht in Karlsruhe zur Verhandlung stand und wie es auch erstattet worden wäre, wenn nicht der Bundespräsident seinen diesbezüglichen Antrag im letzten Augenblick zurückgezogen hätte. (Zur Information darf ich eben einflechten, daß das Gesetz nur diese zwei Möglichkeiten kennt, ein Rechtsgutachten bei diesem Verfassungsgericht zu erwirken: Es kann nur entweder vom Bundespräsidenten oder aber von jenen drei Organen – Bundestag, Bundesrat und Bundesregierung – gemeinsam beantragt werden.) Zu gleicher Zeit lassen sich Leute aus dem Lager zwar nicht der Regierung selber, aber der Regierungsparteien hören, welche raten, die Finger hinfort gänzlich von jeder Art von Gerichtsverfahren wegzulassen, also weder ein Urteil noch ein Gutachten, weder die Entscheidung eines Senats noch diejenige des Plenums des Gerichtshofes einzuholen. Dieser Rat hat freilich – genau wie der vorige – nur dann einen Sinn, wenn sich die Regierungsparteien und die sozialdemokratische Opposition, wenn sich Mehrheit und Minderheit des Parlaments zuvor darauf einigen, auf jegliches Gerichtsverfahren zu verzichten. Ein solcher gemeinsamer Verzicht aber würde natürlich zum Vorteil der Regierungsparteien ausschlagen, die dann ihre Politik mit einfacher parlamentarischer Mehrheit würden durchbringen können, während der sozialdemokratische Widerspruch nach wie vor in der Minderheit bliebe und sich überstimmt sähe, und zwar nun ohne die Hoffnung auf einen Rechtsweg und auf eine gerichtliche Stütze seines Anspruches auf Mitentscheidung übrigzubehalten. Sie sehen und fühlen, meine Hörer, wie diese Überlegungen immer wieder im Kreise herumführen. Es ist so wie beim Mühlespielen, wenn die gegnerischen Steine derart ineinander verschränkt liegen, daß es nur noch ein abwechselndes ,,Mühle auf, Mühle zu" von beiden Seiten zu geben scheint bis ins Endlose. Aber freilich erscheint die Sache nur solange als ausweglos, als die kämpfenden Parteien – als insbesondere die Bundesregierung diese ganze gerichtliche Angelegenheit ausschließlich vom taktischen Standpunkt aus betrachtet. Freilich, wer handelt, will sich auch durchsetzen, will siegen und recht behalten. Aber wenn man schon zu einem Gericht geht – das mag ein Amtsgericht oder ein Landgericht oder ein Staatsgerichtshof, ein niedriges oder ein hohes Gericht sein –, so läuft man immer auch ein Risiko. Das Gericht soll der Gerechtigkeit folgen und nicht dem Willen irgendeines Klägers, sei er auch noch so mächtig und sei sein Wille auch noch so stark. Nur ein Despot jagt die Richter zum Teufel, die seinem Willen nicht folgen, und ein Gericht, das seinen Spruch nach dem Willen des Despoten einrichtet, um nicht von ihm zum Teufel gejagt zu werden, ein solches Gericht ist eine Farce und eine Karikatur. Das Bundesverfassungsgericht in Karlsruhe hat vor Weihnachten gezeigt, daß es nicht gesonnen ist, irgendeiner Partei ihren Willen zu tun, und sei es selbst die Bundesregierung. Und die Bundesregierung hat sich zu Weihnachten trotz aller ihrer Empörung gerade noch davor zurückgehalten, dieses Gericht zum

Teufel zu jagen. Wer handelt, sagte ich eben, will sich auch durchsetzen und recht behalten. Solange aber das Gericht und in unserem Falle das Bundesverfassungsgericht existiert, solange kann der Handelnde nicht hindern, daß sich sein schwächerer Gegner an das Gericht wendet, selbst wenn er selber, als leicht gebranntes Kind, sich nun von diesem Feuer des Gerichtshofes zurückhält. Das Recht ist immer die Hoffnung der Schwächeren gewesen – und die Minderheit des Bundestages ist in unserem Falle der schwächere Teil deswegen, weil sie die Minderheit ist und nicht die Mehrheit. Gäbe es nur den Willen der Mehrheit, so wäre das Verfassungsgericht nie ins Spiel getreten. Die Rechtsprechung und das Gericht ist die Hoffnung des schwächeren Teiles zumal dann, wenn es keine begründete andersartige Hoffnung für diesen schwächeren Teil gibt. Mit anderen Worten: wenn die sozialdemokratische Minderheit nicht hoffen kann, auf dem Weg der Neuwahl eines baldigen Tages ihrerseits zur Mehrheit zu werden und die Regierung zu bilden. Auf diese Weise hängt das fatale „Gestrüpp der Paragraphen", hängen die „juristischen Schachzüge", hängt die ganze Verstrickung unserer nationalen Lebensfrage in die Modalitäten eines Gerichtsverfahrens, die wir jetzt erleben, aufs engste mit unserem Parteien-, Regierungs- und Wahlsystem zusammen. Je weniger Hoffnung auf Wechsel in der Regierungsverantwortung besteht, desto größer wird notwendigerweise die Rolle des Gerichts und der juristischen Entscheidungen. Es ist zwar etwas komisch, aber auch begreiflich, daß gerade die Anhänger des Bundesjustizministers, der sich am lautesten über das Gericht geärgert hat, jetzt danach rufen, die Entscheidung müsse aus dem Gestrüpp der Paragraphen und aus der Sphäre der juristischen Schachzüge herausgeholt werden, denn darin dürfe das deutsche und das europäische Schicksal nicht hängenbleiben. Diese Leute schütten das Kind mit dem Bade aus. Denn es stehen ja hier nicht nur zwei Parteien mit ihrem Willen einander gegenüber, sondern auch zwei Rechtsauffassungen. Und selbst wenn man annehmen will, die Sozialdemokraten hätten sich in die These vom verfassungsändernden Charakter der Verträge, vom verfassungsändernden Charakter insbesondere des deutschen Wehrbeitrags, nur und ausschließlich deswegen so sehr verbissen, weil sie einzig auf diesem Wege – wegen der erforderlichen Zweidrittelmehrheit – selber zum Zuge und zu einer gewissen Macht kommen, selbst wenn man so mißtrauisch sein wollte, das anzunehmen, so gibt es ja außer der Partei des Herrn Bundeskanzlers und der Sozialdemokratischen Partei, so gibt es außer der Regierung und dem Parlament ja auch noch das deutsche Volk, und das deutsche Volk will zweifellos wirklich wissen und endlich erfahren, ob Soldaten nach der bisherigen Verfassung erlaubt sind oder nicht, und wenn nicht, wie man sie ändern muß. Wir wollen das wissen, Sie und ich! Bringt man die Sache auf diese einfachste und elementare Fragestellung zurück, so verschwindet sofort das ganze Gestrüpp der Paragraphen: Diese echte Sachfrage, diese wahrhaft lebenswichtige Rechtsfrage muß beantwortet werden, und sie muß auch beantwortet werden können. Und das deutsche Volk mit seinem vielleicht sonderbaren, aber tiefen Bedürfnis nach neutralen, unparteiischen, höheren Instanzen, nach sachlicher Entscheidung und nach Gerechtigkeit, möchte ebenso zweifellos die Antwort lieber von einem Gericht als von einer Regierung oder einer Partei hören. An das Gericht heftet sich die tiefe und sehr volkstümliche Erwartung, daß es unbestechlich und unabhängig von dem, was die Parteien wollen – mögen deren Ziele geschichtlich noch so bedeutsam sein! –, ja unabhängig von aller Politik einfach nach bestem Wissen und Gewissen sage, was eigentlich Recht ist. Das sind sehr hochfliegende Erwartungen, und vielleicht mag man sie sogar abstrakt schelten, aber es wäre ein schwerer Fehler, sie zu übergehen, eine Sünde, sie gering zu achten.

Sicherlich gibt es in der Welt noch andere Wege, Gerechtigkeit im Staate zu bewirken und herzustellen, als diejenigen über die Gerichte. Aber die Deutschen, die einen Staat des Unrechts hinter sich gebracht haben, wollen sich's heute nicht damit genügen lassen, daß es jetzt fünf oder sieben Parteien statt einer einzigen gibt, sie sind nicht mit dem Parteienstaat anstelle des Parteistaates zufrieden, sondern sie wollen den Rechtsstaat. Da aber das Recht von den Gerichten gesprochen wird, so wird der verwirklichte Rechtsstaat unvermeidlich in einem gewissen Sinn und Maße auch ein Gerichtsstaat sein oder ein „Justizstaat", wie man den unsrigen von Gelehrten und Politikern gelegentlich in herabsetzendem oder doch warnendem Sinne hat nennen hören. Daran ist gar nichts zu machen. Daß das Bundesverfassungsgericht dem Bundestag und dem Bundesrat die politische Entscheidung nicht abnimmt, wenn es eine Feststellung darüber trifft, ob die Verträge mit der Verfassung übereinkommen oder ob die Verfassung geändert werden muß, das hat das Gericht in der Begründung seines denkwürdigen Beschlusses vom 9. Dezember 1952 selber unübertrefflich deutlich kundgetan. Es würde also nichts fruchten und für niemanden einen endgültigen Nutzen bringen, wenn man nun nach dem ersten verunglückten Versuch das Gericht links liegen ließe und die Verträge samt der ihnen nun einmal innewohnenden Verfassungsfrage ausschließlich den politischen Organen, und das heißt den politischen Parteien, zur sachgemäßen Beantwortung und zur Entscheidung übergäbe!

Das Schlimmste und Schwierigste aber ist damit noch nicht ausgesprochen. Das Schlimmste und Schwierigste liegt darin, daß dem Bundesverfassungsgericht da und dort sein unparteiischer, unparteilicher und unpolitischer Charakter gerade bestritten wird. Die unziemliche Wut des Herrn Bundesjustizministers rührt ja im Grunde daher, daß er jenseits der Schranken des Gerichts und hinter der Tür des Beratungszimmers schattenhaft dieselben Parteien und vor allem dieselben bösen Sozialisten am Werke glaubt, mit denen er's auch im Parlament und in der Wahlversammlung zu tun hat. Parteien sehen überall Parteien, und jede einzelne von ihnen möchte am liebsten überall nur ihresgleichen sehen und nicht immer auch die anderen: Die eigenen Leute hält man seltsamerweise nämlich nicht für eine parteiliche Partei, sondern für die richtige und gerechte schlechthin. Spaß beiseite! Der Argwohn geht dahin, es gebe Fraktionen in den Senaten des Gerichts. Aber es sind die Schöpfer dieses Gerichtshofes selber, die ihn jetzt so argwöhnisch betrachten. Denn die Frage, woher man die Richter für ein Gericht nehmen solle, das über politische Gegenstände zu befinden habe – diese Frage wurde von den politischen Parteien, die das Gesetz doch selber gemacht haben, dahin beantwortet, daß ein Teil der Richter auf ihren, der Parteien, Vorschlag sollte berufen werden – paritätisch natürlich oder vielmehr proportional. So geschah es, und auf diese Art hängt auch das Bundesverfassungsgericht an der Nabelschnur des Parteienstaates. Das ist der sogenannte Geburtsfehler des Verfassungsgerichts, von dem

jetzt einige Politiker reden, die ihre Erwartungen enttäuscht sehen, weil die Rechnung nicht aufging. Die Wahrheit ist, daß das Gericht seither sehr vieles getan hat, in Wort und Tat, den Argwohn zu zerstreuen oder, wenn ich so sagen darf, jene Nabelschnur wirklich zu durchschneiden. Die politischen Parteien aber als Gesetzgeber, wenn sie es heute noch einmal zu tun hätten, würden wahrscheinlich in die ärgste Verlegenheit geraten, was sie eigentlich hervorbringen wollen: ein folgsameres Gericht als das jetzige von Karlsruhe oder ein unabhängigeres Gericht als das jetzige von Karlsruhe! Oder einfach ein machtloseres als das jetzige von Karlsruhe! Mit einem Wort, es steht kaum zu erwarten, daß der eventuelle Versuch einer neuen und zweiten Geburt weniger fehlerhaft vonstatten gehen würde. Wohl aber steht zu erwarten (und muß man sich ganz und gar darauf verlegen), daß das Gericht an eigener Autorität weiter zunehme und volle Unabhängigkeit gewinne. Es ist nichts anderes als der Kampf um die Trennung der Gewalten, was wir unter Blitz und Donner, unter Wut und Verzweiflung jetzt erleben: die Trennung von Gewalten, die ursprünglich miteinander verbunden sind. Es gibt nur ein Vorwärts auf diesem Wege. Dann jedenfalls, wenn wir wie erwachsene Menschen handeln wollen und nicht wie Kinder, die ihr Spielzeug zertrampeln, wenn sie sich den Finger daran verletzt haben.
Auf Wiederhören!

III.

Es muß interessieren, mit diesen publizistischen Äußerungen die hauptsächliche Primärquelle, die heute vorliegt, nämlich die Darstellung Adenauers, in Vergleich zu setzen. Sie ist in dem zweiten Band der „Erinnerungen" enthalten, der die Zeit von 1953 bis 1955 behandelt, und zwar im vierten Kapitel, das die Überschrift trägt: „Innerdeutsche Auseinandersetzungen um die Verfassungsmäßigkeit der Bewaffnung". Es ist dies übrigens unter den 13 Kapiteln dieses Bandes das einzige, das einem innenpolitischen Vorgang gewidmet ist: Auch Adenauer konnte sich offenbar bei der Niederschrift dem Ernst dieses Konflikts oder dieses Bündels von Konflikten nicht entziehen. Die Lektüre des Kapitels ist ungemein spannend.
Ich gebe seine Auffassung in sieben Punkten wieder, und zwar ausschließlich in Hinsicht auf das verfassungspolitische Thema dieses Beitrags und auf die faktischen Kernfragen, die in den voranstehenden Reden erörtert wurden.
1. Adenauer kann für die Haltung der sozialdemokratischen Opposition kein inneres Verständnis aufbringen.
Er spricht diese Verständnislosigkeit selber mehrmals ausdrücklich aus. Zum Beispiel S. 167: „Die Haltung der sozialdemokratischen Opposition gegenüber diesen Verträgen war mir schlechterdings ein Rätsel." Wiederum S. 195: „Eine Regierung, die nicht durch eine Opposition kontrolliert wird, läuft Gefahr, Fehler zu machen. Doch es gibt Fragen, die über das Interesse einer jeden Partei weit hinausgehen, die an die Wurzel der Zukunft des deutschen Volkes fassen und die daher gemeinsam gelöst werden müssen von allen, die verantwortlich sind für sein Schicksal. Hier nun hat die SPD leider versagt." Und wenig später: „Man kann keinen zwingen, etwas zu tun, jeder muß schließlich sein Handeln

mit seinem Gewissen abmachen. Aber ich verstand die Haltung der SPD nicht."

Auf der anderen Seite ist Adenauer weit davon entfernt, diese widerstrebende Kraft etwa verärgert oder resigniert links liegen zu lassen. Er mochte ihre Gründe nicht verstehen, aber er nahm die Opposition als realen Faktor vollkommen ernst. Er beschränkte sich auch nicht darauf, ihr parlamentarische Redegefechte zu liefern, sondern er hat Schumachers Nachfolger, den er für gemäßigter – und wohl auch für schwächer – hielt, in der fraglichen Periode zweimal zu Gesprächen eingeladen (sie fanden am 19. September und am 12. Dezember 1952 statt) und zudem im Januar 1953 einen denkwürdigen Briefwechsel mit ihm geführt. Adenauers Schreiben schließt mit dem Ausdruck der ,,Hoffnung, daß eine baldige Fortsetzung unserer Aussprache nicht fruchtlos zu sein brauchte" (S. 193). Vielleicht haben diese Bemühungen, die sozialdemokratische Führung in vertraulicher Weise wenn nicht zu gewinnen, so doch an seinen Erwägungen und insoweit an der Regierungspolitik zu beteiligen, zum Abbau von Komplexen und zur Hebung des Selbstbewußtseins der damaligen Oppositionspartei beigetragen.

2. Die Verfassungsfrage scheint Adenauer letzten Endes gemäß seinem außenpolitischen Hauptinteresse zu beantworten.

Zwar faßt er in den ,,Erinnerungen" die damaligen Argumente noch einmal knapp und deutlich zusammen – daß das Grundgesetz ,,eine Vollverfassung" sei und daß es die ,,Wehrhoheit" bejahe, wie aus der Bestimmung des Art. 4 über das Kriegsdienstverweigerungsrecht und aus dem Art. 26, zumal wegen seiner Verurteilung von Angriffskriegen, hervorgehe und wie auch seine eigene Erinnerung bezüglich der Überzeugung des Parlamentarischen Rates bestätige –, aber darauf folgt (S. 172) der entscheidende Satz, der das eigentliche Motiv solcher Auslegung aufdeckt: ,,Wenn das Gesetz über unseren Beitritt zur EVG tatsächlich verfassungsändernden Charakter haben sollte, so bedeutete dies, daß zunächst für die Änderung der Verfassung eine Zweidrittelmehrheit im Deutschen Bundestag erforderlich wäre. Diese Zweidrittelmehrheit würde ich nicht erreichen. Damit würde die EVG durch die Bundesrepublik zum Scheitern verurteilt sein." Man tut diesen Äußerungen kaum Gewalt an, wenn man sie durch die gleichsam ausgesparte Schlußfolgerung ergänzt: Darum eben durfte der verfassungsändernde Charakter des EVG-Gesetzes nicht eingeräumt, es mußte vielmehr seine Verträglichkeit mit dem Grundgesetz dargetan werden.

Wenn wir seine Verfassungsansicht in diesem Sinn – und in seinem Sinn – als ein Stück seiner außenpolitischen Gesamtstrategie erkennen, so erscheint auch der spätere Schritt der tatsächlichen Betreibung von geeigneten Verfassungsergänzungen als durchaus konsequent. Nachdem durch die breite Regierungskoalition von 1953 die Zweidrittelmehrheit ermöglicht war, wurde die vorige Rechtsauffassung überflüssig und hinfällig.

3. Adenauers Urteil über die parlamentarische Auseinandersetzung ist jedenfalls durchweg von seinem außenpolitischen Handlungskonzept und von außenpolitischen Rücksichten bestimmt, er betrachtet sie infolgedessen wesentlich als Störung.

S. 167: ,,In dem Augenblick, als es darum ging, das bisher Erreichte zu festigen, als es darum ging, durch Ratifizierung der Verträge unsere Selbstbestimmung zurückzuerhalten, stellte sich die Opposition der Regierung in den Weg." Mit Bezug auf die erste Normenkontrollklage der 144 opponierenden Bundestagsabgeordneten (vom 31. Januar 1952) heißt es: ,,Welche Auswirkungen die Ungewißheit über die in Deutschland entstandene Lage haben mußte, läßt sich leicht denken. Die Erklärungen der SPD, daß die Verträge verfassungswidrig seien, und der Antrag beim Bundesverfassungsgericht riefen im Ausland große Verwirrung hervor. Das Vertrauen zu uns wurde dadurch keineswegs gestärkt." Oder auch: ,,Wie anders hätten wir in der Welt dastehen können, wenn die Sozialdemokratie und wir in der Vertretung der außenpolitischen Fragen einig gewesen wären" (S. 195).

4. Zu alledem stimmt auch, daß Adenauer den Rechtsstreit und das Bedürfnis nach einer gerichtlichen Entscheidung im Grunde für abwegig ansah.

Mit klassischer Einfachheit ist das in dem Brief an Erich Ollenhauer vom 16. Januar 1953 ausgesprochen: ,,Die Entscheidung über Fragen von so grundsätzlicher Bedeutung für die Zukunft des deutschen Volkes, wie sie die Verträge darstellen, ist eine Frage der Politik und nicht der Rechtsprechung. Die Bundesregierung bedauert, daß das Bundesverfassungsgericht mit diesen Fragen befaßt worden ist; denn dadurch wird das Bundesverfassungsgericht mit der Verantwortung für Leben und Tod des deutschen Volkes belastet – eine Verantwortung, die den zuständigen politischen Instanzen zukommt" (S. 191f.).

In anderem Zusammenhang freilich, nämlich bei dem Bericht über die Zurückziehung des Ansuchens des Bundespräsidenten und über die Einreichung einer eigenen Klage der Regierungskoalition beim Bundesverfassungsgericht, fällt die bemerkenswert rechts- und gerichtsloyale Äußerung (die zu einem Teil schon oben im ersten Abschnitt zitiert wurde): ,,Der verfassungsrechtliche Streit um die Verträge mußte nach dem gültigen Recht ausgetragen werden. Ich wollte nicht auf Kosten der Demokratie siegen. Das Gericht hatte zu entscheiden." Darin drückt sich die Einsicht aus, daß er, Adenauer, genötigt war, der Opposition auf diesen Nebenkampfplatz zu folgen, und zugleich die nachzitternde Genugtuung darüber, mit jener Konkurrenzklage ein geeignetes Kampfmittel gefunden, die direkte Präsenz der Bundesregierung oder doch der Koalitionsparteien des Bundestages vor den Karlsruher Schranken gesichert, auch das seiner Kontrolle entzogene Verfahren des Gutachtens aus dem Spiel gebracht zu haben.

Gleichwohl behält der Satz ,,Ich wollte nicht auf Kosten der Demokratie siegen" seine ernste Bedeutung: Indem er trotz jener grundsätzlichen Abneigung gegen den juristischen Austrag die Biegsamkeit und die Phantasie aufbrachte, die bestehende Institution zu nutzen, erkannte er sie an.

5. Daß der Bundespräsident aus eigenem Entschluß das Bundesverfassungsgericht um ein Gutachten bat, hat Adenauer vermutlich gar nicht gern gesehen. Seine ausdrückliche Feststellung (S. 173), daß der Bundespräsident ,,hierzu auf Grund des § 97 Absatz 2 des Bundesverfassungsgerichtsgesetzes berechtigt" war, und daß es ,,hierzu keiner Gegenzeichnung" durch ihn als Bundeskanzler bedurfte, läßt ein Bedauern durchblicken darüber, daß der Schritt seinem unmittelbaren Einfluß entzogen war. Vielleicht verdeckt die Bemerkung zu-

gleich einen Kummer, nicht sogleich vorausgesehen zu haben, in welche Verwicklung das führen könnte. Man muß sich daran erinnern, daß die Berufung von Theodor Heuss aus der Koalitionsabsprache von 1949 hervorgegangen war: Nun schien sich dieser Partner des grundlegenden Parteienbündnisses auf einen Weg zu begeben, der demjenigen der Opposition nicht ganz fern war. „Auch Bundespräsident Heuss", heißt es in den „Erinnerungen" (S. 173), und auf das Wörtchen „auch" kommt es hier an!, „war nicht ganz überzeugt, ob der Vertrag über die EVG mit dem Grundgesetz zu vereinbaren sei." (Es ist übrigens zum Verständnis der Konstellation nicht ohne Belang, daß es ein alter Parteifreund war, an den Heuss sich wandte: Präsident des Bundesverfassungsgerichts war Dr. Höpker-Aschoff.)

Als das Bundesverfassungsgerichtsgesetz 1956 geändert wurde, schaffte die Bundestagsmehrheit kurzerhand die Gutachtenkompetenz ab und beseitigte auf diese Weise auch ein eigentümliches Recht – und, wenn man so will, eine indirekte politische Wirkungschance – des Bundespräsidenten: Das war gewiß die späte Antwort auf die störende Erfahrung von 1952.

Auch Adenauers schonende Darstellung läßt gleichwohl erkennen, daß Bundespräsident Heuss nach dem Karlsruher Plenarbeschluß vom 9. Dezember 1952 seinen Gutachtenantrag wenn nicht unter dem Druck, so doch unter dem Eindruck der außenpolitischen Gründe, Absichten und Befürchtungen des Kanzlers zurückgezogen hat. Die Vertreter der Bundesregierung, die Staatssekretäre Hallstein und Walter Strauß, waren zurückberufen, die Vertagung der Gutachtenverhandlung war erwirkt, die Rechtsauffassung des Kabinetts war bereits im Sinne Adenauers formuliert worden, ehe dieser den Bundespräsidenten aufsuchte: „Noch an diesem Vormittag suchte ich Bundespräsident Heuss auf", heißt es (S. 183), und zwar nicht etwa, um seine, des Antragstellers, Ansicht zu erkunden, sondern „um ihm die Ansicht der Bundesregierung mitzuteilen". Bei dem zweiten Gespräch mit Heuss, am Abend desselben Tages, erschien Adenauer in Begleitung von vier Ministern und zwei Staatssekretären. Es nimmt wunder, daß der Bundespräsident einen „Ausschuß" von so starker Besetzung zu empfangen bereit war.

6. Der Plenarbeschluß des Bundesverfassungsgerichts selbst – die Zeitschrift „Die Gegenwart" hat ihn damals unter der Überschrift „Ein klassisches Dokument" im Wortlaut veröffentlicht – wird von Adenauer noch in den „Erinnerungen" als ganz abwegig getadelt:

„Durch seinen Beschluß war das Bundesverfassungsgericht über seine Kompetenzen, das Recht auszulegen, hinausgegangen und hatte neues Recht gesetzt. Gleichzeitig war es von dem Text und dem Sinn der Vorschriften über Plenarentscheidungen des Bundesverfassungsgerichts und gutachtliche Äußerungen des Bundesverfassungsgerichts abgewichen" (S. 183).

Theodor Heuss hat sich damals diesen Standpunkt in abgemilderter Formulierung zu eigen gemacht. In seiner Rundfunkrede vom 10. Dezember 1952 hieß es: „Die neuerliche Gesetzesinterpretation entspricht nach seiner (sc. des Bundespräsidenten) Auffassung nicht den Voraussetzungen, die zu dem Zeitpunkt ihm zu gelten schienen, als er ein Gutachten anforderte" (S. 185).

Der Tadel von seiten des Kanzlers und der Bundesregierung wie auch des Bundespräsidenten hat indessen nichts daran ändern können, daß eben dieser

Plenarbeschluß die Spekulation auf die gegensätzliche parteiliche Einfärbung seiner beiden Senate abzuwehren und auf diese Weise die Autorität des Gerichts zu festigen entscheidend beigetragen hat. Er hat im Gegenteil das öffentliche Vertrauen in dessen Unabhängigkeit gestärkt, wenn nicht gar erst eigentlich begründet.

In Adenauers Darstellung fehlt – begreiflicherweise – jeder Hinweis auf diese politische Einschätzung der Senate. Er erwähnt nur, daß ,,die Bundesregierung" (eigentlich waren es die Koalitionsfraktionen des Bundestages) ihre Feststellungsklage ,,beim Zweiten Senat des Bundesverfassungsgerichts" eingereicht habe (S. 181). Die Klage war so angelegt, daß sie in den Kompetenzbereich des Zweiten Senats fiel, während die erwartete neue Normenkontrollklage der Opposition vom Ersten (dem sogenannten ,,roten") Senat behandelt werden würde. Der Plenarbeschluß, der Gutachten als für beide Senate bindend erklärte, schob der Gefahr der Spaltung des Gerichts den Riegel vor.

Nicht so leicht begreiflich ist der Umstand, daß Adenauer die Entscheidung des Zweiten Senats über seine Klage, die am 7. März 1953 ergangen ist, in den ,,Erinnerungen" mit dem freilich dürren Satze registriert: ,,Der Beschluß des Bundesverfassungsgerichts fiel positiv für die Bundesregierung aus" (S. 194). In Wahrheit lautet die Karlsruher Entscheidung: ,,Die Anträge werden als unzulässig abgewiesen." Und zum Überfluß hat das Gericht in seinem dritten Leitsatz das Arrangement deutlich abgewehrt, das bestimmt war, die Klage eben beim Zweiten Senat anhängig zu machen: ,,Es ist rechtlich unmöglich, eine verfassungsrechtliche Zweifelsfrage, die sich bei dem Prozeß der Willensbildung im Bundestag erhoben hat, im Gewand eines Organstreits zwischen Mehrheit und Minderheit oder zwischen Fraktionen vor das Bundesverfassungsgericht zu bringen."[2]

Der Memoirenautor konnte diese eindeutige Niederlage wohl deswegen so leicht aus dem Gedächtnis verdrängen, weil sie politisch ohne Folgen geblieben, ja durch den Wahlsieg vom gleichen Jahr und die Konstruktion einer verfassungsändernden Mehrheit im Bundestag mehr als aufgewogen worden ist. Daß er indessen sich sogar eines positiven Ausgangs zu entsinnen glaubt, muß man sich vermutlich aus der noch immer präsenten Freude darüber erklären, daß überhaupt eine Methode ausgedacht worden war, der Opposition auf dem Karlsruher Feld zu begegnen und zuvorzukommen. Dieses Gefühl ist es offenbar, das ihn auch zu dem Satz verleitet hat, durch die Einreichung dieser Klage seien ,,die Pläne der Opposition entscheidend durchkreuzt" worden (S. 182). Auch davon kann keine Rede sein; es ist die bloße Absicht, die hier als Ergebnis verbucht wird.

7. Der öffentlichen Meinung, zumal den kritischen Stimmen und Stimmungen, die ihm berichtet wurden, folgte Adenauer mit großer Aufmerksamkeit und wacher Reaktionsbereitschaft.

Es gibt indessen in dem fraglichen Kapitel der ,,Erinnerungen" kein Anzeichen, daß er sie fürchtete oder sich ihr anpaßte. Vielmehr scheint er auch in dieser späten Darstellung noch immer mit Argumenten wider solche Kritik zu streiten und sich mit Gründen zu rechtfertigen. Ungemein charakteristisch ist diese Passage:

,,Die Klage der Regierungskoalition beim Bundesverfassungsgericht wurde als ein ‚Advokatenkniff' bezeichnet. Ich hielt diese Kritik für unbillig. Die Opposition nahm für sich das Recht in Anspruch, die Ratifizierung der Verträge mit allen ihr zu Gebote stehenden Mitteln zu bekämpfen und zu verzögern. Ich meinte, daß die Regierung das Recht hatte, innerhalb der Verfassung alles zu tun, um eine schnelle Ratifizierung, die nach meiner Meinung im Interesse des deutschen Volkes lag, herbeizuführen. Die Auseinandersetzung vor dem Bundesverfassungsgericht hatte die Bundesregierung nicht gesucht und nicht begonnen. Nachdem sie ihr jedoch aufgezwungen war, mußte sie die für sie günstigste Methode wählen. Eine in der Verfassung vorgesehene Methode konnte kein ‚Kniff' sein." (S. 185).

Diese Erwiderung verfehlt oder überspielt zwar den eigentlichen Sinn des Vorwurfs – eben die Zubereitung der Klage, die sie vor den Zweiten Senat bringen sollte –, sie bekennt sich aber ganz unverhohlen, ja mit entwaffnendem Freimut zu dem taktischen Charakter dieses Schrittes (die Wahl der „für sie günstigsten Methode"). Vor allem drückt sie insgesamt den Geist des Kampfspiels mit Ausnutzung aller Möglichkeiten, doch „innerhalb der Verfassung", in einer Weise aus, die imponieren muß.

Insgesamt ist es nicht eigentlich ein Ethos oder gar ein Pathos der Achtung vor der Verfassung und ihren Institutionen, was Adenauer bekundet, sondern vielmehr ein praktischer Sinn ihrer umsichtigen Beachtung. Er rechnet mit ihr als mit der Realität eines Systems, worin man sich zu bewegen, von Hindernissen, die man zu nehmen, und von Gelegenheiten, die man zu ergreifen wissen muß. Daß man sich aber innerhalb dieses Systems bewegen mußte – und sich nicht darüber hinwegsetzen konnte –, steht ihm fest.

Vielleicht war die verfassungspolitische Arena, die er immerhin, als Präsident des Parlamentarischen Rates, der verfassunggebenden Versammlung, einzurichten selber beigetragen hatte, zuletzt für seine originäre Leidenschaft des Handelns nur ein Nebenschauplatz. Aber er hat sich dort nach der Art eines Fechters bewährt, und das hohe Pläsir, daß er so offensichtlich dabei empfand, daher auch ausstrahlte, hat gewiß zur Ausbildung eines allgemeinen Verfassungsbewußtseins mitgewirkt, nämlich des Bewußtseins der Selbstverständlichkeit, in der Verfassung zu leben.

1 Vgl. Konrad Adenauer, Erinnerungen 1953–1955, Stuttgart 1966, S. 186; im folgenden sind die Seitenangaben, die sich auf dieses Werk beziehen, im Text angegeben.

2 Vgl. Entscheidungen des Bundesverfassungsgerichts. Hrsg. von den Mitgliedern des Bundesverfassungsgerichts. Bd. 2, Tübingen 1953, S. 144.

ALEXANDER HOLLERBACH

Zur Entstehungsgeschichte der staatskirchenrechtlichen Artikel des Grundgesetzes

I.

1. Der Parlamentarische Rat hat in dem am 23. Mai 1949 verkündeten Grundgesetz für die Bundesrepublik Deutschland die Stützpfeiler der staatskirchenrechtlichen Ordnung mit den Artt. 4 (Abs. 1 und 2) und 140 errichtet. Während das Grundrecht der Religionsfreiheit in seinen durch Art. 4 Abs. 1 und 2 erfaßten Dimensionen neu formuliert wurde, hat der Verfassunggeber im Bereich des Art. 140, der ,,grundrechtliche" und ,,institutionelle" Gewährleistungen enthält, auf eine eigenständige Neuregelung verzichtet. Er hat vielmehr mit dem Mittel der Inkorporation einen älteren Normenbestand ohne jegliche Änderung aus einer nicht mehr in Geltung stehenden Verfassung in das Grundgesetz eingefügt, indem normiert wurde: ,,Die Bestimmungen der Art. 136, 137, 138, 139 und 141 der deutschen Verfassung vom 11. August 1919 sind Bestandteil dieses Grundgesetzes."
Außer Art. 4 und 140 des Grundgesetzes, die von vornherein immer zusammenzusehen sind, gehören zu dem Ensemble staatskirchenrechtlich relevanter Grundnormen noch die Diskriminierungsverbote und Neutralitätsverbürgungen der Artt. 3 Abs. 3 und 33 Abs. 3; ferner Art. 7 Abs. 2, 3 und 5 sowie Art. 141 in bezug auf Religionsunterricht und Schule; schließlich Art. 123 Abs. 2 wegen der Frage der Fortgeltung des Reichskonkordats.
Dieser Normenbestand ist bis heute unverändert geblieben. Alles, was es seitdem an politischen, gerichtlichen und wissenschaftlichen Auseinandersetzungen auf dem Felde des Staatskirchenrechts gegeben hat[1], spielte sich auf der unangefochtenen Grundlage der Verfassung ab. Die Lösung, die man 1949 gefunden hatte, war zumindest im Grundsätzlichen allseits akzeptiert. Man konnte in ihr einen stabilitätsverbürgenden Faktor sehen und von Bewährung sprechen, und zwar einerseits wegen ihrer Extreme vermeidenden Kompromißhaftigkeit, andererseits wegen ihrer Beweglichkeit und Offenheit, in der insbesondere Raum gelassen war für die Entwicklung eines Gefüges von konkretisierenden und ergänzenden Konkordaten und Kirchenverträgen[2].
2. Es blieb der F.D.P. vorbehalten, mit den auf ihrem 25. Bundesparteitag in Hamburg (30. September bis 2. Oktober 1974) beschlossenen Thesen mit der amtlichen Überschrift ,,Freie Kirche im freien Staat" erstmals eine Änderung der verfassungsrechtlichen Grundlagen in wichtigen Punkten zu fordern und insoweit für ,,Systemveränderung", jedenfalls aber für eine ,,Kurskorrektur" einzutreten. Wie immer man diese Thesen beurteilt[3]: Sie sind eine heilsame Herausforderung, wenn man sie zum Anlaß nimmt, wieder einmal zu prüfen, ob Staat und Kirche in der Bundesrepublik Deutschland auf dem rechten Wege sind und ob in entscheidenden Grundfragen noch ein tragfähiger Konsens

besteht. Bei der Klärung dieser Problematik wiederum kann aber nicht darauf verzichtet werden, im einzelnen bewußt zu machen, wie es 1948/49 zur Schaffung jener normativen Grundvoraussetzungen gekommen ist, die für den weiteren Weg von Staat und Kirche bis heute maßgebend geblieben sind. Auch hier, ja vielleicht im Bereich des Staatskirchenrechts in besonderem Maße, gilt: Das Gestern ist notwendiges Verstehenselement des Heute und Morgen.
3. Nun kann freilich von dem folgenden Beitrag[4] eine abschließende Klärung der Entstehungsgeschichte der staatskirchenrechtlichen Normen des Grundgesetzes nicht erwartet werden. Eher ist es seine Aufgabe, eine umfassende Bearbeitung dieses Sachkomplexes gerade als dringendes Desiderat erscheinen zu lassen[5]. Auch die Rolle, die Konrad Adenauer als Präsident des Parlamentarischen Rates in diesem Zusammenhang gespielt hat, bleibt im Detail näherer Klärung bedürftig[6]. Man geht aber gewiß nicht fehl in der Annahme, daß sein Bestreben, innerhalb des Parlamentarischen Rates und mit den Kirchen loyal zu vermitteln[7], die Durchsetzung des Kompromisses erleichtert hat, ja daß die Bonner Lösung mit ihrem weitreichenden Rückgriff auf Weimar und mit ihrer Absage an einen staatskirchenpolitischen Maximalismus seine volle innere Zustimmung hatte[8].

II.

1. In seiner Liberalen und föderalistischen Grundtendenz hatte der Herrenchiemseer Verfassungsentwurf die institutionelle Ordnung des Verhältnisses von Staat und Kirche sowie das Schulwesen zugunsten der Länder völlig ausgeklammert und sich auf den Vorschlag einer grundrechtlichen Grundnorm beschränkt. Danach sollte Art. 6 des Grundrechtskatalogs lauten:
„1) Glaube, Gewissen und Überzeugung sind frei.
2) Der Staat gewährleistet die ungestörte Religionsausübung."[9]
Im Parlamentarischen Rat, der mit der Beratung dieses Komplexes aufgrund eines Vorschlags vom 29. September 1948 schon verhältnismäßig früh begann, scheint man sich zunächst daran orientiert zu haben. Abgesehen von einer anfänglich befürworteten Erweiterung des Regelungsbereichs durch die in Art. 136 Abs. 3 und 4 der Weimarer Reichsverfassung (WRV) enthaltenen Normierungen sowie – danach – durch die religiöse Koalitionsfreiheit nach dem Vorbild von Art. 137 Abs. 2 WRV, wurde den Debatten folgender Vorschlag zugrunde gelegt:
"1) Die Freiheit des Glaubens, des Gewissens und der Überzeugung ist unverletzlich.
2) Die ungestörte Religionsausübung wird im Rahmen der allgemeinen Gesetze gewährleistet."
Für die Beratungsgeschichte dieser beiden Freiheiten, in der die Abweichung von Art. 135 WRV mit seinem Vorbehalt zugunsten der allgemeinen Staatsgesetze übrigens nicht explizit diskutiert worden ist, ergeben sich einige beachtenswerte Momente.
Richard Thoma[10] hob in seiner „Kritischen Würdigung" darauf ab, daß es sich nicht darum handeln könne, die Freiheit des Glaubens und der Überzeugung als solche zu schützen; es gehe vielmehr entscheidend um die Freiheit des offenen

Bekenntnisses aller Überzeugungen. Dieses Monitum hat seine Wirkung nicht verfehlt und schon sehr bald, unter ausdrücklicher Nennung auch des weltanschaulichen Bekenntnisses, zur heutigen Fassung von Art. 4 Abs. 1 geführt. Man ist andererseits Thoma bewußt nicht darin gefolgt, auf die Gewährleistung der inneren Glaubens- und Gewissensfreiheit ganz zu verzichten[11].

Bei Abs. 2 hat der Gesetzesvorbehalt Diskussionen ausgelöst[12]. Der Abg. Dr. Süsterhenn (CDU) beantragte – übrigens gegen den Widerspruch seines Fraktionskollegen Dr. v. Mangoldt – seine Streichung. Das wichtige Grundrecht der Religionsausübungsfreiheit dürfe nicht durch einen allgemeinen Gesetzesvorbehalt aufgeweicht werden, wenngleich sich auch die Religionsausübung in den Rahmen der allgemeinen öffentlichen Ordnung einfügen müsse. Der Antragsteller verwies dafür auf die „Schrankentrias" beim Grundrecht der allgemeinen Handlungsfreiheit, die gegenüber mißbräuchlicher Berufung auf die Kultusfreiheit auch hier zum Zuge kommen müsse. Der Antrag auf Streichung fand im Grundsatzausschuß schließlich eine Mehrheit. Dabei blieb es.

Eine kurze Erörterung zu Abs. 2 gab es nur noch einmal in der 26. Sitzung des Grundsatzausschusses vom 30. November 1948[13], als Dr. v. Mangoldt vortrug, von kirchlicher Seite sei der Wunsch geäußert worden, in Abs. 2 ausdrücklich auch die öffentliche Religionsausübung zu nennen. Man hielt jedoch eine entsprechende Änderung nicht für erforderlich; daß die Kultusfreiheit die private und öffentliche Religionsausübung umfaßt, war unbestritten.

2. Das Problem einer staatskirchenrechtlichen Grundsatznormierung über die Gewährleistung von Glaubens-, Bekenntnis- und Kultusfreiheit hinaus kam im Parlamentarischen Rat erstmals am 23. November 1948 in der 24. Sitzung des Grundsatzausschusses zur Sprache. Die Anstöße dazu kamen aus drei Richtungen: von den beiden großen Kirchen und der DP-Fraktion[14]. Zeitlich als erste haben sich die Konferenz der Evangelischen Kirchen der britischen Zone (25. Oktober 1948)[15], die Leitung der Evangelischen Kirche der Rheinprovinz (29. Oktober 1948)[16] und sodann (9. November 1948) unter dem Vorsitz von Landesbischof Wurm der Rat der Evangelischen Kirche in Deutschland[17] mit Eingaben an den Parlamentarischen Rat gewandt. Die sachlich weithin übereinstimmenden Voten der genannten Organe der evangelischen Kirchen fordern, das Verhältnis von Kirche und Staat im Grundgesetz zu regeln, und bitten im Hinblick darauf um Fühlungnahme mit den Kirchen. Im einzelnen werden die folgenden konkreten Einzelforderungen vorgetragen: Religionsunterricht als ordentliches Lehrfach an allen Schulen; Sicherung des Elternrechts; Schutz des menschlichen Lebens, auch des keimenden, und der körperlichen Unversehrtheit[18].

Die katholische Kirche ist durch den Vorsitzenden der Fuldaer Bischofskonferenz, den Kölner Erzbischof Kardinal Frings, aktiv geworden. In einem Schreiben an den Parlamentarischen Rat vom 20. November 1948[19] bekundet er „große Sorge" darüber, daß in dem bislang beratenen Grundrechtskatalog „eine ganze Reihe von Prinzipien fehlen, die vom christlichen Standpunkt aus für die Stellung des Menschen im Staat und für den Aufbau der menschlichen Gesellschaft von entscheidender Bedeutung sind". Im einzelnen werden genannt: die Unverletzlichkeit des Lebens und des menschlichen Körpers, der Schutz von Ehe und Familie, das Elternrecht, die Garantie des Religionsunterrichts, Regelungen über die institutionelle Stellung der Kirche im Staat sowie über die bestehenden Verträge. Kardinal Frings hält die Schaffung gewisser bundesverfassungsrechtlicher Mindestgarantien für unerläßlich und erklärt dazu: „Selbstbestimmungsrecht und Eigenhoheit der Kirche, ihre Freiheit von staatlicher Bevormundung müssen durch den Bund für das gesamte Bundesgebiet gewährleistet werden. Auch das Eigentum und die historisch wie rechtlich begründeten Ansprüche der Kirche bedürfen einer Garantie."[20] Außer diesen Eingaben der Kirchen lag ein vom 19. November 1948 datierter Antrag der DP-Fraktion vor[21]. Danach sollten drei Artikel, „die das Gemeinschaftsleben betreffen", eingefügt werden. Der Vorschlag lautete:

„Artikel I[22]

Die Kirchen werden in ihrer Bedeutung für die Bewahrung und Festigung der religiösen und sittlichen Grundlagen des menschlichen und staatlichen Lebens anerkannt und vom Staat geachtet und geschützt. Aus eigenem Recht ordnen und verwalten sie ihre Angelegenheiten selbständig und dürfen in ihrer freien Entfaltung nicht beschränkt werden. Die Kirchen verleihen ihre Ämter ohne Mitwirkung des Staates oder der bürgerlichen Gemeinde. Die Beziehungen zwischen dem Staat und den Kirchen sind durch Vertrag zu regeln. Bestehende Verträge bleiben erhalten.

Artikel II

Die von den Kirchen zur Ausbildung ihrer Geistlichen sowie zur Fortbildung ihrer Glieder errichteten und unterhaltenen Hochschulen, Lehranstalten und sonstige Einrichtungen unterliegen nicht der Aufsicht des Staates.

Artikel III

1) Das Eigentum und andere Rechte der Kirchen und der von ihnen abhängigen Organisationen an ihren für Kultus-, Erziehungs- und Wohltätigkeitszwecke bestimmten Anstalten, Stiftungen und sonstigen Vermögen werden gewährleistet. Ihre sozialen Einrichtungen und Schulen werden als gemeinnützig anerkannt.

2) Die auf Gesetz, Vertrag oder besonderen Rechtstiteln beruhenden Leistungen des Staates, der Gemeinden und Gemeindeverbände an die Kirchen sowie ihre Anstalten, Stiftungen, Vermögensmassen und Vereinigungen bleiben aufrechterhalten. Änderungen bedürfen vertraglicher Regelung."

Es kann hier – insbesondere im Vergleich mit der Weimarer Regelung und mit den ersten Nachkriegsverfassungen der Länder – nur das grundsätzlich Bedeutsame und Charakteristische dieses durch frühere Verlautbarungen der DP vorgezeichneten[23] Antrags hervorgehoben werden. Es handelt sich um einen reinen Kirchenartikel; von anderen Religionsgemeinschaften bzw. -gesellschaften ist nicht die Rede, geschweige denn von Weltanschauungsgemeinschaften. Andererseits fehlt eine (vielleicht für überflüssig gehaltene) Garantie des Körperschaftsstatus[24]. Bedeutsam ist weiter die besondere Anerkennung der Kirchen für das Gemeinwesen in Art. I Satz 1, wofür es allerdings landesverfassungsrechtliche Vorbilder gibt[25]. Ohne Vorbild und eine schöpferische Neuformulierung ist dagegen das nächste Charakteristikum: die Gewährleistung des kirchlichen Selbstbestimmungsrechts als eines nicht vom Staat verliehenen eigenen Rechts der Kirchen ohne ausdrückliche Begrenzung durch die Schranken des für alle geltenden Gesetzes. Der Vorschlag bringt schließlich eine Vertragsklausel (Art. I Satz 4)[26], die Ausdruck eines Denkens im Sinne einer strengen Koordinationslehre ist; keine Landesverfassung war so weit gegangen[27].

Die Eingaben der Kirchen und der DP-Antrag stießen schon bei ihrer ersten Behandlung in der 24. Sitzung des Grundsatzausschusses vom 23. November 1948 bei der Mehrheit des Ausschusses nicht auf Gegenliebe[28], ohne daß allerdings der grundsätzliche Gehalt des DP-Antrags auch nur ansatzweise diskutiert worden wäre. Vor allem unter Hinweis auf die Kompliziertheit der Materie, die Zuständigkeit der Länder und das Problem der Gleichbehandlung anderer Gruppen wurden von den Vertretern von SPD und FDP Bedenken gegen eine Regelung des Verhältnisses von Staat und Kirche im Grundgesetz geltend gemacht. Es kam lediglich zu einer Einigung über die Aufnahme der religiösen Koalitionsfreiheit in Art. 4 Abs. 1[29], eine Regelung, die dann später wegen der Inkorporation von Art. 137 Abs. 2 WRV wieder entfallen konnte.

Die nächste – entscheidende – Phase wurde eingeleitet durch einen gemeinsamen Antrag der Fraktionen von CDU/CSU, des Zentrums und der DP vom 29. November 1948[30]. Danach sollte „an geeigneter Stelle" in das Grundgesetz ein Artikel folgenden Inhalts eingefügt werden:

„1) Die Kirchen werden in ihrer Bedeutung für die Wahrung und Festigung der religiösen und sittlichen Grundlagen des menschlichen Lebens anerkannt. Es besteht keine Staatskirche.

2) Die Kirchen und Religionsgesellschaften ordnen ihre Angelegenheiten selbständig aus eigenem Recht. Sie haben das Recht, ihre Ämter ohne Mitwirkung des Staates und der politischen Gemeinden zu verleihen und zu entziehen.

3) Kirchen und Religionsgesellschaften sowie ihre Einrichtungen behalten, ohne deshalb einer besonderen Staatsaufsicht zu unterliegen, die Rechte von Körperschaften des öffentlichen Rechts, soweit sie diese bisher besaßen. Anderen sind die gleichen Rechte auf Antrag zu verleihen, wenn sie durch die Verfassung oder die Zahl ihrer Mitglieder die Gewähr der Dauer bieten. Bei der Ausübung des ihnen eigenen Rechts, Steuern zu erheben, können Kirchen und Religionsgesellschaften sich der staatlichen Steuerlisten bedienen.

4) Das Eigentum und andere Rechte der Kirchen und Religionsgesellschaften sowie ihrer Einrichtungen an ihren für Kultus-, Unterrichts- und Wohltätigkeitszwecke bestimmten Anstalten, Stiftungen und sonstigen Vermögen sowie das Recht zum Neuerwerb von Eigentum, auch von Grundbesitz, zur Erfüllung ihrer Aufgaben werden gewährleistet.

5) Die den Kirchen und Religionsgesellschaften gemäß Gesetz, Vertrag oder anderen Rechtstiteln zustehenden Leistungen des Staates, der politischen Gemeinden oder Gemeindeverbände können nur durch Vereinbarung abgelöst werden.

6) Die von den Kirchen und Religionsgesellschaften oder ihren Organisationen unterhaltenen Wohlfahrts- und Erziehungseinrichtungen werden als gemeinnützig anerkannt.

7) Die am 1. Januar 1945 bestehenden Verträge mit den Kirchen bleiben in Kraft, bis sie durch neue, von den Ländern abzuschließende Vereinbarungen abgelöst sind."

Dieser Antrag übernimmt zwar wesentliche Elemente des früheren DP-Vorschlags, insbesondere die prononcierte Formulierung des kirchlichen Selbstbestimmungsrechts, und führt diese Linie sowohl mit der gegen die alte Korrelatentheorie gerichteten ausdrücklichen Ablehnung der Staatsaufsicht wie mit der Betonung des kirchlichen Besteuerungsrechts als Eigenrecht sogar fort. Es sind aber doch vorgeschobene Positionen zurückgenommen, der „Progressismus" ist etwas abgemildert. Das kommt vor allem im Wegfall der weitreichenden Vertragsklausel – jetzt nur noch in der Form einer Bestandsgarantie – und in der Tatsache zum Ausdruck, daß die Gewährleistung nicht nur für die Kirchen, sondern auch für (andere) Religionsgesellschaften gelten soll, wenngleich auch hier die Weltanschauungsvereinigungen nicht einbezogen werden. Im ganzen zeigt der Antrag wieder eine deutlichere Orientierung an der Weimarer Reichsverfassung und trägt einen nüchterneren Zuschnitt. Gerade insofern waren in ihm schon Tendenzen zu einem Kompromiß indiziert.

Der Antrag, der am 4. Dezember 1948 in der 29. Sitzung des Grundsatzausschusses und sodann am 8. Dezember 1948 in der 22. Sitzung des Hauptausschusses behandelt wurde[31], stieß, von der Ablehnung seitens der KPD abgesehen[32], insbesondere auf den Widerstand der FDP und der SPD. Man sah Widersprüche zum geltenden Recht und juristische Unklarheiten. Man betonte die Zuständigkeit der Länder und wies auf schon geschaffene landesverfassungsrechtliche Garantien hin. Aber es kamen dabei auch spezifisch politische Hintergründe zum Vorschein: Während der Abg. Dr. Heuss (FDP) im Bewußtsein der Komplexität und Schwierigkeit der Materie vorsichtig hervorhob, „daß die Auswirkungen der einzelnen Formulierungen des Antrags ohne genauere Prüfung nicht in ihrer Tragweite beurteilt werden könnten" und Abweichungen vom Weimarer Standard sich „in noch nicht überschaubarer Weise auswirken könnten", warnten Dr. Bergstraesser und Dr. Eberhard von der SPD offen vor den Folgen des Antrags, weil er „eine ähnliche Situation wie vor Ausbruch des Kulturkampfes heraufbeschwören könne". Man sage das, so wurde ausdrücklich bekräftigt, nicht aus Gegnerschaft gegen die Kirchen[33]; aber es gehe um Dinge, „die sowohl im Interesse der Kirche als auch der politischen Gesamtentwicklung besser unberührt blieben"[34]. Es genüge die Gewährleistung der Glaubens- und Gewissensfreiheit. Man kam auch mehrfach auf das der SPD wegen ihres Verhältnisses zu den Gewerkschaften besondere Beschwer machende Bedenken zurück, die Festlegung von Rechten der Kirchen werde anderen Gruppen den Anspruch auf gleiche Behandlung geben[35]. Demgemäß neigten die SPD-Vertreter einer Ablehnung des Antrags ohne Alternative zu, während sich in den Stellungnahmen der Sprecher der FDP schon die künftige Lösung abzeichnete: Die Regelung der Weimarer Verfassung solle auch im Grundgesetz ihren Niederschlag finden; man könne sich auf eine Deklaration des Inhalts einigen, daß die Weimarer Regelung grundsätzlich ihre Geltung behalten solle. Es ist insbesondere der Abg. Dr. Heuss gewesen, der auf diese Weise den Weg zu einem Kompromiß eröffnete[36].

Der Verlauf der Debatte zeigt deutlich, daß man nicht hinreichend gerüstet war, die schwerwiegenden Sachprobleme auszutragen und eine schöpferische neue Lösung zu finden[37]. Man hatte weder für einen „Kulturkampf" noch für ruhiges, gründliches Nachdenken Zeit und Kraft; viele andere Probleme waren bedrängender. Als der Antrag von CDU/CSU, Zentrum und DP mit elf gegen zehn Stimmen abgelehnt war, konzentrierte man sich deshalb rasch auf eine Kompromißlösung, die nunmehr von dem unterlegenen Abg. Dr. Süsterhenn (CDU) konkret vorgeschlagen wurde. Danach sollte der „Kirchenartikel" folgenden Wortlaut erhalten:

„1) Die Bestimmungen der Artikel 137, 138 Abs. 2, 139 und 141 der Deutschen Verfassung vom 11. August 1919 werden aufrechterhalten.

2) Die am 8. Mai 1945 bestehenden Verträge mit den Kirchen bleiben in Kraft, bis sie durch neue von den Ländern abzuschließende Verträge ersetzt werden."

Obwohl zu Abs. 1 des neuen Vorschlags die Chancen einer allseitigen Einigung verhältnismäßig groß waren, traten doch auch hierzu noch Meinungsverschiedenheiten von sachlichem Gewicht zutage[38]. So plädierte der Abg. Zinn (SPD) für Streichung. Allerdings machte er zunächst als Begründung keinen politischen Sachgrund geltend, sondern bezeichnete es als gesetzestechnisch unmöglich, Teile einer unter Umständen nicht mehr in Kraft befindlichen Verfassung im Grundgesetz aufzuführen und dadurch aufrechtzuerhalten. Später freilich, in der 46. Sitzung des Hauptausschusses vom 20. Januar 1949, hat Zinn zusammenfassend ausdrücklich technische und sachliche Bedenken vorgetragen, letztere mit der Erwägung, der Vorschlag enthalte „einseitig verfassungsrechtliche Privilegien für Kirchen und ähnliche Gemeinschaften, während alle von der Weimarer Verfassung auf dem Gebiete der Wirtschafts- und Sozialordnung verfassungsrechtlich garantierten Rechte weggefallen seien"[39]. In der Tat war damit erneut eine schwerwiegende Frage aufgeworfen, welche die Gesamtkonzeption des Grundgesetzes betraf, und es war gerade die die SPD spezifisch berührende Frage. Es bedurfte der Einschaltung des interfraktionellen Fünferausschusses[40], um schließlich die Wege für den angestrebten Kompromiß vollends zu ebnen. Der Ausschuß schlug in seiner Sitzung vom 2. Februar 1949 vor, die Fortgeltung der maßgebenden Weimarer staatskirchenrechtlichen Normen zu statuieren, und zwar unter Einbeziehung auch von Art. 138 Abs. 1, wogegen sich Dr. Süsterhenn für die CDU wegen der dann dem Wortlaut nach gegebenen Möglichkeit einseitiger Ablösung zunächst gewandt hatte. Erst kurz vor Toresschluß kam es dann gemäß einem Vorschlag des Allgemeinen Redaktionsausschusses vom 2. Mai 1949 zur Einbeziehung auch des Art. 136 WRV, womit die Bestimmungen daraus, die zunächst im Zusammenhang mit Art. 4 vorgesehen waren, dort überflüssig wurden und gestrichen werden konnten. Der Allgemeine Redaktionsausschuß war es schließlich auch, der die Formulierung: „sind Bestandteil des Grundgesetzes" vorschlug[41]. Damit war die Endfassung erreicht. Auf Antrag des Abg. Zinn wurde sie in der 57. Sitzung des Hauptausschusses am 5. Mai 1949 angenommen und schließlich auch vom Plenum ohne Debatte als Art. 140 beschlossen.

Lebhafte Auseinandersetzungen entzündeten sich an der von Dr. Süsterhenn als Abs. 2 des geplanten Kirchenartikels vorgesehenen Vertragsklausel, ja man

kann von einem regelrechten „Konkordatsstreit" sprechen[42]. Zunächst konnte sich der Abg. Dr. Heuss (FDP) mit seinem Vorschlag durchsetzen, das Reichskonkordat, das von seiten des Reiches „durchaus dolos" abgeschlossen worden sei, aus der Vertragsgarantie auszunehmen und diese nur auf die überkommenen Landes-Staatskirchenverträge zu beziehen. Die Norm sollte demgemäß lauten: „Die am 8. Mai 1945 bestehenden Verträge zwischen den Ländern und den Kirchen bleiben in Kraft, bis sie durch neue, von den Ländern abzuschließende Verträge ersetzt werden."[43]
Später trat dann aber der andere Sprecher der FDP, Dr. Höpker-Aschoff, für eine Streichung dieses Abs. 2 ein, weil er mit der Zuständigkeitsverteilung des Grundgesetzes nicht vereinbar sei[44]. Das war auch der Tenor der Stellungnahme des Abg. Zinn für die SPD, der im übrigen in bezug auf das Reichskonkordat meinte, dieses sei „zum mindesten überholt" und „unzeitgemäß" und daher für eine Verankerung im Grundgesetz ungeeignet[45].
Während es im Fünferausschuß Anfang Februar 1949 gelang, die Kontroversen über Abs. 1 auszuräumen, ließ er den Entwurf zu Abs. 2 sowohl in der Süsterhennschen wie in der Heuss'schen Fassung fallen und verwies die Frage der Weitergeltung des Reichskonkordats in den Abs. 2 des späteren Art. 123, eine Bestimmung, die sich auf alle Reichsverträge bezog. In diesem Zusammenhang wurden dann die konkreten Probleme der Konkordatsfortgeltung nicht mehr vertieft.
Diese Entwicklung – neben dem Verlauf des „Elternrechtsstreits"[46] – hat im Februar auch die deutschen Bischöfe noch einmal auf den Plan gerufen. Bei einer außerordentlichen Sitzung der Fuldaer Bischofskonferenz in Pützchen bei Bonn wurde am 11. Februar 1949 eine Erklärung zum geplanten Grundgesetz verabschiedet. Ohne das von der sich anbahnenden positiven Entwicklung hin zu Art. 140 Notiz genommen wurde, heißt es zur Konkordatsfrage:
„Die Angriffe, die in Presse und Parlament bei den Auseinandersetzungen um das Reichskonkordat gegen den Heiligen Stuhl gerichtet worden sind, weisen wir Bischöfe auf das entschiedenste zurück. Sie haben uns und das katholische Volk aufs tiefste verletzt. Sie waren um so beleidigender für den Heiligen Vater, als der Heilige Stuhl in der Zeit unserer Erniedrigung nicht aufgehört hat, Deutschland als vertragsfähigen Partner anzuerkennen und, unbekümmert um das Urteil der übrigen Welt, sich als Freund und Helfer unseres darniederliegenden Volkes zu erweisen. Wir erwarten, daß die Bundesverfassung eine Garantie für die Aufrechterhaltung des vom Heiligen Stuhl mit dem Deutschen Reich abgeschlossenen Konkordates enthält."[47]
Doch hat auch diese Intervention nichts mehr vermocht[48]. Es verblieb bei Art. 123 Abs. 2, wozu in der 2. Lesung im Plenum am 6. Mai 1949 der Abg. Dr. v. Brentano (CDU) als Berichterstatter vortrug, der Parlamentarische Rat erachte sich nicht als zuständig, zu der Frage der völkerrechtlichen und innerstaatlichen Weitergeltung der vom Deutschen Reich abgeschlossenen internationalen Verträge, „so auch des Reichskonkordats von 1933", Stellung zu nehmen. Die Gültigkeit solcher Verträge sei gemäß dem Wortlaut von Art. 123 Abs. 2 „nach den allgemein gültigen Rechtsgrundsätzen" zu beurteilen; die Bestimmung selber entscheide dies nicht[49].
3. Blickt man auf die Entstehungsgeschichte der anderen staatskirchenrechtlich

relevanten Verfassungsnormen, so läßt sich zunächst für die Ergänzung der Religionsfreiheitsgarantie durch die beiden Diskriminierungsverbote des Art. 3 Abs. 3 und 33 Abs. 3 feststellen, daß es darüber keine Kontroversen gegeben hat. Bei den Beratungen zu Art. 3 Abs. 3 ist es zu grundsätzlichen Erörterungen, die das Verhältnis zu Religion und Kirche betreffen, nicht gekommen. Ebensowenig hat Art. 33 Abs. 3 zu Debatten geführt. Diese Norm ist allerdings erst spät, nämlich am 2. Mai 1949, in den Entwurf des Grundgesetzes eingefügt worden. Nach der Darstellung der Entstehungsgeschichte von v. Doemming-Füsslein-Matz[50] erscheint dies als Erfüllung der in einem Memorandum der Militärgouverneure vom 2. März 1949 bekräftigten Forderung, wonach gewährleistet sein müßte, ,,daß jeder Bürger Zutritt zu öffentlichen Ämtern hat, und daß Einstellung und Beförderung ausschließlich von seiner Eignung, die Aufgaben des Amtes zu erfüllen, abhängen und daß der öffentliche Dienst unpolitischen Charakters ist". Nachdem diesen Grundsätzen mit Art. 33 Abs. 1 und 2 im wesentlichen schon Rechnung getragen war, ist freilich ein spezifischer Zusammenhang zwischen dieser Forderung und Art. 33 Abs. 3 nicht erkennbar. Immerhin war damit ein Stück aus der Weimarer Reichsverfassung, nämlich Art. 136 Abs. 2, unmittelbar in das Grundgesetz rezipiert, wobei zusätzlich auch ,,die im öffentlichen Dienst erworbenen Rechte" ausdrücklich genannt wurden. Das in Satz 2 hinzugefügte spezielle Diskriminierungsverbot, in dem bemerkenswerterweise auf der Linie von Art. 4 Abs. 1 des Grundgesetzes und Art. 137 WRV (religiöses) Bekenntnis und Weltanschauung parallelgeschaltet sind, ist in dieser Form, soweit ersichtlich, ohne konkretes verfassungsgeschichtliches Vorbild.

4. Aus dem Normenkomplex des Art. 7 interessieren hier zunächst die in Abs. 2 und 3 enthaltenen Regelungen über den Religionsunterricht. Zwar standen die Debatten darüber in engstem Zusammenhang mit dem besonders heißen Eisen des Elternrechts[51]; doch konnte man sich über die Sonderfrage des Religionsunterrichts verhältnismäßig rasch einigen. Ein erster, in ausdrücklichem Anschluß an die Eingabe des Rats der EKD am 23. November 1948 gemachter Vorschlag von Dr. Süsterhenn (CDU) lautete:

,,Der Religionsunterricht ist ordentliches Lehrfach in allen Schulen. Er wird nach den Grundsätzen der Kirche in ihrem Auftrage und unter ihrer Aufsicht erteilt."

Im weiteren Verlauf der Beratungen erhielt der Antrag dann folgende Fassung:

,,Unbeschadet des Rechts der Eltern, ihre Kinder vom Religionsunterricht abzumelden, ist der Religionsunterricht schulplanmäßiges Lehrfach in allen Schulen. Er wird nach den Grundsätzen der Kirche in ihrem Auftrage und unter ihrer Aufsicht erteilt."[52]

In dieser Fassung – mit der Maßgabe allerdings, daß nunmehr von Kirchen im Plural gesprochen wurde – wurde die Bestimmung in der 21. Sitzung des Hauptausschusses vom 7. Dezember 1948 akzeptiert[53]. Indessen machte der Allgemeine Redaktionsausschuß Bedenken dagegen geltend, wobei er in der Fassung, die er zugrunde legte, ,,Kirchen" durch ,,Religionsgemeinschaften" ersetzte. In der 32. Sitzung des Grundsatzausschusses vom 11. Januar 1949 trat dann auch die FDP-Fraktion wieder mit einem Vorschlag auf den Plan, der in Anlehnung an Art. 149 Abs. 1 WRV das staatliche Aufsichtsrecht ins Spiel brachte, die Schulen, an denen der Religionsunterricht ordentliches Lehrfach sein sollte, konkret benannte und das Ablehnungsrecht des Lehrers einbezog. Er lautete:

,,Die Erziehungsberechtigten haben das Recht, über die Teilnahme des Kindes am Religionsunterricht zu bestimmen. Der Religionsunterricht ist in den öffentlichen Volks-, Mittel- und Berufsschulen und in höheren Lehranstalten ordentliches Lehrfach. Er wird unbeschadet des staatlichen Aufsichtsrechts nach den Grundsätzen und Lehren der Religionsgemeinschaft erteilt. Kein Lehrer kann gegen seinen Willen verpflichtet oder verhindert werden, Religionsunterricht zu erteilen.“[54]

Die Vertreter der SPD trugen Bedenken gegen die Einbeziehung der Berufsschulen vor, forderten dann sogar die Streichung wegen des Widerspruchs zur Verfassungsrechtslage in Bremen und wegen der Gefahr einer Rückkehr zur ,,geistlichen Schulaufsicht“[55]. Der Abg. Zinn begründete seine Ablehnung damit, daß mit der Etablierung des Religionsunterrichts die ,,weltliche Schule“ verboten werde, ja er ging so weit, die Bestimmung als ,,eine Vorschrift der Intoleranz“ zu bezeichnen[56].

Anfang Februar 1949 konnte man sich im Fünferausschuß auf eine in zwei Absätze gegliederte Fassung einigen[57], die sich von der Endfassung dadurch unterscheidet, daß man entsprechend dem FDP-Vorschlag die einzelnen Schultypen aufzählte und die Verpflichtung aussprach, den Religionsunterricht ,,nach den Grundsätzen und Lehren“ der Religionsgemeinschaft zu erteilen. Die Aufzählung der Schultypen wurde später ohne Begründung fallengelassen, ferner formulierte man schließlich, daß der Religionsunterricht ,,in Übereinstimmung mit den Grundsätzen der Religionsgemeinschaft“ zu erteilen sei.

Die in Art. 7 Abs. 3 somit getroffene Grundsatzregelung wurde allerdings durch die sogenannte Bremer Klausel des Art. 141 durchbrochen[58]. Sie geht auf einen Kompromißvorschlag des Fünferausschusses vom 5. Februar 1949 zurück, der sich wegen des anhaltenden Widerstandes aus Bremen gegen eine Grundsatzregelung im Sinne von Art. 7 Abs. 3 damit zu befassen hatte. CDU/CSU, Zentrum und Deutsche Partei bekämpften die clausula Bremensis bis zuletzt; noch in der 2. Lesung des Grundgesetzes im Plenum am 6. Mai 1949 mußte sich der Parlamentarische Rat mit Streichungsanträgen befassen.

Die Gewährleistung der Privatschulfreiheit in Art. 7 Abs. 4 und 5 hat bezüglich ihrer staatskirchenrechtlichen Seite, auch soweit es um die Erwähnung der Typen Gemeinschafts-, Bekenntnis- und Weltanschauungsschule in Abs. 5 ging, Kontroversen nicht hervorgerufen[59].

III.

Von Rudolf Smend stammt das prägnante Urteil: ,,Der Art. 140 ist nicht das Ergebnis einer klar bewußten grundsätzlichen staatskirchenpolitischen Entscheidung des Parlamentarischen Rates, sondern gehört mehr unter die Verlegenheitsergebnisse verfassunggebender Parlamentsarbeit, er ist nicht weit entfernt vom Typus der sogenannten Formelkompromisse.“[60] In der Tat spiegelt das Ergebnis, wie es sich im Art. 140 als solchem darstellt, nämlich im Hinblick auf die Form der Inkorporation, einen „eigentümlichen parlamentarischen Entstehungsvorgang" wider[61]. Im Blick auf den staatskirchenrechtlichen Normenkomplex im ganzen wird man aber differenzieren müssen. Kein Verlegenheitsprodukt und schon gar kein Formelkompromiß ist die Gewährleistung der Religionsfreiheit in ihren drei Aspekten der Bekenntnis-, Kultus- und religiösen Vereinigungsfreiheit mit den dazugehörigen Neutralitätsverbürgungen und Diskriminierungsverboten. Es hat ausschließlich redaktionelle Gründe, daß die Normen des Art. 136 WRV und 137 Abs. 2 WRV nicht im Zusammenhang mit Art. 4 in den Grundrechtsteil übernommen worden sind, wo sie, auch nach der Konzeption des Grundgesetzes, hingehören. Unbeschadet der Exemtion Bremens durch Art. 141 stellt sich auch die institutionelle Gewährleistung des Religionsunterrichts in Verbindung mit den entsprechenden Freiheitsrechten des Lehrers, des Schülers und der Eltern als eine durchaus bewußte staatskirchenpolitische Entscheidung von großem Gewicht dar. So sind Gegenstand des Verfassungskompromisses, genau genommen, allein Art. 140 in Verbindung mit Art. 137 Abs. 1, Abs. 3 bis 8, 138, 139 und 141 WRV sowie Art. 123 Abs. 2 des Grundgesetzes. Zweifellos hat die letztere Norm den Charakter eines Formelkompromisses. Dagegen enthält Art. 140 des Grundgesetzes in dem bezeichneten Umfang für den Sachbereich des institutionellen Staatskirchenrechts eine jedenfalls im Grundsätzlichen klare und tragfähige Entscheidung, ein bewußtes „Normprogramm". Dieses ist freilich seinerseits, aus der Entstehung der Weimarer Reichsverfassung[62] geurteilt, Ergebnis eines Kompromisses zwischen antagonistischen Grundkonzeptionen, und insofern kann man in bezug auf Art. 140 des Grundgesetzes von einem doppelten Kompromiß sprechen. Hinter der „Verlegenheitslösung" von Bonn steht gewiß die sachlich und zeitlich bedingte Unfähigkeit, mit der Aussicht auf breiten Konsens eine schöpferische neue Lösung zu finden; zugleich aber ist sie getragen von der nicht nur von FDP- und SPD-Abgeordneten, sondern auch und gerade von Abgeordneten der christlichen Parteien geteilten Überzeugung, daß sich die Weimarer Regelung im ganzen bewährt habe und daß sie somit – im Rahmen des als provisorisch gedachten Grundgesetzes – jedenfalls ein tragfähiges Provisorium zu bilden imstande sei. Auf diese Weise konnte man aus der Not eine Tugend machen, konnte es gelingen, die Ordnung des Verhältnisses von Staat und Kirche in ihren Grundzügen „von Bundes wegen" verfassungsrechtlich zu regeln[63].

Der gleiche Rudolf Smend, der Art. 140 des Grundgesetzes prononciert als Verlegenheitsprodukt qualifizierte, hat aber sofort betont, daß das nichts am Inhalt und der Geltung dieser Norm ändere: „Auch das Ausweichen einer konstituierenden Versammlung vor einer grundlegenden Entscheidung oder ihr mangelndes Bewußtsein von ihrer Tragweite ändert, wenn sie trotzdem beschlossen wird, nichts an ihrem objektiven Geltungsinhalt und Gewicht."[64] Deshalb kann in der Tat kein Zweifel daran sein, daß, wie das Bundesverfassungsgericht ausdrücklich klargestellt hat, die inkorporierten Artikel vollgültiges Verfassungsrecht der Bundesrepublik Deutschland geworden sind und gegenüber den anderen Artikeln des Grundgesetzes nicht etwa auf einer Stufe minderen Ranges stehen[65]. Insbesondere ist in Anbetracht des Verlaufs der Entstehungsgeschichte die systematische Stellung in den Übergangs- und

Schlußbestimmungen ohne Belang. Ein Zeugnis aus der Entstehungsgeschichte selbst hat diesen Sachverhalt schon sehr deutlich ins Licht gerückt: Im schriftlichen Bericht des Abg. Dr. v. Brentano zum XI. Abschnitt des Grundgesetzes[66] wird auf die „Einbettung" der Weimarer Kirchenartikel „in das gesamte Wertsystem des Grundgesetzes", auf ihr „Einbezogensein in den Rahmen der Gesamtentscheidung, dessen Ausdruck das Grundgesetz ist" abgehoben. Damit ist zugleich zum Ausdruck gebracht, daß sich die Einfügung der Weimarer Kirchenartikel in das Grundgesetz nicht in formeller Inkorporation erschöpft, sondern auch die Bedeutung materieller Inkorporation besitzt. Danach sind die staatskirchenrechtlichen Regelungen integrierender Bestandteil einer freiheitlichen Rechts- und Staatsordnung, deren Freiheitlichkeit eben dadurch mitkonstituiert wird, daß Gemeinwohlverantwortung des Staates und Eigenrechtsmacht der Kirche zu einem auch für die Zukunft tragfähigen Ausgleich gebracht sind. Unter diesem Aspekt erweist sich die Arbeit der Bonner Verfassungsväter als eine historische Leistung.

1 Beste Einführung und handliche Gesamtdarstellung bei Axel Freiherr von Campenhausen, Staatskirchenrecht. Ein Leitfaden durch die Rechtsbeziehungen zwischen Staat und Religionsgemeinschaften, München 1973. Eine umfassende Orientierung bietet jetzt das Handbuch des Staatskirchenrechts der Bundesrepublik Deutschland (HdbStKirchR). Hrsg. von Ernst Friesenhahn und Ulrich Scheuner in Verbindung mit Joseph Listl, 2 Bde., Berlin 1974/75.

2 Für die Gesamtwürdigung jetzt grundlegend Ulrich Scheuner, Das System der Beziehungen von Staat und Kirchen im Grundgesetz, in: HdbStKirchR, Bd. 1, S. 5ff.; Paul Mikat, Die religionsrechtliche Ordnungsproblematik in der Bundesrepublik Deutschland, in: HdbStKirchR, Bd. 1, S. 107ff. Vom Verfasser vgl. dazu seine Beiträge über die verfassungsrechtlichen und die vertragsrechtlichen Grundlagen des Staatskirchenrechts, in: HdbStKirchR, Bd. 1, S. 215ff. sowie S. 267ff.

3 Stellungnahme des Verfassers dazu in den Arbeiten: Liberalismus und Kirchen: Fragen an die FDP, in: Internationale katholische Zeitschrift 4 (1975), S. 160ff., sowie: Das Verhältnis von Kirche und Staat. Notizen zur gegenwärtigen Diskussion, in: Lebendige Seelsorge 26 (1975), S. 341ff., jeweils mit weiteren Hinweisen. Aus jüngster Zeit zu ergänzen: Hanns Engelhardt, Staatskirchenrechtliche Voraussetzungen und Konsequenzen der Hamburger Kirchenthesen der Freien Demokratischen Partei, in: Juristenzeitung 1975, S. 689ff.

4 Er lehnt sich mit einigen Ergänzungen und Modifikationen an die in HdbStKirchR, Bd. 1, S. 218ff. gegebene Darstellung an.

5 Bislang beste und eingehendste Darstellung bei Karl-Eugen Schlief, Die Entwicklung des Verhältnisses von Staat und Kirche und seine Ausgestaltung im Bonner Grundgesetz. Geschichte, Entstehungsgeschichte und Auslegung des Art. 140 GG in Verbindung mit Art. 137 der Weimarer Reichsverfassung, Jur. Diss. Münster 1961. Wichtig außerdem: Paul Mikat, Kirchen und Religionsgemeinschaften (1960), jetzt in: Joseph Listl (Hrsg.), Religionsrechtliche Schriften, Berlin 1974, S. 31ff.; Konrad Hesse, Die Entwicklung des Staatskirchenrechts seit 1945, in: Jahrbuch des öffentlichen Rechts der Gegenwart. Neue Folge, Bd. 10, Tübingen 1961, S. 3ff.; Gerhard Scheffler, Staat und Kirche. Die Stellung der Kirche im Staat nach dem Grundgesetz, 2. Auflage, Hamburg 1973, S. 95ff. Vgl. ferner Siegfried Grundmann, Hendrik Rust, Entstehungsgeschichte Art. 140 GG, in der Zweitbearbeitung des Bonner Kommentars (Mai 1968).

Aus der allgemeinen Literatur zur Entstehung des Grundgesetzes sind, abgesehen von der Materialsammlung bei Klaus-Berto v. Doemming, Rudolf Werner Füsslein, Werner Matz, Entstehungsgeschichte der Artikel des Grundgesetzes, in: JöR 1 (1951), hervorzuheben Werner Sörgel, Konsensus und Interessen. Eine Studie zur Entstehung des Grundgesetzes für die Bundesrepublik Deutschland (Frankfurter Studien zur Wissenschaft von der Politik, Bd. 5), Stuttgart 1969; Volker Otto, Das Staatsverständnis des Parlamentarischen Rates. Ein Beitrag zur Entstehungsgeschichte des Grundgesetzes für die Bundesrepublik Deutschland (Beiträge zur Geschichte des Parlamentarismus und der politischen Parteien, Bd. 42), Düsseldorf 1971. Von dokumentarischem Wert die Abhandlung von Walter Strauß. Aus der Entstehungsgeschichte des Grundgesetzes, in: Carsten Peter Claussen (Hrsg.), Neue Perspektiven aus Wirtschaft und Recht. Festschrift für Hans Schäffer, Berlin 1966, S. 343ff.

6 Grundlegend dazu Rudolf Morsey, Der politische Aufstieg Konrad Adenauers 1945–1949, zuerst in: Rudolf Morsey und Konrad Repgen (Hrsg.) Adenauer-Studien I (Veröffentlichungen der Kommission für Zeitgeschichte, Reihe B, Bd. 10), Mainz 1971, jetzt, überarbeitet und erweitert, in: Klaus Gotto, Hans Maier, Rudolf Morsey, Hans-Peter Schwarz, Konrad Adenauer. Seine Deutschland- und Außenpolitik 1945–1963, München 1975, S. 38ff. Vgl. ferner Helmuth Pütz, Innerparteiliche Willensbildung. Empirische Untersuchung zum bildungspolitischen Willensbildungsprozeß in der CDU, Mainz 1974, S. 53ff.

7 Vgl. Morsey, S. 88; vgl. auch S. 92. Hinweis auf die Rolle Adenauers als Vorsitzender bei den entscheidenden interfraktionellen Besprechungen in der Schlußphase der Arbeit des Parlamentarischen Rates auch bei Strauß, S. 355.

8 Zu Adenauers Position in kultur- und kirchenpolitischen Fragen vgl. außer den in Anm. 6 zitierten Arbeiten Hans Maier, Konrad Adenauer 1876–1967 (1971), in dem unter Anm. 6 angeführten Sammelwerk S. 31f. sowie jetzt: Konrad Adenauer und die CDU der britischen Besatzungszone 1946–1949. Dokumente zur Gründungsgeschichte der CDU Deutschlands. Hrsg. von der Konrad-Adenauer-Stiftung, Bonn 1975, insbesondere S. 36ff. und S. 804ff. In diesem Zusammenhang wünscht man sich dringend eine genauere Untersuchung des Wirkens von Wilhelm Böhler wie überhaupt des „Katholischen Büros“ in jener Phase der Geburt der Bundesrepublik Deutschland. Vgl. einstweilen von Wilhelm Böhler selbst den dokumentarischen Aufsatz über: Elternrecht, Schulfragen und Reichskonkordat im Parlamentarischen Rat und in der Politik der deutschen Bundesrepublik und ihrer Länder, in: Hanns Seidel (Hrsg.), Festschrift zum 70. Geburtstag von Dr. Hans Ehard, München o.J. (1957) S. 178ff., sowie zur Würdigung: Bernhard Bergmann und Josef Steinberg (Hrsg.), In Memoriam Wilhelm Böhler. Erinnerungen und Begegnungen, Köln 1965 (darin insbesondere S. 77ff.: Adolf Süsterhenn, Mitgestalter des Grundgesetzes), ferner Arnulf Baring, Außenpolitik in Adenauers Kanzlerdemokratie, München – Wien 1969, S. 204ff.

9 Text in JöR 1 (1951), S. 73; Ernst-Rudolf Huber, Quellen zum Staatsrecht der Neuzeit, Bd. 2, Tübingen 1951, S. 220.

10 Über ihn Hermann Mosler, in: Staatslexikon, 6. Aufl., Bd. 7, Freiburg 1962, Sp. 972f.

11 Vgl. dazu Joseph Listl, Das Grundrecht der Religionsfreiheit in der Rechtsprechung der Gerichte der Bundesrepublik Deutschland, Berlin 1971, S. 24; ferner Ernst-Wolfgang Böckenförde, Das Grundrecht der Gewissensfreiheit, Veröffentlichungen der Vereinigung der deutschen Staatsrechtslehrer, Heft 28, Berlin 1970, S. 47f.

12 Vgl. JöR 1 (1951), S. 74f.

13 Vgl. JöR 1 (1951), S. 76.

14 Sie bestand lediglich aus den niedersächsischen Abgeordneten Heile und Dr. See-

bohm. Zur allgemeinen Orientierung vgl. Rudolf Morsey, Deutsche Partei, in: Staatslexikon, 6. Auflage, Bd. 2, Freiburg 1958, Sp. 631 ff., ferner Hermann Meyn, Die Deutsche Partei. Entwicklung und Problematik einer nationalkonservativen Rechtspartei nach 1945 (Beiträge zur Geschichte des Parlamentarismus und der politischen Parteien, Bd. 29), Düsseldorf 1965.

15 Vgl. Schlief, S. 65. Der genaue Text ist nicht bekannt. Das nachfolgend zitierte Dokument nimmt jedoch darauf Bezug.

16 Vgl. Verhandlungen des Parlamentarischen Rates. Drucksachen. Bd. 2. 1948, Drucksache 273/III; abgedruckt auch bei Sörgel, S. 314; vgl. dazu auch Otto, S. 78.

17 Vgl. Verhandlungen des Parlamentarischen Rates. Drucksachen. Bd. 2. 1948, Drucksache 275; abgedruckt auch bei Sörgel, S. 315f.

18 Vgl. dazu Schlief, S. 66; Otto, S. 78.

19 Vgl. Verhandlungen des Parlamentarischen Rates. Drucksachen. Bd. 3. 1948, Drucksache 319; abgedruckt auch bei Sörgel, S. 317f.

20 Im einzelnen vgl. dazu Sörgel, S. 180f.; Otto, S. 78.

21 Vgl. dazu Schlief, S. 66f. In den gängigen Darstellungen der Entstehungsgeschichte ist dieser Antrag bisher übersehen worden.

22 Eine Artikelnumerierung war nicht angegeben; sie wird hier ebenso wie die Bezeichnung von Absätzen aus redaktionellen Gründen ergänzt.

23 So heißt es in der im Namen der Partei von Heinrich Hellwege unter dem 24. November 1947 abgegebenen „Erklärung zur Verfassung des deutschen Gesamtstaates“: „Die Kirchen leben aus eigenem Recht. Ihre Beziehungen zum Staat sind durch Vertrag zu regeln“ (Verfassungsvorschläge der Deutschen Partei, Stade 1947, S. 15). Vgl. ferner den mit Datum vom 9. Dezember 1947 im niedersächsischen Landtag eingebrachten „Entwurf eines niedersächsischen Staatsgrundgesetzes“, der in den Artt. 21, 48 bis 50 sowie 54 bis 60 bemerkenswerte staatskirchenrechtliche Regelungen enthält (Schlief, S. 30ff.). Die hier erarbeiteten Vorschläge sind um so bemerkenswerter, als sie von einer nichtkatholisch geprägten Partei stammen; vgl. dazu auch Meyn, S. 109. Weitere Nachforschungen über Hintergründe und Urheberschaft dieser staatskirchenpolitischen Konzeption haben bis jetzt noch nicht zu einem eindeutigen Ergebnis geführt.

24 Der niedersächsiche Verfassungsentwurf der DP enthält aber in Art. 56 eine Regelung auf der Linie der WRV, auch unter Berücksichtigung der Weltanschauungsgemeinschaften.

25 Vgl. Art. 29 Abs. 1 Satz 1 Württemberg-Badische Verfassung (heute Art. 4 Abs. 2 Baden-Württembergische Verfassung): „Die Bedeutung der Kirchen und der anerkannten Religions- und Weltanschauungsgemeinschaften für die Bewahrung und Festigung der religiösen und sittlichen Grundlagen des menschlichen Lebens wird anerkannt.“ Vgl. ferner Art. 41 Abs. 1 Satz 1 Rheinland-Pfalz Verfassung: „Die Kirchen sind anerkannte Einrichtungen für die Wahrung und Festigung der religiösen und sittlichen Grundlagen des menschlichen Lebens.“

26 Zu den verschiedenen Typen solcher Vertragsklauseln vgl. Hans Reis, Konkordat und Kirchenvertrag in der Staatsverfassung, in: JöR 17 (1968), S. 181 ff., S. 378 ff.

27 Die Vertragsklauseln der Bayerischen Verfassung (Art. 182) und der Verfassung des Saarlandes (Art. 35 Abs. 2) beziehen sich auf die überkommenen Verträge. Art. 50 Abs. 1 der Hessischen Verfassung nennt die „Vereinbarung“ a) neben dem Gesetz, b) gerade als Mittel der Abgrenzung.

28 Einzelheiten dazu bei Schlief, S. 68ff.

29 Als Satz 2 war vorgeschlagen: „Die Freiheit der Vereinigung zu Religions- und Weltanschauungsgemeinschaften wird anerkannt.“

30 Vgl. dazu JöR 1 (1951), S. 899f.; genaue Schilderung bei Schlief, S. 73ff. Vgl. ferner

Hesse, S. 12f. Wolfgang Huber, Kirche und Öffentlichkeit, Stuttgart 1973, S. 492, Anm. 4, vermutet Adolf Süsterhenn als Verfasser dieses Antrags. Bei Huber, S. 494f., auch eine genauere Analyse des Antrags im Vergleich mit der endgültigen Regelung.

31 Einzelheiten wiederum bei Schlief, S. 76ff.

32 Der Abg. Renner (KPD) hatte eine Lösung vorgeschlagen, wonach die Kirchen private Vereine sein sollten; vgl. Schlief, S. 82.

33 Vgl. dazu Schlief, S. 81.

34 Die zitierten Äußerungen allesamt in JöR 1 (1951), S. 901.

35 Zu dieser Problematik vgl. Sörgel, S. 178; Otto, S. 76ff.

36 Vgl. Schlief, S. 80.

37 Weder waren, soweit ersichtlich, innerhalb der Parteien – abgesehen von der DP (vgl. oben bei Anm. 23) – konkrete Vorschläge entwickelt worden, noch gab es etwa, im Unterschied zur Situation 1918/19, private Verfassungsentwürfe, die eine Hilfe hätten bieten können (vgl. die Zusammenstellung der Entwürfe einer Reichsverfassung in dem Bericht von Walter Jellinek, in: JöR IX [1920], S. 123). Aber auch im wissenschaftlichen Schrifttum waren die Fragen keineswegs aufbereitet. Abgesehen von zwei Arbeiten von Franz Tibor Hollos (Staatskirchenrecht, Erlangen 1948; Die gegenwärtige Rechtsstellung der katholischen Kirche in Deutschland auf Grund des Reichskonkordats und der Länderkonkordate, 1948) kann man überhaupt nur auf zwei Abhandlungen von Rang verweisen, die freilich nur Teilbereiche zum Gegenstand hatten: Adalbert Erler, Die Konkordatslage in Deutschland, in: Süddeutsche Juristenzeitung 1946, S. 197ff. und Werner Weber, Die Ablösung der Staatsleistungen an die Religionsgesellschaften, Stuttgart 1948.

38 Zu den einzelnen Stadien der Beratung vgl. die genaue Rekonstruktion bei Schlief, S. 84ff.

39 Vgl. JöR 1 (1951), S. 906.

40 Ihm gehörten an (vgl. JöR 1, S. 11): Dr. Schmid und Dr. Menzel von der SPD, Dr. v. Brentano und Kaufmann von der CDU sowie Dr. Höpker-Aschoff von der FDP.

41 Vgl. JöR 1 (1951), S. 907.

42 Vgl. dazu Sörgel, S. 184ff.

43 Vgl. JöR 1 (1951), S. 903.

44 Vgl. JöR 1 (1951), S. 905.

45 Vgl. JöR 1 (1951), S. 906.

46 Eingehend dazu Sörgel, S. 188ff.; vgl. auch Hesse, S. 14.

47 Zitiert nach dem Abdruck in: Amtsblatt für die Erzdiözese Freiburg 1949, S. 154.

48 Vgl. dazu auch Otto, S. 84f.

49 Vgl. JöR 1 (1951), S. 842.

50 Vgl. JöR 1 (1951), S. 313f.

51 Vgl. dazu im einzelnen Sörgel, S. 188ff.; Otto, S. 75ff.; ferner Hesse, S. 14f.

52 Vgl. JöR 1 (1951), S. 103.

53 Vgl. JöR 1 (1951), S. 105.

54 Vgl. JöR 1 (1951), S. 106.

55 Vgl. JöR 1 (1951), S. 107f.

56 Vgl. JöR 1 (1951), S. 109.

57 Vgl. dazu im einzelnen JöR 1 (1951), S. 109ff.

58 Zum folgenden vgl. JöR 1 (1951), S. 907ff.

59 Vgl. JöR 1 (1951), S. 111ff.

60 Staat und Kirche nach dem Bonner Grundgesetz, in: Zeitschrift für evangelisches Kirchenrecht. Bd. 1 (1951), S. 11.

61 Vgl. ebenda.

62 Vgl. dazu statt aller Godehard Josef Ebers, Staat und Kirche im neuen Deutschland, München 1930, S. 108ff. Vgl. aber auch die wertvolle Dokumentation bei Carl Israel, Geschichte des Reichskirchenrechts, dargestellt auf Grund der stenographischen Berichte über die Verhandlungen der Verfassunggebenden Deutschen Nationalversammlung in Weimar, Berlin 1922.

63 Zu Recht hervorgehoben von Hesse, S. 14.

64 Vgl. Anm. 60.

65 Vgl. Entscheidungen des Bundesverfassungsgerichts (BVerfGE). Hrsg. von den Mitgliedern des Bundesverfassungsgerichts. Bd. 19, Tübingen 1966, S. 219.

66 Vgl. Entscheidungen des Bundesverfassungsgerichts, S. 73; im übrigen vgl. das Zitat S. 219f.

WILHELM HENLE

Die Ordnung der Finanzbeziehungen zwischen Bund und Ländern
25 Jahre Bundesfinanzgeschichte

I.

Die Finanzfunktion verdient es, neben die Betätigung der äußeren Gewalt als die bedeutsamste, durch konzentrierte Urteils- und Willensbildung auszuübende Hoheitsfunktion des Staates gestellt zu werden[1]. Ob Konrad Adenauer diese hohe Meinung geteilt hätte, ist höchst ungewiß. Keine Anzeichen gibt es für die Vermutung, daß der Finanzpolitik seine große Zuneigung gegolten hätte oder daß er sie der Außenpolitik gleichgeachtet hätte. Eher dürfte sich seine Beziehung zu ihr auf ein pflichtgemäßes, pragmatisches Interesse beschränkt haben. Als Bestimmungen des zukünftigen Grundgesetzes über die Finanzverfassung den Widerstand der Militärgouverneure hervorriefen, machte er den Weg für das Grundgesetz frei. Daß es zustande kam, war für ihn entscheidend, nicht das Detail.

Als solches schien er die Aufteilung der Steuerquellen und die im Parlamentarischen Rat in Aussicht genommene Bundesfinanzverwaltung zu empfinden, obwohl sie für das Kräftespiel im Bund-Länderverhältnis oder wenigstens für die Startchancen von großer Bedeutung waren. Die Notwendigkeiten der Finanzpolitik würden das früher oder später so oder so regeln.

Für ihn beanspruchte, wie seine Memoiren zeigen, den Vorrang, was auf dem Felde der Wirtschaftspolitik geschah. Ob und in welchem Ausmaße sich Sozialisierungstendenzen, denen auch Mitglieder seiner Partei nicht abgeneigt schienen, durchsetzen könnten, war eine wesentlich interessantere Frage, die das Engagement lohnte. Eine Reihe von Landesverfassungen hatten für derartige Entwicklungsmöglichkeiten schon vorgesorgt[2]. Die Soziale Marktwirtschaft als wirtschaftspolitisches Programm, vielleicht als Konkordienformel, kam gerade noch rechtzeitig auf den Markt der politischen Begriffe.

Die Soziale Marktwirtschaft, um ein Haar davongekommen, erzeugte das „Wirtschaftswunder".

Das „Wirtschaftswunder" erlaubte eine Finanzpolitik des von Jahr zu Jahr wachsenden Haushalts. Sie beruhte auf der fast 25 Jahre lang zutreffenden Annahme, daß ein zuverlässig wachsendes Sozialprodukt alljährlich eine zusätzliche Steuermasse abwerfen, neue politische Programme und Verteuerungen der alten finanzieren würde. Das prägte ihren Stil! Das Ende des Wachstums oder schon seine Abschwächung bedeutet das Ende der bisherigen Finanzdoktrin.

II.

Ein Rückblick auf 25 Jahre Finanzpolitik oder einen Ausschnitt aus ihr muß mit der Feststellung beginnen, daß sich die Bundesfinanzpolitik niemals im Vollbesitz der Finanzgewalt befand. Die Finanzfunktionen waren und sind nicht voll beim Bund konzentriert. Das Grundgesetz[3] verteilt die Finanzfunktionen auf verschiedene Träger und stellt gleichzeitig an ihre Ausübung hohe Erwartungen.

Dieses Spannungsverhältnis hat die Bundesfinanzpolitik seit ihren ersten Tagen irritiert und fasziniert. Sie zentrierte immer wieder um die in der föderativen Verfassung der Bundesrepublik angelegte Teilung der Finanzgewalt zwischen Bund und Ländern. Diese Finanzbeziehungen bedurften zunächst der Ordnung. Viel später traten neue Kräfte auf, die im Sozialstaatscharakter ihre Grundlage haben und im Zuge des sich verschärfenden Verteilungskampfes mächtiger werden. Die sich damit anbahnenden Veränderungen des finanzpolitischen Magnetfeldes wirken auf eine Gesamtsituation ein, in der Bund und Länder miteinander verstrickt sind. Trotzdem läßt sich vermuten, daß die föderativen Finanzbeziehungen, von marginalen Veränderungen etwa in der Zuteilung der Finanzmasse abgesehen, festgeschrieben sind. Die zukünftige Finanzpolitik wird eher durch die Veränderung im Wirtschaftswachstum und durch Verteilungskämpfe neue Akzente erhalten.

III.

Die ersten Schritte der Bundesfinanzpolitik waren durch die Regierungserklärung des Bundeskanzlers vom 20. September 1949[4] bestimmt, deren Prioritätenkatalog ihr die Aufgaben setzte und zugleich eine Ausgangslage beschrieb, die zum Verzweifeln war. Nur wer sich aus eigenem Erleben noch erinnert, vermag das Elend des Staats zu beurteilen. Übrigens ist es verwunderlich, daß der Staat von damals finanzierbar war, während es der von heute nicht mehr zu sein scheint. Auch das deutet auf einen Einschnitt hin.

Die Aufstellung des ersten Bundeshaushalts war mehr oder weniger Routine: Für den Rest des Rechnungsjahres[5] wurde ein Rumpfhaushalt gebildet, der im wesentlichen den des Vereinigten Wirtschaftsgebiets weiterführte.

Der erste volle Bundeshaushalt[6] des Jahres 1950 hatte ein Volumen von 12,39 Mrd. DM. Da sich das Bruttosozialprodukt auf knapp 100 Mrd. DM belief, bedeutete das eine Ausgabenquote des Bundes von etwa 13% des Bruttosozialprodukts. Es ist nicht uninteressant, daß diese Ausgabenquote erst 1975 deutlich überschritten wurde[7].

Naturgemäß stellte sich die Aufgabe, die Unmasse der anflutenden Ansprüche in den Griff zu bekommen, zu regeln und zu finanzieren[8]. Es war ein Glück, daß das Steuerwesen funktionierte. Das Wort, daß Reiche vergehen aber Steuersysteme bestehen, bestätigte sich. Das Steueraufkommen des Jahres 1950 von Bund, Ländern und Gemeinden belief sich auf immerhin knapp 21 Mrd. DM[9]. Die Steuerquote lag also etwa bei 23%. Merkwürdigerweise ist das in der Nähe des Durchschnittssatzes, um den die Steuerquote seither pendelt.

Stand der Bund unter dem Druck der Besatzungskosten und der Kriegsfolgelasten, so die Länder und Gemeinden unter dem des Wiederaufbaues einer zerschlagenen Infrastruktur. Die Ordnung in der Aufgabengestaltung wie in der Steuerverteilung mußte gefunden werden.

IV.

Die Aufgabenverteilung zwischen beiden Partnern wird durch das hergebrachte deutsche Föderativprinzip bestimmt. Es weist dem Zentralstaat aus der Fülle der staatlichen Aufgaben bestimmte, enumerierte Zuständigkeiten zu. Im übrigen ist und bleibt die Erfüllung der staatlichen Aufgabe Sache der Länder. Dieses Prinzip[10] wirkt in der Realität – verkürzt dargestellt – dahin, daß der Bund aufgrund eines umfangreichen, im Verlauf der letzten Jahre verlängerten Gesetzgebungskatalogs Herr der Gesetzgebung ist, während die Länder zu Trägern großer Verwaltungsapparate werden. Mit ihm vollziehen sie die eigenen und in der Regel auch die Bundesgesetze. Umgekehrt verfügen sie über einen beschränkten Raum für eigene Gesetzgebung. Für die Regelung der beiderseitigen Finanzbeziehungen ist diese Verfassungslage von grundlegender Bedeutung. Denn aus der Verteilung der Aufgaben folgt grundsätzlich auch die Tragung der Lasten und damit der Anspruch auf entsprechende Finanzmittel. Das spiegelt sich inzwischen in den Haushalten von Bund, Ländern und Gemeinden. Im Bundeshaushalt finden sich nun die Ausgaben für seine Organe und Verwaltungen wie z. B. den Auswärtigen Dienst, die Kosten der Verteidigung, früher der Besatzungskosten, die Kriegsfolgelasten und die Ausgaben für die soziale Sicherung, insbesondere die Zuschüsse zur Sozialversicherung, ferner Subventionen für die Wirtschaft und für die Landwirtschaft, der Aufwand für Bundesstraßen und die Zuschüsse an die Bundesbahn. Dazu treten in immer stärkerem Maße Aufwendungen für die Forschung, die Städtebauförderung, das Krankenhauswesen u. ä. mehr. Die Ausgaben für die Europäische Gemeinschaft kommen neuerdings hinzu. Im Haushalt des Bundes haben großes Gewicht Ausgaben, die die Tätigkeit anderer Aufgabenträger finanzieren und von ihnen ihrer Verwendung zugeführt werden[11]. Das ist die Folgerung aus seiner zentralen Ausgleichsfunktion. Sie bürdet ihm Risiken auf. Der Bund wird zum Gewährsträger, zum Komplementär mit unbeschränkter Haftung. Die Ausgaben der Länder, vom kommunalen Finanzausgleich abgesehen, fließen vorwiegend für und durch den eigenen Verwaltungsapparat[12]. Teilweise dienen sie dem Vollzug von Bundesgesetzen, teilweise arbeiten sie mit Mitteln des Bundeshaushalts.

Die Grundlagen dieser Ordnung ergaben sich aus dem Grundgesetz. Sie waren dort aber nur lückenhaft markiert. Aus dem föderativen Konzept und den knappen Angaben ein funktionierendes System der Aufgaben- und Lastenverteilung zu schaffen, erwies sich als heikle Aufgabe der Verfassungs- und Finanzpolitik. Sie entschied über die Rollenverteilung im Föderativstaat. Sie bildet eine Basis der Finanzpolitik.

V.

Die Regelung erfolgte in drei Stufen. Zwischen 1949 und 1955 behalf man sich mit Überleitungs- und Inanspruchnahmegesetzen. Im Jahre 1955 wurde durch eine Finanzreform eine grundsätzliche Ordnung geschaffen. Sie wurde im Jahre 1969 durch Reformgesetze abgelöst, die den heutigen Zustand bestimmen. Die Problematik mag aus folgender Überlegung hervorgehen:

Die Postulate eines föderativen Verfassungslebens sind schwer zu bewältigen. Sie spitzen sich auf dem Gebiete der Finanzfunktionen zu. Die Problematik des „Staats im Staat" mit ihrem inneren Widerspruch stellt sich dort in aller Schärfe.
Jede föderative Verfassung, so auch das Grundgesetz, verteilt die Summe der Staatstätigkeiten auf verschiedene Träger zur Erfüllung in eigener Verantwortung. Zugleich nahm sie bisher eine gewisse Toleranz bei der Erfüllung der öffentlichen Aufgaben in Kauf und duldete länderweise Strukturgefälle. Die Erhaltung der Mannigfaltigkeit, der landsmannschaftlichen Verschiedenheiten und Traditionen bildet geradezu die Legitimation föderativer Verfassungsgestaltung. Prinzipiell ist sie auch geneigt, sogar die Finanzgewalt von den verschiedenen Trägern ausüben zu lassen.
Sie trifft dabei aber im Staat von heute auf einen gegenläufigen Sachzwang: Die Intensität bei der Ausschöpfung der Finanzkraft wird nur durch einen zentralen Zugriff möglich. Sie findet im jüngeren Verlauf förderativer Entwicklung ihr Gegenstück in der Intensität der Staatstätigkeit, der Daseinsvorsorge und des Umverteilungstrends. Beide steigern sich gegenseitig. Immer weniger kann die Finanzierungsweise ihrer Haushalte den Trägern autonom überlassen bleiben. Der Autonomie, soweit sie besteht, bei der Durchführung ihrer Aufgaben kann also keine Autonomie bei der Beschaffung der Mittel, allenfalls eine Mitwirkung entsprechen. Der natürliche und gesunde Zusammenhang zwischen Aufgaben- und Finanzierungskompetenz wird dadurch zerrissen, zwangsläufig, aber nicht eben glücklich. Besonders wirkte sich dieser Sachverhalt in den Ländern aus, die zwar große Haushalte, aber keine Kompetenzen besitzen, für die Steuerdeckung eigenverantwortlich zu sorgen. Damit fehlt den Landtagen eine ihrer existentiellen Funktionen.
Es scheint, daß neben dem Zentralisierungstrend bei der Ausübung der Finanzgewalt ein Nivellierungstrend hinsichtlich des Angebots an öffentlichen Leistungen am Zuge ist. Das Netz der Daseinsvorsorge und des Sozialstandards will überall gleich engmaschig gespannt sein. Die Formel von der Einheitlichkeit der Lebensverhältnisse im Bundesgebiet bedrängt die ursprüngliche Bereitschaft zu Toleranzen und damit eine Wirklichkeit des föderativen Verfassungslebens. Sie schafft auch Verpflichtungen der Bundespolitik oder wirkt sich in Erwartungen an sie aus und verstärkt die berühmte „Anziehungskraft des größeren Haushalts".
Sie schlug sich in zahlreichen Änderungen des Grundgesetzes nieder, die seitdem vorgenommen wurden und in der Regel neue Kompetenzen für den Bund schufen. Die Mehrzahl dieser Änderungen ist bei der Gestaltung der Finanzverfassung erfolgt oder hängt doch mit ihr zusammen. Das ist bezeichnend für den Zwang, der vom Finanziellen ausgeht. Im Widerstreit der zentralen und zentrifugalen Interessen mußte Ordnung im Wege des Kompromisses gefunden werden. Der Weg dazu war lang[13].

VI.

In der ersten Stufe wurden die Kriegsfolge- und Soziallasten, die seit dem Zusammenbruch von den Ländern getragen wurden, entsprechend der Lasten-

verteilungsnorm in Art. 120 des Grundgesetzes auf den Bund übergeleitet. Gleichzeitig wurden ihm die in Art. 106 Abs. 1 genannten Bundessteuern zugeführt. Die Länder blieben mit sogenannten Interessenquoten belastet[14]. Teils erwartete man sich davon eine größere Sparsamkeit bei der Verwaltung der Bundesmittel durch die Länder – das Mißtrauen gegen Landesverwaltungen sitzt bei den Bundesbehörden tief –, teils wollte man die Bundesfinanzen nicht gleich mit den ersten Maßnahmen überlasten. Trotzdem wurde schnell die Möglichkeit des Art. 106 Abs. 3 der Erstfassung des Grundgesetzes aktuell: Die Einkommen- und Körperschaftssteuern als die ertragreichsten und, wie sich erst später zeigen sollte, die am meisten elastischen, aufkommenträchtigsten aller Steuern des Steuersystems waren in den Finanzverfassungsartikeln den Ländern zugesprochen worden. Sie bildeten das Rückgrat ihrer Haushalte. Es war infolgedessen ein folgenschwerer Schritt, als der Bund schon 1951 gestützt auf Art. 106 Abs. 3 der Verfassung „zur Deckung seiner durch andere Einkünfte nicht gedeckten Ausgaben" einen Anteil von 27% verlangte. Einer etwas zurückliegenden Berechnung vertrauend, hatte man allenfalls mit 10% gerechnet. Damit begann eine Kette von Streitigkeiten, die das Verhältnis von Bund und Ländern belasteten, zumal sie sich mit jedem neuen Haushaltsjahr wiederholten. Übrigens vertrat die Bundesseite die These, daß ein Deckungsanspruch des Bundes bestehe, weil er gemäß Art. 110 des Grundgesetzes seinen Haushalt ausgleichen müsse. Das war genau das Gegenteil von dem, was die Länder durch das Grundgesetz für verbrieft hielten. Für 1952 wurde ein Bundesanteil von 37% gefordert. Die Auseinandersetzungen erreichten einen Höhepunkt als für 1953 und 1954 44% verlangt wurden. Man einigte sich auf 38%, aber das Klima war verdorben. Im Finanzausgleich wird mit der Zuteilung von Finanzmitteln über die von politischer Macht entschieden. Daneben geht es auch um Imponderabilien. Es erleichterte die Situation nicht, daß die Finanzkraft der Länder sehr unterschiedlich und daß sie selbst sehr wenig homogen waren. Um einige am Leben zu erhalten[15] und andere zu stützen, war ein horizontaler Finanzausgleich angelaufen. Er befriedigte niemand, auch nicht den Bund, der an einer gleichmäßigen Finanzdecke bei den Ländern interessiert war. Man stritt also horizontal und vertikal. Dazu meldeten sich die Kommunen. Im sogenannten kommunalen Finanzausgleich setzte sich der Streit im Inneren fort. Die Länder waren zwischen zwei Feuer geraten.
Es war im Grundgesetz bestimmt worden, daß die – nach dem sogenannten Trennsystem erfolgte – Zuteilung der Steuern an den einen oder anderen Partner bis zum 31. Dezember 1952 durch eine endgültige Regelung zu ersetzen sei. Teils wegen dieser Fehden, teils weil die Entwicklung der Lasten noch nicht abzusehen war, mußte der Termin verschoben werden.
Die zweite Stufe, nämlich die Finanzreform von 1955 – bis dahin dauerte der Zwischenzustand –, bedeutete einen großen Fortschritt. Die Vorlage[16] dazu war am 29. April 1954 von Konrad Adenauer unterzeichnet worden. Sie ist wegen der Klarheit der tragenden Überlegungen heute noch interessant und eindrucksvoll und von historischem Belang. Sie geht von der Polarität gleichzeitiger föderativer und unitarischer Tendenzen aus, stellt nüchtern das Spannungsverhältnis heraus, das „notwendig" bei einem Nebeneinander mehrerer Hoheitsträger in einem Bundesgebiet entsteht und betont die Verfassungs-

pflicht zur loyalen Abwägung der berechtigten Belange der Beteiligten.
Die Rolle des Finanzausgleichs wird klassisch definiert: ,,Der Gesamtkomplex des Finanzausgleichs bildet die große Klammer, die den Bundesstaat finanziell zusammenhält und seine Glieder in der gemeinsamen Verpflichtung bindet, ihre Finanzpolitik in der großen Linie aufeinander abzustimmen.“[17]
Der Fortschritt der Reform lag in der Formulierung der Lastenausgleichsregel, der Entscheidung über die Verteilung der Einkommen- und Körperschaftssteuern sowie der Verstärkung des horizontalen Finanzausgleichs. Man hat diese Stufe des Finanzausgleichs später als ,,Programm des naiven Föderalismus“ (Heinz Haller) bezeichnet. Verglichen mit dem weitergreifenden Problemkatalog der Reform von 1969 war sie das sicher. Sie befriedigte aber – Politik ist die Kunst des Möglichen – die Bedürfnisse von damals und war ein Schritt in der Verfassungsentwicklung, auf den der nächste folgen konnte.
Insbesondere gab die Lastenausgleichsregel eine Leitlinie der zukünftigen Ordnung. Sie fand ihren Ausdruck in dem Grundsatz: ,,Der Bund und die Länder tragen gesondert die Ausgaben, die sich aus der Wahrnehmung ihrer Aufgaben ergeben.“[18] Logischerweise fiel damit die Klausel der Verfassung, nach der der Bund Zuschüsse zu den Aufgaben der Länder auf dem Gebiet des Schulwesens, des Gesundheitswesens und des Wohlfahrtswesens gewähren durfte. Keine Mitwirkung des Bundes an Landesaufgaben, keine ,,Mischverwaltung“ und keine ,,Mischfinanzierung“ waren die Grundgedanken. Freilich war das nicht unproblematisch: Zu den Aufgaben der Länder zählte die Durchführung von Bundesgesetzen. Der damit verbundene Aufwand fiel in ihre Finanzverantwortung, ohne daß sie sich immer durch Verweigerung ihrer Zustimmung im Bundesrat wehren konnten. Denn im Grundsatz sind nur Gesetze zustimmungsbedürftig, die in die administrative Kompetenz der Länder eingreifen. An die Finanzlast hatte man im Parlamentarischen Rat – noch unerfahren hinsichtlich der Aufgaben und des Erfindungsreichtums eines Leistungsstaats – nicht gedacht. Ein wichtiger Vorbehalt war nur hinsichtlich der Kriegsfolgelasten gemacht[19]. Er bestätigte als Ausnahmenorm die Regel. Über sie sollte es Auseinandersetzungen geben als z.B. das Bundesentschädigungsgesetz geschaffen oder als die Verzinsung und Tilgung der Ausgleichsforderungen zu Lasten der Länder durch Bundesgesetz geregelt wurde. Bayern führte eine Verfassungsklage wegen letzteren Gesetzes mit Erfolg durch[20]. Die verfassungspolitische Frage, ob die Finanzverantwortung beim Träger des Vollzugs oder beim verursachenden Gesetzgeber liegen sollte, fand ihre Lösung erst 1969.
Die Frage der Mitwirkung des Bundes bei der Finanzierung von Landesaufgaben und den dabei möglichen Auflagen – den Dotationsauflagen – hatte die Vorlage zur Finanzreform offen angesprochen[21]. Sie hatte es beklagt, daß der Bund sich an der finanziellen Förderung von Aufgaben im Übermaß beteiligte, die der Verfassunggeber ursprünglich dem alleinigen Verantwortungsbereich der Länder zugedacht hatte. Eine ,,Flurbereinigung“ gelang trotz der gemeinsamen Bemühungen der Finanzminister nicht. Die Interessenlage erwies sich auf der Seite der Länder als zu uneinheitlich, um sie auf eine Linie zu bringen. So blühten die ,,Gemeinschaftsaufgaben“, obwohl es sie nach der Lastenausgleichsregel nicht gab[22]. Sie wären nicht mit einer Finanzreform, sondern nur

mit Hilfe einer Gebietsreform in den Griff zu bekommen gewesen, weil sie mit der Unterschiedlichkeit der Länder zusammenhängen.
Hinsichtlich der Beteiligungsquoten einigte man sich auf einen Bundesanteil von 33 $^{1}/_{3}$%, der 1958 durch 35% abgelöst wurde. Der Bund hatte einige Lasten auf die Länder übertragen und begnügte sich mit einem kleineren Anteil als vorher. Die folgende Tabelle zeigt, daß die Finanzreform zu keinen spektakulären Verschiebungen in der Finanzmasse führte.

Anteil von Bund, Ländern und Gemeinden am Steueraufkommen[23]

	Bund[24] %	Länder[25] %	Gemeinden %	Gesamtsteueraufkommen Mrd. DM
1952	62,2	25,0	12,8	33,2
1954	61,7	24,9	13,4	38,3
1955	62,2	24,6	13,2	42,3
1960	56,1	29,8	14,1	68,4

Die Länder hatten allerdings den Verdacht, sie seien schlecht weggekommen[26].
Die Neuregelung beschränkte sich auf das Bund-Länderverhältnis. Im Dezember folgte eine weitere Änderung der Finanzverfassung, die der Finanzausstattung der Gemeinden galt. Sie wies ihnen das Aufkommen der Realsteuern verfassungskräftig zu und verpflichtete die Länder, einen Hundertsatz der Einkommen- und Körperschaftssteuern, den sie selbst zu bestimmen hatten, an die Kommunen abzuführen.
So waren drei Finanzmassen gebildet worden. Die Einkommen- und Körperschaftssteuer, zu der die Bürger nach dem Maßstab ihrer Leistungsfähigkeit beitragen, bildet die große und aufkommenstarke Verbundmasse, an der die drei Ebenen teilhaben. Der Finanzausgleich unter den Ländern wurde intensiviert. Die Ausgleichsmasse belief sich auf 541,5 Mio. DM in 1955[27].
Damit war getan, was getan werden konnte. Seit der Entstehung der Bundesrepublik waren immerhin fünf Jahre vergangen.

VII.

In der dritten Stufe erfolgte – nach der Ära Adenauer – eine tiefgreifende Umgestaltung. Sie war in der Thematik umfassender, in den Zielen ehrgeiziger. Sie ging auf die Schaffung von Grundlagen für eine moderne Finanzpolitik, genauer einer Fiskalpolitik auf der theoretischen Grundlage der Globalsteuerung, aus. Das Dilemma zwischen der Teilung der Finanzgewalt und der Schaffung von Lenkungsbefugnissen des Bundes trat deutlich hervor. Der Umgriff der Reform zeigt sich rein äußerlich schon in der großen Zahl von Veränderungen im Wortlaut des Grundgesetzes[28] wie der Masse der Folgegesetze, von denen nur das Haushaltsgrundsätzegesetz, das Gesetz zur Förderung von Stabilität und Wachstum und die Gesetze, welche das Zusammenwirken bei den Gemeinschaftsaufgaben regeln, erwähnt werden sollen.
Eingeleitet wurde die Reform durch eine Sachverständigenkommission – der ,,Troeger-Kommission“ – die am 20. März 1964 vom Bundeskanzler und den

Ministerpräsidenten gebildet worden war und die 1965 das ,,Troeger-Gutachten" vorlegte[29].
Der Ausschuß hatte einen Auftrag, der seinen Kurs vorgab. Er begann mit einer glasklaren Kritik an dem geltenden Zustand, an der unterschiedlichen Entwicklung des Steueraufkommens, die zugunsten der Länder verlaufen sei, weil diese vom Ertrag der schnellwachsenden Einkommensteuer dank ihres hohen Anteils besonders profitierten, an den verbliebenen und dazugetretenen Unklarheiten der Aufgabenverteilung, an der Finanznot der Gemeinden, die mit allzu konjunkturempfindlichen Steuern und zudem solchen mit großen örtlichen Steuerkraftunterschieden ausgestattet seien. Der Auftrag fuhr fort: ,,Vor allem fanden die vorrangigen Ziele langfristiger Wirtschaftspolitik und der Finanzverfassung nicht den Rückhalt, der zur wirksamen und planmäßigen Wahrnehmung der wirtschaftspolitischen Aufgabe notwendig ist."[30]
Es wird sehr deutlich: Dem Finanzausgleich, traditionell um die Verteilung der Steuerhoheit und um die Rechte zur Steuergesetzgebung kreisend, den Ertrag von Steuern und die Zuständigkeit für die Steuerverwaltung regelnd, waren neue Dimensionen eröffnet. Er wird zum ,,System der Ordnung und Zusammenarbeit zwischen dem Bund und den Ländern und unter den Ländern", denn: ,,der Föderalismus unserer Zeit kann nur ein kooperativer Föderalismus sein"[31].
Natürlich geht es auch um den alten Bestand, um das Gesetzgebungsmonopol des Bundes für Steuerrecht, um die Steuerverteilung: Die Einkommen- und Körperschaftssteuern werden mit der Umsatz- (Mehrwertsteuer) in einen Verbund eingebracht[32]. Seine Verteilung wird geregelt, und zwar so, daß Bund, Länder und Gemeinden feste Anteile an den Einkommen- und Körperschaftssteuern erhalten. Die Länder werden dadurch weiter von der stärksten Steuer abgedrängt. Der Gemeindeanteil fließt den einzelnen Gemeinden nach einer Methode zu, die das örtliche Steuergefälle entschärft. Der jeweilige Landesteil der Mehrwertsteuer wird teils nach Finanzkraft, teils nach Bevölkerungszahl auf die Länder aufgeteilt, so daß eine starke Finanzausgleichswirkung entsteht. Sie wird noch durch einen eigenen horizontalen Finanzausgleich verbessert: Keines der finanzschwachen Länder liegt unter 95% der durchschnittlichen Steuerkraft, besondere Ausgleichszahlungen des Bundes, denen er sich auch nach 1969 nicht entziehen konnte, ungerechnet. Man ist versucht mit einiger Übertreibung zu sagen: Durch eine Kombination komplizierter Methoden wird eine Annäherung der Finanzausstattung unter den Ländern erreicht, die die völlige Egalisierung mit Mühe verfehlt[33].

Anteil von Bund[34], Ländern und Gemeinden am Steueraufkommen[35]

	Bund %	Länder %	Gemeinden %	Gesamtsteuer-aufkommen Mrd. DM
1964	56,2	31,1	12,7	99,4
1968	55,5	32,4	12,1	121,8
1970	55,2	32,8	12,0	154,1
1974 (Schätzung)	52,2	35,1	13,7	239,6
1975 (Schätzung)	51,9	34,3	13,8	238,6

Das verblüffende Ergebnis ist, daß der Bundesanteil an der Gesamtsteuermasse im Laufe der Jahre weiter sinkt, wobei der Grund nicht in dem Ergebnis der Finanzreform 1969 selbst liegt. Dabei ist zu berücksichtigen, daß der Bund im Rahmen der Mitwirkung an Länderaufgaben und im Rahmen der Investitionshilfe nach Art. 104a des Grundgesetzes trotzdem in Milliardenhöhe Finanzmittel an die Länder gibt. Auch insofern ist das Bild der Übersichten noch zu ergänzen: Die Länder führen aus ihren Steuermitteln im Wege des kommunalen Finanzausgleichs sehr beträchtliche Beträge, knapp ein Fünftel, ab.
Das also ist ein Ergebnis der Neuregelung von 1969[36], daß der Bund bei drei Gemeinschaftsaufgaben, bei der Finanzierung der Forschung und für Investitionshilfen an Länder und Gemeinden Finanzierungskompetenzen[37] erhielt, die im Widerspruch zur Lastenverteilungsregelung von 1955 stehen, neben der Verfassung vorher und nachher weiter gediehen waren und nun in das Ordnungssystem eingegliedert und sanktioniert sind. Daneben überlebten allerdings noch einige der Dotationen auf dem Gebiet der gesetzesfreien Verwaltung, die sich wieder dem Griff entzogen, sich aber langsamer vermehren, für deren Legitimation ungeschriebene Bundeszuständigkeiten, insbesondere auch etwa auf dem Gebiete der Großforschung die Ausgleichsfunktion geltend gemacht werden. Sie sollten in einer Bund-Ländervereinbarung erfaßt, katalogisiert und verfahrensmäßig geregelt werden. Zu diesem ,,Flurbereinigungsabkommen", das auf einen Vorschlag des Troeger-Gutachtens 1965 zurückgeht, ist es bis heute nicht gekommen, weil einige Länder sich nicht auf die Anerkennung der Abgrenzungsprinzien einlassen wollen.
Ein anderes Ergebnis der Neuregelung ist, daß das Risiko der Länder, durch Bundesgesetze mit Aufgaben und Ausgaben belastet zu werden, durch besondere Vorschriften über die Finanzierung von Geldleistungsgesetzen eingegrenzt wurde. Solche Fälle sind durch die Wohnungsbauprämie, die Sparprämie, das Wohngeld, das Bundesausbildungsförderungsgesetz[38] aktuell geworden. Auch das Städtebaugesetz und das Krankenhausfinanzierungsgesetz finden mit ihren Finanzhilfen ihre Rechtsgrundlage in der Neuregelung.
Die ,,neue Dimension" der Finanzpolitik, ihre Ökonomisierung nämlich und ihre Rationalisierung erhielten gleichfalls ihre rechtliche Abstützung. Der ,,Granitblock" in der Landschaft des Finanzausgleichs, Art. 109 des Grundgesetzes, wurde gründlich umgestaltet und bildet jetzt den verfassungsrechtlichen Grundstein für die fiskalpolitische Ausrichtung der Haushalte von Bund und Ländern auf die Erfordernisse des gesamtwirtschaftlichen Gleichgewichts und für die mehrjährige Finanzplanung. Schließlich enthält er die Ermächtigung zum Erlaß eines Haushaltsgrundsätze- und eines Stabilitätsgesetzes. Ersteres[39] regelt den Haushaltsprozeß, die Haushaltstechnik und die Finanzplanung. Das andere[40] verpflichtet Bund, Länder und Gemeinden auf das Zielviereck von Stabilität, Wachstum, hohen Beschäftigungsstand und außenwirtschaftlichem Gleichgewicht. Das Planungsgremium der harmonisierten Haushalte ist der Finanzplanungsrat. Er diktiert die Haushalte nicht, weil das das Budgetrecht der Parlamente aus den Angeln heben würde. Selbst ein Organ der Kooperation, sollte er durch seine Autorität Bund und Länder auch im wohlverstandenen Eigeninteresse zu kooperativem Verhalten auf der Grundlage von Empfehlungen bringen.

Ausgaben von Bund[41], Ländern und Gemeinden (Mrd. DM)[42]

	1952	1962	1972	1974
Bund	22,6	52,2	115,0	138
Länder	11,4	34,3	82,6	109
Gemeinden	7,6	20,0	54,8	69
	41,6	106,5	252,4	316

Der Finanzbericht 1976[43] meldet dazu lakonisch: Empfehlungen „hat der Finanzplanungsrat in seinen letzten drei Sitzungen nicht mehr verabschiedet. Angesichts der unterschiedlichen parteipolitischen Grundsatzpositionen ist eine Verständigung auf gemeinsame Empfehlungen nicht möglich gewesen". Die Gruppentherapie hat versagt.

VIII.

Dieses System der Verteilung der Finanzfunktionen zwischen Bund und Ländern ist das Ergebnis einer zwanzigjährigen Entwicklung. Verglichen mit dem einfachen Zuschnitt des ursprünglichen Grundgesetzes wirkt es höchst artifiziell. Der politische und administrative Prozeß hat es hervorgebracht. Es ist keineswegs optimal, aber derzeit auch wohl nicht verbesserungsfähig:
a) Es kommt immer wieder zu Auseinandersetzungen über die Anteile der beiden Partner an der Mehrwertsteuer. Bezeichnenderweise wird der Steuerstreit seit Adenauer vom Bundeskanzler und den Ministerpräsidenten, also auf höchster politischer Ebene, entschieden und von den Parlamenten beschlossen. Was sollten sie auch machen? Bis diese Entscheidungen fallen, bleiben die Haushalte aller Beteiligten in der Schwebe, weil sie alle einen höheren Bundes- bzw. Landesanteil in ihren Budgetentwürfen eingesetzt haben, als sie schließlich erhalten können. Aber auch daran hat man sich gewöhnt. Eine Festschreibung der Beteiligung können sich weder Bund noch Länder wünschen.
b) Die Steuerpolitik, insbesondere hinsichtlich der Verbundsteuern, ist von Rücksichtnahmen auf das Finanzausgleichsergebnis nicht frei. Aber die Erfahrung lehrt, daß dieses Moment nicht zu hoch eingeschätzt werden darf.
c) Überall, wo Mischfinanzierung besteht, weil der Bund Mitwirkungsbefugnisse hat oder ohne sie mitfinanziert, entsteht Doppelverwaltung mit oft beträchtlichem Aufwand und Reibungsverlust. Es kommt vor, daß zur Finanzierung eines Projekts Stadt, Land und Bund zusammenwirken und daß auf der Ministerialebene jeweils mehrere Ministerien befaßt werden, mindestens um ihre Zuständigkeit zu verneinen, häufiger um sie zu bejahen. Das Problem der Zuständigkeitsabgrenzung zwischen Bund und Ländern und unter den Fachministerien, mit der Folge, daß für ein Projekt aus verschiedenen Einzelplänen Mittel bewilligt werden können, bildet eine Schwäche der Haushaltswirtschaft. Es steht auf jeder Ebene für sich zur Lösung an.
d) Bei der Finanzierung der Gemeinschaftsaufgaben und bei den Investitionshilfen[44] wirkt der Bund an der Erfüllung von Länderaufgaben mit. Daraus

erwachsen ihm beträchtliche Steuerungsmöglichkeiten, sowohl struktur- wie konjunkturpolitischer Art. Das Investitionsvolumen der Gebietskörperschaften vermag er nicht unwesentlich zu beeinflussen.

IX.

Die eigentliche Frage geht dahin, ob die durch die Finanzreform von 1969 neugestaltete Finanzverfassung des kooperativen Föderalismus, der Finanzpolitik die Möglichkeiten eröffnet hat, langfristig zu planen und konjunktur- wie wachstumspolitisch wirksam zu führen.

Vom Wortlaut der Verfassung her ist diese Frage zu bejahen: Bund und Länder haben in ihren Haushaltsordnungen und im Stabilitätsgesetz jeweils für sich die rechtlichen Grundlagen für eine konjunkturgerechte Haushaltsplanung und -führung. Auch für die Harmonisierung einer fiskalpolitisch ausgerichteten Haushaltspolitik sind rechtliche Vorkehrungen getroffen; von der – allerdings nicht justiziablen – Rechtsverpflichtung auf das gesamtwirtschaftliche Gleichgewicht, über die Kreditrationierung oder die Konjunkturausgleichsrücklage, zu Maßnahmen auf dem Gebiete des Steuerrechts bis zu den Koordinierungsgremien der konzertierten Aktion, des oben erwähnten Finanzplanungsrats und des Konjunkturrats der öffentlichen Hand[45]. Freilich fehlt es am Rechtszwang zu einem einheitlichen fiskalpolitischen Verhalten. Diese Schwäche ist einem föderativen Staat in die Wiege gelegt.

Für eine wirksame Konjunkturpolitik des Bundes reicht weder das politische Instrumentarium, über das er selbst verfügt, insbesondere der eigene Haushalt, sowohl nach Umfang wie nach Manövrierraum aus, noch können seiner Konjunkturpolitik die Haushalte der Nebenfisci oder der Sondervermögen, etwa der Bundesbahn oder der Bundespost, wirksam zu Hilfe kommen. Die Bundesbahn bedeutet im Gegenteil eine schwere Belastung für den Bundeshaushalt. Die Bundesanstalt für Arbeit mußte sich ihre Leistungen vom Bund finanzieren lassen, als der Fall eintrat, für den sie gebildet worden war. Das Stabilitätsgesetz hat zwar der Haushalte der Sozialversicherungsträger[46], insbesondere ihrer Überschüsse gedacht. Zur Zeit lassen sie eher beträchtliche Risiken vorausahnen als eine Vergrößerung des Aktionsfeldes der Globalsteuerung. Den Durchgriff auf die Länder und Gemeinden zu suchen, um die manipulierbare Haushaltsmasse zu vergrößern, drängt sich also auf und scheitert gleich an dem „Granitblock" ihrer haushaltsrechtlichen Selbständigkeit, der noch durch die Bundesstaatsgarantie abgestützt ist[47]. In diesem Zusammenhang mag auch durchaus die Unabhängigkeit der Deutschen Bundesbank als mögliches Hindernis für Strategien der Finanzpolitik erwähnt werden. Der Verantwortung, die die Bundesfinanzpolitik trägt, entspricht das Instrumentarium ihrer Befugnisse kaum[48]. Die Finanzverfassung, genauer ihre föderative Grundlage setzt der Konzentration der Finanzfunktion Grenzen. Andererseits stellt sich die Frage, ob das beste Instrumentarium die Politik selbst oder ihre Chance verbessern könnte: An der Möglichkeit einer lang- oder auch nur mittelfristigen finanzpolitischen Planung, eines theoriegerechten Verhaltens und an der Theorie selbst, sind Zweifel aufgetaucht.

a) Die Möglichkeit einer mittelfristigen Planung ist durch die Erfahrungen seit den Versuchen mit ihr nicht bestätigt. Die Finanzplanung funktioniert nicht. Die nachfolgende Tabelle über die mittelfristige Finanzplanung des Bundes zeigt das. Man hätte ebensogut die Finanzplanung eines Landes nehmen können. Die Erfahrungen sind überall die gleichen[49].

Ausgaben des Bundes nach der Finanzplanung und dem Rechnungsabschluß (in Mrd. DM)[50]

	1969	1970	1971	1972	1973	1974	1975	1976	1977	1978	1979
Haushalts-Soll	80,8[51]	89,3[52]	98,3	108,9	121,6	136,4	161,4	164,1			
Haushalts-Ist	82,1	87,8	98,4	110,7	121,7	133,2	156,2				
Nettokredit-aufnahme (Ist)	0,002	1,1	1,4	3,9	2,7	9,4	29,9	32,7 (Soll)			
Finanzplan:											
1975–1979									173,2	185,3	195,2
1974–1978							154,0	169,7	184,6	199,2	
1973–1977							145,8	158,2	171,7		
1972–1976						130,6	141,7	153,8			
1971–1975					115,1	123,8	131,4				
1970–1974				108,6	117,6	127,0					
1969–1973			97,9	103,8	111,4						
1968–1972		85,9	90,2	95,0							

Nur das ergibt sich aus den Zahlen, die von Planung zu Planung steigen, daß die Finanzpolitik auf Expansion ein- und auf wachsende Steuereinnahmen abgestellt ist. Im Grunde ist sie eine Projektion des in den alten Haushaltsverpflichtungen und neuen Programmen angelegten Kostenauftriebs auf die Zukunft, finanziell „abgesichert" durch die Hoffnung auf Wirtschaftswachstum. Setzt der Steuerzuwachs aus, sieht sie sich vor der Erkenntnis eines „strukturellen Haushaltsdefizits". Da in einer solchen Situation die Erhöhung der Steuerquote wirtschaftspolitisch kaum indiziert ist, entsteht der Zwang zu hohen Defiziten, Haushaltssicherungs- oder Haushaltsstrukturgesetzen oder einer Kombination von beiden. Das Debakel der Planung wird offenkundig: Die Situation tritt ein, die die Planung hätte verhüten müssen. Soweit Planung auf Prognose beruht: Nach dem Rekordjahr 1975 der Fehlprognosen wird man in der Zukunft recht skeptisch sein.

b) Zweifel an der Tauglichkeit der Fiskaltheorie sind aufgetreten. Sie können hier nicht erörtert werden. Nur das mag angedeutet sein: Eine Gruppe von Zweiflern meint, die Theorie sei durch das „Ende der Geldillusion" nach Jahren der Inflationserfahrung überspielt worden[53] und eine expansive Konjunkturpolitik bringe „die Pferde nicht mehr zum Saufen". Andere glauben, daß der Keynesianismus als ein Rezept zur Verhinderung von Arbeitslosigkeit nicht für eine Situation passe, in der Arbeitslosigkeit und Inflation gleichzeitig zu bekämpfen seien. Wenn neuerdings der Monetarismus groß- und die Fiskalpolitik kleingeschrieben werden, so ist das auch eine Folge des Vertrauensschwunds zur letzteren. Die Globalsteuerung ist in eine Glaubenskrise geraten. Das soll allerdings nicht besagen, daß die Haushaltswirtschaften aus ihrer Verantwortung zu möglichst konjunkturgerechtem Verhalten zu entlassen seien.

c) Aber Zweifel an der Möglichkeit der Fiskalpolitik, genauer an der Befähigung dazu, die Haushaltswirtschaften konjunkturgerecht auszurichten, sind nicht von der Hand zu weisen. Die Deckung des Haushaltsbedarfs, einer politischen Größe, hat erste Priorität. Seine Manipulation je nach Konjunkturlage ist in Wirklichkeit aus politischen und rechtlichen Gründen nur in einem viel beengteren Maße möglich als die Theorie es beansprucht. Im Inflationsfall verlangt sie bekanntlich die Verminderung der Ausgaben. In einer Serie von Inflationsjahren, worauf immer sie zurückzuführen sein mögen, ist eine derartige Haushaltspolitik offensichtlich unrealistisch. Man kann die Haushalte offensichtlich nicht von Jahr zu Jahr kürzen, denn alle Erfahrung von 25 Jahren Finanzpolitik spricht dafür, daß die Haushalte unbremsbar eine Einbahnstraße nach oben eingeschlagen haben. Den tieferen Gründen dafür soll hier nicht nachgeforscht werden. Viele Untersuchungen der Bundesbank, des Sachverständigenrats, der Wirtschaftsforschungsinstitute laufen darauf hinaus, daß eine antizyklische Finanzpolitik des Staates nur in sehr begrenztem Umfang erfolgte und daß die Staatsausgaben trotz des Bemühens um Mäßigung regelmäßig expansiv wirkten[54]. Der Sachverständigenrat formuliert: „In einer Marktwirtschaft wie der unseren werden Ansprüche an das Produktionspotential vornehmlich über den Markt, aber auch über den Staat geltend gemacht. Diese Ansprüche haben bei uns in der jüngeren Vergangenheit nicht zu jenen gepaßt, die gleichzeitig über den Markt erhoben wurden. Der Staat hat nicht vermocht, private Nachfrage (etwa durch erhöhte Steuern) zurückzudrängen, wollte aber mit seinen eigenen Ansprüchen auch nicht zurückstecken."[55]

Daraus folgt, daß die Finanzreform 1969 gerade in dem, was ihr Stolz war, ihre Hoffnung zurückstecken muß.

X.

Der geringe Erfolg des Staates beim Zurückdrängen privater Ansprüche läßt sich an der Entwicklung der Steuer- und der Staatsquote ablesen: Das Steueraufkommen ist gewaltig gestiegen[56]. Die Steuerquote selbst verblüfft. Sie pendelte etwa zwischen 22 und 24%. Sie ist also ziemlich konstant geblieben. Da die Höhe des Steueraufkommens im wesentlichen die Höhe der Staatsausgaben bestimmt, konnte sich die Staatsquote auf längere Sicht nicht sehr viel anders entwickeln. Und in der Tat lag sie im Jahre 1952 knapp unter 30% und 1974 bei gut 31%[57]. Sie dürfte 1975 bei stagnierendem Sozialprodukt und wachsenden Haushalten kräftig gestiegen sein. Die gesamte Ausgabenpolitik vollzog sich demnach bei Absinken der Bundesfinanzmasse zugunsten der Länder und der Gemeinden innerhalb eines ziemlich konstanten Rahmens.

In diesem Zusammenhang sollte nicht übersehen werden, daß die Personalausgaben mit der Intensivierung der Staatstätigkeit infolge Personalmehrung stie-

gen und daß sie ebenso wie die Sozialleistungen dynamisiert, d. h. mit der Entwicklung der Löhne in der Wirtschaft verbunden sind. Sie spiegeln das Ergebnis des Verteilungskampfes. Sie steigen mit einer gewissen Automatik und beanspruchen von vornherein einen Teil des Steuermehraufkommens. Sie beengen die Haushaltspolitik.
Die Zahlen der Staats- und Steuerquote erwecken nun den Anschein als ob die berühmt-berüchtigte Ausdehnung der Staatstätigkeit nicht erfolgt sei. In Wirklichkeit ist dem nicht so.
Die Ausdehnung der Staatstätigkeit im weiteren Sinn ist erfolgt, nur weniger über die Haupthaushalte der Gebietskörperschaften als über die Seitenhaushalte der Sozialversicherungsträger und durch ihre Finanzierung vorwiegend mit Sozialabgaben[58]. Die Ausgaben der Sozialversicherungsträger wuchsen erheblich schneller als die der Gebietskörperschaften. Der Anteil der Sozialversicherung an den Gesamtausgaben der öffentlichen Haushalte kletterte auf 33%. Die Staatsquote einschließlich der Sozialversicherungsträger liegt bei gut 45%. Die Ausdehnung der Sozialausgaben hat ihre Ursache teils in der Ausdehnung des Personenkreises der Versicherten, teils in seiner Altersstruktur, teils in einem Ausbau des Leistungssystems. Einen seiner wesentlichen Züge verdankt das System der Ära Adenauer: die dynamische Anpassung der Renten an die Entwicklung der Arbeitnehmereinkommen im Jahre 1957. Die Rentner nehmen damit am wachsenden Wohlstand teil und erhalten eine Sicherung gegen Inflationsverluste. Sie war eine große sozialpolitische Tat, aber finanzpolitisch nicht ganz ungefährlich. Das System wurde durch nachträgliche Ereignisse, insbesondere durch die Explosion der Ausgaben bei der Krankenversicherung und die Vorziehung der Anpassung überstrapaziert.
Die Sachverständigen befürchten, daß die Gesamtabgabenquote (Steuern und Sozialversicherungsbeiträge) von gegenwärtig rund 36% auf 39% oder 40% ansteigen wird. Im Grund bedeutet das, daß der Ausdehnungsspielraum vorwiegend durch die soziale Sicherung belegt wurde. Die Umverteilung über das Sozialversicherungssystem stand also im Vordergrund der „Ausdehnung der Staatstätigkeit", falls man dieses Schlagwort hier anwenden will. Die Behauptung vom Unvermögen des Staates beim Zurückdrängen der privaten Ansprüche bedarf demnach einer Interpretation: In der Konkurrenz von Steuerbelastung und Belastung mit Sozialabgaben hat die Steuerquote verloren. Natürlich kann man das so sehen, daß sich der Staatshaushalt zugunsten des Steuerzahlers von Aufgaben verschont hat, die er den Sozialversicherungsträgern, der Versichertengemeinschaft und den Arbeitgebern aufbürdete. Man kann aber mit der gleichen Berechtigung sagen, daß die Schwierigkeiten der Gebietskörperschaften, die Steuerquote für ihre Haushalte anzuheben, in diesem Befund ihren Grund haben. „Vieles spricht dafür, daß wir uns den Grenzen der Abgabenbelastung nähern."[59] Schon die Erfahrungen mit der Einkommensteuerreform von 1974 gaben dafür Anzeichen. Sie wurde durch die verteilungspolitische Auseinandersetzung beeinflußt; es waren von Arbeitnehmerseite sehr hohe Lohnforderungen gestellt worden. Sie sollten nicht nur einen Inflations- und Teuerungsausgleich, sondern außerdem eine Erhöhung der Lohnquote erwirken. Ein großer Teil der Lohnsteuerpflichtigen war vorher schon aus der Proportionalzone des alten Tarifs in die Progressionszone gelangt. Die höhere

Steuerbelastung und die Belastung mit Sozialabgaben würde sich ebenfalls in höhere Lohnforderungen umsetzen. In dieser volkswirtschaftlich gefährlichen Situation mußte die Steuerpolitik die Tarifkorrektur vornehmen. Nach der Investitionsquote mußte die Steuerquote den Ansprüchen der Lohnquote weichen. In der Geschichte der Finanzpolitik war das ein dramatischer Moment.

XI.

Es ist zu befürchten, daß die Finanzpolitik mit den dargestellten Zwängen leben muß.

Es bedeutet das das Ende einer Doktrin, die auf dem Boden des Wirtschaftswunders gedieh, das ihr das Leben leicht machte. Sie beruhte auf drei Annahmen, die inzwischen wanken:

Die erste und stärkste beruhte auf der Erfahrung, daß das Sozialprodukt zuverlässig und stetig wachsen und alljährlich ein höheres Steueraufkommen abwerfen würde. Die Haushaltspolitik beschäftigte hauptsächlich die Verteilung des alljährlichen Zuwachses.

Die zweite war die Zuversicht, daß für die Ausdehnung der Staatsquote noch eine Reserve vorhanden sei. Der Glaube, daß der „Staatskorridor" ausgedehnt werden könne und müsse, war weit verbreitet und ging durch alle Parteien[60]. Inzwischen zeigt sich, daß er im Sozialversicherungssektor verbraucht ist.

Die dritte der schönen Täuschungen war, daß ein etwaiger Konjunkturabbruch mit dem Instrumentarium der Globalsteuerung beherrscht werden könne wie eine leichte Rhythmusstörung. Mit den Strategien der Fiskalpolitik und des Monetarismus, insbesondere mit einer defizitfinanzierten Ausgabenexpansion – nicht einmal unerwünscht –, könne eine Rezession unterlaufen und vor einer Gefährdung der Vollbeschäftigung in einen neuen Aufschwung umgedreht werden. Vollbeschäftigung glaubte man garantieren zu können. Hierin liegt wohl die größte Enttäuschung.

Nach 25 Jahren Finanzpolitik, deren Ausgangslage in der Ära Adenauer geschaffen wurde, steht sie vor der Notwendigkeit eines neuen Ansatzes, der sie von der Euphorie der letzten Jahre in die strenge Solidität der Anfangsjahre zurückzwingt, wenn sie den Rang der Staatskunst beanspruchen und nicht als Finanzhandwerk vegetieren will.

1 Vgl. Georg Strickrodt, Finanzrecht, Grundriß und System, Berlin 1975, S. 26. Die „Finanzfunktion" umfaßt die gesamte finanzwirtschaftliche Betätigung der öffentlichen Hand, insbesondere ihre Haushaltswirtschaft, das Steuer- und Abgabenwesen, den öffentlichen Kredit und das Vermögen, die Unternehmen und Beteiligungen, das Besoldungs- und Versorgungsrecht, die Finanzmaßnahmen der konjunktur-, wachstums- und gesellschaftspolitischen Interventionen, den Bezug zum Währungswesen und Finanzfragen der Außenpolitik. Im gegliederten Staatswesen spielt die Regelung der Finanzbeziehungen zwischen den Ebenen eine große Rolle.

2 Die Wirtschaftssysteme in Frankreich, Großbritannien, Italien und Österreich, wenngleich mit ihren verschiedenen Akzenten, bilden einen Vergleichsmaßstab dafür, was so oder anders auch in der Bundesrepublik hätte passieren können.

3 In seinem Abschnitt „Finanzwesen", insbesondere Artt. 104a, 106, 109.

4 Die Regierungserklärung nannte u. a. folgende Aufgaben: die Vertriebenenfrage, die Förderung des Wohnungsbaus, die Weiterführung der Wirtschaftspolitik, die Beseitigung der Zwangswirtschaft, die Aufhebung der Brennstoffbewirtschaftung, die Förderung der wissenschaftlichen Forschung, die Pflege und die Freiheit des Außenhandels, die Demontagefrage, die Festigung des Mittelstandes, die Verbesserung der landwirtschaftlichen Produktion, die Förderung der Kapitalbildung, und zwar sowohl die Bildung von Sparkapital wie von Betriebskapital, die Herabsetzung der Einkommensteuer, der Wiederaufbau der Wirtschaft als vornehmste, ja einzige Grundlage für jede Sozialpolitik und die Eingliederung der Vertriebenen, die Herabsetzung der Besatzungskosten, die Verabschiedung des Lastenausgleichs, die Regelung der Pensionen der ehemaligen Beamten und Militärpersonen, die Gewährung eines ausreichenden Unterhaltes für Kriegsbeschädigte und Kriegshinterbliebene, die Frage der deutschen Kriegsgefangenen und Vertriebenen. Vgl. Chronik. Debatten, Gesetze, Kommentare. Deutscher Bundestag 1949–1953. 1. Legislaturperiode. Eine Dokumentation. Hrsg. vom Presse- und Informationszentrum des Deutschen Bundestags, Bonn o.J., S. 18.

5 Das Haushaltsjahr lief damals vom 1. April bis zum 31. März.

6 Auf der Rechtsgrundlage der recipierten Reichshaushaltsordnung von 1923.

7 Bruttosozialprodukt (BSP): 994 Mrd. DM, Istausgaben des Bundes: 133,2 Mrd. DM. BSP: 1975: ca. 1000 Mrd. DM, Soll 1975 161,5 Mrd. DM. Vgl. Finanzbericht 1976. Hrsg. vom Bundesministerium der Finanzen Bonn, S. 155.

8 Darauf kann hier nicht eingegangen werden. Auch nicht auf die Regelung des Lastenausgleichs und die Schaffung des Lastenausgleichsfonds als Sondervermögen, die eine große konzeptionelle Leistung war. Übrigens wurden bis zum 31. Dezember 1974 88,5 Mrd. DM aus dem LAG-Fonds ausbezahlt.

9 Vgl. Finanzbericht 1959. Hrsg. vom Bundesministerium der Finanzen Bonn, S. 650. Es bedeutete einen guten Auftakt, daß das Steueraufkommen im nächsten Jahr auf 29,4 Mrd. DM, also um rund 36% wuchs, während das BSP um 26,4% anstieg. Darin zeigt sich die große Elastizität der Einkommensteuern, die wiederum auf weit überhöhte Tarife zurückging.

10 Vgl. Art. 30 GG.

11 Aus dem Bundeshaushalt 1974 mit Ausgaben in Höhe von 133,2 Mrd. DM flossen an die Länder rund 20,2 Mrd. DM, an die Gemeinden knapp zwei Mrd. DM, an Sozialversicherungsträger 19 Mrd. DM, an die EG rund vier Mrd. DM. Vgl. Finanzbericht 1976, Hrsg. vom Bundesministerium der Finanzen Bonn, S. 167 und S. 175.

12 Die Personalausgaben der Länder liegen bei rund 42% ihrer Gesamtausgaben, die des Bundes bei 17, der Gemeinden bei 27%.

13 Zur Entwicklung des Finanzausgleichs vgl. Franz Menges, Reichsreform und Finanzpolitik, Berlin 1971.

14 Vgl. Verhandlungen des Deutschen Bundestages. 2. Wahlperiode 1953. Anlagen zu den stenographischen Berichten. Bd. 29, Drucksache 480, S. 30ff. Eine gründliche Darstellung der Geschichte des Finanzausgleichs seit 1871 findet sich S. 17ff.

15 1952 lag die Steuerkraft von Schleswig-Holstein bei 53,9% des Bundesdurchschnitts und wurde immerhin auf 82,3% angehoben.

16 Vgl. Verhandlungen des Deutschen Bundestages. 2. Wahlperiode 1953. Anlagen zu den stenographischen Berichten. Bd. 29, Drucksache 480.

17 Vgl. Verhandlungen des Deutschen Bundestages. 2. Wahlperiode 1953. Anlagen zu den stenographischen Berichten. Bd. 29, Drucksache 480, S. 34.

18 Vgl. Art. 106 Abs. 4 GG, jetzt Art. 104a Abs. 1 GG; Art. 120 bildete eine Ausnahme.

19 Vgl. Art. 120 GG.

20 Vgl. Bundesverfassungsgericht vom 16. Juni 1959. Entscheidungen des Bundesverfassungsgerichts. Hrsg. von den Mitgliedern des Bundesverfassungsgerichts. Bd. 9, Tübingen 1959, S. 305.

21 Vgl. Verhandlungen des Deutschen Bundestages. 2. Wahlperiode 1953. Anlagen zu den stenographischen Berichten. Bd. 29, Drucksache 480, Ziff. 66, S. 50f.

22 Vgl. Wilhelm Henle, Die Förderung von Landesaufgaben aus Bundesmitteln, in: Gemeinschaftsaufgaben zwischen Bund, Ländern und Gemeinden (Schriftenreihe der Hochschule Speyer, Bd. 11), Berlin 1961, S. 63.

23 Vgl. Finanzbericht 1961. Hrsg. vom Bundesministerium der Finanzen Bonn, S. 36; Finanzbericht 1970, S. 34.

24 Bundeshaushalt und Nebenhaushalte.

25 Vor kommunalem Finanzausgleich.

26 Dieser Verdacht stützte sich auch auf den „Juliusturm". Dazu berichtet der damalige Budgetdirektor Karl Vialon: „Ihre stärkste Belastung erfuhren Haushaltswesen und Haushaltsrecht der Bundesrepublik in den Jahren nach 1954, als durch die Minderausgaben im Verteidigungshaushalt die Barmittel der Bundeskasse und die unerledigten Verpflichtungen des Bundes gewaltig anstiegen. Zunächst waren es die nicht abgerufenen Besatzungslasten, die den Haushalt formell und materiell überforderten. Die Besatzungsmächte verlangten die Einstellung des vertraglichen Solls an Besatzungskosten in den Haushaltsplan, meist in der immer wieder täuschenden Annahme, daß die vielen geplanten oder begonnenen Besatzungsvorhaben (Bauten und Beschaffungen) schneller als zuvor realisiert würden. Die Besatzungskosten wurden später in der Tat bis auf den letzten Pfennig abgerufen; Kreislaufschäden der Wirtschaft traten dabei nicht auf, wie überhaupt der ‚Juliusturm', also das hohe Guthaben des Bundes bei der Notenbank, neben dem neutralisierenden Ausgleich bei den Exportüberschüssen auch in der gelegentlich allzu heißen allgemeinen Wirtschaftskonjunktur mäßigend und ventilierend wirkte. An den Juliusturm der nichtabgerufenen Besatzungsausgaben stellte sich der alsbald viel wuchtigere Turm der nicht ausgegebenen Haushaltsmittel für die eigenen deutschen Verteidigungsstreitkräfte. Von 5,2 Milliarden DM wurden beispielsweise in einem Rechnungsjahr nur 100 Millionen DM verausgabt, nicht einmal 2% der veranschlagten Summe. Vier Jahre lang blieben hohe Milliardenbeträge unausgenutzt; zeitweise stiegen die Guthaben des Bundes auf über acht Milliarden DM, die Bindungsermächtigungen auf 18 Milliarden DM, die Ausgabereste der Verteidigung auf über sechs Milliarden DM. Selbstverständlich waren die jeweils veranschlagten Beträge als verausgabungsreif und dringend benötigt vom Fachminister bezeichnet worden; der Finanzminister wurde wie dieser einfach ein Opfer mangelnder Voraussehbarkeit. Es entstand eine Atmosphäre der Unglaubwürdigkeit aller vorgelegten Zahlen. Doch wurden alle diese Umstände und Erwägungen weit in den Schatten gestellt durch die als Folge der Juliustürme auftretenden haushaltspolitischen Kompromisse an der inneren Ausgabenfront. Es kam zu nachträglichen ‚Kuchenverteilungen' (zwischen Haushaltsentwurf und abschließender Plenarberatung), die, die flüssigen Mittel des Bundes als Deckungsmittel benutzend, sozusagen verspätet diejenigen Ausgaben in den Haushaltsplan hineinbrachte, die möglicherweise sich von Anfang an darin befunden hätten, sofern das Zurückbleiben der Verteidigungsausgaben hinter den Ansätzen bekannt gewesen wäre." Vgl. Karl Vialon, Haushaltsrecht, Berlin 1969, S. 57ff., gekürzt. Nichts führt daran vorbei, daß eine unrealistische Veranschlagung die Haushaltspolitik in beträchtliche Verlegenheit brachte.

27 Die Ausgleichsmasse stieg im Jahre 1958 auf 954,7 Mio. DM bei Steuereinnahmen der Länder von 14392 Mio. DM und 1966 auf 1604 Mio. DM bei 34023 Mio. DM.

Die Anhebung der Steuerkraft erfolgte unterschiedlich. Schleswig-Holstein kam z. B. auf 94%, Rheinland-Pfalz auf 88,6% der durchschnittlichen Steuerkraft.

28 Vgl. 20. und 21. Gesetz zur Änderung des GG vom 12. Mai 1969, Bundesgesetzblatt (BGBl.) 1969. Teil I, S. 357 und S. 359.

29 Gutachten über die Finanzreform in der Bundesrepublik Deutschland, Stuttgart 1965, im folgenden als Troeger-Gutachten zitiert.

30 Vgl. Troeger-Gutachten, S. 3; vgl. Wilhelm Henle, Finanzreform zwischen Föderalismus und Haushaltspolitik, in: Die öffentliche Verwaltung 1966, S. 608ff.; Wilhelm Henle, Finanzreform und die Beschaffenheit des Staats, in: Die öffentliche Verwaltung 1968, S. 396ff.

31 Vgl. Troeger-Gutachten, S. 20. Das Troeger-Gutachten und die weitere Behandlung im Gesetzgebungsverfahren war kontrovers. Die einen hielten den kooperativen Föderalismus für eines der gefährlichsten Schlagworte unserer Zeit (Barbarino, Münchener Merkur vom 11. Januar 1969), andere sprachen von einer totalen Kapitulation vor dem Länderegoismus (Mischnick, Das Parlament vom 3. Mai 1969).

32 Das Troeger-Gutachten hatte die Zusammenlegung des Aufkommens aus Einkommen-, Körperschafts- und Mehrwertsteuern und ihre Teilung zwischen Bund und Ländern jeweils nach Finanzbedarf vorgeschlagen. Von anderer Seite war sogar die Einbringung sämtlicher Steuern in eine gemeinsame Verbundmasse und die Verteilung des Länderanteils nach der Bevölkerungszahl vorgeschlagen worden. Eine derartige Lösung hätte den Ländern jede Ertragshoheit genommen. Damit hätte sich die Landesfinanzverwaltung zwar noch durch Art. 30 GG, aber nicht mehr durch eine Ertragshoheit legitimieren können.

33 Vgl. Finanzbericht 1974. Hrsg. vom Bundesministerium der Finanzen Bonn, S. 174. Seit 1952 ist der Anteil des Bundes um 10% gesunken.

34 Einschließlich LAG-Fonds, Öffa, EG-Anteil.

35 Quelle: Finanzberichte, insbesondere 1974, S. 53.

36 Der Entwurf eines Gesetzes zur Änderung und Ergänzung des Grundgesetzes (Finanzreformgesetz) wurde am 30. April 1968 eingebracht (Drucksache V/2861), das Gesetz selbst im Jahre 1969 verabschiedet. Vgl. Verhandlungen des Deutschen Bundestages. 5. Wahlperiode 1965. Anlagen zu den stenographischen Berichten. Bd. 121, Drucksache V/2861.

37 Die Finanzierungskompetenzen des Bundes (Artt. 91a, 91b, 104 Abs. 4) führen zu Zuweisungen in Höhe von etwa sieben Mrd. DM. Die Enquete-Kommission „Verfassungsreform" schlägt vor, das Grundgesetz durch eine Rechtsgrundlage für eine gemeinsame Aufgabenplanung – Rahmenplanung – zu ergänzen, die Artt. 91a und 91b zu streichen und nach Modifizierung des Art. 104 eine neue Rechtsgrundlage für „Finanzbeiträge" zu schaffen, die die bisherigen Gemeinschaftsaufgaben und Investitionshilfen abdeckt.

38 1975: drei Mrd. DM, davon der Bund 65%, die Länder 35%, Gesamtaufwand für die genannten Gesetze 1975 (Soll) 10,4 Mrd. DM, davon Bund 6,8 Mrd. DM, Länder 3,4 Mrd. DM. Der Vollzug des Kindergeldgesetzes und seine Vollfinanzierung durch den Bund hängt mit der Regelung des Art. 104a zusammen.

39 Vgl. Wilhelm Henle, Haushaltsordnung nach der Haushaltsreform, in: Die öffentliche Verwaltung 1970, S. 289.

40 Eine Darstellung des Gesetzes findet sich im Finanzbericht 1968. Hrsg. vom Bundesministerium der Finanzen Bonn, S. 231.

41 Einschließlich Sonderrechnungen (LAG-Fonds, Öffa, ERP, EG).

42 Vgl. Finanzbericht 1972. Hrsg. vom Bundesministerium der Finanzen Bonn, S. 163, für 1974 Schätzung.

43 S. 130, gekürzt.

44 Vgl. Jörg Müller-Volbehr, Fonds- und Investitionshilfekompetenzen des Bundes, München 1975, der eine ausgezeichnete Darstellung bringt.

45 Vgl. § 19 des Gesetzes zur Förderung der Stabilität und des Wachstums der Wirtschaft; BGBl. 1967. I, S. 582. Sie ist wohl die relativ wirksamste Maßnahme; vgl. auch §§ 15, 26ff.

46 Die Haushalte der Sozialversicherungsträger haben zusammen ein Ausgabevolumen von rund 150 Mrd. DM.

47 Art. 109 Abs. 1 und Art. 79 Abs. 3 GG dürften in Zusammenhang zu sehen sein.

48 „Der Bund ist schlecht ausgerüstet, um die ihm übertragenen Aufgaben zu bewältigen. Seine Lenkungsinstrumente wie Finanzplanungs- und Konjunkturrat sind schwach, haushaltsmäßig ist sein Spielraum gering", so Hans Clausen Korff, Haushaltskritik, Instrument öffentlicher Macht, Stuttgart 1975, S. 79 und S. 88.

49 Vgl. Hermann Eicher, Die Problematik mehrjähriger Finanzplanung, in: Eckart Schiffer und Helmut Karehnke (Hrsg.), Festschrift für Hans Schäfer, Köln 1975, S. 129ff. Als Ergebnis der zahlreichen Untersuchungen kann festgestellt werden, daß die Zweifel an „der mehrjährigen Finanzplanung überwiegen".

50 Vgl. Finanzberichte der Jahre 1970 bis 1976.

51 Abzüglich Konjunktursperre bzw. Zuführung zur Ausgleichsrücklage. Umrechnungen wegen Systemveränderungen erfolgten nicht, weil die Notwendigkeit der Veränderung mit Planungsmängeln zusammenhängt.

52 Vgl. Anmerkung 51.

53 Vgl. Jahresgutachten 1975/76 des Sachverständigenrats, in: Bundesratsdrucksache 725/75, S. 145, Ziff. 360: „Die Unternehmer haben gelernt, daß sie durch die Inflation nicht gewinnen."

54 Vgl. Alois Oberhauser, Stabilitätspolitik bei steigender Staatsquote, Göttingen 1975, S. 17ff. mit Nachweisen. Die Bundesbank berichtet über Neuere Tendenzen in der Finanzentwicklung der Länder, in: Monatsberichte der Deutschen Bundesbank, Frankfurt am Main, 27 (1975), Nr. 8. „Sieht man die Finanzpolitik der Länder im Konjunkturverlauf, so sind die Ausgaben seit 1970 in der Regel unabhängig von der jeweiligen gesamtwirtschaftlichen Lage stetig und kräftig angestiegen, und zwar durchschnittlich um 15% je Jahr."

55 Vgl. Jahresgutachten 1975/76, in: Bundesratsdrucksache 725/75, S. 137, Ziff. 333. Prof. Kloten, einer der Sachverständigen, hat in der Festschrift der Deutschen Bundesbank zum 100. Jubiläum der Mark ein geradezu vernichtendes Urteil über die Haushaltspolitik der öffentlichen Hand gefällt. Vgl. Währung und Wirtschaft in Deutschland 1875–1975. Hrsg. von der Deutschen Bundesbank, Frankfurt am Main, S. 643ff.

56 1952: 33,2 Mrd. DM, 1974: knapp 240 Mrd. DM. Im Gesamtsteueraufkommen hat das aus direkten Steuern immer stärkeres Gewicht bekommen. Sie bringen 60%, die vom Einkommen allein 46%.

57 Eigene Berechnung. Nach Konrad Littmann, Definition und Entwicklung der Staatsquote, Göttingen 1975, stieg sie von 1950 mit 28,6% auf 29,6% im Jahre 1971.

58 Abgabenquote 1955: 30,7%, davon Sozialabgaben 7,4%. Abgabenquote 1974: 36,9%, davon Sozialabgaben 12,8% (eigene Berechnung).

59 Vgl. Jahresgutachten 1975/76, S. 137, Ziff. 334.

60 Vgl. zu dem Gesamtproblem auch Oberhauser und Gutachten zur Finanzierung eines höheren Staatsanteils am Sozialprodukt. Erstellt vom finanzwissenschaftlichen Beirat beim Bundesministerium für Wirtschaft und Finanzen (Schriftenreihe des Bundesministeriums für Wirtschaft und Finanzen, Heft 20), Bonn 1972.

DIETER MAHNCKE

Adenauer und die Hauptstadt Berlin: Das Verhältnis Berlins zum Bund 1949 bis 1956

Das Thema ,,Adenauer und Berlin" kann von drei Ansatzpunkten her untersucht werden. Erstens kann von Adenauers politisch-emotionalem Verhältnis zu Berlin ausgegangen werden. Über dieses Verhältnis hat es viele Spekulationen gegeben, düstere Vermutungen über des katholischen Rheinländers Abneigung gegen Berlin und alles Preußische, die sogar Grundlage eines gut getarnten Mangels an Interesse an der Wiedervereinigung Deutschlands gewesen sein soll.

Für diese Vermutungen gibt es keine gesicherten Kenntnisse, die geeignet wären, sie aus dem Bereich der Spekulation, ja der Verleumdung herauszuheben. Vielmehr spricht manches dafür, daß – wie zum Beispiel Gradl überzeugend argumentiert[1] – es nicht Berlin und Preußen an sich und etwa im Gegensatz zum Rheinland waren[2], zu denen Adenauer in einer ,,kritischen Distanz" stand[3], sondern vielmehr jene Tradition und Geisteshaltung, die sich im Bismarck-Reich als innerer Autoritarismus und äußerer Expansionismus äußerten. Es sind diese Geisteshaltung und Politik, die Adenauer stets mit Berlin verband und manchmal damit gleichsetzte. Daraus folgte sein Wunsch, das neue Deutschland nach Westen zu orientieren und in die Bahnen einer westlichen pluralistischen Demokratie zu lenken[4]; es folgt nicht daraus, daß er sich eine solche Demokratie nicht auch für ganz Deutschland mit Berlin als Hauptstadt vorstellen konnte.

Adenauers keineswegs bedingungslos negative Einstellung zu Preußen dokumentiert zum Beispiel seine Rolle als Präsident des Preußischen Staatsrats seit 1921 (damit war er zusammen mit dem preußischen Ministerpräsidenten und dem Präsidenten des Preußischen Abgeordnetenhauses einer der drei führenden Politiker Preußens). Gegen die Nationalsozialisten kämpfte Adenauer 1933 für Preußen, als er sich weigerte, der Auflösung des preußischen Länderparlaments zuzustimmen.

Aufgrund einer Auswertung des Historischen Archivs der Stadt Köln schreibt Terence Prittie, Adenauer habe mit ,,äußerster Bestimmtheit" verlangt, ,,daß Preußen als Staat nicht verletzt werden sollte"[5]. Prittie fügt hinzu: ,,Es liegt eine gewisse Ironie darin, daß Adenauer, der in der Vergangenheit so oft für die Befreiung des Rheinlandes aus der Vorherrschaft Preußens gekämpft hatte, nunmehr für die Erhaltung Preußens eintrat."[6] Adenauer ging es eben in erster Linie um ein demokratisch orientiertes Deutschland. Er schloß nicht aus, daß dieses auch von Berlin aus regiert werden könnte[7].

Das führt zum zweiten Ansatzpunkt einer möglichen Untersuchung, nämlich der Frage, welche Rolle Berlin in der Außen- und Deutschlandpolitik Adenauers spielte. Hier wird es zunächst nicht einfach sein, die spezifischen Akzente, die Adenauer gesetzt hat, herauszudestillieren, da davon ausgegangen werden kann, daß die amtliche Politik der jeweiligen von Adenauer geführten Bundesregierungen auch die Politik war, die er selbst für die unter den Umständen bestmögliche hielt; das heißt, daß amtliche Politik und Adenauers Einstellung als weitgehend deckungsgleich angesehen werden können. Gewiß gibt es zahlreiche Aspekte dieser Politik, die es genauer als bisher geschehen noch zu untersuchen gilt[8] – etwa das Verhältnis der Bundesrepublik zu den Alliierten in dieser Frage oder die Politik der Bundesregierung und des Bundeskanzlers Adenauer während der Berlinkrise 1958 bis 1962 –, doch fehlt es bislang an der notwendigen Akteneinsicht, um hier neue Nuancen und insbesondere Adenauersche Akzente herauszuarbeiten.

So bleibt ein dritter Ansatzpunkt, nämlich die Untersuchung der Berlin-Frage als eines Elements der bundesdeutschen Innenpolitik. Auch hierzu gibt es bereits eine Anzahl von Arbeiten (z. B. über einzelne Aspekte des Verhältnisses zwischen Bund und Berlin[9]), freilich keine größere Gesamtanalyse. Diese steht noch aus und kann an dieser Stelle gewiß nicht geliefert werden. Hier soll lediglich auf einen Aspekt dieses Verhältnisses eingegangen werden, nämlich auf die Frage der Position Berlins in bezug auf den neuen westdeutschen Staat (Verhältnis Berlins zum Bund, Integration Berlins, politisches Engagement und wirtschaftliche Hilfe für Berlin), wobei ein Akzent auf der Hauptstadtrolle Berlins liegen soll. Gerade die Fragen des Verhältnisses Berlins zum Bund und der Hauptstadtrolle Berlins standen, der Entwicklung der Bundesrepublik entsprechend, in der Zeit von der Gründung der Bundesrepublik bis etwa zur Mitte der fünfziger Jahre im Mittelpunkt der Beziehungen zwischen Berlin und Bonn. Höhepunkt und Abschluß dieser ersten Phase – die hier allein behandelt werden soll – war der im Herbst vom damaligen Hamburger CDU-Abgeordneten Gerd Bucerius unterbreitete Vorschlag, den Regierungssitz der Bundesrepublik Deutschland von Bonn nach Berlin zu verlegen. Zwar blieb dieses Ereignis Episode und geriet schnell wieder in Vergessenheit. Für eine kurze Zeit beleuchtete es jedoch grell die Situation Berlins und Deutschlands. Wenn es überhaupt möglich ist, einzelne Ereignisse als Wendepunkte zu bezeichnen, so war dies, wenn nicht selbst Wendepunkt, so doch Signal dafür: für den Abschluß einer vorangegangenen und den Anfang einer neuen Etappe in der Berlin-Frage.

Bonn wird vorläufige Hauptstadt

Bereits am 3. November 1949, wenige Wochen nach der Gründung der Bundesrepublik Deutschland, hatte der Deutsche Bundestag sich festgelegt, daß Berlin die Hauptstadt des wiederzuvereinigenden Deutschland sei. Im Hinblick auf den späteren Bucerius-Vorschlag ist es bemerkenswert, daß diese Erklärung in Abänderung eines kommunistischen Antrags verabschiedet wurde, nach welchem „die leitenden Bundesorgane" „in die Hauptstadt Deutschlands Berlin" verlegt und der Bundestag sich „alsbald in Berlin" versammeln sollte[10]. Allerdings wurde dieses Bekenntnis zu Berlin als Hauptstadt eines wiederzuvereinigenden Deutschland ebenso wie der Antrag der SPD vom 30. September 1949, den Willen zu bekunden, daß Berlin Bestandteil der Bundesrepublik

Deutschland sei und in Zukunft ihre Hauptstadt werden solle[11], nicht in Berlin, sondern in Bonn verabschiedet, das durch seine Wahl zum Regierungssitz der Bundesrepublik zur ,,vorläufigen Hauptstadt" geworden war. Hier zeigte sich die Macht der Geographie: Während die DDR Berlin wie selbstverständlich zur Hauptstadt erklärte und alle obersten Regierungsorgane dort einrichtete[12], schien es den Westdeutschen angesichts der schwierigen, insularen Lage der Stadt[13] – die Vorbereitungsarbeiten zur Gründung der Bundesrepublik fanden in der Zeit der Blockade statt! – angebracht, die Regierungstätigkeit von Westdeutschland aus auszuüben; hinsichtlich Berlins blieb ihnen nur die Betonung des provisorischen Charakters des Regierungssitzes Bonn und die Hoffnung auf die baldige Wiedervereinigung. Es ist diese Macht der Geographie, die die Bucerius-Initiative 1956 durch eine andere Macht – die Demonstration politischen Willens zur Wiedervereinigung – zu überwinden suchte.

Hinsichtlich der Wahl Bonns zur vorläufigen Bundeshauptstadt hat Adenauer den Vorwurf zurückgewiesen, er habe sich für Bonn ausgesprochen, weil es in der Nähe seines eigenen Wohnortes gelegen habe; ausschlaggebend sei vielmehr die Bereitschaft der Briten gewesen, Bonn aus der britischen Zone und Militärverwaltung freizugeben. Für die konkurrierende Stadt Frankfurt am Main wäre ein entsprechendes Zugeständnis wegen der zahlreichen amerikanischen Verwaltungsstellen, die sich dort befanden, nicht möglich gewesen[14].

Ohne ausdrückliche Wertung – wobei allerdings ein Hauch von Ironie mitzuschwingen scheint – weist Adenauer darauf hin, daß die SPD Frankfurt befürwortete, wofür der ,,wichtigste Grund" gewesen sei, ,,daß Frankfurt im sozialdemokratisch regierten Hessen lag und nach ihrer Meinung eine sozialdemokratische Tradition und Atmosphäre besaß". Von der Wahl Frankfurts zur Bundeshauptstadt habe sich die SPD ,,eine entsprechende Ausstrahlung des sozialdemokratischen Einflusses auf das gesamte Bundesgebiet" versprochen[15].

Demgegenüber lag Bonn nicht nur in einem politischen Milieu, das Adenauers eigener Einstellung wesentlich näher kam, sondern, zwischen Rhöndorf und Köln, sozusagen innerhalb seines persönlichen Bannkreises. Auch wenn er den Vorwurf, daß dies entscheidend für seine Haltung gewesen sein könnte, zurückweist, wird es dem klugen politischen Taktiker gewiß auch nicht entgangen und zumindest als willkommener Nebeneffekt erschienen sein[16].

Gerade solche Überlegungen weisen beispielhaft auf eine der wesentlichen Schwierigkeiten bei der Suche nach den spezifischen Adenauerschen Akzenten in der Berlinpolitik des Bundes hin: Dort, wo für ausschlaggebend erachtete sachliche Argumente mit persönlichen Motiven einhergehen, können die letzteren von den Sachargumenten vollkommen überdeckt und somit nicht mehr feststellbar werden. Der kontrastierende Hintergrund, von dem sich persönliche Beweggründe abheben, fehlt, und sie bleiben für den Forscher somit unerkannt oder zumindest nicht nachweisbar[17].

Die Einbeziehung Berlins in die Bundesrepublik

Doch nicht nur konnte Berlin 1949 nicht Hauptstadt der Bundesrepublik werden; darüber hinaus gab es Schwierigkeiten, die Stadt überhaupt in den neuen politischen Verband einzubeziehen. Für ihre Einbeziehung – als Bundesland – hat sich Adenauer konsequent eingesetzt. Daß dies schließlich nur unter Vorbehalten möglich war, lag wiederum an der Macht der Geographie oder besser: an der sowjetischen Macht, die diese Geographie zu einem politischen Faktor werden ließ. An einem Ort, wo sich ihr Engagement und ihre Präsenz als gleichermaßen unerläßlich und prekär darstellten, waren die Westmächte nicht bereit, die oberste Kontrolle aus der Hand zu geben. Sie bestanden auf der Aufrechterhaltung des Vier-Mächte-Status und ihrer eigenen obersten Gewalt in den Westsektoren[18].

Aber trotz der formalen Vorbehalte wurde das Verhältnis zwischen Berlin (faktisch West-Berlin) und der Bundesrepublik auf Wunsch der Bundesregierung, des Berliner Senats und auch der westlichen Alliierten von Anfang an eng gestaltet und führte schließlich zu jener weitgehenden Integration, die West-Berlin de facto zu einem Land der Bundesrepublik machte[19].

Die erste Grundlage der engen Bindung zwischen West-Berlin und Westdeutschland geht zurück auf das Jahr 1945, als die Sowjetunion von den westlichen Siegermächten verlangte, die Versorgung West-Berlins von den Westzonen aus vorzunehmen[20]. Damit war eines der fundamentalen Bindungselemente zwischen West-Berlin und Westdeutschland – nämlich das wirtschaftliche – festgelegt. Durch die zunehmende politische und ideologische Spaltung zwischen Ost und West, die sich besonders in Berlin auch in konkreter Form auswirkte, durch die positive westliche Reaktion auf die Blockade und durch die Eingliederung Westdeutschlands in den westlichen politischen Bereich[21] sowie schließlich durch die demokratische politische Entwicklung in West-Berlin fühlten sich Bevölkerung wie Führung West-Berlins dem Westen aber nicht nur wirtschaftlich, sondern auch politisch und ideologisch zugehörig.

Zu Diskussionen Anlaß hat eine anfänglich scheinbar zögernde Haltung der Bundesregierung gegeben, dieses Zusammengehörigkeitsgefühl politisch mit Nachdruck zu demonstrieren und ihm – für die Stadt in jenen Jahren besonders wichtig – durch Einbeziehung Berlins in das Wirtschafts-, Finanz- und Sozialsystem des Bundes materiellen Gehalt zu geben[22]. Adenauer wurde vorgeworfen, daß er erst mehr als ein halbes Jahr nach seiner Wahl zum Bundeskanzler zu einem ersten offiziellen Besuch nach Berlin fuhr (im April 1950; Bundespräsident Heuss hatte bereits im Oktober 1949 Berlin einen offiziellen Besuch abgestattet); allerdings war es Adenauers erster offizieller Besuch einer deutschen Stadt als Bundeskanzler. Kabinettsitzungen fanden zu dieser Zeit noch gar nicht in Berlin statt; das geschah erstmals im Oktober 1956. Vor allem aber, so der Vorwurf, hatten die Westmächte der Bundesrepublik zwar die wirtschaftliche Verantwortung für West-Berlin übertragen, doch „Umfang, Form und Verwendung der Bundesmittel für die noch in schwerer ökonomischer Bedrängnis gefangene Stadt waren zeitweilig so umstritten, daß die Alliierten die Bundesregierung öffentlich ermahnten, sich ihrer Verantwortung für die Berliner bewußt zu sein"[23].

Es ist bereits darauf hingewiesen worden, daß dies einer der Bereiche ist, in dem weitere Forschung, die auf Akteneinsicht beruhen müßte, vonnöten wäre. Doch auch ohne solche Forschungsergebnisse zur Verfügung zu haben, gibt es einige plausible Erklärungen für diese, in jenen Jahren in Westdeutschland verbreitete Haltung.

Eine Erklärung für die anfängliche Zurückhaltung hinsichtlich einer über Willensbekundungen – an denen es ja nicht gefehlt hat – hinausgehenden Demonstration einer politischen bzw. staatsrechtlichen Zugehörigkeit Berlins zum Bund ist darin zu sehen, daß zu jener Zeit in Westdeutschland wie in Berlin die überwiegende Neigung bestand, den Einspruch der Westmächte gegen die Einbeziehung Berlins in die konstitutive Ordnung der Bundesrepublik als Faktum hinzunehmen[24]. Die deutsche Seite erkannte, daß Berlin nicht als konstitutiver Teil der Bundesrepublik zu betrachten sei, wenn sie auch gleichzeitig deutlich machte, daß sie diese Regelung nur als Übergang betrachtete und daß es ihr Ziel sei, den Art. 23 des Grundgesetzes so bald wie möglich zu verwirklichen. Entsprechend äußerte sich Bundeskanzler Adenauer am 21. Oktober 1949 vor dem Bundestag: ,,In Artikel 23 ist niedergelegt, daß Groß-Berlin als zwölftes Land zur Bundesrepublik Deutschland gehören soll. Wenn auch die internationale Lage bei der Genehmigung des Grundgesetzes die Verwirklichung dieses Beschlusses zunächst unmöglich gemacht hat, und wenn die fortdauernde internationale Spannung auch jetzt noch die Durchführung des Artikels 23, vielleicht auch im Interesse Berlins selbst, nicht gestattet, so bleibt doch der Beschluß das Parlamentarischen Rats, wie er im Artikel 23 niedergelegt ist, nur suspendiert. Der Artikel 23 wird in Wirksamkeit treten, sobald die internationale Lage es gestattet. Bis dahin wird Berlin seine Gesetze den Bundesgesetzen anpassen, um so schon jetzt eine De-facto-Zugehörigkeit zum Bund herbeizuführen."[25] Die gleiche Intention sprach Oberbürgermeister Reuter am 27. Oktober 1949 vor der Berliner Stadtverordnetenversammlung aus: ,,Wir wünschen, daß diese unsere Stadt ein Teil der Bundesrepublik Deutschland wird, und wir werden für dieses Ziel ohne Kompromiß [. . .] immer eintreten."[26]

In diesen Worten drückt sich das politische Ziel aus – seitens der Berliner Führung wie seitens der von Adenauer geführten Bundesregierung –, Berlin ohne Einschränkungen in den politischen Verband der Bundesrepublik Deutschland einzubringen. Eine darüber hinausgehende ausdrückliche ,,Demonstration" der politischen Zuordnung West-Berlins zur Bundesrepublik durch all das, was erst sehr viel später als ,,Bundespräsenz" bezeichnet wurde, mußte zu jener Zeit, als die damalige Lage von den meisten noch als mehr oder minder kurzfristige Übergangssituation betrachtet wurde, die Rolle Berlins als deutsche Hauptstadt für selbstverständlich gehalten und die beiden Teile der Stadt noch nicht in dem Maße wie später erkannt, verteilt und zugeordnet waren, nicht nur als überflüssig, sondern sogar als widersinnig erscheinen. So muß auch das Urteil über die damalige Lage aus dieser Sicht, das heißt aus der Sicht jener Zeit gefällt werden; urteilen wir aus heutiger Sicht, verändern wir die Prämissen. Das ist zulässig, doch der Beobachter muß sich dessen bewußt sein, da er sonst ein verzerrtes Bild erhält.

Wirtschaftshilfe für Berlin

Ähnlich wie bei der Demonstration politischer Zugehörigkeit muß auch in bezug auf die anfangs für unzureichend erachtete wirtschaftliche Hilfe berücksichtigt werden, daß zu jener Zeit auch Westdeutschland mit ökonomischen Schwierigkeiten zu kämpfen hatte; von allen Seiten wurden Forderungen bei nur begrenzten finanziellen Mitteln gestellt, während die Verantwortung für Berlin bei den Alliierten gesehen und in Westdeutschland noch nicht in dem dann später realisierten Ausmaß empfunden wurde[27].

In seiner ersten Regierungserklärung am 20. September 1949 hatte Adenauer allerdings erklärt: ,,Unsere besondere Fürsorge auf wirtschaftlichem Gebiet gilt der Stadt Berlin. Seit der Währungsreform sind bis zum 10. September 1949, also in rund 15 Monaten, aus dem Haushalt des Vereinigten Wirtschaftsgebietes 414 Millionen DM an den Magistrat der Stadt Berlin geflossen [. . .] Es ist unbedingt notwendig, da wir unter keinen Umständen Berlin im Stiche lassen dürfen, beschleunigt über den Fortgang und Umfang der Hilfsmaßnahmen für Berlin, und zwar nicht ausschließlich durch Gewährung von finanziellen Zuschüssen, zu beraten und zu beschließen."[28] Anläßlich einer Erklärung zur Gründung der DDR sagte er wenige Wochen später – am 21. Oktober 1949 – vor dem Deutschen Bundestag: ,,Ich erkläre namens der Bundesregierung ausdrücklichst, daß wir alles, was in unseren Kräften steht, tun werden, um die Berliner Wirtschaft und damit auch die Finanzen der Stadt Berlin wieder gesund zu machen und gesund zu erhalten. Wir werden Berlin nicht im Stich lassen."[29]

Auch in seinen ,,Erinnerungen" bekennt sich Adenauer zur wirtschaftlichen Hilfe für Berlin: ,,Die ganz besondere Fürsorge der Bundesregierung galt der Stadt Berlin [. . .] Ich war fest entschlossen, diese Hilfe fortzusetzen."[30] In der Tat gibt es keinerlei Hinweise darauf, daß Adenauer sich zu irgendeiner Zeit nicht nachdrücklich für die Berlinhilfe eingesetzt hätte[31]. So bezog er Berlin stets ein bei seinen – geschickten und recht erfolgreichen – Bemühungen um westliche Wirtschaftshilfe für den Wiederaufbau in Deutschland. Über eine Unterredung mit dem amerikanischen Außenminister John Foster Dulles im April 1953 berichtet Adenauer: ,,Es wurde zugestimmt, daß die moralische und materielle Unterstützung zur Aufrechterhaltung der Kräfte der Stadt ein Gegenstand von großer Bedeutung sei. Mir wurde von amerikanischer Seite zugesagt, daß man Hilfsmaßnahmen erwäge, darunter ein Investitionsprogramm und andere Programme zur Verbesserung der Lage in Berlin."[32]

All dies scheint die Ansicht zu bestätigen, daß die anfänglich vielfach für unzureichend gehaltene Hilfe für Berlin eben nicht auf eine besondere Vernachlässigung Berlins zurückzuführen war. Gewiß wurde diese Ansicht von der Berliner Führung vertreten[33], doch das war aus taktischer Sicht verständlich. Jede der Bundesmittel fordernden Regionen stellte sich als besonders benachteiligt dar, wobei Vermutungen über ein mangelndes Interesse an Berlin oder sogar eine antiberlinische Einstellung Adenauers – subjektiv von denen, die sie äußerten, vielleicht durchaus aufrichtig empfunden – ebenfalls als taktisch nützlich gesehen werden konnten. Daß die Berliner Führung von der Partei

gestellt wurde, die in Bonn in der Opposition stand, wird außerdem eine Rolle gespielt haben.
Immerhin ist das System der wirtschaftlichen und finanziellen Einbindung Berlins und das besondere System der Berlinhilfe unter der Bundeskanzlerschaft Adenauers aufgebaut worden. Am 4. Januar 1952 wurde das sogenannte Dritte Überleitungsgesetz[34] verabschiedet, das die volle finanzielle Integration Berlins in den Bund herstellte und die Basis für den wirtschaftlichen Aufschwung West-Berlins bereitete. Wie in allen Bundesländern sollten auch in Berlin Bundessteuern erhoben und abgeführt werden; auch in Berlin übernahm der Bund die ihm übertragenen Lasten, wie zum Beispiel Zuschüsse zur Sozialversicherung und die Zahlung der Besatzungskosten.
Darüber hinaus wurde jedoch eine besondere Verantwortung des Bundes für Berlin anerkannt, indem Berlin vom Finanzausgleich der Länder befreit wurde und eine Bundeshilfe in Form von Zuschüssen und Darlehen zugesagt wurde, die West-Berlin befähigen sollten, „die durch seine besondere Lage bedingten Ausgaben zur wirtschaftlichen und sozialen Sicherung seiner Bevölkerung zu leisten und seine Aufgaben als Hauptstadt eines geeinten Deutschland zu erfüllen“[35].
Das erste Berlinhilfegesetz war bereits am 7. März 1950 (noch vor des Kanzlers erstem offiziellen Besuch) verabschiedet worden; es wurde im Laufe der Jahre wiederholt novelliert und verbessert[36]. Mit dieser Hilfe und auf der Basis der wirtschaftlichen und finanziellen Eingliederung in die Bundesrepublik konnten wirtschaftlicher Aufschwung und wirtschaftliche Angleichung West-Berlins an die Bundesrepublik vorangetrieben werden: West-Berlin wurde wirtschaftlich in jeder Hinsicht ein Teil der Bundesrepublik Deutschland[37].

Berlin: Bollwerk des Westens

Auch während der zweiten Berlinkrise versprach Adenauer Unterstützung für die Berliner Wirtschaft: „Ich möchte Ihnen allen sagen: Die Bundesrepublik wird dafür sorgen, daß die Berliner Wirtschaft keinen Schaden leidet [. . .] Wir werden unsere Pflichten gegenüber Berlin, das auf dem äußersten Vorposten steht, das auf der Hut steht gegen ein weiteres Vordringen des Kommunismus nach Westeuropa, gern und willig erfüllen!“[38]
Es zeigt sich hier, wie schon in dem oben erwähnten Bericht über das Gespräch mit Dulles, eines der für Adenauer wichtigen Motive für die Unterstützung Berlins: Berlin war zu einem Symbol westlicher Festigkeit und Entschlossenheit gegenüber der Sowjetunion geworden – und damit zugleich zu einem Symbol westlicher, das heißt vor allem amerikanischer Glaubwürdigkeit. Einem Kapitel seiner „Erinnerungen“ hat Adenauer den Titel „Berlin, Bollwerk des Westens“ gegeben[39]: In Berlin könnte nach seiner Meinung nicht nur die erste, sondern auch die entscheidende Auseinandersetzung zwischen dem freien Westen und der Sowjetunion stattfinden. Fiele ganz Berlin unter kommunistische Herrschaft, würde Deutschland folgen; ohne Deutschland aber wäre Westeuropa für die Vereinigten Staaten nicht zu halten. Darin – in der ausschlaggebenden Verschiebung des globalen Gleichgewichts zuungunsten der

Vereinigten Staaten durch die Ausdehnung sowjetischer Vorherrschaft über ganz Europa – sah Adenauer in der Tat das wesentliche Ziel der Sowjetunion[40]. Diesem Ziel mußte der Westen bereits in Berlin entgegentreten.

So schloß Adenauer Berlin einerseits stets nachdrücklich in die Verteidigung der Bundesrepublik Deutschland ein[41], andererseits betonte er die Verantwortung sowohl der Bundesrepublik wie der Westmächte[42]. Dementsprechend spricht Adenauer nach der New Yorker Außenministerkonferenz der drei Westmächte vom September 1950 dem amerikanischen Hohen Kommissar John J. McCloy seinen besonderen Dank aus für ,,die Sicherheitsgarantie, die für die Bundesrepublik Deutschland und für Berlin gegeben worden sei. Ich betrachte sie als eine der vornehmlichsten Gewinne der Arbeit in New York"[43]. Im Schlußkommuniqué war unter Punkt 5 erklärt worden, daß ,,die Sicherheit und das Wohl Berlins und die Aufrechterhaltung der dortigen Stellung der drei Mächte von den drei Mächten als wesentliche Elemente des Friedens der freien Welt in der gegenwärtigen internationalen Lage betrachtet werden. Dementsprechend werden sie innerhalb des Gebietes von Berlin Streitkräfte unterhalten, solange ihre Verantwortlichkeiten dies erfordern. Sie bekräftigen daher erneut, daß sie jeden Angriff gegen Berlin, von welcher Seite er auch kommen mag, als einen Angriff auf ihre Streitkräfte und sich selbst behandeln werden"[44].

Festigkeit in Berlin war für Adenauer somit ein Element der gesamten westlichen Sicherheitspolitik[45]. Damit ließe sich sein Engagement für Berlin hinabstufen, das heißt, sein Engagement für Berlin habe eben nur bestanden, weil mit Berlin auch die Bundesrepublik auf dem Spiele stand.

Einer solchen Argumentation wäre zunächst entgegenzuhalten, daß, wäre Adenauer tatsächlich nur der westlich orientierte Rheinbundpolitiker gewesen, er gewiß mehr als eine Gelegenheit hätte finden können, das Engagement der Bundesrepublik in Berlin auch ohne entscheidendes Risiko für Westdeutschland zu lockern. Es gibt aber keinen einzigen Hinweis darauf, daß er solche Gelegenheit jemals gesucht hätte. Im Gegenteil: Die Bemühungen um die volle rechtliche Eingliederung Berlins in die Bundesrepublik fanden ebenso wie die tatsächliche, politische, wirtschaftliche und gesellschaftliche Integration West-Berlins in die Bundesrepublik unter seiner Führung statt. Gewiß mag man dem entgegenhalten, daß eine andere Politik innenpolitisch gar nicht möglich gewesen wäre und der machtpolitisch geschickte Taktiker Adenauer dies wohl erkannt habe, doch nahm Adenauer auch dann keine andere Haltung ein, als dies während der zweiten Berlinkrise möglich schien.

Die Haltung Adenauers während der Berlinkrise von 1958 bis 1962 ist nicht das Thema dieser Ausführungen. Allerdings würde es sich lohnen, diese Haltung in weiterer Forschungsarbeit genauer herauszuarbeiten, nicht nur, weil sie eine besondere Verknüpfung zur Deutschland- und Abrüstungspolitik aufweist, sondern weil sie Widersprüche birgt, deren Aufklärung möglicherweise sehr viel mehr als bisher bekannt über die Berlinpolitik Adenauers aufzeigen könnte.

Während Adenauers Politik in diesen Jahren einerseits Festigkeit und eine auf den Schutz West-Berlins hin ausgerichtete Einstellung aufwies, zeigte er sich anläßlich des Mauerbaus ausgesprochen unsicher und wenig engagiert. Das bezieht sich nicht nur auf sein spätes Eintreffen in Berlin, auf seine deplazierten Äußerungen über den Wahlkampfgegner in Regensburg am Tage nach dem Mauerbau[46], sondern, vor allem auf sein deutliches Bemühen, das Ereignis herunterzuspielen. Am 18. August sagte er auf einer Wahlkundgebung, ,,diese Betonpfeiler und dieser Stacheldraht machen schließlich nicht Weltgeschichte"[47]. Adenauer, der stets für die Notwendigkeit von Festigkeit, ja Unnachgiebigkeit gegenüber der Sowjetunion plädiert hatte, forderte hier zur Bedachtsamkeit, zum Notenwechsel, zur Hoffnung auf Verhandlungen und auf die Zukunft auf: ,,[. . .] daher bitte ich zunächst von mir anzunehmen, daß man bei einer solchen Lage in der Welt jeden Schritt sehr sorgsam überlegen muß, damit man im Wege der Verhandlungen die Spannungen löst und nicht einen Krieg auf der Erde heraufbeschwört, bei dem alles vernichtet wird, bei dem es weder Sieger noch Besiegte gibt"[48]. Enttäuschung und Kritik in der Bundesrepublik versuchte Adenauer mit dem Hinweis zu begegnen, daß dadurch die von der Sowjetunion gewünschte Trennung zwischen der Bundesrepublik und ihren Verbündeten nur gefördert würde. Die Westmächte aber hätten mit ihren ,,in ungewöhnlich scharfer Form gehaltenen" Noten die Verhandlungen eröffnet; nunmehr gelte es, ,,das weitere in Ruhe und Entschlossenheit abzuwarten"[49].

Diese Haltung ist erklärbar, denn sie stimmte mit der Einstellung der Verbündeten überein, daß es sich bei dem Mauerbau nicht um einen Übergriff handle, sondern um eine defensive Handlung innerhalb des sowjetischen Herrschaftsbereiches[50]. Unter diesem Gesichtspunkt konnte die Mauer in der Tat nur bei jenen eine scheinbar begründete Empörung auslösen, die nicht erkannt hatten, daß die Teilung faktisch sehr viel früher vollzogen worden war.

All dies ist richtig – und dennoch ist die Haltung Adenauers nicht leicht nachzuvollziehen. Es fehlte nicht nur jegliche, trotz allem doch sehr verständliche Empörung, sondern Adenauer entdeckte sogar ,,einige gute Seiten": Die Aktion habe gezeigt, ,,daß wir nicht die Militaristen sind, wie immer behauptet wird, sondern daß die Kommunisten in der Sowjetzone die Militaristen sind"[51].

Der Bucerius-Vorschlag 1956: Berlin soll Regierungssitz werden

Spätestens der Mauerbau und die westliche Reaktion darauf zeigten, daß Berlin für den Westen eine andere Rolle zu spielen begonnen hatte, daß es nicht mehr primär Zentrum Deutschlands, sondern Vorposten des Westens war: ,,Berlin ist die Hauptstadt Deutschlands von gestern und von morgen. Aber heute ist es der Vorposten des Westens hinter dem Eisernen Vorhang, ist es ein Leuchtturm der Freiheit inmitten des Meeres der Unfreiheit."[52] Seine Funktion wurde nun vor allem darin gesehen, Prüfstein zu sein: für die westliche Entschlossenheit, dem sowjetischen Expansionswillen zu begegnen, Prüfstein auch für diesen Expansionswillen selbst.

Diese Entwicklung hatte jedoch viel früher begonnen. Sie läßt sich nicht mit einem genauen Datum festlegen; sicher aber ist, daß der Bucerius-Vorschlag im Herbst 1956 der letzte große Versuch war, sich dieser Entwicklung noch einmal entgegenzustemmen. Das Ziel war, West-Berlin nicht nur als Vorposten des Westens zu verstehen, sondern ganz Berlin wieder zum Angelpunkt der

Deutschland-Frage zu machen, und durch die Verlegung des Regierungssitzes auch des westdeutschen Staates ins Zentrum, nach Berlin, den Wiedervereinigungswillen der Deutschen nachdrücklich zu demonstrieren. Die Welt sollte gezwungen werden, diesen Willen nicht mit Lippenbekenntnissen übergehen zu können, sondern sich mit ihm auseinanderzusetzen.

Der Vorstoß von Bucerius fand in einer ganz bestimmten Atmosphäre statt, die in jener Zeit herrschte und die den Vorstoß mit bestimmte. Das Scheitern der Genfer Konferenzen von 1955, die weitgehende Übergabe der Souveränität an zwei deutsche Staaten und ihre Eingliederung in ein westliches und ein östliches Bündnissystem ließen die Konsolidierung des Status quo in Deutschland und Europa in wachsendem Maße deutlich werden. Wie in einem Nachhall oder besser: einem nochmaligen Aufbäumen entstand hierauf in Westdeutschland und in West-Berlin auf breiter Basis das Gefühl, es müsse dieser Konsolidierung durch einen dramatischen politischen Akt, der den Willen und die Entschlossenheit der Deutschen zur Wiedervereinigung demonstrieren würde, entgegengewirkt werden[53].

Bucerius selbst stellt seine Haltung wie folgt dar: ,,Meine Überzeugung war: Die Wiedervereinigung wird schwerer, wenn sich die Welt erst einmal an Bonn als Hauptstadt gewöhnt hat. Denn diese Provinzstadt konnte gerade die Hauptstadt eines westdeutschen Staates sein. Wenn wir die Wiedervereinigung wirklich wollten, mußte die Regierungsgewalt von Berlin ausgehen. Gerade weil Berlin in der sowjetischen Besatzungszone lag, sei eine ‚Bundesregierung in Berlin' das wirksamste Mittel, der Welt die unerträgliche Teilung Deutschlands deutlich zu machen.“[54]

In die Öffentlichkeit getragen wurde der Gedanke einer Verlegung des Regierungssitzes von Bonn nach Berlin zuerst in einem Aufsatz in der von Bucerius verlegten Wochenzeitung ,,Die Zeit“ vom 18. Oktober 1956. Autorin des Artikels war Marion Gräfin Dönhoff. Unter dem Titel ,,Jetzt oder nie! Noch in diesem Jahr muß Berlin Hauptstadt werden“ wies sie auf die Zäsur in der Nachkriegsepoche hin, die zu spüren sei und die es erforderlich mache, die deutsche Lage zu überdenken: ,,[. . .] vielleicht ist dies eine Sternstunde unserer Geschichte (innen- und außenpolitisch gesehen), vielleicht werden wir dem Ziel ‚Hauptstadt Berlin' nie wieder so nah kommen“.

Der Vorschlag von Bucerius war, nach den Bundestagswahlen von 1957 den Bundestag in Berlin einzuberufen und – mit Ausnahme einiger weniger Behörden, etwa des Verteidigungsministeriums und des Auswärtigen Amts – die Regierung der Bundesrepublik nach Berlin zu verlegen[55]. Abgesprochen war der Vorschlag mit der Berliner Führung, insbesondere mit dem damaligen Regierenden Bürgermeister Otto Suhr. Da die Fraktionsführung der CDU/CSU in Bonn sich dem Vorschlag gegenüber zunächst positiv, dann aber ambivalent verhielt, erstrebte Bucerius, ihn mit Hilfe von 30 Unterschriften aus seiner Fraktion in den Bundestag einzubringen.

Ein der allgemeinen Stimmung entsprechend außerordentlich positives Echo fand der Vorschlag in der Öffentlichkeit sowohl in Westdeutschland als auch in West-Berlin. Der Plan wurde von den Oppositionsparteien SPD, FDP und GB/BHE aufgegriffen. Das Kuratorium Unteilbares Deutschland, in dem prominente Politiker aller Parteien vertreten waren, unterstützte den Plan auf seiner Jahrestagung im November 1956 und schlug vor, sofort einige Ministerien nach Berlin zu verlegen[56]. Zu der Entschließung des Kuratoriums hieß es: „Berlin ist die Hauptstadt Deutschlands. Die Organe der Bundesrepublik, die Bundesministerien und sonstige Institutionen des Bundes sollten alsbald nach Berlin verlegt werden, soweit einzelne Behörden nicht aus zwingenden Gründen bis zur Wiedervereinigung noch in Bonn verbleiben müssen." Ferner wurde die Herstellung eines adäquaten Parlamentsgebäudes (Wiederaufbau des Reichstagsgebäudes) gefordert[57].

Wiederum ist es schwierig, die persönliche Einstellung Adenauers zu belegen. Bucerius schreibt, Adenauer habe der Vorschlag „ganz und gar nicht eingeleuchtet"[58]; mehr noch, er habe den Vorschlag für „absoluten Unsinn" gehalten[59]. Adenauer habe es stets für ausgeschlossen gehalten, daß die Sowjetunion die Ostzone unter für den Westen annehmbaren Bedingungen freiwillig räumen würde[60]. Der Vorschlag, die Regierung der Bundesrepublik nach Berlin zu verlegen, sei somit seiner Ansicht nach „gefährlicher Unfug" gewesen: Für die Wiedervereinigung war damit nichts zu erreichen, und ein späterer Rückzug nach dem von Adenauer für wahrscheinlich gehaltenen Fehlschlag der Aktion (denn unter den bestehenden Umständen könnte die Regierungstätigkeit in Berlin nicht auf die Dauer ausgeübt werden; hier spielten praktische Erwägungen eine Rolle) würde die Position der Bundesrepublik und die Sache der Wiedervereinigung nur verschlechtern[61].

Ein Vergleich zu Adenauers Einstellung zu Verhandlungen mit der Sowjetunion Anfang der fünfziger Jahre liegt hier nahe: Für das, was er für aussichtslos hielt, war er nicht bereit, ein Risiko einzugehen, nur um sicher sein zu können, auch „alles versucht" zu haben.

Allerdings schien es Adenauer angesichts der Popularität des Vorschlages unklug zu sein, sich öffentlich dagegen auszusprechen. Laut Bucerius habe er lediglich aus dem Palais Schaumburg „gegrummelt", der Plan sei ihm „zu balladenhaft", und ansonsten andere zum Kampf vorgeschickt[62]. Vor allem Heuss habe Bucerius zur Aufgabe seines Antrags bewegen sollen[63]. Darüber hinaus vermutet Bucerius, daß Adenauer das Kabinett (als Sprecher trat Innenminister Gerhard Schröder auf), die Fraktionsführung (besonders den Vorsitzenden des Auswärtigen Ausschusses im Bundestag, Kurt Georg Kiesinger) und die Berliner Führung mit Erfolg zu beeinflussen versucht habe[64].

Angesichts der wachsenden Unterstützung für den Plan sah sich die Bundesregierung bereits wenige Tage nach der Sitzung des Kuratoriums Unteilbares Deutschland in Berlin zu einer förmlichen Stellungnahme veranlaßt. Am 28. November 1956 ließ sie durch das Presse- und Informationsamt offiziell erklären: „Die Bundesregierung ist nach wie vor der Auffassung, daß Berlin die Hauptstadt eines freien wiedervereinigten Deutschlands ist. Im gegenwärtigen Zeitpunkt kann sie die Verlegung der Regierungstätigkeit nach Berlin nicht verantworten, da diese Stadt im Interesse ihrer eigenen Sicherheit unter Vier-Mächte-Status steht. Die Bundesregierung kann ihre Arbeit nur in einer Stadt ausüben, in der ohne Einschränkung ihre Souveränität gewährleistet ist. Alle vorbereitenden Maßnahmen, die eine schnelle Übersiedlung der Bundesregierung nach Berlin zum geeigneten Zeitpunkt ermöglichen, werden fortgesetzt."[65]

In einem Bericht der „Welt“ vom darauffolgenden Tage heißt es, Adenauer habe den Gedanken einer Übersiedlung nach Berlin von Anfang an „entschieden abgelehnt“. Sich auf einen Bericht Adenauers zur innenpolitischen Lage beziehend schrieb die „Welt“: „Nach seiner Ansicht ist es unmöglich, die Arbeit der Bundesregierung in eine Stadt zu verlegen, die mitten in einem von den Sowjets beherrschten Gebiet liegt und überdies selber nicht Teil eines souveränen Bundesgebiets ist, sondern dem Vier-Mächte-Status unterliegt.“

Die Erklärung der Bundesregierung, die nur vier Wochen nach dem öffentlichen Vorstoß des Abgeordneten Bucerius abgegeben wurde, blieb für den Rest der Debatte die offizielle Haltung der Regierung.

Es zeigen sich darin zwei der drei wichtigsten Argumente – Vier-Mächte-Status und Souveränität –, die gegen den Plan vorgebracht wurden; das dritte Argument bezog sich auf die technischen Schwierigkeiten, mit denen eine Regierungstätigkeit von Berlin aus konfrontiert sein würde.

Adenauer hat die Bedeutung des Vier-Mächte-Status – nachdem es nicht gelungen war, Berlin uneingeschränkt (d. h. ohne die auf diesen Status bezogenen Vorbehalte der Westmächte) in den politischen Verband der Bundesrepublik einzubeziehen – stets betont. Bereits 1952, in einem Bericht zur politischen Lage auf der Sitzung des Bundesparteiausschusses der CDU in Bonn sagte er: „Aber, meine Damen und Herren, worin besteht denn die Beschränkung unserer Souveränität im Deutschland-Vertrag? In den drei Vorbehaltsrechten a) bezüglich Berlin, b) der gesamtdeutschen Frage und c) dem Recht der drei Alliierten, Truppen auf deutschem Boden stehen zu haben aufgrund der plena potestas, die sie in Anspruch nehmen als Folge der bedingungslosen Kapitulation. Meine Damen und Herren, das Vorbehaltsrecht bezüglich Berlin können wir nur hundertprozentig bejahen. Denn wenn die Westalliierten ihre Rechte bezüglich Berlin im Deutschland-Vertrag preisgegeben hätten, wäre das ein Verbrechen an Berlin.“[66]

Eine Bemerkung in seinen „Erinnerungen“ anläßlich der zweiten Berlinkrise drückt diese Haltung noch klarer aus. Dort heißt es: „Es gab in der Bundesrepublik Meinungen, nach denen Berlin aus dem Vier-Mächte-Status herausgelöst und mit der Bundesrepublik kooptiert werden sollte. Dies hielt ich nicht für richtig, denn in dem Augenblick wären die amerikanischen Verpflichtungen in Frage gestellt und Berlin wäre vogelfrei. Wir mußten uns darüber klar sein, daß Amerika seine Soldaten nicht etwa uns zuliebe opfern würde, sondern wegen seiner Rechte. Es durfte nichts geschehen, was irgendwie den Status von Berlin verändern und damit das Recht der Amerikaner verletzen könnte. Nach einstimmiger Auffassung des Kabinetts war der einzige Schutz der Freiheit Berlins der Vier-Mächte-Status. Alles andere lag daneben.“[67]

Dieser Gesichtspunkt wurde denn auch in der Debatte um den Bucerius-Vorschlag vorgebracht. So sagte Dr. Maxsein (CDU-Berlin) am 6. Februar 1957 in diesem Zusammenhang im Bundestag, daß nichts geschehen dürfe, was den Vier-Mächte-Status berühre und die westalliierten Mächte aus ihrer Verantwortung entlassen könnte[68].

Der Bundeskanzler selbst hatte zu dieser Frage ein Gutachten angefordert, und entsprechend hatte ein Vertreter des Auswärtigen Amts vor dem Gesamtdeut-

schen Ausschuß des Bundestages referiert: ,,Der Vertreter des Auswärtigen Amts erklärte, es stehe außer Frage, daß eine Verlegung von Bundesbehörden vom außenpolitischen Standpunkt durchaus zu begrüßen sei: Der gesamtdeutsche Anspruch der Bundesrepublik könne von Berlin aus eindringlicher und wirkungsvoller geltend gemacht werden. Wenn aber eine wesentliche Verlegung von Bundesbehörden – geschweige eine Verlegung aller Bundesbehörden – dazu führe, den Charakter des Vier-Mächte-Status der Stadt Berlin zu verändern, müsse zu seiner Aufrechterhaltung, über deren Notwendigkeit es wohl keine Meinungsverschiedenheiten gäbe, ohne Zweifel mit dem Einspruch der Alliierten gerechnet werden.“[69]
Von Oppositionsseite, also von seiten der SPD, zum Teil aber auch von seiten der FDP, wurde dieser Hinweis auf den Vier-Mächte-Status wiederholt als Vorwand oder ,,Feigenblatt“ bezeichnet[70]. Tatsächlich ist die Haltung der Alliierten in der öffentlichen Diskussion nicht klargeworden. Bucerius berichtet, er habe ,,auf der mittleren Ebene“ informelle Gespräche mit Vertretern der amerikanischen und britischen (aber nicht französischen) Botschaften in Bonn geführt[71]. Dabei seien keine Bedenken hinsichtlich rechtlicher Aspekte des Vier-Mächte-Status geltend gemacht worden. Die Amerikaner seien im Gegenteil der Idee von Bucerius sehr gewogen gewesen, während die Briten sich der amerikanischen Einstellung zwar mit Zurückhaltung, aber doch eindeutig angeschlossen hätten. Einmal sei Verständnis vorhanden gewesen für das deutsche Interesse an Wiedervereinigung und Hauptstadtfrage, zum anderen sei dieser Vorstoß während eines Höhepunkts des Ost-West-Konflikts gekommen. Gerade unter diesen beiden Gesichtspunkten, meint Bucerius, wäre bei den Alliierten, wenn man erst einmal förmliche Kontakte aufgenommen hätte, etwas im deutschen Sinne zu erreichen gewesen; gerade die Amerikaner hätten häufig darauf hingewiesen, daß die deutschen Interessen in erster Linie von den Deutschen vertreten werden müßten.
Diese Meinung steht nicht unbedingt im Widerspruch zur oben zitierten Äußerung des Vertreters des Auswärtigen Amts, jedenfalls dann nicht, wenn für die Verlegung wesentlicher Teile der Regierung eine rechtliche Form hätte gefunden werden können, die mit der prinzipiellen Aufrechterhaltung des Vier-Mächte-Status zu vereinbaren gewesen wäre. Immerhin – darauf wurde in diesem Zusammenhang wiederholt hingewiesen[72] – hatte auch die DDR den Sitz ihrer Regierung in Ost-Berlin eingerichtet.
Über diese Frage ist um die Jahreswende 1956/57 in der Öffentlichkeit ausführlich diskutiert worden[73], wobei immer wieder die Vermutung geäußert wurde, daß die Bundesregierung sich hinter den Alliierten verschanzen wolle. Allerdings hat die Bundesregierung öffentlich sowohl durch ihren Pressesprecher wie durch den Außenminister[74] erklärt, daß es in der Frage keine förmlichen Kontakte gegeben habe: ,,Zwischen führenden Stellen der Bundesrepublik und entsprechenden Stellen unserer Alliierten haben verbindliche Besprechungen über diese Frage nicht stattgefunden.“[75] So wurden die Alliierten nie zu einer förmlichen und präzisen Stellungnahme genötigt und ihre Position und demnach die Chancen für den Bucerius-Vorschlag von hierher – nach allem, was bekannt ist – nie geklärt.
Von der Haltung der Alliierten in der Frage des Vier-Mächte-Status hing

natürlich auch das Argument ab, daß die Bundesregierung nicht von einer Stadt aus regieren könne, über die sie nicht die volle Souveränität besitze. Allerdings wäre das Gewicht dieses Arguments danach zu bemessen gewesen, welche rechtlichen Formen für die Verlegung des Regierungssitzes unter Beibehaltung des Vier-Mächte-Status hätten gefunden werden können. Tatsächlich sind beide Fragen – Vier-Mächte-Status und Souveränität – im Hinblick auf eine Verlegung des Regierungssitzes nie endgültig geprüft worden.

Demgegenüber eindeutig war der Hinweis auf die technischen Schwierigkeiten und finanziellen Kosten – vor allem im Bereich Verkehr und Nachrichten –, die durch die Ausübung der Regierungstätigkeit von Berlin aus entstanden wären. Die Verlegung der gesamten Regierung einschließlich des Verteidigungsministeriums galt allgemein als unangebracht. Demnach wäre eine Teilung notwendig gewesen, die zweifelsohne Schwierigkeiten der Koordination der Regierungsaufgaben mit sich gebracht hätte. Eine Übersiedlung auch der Länderkammer, des Bundesrates, nach Berlin wäre vermutlich unvermeidbar gewesen[76].

Die Anhänger einer Verlegung waren bereit, diese Schwierigkeiten in Kauf zu nehmen, ja sahen darin einen besonderen Beweis für die Entschlossenheit der Bundesregierung, zu einer Wiedervereinigung Deutschlands zu kommen. Bucerius selbst meinte dazu: ,,Eine Hauptstadt, die nicht in der Mitte der Bundesrepublik liegt, bringt technische Schwierigkeiten. Daß wir diese Schwierigkeiten auf uns nehmen wollen, wird allen Völkern unsere Entschlossenheit zeigen.“[77]

Demgegenüber bewertete die Bundesregierung die technischen Schwierigkeiten als wesentlichen Hinderungsgrund für einen Wechsel des Regierungssitzes, ja sogar für die Verlegung einzelner Ministerien. Innenminister Schröder sagte am 6. Februar 1957 im Bundestag, eine Verlegung von Bundesministerien nach Berlin käme ,,im gegenwärtigen Zeitpunkt leider noch nicht in Betracht. Die Bundesregierung muß ihren Sitz so legen, daß sie ihre verfassungsrechtlichen Pflichten und Rechte, insbesondere gegenüber Bundestag und Bundesrat, jederzeit wahrnehmen kann. Auch die Verlegung einzelner Bundesministerien würde die Tätigkeit der Bundesregierung in ihrer Gesamtheit beeinträchtigen.“[78]

Beschlossen wurde schließlich nur, daß Bundespostminister Ernst Lemmer einen zweiten – gegenüber Bonn allerdings sekundären – Dienstsitz in Berlin einrichten solle[79].

Aus heutiger Sicht überraschend wurde über die Frage der sowjetischen Reaktion bzw. der sowjetischen Möglichkeiten, auf eine in Berlin tätige Bundesregierung Druck auszuüben, in der Öffentlichkeit verhältnismäßig wenig gesprochen. Der Grund dafür mag gewesen sein, daß die Sowjetunion in Osteuropa (Ungarn, Polen, DDR) selbst unter Druck stand oder auch einfach, daß die relativ ruhige Entwicklung Berlins nach dem Tode Stalins bei manchem ein falsches Bild sowjetischer Berlinpolitik hatte entstehen lassen. Während der Bundestagsdebatte am 6. Februar 1957 etwa meinte der damalige Berliner Bundestagsabgeordnete Willy Brandt, daß der Bund in Berlin sicher unter Druck stehen werde, ,,aber nicht unter dem Druck der sibirischen Atmosphäre, wie manche noch vor einigen Jahren vermuteten, sondern unter dem Druck der Menschen in der Berlin umgebenden Zone, jener Bevölkerung, die die Wiederherstellung der staatlichen Einheit ganz und rasch wollen muß"[80]. Der Hinweis auf die sowjetischen Divisionen um Berlin war nach Meinung Brandts „nicht nur nicht gut, (sondern) überdies auch nicht realistisch"[81]. Hier sei es notwendig, auf die Garantieerklärungen der alliierten Mächte für Berlin zu vertrauen[82].

Bucerius hingegen sah in dem Hinweis auf die Gefahren sowjetischen Drucks „die eigentlichen, die echten und in der Diskussion berechtigten Einwände". Aber er hielt sie für annehmbar: „Die Gefahr wird zugegeben, das Risiko eingestanden. Aber welche Politik wäre ohne Risiken? Entscheidend ist die Abwägung."[83] Auch hier wird wieder deutlich, daß der Spielraum der Sowjetunion angesichts ihrer eigenen Schwierigkeiten als nicht unannehmbar groß angesehen wurde. Zudem setzte Bucerius wie viele andere in jenen Monaten, Hoffnungen auf „geistige Umwälzungen" im Ostblock und eine „Schneeschmelze"; es handle sich nicht mehr um eine starre, selbstsichere und ihres Erfolgs gewissen Diktatur, sondern es werde gerade in der Sowjetzone wieder um Freiheit gekämpft[84].

Adenauer hielt sich während der ganzen Diskussion zurück. In einer der wenigen öffentlichen Äußerungen dazu – auf einer Pressekonferenz wenige Tage nach der förmlichen Regierungsmitteilung – hob er die Schwierigkeiten hervor und forderte zur Ruhe auf. Es zeigt sich hier, daß die Möglichkeiten sowjetischen Drucks auf eine in Berlin arbeitende Bundesregierung, ja die Möglichkeit, diese Regierung von dem Gebiet, das sie regiert, abzuschneiden, für Adenauer eine wesentliche, wenn nicht gar die entscheidende Rolle spielte. Nach einem Bericht der dpa verwies Adenauer auf kurz zuvor vorgekommene Behinderungen alliierter Transporte nach West-Berlin, „obwohl konkrete Absprachen zwischen den drei Westmächten und der Sowjetunion darüber bestehen. Eine in Berlin tätige Bundesregierung könnte sich nicht darauf berufen."[85]

Die gleiche Einstellung Adenauers zeigte sich noch einmal zwei Monate später in einem Bericht über die politische Lage auf der Sitzung des Bundesparteivorstands der Christlich-Demokratischen Union in Bonn am 7. Februar 1957 – auch wenn diese Äußerungen sich nicht mehr auf die Verlegung des Regierungssitzes, sondern auf einen am Tage zuvor von der SPD im Bundestag eingebrachten Antrag zur Gewährung der vollen Stimmberechtigung für die Berliner Bundestagsabgeordneten bezogen[86]. Adenauer warnte davor, der Sowjetunion einen Vorwand für eine offensive Außenpolitik zu geben, die sie aus innenpolitischer Schwäche für notwendig halten könnte: „Deswegen müssen wir auch die Frage Berlin mit größerer Vorsicht und Zurückhaltung behandeln, als das die SPD und andere Fraktionen im Bundestag tun. Man sollte nicht die Russen in Berlin provozieren. In diesem Kreise darf ich sagen, daß die Vertreter der drei Westmächte ausdrücklich gewarnt haben vor solchen Provokationen, vor einem Anrühren an den Vier-Mächte-Status. Dieses Anrühren des Vier-Mächte-Status – ich drücke mich sehr vorsichtig aus – läge sicher vor, wenn man den Berliner Abgeordneten das Recht gäbe, im Bundestag zu stimmen. Daran kann kein Zweifel sein"[87].

Auf der Pressekonferenz vom 7. Dezember 1956 hatte Adenauer das Versprechen gegeben, daß die Bundesregierung jedoch alles daran setzen werde, Berlin auf den Tag der Wiedervereinigung vorzubereiten. Es seien bereits über 100 Millionen DM aus Bundesmitteln für öffentliche Bauten in Berlin zur Verfügung gestellt worden: „Wir wollen Berlin nicht vernachlässigen.“[88] Wichtig sei nur, daß diese Vorbereitung nicht gefühlsbetont erfolge.

Der Kompromiß

Mit Adenauers Pressekonferenz vom 7. Dezember 1956 wurde der Ausweg angekündigt: Zwar sollte der Regierungssitz nicht nach Berlin verlegt werden, aber Berlin sollte durch bauliche Maßnahmen und die Verlegung möglichst vieler Dienststellen des Bundes in die Stadt auf den Tag der Wiedervereinigung vorbereitet werden; außerdem waren die vorgesehenen Maßnahmen schon vor diesem Tag als eine wirtschaftliche Hilfe für West-Berlin geeignet.

Ausschlaggebend in der Debatte um die Regierungsverlegung war schließlich die ablehnende Haltung der Bundesregierung. Dieser Haltung war im Laufe der Novemberwochen 1956 eine deutliche Dämpfung der Stimmung und ein entsprechendes Anwachsen der Verständnisbereitschaft gegenüber der Argumentation der Regierung entgegengekommen, als die Niederschlagung des Ungarnaufstands Anfang November die Hoffnungen auf sowjetische Friedfertigkeit erschütterte und die Abhängigkeit der Bundesrepublik und insbesondere West-Berlins von den westlichen Alliierten erneut eindringlich in Erscheinung treten ließ[89]. Bucerius schilderte diese für sein Vorhaben ungünstige Lage am 6. Februar 1957 im Deutschen Bundestag: „Es ist zuzugeben: Die gewaltsame Niederschlagung des ungarischen Aufstandes durch die Sowjets hat eine scharfe Zäsur in die von uns geplanten Entwicklungen gebracht. Es war richtig, angesichts des drohenden Ausbruchs großer Verwicklungen unser Vorhaben zunächst zurückzustellen. In dieser Pause hat sich die öffentliche Meinung in der Bundesrepublik, aber auch in Berlin und in diesem Hause, in gewissem Umfang gegen uns gewandt.“[90]

Trotzdem war die Stimmung, die den ursprünglichen Vorschlag begleitet hatte, noch so stark, daß die Debatte über die grundsätzliche Frage des Engagements für Berlin als Demonstration des Willens zur Wiedervereinigung fortgeführt wurde. Sie endete Anfang 1957 nicht mit einer glatten Ablehnung, sondern mit einem – wenn auch wesentlich bescheideneren – Kompromiß.

Aufgrund der ablehnenden Haltung der Bundesregierung konnte sich die CDU/CSU-Bundestagsfraktion nicht entschließen, den ursprünglichen Bucerius-Vorschlag weiter zu verfolgen. Auch Bucerius entschloß sich, das Vorhaben nicht mehr mit Hilfe von Unterschriften in den Bundestag einzubringen, sondern einem Kompromiß zuzustimmen. Er tat dies nicht ohne Bedauern. In der Bundestagsdebatte am 7. Februar 1957, als über den Kompromißantrag abgestimmt wurde, erklärte er dies ganz offen: „Es ist ja kein Geheimnis, daß der Beschluß, den wir heute fassen werden, weit hinter der Vorstellung zurückbleibt, die eine namhafte Gruppe dieses Hauses gehabt hat. Selbstverständlich hat in keinem Augenblick irgend jemand von uns die Vorstellung gehabt, daß man die Bundeshauptstadt von heute auf morgen mit dem gesamten technischen Apparat nach Berlin verlegen könne [. . .] Unser Ziel im November vorigen Jahres war es, durch jetzt zu fassende Beschlüsse Vorsorge dafür zu treffen, daß später, nämlich vom Zusammentritt des nächsten Bundestages an, die provisorische Hauptstadt beginnen sollte, ihre Funktionen an die endgültige Hauptstadt abzugeben. In weiteren ein bis zwei Jahren, so hofften wir, sollten dann alle Bundesministerien um das in Berlin residierende Parlament versammelt sein, soweit nicht zwingende Gründe dagegenstünden."[91]

Dennoch: Die Initiative von Bucerius hatte die Angelegenheit überhaupt ins Rollen gebracht: „Vergönnen Sie mir, auszusprechen, daß es vielleicht doch unsere Aktion war, durch die die Sache der echten Bundeshauptstadt in den Augen aller, auch derer, die nicht ganz unserer Meinung sind, an Stärke und Glanz gewonnen hat."[92] Es war diese Initiative, auf der der Antrag der SPD, FDP und des GB/BHE beruhte[93], der die Basis des Kompromisses bildete, der in der Folge im Bundestagsausschuß für Gesamtdeutsche und Berliner Fragen gefunden und am 22. Januar 1957 dem Bundestag zur Annahme empfohlen wurde[94]. Es handelte sich allerdings um einen Antrag, der in entscheidender Weise hinter den ursprünglichen Plan einer Verlegung des Regierungssitzes zurückgefallen war.

Bucerius selbst trat als Berichterstatter auf. Seinem schriftlichen Bericht zufolge[95] sollte der Antrag die Bundesregierung nicht zu einem überstürzten, vollständigen Umzug nach Berlin veranlassen. Vielmehr sollte mit dem Antrag erreicht werden erstens, daß „Berlin schon jetzt – noch während der Spaltung Deutschlands – durch Verlegung von Behörden, soweit das nur möglich sei, den ihm zukommenden hauptstädtischen Charakter und echte hauptstädtische Funktionen erhalte", und zweitens „darüber hinaus unverzüglich die praktische Vorbereitung der Hauptstadt für den Tag der Wiedervereinigung beginne"[96].

Der erste Absatz des Antrags war kurz; dort hieß es: „Berlin ist die Hauptstadt Deutschlands." Bucerius wies darauf hin, daß der Ausschuß in dieser Bekräftigung des Bundestagsbeschlusses von 1949 einmütiger Meinung gewesen sei.

Ebenfalls einstimmig empfahl der Ausschuß in Absatz 2 des Antrags dem Bundestag, festzustellen, daß mit der Planung und Durchführung des Baus eines Parlamentsgebäudes unverzüglich in Berlin begonnen werden solle. Nicht vorgreifen wollte der Ausschuß den Überlegungen, ob der Reichstag wiederhergestellt oder ein neues Gebäude errichtet werden sollte.

Unter Nr. 3 des Antrags wurde der Bundesregierung „empfohlen:

a) unverzüglich die organisatorischen Voraussetzungen dafür zu schaffen, daß Bundesministerien nach Berlin verlegt werden;

b) die Voraussetzungen dafür zu schaffen, daß weitere Dienststellen und Institutionen des Bundes so schnell wie möglich nach Berlin verlegt werden;

c) bei neu zu errichtenden Bundesbehörden von vornherein Berlin als Sitz zu bestimmen;

d) Bauten, die für oberste Bundesbehörden erforderlich werden, nicht mehr in Bonn, sondern in Berlin durchzuführen;

e) für die beschleunigte Wiederherstellung des Schlosses Bellevue Sorge zu tragen."

Bucerius betonte unter Hinweis auf Präzedenzfälle, z. B. auf das Bundesverwaltungsgericht, daß im Ausschuß die Meinung geherrscht habe, eine Behinderung der ,,ordnungsmäßigen Arbeit von Bundesbehörden in Berlin" durch den besonderen Status Berlins sei nicht zu erwarten. Auch von seiten der westlichen Alliierten seien Einwände – wie der Vertreter des Auswärtigen Amtes bestätigt hatte[97] – bei einer begrenzten Verlegung von Bundesbehörden nicht zu erwarten.

Differenzen gab es im Ausschuß in der Tat lediglich darüber, in welchem Ausmaß eine Verlegung von Behörden und Dienststellen ,,technisch möglich und organisatorisch zweckmäßig sei". Laut Bericht wurden von einem ,,beträchtlichen Teil" der Ausschußmitglieder ,,vor allem Bedenken geäußert, daß eine sofortige weitgehendere Übersiedlung von Bundesministerien die Funktionsfähigkeit der Bundesregierung in starkem Maße beeinträchtigen" müsse. Von diesem Teil des Ausschusses ,,wurde es vor allem für erforderlich gehalten, daß die wesentlichen Regierungsstellen für den einzelnen Staatsbürger mühelos zu erreichen sind".

Zu diesen Bedenken kam die Auffassung hinzu, daß die Bundesregierung verfassungsrechtlich in der Entscheidung über die Unterbringung ihrer Behörden ohnehin frei sei.

Somit wurde der Bundesregierung – in ausdrücklicher Abänderung des ursprünglichen Antrags von SPD, FDP und GB/BHE – lediglich empfohlen, die genannten Maßnahmen zu ergreifen. Die Beurteilung des konkreten Ausmaßes wurde ihr überlassen; darüber hinaus wies Bucerius in seinen mündlichen Erläuterungen ausdrücklich darauf hin, daß hinsichtlich der Errichtung oberster Bundesbehörden in Berlin und des Baustopps in Bonn Ausnahmen zuzulassen seien.

Ersucht wurde die Bundesregierung hingegen, ,,dem Bundestag darüber zu berichten, welche obersten Bundesbehörden sowie den Ministerien nachgeordnete Behörden in absehbarer Zeit nach Berlin verlegt werden können", und ,,Raum für die Aufnahme der Regierungsstellen in Berlin durch beschleunigten Ausbau der bundeseigenen Gebäude in Berlin sicherzustellen". Schließlich wurde die Bundesregierung ersucht, die Hochschulen, ,,sonstige Ausbildungsstätten und die großen kulturellen Institutionen Berlins in den Stand zu setzen, die ihnen obliegenden gesamtdeutschen Aufgaben zu erfüllen".

Die Bundestagsdebatte über diesen Antrag am 6. Februar 1957[98] widerspiegelt noch einmal alle Argumente, die in den vorangegangenen Wochen vorgetragen wurden – technische Schwierigkeiten, Vier-Mächte-Status, Souveränität in Berlin, sowjetische Reaktionen –, nun allerdings nicht mehr auf eine Verlegung des Regierungssitzes, sondern lediglich auf die Verlegung einzelner Behörden bezogen. Es ging nicht mehr um die Verlegung des Regierungssitzes der Bundesrepublik, sondern um die ,,stufenweise Vorbereitung" Berlins zur Übernahme der Rolle der Hauptstadt am Tage der Wiedervereinigung Deutschlands. Dafür sollten ,,organisatorische Voraussetzungen" geschaffen werden; zugleich sollte etwas für die Entwicklung West-Berlins getan werden. Der Gegenstand, über den diskutiert wurde, hatte sich gewandelt. Viele Argumente gegen die Regierung gingen nunmehr ins Leere[99] – denn dem begrenzten Antrag konnte auch die Regierung zustimmen. Mit nur vier Gegenstimmen wurde der Antrag vom Bundestag angenommen.

Es bleibt die Bundespräsenz

So war von der ursprünglichen Absicht, Berlin (West) zur Hauptstadt der Bundesrepublik zu machen und damit dem Ziel, ganz Berlin wieder als Hauptstadt eines wiedervereinigten Deutschlands einen Schritt näherzukommen, nicht viel übriggeblieben. Danach wurde nur noch einmal ein Vorstoß gemacht, den Regierungssitz der Bundesrepublik nach Berlin zu verlegen. Mit der unmittelbaren Absicht, das Engagement der Bundesrepublik zu demonstrieren, forderte die SPD am Vorabend der zweiten Berlinkrise im Herbst 1958 erneut die Etablierung Berlins als Hauptstadt der Bundesrepublik[100]. Unter Bezugnahme auf ihre Erklärung von 1956 nahm die Bundesregierung ohne Umschweife wieder eine ablehnende Haltung ein. Der SPD fehlte für ihren Antrag die Stimmung, die die Bucerius-Initiative getragen hatte, und der Kompromiß einer Erweiterung der Bundespräsenz war eben schon anläßlich jener Initiative gefunden worden. Der SPD-Vorstoß verlief im Sande.
Doch auch die Empfehlungen des Antrags vom Februar 1957 wurden – soweit sie mehr als symbolischen Charakter hatten – in den folgenden Jahren immer seltener beachtet. Das Ereignis wurde vergessen, es wurde überlagert vom Aufstand in Ungarn, von der Suezkrise und dem zweiten Nahostkrieg, und in Adenauers „Erinnerungen" findet es gegenüber den zur gleichen Zeit stattgefundenen EWG-Verhandlungen gar keine Beachtung.
Dennoch: Der Antrag vom 6. Februar 1957 und die allgemeine Stimmung, in der er zustande gekommen war, bildeten die Grundlage für eine neue Intensivierung des Bonner Engagements in Berlin und für den weiteren Aufbau dessen, was später als Bundespräsenz bezeichnet wurde[101].
Allerdings wird man nicht übersehen können, daß das Konzept der Bundespräsenz ein Element eines Rückzuges beinhaltete: eines Rückzuges zumindest von der Aussicht, Berlin schon bald wieder als Hauptstadt eines vereinigten Deutschlands zu etablieren. West-Berlin war eben doch auf absehbare Zeit zum Vorposten geworden, wobei Bundespräsenz und die Rechte der Westmächte zu Zeichen westlichen Engagements und westlichen Willens wurden, diesen Vorposten zu halten. Bundespräsenz und Vier-Mächte-Status waren somit durchaus Defensivpositionen.
Zugleich aber – und das sollte ebenfalls nicht übersehen werden – war die Bundespräsenz potentiell auch stets Element eines zukunftsorientierten politischen Konzepts. Dies traf immer dann zu, wenn sie nicht nur als Symbol westlichen Engagements, sondern als Ausdruck westdeutschen Willens gesehen wurde, in Berlin die eigentliche Hauptstadt – und das heißt die Hauptstadt eines wiedervereinigten Deutschlands – zu sehen.
Gewiß hat es hier immer eine tendenzielle Spannung zwischen dieser Bundespräsenz (also nicht Symbol des Engagements, sondern Hauptstadtanspruch) und dem Vier-Mächte-Status der Stadt gegeben – aber während die gleiche Spannung in Ost-Berlin von Anfang an, kontinuierlich und überwiegend zugunsten des Hauptstadtanspruches der DDR gelöst wurde, verlief die Entwicklung für die Bundesrepublik und West-Berlin in dieser Hinsicht weit weniger günstig. Der Bucerius-Vorstoß von 1956 war ein Versuch, die mit den Vorbehalten der Westmächte zum Grundgesetz und der Etablierung Bonns als

Regierungssitz zuungunsten Berlins verlaufene Entwicklung zu revidieren. Das gelang nicht, aber der darauf folgende Aufbau der politischen Präsenz des Bundes mit Hauptstadtcharakter – zweiter Amtssitz des Bundespräsidenten und Bundestagssitzungen vor allem – stellte das Bemühen dar, diese Frage offenzuhalten. Dies war weniger, als wünschenswert gewesen wäre, aber doch auch wiederum viel, was nicht zuletzt die Angriffe der Sowjetunion auf die Bundespräsenz in den sechziger Jahren zeigten[102].
Eine Revision erfuhr diese Situation erst wieder im Vier-Mächte-Abkommen über Berlin vom 3. September 1971, in dem der Versuch gemacht wurde, die Spannung zwischen Bundespräsenz als Element eines bundesdeutschen Hauptstadtanspruches und dem Vier-Mächte-Status zugunsten des letzteren und zugunsten der „materiellen“, also nichtpolitischen Bundespräsenz zu lösen[103].
Wenn Adenauer an Berlin nicht als deutscher Hauptstadt, sondern lediglich als Vorposten des Westens gelegen war, so wäre ihm diese Regelung gewiß recht gewesen.

1 Vgl. Johann Baptist Gradl, Adenauer und Berlin, in: Konrad Adenauer und seine Zeit. Politik und Persönlichkeit des ersten Bundeskanzlers. Beiträge von Weg- und Zeitgenossen, Stuttgart 1976, S. 340ff.
2 Darauf, daß die Frage der Konfessionen – rheinischer Katholizismus/preußischer Protestantismus – trotz des noch von Adenauer erlebten „Kulturkampfes“ für ihn keine entscheidende Rolle spielte, weist Gerd Bucerius entschieden hin, vgl. Der Adenauer. Subjektive Beobachtungen eines unbequemen Zeitgenossen, Hamburg 1976, S. 16f. und S. 51.
3 Vgl. Gradl sowie den dort zitierten Rudolf Morsey, Vom Kommunalpolitiker zum Kanzler, in: Konrad Adenauer. Ziele und Wege. Hrsg. von der Konrad-Adenauer-Stiftung, Mainz 1972, S. 14.
4 Zur Westorientierung und zur Bedeutung des innenpolitischen Ziels vgl. Dieter Mahncke, Adenauer und die Sicherheit der Bundesrepublik, in: Helmut Kohl (Hrsg.), Konrad Adenauer 1876/1976, Stuttgart-Zürich 1976, S. 103ff.
5 Konrad Adenauer. Vier Epochen deutscher Geschichte, Stuttgart 1971, S. 109. Zu Beginn der sechziger Jahre lehnte Adenauer es ab, trotz einer durchaus flexiblen Haltung in der Ost- und Deutschlandpolitik (vgl. dazu Klaus Gotto, Adenauers Deutschland- und Ostpolitik 1954–1963, in: Rudolf Morsey und Konrad Repgen [Hrsg.], Adenauer-Studien III: Untersuchungen und Dokumente zur Ostpolitik und Biographie [Veröffentlichungen der Kommission für Zeitgeschichte, Reihe B, Bd. 15], Mainz 1974, S. 3ff.), sich öffentlich auf eine Anerkennung der Teilung Deutschlands hin zu bewegen, was ihm wiederum vielfach von denselben Kritikern zur Last gelegt wurde, die ihm in den fünfziger Jahren mangelndes Interesse an der Wiedervereinigung vorgeworfen hatten (vgl. dazu Hans-Peter Schwarz, Das Spiel ist aus und alle Fragen offen oder: Vermutungen zu Adenauers Wiedervereinigungspolitik, in: Konrad Adenauer 1876/1976, S. 140ff., hier S. 140f.).
6 Vgl. Prittie, S. 457, Anm. 26.
7 Wie fundamental es Adenauer um Freiheit und Demokratie ging, zeigt nicht nur etwa seine Einstellung zum Nationalsozialismus, sondern zum Beispiel auch seine Haltung zur Verstaatlichung der Wirtschaft anläßlich der Diskussionen um das Ahlener Programm der CDU Ende der vierziger Jahre: Er lehnte dies nicht allein mit Effektivitätsargumenten, sondern vor allem mit dem geradezu klassisch-de-

mokratischen Argument der Machtverteilung und Vermeidung einer Machtkonzentration in den Händen des Staates ab. Vgl. Konrad Adenauer, Erinnerungen 1945–1953 (Bd. 1), Stuttgart 1965, S. 206, ferner Bucerius, Der Adenauer, S. 56.

8 Trotz einer wachsenden Literatur zur Berlin-Frage, vgl. etwa die Veröffentlichungen der Historischen Kommission zu Berlin: Dennis Bark, Die Berlin-Frage 1949–1966. Verhandlungsgrundlagen und Eindämmungspolitik, Berlin 1972; Hans Herzfeld, Berlin in der Weltpolitik 1945–1970, Berlin 1973; Diethelm Prowe, Weltstadt in Krisen. Berlin 1949–1958, Berlin 1973 oder auf die neuere Entwicklung hin orientiert Dieter Mahncke, Berlin im geteilten Deutschland, München-Wien 1973.

9 Vgl. z. B. Manfred Rexin, Berlin und der Bund, in: Liberal 1969, S. 94ff.

10 Vgl. Verhandlungen des Deutschen Bundestages. 1. Wahlperiode 1949. Stenographische Berichte. Bd. 1, S. 343ff. In dieser Sitzung wurde ein nochmaliger Vorstoß, Frankfurt am Main zum Regierungssitz zu machen, mit 200 gegen 176 Stimmen (drei Enthaltungen, elf ungültige Stimmen) abgelehnt.

11 Vgl. Verhandlungen des Deutschen Bundestages. 1. Wahlperiode 1949. Stenographische Berichte. Bd. 1, S. 228ff. Laut Brandt und Löwenthal war auch Ernst Reuter der Meinung, daß ein Großteil der Bundesregierung nach 1949 nach Berlin verlegt werden sollte. ,,Wenn ich Bundeskanzler wäre, so ginge ich nach Berlin und würde die Bundesregierung hier etablieren", habe er Ende September 1949 erklärt. ,,Wir gehen nach Berlin; wenn wir vielleicht auch nicht mit der ganzen Regierung nach Berlin gehen können, so gehen wir doch so sichtbar nach Berlin, und wir entwickeln diese Stadt mit einer solchen Energie, erheben so sehr den Anspruch darauf, nicht nur für den Westen, sondern für ganz Deutschland zu sprechen, daß kein Zweifel über unsere Einstellung sein kann." Bei anderer Gelegenheit soll Reuter die Ansicht vertreten haben, daß ein anderer Mann einer anderen politischen Färbung als Adenauer – auch aus der CDU –, als Bundeskanzler den Marsch nach Berlin mit größerem Elan angetreten hätte. Vgl. Willy Brandt und Richard Löwenthal, Ernst Reuter. Ein Leben für die Freiheit, München 1957, S. 541.

12 Vgl. die erste Verfassung der DDR vom 7. Oktober 1949, in der ,,Berlin" zur Hauptstadt der DDR erklärt wurde; Wortlaut in: Dokumente zur Berlin-Frage 1944–1966. Hrsg. vom Forschungsinstitut der Deutschen Gesellschaft für Auswärtige Politik, 3. Auflage, München 1967, S. 139.

13 In Berlin wurde die Politik einer Ausdehnung sowjetischen Einflusses nach Westen als Maximalziel und der Teilung, Abgrenzung und eigenen Konsolidierung als Minimalziel (das aber nicht die Aufgabe des Maximalziels bedeutete) noch vor der Gründung der Bundesrepublik vorexerziert. Diese Tatsache scheint die Ansicht Adenauers zu stützen, daß die Sowjetunion nicht bereit war, einer Wiedervereinigung unter für die freien Deutschen annehmbaren Bedingungen zuzustimmen.

14 Vgl. Adenauer, Erinnerungen, Bd. 1, S. 173f.

15 Vgl. Adenauer, Erinnerungen, Bd. 1, S. 173.

16 Zu bemerken ist, daß Adenauer mit keinem Wort auf das Argument eingeht, der provisorische Charakter würde durch die Wahl des kleinen, eher provinziell anmutenden Bonn herausgestrichen.

17 Dies ist im übrigen ein grundsätzliches Problem sowohl der Politikwissenschaft als auch der Geschichte. Dem Forscher bleiben dann nur Vermutungen, die freilich nicht immer abzulehnen sind, solange sie als solche gekennzeichnet sind. Allerdings haben Vermutungen über Adenauers persönliche Beweggründe – nicht zuletzt im Zusammenhang mit Berlin – stets eine besondere Rolle gespielt, und zwar meist im negativen Sinn. Doch Golo Mann schreibt gerade hierzu: ,,Selten

sind die Politiker historischen Namens, von denen man im Guten so Reichliches, Sicheres, im Schlechten nur so Ungesichertes behaupten kann.“ Golo Mann, Konrad Adenauer – gewandeltes Bild?, im vorliegenden Band S. 588.

18 Zu den westlichen Vorbehalten vgl. ausführlich Mahncke, Berlin im geteilten Deutschland, S. 54ff.

19 Ausführlich Mahncke, Berlin im geteilten Deutschland, S. 67ff.

20 Vgl. dazu Lucius D. Clay, Entscheidung in Deutschland, Frankfurt am Main 1950, S. 42ff.

21 Zusammengefaßte Darstellung in Mahncke, Berlin im geteilten Deutschland, S. 40ff.

22 Vgl. dazu etwa Brandt, Löwenthal, S. 533ff., den offenen Brief Brandts an Gerd Bucerius, in: Die Zeit vom 19. März 1971 und Rexin, S. 97f.

23 Vgl. Rexin, ebenda.

24 Vgl. hierzu sehr ausführlich Mahncke, Berlin im geteilten Deutschland, S. 54ff.

25 Vgl. Verhandlungen des Deutschen Bundestages. 1. Wahlperiode 1949. Stenographische Berichte. Bd. 1, S. 309.

26 Wortlaut in: Schriftenreihe zur Berliner Zeitgeschichte. Hrsg. vom Senat von Berlin. Bd. IV: Quellen und Dokumente 1945–1951, Berlin 1964, S. 2063ff., hier S. 2064.

27 So interpretiert auch Gradl die damalige Lage.

28 Vgl. Verhandlungen des Deutschen Bundestages. 1. Wahlperiode 1949. Stenographische Berichte. Bd. 1, S. 26.

29 Vgl. Hans-Peter Schwarz (Hrsg.), Konrad Adenauer. Reden 1917–1967. Eine Auswahl, Stuttgart 1975, S. 172.

30 Vgl. Adenauer, Erinnerungen, Bd. 1, S. 240.

31 Dies wird bestätigt von Gerd Bucerius, der 1950 Bundesbeauftragter für die Förderung der Berliner Wirtschaft wurde; Gespräch mit dem Autor am 21. Januar 1976. Ich möchte Dr. Gerd Bucerius an dieser Stelle für das ausführliche Gespräch danken; es wird noch mehrmals darauf zurückzukommen sein (Anm. 59, 61, 64, 71, 89). Allerdings sei nachdrücklich darauf hingewiesen, daß ich allein die Verantwortung für meine Schlußfolgerungen – ebenso wie für meine Interpretation seiner Bemerkungen – trage.

32 Vgl. Adenauer, Erinnerungen, Bd. 1, S. 575.

33 Vgl. hierzu besonders Brandt, Löwenthal, S. 541ff.

34 Wortlaut in: Dokumente zur Berlin-Frage, S. 186ff.

35 Vgl. Dokumente zur Berlin-Frage, S. 191.

36 Zur Bedeutung, Wirksamkeit und zum Ausmaß der Berlinhilfe vgl. die detaillierte Erörterung in Mahncke, Berlin im geteilten Deutschland, S. 166ff.

37 Vgl. hierzu Mahncke, Berlin im geteilten Deutschland, S. 72f. sowie Kapitel VI, Die wirtschaftliche Lage West-Berlins, S. 148ff.

38 Am 5. Dezember 1958 auf einer Wahlkundgebung der CDU in der Berliner Deutschlandhalle, Text in: Adenauer, Reden, S. 393ff., hier S. 401.

39 Vgl. Adenauer, Erinnerungen, Bd. 1, Kapitel IX, S. 177ff.

40 Zum außenpolitischen Konzept Adenauers und zur Rolle des sowjetischen Expansionismus vgl. Hans-Peter Schwarz, Das außenpolitische Konzept Konrad Adenauers, in: Rudolf Morsey und Konrad Repgen (Hrsg.), Adenauer-Studien I (Veröffentlichungen der Kommission für Zeitgeschichte, Reihe B, Bd. 10), Mainz 1971, S. 71ff. und Dieter Mahncke, Konrad Adenauer und die Sicherheit der Bundesrepublik, in: Konrad Adenauer 1876/1976, S. 87ff.

41 Vgl. z.B. Adenauer, Erinnerungen, Bd. 1, S. 347 und S. 477f. Zur Einbeziehung Berlins in die EVG vgl. Konrad Adenauer, Erinnerungen 1953–1955 (Bd. 2),

Stuttgart 1966, S. 167, zur Einbeziehung in die NATO Bd. 2, S. 343.

42 Eine ausführliche Erörterung der Frage der Sicherheit Berlins (bzw. West-Berlins) und der Bedeutung des Engagements sowohl der Westmächte als auch der Bundesrepublik ist zu finden bei Mahncke, Berlin im geteilten Deutschland, Kapitel V, S. 133ff. Hinweise Adenauers auf die Verantwortung der Westmächte sind zu finden in seinen ,,Erinnerungen", z. B. Bd. 1, S. 363ff.

43 Vgl. Adenauer, Erinnerungen, Bd. 1, S. 370.

44 Wortlaut in: Dokumente zur Berlin-Frage, S. 160f.

45 Dabei schätzte Adenauer die hohe Bedeutung des Meinungsklimas in Berlin richtig ein: Über eine Unterredung mit Präsident Charles de Gaulle in Paris im Dezember 1961 berichtet er: ,,Äußerst wichtig sei, daß man das Vertrauen der Berliner stärke. Bei allem, was man unternehme, müsse man sich fragen, welche Wirkung dieser oder jener Schritt auf das Vertrauen der Berliner habe. Andernfalls könne es zu einer sehr schnellen und schlechten Entwicklung in Berlin kommen." Und er fügte hinzu: ,,Die Einigkeit des Westens sei von ausschlaggebender Bedeutung." Vgl. Konrad Adenauer, Erinnerungen 1959–1963. Fragmente (Bd. 4), Stuttgart 1968, S. 120f.

46 Vgl. Adenauer, Reden, S. 413ff.

47 Vgl. Adenauer, Reden, S. 424ff., hier S. 428.

48 Vgl. Adenauer, Reden, S. 426.

49 Vgl. ebenda.

50 Vgl. dazu Mahncke, Berlin im geteilten Deutschland, S. 139f.

51 Vgl. Adenauer, Reden, S. 428.

52 So Hans Becker in der ,,Frankfurter Neuen Presse" vom 30. November 1956.

53 Zu dieser Stimmung in Deutschland vgl. z. B. die Berichte der Londoner ,,Times" vom 30. Oktober und vom 3. November 1956.

54 Vgl. Bucerius, Der Adenauer, S. 43.

55 Beschreibungen des Bucerius-Vorschlags in The Times vom 29. Oktober 1956 und Frankfurter Allgemeine Zeitung vom 27. November 1956.

56 Vgl. den Bericht des Geschäftsführers des Kuratoriums, Wilhelm Wolfgang Schütz, in: Frankfurter Allgemeine Zeitung vom 27. November 1956.

57 Bericht der ,,Welt" vom 11. Dezember 1956.

58 Vgl. Bucerius, Der Adenauer, S. 43.

59 Gespräch mit dem Autor, 21. Januar 1976.

60 Das entspricht dem außenpolitischen Konzept Adenauers, vgl. Mahncke, Adenauer und die Sicherheit der Bundesrepublik, und Schwarz, Das außenpolitische Konzept Konrad Adenauers.

61 So Bucerius im Gespräch mit dem Autor, 21. Januar 1976.

62 Vgl. Bucerius, Der Adenauer, S. 43.

63 Vgl. Bucerius, Der Adenauer, S. 44ff. Entsprechende Zurückhaltung bewies Heuss anläßlich der Berliner Sitzung des Kuratoriums Unteilbares Deutschland: Er erschien nicht, wie ursprünglich beabsichtigt, selbst auf der Tagung, sondern empfing lediglich 20 Mitglieder des Kuratoriums zu einem Gespräch.

64 Gespräch mit dem Autor, 21. Januar 1976. Zur Haltung Kiesingers vgl. den Bericht der ,,Welt" vom 28. November 1956.

65 Vgl. Mitteilung an die Presse Nr. 1388/56.

66 Vgl. Adenauer, Reden, S. 244f.

67 Vgl. Konrad Adenauer, Erinnerungen 1955–1959 (Bd. 3), Stuttgart 1967, S. 479, vgl. auch entsprechend Bd. 4, S. 24ff.

68 Vgl. Verhandlungen des Deutschen Bundestages. 2. Wahlperiode 1953. Stenographische Berichte. Bd. 35, S. 10821.

69 So der Berichterstatter Bucerius im Deutschen Bundestag am 6. Februar 1957; Verhandlungen des Deutschen Bundestages. 2. Wahlperiode 1953. Stenographische Berichte. Bd. 35, S. 10869. Vgl. dazu auch den Bericht des Berliner „Telegraf" vom 22. Januar 1957.

70 So z. B. Brandt (SPD) und Reif (FDP) am 6. Februar 1957; Verhandlungen des Deutschen Bundestages. 2. Wahlperiode 1953. Stenographische Berichte. Bd. 35, S. 10816 und S. 10825.

71 Gespräch mit dem Autor, 21. Januar 1976 und Äußerung im Bundestag. Vgl. Verhandlungen des Deutschen Bundestages. 2. Wahlperiode 1953. Stenographische Berichte. Bd. 35, S. 10827. Daß solche informellen Gespräche auf rangniedriger Ebene stattgefunden hatten, wurde noch während der Debatte von Sprechern der britischen und amerikanischen Botschaften bestätigt, vgl. Bericht (UP) in: Die Welt vom 28. November 1956.

72 So z. B. Bucerius im Bundestag am 6. Februar 1957. Vgl. Verhandlungen des Deutschen Bundestages. 2. Wahlperiode 1953. Stenographische Berichte. Bd. 35, S. 10869.

73 Vgl. z. B. Die Welt vom 29. November 1956, Kölnische Rundschau vom 29. November 1956, Frankfurter Neue Presse vom 30. November 1956, Hannoversche Allgemeine Zeitung vom 15. Dezember 1956.

74 Vgl. Bericht der „Hannoverschen Allgemeinen Zeitung" vom 15. Dezember 1956.

75 So Bundespressechef Felix v. Eckardt; Die Welt vom 29. November 1956. Dies wird bestätigt durch die Äußerung von Bucerius im Bundestag am 6. Februar 1957. Vgl. Verhandlungen des Deutschen Bundestages. 2. Wahlperiode 1953. Stenographische Berichte. Bd. 35, S. 10827.

76 Vgl. dazu die Stellungnahme des damaligen Präsidenten des Bundesrates, Dr. Sieveking, in: Bulletin des Presse- und Informationsamtes, Nr. 21 vom 10. November 1956, S. 2028 f.

77 Äußerung gegenüber der „Welt" vom 27. Oktober 1956.

78 Vgl. Verhandlungen des Deutschen Bundestages. 2. Wahlperiode 1953. Stenographische Berichte. Bd. 35, S. 10813.

79 Vgl. Die Welt und Kölnische Rundschau vom 29. November 1956.

80 Vgl. Verhandlungen des Deutschen Bundestages. 2. Wahlperiode 1953. Stenographische Berichte. Bd. 35, S. 10814.

81 Vgl. Verhandlungen des Deutschen Bundestages. 2. Wahlperiode 1953. Stenographische Berichte. Bd. 35, S. 10815.

82 Vgl. Verhandlungen des Deutschen Bundestages. 2. Wahlperiode 1953. Stenographische Berichte. Bd. 35, S. 10816.

83 Vgl. Verhandlungen des Deutschen Bundestages. 2. Wahlperiode 1953. Stenographische Berichte. Bd. 35, S. 10827.

84 Vgl. ebenda. Die Krise bestanden Sowjetunion und SED schließlich durch den Bau der Mauer, und heute muß man wohl wieder von einer „starren, selbstsicheren und ihres Erfolges gewissen Diktatur" sprechen.

85 So der dpa-Bericht 77/74 1244 vom 7. Dezember 1956. Die Absicht Adenauers, auf die Möglichkeiten sowjetischer Behinderungen und sowjetischen Drucks hinzuweisen, ist deutlich. Allerdings ist die Bemerkung – wenn sie so gemacht wurde –, daß sich die Bundesregierung nicht auf die vorhandenen Absprachen berufen könne, eine zumindest vereinfachende Darstellung der Rechtslage. Die „konkreten Absprachen" zwischen den Westmächten und der Sowjetunion – gemeint sind das New Yorker Abkommen vom 4. Mai 1949 und die Pariser Vereinbarung des Außenministerrats vom 20. Juni 1949 – umfassen den deutschen Zugang, auch wenn dieser nicht ausdrücklich erwähnt wurde und die Bundesrepublik natürlich

nicht Vertragspartner ist. Vgl. dazu Mahncke, Berlin im geteilten Deutschland, S. 181ff., hier insbesondere S. 188ff.

86 Vgl. Verhandlungen des Deutschen Bundestages. 2. Wahlperiode 1953. Stenographische Berichte. Bd. 35, S. 10836ff.

87 Text in: Adenauer, Reden, S. 350ff., hier S. 352.

88 Vgl. dpa 77/74 1244 vom 7. Dezember 1956.

89 Obwohl der Regierende Bürgermeister Suhr noch am 28. November 1956 unmittelbar nach der Mitteilung der Regierung seine Enttäuschung über die ablehnende Haltung des Kabinetts geäußert hatte („offenbar habe im Kabinett die Vorsicht überwogen"; vgl. den Bericht der „Welt" vom 29. November 1956), ist Bucerius der Meinung, daß gerade die Berliner unter dem Eindruck der Ungarnkrise am schnellsten von dem Bucerius-Plan wieder abgerückt seien: „Als ich mich im Schlachtengewimmel umsah, sah ich, daß ich allein war." (So im Gespräch mit dem Autor, 21. Januar 1976; auf die Bedeutung der Ungarnkrise hatte Bucerius aber auch schon Anfang 1957 hingewiesen. Vgl. Verhandlungen des Deutschen Bundestages. 2. Wahlperiode 1953. Stenographische Berichte. Bd. 35, S. 10826ff.)

90 Vgl. ebenda.

91 Vgl. ebenda.

92 Vgl. Bucerius: Verhandlungen des Deutschen Bundestages. 2. Wahlperiode 1953. Stenographische Berichte. Bd. 35, S. 10828.

93 Vgl. Verhandlungen des Deutschen Bundestages. 2. Wahlperiode 1953. Anlagen zu den stenographischen Berichten. Bd. 47. Drucksache 2998. Vgl. auch Berichte in: Frankfurter Allgemeine Zeitung vom 4., 6. und 12. Dezember 1956.

94 Vgl. Verhandlungen des Deutschen Bundestages. 2. Wahlperiode 1953. Anlagen zu den stenographischen Berichten. Bd. 47. Drucksache 3116.

95 Vgl. Verhandlungen des Deutschen Bundestages. 2. Wahlperiode 1953. Stenographische Berichte. Bd. 35, S. 10868ff.

96 Hierzu und zum folgenden vgl. ebenda.

97 Vgl. oben.

98 Vgl. Verhandlungen des Deutschen Bundestages. 2. Wahlperiode 1953. Stenographische Berichte. Bd. 35, S. 10811ff.

99 Vgl. etwa den Diskussionsbeitrag von Brandt; Verhandlungen des Deutschen Bundestages. 2. Wahlperiode 1953. Stenographische Berichte. Bd. 35, S. 10814ff.

100 Vgl. die Berichte in: Hamburger Echo vom 6. Oktober 1956, Süddeutsche Zeitung vom 16. Oktober 1958 und Frankfurter Allgemeine Zeitung vom 21. Oktober 1958.

101 Zur Bundespräsenz ausführlich Mahncke, Berlin im geteilten Deutschland, S. 71ff. und passim.

102 Vgl. Mahncke, Berlin im geteilten Deutschland, S. 100ff.

103 Vgl. Mahncke, Berlin im geteilten Deutschland, S. 88ff.

WOLFGANG JÄGER

Adenauers Einwirkung auf die programmatische Entwicklung der CDU 1945 bis 1949 in der Frage der Wirtschaftsordnung

I. Das Problem

Schon eine oberflächliche Beschäftigung mit der Literatur über Konrad Adenauer und die programmatische Entwicklung der CDU enthüllt einen Gegensatz. Einerseits wird die Frage nach der Weltanschauung Adenauers, nach seinen Grundsätzen und Konzeptionen, nach den geistigen und theoretischen Grundlagen seiner Politik als eine wissenschaftlich lohnende empfunden, was sich durch die einschlägigen Analysen und deren Ergebnisse bestätigt. Geistig weit ausholende, anspruchsvolle und langfristige Ziele, Konzepte und Strategien treten zutage, die zwar nicht aus hochtheoretischen Abhandlungen Adenauers, aber doch aus seinen zahlreichen Reden, Artikeln, Interviews und den Zeugnissen von Zeitgenossen herausdestilliert werden[1]. Zu den wissenschaftlich ernsten Bemühungen um eine Analyse des geistigen und theoretischen Standorts Adenauers in einem deutlichen Kontrast steht andererseits die Literatur über die Geschichte der CDU-Programme und Adenauers Beteiligung an dieser Geschichte. Mehr oder weniger akzentuiert bietet sich hier das Bild einer im Vergleich zu den programmatisch anspruchsvollen ersten Programmdiskussionen der Gründerjahre vor allem seit 1948 abflachenden Theoriedebatte. Da Adenauers maßgeblicher Einfluß auf die programmatische Entwicklung der CDU zunächst in der britischen Zone und dann auch darüber hinaus unumstritten ist, verbindet sich zuallererst sein Name mit dem Trend der Enttheoretisierung der Programme und Debatten in der CDU. Das Spektrum der Charakterisierungen dieses Trends reicht von der weitgehenden Substituierung der Programme durch Adenauers Politik, Pragmatismus und Taktik[2] bis zur Wertung der Rolle Adenauers fast als die des Schurken, der die hoffnungsvollen Ansätze seiner Partei, eine von Grund auf neue soziale Ordnung in Deutschland zu schaffen, in eine ,,bewußte weltanschaulich und haltungsmäßig begründete Programmlosigkeit“ eintauchte und den neokonservativen Kräften zum Siege verhalf[3].

Der offensichtliche Gegensatz zwischen der weithin perzipierten Bedeutung von Adenauers Grundsatzpositionen und der durch ihn erfolgten Reduktion der Bedeutung der CDU-Programme ist zwar erstaunlich, aus der politikwissenschaftlichen Perspektive freilich durchaus verständlich. Haben Parteiprogramme doch auch andere Funktionen als nur Bekenntnisse zu liefern. Diese anderen Funktionen von Parteiprogrammen aufzuzeigen und damit auch die unterschiedlichen Dimensionen der programmatischen Aktivitäten Adenauers zu beleuchten und sie in diesen Zusammenhängen zu würdigen, wird zum Gegenstand dieses Aufsatzes gehören. Eine normativ-puristische Perspektive allein reicht nicht aus.

Die thematische Leitlinie für die Untersuchung der Frage nach dem Einfluß Adenauers auf die programmatische Entwicklung der CDU müssen die Programmdokumente der CDU in Adenauers Wirkungskreis, der britischen Zonen-CDU, bilden. Dies heißt, daß im Zentrum dieser Abhandlung weniger außenpolitische als vielmehr sozial- und wirtschaftspolitische Probleme, insbesondere die Frage nach der neuen Wirtschaftsordnung in Deutschland, stehen[4]. Außenpolitische Themen nehmen vom Kriegsende bis zur Gründung der Bundesrepublik verständlicherweise einen geringen Rang in offiziellen Parteiprogrammen ein. Ansonsten waren die Außen- und Deutschlandpolitik rege diskutierte Themen. Adenauer unterließ es in kaum einer seiner Reden, sein außenpolitisches Konzept deutlich auszubreiten[5]. Es soll hier darauf verzichtet werden, darauf im einzelnen einzugehen. Erstens besteht nämlich Einigkeit darüber, daß Adenauer vom ersten Tage des Bestehens der CDU der britischen Zone an „der unbestrittene Ideenproduzent und Sprecher" der CDU, bald auch über die britische Zone hinaus, in allen Fragen der Außenpolitik war[6]. War zunächst Jakob Kaiser noch der erste Sprecher in der Deutschlandpolitik, so zeigt Adenauers endgültiger Sieg 1947 über die Brücke-Theorie des Kaiser-Kreises, daß auch die Deutschlandpolitik in Adenauers außenpolitischem Konzept voll integriert und zum anerkannten CDU-Konzept wurde. Zweitens sind Adenauers außenpolitisches Konzept insbesondere seit den Untersuchungen von Hans-Peter Schwarz und Arnulf Baring und Adenauers Auseinandersetzung mit Jakob Kaiser seit der Kaiser-Biographie von Werner Conze[7] gut erforscht. Die Protokolle des Zonenausschusses der britischen Zonen-CDU bestätigen die Ergebnisse dieser Untersuchungen[8].

II. Adenauers Grundsatzpositionen

Die Untersuchung der Aktivitäten Adenauers im Rahmen der CDU-Programmschöpfungen erfordert zunächst eine knappe Darstellung seiner grundsätzlichen Positionen, des geistigen und konzeptionellen Unterbaus seines Handelns, der „Konstanten seines politischen Weltbildes"[9]. Der Verfasser kann sich dabei auf detaillierte Analysen stützen. Von Adenauers eigenen Ausführungen sind vor allem seine Grundsatzrede in der Universität Köln vom 24. März 1946[10] und der Abschnitt „Gedanken und Überlegungen zur Lage Deutschlands" im ersten Band der „Erinnerungen"[11] als exemplarische Zeugnisse zu nennen.

Der allumfassende politisch-ethische Rahmen wurde von Adenauer vor allem im Rückgriff auf den Begriff der „christlich-abendländischen Kultur" und „die Grundsätze des christlichen Naturrechts"[12] gewonnen. Er wurde nicht müde, als deren Kern „die hohe Auffassung von der Würde der Person und dem Werte jedes einzelnen Menschen" herauszustellen[13]. Dieser im aristotelisch-christlichen Denken beheimatete Standort, dessen Adenauer sich tief bewußt war und den er seinen Mitmenschen immer wieder eindringlich vor Augen führte, bestimmte zu einem großen Teil seine wesentlichen, die politische Praxis prägenden Einstellungen. Auf die jüngere und ältere deutsche Geschichte und das deutsche, von Hegel beeinflußte Staatsdenken zurückblickend, verurteilte er die Hybris des allmächtigen Staates, der die Einzelperson auf seinem Altar opferte. Dasselbe galt für die Übersteigerung des Nationalen im Nationalismus und den im Gefolge der staatlichen und nationalistischen Hybris einhergehenden Militarismus. Der Nationalsozialismus bildete für Adenauer den schrecklichen Höhepunkt eines Kampfes gegen den abendländisch-christlichen Geist in Deutschland. Einen Gutteil des unheilvollen deutschen Erbes sah Adenauer im Syndrom des Preußischen und seiner Vorherrschaft im Deutschen Reich verkörpert: vom Zentralismus über einen verabsolutierten Staats-, Nations- und Machtbegriff bis hin zum Militarismus einschließlich dem allen diesen Auswüchsen letztlich zugrunde liegenden Materialismus. Dieselbe Wertung erfuhren von Adenauer Sozialismus, Kommunismus und Marxismus, die ebenfalls die Würde und Freiheit des Einzelmenschen mißachteten und anderen Werten nachordneten.

Beides, die Erfahrungen der fehlgeleiteten deutschen Geschichte wie auch die Analyse der zeitgenössischen fehlleitenden Strömungen lieferten Adenauer die Orientierungspunkte seiner Politik. Sie standen unverrückbar fest. Es handelt sich dabei im wesentlichen einmal um die innen-, gesellschafts-, wirtschafts- und außenpolitisch konkretisierte Haltung des Antisozialismus und Antikommunismus als Kampf gegen die aktuellen Richtungen des Materialismus und Kollektivismus. Zum anderen ging es um das ebenfalls in den unterschiedlichsten politischen Bereichen manifeste Bestreben, gegen die verderblichen preußischen Kräfte der deutschen Geschichte „Nationalismus, Militarismus, politischen Zentralismus“[14] ein für allemal einen Damm zu bauen.

Dies sei knapp verdeutlicht an Adenauers Konzeptionen der Wirtschaftsordnung und des außenpolitischen Standorts Nachkriegsdeutschlands. Dabei ist die frühe Konzeption der Außenpolitik zweifellos in ihren Konturen schärfer als die der Wirtschaftsordnung. Die Westorientierung, das Ende aller deutschen Schaukelpolitik, das Werben um das Vertrauen des Westens, die Einsicht in das westliche, vor allem französische Sicherheitsinteresse, die Aussöhnung mit Frankreich, das Ziel der europäischen Einigung, das Mißtrauen gegenüber den außenpolitischen Ambitionen seines eigenen Volkes, der Schutz vor dem sowjetischen Expansionsdrang und die Unterordnung der Wiedervereinigungspolitik unter die Freiheitssicherungs- und Westpolitik waren die Fixpunkte der Adenauerschen außenpolitischen Konzeption. In dem von diesen Fixpunkten abgesteckten Rahmen erstrebte er die Überwindung des Besatzungszustands in Deutschland[15].

Fixpunkte für Adenauers Konzeption der Wirtschaftsordnung waren die unternehmerische Initiative, das Privateigentum, soziale Gerechtigkeit insbesondere in der Form breiter Streuung mäßigen Eigentums und die Abwehr politischer und ökonomischer Machtzusammenballungen, sei es in öffentlichen, sei es in privaten Händen. Strukturell mußte dies in jeder Beziehung eine überaus dezentralisierte Wirtschaftsordnung bedeuten.

III. Die programmatische Entwicklung der CDU in der britischen Zone 1945 bis 1949

Der repräsentative Status der programmatischen Äußerungen der CDU seit 1945 von den Gründungsaufrufen der Männer der ersten Stunde bis zu den Düsseldorfer Leitsätzen 1949 spiegelt die Stufen der organisatorischen Entwicklung der CDU wider. Diese banale Einsicht darf bei der Analyse der programmatischen Äußerungen der Partei nicht verlorengehen. Die Dimensionen der intendierten Funktionen eines Programms und des Entstehungszusammenhangs insgesamt müssen berücksichtigt werden. Es wäre vermessen, hier einen ausreichend informativen Überblick über das weite Spektrum programmatischer Äußerungen und Auseinandersetzungen allein zur Zeit der ersten CDU-Gruppen geben zu wollen[16]. Einige Schlaglichter müssen genügen.

Im engeren Wirkungsbereich Konrad Adenauers, im Rheinland, gingen die Initiativen zur Gründung einer überkonfessionellen christlichen Partei vor allem von Kreisen ehemaliger Zentrumspolitiker in Köln und Düsseldorf aus, die das Getto des katholischen Zentrums durch eine christliche Union überwinden wollten. Adenauer verhielt sich bekanntlich in diesen ersten Monaten bis Ende Juli eher abwartend, jedenfalls nicht initiativ, auch wenn gerade die Kölner Initiatoren sehr intensiv um die Mitarbeit des ehemaligen und von den Briten am 5. Mai 1945 wiedereingesetzten Oberbürgermeisters von Köln warben, der weit über die Grenzen Kölns hinaus Respekt und Anerkennung genoß und über große Autorität verfügte[17].

Wichtige Stationen auf dem programmatischen Wege der rheinischen und schließlich der britischen Zonen-CDU waren der Programmentwurf der Kölner Christlichen Demokraten vom Juni 1945, die Leitsätze der Christlich-Demokratischen Partei in Rheinland und Westfalen vom September desselben Jahres, das Programm der CDU der britischen Zone von Neheim-Hüsten vom 1. März 1946, das Ahlener Programm vom 3. Februar 1947 und schließlich zum Abschluß des hier behandelten Zeitraumes die Düsseldorfer Leitsätze der CDU vom 15. Juli 1949[18].

1. Der Programmentwurf der Kölner Christlichen Demokraten

Der erste Programmentwurf wurde von einer Kommission des Kölner Gründerkreises unter dem Vorsitz von Leo Schwering im Dominikanerkloster Walberberg erarbeitet. Zwei Kommissionsmitglieder, darunter ein Theologe, waren protestantisch. Geistiger Motor der Diskussion war der Dominikanerpater Eberhard Welty, ein führender Vertreter der katholischen Soziallehre[19].

Die ausführliche Präambel des Entwurfs charakterisiert die Aufbruchsstimmung der CDU-Gründer und artikuliert ihren hohen sittlichen Anspruch für die Zukunft. 20 Leitsätze enthalten die Grundprinzipien des Wiederaufbaus Deutschlands auf dem Boden des Rechts und der Demokratie im Geiste des christlichen Naturrechts. Das Kernproblem der Walberberger Verhandlungen war die Sozialfrage[20]. Unter dem Einfluß der Dominikaner wurde hier ein neuer Weg gesucht, der sowohl Liberalismus wie Kollektivismus vermeiden sollte. In der Präambel heißt es: ,,Soziale Gerechtigkeit und soziale Liebe sollen eine neue Volksgemeinschaft beschirmen, die die gottgegebene Freiheit des einzelnen und die Ansprüche der Gemeinschaft mit den Forderungen des Gemeinwohls zu verbinden weiß. So vertreten wir einen wahren christlichen Sozialismus, der nichts gemein hat mit falschen kollektivistischen Zielsetzungen, die dem Wesen des Menschen von Grund aus widersprechen."[21] In den Leitsätzen wird das Recht auf Eigentum gewährleistet; die Eigentumsverhältnisse müssen freilich ,,nach dem Grundsatz der sozialen Gerechtigkeit und den Erfordernissen des Gemeinwohls geordnet" sein. Die Erweiterung des ,,Gemeineigentums" muß sich daran orientieren. Die ,,Vorherrschaft des Großkapitals, der privaten Monopole und Konzerne wird gebrochen. Privatinitiative und Eigenverantwortlichkeit werden erhalten". Die Wirtschaft wird im Unterschied zum klassischen Liberalismus wiederum ethisch fundiert: Ihr Ziel ist die ,,Bedarfsdeckung des Volkes". ,,Die menschliche Arbeit wird gewertet als sittliche Leistung, nicht aber als bloße Ware."[22] Ein ,,kräftiger Bauernstand" und ein selbständiges Handwerk sind zu fördern. Der Nichtbesitzende solle durch ,,gerechten Güterausgleich und soziale Lohngestaltung" zu Besitz kommen. Auf die Außenpolitik geht angesichts des besetzten Deutschlands nur ein einziger Leitsatz ein, der das Ziel der Friedenssicherung hervorhebt[23].

Die Leitsätze waren das Ergebnis intensiver Diskussionen. Die vorgebrachten Akzente deckten das ganze Spektrum der innerparteilichen Programmdiskussion der darauffolgenden Jahre ab. Es waren nicht die im linken Sinne extremsten Formulierungen, die in das Programm übernommen wurden. So wurden die im ersten Diskussionsentwurf stehenden Begriffe ,,Verstaatlichung" und ,,Sozialisierung" fallengelassen[24]. Ebensowenig setzte sich der Vorschlag des Dominikanerpaters Siemer durch, die Partei ,,Christlich-sozialistische Gemeinschaft" zu nennen[25]. Obgleich der Begriff des Sozialismus in die Präambel aufgenommen wurde, zeigte doch schon die Walberberger Diskussion, wie umstritten dieses Etikett war. Es galt vielen zumindest als historisch vorbelastet und mißverständlich.

2. Die Leitsätze der Christlich-Demokratischen Partei in Rheinland und Westfalen

Der Arbeit am zweiten herausragenden Programmdokument der CDU in der britischen Zone vom September 1945 lag das Walberberger Programm als ,,Leitstern" vor. Sie änderte an seiner Substanz wenig. Die Präambel wurde stark gekürzt. Der Begriff des ,,christlichen Sozialismus" tauchte nicht mehr auf[26].

3. Das Programm von Neheim-Hüsten

Die nächste programmatische Stufe bildete das im Zuge der auf die gesamte britische Zone ausgeweiteten CDU-Gründung in Neheim-Hüsten verabschiedete Programm der Christlich-Demokratischen Union der britischen Zone vom März 1946. Im Unterschied zu den Programmen des Jahres 1945, die Teamarbeiten ohne die Beteiligung Adenauers waren, war das neue Programm ,,die Schöpfung Adenauers" – so die Aussage von Leo Schwering[27]. Die Frage nach den Unterschieden zu den früheren Programmen wird damit um so relevanter.

Zunächst fällt auf, daß das Programm in der Art des Aufbaus und im Stil seinen Schöpfer nicht verleugnet. Man hat zu Recht bemerkt: ,,Der Text ist knapp und leicht faßlich, der Ton einfach und klar, der Aufbau übersichtlich, es fehlen jene schwülstigen, hochtrabenden Passagen, die Programmemacher so sehr schätzen; es hat kein Pathos, nichts Gestelztes, es steht in seinen Umrissen wie ein Holzschnitt.“[28] Inhaltlich sind vor allem vier neue Akzente hervorzuheben. Erstens wird im Unterschied zum rheinisch-westfälischen Programmentwurf auf eine allzu religiös gefärbte Präambel verzichtet. Die Begriffe ,,Gott“ und ,,Christus“ tauchen nicht mehr auf[29]. Das Adjektiv ,,christlich“ bzw. ,,christlich-abendländisch“ dagegen als immer wieder gebrauchtes Charakteristikum eher im Sinne eines kulturellen Erbes liefert den ethisch-normativen Untergrund des Programms. Schwering erinnert sich, daß das Fehlen des Namens Gottes in den Reihen junger Christen als ein Rückfall in den Säkularismus bemängelt worden sei[30]. Zweitens wird entsprechend Adenauers Grundüberzeugung stärker als in den vorangegangenen Programmentwürfen die Würde und Freiheit der Einzelperson mit den Konsequenzen dieses Akzentes für die gesellschaftlichen und wirtschaftlichen Bereiche unterstrichen. Die Forderungen nach der ,,Sicherung der wirtschaftlichen und politischen Freiheit des einzelnen“, der ,,Anerkennung des Privateigentums“, nach dem ,,Erwerb mäßigen Besitzes“ für breite Schichten stehen in diesem Zusammenhang[31]. Drittens fehlt hier der christliche Sozialismus nicht nur als Begriff; er bietet sich überhaupt nicht mehr als Bezeichnung für die normativen Aussagen des Programms an. Die ,,Vergesellschaftung von Teilen der Wirtschaft“ wird zwar nicht grundsätzlich zurückgewiesen, aber als ,,zur Zeit nicht praktisch“ bezeichnet, ,,da die deutsche Wirtschaft nicht frei ist“. Die Forderung nach der ,,Vergesellschaftung der Bergwerke“ wird aufrechterhalten[32]. Das vierte im Vergleich zu den früheren Programmentwürfen hervorstechende Spezifikum ist die Aufnahme eines umfangreichen Abschnittes über die ,,vordringlichen Aufgaben der ersten Aufbauperiode“ auf staatlichem, wirtschaftlichem und kulturellem Gebiet. Hier offenbart sich ein Wandel. Das zunächst ausschließlich als Grundsatzprogramm konzipierte Parteiprogramm nimmt Elemente eines Aktionsprogramms in sich auf.

Über die Aufzählung der neuen Akzente hinaus muß freilich festgehalten werden, daß der normative Gehalt der früheren Programme auch im Programm von Neheim-Hüsten fortlebt. Vor allem die ,,Bedarfsdeckung des Volkes“ als Ziel der Wirtschaft und die Notwendigkeit der ,,Verhinderung der Zusammenballung wirtschaftlicher Kräfte in der Hand von Einzelpersonen, Gesellschaften, privaten oder öffentlichen Organisationen“ werden auch hier artikuliert[33].

4. Das Ahlener Programm

Schon im April 1946 beauftragte der geschäftsführende Vorstand der rheinischen CDU unter dem Vorsitz von Konrad Adenauer einen Ausschuß, dem Arbeitnehmer, Arbeitgeber und Konsumenten angehörten, ein sozial- und wirtschaftspolitisches Programm zu entwerfen[34]. Das Ergebnis war fast ein Jahr später das ,,Ahlener Programm“, das als ,,programmatische Erklärung“ vom Zonenausschuß der CDU der britischen Zone im Februar 1947 verabschiedet wurde. Es ist in seinem Stellenwert für die Entwicklung der CDU umstritten und wird in der inner- wie außerparteilichen Diskussion immer wieder zu neuer Aktualität erweckt.

Das Ahlener Programm strebt eine ,,Neuordnung" des Wirtschaftssystems ,,von Grund aus" an, da das ,,kapitalistische Wirtschaftssystem" den ,,staatlichen und sozialen Lebensinteressen des deutschen Volkes nicht gerecht" geworden sei[35]. Das Programm versteht sich eindeutig als Ausbau des sich auf die Neuordnung des Wirtschaftssystems beziehenden Teiles des Programms von Neheim-Hüsten, dessen einschlägige zentrale Sätze im Vorspann wiedergegeben werden. In der Fortschreibung der Aussagen von Neheim-Hüsten setzt das Ahlener Programm vier Akzente, wovon den beiden ersten eindeutig das Übergewicht zukommt. Zunächst wendet es sich gleichzeitig mit der Ablehnung ,,der unumschränkten Herrschaft des privaten Kapitalismus" gegen jeglichen ,,Staatskapitalismus" bzw. ,,Staatssozialismus". In zahlreichen Interpretationen des Ahlener Programms wird diese Abwehrkomponente übersehen oder nur angedeutet. Sie macht jedoch einen ganz zentralen Bestandteil des Programms aus, der für dessen Gesamtbewertung unerläßlich ist. Aufschlußreich ist der kognitiv-analytische Zusammenhang, in dem Staatskapitalismus und Staatssozialismus vorgestellt werden. Vor 1933 hätten sich ,,zu große Zusammenballungen industrieller Unternehmungen", die für die Öffentlichkeit ,,undurchsichtig und unkontrollierbar" gewesen seien, vollzogen. Nach 1933 ,,herrschte in vollem Umfange ein getarnter Staatssozialismus"[36].

Der zweite hervorstechende Akzent des Ahlener Programms ruht auf dem sogenannten ,,machtverteilenden Prinzip" für ,,Unternehmungen monopolartigen Charakters, Unternehmungen, die eine bestimmte Größe überschreiten"[37]. Zum einen sollten wirksame Kartellgesetze erlassen werden, zum anderen sollte ,,jede mit dem Gemeinwohl unverträgliche Beherrschung wesentlicher Wirtschaftszweige durch den Staat, Privatpersonen oder Gruppen" dadurch ausgeschlossen werden, daß ,,öffentliche Körperschaften wie Staat, Land, Gemeinde, Gemeindeverbände, ferner Genossenschaften und die im Betrieb tätigen Arbeitnehmer an diesen Unternehmungen beteiligt werden". Möglichen Mißständen bezüglich der unternehmerischen Entscheidungsfreiheit wird freilich sofort vorgebeugt: ,,der dringend notwendigen Unternehmerinitiative ist der erforderliche Spielraum zu belassen". Die beabsichtigte Neustrukturierung der ,,Besitz- und Machtverhältnisse in der Wirtschaft" wurde durch einen Antrag, den die CDU-Fraktion unter dem Vorsitz Adenauers im Landtag von Nordrhein-Westfalen im März 1947 einbrachte, konkretisiert[38]. Die Vertreter des nicht-privaten Kapitals – aber keiner von ihnen allein – sollten die Mehrheit des Stimmrechts besitzen. Ein Privataktionär dürfe über nicht mehr als 10%, ein Aktionär des nicht-privaten Kapitals über nicht mehr als 15% der Stimmen in der Hauptversammlung verfügen.

Wie das Programm von Neheim-Hüsten fordert das Ahlener Programm die ,,Vergesellschaftung" der Bergwerke, in besonderen Fällen auch in der Form des Staatsbetriebes. Dabei wird darauf verwiesen, daß schon vor 1933 ,,ein erheblicher Teil des Bergbaues in der britischen Zone, der Saarbergbau ganz" in Gemeinbesitz gewesen seien. Das Programm spricht sich auch für die Vergesellschaftung der ,,eisenschaffenden Großindustrie" aus[39].

Ein dritter Akzent des Programms betrifft das ,,Mitbestimmungsrecht der Arbeitnehmer an den grundlegenden Fragen der wirtschaftlichen Planung und sozialen Gestaltung" durch eine entsprechende Vertretung im Aufsichtsrat und dessen Aufwertung gegenüber der Unternehmensführung. Hinzu kommt eine Beteiligung der Arbeitnehmer am Unternehmensertrag[40].
Der vierte Akzent schließlich liegt auf der Notwendigkeit von ,,Planung und Lenkung" in einem gewissen Umfange ,,auch in normalen Zeiten der Wirtschaft". Träger dieser Planungs- und Lenkungsaufgaben sollten ,,Selbstverwaltungskörperschaften der Wirtschaft in Wirtschaftskammern" unter Mitwirkung der Arbeitnehmer und Konsumenten sein. Die Entscheidungen unterlägen der parlamentarischen Kontrolle[41]. Ergänzend und wohl auch im Sinne einer gewissen Interpretationshilfe sei hinzugefügt, daß die CDU-Fraktion im Landtag von Nordrhein-Westfalen im März 1947 auch einen Antrag ,,zur Planung und Lenkung der Wirtschaft" einbrachte. Der Antrag war auch von den Führern des in der Fraktion über die Mehrheit verfügenden linken Flügels unterzeichnet. Er betonte, daß Planung und Lenkung nicht Selbstzweck seien, sondern der ,,Bedarfsdeckung des Volkes" dienten. ,,Planung und Lenkung müssen deshalb auf das unbedingt notwendige Maß beschränkt werden."[42]
Der Grundtenor des Ahlener Programms wurde richtig erfaßt mit dem Begriff der Solidarität: ,,Die gleichberechtigte Teilnahme aller, jeweils mit verschiedenen Funktionen am Ganzen der Wirtschaft, und das Zielbestimmte des wirtschaftlichen Prozesses, in dem das Gemeinwohl bzw. die Bedarfsdeckung Zielursache ist, vermitteln den Eindruck einer freien und zugleich gebundenen Ordnungsvorstellung, deren Prinzip das Solidarische ist."[43]
Wertet man zusammenfassend die Bedeutung des Ahlener Programms im Zusammenhang der politischen Auseinandersetzungen zur Zeit seiner Verabschiedung und seiner unmittelbaren Ausstrahlung, so muß fast eher auf seinen abwehrenden als auf seinen konstruktiven Gehalt verwiesen werden. Das Ahlener Programm war ein eindeutig anti(staats)sozialistisches Dokument, eine Kampfansage an jene, die die Freiheit der Einzelperson abermals durch Machtzusammenballungen – diesmal in der Hand des Staates – bedrohten. Dies verdient um so mehr festgehalten zu werden, als ein heutiger Rückblick auf die programmatische Entwicklung einer Partei selbstverständlich eher die positiven Aussagen von Parteiprogrammen in den Blick nimmt und von den Entstehungszusammenhängen abstrahiert.
Zweifellos hatte die anti(staats)sozialistische Stoßrichtung des Programms auch eine starke integrierende Kraft, die die Flügel der Partei zusammenhielt. Der konstruktive Teil des Programms, der Plan einer durch das ,,machtverteilende Prinzip" charakterisierten Gemeinwirtschaft konnte diese Integration allein nicht zustande bringen; die vielfachen Lücken vor allem im Hinblick auf die institutionelle Realisierung[44] sind eher Ausdruck einer nicht zu Ende geführten innerparteilichen Diskussion. Darauf weist auch einerseits das unterschiedliche Echo des Programms in der Öffentlichkeit hin, von dem Mitglieder unterschiedlicher Flügel erzählten. Das Zonenausschußmitglied Fratzscher aus Hannover berichtete etwa am 18. März 1947 auf der Tagung des Ausschusses in Herford über das positive Echo rechts von der CDU: ,,Bezeichnend ist, daß die NLP mit Begeisterung von unserem Ahlener Programm spricht und einge-

schwenkt ist auf dieses Programm. Es ist folgende Überraschung geschehen, daß die Rechtspartei bei einer großen Kundgebung auf wirtschaftlichem Gebiete das Programm der CDU vortrug und erklärt hat, sie unterscheide sich nur dadurch von uns, daß sie eine Monarchie fordere und eine schwarz-weiß-rote Flagge."[45] In derselben Sitzung berichtete Johannes Albers, der den Sozialausschüssen angehörende eine Vorsitzende der Programmkommission[46], daß ihm ein KPD-Abgeordneter erklärt habe: „[. . .] das Schlüssigste hätten wir mit unserem Ahlener Programm geleistet, und er gratulierte mir. Aber die KPD käme auch noch dahin, erklärte der KPD-Mann weiter."[47]
Um die Vorschläge des Ahlener Programms für die Neustruktur der deutschen Wirtschaft, insbesondere auch das positive Echo „bürgerlicher" Kreise adäquat einordnen zu können, muß das Programm in Relation zur Realität der Zwangswirtschaft von 1947 gesehen werden. Das Zeugnis Konrad Adenauers mag diese Realität illustrieren. Unter Bezugnahme auf das wenige Monate zuvor verabschiedete Ahlener Programm führte er am 14. August 1947 auf dem ersten Parteitag der britischen Zonen-CDU in Recklinghausen aus: „Es hat sich zunächst in der nationalsozialistischen Zeit, dann aber fortgesetzt in der Zeit seit 1945 auf dem Gebiet der Wirtschaftsplanung und Lenkung ein bürokratischer Zentralismus entwickelt, der unmöglich so bleiben kann (Zustimmung). Wirtschaftsministerien, Bezirkswirtschaftsämter, Wirtschaftsämter, Zentralamt für Wirtschaft in Minden – alles das ist geradezu ein Paradies bürokratischer Verwaltung. Bedauerlich ist, daß sich – wenigstens bei uns hier in der britischen Zone – die Besatzungsbehörden mit diesem Gedanken der Bevormundung durch Zentralstellen, durch beamtete Stellen nur allzu leicht und allzu schnell vertraut gemacht und gegenüber dem deutschen Apparat einen Nebenapparat aufgebaut und daß man dann noch gemeinsame Überapparate und Überorganisationen geschaffen hat. So ist es gekommen, daß, wenn heutzutage ein Kaufmann, ein industrielles Unternehmen, einen Exportauftrag ausführen will, sage und schreibe 46 große Formulare auszufüllen sind."[48]
Adenauer hielt dieser Realität das antibürokratische Konzept des Ahlener Programms entgegen, das den Gedanken der „Selbstverwaltung auf das wirtschaftliche Gebiet" übertrug[49]. Zusammen mit der im Ahlener Programm aufgestellten Forderung der „dringend notwendigen Unternehmerinitiative" verhieß dies die Substituierung der Zwangswirtschaft durch eine freiere Wirtschaft. Andererseits versprach das Konzept der Selbstverwaltung keine Rückkehr zu einem wild wuchernden Kapitalismus, so vage dieses Konzept auch immer war.

5. Die Düsseldorfer Leitsätze

Der Schritt vom Ahlener Programm zur nächsten programmatischen Station der britischen Zonen-CDU, den Düsseldorfer Leitsätzen vom Juli 1949, führte unmittelbar in die Theorie und Praxis der Wirtschaftsordnung der Bundesrepublik. Dazwischen lagen die Neuorganisation der Bizonenverwaltung durch den Wirtschaftsrat in Frankfurt, die Wahl Ludwig Erhards zum Direktor der Verwaltung für Wirtschaft der Bizone (2. März 1948), die Währungsreform (20. Juni 1948), die Ingangsetzung des Marshall-Planes, die Lockerung der Bewirtschaftung und „in wichtigen Bedarfsbereichen innerhalb eines halben Jahres

Produktionssteigerungen von 50%, 100% und noch weit darüber hinaus" (Ludwig Erhard vor dem Zonenausschuß der britischen Zonen-CDU am 25. Februar 1949)[50]. Die CDU, die die Politik des Frankfurter Wirtschaftsrates gegen die Opposition der SPD mitgetragen hatte, buchte den Erfolg auf ihrem Konto. Die Düsseldorfer Leitsätze, konzipiert für den ersten Bundestagswahlkampf, machten ihn zu ihrem Ausgangspunkt. Die Düsseldorfer Leitsätze mit ihrem Konzept der Sozialen Marktwirtschaft gelten als Dokument der „Abwendung der CDU der britischen Zone von den Programmen von Neheim-Hüsten und Ahlen und damit von den Restbeständen der immerhin vorhandenen Sozialisierungsbestrebungen"[51]. Diese These bedarf der genaueren Analyse.

Zunächst sehen sich auch diese Leitsätze in der programmatischen Kontinuität der Partei: „Aufbauend auf dem Ahlener Programm" erstrebt die CDU die Soziale Marktwirtschaft[52]. Die Parteiführung wußte um die integrierende Kraft einer solchen Sicht. In der Tat läßt sich auch eine solche Kontinuität von Köln über Neheim-Hüsten und Ahlen bis Düsseldorf nachweisen. Sie liegt im normativen Bereich. Es muß auffallen, wie wortgetreu die Düsseldorfer Leitsätze die normativen Postulate der früheren Programme, auch des Ahlener Programms, artikulieren und ihre Antwort darauf zu geben versuchen. Die Antworten freilich weisen neue Wege.

Die normativen Postulate sind: „Wohlfahrt" und „Bedarfsdeckung des ganzen Volkes" als letztes Ziel der Wirtschaft[53], die Sicherung des privaten Eigentumsrechts, die Verhinderung jeder wirtschaftlichen Machtzusammenballung, auch – und nicht zuletzt – in der Hand des Staates, die gerechte Verteilung der wirtschaftlichen Erträge und eine breite Vermögensbildung. Diese Postulate würden durch die Soziale Marktwirtschaft erfüllt, die sowohl im Gegensatz zum System der Planwirtschaft wie auch im Gegensatz zur „sogenannten ‚freien Wirtschaft' liberalistischer Prägung" stehe. „Die ‚soziale Marktwirtschaft' ist die sozial gebundene Verfassung der gewerblichen Wirtschaft, in der die Leistung freier und tüchtiger Menschen in eine Ordnung gebracht wird, die ein Höchstmaß von wirtschaftlichem Nutzen und sozialer Gerechtigkeit für alle erbringt." Eine „unabhängige Monopolkontrolle", die „planvolle Beeinflussung der Wirtschaft mit den organischen Mitteln einer umfassenden Wirtschaftspolitik auf Grund einer elastischen Anpassung an die Marktbeobachtung"[54] und eine Sozialpolitik sind die Instrumente, die im Sinne aller vorausgehenden CDU-Programme eine Rückkehr zum „alten Liberalismus unsozialer, monopolistischer Prägung"[55] verhindern und das Gemeinwohl verwirklichen sollen.

Die Frage der Sozialisierung wird in den Düsseldorfer Leitsätzen als zweitrangiges Problem abgetan. Was bislang mit dem Instrument der Sozialisierung beabsichtigt worden sei, die Verhinderung des Machtmißbrauchs durch zusammengeballtes Eigentum, könne durch das Instrumentarium der Sozialen Marktwirtschaft besser erreicht werden bei gleichzeitiger Optimierung der volkswirtschaftlichen Leistung.

Auf das vom Ahlener Programm zur Neugestaltung des Verhältnisses zwischen Arbeitgebern und Arbeitnehmern geforderte Mitbestimmungsrecht der Arbeitnehmer und auf das „machtverteilende Prinzip" bzw. das Selbstverwal-

tungsprinzip in der Wirtschaft nehmen die Düsseldorfer Leitsätze keinen Bezug. Allenfalls kann als solcher Bezug die Aussage gewertet werden, daß die durch die Monopolkontrolle gesicherte Herrschaft des Verbrauchers über die Wirtschaft „neben den im Ahlener Programm genannten Mitteln zu wahrer Wirtschaftsdemokratie" führe[56]. Aber allein die Kürze dieses Hinweises in dem doch von allen CDU-Programmen bis dahin ausführlichsten Programm verurteilt ihn zur Zweitrangigkeit der Bedeutung.
Läßt man die programmatische Entwicklung der britischen Zonen-CDU nochmals kurz Revue passieren, sind drei Beobachtungen erwähnenswert. Erstens: Der ethisch-normative Bereich, der ausführliche Rückgriff auf die Soziallehre und die vielfache Verankerung der Aussagen im Bereich des Christlichen werden in den Parteiprogrammen reduziert. Weder das Ahlener Programm noch die Düsseldorfer Leitsätze enthalten den Begriff des Christlichen. Zweitens: Eng damit zusammen hängt die zunehmende Orientierung am Problem der Wirtschaftsordnung. Seit 1947 befassen sich die Programme der britischen Zonen-CDU ausschließlich mit der Frage der Wirtschaftsordnung des zukünftigen Deutschlands. Dies heißt nicht, daß nicht andere Themen ausführlich diskutiert oder Verlautbarungen zu anderen Themen veröffentlicht worden seien, aber die offiziellen Parteiprogramme waren seit 1947 Wirtschaftsprogramme. Drittens: Mit Einschränkungen muß man auch von einem Trend sprechen, der vom Grundsatzprogramm zum Aktionsprogramm führt, ohne daß das Grundsätzliche ganz zurücktritt. Das Programm von Neheim-Hüsten und die Düsseldorfer Leitsätze zeugen von diesem Trend. Das Ahlener Programm fällt aus der Reihe. Vielleicht liegt darin sein größter Mangel. Es entbehrt des Angebots der institutionell-konkreten Ausformung seiner Ideen, einer Voraussetzung für Aktionsprogramme. Diese aber waren angesichts des Weges der neuen Parteien in die politische Verantwortung auch gefordert. Viertens und abschließend sei nochmals auf die eingangs hervorgehobene Komplexität der bei einer historischen Analyse von Parteiprogrammen in Betracht zu ziehenden Faktoren verwiesen. Sie betrifft hier vor allem die Spannung zwischen einer innen- und einer außenorientierten Funktion der Parteiprogramme. Im ersten Falle geht es vor allem um innerparteiliche Willensbildungsprozesse, um die Integration von Meinungen und Zielen innerhalb der Partei und die Versuche der Partei, sich selbst inhaltlich zu legitimieren. Im zweiten Fall geht es um die Aktivitäten der Partei im politischen System, insbesondere um die Gewinnung von Wählern und damit die Macht. Zweifellos zeigt sich in der Geschichte der britischen Zonen-CDU ein Trend zur Außenorientierung.

IV. Adenauers Einfluß auf die programmatische Entwicklung der CDU

1. Der „christliche Sozialismus"

Schon ein Begriff kann Programm sein. Dies galt für den Begriff des Sozialismus in den frühen Diskussionen um Charakter und Politik einer Christlich-Demokratischen Union. Die Entscheidung gegen den Begriff des „christlichen Sozialismus" als Wegweiser der CDU in der britischen Zone fiel früh, wie schon die Leitsätze vom September 1945 beweisen. Aus der Sicht der katholischen Soziallehre war es eine Entscheidung gegen den „sozialen Kurs“[57] der Walberberger Dominikaner und für die Position der Enzyklika Quadragesimo anno (1931) von Papst Pius XI., die auf „die dem ganzen Sozialismus gemeinsame widerchristliche Grundlage“[58] abhob.

Adenauer ließ nie einen Zweifel daran, daß er sich dem Programm eines „christlichen Sozialismus“ nicht anschließen könne. Er nahm an der frühen Diskussion teil, wenngleich nicht in den Gremien, die der Öffentlichkeit die Richtung der neuen Partei aufzeigten. Die Gründer der CDU hatten sich in der britischen Zone mehrheitlich wohl schon vor der Ära Adenauer der britischen Zonen-CDU gegen das Etikett des Sozialismus entschieden. Im Programm von Neheim-Hüsten legte Adenauer dazu gleichsam nur den Schlußstein.

Deutlicher als in der rheinisch-westfälischen CDU vor der Gründung des Zonenausschusses wird Adenauers Wirken gegen den Kurs des Sozialismus auf der über die einzelnen Zonen hinausgehenden Ebene der CDU. Die Tendenz des „christlichen Sozialismus“ zeigte sich vor allem in den frühen Programmen der hessischen, der Berliner und der nordbadischen CDU[59]. Auch auf dem Reichstreffen der CDU in Godesberg im Dezember 1945, wo Adenauer zwar anwesend war, aber nicht als Redner auftrat[60], wurde diese Tendenz manifest. Die Erklärung des Sozial- und Wirtschaftsausschusses sprach sich dort für „einen Sozialismus christlicher Verantwortung“ aus[61].

Adenauer hatte schon in seinem häufig zitierten Brief an den Münchner Oberbürgermeister Scharnagel vom 21. August 1945[62] als drittes „grundlegendes Prinzip der neuen Partei“ neben der „Führung des Staates auf christlicher Grundlage“ und der „Demokratie“ festgehalten: „Betont fortschrittliche soziale Reform und soziale Arbeit, nicht Sozialismus.“[63] Nach seinem Aufstieg zum Führer der britischen Zonen-CDU spielte sich die Auseinandersetzung Adenauers mit der Tendenz des Sozialismus innerhalb seiner Partei im wesentlichen im Zurückdrängen des Einflusses der Berliner CDU, insbesondere des Führers der Christlichen Demokraten in Berlin und in der Sowjetzone, Jakob Kaiser, ab. Der „christliche Sozialismus“ war nur ein Element des politischen Konzepts Kaisers, das von Adenauer insgesamt abgelehnt wurde: die „starke Betonung nationaler Einheit mit Einschluß des Ostens, noch dazu von Berlin als Mittelpunkt aus“ und nicht zuletzt „Kaisers Schlagwort von der Synthese oder Brücke zwischen West und Ost in sozial- und außenpolitischer Beziehung“[64].

Kaiser versuchte auf einer Reise in die Westzonen im März und April 1946, für seine Konzeption auch in der rheinisch-westfälischen CDU zu werben. Er bediente sich dabei vor allem der Unterstützung durch seine Freunde aus den christlichen Gewerkschaften[65]. Adenauer wirkte Kaisers Einfluß entgegen, wo es nur ging. Er entzog seinen Gesprächen und Besuchen jegliche parteioffizielle Grundlage[66]. Kaiser mußte bei seiner Begegnung mit Adenauer am Ende seiner Reise (6. April 1946) schließlich sogar erleben, daß dieser für die Unterredung sich die Rückendeckung führender CDU-Politiker der amerikanischen Zone bei einem Treffen in Stuttgart am 3. April verschafft hatte, zu dem Kaiser selbst nicht geladen worden war. Adenauer überreichte Kaiser eine am Tag vor dessen Besuch von ihm angefertigte Aktennotiz über das Stuttgarter Treffen.

Darin wird u. a. festgehalten, daß die Teilnehmer der Stuttgarter Unterredung mit den folgenden programmatischen Äußerungen Kaisers oder Berliner CDU-Politiker nicht einverstanden seien: „1. auf deutschem Boden bzw. in Berlin müsse eine Synthese zwischen Ost und West erfolgen, 2. die bürgerliche Epoche sei zu Ende, 3. das Kommunistische Manifest sei eine Großtat." Ebenso habe man sich „einstimmig" gegen den Begriff des „christlichen Sozialismus" gewandt. Kaiser reagierte empört auf Adenauers Vorgehen[67]. Die Auseinandersetzung zwischen Adenauer und Kaiser, aus der bekanntlich Adenauer als Sieger hervorging, soll hier nicht im einzelnen nachgezeichnet werden. Es sei vor allem auf Conzes Untersuchung verwiesen.

2. Die neue Wirtschaftsordnung

Die Frage nach Adenauers Einfluß auf die konstruktiven Vorschläge der Programme seiner Zonenpartei für die Neustrukturierung der Wirtschaftsordnung impliziert die Frage nach seinen eigenen konkreten, über die Position des Antisozialismus hinausgehenden Vorstellungen zur Wirtschaftsordnung. Die Beantwortung beider Fragen – nicht zuletzt aufgrund einer systematischen Lektüre der zeitgenössischen Adenauer-Reden – zeigt, daß Adenauer im Bereich der Ideenproduktion für eine Neustruktur des wirtschaftlichen Bereichs bislang zu sehr am Rande des Blickfeldes der zeitgeschichtlichen Forschung stand. Diese sieht Adenauers Teilnahme an der wirtschaftstheoretischen Auseinandersetzung innerhalb seiner Partei vor allem unter dem Blickwinkel des Kampfes eines „Liberal-Konservativen" gegen die „Sozialisten" seiner Partei, seines taktischen Vorgehens gegen den linken CDU-Flügel und seiner raschen Hinwendung zu der von Ludwig Erhard verkündeten „frohen Botschaft der Sozialen Marktwirtschaft"[68]. Eine solche Betrachtungsweise wird Adenauers Wirken nicht völlig gerecht.

Vor der zweiten Tagung des Zonenausschusses in Neheim-Hüsten (26. Februar bis 1. März 1946), dessen Ergebnisse Adenauers endgültige Wahl zum Vorsitzenden der britischen Zonen-CDU und das von ihm formulierte Parteiprogramm von Neheim-Hüsten waren, war Adenauer programmatisch-theoretisch nicht hervorgetreten. Innerparteiliche Gegner hatten ihm das auch angekreidet. Joseph Kannengießer, Mitbegründer der CDU in Westfalen und Mitglied des 26 köpfigen Zonenausschusses, schrieb nach der ersten Sitzung des Zonenausschusses am 22. und 23. Januar 1946 in Herford, in der Adenauer zum vorläufigen Vorsitzenden gewählt worden war, einen äußerst kritischen vertraulichen „Privatbrief" an den „alten Freund und Kampfgefährten Dr. Schreiber in Köln"[69], der freilich weiteren Kreisen zur Kenntnis gelangte und Empörung verursachte. Kannengießer zeigte sich in seinem Brief an Schreiber darüber entrüstet, daß im Zonenausschuß versucht worden sei, Adenauer gleichsam im Handstreich zum Vorsitzenden zu machen. Er halte es nicht für gut, „eine so umstrittene Persönlichkeit wie A. als 1. Vorsitzenden herauszustellen". Im übrigen habe Adenauer „in den zwei Tagen, in denen er den Vorsitz geführt hat, keinen politischen Gedanken von Bedeutung" geäußert. „Ein politischer Führer von Format" sei er seines Erachtens nicht.

Auf der zweiten Zonenausschußtagung in Neheim-Hüsten lieferte Adenauer dann mit seinem Engagement bei der Erarbeitung des neuen Parteiprogramms

den Beweis auch seines theoretischen Interesses. Weymars autorisierte Biographie bemerkt dazu: ,,Für diejenigen, die Konrad Adenauer aus seiner Oberbürgermeisterzeit kannten, bedeutete es eine Überraschung, mit welchem Ernst und mit welcher Energie sich dieser politische Praktiker der theoretischen Programmarbeit widmete."[70]
Die Aussagen des Programms von Neheim-Hüsten über die angestrebte neue Wirtschaftsordnung waren nicht sehr konkret. Sie akzentuierten die wirtschaftliche und politische Freiheit des einzelnen, die Anerkennung des Privateigentums und eine breite Vermögensverteilung. Mit Ausnahme der geforderten Sozialisierung des Bergbaus klammerte sie die Sozialisierung aus. Die mangelnde Konkretisierung der Aussagen kann angesichts des breiten Spektrums der im Ausschuß artikulierten Meinungen nicht überraschen. Es war ein Programm des gemeinsamen Nenners, das darüber hinaus Adenauers eigene normative Akzente in den Vordergrund schob. Adenauers Gedankenarbeit über die zukünftige Wirtschaftsordnung setzte eigentlich erst nach der Verabschiedung des Programms von Neheim-Hüsten ein. Es ist offensichtlich, daß er nach Neheim-Hüsten selbst einen Weg suchte, der seine Grundposition individueller Würde und Freiheit ohne die Gefahr politischer und wirtschaftlicher Machtzusammenballung mit den gerade in Neheim-Hüsten zahlreich artikulierten Sozialisierungswünschen kombinierte. Adenauers Kölner Rede vom 24. März 1946 gibt dafür das erste Zeugnis[71]. Er wandte sich gegen ,,das ungehemmte Gewinnstreben des einzelnen" als ,,Sinn der Wirtschaft", die sich dem Gemeinwohl unterzuordnen habe. Eine ,,vernünftige Planung und Lenkung der Wirtschaft, ein ständiges Koordinieren der Kräfte in unserer Zeit" sei unerläßlich. Er meinte, daß dies am besten in Selbstverwaltungskörperschaften geschehen solle, ,,in denen Arbeitgeber und Arbeitnehmer und unbeteiligte Konsumenten gleichberechtigt vertreten sind". Er forderte die ,,Beteiligung der Arbeiterschaft an Führung und Verantwortung, und zwar nicht nur im Rahmen der genannten Selbstverwaltungskörperschaften, sondern auch in großen anonymen Kapitalgesellschaften". Darüber hinaus müsse die Arbeiterschaft am Unternehmensertrag beteiligt sein. All dies könne nicht ohne ,,die schöpferische Initiative des Unternehmers" bestehen. Verstaatlichung der Produktionsmittel scheide als Lösung aus. Auch hier betonte Adenauer, daß vorerst, solange die deutsche Wirtschaft nicht frei sei, die Frage der Sozialisierung nicht praktisch werden könne. Darüber hinaus sei das ,,Genossenschaftswesen" zu fördern, ,,um auch nicht kapitalkräftigen, aber arbeitsfreudigen Menschen eine unternehmerische Betätigung zu ermöglichen"[72].
Adenauer entwickelte seine Vorstellungen über die Struktur der Wirtschaft in den folgenden Monaten weiter. Insbesondere einer der Kerngedanken des Ahlener Programms, das ,,machtverteilende Prinzip" durch die Gründung von gemischtwirtschaftlichen Betrieben, scheint seiner Initiative entsprungen zu sein. Weymar bemerkt dazu: ,,Dieser letzte Gedanke war ein besonderes Anliegen Adenauers. In oft stundenlangen Einzelgesprächen, die neben den offiziellen Sitzungen herliefen, suchte er die Fachleute seiner Partei für den Gedanken gemischtwirtschaftlicher Unternehmungen zu erwärmen."[73] Gerd Bucerius bezeichnet Adenauer als Erfinder des ,,machtverteilenden Prinzips"[74]. Die Protokolle der Zonenausschußtagungen scheinen diese Aussagen zu bestäti-

gen. Es war vor allem Adenauer, der das „machtverteilende Prinzip" betonte und explizierte. Insbesondere seine ausführliche Rede auf der Zonenausschußtagung am 17. Dezember 1946 in Lippstadt ist sehr aufschlußreich. Adenauer erläuterte sein Konzept des gemischtwirtschaftlichen Betriebs: „Wir haben uns schon wiederholt darüber ausgesprochen, daß wir einen gemischtwirtschaftlichen Betrieb wollen. Die Notwendigkeit eines solchen gemischtwirtschaftlichen Betriebes ist eigentlich noch nie so klar geworden wie in der Zeit der Demontage. Das Schicksal Dortmunds ist mit dem Schicksal der Hoeschwerke absolut verbunden. Das ist nicht immer so gewesen, das war ursprünglich anders, aber es ist so gekommen. Was erscheint berechtigter, als daß das Gemeinwesen Dortmund auch seinen Einfluß bekommt auf diese Werke, deren Sein oder Nichtsein auch das Sein oder Nichtsein für diese Stadt bedeutet. Nehmen Sie Bochum, Bochum ist absolut abhängig vom Bochumer Verein, und zwar auch alle die Leute in Bochum, die nicht im Bochumer Verein tätig sind. Was erscheint berechtigter, als daß nun die Stadt Bochum ebenfalls ihren Einfluß auf diese Gesellschaft, die ihr Lebensnerv und ihr Fundament ist, ihren Einfluß hat. Dasselbe gilt für eine ganze Reihe von kleineren Städten mit 20000 bis 30000 Einwohnern, in denen dieses oder jenes Werk geschlossen wurde oder geschlossen werden soll, wobei das Gesamtschicksal der Stadt getroffen wird. Ich glaube, daß der Gedanke des gemischtwirtschaftlichen Betriebes hier verwirklicht werden soll, und zwar in der Weise, daß sie unter Umständen einen bestimmenden Einfluß ausüben können, unter gleichzeitiger Heranziehung des privaten Kapitals."[75]

Nirgendwo wird der Erfahrungshorizont, dem das „machtverteilende Prinzip" entstammt, deutlicher als in dem zitierten Passus der Rede Adenauers. Es ist die Perspektive des Kommunalpolitikers, aus der heraus Adenauer sein Verständnis der Sozialisierung konkretisiert. Durch Partizipation der Gemeinden an den Unternehmen lassen sich für Adenauer einzelunternehmerisches Interesse und das Gemeinwohl verbinden. Adenauer hatte sich schon als Oberbürgermeister von Köln im Zusammenhang mit der Verteidigung der kommunalen Selbstverwaltung sowohl gegen den Staat wie auch gegen ihre Aushöhlung durch eine allzu starke Privatisierung ihrer Aktivitäten für die Form des gemischtwirtschaftlichen Betriebes im Bereich der Wasser-, Gas- und Elektrizitätsversorgung eingesetzt. In einer Rede vom 10. Oktober 1929 gab er seinen diesbezüglichen Sorgen und der Meinung Ausdruck, „daß Verbindungen zwischen Städten und Privatgesellschaften hinsichtlich dieser Werke möglich sind, die wirtschaftliche Vorteile bieten und doch die kommunalen Belange nach jeder Richtung hin wahren"[76].

Adenauers Konzept einer neuen, durch den Ausbau des Selbstverwaltungs- und Genossenschaftswesens gekennzeichneten Wirtschaftsordnung weist einen inneren Zusammenhang mit seiner antietatistischen, antikollektivistischen und antimaterialistischen Grundsatzposition auf. Diese enthält eine gehörige Portion Kulturkritik, die wiederum einerseits aus Adenauers kommunalpolitischem Erfahrungshorizont und andererseits aus seiner Deutung von Hitlers Erfolg bei den Massen zu verstehen ist. Die Basis für den Erfolg des Nationalsozialismus lieferte nach Adenauers Meinung die Vermassung und Entwurzelung des deutschen Volkes im Zuge der schnellen Industrialisierung und Zusammenballung von Menschenmassen in den Großstädten seit der Gründung des Kaiserreichs. Vermassung und Entwurzelung „machten den Weg frei für das verheerende Umsichgreifen der materialistischen Weltanschauung im deutschen Volk", die zwangsläufig „zu einer weiteren Überhöhung des Staats- und Machtbegriffs, zur Minderbewertung der ethischen Werte und der Würde des einzelnen Menschen führten". Die kritisierte ökonomische und soziale Entwicklung nach der Gründung des Kaiserreichs ging für Adenauer Hand in Hand mit dem Wandel des Staates „aus seinem ursprünglich lebendig gefügten Wesen mehr und mehr in eine souveräne Maschine"[77]. In dieser Kritik wurzelt Adenauers Vorstellung der Nachkriegsordnung in Deutschland. Sie entbehrt nicht einer romantisierenden Dimension im Sinne eines organisch von der kommunalen Selbstverwaltung her aufgebauten Gemeinwesens. Sie verbindet sich freilich mit der realistisch-praktischen Einsicht des Kommunalpolitikers. Ein Satz aus der Kölner Rede mag dies illustrieren: „Die Zusammenballung großer Menschenmassen auf engstem Raum darf sich unter keinen Umständen wiederholen, und ebensowenig darf die sich daraus ergebende Wertsteigerung des Grund und Bodens einzelnen zugute kommen."[78]

Der dargelegte Zusammenhang zeigt, wie wenig stichhaltig die These ist, daß Adenauer die ökonomischen und sozialen Verhältnisse der Zeit vor dem Nationalsozialismus zu restaurieren angestrebt habe. Konservativ war Adenauer in dem Sinne, daß er soziale Organismen und Werte der vorindustriellen Welt zu bewahren suchte und mit ihrer Hilfe Entgleisungen der Industrialisierung wie die Vermassung des Volkes und ökonomische wie politische Machtzusammenballungen korrigieren wollte, ohne jedoch den hohen Stand der industriellen Entwicklung und die industrielle Fortentwicklung in Frage zu stellen. Als Konzept für eine Neuordnung Deutschlands war dieses Vorhaben alles andere als konservativ. Es bedeutete eine völlig neue politische und ökonomische Struktur in Deutschland – ein Vorhaben, das schwieriger als jedes andere Konzept zu formulieren und zu realisieren war. Das Ahlener Programm zeugt mit seiner konzeptuellen und institutionellen Unreife davon. Andererseits lag in der im Vergleich mit simplen Verstaatlichungsprogrammen vom Ahlener Konzept geforderten großen theoretischen und praktischen Komplexität schon sein Scheitern verborgen. Diese These gilt erst recht, wenn man die Persönlichkeitsstruktur des CDU-Führers der britischen Zone bedenkt, insbesondere sein vielgerühmter und vielgeschmähter Pragmatismus in politischen Entscheidungen[79]. Adenauer war nicht der Mann, über die Fixpunkte seiner Grundsatzpositionen hinaus eine hochkomplexe Theorie zu konstruieren und danach die Wirklichkeit zu formen. Dies sollte später auch für das Verhältnis des Bundeskanzlers zur Wirtschaftspolitik Erhards gelten. Dessen professorale Wirtschaftstheorie betrachtete der Pragmatiker Adenauer immer mit Skepsis, da er immer über die Theorie hinausreichende politische Implikationen in seine Entscheidungen einbezog[80].

Adenauers programmtheoretische Überlegungen zu Fragen der Wirtschaftsordnung gehören in die Jahre 1946 bis 1948, in eine Zeit, in der die Güterversorgung „immer chaotischer, die Zuteilungsmengen, die Ersatzformen für den Markt, Kompensation und Schwarzmarktgeschäfte" zur allgemeinen Übung wurden[81]. Müller-Armack bemerkt rückblickend zu dieser Nachkriegsphase in

Deutschland, daß das Wesentliche ,,in der geistigen Klärung und Auseinandersetzung und nicht so sehr in dem, was in diesem Zeitraum konkret geschah", gelegen habe[82]. Dies änderte sich in dem Augenblick, als die Realität der ,,Bedarfsdeckung des Volkes" sich positiv wandelte. Die wirtschaftstheoretische Grundlage von Maßnahmen, die dazu führten, mußte in dieser Situation einen Startvorteil gegenüber allen anderen Ordnungsvorstellungen erlangen. Dies galt für die von Ludwig Erhard seit 1948 im Rahmen der von Alfred Müller-Armack seit 1945 entwickelten Theorie der Sozialen Marktwirtschaft[83] praktizierte Wirtschaftspolitik.

Adenauer erfaßte die neue Situation schnell. In Erwartung der Währungsreform forderte er im Mai 1948 ,,auf der Grundlage des Ahlener Programms" die Ausarbeitung des wirtschaftspolitischen Programms der CDU[84]. Für die folgende wirtschaftspolitische Programmdiskussion wurde dann Ludwig Erhard richtungsweisend. Am 28. August 1948 hielt er auf dem 2. Parteitag der CDU für die britische Zone das Referat ,,Marktwirtschaft moderner Prägung"[85]. In einer Entschließung billigte der Parteitag ,,einmütig und nachdrücklich die Abkehr von der zusammengebrochenen staatlich gelenkten Plan- und Zwangswirtschaft", da die Marktwirtschaft in kurzer Zeit ,,bereits zu einer grundlegenden Besserung der Ernährung und Versorgung der Bevölkerung geführt" habe[86]. Der endgültige Durchbruch von Erhards wirtschaftspolitischem Konzept zum wirtschaftspolitischen Programm der CDU in der britischen Zone scheint auf der Sitzung des Zonenausschusses der CDU am 24. und 25. Februar 1949 in Königswinter erfolgt zu sein. Die Protokolle zeigen deutlich, daß Adenauer die treibende Kraft bei der Übernahme von Erhards Konzept gegen den Widerstand von Vertretern des linken CDU-Flügels war. Nach einem ausführlichen Referat Erhards schlug Adenauer vor, die von Erhard vorgetragenen Prinzipien für den kommenden Bundestagswahlkampf durch einen kleinen Ausschuß zu einem Wahlprogramm ausarbeiten zu lassen. Johannes Albers warf ein, daß Erhard das Prinzip einer liberalen Wirtschaft vorgetragen habe, welches ,,das Ahlener Programm in seinem Grundgefüge" aufhebe. ,,Es ist notwendig zu sagen, daß das, was im Ahlener Programm festgelegt wurde – und Herr Dr. Adenauer, das war eine Arbeit, die mehr als ein halbes Jahr gedauert hat –, nicht aufgegeben wird, um nun etwas Neues zu schaffen." Der von Adenauer vorgeschlagene Ausschuß müsse auch zu den Fragen der Sozialpolitik eine Stellungnahme beschließen. Auch Jakob Kaiser äußerte sich in ähnlichem Sinne[87]. Adenauer entgegnete auf den Einwand von Albers: ,,Nun wollen wir die Dinge mal gut auseinanderhalten. Ich habe eben schon gesagt, Herr Albers, alle solchen Programme und programmatischen Sätze haben keinen Ewigkeitswert, sondern sollen sich mit den Dingen beschäftigen, die jetzt akut sind. Akut ist beim kommenden Wahlkampf die Frage: Planwirtschaft oder Marktwirtschaft. Darum handelt es sich jetzt hier. Das hat, Herr Albers, mit dem Ahlener Programm, zu dem ich restlos stehe, nichts zu tun (Zuruf Albers: dann sind wir einverstanden). Ob derselbe Kreis hier das Sozialprogramm, das unabhängig davon kommen wird, machen kann, das ist mir zweifelhaft. Ich würde vorschlagen, zunächst dieses Thema ein bißchen sehr kurz zusammengedrängt in die Frage: Planwirtschaft oder Marktwirtschaft (Zuruf Albers: soziale!), oder sagen wir: bürokratische Planwirtschaft oder soziale Marktwirtschaft (Heiterkeit). Das ist das Thema dieses Ausschusses, und das muß er behandeln. Daneben haben wir das Ahlener Programm und kommt das soziale Programm."[88]

Es wäre verfehlt, in Adenauers Entgegnung bezüglich des Wertes von Programmen eine machiavellistisch-zynische Einstellung sehen zu wollen. Es war nicht nur der Taktiker, der hier das Ahlener Programm als vereinbar mit der Sozialen Marktwirtschaft erklärte. Adenauer konnte scharf zwischen den Zielen, die eine neue Wirtschaftsordnung anstreben sollte, und den Mitteln zu ihrer Erreichung trennen. Diese Trennung findet sich auch im Ahlener Programm. Die Sozialisierung – nicht „Gemeineigentum" im Sinne von Verstaatlichung, sondern „Gemeinwirtschaft" im Sinne des „machtverteilenden Prinzips"[89] – ist niemals Selbstzweck, sondern hat eindeutig instrumentalen Charakter. Erhard verstand es in seinen Reden und Diskussionen, das Führungsgremium der CDU in der britischen Zone davon zu überzeugen, daß die Instrumente der Sozialen Marktwirtschaft besser als die Sozialisierung dazu dienten, etwa den Bedarf des Volkes zu decken, oder eine ökonomische Machtballung zu verhindern. Die Düsseldorfer Leitsätze sprechen die neue Einschätzung des Instruments der Sozialisierung deutlich aus: „Die ‚Soziale Marktwirtschaft' verschafft möglichst vielen Tüchtigen Eigentum. Das Sozialisierungsproblem erhält zugleich durch sie eine nachgeordnete Bedeutung. Wirtschaftliche Machtpositionen einzelner waren es, welche die Forderung nach Sozialisierung entstehen ließen. Durch Leistungswettbewerb und Monopolkontrolle werden wirtschaftliche Machtpositionen zerstört oder unter die Kontrolle des Monopolamts gestellt. Dadurch wird der sozial schädliche Charakter, den zusammengeballtes Eigentum durch Machtmißbrauch annehmen kann, beseitigt."[90]

An die Adresse des linken CDU-Flügels gewandt, bekannte sich Erhard zu dessen „übergeordneten Grundsätze(n)" und „sittlichen Thesen". Er griff auch geschickt Adenauers Zusage für die Ausarbeitung eines Sozialprogramms auf und betonte dessen Relevanz in Parallelität zum wirtschaftspolitischen Programm, ohne die Autorenschaft für die Erarbeitung eines sozialpolitischen Programms für sich zu beanspruchen. „Ich würde mir zum Beispiel nie anmaßen, ein sozialpolitisches Programm entwerfen zu wollen. Ich habe selbstverständlich meine Vorstellungen, aber ich bin zu wenig Fachmann, um da über Empfehlungen urteilen zu können. Im übrigen müssen hier die Fachleute ans Werk, die wissen, wie die Zusammenhänge sind und wie die Funktionen ineinandergreifen."[91]

Auch andere frühe theoretische Dokumente der Sozialen Marktwirtschaft seit dem Jahre 1945 zeugen davon, daß der Bruch etwa zwischen den Forderungen eines Ahlener Programms und den Düsseldorfer Leitsätzen nicht so tief aussah, wie es manch einem heutigen Betrachter erscheinen mag. Die frühen Theoretisierungen der Sozialen Marktwirtschaft nahmen die zentralen normativen Forderungen der christlich-demokratischen Kapitalismuskritiker in sich auf. Müller-Armack etwa hält heutigen linken Kritikern der Sozialen Marktwirtschaft entgegen, daß in keiner Zeile seiner eigenen früheren Arbeiten zur Theorie der Sozialen Marktwirtschaft „irgendeine Verbindung mit dem Einzelinteresse" sichtbar werde. „Die Theorie der Sozialen Marktwirtschaft hat von vornherein das Wort Kapitalismus ausgemerzt. Im Mittelpunkt dieser Ordnung steht der

Markt als Garant für das Zusammenwirken der produktiven Kräfte zu einem gemeinsamen Erfolg."[92]
Adenauer jedenfalls sah in der Sozialen Marktwirtschaft die konsequente Fortschreibung der früheren wirtschafts- und sozialpolitischen Aussagen und Forderungen seiner Partei, gleichsam die Antwort auf die immer wieder gestellten und bislang nur vage beantworteten Fragen zur neuen Wirtschaftsordnung. Er verhalf ihr maßgeblich zum Durchbruch in der Partei. Zwei Faktoren waren dabei dienlich. Einmal konnte der Hinweis auf die Sozialpolitik als zukünftige politische Aufgabe trotz seiner Abtrennung von der Wirtschaftsordnung als strukturellem Gerüst zukünftiger Politik[93] die Bedenken des linken Flügels abbauen. Zum anderen appellierte die zunehmende Außenorientierung der Programmdiskussion – die Programme als Instrumente im Wahlkampf – an die gesamtparteiliche Verantwortung und setzte dem innerparteilichen Disput Grenzen.

V. Adenauers Taktik

Die Ausführungen über Adenauers Konzepte zeigen, daß der beliebte Versuch, Adenauer als bloßen Taktiker darzustellen, nicht zu rechtfertigen ist. Die Frage muß lauten, wie Adenauer seinen Grundsatzpositionen bei aller Elastizität faktisch in den Programmen der CDU Geltung verschaffte.
In der Frage der wirtschaftlichen Neuordnung, insbesondere in der Frage der Sozialisierung, verfolgte Adenauer eine Taktik der Umarmung des linken Flügels, indem er sich an die Spitze der theoretischen Arbeit stellte. Dies gelang um so eher, als der linke Flügel der CDU keinen Kopf aufwies, der sowohl den hohen Ansprüchen der theoretischen Ausformung der Forderungen nach „christlichem Sozialismus" und Sozialisierung genügte wie auch über die Fähigkeit, sein Konzept praktisch in der innerparteilichen Auseinandersetzung durchzusetzen, verfügte. Jene, die in Köln und Frankfurt die Sozialisierungsforderungen zuerst gestellt hatten, etwa die Walberberger Dominikaner oder die Frankfurter „Intelligenzlergruppe" um Walter Dirks und Eugen Kogon, waren Männer, die ihre Stunde des Aufrufs zur Besinnung auf Grundwerte in den unmittelbaren Nachkriegswochen hatten – in einer Zeit, in der die Deutschen vom praktischen politischen Handeln fast völlig entlastet waren. Im Wiederaufleben und Fortschreiten einer deutschen Politik wurden die rein theoretischen Köpfe und Rufer der ersten Stunde in jene Rolle zurückversetzt, die ihnen in einer modernen arbeitsteiligen Gesellschaft zugeordnet wird, in die Rolle der Intellektuellen. Sie vermochten es nicht, zu einer innerparteilichen Kraft zu werden[94]. Jene dagegen, die aktiv in der Partei waren und Sozialisierungsforderungen stellten, hauptsächlich die Gewerkschaftler, verfügten nicht über die theoretische Kraft, die nötig gewesen wäre, um ihr Konzept dem Dunkel des Schlagworthaften zu entreißen.
Leo Schwering schreibt in seinen Erinnerungen der Frühgeschichte der CDU, daß Adenauer sich bei seinem Aufstieg in der Partei den linken Flügel – die Gewerkschaftler, „die bestorganisierte und aktivste Gruppe in der CDU" – zum Sprungbrett auserkoren habe[95]. Mag diese Aussage im programmatischen

Sinne mißverständlich sein, richtig ist, daß Adenauer das Bündnis mit den Gewerkschaftlern suchte und nicht im offenen Konflikt, sondern in der theoretischen Zusammenarbeit mit dem linken Flügel seiner Partei sozialistische Tendenzen bekämpfte. Seine Spannungen mit dem Exponenten des linken Flügels, Karl Arnold, dürfen darüber nicht hinwegtäuschen[96]. Im Gegenteil, die programmatischen Initiativen für eine neue Wirtschaftsordnung erlaubten es Adenauer erst, die personale Auseinandersetzung mit den Exponenten des linken Flügels zu führen. Erst das von Adenauer in seinen wesentlichen Akzenten mitgestaltete Ahlener Programm gestattete es ihm, nicht gegen das Programm des linken Flügels, sondern zu seiner Verteidigung, etwa im Konflikt mit Arnold nach den Landtagswahlen vom 20. April 1947, aufzutreten[97]. Dabei ging es Adenauer vor allem darum, ein Zusammenspiel der CDU-Fraktion des nordrhein-westfälischen Landtages, in der der linke Flügel eine überwiegende Mehrheit hatte[98], mit der SPD-Fraktion in der Frage der Sozialisierung zu verhindern. Das trefflichste Instrument war ihm hierfür die Kampfansage des „linken" Ahlener Programms an den Staatssozialismus. Der programmtheoretische Einsatz hatte sich für Adenauer gelohnt.

In engem Zusammenhang mit Adenauers programmtheoretischer Initiative ist sein permanentes Bemühen der Integration unterschiedlicher innerparteilicher Positionen zu sehen. Sein Meisterstück lieferte er hier auf der Tagung des Zonenausschusses in Neheim-Hüsten. In seinen „Erinnerungen" berichtet Adenauer, daß ein großer Teil der Anwesenden in der Frage der Sozialisierung zu weit gegangen sei und „eine sehr enge Nachbarschaft mit den Auffassungen der Sozialdemokraten" gezeigt habe. Eine Einigung sei nur nach einem sehr harten Ringen zustande gekommen. Die „Erreichung des Kompromisses", daß die Frage der Vergesellschaftung zur Zeit nicht praktisch sei, wird von Adenauer als in seiner Bedeutung nicht zu überschätzend herausgestellt. Zweimal betont er, daß andernfalls die Partei wohl auseinandergefallen wäre. Interessant ist ebenfalls Adenauers Bemerkung, daß dem Exponenten des linken CDU-Flügels, Johannes Albers, großes Verdienst bei der Lösung der Sozialisierungsfrage zukomme[99].

Adenauer gelang es, in der Rolle des Parteiführers, der die Flügel zusammenhielt, anerkannt zu werden. Er versäumte auch nicht, diese seine Rolle immer wieder zu unterstreichen. So sah er etwa auf der Sitzung des Zonenausschusses in Herford am 18. März 1947 den Wert des Ahlener Programms im Beweis dafür, „daß es keinen linken und keinen rechten Flügel gibt, daß wir nicht reaktionär sind; sondern daß wir wirklich den sehr ernsthaften Versuch machen, die ganze deutsche Wirtschaft auf eine andere soziale Grundlage zu stellen, als sie bisher gestanden hat. Ich empfehle bei der Agitation gerade die Ahlener Beschlüsse ganz konsequent durchzusprechen."[100]

Seine integrierende Kraft erlaubte es Adenauer, in der programmatischen Entwicklung seiner Partei ganz anders Akzente zu setzen, als wenn er sich als Exponent des konservativen Flügels gegen Sozialisierungsvorstellungen schlechthin gewandt hätte.

Zahlreiche weitere taktische Züge und Instrumente Adenauers könnten hier ausgebreitet werden: etwa die dilatorische Rolle, die er in der Frage der organisatorischen Integration seiner Partei auf der interzonalen Ebene spielte, solange er sich seines Einflusses nicht sicher sein konnte[101]. Zentral war auch sein meisterliches Geschick, innerparteilichen ideologischen Diskussionen durch außenorientierte Hinweise, vornehmlich durch Hinweise auf bevorstehende Wahlen und das Verhältnis zu den anderen Parteien, seine Akzente aufzuzwingen[102]. Im Mittelpunkt stand dabei früh das Verhältnis zur SPD. Adenauer versuchte seit den ersten Wahlen nach 1945, die Identität seiner Partei als antisozialistischen Kontrast zur SPD darzustellen. So warf er vor dem Zonenausschuß am 17. Dezember 1946 in einer Analyse der Wahlen in Hessen und Württemberg-Baden den dortigen Christdemokraten vor, die Rückschläge in den Wahlen u. a. dadurch mitverschuldet zu haben, daß sie ,,auf dem Gebiete der Sozialisierung" zu sehr mit den Sozialdemokraten ,,geliebäugelt" hätten, anstatt das ,,weltanschaulich Trennende" der CDU gegenüber den Sozialdemokraten herauszustellen[103]. Andererseits wußte Adenauer, daß die CDU für einen Wahlsieg beträchtliche Stimmenanteile der Arbeiter für sich mobilisieren mußte. Ohne Sozialisierungsvorstellungen war dies nicht zu verwirklichen. Die nordrhein-westfälischen Landtagswahlen vom 20. April 1947 (37,5% der Stimmen), in denen die CDU im Verhältnis zu den Kommunalwahlen vom Herbst 1946 (46% der Stimmen) einen Rückschlag erlitten hatte, wurden denn auch in der Öffentlichkeit weithin in diesem Sinne interpretiert[104]. Das Ahlener Programm war für Adenauer der taktische Weg, der zwischen der Skylla, keine Antwort für eine neue Sozial- und Wirtschaftsordnung zu wissen, einerseits und der Charybdis von Verstaatlichung und Kollektivismus andererseits hindurchführte zum Erfolg einer integrierten Partei, die sich auf breite Wählerschichten stützte.

VI. Schlußbetrachtung

Abschließend soll nochmals der Versuch unternommen werden, die vorausgegangene Analyse im angemessenen Licht erscheinen zu lassen. Ihr Stellenwert wird durch drei Bemerkungen deutlich.

1. Es war nicht beabsichtigt, die herrschende Meinung zu korrigieren, daß ,,Adenauer von Anfang an die Außenpolitik als die erste Aufgabe"[105] angesehen habe. Adenauer sollte hier nicht zum großen Innenpolitiker oder gar Gesellschaftstheoretiker hochstilisiert werden. Freilich dürfen die innen- und gesellschaftspolitischen Perspektiven auch nicht vernachlässigt werden. Das Beispiel der analysierten Problematik einer neuen Wirtschaftsordnung zeigt, daß Adenauer die Aussagen seiner Partei nicht nur in außenpolitischen Fragen mitprägte, seitdem er in führender Parteiposition tätig war.

2. Es sollte auch nicht einer extremen Personalisierung der Geschichte ebensowenig wie einer völligen Ausschaltung des personellen Faktors aus der historischen Erklärung das Wort geredet werden. Alfred Grossers differenzierter Betrachtungsweise kann nur zugestimmt werden. ,,Wie jeder andere Staatsmann hat Konrad Adenauer Entwicklungen zugleich geprägt und ausgedrückt, teilweise bestimmt oder wenigstens orientiert, teilweise bewußt oder unbewußt hingenommen oder wenigstens nur unwesentlich umbetont."[106] Grosser schließt seine Adenauer-Analyse mit dem Ausruf: ,,Wie sind aber doch die

Ergebnisse seiner Grundeinstellung und der Einfluß seines Willens für die Bundesrepublik und für ihre westlichen Nachbarn fruchtbar und entscheidend gewesen!"[107] Dies gilt auch schon für die Jahre 1945 bis 1949, auch wenn man anerkennt, daß die zeitgeschichtliche Entwicklung, etwa der Beginn des Kalten Krieges und der Marshall-Plan, Adenauers Politik bei ihrer Realisierung eher zu Hilfe kam, als sie behinderte.

3. Als eine wesentliche Leistung der Persönlichkeit Adenauers in dem hier behandelten Zeitraum muß die Schaffung der großen und erfolgreichen Volkspartei CDU hervortreten. Die Frage, ob Adenauer zu ihren Gründern der allerersten Stunde gehört habe, ist belanglos. Zweifellos ist er, wenn man nach den Schöpfern dieser großen Partei sucht, an erster Stelle zu nennen. Man hat zu Recht hervorgehoben, daß es beträchtlicher Anstrengungen bedurfte, die CDU-Gruppierungen einmal zu integrieren und zum anderen dazu zu drängen, ideologische Verpflichtungen zu übernehmen, die in realistische Programme übersetzbar waren[108]. Ein Großteil der Anstrengungen, eine programmatisch und handlungsmäßig integrierte Partei zu schmieden, wurde von Adenauer unternommen[109]. Die programmatische Entwicklung der CDU zeugt davon. Hier liegt eine Leistung, die bislang zu wenig gewürdigt wurde, nicht nur von der Adenauer- und CDU-Forschung, sondern von der deutschen Parteienforschung allgemein. Ohne die Leistung Adenauers bei der Schaffung der Volkspartei CDU ist auch die Stabilität des bundesrepublikanischen Parteiensystems nicht denkbar.

1 Vgl. insbesondere Hans-Peter Schwarz, Vom Reich zur Bundesrepublik. Deutschland im Widerstreit der außenpolitischen Konzeptionen in den Jahren der Besatzungsherrschaft 1945–1949, Neuwied–Berlin 1966, S. 425ff.; ders., Das außenpolitische Konzept Konrad Adenauers, in: Rudolf Morsey und Konrad Repgen (Hrsg.), Adenauer-Studien I (Veröffentlichungen der Kommission für Zeitgeschichte, Reihe B, Bd. 10), Mainz 1971, S. 71ff.; Arnulf Baring, Außenpolitik in Adenauers Kanzlerdemokratie, 2 Bde., München 1971, Bd. 1, S. 94ff.; Anneliese Poppinga, Konrad Adenauer. Geschichtsverständnis, Weltanschauung und politische Praxis, Stuttgart 1975; Werner Weidenfeld, Die geistigen Grundlagen der Politik Konrad Adenauers, in: Helmut Kohl (Hrsg.), Konrad Adenauer 1876/1976, Stuttgart–Zürich 1976, S. 169ff.; eine vorzügliche biographische Einordnung der Konzeptionen Adenauers bietet Hans Maier, Konrad Adenauer (1876–1967), in: Adenauer-Studien I, S. 1ff.

2 So der Tenor bei Klaus Dreher, Der Weg zum Kanzler. Adenauers Griff nach der Macht, Düsseldorf–Wien 1972, S. 143ff.

3 So bei Wolf-Dieter Narr, CDU-SPD. Programm und Praxis seit 1945, Stuttgart–Berlin–Köln–Mainz 1966, S. 90.

4 Einen guten informativen Überblick über das programmtheoretische Spektrum der Jahre 1946 bis 1949 gibt Helmuth Pütz in seiner Einführung in: Konrad Adenauer und die CDU der britischen Besatzungszone. 1946–1949. Hrsg. von der Konrad-Adenauer-Stiftung, Bonn 1975.

5 Vgl. auch Rudolf Morsey, Der politische Aufstieg Konrad Adenauers 1945–1949, in: Adenauer-Studien I, S. 27.

6 Vgl. Pütz, in: Adenauer und die CDU der britischen Besatzungszone, S. 51.

7 Vgl. Werner Conze, Jakob Kaiser. Politiker zwischen Ost und West. 1945–1949, Stuttgart–Berlin–Köln–Mainz 1969.

8 Vgl. Pütz, in: Adenauer und die CDU der britischen Besatzungszone, S. 51ff.

9 Vgl. Schwarz, Vom Reich zur Bundesrepublik, S. 425.
Drehers These (S. 132), daß Adenauer sich erst „in den drei Monaten zwischen dem Abschied vom Kölner Amt und dem Einstieg in die Partei seine Staatsphilosophie zurechtlegte", ist absurd. Wie wenn Adenauer dazu nicht schon Zeit in den langen Jahren des Nationalsozialismus gehabt hätte und nicht sogar dazu gedrängt worden wäre – etwa in den Monaten, die er im Kloster Maria Laach verbrachte. Vgl. zu den Jahren des „erzwungenen Wartestandes" Peter Berglar, Konrad Adenauer. Konkursverwalter oder Erneuerer der Nation? Zürich–Frankfurt am Main 1975, S. 41ff.

10 Vgl. Hans-Peter Schwarz (Hrsg.), Konrad Adenauer. Reden 1917–1967. Eine Auswahl. Stuttgart 1975, S. 82ff.

11 Vgl. Konrad Adenauer, Erinnerungen 1945–1953, Stuttgart 1965, S. 39ff.

12 Vgl. Adenauer, Reden, S. 86 und S. 91.

13 Vgl. die detaillierte Analyse bei Poppinga, S. 171ff.

14 Vgl. Schwarz, Vom Reich zur Bundesrepublik, S. 436.

15 Vgl. hierzu zusammenfassend Morsey, S. 22ff.

16 Vgl. dazu vor allem Hans Georg Wieck, Die Entstehung der CDU und die Wiedergründung des Zentrums im Jahre 1945, Düsseldorf 1953 und Gerhard Schulz, Die CDU – Merkmale ihres Aufbaus, in: Parteien in der Bundesrepublik, Stuttgart–Düsseldorf 1955, S. 3ff. sowie Leo Schwering, Frühgeschichte der Christlich-Demokratischen Union, Recklinghausen 1963.

17 Vgl. Schwering, Frühgeschichte, S. 14ff. und Morsey, S. 21.

18 Die aufgezählten Programme sind abgedruckt in: Adenauer und die CDU der britischen Besatzungszone.

19 Vgl. Schwering, Frühgeschichte, S. 83.

20 Vgl. Schwering, Frühgeschichte, S. 84.

21 Vgl. Adenauer und die CDU der britischen Besatzungszone, S. 106.

22 Vgl. Adenauer und die CDU der britischen Besatzungszone, S. 107.

23 Vgl. Adenauer und die CDU der britischen Besatzungszone, S. 109.

24 Zur Walberberger Diskussion vgl. Schwering, Frühgeschichte, S. 79ff. und Wieck, Die Entstehung der CDU, S. 71ff.

25 Vgl. Schwering, Frühgeschichte, S. 82 und Wieck, Die Entstehung der CDU, S. 73.

26 Es fällt auf, daß dies von Schwering in seinem Bericht nicht problematisiert wird.

27 Vgl. Schwering, Frühgeschichte, S. 182; vgl. auch Morsey, S. 26 und Dreher, S. 155ff.

28 Vgl. Dreher, S. 156f.

29 Das rheinisch-westfälische Programm war hier weitergegangen als die Kölner Leitsätze. Vgl. zur Diskussion dazu Wieck, Die Entstehung der CDU, S. 126f.

30 Vgl. Schwering, Frühgeschichte, S. 183.

31 Vgl. Adenauer und die CDU der britischen Besatzungszone, S. 133.

32 Vgl. ebenda.

33 Es ist unverständlich, wie Dreher, S. 159, schreiben kann, daß die Formel, „die von der Gefahr sprach, die ‚aus der Zusammenballung wirtschaftlicher Kräfte in einer Hand' entstünde", gestrichen worden sei. Das Gegenteil ist wahr (vgl. Adenauer und die CDU der britischen Besatzungszone, S. 132).

34 Vgl. Schwering, Frühgeschichte, S. 213.

35 Vgl. Adenauer und die CDU der britischen Besatzungszone, S. 280.

36 Vgl. Adenauer und die CDU der britischen Besatzungszone, S. 282.

37 Vgl. Adenauer und die CDU der britischen Besatzungszone, S. 283f.

38 Vgl. Landtagsdrucksache Nr. 1–110. Landtag für Nordrhein-Westfalen. Verzeichnis der Landtagsdrucksachen. Ernennungs-Periode, S. 37.
39 Vgl. Adenauer und die CDU der britischen Besatzungszone, S. 281 ff.
40 Vgl. Adenauer und die CDU der britischen Besatzungszone, S. 284 f.
41 Vgl. Adenauer und die CDU der britischen Besatzungszone, S. 285.
42 Vgl. Landtagsdrucksache Nr. 7–112. Landtag für Nordrhein-Westfalen. Verzeichnis der Landtagsdrucksachen. Ernennungs-Periode, S. 37 f.
43 Vgl. Narr, S. 86, im Rückgriff auf Arnold J. Heidenheimer, Adenauer and the CDU. The Rise of the Leader and the Integration of the Party, The Hague 1960, S. 128.
44 Auf die „merkwürdige Vernachlässigung des Institutionellen" durch den christlichen Sozialismus weist Narr, S. 86 ff., hin.
45 Vgl. Adenauer und die CDU der britischen Besatzungszone, S. 293.
46 Robert Pferdmenges war der andere Vorsitzende mit gleichen Rechten; vgl. Schwering, Frühgeschichte, S. 213.
47 Vgl. Adenauer und die CDU der britischen Besatzungszone, S. 297.
48 Vgl. Adenauer und die CDU der britischen Besatzungszone, S. 339.
49 Vgl. Adenauer und die CDU der britischen Besatzungszone, S. 338.
50 Vgl. Adenauer und die CDU der britischen Besatzungszone, S. 840.
51 Vgl. Pütz, in: Adenauer und die CDU der britischen Besatzungszone, S. 47.
52 Vgl. Adenauer und die CDU der britischen Besatzungszone, S. 867; vgl. auch S. 870.
53 Vgl. Adenauer und die CDU der britischen Besatzungszone, S. 870.
54 Vgl. ebenda.
55 Vgl. Adenauer und die CDU der britischen Besatzungszone, S. 867.
56 Vgl. Adenauer und die CDU der britischen Besatzungszone, S. 870.
57 Vgl. Wieck, Die Entstehung der CDU, S. 71.
58 So Eberhard Welty in seiner Einführung zu: Die Sozialenzyklika Papst Johannes' XXIII. Mater et Magistra, Freiburg 1961, S. 37.
59 Vgl. Heidenheimer, S. 45 ff.
60 Vgl. Schwering, Frühgeschichte, S. 166.
61 Vgl. Schwering, Frühgeschichte, S. 163.
62 Der Brief ist vollständig abgedruckt bei Dreher, S. 278 ff., Anm. 123.
63 Vgl. Dreher, S. 278.
64 Vgl. Conze, S. 76.
65 Vgl. Conze, S. 75.
66 Vgl. Conze, S. 76.
67 Vgl. Conze, S. 79.
68 Vgl. Pütz, in: Adenauer und die CDU der britischen Besatzungszone, S. 47.
69 So Kannengießer in einer Stellungnahme zu diesem Brief in einem Schreiben vom 21. Februar 1946 an Lambert Lensing, westfälisches Mitglied des Zonenausschusses. Die beiden Briefe Kannengießers befinden sich im Archiv des CDU-Landesverbandes Westfalen-Lippe in Dortmund.
70 Vgl. Paul Weymar, Konrad Adenauer. Die autorisierte Biographie, München 1955, S. 302; auch Leo Schwering hebt das wachsende programmtheoretische Engagement Adenauers hervor; vgl. Leo Schwering, Auf der Suche nach dem Kurs. Wandel im Leitbild der rheinischen CDU 1945/47, in: ders. (Hrsg.), Auf der Suche nach dem Kurs. ZurErinnerung an die Gründung der CDU im Rheinland vor 25 Jahren, Köln 1970, S. 105 f.
71 Vgl. Adenauer, Reden, S. 82 ff.
72 Vgl. Adenauer, Reden, S. 89 f.

73 Vgl. Weymar, S. 300.
74 Vgl. Gerd Bucerius, Der Adenauer. Subjektive Beobachtungen eines unbequemen Weggenossen, Hamburg 1976, S. 56.
75 Vgl. Adenauer und die CDU der britischen Besatzungszone, S. 259.
76 Vgl. Adenauer, Reden, S. 65; vgl. zu Adenauers kommunalpolitischen Ansichten während der Weimarer Republik: Wolfgang Hofmann, Konrad Adenauer und die Krise der kommunalen Selbstverwaltung in der Weimarer Republik, in: Hugo Stehkämper (Hrsg.), Konrad Adenauer. Oberbürgermeister von Köln, Köln 1976, S. 329ff.
77 Vgl. die Kölner Rede vom 24. März 1946, in: Adenauer, Reden, S. 85.
78 Vgl. Adenauer, Reden, S. 94.
79 Ein konzises und einprägsames Bild der Persönlichkeitsstruktur Adenauers malt Maier, S. 14ff.
80 Alfred Müller-Armack berichtet über diese Komponente des Verhältnisses Adenauers zu Erhard: Adenauer, die Wirtschaftspolitik und die Wirtschaftspolitiker, in: Konrad Adenauer und seine Zeit. Politik und Persönlichkeit des ersten Bundeskanzlers. Beiträge von Weg- und Zeitgenossen, Stuttgart 1976, S. 205ff.
81 So Alfred Müller-Armack, Die Anfänge der Sozialen Marktwirtschaft, in: Richard Löwenthal und Hans-Peter Schwarz (Hrsg.), Die zweite Republik. 25 Jahre Bundesrepublik Deutschland – eine Bilanz, Stuttgart 1974, S. 124.
82 Vgl. ebenda.
83 So die Aussage von Müller-Armack: Die Anfänge der Sozialen Marktwirtschaft, S. 123 und Adenauer, die Wirtschaftspolitik und die Wirtschaftspolitiker, S. 205f.
84 So am 19. Mai 1948 in der Sitzung des Zonenausschusses in Bad Meinberg/Lippe. Vgl. Adenauer und die CDU der britischen Besatzungszone, S. 494.
85 Vgl. Adenauer und die CDU der britischen Besatzungszone, S. 657ff.
86 Vgl. Adenauer und die CDU der britischen Besatzungszone, S. 712.
87 Vgl. Adenauer und die CDU der britischen Besatzungszone, S. 854.
88 Vgl. Adenauer und die CDU der britischen Besatzungszone, S. 858.
89 Adenauer sagte am 7. April 1948 im Landtag von Nordrhein-Westfalen: „Es bestehen zwischen der SPD-Fraktion und meiner Fraktion Unterschiede in der Frage, ob die Grundstoffindustrien in Gemeineigentum überführt werden sollen oder, wie wir es wollen, in Gemeinwirtschaft, wobei ich hervorhebe, daß das Wort Gemeineigentum eigentlich völlig nichtssagend ist, denn es gibt kein Gemeineigentum. Es gibt aber wohl eine Gemeinwirtschaft.“ Vgl. Landtag für Nordrhein-Westfalen. Erste Wahlperiode. Stenographischer Bericht über die 35.–40. Sitzung des Landtags Nordrhein-Westfalen, S. 261.
90 Vgl. Adenauer und die CDU der britischen Besatzungszone, S. 875.
91 Vgl. Adenauer und die CDU der britischen Besatzungszone, S. 863.
92 Vgl. Müller-Armack, Anfänge der Sozialen Marktwirtschaft, S. 126.
93 Vgl. Adenauer und die CDU der britischen Besatzungszone, S. 858f.
94 Vgl. Hans Georg Wieck, Christliche und Freie Demokraten in Hessen, Rheinland-Pfalz, Baden und Württemberg 1945/46, Düsseldorf 1958, S. 36ff.
95 Vgl. Schwering, Frühgeschichte, S. 172.
96 Zu den Spannungen zwischen Adenauer und Arnold vgl. Dreher, S. 188ff.
97 Vgl. etwa Adenauers Vorgehen gegen den im August 1948 im Landtag von Nordrhein-Westfalen eingebrachten SPD-Antrag zur Sozialisierung des Bergbaus. Adenauer setzte sich in Widerspruch zur Regierungserklärung der Großen Koalition unter dem CDU-Ministerpräsidenten Arnold. Vgl. Dreher, S. 188f.
98 Vgl. Walter Först, Geschichte Nordrhein-Westfalens, Bd. 1, 1945–1949, Köln-Berlin 1970, S. 260.

99 Vgl. Adenauer, Erinnerungen, S. 60f.
100 Vgl. Adenauer und die CDU der britischen Besatzungszone, S. 289.
101 Dies gilt zunächst für die Zeit der Auseinandersetzung mit Kaiser. Vgl. Conze, S. 124.
102 Ein anderes Beispiel der außenorientierten Argumentation zeigt sich in Adenauers Verteidigung des gemischtwirtschaftlichen Betriebs, ,,bei dem auch die Privatinitiative tätig ist". Um für den Wiederaufbau die notwendigen ausländischen Kredite zu erhalten, müsse die CDU ,,das persönliche Moment" in der Wirtschaft betonen. Vgl. die Rede Adenauers vor dem Zonenausschuß in Lippstadt vom 17. Dezember 1946, in: Adenauer und die CDU der britischen Besatzungszone, S. 260.
103 Vgl. Adenauer und die CDU der britischen Besatzungszone, S. 250.
104 Vgl. Först, S. 255f.
105 Vgl. Bruno Heck, Adenauer und die CDU. Historisches und Persönliches zu einem großen Mann, in: Die politische Meinung 20 (1975), Heft 163, S. 97.
106 Vgl. Alfred Grosser, Die Rolle Konrad Adenauers in der jüngsten deutschen und europäischen Geschichte, in: Konrad Adenauer 1876/1976, S. 9.
107 Vgl. Grosser, S. 22.
108 Vgl. Heidenheimer, S. 238.
109 Vgl. etwa Schmidt-Wuppertal über Adenauer: ,,Mit unseren Formulierungen hätten wir keine Massenbewegung zustande gebracht. Er wollte die Macht, er wollte Politik machen. Insofern war er der wirkliche Gründer der Partei. In seinem Pragmatismus hat er erkannt, worauf es praktisch, führungsmäßig ankam." Dreher, S. 290, Anm. 152.

HEINZ HÜRTEN

Die Frankfurter Hefte und Konrad Adenauer

Das Urteil der Zeitgenossen über einen Politiker ist gemeinhin nicht das Kriterium, nach dem die historische Forschung ihre Feststellungen über seine Leistungen bemißt. Denn es liegt nicht allein die Wirkung mancher Ereignisse jenseits des Horizontes, in dem die Handelnden und Beobachtenden zu sehen vermögen; auch der rasche Wechsel in Ansichten über Menschen und Ereignisse ist dem aufmerksamen Betrachter des aktuellen Geschehens zu geläufig, als daß die öffentliche oder veröffentlichte Meinung der Zeit als Orientierungsmarke genommen werden könnte, die einer wissenschaftlich begründbaren Aussage die Richtung wiese. Fama und Klio sind nicht identisch. Gleichwohl bildet das Echo des Publikums auf Person und Handlungen eines Staatsmannes – zumal im demokratischen Staat – einen integralen Teil jenes Mediums von „Öffentlichkeit", in dem sein Wirken sich vollzieht; für den Historiker kann es als Hinweis dienen auf Hemmungen und Antriebe, die in das politische Kalkül eingegangen sind oder die ursprünglich konzipierte Linienführung modifiziert haben. Darüber hinaus kann darin auch sichtbar werden, über welche Widerstände und Bedenken die tatsächlich erfolgten Entscheidungen hinweggegangen sind und welche Hoffnungen dadurch enttäuscht wurden. Auch diese gewissermaßen „moralischen Kosten" dürften bei der Würdigung einer erfolgreichen Politik zu veranschlagen sein, auch und gerade dann, wenn ihre Qualität an ihrer Sachgerechtigkeit unter den gegebenen Bedingungen gemessen wird.

Dieser Versuch, den Widerhall zu beschreiben, den das Wirken Konrad Adenauers in den Frankfurter Heften gefunden hat, ist deshalb nicht darauf angelegt, dieses nach seinen Zielsetzungen und Methoden zu analysieren, sondern darzustellen, wie es von einer zahlenmäßig nicht ins Gewicht fallenden, durch fundamentale Übereinstimmungen konsolidierten Gruppe von hohem intellektuellem und moralischen Rang beurteilt worden ist[1].

Die Frankfurter Hefte, Zeitschrift für Kultur und Politik, erstmals im April 1946 erschienen und seither (wenn auch mit wechselnder Kompetenzverteilung im Detail) ständig geleitet von Eugen Kogon und Walter Dirks, geben einen besonders reizvollen Gegenstand ab, weil sie als eine der wenigen Zeitschriften der „ersten Stunde" alle Wechselfälle der Zeit überstehen und mit ihrer kritischen Stimme begleiten konnten und sich ein großes Maß an personeller Identität bewahrt haben. Obwohl die Zeitschrift in späteren Jahren sich nicht mehr als eine spezifisch katholische bezeichnen mochte und allgemein „die Christen" als ihre Adressaten ansah[2], darf sie als ein Organ von politisch engagierten Katholiken betrachtet werden, die nicht allein in ihrem Werdegang von verschiedenen Ausprägungen des „politischen Katholizismus" der Weimarer Republik bestimmt waren, sondern auch ihr politisches und publizistisches Wirken nach 1945 als Konsequenz ihrer religiösen Überzeugung verstanden. Die Frankfurter Hefte realisierten somit, wenigstens in ihren für unser Thema wichtigen Jahren der Auseinandersetzung mit Konrad Adenauer, durchaus den Willen zu einer ,,Politik aus christlicher Verantwortung", wie dies ihrerseits die CDU/CSU für sich in Anspruch nahm. Eine Untersuchung über die Divergenzen zwischen der von Konrad Adenauer geführten Partei und der in den Frankfurter Heften zu Wort kommenden Gruppe von Katholiken kann daher auch zur Erkenntnis jener Punkte führen, wo innerhalb des deutschen Katholizismus Kristallisationskerne entstanden, an denen eine eigenständige katholische Opposition sich hätte formieren können.

Der Leserkreis der Frankfurter Hefte ist allenfalls in Umrissen zu erkennen. Leseranalysen sind nicht bekannt gemacht worden. Leserbriefe lassen darauf schließen, daß sie vorzüglich von einer Schicht katholischer, religiös aktiver Akademiker gelesen worden sind, die auch nach Stil und Inhalt der Hefte die bevorzugte Zielgruppe gewesen sein dürfte. Bevor die Frontstellung zu Adenauer und zur CDU/CSU offenkundig wurde, die einen Rückgang des Abonnements auslöste, kann diese Zeitschrift zu den wichtigsten publizistischen Organen gezählt werden, die für die politische und kulturelle Orientierung deutscher Katholiken nach 1945 Bedeutung erlangten[3].

Nach dem Tode von Konrad Adenauer hat Walter Dirks zusammengefaßt, was nicht nur den sachlichen Inhalt seiner Gegnerschaft ausgemacht, sondern auch seinen emotionalen Widerspruch begründet haben sollte, eben das, was er ,,gegen ihn auf dem Herzen" hatte: die ,,Verachtung" für den innenpolitischen Widersacher, vornehmlich die SPD, den ,,Kuhhandel", der Theodor Heuss zum Bundespräsidenten und die FDP zum Koalitionspartner der CDU machte, die Ablösung des ,,einmütigen, gemeinsamen Wiederaufbaus" durch ,,rücksichtslose Parteikämpfe", die nach Dirks zuerst in der mit knapper Mehrheit getroffenen Entscheidung für Bonn als Sitz der Bundesregierung ihren Ausdruck gefunden hatte; schließlich die Außenpolitik, die eine Bewaffnung der Bundesrepublik erreichte.

In dieser Bilanz fällt auf, daß es abgesehen von der an letzter Stelle genannten Politik der deutschen Wiederbewaffnung nicht die Ziele der Politik Adenauers waren, von denen Dirks sich distanzierte, sondern die Methoden und der Charakter des Bundeskanzlers, ,,der nicht viel von den Menschen hielt und kühl und ohne Zimperlichkeit gegen sie die Macht erstrebte und festhielt". Von diesen Eigenarten Adenauers und nicht eigentlich von den Inhalten seiner Politik meinte Dirks sagen zu können, daß sie ,,den demokratischen Geist des deutschen Volkes [. . .] geschwächt" hätten[4].

Die Kritik, mit der Walter Dirks im Herbst 1963 den Abschied Adenauers aus dem Amt des Bundeskanzlers kommentiert hatte[5], war auf den gleichen Ton gestimmt gewesen. Noch nicht gehemmt durch die Rücksicht auf den Toten, hat Dirks hier noch schärfer den Vorwurf erhoben, daß Adenauer ,,durch seinen eiskalten Zynismus – mit dem im Privatleben Menschlichkeit einhergehen konnte – in diesem Land, das der Humanisierung der Politik wie kein anderes bedurfte, die humane und demokratische Substanz geschädigt" habe. Dieser Schaden war nach Dirks vor allem bei den Abgeordneten der CDU/CSU-Fraktion des Bundestages zu befürchten, die so lange ,,unter seiner

Fuchtel", aber ,,auch unter seinem Stachel" gelebt hätten: ,,Sind sie noch als ehrliche Demokraten im Spiel? Wie weit sind sie – nicht finanziell, aber in der Politik, da, wo das Herz schlägt – korrumpiert?" Aber Adenauers charakterliche Eigenschaften, ,,Pragmatismus und Machtwille", erscheinen hier auch als Ursache eines politischen Defizits: ,,Die Bundesrepublik ist unter ihm ein kleiner, mächtiger und arroganter Machtstaat geworden" – obwohl Dirks doch an gleicher Stelle dem Kanzler einen ,,überzeugten und pathetischen europäischen Antinationalismus" zuschrieb. Der Saldo war eindeutig negativ: Der von Adenauer verursachte Schaden an der demokratischen Substanz ist ,,ein Verhängnis, das durch keine Leistung aufgehoben wird".

Um die Gründe für dieses Urteil genauer zu erfassen, dürfte es notwendig sein, nach den Hoffnungen und Erwartungen zu fragen, mit denen der Kreis um die Frankfurter Hefte vor der Gründung der Bundesrepublik einer künftigen deutschen Politik entgegengesehen hatte. Daraus dürfte Einsicht zu gewinnen sein, ob an den einzelnen Punkten der Kritik nicht tiefere, schlechthin fundamentale Unterschiede in den Überzeugungen von den sachlichen Notwendigkeiten deutscher Politik zur Wirkung kamen, die den Auseinandersetzungen ihre besondere Erbitterung verliehen.

Die Frankfurter Hefte hatten in der Zeit ihres Anfangs, als alle wichtigen politischen Entscheidungen noch in der Hand der Alliierten lagen und für eine deutsche Politik noch keine Möglichkeiten zur Verwirklichung weitgreifender Pläne bestanden, die totale Niederlage des Jahres 1945 als die einmalige Chance zu einer grundlegenden Neuordnung von Staat und Gesellschaft interpretiert, die durch ihre Distanzierung von den für überwunden gehaltenen Kräften der Vergangenheit und die Öffnung für die gestaltenden Mächte der Zukunft vorbildlich werden sollte. Gott habe dem deutschen Volk ,,jedes irdische Machtinstrument zerschlagen", schrieb Eugen Kogon zu Anfang des Jahres 1947. ,,Nun liegt es wieder an der Spitze der Möglichkeit beispielhafter Neugestaltung! Und zwar allein und ausschließlich im eigenen Bereich."[6] Das Konzept für eine so weitgehende Neuorientierung konnte naturgemäß nicht allein oder vorrangig aus einer Analyse der beim künftigen Start einer deutschen Politik vorliegenden Sachnotwendigkeiten gewonnen werden, sondern aus einer umfassenden Deutung der Zeit. In dem Bild von Gegenwart und Zukunft, das solche Vorstellungen in den Frankfurter Heften bestimmte, schien das Ende von Individualismus und Kapitalismus besiegelt: ,,Der Kapitalismus – als Signatur der Wirtschaft – ist im Sterben begriffen. Auch er wird trotz amerikanischer Kapitaleinfuhren zumindest in Europa nicht wiederkehren."[7] Schon vor Kogon hatte Clemens Münster die Meinung vertreten, das ,,Gefälle" der historischen Entwicklung führe zwangsläufig ,,zu demokratischen Verfassungen, zum Sozialismus und zur Planwirtschaft. Wer sich gegen diesen Strom wirft, geht unter, ohne daß sein Untergang eine andere Wirkung hätte, als allenfalls die Rettung aufzuhalten."[8] Daß demnach der Sozialismus als kommende ,,Signatur der Wirtschaft" zu gelten hatte, war bereits in der ersten Ausgabe der Frankfurter Hefte von Walter Dirks vertreten worden[9]. Wie dieser eigenständige ,,verwirklichte Sozialismus", der keine bürokratische Zentralverwaltungswirtschaft sein sollte und keineswegs als identisch mit den damaligen Zielen der SPD betrachtet wurde, in seinen konkreten Einzelheiten aussehen und auf welchem Wege er verwirklicht werden sollte, war allerdings den Ausführungen der Frankfurter Hefte kaum zu entnehmen[10]. Sowenig wie eine generelle Übereinstimmung mit der SPD sollte der ,,verwirklichte Sozialismus" eine Übernahme marxistischer Ideen beinhalten, obwohl Walter Dirks für die Frankfurter Hefte bekannte, ,,einigen zentralen Antrieben des Sozialismus (und zwar auch des marxistischen) von Christus her in einer mehr als taktischen Weise verbunden" zu sein[11].

Gleichrangig mit dem Ziel des ,,verwirklichten Sozialismus" stand für die Frankfurter Hefte von ihren Anfängen an ihr unzweideutiges Engagement für eine europäische Konföderation, die geradezu als Gegenstück zur erneuerten inneren Ordnung des Staates gesehen wurde. ,,Europa und der Sozialismus, das ist eine allererste Fixierung"[12], die sowohl für die Ziele der neuen Zeitschrift wie für den geschätzten Verlauf der historischen Entwicklung galt. Die ,,Konföderation der europäischen Völker", welche die gemeinsamen Bodenschätze, Produktionsmittel und Arbeitskräfte des Kontinents planwirtschaftlich organisieren würde, hat Walter Dirks an gleicher Stelle ausdrücklich als ,,Ideal" bezeichnet. Auch dieses Fernziel entstand nicht eigentlich aus praktischer Politik, sondern aus dem Versuch umfassender Zeitdeutung. ,,Die Idee der Nation hat den Höhepunkt ihrer Wirksamkeit überschritten", meinte Clemens Münster[13], aber auch für Kogon gehörte der Nationalismus ,,seiner ganzen geistigen Wesensart nach dem Überlebten an"[14]. Noch Jahre später hat Dirks in ähnlicher Weise geäußert, daß die Nation ,,als oberste und eigentliche Integrationsform erledigt" sei, wobei er sich durch die Unterscheidung von zwei gleichsam hintereinander stehenden Wirklichkeiten die Möglichkeit schuf, von den Tatsachen nicht dementiert zu werden: ,,In der faktischen und taktischen ,Politik' noch von höchster Aktualität (denn noch sind die Apparaturen, Motive und Bewegungen auf ihre Wirklichkeit bezogen), ist sie in der Schicht der wesentlichen Politik, in der Geschichte, überwunden."[15] Die Entscheidung der Frankfurter Hefte für eine Politik der europäischen Integration war von diesem Verständnis der historischen Situation her nur konsequent.

Eine andere dem Kreis von Herausgebern und Redakteuren der Frankfurter Hefte gemeinsame Überzeugung dürfte darin bestanden haben, daß wenigstens in Deutschland eine Regierung von demokratischer Qualität und dauerhaftem Erfolg nur unter Beteiligung der ,,Arbeiterschaft", näherhin der als ihre Repräsentantin verstandenen Sozialdemokratischen Partei gebildet werden könne. Auch diese Ansicht entsprang wohl weniger der zweifellos vorhandenen Sympathie zu dieser Partei als übergeordneten Gesichtspunkten historischer, philosophischer oder moralischer Natur. Bei Kogon lautete dies so: ,,Alles andere – Versuche halbfaschistischen Charakters – sind bloß mehr Brackwasser der Geschichte; in ihnen scheitert man nach wenigen Jahren, weil die gesellschaftlichen Grundlagen der europäischen Politik ganz andere geworden sind und weil die Erfahrungen der letzten Jahrzehnte immerhin solchen Eindruck auf das allgemeine Bewußtsein gemacht haben, daß bestimmte unsoziale Herrschaftsformen ohne extremen und dauerhaften Terror notwendigerweise zu raschem Untergang verurteilt sind."[16] Walter Dirks hingegen dürfte stärker von der Überzeugung ausgegangen sein, daß alle wichtigen Entscheidungen von einer möglichst großen Mehrheit, und damit eben auch unter Einschluß von ,,Arbeiterschaft" und SPD, getroffen werden sollten[17]. Bei ihm erscheint allerdings auch die Achtung vor der Sozialdemokratischen Partei besonders ausgeprägt, weil sie ,,immerhin seit mehr als hundert Jahren den historischen Kampf für den Aufstieg der deutschen Arbeiter geführt" habe[18]. Dieser Respekt dürfte für seine Ansichten über eine deutsche Politik noch gewichtiger geworden sein, weil er schon die Weimarer Republik als auf ,,die Arbeiter und die Katholiken" als ,,ihren eigentlichen Sinn und Inhalt angewiesen" sah und eben in dem Fehlen eines dauerhaften Bündnisses zwischen diesen beiden Gruppen einen wichtigen Grund für das Scheitern der Republik erkannte[19]. Hinzu trat freilich auch die Meinung, daß der Christ an die Seite derer gehöre, welche die sozial Schwachen repräsentierten. ,,Mag sein, daß die Christen dann und wann mit den feinen Leuten gehen müssen. Aber sie sollten sich nicht daran gewöhnen. Die Gesellschaft der kleinen Leute steht ihnen besser an."[20]

Der ,,europäische Sozialismus aus christlicher Verantwortung"[21] war das Ideal, das die grundlegenden Überzeugungen des Kreises um die Frankfurter Hefte als Einheit formulierte. Ob es sich in der Realität der deutschen und europäischen Politik bewähren und als mehr erweisen würde als eine Formel, die praktische Unvereinbarkeiten verhüllte, stand noch dahin.

Im September 1949, zu Beginn der Arbeit von Bundestag und Bundesregierung, hat Walter Dirks versucht, der nun anhebenden Politik des deutschen Staatswesens Ziele zu weisen, die im Rahmen dieses ,,europäischen Sozialismus aus christlicher Verantwortung" liegend von einer breiten Mehrheit im Volke bejaht und von einer entsprechenden Konstellation im Parlament über die Parteigrenzen hinweg angestrebt werden sollten. Ein solcher ,,Grundpakt" war nicht als formelle Übereinkunft koalierender Parteien gedacht, sondern als gemeinsames Bewußtsein von Notwendigkeiten: Treue zur demokratischen Verfassung, eine europäische Außenpolitik, eine soziale Wirtschaftspolitik, zu der ausdrücklich die Mitbestimmung und die ,,föderative Struktur der Wirtschaftsgesellschaft" gezählt wurden, eine auf Anerkennung der weltanschaulichen Differenzen beruhende Kulturpolitik. Für diesen ,,Grundpakt" meinte Walter Dirks auch ,,Teile" der FDP, aber doch nicht die Gesamtheit der Partei gewinnen zu können[22]. Es lag schon auf der Linie dieses ,,Grundpaktes", daß er nach den Bundestagswahlen für eine Große Koalition plädiert hatte, die ,,dem Notstand des deutschen Volkes" entspreche. Die Alternative, der ,,Bürgerblock", erschien ihm zwar im Einklang mit ,,den geistigen und politischen Gegebenheiten der Stunde, die durch das Vordringen restaurativer und neoliberaler Kräfte gekennzeichnet" sei, aber darin ,,wäre eine soziale Linie nur schwer festzuhalten" und die Christen zudem in der Gefahr, durch eine bourgeoise Politik kompromittiert zu werden. ,,Es wäre verhängnisvoll, wenn mancher Wähler, der die christliche Erziehung schützen wollte, eines Tages erkennen müßte, daß er die Gewinnquoten der Händlerschicht und einiges mehr der gleichen Art mitgeschützt hat."[23]

In solchen Überlegungen ist ein großer Teil von dem zusammengedrängt, was die Frankfurter Hefte in den Jahren zuvor an Forderungen für eine kommende deutsche Politik entwickelt hatten: die Sicherung möglichst breiter Mehrheiten für alle wesentlichen Entscheidungen, um die demokratischen Kräfte beieinander zu halten und die Funktion des parlamentarischen Systems nicht durch

Polarisierungen zu gefährden; der Aufbau einer Sozialpolitik, die dem Anwachsen des Kommunismus wehren könnte; die Sorge vor einer falschen Allianz der Christen anstelle der konsequent als soziale Basis der ersten wie der zweiten deutschen Republik angesehenen Koalition von „Christen" und „Arbeitern".

Als Dirks solche Pläne skizzierte, waren bereits Vorentscheidungen gefallen, die erwarten ließen, daß das politische Leben der Bundesrepublik nicht nur von gemeinsamen Grundüberzeugungen der demokratischen Parteien getragen, sondern von nicht minder gewichtigen Kontroversen erfüllt sein würde. Für Dirks hatte schon das Grundgesetz Ernüchterung und Enttäuschung früherer Hoffnungen gebracht. Es war „kein Anlaß, Feste zu feiern oder glücklich zu sein"; denn es bedeute gegenüber der Weimarer Verfassung nur „eine Reform, aber keine Revolution". Dirks vermißte im Grundgesetz zudem „neue, konstruktive Gedanken", wenn er auch einräumte, „daß eine solche vorläufige und unter der nachdrücklichen Einwirkung der westlichen Siegermächte, vor allem Amerikas, erarbeitete Verfassung nicht die Gelegenheit einer konstruktiven sozialen Revolution war". Die Meinung Adenauers, daß der Tag, an dem der Parlamentarische Rat das Grundgesetz verabschiedet hatte, „der erste frohe Tag des deutschen Volkes" nach dem Kriege sei, wies er ausdrücklich zurück. Als Positivum erschien ihm aber damals noch, daß bei den Beratungen über die Verfassung die Koalition von SPD und CDU sich trotz der kulturpolitischen Streitfragen „abermals als tragfähig erwiesen" habe[24].

Aus eben dieser Sorge vor der Belastung einer Zusammenarbeit von CDU und SPD durch kulturpolitische Probleme sind auch die ersten großangelegten kritischen Auseinandersetzungen mit der CDU entstanden, die ihrerseits zur Folie der Kritik an Adenauer und seiner Politik gehören. Der Warnung an die Christen, ihren Zielen in der Kulturpolitik bei ihrer Wahlentscheidung die ausschlaggebende Stelle einzuräumen und dadurch die Verantwortung des wählenden Bürgers für die Gesamtheit der Politik zu übersehen, entsprach die an die Adresse der CDU, aus einer derart kurzschlüssigen Haltung christlicher Wähler Kapital zu schlagen. „Im Namen des Christentums vereinigt sie Schutzzöllner und Freihändler, Arbeiter, Händler und Unternehmer, Bürokraten und Opfer der Bürokratie, Liberale und Sozialisten." Anstatt aber einen Ausgleich dieser verschiedenartigen Interessentengruppen zu versuchen, habe „sie bisher im wesentlichen jene Gegensätze der Interessen und politischen Weltbilder in ihrer im Namen des Christentums versuchten Einheit bloß neutralisiert, und sie muß eben darum die Kulturpolitik als das Band ihrer Einheit in den Vordergrund schieben". Dadurch würde sie aber „eines Tages nicht nur eine schlechte, nämlich unklare und unzuverlässige Partei, sondern das Verhängnis Deutschlands sein: die Partei, welche die Christen verhindert, mit der Kraft ihres Christentums mitzuhelfen, daß die Deutschen und die Europäer den richtigen Weg finden, die Partei, die durch die christliche Kulturpolitik die Politik der Christen lahmlegt. Die Partei, welche die politische Form der Liebe verhindert, indem sie die Politik neutralisiert."[25] Unausgesprochen mag hinter solchen Befürchtungen bereits damals die Meinung gestanden haben, daß die CDU ihre führende Position auf die Dauer doch werde räumen müssen, weil für ihre Ideen in der deutschen Gesellschaft kein genügender Raum mehr

vorhanden sei. Aus diesem Grunde rechnete Walter Dirks „spätestens" für die Bundestagswahlen von 1953 mit ihrer Ablösung als stärkste Partei[26].
Obwohl die CDU durch die Aufgabe des anfänglich auch in ihren Reihen diskutierten „christlichen Sozialismus" und die Festlegung auf das Programm der „Sozialen Marktwirtschaft" zu den von den Frankfurter Heften vertretenen gesellschaftlichen Zielsetzungen schon vor 1949 in größere Distanz getreten war, hatte sie dort noch nie eine grundsätzliche Ablehnung erfahren. Die in den Unterschieden der Auffassungen über die Notwendigkeiten der Gesellschaftspolitik und des demokratischen Lebens schon grundgelegten Gegensätze traten erst durch die Praxis in Parlament und Regierung vollständig hervor und führten zu einer wachsenden Verschärfung der Spannungen.
Für die an den Idealen der Kooperation von „Arbeitern" und „Christen" und der Gemeinsamkeit aller Gutgesinnten in nationalen Fragen orientierten Frankfurter Hefte war die Wahl des FDP-Abgeordneten Theodor Heuss zum Bundespräsidenten und die ihr korrespondierende Koalitionsbildung zwischen CDU/CSU und FDP ein unübersehbares Signal für den Beginn einer Politik, die zur Regeneration staatlichen Lebens in Deutschland andere Wege als die ihren zu gehen entschlossen war. Walter Dirks war darum durchaus konsequent, als er in seinem Nachruf auf Adenauer[27] die Wahl des Bundespräsidenten Heuss an erster Stelle unter den Punkten nannte, die er gegen den verstorbenen Kanzler „auf dem Herzen" hatte, wenn er auch nun die Methoden dieses politischen Arrangements hervorhob und die Desavouierung eigener Vorstellungen durch diese Entscheidung überging. Darauf einzugehen hätte freilich auch bedeutet, erörtern zu müssen, ob seine damals gegen diese Politik gehegten Befürchtungen durch den tatsächlichen Ablauf der Dinge bestätigt worden waren.
Die Entstehung einer deutlichen Trennungslinie zwischen Koalition und Opposition, wie sie der Regierungsbildung ohne Beteiligung der SPD entsprach, war dazu angetan, die Vorbehalte der Frankfurter Hefte gegen die CDU und ihren Vorsitzenden noch zu verstärken. Die knappe Entscheidung für Bonn als Bundeshauptstadt hat wiederum Walter Dirks noch Jahre später als rücksichtslose Ausnutzung einer parlamentarischen Mehrheit in „Fragen nationalen Charakters" beklagt, welche fortan die politische Praxis der Bundesrepublik gekennzeichnet habe[28].
Gleichwohl blieb die persönliche Kritik am Kanzler in den Anfangsjahren der Bundesrepublik noch in verhältnismäßig engen Grenzen. Eugen Kogon nannte Adenauer 1950 „nicht ohne tiefsitzendes Gefühl und Bewußtsein, daß er verantwortlich ist für diesen jungen, in vielem so überaus fragwürdigen Staat", einen „bemerkenswerten Mann aus der Zeit vor 1914"[29]. Aber das Wort von der „christlichen, autoritären Restaurationsregierung" Adenauers[30] gab schon bald darauf den Ton an, in dem die Frankfurter Hefte in der Folgezeit die Entwicklung der Bundesrepublik beschrieben[31]. Walter Dirks scheint trotzdem auf die Person des Bundeskanzlers noch ein gewisses Vertrauen gesetzt zu haben, daß er willens und in der Lage sei, diesen restaurativen Trend zu hemmen. Er traute ihm zu, daß er als „Christ", an dessen „sozialer Empfindung [. . .] nicht zu zweifeln" sei, die umstrittene Mitbestimmung in der Montan-Industrie ernsthaft anstrebe[32] und sich auf dem Wege über die parla-

mentarische Behandlung dieser Frage der allzu engen Bindung an den sozialpolitisch bremsenden Koalitionspartner zu entziehen versuche[33]. Aber auch er war damals schon der Ansicht, daß „die große Möglichkeit einer Erneuerung der deutschen Politik an Haupt und Gliedern endgültig vorbei" sei[34].

Ein wichtiges Element in der Kritik der Frankfurter Hefte bildete die Konfrontation Adenauers zu Kurt Schumacher, dem Vorsitzenden der SPD, der seinerseits die von ihm geführte Partei konsequent auf die Opposition gegen den Kanzler festlegte. Darum galt beiden der Vorwurf, die deutsche Innenpolitik zu einer blockierenden „Versteinerung" zu treiben. Von Adenauer wie von Schumacher hieß es, daß, wenn nicht Wandel einträte, „diese beiden Männer eines Tages die beiden großen Verderber dieser Jahre genannt werden" müßten[35]. Während Schumacher durch seinen frühen Tod solcher Kritik entrückt wurde und später sein Nationalismus durch seine „Redlichkeit" balanciert erscheint[36], ist Adenauer nicht mehr frei geworden von dem Tadel, durch die Schärfe der von ihm gesuchten Auseinandersetzungen das Notwendige zur Fundierung eines demokratischen Klimas in Deutschland versäumt zu haben[37]. Er wurde neben dem Restaurationssyndrom zu einem Topos der Adenauer-Kritik in den Frankfurter Heften. Gegen Ende des gleichen Jahres 1950 setzte dann auch die Verurteilung persönlicher Eigenschaften des Kanzlers[38] ein, die auch die damals gängigen Schlagworte, einschließlich jenes vom Mangel jeglicher „Pingeligkeit", nicht verschmähte.

Das bereits belastete Verhältnis der Frankfurter Hefte zur CDU und ihrem Vorsitzenden hat auch durch die Außenpolitik keine wesentliche Modifizierung erfahren, obwohl doch durch die prinzipielle Bejahung einer Politik der europäischen Integration eine Gleichheit der Ziele gegeben war, die bei keiner anderen großen Partei zu finden war, weil die SPD unter Kurt Schumacher im Bann ihrer eigenen historischen Erfahrungen dem Ideal des nationalen Staates verhaftet blieb. Die Übereinstimmung mit der Politik der CDU blieb aber auch hier stets beschränkt. Das epochemachende Projekt des Schuman-Plans wurde in den Frankfurter Heften mit einer aus ihrer spezifischen Geschichtsbetrachtung herrührenden Skepsis betrachtet. Denn die Montan-Union entsprach nach ihrer Meinung „den geschichtlich nachgeborenen großbürgerlichen Restaurationshoffnungen" und lag somit wohl im kurzfristigen Zug der Zeit; aber diese Restaurationshoffnungen stellten doch nur „Morgenwolken des Friedens und Goldregen des Wohlstandes in Aussicht [. . .], indes sie das sumpfige Gelände unseres sozialen Lebens noch ungangbarer machen würden". Nur die Aussicht auf eine „gemeinsame politische Bundesautorität Europas", welche die Montan-Union überhöhen würde, könnte diese zu einer der „nützlichen Vor- und Nebenformen der europäischen Einigung" machen[39]. In der Streitfrage um die Europäische Verteidigungsgemeinschaft hat sich Walter Dirks im Hinblick auf die damit eröffneten Perspektiven europäischer Integration, die bei einer Ablehnung des Projektes zerschlagen würden, zu einer vorsichtig zurückhaltenden Bejahung durchgerungen, die freilich seine schweren Bedenken hinsichtlich der von ihm befürchteten Folgen der deutschen Wiederbewaffnung nicht verschwieg[40]. Die nach dem Scheitern der Europäischen Verteidigungsgemeinschaft eingeleitete Aufnahme der Bundesrepublik in die NATO mit ihren Konsequenzen, der Aufstellung nationaler Streitkräfte und ihrer atomaren Bewaffnung, ist dann – weil eben derartige Perspektiven europäischer Einigung solche Befürchtungen nicht kompensierten – konsequent und bitter bekämpft worden[41].

Die Eigenart der Kritik der Frankfurter Hefte an Adenauer und seiner Partei beruhte in entscheidendem Maße darin, daß sie aus der Enttäuschung früherer Hoffnungen erwuchs und die Visionen von einem erneuerten Europa keine Gestalt annahmen. So beklagte es Dirks, daß in Frankreich „die Résistance den Kampf um die Vierte Republik" verloren habe und Europa sich nach 1945 nicht durch wirtschaftliche Neuorganisation zu einem „sozialen Europa" umgeformt habe, das solchermaßen zu einem unabhängigen, vom Osten her „ideologisch unangreifbaren", vermittelnden Freund der USA hätte werden können. Aber einen zentralen Platz nahm doch der Schmerz darüber ein, daß „in Deutschland die Jugend, der Widerstand, die lebendigen Kirchen [. . .] den Kampf um die Zweite Republik" verloren hätten[42] und „die CDU [. . .] an dem Geist ihres Anfangs nicht festgehalten" habe, statt dessen „von einer Partei der gemäßigten Linken zu einer Partei der rechten Mitte geworden" sei[43].

Diese Enttäuschung ließ auch die Kritik an Adenauer, an seiner Person wie an seiner Politik, die anfänglich noch verhalten gewesen war, mit den Jahren immer bitterer werden. Mit seinem Wahlsieg von 1953 tauchte in den Frankfurter Heften die Sorge auf, „daß aus der Regierung Adenauer ein Regime Adenauer würde", für das die Bundesrepublik in der Tradition Bismarcks nur zu gut disponiert sei[44]. Eine Gleichsetzung dieses Regimes mit dem Faschismus wurde allerdings noch nicht vollzogen; noch einige Jahre später hat Dirks dem Kanzler attestiert, daß er „erwiesenermaßen kein Faschist" sei, wenn ihn sein Machtwille gelegentlich auch „an den Rand faschistischen Denkens"[45] führe. Der Schmerz darüber, daß „der Start zum inhaltlich neuen, beispielhaften Staat verloren"[46] war, dürfte auch die Ursache dafür sein, daß der CDU – und damit mittelbar auch ihrem Vorsitzenden – gegenüber zunehmend schärfer betont wurde, daß ihre Politik nicht schlechthin mit einer christlichen gleichgesetzt werden dürfe. „Das Christentum kennt andere Siege", hieß es nach ihrem Wahlsieg von 1953[47] und einige Zeit später, daß die Politik von Adenauer und Erhard „kaum etwas mit Offenbarung zu tun" habe und bestimmte Kreise innerhalb der CDU „nur unter dem Zeichen des Christentums" zu siegen vermocht hätten, „– wenn auch keineswegs im Zeichen des Kreuzes"[48]. Bis 1957 erschien freilich solche Kritik immer noch in gewisser Balance zur Anerkennung der Leistungen Adenauers. Seine Außenpolitik hat Kogon im Sommer 1955 ausdrücklich als „in der Hauptlinie" richtig bezeichnet[49]; für die Innenpolitik hat ein Editorial aus dem Jahre 1957 es ein Verdienst Adenauers genannt, daß er in seiner Person die Autorität repräsentiert habe, welche die Bundesrepublik gebraucht hätte, „um in der Nachkriegswelt rasch wieder handlungsfähig, aktiv und wichtig zu werden". Ausdrücklich hieß es dort: „Die Bedeutung und Leistung dieses Mannes darf nicht verkleinert werden." Aber neben solchen Anerkennungen blieb doch der Vorwurf unvergessen, daß Adenauer sich versagt habe, „an der Erneuerung mitzuwirken, die sich nach der Niederlage in vielen Köpfen und Herzen anbahnte"; die Polemik wurde vielmehr erweitert durch den neuen Tadel, daß seine Starrheit die erforderliche Wendigkeit in der Weltpolitik unmöglich mache. Gleichzeitig steigerte sich die

Kritik an der inneren Ordnung der Bundesrepublik, die unter Adenauer ,,ein neuartiger Führerstaat" geworden sei[50]. Die Verschärfung des Tons und die Veränderung des moralischen und intellektuellen Niveaus der Auseinandersetzungen mit dem ersten Bundeskanzler war auch damit gegeben, daß nunmehr Erich Kuby Gelegenheit erhielt, seine Meinungen zur Deutschlandpolitik in den Frankfurter Heften darzulegen. Er hat keine Scheu gekannt, Adenauer ,,einen neuen Führer" zu nennen und Parallelen zu Hitler nicht nur in seiner Person und seinem Stil zu sehen, sondern auch in den angeblichen Tendenzen zu einem ,,Ein-Partei-Staat", welcher der CDU/CSU für immer die politische Führung sichern sollte. Zu seiner Behauptung, daß der Kanzler ,,niemals eine realisierbare, schöpferische politische Idee gehabt" habe, sondern nur der ,,gerissenste Taktiker" sei, trat die Anklage, daß er, weil selbst ,,ohne moralische oder historische Phantasie", die Deutschen gehindert habe, ,,den Weg des Kompromisses, der Besinnung, des Friedens" zu gehen[51]; aber diese Verweigerung sittlicher Erneuerung wird jetzt nicht mehr in seiner Zurückhaltung gegenüber den von den Frankfurter Heften in den vergangenen Jahren vertretenen Idealen einer beispielhaften inneren Neuordnung gesehen, sondern in angeblichen Versäumnissen in der Politik der Wiedervereinigung. Damit kehrte sich aber die Kritik an Adenauer vollständig um: Galt es bislang als einer seiner wenigen Vorzüge, nicht wie Schumacher ein Nationalist zu sein, sondern ein ,,Europäer", so wurde jetzt der angebliche Mangel an national orientierter Politik zum Stein des Anstoßes. Bei gleichem moralischem Pathos wurden die Inhalte ausgewechselt. Im Anschluß an diese Polemik Kubys hat Eugen Kogon allerdings einige Differenzierungen angebracht und die Vergleichsbasis mit Hitler eingeschränkt auf die beiden gemeinsame ,,offen zur Schau getragene Verachtung der ,Dummen' "[52], so diffamierend eine derartige Parallelität auch gemeint sein mochte und wirken mußte. Auch haben die Frankfurter Hefte keinen Anstand genommen, im Jahr darauf einen neuen Artikel von Kuby zu veröffentlichen, der erneut die Bundesrepublik unter Adenauer mit dem Deutschland Hitlers verglich[53].

Was Erich Kuby in diesen Blättern als erster vorgetragen hatte, wurde in wichtigen Einzelzügen späterhin Gemeingut der Frankfurter Hefte. Ein Editorial aus dem Jahre 1961 bezeichnete die Bundesrepublik als ,,einen Staat, der nicht von der Regierung Adenauer geführt, sondern von einem Regime Adenauer beherrscht zu sein scheint"[54], und selbst der abwägende Walter Dirks hielt es für gerechtfertigt, die Bundesrepublik zwar nicht als ,,neofaschistisches System" zu bezeichnen, aber doch mit Deutschland unter Hitler zu vergleichen, weil Tendenzen am Werk seien, die ,,möglicherweise insofern doch dasselbe anstreben, als man die gesicherte Macht bestimmter Teile der gesellschaftlichen Wirklichkeit will", und es ist schon ,,Aufkündigung der Demokratie", wenn der Bundeskanzler danach strebt, die Sozialdemokratische Partei niemals an die Macht kommen zu lassen[55].

Die Kritik der Frankfurter Hefte an Adenauer wurde um so bitterer, je länger der Kanzler im Amt blieb; sie verlor aber, wie schon in der Teilnahme Kubys deutlich wurde, im gleichen Maße ihre Eigenart und trotz Kubys Pathos ihre spezifische moralische Qualität. Dafür glich sie sich mehr und mehr dem Wortschatz und der Argumentation des breiten Stromes öffentlicher Opposition gegen Adenauer an: „Altmeister der Vereinfachung"[56], gekennzeichnet durch „nicht zu stillenden Herrschaftswillen"[57], in der Politik so phantasielos, daß die Bundesrepublik „Washingtons ebenso ideenloser wie getreuester Trabant" wurde und „dort jede außenpolitische Vorstellungskraft als verdächtig erschien"[58], ein „Nicht-Politiker und Nur-Taktiker", der angesichts der heraufziehenden weltpolitischen Entspannung ohne Alternative dastand, weil er „darauf eingeschworen" war, „daß eine Verständigung über die Teilung der Welt zwischen Amerika und Rußland" unmöglich sei[59]; ein Mann, dessen Ära „eine ziemlich verbrauchte Erbschaft hinterläßt"[60]. Solche Urteile waren kaum mehr als die Gemeinplätze einer damals gängigen Adenauer-Antipathie, die eher der Enttäuschung von allzu kühnen Hoffnungen auf die angebliche Unteilbarkeit Deutschlands oder die Chancen der europäischen Integration ihre Wirkung verdankte als der nüchternen Beurteilung der Tatsachen. Sie waren aus den Positionen, welche die Frankfurter Hefte mehr als ein Jahrzehnt zuvor für die Neugestaltung deutscher Politik abgesteckt hatten, nicht mehr abzuleiten. So bitter sie – auf beiden Seiten – empfunden sein mögen, für eine Einschätzung der Divergenzen, in denen christlich inspirierte Politik von unterschiedlichen Gesamtkonzeptionen her auseinandergetrieben wurde, bieten sie keinen Aufschluß mehr[61]. Sie vermögen allerdings zu zeigen, wie tief der Schmerz über das Verfehlen eines radikalen Neuanfangs nach 1945 in einer wegen der Weite ihres intellektuellen Horizonts und des Gewichts ihrer moralischen Autorität beachtlichen Gruppe des deutschen Katholizismus lebendig blieb, als die nüchterne und den Tatsachen nähere Politik des ersten Bundeskanzlers, die zudem ihre christlichen Impulse verdeckte, durch ihren Erfolg die gegen sie ins Feld geführten Sorgen und Befürchtungen beiseite schob und sich mit Zielen begnügte, die weniger hoch gesteckt waren als der „beispielhafte Staat" der Frankfurter Hefte, aber in ihrer Konkretheit vielen ein besseres Leben ermöglichte als sie es vordem führen konnten. In dem generellen Verzicht auf Bestrebungen von letzter sittlicher Idealität im Politischen dürfte der eigentliche Schnitt liegen, der die CDU und ihren Vorsitzenden von der Gruppe um die Frankfurter Hefte trennte. Welche von beiden Seiten in ihren Absichten der conditio humana als dem Maß humaner Politik besser gerecht geworden ist, vermag der Historiker nicht zu beurteilen.

1 In diesem Sinne möchte der Verfasser diese Skizze verstanden wissen als einen Beitrag zu dem von Rudolf Morsey, Zum Verlauf und Stand der Adenauer-Forschung, in: Helmut Kohl (Hrsg.), Konrad Adenauer 1876/1976, Stuttgart–Zürich 1976, S. 127f., angesprochenen „Desiderat der Forschung", nämlich der „Untersuchung über die Bedeutung der zahlenmäßig kleinen, aber meinungsbildenden Schicht für die Prägung des politischen Zeitbewußtseins und ‚Zeitgeistes' und damit auch des Geschichtsbildes in der Ära Adenauer". Der Standort der Frankfurter Hefte (im folgenden: FH) in der ideengeschichtlichen Entwicklung des deutschen Katholizismus, der eine eigene Untersuchung verdiente, kann hier nicht beschrieben werden; auch tritt die von den FH verfochtene politische Zielsetzung hier nur soweit in den Blick, wie es für unser Thema unumgänglich ist.

2 Vgl. Walter Dirks, Zwischen den Zeiten. Brief an Eugen Kogon, in: FH 18 (1963), S. 85f.

3 Die Frankfurter Hefte und ihre Leser, in: FH 5 (1950), S. 1 f., gibt keine Auskunft über die Zusammensetzung der Leserschaft. Nach dieser Quelle war die Zahl der Abonnenten seit dem Jahre 1948 von 75000 auf weniger als 25000 gesunken. Der Leitartikel von Eugen Kogon, Das Ende der Flitterwochen in Bonn, in: FH 3 (1950), S. 225 ff., führte zu mehr als 1000 Abbestellungen (vgl. Eugen Kogon, Der Würfel, der entscheidet, liegt . . . , in: FH 8 [1953], S. 741).

4 Vgl. Walter Dirks, Über Adenauer nach seinem Tode, in: FH 22 (1967), S. 383 ff.

5 Vgl. Walter Dirks, Die Wende ?, in: FH 18 (1963), S. 727 f.

6 Vgl. Eugen Kogon, Über die Situation, in: FH 2 (1947), S. 34.

7 Vgl. Kogon, Situation, S. 20.

8 Vgl. Clemens Münster, Abbau der nationalen Souveränität, in: FH 1 (1946), S. 2.

9 Vgl. Walter Dirks, Die Zweite Republik. Zum Ziel und zum Weg der deutschen Demokratie, in: FH 1 (1946), S. 16 ff.

10 Vgl. hierzu die Versuche von Dirks, die Position der FH gegen die Einwendungen von Karl Thieme zu verdeutlichen; Ja und Nein. Zur Politik der „Frankfurter Hefte", in: FH 2 (1947), S. 392 ff.

11 Vgl. Ja und Nein, S. 395, unter Hinweis auf Walter Dirks, Marxismus in christlicher Sicht, in: FH 2 (1947), S. 125 ff.

12 Vgl. Dirks, Zweite Republik, S. 18.

13 Vgl. Münster, Abbau, S. 2.

14 Vgl. Kogon, Situation, S. 21.

15 Vgl. Walter Dirks, Die Frankfurter Hefte und der Marxismus, in: FH 7 (1952), S. 242. In Dirks, Zweite Republik, S. 16, hieß es einfacher: „Wir proklamieren das Ende des souveränen Nationalstaates."

16 Vgl. Eugen Kogon, Man braucht Deutschland – auch deutsche Soldaten ?, in: FH 4 (1949), S. 32.

17 Vgl. Walter Dirks, Durchbrecht den Teufelskreis, in: FH 8 (1953), S. 1.

18 Vgl. Dirks, Über Adenauer, S. 384.

19 Vgl. Dirks, Zweite Republik, S. 15.

20 Vgl. Walter Dirks, Listige Listen. Um ein demokratisches Wahlgesetz, in: FH 7 (1952), S. 908.

21 Vgl. Dirks, Zweite Republik, S. 22.

22 Vgl. Walter Dirks, Der Grundpakt, in: FH 4 (1949), S. 743 ff.

23 Vgl. Walter Dirks, Die ersten Entscheidungen, in: FH 4 (1949), S. 721 f.

24 Vgl. Walter Dirks, Bundesrepublik Deutschland, in: FH 4 (1949), S. 457 ff.

25 Vgl. Walter Dirks, Das Feld ist die Welt. Kulturpolitik und etwas mehr, in: FH 4 (1949), S. 640.

26 Vgl. Walter Dirks, Die deutsche Einheit – Fetisch und Programm, in: FH 6 (1951), S. 794 f.

27 Vgl. Dirks, Über Adenauer.

28 Vgl. Walter Dirks, Sozialdemokratische Alternativen, in: FH 8 (1953), S. 249.

29 Vgl. Kogon, Flitterwochen, S. 226.

30 Vgl. Kogon, Flitterwochen, S. 227.

31 Vgl. Walter Dirks, Der restaurative Charakter der Epoche, in: FH 5 (1950), S. 942 ff. und: An unsere Leser!, in: FH 5 (1950), S. 1237: „Die Republik hat gegen die restaurativen Interessen manche Schlacht verloren, und wir mit ihr." (Dieses Editorial machte auf das bevorstehende Erscheinen einer bald wieder eingestellten Wochenzeitschrift, die von der Redaktion der FH herausgegeben wurde, aufmerksam.) Vgl. auch Eugen Kogon, Die Aussichten der Restauration, in: FH 7 (1952), S. 165 ff.

32 Vgl. Walter Dirks, Kampf oder Normalisierung, in: FH 5 (1950), S. 114.

33 Vgl. Walter Dirks, Stunde der Gewerkschaften ?, in: FH 6 (1951), S. 615.

34 Vgl. Dirks, Kampf, S. 115.
35 Vgl. Walter Dirks, Der Streit der Chefs und die Bilanz, in: FH 5 (1950), S. 341.
36 Vgl. Dirks, Wende, S. 727.
37 Vgl. Dirks, Alternativen, S. 249.
38 Vgl. Erich Kuby, Fünf oder sechs Bayern, in: FH 5 (1950), S. 1189.
39 Vgl. Eugen Kogon, Zwischen Atlantik-Pakt und Schuman-Plan, in: FH 5 (1950), S. 569f.
40 Vgl. Walter Dirks, In diesem Herbst, in: FH 7 (1952), S. 653.
41 Zusammenfassend Dirks, Über Adenauer, S. 385.
42 Vgl. Walter Dirks, In Sachen EVG, in: FH 7 (1952), S. 822.
43 Vgl. Walter Dirks, Die christliche Demokratie in der Deutschen Bundesrepublik, in: FH 8 (1953), S. 676. Zu den ursprünglichen Erwartungen vgl. Dirks, Epoche.
44 Vgl. Walter Dirks, Nach der Regierungsbildung, in: FH 8 (1953), S. 823.
45 Vgl. Walter Dirks, Wahl zwischen zwei ,,Untergängen", in: FH 12 (1957), S. 529.
46 Vgl. An die Leser der Frankfurter Hefte, in: FH 8 (1953), S. 897.
47 Vgl. Dirks, Regierungsbildung, S. 824.
48 Vgl. Walter Dirks, Koalition, in: FH 10 (1955), S. 4f.
49 Vgl. Eugen Kogon, Einige Thesen zum ,,weltpolitischen Wendepunkt", in: FH 10 (1955), S. 532.
50 Vgl. ,,Keine Experimente", in: FH 12 (1957), S. 673ff.
51 Vgl. Erich Kuby, Halbzeit in Westdeutschland und die Wiedervereinigung, in: FH 14 (1959), S. 4ff.
52 Vgl. Eugen Kogon, Der Kapitän, die Mannschaften und das Entwicklungsfeld, in: FH 14 (1959), S. 12. Dieser Aufsatz ist als ,,Anmerkungen" zu Kuby, Halbzeit, gekennzeichnet.
53 Vgl. Erich Kuby, Es ist ja gar nichts passiert, in: FH 15 (1960), S. 97.
54 Vgl. Gemessen am Grundgesetz . . . – Nach dem Urteil im Fernsehstreit, in: FH 16 (1961), S. 218.
55 Vgl. Walter Dirks, Heilige Allianz. Bemerkungen zur Diffamierung der Intellektuellen, in: FH 16 (1961), S. 23.
56 Vgl. Vor dem Ende des Immobilismus, in: FH 16 (1961), S. 647.
57 Vgl. Immobilismus, S. 649.
58 Vgl. Eugen Kogon, Die neue Chance der Bundesrepublik, in: FH 18 (1963), S. 579.
59 Vgl. Kuby, Es ist ja, S. 102 und S. 97.
60 Vgl. Eugen Kogon, ,,Der Nachfolger", in: FH 18 (1963), S. 362.
61 Vgl. Morsey, S. 127: ,,Erklärt sich nicht ein Teil der erbitterten Opposition gegen Adenauer mehr aus der nüchternen Art seiner Diktion und Argumentation als aus deren Konzept oder Durchsetzung, zumal eine echte Alternative nur theoretisch existierte?"

HANS GÜNTER HOCKERTS

Adenauer als Sozialpolitiker

I. Primat der Außenpolitik?

Folgt man einer verbreiteten Ansicht, so war der erste Bundeskanzler „an Wirtschafts- und Sozialpolitik desinteressiert" (W. Hennis). „Er dachte in außenpolitischen Maßstäben und ordnete ihnen die innenpolitischen Aufgaben durchaus unter", so lautet eine Bilanz (F. Messerschmid), die sich durch eher vorsichtige Formulierung von einer Vielzahl weit schärfer pointierter Urteile (z. B. Th. Sonnemann) absetzt. Sein britischer Biograph T. Prittie spricht von einem „Mangel an Interesse und Tatkraft", den Adenauer „generell auf sozialpolitischem Gebiet an den Tag" gelegt habe. Der absolute Vorrang des außenpolitischen Interesses, so sieht es K. D. Bracher, habe es dem Kanzler „offenbar unmöglich" gemacht, „seine starke Position für eine weiterblickende Innen- und Sozialpolitik einzusetzen". Das Paket versäumter gesellschaftspolitischer Reformen in der Erbschaft der Adenauer-Regierung betrachtet H.-D. Ortlieb als einen Sprengsatz, der Ende der sechziger Jahre, von der studentischen Protestbewegung mit Lunte versehen, unter gefährlichen Stoßwirkungen detoniert sei – ohne übrigens zu fragen, ob die internationale Dimension der Protestbewegung diese Reduktion auf nationale Wirkfaktoren nicht von vornherein fragwürdig macht. Da Adenauer „als einziger genügend Autorität besessen" habe, um dieser Entwicklung entgegenzutreten, weist Ortlieb ihm ein gerüttelt Maß persönlichen politischen Versagens zu[1].

Nun ist unbestritten, daß Adenauer die Zügel der Außenpolitik fest in der Hand gehalten hat. Dies gilt zumal für die Anfangsjahre, als er in Personalunion die Ämter des Kanzlers und Außenministers bekleidete (1951–1955). Als Außenminister trat er erst ab, als mit der Ratifizierung der Pariser Verträge der wichtigste Abschnitt seines außenpolitischen Konzepts realisiert war: Überwindung des Besatzungsstatuts und Einbindung des souveränen westdeutschen Staates in die westeuropäische Union und den Nordatlantik-Pakt. Es wird eine These der folgenden Ausführungen sein, daß Adenauer diese außenpolitische Grundlegung des westdeutschen Staates durch eine komplementäre sozialpolitische Grundlegung zu ergänzen versucht hat. Gleichwohl blieb der Zwang, auf Veränderungen im internationalen System einzuwirken und zu reagieren, ständig eine mächtige Triebfeder seines politischen Handelns: vor allem die Sorge, daß die Bundesrepublik als Opfer eines Arrangements zwischen den USA und der Sowjetunion in die russische Einflußsphäre geraten könnte; und gegen Ende seiner Kanzlerschaft traten Planungen und Sondierungen hinzu, wie durch eventuelle Bereitschaft zu völkerrechtlicher Anerkennung der DDR neuen Realitäten auf eine Weise Rechnung getragen werden könne, die die Gegenseite zu rechtlich abgesicherten politischen und humanitären Konzessionen zwingen würde[2].

Der hohe Stellenwert der Außenpolitik in Adenauers politischer Gesamtleistung steht also nicht in Frage; um so weniger, als die existentiellen Folgewirkungen außenpolitischer Entscheidungen auch auf seiten der sozialdemokratischen Opposition als vorrangig eingeschätzt wurden – so vorrangig, daß die Außenpolitik unter dem Einfluß Kurt Schumachers „zum ersten Mal in der Geschichte der deutschen Sozialdemokratie einen Rang erhielt, den man als Primat bezeichnen kann“[3]. Ähnlich wie dem Kanzler hat dies seinem großen Gegenspieler Schumacher den Vorwurf eingetragen, daß er die Wirtschafts- und Sozialpolitik gegenüber der Außen- und Wiedervereinigungspolitik als bloßes „Anhängsel“ betrachtet habe[4].
Freilich: ob gegen Adenauer oder gegen Schumacher gewendet, in jedem Fall übersieht der Vorwurf überbetonter Außen- und vernachlässigter Innenpolitik, daß zwischen beiden Politik-Feldern ein unauflöslicher Zusammenhang besteht – zumal in einer Zeit, in der sich „Außenpolitik als Gegensatz innenpolitischer, sozialökonomischer Prinzipien bietet und zur Blockbildung eben solcher Prinzipien tendiert“[5]. Sowohl für den Kanzler wie für den Oppositionsführer stand außer Frage, daß mit der Festlegung außenpolitischer Rahmenbedingungen zugleich eine fundamentale Vorentscheidung über Form und Stabilität der inneren Ordnung getroffen werde. Erst diese Dimension hat den außenpolitischen Richtungskämpfen zwischen Regierung und Opposition jene kompromißlose Härte und leidenschaftliche Intensität gegeben, die als „Primat der Außenpolitik“ oder „Desinteresse an Innenpolitik“ zu interpretieren, irreführend wäre. So war Adenauers Kampf um Eingliederung der Bundesrepublik in den wirtschaftlich-militärisch-politischen West-Block unter Prädominanz der USA zugleich Teil der Durchsetzung einer liberalkonservativ-privatwirtschaftlichen Gesellschaftsordnung; umgekehrt sah die Opposition in eben dieser Eingliederung eine entscheidende Schwächung der Chancen für eine sozialistische Umgestaltung Deutschlands. Es bestätigt diesen Zusammenhang, daß die Verfechter „antikapitalistischer Strukturreformen“ in der heutigen Bundesrepublik die außenpolitischen Grundentscheidungen der Adenauer-Ära, insbesondere die Einbindung in die westliche Militärallianz, auch deshalb zu revidieren suchen, um sich einer „lästigen Fessel der innenpolitischen Gestaltungsfreiheit“ zu entledigen[6].
Adenauers Außenpolitik kann also ohne die zumindest hypothetische Annahme eines Interesses an der inneren Struktur der Bundesrepublik nicht gedacht werden. Im folgenden wird geprüft, inwieweit sich dieses Interesse in einem der zentralen Handlungsbereiche des modernen Staates – der Politik sozialer Sicherung – manifestiert hat. Dabei geht es zunächst einmal um den Versuch, ein Stück empirisch gesicherten Bodens zu gewinnen. Dieser fehlt bisher nahezu ganz, weil die Adenauer-Forschung sich bisher viel mehr als Adenauer selbst dem „Primat der Außenpolitik“ gebeugt hat.

II. Methodische Vorbemerkung

Die Untersuchung hat davon auszugehen, daß es keinen von Adenauer verfaßten oder autorisierten Text gibt, der als Generalschlüssel für seine sozialpolitische Gedankenwelt genutzt werden kann. Für die Außenpolitik hat sich sein –

unabgeschlossenes – Memoirenwerk als ein solcher Schlüssel erwiesen. Innen- und Sozialpolitik finden dort nur beiläufig Erwähnung, was übrigens nicht als Beweis des Desinteresses gewertet werden kann, denn ein innenpolitischer Band war geplant; entsprechende Vorarbeiten waren in die Wege geleitet, fanden aber wegen Adenauers Tod keinen Abschluß[7].

Eine Art sozialpolitisches „Testament" ist also nicht zustande gekommen. Aber auch die Suche nach früheren Schlüsseltexten ist wenig ergiebig. Eine Episode aus dem Jahre 1956 verweist auf den dafür maßgeblichen Grund. Anfang 1956 suchte das Bundeskanzleramt den Kanzler dazu zu bewegen, einen grundsätzlichen Aufsatz über die Aufgaben einer Sozialreform zu publizieren; es legte ihm zugleich einen ausführlichen Entwurf vor. Die Reaktion Adenauers war bezeichnend. Er teilte lakonisch mit, er sei „nicht bereit, einen Aufsatz unter seinem Namen herzugeben"[8]. Es scheint, daß weniger eine sachliche Divergenz zu dem vorgelegten Text zu dieser Ablehnung führte als vielmehr eine tiefsitzende Abneigung des Pragmatikers vor großer Theorie und umfassender Programmatik. Da seine Politik nicht „vom begrifflich gefaßten Ziel", sondern von „der gegebenen Situation und den gegebenen Kräften" auszugehen pflegte[9], scheute er Festlegungen, die über das aktuell Nötige hinausgingen und die künftige Manövrierfähigkeit verringerten. Seine sozialpolitischen Selbstzeugnisse erschließen daher immer nur Teilaspekte, wobei die Interpretation noch dadurch erschwert ist, daß Adenauer seine Argumentation taktisch-situationsgebunden zu akzentuieren liebte. So suchte er z. B. auf dem Höhepunkt des Streits um die Rentenreform 1956 die Arbeitgeber davon zu überzeugen, daß die Reform volkswirtschaftlich bedenkliche Wirkungen keineswegs befürchten lasse; umgekehrt unterstrich er wenig später dem DGB gegenüber die Kühnheit der Reform: „Es müsse etwas riskiert werden, wenn man Neuland betrete"; ändern könne man später immer noch, falls sich negative Wirkungen zeigten[10].

Auch wenn genügend Akten zur Verfügung stehen, die einer einseitigen Interpretation vorbeugen, ist ein konsistentes Bild der Sozialpolitik Adenauers nicht ohne weiteres möglich. Denn seine Äußerungen und Aktionen sind auch dann nicht immer widerspruchsfrei, wenn man die taktischen Komponenten eliminiert. So überraschte Adenauer sein Kabinett Anfang 1956 mit dem Vorschlag, daß alle Selbständigen bis zu einem gewissen Einkommen in die staatliche Rentenversicherung einbezogen werden sollten; denn er könne „keinen wesentlichen Unterschied zwischen Selbständigen und Unselbständigen hinsichtlich ihres Sicherungsbedürfnisses" sehen[11]. Das war insofern ein geradezu sensationeller Vorschlag, als entsprechend der vorherrschenden Variante neoliberalen Denkens die Selbständigen generell nicht auf den Staat, sondern auf Privatinitiative und Privatversicherung verwiesen werden sollten[12]. Überraschend war Adenauers Vorschlag aber vor allem deshalb, weil er selbst ein Jahr zuvor es als gefährliche Tendenz zum Versorgungsstaat gewertet hatte, daß immer weitere Bevölkerungskreise sich in den staatlichen Sicherheitsschutz drängten[13].

Es ist also nicht leicht, Adenauer auf bestimmte Motive und Ziele festzulegen; noch schwieriger, schon jetzt generalisierende Aussagen über Grundstrukturen seines sozialpolitischen Denkens zu machen, denn die empirische Voraussetzung hierfür – ausreichende Information über Adenauers sozialpolitische Aktivitäten und Argumentationen – ist noch keineswegs erfüllt. Die folgende Skizze möchte den empirischen Klärungsprozeß ein Stück vorantreiben, wobei sie bisher unbekannte Materialien verwenden kann. Trotzdem bleibt sie fragmentarisch und vorläufig; sie steht am Anfang, nicht am Ende der erst in Gang zu bringenden Diskussion über Adenauer als Sozialpolitiker.

III. Überwindung von Kriegsfolgen (1949–1953)

Seine erste Kanzlerschaft leitete Adenauer 1949 mit einer Regierungserklärung ein, die einen starken sozialpolitischen Akzent trug. „So sozial" zu handeln „wie irgend möglich" – dies werde „der oberste Leitstern bei unserer gesamten Arbeit sein"[14]. Diese programmatische Festlegung fügt sich in eine lange Serie ähnlicher Erklärungen, die Adenauer seit seinem Eintritt in die Parteipolitik 1945 öffentlich und intern immer wieder abgegeben hatte. „Betont fortschrittliche soziale Reform und soziale Arbeit", so umschrieb er z. B. Ende 1945 in einem Privatbrief ein Ziel der neuen christlich-demokratischen Partei[15]; „auf sozialem Gebiet alles (zu) tun, was in unserer Macht steht, um eine menschenwürdige Existenz jedem zu ermöglichen", – so formulierte er diese Forderung als Vorsitzender der CDU der britischen Zone zwei Jahre später[16]. Auch für die Zeit seiner ersten Kanzlerschaft (1949–1953) lassen sich viele Belege dafür finden, daß er seine Partei und Regierungskoalition zu raschen sozialpolitischen Erfolgen drängte, um den Beweis zu liefern, „daß wir fortschrittlich sind"[17] und um die Behauptung zu entkräften, „wir seien eine kapitalistische Regierung, die kein soziales Empfinden hätte"[18].

Motivation und Zielsetzung dieser sozialpolitischen Appelle waren sehr komplex. Sie sind zunächst vor dem Hintergrund der Zerstörung und Not zu sehen, die das Bild der Bundesrepublik bei Adenauers Regierungsantritt prägten. Nahezu zehn Millionen Vertriebene und Flüchtlinge waren völlig verarmt hereingeströmt; vier Millionen Menschen hatte der Krieg zu Invaliden, Witwen und Waisen gemacht; das Defizit an Wohnungen wurde auf fünf Millionen, also auf ein Drittel des notwendigen Wohnungsbestandes, geschätzt[19].

Die mit Händen zu greifende Not größter Bevölkerungsteile forderte intensive Interventionen des Staates heraus, wenn er nicht das Risiko explosiver Unruhen eingehen wollte. Hier sozialpolitisch einzugreifen, bedeutete für Adenauer keinen Bruch mit seiner politischen Denktradition, in der sich neben typischen Ideen des liberalen Bürgertums die Komponente der katholischen Soziallehre und die sozialpolitische Tradition der Zentrumspartei mischten. Gleichwohl war der starken Betonung der Sozialpolitik auch eine Reihe taktischer Funktionen zugedacht, die sich aus drei Ansätzen heraus entwickeln lassen:

1. Innerparteilich gesehen galt es, den um Karl Arnold und Jakob Kaiser gruppierten linken Flügel der CDU an den Regierungskurs zu binden. Adenauer hatte die Koalition mit der stark von Unternehmerinteressen dominierten FDP gegen den Widerstand dieser Gruppierung durchgesetzt, die ihrerseits ein Bündnis mit den Sozialdemokraten favorisiert hatte. Adenauer ließ wiederholt erkennen, daß er sich aufgrund seiner Koalitionsentscheidung in einem sozial-

politischen Rechtfertigungszwang fühlte[20], zumal Karl Arnold – an der Spitze einer CDU/SPD-Koalition in Nordrhein-Westfalen – sich in gewisser Rivalität zu Adenauer als Kanzler einer Großen Koalition auf Bundesebene bereithielt.

2. Die Wirtschaftspolitik der Bundesregierung steuerte dem gewerkschaftlichen und sozialdemokratischen Ziel einer Sozialisierung der Schlüsselindustrien und zentraler volkswirtschaftlicher Planung diametral entgegen, indem sie die Organisation des Wirtschaftsprozesses zunehmend dem privatwirtschaftlichen Marktmechanismus überließ. Durch starke Betonung der sozialpolitischen Komponente suchte Adenauer die Attraktivität dieses anfänglich erbittert umkämpften Wirtschaftskurses zu erhöhen[21] und zugleich der sozialdemokratischen These entgegenzuarbeiten, daß eine sozialistische Wirtschaftsordnung die Voraussetzung für soziale Sicherheit sei.

3. Mit dieser antisozialistischen Stoßrichtung hängt ein Aspekt eng zusammen, den Adenauer selbst immer wieder als ein Grundmotiv seines sozialpolitischen Vorantreibens bezeichnet hat, nämlich der Versuch, die westdeutsche Bevölkerung durch Abbau sozialer Spannungen in der ideologisch-politischen Ost-West-Auseinandersetzung zu stabilisieren. ,,Die gesamte soziale Gesetzgebung der Bundesrepublik", so führte er z. B. Ende 1952 aus, ,,hat nicht zuletzt ein großes Ziel: die soziale Festigung der Bevölkerung des Bundesgebietes gegenüber dem Trommelfeuer von verlogener Agitation aus dem Osten."[22] In diesem Punkte wurde Adenauers Sozialpolitik zu einer Nebenfunktion seiner Außen- und Verteidigungspolitik. Am unmittelbarsten ist dieser Zusammenhang greifbar in Adenauers energischem Einsatz für die Einführung der paritätischen Mitbestimmung in den Montan-Industrien 1951. Er hat zwar auch im internen Kreis mehrfach betont, daß er bei Kohle und Stahl die paritätische Mitbestimmung für sachlich vertretbar halte; denn es handele sich hierbei um so grundlegende und kriegerisch mißbrauchbare Wirtschaftszweige, daß die Verfügungsgewalt einer besonderen Kontrolle bedürfe.[23] Dennoch besteht kein Zweifel, daß seine Entscheidung für die volle Parität primär als Gegenleistung für die Tolerierung seiner Außen- und Verteidigungspolitik durch den DGB konzipiert war[24].

Aus unterschiedlichen Motiven heraus hat Adenauer in dieser Periode also stark auf sozialpolitische Fortschritte gedrängt. Diesem Drängen entsprach am Ende seiner ersten Amtsperiode (1953) eine Bilanz, die eine Reihe bemerkenswerter Erfolge aufweisen konnte.

– Die westdeutsche Wohnungsbauleistung lag dank einem massiven Einsatz öffentlicher Mittel an der Spitze der europäischen Länder[25]. Auch die sozialdemokratische Opposition räumte ein, daß hier ,,eine sehr beachtliche Leistung" vorliege[26]. In der Wohnungsbaupolitik aufs stärkste engagiert, hat Adenauer in harten Auseinandersetzungen mit der Notenbank das Tempo auch dann noch forciert, als konjunkturpolitisch schon eine Mäßigung angezeigt war[27].

– Mit dem 1952 verabschiedeten Lastenausgleich wurde ein großangelegter Umverteilungsprozeß in Gang gesetzt, der das von Kriegszerstörung verschonte Vermögen mit vergleichsweise hohen[28] Abgaben belastete, um den Vertriebenen und Ausgebombten einen neuen Start und einen gewissen Ersatz des verlorenen Vermögens zu ermöglichen[29]. Bei der heftig umkämpften gesetzgeberischen Ausgestaltung des Lastenausgleichs gehörte Adenauer zu den Befürwortern einer „energischen Lösung“[30], und er hat durch persönliche Interventionen in Kabinett und Fraktion mehrfach Konzessionen an die Forderungen der Vertriebenenverbände durchgesetzt[31].

– In der Kriegsopferversorgung zeigte sich Adenauer sehr befriedigt darüber, daß in enger Zusammenarbeit mit der sozialdemokratischen Opposition eine relativ großzügige gesetzliche Regelung verabschiedet wurde (1950), die – wie auch kritische Beobachter einräumten – einen internationalen Vergleich „durchaus bestehen“ konnte[32].

– Insgesamt gesehen stiegen die öffentlichen Sozialleistungen 1950 bis 1953 um 50%. Sie entwickelten sich somit parallel zur Expansion des Sozialprodukts[33]. Die westdeutsche Sozialleistungsquote lag in diesen Jahren an der Spitze aller vom Genfer Internationalen Arbeitsamt erfaßten Staaten. Wegen der höheren Kriegsfolgeleistungen überstieg diese Quote deutlich auch die Vergleichszahlen für diejenigen Staaten, deren wohlfahrtsstaatliche Programmatik international Aufsehen erregt hatte: England und Schweden[34].

Mit der generellen Richtlinie, daß „der innere soziale Frieden auf jeden Fall gesichert werden müsse“[35], schuf der Regierungschef eine wichtige Grundlage für diese Bilanz. An der Koordination, Kontrolle und Sachbehandlung der sozialpolitischen Vorhaben beteiligte er sich hingegen – aufs Ganze gesehen – nicht intensiv. Dies gilt besonders für das Gebiet der Sozialversicherung, auf dem er den Ressorts praktisch freie Hand ließ, wenngleich er darauf achtete, daß bedeutsame Kabinettsbeschlüsse nicht in seiner wegen Auslandsreisen häufigen Abwesenheit gefaßt wurden[36].

Hier zeigte Adenauer eine ähnlich zurückhaltende Handhabung seiner Lenkungsbefugnis, wie sie insgesamt in dieser Legislaturperiode auf innenpolitischem Gebiet zu beobachten ist – eine Folge der permanenten starken Beanspruchung bei den Vertragsverhandlungen um Montan-Union, Beendigung des Besatzungsstatuts und Europäische Verteidigungsgemeinschaft. Durch den raschen Ausbau des Bundeskanzleramts zu einem innenpolitischen Hilfsinstrumentarium des Kanzlers[37] war zwar ein Mindestmaß an Kontrolle der Ressortarbeiten und die laufende Unterrichtung des Kanzlers gewährleistet. Doch konnte dies nicht die außerhalb wie in geringerem Maße auch innerhalb des Regierungslagers anwachsende Kritik verhindern, daß der Regierungschef die Innenpolitik vernachlässige. Auf diesen Vorwurf schoß sich insbesondere die SPD ein, wobei sie zwar nicht in Zweifel zog, daß die Außenpolitik derzeit „notwendig im Vorrang“ stehe[38]. Sie forderte aber den Verzicht Adenauers auf das Außenministeramt, damit er die Richtlinienkompetenz auf innenpolitischem Gebiet intensiver wahrnehmen könne[39]; taktische Motive im Kampf gegen den außenpolitischen Kurs des Kanzlers spielten in dieser Argumentation ersichtlich mit.

Indessen bezeugen auch regierungsinterne Stimmen, daß Adenauers außenpolitische Belastung zeitweise auf Kosten effektiver innenpolitischer Führung ging[40]. Auch im engeren Bereich der Sozialpolitik unterliefen der Regierung Versäumnisse und Fehlleistungen. Deren Ursachen sind allerdings in den überwiegenden Fällen weniger in einer Führungs- und Entscheidungsschwäche des Kabinetts (und damit letztlich des Kanzlers) zu suchen als vielmehr in den

Geschäftsbereichen, die die Ressortminister innerhalb der Kanzlerrichtlinien „selbständig und unter eigener Verantwortung" zu führen hatten (Art. 65 des Grundgesetzes). Dies ließe sich an einigen gesetzgeberischen Pannen zeigen[41] und dürfte auch für die vielkritisierte Langsamkeit gelten, mit denen im Bundesarbeitsministerium die Vorarbeiten für eine Neuordnung der Sozialversicherung vorankamen. An dem augenfälligsten sozialpolitischen Mißerfolg der ersten Adenauer-Regierung – dem Scheitern der Bemühungen um die gesetzliche Einführung von Kindergeld – war das Kabinett formal nicht beteiligt; denn es verzichtete auf die Vorlage eines Regierungsentwurfs, um einen Initiativentwurf der CDU/CSU-Fraktion zum Zuge kommen zu lassen. Daß die Ausschußberatungen am Ende der ersten Legislaturperiode erfolglos abgebrochen wurden, lag an tiefgreifenden konzeptionellen Divergenzen zwischen den Koalitionsfraktionen. Obwohl Adenauer den Gedanken eines Familienlastenausgleichs unbedingt befürwortete[42] und in anderen Fällen ein drohendes Scheitern von Ausschußverhandlungen indirekt steuernd abzuwenden versuchte[43], hat er in diesem Falle auf ein Eingreifen verzichtet; hier dürfte die außenpolitische Beanspruchung seine sozialpolitische Führungsinitiative also bemerkenswert stark gelähmt haben.

IV. Bemühungen um einen sozialpolitischen Gesamtplan (1953–1955)

In seiner ersten Amtsperiode hatte Adenauer „Wohnungsnot, Lastenausgleich, Kriegsopferversorgung", also die Überwindung von Kriegsfolgen, als die vordringlichsten sozialpolitischen Probleme bezeichnet[44]. Nach den Wahlen von 1953, die der CDU/CSU die absolute Mehrheit im Bundestag eintrugen, begann ein anderes sozialpolitisches Thema seine Aufmerksamkeit zu erregen: der Gedanke einer großen Gesamtreform des Sozialleistungssystems, die gleichsam als Seitenstück zu den Souveränität und Gleichberechtigung sichernden Vertragswerken die Bundesrepublik innenpolitisch fundamentieren sollte. Die hohe Bedeutung, die Adenauer diesem in der Regierungserklärung von 1953 kurz anklingenden Gedanken beimaß, ist bisher nicht gesehen oder nicht ernst genommen worden, weil man daraus, daß ein regierungsoffizieller Plan für eine Gesamtreform dann doch nicht zustande kam, auf Adenauers „Uninteressiertheit"[45] glaubte schließen zu können. Die derzeit beste Quelle zur Überprüfung dieser Einschätzung dürften die Sitzungsprotokolle des Bundesparteivorstands der CDU sein. Hier entwickelte Adenauer mehrfach jährlich einen Überblick über die innen- und außenpolitische Lage sowie über dringliche Zukunftsprobleme der Partei- und Regierungspolitik. Diese im Wortlaut mitstenografierten Ausführungen weisen für die mittlere Periode seiner Kanzlerschaft (1953–1955) weitreichende sozialpolitische Reformabsichten aus, wobei die emphatische Wortwahl auffällig von dem sonst gewohnten nüchternen Redestil absticht und fast den Eindruck erweckt, als habe Adenauer damals den Ehrgeiz besessen, auch sozialpolitisch als eine Art Gründungsvater in die Geschichte einzugehen.

Ende 1953 schlug Adenauer diesen Grundton erstmals an: Habe die Sozialpolitik bisher primär auf „Heilung von Kriegsschäden" gezielt, so gelte es nun,

,,auf sozialem Gebiet entschiedene Fortschritte (zu) machen und neue Wege ein(zu)schlagen"; neben der außenpolitischen Konsolidierung müsse dies das ,,Hauptthema" der kommenden Arbeit sein (10. September 1953). Immer wieder kam Adenauer in der Folge auf diesen Gedanken zurück. Eine ,,große Reform", ein ,,sehr großes Werk" müsse auf sozialem Gebiet in Angriff genommen werden (18. Januar 1954); hier müsse ,,etwas Großes", ,,wirklich etwas Neues" geleistet werden (26. April 1954), das die Arbeit von Partei und Regierung ,,in gewisser Hinsicht krönen" (3. Juni 1955) solle.

Das Sozialleistungsrecht, so umriß er seine inhaltlichen Vorstellungen, sei ,,bisher so etwas mehr zufällig gewachsen" (26. April 1954) – stark zersplittert und schlecht koordiniert. Jetzt müsse es ,,zu einem Ganzen neu verarbeitet werden"[46]. Dabei gehe es aber nicht nur um eine Zusammenfassung in einem einheitlichen großen Gesetzeswerk, sondern vor allem auch darum, ,,die Wandlung unserer Gesellschaftsstruktur seit Bismarck [. . .] zu berücksichtigen mit dem Ziel der Schaffung der sozialen Sicherheit"[47]. So wenig präzise diese Äußerungen im einzelnen auch waren, so war doch eines klar: Der Regierungschef wollte – wie er an einer Stelle betonte – eine Reform, ,,die nicht auf die Bismarckschen Gesetze das tausendste oder elfhundertste neue Gesetz setzt, sondern die von Grund auf die ganze Sozialgesetzgebung der jetzigen Zeit anpaßt"[48].

Wenn trotz solcher hochfliegenden Pläne Anfang 1955 in der Öffentlichkeit die Meinung vorherrschte, daß die Regierung ,,die Innenpolitik im allgemeinen und die Sozialpolitik im besonderen in den letzten Jahren und Monaten sträflich vernachlässigt" habe[49], so spiegelt dieser Eindruck die regierungsinternen Bemühungen Adenauers nur bedingt richtig wider. Denn seit Anfang 1954 drängte er in brieflichen Äußerungen an einzelne Minister und in mehreren Kabinettsitzungen darauf, daß ,,alles vermieden werden müsse, was auch nur den Anschein erwecken könne, als ob die Reform zögernd in Angriff genommen werde"[50]. Er appellierte an die beteiligten Minister, ,,baldmöglichst [. . .] eine gemeinsame Linie zu erarbeiten, die dem Kabinett die endgültige Entscheidung erleichtere"[51]. Als sich zeigte, daß die interministeriellen Reformberatungen immer aufs neue in hartnäckigen Kämpfen um die organisatorische Einflußverteilung der Ressorts steckenblieben, mahnte er, es sei ,,politisch unverantwortlich, wenn aus organisatorischen Gründen die Durchsetzung der Sozialreform verzögert werde"[52].

Kein Zweifel: Adenauer war tief beunruhigt über die schleppende Entwicklung der Ressortarbeiten. Im kleinen Kreis engster Berater machte er kein Hehl daraus, daß ihn insbesondere der Arbeitsminister enttäusche[53]. Stark beansprucht durch die mit dem Scheitern des EVG-Vertrags geschaffene außenpolitische Lage, zögerte Adenauer jedoch, die Frage der organisatorischen und konzeptionellen Voraussetzungen der Reform im Kabinett zur Entscheidung zu bringen; und insofern trug er dazu bei, daß sein ehrgeiziges Projekt einer ,,großen Reform" allmählich in arge Zeitnot geriet und der Vorwurf sozialpolitischer Immobilität zum Tenor öffentlicher Kritik wurde. Noch im Mai 1955 war weder der Prozeß der Bildung von Reformgremien abgeschlossen, noch hatte das Kabinett Leitgedanken zur konzeptionellen Steuerung der Ressortarbeiten festgelegt.

Zu diesem Zeitpunkt traten die Pariser Verträge in Kraft. Adenauer gab das Amt des Außenministers ab und zeigte sich entschlossen, nunmehr stark auf innenpolitischem und insbesondere auf sozialpolitischem Gebiet aktiv zu werden[54]. Im geheimen hatte Adenauer bereits einen überraschenden Schachzug vorbereitet, mit dem er der im Ressortstreit weitgehend lahmgelegten Sozialreform zum entscheidenden Durchbruch verhelfen zu können glaubte. Denn seit Februar 1955 arbeitete eine Gruppe von vier Sozialwissenschaftlern im persönlichen vertraulichen Auftrag des Kanzlers an einem Reformplan, mit dem Adenauer endlich das in die Hand zu bekommen suchte, was ihm sein Arbeitsminister bis dahin noch nicht geliefert hatte: eine Gesamtkonzeption über die Neuordnung des Systems der sozialen Sicherheit. Anfang Juni schon konnte er den voluminösen Reformplan dem Bundeskabinett präsentieren, wobei sein Hinweis, daß er die Frage der Sozialreform nach dem englischen Vorbild der Royal Commissions habe prüfen lassen, die offensichtliche Brüskierung des Arbeitsministers abzumildern suchte[55]. Adenauer hatte den Autoren dieser als „Rothenfelser Denkschrift" bekanntgewordenen Ausarbeitung keine inhaltlichen Auflagen gegeben, und er hat sich nicht so definitiv und präzise über einzelne Teile oder die Schrift im ganzen geäußert, daß man seine sozialpolitischen Überzeugungen auf diese Weise im einzelnen identifizieren könnte. Doch ist seine zu dieser Denkschrift führende Initiative zumindest insoweit aufschlußreich, als sie das Interesse an einem umfassenden sozialpolitischen Plan dokumentiert wie übrigens auch den Versuch einer Zusammenführung von Sozialpolitik und Sozialwissenschaft[56].

Die praktischen Vorschläge der Denkschrift interessieren hier im einzelnen nicht. Wichtiger ist es, die Denkschrift unter dem grundsätzlichen Aspekt der Entwicklung sozialpolitischen Denkens in Deutschland kurz zu kennzeichnen. Das liberale Prinzip des Leistungsanreizes, der Eigeninitiative und Selbstvorsorge wurde stark betont. Aber dem Staat wurde die Verpflichtung zugesprochen, Voraussetzungen zu schaffen, unter denen der einzelne eigene Leistungskraft auch tatsächlich gewinnen und einsetzen kann. Dies zeigte sich in den Forderungen, den Jugendlichen ein „normales Maß von Entwicklungschancen"[57] zu sichern, allen in ihrer Arbeitskraft geminderten Bürgern umfassende medizinische und berufliche Rehabilitation zugänglich zu machen[58], allen Arbeitsfähigen durch aktive Konjunktur- und Arbeitsmarktpolitik das „Recht auf Arbeit"[59] real zu ermöglichen. Die „in der Weimarer Republik gemachte Erkenntnis, daß eine von der Wirtschaftspolitik losgelöste Sozialpolitik unsinnig" sei[60], war somit theoretisch rezipiert; ebenso wurde anerkannt, daß soziale Leistungen nicht nur unter dem Aspekt der volkswirtschaftlichen Belastung, sondern auch als „Voraussetzung für den produktiven Einsatz der Kräfte"[61] bewertet werden müssen.

Den konzeptionellen Impuls, den Adenauer mit dieser Denkschrift zu geben suchte, ergänzte er dadurch, daß er persönlich einen Organisationsplan skizzierte, der die Beratungs- und Entscheidungsverläufe innerhalb der Bundesregierung beschleunigen sollte. Seine handschriftliche Skizze wurde von Referenten des Bundeskanzleramtes und des Bundesarbeitsministeriums zu einer Kabinettsvorlage ausgearbeitet, die – im Juli 1955 verabschiedet – die organisatorischen Auseinandersetzungen der Ressorts endgültig abschloß.

Eine wichtige Neuerung sah dieser Organisationsplan mit der Bildung eines ständigen Kabinettsausschusses für die Sozialreform („Sozialkabinett") vor, dessen Vorsitz sich der Kanzler vorbehielt[62]. Adenauer unternahm Mitte 1955 also erhebliche Versuche, das Ziel der Verabschiedung eines Sozialplans durch die Bundesregierung zu erreichen. Im folgenden Halbjahr zog er sich aus den Beratungen jedoch wieder zurück – teils wegen einer schweren Erkrankung, teils wegen außenpolitischer Probleme von großer Tragweite (Genfer Gipfelkonferenz, Moskaureise). In dieser Zeit geriet das Sozialkabinett unter der Leitung des Vizekanzlers in eine neue Phase der Stagnation. Dem Arbeitsministerium gelang es, die Rothenfelser Denkschrift aus der Diskussion herauszudrängen, indem es ihren praktisch-organisatorischen Vorschlägen gravierende Mängel nachwies. Umgekehrt opponierten andere Ressorts gegen das Ziel dieses Ministeriums, die zeitraubenden und konfliktreichen Kämpfe um einen Gesamtplan einzustellen und die Reformbemühungen statt dessen auf einzelne, jeweils vordringliche Teilbereiche zu konzentrieren. Als besonders vordringlich sah das Arbeitsministerium die Rentenversicherung an, also die Sicherung der Arbeitnehmer im Alter und bei Invalidität sowie die Sicherung der Hinterbliebenen bei Verlust des Ernährers.

Niemand konnte bestreiten, daß die Sozialrentner bisher zu den Stiefkindern des wirschaftlichen Aufschwungs gehörten; und das Drängen der mit der Sozialreform im Bundesarbeitsministerium befaßten Referentengruppe, alle Kraft zunächst auf eine Rentenreform zu konzentrieren, hatte daher gute Gründe. Um so mehr, als diesen Referenten im Herbst 1955 ein Rentenreformkonzept gelungen war, das – würde es realisiert – die Alterssicherung in der Bundesrepublik zur fortschrittlichsten aller vergleichbaren Staaten machen würde. Nicht eine notdürftig das Existenzminimum deckende Einheitsrente, wie sie das britische und schwedische System eingeführt hatte, sondern eine individuelle Rente, die den vom einzelnen erarbeiteten Lebensstandard auch im Alter weitgehend aufrechterhält – das war der eine Grundgedanke. Der andere lag in der Kopplung der Renten an die Entwicklung der Löhne und Gehälter; dies bedeutete nicht nur eine Sicherung der Renten vor Geldwertminderung (für die die Bindung an einen Index der Lebenshaltungskosten nach schwedischem Vorbild ausgereicht hätte), sondern darüber hinaus auch eine Teilnahme der Rentner am Wachstum der Wirtschaft. Im Arbeitsministerium gab es erhebliche Zweifel, ob sich diese „dynamische Rente" werde durchsetzen lassen; erbitterter Widerstand des Finanzministeriums bei ersten Sondierungsgesprächen gab einen Vorgeschmack künftiger Auseinandersetzungen.

V. Promotor der Rentenreform (1956–1957)

Unerwartet und nachhaltig wurde die Position des Arbeitsministers gestärkt, als Adenauer im Dezember 1955 wieder in die Debatte eingriff. Von einer ganz anderen Seite her war sein Interesse an einem Rentenreformplan geweckt worden, der den Vorstellungen des Bundesarbeitsministeriums in wesentlichen Punkten entsprach.

Einer seiner Söhne hatte Adenauer auf diesen Plan, als dessen Autor der Bonner

Volkswirtschaftsdozent Schreiber zeichnete, aufmerksam gemacht. Symptomatisch für die schon mit der Rothenfelser Denkschrift bewiesene Flexibilität der Informationsbeschaffung, lud Adenauer den Dozenten im Dezember 1955 ein, in einer Sitzung des Sozialkabinetts über seinen Plan Vortrag zu halten. Daß Adenauer in dieser Sitzung Schreibers Grundgedanken guthieß, bedeutete den Startschuß für die große Rentenreform von 1957[63].

Die spektakulärsten Ergebnisse dieser Reform lagen in einer Erhöhung des durchschnittlichen Rentenniveaus um etwa 65% und in der Einführung einer Rentenformel, die – noch heute gültig – die Rentner am Wachstum der Wirtschaft beteiligt und die Renten vor Geldentwertung schützt. Die Reform trug dazu bei, daß die öffentlichen Sozialleistungen in Adenauers zweiter Amtsperiode prozentual etwas stärker wuchsen als das Sozialprodukt[64], und sie bewirkte, daß die Einkommen der Rentnerhaushalte in der Periode 1955 bis 1960 eine stärkere Zuwachsrate hatten als alle anderen Einkommenskategorien[65].

An dieser Reform hat Adenauer kontinuierlich, intensiv und entscheidend Anteil genommen. Wieviel Kraft ihn sein permanenter Einsatz kostete, deutete er im kleinen Kreis mit den Worten an, er sei „fast verrückt geworden" angesichts der „ungeheuren Schwierigkeit", die „Koalition in dieser Sache unter ein Dach zu bringen"[66]. Zur Demonstration des Anteils, den Adenauer an der Durchsetzung der Rentenreform hatte, sollen hier zwei Beispiele genügen: 1. die Überwindung von Widerstand im Kabinett, 2. die Reaktion auf opponierende Interessengruppen.

1. Im Mai 1956 sollte der vom Sozialkabinett unter Adenauers Vorsitz in den Grundzügen festgelegte Entwurf vom Gesamtkabinett verabschiedet werden. Inzwischen aber hatte sich eine starke Fronde opponierender Minister gebildet, deren Gewicht um so größer war, als sie – mit Ausnahme des Arbeitsministers – alle an dem Entwurf sachlich beteiligte Ressorts umfaßte, auch solche, die in den vorbereitenden Sitzungen des Sozialkabinetts noch auf Adenauers Linie gelegen hatten. Adenauer mußte seine Autorität voll ausschöpfen, um dennoch ein positives Mehrheitsvotum zustande zu bringen[67]. Als einzelne Minister sich in der Folge öffentlich über den Regierungsentwurf kritisch äußerten, griff Adenauer zu einem Mittel, von dem er in dieser Form nur selten Gebrauch machte: Unter Bezug auf die im Grundgesetz verankerte Richtlinienkompetenz des Regierungschefs erklärte er die Regierungsvorlage explizit zur Richtlinie seiner Politik, was die Minister dem formellen Verbot jeder abweichenden Stellungnahme unterwarf[68].

2. Mächtigste Organisation in der langen Phalanx der Interessengruppen, die gegen die lohngekoppelte Rente Sturm lief, war die Bundesvereinigung der Deutschen Arbeitgeberverbände. Ihr Maximalziel lag darin, die Reform auf eine einmalige Rentenerhöhung zu reduzieren, also das „dynamische" Prinzip zu eliminieren. Als Minimalziel wollte sie erreichen, daß die Rente an das preisbereinigte Sozialprodukt gekoppelt würde; dies hätte bedeutet, daß die Rente zwar am realen, aber nicht am nominalen Wachstum teilnehmen und das Risiko der Geldwertminderung also voll auf die Rente durchschlagen würde. Für diese Konzeption gab es zwei durchaus respektable Argumente: einmal würde die Bindung an eine nominale Größe inflatorische Gefahren verstärken, zum andern war nicht sicher, ob die lohngekoppelte Rente aufgrund des

steigenden Anteils der Alten an der Gesamtbevölkerung auf die Dauer ohne unzumutbar hohe Beitrags- bzw. Steuererhöhungen aufrechterhalten werden könnte. Trotz mehrfacher Interventionen und trotz der Einschaltung des mit Adenauer befreundeten Präsidenten des Bundesverbandes der Deutschen Industrie[69] war Adenauer für diese Konzeption nicht zu gewinnen. Er hielt daran fest, daß der Wert der Beiträge, die der Versicherte während seines Arbeitslebens gezahlt hatte, bei der Rentenfestsetzung auf das aktuelle Lohnniveau hochgerechnet werden müsse; bei der laufenden Anpassung während der Jahre des Rentenbezugs war er bereit, von dem ursprünglichen Ziel der Kopplung an die Lohnentwicklung abzugehen; aber er insistierte darauf, daß nicht das preisbereinigte, sondern das nominale Sozialprodukt zum Anpassungsmaßstab genommen werde, damit „die Preissteigerungen Berücksichtigung finden“[70]. „Bei realistischer Betrachtungsweise müsse man doch zugeben“, so argumentierte er, „daß der Prozeß der Kaufkraftverschlechterung seit 100 Jahren fast gesetzmäßig vor sich gegangen sei.“ Dem müsse zwar wirtschaftspolitisch entgegengesteuert werden, aber soweit das nicht gelinge, sollten jedenfalls nicht die Rentner „die Leidtragenden dieser Entwicklung sein“[71].

Bei diesem wichtigen Sozialgesetz ist also ein erhebliches Maß an Autonomie der Regierungsspitze gegenüber den organisierten Wirtschaftsinteressen festzustellen.

Die Quellenlage gestattet es, über Adenauers Rentenreformmotive gesicherte Aussagen zu machen und damit zugleich Elemente seines Sozialpolitikverständnisses empirisch zu bestimmen. Man wird dabei drei Ebenen zu unterscheiden haben: 1. eine wahlkampftaktische, 2. eine außenpolitische, 3. eine genuin sozialpolitische Motivlage.

1. Adenauer wußte und wollte, daß die Rentenreform den Regierungsparteien in der Bundestagswahl von 1957 eine Waffe „von der allergrößten propagandistischen Bedeutung“[72] in die Hand geben würde. Aufgrund regelmäßiger demoskopischer Berichte wußte er auch, daß die Popularitätskurve der CDU/CSU – nicht zuletzt aufgrund der Einführung der allgemeinen Wehrpflicht – im Verlaufe des Jahres 1956 erheblich absank und die Notwendigkeit attraktiver Wahlkampfthemen im gleichen Maße wuchs. Er hat diesen Aspekt intern deutlich betont – um so mehr, als er damit zugleich Druck auf die reformhemmenden Kräfte im eigenen Lager auszuüben vermochte.

2. Die Verknüpfung von Wehrpflichtgesetz und Rentenreform war nicht allein wahlkampftaktisch motiviert, sondern entsprach auch der konzeptionellen Überzeugung, „daß für die äußere Sicherheit eines Volkes die soziale Gesundheit ebenso wichtig ist wie die Stärke und Ausrüstung seiner Armee“[73]. Indem Adenauer die Rentenreform als einen Beitrag zu „einer gesunden sozialen Entwicklung“[74] wertete, maß er ihr daher zugleich auch außenpolitische Bedeutung im Rahmen des Ost-West-Konflikts bei: sowohl in dem defensiven Sinne, den westdeutschen Staat „sozial widerstandsfähig zu machen und ihm damit eine stärkere Sicherheit gegen kommunistische Einflüsse und Unterwanderungen zu schaffen“[75], wie auch in dem offensiven Sinne, die Bundesrepublik für die DDR-Bevölkerung „attraktiv“ zu erhalten und somit einer Verfestigung der deutschen Teilung entgegenzuwirken[76]. Die DDR-Führung griff diesen Fehdehandschuh übrigens sofort auf, indem sie auch ihrerseits eine

Reform der Rentenversicherung in Angriff nahm und als ,,Beweis für die Überlegenheit des sozialistischen Systems gegenüber dem kapitalistischen in Westdeutschland" interpretierte[77].

3. ,,Ich möchte den arbeitenden Menschen so gut, wie das gesetzlich möglich ist, die Sicherheit geben, daß sie, wenn sie ins Alter kommen, ein anständiges Leben führen können und nicht als Bettler herumlaufen", so umriß Adenauer in einer heftigen Debatte des Parteivorstandes sein sozialpolitisches Motiv[78]. Dabei argumentierte er nuancierter als es einer verbreiteten Meinung entspricht, wonach Adenauers Sozialpolitikverständnis auf eine patriarchalisch-fürsorgerische Einstellung zum notleidenden Individuum reduziert gewesen sei; Sozialpolitik als Strukturpolitik mit dem Ziel, das Entstehen von Not zu verhindern – diese Sicht sei ihm zeitlebens versperrt geblieben. K. Bölling formulierte diese Meinung 1963 apodiktisch: ,,Sozialpolitik war für ihn eine Angelegenheit der Marxisten oder der Caritas."[79]

Gerade Adenauers interne Argumentation zwingt dazu, dieses generelle Urteil zu modifizieren. Denn das neue Prinzip, den jetzigen und künftigen Rentnern Schutz vor Geldentwertung und Teilnahme am Wirtschaftswachstum zu garantieren, sollte – so betonte Adenauer – gerade verhindern, daß ihnen ,,so quasi im Wege des Almosens" geholfen werden müsse[80]. Das Gesetz müsse als ,,eine Sicherstellung der Arbeitnehmer insgesamt und nicht so sehr unter einem fast karitativen Gesichtspunkt betrachtet werden"[81]. Sicherung der Arbeitnehmer vor sozialer Deklassierung im Alter: Dies war die genuin sozialpolitische Absicht in Adenauers Motivationsgeflecht; und insofern es auf eine grundsätzliche, dauerhafte Lösung des Problems der Alterssicherung zielte, hatte dieses Motiv weniger eine karitative als vielmehr eine sozialstrukturelle Zielrichtung.

VI. Sozialpolitik und Außenpolitik

Nach dem triumphalen Wahlsieg von 1957 griff Adenauer die Idee eines sozialen Gesamtplans nicht wieder auf. Unter dem Einfluß der pragmatisch-evolutionären Linie des Bundesarbeitsministeriums, die durch das praktische Scheitern der Rothenfelser Denkschrift und den Erfolg der Rentenreform gestärkt worden war, ließ Adenauer zu, daß die Sozialgesetzgebung in Form von Teil- und Übergangslösungen weiterentwickelt wurde. Dabei blieb die Entwicklung der Leistungen auf einzelnen Gebieten – z. B. dem Familienlastenausgleich[82] – deutlich hinter dem Stand vergleichbarer Länder zurück; auf anderen Gebieten setzte sie jedoch neue Maßstäbe, z. B. bei der 1961 unter Mitwirkung Adenauers[83] eingeführten Regelung, daß Arbeiter im Krankheitsfall sechs Wochen lang 100% ihres Nettolohnes weitererhalten. Adenauer selbst resümierte im Jahr vor seinem Rücktritt, die Bundesrepublik stehe, ,,was die sozialen Leistungen angeht, an der Spitze aller westlichen Länder"[84]. Dies traf, bezogen auf das Verhältnis von öffentlichen Sozialleistungen zum Sozialprodukt, in der Tat zu[85], obwohl diese rein quantitative Relation Mängel und Lücken in der Leistungs- und Organisationsstruktur des Sicherungssystems natürlich nicht zum Ausdruck bringt[86].

Adenauers Anteil an der Entwicklung nach 1957 kann hier nicht mehr genauer skizziert werden, obgleich damit weitere Höhepunkte seiner sozialpolitischen Aktivität ausgespart bleiben, besonders die intensive, bisher noch nirgends fundiert dargestellte und in der zeitgenössischen Publizistik unzulänglich erfaßte Beteiligung an der Krankenversicherungsreform von 1960/61[87]. Aber schon das bisher Skizzierte dürfte die hartnäckig tradierte These vom ,,Mangel an Interesse und Tatkraft" korrigieren, den Adenauer ,,generell auf sozialpolitischem Gebiet an den Tag" gelegt habe[88]. Gewiß stand die Sozialpolitik nicht im Zentrum seines Planens und Handelns. Aber Adenauer beobachtete die Entwicklung aufmerksam[89] und schaltete sich als Entscheidungsinstanz ein, wenn schwerwiegende Kontroversen die Handlungsfähigkeit der Regierung lahmzulegen drohten. Dabei ist die Bereitschaft, neue sozialpolitische Wege einzuschlagen ebenso bemerkenswert wie die Entfaltung eigener Initiative auf diesem Gebiet; hierzu gehört der Versuch, mit der Rothenfelser Denkschrift den großen Wurf eines ,,code social" einzuleiten wie auch die Heranziehung des Schreiber-Plans bei der Vorbereitung der Rentenreform[90].

Weniger entschieden als der These sozialpolitischen Desinteresses kann der Bilanz widersprochen werden, daß Adenauer ,,alle innerdeutschen Vorgänge und Probleme allein unter den Perspektiven seiner Außenpolitik" gesehen habe[91]. Denn – dies zeigte sich deutlich – Adenauer hat die Sozialpolitik zwar nicht ,,allein", aber doch weitgehend auch als stabilisierendes Element einer auf Abwehr sowjetischer Positionsverstärkung in Deutschland und Westeuropa angelegten Außenpolitik verstanden. Als warnendes Beispiel für die Vernachlässigung dieses Zusammenhangs betrachtete er Italien und Frankreich, die es nicht zuletzt aufgrund rückständiger Sozialpolitik mit starken kommunistischen Parteien zu tun hatten; in der Stärke dieser Parteien und der daraus resultierenden innenpolitischen Labilität dieser Staaten sah Adenauer ,,wichtige Ansatzpunkte einer expansiven sowjetischen Außenpolitik"[92].

Die außenpolitische Relevanz sozialer Sicherung erkannte Adenauer weitaus klarer als Charles de Gaulle, den er in einem sehr offen geführten Vieraugengespräch 1961 zu stärkerer sozialpolitischer Aktivität zu bewegen suchte. ,,Die Völker würden nur dann innerlich und eventuell dann auch militärisch dem Kommunismus Widerstand leisten", so argumentierte er, ,,wenn sie mit ihrer Lage zufrieden seien"; gerade ,,auf dem sozialen Gebiet", so gab er dem General zu bedenken, habe Frankreich aber ,,sehr viel nachzuholen"[93]. Er wies konkret auf Krankenversicherung und Altersversorgung hin – Probleme also, an deren Lösung in der Bundesrepublik sich Adenauer stark beteiligt hatte. Ähnlich war es ihm nicht verborgen geblieben, daß die USA ,,nur sehr wenige soziale Fortschritte zu verzeichnen" hatten; und er begrüßte es daher lebhaft, daß Kennedy – wie dieser ihm im Herbst 1961 eröffnete – ,,auf sozialem Gebiet" eine ,,ganz neue Basis schaffen" wollte[94]. Nicht obwohl, sondern eher weil er stets im außenpolitischen Maßstab dachte, entfaltete Adenauer also auch sozialpolitisches Engagement. Denn beides, Außen- wie Sozialpolitik, traf sich in einem gemeinsamen Ziel, welches Adenauer im Rückblick ebenso lapidar wie signifikant nannte: ,,das Vordringen des Kommunismus zu verhindern"[95].

1 Vgl. Wilhelm Hennis, Richtlinienkompetenz und Regierungstechnik, Tübingen 1964, S. 22; Felix Messerschmid, Konrad Adenauer, in: Geschichte in Wissenschaft

und Unterricht 18 (1967), S. 392; Theodor Sonnemann, Gestalten und Gedanken, Stuttgart-Hannover 1975, S. 223f. (Adenauer habe „alle innerdeutschen Vorgänge und Probleme allein unter den Perspektiven seiner Außenpolitik" gesehen); Terence Prittie, Konrad Adenauer. Vier Epochen deutscher Geschichte, Frankfurt am Main 1976 (englische Originalausgabe 1970), S. 275; Karl Dietrich Bracher, Die zweite Demokratie in Deutschland, in: Richard Löwenthal (Hrsg.), Die Demokratie im Wandel der Gesellschaft, Berlin 1963, S. 128; Heinz Dietrich Ortlieb, Die verantwortungslose Gesellschaft, 2. Auflage, München 1973, S. 157f.

2 Vgl. Hans-Peter Schwarz, Das Spiel ist aus und alle Fragen offen, oder: Vermutungen zu Adenauers Wiedervereinigungspolitik, in: Helmut Kohl (Hrsg.), Konrad Adenauer 1876/1976, Stuttgart-Zürich 1976, S. 140ff.

3 Vgl. Susanne Miller, Die SPD vor und nach Godesberg, Bonn-Bad Godesberg 1974, S. 17.

4 Vgl. Theo Pirker, Die SPD nach Hitler, München 1965, S. 130.

5 Vgl. Horst Lademacher, Aufbruch oder Restauration – Einige Bemerkungen zur Interdependenz von Innen- und Außenpolitik in der Gründungsphase der Bundesrepublik Deutschland, in: Imanuel Geiss und Bernd Jürgen Wendt (Hrsg.), Deutschland in der Weltpolitik des 19. und 20. Jahrhunderts, Düsseldorf 1973, S. 563.

6 Vgl. Hans-Peter Schwarz, Die außenpolitischen Grundlagen des westdeutschen Staates, in: Richard Löwenthal und Hans-Peter Schwarz (Hrsg.), Die zweite Republik. 25 Jahre Bundesrepublik Deutschland – eine Bilanz, Stuttgart 1974, S. 42f.

7 Im Vorwort zu Konrad Adenauer, Erinnerungen 1945–1953 (Bd. 1), Stuttgart 1965 und in ders., Erinnerungen 1953–1955 (Bd. 2), Stuttgart 1966, S. 197, hat Adenauer einen innenpolitischen Memoirenband angekündigt. Einen Hinweis auf entsprechende Vorarbeiten verdanke ich Dr. A. Poppinga, Stiftung Bundeskanzler-Adenauer-Haus, Rhöndorf.

8 Vgl. den Vermerk auf einer Vorlage des Referats 7 des Bundeskanzleramts vom 17. Februar 1956 (Kopie im Besitz des Verf.; auch die künftig herangezogenen Archivalien befinden sich – soweit kein anderer Fundort angegeben – in Kopie im Besitz des Verf.; sie werden in einer demnächst vorzulegenden Monographie im einzelnen ausgewiesen).

9 Vgl. Karl Dietrich Erdmann, Adenauer in der Rheinlandpolitik nach dem Ersten Weltkrieg, Stuttgart 1966, S. 70.

10 Vgl. die Niederschriften über Besprechungen Adenauers mit der BDA, 18. Oktober 1956, und mit dem DGB, 20. Dezember 1956. – Sehr treffend Arnulf Baring, Außenpolitik in Adenauers Kanzlerdemokratie, Bd. 1, München 1971, S. 114: „Da Adenauer geradezu der Typ eines immer absichtsvoll, immer zweckhaft handelnden Menschen war, sind alle seine Stellungnahmen nur im Zusammenhang der Zeitumstände und Tagesereignisse verständlich; erst wenn man die jeweils verfolgten Ziele in Rechnung stellt, läßt sich die wirkliche Bedeutung eines Adenauerschen Arguments bestimmen."

11 In einer Sitzung des Bundeskabinetts am 18. Januar 1956.

12 Vgl. z. B. Erhards Argumentation, daß „die Bereitschaft zu freier und eigenverantwortlicher Bewältigung der Lebensrisiken wesensgemäß mit zu den Grundelementen des Selbständigseins in einer freiheitlichen Wirtschafts- und Gesellschaftsordnung" gehöre und die Einbeziehung Selbständiger in den Versicherungszwang daher abzulehnen sei. Vgl. Ludwig Erhard, Freiheitliche Lebenssicherung oder Versorgungsstaat?, in: Versicherungswirtschaft 11, Nr. 1 vom 1. Januar 1956.

13 In einer Sitzung des Bundeskabinetts am 14. Dezember 1954.

14 Vgl. die Regierungserklärung vom 20. September 1949, abgedruckt in: Hans-Peter Schwarz (Hrsg.), Konrad Adenauer. Reden 1917–1967. Eine Auswahl, Stuttgart

1975, S. 156. Die Wendung: „so sozial zu sein wie irgend möglich" sei „vornehmste Pflicht", findet sich in einer von Adenauer eigenhändig verfaßten Rede vom 21. Juli 1948, vgl. Adenauer, Reden, S. 109, und wortgleich in seiner ersten Regierungserklärung, vgl. Adenauer, Reden, S. 156, S. 158 und S. 161, so daß hier die persönliche Handschrift Adenauers zu vermuten ist.

15 Adenauer an den Münchener Oberbürgermeister Scharnagl, 21. August 1945, abgedruckt in: Konrad Adenauer. Ziele und Wege. Hrsg. von der Konrad-Adenauer-Stiftung, Mainz 1972, S. 77.

16 Vgl. die Eröffnungsrede zum 2. Parteitag der CDU der britischen Zone vom 28. August 1948; Adenauer, Reden, S. 125.

17 Vgl. die Ansprache vor dem Bundesparteiausschuß der CDU vom 6. September 1952; Adenauer, Reden, S. 277.

18 Vgl. die Ansprache vor den Vorsitzenden der Kreisparteien der CDU Rheinland und Westfalen vom 13. Januar 1951; Adenauer, Reden, S. 206.

19 Vgl. Regierung Adenauer 1949–1963. Hrsg. vom Presse- und Informationsamt der Bundesregierung, Wiesbaden 1963, S. 54 (Vertriebene); Bevölkerung und Wirtschaft 1872–1972. Hrsg. vom Statistischen Bundesamt, Stuttgart u. a. 1972, S. 225 (Kriegsopfer); Ludwig Preller, Praxis und Probleme der Sozialpolitik, Bd. 2, Tübingen-Zürich 1970, S. 587 (Wohnungen).

20 So betonte Adenauer z. B. in der Rhöndorfer Besprechung vom 21. August 1949, in der die CDU-Führung über die künftige Koalition Beschluß faßte: „Ich sei mir darüber klar, daß wir bei der künftigen Regierungsarbeit eine soziale Politik betreiben müßten. Ich wisse, daß in der FDP auch Kräfte vorhanden seien, die, um es milde auszudrücken, stark unternehmerische Tendenzen hätten. Aber ich sei überzeugt, daß wir uns in den wichtigsten sozialen Fragen durchsetzen würden." Vgl. Adenauer, Erinnerungen, Bd. 1, S. 226. Vgl. auch das Telegramm Adenauers an den Chefredakteur der „Welt" vom 2. September 1949, in dem er um Richtigstellung eines Berichtes über koalitionspolitische Divergenzen in der konstituierenden Sitzung der CDU/CSU-Bundestagsfraktion ersuchte: „Es bestand zwischen allen Teilnehmern an der Fraktionssitzung völlige Einmütigkeit darüber, daß die kommende Bundesregierung sich mit aller Kraft der Lösung der sozialpolitischen Probleme widmen solle." (Nachlaß Kaiser, Nr. 413, Bundesarchiv Koblenz.)
Bei der zweiten Koalitionsbildung mit der FDP, 1953, betonte Adenauer im Bundesparteivorstand der CDU: Er gehe davon aus, daß die FDP „für uns ein annehmbarer Mitarbeiter sein wird, auch auf sozialem Gebiet"; er „glaube, auf sozialem Gebiet werden wir mit ihr weiterkommen". Vgl. Protokoll der Sitzung vom 10. September 1953, S. 11 (Archiv der CDU-Bundesgeschäftsstelle, Bonn).

21 Vgl. z. B. aus der Regierungserklärung vom 20. Oktober 1953: „Es ist der ersten Bundesregierung gelungen, die jährlichen Aufwendungen für die soziale Sicherheit der Bevölkerung von 1949 bis 1953 nahezu zu verdoppeln. Das ist in hohem Maße ein Erfolg der sozialen Marktwirtschaft [. . .]" Vgl. Verhandlungen des Deutschen Bundestages. 2. Wahlperiode 1953. Stenographische Berichte. Bd. 18, S. 13.

22 Vgl. Konrad Adenauer, Was erwartet Deutschland von 1953?, in: Bulletin des Presse- und Informationsamtes der Bundesregierung, Nr. 208 vom 31. Dezember 1952, S. 1809. Vgl. auch aus seiner Grundsatzrede auf dem 1. Bundesparteitag der CDU in Goslar am 20. Oktober 1950: „Es ist die Aufgabe Deutschlands, einen Damm aufzurichten gegen das Einsickern und die Infiltration sowjet-russischer Ideen [. . .] Unkraut gedeiht auf schlechtem Boden. Das gilt auch vom Kommunismus. Daher müssen wir uns bemühen, in unserem Lande Arbeit und Sicherheit, eine gerechte soziale Ordnung zu schaffen." Adenauer, Reden, S. 187.

23 So argumentierte Adenauer mehrfach im Bundesparteivorstand der CDU, wo er

aber auch klar konstatierte (am 10. Mai 1951): ,,Ich bin nicht dafür, daß dies (sc. die Montan-Mitbestimmung) ein Modellgesetz für die gesamte Wirtschaft ist. Kohle und Eisen sind [. . .] ein Sonderfall."

24 Vgl. Arnulf Baring, Außenpolitik in Adenauers Kanzlerdemokratie, Bd. 2., München 1971, S. 58ff. Daß Adenauer Anfang 1951 eine der Montan-Mitbestimmung entsprechende Regelung für die chemische Industrie ins Auge gefaßt habe (S. 72f.), ist allerdings bestreitbar.

25 Diese Spitzenstellung wurde schon 1950 erreicht und dann bis zum Ende der Ära Adenauer – sowohl in absoluten Zahlen wie pro Kopf der Bevölkerung gerechnet – beibehalten. Vgl. Knut Borchardt, Die Bundesrepublik Deutschland, in: Gustav Stolper, Karl Häuser, Knut Borchardt, Deutsche Wirtschaft seit 1870, 2. Auflage, Tübingen 1966, S. 315f. Ein deutsch-britischer Vergleich bei Andrew Shonfield, Geplanter Kapitalismus, Köln-Berlin 1968, S. 314f. und S. 334f. Adenauer hat diese Spitzenstellung immer wieder – öffentlich und intern – mit Stolz vermerkt, z. B. in der Ansprache vor den Vorsitzenden der Kreisparteien der CDU Rheinland und Westfalen vom 13. Januar 1951, vgl. Adenauer, Reden. S. 206; im Vorwort zu: Deutschland im Wiederaufbau. Tätigkeitsbericht der Bundesregierung für das Jahr 1952, o. O. und o. J., S. 5; im Bundesvorstand der CDU, vgl. das Protokoll der Sitzung vom 20. September 1956, S. 23.

26 So z. B. der SPD-Abgeordnete Stierle am 9. April 1954 im Bundestag. Vgl. Verhandlungen des Deutschen Bundestages. 2. Wahlperiode 1953. Stenographische Berichte. Bd. 19, S. 995.

27 Vgl. Wilhelm Vocke, Adenauer und die Wirtschaft, in: Hans-Joachim Netzer (Hrsg.), Adenauer und die Folgen, München 1965, S. 153f. Vocke (1948 bis 1957 Notenbankpräsident) berichtet dort (S. 155f.) übrigens auch, daß Adenauer sich ,,ziemlich gewaltsam" bei der Notenbank für die Hergabe von Krediten zur Flüchtlingseingliederung eingesetzt habe, obwohl dies mit den Aufgaben dieser Bank kaum vereinbar gewesen sei.

28 Vgl. Alfred Grosser, Geschichte Deutschlands seit 1945. Eine Bilanz, München 1974, S. 277: ,,Die in Frankreich nach der Befreiung erhobene Solidaritätssteuer erscheint dagegen lächerlich gering."

29 Der Lastenausgleich hat emphatische Bewunderer (z. B. W. Hennis: ,,eine in der Geschichte einmalig dastehende, umsichtig administrierte soziale Umwälzung") und scharfe Kritiker (z. B. H.-H. Hartwich: ,,eine Maßnahme [. . .], die die gegebene Vermögensstruktur nicht antastete") gefunden. Vgl. Wilhelm Hennis, Die Rolle des Parlaments und die Parteiendemokratie, in: Löwenthal, Schwarz, Die zweite Republik, S. 221; Hans-Hermann Hartwich, Sozialstaatspostulat und gesellschaftlicher status quo, Köln-Opladen 1970, S. 192. Eine umfassende Untersuchung ist ein dringendes Forschungsdesiderat.

30 So Gerd Bucerius, der als CDU-MdB an den Vorarbeiten zum Lastenausgleich maßgeblich beteiligt war, in: Der Adenauer. Subjektive Beobachtungen eines unbequemen Weggenossen, Hamburg 1976, S. 74. Entsprechend zahlreiche öffentliche Äußerungen Adenauers, z. B. auf dem Berliner Parteitag der CDU am 18. Oktober 1952: Man habe mit dem Lastenausgleichsgesetz ,,bis zur Grenze des wirtschaftlich Tragbaren" gehen müssen. Vgl. Dritter Parteitag der Christlich-Demokratischen Union Deutschlands, Berlin, 17.–19. Oktober 1952, o. O. und o. J., S. 21. – Im Bundesparteivorstand der CDU kritisierte Adenauer wiederholt die Langsamkeit der Verabschiedung und der administrativen Durchführung des Gesetzes.

31 Dazu vorerst Rudolf Fritz, Der Einfluß der Parteien und Geschädigtenverbände auf die Schadensfeststellung im Lastenausgleich, Diss. Berlin 1964, S. 28f. und S. 140ff.

32 Vgl. Die Quelle. Funktionärsorgan des Deutschen Gewerkschaftsbundes 1 (1950),

S. 585. Zu Adenauers Haltung zum Bundesversorgungsgesetz vgl. Adenauer, Reden, S. 206. Ob Adenauer auf dieses Gesetz unmittelbar Einfluß genommen hat, ist bisher nicht bekannt. Im Zonenbeirat der britischen Besatzungszone hatte Adenauer eine Direktive der Militärregierung bekämpft, die die Versorgungsrenten für Kriegsbeschädigte und -hinterbliebene abschaffte und durch niedrigere Leistungen aus der Rentenversicherung ersetzte. Vgl. Anlage 27 zum Kurzprotokoll der 4. Sitzung des Zonenbeirats vom 28./29. Mai 1946 (Parlamentsarchiv des Deutschen Bundestages).

33 Vgl. Klaus-Dieter Schmidt, Ursula Schwarz, Gerhard Thiebach, Sozialhaushalt und Wirtschaftskreislauf in der Bundesrepublik Deutschland 1950 bis 1960, Tübingen 1965, S. 21, Tabelle 6 (bezogen auf das Nettosozialprodukt zu Marktpreisen).

34 Vgl. Detlev Zöllner, Öffentliche Sozialleistungen und wirtschaftliche Entwicklung. Ein zeitlicher und internationaler Vergleich, Berlin 1963, S. 29.

35 So kennzeichnete der Bundesfinanzminister in einem Schreiben vom 26. Mai 1952 an den Staatssekretär des Bundeskanzleramts die bisherige, auch entgegen „schweren Bedenken" des Finanzressorts dominierende Linie des Kabinetts.

36 Z. B. in der Frage der Aufhebung der Konsumbrotsubventionierung, mit der das Bundesfinanzministerium Mittel zur Finanzierung einer Grundbetragserhöhung in der Rentenversicherung freimachen wollte. Da er „Bedenken gegen die Aufhebung der Subventionierung" habe, ließ Adenauer das Kabinett in der Sitzung vom 16. Dezember 1952 ersuchen, die Frage erst zu einem späteren Termin, bei dem er anwesend sein könne, zu entscheiden.

37 Grundlegend Siegfried Schöne, Von der Reichskanzlei zum Bundeskanzleramt, Berlin 1968, S. 184ff. – Daß es Aufgabe des Bundeskanzleramts (BKA) sei, den Kanzler wegen dessen außenpolitischer Beanspruchung auf dem Gebiet der Innenpolitik „mit besonderem Nachdruck zu unterstützen", vermerkte der Staatssekretär des BKA z. B. in einer Referentenbesprechung vom 7. September 1954. Für die Kontrolle der Geschäftsbereiche der Arbeits-, Wohnungsbau- und Vertriebenenministerien war (nach dem ersten Geschäftsverteilungsplan des BKA vom 22. März 1950, den Schöne, S. 187, nicht korrekt wiedergibt) das Referat 7 innerhalb der Abteilung I („Gesetzgebung und Koordinierung") zuständig. Eine koordinatorische Leistung großen Stils gelang dem BKA, als es in der ersten Jahreshälfte 1953 in Zusammenarbeit mit den Ressorts und den Vorständen der Regierungsfraktionen ein nach Dringlichkeitsstufen gegliedertes Gesetzgebungsprogramm festlegte und auf die noch verbleibenden Sitzungstage des ersten Bundestages aufteilte. Auf diese Weise gelang es noch, so wichtige und dringliche Gesetze wie das Arbeitsgerichts- und Sozialgerichtsgesetz trotz größter Zeitknappheit durchzubringen.

38 Von „bisher notwendig im Vorrang stehende(r) Außenpolitik" sprach z. B. der sozialpolitische Experte der SPD-Fraktion, Preller, am 21. Mai 1954 im Bundestag. Vgl. Verhandlungen des Deutschen Bundestages. 2. Wahlperiode 1953. Stenographische Berichte. Bd. 20, S. 1402.

39 Als Anlaß diente häufig die parlamentarische Beratung des Haushalts des Bundeskanzleramts. Vgl. z. B. Verhandlungen des Deutschen Bundestages. 2. Wahlperiode 1953. Stenographische Berichte. Bd. 19, S. 801ff. (Sitzung vom 7. April 1954, Rede des Abg. Mellies).

40 Detailliert dazu ein Brief des CDU/CSU-Fraktionsvorsitzenden, v. Brentano, an Adenauer vom 16. Juni 1951, abgedruckt bei Arnulf Baring, Sehr verehrter Herr Bundeskanzler! Heinrich von Brentano im Briefwechsel mit Konrad Adenauer 1949–1964, Hamburg 1974, S. 64f. Vgl. auch eine Bemerkung J. Kaisers in einer CDU-Bundesvorstandssitzung am 15. Dezember 1952: „Man hört oft von loyal denkenden Menschen, daß der Bundeskanzler bei seiner Sorge das Innenpolitische

etwas zu sehr außer acht läßt."

41 So wurde ein 1951 vom Bundestag aufgrund eines Kabinettsentwurfs verabschiedetes Teuerungszulagengesetz (dem – bezeichnend für den enormen Zeitdruck, unter dem die Gesetzgebungsarbeit des 1. Bundestages stand – die SPD ohne Abänderungsanträge zustimmte) wegen des krassen Mißverhältnisses von administrativem Aufwand und sozialpolitischem Effekt auch von keineswegs polemisch gesonnener Seite als „eine der schlechtesten gesetzgeberischen Maßnahmen" bezeichnet, „die jemals auf sozialem Gebiet getroffen wurden" (Vgl. Nachrichtendienst des Deutschen Vereins für öffentliche und private Fürsorge, Jg. 1956, Nr. 3, S. 74). – Schwerwiegende Pannen unterliefen auch bei der Wiederherstellung der Selbstverwaltung in den Organen der Sozialversicherung.

42 Im Kabinett am 16. Januar 1953: „Ideelle und staatspolitische Gründe verlangten, daß alles getan wird, um das Zweikindersystem zu überwinden und jedem – ohne Ausnahme – die Möglichkeit gegeben wird, seinen Kindern eine gute Erziehung zu geben."

43 Z. B. bei der Krankenkassenreform 1960; vgl. Anm. 87.

44 Vgl. Erster Parteitag der Christlich-Demokratischen Union Deutschlands, Goslar, 20.–22. Oktober 1950, S. 11.

45 Vgl. z. B. Klaus Bölling, Die zweite Republik. 15 Jahre Politik in Deutschland, Köln-Berlin 1963, S. 278, wo Adenauer generell sozialpolitische „Uninteressiertheit" vorgehalten wird.

46 Der entsprechende Passus in seinem Referat vor dem Bundesvorstand am 2. Mai 1955 lautet: „Wir müssen eine Sozialreform herbeiführen. Wir müssen auf diesem Gebiet eine Zusammenführung herbeiführen. Soweit ich die Zahl im Kopf habe, hat die ursprüngliche Versicherungsordnung im Laufe der Zeit 1000 [. . .] Zusätze bekommen. Das muß nun zu einem Ganzen neu verarbeitet werden. Es muß untersucht werden, ob unsere gegenwärtige Zeit eine solche andere gesellschaftliche Struktur erhalten hat gegenüber der Zeit Bismarcks, als die soziale Frage in dieser Weise gelöst worden ist. Wir müssen in der Frage der Sozialreform eventuell zu neuen Konzeptionen kommen." Vgl. Protokoll, S. 19.

47 So in einem Interview vom 5. August 1955. Vgl. Bulletin des Presse- und Informationsamtes der Bundesregierung, Nr. 147 vom 10. August 1955,S. 1237.

48 So in einer Rede im baden-württembergischen Landtagswahlkampf am 3. Februar 1956 in Stuttgart. In dieser Rede erläuterte Adenauer auch (ausführlicher als im Parteivorstand), worin er den für die Reform bedeutsamen Gesellschaftswandel erblickte, ohne jedoch konkrete Schlußfolgerungen anzudeuten: „Dabei ist namentlich zu beachten, daß [. . .] die ständige Zunahme der Rentenempfänger infolge des veränderten Altersaufbaues berücksichtigt werden muß, ebenso die Steigerung der Krankheitshäufigkeit, die Spezialisierung der Berufe, die Zunahme der Unselbständigen gegenüber den Selbständigen, das vermehrte Sicherheitsbedürfnis der sozial schwachen Selbständigen infolge von Substanzverlusten in den letzten Jahrzehnten; die Verschiebung endlich von der ländlichen zur städtischen Daseinsform." (Mitschrift in der Stiftung Bundeskanzler-Adenauer-Haus, Rhöndorf.)

49 Vgl. Der Volkswirt vom 22. Januar 1955.

50 Im Kabinett am 19. Februar 1954.

51 Im Kabinett am 6. April 1954.

52 Adenauer an Bundesarbeitsminister Storch, 7. Januar 1955. Zu den Ressortstreitigkeiten vgl. näher Hans Günter Hockerts, Sozialpolitische Reformbestrebungen in der frühen Bundesrepublik, in: Vierteljahrshefte für Zeitgeschichte 25 (1977; im Druck).

53 Mündliche Aussage von Bundesminister a. D. Heinrich Krone über ein Gespräch

mit dem Kanzler am 9. Oktober 1954, die der Verf. anhand schriftlicher Materialien überprüfen konnte.

54 Im Bundesparteivorstand der CDU am 2. Mai 1955: Er werde sich nach dem Rücktritt vom Außenministeramt vor allem dem Aufbau der Bundeswehr und „der Sozialreform widmen", vgl. Protokoll, S. 19. Vgl. auch ein Interview Adenauers in der „Politisch-Sozialen Korrespondenz", 4. Jg., Nr. 7 vom 1. April 1955, S. 3: Bisher habe „die Außenpolitik im Vordergrund unserer Bemühungen" gestanden, da „zunächst unsere Sicherheit und Gleichberechtigung gewährleistet werden mußten". Die Verabschiedung der Pariser Verträge ermögliche es jedoch, „daß wir künftig unsere Zeit und Arbeit in noch höherem Maße den inneren Problemen zuwenden", wobei Adenauer „mit besonderem Nachdruck" auf „die nun mit allem Ernst in Angriff genommene Sozialreform" verwies.

55 Im Kabinett am 2. Juni 1955. Der Plan erschien im Druck als: Hans Achinger, Joseph Höffner, Hans Muthesius, Ludwig Neundörfer, Neuordnung der sozialen Leistungen, Köln 1955.

56 Vgl. hierzu auch Adenauer an Storch, 7. Januar 1955, wo eine verstärkte Heranziehung „hervorragender, gut bezahlter Fachleute aus der Wissenschaft und der Verwaltung" zu den Reformarbeiten vorgeschlagen wird.

57 Vgl. Achinger, Höffner, Muthesius, Neundörfer, S. 53.

58 Vgl. Achinger, Höffner, Muthesius, Neundörfer, S. 69ff.

59 Vgl. Achinger, Höffner, Muthesius, Neundörfer, S. 124

60 So ein Diskussionsbeitrag Wolfram Fischers in: Hans Mommsen, Dietmar Petzina und Bernd Weisbrod (Hrsg.), Industrielles System und politische Entwicklung in der Weimarer Republik, Düsseldorf 1974, S. 352.

61 Vgl. Achinger, Höffner, Muthesius, Neundörfer, S. 34f.

62 Die Belege werden im einzelnen in der in Anm. 8 angekündigten Monographie ausgewiesen.

63 Zur Rentenreform ausführlicher Hockerts, Sozialpolitische Reformbestrebungen.

64 Von 19,9% des Nettosozialprodukts zu Marktpreisen im Jahre 1953 auf 20,9% im Jahre 1957 (bei – wegen des Übergangs zur Vollbeschäftigung – prozentual stark rückläufigen Leistungen für Arbeitslose und Fürsorgeempfänger). Vgl. Schmidt, Schwarz, Thiebach, Sozialhaushalt, S. 21.

65 Vgl. Klaus-Dieter Schmidt, Ursula Schwarz, Gerhard Thiebach, Die Umverteilung des Volkseinkommens in der Bundesrepublik Deutschland 1955 bis 1960, Tübingen 1965, S. 100.

66 Im Bundesvorstand der CDU am 23. November 1956. Vgl. Protokoll, S. 7 und S. 47.

67 Im Kabinett am 23. Mai 1956.

68 Im Kabinett am 24. Oktober 1956 sowie durch (erschließbare) Schreiben an die Bundesminister der Finanzen und für Wirtschaft. Bei Hennis, S. 31f., ist die Zahl der Fälle, in denen Adenauer formell auf seine Richtlinienkompetenz pochte, allzu gering eingeschätzt; korrigierend Rudolf Morsey, Brüning und Adenauer. Zwei deutsche Staatsmänner, Düsseldorf 1972, S. 35f.

69 Vgl. Berg an Adenauer, 20. November 1956.

70 Im Kabinett am 23. Mai 1956.

71 Im Kabinett am 15. Mai 1956.

72 So im Parteivorstand der CDU am 23. November 1956. Vgl. Protokoll, S. 84.

73 Rundfunkansprache Adenauers. Vgl. Bulletin des Presse- und Informationsamtes der Bundesregierung, Nr. 196 vom 17. Oktober 1956, S. 1866. Vgl. auch im CDU-Bundesparteivorstand am 7. Februar 1957: „Wenn wir Geld bewilligen für die Ausrüstung, dann wollen wir auch Geld bewilligen für die Versorgung der

Rentner." Vgl. Protokoll, S. 120.

74 So – mit Bezug auf die Rentenreform – im Parteivorstand der CDU am 20. September 1956. Vgl. Protokoll, S. 25.

75 Vgl. das Vorwort Adenauers zu: Deutschland im Wiederaufbau. Tätigkeitsbericht der Bundesregierung für das Jahr 1955, o. O. und o. J., S. IV.

76 So – ohne direkten, aber mit sinngemäßem Bezug auf die Rentenreform – im Parteivorstand der CDU am 13. Januar 1956. Vgl. Protokoll, S. 33. Vgl. auch aus dem in Anm. 22 vermerkten Aufsatz Adenauers: Es gehe darum, „unser deutsches Haus selbst so sozial zu bauen und einzurichten, daß es seine Anziehungskraft für das noch geknechtete Deutschland stetig steigert".

77 Vgl. Günther Heinrich, Zur sozialistischen Rentenreform in der Deutschen Demokratischen Republik, in: Die Arbeit. Monatsschrift für Theorie und Praxis der deutschen Gewerkschaften 10 (1956), S. 757ff., Zitat S. 761.

78 In der Sitzung vom 20. September 1956. Vgl. Protokoll, S. 98.

79 Vgl. Bölling, S. 279.

80 So im Parteivorstand der CDU am 13. Januar 1956. Vgl. Protokoll, S. 80.

81 So im Parteivorstand der CDU am 7. Februar 1957. Vgl. Protokoll, S. 58.

82 Der hauptsächliche Grund für dieses Zurückbleiben dürfte in dem Finanzierungsverfahren (Arbeitgeberumlage in Höhe eines bestimmten Prozentsatzes der Lohnsumme der Betriebe) liegen, welches die lohnintensiven mittelständischen Betriebe relativ stärker belastete als die Großindustrie und alle (auch höchstverdienende) Arbeitnehmer von einer Beitragsleistung freistellte; jede Kindergelderhöhung traf daher auf den Widerstand der in den Regierungsfraktionen stark vertretenen Mittelstandsinteressen. Dieses Finanzierungsverfahren warf die programmatisch gleichermaßen mittelstands- wie familienorientierte CDU/CSU ständig in politische Zielkonflikte, die insbesondere in der 3. Legislaturperiode mehr zugunsten des Mittelstandes gelöst wurden.

83 Wie Adenauer am 13. Mai 1960 an den CDU/CSU-Fraktionsvorsitzenden, Krone, schrieb, war er bemüht, „die bestehenden Probleme und Auffassungen (sc. in der Frage der Lohnfortzahlung) näher kennenzulernen und ihre politischen und wirtschaftlichen Auswirkungen zu prüfen"; er bat darum, über die fraktionsinternen Beratungen auf dem laufenden gehalten zu werden. Die politische Weichenstellung, die zu dem „Gesetz zur Änderung und Ergänzung des Gesetzes zur Verbesserung der wirtschaftlichen Lage der Arbeiter im Krankheitsfall" vom 12. Juli 1961 führte, erfolgte in einem Gespräch zwischen Adenauer, dem Bundesarbeitsminister und sechs führenden Politikern der CDU/CSU-Fraktion am 31. Januar 1961.

84 Vgl. Adenauer an Wuermeling, 15. März 1962.

85 Vgl. die statistische Übersicht für das Jahr 1963 bei Ludwig Preller, Praxis und Probleme der Sozialpolitik, Bd. 2, Tübingen-Zürich 1970, S. 554. Preller weist zu Recht auf Faktoren hin, die die Aussagekraft eines internationalen Vergleichs der Sozialleistungsquote begrenzen; klammert man z. B. die Kriegsfolgeleistungen aus, so lag die Bundesrepublik 1963 nicht mehr an der Spitze (wohl aber noch deutlich über Schweden und England). Vgl. Preller, S. 555.

86 Vgl. z. B. Wolfgang Gitter, Zweckwidrige Vielfalt und Widersprüche im Recht der Sozialversicherung, Wiesbaden 1969.

87 Vgl. einige Hinweise bei Frieder Naschold, Kassenärzte und Krankenversicherungsreform, Freiburg 1967, S. 243ff. Zeitgenössisch ist Adenauers Einflußnahme einseitig unter dem Aspekt eines Zusammenspiels von Regierungschef und ärztlichen Interessenverbänden gesehen worden, wobei Adenauer „den medizinischen Lobbyisten zuliebe wesentliche Teile der Blankschen Krankenkassenreform zum Opfer gebracht" habe. So z. B. Theodor Eschenburg, Der Irrtum der Ärztevereinigung:

der Bundeskanzler ist weder Diktator im Staat noch in der Partei, in: Die Zeit vom 16. Dezember 1960, wiederabgedruckt in: ders., Zur politischen Praxis in der Bundesrepublik, München 1964, S. 250.
Tatsächlich verhandelte Adenauer 1. mit dem Ziel, den wesentlichsten Teil (Neuordnung des Leistungsrechts) zu retten und 2. auf der Grundlage von Vorschlägen der Sozialausschüsse der christlich-demokratischen Arbeitnehmerschaft sowie im Einvernehmen mit dem Fraktionsvorstand und dem sozialpolitischen Ausschuß des Bundesparteivorstands der CDU. Dabei milderte Adenauer übrigens den Vorschlag der Sozialausschüsse, 0,50 DM Selbstbeteiligung je Arzneimittelverordnung einzuführen, auf die Formel ab: „0,50 DM je Verordnung, aber nicht mehr als DM 1.- je Verordnungsblatt."

88 Vgl. Prittie, S. 275.

89 Wobei er sich in kritischen Phasen nicht nur auf die laufende Berichterstattung des sozialpolitischen Referats des Bundeskanzleramts verließ. So ersuchte er mit einem (nicht ermittelten, aber erschließbaren) Schreiben an den Bundesarbeitsminister vom 22. März 1956 um regelmäßige direkte Berichte über den Stand der Rentenreform; ähnlich bat er den Fraktionsvorsitzenden der CDU/CSU mit Schreiben vom 20. Oktober 1960, ihm „laufend [. . .], vielleicht alle zwei Wochen" über den Fortgang der Krankenversicherungsreform Bericht zu erstatten.

90 Andere Beispiele für Versuche Adenauers, Reformmöglichkeiten auch unabhängig von den Ressortarbeiten abzutasten, lassen sich anfügen. So erbat er sich unter dem 10. September 1956 vom sozialpolitischen Referat des Bundeskanzleramts Informationsmaterial über die Alterssicherung in der Schweiz, „die ja schon seit Jahren unter den gleichen Verhältnissen lebt, unter denen wir leben". Unter dem 21. Juli 1960 wandte er sich an den seit drei Jahren im Ruhestand lebenden ehemaligen Staatssekretär des Bundesarbeitsministeriums, Sauerborn, mit der Bitte um ein persönliches Gutachten zur Krankenversicherungsreform („Eine Beschränkung auf die wichtigsten Punkte in Form konkreter Vorschläge wäre mir erwünscht.").

91 Vgl. Sonnemann, S. 223f.

92 Vgl. Hans-Peter Schwarz, Das außenpolitische Konzept Konrad Adenauers, in: Rudolf Morsey und Konrad Repgen (Hrsg.), Adenauer-Studien I (Veröffentlichungen der Kommision für Zeitgeschichte, Reihe B, Bd. 10), Mainz 1971, S. 82.

93 Vgl. Konrad Adenauer, Erinnerungen 1959–1963. Fragmente (Bd. 4), Stuttgart 1968, S. 103.

94 Vgl. Adenauer vor dem Bundesparteivorstand der CDU am 7. Februar 1962; Adenauer, Reden, S. 435.

95 Vgl. Ansprache Adenauers am 8. Juli 1965, in: Wirtschaftstag der CDU/CSU Düsseldorf 1965, o. O. 1965, S. 39.

KARL FORSTER

Deutscher Katholizismus in der Adenauer-Ära

Der Titel dieses Beitrags bedarf einer von möglichen Mißverständnissen abgrenzenden Erläuterung. Wenn der Name des ersten Bundeskanzlers der Bundesrepublik Deutschland und der Begriff deutscher Katholizismus in einen engen Zusammenhang gebracht werden, so ist das nicht im Sinne einer Bestätigung mancher Versuche einer allzu undifferenzierten Interpretation des politischen Konzepts und der Leistungen katholischer Politiker aus echten oder vermeintlichen katholischen Prinzipien oder aus kirchlichen Einflußnahmen zu verstehen. Gegen derartige Deutungsversuche spricht im Falle Konrad Adenauers schon sein kaum bestreitbarer Sinn für das Praktische und Pragmatische, nicht weniger seine in verschiedenen Lebensphasen und Entscheidungssituationen artikulierte Abneigung gegen jede Abhängigkeit politischen Handelns von klerikalen Instanzen[1]. Die Ära Adenauer ist in der Themenstellung zu den folgenden Überlegungen zunächst als Zeitbegriff für die 14 Jahre seiner Kanzlerschaft von 1949 bis 1963 gemeint – unter Einschluß wichtiger Entwicklungsstränge aus den ersten Nachkriegsjahren und einiger Ausläufer in die Jahre 1963 bis 1967. Gegenstand der Untersuchung soll der deutsche Katholizismus in diesen Jahren, sollen also wesentliche Elemente gesellschaftlicher Präsenz der katholischen Kirche und politische Objektivationen katholischer Überzeugungen in der Bundesrepublik Deutschland sein. Dabei werden auch einige Zusammenhänge mit dem Entwicklungsgang des deutschen Katholizismus in der DDR angedeutet werden. Eine gleichgewichtige Einbeziehung dieses Teils des deutschen Katholizismus ist freilich innerhalb des vorgegebenen Rahmens wegen der grundlegend anders gearteten gesellschaftlichen und politischen Voraussetzungen im Machtbereich eines totalitären Systems leider nicht möglich.

Selbstverständlich kann es hier nicht darum gehen, den ersten Entwurf einer umfassenden Geschichte des deutschen Katholizismus von 1949 (oder 1945) bis 1963 (oder 1967) vorzulegen. In der Katholizismusforschung ist hinsichtlich dieser Jahre bisher noch weniger geschehen als in der Adenauer-Forschung[2]. Das gilt besonders dann, wenn man nicht in erster Linie an kirchensoziologische, gesellschaftstheoretische, staatskirchenrechtliche oder pastorale Würdigungen einiger wichtiger Vorgänge, Veränderungen oder Neuorientierungen denkt, sondern eine zusammenhängende historische Analyse aus Akten und Archiven im Auge hat. Sie wäre aber die unabdingbare Voraussetzung für gültige historische Urteile. Der Umstand, daß dazu die Voraussetzungen vorerst fehlen – aus einleuchtenden, wesentlich in der zeitlichen Nähe liegenden Gründen –, ändert nichts an der Tatsache, daß die ersten zwei Nachkriegsjahrzehnte des deutschen Katholizismus heute schon Geschichte sind – in ähnlicher Weise wie die Ära Adenauer. Das gerade macht die Aufgabe anziehend, mit einem sehr begrenzten Wissen um Gründe und Quellen, noch im Bereich eigener lebendiger Erinnerung an Vorgegebenheiten und Impulse und doch schon aus einer Distanz, die durch das Verlassen mancher damals gezeichneten Wegorientierung, durch geistige und gesellschaftliche Umbrüche, durch das Verschüttetwerden bescheidener Hoffnungen und das Aufflackern neuer Utopien rasch gewachsen ist, eine vorläufige Ordnung der Entwicklungsabschnitte zu versuchen. In einem ersten Teil soll dieser Versuch – anknüpfend an wenige einschlägige Veröffentlichungen der letzten Jahre – unternommen werden. Dabei soll jeweils die Frage angerissen werden, inwieweit die Entwicklungsphasen dieser ereignisreichen Jahre Parallelen zu geschichtlichen Phasen der Ära Adenauer in der deutschen Politik zeigen. So werden sich für den mit den politischen Abläufen vertrauten Leser auch über die wenigen Hinweise auf Parallelen hinaus manche Interdependenzen zwischen gesellschaftlichen und kirchlichen Entwicklungen abzeichnen. Insbesondere werden sich aber aus der kaum ohne tiefere gemeinsame Wurzeln denkbaren Parallelität zwischen der Schlußphase der Ära Adenauer und einem auffallenden Schwund des gesellschaftlichen Einflusses des deutschen Katholizismus sowie dem Aufbruch innerkirchlicher Orientierungskrisen Fragen stellen, die über die Möglichkeiten dieses Beitrages und eines bloßen Vergleichs von historischen Verläufen hinausweisen. Damit sind der historischen, der politologischen und der theologischen Forschung ohne Zweifel neue Aufgaben gestellt. Ohne ihren Ergebnissen vorzugreifen, sollen in einem kurzen zweiten Teil einige wertende Thesen angeboten werden, die zumindest auf einige größere Zusammenhänge und auf einige mögliche Ausblicke hindeuten. Gerade diese Thesen können aber nicht mehr als ein erster Beitrag zu einer Vergangenheit und Gegenwart verbindenden Diskussion sein.

I. Entwicklungsschritte des deutschen Katholizismus 1945 bis 1967

Wählt man als Begrenzungen der zu untersuchenden Zeit das Ende des Zweiten Weltkrieges auf der einen und den Tod Konrad Adenauers auf der anderen Seite, so ergeben sich für den Entwicklungsgang des deutschen Katholizismus sachlich drei wesentliche Phasen: 1. die neuen Anfänge (1945 bis etwa 1952), 2. der deutsche Katholizismus in der gesellschaftlichen Wirklichkeit der Bundesrepublik Deutschland (etwa 1952 bis zum Beginn des Zweiten Vatikanischen Konzils 1962), 3. Umorientierungen und beginnende Auseinandersetzungen (die Zeit des Zweiten Vatikanischen Konzils und der ersten nachkonziliaren Jahre).

1. Die neuen Anfänge (1945 bis 1952)

Die ersten sieben bis acht Jahre nach dem Ende des Zweiten Weltkrieges lassen sich sowohl unter den Aspekten des deutschen Katholizismus wie unter denen der politischen Ära Adenauer zu einer Phase zusammenfassen. In beiden Bereichen sind diese Jahre durch die Unsicherheiten des Anfangs, durch die bedrängende Not der ersten Jahre, durch die gewaltige Aufgabe der Integration der Heimatvertriebenen und durch tastende Schritte zu neuen Ansätzen der gesellschaftlichen Präsenz wie der staatlichen Ordnung und der internationalen

Handlungsfreiheit gekennzeichnet. Sicher gab es für die Kirche selbst nicht die Stunde Null und die Notwendigkeit eines absoluten Neubeginns. Der deutsche Katholizismus als Form der gesellschaftlichen Präsenz hatte aber dieselbe zwölfjährige Unterbrechung hinter sich wie die Aktivität der demokratischen Parteien. Daß der deutsche Katholizismus entgegen manchen Meinungen[3] nicht einfach dort fortfuhr, wo durch den Nationalsozialismus eine absolute Unterbrechung eingetreten war, konnte nicht ohne Wechselwirkungen zur politischen Entwicklung bleiben. Konrad Adenauer wurde 1949 mit nur einer Stimme Mehrheit zum Bundeskanzler gewählt. Es gab noch keinen internationalen Vertrag, in dem die Bundesrepublik Deutschland als gleichberechtigter Partner anerkannt worden wäre[4]. Auch für den deutschen Katholizismus waren – trotz der Kontinuität der kirchlichen Strukturen – viele Fragen seiner wirksamen Präsenz in einer freien Gesellschaft Neuland. Staat, Kirche und Katholizismus mußten für jeden Schritt der Konsolidierung und eines neuen Aufbaues vorerst jedenfalls eine Vertiefung der Spaltung Deutschlands hinnehmen. Andererseits wurden durch die drängenden Aufbausorgen alte Gegensätze überbrückt und manche Hoffnungen auf Gemeinsamkeiten erweckt, die sich später nicht in dem erwarteten Umfang erfüllen konnten.
Der deutsche Katholizismus knüpfte beim Zusammenbruch der nationalsozialistischen Herrschaft an einer in das 19. Jahrhundert zurückreichenden Geschichte gesellschaftlicher Wirksamkeit an, die durch den Kulturkampf zunächst wesentlich erschwert, schließlich aber in ihrer Selbständigkeit und in ihrem Selbstbewußtsein erheblich bestärkt worden war[5]. Die öffentliche Wirksamkeit, die wesentlich aus sozialen und politischen Initiativen katholischer Laien hervorgegangen war, hatte sowohl über mitgliederstarke Verbände und Organisationen wie über eigene Bildungseinrichtungen und Presseorgane verfügt und zu parteipolitischen wie zu gewerkschaftlichen Formierungen geführt. Es war dem politisch wirksamen Katholizismus zwar in der Zeit der Weimarer Republik nicht gelungen, die Gesellschaft oder das Parlament auf Reichsebene entscheidend zu bestimmen. Infolge der parteipolitischen Konstellationen hatte er sich aber eine Schlüsselstellung errungen, die einen teilweise erheblich über die Zahl der Mandate im Reichstag hinausgehenden Einfluß begründete. Durch den nationalsozialistischen Totalitarismus war diese vielschichtige Wirksamkeit unterbrochen worden. Ihre eigentliche Basis – die katholische Kirche – hatte jedoch die Jahre der nationalsozialistischen Herrschaft institutionell ungebrochen überdauert. Sie zählte im Jahr 1945 zu den wenigen Institutionen, für die eine ununterbrochene Kontinuität gegeben war. Zahlenmäßig, dem gesellschaftlichen Einfluß und der moralischen Autorität nach war sie die stärkste unter ihnen. Das galt auch im Vergleich zu den evangelischen Kirchen, die zwar in der 1934 konstituierten Bekennenden Kirche ein wichtiges, durch den Widerstand gegen den nationalsozialistischen Kirchenkampf besonders angesehenes Element der Kontinuität und zugleich einer die überkommene Staatskirchenhoheit endgültig ablösenden Selbständigkeit besaßen, mit dieser Teiltradition aber erst die kirchliche Gesamtwirklichkeit institutionell integrieren mußten und auf der die einzelnen Landeskirchen überschreitenden Ebene wirksam erst durch die Neukonstituierung der EKD 1949 präsent werden konnten.

a) Gründe für das Zögern im organisatorischen Neuaufbau des deutschen Katholizismus

Diese Ausgangssituation hatte 1945 und in den ersten Nachkriegsjahren für den deutschen Katholizismus selbst deutliche Konsequenzen: Zunächst einmal wurden die Kirchen insgesamt, in besonderer Weise die katholische Kirche, von der Bevölkerung in den vielschichtigen Notsituationen um Hilfe, Vermittlung oder Anwaltschaft angegangen. Man erwartete durch die Kirchen Hilfeleistungen von Christen, die in nicht oder kaum notleidenden Ländern lebten. Man betrachtete die Kirchen nahezu selbstverständlich als Sprecher gegen Kollektivschuldthesen der Siegermächte, als Wächter gegen Übergriffe der Besatzung, als Zeugen für die Verteidigung in Entnazifizierungsverfahren. In der durch die wirtschaftliche Situation erschwerten Eingliederung der Heimatvertriebenen waren von den Kirchen nicht nur moralische Imperative, sondern zahlreiche karitativ-praktische Maßnahmen gefordert. Nicht selten fielen den Kirchen zumindest in den ersten Nachkriegsmonaten administrative und exekutive Aufgaben zu, die sonst zum unbestrittenen Aufgabenbereich der Kommunalverwaltungen zählen. Aus solchen Ansprüchen und aus der infolge der Kontinuität der kirchlichen Institution mangelnden Dringlichkeit einer Neubegründung der inneren Verfassung des deutschen Katholizismus kam es, daß organisatorische Konzepte und Ansätze verhältnismäßig lange auf sich warten ließen[6].

Die Verzögerung des organisatorischen Neuaufbaues im deutschen Katholizismus hatte aber nicht nur diese – vergleichsweise äußerlichen – Gründe. Die Jahre des Nationalsozialismus hatten in starkem Maß zu einer „Veramtlichung“ vieler ursprünglich dem solidarischen Handeln einzelner entspringender Aktivitäten geführt. Wenn in den Jahren des Kirchenkampfes wenigstens Teilbereiche einer über die Glaubensverkündigung und die Sakramentenspendung im engsten Sinn hinausweisenden Wirksamkeit noch erhalten werden sollten, mußten sie unmittelbar in den pastoralen Arbeitsbereich der Bistümer und der einzelnen Pfarreien einbezogen werden. Die katholischen Verbände waren, soweit sie gesellschaftliche Relevanz hatten, verboten oder gezwungen worden, sich selbst aufzulösen[7]. Restbestände, teilweise sehr mutige und aktive Restbestände aus Verbandsinitiativen, führten ihr Wirken auf gemeindlicher Basis fort. Eine gewisse Ausnahme bildete lediglich der karitative Bereich, in dem der Deutsche Caritasverband, wenn auch unter immer neuen Schikanen von seiten der Partei oder des Staates und erheblich dichter an die amtliche Struktur der Kirche herangerückt, seine Arbeit in einer beschränkten Selbständigkeit weiterführen, ja sogar einigen ihm ursprünglich nicht zugehörenden Initiativen organisatorischen Unterschlupf gewähren konnte. Im Ergebnis bedeutete diese Entwicklung, daß Katholizismus und Kirche kaum mehr zu unterscheiden waren, daß Katholizismus als Bündelung von eigenständigen und eigenverantwortlichen gesellschaftlichen Initiativen in den kirchlichen Strukturen, mit denen er sich grundsätzlich und inhaltlich immer identifiziert hatte, nun auch formal, methodisch, gesellschaftsstrategisch aufgegangen war.

Die skizzierte, dem Jahr 1945 vorausliegende Entwicklung war durch den Nationalsozialismus erzwungen. Sie konvergierte aber mit theologischen und kirchlichen Strömungen, die sich schon in den zwanziger Jahren abgezeichnet hatten. Kirche und Gemeinde waren von der Bibelbewegung und von der Liturgischen Bewegung nicht mehr in erster Linie statisch-institutionell, sondern mehr vital-dynamisch gesehen worden[8]. Die Kirchenenzyklika Pius' XII. hatte zwar die Bedeutung der institutionellen Ordnung für die Kirche betont, aber schon in dem von ihr bevorzugten Bildbegriff des Corpus Christi mysticum doch auch deutlich den anderen, existentiellen Akzent aufgenommen[9]. Insgesamt war das Interesse an Fragen des Glaubens, an einer tätigen Teilnahme am kirchlichen und gemeindlichen Leben gewachsen. Hatte es einen Sinn, die unter dem Druck der äußeren Gefährdung in Kerngemeinden gefundene Einheit, zu der nun viele stießen, in organisatorisch unterschiedene Gruppen und Verbände aufzulösen? Nicht nur in der kirchlichen Jugendarbeit, im Gesamtbereich des Katholizismus standen sich in den ersten Jahren Pfarrprinzip und Verbandsprinzip gegenüber und die Bischöfe – wohl auch die Mehrzahl der Pfarrer – hatten eine starke Neigung zugunsten des Pfarrprinzips. Dabei darf nicht übersehen werden, daß auch die Ausrichtung, die Pius XI. der Katholischen Aktion gegeben hatte, wohl nicht ohne Beeinflussung durch die Verhältnisse im faschistischen Italien, diese Organisation der Laien als ,,Mitarbeit und Teilhabe am hierarchischen Apostolat der Kirche" verstand[10].

Wahrscheinlich war für das Zögern in der Wiederbelebung des Verbandskatholizismus – häufig wohl unbewußt – noch ein anderes Motiv relevant. Viele katholische Verbände, die mit ihrer Gründung oder ihrer eindrucksvollen Verlebendigung in das 19. Jahrhundert zurückreichten, verdankten ihre Entfaltung einer Situation der weltanschaulichen Auseinandersetzung, nahmen ihre Kraft aus dem deutlichen Bedürfnis nach Abwehr von Unterdrückung oder Benachteiligung und nach Apologetik gegen liberalistische, marxistische oder nationalistische Positionen. Diese Situation der Bedrohung schien in den ersten Nachkriegsjahren weithin nicht mehr gegeben. Gemeinsame Erfahrungen früherer weltanschaulicher Gegner in Konzentrationslagern, Gefängnissen und Widerstandskreisen hatten gemeinsame Wertüberzeugungen gefördert. Wenn schon nicht der kirchliche oder christliche Glaube, so standen doch zumindest die christlichen Wertüberlieferungen allgemein in einem hohen Ansehen. Die Unantastbarkeit der menschlichen Würde und mit ihr der Freiheit in den letzten Sinnantworten des Daseins galten als unverzichtbare Voraussetzungen für das menschliche Zusammenleben, für die gesellschaftliche und staatliche Ordnung. Sinninstanzen sollten nicht nur toleriert, sondern in ihrer freien gesellschaftlichen Entfaltung gefördert werden. Mußte es nicht geradezu den möglichen Radius der Wert- und Sinnvermittlung einschränken, wenn der katholische Glaube zum Sozialisationselement für Organisationen werden sollte, die mit anderen, zumal mit nicht weltanschaulich artikulierten, Organisationen konkurrieren müßten? Bot nicht die Beschränkung auf die kirchliche Sozialisationsform der Gemeinden die Möglichkeit, mit grundlegenden Wertmotivationen in verschiedenen gesellschaftlichen Organisationen präsent zu werden? Das Echo des pastoralen Dienstes, die Zahlen des Gottesdienstbesuches und der Kircheneintritte ermutigten in den ersten Nachkriegsjahren sogar zu weitergehenden Hoffnungen einer wachsenden Gläubigkeit[11].

b) Parteipolitische und gewerkschaftliche Neuansätze und ihre Konsequenzen für den Katholizismus

In zwei Bereichen stellte sich das Problem eigener gesellschaftlicher Organisationen für Katholiken bzw. für Christen besonders betont: bei der Neugründung der politischen Parteien und im Bereich der Gewerkschaften. Im parteipolitischen Bereich ging die Frage dahin, ob die Tradition der Deutschen Zentrumspartei und der Bayerischen Volkspartei wiederaufgenommen werden sollte, die zwar ihrer Absicht nach überkonfessionelle, de facto aber katholische Parteien gewesen waren und bis zum Ende der Weimarer Republik, ja bis zur Reichstagswahl vom März 1933 den Großteil der gläubigen und kirchentreuen Katholiken als Mitglieder bzw. Wähler hatten an sich binden können[12]. Die Alternative bestand in Impulsen zu einer von katholischen und evangelischen Christen gemeinsam zu begründenden und zu tragenden politischen Partei, wie sie vor allem aus Kreisen des Widerstandes gegen den Nationalsozialismus, insbesondere aus verschiedenen am 20. Juli 1944 beteiligten Kreisen kamen[13]. Die Gründung verschiedener regionaler Gruppierungen der neuen christlichen Unionsparteien und ihr Zusammenschluß auf der Ebene der Besatzungszonen, die Herausbildung der Eigenständigkeit einer christlichen Unionspartei in Bayern (CSU) vollzogen sich im wesentlichen in den Jahren 1945/46, wenngleich sie formal erst auf dem ersten Bundesparteitag der CDU in Goslar durch die Bildung einer Bundesorganisation und durch die Annahme eines Statuts für die Bundesebene abgeschlossen wurden[14]. Die 1945 von Westfalen her vollzogene Neugründung der Deutschen Zentrumspartei wie die spätere Gründung der Bayernpartei blieben demgegenüber Episoden. Der deutsche Katholizismus sah bald seine primäre politische Repräsentanz in CDU und CSU, was zeichenhaft durch den Beitritt des Vorsitzenden der Fuldaer Bischofskonferenz, des Kölner Erzbischofs Kardinal Frings, zur CDU unterstrichen wurde. Drei Faktoren haben sicher wesentlich zur politischen Orientierung des deutschen Katholizismus an CDU und CSU beigetragen: Die Mehrzahl der ehemaligen katholischen Politiker aus Zentrum und Bayerischer Volkspartei hat sich – manchmal nach anfänglichem Zögern[15] – aus politischen Überlegungen den Unionsparteien angeschlossen. Die neugegründeten Parteien kamen durch ihre politische Programmatik und durch die Kraft ihrer führenden Persönlichkeiten, durch das breite Vertrauen in christliche Werte und nicht zuletzt durch die aktive Beteiligung bekannter und angesehener evangelischer Persönlichkeiten rasch zu eindrucksvollen politischen Erfolgen. Die gerade am Anfang deutlich hervortretende Traditionsgebundenheit der wiederbegründeten Sozialdemokratie führte bald zu einer ideologischen, wirtschafts-, sozial- und außenpolitischen Polarisierung, die es der wiedergegründeten Zentrumspartei schwer machte, ihr stärker sozial bestimmtes Programm von den übrigen Traditionselementen der Sozialdemokratie abzuheben, zumal damals auch die CDU – etwa im Ahlener Programm des Jahres 1947 – soziale Forderungen sehr stark unterstrich. Dieselben Polarisierungen machten übrigens eine spezifisch christliche Gruppierung im parteipolitischen Feld unverzichtbar. Im Bereich der Gewerkschaften hatte sich das gesellschaftliche Engagement der Katholiken schon im Gewerkschaftsstreit zu Beginn des 20. Jahrhunderts zum solidarisch organisierten Handeln der Christen verschiedener Bekenntnisse geöffnet, wenn auch die Mitgliedschaft der christlichen Gewerkschaften vor 1933 mehrheitlich aus Katholiken bestand[16]. Bei der Neugründung der Gewerkschaften 1946 trat im Einvernehmen der ehemals sozialistischen und christlichen Gewerkschaften der nach Fachgewerkschaften gegliederte DGB als Einheitsgewerkschaft, innerhalb deren eine „Christliche Kollegenschaft" ohne eigenständige organisatorische Rechte begründet wurde, an die Stelle der früheren Richtungsgewerkschaften[17]. Erst aus der Unzufriedenheit über Verstöße gegen die für eine Einheitsgewerkschaft unabdingbare parteipolitische und weltanschauliche Neutralität sollte es 1955 zur späten Neugründung christlicher Gewerkschaften kommen, die sich aber infolge des Gewichtes der bereits etablierten Einheitsgewerkschaft bisher keineswegs als die maßgebende gewerkschaftliche Organisationsform der Christen oder der Katholiken profilieren konnten.

Die skizzierten Neuorientierungen im parteipolitischen und im gewerkschaftlichen Bereich trugen dazu bei, daß die – wenn auch mit Verzögerungen, so doch stetig – einsetzende Neubelebung des Verbandskatholizismus von vorneherein eine gewisse Neigung zur Distanz von unmittelbar politischen Aktivitäten zeigte. Die engen Verflechtungen, die bis 1933 etwa zwischen mehreren großen katholischen Verbänden, der Bildungsarbeit des Volksvereins für das katholische Deutschland, der Publizistik der katholischen Verbands- und Kirchenpresse, der Parteiarbeit im Zentrum und dem gewerkschaftlichen Einsatz in den christlichen Gewerkschaften gegeben waren, dauerten zwar in die Jahre des Neuaufbaues nach 1945 hinein – insbesondere durch einzelne Katholiken, die aus diesen Traditionen kamen und sie nun wie selbstverständlich unter veränderten organisatorischen Vorzeichen wenigstens für ihre Person integriert fortzusetzen suchten[18]. Gleichwohl konnten beispielsweise die Jugendorganisationen der verschiedenen katholischen Verbände nicht in gleicher Weise die Rolle von Nachwuchsorganisationen für den DGB oder für CDU/CSU übernehmen, wie sie es vor 1933 weithin für die christlichen Gewerkschaften, für Zentrum und Bayerische Volkspartei gewesen waren. Auch die vereinzelte Tätigkeit katholischer Priester in Parlamenten war ein Ausläufer früherer Verhältnisse, der auf Bundesebene gar nicht aufgenommen wurde und in den Ländern mit den Jahren verschwand.

Andererseits waren die neu beschrittenen Wege im parteipolitischen und im gewerkschaftlichen Bereich wohl mit ein Anlaß dafür, daß die katholischen Verbände nach und nach – primär durch die Initiative früherer Mitglieder, nicht so sehr durch kirchenamtliche Impulse – wiedergegründet wurden und daß sie auch bei der jungen Generation ein neues Echo finden konnten. Gerade weil es keine katholischen Partei- und keine christlichen Gewerkschaftsgruppierungen mehr gab, legten sich für die Präsenz im „vorpolitischen Raum" die früheren Verbände nahe. Sowohl die bündische Jugend, die zunächst durch das Pfarrprinzip überholt schien, wie die zunächst tot geglaubten katholischen Studentenkorporationen traten so wieder ins Leben. KAB und Kolping – um ein anderes Beispiel zu nennen – entfalteten sich neu, obwohl die Grenzen zwischen Handwerk und Arbeiterschaft begannen, fließend zu werden. Neu konzipierte Sachverbände, die auf bestimmte gesellschaftliche Aufgaben oder Rollen ausgerichtet sein sollten, waren demgegenüber häufig auf die Stützung durch das kirchliche Amt und die fallweisen Initiativhilfen von Personalverbänden angewiesen[19]. In den Pfarreien erwiesen sich bald Verbandsgruppen als die Aktionsträger oder zumindest als die unentbehrlichen Initialbeweger neuerer Formen einer gemeindlichen Sozialisation, Kommunikation und Repräsentanz. Als 1952 das Zentralkomitee der deutschen Katholiken – verhältnismäßig spät, schon nach mehreren, ohne klare organisatorische Struktur stattgefundenen Katholikentagen – neu begründet und mit einem neuen Statut ausgestattet wurde, nahm es sowohl die Tradition des deutschen Verbandskatholizismus wie der zur Konkretisierung der Katholischen Aktion schon vor 1933 eingerichteten Fachreferate auf. Daneben wurde es aber auch Repräsentativorgan der Laieninitiativen in den Bistümern. Insgesamt stand das neue Zentralkomitee der amtlichen Struktur der Kirche erheblich näher als das 1868 gegründete Zentralkomitee der deutschen Katholikentage oder das 1898 nach der Unterbrechung durch den Kulturkampf neugegründete Zentralkomitee der Katholiken Deutschlands. Es war schon in seiner Struktur weniger politisch und mehr kirchlich, nicht nur von der freien Koalition gesellschaftlich engagierter einzelner und Verbände, sondern auch von den pastoralen Bistums- und Gemeindestrukturen mitgetragen. So war es selbstverständlich, daß auch die während der Herrschaft des Nationalsozialismus kirchlich begründeten und getragenen, auf bestimmte pastorale oder gesellschaftliche Aufgabenbereiche bezogenen Arbeits- und Hauptarbeitsstellen in ihm vertreten waren[20].

c) Die Verfassungsbasis für die gesellschaftliche Präsenz des deutschen Katholizismus

Die Verabschiedung des Grundgesetzes der Bundesrepublik Deutschland durch den Parlamentarischen Rat am 8. Mai 1949 ist für die geschichtliche Entwicklung des deutschen Katholizismus nicht in derselben Weise ein Einschnitt wie für die politische Geschichte Deutschlands, innerhalb deren mit den anschließenden Wahlen und der darauffolgenden Regierungsbildung die Ära Adenauer erst im eigentlichen Sinne beginnt. Viele gemischte Angelegenheiten zwischen Kirche und Staat waren und blieben infolge des föderativen Aufbaus der Bundesrepublik durch die Länderverfassungen geregelt. Zudem bestanden das Reichskonkordat und die Länderkonkordate fort[21]. Dennoch ist das Grundgesetz die entscheidende Basis für die gesellschaftliche Präsenz und Aktivität des deutschen Katholizismus geworden. Um die Gestaltung des Grundgesetzes, insbesondere seines Grundrechteteils, seiner Aussagen zum Schulwesen und der Verfassungsbestimmungen über das Verhältnis von Kirche und Staat, hatte sich der deutsche Katholizismus durch die Person des Kölner Prälaten Wilhelm Böhler, der den Mitgliedern des Parlamentarischen Rates zu Beratungen zur Verfügung stand, und durch die Katholiken in dieser verfassunggebenden Versammlung selbst bemüht. Man konnte – infolge mancher Widerstände aus liberalen und sozialistischen Kreisen – keineswegs alles erreichen, was an Zielvorstellungen für die rechtliche Stellung der Kirchen und für den Schutz der individuellen und sozialen Werte bestand. Die Übernahme der Kirchenartikel aus der Weimarer Reichsverfassung, die auf Antrag des späteren Bundespräsidenten Theodor Heuss erfolgte, war ein Kompromiß, dessen Bedeutung erheblich von der politischen, rechtlichen und administrativen Interpretation des

Textes abhing[22]. Die Basis für ein freies Wirken von Katholizismus und Kirche in der Gesellschaft war aber geschaffen, die wesentlichen Rechtsgüter des Lebens – auch des ungeborenen Lebens –, der Familie, der Freiheit des religiösen Bekenntnisses waren geschützt, die zur Überlieferung der katholischen Soziallehre gehörenden Zentralbegriffe der Solidarität und der Subsidiarität hatten der Sache nach in viele Verfassungsbestimmungen Eingang gefunden. Die Mitwirkung der katholischen Eltern und der Kirche am öffentlichen Schulwesen war ermöglicht. Die öffentlich-rechtliche Stellung der Kirchen war gesichert. Freilich erwuchsen der Kirche und dem Katholizismus im Kontext der vorausgegangenen Währungsreform des Jahres 1948, des Grundgesetzes und der verschiedenen anschließenden Schritte bis zur vollen Erlangung der Souveränität im Jahre 1955 auch ernste Probleme und Aufgaben für die mitteldeutsche Diaspora. Der Druck auf die Kirche nahm dort unter kommunistischer Herrschaft immer mehr zu, gesellschaftliche Initiativen des Katholizismus wurden unterbunden, durch die Jugendweihe und die atheistische Ausrichtung des Schulsystems verstärkte sich der ideologische Zwang für die junge Generation. Jugendliche aus bekennenden katholischen Familien wurden in den sozialen Aufstiegschancen und in der Teilnahme am höheren Bildungswesen benachteiligt. Die Zuwanderung aus den ehemals deutschen Ostgebieten, die unter polnischer Verwaltung standen, veränderte an vielen Orten die pastoralen Strukturen der mitteldeutschen Diaspora. Andererseits waren die Kirchen bald die einzigen Bindeglieder, denen vorerst noch die Möglichkeit des Wirkens und der Begegnung über die dichter werdende Grenze hinweg möglich war. Sowohl die Kirche wie die verschiedenen Gruppen des deutschen Katholizismus erkannten darin eine besondere, finanzielle Mittel und personellen Einsatz fordernde kirchliche, gesellschaftliche und menschlich-karitative Aufgabe. Die ungleich schwerere Last der sich vertiefenden Teilung hatten aber ohne Zweifel die Deutschen jenseits des Eisernen Vorhangs zu tragen[23].

2. Der deutsche Katholizismus in der gesellschaftlichen Wirklichkeit der Bundesrepublik Deutschland (1952 bis 1962)

Ohne Zweifel entbehrt es nicht der Willkür, als Begrenzung der zweiten Entwicklungsphase in der Geschichte des deutschen Katholizismus während der Ära Adenauer die Neubegründung des Zentralkomitees der deutschen Katholiken und den Beginn des Zweiten Vatikanischen Konzils zu wählen. Dennoch können in dieser Wahl zeichenhaft einige Charakteristika der damit gemeinten Jahre angedeutet werden. Das neue Statut des Zentralkomitees der deutschen Katholiken ist das Dokument des Abschlusses einer gewissen Konsolidierung in den tastenden und pluralen Ansätzen eines Neubeginns. Der Beginn des Konzils markiert am augenfälligsten den Aufbruch zu neuen Orientierungen, die sich zwar vorher schon abzeichnen und gerade im deutschen Katholizismus ihre weit zurückreichenden Wurzeln haben, durch den gesamtkirchlichen Impuls aber erst ihre gesellschaftlich und kirchlich verhältnisändernde Kraft erlangen. Politisch gesehen fällt in das Jahr 1952 die Unterzeichnung des Vertrages über die Europäische Verteidigungsgemeinschaft und damit der erste (gescheiterte) Ansatz zur vollen Rückgewinnung der Souveränität, in das Jahr 1953 die Bundestagswahl, bei der CDU/CSU erstmals die absolute Mehrheit der Mandate im Deutschen Bundestag erringen. In das Jahr 1961 fällt der Bau der Berliner Mauer. Bei den im gleichen Jahr stattfindenden Wahlen zum 4. Deutschen Bundestag können CDU/CSU nicht mehr die absolute Mehrheit der Mandate erringen. Bundeskanzler Adenauer verpflichtet sich, während der Legislaturperiode zurückzutreten, was am 15. Oktober 1963 geschieht. In dasselbe Jahr fällt die Unterzeichnung des deutsch-französischen Freundschaftsvertrages, die eines der bleibenden Hauptmotive Adenauerscher Politik vollendet und zugleich – politisch gewertet – die nach ihm benannte Ära abschließt. Die rund zehn Jahre der so begrenzten Periode sind sowohl für die deutsche Politik wie für den deutschen Katholizismus reich an Höhepunkten, in denen sich die neuen Anfänge festigen und bewähren[24]. Zugleich beginnen die Grundlagen – zunächst noch ohne weittragende Folgen – hinterfragt zu werden. Neue Probleme und Aufgaben zeichnen sich ab. Einige wesentliche Entwicklungselemente des deutschen Katholizismus in dieser äußerlich ruhigen Periode verdienen besondere Beachtung.

a) Die Nähe des deutschen Katholizismus zum neuen Staat

Trotz der offengebliebenen katholischen Wünsche zur Verfassungsordnung entwickelte sich rasch ein für die deutschen Katholiken signifikant hohes Maß an grundsätzlicher Übereinstimmung mit den Strukturen und mit dem politischen Weg der Bundesrepublik Deutschland. Meinungsbefragungen aus den Jahren 1951, 1959 und 1963 zeigen, daß sich die Katholiken früher und intensiver als die evangelischen Christen mit der Gegenwart versöhnten und die Bundesrepublik Deutschland als eine neue politische Heimat sahen. Evangelische Christen waren offenkundig in jenen Jahren stärker und nachhaltiger durch den Untergang des deutschen Reiches und den Verlust der deutschen Einheit irritiert als katholische Christen. Katholiken waren früher und stärker von den Zielvorstellungen der europäischen Vereinigung oder der Erhaltung des Friedens motiviert. Dabei muß freilich gesehen werden, daß die analytische Aufbereitung der Daten damaliger Meinungsbefragungen ein deutliches Gefälle zwischen den Anhängern der CDU/CSU einerseits und der SPD andererseits – sowohl unter Katholiken wie unter evangelischen Christen – aufweist. Hier werden also auch Korrelationen zwischen der größeren Reserve evangelischer Christen gegenüber dem politischen Weg der Bundesrepublik und den unter ihnen vorhandenen höheren Anteilen von SPD-Anhängern sichtbar[25]. Die Nähe zum neuen Staat und die Nähe zu den christlichen Unionsparteien hängen somit in weiten Bereichen des deutschen Katholizismus aufs engste zusammen. Im vergleichenden Rückblick auf die Geschichte der neuzeitlichen deutschen Staatlichkeit kann festgehalten werden, daß sich nun die deutschen Katholiken erstmals nicht nur in Einzelstaaten oder Fürstentümern, sondern in einem – wenn auch durch die Teilung Deutschlands und durch den Verlust der Ostgebiete erheblich reduzierten – deutschen Bundesstaat ungebrochen politisch zu Hause fühlen können. Dies hatte sogar trotz der starken Identifizierung des politisch wirksamen Katholizismus mit der Weimarer Republik für die durch ihn geprägte Geschichtsperiode keineswegs im gleichen Maße gegolten[26]. Mit dieser gesellschaftlichen Grundentwicklung hängt es wohl auch wesentlich zusammen, daß trotz der Übernahme des Wortlautes der „Kirchenartikel" aus der Weimarer Reichsverfassung in das Grundgesetz das tatsächliche Verhältnis von Kirche und Staat nicht mehr das einer „hinkenden Trennung", sondern mehr und mehr das einer freien Kooperation und Partnerschaft von Kirche und Staat wurde[27].

Die fast vollständige Zurücknahme der Staatskirchenhoheit in der Verfassungswirklichkeit der Bundesrepublik Deutschland, verbunden mit der staatskirchenrechtlichen Kompetenzverlagerung auf die Bundesländer, durch neu geschlossene Kirchenverträge und durch Novellierungen früherer Konkordate bekräftigt, war letztlich ein Teilsymptom für das neue Gesamtverhältnis von Staat und Gesellschaft. Das Leitmodell dieser Entwicklung konnte weder die altliberale Vorstellung einer Trennung von Staat und Gesellschaft oder der Schaffung möglichst großer staatsfreier Räume für autonome gesellschaftliche Initiativen sein, noch konnte es im Gleichschaltungsgedanken eines konsequenten Etatismus bestehen. Dem ersteren widersprach die zunehmende Diskrepanz zwischen den wachsenden sozialen und kulturellen Anforderungen der einzelnen an die Gesellschaft auf der einen, den schwindenden Ressourcen gesellschaftlicher Gruppen und Initiativen auf der anderen Seite. Der Etatismus war durch den Mißbrauch disqualifiziert, den der nationalsozialistische Totalitarismus mit ihm getrieben hatte und den der kommunistische Totalitarismus fortgesetzt mit ihm trieb. Die Lösung konnte nur in Modellen bestehen, die eine größtmögliche gleichberechtigte Eigenständigkeit der freien Initiativen mit dem bestmöglichen Engagement des Staates für das Wohl der Allgemeinheit verbanden, ungehinderte Freiheit des Gestaltens und verantwortungsbewußte Kontrolle des Einsatzes der von der Allgemeinheit aufgebrachten Mittel sowie der Einhaltung der im Gemeinwohl begründeten Grenzen individueller Autonomie zugleich gewährleisteten. An besonders bedeutsamen Anwendungsfällen, die zugleich die mögliche Vielfalt der Ansätze und der organisatorischen Möglichkeiten deutlich machen, seien hier nur die öffentlich-rechtliche Ordnung von Hörfunk und Fernsehen, die gesetzlichen Regelungen auf dem Gebiet der Sozialhilfe und der Jugendwohlfahrt, der Bereich der staatlichen Förderung der politischen Bildung und der Erwachsenenbildung im allgemeinen genannt[28]. Mehrmals hat das Bundesverfassungsgericht in solchen Bereichen die freie und geordnete Kooperation der Staatsgewalt und der gesellschaftlichen Gruppen durch Urteile gegen Rückfälle in etatistische Ansprüche verteidigt. In allen genannten und vielen anderen Bereichen wurde – je nach dem jeweiligen Gegenstand und nach der jeweiligen organisatorischen Struktur – die Kirche als Sinninstanz innerhalb der pluralen Gesellschaft oder der Katholizismus als gesellschaftlich relevante Gruppe zu Initiative und Kooperation gefordert. So entfaltete sich ein weiter Bereich der nicht nur geduldeten, sondern der durch Gesetze und Staatshilfen geförderten kulturellen und sozialen Wirksamkeit des Katholizismus in der Gesellschaft.

Konnte so der deutsche Katholizismus erheblich wirksamer als in Zeiten, in denen er weitgehend nur auf sich allein gestellt in der Gesellschaft tätig werden konnte, seinen kulturellen und sozialen Beitrag leisten, dazu vor allem in den Bereichen der Familie, der Eigentumsbildung, der Rentenreform und insbesondere der Entwicklungshilfe nicht unerheblichen Einfluß auf die staatliche Gesetzgebung gewinnen[29], so blieb er doch gerade in den fünfziger Jahren keineswegs auf die ,,klassischen" Themenbereiche seiner gesellschaftlichen Präsenz beschränkt. Die deutsche Außenpolitik, vordem fast vollständig gegen katholische Mitwirkung abgeriegelt und durch das verdächtigende Vorurteil gegen den ,,Ultramontanismus" belastet, erschloß sich für Orientierungen aus einer katholischen Sicht der geschichtlichen Überlieferung. Der deutsche Katholizismus begann sich seinerseits neben den Bereichen der Kultur-, Sozial-, Rechts- und Verfassungspolitik in betonter Weise auch Problemen der Deutschland- und Außen-, der Verteidigungs- und Europapolitik zuzuwenden. Von der Entwicklungspolitik kann man sagen, daß sie als Aufgabe entscheidend von den beiden Kirchen in die politische Diskussion eingeführt und durchgesetzt worden ist. In der Europapolitik und in der Erkenntnis der Werthierarchie Freiheit – Friede – Einheit für die Deutschlandpolitik wurden neben der Gemeinsamkeit des Glaubens unter führenden europäischen Politikern erhebliche geistige Traditionselemente christlicher und besonders katholischer Gesellschaftsauffassung lebendig. Die bei aller Besonderheit unübersehbaren Parallelitäten zwischen dem französischen und dem deutschen Katholizismus wirkten sich fördernd auf die Entwicklung menschlicher Gemeinsamkeiten zwischen beiden Völkern aus. Es ist wohl kein Zufall, daß die Europäische Wirtschaftsgemeinschaft im ersten Schritt aus Staaten geformt wurde, in deren maßgebenden politischen Positionen Politiker tätig waren, für die solche geschichtlichen und geistigen Zusammenhänge einen selbstverständlichen Einfluß auf die Sicht und Beurteilung der größeren politischen Zusammenhänge hatten[30]. Das bedeutet nicht, daß die bescheidenen Ansätze oder die hindernisreiche Entwicklung der europäischen Einheit ein Werk europäischer Katholizismen oder der katholischen Kirche wäre. Gerade Konrad Adenauer hat – so sehr das Ziel der europäischen Einigung schon früh und durch wechselnde Situationen hindurch beständig sein Denken bestimmte – die nüchterne Abschätzung der nationalen Interessen und die Notwendigkeit ihrer Koordination betont. Dennoch wurde – ohne große Worte – auch aus seinen Äußerungen deutlich, welche geistigen Motive seine Bemühungen um den Interessenausgleich trugen[31].

Der durch neuere sozialwissenschaftliche Untersuchungen auch empirisch nachgewiesenen Neigung der Katholiken zum ,,Ordo-Denken"[32], der inneren Nähe des deutschen Katholizismus zur Bundesrepublik Deutschland, der historisch begründeten Distanz vom Militarismus und der somit unbefangeneren Einsicht in die Verteidigungsbedürftigkeit der Freiheit dürfte es zuzuschreiben sein, daß die deutschen Katholiken durch die überraschend schnell einsetzende Diskussion um den deutschen Verteidigungsbeitrag und um die allgemeine Wehrpflicht weniger schockiert wurden als evangelische Christen und daß auch die Wiedererrichtung einer Militärseelsorge 1956 in der katholischen Kirche zu weniger heftigen Auseinandersetzungen führte als die Erörterung des Militärseelsorgevertrags innerhalb der EKD[33]. Freilich wurden auch bei der Wiedereinrichtung der katholischen Militärseelsorge neue strukturelle und organisatorische Wege beschritten, die dem Stil der kooperativen Partnerschaft zwischen Kirche und Staat sowie der eigenständigen pastoralen Aufgabe der Kirche erheblich klareren Ausdruck gaben als die früheren, mehr vom System einer Staatskirchenhoheit geprägten Strukturen.

b) Tendenzen zur „Öffnung" des deutschen Katholizismus

Es ist nicht zu verkennen, daß die verschiedenen Elemente der Nähe des deutschen Katholizismus zum neuen Staat und zu den politischen Zielen der christlichen Unionsparteien eine weite Öffnung des thematischen und organisatorischen Gettos bedeuteten, in das der Katholizismus im 19. Jahrhundert, auch noch in der Zeit der Weimarer Republik und erst recht in den Jahren des nationalsozialistischen Totalitarismus gezwungen war. Andererseits bedingte diese Nähe – vielfach sicher ungewollt – auch neue Abhängigkeiten. Dazu gehörten vergleichsweise äußerliche Elemente wie das organisatorische Wachstum katholischer Verbände und Institutionen, die in gesetzlich subventionierten Bereichen der Sozialhilfe, der Jugendpflege oder des Bildungswesens tätig waren. Die eigenen Ressourcen solcher Organisationen oder Institutionen wären sicher nicht ausreichend, um sie im Falle eines Wegfalls oder einer einschneidenden Kürzung staatlicher Subventionen aufrechterhalten zu können. Kann man gegen solche Sorgen auf die Unentbehrlichkeit vieler Initiativen für die sozialen und kulturellen Dienste in der Gesellschaft und auf die daraus folgende Nichtrevozierbarkeit staatlicher Förderung setzen, so reicht eine andere Sorge schon tiefer: Viele Einrichtungen und Organisationen wuchsen durch ihren Ausbau in Größenordnungen eines Personalbedarfs an Mitarbeitern, der nicht mehr nur von inhaltlich mit der spezifischen Aufgabe identifizierten Personen ausgefüllt werden kann. Vielfach mußten formale Fertigkeiten in den zu vollziehenden Funktionen an die Stelle der personalen Identifikation mit den Zielen treten. Die Folge war eine stillschweigende Infragestellung der Identität im spezifisch Christlichen oder Kirchlichen der betreffenden Dienste. Zu einem Teil hatte die Infragestellung der Identität auch andere Gründe: Insbesondere im Bereich der Bildungsinitiativen war der zur Gleichbehandlung der verschiedenen Gruppen in einer pluralen Gesellschaft verpflichtete Staat häufig geneigt, unter bestimmten formalen und thematischen Voraussetzungen Einzelförderungen für Veranstaltungen oder Kurse zu geben. Zusammen mit den sich in der Didaktik abzeichnenden Tendenzen zu einer Formalisierung der Lernziele führte dies auch im kirchlichen Bereich nicht selten zu einer Verlagerung der inhaltlichen Schwerpunkte vom spezifisch Christlichen auf allgemeine soziologische Kriterien und zum Zurücktreten des Inhaltlichen gegenüber dem Formalen. Die staatliche Förderung von Bildungsinitiativen hatte zudem da und dort den Effekt, daß gesellschaftliche Aktivität, Sozialisation der Gruppen und Organisationen durch formal bestimmte Bildungsprogramme verdrängt oder überfremdet wurden.

Besondere Erwähnung verdienen im Zusammenhang der Tendenzen zur „Öffnung" die kirchlichen Akademien. Diese Foren des freien Gesprächs der Kirche mit der Welt, des Kontaktes von Glaube und Wissenschaft, Kunst oder Politik waren in den ersten Nachkriegsjahren im Raum der evangelischen Landeskirchen entstanden. Im katholischen Bereich waren Akademiegründungen zunächst selten. In den Anfangsjahren verstanden sich die wenigen katholischen Akademien mehr als Einrichtungen kirchlicher Erwachsenenbildung mit einer zum Teil weitreichenden, auch über den engeren theologischen Rahmen hinausreichenden Themenstellung. Als Stätten eines weitgespannten, viele Gruppen der pluralen Gesellschaft und viele Bereiche der Gestaltung von Welt und Gesellschaft einbeziehenden Dialoges traten katholische Akademien erst in der zweiten Hälfte der fünfziger Jahre hervor[34]. Durch ihre neue Arbeitsweise wurde innerhalb des deutschen Katholizismus eine zum Teil heftige Diskussion um Offenheit oder Geschlossenheit des Katholizismus, um Akademie- oder Verbändekatholizismus ausgelöst. In den Arbeitstagungen des Zentralkomitees der deutschen Katholiken 1958 in Saarbrücken, 1960 in Ettal und 1962 in Freiburg sind diese Auseinandersetzungen aufgenommen worden[35]. Innerhalb des organisierten Katholizismus behielt zunächst der Verbändekatholizismus die Oberhand. Die Akademien, die eine Gesprächsoffenheit nach allen Seiten propagierten und praktizierten, waren eher Außenseiter. Immerhin wurde aber die ohnehin fällige Frage virulent, ob bei aller Notwendigkeit des Organisierens von wirksamen Diensten an der Gesellschaft manche auf das 19. Jahrhundert zurückgehenden Verbände in den ihnen eigenen Sozialisationsfaktoren, in ihren Ansätzen und Methoden gesellschaftlicher Präsenz noch für die sich rasch wandelnden Aufgaben in der technischen Gesellschaft geeignet sind[36]. Nicht zuletzt ergaben sich solche Probleme auch aus ersten Anzeichen eines merklichen Rückgangs der kirchlichen Praxis und der Anziehungskraft katholischer Organisationen in der zweiten Hälfte der fünfziger Jahre.

Die Bundestagswahlen 1957 brachten demgegenüber den größten Wahlerfolg für die CDU/CSU. Einbrüche in das bis dahin besonders stabile Wahlverhalten der deutschen Katholiken waren nicht zu verzeichnen[37]. Die christliche Orientierung der Unionsparteien stand ihrer politischen Attraktivität durch Leistung und Programm zumindest nicht im Wege. In Kirche und Katholizismus waren die Berliner Katholikentage der fünfziger Jahre mit ihren Ost-West-Begegnungen und der Eucharistische Weltkongreß 1960 in München noch einmal eine besonders eindrucksvolle Dokumentation der Einheit mit der sich nun zum Zweiten Vatikanischen Konzil rüstenden Weltkirche, aber auch der eigenen, die deutlicher werdenden Differenzierungen überbrückenden Einheit. In vielen Fragen, die damals aufbrachen, sah man eher einen Nachholbedarf der eigenen Information über die Vielschichtigkeit und Komplexität weltlicher und gesellschaftlicher Probleme, eine Aufgabe der Information einer für christliche Werte und Wahrheiten grundsätzlich offenen Gesellschaft als die heraufziehende Divergenz zwischen verschiedenen Einstellungen und Gestaltungstendenzen. Das galt sowohl für das damals noch nicht registrierte Heraufziehen neuer ideologischer Polarisierungen wie für das Auseinanderrücken der gesellschaftlichen Mentalitäten diesseits und jenseits des Eisernen Vorhangs. Schon die Arbeitstagung des Zentralkomitees der deutschen Katholiken in Ettal, mehr noch die Arbeitstagung in Freiburg hat in den damals anschwellenden Chor der Gesellschaftsreform eingestimmt, der das deutsche Bildungsdefizit als Notstand artikulierte. Man konnte statistisch ein besonderes katholisches Bildungsdefizit belegen und die Gründe in der zurückliegenden gesellschaftlichen Unterprivilegierung des katholischen Volksteils identifizieren. Von besonnenen Analytikern der Situation und der Aufgaben wurden schon damals auch inhaltliche Kriterien für die Bildungsreform formuliert[38]. Als gesellschaftlicher Impuls freilich ist das Thema weithin im Sinne einer Verbesserung der Abiturienten- und Studentenstatistiken aufgenommen worden und damit in den Sog der allgemeinen Reformeuphorie der Bildungsfuturologen geraten. Der Impuls war für die kommenden Jahre spürbar. Er führte zu Verbesserungen der Statistik. Freilich trug er damit auch eher zur Verstärkung als zur Kritik einer Tendenz ins Formalistische bei.

c) Der ,,andere" Katholizismus und das Postulat einer parteipolitischen Äquidistanz von Kirche und Katholizismus

Was bisher skizziert wurde, trifft auf den Entwicklungsgang und die sich noch im Rahmen der Einheit abzeichnende Pluralisierung des organisierten, sich offiziell äußernden und die Mehrheit der gesellschaftlich aktivierbaren Katholiken repräsentierenden Katholizismus zu. Daneben hat es aber die ganze hier zu untersuchende Phase hindurch eine kleinere oder größere Minderheit gegeben, die sich gegenüber den bisher skizzierten Mustern gesellschaftlichen Verhaltens atypisch verhielt, die also keineswegs eine überwiegende Konvergenz der eigenen Einstellungen zu dem sich entfaltenden Staat Bundesrepublik Deutschland und auch nicht zur Politik der die Hauptlast der politischen Verantwortung tragenden christlichen Unionsparteien zeigte, für die ein gesellschaftskritischer Bildungskatholizismus oder ein sich zum weiten gesellschaftlichen Dialog öffnender Akademiekatholizismus keine unbequemen Überraschungen, sondern eher letzte Chancen der eigenen Identifikation mit der konkreten Kirche waren. Dieser ,,andere" Katholizismus, der sich immer gerne auf den Bochumer Katholikentag (1949) und auf das Ahlener Programm der CDU (1947) berief, um das Abweichen sowohl des organisierten Katholizismus wie der christlichen Unionsparteien von ursprünglichen und idealen Zielsetzungen darzustellen, läßt sich am signifikantesten durch die von Walter Dirks behauptete These der verpaßten Gelegenheiten und durch den von Carl Amery in pauschal negativer Weise verwendeten Begriff des ,,Milieu" zitieren[39]. Dirks hatte sich von 1945 an in den von ihm zusammen mit Eugen Kogon herausgegebenen Frankfurter Heften für einen christlichen Sozialismus eingesetzt, also für eine Konzeption, die innerhalb der CDU durch das Ahlener Programm eine Chance zu haben schien. Er setzte sich für Initiativen des deutschen Katholizismus zugunsten einer weitgehenden Mitbestimmung in der Betriebsverfassung ein, wie sie in Verlautbarungen des Bochumer Katholikentages gefordert worden war. Daß die christlichen Unionsparteien in eine Koalition mit dem politischen Liberalismus eintraten, daß sich die Soziale Marktwirtschaft im wirtschaftspolitischen Konzept durchsetzte, daß die christlichen Unionsparteien die Bundesrepublik Deutschland auf den Weg der eindeutigen Westintegration führten, waren für diesen Teil des Katholizismus nicht nur politische Fehler. Solche Schritte kamen in seinen Augen einem moralischen Versagen in einer wieder als existent behaupteten Chance der grundsätzlichen Versöhnung von christlichem Glauben und sozialistischer Gesellschaftsreform gleich. Da der organisierte deutsche Katholizismus diesen Entwicklungen nicht nur keinen entscheidenden Widerstand entgegensetzte, sondern vielfältige Formen einer Kooperation mit dem politischen ,,System" entwickelte, hatte nach dieser Meinung auch der deutsche Katholizismus in seinen wesentlichen gesellschaftlichen Aufgaben versagt[40]. Carl Amery veröffentlichte 1963 seine kritische Schrift ,,Die Kapitulation – oder Deutscher Katholizismus heute". Seine wesentliche These ging dahin, der deutsche Katholizismus sei durch seine scheinbare gesellschaftliche Macht im System Bundesrepublik Deutschland ohnmächtig geworden, weil er selbst in das gesellschaftliche System eingebaut worden sei. Absicht seiner Schrift war es, diese „Verhältnisse grundsätzlich zu verändern", das unter wesentlicher Beteiligung des deutschen Katholizismus entstandene „Milieu" zu zerstören[41]. Der „andere" Katholizismus hatte viele einzelne und viele kleinere Gruppen von teilweise publizistisch einflußreichen Intellektuellen als Anhänger. Er vermochte sich in diesen Jahren selbst niemals gesellschaftlich wirksam zu organisieren. Auch Versuche des organisierten Katholizismus, einzelne Anhänger solcher Richtungen für Mitgliedschaften zu gewinnen und so ihre Aspekte in den sich öffnenden innerkatholischen Dialog einzubeziehen, sind meist sofort oder schon nach kurzer Zeit fehlgeschlagen. Der „andere" Katholizismus hat entscheidend dazu beigetragen, ein latentes Unbehagen an kirchlichen Institutionen und gesellschaftlichen Verhältnissen auch bei der kirchlichen Gemeinschaft und dem Glauben gleichgültig gegenüberstehenden Christen immer wieder zu artikulieren. Auch die in den sechziger Jahren einsetzende und zunächst sehr unhistorische Kritik am kirchlichen Verhalten während der Herrschaft des Nationalsozialismus hat hier einen ihrer wichtigen Ansätze[42].

Für den „anderen" Katholizismus konnte sich die reale Hoffnung auf eine grundlegende Veränderung der politischen Verhältnisse in der Bundesrepublik Deutschland nur an die Erwartung einer ideologischen Auflockerung des demokratischen Sozialismus und einer darin begründeten breiteren Wählbarkeit der SPD für kirchentreue Katholiken klammern. So waren die Bemühungen der systemkritischen Katholiken um eine Klärung der geistigen Grundlagen und der prinzipiellen Ziele der SPD einer der Anlässe, die zur Belebung der sozialdemokratischen Programmdiskussion in der zweiten Hälfte der fünfziger Jahre führten. Politisch maßgebend wurden freilich diese Initiativen für den Weg der SPD zum Godesberger Programm des Jahres 1959 kaum. Hier spielte die Tatsache des hohen Wahlsieges der CDU/CSU bei den Bundestagswahlen 1957 eine sehr viel bedeutsamere Rolle. Nicht zu Unrecht wurden dieser Erfolg und die vorausgegangenen Bundestagswahlergebnisse zu einem erheblichen Teil auf die Tatsache zurückgeführt, daß es den christlichen Unionsparteien gelungen war, Volksparteien zu werden, Menschen verschiedener religiöser Bekenntnisse und weltanschaulicher Richtungen, unterschiedlicher sozialer Gruppen und verschiedener Altersstufen erfolgreich anzusprechen. Der SPD wurde mehr und mehr klar, daß ihr der entscheidende Durchbruch zur Regierungsverantwortung auf Bundesebene nur durch die Öffnung des demokratischen Sozialismus zu einer Volkspartei gelingen konnte. Sie mußte sich bemühen, ihr Profil durch politische, insbesondere sozial- und gesellschaftspolitische Programmpunkte zu gewinnen und ihre politischen Ziele als mit verschiedenen weltanschaulichen Positionen konvergierend darzustellen. Diese neue Orientierung wurde dadurch erleichtert, daß die marxistische Ideologie schon seit dem Neubeginn nach dem Zweiten Weltkrieg, verstärkt seit dem Dortmunder (1952) und dem Berliner (1954) Aktionsprogramm innerhalb der SPD in eine kritische Diskussion geraten war, die ihre Anstöße aus den Erfahrungen mit dem totalitären Sozialismus im kommunistischen Machtbereich, aus dem Pragmatismus der am Wiederaufbau und an der Regierungsverantwortung interessierten Kriegsgeneration und aus manchen Begegnungen und Gemeinsamkeiten überzeugter Sozialdemokraten mit christlich geprägten Politikern im Widerstand gegen den Nationalsozialismus oder in der Emigration erhalten hatte[43].

Die Entwicklung im demokratischen Sozialismus, die außerhalb der Bundesrepublik Deutschland beispielsweise in Österreich Parallelen hatte, aber innerhalb der deutschen SPD doch am konsequentesten verfolgt wurde, fand im Katholizismus starkes Interesse. Der „andere" Katholizismus sah darin die Chance einer späten Erfüllung seines Konzeptes und war insbesondere nach dem Godesberger Parteitag 1959 geneigt, hinderliche weltanschauliche Gegensätze für überwunden zu halten. Von der kirchlichen Praxis distanzierte Katholiken, die aus politischen Gründen den pragmatischen Zielsetzungen der SPD anhingen, fühlten sich in ihrem Unbehagen an der marxistischen Ideologie bestätigt und in den verbliebenen Konflikten mit ihrer partiellen christlichen Wertbindung beruhigt. Die an der Beibehaltung der Einheitsgewerkschaft interessierten Katholiken erhofften eine Überbrückung mancher politischen und weltanschaulichen Einseitigkeiten im DGB und beurteilten den Reformwillen der SPD mit einem Vorschuß an Vertrauen[44]. Die für eine Öffnung des deutschen Katholizismus eintretenden Kreise, auch katholische Akademien, sahen in der Programmdiskussion der SPD eine spezifische Aufgabe für das neue Weltgespräch der Kirche und des Katholizismus, die Chance einer breiteren gesellschaftlichen Aufnahme christlich begründeter Werte und eine ernste Verpflichtung um des in der demokratischen Gesellschaft unverzichtbaren Wertkonsenses aller politischen Gruppen willen. Der organisierte Katholizismus und das kirchliche Amt neigten eher zur Vorsicht, zeigten sich aber doch der zur Gesprächsbereitschaft mit allen gesellschaftlichen Partnern verpflichteten Sendung der Kirche bewußt. Die an sozialen Fragen besonders interessierten Gruppen des organisierten Katholizismus sahen eine Möglichkeit, soziale Akzente in der Politik deutlicher als nur im Gespräch mit den durch politische Koalitionen dem Liberalismus näher gerückten christlichen Unionsparteien durchsetzen zu können, ohne den hohen Preis einer Unterstützung widerchristlicher Gesellschaftskonzepte zu zahlen.

Da und dort setzten auch bischöfliche Äußerungen Akzente der Erwartung oder Ermutigung, so insbesondere der Kommentar des Innsbrucker Bischofs Paul Rusch zum Sozialhirtenbrief der österreichischen Bischöfe (1956) sowie manche bischöflichen Einzeläußerungen, insbesondere aus Bundesländern, in denen das Verhältnis der Kirche zum demokratischen Sozialismus für das Kirche-Staat-Verhältnis auf Landesebene konstitutiv war und in denen in den zurückliegenden Jahren vor allem kultur- und bildungspolitisch erhebliche Reibungen entstanden waren. Die Anfragen, die von seiten des organisierten Katholizismus oder der Kirche an die Programmdiskussion der SPD gerichtet waren, gingen prinzipiell in zwei Richtungen. Sie waren entweder von der Zielvorstellung einer Entideologisierung des Politischen, konkret also etwa vom Beispiel der Labour Party bestimmt (so der Kommentar des Bischofs Rusch), oder sie zielten auf eine Öffnung der sozialdemokratischen Sicht von Gesellschaft und Staat für das Einbringen kirchlicher Wertbegründungen, ohne dies als den Wunsch nach einer Parteioption für die Kirche oder für den von der

Kirche verkündeten Glauben verstehen zu wollen (so vor allem Gustav Gundlach SJ bei der vielbeachteten Tagung der Katholischen Akademie in Bayern 1958)[45]. Das Godesberger Programm enthielt viele einzelne Elemente einer Entideologisierung des Politischen, obwohl es der Sache nach an marxistischen Grundpositionen der Beurteilung gesellschaftlicher Entwicklungen festhielt. Es wich aber einer Antwort auf Gundlachs Frage letztlich aus, da es zwar christliche Grundwerte zu den Traditionsgütern des demokratischen Sozialismus zählte, die Übernahme von Verpflichtungen zum sozialen Handeln durch Menschen mit religiösen Bindungen begrüßte, das angestrebte Verhältnis der Partei zur Kirche dagegen mit den dafür unangemessenen (weil den Kirche-Staat-Beziehungen zuzuordnenden) Begriffen der Zusammenarbeit oder Partnerschaft undeutlich beschrieb[46]. Immerhin war durch die Programmdiskussion des demokratischen Sozialismus und durch das Godesberger Parteiprogramm ein Impuls gegeben, der sich mit inneren Strömungen im deutschen Katholizismus und in der Weltkirche überlagern und auf längere Sicht für die Gesellschaft in der Bundesrepublik Deutschland Folgen haben sollte. Einen Effekt hatte diese Entwicklung schon kurzfristig: Sie verstärkte die Tendenz zur Enthaltsamkeit des kirchlichen Amtes von parteipolitischen Äußerungen. So veröffentlichte das Zentralkomitee der deutschen Katholiken am 23. November 1960 – fast ein Jahr vor der Bundestagswahl 1961 – eine „Politische Erklärung", die noch vor der Bekanntgabe der Wahlprogramme der politischen Parteien an diese alle substantiierte Forderungen und Fragen richtete. Die Bischöfe beschränkten sich darauf, unmittelbar vor den Bundestagswahlen ein Hirtenwort zu veröffentlichen, das im wesentlichen an die Wahlpflicht erinnerte und nur allgemein von der Verantwortung für christliche Werte in der Politik sprach[47].

3. Umorientierungen und beginnende Auseinandersetzungen (1962 bis 1967)

Als Begrenzungen für den letzten Abschnitt in der Darstellung der geschichtlichen Entwicklung werden der Beginn des Zweiten Vatikanischen Konzils (11. Oktober 1962) und der Tod Konrad Adenauers (19. April 1967) gewählt. Dies scheint sachlich gerechtfertigt, da die in beiden hier interessierenden Dimensionen einen beginnenden Umbruch erfassende Periode auf seiten des deutschen Katholizismus stark von gesamtkirchlichen Strömungen bestimmt wurde, die im Konzil ihren wirksamsten Ausdruck gefunden haben. Zum anderen ergibt sich diese Begrenzung dadurch, daß Adenauers persönlicher Einfluß auf die Politik erst mit seinem Tode ganz zu Ende kommt. Es gäbe gute Gründe, die vordere Grenze in das Jahr 1961 vorzuverlegen, da am 15. Mai 1961 die Sozialenzyklika Papst Johannes' XXIII. „Mater et magistra" veröffentlicht wurde, in der manche für die gesellschaftliche Präsenz des deutschen Katholizismus bedeutsamen gesamtkirchlichen Akzente schon vorweggenommen waren, und da sich nach den Bundestagswahlen vom 17. September 1961 Konrad Adenauer um der Koalition mit der FDP willen verpflichten mußte, nur mehr Bundeskanzler „auf Zeit" zu sein. In mancher Hinsicht geht also politisch die Ära Adenauer schon in den Jahren 1961 bis 1963 zu Ende, überdeckt aber bis zum Jahr 1967 sogar noch den Wechsel der CDU/CSU zur Großen Koalition[48].

Ähnlich geht etwa 1961/62 die Periode des vorkonziliaren deutschen Katholizismus zu Ende, hält aber grundlegende Verhaltensmuster der gesellschaftlichen Präsenz noch bis in die ersten Jahre nach dem Zweiten Vatikanischen Konzil aufrecht. Da es sich also in beiden Hinsichten um Jahre eines sich anbahnenden Umbruchs handelt, der nicht schon zu offen erkennbaren neuen Gestaltungen führt, kann es in diesem Rahmen nur darum gehen, für den deutschen Katholizismus die sich anmeldenden, im gesamtkirchlichen Kontext zu sehenden Umorientierungen skizzenhaft anzudeuten.

a) Die Sozialenzyklika ,,Mater et magistra" wurde vielfach vom ,,anderen" Katholizismus, von katholischen Befürwortern der Einheitsgewerkschaft und ihrer Mitbestimmungsforderungen, auch von Kreisen der SPD, die um eine Annäherung zwischen ihrer Partei und der katholischen Kirche bemüht waren, als ihr Grunddokument ausgelegt. Was die inhaltlichen Aussagen zu den verschiedenen sozialen und politischen Problemen angeht, war dieses Verständnis kaum gerechtfertigt. Papst Johannes XXIII. knüpfte hinsichtlich der Beurteilung des Sozialismus und des Liberalismus ausdrücklich an den Aussagen Pius XI. in ,,Quadragesimo anno" an, wiederholte sie – auch in ihrer Differenzierung – und ließ die Frage offen, inwieweit heutiger demokratischer Sozialismus oder Neoliberalismus unter die Verurteilung Pius XI. fallen[49]. Johannes XXIII. handelte ebenso wie Pius XI. von der Bedeutung der Gewerkschaften und unterstrich sie. Er stellte das in der menschlichen Würde begründete allgemeine Nutzungsrecht an den materiellen Gütern heraus, bejahte aber ebenso das darin begründete Recht auf Privateigentum (auch an Produktionsmitteln) und hob dessen soziale Verpflichtung hervor[50]. In diesem Zusammenhang bekannte sich der Papst auch zu Formen der Mitbestimmung, ohne ein bestimmtes Modell oder gar bestimmte Paritäten in Mitbestimmungsgremien zu empfehlen[51]. Neu war an ,,Mater et Magistra" insbesondere die Akzentuierung der dynamischen neben der mehr naturrechtlich-statischen Sicht der sozialen Problematik, die fundamentale Herausarbeitung der menschlichen Würde und Freiheit, die Betonung der Gerechtigkeit und der jeweils situationsbezogenen Billigkeit von Ordnungssystemen sowie die Darstellung der Entwicklungshilfe als einer weltumspannenden Aufgabe der Gerechtigkeit[52]. Neu war auch die starke Betonung der Laienverantwortung für den sozialen Aufgabenbereich. Neu war ferner die Unterstreichung einer Eigengesetzlichkeit des Dienstes an den verschiedenen weltlichen Sachbereichen, wobei dieser allerdings die ebenso starke Unterstreichung der Notwendigkeit einer Wertorientierung des sozialen Handelns korrespondierte[53].

b) Die Enzyklika ,,Pacem in terris" desselben Papstes, die am 11. April 1963 veröffentlicht wurde, setzte weltkirchlich weitere Akzente. Johannes XXIII. führte den Gedanken der Eigengesetzlichkeit der irdischen Wirklichkeiten und der Laienverantwortung für die weltlichen und sozialen Dienste fort, indem er seine neue Enzyklika an ,,alle Menschen guten Willens" richtete[54]. Der Ansatz der Enzyklika, die weder die Schöpfungstheologie noch die theologische Bedeutung der Erlösung für die Endgestalt des Friedens ausklammerte, lag bei den von allen Menschen erkennbaren menschlichen Rechten und Pflichten. Besonders hervorgehoben wurden die Verpflichtung der Staatsgewalt zur Gewährleistung der menschlichen Freiheit und ihre Pflicht zur sozialen Hilfe. Die Enzyklika griff den Entwicklungsgang der Zeit auf, indem sie die Tendenzen zur vollen gesellschaftlichen Integration der Arbeiterschaft, zur Neubewertung der Frau und ihrer Stellung im öffentlichen Leben, zum wachsenden Freiheitsbewußtsein aller sowie den Drang zur Rechtsstaatlichkeit aufzeigte und als Wertbildungen im Sinne des Naturrechts würdigte[55]. Sie handelte nicht nur vom Kriterium ewiger Wahrheiten, sondern sah in der Wahrnehmung der personalen Rechte, in der personalen Wahrhaftigkeit den Weg, auf dem sich die Wahrheit und der Friede in demokratischen Gesellschaften durchsetzen können[56]. Ausdrücklich rief der Papst die Katholiken zur Zusammenarbeit mit allen Menschen guten Willens auf. ,,Daher kann der Fall eintreten, daß Fühlungnahmen und Begegnungen über praktische Fragen, die in der Vergangenheit unter keiner Rücksicht sinnvoll erschienen, jetzt wirklich fruchtbringend sind oder es morgen sein können."[57] Optimistisch äußerte sich Johannes XXIII. auch über die Chancen der Abrüstung. Er sah Chancen des menschlichen Vertrauens über Fronten der Gegnerschaft hinweg und Möglichkeiten einer Weiterentwicklung der allgemeinen Furcht vor den furchtbaren Wirkungen atomarer Waffen zu wechselseitiger Liebe. Die Vereinten Nationen betrachtete er als Ansatz zu der von ihm für unentbehrlich gehaltenen Weltregierung[58]. Nachdrücklich sprach er sich gegen eine falsche Spiritualität aus, die sich von den politischen Aufgaben fernhält[59]. Insbesondere betonte er die Notwendigkeit der politischen Aufstiegschancen aller und die Entsprechung demokratischer Strukturen zur Natur des Menschen[60]. Die Friedensenzyklika wurde wegen ihrer programmatischen Sprache und wegen ihrer Adressierung an alle von einer noch breiteren Zustimmung aufgenommen als die Sozialenzyklika. Wenn auch ihre propagandistische Verwertung durch kommunistische Systeme mißbräuchlich war, so wurde der Text doch auch im deutschen Katholizismus zusammen mit sich immer deutlicher artikulierenden systemkritischen Stimmen zum Anlaß einer vertieften Hinterfragung bisher mehrheitlich für selbstverständlich gehaltener Positionen. Insbesondere förderte sie Neuorientierungen in der Beantwortung der Fragen, was in der Deutschland- und Europapolitik, in der Weltpolitik, aber auch in Struktur- und Ordnungsproblemen der Gesellschaft ,,realistisch" sei, worin berechtigte Erwartungen und Ziele für die Zukunft bestehen könnten. Die Einschätzung des real Gegebenen wurde pragmatischer und enger, die Hoffnungen wurden dynamischer[61].

c) Das Zweite Vatikanische Konzil stellte das Bild des pilgernden Gottesvolkes in die Mitte seines Kirchenverständnisses. Die Dogmatische Konstitution über die Kirche bekannte sich ausdrücklich zur Teilhabe der Laien am dreifachen Amt Jesu Christi[62]. Das Dekret über das Laienapostolat sprach den Gliedern der Kirche – bei aller Wahrung des besonderen Auftrags der geweihten Träger des kirchlichen Amtes – sowohl das den Laien spezifische Weltapostolat wie die Teilnahme am hierarchischen Apostolat in der Kirche zu[63]. Die gegen Ende des Konzils verabschiedete Pastoralkonstitution ,,Gaudium et spes" (7. Dezember 1965) führte die Aufgaben der Kirche in der Welt, deren Hauptträger die katholischen Laien sein sollen, näher aus. Für die Zusammenhänge Kirche-Katholizismus-Politik stellte die Pastoralkonstitution vor allem vier wesentliche Gedanken heraus: 1. Sie bekannte sich zur Eigenständigkeit und Eigengesetzlichkeit der weltlichen Sachbereiche. 2. Sie betonte die eigenständige, dem

Gewissen und der Sachgerechtigkeit verpflichtete Verantwortung des Weltdienstes der katholischen Laien, denen die Träger des kirchlichen Amtes im Dienst an der Gewissensbildung Licht und geistliche Kraft vermitteln sollen. 3. Sie sprach einen Verzicht der Kirche auf legitime staatliche Privilegien aus, wo immer diese der Glaubwürdigkeit der von der Kirche auszurichtenden Botschaft hinderlich waren. 4. Sie erkannte die Möglichkeit verschiedener konkreter politischer Lösungen auf der Grundlage des einen Glaubens an und forderte, in solchen Fällen dürfe sich keine dieser Lösungen ausschließlich auf die Autorität der Kirche berufen[64]. In der ersten nachkonziliaren Diskussion wurde häufig übersehen, daß die Pastoralkonstitution auch zwischen der richtigen und einer falschen, den Bezug der geschaffenen Dinge auf Gott verneinenden, Autonomie unterschieden und – anknüpfend an die Wirklichkeit der Schuld in der menschlichen Geschichte – mit Röm. 12,2 gemahnt hatte, sich ,,der Welt nicht gleichförmig" zu machen. Die Pastoralkonstitution hatte nachdrücklich von der Hilfe gesprochen, die die Kirche der menschlichen Gemeinschaft bringen möchte und bringen muß, und hatte die Laien aufgefordert, in ihrem Weltdienst Zeugen Christi zu sein. Sie hatte zwischen dem möglichen Pluralismus in praktischen Sachfragen und dem Bemühen um das ,,Licht christlicher Weisheit" sowie der notwendigen Berücksichtigung der Lehre des kirchlichen Lehramts unterschieden[65].

d) Die hier skizzierten gesamtkirchlichen Orientierungen haben sich im deutschen Katholizismus – zu einem erheblichen Teil im Gefolge einseitig akzentuierender Interpretationen – vor allem in folgender Weise ausgewirkt:

(1) Der organisierte Katholizismus rückte noch näher an die amtlichen Strukturen der Kirche heran – sowohl thematisch wie organisatorisch. Schon 1967 wurde das Statut des Zentralkomitees der deutschen Katholiken dahingehend verändert, daß in ihm nunmehr primär die Diözesanräte der Katholiken, sekundär die Personalverbände vertreten waren, daß darüber hinaus alle im Laienapostolat (nicht nur im Weltapostolat der Laien) tätigen Einrichtungen der Deutschen Bischofskonferenz sowie alle sonstigen Gruppen und Einrichtungen von überdiözesaner Bedeutung vertreten waren. Die Themen der Katholikentage brachten in den sechziger Jahren immer mehr Schwerpunkte aus der innerkirchlichen Diskussion, während gesellschaftliche Fragen an Bedeutung zurücktraten[66]. Die Deutsche Bischofskonferenz wurde unmittelbar im Anschluß an das Konzil institutionell begründet. Sie löste die bis dahin nicht institutionalisierten Fuldaer Bischofskonferenzen ab und wurde selbst Instrument einer Regionalisierung der kirchlichen Leitungsverantwortung sowie einer Einbindung der kirchlichen Leitung in kollegiale Entscheidungsprozesse. Die Wechselbeziehungen zwischen Bischofskonferenz und Zentralkomitee gestalteten sich fortan enger als sie es je zwischen den vergleichbaren Institutionen gewesen waren.

(2) Zunehmend wurde die den Sachfragen des eigenständigen Weltdienstes zuzuordnende Möglichkeit einer innerkirchlichen Pluralität für das Gesamtfeld des kirchlichen Lebens postuliert. Im Anschluß an die Enzyklika ,,Humanae vitae" sollte der Trend zu einem innerkatholischen Pluralismus auf dem Essener Katholikentag 1968 voll zum Ausdruck kommen. Der Ruf nach einer Demokratisierung der Kirche war, soweit er nicht die wenig geglückte Be-

zeichnung für ein aktiveres Engagement in den Gemeinden, in kirchlichen Gruppen und Gremien war, von einem wachsenden Drang zur Emanzipation der individuellen und sozialen Lebensgestaltung aus kirchlichen Normen sowie von der zunehmenden Tendenz zu einer grundsätzlichen Strukturveränderung in Kirche und Gesellschaft getragen[67].

(3) Im politischen Bereich führten diese Entwicklungen beispielsweise zu einer partiellen Auflösung der früher signifikanten Beständigkeit des katholischen Wählerverhaltens, die sich bei der Bundestagswahl 1969 schon ankündigte und 1972 unübersehbar deutlich werden sollte. Die wachsende Distanz zwischen Katholizismus und CDU/CSU war nicht nur darin begründet, daß sich der Katholizismus und vor allem die Bischöfe mehr und mehr parteipolitischer Wertungen enthielten, daß allzu unreflektierte Übertragungen des früheren Verhältnisses von Thron und Altar auf das Verhältnis zwischen christlichen Parteien und Kirche überwunden oder daß auch katholische Politiker anderer Parteien in Repräsentativgremien des Katholizismus tätig wurden. Es gab auch Abwanderungen von den christlichen Unionsparteien, weil eine Übereinstimmung zwischen deren Wertorientierung und dem als repressiv empfundenen kirchlichen Wertsystem vermutet wurde oder weil diesen Parteien nur eine geringe Kompetenz in der Ermöglichung einer mit sich selbst und der Umwelt experimentierenden Autonomie zugeschrieben wurde[68]. Abwanderungen erfolgten schließlich auch, weil es andren Parteien temporär gelang, für ein neues anti-institutionelles religiöses Bedürfnis das Pathos einer Alltagsmoral zu entwickeln, die Konvergenzen zu säkularisierten christlichen Wertbegriffen vermuten ließ.

(4) Der partiellen Distanzierung des deutschen Katholizismus von den christlichen Unionsparteien korrespondierten Anzeichen für eine Lockerung in deren Beziehungen zu Kirche und Katholizismus. Zum Teil war sie unvermeidlich, da es infolge des innerkatholischen Pluralismus schwieriger wurde, eindeutig katholische Wertantworten in die konkrete politische Praxis einfließen zu lassen. Zu einem anderen Teil legte sich die Lockerung aus dem Interesse der Unionsparteien nahe, in einer zunehmenden Wählerfluktuation frühere parteipolitische Bindungen des institutionskritischer werdenden Teils der katholischen Bevölkerung aufrechtzuerhalten. Das „C" im Parteinamen begann aus diesen und anderen Gründen neu diskutiert zu werden. Die weiterwirkende Neigung zum Pragmatismus in der Politik verstärkte solche Tendenzen. Es spricht für die Sensibilität, mit der Konrad Adenauer grundlegende Veränderungen frühzeitig wahrnahm, daß er sich in seinen letzten Lebensjahren darum bemühte, von der katholischen Kirche eine Revision des historisch auf das Reichskonkordat zurückgehenden, inzwischen aber von der innerkirchlichen Entwicklung voll gedeckten Verbots einer parlamentarischen Tätigkeit von Priestern zu erreichen – so problematisch auch die von ihm gewünschte Revision der Sache nach gewesen wäre. Die katholische Kirche blieb dabei, ihr Mitsein mit den politischen Entscheidungsprozessen institutionell aus der Verantwortung des kirchlichen Amtes durch das aus der Tätigkeit des Prälaten Böhler hervorgegangene Kommissariat der Deutschen Bischofskonferenz in Bonn und durch Katholische Büros in verschiedenen Bundesländern, aus der eigenständigen Verantwortung des Weltdienstes der Glieder der Kirche durch

das Zentralkomitee der deutschen Katholiken, die Diözesanräte der Katholiken und die verschiedenen Laienorganisationen wahrzunehmen. Im übrigen sah sie in der parlamentarischen Arbeit selbst eine genuine Aufgabe und Verantwortung der katholischen Laien.

(5) Die Entwicklung der Kirche-Staat-Beziehungen kann hier nicht im einzelnen aufgegriffen werden. Dennoch müssen im Kontext einer Skizze der wesentlichen Entwicklungen im deutschen Katholizismus auch die keineswegs unbedeutenden Veränderungen erwähnt werden, die sich während der sechziger Jahre gegenüber den Anfängen und den Grundlegungen in den fünfziger Jahren ergeben haben. Das Modell der Kooperation und Partnerschaft ist durch neue Kirchenverträge und durch Ergänzungen bestehender Verträge in verschiedenen Bundesländern verstärkt und auf neue Aufgabengebiete fortgeschrieben worden[69]. Die zu regelnden Sachbereiche selbst wurden aber insgesamt von einem Prozeß der Verdünnung institutioneller Präsenz der Kirche in der Öffentlichkeit erfaßt. Aus den sechziger Jahren sei nur ein Beispiel erwähnt, das gerade im rückblickenden Vergleich mit früheren Phasen der Kirche-Staat-Beziehungen Beachtung verdient: Der Prozeß der Verdünnung zeichnete sich – entsprechend der Kulturhoheit der Länder – zuerst im Schulwesen der sozialdemokratisch oder von Koalitionen aus SPD und FDP regierten Bundesländer ab. Er griff verhältnismäßig rasch auch auf die von CDU/CSU regierten Länder über und führte binnen weniger Jahre zur weitgehenden Beseitigung katholischer Schulen in staatlicher oder kommunaler Trägerschaft. Das wäre so nicht möglich gewesen, wenn sich nicht im deutschen Katholizismus selbst ein entscheidender Wandel der Grundlagen für die Bildungspolitik vollzogen hätte. Es war im ganzen der Wandel von den Lehr- und Erziehungsinhalten zum Formalen der schulischen Lern- und Erziehungsziele. Sonst wäre es auch kaum denkbar gewesen, daß trotz der in diesen Jahren guten finanziellen Voraussetzungen neue Möglichkeiten eines wenigstens modellhaften Schulwesens in freier Trägerschaft so wenig genutzt wurden. Wichtige Korrektive für falsche Signalisierungen von Bildungskatastrophen und notwendige Hinweise auf tatsächliche Lücken in der Bildungsplanung sind damit ausgefallen[70].

(6) Auswirkungen – zunächst weniger auf organisatorische Strukturen, wohl aber auf die Bewußseinslage – hatten die Umorientierungen der sechziger Jahre auch im Bereich des die deutsche Einheit in einem sehr beschränkten Rahmen aufrechterhaltenden Dienstes von Kirche und Katholizismus. Waren die Katholiken zuerst diejenigen gewesen, die das Postulat der Freiheit der Menschen, ihres religiösen Bekenntnisses und des kirchlichen Dienstes stärker betonten als ihre beide Teile Deutschlands umfassenden kirchlichen Strukturen, so zögerten sie in den sechziger Jahren mehr als andere mit kirchlich-strukturellen Anpassungen an politische Realitäten. Nicht zuletzt wegen des Gewichtes der weltkirchlichen Institution konnte die rechtliche Einheit der Deutschen Bischofskonferenz wenig spektakulär, aber während des Konzils auch faktisch wirksam, durchgehalten werden. Der Briefwechsel mit den polnischen Bischöfen während des Konzils war menschlich und im Sinne christlicher Brüderlichkeit glaubwürdig, behielt aber doch die Frage der Grenzen der Kompetenz den politischen Instanzen vor[71]. Gleichwohl verlagerte sich der tatsächliche Sitz des Bischofs von Berlin 1961 – nach der Ernennung Kardinal Döpfners zum

Erzbischof von München und Freising – auf Ost-Berlin, wenn auch die Einheit des Bistums Berlin gewahrt werden konnte. Berliner Katholikentage mit den Begegnungen aus beiden Teilen Deutschlands, wie sie in den fünfziger Jahren kennzeichnend waren, konnten infolge politischen Zwangs nicht mehr durchgeführt werden. Über die der katholischen Kirche eigenen gesamtkirchlichen Bindungen hinaus wurde zwar weiterhin alles getan, um ein Auseinanderleben in der kirchlichen Praxis zu verhindern. Die durch den Bau der Berliner Mauer symbolisierte Härte der Trennung wirkte sich aber allmählich doch auch spürbar in einer Entfernung der Mentalitäten voneinander aus. Nicht zuletzt bestand sie darin, daß die sich abzeichnenden Pluralitäten des Katholizismus in der Bundesrepublik Deutschland aus der Lage der Katholiken in der DDR nur mehr ein sehr begrenztes Verständnis finden konnten, während andererseits die dieser Situation eigene ideologische Herausforderung im heraufziehenden innerkirchlichen Streit der Meinungen diesseits des Eisernen Vorhangs oft übersehen oder vergessen wurde.

II. Wertende Thesen

Die Entwicklungen, die in dieser notwendigerweise groben Skizze für den deutschen Katholizismus in der Adenauer-Ära aufgezeigt wurden, könnten leicht zu einer defaitistischen Resignation verleiten. Ist es doch ein Weg aus der breiten gesellschaftlichen Präsenz in die Enge eines kleinen Gettos oder in die gesellschaftlich unwirksame Vereinzelung einer Diaspora[72]? Sollte vielleicht einer dieser beiden Wege so unausweichlich sein wie nicht wenige eine sozialistische Zukunft für sehr wahrscheinlich oder gar für gewiß halten[73]? Da solche Fragen nicht erst durch eine Skizze wie diese hervorgerufen werden, scheint es notwendig, wenigstens in thesenartiger Form einige generelle Wertungen zu versuchen und damit auch einige Hinweise auf größere Zusammenhänge wie auf mögliche Ausblicke zu verbinden.

1. Auch die Jahre 1962 bis 1967, das Ende der Adenauer-Ära und die sich darin abzeichnenden Umbrüche, sind weithin schon Geschichte. – Das gilt nicht nur von den Daten und Abläufen. Die Leitmotive der Emanzipation, der umfassenden Demokratisierung, der kreativen Autonomie, einer bevorstehenden Bildungsexplosion, die sich damals als Konturen einer faszinierenden Zukunft abzeichneten, haben den Kulminationspunkt ihrer undifferenzierten Öffentlichkeitswirkung überschritten. Viele sind wieder weniger experimentier- und reformfreudig geworden – die einen wegen der sichtbar gewordenen Begrenztheit der Ressourcen, andere aus Katzenjammer über nicht erwartete Nebenwirkungen eines progressiven Aufbruchs, viele auch aus Nachdenklichkeit und auf der Suche nach beständigen Werten. Angesichts der Vielfalt der Motive wäre es kurzsichtig, daraus den vereinfachenden Schluß zu ziehen, die dazwischenliegende Unruhe sei bloße Episode gewesen und man könne einfach dort fortfahren, wo sie begonnen hat. Es bleibt vielmehr eine Aufgabe, sorgfältig den Gründen nachzugehen, aus denen sie sich herleitete, wie auch die Elemente zu analysieren, gegen die sie sich wandte – schon deshalb, weil im Strom der Geschichte nichts endgültig versinkt. Dennoch wäre es falsch – und darauf will

die These aufmerksam machen –, sich von dem vordergründigen Eindruck einer eindimensionalen Bewegung auf Verunsicherung oder Auflösung hin gefangennehmen zu lassen. Eine solche Wertung würde weder der Vielschichtigkeit des zurückliegenden Geschehens noch den inzwischen neu gestellten Aufgaben gerecht.

2. Die Adenauer-Ära ging nicht deshalb zu Ende, weil ihre Ursprünge unwahrhaftig, ihre wesentlichen Elemente falsch gewesen wären, weil ihre Repräsentanten und die sie tragenden gesellschaftlichen Gruppen von einem gewissen Zeitpunkt an den politischen Verstand, das Verantwortungsbewußtsein oder die Kraft des überzeugenden Argumentierens verloren hätten. – Spätestens in der Mitte der sechziger Jahre setzte ein weltweiter Prozeß der Umorientierung ein, der sowohl die politischen Strukturen der Bundesrepublik Deutschland wie die katholische Kirche und den deutschen Katholizismus erfaßt hat und der selbst in totalitären Systemen nur um den Preis der Unfreiheit und der harten Gewalt verzögert oder eingedämmt werden konnte[74]. Die bewegenden Kräfte dieser Umorientierung gehen nicht erst auf die Situation am Ende des Zweiten Weltkriegs zurück. Sie haben sich die ganze Neuzeit hindurch entwickelt und drängen auf deren Überwindung durch die konsequente Vollstreckung ihres Erbes[75]. Damit soll es natürlich keineswegs als unzulässig oder gar als unsinnig bezeichnet werden, die handelnden Personen und die geschichtlichen Vorgänge in ihren Motiven, Bedingtheiten und Wirkungen zu analysieren und zu beurteilen. Erst recht sollen hier nicht die katholische Kirche oder der deutsche Katholizismus von geschichtlichen Fehlern freigesprochen werden. Nur verlangen es die Gerechtigkeit und die historische Wahrheit, die Vorgänge in ihrer tatsächlichen Einordnung zu sehen.

3. Die Größe der Adenauer-Ära liegt in ihrer Situationsbezogenheit. – Das soll nicht in erster Linie von der Politik behauptet werden, für die Konrad Adenauer die Verantwortung trug, obwohl sich aus diesem Bereich sicher viele Belege für eine solche Behauptung anführen ließen. Hier soll die These vor allem sagen, die katholische Kirche und der deutsche Katholizismus hätten sich in den für diese Ära signifikanten Jahren grundsätzlich – bei allem möglichen und tatsächlichen Versagen im einzelnen – von dem für sie verbindlichen Verständnis ihrer selbst her nicht entscheidend anders verhalten können als sie sich verhalten haben. Damit wird den Thesen von den verpaßten Möglichkeiten und Aufgaben, auch der These vom sogenannten Milieu, deutlich widersprochen. Selbstverständlich hätte der deutsche Katholizismus da oder dort größere Anstrengungen unternehmen können, um dieser oder jener Überlagerung menschlicher und sozialer Werte durch liberalistische Ordnungsmodelle entgegenzuwirken. Wahrscheinlich hätte er rechtzeitig überlieferte institutionelle Sicherungen seiner Präsenz im Schulwesen kritisch überprüfen müssen, um in anderer Weise um so nachhaltiger den ihm aufgetragenen Beitrag in die Reform des Bildungswesens einbringen zu können. Sicher ist von allen noch viel zu wenig getan worden, um die politische Einheit Europas und ihre wirtschaftlichen Grundlagen, um den Frieden in Sicherheit und Freiheit zu gewährleisten. Die Liste ließe sich noch lange weiterführen. Dennoch bleiben die Option für die sozial verpflichtete Freiheit und gegen einen staatlichen Dirigismus, die Annahme der geistigen und politischen Konfrontation mit totalitären Ideolo-

gien und ihrem Machtpotential, das Eintreten für die Entfaltungsmöglichkeiten der pastoralen und diakonischen Dienste der Kirchen und damit auch für die Freiheit anderer Überzeugungsgruppen, die besondere Zusammenarbeit mit den evangelischen Christen, die Mitgestaltung eines gesellschaftlichen Milieus, in dem christliche Werte realisierbar sind, samt den der damaligen Situation angemessenen Formen grundsätzlich richtig. Situationsbezogenheit heißt freilich auch, daß die damals gefundenen Formen keine ewige Gültigkeit haben. Entwicklungen im deutschen Katholizismus seit der Mitte der sechziger Jahre haben sich nicht deshalb negativ auf seine gesellschaftliche Präsenz ausgewirkt, weil ein überkommenes Milieu festgehalten oder ein neu konturiertes Milieu etabliert worden wäre, sondern dadurch, daß das überkommene zerbrach und der deutsche Katholizismus mehr und mehr als gesellschaftlich milieubildender Faktor unwirksam wurde[76].

4. Eine neue Verwirklichung der positiven Elemente der Ära Adenauer ist weder politisch noch kirchlich durch eine geschichtliche Rückwendung möglich. – Die konkreten Prämissen der Entscheidungen sind durch den Gang der Geschichte sachlich andere geworden und die Menschen, die sie mittragen oder verwerfen, haben sich verändert. Für das Aufgabenfeld des Katholizismus: Eine sich allenthalben abzeichnende neue Religiosität pendelt außerhalb des Kreises der an der kirchlichen Praxis Teilnehmenden zwischen der Suche nach einer säkularisierten Alltagsmoral und der Bewegtheit durch sehr subjektive, manchmal exotische religiöse Erfahrungen. Sie hat einen deutlich anti-institutionellen Akzent. Dieser ist häufig auch unter Katholiken anzutreffen, die sich am gemeindlichen Leben beteiligen. Die Beobachtung dieser Phänomene kann im Ergebnis nicht bedeuten, die Kirche solle sich ethisch normierender Aussagen enthalten oder sie müsse sich in solchen Aussagen den gesellschaftlichen Zeittrends anpassen, damit Katholizismus wieder stärker als gesellschaftliche Kraft wirksam werden könne. Auf diese Weise würden Kirche und Katholizismus sehr schnell entbehrlich. Normierende Aussagen müssen in einer zwischen Emanzipation und Nachemanzipation schwebenden Zeit mehr als sonst von ihren Begründungen her vermittelt und auf die Erfahrungen des Menschen von sich und der Welt bezogen werden. Die Institution Kirche kann sich in ihrer Autorität weder nur auf sich selbst beziehen noch darf sie sich freiwillig aus der Gesellschaft verabschieden. Sie muß ihren letzten, für sie selbst nicht verfügbaren Grund erfahren lassen und sich als Vermittlerin von unentbehrlichen – wenn auch keineswegs bequemen – Werten ausweisen. Diese Situation ist gegenüber jener am Anfang und durch längere Zeit der Ära Adenauer neu.

5. Neu aufgebrochen ist nach dem Ende der Ära Adenauer die ideologische Konfrontation zwischen den politischen Parteien. – Entgegen manchen utopischen Erwartungen in den Jahren der Umorientierungen und der Unruhe hat sich der ideologische Gegensatz weltpolitisch nicht gemildert[77]. Dazu ist in der Gesellschaft der Bundesrepublik Deutschland aus dem Unbehagen über einen wertfreien Pragmatismus, aus überwunden geglaubten Ausläufern des weltanschaulichen Liberalismus und Sozialismus, weithin auch aus einer zeitweiligen Sorglosigkeit um den lebendigen Konsens in den Grundwerten und nicht zuletzt als Folge eines zumindest partiellen Rückzuges des deutschen Katholizismus in innerkatholische Diskussionen eine beachtliche Reideologisierung

der politischen Gegensätze entstanden. Der Katholizismus kann solchen Auseinandersetzungen nicht ausweichen. Sie bieten die Chance, Grundentscheidungen bewußter und damit demokratisch tragfähiger zu machen. Um des Gemeinwohles willen darf freilich auch in einer Periode ideologischer Verhärtungen eine Aufgabe nicht übersehen werden, die aus der Ära Adenauer gleich geblieben ist: Konrad Adenauer war es in einer geradezu paradigmatischen Weise gegeben, erfahrbar zu machen, daß er bei aller Versiertheit in der politischen Taktik und in der situationsbezogenen Pragmatik in entscheidenden Grundsatzfragen von Kriterien bestimmt war, deren Grund jenseits der politischen Berechnung lag. Durch diese von ihm mehr praktisch bewiesene als in Worten formulierte Bindung konnte er gemeinsame Grundwerte auch bei Menschen und für Menschen sichern, denen solche Maßstäbe ohne deren letzten Deutungszusammenhang wichtig waren[78]. Dies überzeugend zu tun, bleibt eine wesentliche Aufgabe im gesellschaftlichen Wirken des deutschen Katholizismus. Diese Spannweite der Wertverwirklichung allein – nicht der aus der Situation vielleicht verständliche Gedanke einer parteieigenen Hervorbringung sinngebender Wertmaßstäbe – rechtfertigt das anspruchsvolle und unterscheidende „C" in den Parteinamen von CDU und CSU.

1 Vgl. dazu Hans Maier, Konrad Adenauer (1876–1967), in: Rudolf Morsey und Konrad Repgen (Hrsg.), Adenauer-Studien I (Veröffentlichungen der Kommission für Zeitgeschichte, Reihe B, Bd. 10), Mainz 1971, S. 2 und S. 16; Paul Weymar, Konrad Adenauer. Die autorisierte Biographie, München 1955, S. 38; Karl Dietrich Erdmann, Adenauer in der Rheinlandpolitik nach dem Ersten Weltkrieg, Stuttgart 1966, S. 29; Wilhelm Hausenstein, Pariser Erinnerungen. Aus fünf Jahren diplomatischen Dienstes 1950–1955, 3. Auflage, München 1961, S. 16ff.; Zur Kontroverse mit Kardinal Faulhaber während des Münchener Katholikentages 1922 vgl. Ludwig Volk, Akten Kardinal Michael von Faulhabers 1917–1945, Mainz 1975, S. LXIIf., S. 274, S. 280ff. und S. 285.

2 Einen Überblick über den gegenwärtigen Stand der Adenauer-Forschung gibt Rudolf Morsey, Zum Verlauf und Stand der Adenauer-Forschung, in: Helmut Kohl (Hrsg.), Konrad Adenauer 1876/1976, Stuttgart-Zürich 1976, S. 121ff.

3 Diese Auffassung zog sich durch viele Beiträge in der ersten Runde der kritischen Katholizismusdiskussion, die Ende der fünfziger, Anfang der sechziger Jahre einsetzte. Vgl. dazu Bernhard Hanssler, Eröffnungsrede bei der Arbeitstagung Saarbrücken, in: Arbeitstagung Saarbrücken. Hrsg. vom Zentralkomitee der deutschen Katholiken, Paderborn 1958, S. 10ff.; Karl Forster (Hrsg.), Katholizismus und Kirche (Studien und Berichte der Katholischen Akademie in Bayern, Heft 28), Würzburg 1965, mit Beiträgen von Walter Dirks, Franz Greiner, Karl Rahner, Alois Schardt, Otto Semmelroth; ferner: Hans Maier (Hrsg.), Deutscher Katholizismus nach 1945, München 1964, mit Beiträgen von Vincent Berning, Karl Forster, Franz Greiner, Walter Kerber, Heinrich Lutz, Hans Maier, Heinz Robert Schlette, Franz Martin Schmölz.

4 Zur politischen Ausgangslage der Ära Adenauer vgl. insbesondere: Maier, Konrad Adenauer, S. 7ff.; Rudolf Morsey, Der politische Aufstieg Konrad Adenauers 1945–1949, in: Adenauer-Studien I, S. 20ff.; Hans-Peter Schwarz, Das außenpolitische Konzept Konrad Adenauers, in: Adenauer-Studien I, S. 71ff.; Arnulf Baring, Grundlagen und Fernziele einer Kanzlerschaft, in: Konrad Adenauer 1876/1976, S. 40ff.

5 Vgl. dazu Hubert Jedin, Freiheit und Aufstieg des deutschen Katholizismus zwischen 1848 und 1870, und Karl Buchheim, Der deutsche Verbandskatholizismus, beide in: Bernhard Hanssler (Hrsg.), Die Kirche in der Gesellschaft, Paderborn 1961, S. 9ff.; ferner: Karl Buchheim, Ultramontanismus und Demokratie. Der Weg der deutschen Katholiken im 19. Jahrhundert, München 1963.

6 Auch Hanssler weist rückschauend auf die nach 1945 fehlende zusammenfassende Gestaltungskraft und auf eine gewisse „Organisationsmüdigkeit" hin. Vgl. Bernhard Hanssler, Vom katholischen Verein zum Zentralkomitee, in: Die Kirche in der Gesellschaft, S. 88f. Auf eine interessante Gegenläufigkeit in der Intensität der Neuformierung eines „politischen Katholizismus" und eines „politischen Protestantismus" sowie auf konfessionsspezifische staatskirchenrechtliche Initiativen weist hin Hans Maier, Die Kirchen in der Bundesrepublik Deutschland, in: Communio 6 (1973), S. 554ff.

7 Zur Problematik des Vereinsschutzes durch Art. 31 des Reichskonkordats vgl. Ludwig Volk, Das Reichskonkordat vom 20. Juli 1933 (Veröffentlichungen der Kommission für Zeitgeschichte. Hrsg. von Konrad Repgen in Verbindung mit Dieter Albrecht, Andreas Kraus, Rudolf Morsey), Mainz 1972, insbesondere S. 151ff. In derselben Reihe wurden zur Geschichte einzelner katholischer Organisationen publiziert: Klaus Gotto, Junge Front/Michael; Heinrich Küppers, Der katholische Lehrerverband; Barbara Schellenberger, Katholische Jugend und Drittes Reich.

8 Romano Guardinis Wort vom „Erwachen der Kirche in den Seelen" drückt diese Tendenz wohl am besten aus. Vgl. Romano Guardini, Vom Sinn der Kirche, 4. Auflage, Mainz 1955, S. 19. Die erste Auflage dieses Buches war 1922 erschienen.

9 Zum romantisch-mystischen Akzent des nach dem Ersten Weltkrieg wiederentdeckten Begriffs des Corpus Christi mysticum und zur Problematik des Nebeneinander einer institutionalistisch-apologetischen und einer romantisch-dogmatischen Ekklesiologie vgl. Joseph Ratzinger, Wesen und Grenzen der Kirche, in: Karl Forster (Hrsg.), Das Zweite Vatikanische Konzil (Studien und Berichte der Katholischen Akademie in Bayern, Heft 24), Würzburg 1963, insbesondere S. 49ff.

10 Vgl. Pius XI., Ansprache an die deutsche Jugend vom 27. Oktober 1933, abgedruckt in: Gerhard Schreeb, Papstworte an die deutsche Jugend. Altenberger Dokumente. Quellenschriften zur katholischen Jugendseelsorge und Jugendführung, Heft 2, Düsseldorf 1957, S. 6ff.

11 Vgl. Franz Greiner, Die Katholiken in der technischen Gesellschaft der Nachkriegszeit, in: Deutscher Katholizismus, S. 103ff.; Franz Groner, Statistik der katholischen Kirchengemeinden in Deutschland, in: Dietrich Goldschmidt, Franz Greiner, Helmut Schelsky (Hrsg.), Soziologie der Kirchengemeinde, Köln 1960, S. 196ff.

12 Zur politischen Geschichte der Zentrumspartei vgl. insbesondere Rudolf Morsey, Die Deutsche Zentrumspartei, in: Erich Matthias und Rudolf Morsey (Hrsg.), Das Ende der Parteien 1933, Düsseldorf 1960, S. 279ff.; genauere Analysen zum Wahlverhalten der deutschen Katholiken 1871–1925 bietet Johannes Schauff, Das Wahlverhalten der deutschen Katholiken im Kaiserreich und in der Weimarer Republik, Köln 1928 (Photomechanischer Nachdruck, Mainz 1975).

13 Vgl. Ludwig Bergsträsser, Geschichte der politischen Parteien, 10. Auflage, München 1960, S. 316ff.

14 Vgl. ebenda; Morsey, Der politische Aufstieg, S. 24f.; Ernst Deuerlein, CDU/CSU 1945–1957, Köln 1957, S. 38ff.

15 Auch Adenauer selbst gehörte nicht zu den ersten Gründungsmitgliedern der rheinischen CDU. Vgl. Morsey, Der politische Aufstieg, S. 21.

16 Zum sogenannten Gewerkschaftsstreit vgl. Ernst Deuerlein, Der Gewerkschaftsstreit, in: Theologische Quartalschrift 139 (1959), S. 40ff.; Oswald v. Nell-Breu-

ning, Gewerkschaften, in: Lexikon für Theologie und Kirche, Bd. 4, 2. Auflage, Freiburg 1960, Sp. 853ff.

17 Vgl. Nell-Breuning, ebenda.

18 Es wäre sowohl für die Geschichte des deutschen Katholizismus wie für die Frühgeschichte von CDU und CSU aufschlußreich, den Folgen solcher personalen Integrationen im einzelnen nachzugehen.

19 Das gilt beispielsweise für Neugründungen wie den Familienbund der deutschen Katholiken oder die Katholische Elternschaft Deutschlands, ähnlich auch für die Katholische Filmliga. Solche Organisationen entwickeln gezielte Aktivitäten, können dafür auch große Zahlen von Sympathisanten erfassen, stützen sich aber kontinuierlich nicht auf beträchtliche Mitgliederzahlen, sondern auf verhältnismäßig kleine Aktivkreise.

20 Im Statut des Zentralkomitees der deutschen Katholiken 1952 sind für die Vollversammlung rund 100 Mitglieder vorgesehen, darunter 25 Vertreter aus Diözesen, zwölf Vertreter der bischöflichen Hauptarbeitsstellen, 54 Vertreter zentraler Verbände und acht Einzelpersönlichkeiten.

21 Zum staatskirchenrechtlichen Rahmen vgl. Maier, Die Kirchen, S. 550ff.

22 Vgl. ebenda.

23 Abgesehen von den Beschränkungen im lebendigen Zeugnis des Glaubens, von Vorgängen wie der kommunistischen Jugendweihe und von der Unmöglichkeit eines gesellschaftlich-organisatorischen Zusammenschlusses wurde insbesondere die Verbindung der in der DDR liegenden Anteile von Bistümern, deren Bischofssitze in der Bundesrepublik Deutschland liegen, zur Bistumsleitung immer mehr erschwert und später ganz unterbunden.

24 Für den politischen Bereich sind insbesondere die Erlangung der vollen Souveränität der Bundesrepublik Deutschland, die Begründung und der Ausbau der EWG, der Eintritt in die NATO, aber auch die Integration der Heimatvertriebenen, die Rentenreform, der Familienlastenausgleich, die Förderung der Eigentumsbildung und nicht zuletzt die zuverlässige Stabilisierung der parlamentarischen Grundlagen für die politische Verantwortung zu nennen. Für den deutschen Katholizismus sind die wichtigen Beiträge zu nennen, die durch katholische Politiker, aber auch durch katholische Organisationen zum kultur-, sozial-, aber auch deutschland- und außenpolitischen Aufbau geleistet worden sind. Vgl. dazu Maier, Die Kirchen, S. 554. Daneben sind aber auch die positiven Statistiken jener Jahre sowohl hinsichtlich des Kirchenbesuchs wie des Nachwuchses für die kirchlichen Dienste zu nennen. Die Binnenwanderung und die damit zusammenhängende Veränderung der Gemeindestrukturen hat außerdem in allen Bistümern zu einer außergewöhnlich starken Bautätigkeit geführt.

25 Vgl. Gerhard Schmidtchen, Protestanten und Katholiken. Soziologische Analyse konfessioneller Kultur, Bern-München 1973. S. 211ff.

26 Vgl. einerseits die Untersuchungen über das Wahlverhalten der Katholiken bei Schauff, andererseits den „Verfassungsstreit" im deutschen Katholizismus. Zu letzterem vgl. Rudolf Morsey, Die Deutsche Zentrumspartei 1917–1923, Düsseldorf 1966, S. 236ff.

27 Vgl. dazu Rudolf Smend, Staat und Kirche nach dem Bonner Grundgesetz, in: Staatsrechtliche Abhandlungen (1955), S. 416f.; ferner: Konrad Hesse, Partnerschaft zwischen Kirche und Staat?, in: Karl Forster (Hrsg.), Das Verhältnis von Kirche und Staat (Studien und Berichte der Katholischen Akademie in Bayern, Heft 30), Würzburg 1965, S. 129ff.; Hesse äußert sich dort allerdings kritisch zur Wortwahl „Partnerschaft".

28 Die Beispiele werden angeführt, weil in ihnen die Grundmodelle deutlich werden:

Beteiligung der gesellschaftlich relevanten Gruppen an der Gestaltung und Kontrolle einer durch Gesetz geschaffenen öffentlich-rechtlichen Institution, Beachtung des Subsidiaritätsprinzips bei der Schaffung des gesetzlichen Rahmens für das Entstehen und den Betrieb von Einrichtungen staatlicher oder freier Träger, Förderung der Wahrnehmung von Aufgaben für das Ganze durch freie Träger auf dem Wege der staatlichen Subvention.

29 Vgl. Maier, Die Kirchen, S. 554.

30 Vgl. Maier, Konrad Adenauer, S. 8ff.

31 Vgl. Schwarz, S. 76ff.

32 Vgl. Schmidtchen, Protestanten und Katholiken, insbesondere S. 238ff.

33 Vgl. Klaus Steuber, Militärseelsorge in der Bundesrepublik Deutschland (Veröffentlichungen der Kommission für Zeitgeschichte, Reihe B, Bd. 12), Mainz 1972.

34 Vgl. Karl Forster, Katholische Akademien, in: Evangelisches Staatslexikon, 2. Auflage, Stuttgart 1975, S. 25ff.; Franz Henrich, Katholische Akademien, in: Handbuch für Pastoraltheologie, Bd. 5, Freiburg 1972, S. 11.

35 Vgl. Arbeitstagungen Saarbrücken 1958, Ettal 1960, Freiburg 1962, jeweils herausgegeben vom Zentralkomitee der deutschen Katholiken, Paderborn 1958, 1960, 1962.

36 Vgl. Greiner, Die Katholiken, S. 116ff.

37 Vgl. Gerhard Schmidtchen, Religiöse Legitimation im politischen Verhalten. Wandlungen und Motive im Wahlverhalten der Katholiken, in: Anton Rauscher (Hrsg.), Kirche-Politik-Parteien, Köln 1974, S. 65.

38 Vgl. den Lagebericht von Paul Fleig im Arbeitskreis Schule und Erziehung der Arbeitstagung Freiburg, in: Arbeitstagung Freiburg, S. 45ff.; auch in der Arbeit des Kulturbeirates beim Zentralkomitee der deutschen Katholiken, dessen Gründung aus dieser Arbeitstagung hervorging, wurden neben den formalen Problemen inhaltliche Fragen stark beachtet.

39 Die Position von Walter Dirks ist knapp in folgenden beiden Beiträgen zusammengefaßt: 1. Ein „anderer" Katholizismus?, in: Norbert Greinacher und Heinz Theo Risse (Hrsg.), Bilanz des deutschen Katholizismus, Mainz 1966, S. 292ff.; 2. Gesellschaftliches Engagement?, in: Forster, Katholizismus und Kirche, S. 75ff.; Zum Verständnis des „Milieu": Carl Amery, Die Kapitulation oder Deutscher Katholizismus heute. Mit einem Nachwort von Heinrich Böll, Reinbek bei Hamburg 1963.

40 Vgl. insbesondere Dirks, Gesellschaftliches Engagement?

41 Vgl. Amery, S. 120ff.

42 Vgl. das Kapitel „1933: Wer hat kapituliert?" bei Amery. Auch sonst war es unverkennbar, daß die sich zu Beginn der sechziger Jahre häufenden undifferenzierten Angriffe auf das kirchliche Verhalten während der Zeit des Nationalsozialismus bis zu Rolf Hochhuths „Stellvertreter" von institutionskritischen Katholiken und ihren Zeitschriften besonders gerne aufgegriffen wurden.

43 Einen knappen Abriß der Entwicklung in der programmatischen Diskussion der SPD, insbesondere hinsichtlich ihres Verhältnisses zu Staat und Kirche, gibt Adolf Arndt, Sozialistische Staatspolitik heute, in: Karl Forster (Hrsg.), Christentum und demokratischer Sozialismus (Studien und Berichte der Katholischen Akademie in Bayern, Heft 3), Würzburg 1958, S. 103ff.

44 Hier liegt wohl einer der Gründe dafür, daß Oswald v. Nell-Breuning SJ den inneren Wandlungsprozeß des demokratischen Sozialismus positiver beurteilte als Gustav Gundlach SJ. Auch manche sonstigen Beurteilungsdifferenzen innerhalb des Katholizismus in dieser Frage haben zumindest eines ihrer Motive in der Gewerkschaftsfrage.

45 Vgl. Gustav Gundlach, Katholizismus und Sozialismus, in: Christentum und demo-

kratischer Sozialismus, S. 9ff., insbesondere S. 22ff.

46 Zur katholischen Auseinandersetzung mit dem Godesberger Programm vgl. u. a. Gustav Gundlach, Der freiheitliche Sozialismus in Deutschland. Das Godesberger Grundsatzprogramm der SPD in katholischer Sicht, Paderborn 1960; Karl Forster, Die katholische Kirche und der freiheitliche Sozialismus, in: Albrecht Beckel (Hrsg.), Freiheitlicher Sozialismus in Europa, Osnabrück 1964, S. 164ff.

47 Noch 1969 bezeichnete es die Bischofskonferenz als möglich, daß künftig keine Hirtenworte zu Wahlen mehr veröffentlicht würden, um damit die Eigenverantwortung der katholischen Staatsbürger besonders zu unterstreichen. Vgl. Schreiben der Deutschen Bischofskonferenz über die Kirche in der pluralistischen Gesellschaft und im demokratischen Staat der Gegenwart, Trier 1969, Nr. 48. Schon 1970 und dann verstärkt seit 1972 sollte sich aber die Deutsche Bischofskonferenz aus ihrer Verantwortung genötigt sehen, der Sorge um fundamentale Grundwerte der Gesellschaft mehrfach Ausdruck zu geben.

48 So bleibt beispielsweise die Beständigkeit der katholischen CDU/CSU-Wähler bei den Bundestagswahlen 1965 und 1969 annähernd erhalten, obwohl die mit dieser Beständigkeit konvergierende Kirchlichkeit schon merklich zurückgeht. Vgl. Schmidtchen, Religiöse Legitimation, S. 65ff.

49 Vgl. Johannes XXIII., Enzyklika ,,Mater et magistra", insbesondere Nr. 34, Nr. 110 und Nr. 213.

50 Vgl. Johannes XXIII., ,,Mater et magistra", Nr. 104–121.

51 Vgl. Johannes XXIII., ,,Mater et magistra", Nr. 91–103.

52 Vgl. Johannes XXIII., ,,Mater et magistra", Nr. 157–184.

53 Vgl. Johannes XXIII., ,,Mater et magistra", Nr. 233–235.

54 Vgl. Johannes XXIII., Enzyklika ,,Pacem in terris", Adresse.

55 Vgl. Johannes XXIII., ,,Pacem in terris", Nr. 39–45 und Nr. 75–79.

56 Vgl. ebenda.

57 Vgl. Johannes XXIII., ,,Pacem in terris", Nr. 160.

58 Vgl. Johannes XXIII., ,,Pacem in terris", Nr. 109–119 und Nr. 142–145.

59 Vgl. Johannes XXIII., ,,Pacem in terris", Nr. 146 und Nr. 151f.

60 Vgl. Johannes XXIII., ,,Pacem in terris", Nr. 60–69.

61 Zeitgeschichtlich gesehen standen die sich an die Enzyklika knüpfenden Hoffnungen freilich in einem unübersehbaren Gegensatz zu der sich sowohl weltpolitisch wie auch in der inneren Entwicklung der Gesellschaftssysteme der freien Welt abzeichnenden Entwicklung. Es genügt der Hinweis auf einen Vergleich zwischen der Sicht der Zukunftsmöglichkeiten in der 1963 veröffentlichten Enzyklika und den politischen Perspektiven des Jahres 1963.

62 Vgl. Dogmatische Konstitution über die Kirche, ,,Lumen gentium", Art. 9–13, in: Lexikon für Theologie und Kirche, Das Zweite Vatikanische Konzil. Konstitutionen, Dekrete und Erläuterungen, Teil I, 2. Auflage, Freiburg-Basel-Wien 1966, S. 177ff.

63 Vgl. Dekret über das Apostolat der Laien, ,,Apostolicam actuositatem", Art. 5, in: Das Zweite Vatikanische Konzil, Teil II, 2. Auflage, Freiburg-Basel-Wien 1967, S. 621ff.

64 Vgl. Pastoralkonstitution über die Kirche in der Welt von heute, ,,Gaudium et spes", Art. 36, Art. 43 und Art. 76, in: Das Zweite Vatikanische Konzil, Teil III, 2. Auflage, Freiburg-Basel-Wien 1968, S. 385ff., S. 413ff. und S. 529ff.

65 Vgl. ,,Gaudium et spes", Art. 37 und Art. 43, in: Das Zweite Vatikanische Konzil, Teil III, S. 389ff. und S. 413ff.

66 Besonders auffallend wurde dies im Sinne des Höhepunktes einer Entwicklung bei dem 82. Deutschen Katholikentag 1968 in Essen, wo – mitten im Ruhrgebiet – das

Forum Wirtschaft und Gesellschaft und das Forumgespräch über Mitverantwortung und Mitbestimmung nur schwach besucht waren, während neben dem durch die kurz vorher veröffentlichte Enzyklika „Humanae vitae" besonders aktuellen Forum Ehe und Familie auch das Forum zu bibeltheologischen Themen ein außergewöhnlich starkes Echo fand und allenthalben Parolen zur Veränderung der kirchlichen Strukturen vertreten wurden.

67 Vgl. Gerhard Schmidtchen, Katholiken im Konflikt, in: Karl Forster (Hrsg.), Befragte Katholiken – Zur Zukunft von Glaube und Kirche, Freiburg-Basel-Wien 1973, S. 164ff.

68 Vgl. Schmidtchen, Religiöse Legitimation, S. 75ff.

69 Besonders bemerkenswert sind in diesem Zusammenhang die Verträge der Länder Niedersachsen (1955), Schleswig-Holstein (1957), Hessen (1960) und Rheinland-Pfalz (1962) mit den evangelischen Landeskirchen sowie das Niedersachsenkonkordat (1965) und das Konkordat mit Rheinland-Pfalz (1973).

70 Folgen dieser Entwicklung waren noch in den Diskussionen der Gemeinsamen Synode der Bistümer in der Bundesrepublik Deutschland über den schulischen Religionsunterricht zu spüren und sind teilweise auch in den Beschlußtext der Synode eingegangen. Vgl. Der schulische Religionsunterricht (Beschluß), in: Synode 1/75, S. 87ff.

71 Vgl. Versöhnung oder Haß? Der Briefwechsel der Bischöfe Polens und Deutschlands und seine Folgen. Eine Dokumentation mit einer Einführung von Otto B. Roegele, Osnabrück 1966.

72 Eine gute Übersicht über verschiedene Positionen in der von Karl Rahner im Anschluß an das Scheitern der Wochenzeitung „Publik" 1971 ausgelösten Getto-Diskussion gibt: Karl Lehmann und Karl Rahner (Hrsg.), Marsch ins Getto?, München 1973.

73 Bei repräsentativen Umfragen im Jahr 1975 waren 47% der Bevölkerung (unterschiedslos zwischen katholischen und evangelischen Christen) der Meinung, sozialistische Strömungen würden in der Bundesrepublik stärker und würden sich auch durchsetzen, wobei dies nur 10% (11% der evangelischen und 7% der katholischen Christen) für einen Fortschritt hielten (IfD-Umfragen 1250/I und II). Diese Daten sind einer freundlichen Mitteilung des Instituts für Demoskopie Allensbach zu entnehmen.

74 Vgl. dazu Gerhard Schmidtchen, Zwischen Kirche und Gesellschaft, Freiburg-Basel-Wien 1972; ders., Gottesdienst in einer rationalen Welt, Stuttgart-Freiburg-Basel-Wien 1973; ders., Katholiken im Konflikt; ders., Religiöse Legitimation. Was den weltweiten Vergleich der religiösen Einstellungswandlungen angeht, so sind folgende Daten aus den USA aufschlußreich: 1957 waren dort 14% der Bevölkerung der Meinung, der Einfluß der Religion auf das amerikanische Leben werde im ganzen kleiner. 69% meinten, dieser Einfluß werde größer. 1969 sprachen auf dieselbe Frage 70% von einem kleiner, 14% von einem größer werdenden Einfluß (The Gallup Poll, June 1, 1969).

75 Vgl. dazu das in vieler Hinsicht neu aktuell gewordene Buch: Romano Guardini, Das Ende der Neuzeit, 4. Auflage, Würzburg 1950.

76 Auch das Scheitern der Wochenzeitung „Publik" Ende 1971 hatte seine Ursache nicht – wie damals viel behauptet wurde – in einer Abwehr seitens des katholischen Milieus, sondern vielmehr darin, daß es ein für eine Wochenzeitung solchen Zuschnitts tragfähiges katholisches Milieu nicht mehr gab.

77 Auch die vor kurzem bekanntgewordene Konzeption Adenauers zur Deutschland- und Ostpolitik aus den Jahren 1958–1961 ging nicht von einer solchen Veränderung aus. Vgl. dazu insbesondere Heinrich Krone, Aufzeichnungen zur Deutschland-

und Ostpolitik 1954–1969; Der Globke-Plan zur Wiedervereinigung; beides bearbeitet und eingeleitet von Klaus Gotto, in: Rudolf Morsey und Konrad Repgen (Hrsg.), Adenauer-Studien III: Untersuchungen und Dokumente zur Ostpolitik und Biographie (Veröffentlichungen der Kommission für Zeitgeschichte, Reihe B, Bd. 15), Mainz 1974, S. 129ff.

78 So erklärt sich vielleicht zu einem Teil auch die überraschende Tatsache, daß Konrad Adenauer mehrfach Bundestagswahlen gegen einen in den Monaten vorher seiner Politik ungünstigen Trend der öffentlichen Meinung gewinnen konnte. Vgl. dazu: Elisabeth Noelle-Neumann, Konrad Adenauer, die öffentliche Meinung und Wahlen, in: Konrad Adenauer 1876/1976, S. 129ff.

DAS BILD ADENAUERS HEUTE

ELISABETH NOELLE-NEUMANN

Die Verklärung
Adenauer und die öffentliche Meinung 1949 bis 1976

Nun sehen wir zum erstenmal zu, wie sich das Bild eines Staatsmannes in den Vorstellungen der Bevölkerung verklärt. Es verblaßt nicht, es entfärbt sich nicht, es legt sich kein Nebel darüber. Es wird ausgeschmückt. Bei der letzten demoskopischen Porträtaufnahme während seiner Regierungszeit, im November 1959, sagte jeder sechste (15%), er könne Adenauer nicht beschreiben, wisse nicht, was er wohl für Eigenschaften habe; im Dezember 1975, fast neun Jahre nach seinem Tod, antworteten auf die gleiche Frage: ,,Welche der folgenden Eigenschaften beschreibt Adenauer, wie Sie ihn sich denken?" weniger als die Hälfte, nur noch sieben Prozent: ,,Ich weiß es nicht" (Tabelle 1).
Während Adenauers Regierungszeit war charakteristisch die Schärfe von Licht und Schatten in seinem Porträt (damals sprach man noch nicht von ,,Profil"). Klug, aber kaum sympathisch, so sah ihn die Bevölkerung, ausdauernd und zäh, diplomatisch, zielbewußt, pflichtbewußt – aber auch eigensinnig, schlau und gerissen, herrschsüchtig, nicht aufrichtig, nicht liebenswürdig, nicht gütig. Zwischen 1955 und 1959 wurden vier Aufnahmen gemacht[1]. Das Bild verfinsterte sich zusehends: Klug, diplomatisch, zielbewußt, besonnen, sympathisch – diese Züge traten zurück; eigensinnig, herrschsüchtig – das arbeitete sich heraus.
Er hatte ja die öffentliche Meinung fast seine ganze Regierungszeit hindurch gegen sich, immer unerbittlicher wurde sein Rücktritt gefordert, schließlich auch von CDU-Anhängern mit großer Mehrheit[2]. Das könnte leicht in Vergessenheit geraten in der Phase der Verklärung des Adenauer-Bildes, die wir jetzt erleben. Der Eindruck des Geschönten kommt nicht so sehr zustande durch ein Verschwinden negativer Eigenschaften, sondern durch das Wachstum von Vorzügen, die zu seinen Lebzeiten als wenig typisch für ihn empfunden wurden, zum Beispiel sympathisch, aufrichtig, gütig, liebenswürdig. Dies zusammen mit dem Glanz vielfach verstärkter staatsmännischer Qualitäten, die ihm schon immer zugesprochen waren – klug, diplomatisch, ausdauernd, zielbewußt und pflichtbewußt –, haben eine Idealisierung bewirkt, die alle Altersgruppen ergriffen hat, jene, die ihn als Erwachsene in seiner Regierungszeit erlebt haben, ebenso wie die junge Generation. Es zeigt sich einmal wieder, wie das Meinungsklima überallhin dringt – wie die Luft, hat einmal der Jurist Rudolf v. Ihering über die öffentliche Meinung gesagt[3]. Diese Vorstellung hat mehr Wirklichkeitsgehalt als die andere, Menschen würden in den Jahren des Heranwachsens geprägt in ihren Ansichten und behielten sie dann weitgehend ihr Leben hindurch bei. Sicher haben ,,Kohorten", Jahrgangsgruppen Eigentümlichkeiten, die mit den bewegenden Ereignissen und neuen Ideen zusammenhängen, die sie vorfanden, als sie aus der Kinderzeit heraustraten; aber diese Einkerbungen werden vielfach überlagert von den Strömungen, die zu

verschiedenen Zeiten die ganze Bevölkerung ergreifen und darum in ganz spezifischem Sinne als öffentlich zu bezeichnen sind.

Diese Bemerkungen sind nicht abschweifend. Sie handeln von dem unsichtbaren Element des Meinungsklimas, das – innerhalb eines räumlichen Verbreitungsgebietes und zu einer bestimmten Zeit – einen beträchtlichen Druck ausübt, nicht nur genug, um verschiedene Generationen gemeinsam einzustimmen, sondern auch, um politisches Handeln zu ermöglichen oder sich ihm wie eine Wand entgegenzustellen. Die Unerbittlichkeit des Klimas in einem bestimmten Zeitabschnitt und die Veränderlichkeit, so daß schon wenig später eben noch mächtige Gebilde der öffentlichen Meinung spurenlos verschwunden sind, müssen dem Historiker, auch wenn er von all diesen Erscheinungen weiß, ernste Schwierigkeiten bereiten.

Nach einer Aufzeichnung von Malraux[4] sagte de Gaulle zu ihm: „Wann immer ich recht hatte, hatte ich alle Welt gegen mich.“ Sicher hat Adenauer oft das gleiche empfunden. Es ist schwer abzuwägen, in welchem Grad ihn die ständige Feindseligkeit auch der einflußreichen Massenmedien bedrückt hat. Die öffentliche Meinung gegen sich zu haben, hat ihn jedoch nicht gehindert, die deutsche Wiederbewaffnung durchzusetzen. Aber hätte er in der Ostpolitik in den fünfziger oder Anfang der sechziger Jahre genug Handlungsfreiheit gehabt, jene Schritte zu tun – einmal angenommen, er hätte sie für richtig gehalten –, mit denen auf eine deutsche Wiedervereinigung in absehbarer Zeit verzichtet wurde? In seiner Grundsatzentscheidung für das westliche Bündnis hatte er die Mehrheit der Bevölkerung auf seiner Seite. Die Frage: „Wenn Sie sich entscheiden müßten: was ist Ihnen zunächst wichtiger – Sicherheit vor den Russen oder die Einheit Deutschlands?“ wurde zwischen 1952 und 1959 fast unverändert beantwortet, eine klare Mehrheit der Bevölkerung gab der Sicherheit den Vorzug (Tabelle 2). Eine Frage aus dem Jahre 1954 zeigt auch, daß die Bevölkerung nicht bereit war, zugunsten der Wiedervereinigung auf ein Bündnis mit dem Westen zu verzichten (Tabelle 3). Derartige Ergebnisse haben schon Mitte der fünfziger Jahre zu dem voreiligen Schluß geführt, im Wohlstand bequem eingerichtet, sei den Westdeutschen an der Wiedervereinigung ohnehin nicht mehr gelegen. Das war damals falsch und wäre auch im Jahre 1976 nicht richtig. Fragen ohne Antwortvorgaben: „Was halten Sie für die wichtigste Frage, mit der man sich heute in Westdeutschland allgemein beschäftigen sollte?“ brachten ebenso wie „geschlossene Fragen“ mit Antwortvorgaben für das Anliegen der Wiedervereinigung zwischen 1955 und 1969 stets den ersten oder zweiten Platz (Tabellen 4 und 5).

Lippenbekenntnisse? Mit einladenden Formulierungen wurde es erleichtert, die Wiedervereinigung preiszugeben: „Wie sehen Sie die Lage zur Zeit: hat es Zweck, wenn wir immer wieder fordern, Deutschland soll wiedervereinigt werden, oder muß man das einfach der Zeit überlassen?“ lautete eine Frage, die zwischen 1956 und 1959 dreimal gestellt wurde. Jedesmal antwortete eine Zweidrittelmehrheit: „Immer wieder fordern“ (Tabelle 6).

1956 und noch einmal 1962 wurden lang andauernder Frieden und Wiedervereinigung gegeneinander ausgespielt: „Es heißt, die Russen wollen nur die Abrüstung – nicht aber die Wiedervereinigung. Sollten wir, um die Abrüstung zu erreichen und den Frieden für die nächsten Jahrzehnte zu sichern, vorläufig auf

die Wiedervereinigung verzichten oder nicht?" (Tabelle 7). Im Abstand von sechs Jahren ist ein langsam sich anbahnender Meinungswandel wohl erkennbar, „verzichten" meinten 1956 15% und 1962 25%. Wenn man aber die Friedenssehnsucht der Bevölkerung bedenkt, so ist das „Nicht auf die Wiedervereinigung verzichten" fast der Hälfte (45%) 1962 eindrucksvoll.
Eine Dialogfrage von 1964 mit starker Rhetorik für eine „Politik des Realismus" zeigt wiederum nur eine Minderheit von 16% zur Aufgabe des Gedankens an die Wiedervereinigung bereit. Aber nun, am Ende der Ära Adenauer, beschleunigt sich das Tempo des Klimawandels, wie die Wiederholung der gleichen Frage 1967 zeigt (Tabelle 8). Darauf ist gleich zurückzukommen.
Die immer wieder unterschätzte psychologische Tragweite der deutschen Teilung ist auch Jahre nach dem Abschluß des Grundvertrages noch erkennbar. Auf eine Frage nach vordringlichen, besonders wichtigen politischen Anliegen antworteten im Dezember 1975 49% der Bevölkerung: „Die Einheit Deutschlands wiederherstellen, die Wiedervereinigung" (Tabelle 9); sozusagen im gleichen Atem erklärten im Januar 1976 65%, sie glaubten nicht mehr, daß sich die Wiedervereinigung noch einmal erreichen lasse, 60% aber versicherten im selben Monat auf die Frage: „Wünschen Sie sehr, daß die Wiedervereinigung kommt, oder ist Ihnen das nicht so wichtig?" – „Ich wünsche es sehr" (Tabelle 10), und 72% forderten, der Satz: „Das gesamte deutsche Volk bleibt aufgefordert, in freier Selbstbestimmung die Einheit und Freiheit Deutschlands zu vollenden", solle weiter im Grundgesetz stehen, nicht gestrichen werden (Tabelle 11).
Die Wiedervereinigung gegenüber dem Osten ausdrücklich aufzugeben, wäre für Adenauer bei diesem Widerstand der Bevölkerung während seiner Regierungszeit außerordentlich schwierig gewesen. Es gab da ja auch noch außerdem den Verdacht, in Wirklichkeit wolle Adenauer die Wiedervereinigung gar nicht, er habe ja schon nach dem Ersten Weltkrieg eine Neigung für Separatismus gezeigt[5]. Dieser Argwohn hat bei der Bevölkerung verhältnismäßig wenig Anhalt gefunden. Schumacher und Adenauer wurden als fast gleichmäßig an der Wiedervereinigung interessiert gesehen (Tabelle 12), allerdings galt schon 1952 die SPD als mehr interessiert an der Wiedervereinigung als die CDU/CSU (Tabelle 13); aber auch dann noch hielt die Bevölkerung Adenauer für bemüht, die Wiedervereinigung zu erreichen (Tabellen 14, 15), wenn auch – in Übereinstimmung mit ihren Wünschen – nicht auf Kosten der Sicherheit der Bundesrepublik (Tabelle 2).
Gegen Ende der fünfziger Jahre beginnt die Legendenbildung der „verpaßten Chancen zur Wiedervereinigung Anfang der fünfziger Jahre". Es ist hier nicht der Platz für eine historische Analyse der tatsächlichen Situation zwischen 1952 und 1954, sie findet sich an anderer Stelle[6]. Der Begriff „Legende" wird hier legitimiert durch eine Beobachtung, die sich strikt an das demoskopische Material hält: In der Zeitspanne zwischen 1952 und 1954, um die es sich handelt, finden wir im Allensbacher Archiv bei aller Breite, mit der die zeitgeschichtlichen Themen abgedeckt werden, keine Frage, ob eine Chance zur Wiedervereinigung aufgrund sowjetischer Neutralisierungsangebote ungenutzt von Adenauer vertan wurde. Erst im Juni 1963, wenige Wochen nach der offiziellen Rücktrittserklärung von Adenauer, erscheint das Thema „verpaßte Chancen"

in einer Allensbacher Repräsentativumfrage. Aber nun zeigt sich auch, daß die Legende bereits voll ausgewachsen ist. Die Frage: „Manche Leute sagen, in den Jahren zwischen 1950 und 1955 hat es einmal eine echte Chance gegeben, die Wiedervereinigung zu erreichen, damals wären die Russen zu Zugeständnissen bereit gewesen. Haben Sie diese Ansicht schon einmal gehört?" wird von fast der Hälfte der erwachsenen Bevölkerung (45%) bejaht (Tabelle 16). Die Legende paßt gut in das Meinungsklima der Zeit, Anfang der sechziger Jahre. Daß die Bevölkerung die Wiedervereinigung wünscht, ist hier schon als selbstverständlich vorausgesetzt (im Unterschied zum Zweifel daran, wie er in den Massenmedien in der Mitte der fünfziger Jahre gang und gäbe war); außerdem appelliert sie an das Mißtrauen gegenüber Adenauer, das damals auf seinem Höhepunkt war. Die Jahre 1950 bis 1955 liegen auch schon lange zurück, Einzelheiten der damaligen Verhandlungssituation – was dagegenstand, die Vorschläge anzunehmen – sind weitgehend der Erinnerung entrückt. Dennoch wird die Legende nur von 24% der Bevölkerung akzeptiert, 32% weisen sie zurück: „Es gab keine Chance"; fast die Hälfte (44%) bleibt unentschieden (Tabelle 16).
1970 wird die Legende noch einmal bei einer Umfrage gestreift. 27%, also eine zahlenmäßig etwa gleiche Gruppe wie 1963, stimmen voll überzeugt der Ansicht zu: „1952 wurde die große Chance zur Wiedervereinigung von der Adenauer-Regierung versäumt." Aber nun, im Jahre des Aufbruchs zur „Ostpolitik", wird die Anklage pauschaler formuliert und so fast von der Hälfte der Bevölkerung (45%) voll unterstützt: „20 Jahre ist nichts getan worden, um zu einer Entspannung mit dem Osten zu kommen. Es wurde Zeit, daß etwas geschieht" (Tabelle 17). Wie ausgelöscht war die Erinnerung an das Sicherheitsbedürfnis gegenüber dem Osten, das die Bevölkerung seit Kriegsende motiviert hatte. Mehr als 20 Jahre hindurch fühlte sich die Mehrheit der Bevölkerung durch die Sowjetunion bedroht, plötzlich, zum erstenmal gemessen im September 1969, war dies wie durch Zauber aufgehoben. Auf die Frage: „Haben Sie das Gefühl, daß wir durch Rußland bedroht oder nicht bedroht sind?" antworteten 33%: „Bedroht", 55%: „Nicht bedroht" (Tabelle 18). Es war die Hoffnung, man könne sich die Realität auch anders vorstellen als bisher. Etwa sieben Jahre später, im Februar 1976, hatten die Sorgen wieder ihr altes Gesicht. „Machen Sie sich Sorgen oder keine Sorgen, daß wir vom Osten bedroht werden?" lautete die Frage, und die Antwort: „Sorgen" 51%, „Keine Sorgen" 37% (Tabelle 19).
Es hat sich zwischen 1963 und 1969 etwas zugetragen, was für die Geschichtsschreibung nicht existiert, nur die Karriere gewisser Schlagworte in dieser Zeit verrät es, zum Beispiel des Begriffs „Immobilismus". Wünsche und Erwartungen der Bevölkerung im politischen und wirtschaftlichen Bereich bewegten sich auseinander, ein Vorgang, der in der modernen Revolutionsforschung zunehmend Aufmerksamkeit gefunden hat[7]. Wie sich der Wunsch nach der Wiedervereinigung unangefochten durch die gesamte Ära Adenauer behauptete, ist gezeigt worden; aber die Erwartung, es könne die Wiedervereinigung erreicht werden, zerfiel, so daß die Ebenen sich mehr und mehr voneinander trennten (Tabelle 20). In gleicher Weise verschärfte sich die Spannung zwischen Wunsch und Wirklichkeit im Gedanken an die Oder-Neiße-Grenze und die verlorenen Ostgebiete: Bis zum Ende der sechziger Jahre keine Bereitschaft,

sich mit der Oder-Neiße-Grenze abzufinden, aber inzwischen sinkende Hoffnung, die Ostgebiete könnten noch einmal zurückgewonnen werden (Tabelle 21). Schon dies war schwer für die Bevölkerung zu verarbeiten. Aber es kam weiteres hinzu, bei zunehmender Anteilnahme am politischen Ziel Europa die schwindende Hoffnung, noch die Bildung eines Vereinigten Europa selbst zu erleben (Tabelle 22), oder entgegen allen Wünschen nach Preisstabilität die Einsicht von der Unaufhaltbarkeit des Geldwertschwundes (Tabelle 23).
„Immobilismus": Der Ausdruck faßt zusammen das Gefühl der Ohnmacht, der Ratlosigkeit, der Vermutung, es müsse in auswegloser Lage, ohne Fortschritte in den politischen Fernzielen, ja umgekehrt ständigem Bodenverlust, irgend etwas geschehen, neue Personen, neue Politik. Die Wirtschaftsrezession von 1966 war eher klein – gemessen mit den Maßstäben der siebziger Jahre –, sie hat aber noch einmal das Muster wiederholt, das Revolutionen vorbereitet: Die psychologische Bewegung des stetigen Anstiegs der Ansprüche, gegründet auf eine lange Periode wirtschaftlichen Wachstums, geriet plötzlich in das Spannungsverhältnis zu den durch die Rezession realistisch korrigierten Erwartungen. Dieser Wirtschaftseinbruch also hat schließlich die Bereitschaft zur Veränderung um jeden Preis noch einmal verstärkt; nur so läßt sich wohl erklären, daß die öffentliche Meinung Bundeskanzler Erhard nach seinem Wahlsieg vom Herbst 1965 1966 so rasch, innerhalb von nur sechs Monaten, das Vertrauen – ausgedrückt durch die Antwort: „Ich bin mit der Politik von Bundeskanzler Erhard einverstanden" – entzogen hat (Tabelle 24). Kann man die Geschichte dieser Jahre richtig schreiben, wenn man nichts mehr weiß von der gereizten Spannung, dem fiebrigen, auf Veränderung drängenden Meinungsklima, das damals alle Handelnden empfanden?
Wiederum ohne erkennbare äußere Zeichen verwandelte sich bis zur Mitte der siebziger Jahre das Selbstbewußtsein der Westdeutschen gegenüber dem Osten in ein Gefühl der Schwäche. Vielleicht ist dieser Klimawechsel zwischen 1950 und 1975 historisch der wichtigste Vorgang im Bereich der Stimmungen, der Mentalität – einmal angenommen, daß so etwas Unbestimmtes wie Mentalität in die Geschichtsschreibung einbezogen wird. Es läßt sich nicht mehr genau nachzeichnen, wann er sich zugetragen hat, es wurde in zu großen zeitlichen Abständen gemessen. Aber bis zur Mitte der siebziger Jahre war der Austausch der Positionen im großen und ganzen abgeschlossen. Nicht mehr Amerika, sondern Rußland wird als mächtigster Staat der Zukunft gesehen, nicht der Westen, sondern der Osten ist militärisch überlegen, die westliche Lebensform gegen den Kommunismus zu verteidigen wird zweitrangig, als Hauptsache erscheint jetzt, den Krieg zu vermeiden (Tabellen 25 bis 28).
Aus ihrer Enttäuschung über die Ergebnisse der Ostpolitik macht die Mehrheit der Bevölkerung keinen Hehl (Tabelle 29), aber ein Zusammenhang mit der Verklärung Adenauers läßt sich nicht erkennen, etwa in dem Sinne, daß der Realismus der Adenauerschen Politik im Umgang mit der Sowjetunion in der Phase der Enttäuschung zum Bewußtsein gekommen sei. Unmittelbar nach seinem Tod und abermals im Jahre der hundertsten Wiederkehr seines Geburtstages wurde die Bevölkerung nach den größten Verdiensten Adenauers gefragt. Noch immer, wie schon zu seinen Lebzeiten verbindet die Bevölkerung mit Adenauer vor allem anderen den Gedanken an die Heimführung der

deutschen Kriegsgefangenen aus Rußland. Aber auch so vieles andere. Die Leistung der Gründung des neuen Staatswesens in ihrer ganzen Breite, überhaupt die Breite, nicht irgend etwas Spezielles, macht den Nimbus von Adenauer aus (Tabelle 30).
Allerdings zeigt sich auch bei dieser Bilanz ein gravierender Mangel der vorliegenden Aufzeichnung; die Versöhnung mit Frankreich, ein Teil der Adenauer-Politik, der auf die öffentliche Meinung einen großen Eindruck gemacht hat, ist völlig vernachlässigt. Als Verdienst rangiert die Aussöhnung und Freundschaft mit Frankreich bei der Bevölkerung 1967 wie 1975 mit an der Spitze, auch die Rückkehr der Saar wurde nicht erst in historischer Verklärung, sondern schon 1967 Adenauer als besondere Leistung zugerechnet. Aber Wesentliches zum Komplex Frankreichpolitik, abgesehen von der allumfassenden Zustimmung, gibt das demoskopische Archiv nicht her, wahrscheinlich war das zu wenig kontrovers, um spezielle Studien in Gang zu setzen.
Es kommt aber auch eigentlich nicht auf die Vollständigkeit der Aspekte an. Man läuft sogar Gefahr, über Einzelheiten das nicht zu sagen, was das Wichtigste ist. Mit Adenauer haben die Deutschen wenige Jahre nach dem Zusammenbruch von 1945 eine große nationale Gestalt erhalten, die Generationen in Bewunderung verbindet (Tabellen 31, 32). Selbst im Vergleich mit den legendären Gestalten des Jahrhunderts – Churchill, de Gaulle, Kennedy – erscheint ihnen der eigene Kanzler der Gründungszeit als der Größte.

1 Vgl. Tabelle 1.
2 Vgl. Elisabeth Noelle-Neumann, Adenauer und die Wahlen, in: Die Politische Meinung 21 (1976), Heft 164, S. 5ff.
3 Vgl. Rudolf v. Ihering, Der Zweck im Recht, Bd. 2, Leipzig 1883, S. 180.
4 Vgl. André Malraux, Eichen, die man fällt, Frankfurt am Main 1972, S. 124.
5 Vgl. dazu u. a. Hans-Peter Schwarz, Adenauers Wiedervereinigungspolitik. Zwischen nationalem Wollen und realpolitischem Zwang, in: Die Politische Meinung 20 (1975), Heft 163, S. 33.
6 Vgl. z. B. Arnulf Baring, Außenpolitik in Adenauers Kanzlerdemokratie, München – Wien 1969.
7 Vgl. Crane Brinton, The Anatomy of Revolution, New York 1952; J. C. Davies, Toward a Theory of Revolution, in: American Sociological Review, Vol. 27, No. 1, February 1962, S. 5ff.

Tabelle 1
Bundesrepublik mit West-Berlin
Erwachsene Bevölkerung

FRAGE: "Welche der folgenden Eigenschaften beschreibt Adenauer, wie Sie ihn sich denken?"
(Listenvorlage)

	Januar 1955	Dezember 1956	Oktober 1958	November 1959	Dezember 1975
	%	%	%	%	%
Klug	57	55	55	44	65
Diplomatisch	55	54	54	43	60
Ausdauernd, zäh	51	51	49	47	57
Fleißig	43	44	40	32	49
Fromm	42	53	48	38	44
Zielbewußt	42	41	41	35	58
Gebildet	42	45	39	34	48
Ehrgeizig	36	40	38	41	54
Pflichtbewußt	35	38	35	31	50
Sympathisch	30	27	31	22	45
Schlau, gerissen	30	35	37	35	51
Besonnen	21	24	22	16	31
Liebenswürdig	21	21	21	15	24
Eigensinnig	20	30	27	35	37
Einfach, schlicht	19	18	17	15	24
Aufrichtig	15	14	13	10	25
Unnachgiebig	15	24	23	25	25
Herrschsüchtig	13	19	16	23	13
Gütig	11	11	11	9	16
Unsympathisch	10	9	9	10	4
Rücksichtslos	9	12	12	10	7
Genial	9	10	12	9	18
Kalt	8	10	8	9	7
Egoistisch	6	8	8	11	5
Falsch	5	4	3	4	2
Gewissenlos	4	4	4	3	3
Hochmütig	4	4	5	5	4
Schroff, grob	3	5	5	4	5
Boshaft	2	4	4	4	4
Keine Angabe, weiß nicht	11	11	9	15	7
	669	725	696	634	842

QUELLE: Allensbacher Archiv, IfD-Umfragen Nr. 080, 1002, 1023, 1037, 3022

Tabelle 2
Bundesrepublik mit West-Berlin
Erwachsene Bevölkerung

FRAGE: "Wenn Sie sich entscheiden müßten: Was ist Ihnen zunächst wichtiger - Sicherheit vor den Russen oder die Einheit Deutschlands?"

	Juli 1952 %	Juli 1953 %	Oktober 1954 %	Februar 1958 %	April 1959 %
Sicherheit	51	52	59	53	55
Einheit	33	36	27	33	30
Unentschieden	16	12	14	14	15
	100	100	100	10C	100

QUELLE: Allensbacher Archiv, IfD-Umfragen Nr. 052, 063, 077, 1016, 1030

Tabelle 3
Bundesrepublik mit West-Berlin
Erwachsene Bevölkerung

FRAGE: "Man sagt, die Russen haben nichts gegen die Wiedervereinigung, wenn Gesamtdeutschland später keine Bündnisse mit den Westmächten eingeht. Sollen wir uns verpflichten, kein Bündnis mit den Westmächten abzuschließen, wenn wir dadurch die Wiedervereinigung erreichen?"

	Oktober 1954 %
Ja, verpflichten	21
Nicht verpflichten	45
Unentschieden	34
	100

QUELLE: Allensbacher Archiv, IfD-Umfrage Nr. 077

Tabelle 4
Bundesrepublik mit West-Berlin
Erwachsene Bevölkerung

FRAGE: "Was halten Sie für die wichtigste Frage, mit der man sich heute in Westdeutschland allgemein beschäftigen sollte?"

	Wieder-vereinigung	Frieden bewahren, Ausgleich zwischen Ost und West	Verbesserung der Wirtschaftslage
	%	%	%
1955 (Januar)	34	16	28
1956 (Januar)	38	13	22
1957 (Januar)	43	17	18
1959 (Januar)	45	16	15
1960 (Januar)	38	16	26
1961 (Februar)	35	18	23
1962 (Februar)	30	26	20
1963 (Januar)	31	15	21
1964 (Mai)	37	10	36
1965 (Januar)	45	9	27
1966 (Januar)	29	11	46
1967 (Januar)	18	4	62
1968 (Januar)	23	13	43
1969 (Januar)	20	15	23
1969 (Mai)	21	9	35
1970 (Januar)	13	11	40
1972 (Mai)	1	5	38
1974 (Januar)	x	3	69
1976 (Januar)	1	3	73

QUELLE: Allensbacher Archiv, IfD-Umfragen Nr. 080, 090, 1003, 1026, 1039, 1050, 1061, 1073, 1090, 1097, 2010, 2023, 2036, 2048, 2052, 2059, 2082, 3001, 3023

x = weniger als 0,5 Prozent

Tabelle 5
Bundesrepublik mit West-Berlin
Erwachsene Bevölkerung

FRAGE: "In der Politik kann man ja nicht alles auf einmal erreichen. Trotzdem gibt es bestimmte Sachen, die einem besonders am Herzen liegen. Angenommen, Sie könnten drei politische Wünsche äußern - hier habe ich einige Karten. Was davon würden Sie nennen, über was würden Sie sich am meisten freuen, wenn es verwirklicht würde?" (Kartenspielvorlage)

	Juni/Juli 1963 %
Daß Deutschland wiedervereinigt wird	69
Daß die Preise nicht mehr steigen	58
Daß sich die Großmächte über die Abrüstung einigen, die Atomrüstung einstellen	56
Der Zusammenschluß der westeuropäischen Länder zu einem Vereinigten Europa	29
Daß die Heimatvertriebenen wieder in ihre Heimat zurückkehren können	27
Daß noch mehr Wohnungen gebaut werden als bisher	23
Daß die Regierung dafür sorgt, daß Löhne und Gehälter aufgebessert werden	16
Daß mehr Schulen gebaut werden	9
Daß in Westdeutschland genügend Straßen gebaut werden	9
	296

QUELLE: Allensbacher Archiv, IfD-Umfrage Nr. 1079/I

Tabelle 6
Bundesrepublik mit West-Berlin
Erwachsene Bevölkerung

FRAGE: "Wie sehen Sie die Lage zur Zeit: Hat es Zweck, wenn wir immer wieder fordern, Deutschland soll wiedervereinigt werden, oder muß man das einfach der Zeit überlassen?"

	August 1956 %	Februar 1958 %	April 1959 %
Immer wieder fordern	65	64	65
Muß man der Zeit überlassen	25	24	25
Unentschieden	10	12	10
	100	100	100

QUELLE: Allensbacher Archiv, IfD-Umfragen Nr. 098, 1016, 1030

Tabelle 7
Bundesrepublik mit West-Berlin
Erwachsene Bevölkerung

FRAGE: "Es heißt, die Russen wollen nur die Abrüstung – nicht aber die Wiedervereinigung. Sollten wir, um die Abrüstung zu erreichen und den Frieden für die nächsten Jahrzehnte zu sichern, vorläufig auf die Wiedervereinigung verzichten oder nicht?"

	April 1956 %	April 1962 %
Nicht verzichten	61	45
Verzichten	15	25
Unentschieden, weiß nicht	24	30
	100	100

QUELLE: Allensbacher Archiv, IfD-Umfragen Nr. 093, 1064

Tabelle 8
Bundesrepublik mit West-Berlin
Erwachsene Bevölkerung

FRAGE: "Hier unterhalten sich zwei über die Wiedervereinigung. Welchem von den beiden würden Sie eher zustimmen, dem Oberen oder dem Unteren?" (Bildblattvorlage) *)

	Januar 1964 %	November 1967 %
DEM OBEREN:		
Die Teilung Deutschlands ist eine Tatsache, mit der sich die Welt heute abgefunden hat. Es ist besser, wenn auch wir ganz nüchtern einsehen, daß die Wiedervereinigung nicht mehr möglich ist. Es hat keinen Sinn, sich falsche Hoffnungen zu machen	16	31
DEM UNTEREN:		
Da bin ich anderer Meinung. Ich glaube bestimmt, die Wiedervereinigung kommt eines Tages doch, wenn wir die Hoffnung nicht aufgeben. Wir müssen nur Geduld haben und dürfen nicht lockerlassen	69	53
UNENTSCHIEDEN	15	16
	100	100

*) Um einen Einfluß der Reihenfolge auszuschalten, wurden die Alternativen in jedem zweiten Interview in gedrehter Folge vorgelegt.

QUELLE: Allensbacher Archiv, IfD-Umfragen Nr. 1084/I, 2033

Tabelle 9
Bundesrepublik mit West-Berlin
Erwachsene Bevölkerung

Rangstufen politischer Probleme und ihre Lösbarkeit

FRAGEN: "Hier auf den Karten stehen verschiedene Probleme unserer Politik. Könnten Sie einmal die heraussuchen, die Sie persönlich für besonders wichtig halten?" (Kartenspielvorlage)

"Es ist ja auch in der Politik so, daß sich manches leichter erreichen läßt, anderes nur sehr schwer. Wo könnten Ihrer Ansicht nach gute Politiker etwas erreichen, und wo kann in nächster Zeit niemand was erreichen? Könnten Sie die Karten danach auf die Liste hier verteilen?" (Vorlage desselben Kartenspiels und einer Liste mit den Einteilungen 'Da kann in nächster Zeit niemand was erreichen, das geht einfach nicht', 'Da könnten gute Politiker etwas erreichen')

"Darf ich Ihnen diese Karten noch mal überreichen. Manches davon läßt sich ja schnell erreichen, für andere Dinge braucht man länger Zeit. Wo rechnen Sie damit, daß das Ziel in absehbarer Zeit erreicht wird - könnten Sie mir die Karten mal herauslegen?" (Vorlage der vorher als erreichbar ausgewählten Karten)

	November/Dezember 1975			
	Das ist besonders wichtig	Das ist besonders wichtig - läßt sich auch in absehbarer Zeit erreichen	läßt sich auch erreichen, aber später	da kann in nächster Zeit aber niemand was erreichen
	%	%	%	%
Daß die Arbeitslosigkeit überwunden wird	86	35	27	24
Daß die Preise weniger stark steigen	85	31	28	26
Wirksamere Verbrechensbekämpfung	81	39	26	16
Größere Sparsamkeit in der öffentlichen Verwaltung	75	45	16	14
Eigene Altersversicherung für alle verheirateten Frauen, unabhängig vom Ehemann	66	22	26	18
Daß mehr für eine kinderfreundliche Umwelt gesorgt wird	63	28	23	12
Bessere soziale Sicherung für alte Menschen und Nichtarbeitsfähige	59	27	20	12
Mehr Schutz des Verbrauchers, bessere Verbraucher-Aufklärung	58	33	15	10
Dafür sorgen, daß Familien mit Kindern mehr geschützt und gefördert werden	56	26	20	10
Keine weiteren Zugeständnisse mehr an den Osten ohne entsprechende Gegenleistungen	52	16	20	16
Daß wir vor einem militärischen Überfall aus dem Osten gesichert sind	51	11	19	21
Keine Radikalen im öffentlichen Dienst beschäftigen	51	29	12	10
Gerechtere Verteilung der Einkommen und Vermögen	50	7	19	24
Verbesserung der beruflichen Bildung	50	24	15	11
Die Einheit Deutschlands wiederherstellen, die Wiedervereinigung	49	4	13	32
Zusammenschluß der westeuropäischen Staaten zu einem Vereinigten Europa	48	7	22	19

.../

Tabelle 9
Bundesrepublik mit West-Berlin
Erwachsene Bevölkerung

/...

Rangstufen politischer Probleme und ihre Lösbarkeit

	November/Dezember 1975			
	Das ist besonders wichtig	Das ist besonders wichtig - läßt sich auch in absehbarer Zeit erreichen	läßt sich auch erreichen, aber später	da kann in nächster Zeit aber niemand was erreichen
	%	%	%	%
Daß der Bürger vor Behördenwillkür besser geschützt wird	47	15	17	15
Zulassung der Abtreibung auch aus sozialen Gründen, zum Beispiel wenn die Familienverhältnisse ungeordnet sind	47	26	11	10
Die Gleichberechtigung der Frau in allen Lebensbereichen durchsetzen	46	15	16	15
Daß die Unternehmer wieder mehr Vertrauen gewinnen und mehr Geld in die Betriebe stecken, investieren	45	21	12	12
Daß die sozialen Unterschiede nicht so groß sind, daß alle möglichst gleich viel haben	42	6	12	24
Daß der einzelne mehr eigenverantwortlich und frei entscheiden kann, daß weniger von oben über ihn bestimmt wird	40	5	14	21
Stärkung der NATO, Festigung unseres militärischen Bündnisses mit dem Westen	40	16	15	9
Förderung der Vermögensbildung für Arbeitnehmer, mehr Möglichkeiten zur Beteiligung an Betrieben	39	11	14	14
Größere Sparsamkeit im Gesundheitswesen und in der Krankenversorgung	36	18	10	8
Verhindern, daß der Sozialismus sich durchsetzt	34	9	15	10
Daß es bei uns Nationalstolz gibt, wie bei anderen Völkern auch	31	6	12	13
Verhindern, daß die Gewerkschaften mehr Einfluß auf die Politik bekommen	29	5	11	13
Dem Osten auch in Zukunft entgegenkommen, um die Aussöhnung zu festigen	27	9	10	8
Ausweitung der paritätischen Mitbestimmung auf alle Großbetriebe, daß die Aktionäre und die Arbeitnehmer gleichberechtigt sind und mit gleicher Stimmenzahl entscheiden	25	6	8	11
	1508	552	498	458

QUELLE: Allensbacher Archiv, IfD-Umfrage Nr. 2172

Tabelle 10
Bundesrepublik mit West-Berlin
Erwachsene Bevölkerung

FRAGE: "Glauben Sie, daß sich Ost- und Westdeutschland noch einmal wiedervereinigen, oder glauben Sie nicht?"

	Januar 1976
	%
Ja, glaube ich	13
Nein, glaube ich nicht	65
Unmöglich zu sagen	21
Keine Angabe	1
	100

FRAGE: "Wünschen Sie sehr, daß die Wiedervereinigung kommt, oder ist Ihnen das nicht so wichtig?"

	Januar 1976
	%
Wünsche sehr	60
Nicht so wichtig	36
Andere Antwort	4
	100

QUELLE: Allensbacher Archiv, IfD-Umfrage Nr. 3023

Tabelle 11
Bundesrepublik mit West-Berlin
Erwachsene Bevölkerung

FRAGE: "Hier steht ein Satz aus dem Grundgesetz - wenn Sie ihn bitte einmal lesen." (Listenvorlage)

Das gesamte deutsche Volk bleibt aufgefordert, in freier Selbstbestimmung die Einheit und Freiheit Deutschlands zu vollenden.

"Was meinen Sie: Soll dieser Satz auch weiterhin im Grundgesetz stehen, oder finden Sie, er sollte gestrichen werden?"

	Januar 1976
	%
Weiterhin im Grundgesetz	72
Gestrichen werden	12
Unentschieden	15
Keine Angabe	1
	100

QUELLE: Allensbacher Archiv, IfD-Umfrage Nr. 3023

Tabelle 12
Bundesrepublik mit West-Berlin
Erwachsene Bevölkerung

FRAGE: "Was ist Ihr persönlicher Eindruck: wem ist die Einheit Deutschlands im Grunde wichtiger - Adenauer oder Schumacher?"

	April 1952
	%
Adenauer	20
Schumacher	23
Kein Unterschied	27
Unentschieden, weiß nicht	30
	100

QUELLE: Allensbacher Archiv, IfD-Umfrage Nr. 049

Tabelle 13
Bundesrepublik mit West-Berlin
Erwachsene Bevölkerung

FRAGE: "Was ist Ihr persönlicher Eindruck: wem ist die Wiedervereinigung Deutschlands *) im Grunde wichtiger - der SPD oder der CDU?"

	April 1952	Februar 1955	August 1956	Mai 1957	Februar 1958
	%	%	%	%	%
SPD	24	24	27	23	27
CDU	19	20	14	15	21
Kein Unterschied	29	34	35	37	34
Unentschieden, weiß nicht	28	22	24	25	18
	100	100	100	100	100

*) 1952: ".. Einheit Deutschlands .."

QUELLE: Allensbacher Archiv, IfD-Umfragen Nr. 049, 081, 098, 1008, 1016

Tabelle 14
Bundesrepublik mit West-Berlin
Erwachsene Bevölkerung

FRAGE: "Hier ist eine Liste. Könnten Sie einmal alles durchlesen und mir dann sagen, was davon am besten Ihre Ansicht ausdrückt?" (Listenvorlage)

	Februar 1958
	%
Die Wiedervereinigung ist für Adenauer die allerwichtigste Frage, die ihm am meisten am Herzen liegt	17
Für Adenauer ist die Wiedervereinigung eines der wichtigsten Ziele	40
Für Adenauer ist die Wiedervereinigung nicht allzu wichtig	25
Adenauer ist eher gegen die Wiedervereinigung	7
Unentschieden	11
	100

QUELLE: Allensbacher Archiv, IfD-Umfrage Nr. 1016

Tabelle 15
Bundesrepublik mit West-Berlin
Erwachsene Bevölkerung

FRAGE: "Hier sind ein paar Karten. Würden Sie bitte fünf Karten mit den Angaben aussuchen, die nach Ihrer Meinung am besten auf Adenauer zutreffen?" (Kartenspielvorlage)

	September 1956	Februar 1958
	%	%
Adenauer tut zuwenig dafür, daß die Preise festbleiben	60	61
Adenauer versteht es am besten, mit dem Ausland zu verhandeln	53	56
Adenauer setzt sich zuwenig für die Wiedervereinigung Deutschlands ein, verhandelt zuwenig mit den Russen	51	45
Adenauer ist zu alt	48	44
Adenauer läßt sich zu sehr von der Kirche beeinflussen	42	39
Adenauers Wehrpolitik ist schädlich, er hätte keine Soldaten aufstellen oder wenigstens keine Wehrpflicht einführen sollen	41	32
Adenauer will uns Sicherheit vor dem Osten geben und sorgt dafür, daß wir durch den westlichen Verteidigungspakt geschützt werden	40	46
Adenauer ist noch immer der beste Mann, den wir haben	37	45
Mir gefällt bei Adenauer, daß er für christliche Grundsätze in der Politik eintritt	35	33
Adenauer sorgt für Wohlstand und daß alle Arbeit haben	31	36
Keine Angabe	4	4
	442	441

QUELLE: Allensbacher Archiv, IfD-Umfragen Nr. 099, 1016

Tabelle 16
Bundesrepublik mit West-Berlin
Erwachsene Bevölkerung

FRAGE: "Manche Leute sagen, in den Jahren zwischen 1950 und 1955 hat es einmal eine echte Chance gegeben, die Wiedervereinigung zu erreichen, damals wären die Russen zu Zugeständnissen bereit gewesen. Haben Sie diese Ansicht schon einmal gehört?"

	Juni/Juli 1963
	%
Ja	45
Nein	54
Keine (konkrete) Angabe	1
	100

FRAGE: "Was ist Ihre Ansicht: Glauben Sie, damals ist eine echte Chance verpaßt worden, oder glauben Sie, daß es damals keine echte Chance gab?"

	Juni/Juli 1963
	%
Chance verpaßt worden	24
Gab keine Chance	32
Unentschieden	44
	100

QUELLE: Allensbacher Archiv, IfD-Umfrage Nr. 1079/I

Tabelle 17
Bundesrepublik mit West-Berlin
Erwachsene Bevölkerung

FRAGE: "Hier auf den Karten stehen verschiedene Meinungen, die wir bei unseren Umfragen gehört haben. Könnten Sie mir bitte sagen, wo Sie voll und ganz zustimmen, wo teilweise und wo gar nicht? Bitte verteilen Sie die Karten einfach auf dem Blatt hier. Karten, wo Sie sich nicht entscheiden können, legen Sie beiseite!" (Listen- und Kartenspielvorlage)

	Juli 1970				
	Stimme voll und ganz zu	Stimme teilweise zu	Stimme gar nicht zu	Keine Angabe	
	%	%	%	%	%
25 Jahre nach Kriegsende muß endlich ein Schlußstrich unter die Vergangenheit gezogen werden. Wenn wir in der Politik weiterkommen wollen, müssen wir davon ausgehen, wie es jetzt ist	51	24	13	12	= 100
20 Jahre ist nichts getan worden, um zu einer Entspannung mit dem Osten zu kommen. Es wurde Zeit, daß etwas geschieht	45	25	17	13	= 100
Alles, was nach dem Krieg im Osten entstanden ist, ist noch nicht endgültig. Wie es später einmal aussehen soll, das muß erst in einem Friedensvertrag festgelegt werden	41	29	14	16	= 100
Wir wären Verräter am Selbstbestimmungsrecht des deutschen Volkes, wenn wir die DDR-Regierung anerkennen, solange sie die Bevölkerung unter Druck hält und freie Wahlen verbietet	37	23	22	18	= 100
Wir können dem Osten anbieten, was wir wollen; Anerkennung und Gewaltverzicht: dafür geben die uns nichts, sondern sind weiterhin mißtrauisch und feindselig	36	29	19	16	= 100
Wir müssen aufhören, die DDR wie unseren armen Bruder zu betrachten, der Hilfe braucht. Die Bevölkerung in der DDR will heute gar nicht mehr, daß wir uns in ihre Angelegenheiten einmischen	35	34	17	14	= 100
Selbst wenn sich Bundesregierung und DDR in allen Punkten einig wären, könnte es zu keiner Wiedervereinigung kommen, weil die Großmächte im Hintergrund es nicht wollen	32	31	22	15	= 100
Die Spaltung Deutschlands und der Verlust der Ostgebiete sind Folgen des verlorenen Krieges, die wir nicht mehr rückgängig machen können. Es hat keinen Sinn, so zu tun, als ob das nicht endgültig wäre	32	31	22	15	= 100

.../

Tabelle 17
Bundesrepublik mit West-Berlin
Erwachsene Bevölkerung

/ ...

	Juli 1970 Stimme voll und ganz zu	Stimme teilweise zu	Stimme gar nicht zu	Keine Angabe	
	%	%	%	%	%
Es gibt keinen Grund, daß wir jetzt um jeden Preis mit der DDR einen Vertrag machen. Wir können abwarten, bis die DDR zum Nachgeben bereit ist	29	30	25	16	= 100
1952 wurde die große Chance zur Wiedervereinigung von der Adenauer-Regierung versäumt	27	25	25	23	= 100
Wir müssen so schnell wie möglich ein Abkommen mit der DDR schließen. Je länger wir warten, desto höher schraubt die DDR ihre Forderungen	23	25	36	16	= 100
Eine Anerkennung der DDR und der jetzigen Grenzen würde das Mißtrauen der Ostblockstaaten überwinden und eine Zusammenarbeit möglich machen	22	33	28	17	= 100
Es hat keinen Sinn, immer wieder das Selbstbestimmungsrecht für die Menschen in der DDR zu fordern. Denn wir erreichen es nicht, sondern verärgern damit nur die DDR-Regierung	21	30	31	18	= 100

QUELLE: Allensbacher Archiv, IfD-Umfrage Nr. 2064

Tabelle 18
Bundesrepublik mit West-Berlin
Erwachsene Bevölkerung

FRAGE: "Haben Sie das Gefühl, daß wir durch Rußland bedroht oder nicht bedroht sind?"

	Oktober 1954	Oktober/November 1964	April 1965	November 1968	September 1969	April 1971
	%	%	%	%	%	%
Bedroht	64	39	50	54	33	28
Nicht bedroht	21	37	27	32	55	46
Unentschieden	15	24	23	14	12	26
	100	100	100	100	100	100

QUELLE: Allensbacher Archiv, IfD-Umfragen Nr. 077, 1094, 2001, 2046, 2056, 2071

Tabelle 19
Bundesrepublik mit West-Berlin
Erwachsene Bevölkerung

FRAGE: "Machen Sie sich Sorgen oder keine Sorgen, daß wir vom Osten bedroht werden?"

	Februar 1976
	%
Mache mir Sorgen	51
Keine Sorgen	37
Unentschieden, keine Angabe	12
	100

QUELLE: Allensbacher Archiv, IfD-Umfrage Nr. 3024

Tabelle 20
Bundesrepublik mit West-Berlin
Erwachsene Bevölkerung

FRAGE: "Was halten Sie für die wichtigste Frage, mit der man sich heute in Westdeutschland allgemein beschäftigen sollte?"

Auszug aus Tabelle 4	Januar 1955 %	Februar 1961 %
Wiedervereinigung	34	35

QUELLE: Allensbacher Archiv, IfD-Umfragen Nr. 080, 1050

FRAGE: "Wie beurteilen Sie zur Zeit die Aussichten auf eine Wiedervereinigung der Bundesrepublik mit der Ostzone? Hier ist eine Liste. Welche dieser Ansichten drückt auch Ihre Meinung aus?" (Listenvorlage)

	August 1955 %	Oktober 1961 %
Die Wiedervereinigung mit der Ostzone wird nach meiner Ansicht noch im Verlaufe der nächsten 12 Monate auf friedlichem Wege erfolgen	9	2
Ich halte es für wahrscheinlich, daß eine Wiedervereinigung mit der Ostzone auf friedlichem Wege erfolgen wird, aber das dürfte wohl noch ein paar Jahre *) dauern	62	46
Es besteht meiner Meinung nach keine Aussicht dafür, daß eine Wiedervereinigung mit der Ostzone auf friedlichem Wege möglich ist	20	45
Unentschieden, andere Antworten	9	7
	100	100

*) 1961: "... noch Jahre ..."

QUELLE: Allensbacher Archiv, IfD-Umfragen Nr. 086, 1059

Tabelle 21
Bundesrepublik mit West-Berlin
Erwachsene Bevölkerung

FRAGE: "Meinen Sie, wir sollten uns mit der jetzigen deutsch-polnischen Grenze - der Oder-Neiße-Linie - abfinden oder nicht abfinden?"

	September 1964	Mai 1972
	%	%
Nicht abfinden	59	18
Abfinden	22	62
Unentschieden	19	20
	100	100

QUELLE: Allensbacher Archiv, IfD-Umfragen Nr. 1093, 2082

FRAGE: "Glauben Sie, daß Pommern, Schlesien und Ostpreußen noch einmal zu Deutschland gehören werden, oder sind sie für immer verloren?"

	März 1965	Dezember 1970
	%	%
Werden zu Deutschland gehören	28	7
Für immer verloren	46	78
Unentschieden	26	15
	100	100

QUELLE: Allensbacher Archiv, IfD-Umfragen Nr. 1099, 2067

Tabelle 22
Bundesrepublik mit West-Berlin
Erwachsene Bevölkerung

FRAGE: "In der Politik kann man ja nicht alles auf einmal erreichen. Trotzdem gibt es bestimmte Sachen, die einem besonders am Herzen liegen. Angenommen, Sie könnten drei politische Wünsche äußern - hier habe ich einige Karten. Was davon würden Sie nennen, über was würden Sie sich am meisten freuen, wenn es verwirklicht würde?" (Kartenspielvorlage)

- Auszug -	August 1957 %	Juni/Juli 1963 %
Der Zusammenschluß der westeuropäischen Länder zu einem Vereinigten Europa	16	29

QUELLE: Allensbacher Archiv, IfD-Umfragen Nr. 1010, 1079/I (siehe Tabelle 5)

FRAGE: "Glauben Sie, Sie werden es noch erleben, daß sich die westeuropäischen Länder zu den Vereinigten Staaten von Europa zusammenschließen?"

	Dezember 1956 %	August 1965 %
Ja, erleben	34	29
Nein, nicht erleben	36	42
Unentschieden	30	29
	100	100

QUELLE: Allensbacher Archiv, IfD-Umfragen Nr. 1001, 2005

Tabelle 23
Bundesrepublik mit West-Berlin
Erwachsene Bevölkerung

FRAGE: "In der Politik kann man ja nicht alles auf einmal erreichen. Trotzdem gibt es bestimmte Sachen, die einem besonders am Herzen liegen. Angenommen, Sie könnten drei politische Wünsche äußern - hier habe ich einige Karten. Was davon würden Sie nennen, über was würden Sie sich am meisten freuen, wenn es verwirklicht würde?" (Kartenspielvorlage)

- Auszug -	August 1957 %	Juni/Juli 1963 %
Daß die Preise nicht mehr steigen	48	58

QUELLE: Allensbacher Archiv, IfD-Umfragen Nr. 1010, 1079/I (siehe Tabelle 5)

FRAGE: "Glauben Sie, daß die Preise im nächsten Vierteljahr im großen und ganzen gleichbleiben oder daß sie steigen oder fallen werden?"

	November 1952 %	Dezember 1965 %
Gleichbleiben	43	23
Steigen	38	70
Fallen	7	1
Unentschieden	12	6
	100	100

QUELLE: Allensbacher Archiv, IfD-Umfragen Nr. 056, 2009

Tabelle 24
Bundesrepublik mit West-Berlin
Erwachsene Bevölkerung

FRAGE: "Sind Sie im großen und ganzen mit der Politik Erhards einverstanden oder nicht einverstanden?"

	November 1965	Juli 1966
	%	%
Einverstanden	45	29
Nicht einverstanden	31	39
Unentschieden, kein Urteil	24	32
	100	100

QUELLE: Allensbacher Archiv, IfD-Umfragen Nr. 2008, 2018

Tabelle 25
Bundesrepublik mit West-Berlin
Erwachsene Bevölkerung

FRAGE: "Natürlich kann niemand in die Zukunft sehen - aber was glauben Sie, wie die Welt in fünfzig Jahren aussieht: wer wird dann mächtiger sein: Amerika oder Rußland?"

	August 1953	Mai 1966	Januar 1969	März 1973	Mai 1975
	%	%	%	%	%
Amerika	32	28	21	14	13
Rußland	11	21	20	32	37
Beide gleich	9	16	21	21	22
Unmöglich zu sagen	48	35	38	33	28
	100	100	100	100	100

QUELLE: Allensbacher Archiv, IfD-Umfragen Nr. 065, 2015, 2048, 2092, 3015

Tabelle 26
Bundesrepublik mit West-Berlin
Erwachsene Bevölkerung

FRAGE: "Was meinen Sie: würden wir die Russen im Ernstfall gemeinsam mit den anderen westlichen Staaten besiegen können?"

	Februar 1955
	%
Der Westen besiegt die Russen	43
Die Russen besiegen uns	9
Niemand siegt	18
Unmöglich zu sagen	28
Andere Antwort	2
	100

QUELLE: Allensbacher Archiv, IfD-Umfrage Nr. 081

Tabelle 27
Bundesrepublik mit West-Berlin
Erwachsene Bevölkerung

FRAGE: "Eine Frage zur Rüstung in Ost und West: Nach dem, was Sie wissen oder gehört haben - wie schätzen Sie das Kräfteverhältnis gegenwärtig ein? Ist der Osten stärker oder der Westen stärker, oder sind Ost und West gleich stark?"

	Februar 1976
	%
Osten stärker	57
Westen stärker	6
Gleich stark	24
Weiß nicht	13
	100

QUELLE: Allensbacher Archiv, IfD-Umfrage Nr. 3024

Tabelle 28
Bundesrepublik mit West-Berlin
Erwachsene Bevölkerung

FRAGE: "Wenn wir eines Tages vor der Wahl stehen, entweder Europa sowjetisch werden zu lassen oder uns mit allen Mitteln gegen die Russen zu verteidigen – was ist dann wichtiger: unsere Lebensform zu verteidigen, auch wenn es dabei zu einem Atomkrieg kommt, oder vor allem den Krieg zu vermeiden, auch wenn man dann unter einer kommunistischen Regierung leben wird?"

	Februar 1955	April 1956	März 1959	Dezember 1975
	%	%	%	%
Unsere Lebensform verteidigen	38	35	32	25
Vor allem Krieg vermeiden	34	34	33	49
Unmöglich zu sagen	28	31	35	26
	100	100	100	100

QUELLE: Allensbacher Archiv, IfD-Umfragen Nr. 081, 093, 1028, 3022

Tabelle 29
Bundesrepublik mit West-Berlin
Erwachsene Bevölkerung

FRAGE: "In den letzten Jahren sind ja zwischen unserer Regierung und den Regierungen der Sowjetunion, Polens, der Tschechoslowakei und der DDR Verträge geschlossen worden. Was haben Sie für einen Eindruck: Sind Sie mit der Entwicklung, wie sie gelaufen ist, zufrieden, oder sind Sie enttäuscht?"

	Oktober/November 1975
	%
Enttäuscht	47
Zufrieden	23
Unentschieden	30
	100

QUELLE: Allensbacher Archiv, IfD-Umfrage Nr. 2172

Tabelle 30
Bundesrepublik mit West-Berlin
Erwachsene Bevölkerung

FRAGE: "Eine Frage zu Adenauer. Adenauer war ja von 1949 bis 1963 Bundeskanzler. Was sind Ihrer Ansicht nach Adenauers größte Verdienste? Könnten Sie es nach dieser Liste sagen?" (Listenvorlage)

	Mai 1967	Dezember 1975
	%	%
Die Heimführung der deutschen Kriegsgefangenen aus Rußland	75	66
Die Aussöhnung und Freundschaft mit Frankreich	69	62
Daß er Deutschland wieder zu Ansehen und Geltung in der Welt verholfen hat	64	64
Daß er die Bundesrepublik zu einer geordneten und stabilen Demokratie gemacht hat	48	54
Die Bemühungen um ein politisch vereintes Europa	48	43
Daß die Bundesrepublik bald ein selbständiger Staat wurde	46	53
Die Aussöhnung mit Israel, die Wiedergutmachung für die Juden	39	31
Die Eingliederung der Bundesrepublik in das westliche Verteidigungsbündnis, die NATO	35	39
Die Bemühungen um die Gründung und Festigung der Europäischen Wirtschaftsgemeinschaft, der EWG	34	30
Die Wiederangliederung des Saarlands an die Bundesrepublik	33	37
Die Bemühungen um die Wiedervereinigung	30	34
Daß er Rußland, dem Kommunismus gegenüber unnachgiebig war	28	34
Die Gründung einer großen Volkspartei, der CDU	24	37
Daß er sich für die soziale Marktwirtschaft eingesetzt hat	22	30
Der Aufbau der Bundeswehr	22	30
Unentschieden, andere Antwort	3	5
	620	649

QUELLE: Allensbacher Archiv, IfD-Umfragen Nr. 2028, 3022

Tabelle 31
Bundesrepublik mit West-Berlin
Erwachsene Bevölkerung

FRAGE: "Welcher große Deutsche hat Ihrer Ansicht nach am meisten für Deutschland geleistet?"

	Adenauer	Bismarck	Friedrich der Große	Hitler	Erhard	Brandt
	%	%	%	%	%	%
1950 (Januar)	-	35	9	10	-	-
1952 (August)	3	36	7	9	-	-
1953 (November)	9	32	6	3	-	-
1955 (Januar)	17	30	4	7	-	-
1956 (Januar)	24	27	3	8	-	-
1958 (Oktober)	19	28	3	4	-	-
1962 (August)	28	23	3	5	4	-
1963 (Mai)	28	21	4	5	7	-
1964 (April)	38	18	2	3	7	-
1966 (Dezember)	44	13	2	2	9	-
1967 (Mai)	60	17	1	2	4	-
1969 (November)	49	13	x	1	3	2
1971 (Juni)	47	21	2	2	3	3
1975 (April)	43	14	1	3	2	11
1976 (April)	51	10	1	2	2	8

x = weniger als 0,5 Prozent

QUELLE: Allensbacher Archiv, IfD-Umfragen Nr. 027, 053, 068, 080, 090, 1023, 1069, 1077, 1088, 2022, 2028, 2058, 2073, 3015, 3028

Tabelle 32
Bundesrepublik mit West-Berlin
Erwachsene Bevölkerung

FRAGE: "Wenn Sie einmal an die Männer denken, die in den letzten 30 Jahren in der Politik eine Rolle gespielt haben - wen halten Sie für den fähigsten unter diesen Politikern, welcher davon ist in Ihren Augen der größte? -Könnten Sie es nach dieser Liste sagen?" (Listenvorlage)

	Februar 1976
	%
Konrad Adenauer	47
John F. Kennedy	11
Willy Brandt	7
Theodor Heuss	6
Winston Churchill	5
Kurt Schumacher	4
Walter Scheel	3
Ludwig Erhard	3
Gustav Heinemann	2
Charles de Gaulle	2
Unentschieden	10
	100

QUELLE: Allensbacher Archiv, IfD-Umfrage Nr. 3024

WERNER WEIDENFELD

Konrad Adenauer – im Vorurteil der Zeitgenossen und im Urteil der Geschichte

Ein beliebter Gemeinplatz der politischen Konversation rühmt Adenauer als meisterhaften Taktiker. Viele glauben, der Hinweis auf die Raffinesse seiner Verhandlungsführung sei ausreichend als Erklärung seiner politischen Leistung. Dieser Gemeinplatz, dieses Mißverständnis begegnet uns zum einen in der Variante des humorvoll-gönnerhaften Augenzwinkerns, wenn beispielsweise die Züricher „Weltwoche" Adenauer bewundernd zum „Großvater der Füchse" erklärt[1]. Dagegen aber steht die bissige Kritik Golo Manns, der schrieb: Er blieb „ein Adept der Taktik" in einer eigenartigen Verbindung „gewaltiger persönlicher Autorität mit auf das Kleinmenschliche der Politik spekulierenden Tricks, Manövern, Duldungen"[2]. Und Heinrich Böll bezichtigte ihn damals gar der „bourgeoisen", der „wahnwitzigen Blindheit", des „Opportunismus" und „Zynismus", des „Materialismus" und der „Niedertracht", auch wenn er gleichzeitig konstatieren mußte: „Er war ein verflucht unbequemer Verhandlungspartner."[3] Aber gerade diese Verengung des Blickfeldes auf vermeintlich Handwerkliches in der Politik trifft nicht den Kern der besonderen Leistung Konrad Adenauers; sie hilft vielmehr, einen Mythos sich verfestigen.

So bildet Konrad Adenauer ein besonders deutlich greifbares Beispiel dafür, wie in der Vorstellungswelt weiter Kreise der Öffentlichkeit einzelne Akzente eines Politikers überzeichnet und andere gänzlich übersehen oder doch in vernebelte Unschärfe verdrängt werden können. Die Legendenbildung über Adenauer ist in vollem Gange – und hat in jüngster Vergangenheit ja auch aus prominentem Munde manchen Beitrag erfahren[4].

Wer sich diese Tendenz verdeutlicht, auf den muß die Einheit aller Demokraten im Feiern des Gedenkens Konrad Adenauers in diesen Monaten einen ambivalenten Eindruck hinterlassen, ambivalent aus verschiedenen Gründen:

Einerseits wird dies jeder begrüßen, der die Hinwendung zum Freund-Feind-Denken als ein der demokratischen Auseinandersetzung zutiefst wesensfremdes Element erkannt hat. Es wird dies auch jeder begrüßen, der einen Bezirk von Gemeinsamkeit aller Demokraten, auf den sich die Gegensätze im Widerstreit beziehen können, als elementare Notwendigkeit versteht.

Diese Gemeinsamkeit des Gedenkens unterstreicht die Übereinstimmung,

- daß Deutschlands Wiederaufstieg nach der größten Katastrophe seiner Geschichte mit dem Namen Konrad Adenauer untrennbar verbunden ist;
- daß seine Politik über den Weg der Verständigung und der friedlichen Vereinigung der Demokratien in Europa ein zentrales Fundament zur Überwindung von Haß, Mißtrauen und Not formte.

Darin liegt denn auch der erste, außerordentliche Dienst, den Konrad Adenauer Deutschland, Europa und der Welt geleistet hat: die Rehabilitierung Deutschlands, seine Wiedereingliederung in die Gemeinschaft der Völker, von der es sich im Zeichen von Hitlers Wahnsinn losgesagt hatte. Noch heute, in schon wieder tief veränderten Zeiten, existieren wir auf Grundlagen, die er schuf. Und wir sind uns dessen nur selten bewußt. Denn viele Erfolge der Adenauerschen Politik formen heute die unbefragten Gegebenheiten unseres Zusammenlebens; sie sind uns zur politischen Kultur geworden, in der wir leben, ohne uns ihrer Eigenart bewußt zu sein, ohne sie ausdrücklich mit seinem Namen zu verbinden.

Aber dennoch bleibt der Eindruck, den das harmonisch-gemeinsame Gedenken – nicht nur der Politiker, auch der früher kritisch distanzierten Publizisten – in diesen Monaten hinterläßt, ambivalent, weil sich mangelhaftes, nämlich punktuell reduziertes, Geschichtsbewußtsein vernehmen läßt, weil die Vorurteile und Mißverständnisse bleiben, weil die Konturen verschwimmen. So sind nicht wenige heute geneigt, die Politik Adenauers quasi als Ergebnis eines historischen Automatismus, als Ausdruck einer offenkundigen Zwangsläufigkeit zu begreifen und vergessen dabei die harten außenpolitischen, aber vor allem auch die erbitterten innenpolitischen Auseinandersetzungen der Nachkriegsjahre und die damals denkbaren und angestrebten Alternativen, jenes leidenschaftliche Ringen um die Weichenstellungen unseres politischen Lebens, um die Westintegration, um die Wiederbewaffnung, um den Beitritt zu NATO und EWG, um die Soziale Marktwirtschaft, um den Ausbau des Föderalismus. Diese Grundsatzentscheidungen wurden zwar damals alle in Adenauers Sinne getroffen, aber die ihnen zugrunde liegenden Alternativen und Kontroversen blieben in mancher Hinsicht latent vorhanden und gewannen inzwischen wieder an wirklichkeitsprägendem Gewicht. Vieles von dem bleibt im Gedenken unserer Tage unerwähnt. Ein punktuell reduziertes, manchmal willkürlich-spekulatives Geschichtsbewußtsein wird uns so zum aktuellen politischen Problem. Denn die Frage nach dem Geschichtsbewußtsein ist ja fast gleichbedeutend mit der Frage nach unserem gegenwärtigen Selbstverständnis. Geschichtsvorstellung und Zukunftsperspektiven bedingen sich gegenseitig. Das, was gewollt wird, ist eine Verlängerung der als Geschichte verstandenen Vergangenheit in die Zukunft hinein. Insofern wird plausibel, daß falsche Geschichtsbilder und inhumane Politik in einem Verhältnis der Abhängigkeit zueinander stehen[5].

Wenn Gegenwart erst als geronnene Geschichte eine offene Zukunft hat, dann erwächst uns als aktuelle Notwendigkeit die Auseinandersetzung mit dem Ganzen der Politik Adenauers, also weder vordergründige Apologetik einerseits noch Pflege liebgewonnener Klischees andererseits; erst recht nicht eilfertiges Vergessen wichtiger Akzente, gleich dem gedankenlosen Wegwerfen abgerissener Kalenderblätter. Nur in der unvoreingenommenen, kritischen Auseinandersetzung wird Adenauers Name nicht bloß zum Symbol einer vergangenen Zeit.

In dieser Absicht, Legenden in Frage zu stellen, will ich mich nun mit einigen weit verbreiteten Vorurteilen gegenüber der Politik Adenauers auseinandersetzen:

1. Seine Ost- und Deutschlandpolitik sei phantasielos erstarrt und von den verpaßten Chancen gekennzeichnet gewesen.

2. Adenauer habe sich auf Regierungshandeln beschränkt, zu seiner eigenen Partei aber ein relativ distanziert-gleichgültiges Verhältnis gehabt, vor allem aber habe er keinen Beitrag zur programmatischen Entwicklung seiner Partei geliefert.
3. Er sei ein reiner Techniker der Macht geblieben.

Es gibt keinen Zweifel daran: Adenauers Ost- und Deutschlandpolitik hat manch einen irritiert, hat zu Kritik provoziert; sie ist bis zum heutigen Tage manch einem merkwürdig unverständlich geblieben. Und nur so wird es erklärlich, daß sie nach 1969 der Bundesregierung einerseits als Folie für den Hinweis auf die ungebrochene Kontinuität deutscher Außenpolitik dienen konnte; daß sie aber andererseits gleichzeitig in ihrer angeblich sterilen Verkrustung als zentrales Motiv für einen nachdrücklichen Kurswechsel herhalten mußte. Der Mythos von der phantasielos erstarrten Ostpolitik und den damit verpaßten Chancen wuchert bis zum heutigen Tage. Wie aber steht es nun wirklich mit dem ostpolitisch angeblich unflexiblen Adenauer?

Der Versuch einer Analyse seiner Ost- und Deutschlandpolitik muß zunächst die Grundlagen und Ziele kennzeichnen[6]. Adenauer selbst führte dazu in einer seiner ersten Regierungserklärungen am 21. Oktober 1949 vor dem Deutschen Bundestag aus:

,,Ich stelle folgendes fest: In der Sowjetzone gibt es keinen freien Willen der deutschen Bevölkerung. Das, was jetzt dort geschieht wird nicht von der Bevölkerung getragen. Die Bundesrepublik Deutschland stützt sich dagegen auf die Anerkennung durch den frei bekundeten Willen von rund 23 Millionen stimmberechtigter Deutscher. Die Bundesrepublik Deutschland ist somit bis zur Erreichung der deutschen Einheit insgesamt die alleinige legitimierte staatliche Organisation des deutschen Volkes."[7]

Aus dieser Position Adenauers heraus geht es im Kern der Deutschland-Frage um die politische Freiheit unseres Volkes. Insofern steht die Bundesrepublik in einer Pflicht gesamtdeutscher Verantwortung, von der sie sich gar nicht dispensieren kann. Jede durch freie Wahlen legitimierte deutsche Regierung hat die Pflicht, vor den Völkern der Welt zu garantieren, daß es auch für einen künftigen gesamtdeutschen Staat keinen anderen Weg gibt, als den der freiheitlich rechtsstaatlichen Demokratie. Vor dem Hintergrund der nationalsozialistischen Zeit muß der Welt die Sicherheit geboten werden, daß von Deutschland nicht ein weiteres Mal der Geist der Unfreiheit ausgehen wird.

Auf dieser Grundlage bestanden für Adenauer zunächst die unmittelbaren und praktischen Aufgaben der Deutschlandpolitik vor allem darin,
- die westlichen Alliierten auf das Ziel der Wiedervereinigung zu verpflichten,
- die Vier Mächte unter keinen Umständen aus ihrer Verantwortung für Deutschland als Ganzes zu entlassen,
- jegliche Sanktionierung des Status quo der Teilung zu verhindern,
- keine Lösung zuzulassen, die nicht letztlich die freie Zustimmung des deutschen Volkes fand.

Ziele also, die in den Pariser Verträgen, aber auch in der Haltung zu den sowjetischen Deutschlandnoten des Jahres 1952 ihren greifbaren Niederschlag fanden.

Die im Zusammenhang mit den sowjetischen Deutschlandnoten vertretene

These der ,,verpaßten Gelegenheit" geht davon aus, daß damals die Sowjetunion um der internationalen Entspannung willen bereit gewesen sei, den Preis der Wiedervereinigung zu zahlen; ihre erfüllbare Bedingung sei lediglich gewesen, daß Gesamtdeutschland eine militärische Stellung zwischen den Blöcken einnehme.

Vergegenwärtigen wir uns zunächst kurz den Inhalt des Notenwechsels: Die eigentliche Note Stalins an die Westmächte vom 10. März 1952 war recht kurz und stellte eigentlich nur das Begleitschreiben zu dem beigefügten ,,Entwurf für einen Friedensvertrag mit Deutschland" dar[8]. Es sollte ein Friedensvertrag geschlossen werden, der die Entwicklung eines ,,einheitlichen, unabhängigen, demokratischen und friedliebenden" deutschen Staates ,,in Übereinstimmung mit den Potsdamer Beschlüssen" fördere. Sämtliche Besatzungstruppen sollten aus Deutschland abgezogen werden. Es sollte Deutschland künftig verboten sein, Koalitionen oder Militärbündnisse einzugehen, die sich gegen irgendeinen Staat richteten, der mit seinen Streitkräften am Krieg gegen Deutschland teilgenommen hatte. Dafür aber sollte es Deutschland gestattet sein, eigene nationale Streitkräfte zu besitzen, ,,die für die Verteidigung des Landes notwendig sind". Diese Wendung zur deutschen Nationalarmee empfand Adenauer als primitive Spekulation mit einem möglicherweise wiedererwachenden deutschen Nationalismus[9], den die Sowjetunion möglicherweise sowohl schüren als auch dann für ihre Interessen nutzen wolle. In einer Aufzeichnung zu einem damals geführten Informationsgespräch steht: ,,Viele Deutsche verträten leider die kindliche Auffassung, daß die Sowjetunion ein Interesse daran haben könnte, die Sowjetzone freizugeben und aufgrund freier Wahlen die Einheit Deutschlands wiederherzustellen [. . .] Noch einmal auf die sowjetische Politik zurückkommend, betonte der Bundeskanzler, daß der Russe überhaupt nicht so intelligent sei, wie man vielfach glaube. So habe er das deutsche Nationalgefühl mißbraucht, von der Aufstellung einer deutschen Nationalarmee, der Bildung eines Nationalstaates gesprochen und habe damit nur erreicht, daß M. Schuman in Paris die Mehrheit erhalten habe."[10]

Das Thema der freien Wahlen tauchte nicht in der ersten Note vom 10. März 1952 auf, sondern erst in den gleichlautenden Antwortnoten der drei Westmächte vom 25. März 1952[11]. Sie wiesen die Aufstellung einer deutschen Nationalarmee entschieden als Rückschritt zurück und forderten freie Wahlen, aus denen eine gesamtdeutsche Regierung hervorgehen solle. Sie folgten damit der, mit Ausnahme der kommunistischen Abgeordneten, einstimmig vertretenen Linie des Deutschen Bundestages. In ihrer zweiten Note, vom 9. April 1952[12], ging die Sowjetunion auf den Vorschlag der freien Wahlen ein, schlug jedoch an Stelle einer UN-Kommission eine Kommission der vier Besatzungsmächte vor. In ihren gleichlautenden Antwortnoten vom 13. Mai 1952[13] legten die Westmächte ihre Bedenken gegen eine so zusammengesetzte Kommission vor, denn die Erfahrungen während der Zeit der Vier-Mächte-Kontrolle in Deutschland ließen darauf schließen, daß diese Kommission nicht in der Lage wäre, zu zweckdienlichen Entscheidungen zu gelangen. Die dritte sowjetische Note, vom 24. Mai 1952[14] – also wenige Tage vor der für den 26. bzw. 27. Mai angesetzten Unterzeichnung des Deutschland- und des EVG-Vertrages –, unterstrich nochmals die vorher eingenommenen Standpunkte, sowohl was die

Vier-Mächte-Kommission als auch was die nationalen Streitkräfte betraf. In ihren Antwortnoten vom 10. Juli 1952[15] forderten die Westmächte erneut eine internationale, nicht auf die Vier Mächte beschränkte Kommission. Darauf antwortete die Sowjetunion am 29. August 1952 mit einer Note[16], in der sie den Standpunkt vertrat, eine solche internationale Kommission mache Deutschland zum Untersuchungsobjekt und könne nur als Beleidigung der deutschen Nation angesehen werden. Daraufhin erneuerten am 23. September[17] die Westmächte ihren Vorschlag vom 10. Juli, ,,eine Zusammenkunft der Vier Mächte, die im Oktober stattfinden könnte, möge das unmittelbare Problem der Zusammensetzung, Aufgaben und Befugnisse einer unparteiischen Untersuchungskommission erörtern". Daraufhin erfolgte seitens der Sowjetunion keine Antwort mehr.

Der Notenwechsel wirft, insbesondere in unserem Zusammenhang, im wesentlichen drei Fragen auf:

1. Von welcher Ernsthaftigkeit war das sowjetische Angebot getragen?
2. Bedeutete die Neutralisierung Deutschlands eine realistische Perspektive?
3. Hätte man nicht auf die Forderung freier Wahlen verzichten sollen?

Ad 1: Man muß sich zunächst die allgemeine politische Ausgangslage vor Augen halten, in der der Notenwechsel stattfand[18]. Die Vier-Mächte-Verwaltung für Deutschland war vornehmlich daran gescheitert, daß die Sowjetunion zwar an der Regelung der wirtschaftlichen und politischen Verhältnisse in Westdeutschland maßgeblich mitwirken wollte, ohne jedoch den Westmächten irgendeinen Einfluß auf die eigene Besatzungszone zuzugestehen. Gescheitert war auch der Rat der Außenminister, der u. a. die Aufgabe hatte, die Grundlagen für einen Friedensvertrag mit Deutschland auszuhandeln[19]. Als daraufhin die Westmächte anstrebten, Westdeutschland zu konsolidieren, ging 1948/49 von den USA eine Initiative zur Wiederbewaffnung Deutschlands aus[20]. Das Problem, das sich für Adenauer daraus ergab, war, für einen deutschen Verteidigungsbeitrag annehmbare Gegenleistungen zu erhalten, nämlich politische Selbstbestimmung, eine Sicherheitsgarantie für das Territorium der Bundesrepublik und die gleichberechtigte Integration des deutschen Verteidigungsbeitrags in ein europäisches oder atlantisches Bündnis. Diese Voraussetzungen waren mit dem Deutschland- und dem EVG-Vertrag gegeben, die im Frühjahr 1952 zur Unterschrift vorlagen. In diese Situation sandte Stalin seine erste Note, die darauf hinauslief, nach dem ursprünglichen Scheitern der Vier-Mächte-Verhandlungen und kurz vor dem ersten Abschluß der Konsolidierung des westlichen Lagers neue Verhandlungen mit der Sowjetunion aufzunehmen, ohne greifbare Aussichten zu haben, daß man diesmal zu positiven Ergebnissen gelangen werde.

Daneben bleibt festzuhalten, daß die Noten keine Formulierung enthielten, die eine Änderung der alten sowjetischen Politik hätte erwarten lassen können. Vielmehr wird durch die Wahl des Zeitpunkts, kurz vor Unterzeichnung der beiden Verträge, deutlich, daß zumindest als wichtige Intention mitschwang, die Konsolidierung Westeuropas zu stornieren. Zumal andernfalls für die Sowjetunion durchaus die Möglichkeit bestanden hätte, die Ernsthaftigkeit ihrer Vorschläge durch zusätzliche politische Aktivitäten nachdrücklich zu unterstreichen.

Hans Buchheim führt in diesem Zusammenhang noch folgendes an[21]:
a) Es kann niemand, der in Verhandlungen vorgibt, ein bestimmtes Ziel zu erreichen, welches er in Wahrheit gar nicht erstrebt, gezwungen werden, dies offen und klar zu erklären. Wer also die Weise, in der das Verhandlungsangebot formuliert ist, und die begleitenden Indizien nicht als ausreichende Belege für mangelnde Ernsthaftigkeit anerkennt, wird einen Beweis dafür überhaupt nicht erbringen können.
b) Wenn ein sicherer Beweis dafür gefordert wird, daß es keinerlei Chance der Wiedervereinigung gegeben habe, so gilt es zu beachten, daß der Bereich des theoretisch Denkbaren immer größer ist als der Bereich dessen, was sich praktisch als Unmöglichkeit erweisen läßt. Es existiert immer ein offenes Feld zwischen der theoretisch möglichen Behauptung und dem schlüssig Widerlegbaren; man verlangt im Irrtum eine sichere Widerlegung, die es aus logischen Gründen nicht geben kann.
Für Adenauer besaß die Sicherheit der Integration in eine freie Gemeinschaft unumstößliche Dominanz.
Ad 2: Bemerkenswert erscheint, daß in dem sowjetischen Friedensvertragsentwurf zwar Neutralität für Deutschland festgelegt war; diese Neutralität wurde jedoch mit Begriffen definiert, die, in der Tradition der sowjetischen Deutschlandpolitik stehend[22], eindeutig auf eine Ausdehnung des sowjetischen Einflusses abzielten. Begriffe wie ,,demokratisch" oder die Zugehörigkeit ,,zur Familie der friedliebenden Völker" seien hier beispielhaft erwähnt.
Daneben wird man die Frage stellen müssen, ob die Voraussetzungen für eine Neutralisierung gegeben waren. Denn langfristig kann ein Land seine Neutralität nur dann behaupten, wenn es entweder von der politischen Umwelt unabhängig ist, oder wenn es das völlige Vertrauen der Weltöffentlichkeit besitzt, wie es etwa bei der Schweiz der Fall ist. Im anderen Fall läuft der Versuch der Neutralität darauf hinaus, in das Gravitationsfeld einer anderen Macht zu geraten. Für Adenauer war daher eine Neutralisierung keine realistische Option[23]. Die Konsonanz der Werte, die Integration wie Nation in seiner Sicht fundierten, boten für ihn dazu die rationale Grundlage.
Ad 3: Die Forderung nach freien Wahlen wurde vielfach als Zumutung für die Sowjets verstanden; auf ihr hätte man nicht bestehen dürfen, wenn man in der Frage der Wiedervereinigung Fortschritte erzielen wollte. Aber an dieser Stelle zeigt sich in deutlichster Weise die dichte Verflechtung grundsätzlicher Orientierung und konkreter politischer Einzelmaßnahme. Der Gedanke, auf eine demokratisch legitimierte, politische Freiheit garantierende Regierung zu verzichten, war für Adenauer nicht akzeptabel, Ausdruck jener Haltung, politische Freiheit höher einzuschätzen als nationalstaatliche Einheit.
Aus der Beschreibung dieser Position heraus wird plausibel, daß für Adenauer europäische Integration und Einheit der deutschen Nation durchaus keine unvereinbar gegensätzlichen Ziele waren. Denn was von manchen Beobachtern für eine neue Einsicht gehalten wird, hatte Adenauer schon unmittelbar nach Kriegsende erkannt: daß es eine zufriedenstellende Lösung der deutschen Frage nur im gesamteuropäischen Rahmen geben konnte. Wenn in diesem gesamteuropäischen Rahmen aber das Prinzip der Freiheit wirksam werden sollte, dann hatte das zur Voraussetzung, daß die westeuropäischen Staaten

imstande waren, das gesamteuropäische Konzept entscheidend zu beeinflussen. Also gab es zu einer freiheitlichen Lösung der deutschen Frage im europäischen Rahmen, aus Adenauers Sicht, keinen anderen Weg als den über ein starkes, freies Westeuropa.

Die Konsonanz grundsätzlicher Wertorientierung in den Zusammenhängen von Integration und Nation sowie der Versuch ihrer glaubwürdigen Realisierung in der konkreten politischen Aktion löst die vielfach mißverstandene Antinomie von Adenauers Europa- und Deutschlandpolitik auf, verweist zumindest auf das Selbstverständnis eines Mannes, der hier Positionen so begriff, daß sie durch keinerlei Zugeständnis an sonst betont praktiziertem politischen Pragmatismus ausfransen durften.

Mit der Darstellung dieser Grundposition ist aber nur die eine, die primär nach außen gerichtete Linie der Ost- und Deutschlandpolitik skizziert. Konrad Adenauer selbst verfolgte daneben aber noch eine zweite Linie, die diese erste Linie ergänzte und intensive Beobachtung verdient.

Für Adenauer wuchs in den fünfziger Jahren die Gefahr eines Arrangements der Weltmächte auf Kosten Deutschlands, eine Vorstellung, die er selbst als „Alpdruck von Potsdam" bezeichnete. Damit beschrieb er die Befürchtung einer Einigung der ehemaligen Kriegsgegner auf Kosten der Deutschen. Zwangsläufig gehörte zu den Konstanten der Außenpolitik Adenauers, eine solche Einigung von Ost und West auf Kosten Deutschlands in jedem Fall zu verhindern. Darin liegt auch manche Verkrampfung begründet, mit der er auf Versuche zunehmender Kooperation zwischen Ost und West reagierte. „Bismarck hat von seinem Alpdruck der Koalitionen gegen Deutschland gesprochen", so stellte er seine Bedenken in den Rahmen historischer Kontinuität. „Ich habe auch meinen Alpdruck: Er heißt Potsdam. Die Gefahr einer gemeinsamen Politik der Großmächte zu Lasten Deutschlands besteht seit 1945 und hat auch nach Gründung der Bundesrepublik weiter bestanden. Die Außenpolitik der Bundesrepublik war von jeher darauf gerichtet, aus dieser Gefahrenzone herauszukommen. Denn Deutschland darf nicht zwischen die Mühlsteine geraten, dann ist es verloren."[24] Nachdrücklich entwarf er immer wieder diese unglückselige Perspektive: „Potsdam, das hieß: Einigen wir uns auf Kosten Deutschlands!"[25] Mit beschwörenden Worten trat er für den Weg ein, den er für den unter diesen Gesichtspunkten einzig gangbaren hielt: „Der deutsche Weg mußte nach Europa führen und nicht in eine nationale Einsamkeit, die zugleich eine weltpolitische Verlassenheit wäre".[26]

Dieser Alpdruck Adenauers verband sich mit weiteren konkreten Erwartungs- und Befürchtungslinien:

– Mangelnde Integrationserfolge in Westeuropa und die Wiederbelebung des amerikanischen Isolationismus konnten den Rückzug der Amerikaner aus Europa zur Folge haben, was einen erheblichen Machtzuwachs seitens der Sowjetunion bedeuten mußte[27].

– Auch könnte ein sich erneut aktivierender deutscher Nationalismus die Kriegskoalition wieder enger zusammenführen.

– Die Bestrebungen, zu Rüstungskontrollmaßnahmen zu gelangen, barg für Adenauer die Gefahr, daß der Bundesrepublik möglicherweise eines Tages der Schutz der Allianz versagt werden könnte.

– De Gaulles weltpolitische Ambitionen ließen Adenauer die Gefahr eines neuen französisch-russischen Zusammenspiels erahnen[28]. Adenauer begegnete de Gaulle in diesem Kontext mit erheblichem Mißtrauen[29].
– Auch der Mangel an Kredit und Ansehen Deutschlands nach dem Zweiten Weltkrieg konnte im Falle eines Nachlassens der Kooperationswilligkeit im westlichen Lager ein ernstes Syndrom ergeben.
So blieb für Adenauer jeder Gewinn internationalen Vertrauens immer labil. Dabei betonte er den Charakter der Labilität besonders bei innenpolitisch jeweils passenden Gelegenheiten. Aber unabhängig von dieser taktischen Dimension berührte ihn diese Frage zutiefst. Und diese Ziele, Vertrauen zu gewinnen und die Gefahr der internationalen Isolation abzuwenden, verliehen für ihn auch der Ratio europäischer Integrationspolitik unverwechselbare Konturen.
Ausgangspunkt der besonderen Virulenz der Vorstellung, die Adenauer mit „Alpdruck von Potsdam" beschrieb, war der grundlegende Wandel der weltpolitischen Konstellation. Etwa seit 1955 zeichnete sich ein atomares Patt zwischen den Supermächten ab. Für Amerika tauchte damit zum erstenmal in seiner Geschichte die Möglichkeit einer Kriegsbedrohung im eigenen Lande auf, und zwar die Möglichkeit der totalen Vernichtung durch Atomwaffen. Dies mußte bei den Amerikanern den Wunsch wachsen lassen, zu Übereinkünften mit den Sowjets zu gelangen, und sei es auf Kosten deutscher Interessen. Erste Anzeichen einer derartigen Entwicklung brachte die Genfer Gipfelkonferenz vom Juli 1955[30]. Dort erfolgten die ersten Konzessionen der Amerikaner in der Form, daß sie ihren Grundsatz aufgaben, daß Fortschritte in der Deutschland-Frage die Voraussetzung für Abrüstungsvereinbarungen seien. Besonders deutlich wurde der Schwund an Solidarität der westlichen Alliierten gegenüber Deutschland in der Zeit nach dem sowjetischen Berlin-Ultimatum vom 27. November 1958[31]. Damals waren die angelsächsischen Mächte durchaus bereit, ihre Berlinposition aufzugeben. Adenauer notierte sich in jenen Tagen zur Haltung Londons und Washingtons: „Der Gesamteindruck, den ich hatte, war deprimierend."[32] Dies alles bewegte Adenauer dazu, neben der Politik der westlichen Solidarität mit Deutschland, die er eigentlich wünschte und auch weiterhin nach Kräften förderte, die Alternative eines west-östlichen Zusammenwirkens auf der Ebene der Weltmächte mit einzukalkulieren.
Auf dieser zweiten Linie mußte die Bundesrepublik selbst aktiv werden, Initiativen einbringen, den direkten Kontakt zu Moskau suchen und pflegen. Adenauers Bestreben, mit Moskau in einem direkten Gespräch zu bleiben, kennzeichnen viele seiner Einlassungen in jenen Jahren. Als beispielsweise in der Sitzung des Außenpolitischen Ausschusses des Bundesrates Bremens Bürgermeister Kaisen am 3. Dezember 1954 die Ansicht äußerte, daß die Zeit für Deutschland arbeite, entgegnete Adenauer, man müsse nunmehr schnell den alten Abschnitt der Nachkriegsentwicklung beenden, um zu Verhandlungen mit Rußland zu gelangen. Von dieser Entgegnung ist der Bogen zu schlagen bis zur Tagebuchaufzeichnung Heinrich Krones vom 7. Dezember 1961: „Drei Stunden beim Kanzler. Ein Gespräch über Vieles. Er gibt mir die Niederschrift über sein Gespräch mit Smirnow. Für den Rest seines Lebens halte er es für das Wichtigste, das er noch tun wolle, unser Verhältnis zu Rußland in eine erträgliche Ordnung zu bringen."[33]

Die Veränderung des weltpolitischen Szenariums führte Mitte der fünfziger Jahre zu einer wichtigen Revision der Deutschlandpolitik Adenauers[34]. Denn in dem Maße, in dem den westlichen Alliierten an einem Arrangement mit der Sowjetunion möglicherweise ebenso viel oder gar mehr gelegen war als an einer positiven Lösung der deutschen Frage, war es besser, wenn diese nicht mehr auf die Tagesordnung von Ost-West-Konferenzen kam, weil das die Möglichkeit erleichtert hätte, Vereinbarungen auf Deutschlands Kosten zu treffen. Daher begann seit 1956 Adenauer selbst dafür einzutreten, daß auf Ost-West-Konferenzen die Abrüstung die primäre Frage sein müsse und daß sich dann auf dieser Basis die Deutschland-Frage leichter lösen lasse. Dies war und ist für denjenigen, der die Hintergründe nicht kennt, eine kaum verständliche Position. Es kann nicht überraschen, daß sich von daher der Eindruck festsetzte, Adenauer wünsche eigentlich gar nicht die Wiedervereinigung. Selbst sein vertrauter Gesprächspartner John Foster Dulles stellte damals irritiert und befremdet fest: „Ich scheine viel entscheidender für die Wiedervereinigung einzutreten als er."[35] In Wirklichkeit tat Adenauer, was unter den damals gegebenen Umständen für die Wiedervereinigung zu tun war, nämlich zu versuchen, ein Arrangement der Weltmächte auf Kosten Deutschlands zu verhindern, ein Arrangement, das eine Wiedervereinigung und die Erlangung der Freiheit in ganz Deutschland wohl endgültig ausgeschlossen hätte.
Vor diesem Hintergrund wird auch deutlich, wieso Adenauer von der zweiten Hälfte der fünfziger Jahre an intensiver das direkte Gespräch mit Moskau suchte. Adenauers Denken und Handeln war hierbei sehr variantenreich, vielfältig nach neuen Ansätzen suchend, gedanklich experimentierend, engagiert um Fortschritte ringend. Damals notierte Heinrich Krone mit dürren Worten in sein Tagebuch: „In Gesprächen mit dem Kanzler oft die Frage nach der deutschen Politik zum Osten hin erörtert [. . .] Unsere Gespräche gehen um neue Wege."[36]
Aus der Vielfalt der damaligen Überlegungen will ich zwei spektakuläre hier besonders erwähnen: die Vorschläge einer Österreich-Lösung und die eines Burgfriedens in der deutschen Frage[37].
Am 19. März 1958 fragte Adenauer den sowjetischen Botschafter in Bonn, Smirnow, ganz direkt[38], ob die Sowjetunion bereit sei, der DDR einen Status zu geben, wie ihn Österreich habe; Österreich hätte zwar bestimmte Neutralitätsverpflichtungen übernehmen müssen, besitze aber die Möglichkeit, sein Leben im Innern selbst zu gestalten. In gleicher Weise könnte man vereinbaren, daß die DDR zwar keinesfalls den Anschluß an die Bundesrepublik vollziehen, daß aber die Bevölkerung ihre inneren Angelegenheiten in freier Selbstbestimmung gestalten dürfe. Durchaus nicht realitätsfremd bemerkte Adenauer am Ende des Gesprächs, wenn dies der deutschen Öffentlichkeit bekannt werden würde, riskiere er, von seinen eigenen Leuten gesteinigt zu werden. Er notierte sich damals: „Wir mußten realistisch unsere Möglichkeiten abschätzen und uns dessen bewußt bleiben, daß das Wichtigste eine Erleichterung des Loses der Menschen in der Zone war."[39] Dies geschah im März und April des Jahres 1958[40] – also zwei Jahre bevor ein solch phantasievoller Denker wie Karl Jaspers diese Idee in die öffentliche Diskussion brachte.
Neben dieser Vorstellung ventilierte Adenauer von 1958 bis 1963 in verschiede-

nen Varianten den Grundgedanken eines Stillhalteabkommens. Als präziseste Formulierung existiert davon der sogenannte Globke-Plan in den beiden Fassungen vom Januar 1959 und November 1960[41].

Er beinhaltete im wesentlichen folgende Punkte:

– Beide deutschen Staaten erkennen sich gleichberechtigt als souverän an.

– Der Verkehr zwischen den beiden Staaten ist von jeder Beschränkung frei.

– Nach fünf Jahren findet eine Volksabstimmung zur Wiedervereinigungsfrage statt. Es wurde aber auch an größere Zeiträume gedacht.

Neben seinem unmittelbaren taktischen Wert sah Adenauer in diesem Vorschlag zwei weitere Vorteile:

– Ein ungehinderter Personenverkehr zwischen Ost und West mußte unweigerlich positive Konsequenzen in der DDR zeigen.

– Mit der Garantie der Sowjets, für eine bestimmte Zeit keine weiteren einseitigen Maßnahmen zu treffen, wäre eine optimale Voraussetzung für aussichtsreiche Ost-West-Verhandlungen gelegt.

Adenauer dachte aber auch daran, daß die Sowjetunion einerseits die Statusaufwertung, die mit der Anerkennung der DDR zwangsläufig verbunden sein würde, begrüßen mußte; andererseits rechnete er mittelfristig mit einer gewissen Konzessionsbereitschaft Moskaus – wegen seiner schwierigen Position in bezug auf Peking und aus wirtschaftlichen und innenpolitischen Gründen.

Unverzichtbares Element dieses Vorschlags aber blieb, daß das letzte Wort die betroffene Bevölkerung in freier Entscheidung haben müsse. Denn für Adenauer waren freie Wahlen und damit der Rückbezug auf die Volkssouveränität nicht ein auswechselbares Instrument nationaler Politik, nicht ein Element im Katalog denkbarer Kompromisse bei internationalen Verhandlungen. Die Garantie freier Wahlen bildete vielmehr die bestimmende Grundlage für jede langfristig akzeptable Lösung der Deutschland-Frage.

Gerade in der Ost- und Deutschlandpolitik hat Adenauer bewiesen, wie ein Politiker aus der Sicherheit seiner Rechtspositionen heraus, sehr flexibel verhandeln kann. Gleichzeitig aber hat er die Erkenntnis realisiert, daß Rechtspositionen in ihren Akzentuierungen und in ihrer konkreten Wirklichkeit vom politischen Kontext abhängig sind. Konrad Adenauer hat gezeigt, wie ein Staatsmann seine Treue zu sich selbst dadurch beweist, daß er die Fähigkeit zu neuen Denkansätzen wahr macht.

Seine direkten Sondierungen in Moskau, aber auch seine Überlegungen, die deutsche Frage vor die UNO zu bringen, nicht zuletzt seine noch 1963 unternommenen Bemühungen, im Westen eine Politik zu initiieren, die die sowjetischen Getreidekäufe nur unter der Bedingung deutschlandpolitischer Konzessionen zulassen sollte[42], dies alles vermittelt das Bild bedachtsam kalkulierter Beweglichkeit, der es nicht an neuen und kühnen Einfällen mangelt.

Natürlich stellt sich nun die Frage nach den wesentlichen Elementen des Wandels, nach der Diskontinuität der deutschen Ostpolitik nach 1969.

Fünf Punkte der Diskontinuität müssen jedoch in historischer Perspektive festgehalten werden:

1. Im Unterschied zur Politik Adenauers fehlte im Anerkennungskonzept Brandts die klare Bindung und Artikulation der Volkssouveränität in ganz Deutschland als Grundlage der Politik. Die Zielbestimmung des Selbstbestim-

mungsrechts hatte sich in dieser Adenauerschen Eindeutigkeit aufgelöst, sie wurde zumindest nicht mehr artikuliert, geschweige denn in einer bindenden Verpflichtung fixiert.

2. Adenauer vermied sorgfältig alle innenpolitischen Erfolgszwänge. Denn innenpolitische Erfolgszwänge bedeuten unabweisbar die Reduzierung der eigenen außenpolitischen Handlungsfähigkeit.

3. Ein unverrückbarer Grundsatz der Adenauerschen Politik blieb, Konzessionen nur Zug um Zug gegen Gegenkonzessionen zu machen.

4. Adenauer ließ sich auf willkürlich interpretierbare Formeln ebensowenig ein wie auf bloße unverbindliche Absichtserklärungen.

5. Der Westen mußte – in Adenauers Sicht – sein Selbstverständnis, seine unverzichtbaren Prinzipien und Positionen deutlich artikulieren, wenn er in der Auseinandersetzung antagonistischer Ordnungssysteme überleben wollte. Insofern ging es in der Ostpolitik nicht um die wechselseitige Bestätigung freundlicher Gutwilligkeit und auch nicht um die Vernebelung eines tiefgreifenden Konflikts; vielmehr ging und geht es darum, Konflikte zwischen Ost und West rational zu disziplinieren. Konrad Adenauer konnte sich nicht darauf verstehen, solche Versuche der Rationalisierung zu einem Triumph und Durchbruch in hoffnungsvolles Neuland auszuschmücken, so wie dies dann sein dritter Amtsnachfolger tat[43]. Denn Adenauer spürte, mit welch sensiblem Respekt ein Politiker der wirklichen Sehnsucht und Hoffnung eines Volkes begegnen muß, wenn Vertrauen als die Grundlage humanen Zusammenlebens bewahrt bleiben soll.

Die geringe zeitliche Distanz verhindert ein endgültiges Urteil darüber, mit welch langfristiger Wirkung Konrad Adenauer seine ostpolitische Haltung seiner eigenen Partei hat ins Stammbuch schreiben können; seine Prinzipienorientierung, aber auch seine ausgeprägte Flexibilität, seine engagierte Beweglichkeit, seine Suche nach einem Arrangement, das ein mehr an Freiheit bedeuten würde. Und nicht jeder, der sich in der ostpolitischen Diskussion auf Adenauer beruft, kann dies mit Gründen tun.

Eindeutiger noch beantworten läßt sich aber die Frage – und damit komme ich zu meinem zweiten Punkt – nach dem programmatischen Beitrag Adenauers zu den geistig-politischen Konturen der Christlich-Demokratischen Union.

Wenn man die Fülle der Äußerungen Adenauers überblickt[44], ist man erstaunt, wie häufig dieser große Pragmatiker von den geistigen Grundlagen politischer Existenz gesprochen hat[45] und wie stark er bemüht war, die aktuellen Vorgänge in diese Dimension zu rücken. Indem er danach strebte, seine weltanschaulichen Überzeugungen in seiner eigenen Partei wirksam werden zu lassen, versuchte er einerseits, über den Tag hinaus geistig-politische Orientierungskraft zu entwickeln; andererseits sah er wie kaum ein anderer, in welch hohem Maße er auch als Regierungschef von der politischen Kultur seiner Partei abhängig war. Wer sich dies vergegenwärtigt, den kann nicht überraschen die große Intensität, mit der Konrad Adenauer den programmatischen Kurs der CDU und gleichzeitig seine konkrete Realisierung im politischen Alltag zu steuern, zu fixieren, zu bewegen suchte.

Die Grundfrage seines Zugangs zur Politik lautete:

„Wie ist der Anspruch auf allgemeine Freiheit der Person zu realisieren?"

Drei Teilantworten, die unterschiedliche Dimensionen menschlicher Existenz akzentuieren, will ich knapp verdeutlichen. Zunächst zur politischen Bedeutung des Christlichen für die Verwirklichung personaler Freiheit.

Konrad Adenauer besaß eine ganz ursprüngliche, ja eine im positiven Sinne naive Gläubigkeit. Seine ganz aufs Praktische gerichtete Frömmigkeit ließ ihn sein Verhältnis zur kirchlichen Hierarchie mit großer Gelassenheit und vernünftigem Selbstbewußtsein gestalten. Wir können dies so sagen, obwohl Adenauer sich jenen Sperrgürtel des Persönlichen bewahrte, der gerade in diesem Bereich zum Schutz vor ungebührlichem und darum vernichtendem Zugriff der Umwelt notwendig ist[46]. Es erschien ihm taktlos und ungehörig, die persönliche Frömmigkeit des einzelnen zum Gesprächsgegenstand zu machen. Bei aller sonstigen Direktheit und oftmals auch verletzenden Härte besaß er noch jene diskrete Zurückhaltung, die es einem verwehrte, sein Innerstes, seine persönlichsten Gefühle, zu Markte zu tragen und zur Diskussion zu stellen[47]. Diese diskret zurückhaltende Selbstverständlichkeit sollte auch den Umgang seiner Partei mit dem Christlichen in der Politik kennzeichnen. Pragmatische Einzelaktionen wollte er nicht zu religiösen Gewissensentscheidungen aufgeplustert sehen. „Ich vermeide auch, zu viel von Christentum in politischen Dingen zu sprechen", so formulierte er in einem Brief[48]. Im Mitarbeiterkreis hieß es drastischer: „Ich will nicht etwa, daß wir eine Art christlicher Missionsverein sind, kein Gedanke daran!"[49] Er fuhr dann allerdings fort: „Aber ich halte es für erforderlich, daß die Politik sich an den geistigen Werten der christlich-humanistischen Weltanschauung orientiert. Und wenn wir die geistigen Grundsätze unserer Partei zurücktreten lassen, dann gerät alles ins Rutschen, das geht an die Wurzel der CDU, das geht an ihr Fundament."

Das Christliche war so für ihn der selbstverständliche Quellgrund des Handelns, der Impuls zu sozialer Solidarität, das Motiv, den Nächsten zu sehen, sich in der Zuwendung zum Nächsten, im Dienst am Bruder selbst zu realisieren. Das „C" sollte die Befangenheit im Eigenen relativieren, die Übersteigerung des Selbst verhindern, der Zukunft ihre Offenheit erhalten, ohne sie ihres Sinns zu berauben.

Hermann Ehlers hat Adenauers ganz praktischen Zugang zum Christlichen einmal treffend charakterisiert: „Wir werden alle einmal Rechenschaft ablegen müssen über unser Wirken hier auf Erden. Wenn an jenem Tage die Frage nach dem Sinn seines Lebens an Konrad Adenauer ergeht, wird er den Kopf mit dem alten Gärtnerhut heben, den Staub von seinen Knien klopfen und wahrscheinlich antworten: ‚Ich habe von morgens bis abends Unkraut gejätet und Reben gepflanzt, Herr, und ich habe geglaubt, daß ich in deinem Weinberg für dich arbeite.'"[50]

Aber ein zweiter, bisher weniger beachteter Aspekt des Christlichen in der Politik hatte für Adenauer mindestens die gleiche Bedeutung.

Zwei Zitate von Äußerungen Adenauers können das Verständnis dafür eröffnen:

– Am 5. Mai 1946 traf er mit dem Vorstand der CDU Wuppertal zusammen. Nach Rhöndorf zurückgekehrt vermerkte er in einer damals angefertigten Aktennotiz: „Diese Herren legten in der Diskussion entschiedenen Wert darauf, in der Präambel des Programms den christlichen Charakter der CDU stärker betont zu sehen. Ich erklärte das nicht für nötig und führte aus, daß mir die Aufführung von religiösen Wahrheiten in einem Parteiprogramm und die öftere Nennung des Namens Gottes oder Christus in einem solchen unangebracht erscheinen."[51]

– In anderem Zusammenhang dagegen formulierte er: „Wir haben Vernunft und Gewissen, und beide sind uns von Gott geschenkt [. . .] An die Spitze unserer Überzeugungen möchte ich die Erkenntnis und den Glauben stellen, daß jeder Mensch eine unsterbliche Seele hat. Gerade hieraus folgen auch für das politische Leben sehr wesentliche und sehr entscheidende Forderungen, insbesondere das Postulat der persönlichen Freiheit. Dieses Postulat der persönlichen Freiheit schließt in sich die Verneinung der Vergottung des Staates."[52]

Wie passen beide, vordergründig doch so gegensätzlichen Aussagen zusammen? Die erste zielte nicht darauf, die Bedeutung des christlichen Glaubens für die Politik gering einzuschätzen, sondern sie will klarlegen, daß die Inhalte religiösen Glaubens nicht konkretes, detailliertes politisches Tagesprogramm sein können, daß sie vielmehr die Voraussetzungen sind für Politik als humane Lebensform. In diesem Sinne ergänzen sich die beiden Aussagen. Aus dem tiefen Eindruck der totalitären Herrschaft des Nationalsozialismus gewann die Frage für Adenauer besondere Brisanz, wie politische Macht und staatliche Herrschaft daran gehindert werden kann, eine Entwicklung zu nehmen, die den Menschen negiert. Die politische Ordnung durfte nicht erneut der Perversion verfallen, indem sie sich von ihren ethischen Grundlagen loslöste. Dazu benötigt das individuelle Selbstverständnis der einzelnen Person jedoch einen Bezugspunkt, der ihm gegenüber den Ansprüchen der Allgemeinheit die Legitimation vermittelt. Denn politische Freiheit kann es nur dort geben, wo der Staat dem einzelnen Bürger das Recht garantiert, sich in Grundfragen seines Lebens auf eine staats- und gesellschaftstranszendierende Instanz zu berufen. Wenn der einzelne, wenn sein Gewissen dieser Bezugspunkt zur Transzendenz ist, dann gewinnt er damit das Fundament, letzte Instanz für die Beantwortung individueller und kollektiver Sinnfragen zu sein. Nur auf diese Weise, so meinte Adenauer, könne sich der Bürger vor dem absoluten Anspruch innerweltlicher Heilslehren und vor dem Übergriff des Staates schützen. Die spezifische Leistung des Christlichen in der Politik liegt dann in der Disziplinierung politischer Herrschaft. Weil nur so personale Freiheit bewahrt bleiben kann.

Adenauer sah durchaus – und damit komme ich zum zweiten programmatischen Akzent –, daß der Gebrauch der Freiheit sozialer Voraussetzungen bedarf. Denn die Freiheit des einzelnen Menschen kann nie isolierte Freiheit, sondern muß immer gemeinsame Freiheit sein; aber eine solche gemeinsame Freiheit ist nicht als Selbstverständlichkeit gegeben, sondern muß ausdrücklich ermöglicht werden. Der Sinn des Sozialstaates erschöpft sich daher nicht in der besonderen Fürsorge für Menschen in akuten Notlagen. Der Staat ist vielmehr mitverantwortlich dafür, daß Freiheit und Gerechtigkeit im konkreten Alltag der Bürger verwirklicht werden. Für Adenauer hieß dies nicht, den Weg der Bevormundung oder der Verplanung zu gehen. Sondern der Staat sollte durch planvolle Gestaltung die materielle Voraussetzung zur optimalen Selbstverwirklichung des einzelnen schaffen. Es kann daher nicht überraschen, wenn Konrad Adenauer immer wieder die soziale Komponente der Sozialen Marktwirtschaft betont und unterstreicht und wenn er diese in der politischen Praxis kämpferisch auch gegen einen orthodoxen Wirtschaftsliberalismus auch in Kreisen seiner eigenen Partei durchsetzt.

In sein persönliches Handexemplar der im Auftrag des CDU-Bundesvorstandes von Rainer Barzel 1962 angefertigten Denkschrift über die Lage der CDU schrieb er dazu die Randbemerkung: „In unserem Programm spielte die Wirtschaft zuerst nicht die entscheidende Rolle, die darf sie auch nicht erhalten. Wir sind keine Wirtschaftspartei."[53]

Die entscheidenden Wegmarkierungen dieser Sozialpolitik sind uns nach wie vor präsent: Lastenausgleich, sozialer Wohnungsbau, dynamische Rentenversicherung, Mitbestimmung und Betriebsverfassung, um nur einige Stichworte aufzugreifen. Die Wirtschaft mußte in Adenauers Augen Dienerin des Menschen bleiben.

Politische Freiheit bedurfte aber für Adenauer einer weiteren Absicherung; dazu galt es die Bundesrepublik in die Gemeinschaft der freien Völker zu integrieren[54].

Europa war für ihn kein bloß geographischer, sondern ein geistig-politischer Begriff. Es galt den gemeinsamen Bestand gemeinsamer Werte, gemeinsamer Ideen zu entfalten. Wenn Europa in seinen Lebensmöglichkeiten bedroht würde, dann ging es um mehr als um ein regionales Problem. Es ging, in seiner Sicht, um den zivilisatorischen Beitrag, den Europa für die Welt zu leisten hatte. Deutschland sollte dort seinen Platz finden, wo es die Welt des 20. Jahrhunderts im Geist der Freiheit mitgestalten konnte. Insofern verstand er Europa nicht als bloßes Zweckbündnis, aber er maß ihm zweierlei Schutzfunktionen zu:

– Europa sollte Schutz gegenüber dem Kommunismus gewähren, einem Kommunismus, der in seiner totalitären Erscheinungsform und in seinem absoluten Materialismus freiheitsvernichtende Wirkung besitzen mußte;
– Europa sollte darüber hinaus aber auch dem Schutz des deutschen Volkes vor seinen eigenen fragwürdigen Traditionsbeständen[55], nämlich dem Nationalismus und den antiwestlichen Affekten, dienen.

Mit den antiwestlichen Affekten ist jene Vorstellung gemeint, die in der deutschen Kultur etwas qualitativ Höherstehendes sieht, als der westliche Rationalismus und seine Zivilisation je erreichen könne[56]. Antiliberale, antiegalitäre und antirationalistische Gesinnung, tief im Denken vieler Deutscher eingewurzelt, äußerte sich im 19. und 20. Jahrhundert in der Kritik an der Industriegesellschaft, am Parlamentarismus, am demokratischen Verfassungsstaat, die als westliche Importe denunziert wurden. Adenauer selbst erlebte das erneute Aufglimmen der alten antiliberalen Romantik in den Anfängen der APO-Bewegung in der zweiten Hälfte der sechziger Jahre noch mit.

Europäische Integration sollte einen wesentlichen Beitrag zur Überwindung dieser geistigen Strömung leisten, gleichzeitig aber eine zweite Haltung zu überwinden helfen, den Nationalismus. Adenauer appellierte unentwegt, das Zeitalter des Nationalismus müsse zu Ende sein. Er fürchtete die erneute Erweckung nationalistischer Instinkte mit unkalkulierbaren Folgen. So appellierte er beispielsweise 1954 in nächtlicher Sitzung beschwörend an die Außenminister Bech und Spaak, der deutsche und europäische Nationalismus werde wieder erstarken und außer Kontrolle geraten, wenn man das Projekt einer Europäischen Verteidigungsgemeinschaft als wichtigen Schritt zur Einigung Europas scheitern lasse. Im Gespräch mit ausländischen Journalisten formulierte er: „Wir alle hatten erleben müssen, wie ein übersteigerter Nationalismus Europa an den Rand des Abgrundes brachte. Aus dieser Katastrophe hatten fast alle Völker Europas Folgerungen gezogen. Sie hatten erkannt, daß ein Neubau des europäischen Lebens in Frieden und Freiheit nur dann möglich sei, wenn die Energien der Völker praktischer Zusammenarbeit dienstbar gemacht würden."[58] Einem solchen Europa der praktischen Zusammenarbeit galt Adenauers ganzes Engagement, einem Europa, das politisch als Einheit handlungsfähig sein sollte. Dies war weder ein Europa bloßer wirtschaftlicher Verflechtung noch ein Europa des technischen Perfektionismus. Mit einem offenen Zielbild von der politischen Vergemeinschaftung Europas verfolgte Adenauer vielmehr ein Konzept, das nicht auf eine einfache, griffige Formel zu bringen ist, die sich mit den orthodoxen Programmen seiner Zeit decken könnte.

Politik beschränkt sich aber nicht auf die Definition der Ziele, sie bedarf ebenso der Kunst der Verwirklichung[59]. Damit bin ich beim dritten Punkt.

Konrad Adenauer besaß ein Auftreten, eine Sprachart, kurzum einen Stil, der eindeutig identifizierbar war. Daß andere Stile im selben politischen System möglich sind, mit sehr unterschiedlicher Resonanz, das haben die vier Nachfolger bewiesen. Adenauers sachliche Nüchternheit, sein wortkarger Realitätssinn erweckten Vertrauen. Nach dem Maßlos-Missionarischen der vorangegangenen Epoche sah man hier eine verläßliche Bürgschaft gegen neue politische Abenteuer. Es sollte nicht der Sinn von Politik sein, Erlebnisarmut zu kompensieren. So hat jeder Staatsmann seine Stunde.

Und unsere heutige Zeit ist in dieser Hinsicht auf merkwürdige Art der damaligen gleich. Sie sucht nach einer Politik, die sich nicht in der bloß moralisierenden Gebärde gefällt und erschöpft. Sie sucht aber auch nach der Alternative zu einer Politik, die in überschwenglich-markiger Hektik es nicht mehr wagt, ihre Ziele eindeutig zu definieren. So wird inzwischen die Fähigkeit Adenauers zum nüchternen Kalkül und zur unprätentiösen Tat wieder als hohe Tugend der Politik empfunden. Und damit gerät dies zum Maßstab, der den Nachfolgern Adenauers im Amt des Bundeskanzlers bis heute verständlicherweise als unliebsam und beschwerlich erscheinen mag.

Adenauers Kunst der Verwirklichung seiner Ziele ist nicht mit der Legende von den einsamen Entschlüssen zu beschreiben. Der Ort, an dem sich der politische Erfolg entscheidet, ist die von Tag zu Tag, ja von Stunde zu Stunde wechselnde Situation. Adenauer besaß die überdurchschnittliche Fähigkeit, Situationen, auch wenn sie noch so schwierig verwickelt waren, zu durchschauen, den Fluß der personalen Zusammenhänge zu realisieren. Die Situationen sind festgemacht am Zusammentreffen der beteiligten Personen. Daher bemühte er sich mit großer Sorgfalt um ständige Information, auch über anscheinend unbedeutsame Details, ein mühsames Unterfangen. Denn die für die Kenntnis der politischen Lage entscheidenden Mitteilungen betreffen ja oft keine eindeutigen Sachverhalte, sondern Mutmaßungen, Ermessensurteile, Analogieschlüsse; sie beziehen sich auf Motive, Kontakte, Stimmungen, mehr oder minder spürbare Tendenzen[60]. Man muß gewissermaßen im täglichen Strom der Nachrichten stehen, von denen die meisten für sich allein unerheblich sind, wenn sich politisches Wissen allmählich anreichern soll. Und dazu besaß Adenauer ein unter Politikern relativ seltenes Talent: Er konnte zuhören[61]. Er war im Grunde immun gegen jene alltägliche Not vieler Politiker, nämlich ständig mit vielen reden zu müssen und dabei das Gespräch mit dem einzelnen zu verlernen. Adenauer ließ sich ganz auf den Gesprächspartner ein, ohne jenen Filter, der nur die eigene Vorstellungswelt bestätigen lassen will. Aus diesem Zuhören gewann Adenauer die Vorteile, die es ihm ermöglichten, die Situation zu meistern, und sich damit auch in der Sache durchzusetzen. Diese Fähigkeit war so offenkundig ausgeprägt, daß selbst einer seiner scharfen Kritiker zugeben mußte: ,,Mir schien er – wie ein Schachmeister – seinem Gesprächspartner im Denken immer zwei Züge voraus zu sein. Gepaart mit Geduld, war diese Überlegenheit gewiß ein Teil seines Erfolges.“[62] Adenauer hatte erfaßt, daß das Spezifische des politischen Denkens über die sachlichen Gegebenheiten hinausgeht, daß es immer auch um personale Verflechtungen geht, um die jeweils aktuellen Sorgen der Partner, um die Wechselwirkungen der Machtverhältnisse. Diese Gegebenheiten kann nur der zum eigenen Erfolg wenden, wer nicht die Disposition von gestern konservieren will, sondern sich von Augenblick zu Augenblick der neuen Wirklichkeit stellt. Dieses rastlose Bemühen Adenauers schildert ein Mitarbeiter treffend: ,,Er nutzte jede Minute: im Auto, während des Essens, ja noch, wenn er ruhte. Da verglich er, verwarf, kombinierte und setzte wieder von einer anderen Richtung her an. Er überschüttete nicht nur andere mit Gedanken und Plänen; noch ärger bestürmten sie ihn selbst und bedrängten seinen spärlichen Schlaf.“[63]

Symptomatisch für dieses subtile Verständnis des rationalen Machtgebrauchs erscheint Adenauers Sicht und Anwendung der Richtlinienkompetenz[64]. Adenauer verstand die Richtlinienkompetenz eben nicht als Möglichkeit zu Demonstration formaler Kraft. Vielmehr eröffnete sie ihm die Chance zur Initiative, zur Präjudizierung. Sie geriet ganz wesentlich zu einer Kompetenz des Akzentuierens und des Nuancierens, vor allem aber der Integration des Kabinetts. Es kann daher nicht verwundern, daß sich Adenauer nur sehr selten ausdrücklich auf seine Richtlinienkompetenz berief. Ein häufiger, formaler Bezug auf die Richtlinienkompetenz ist indessen das deutliche Zeichen für den Machtverfall eines Regierungschefs. Ein Politiker, dem es um langfristigen Erfolg geht, kann sich ja nicht auf einseitige Durchsetzung seiner Interessen, auf Überlistung und gerissene Taktik zurückziehen, sondern er muß die vorhandenen Machtpotentiale integrieren, ihren gemeinsamen Nenner finden.

Hier entdecken wir auch einen wesentlichen Zugang zu der über viele Jahre souveränen Überlegenheit Adenauers und zu seinem politischen Erfolg: die schöpferische Verknüpfung eindeutiger Prinzipien mit der sich ständig wandelnden Situation. Adenauers Bestreben, streng Wesentliches von Unwesentlichem zu unterscheiden, in einfacher Formulierung ohne jede terminologische Gespreiztheit das Signifikante seines Konzepts zu vermitteln, gab seiner Politik jenes bedeutsame orientierende Element. Adenauer spürte, daß in einer komplizierten Industriegesellschaft ein ganz elementares Bedürfnis nach Orientierung besteht. Tiefgreifender Wandel, Aufgabe traditioneller Bindungen, Streben nach Sicherheit, der Eindruck anonymer Institutionen lassen den Wunsch

nach einer sinnhaften Dimension, nach einer Gesamtorientierung zum alles überragenden Verlangen werden. Adenauer hat es verstanden, seine Politik als Orientierung langfristig plausibel zu machen.
Und dennoch ist es für den distanzierten Betrachter der politischen Bühne jener Jahre ein faszinierendes, von Spannung getragenes Stück, dem er folgen kann: Ein alter Mann formt eine Zeit des pragmatisch nüchternen Anfangs nach einer inhumanen Epoche politischer Illusionen, und er erlebt noch, wie auf diesen Grundlagen eine neue Zeit beginnt mit neuen Illusionen, mit neuer romantischer Sehnsucht. Ein alter Mann prägt einer politischen Ära den Stempel auf, der unerbittlich fortschreitenden Uhr widerstehend und mit den Menschen ringend, die sich mehr und mehr auf die Zeit einstellen, in der er nicht mehr da sein wird. In dieser neuen Zeit entdeckt er viele bedrohliche Elemente. Er sorgt sich wegen Europas Uneinigkeit und Ohnmacht. Er will weiter kämpfen. Aber dann, am 19. April 1967, kommt das Ende. Adenauers Versuch, sein Bild von Deutschland und von Europa zu realisieren, bleibt ein Torso. Aber möglicherweise entdeckt die systematische, kritische Analyse in jeder Politik den Grundzug des Bruchstückhaften.

1 Vgl. Die Weltwoche vom 7. Januar 1966.
2 Vgl. Golo Mann, Zwölf Versuche, Frankfurt am Main 1973, S. 109.
3 Vgl. Heinrich Böll, Keine so schlechte Quelle, in: Der Spiegel, Nr. 49 vom 1. Dezember 1965.
4 Vgl. dazu u. a. Deutsche Zeitung vom 26. Dezember 1975, 2. Januar 1976, 9. Januar 1976; Der Spiegel, Nr. 53 vom 29. Dezember 1975 und Nr. 1/2 vom 5. Januar 1976; Rheinischer Merkur vom 9. Januar 1976; ZDF am 5. Januar 1976, 19.20 Uhr; Das Parlament vom 3. Januar 1976.
5 Zur Vertiefung vgl. Manfred Hättich, Geschichtsbild und Demokratieverständnis, in: Richard Löwenthal und Hans-Peter Schwarz (Hrsg.), Die zweite Republik. 25 Jahre Bundesrepublik Deutschland – eine Bilanz, Stuttgart 1974, S. 905ff.; Hans Buchheim, Aktuelle Krisenpunkte des deutschen Nationalbewußtseins, Mainz 1967; Werner Weidenfeld, Deutsche Ortszeit – zwischen Kriegsende und Jahrtausendwende, in: Für das Leben der Welt, Paderborn 1974, S. 785ff.
6 Zur Ost- und Deutschlandpolitik Adenauers vgl. insbesondere Klaus Gotto, Adenauers Deutschland- und Ostpolitik 1954–1963, in: Rudolf Morsey und Konrad Repgen (Hrsg.), Adenauer-Studien III: Untersuchungen und Dokumente zur Ostpolitik und Biographie (Veröffentlichungen der Kommission für Zeitgeschichte, Reihe B, Bd. 15), Mainz 1974, S. 3ff.; Hans Buchheim, Adenauers Deutschlandpolitik, in: Konrad Adenauer. Ziele und Wege. Hrsg. von der Konrad-Adenauer-Stiftung, Mainz 1972, S. 83ff.; ders., Die Deutschland- und Außenpolitik Konrad Adenauers, in: Politische Bildung 4 (1971), Heft 2, S. 31ff.; Hans-Peter Schwarz, Das außenpolitische Konzept Konrad Adenauers, in: Rudolf Morsey und Konrad Repgen (Hrsg.), Adenauer-Studien I (Veröffentlichungen der Kommission für Zeitgeschichte, Reihe B, Bd. 10), Mainz 1971, S. 71ff.; ders., Das Spiel ist aus und alle Fragen offen, oder: Vermutungen zu Adenauers Wiedervereinigungspolitik, in: Helmut Kohl (Hrsg.), Konrad Adenauer 1876/1976, Stuttgart 1976, S. 140ff.
7 Vgl. Verhandlungen des Deutschen Bundestages. 1. Wahlperiode 1949. Stenographische Berichte. Bd. 1, S. 307ff.
8 Text gedruckt in: Heinrich von Siegler (Hrsg.), Wiedervereinigung und Sicherheit Deutschlands. Bd. 1: 1944–1963, 6. Auflage, Bonn 1967, S. 41f.; vgl. auch Konrad Adenauer, Erinnerungen 1953–1955 (Bd. 2), Stuttgart 1966, S. 66ff.

Vgl. zur kritischen Würdigung der Gesamtproblematik insbesondere Jürgen Weber, Das sowjetische Wiedervereinigungsangebot vom 10. März 1952, in: Aus Politik und Zeitgeschichte. Beilage zur Wochenzeitung Das Parlament, B 50/69 und B 40/70; Gerd Meyer, Die sowjetische Deutschland-Politik im Jahre 1952, Köln 1970; Bruno Bandulet, Adenauer zwischen West und Ost. Alternativen der deutschen Außenpolitik, München 1970, S. 64ff.; Klaus Erdmenger, Das folgenschwere Mißverständnis. Bonn und die sowjetische Deutschlandpolitik 1949–1955, Freiburg 1967, S. 143ff.; Adenauer, Erinnerungen, Bd. 2, S. 66ff.; Hans Buchheim, Die Legende von der verpaßten Gelegenheit. Wollte die Sowjetunion im März 1952 wirklich die deutsche Wiedervereinigung durch freie Wahlen?, in: Frankfurter Allgemeine Zeitung vom 15. April 1969; Boris Meissner, Rußland, die Westmächte und Deutschland. Die sowjetische Deutschlandpolitik 1943–1953, 2. Auflage, Hamburg 1954, S. 290ff.; Arnulf Baring, Außenpolitik in Adenauers Kanzlerdemokratie. Bonns Beitrag zur Europäischen Verteidigungsgemeinschaft, München – Wien 1969, S. 147; Waldemar Besson, Die Außenpolitik der Bundesrepublik. Erfahrungen und Maßstäbe, München 1970, S. 122ff.

9 Vgl. Adenauer, Erinnerungen, Bd. 2, S. 71.

10 Aufzeichnung über die Unterredung Adenauers mit dem Chefredakteur der „Times“, Casey, und dem Historiker der „Times“, Morison, am 3. Juni 1952; Adenauer-Archiv.

11 Text gedruckt in: Siegler, S. 43; vgl. auch Adenauer, Erinnerungen, Bd. 2, S. 76ff.

12 Text gedruckt in: Siegler, S. 43; vgl. auch Adenauer, Erinnerungen, Bd. 2, S. 79ff.

13 Text gedruckt in: Siegler, S. 45ff.; vgl. auch Adenauer, Erinnerungen, Bd. 2, S. 93ff.

14 Text gedruckt in: Siegler, S. 47ff.; vgl. auch Adenauer, Erinnerungen, Bd. 2, S. 98ff.

15 Text gedruckt in: Siegler, S. 50ff.; vgl. auch Adenauer, Erinnerungen, Bd. 2, S. 110ff.

16 Text gedruckt in: Siegler, S. 52ff.; vgl. auch Adenauer, Erinnerungen, Bd. 2, S. 126ff.

17 Text gedruckt in: Siegler, S. 55ff.; vgl. auch Adenauer, Erinnerungen, Bd. 2, S. 128ff.

18 Stalins Schrift „Ökonomische Probleme des Sozialismus in der UdSSR“ in: Neue Welt, 7 (1952), Nr. 21, S. 2559ff., wird hier vernachlässigt, weil sie in unserem Zusammenhang keine zusätzlichen Aspekte eröffnet; vgl. Meissner, S. 334ff.; als zentrales Beispiel der Fehlinterpretation der sowjetischen Politik im Zusammenhang mit der Schrift Stalins vgl. Hermann Achimow, Warum ändern die Sowjets ihren Kurs?, Köln 1953.

19 Vgl. Meissner, insbesondere S. 77ff.; Wolfgang Marienfeld, Konferenzen über Deutschland, Hannover 1962.

20 Vgl. Manfred Dormann, Demokratische Militärpolitik. Die alliierte Militärstrategie als Thema deutscher Politik 1949–1968, Freiburg 1970; Gerhard Wettig, Entmilitarisierung und Wiederbewaffnung in Deutschland 1943–1955. Internationale Auseinandersetzungen um die Rolle der Deutschen in Europa, München 1967.

21 Vgl. Frankfurter Allgemeine Zeitung vom 15. April 1969.

22 Vgl. Ernst Deuerlein, Deklamation oder Ersatzfrieden? Die Konferenz von Potsdam 1945, Stuttgart 1970; ders., Potsdam 1945. Ende oder Anfang, Köln 1970; Fritz Faust, Das Potsdamer Abkommen und seine völkerrechtliche Bedeutung, 4. Auflage, Frankfurt am Main 1969; Werner Weidenfeld, Jalta und die Teilung Deutschlands, Andernach 1969; Marienfeld.

23 Vgl. u.a. Adenauer, Erinnerungen, Bd. 2, S. 71, S. 96, S. 472f., S. 535, S. 539.

24 Interview Adenauers im Nordwestdeutschen Rundfunk am 11. Juni 1953, in: Bulletin des Presse- und Informationsamtes der Bundesregierung, Nr. 109 vom 13. Juni 1953, S. 926; so auch fast wörtlich in Adenauer, Erinnerungen, Bd. 2, S. 216, vgl. in diesem Zusammenhang auch S. 175, S. 444ff., S. 449.

25 Vgl. Adenauer, Erinnerungen, Bd. 2, S. 216.

26 Vgl. Adenauer, Erinnerungen, Bd. 2, S. 217; vgl. dazu auch Aufzeichnung über die Unterredung Adenauers mit dem Chefredakteur der „Times", Mr. Casey, und dem Historiker der „Times", Mr. Morison, vom 4. Juni 1952; Adenauer-Archiv.

27 Vgl. u. a. Protokoll der Sitzung des Parteiausschusses der CDU am 14. Juni 1952.

28 Vgl. Adenauer, Erinnerungen, Bd. 2, S. 175; Konrad Adenauer, Erinnerungen 1955–1959 (Bd. 3), Stuttgart 1967, S. 379, S. 469; Konrad Adenauer, Erinnerungen 1959–1963. Fragmente (Bd. 4), Stuttgart 1968, S. 168; Anneliese Poppinga, Meine Erinnerungen an Konrad Adenauer, Stuttgart 1970, S. 173; Werner Weidenfeld, Der Einfluß der Ostpolitik de Gaulles auf die Ostpolitik Adenauers, in: Adenauer-Studien III, S. 116ff.

29 Überhaupt ist auf das weite Spannungsfeld der geistig-politischen Konsonanz, vor allem aber der ausgeprägten Dissonanz zwischen Adenauer und de Gaulle hinzuweisen. Und Adenauer war sich dieser Dissonanz voll bewußt. Vgl. Adenauer, Erinnerungen 1945–1953 (Bd. 1), Stuttgart 1965, S. 486, Erinnerungen, Bd. 3, S. 408ff., S. 437; Poppinga, S. 242ff. De Gaulles emotionales Umgreifen seines deutschen Partners durch sein wohlgepflegtes Selbstbewußtsein, seine ausgefeilte Kunst der politischen Geste und seine wohl beeindruckende Offenheit seinem deutschen Gesprächspartner gegenüber blieb zwar nicht ohne Wirkung (vgl. Adenauer, Erinnerungen, Bd. 3, S. 424ff.), konnte das Bewußtsein der Dissonanz bei Adenauer jedoch nicht verdrängen (vgl. Adenauer, Erinnerungen, Bd. 1, S. 486, Erinnerungen, Bd. 3, S. 408ff., S. 437). Adenauers ursprünglich aus negativer Vorerwartung gespeistes Mißtrauen reduzierte sich zu skeptischem Argwohn. Allerdings aktivierte Adenauer im konkreten politischen Handeln wohlkalkuliert die Bereiche gemeinsamer Übereinstimmung. Er verstand es, mit den Antinomien der Politik de Gaulles umzugehen, sie auch im Dissens fruchtbar zu machen und in sein eigenes Konzept einzupassen.

30 Zu Adenauers Haltung vgl. Adenauer, Erinnerungen, Bd. 2, S. 437ff.

31 Text in: Siegler, S. 117ff.; vgl. hierzu Adenauer, Erinnerungen, Bd. 3, S. 454ff.; Gotto, S. 40ff.; Buchheim, Die Deutschland- und Außenpolitik Konrad Adenauers, S. 38f.

32 Vgl. Adenauer, Erinnerungen, Bd. 4, S. 51.

33 Vgl. Heinrich Krone, Aufzeichnungen zur Deutschland- und Ostpolitik 1954–1969, bearbeitet und eingeleitet von Klaus Gotto, in: Adenauer-Studien III, S. 134ff., hier S. 164.

34 Vgl. dazu insbesondere Buchheim, Adenauers Deutschlandpolitik.

35 Zitiert bei Buchheim, Die Deutschland- und Außenpolitik Konrad Adenauers, S. 37.

36 Vgl. Krone, S. 141.

37 Vgl. dazu auch insbesondere Buchheim; Gotto.

38 Vgl. die Darstellung dieser Unterredung bei Adenauer, Erinnerungen, Bd. 3, S. 376ff. Vgl. dazu auch Die Auswärtige Politik der Bundesrepublik Deutschland. Hrsg. vom Auswärtigen Amt unter Mitwirkung eines wissenschaftlichen Beirats, Köln 1972, S. 50, S. 380ff.

39 Vgl. Adenauer, Erinnerungen, Bd. 3, S. 379.

40 Zum Gesamtvorgang vgl. Gotto, S. 34ff.

41 Text gedruckt in: Adenauer-Studien III, S. 202ff.

42 Zu dieser Problematik der Politik Adenauers gegenüber den sowjetischen Getreidekäufen ist eine detaillierte Studie des Autors in Vorbereitung.

43 Vgl. auch Golo Mann, Begegnung mit Konrad Adenauer, in: Konrad Adenauer 1876/1976, S. 98ff.

44 Als nützlichen Überblick vgl. jetzt Hans-Peter Schwarz (Hrsg.), Konrad Adenauer. Reden 1917–1967. Eine Auswahl, Stuttgart 1975.

45 Vgl. dazu ausführlich Werner Weidenfeld, Die geistigen Grundlagen der Politik Konrad Adenauers, in: Konrad Adenauer 1876/1976, S. 169ff.

46 Vgl. Peter Berglar, Die unnachahmliche Legierung, in: Frankfurter Allgemeine Zeitung vom 29. März 1975.

47 Vgl. Peter Berglar, Konrad Adenauer. Konkursverwalter oder Erneuerer der Nation?, Göttingen 1975, S. 55.

48 Schreiben Adenauers an Franz-Josef Schöningh vom 16. Mai 1949; Adenauer-Archiv.

49 Zitiert bei Poppinga, S. 81; zu dieser Grundhaltung vgl. auch Hans-Peter Schwarz, Vom Reich zur Bundesrepublik. Deutschland im Widerstreit der außenpolitischen Konzeptionen in den Jahren der Besatzungsherrschaft 1945–1949, Neuwied–Berlin 1966, S. 433f., S. 452.

50 Zitiert bei Paul Weymar, Konrad Adenauer. Die autorisierte Biographie, München 1955, S. 126.

51 Aktennotiz Adenauers vom 7. Mai 1946; Adenauer-Archiv.

52 Rede Adenauers vor der Evangelischen Akademie Westfalen in Bochum am 13. Juli 1957; Adenauer-Archiv; ähnlich formulierte Adenauer auch bei seiner Rede in Recklinghausen am 1. September 1957; ebenda.

53 Vgl. „Untersuchungen über das geistige und gesellschaftliche Bild der Gegenwart und die zukünftigen Aufgaben der CDU" vorgelegt von Dr. Rainer Barzel, MdB, aufgrund eines Beschlusses des Bundesvorstandes der CDU vom 11. Dezember 1961, abgeschlossen am 20. März 1962; Adenauer-Archiv; vgl. dazu auch die Äußerung Adenauers gegenüber dem Journalisten Walter Henkels: „Ich möchte nicht Vorsitzender einer Wirtschaftspartei mit ihrem Wohlstandsdenken sein." General-Anzeiger vom 5. April 1962.

54 Zu Adenauers Europapolitik vgl. ausführlich Werner Weidenfeld, Konrad Adenauer und Europa. Die geistigen Grundlagen der westeuropäischen Integrationspolitik des ersten Bonner Bundeskanzlers, Bonn 1976.

55 Vgl. Hannah Arendt, Fragwürdige Traditionsbestände im politischen Denken der Gegenwart, Frankfurt am Main 1957.

56 Vgl. dazu insbesondere Richard Löwenthal, Der romantische Rückfall, Stuttgart 1970; Hermann Lübbe, Politische Philosophie in Deutschland, Basel-Stuttgart 1963; René Ahlberg, Akademische Lehrmeinungen und Studentenunruhen in der Bundesrepublik. Linker Irrationalismus in politologischen und soziologischen Theorien, Freiburg 1970; J. L. Talmon, Politischer Messianismus. Die romantische Phase, Köln–Opladen 1963.

57 Vgl. Schwarz, Vom Reich zur Bundesrepublik, S. 431.

58 Rede Adenauers vor dem „Club der ausländischen Presse" am 19. März 1951; Adenauer-Archiv; vgl. auch Adenauer, Erinnerungen, Bd. 1, S. 423.

59 Zu Adenauers politischem Stil und zu seiner Technik des politischen Handelns vgl. erste Untersuchungsansätze bei Rudolf Morsey, Brüning und Adenauer. Zwei deutsche Staatsmänner, Düsseldorf 1972, S. 32ff.; Hans Buchheim, Konrad Adenauer oder was Politik ist und wie sie gemacht wird, in: Konrad Adenauer 1876/1976, S. 181ff.; nützliche Hinweise auch bei Horst Osterheld, Konrad Adenauer. Ein Charakterbild, 3. Auflage, Bonn 1973; Gerd Bucerius, Der Adenauer.

Subjektive Beobachtungen eines unbequemen Weggenossen, Hamburg 1976.

60 Vgl. als Fundierung in diesem Buch die Untersuchung Hans Buchheims über die Richtlinienkompetenz.

61 Vgl. Walter Hallstein, Mein Chef Adenauer, in: Konrad Adenauer und seine Zeit. Politik und Persönlichkeit des ersten Bundeskanzlers. Beiträge von Weg- und Zeitgenossen, Stuttgart 1976, S. 132ff.; Osterheld, S. 37ff.; Buchheim, Konrad Adenauer oder was Politik ist, S. 186; Bucerius, S. 19ff.

62 Vgl. Bucerius, S. 20.

63 Vgl. Osterheld, S. 59.

64 Vgl. dazu den Beitrag von Hans Buchheim in diesem Buch.

GOLO MANN

Konrad Adenauer – gewandeltes Bild?

Als Bismarcks 100. Geburtstag flüchtig begangen wurde, tobte der Weltkrieg. Die Erscheinung des Reichsgründers verdämmerte. Seine Entlassung lag 25, sein Tod 17 Jahre zurück. Daß sein Werk sich in heller Auflösung befand, erkannten die wenigen, die mit politischem Scharfblick begabt waren, zum Beispiel Max Weber. Die angeblich Orthodoxen hängten dem „Eisernen Kanzler" Grundsätze an, die ihre eigenen waren, nicht seine. Ein Bild, schwankend zwischen dem Felde historischer Erkenntnis, die erst begann, und verfälschendem Mythos, das war er nun; einer versunkenen Welt schon zugehörig, aktuell nur durch Mißverstehen.

Wie anders Konrad Adenauer in seinem Centenarium. Der Unterschied liegt zunächst in der schieren Chronologie der Lebensläufe: der eine war nur ein Jahr jünger am Anfang als der andere am Ende seiner Amtsführung, lebenszäher überdies; derart, daß sein Rücktritt bloße zwölfeinhalb Jahre her ist, sein Entschwinden neun. Der Unterschied liegt auch im Charakter der Leistung. Adenauers Werk, im Vergleich mit dem Bismarckschen so pomplos und wie nur vorläufig, die Bundesrepublik, die Verhältnisse der Bundesrepublik zu Westeuropa und den Vereinigten Staaten ist im wesentlichen intakt geblieben. Die von ihm in ihrer Wirklichkeit geschaffene „Kanzlerdemokratie" erwies sich als dem neuen Staat dauerhaft angemessen. Noch leben wir von dem Kapital, das er, nicht er allein, aber vor allem er gesammelt hat. „Am Anfang war Adenauer . . ." (Arnulf Baring). Und er wirkt noch nach, er ist noch da. Andererseits hat die historische Wissenschaft bereits erstaunlich viel an ihm getan; wohl mehr als an Bismarck in dem entsprechenden Zeitraum. Die zeitgeschichtliche Forschung arbeitet heute rascher, genauer, vorurteilsfreier, freier überhaupt als zu Kaisers Zeiten.

Noch immer stehen die Jahre 1945 bis 1963 im Zentrum des Interesses. Hier handelt es sich um das Werk, was nachwirkt, um den Staatsmann, den die weite Welt zu kennen anfing, um bald ihn sehr gut zu kennen. Die eigenen „Erinnerungen" beginnen eben dann; der Band über die Weimarer Republik hätte zuletzt geschrieben werden sollen und wurde es nie. Dieser Verlust verstärkt den Eindruck, als habe Adenauers öffentliches Leben erst mit dem Zusammenbruch von 1945 begonnen, als sei er damals von irgendwoher zuerst erschienen. Der Eindruck trügt, wir wissen es; das Leben beginnt ja nicht im siebzigsten Jahr, gewiß nicht Adenauers Leben. Wahr ist, daß zwölf Jahre des Schweigens, einer leidvollen Verborgenheit hinter ihm lagen. Weiter rückwärts? Zwischen 1918 und 1933 ist er der Grenze, jenseits derer historisches Wirken beginnt, stetig nahe gewesen, gelegentlich sehr nahe. Er überschritt sie nicht. Festigung, Verfall, Auflösung der Ersten Deutschen Republik hätten sich nicht anders abgespielt, wenn es den Oberbürgermeister von Köln gar nicht gegeben hätte.

Schicksal, insoweit es überhaupt von der Politik gemacht wurde, wurde im ,,Reich" gemacht, nicht in der Kommune, wie schöpferisch sie auch verwaltet wurde, nicht im Lande Preußen, das nur noch eine überdimensionierte Verwaltungseinheit war, kein souveräner Staat. Bekannt sind die Umstände, unter welchen Adenauer nach dem Amt des Reichskanzlers nicht griff, als er es hätte haben können. Klugheit, Skepsis, Augenmaß: die Basis war ihm zu schmal. Dabei frappieren eine Frage, ein spekulativer Gedanke. Wie konnte ein dem Politischen schon so leidenschaftlich ergebener, so gereifter Mensch seinem Ehrgeiz so klugen Zwang antun? Es hätte wohl jeder vergleichbare andere im vergleichbaren Fall sich gedacht, einmal daran, werde er es schon irgendwie hinbringen. Die Spekulation: Wäre Adenauer 1926 Reichskanzler geworden, so hätte er sich rasch verbraucht und die ganze späte Ernte seines Lebens wäre nicht gewesen. So daß man hier versucht ist, von einer ,,anscheinenden Absichtlichkeit im Schicksal des Einzelnen" zu sprechen.

Über den rheinländischen Politiker müßte im besonderen gesprochen werden, zumal für die Wintermonate 1918/19 und 1923/24. Da, in Zeiten höchster Verwirrung, spielte er eine zentrale Rolle, als Oberhaupt der großen Stadt und dank der schieren Kraft seiner Persönlichkeit. Der Bankier Louis Hagen zum Präsidenten der Interalliierten Rheinland-Kommission: ,,Ich bemerkte dabei, daß Herr Adenauer das Vertrauen des gesamten besetzten Gebietes in so hervorragender Weise besitze, daß überhaupt auf seine Mitwirkung nicht verzichtet werden könne, und daß fraglos nach den mir von ihm gemachten Äußerungen nicht nur eine gänzlich falsche Auffassung über Herrn Adenauer bei ihm, seiner Regierung und namentlich dem französischen Volk bestehe, sondern daß auch gerade Herr Adenauer berufen sei, kraft seiner Autorität, seiner Energie und seiner Übersicht, an die Spitze jedes (jenes? d. Verf.) zu bildenden Staatsgebildes zu stehen."[1] Gemeint ist der Rheinlandstaat, den Adenauer als ein besonders charakterisiertes deutsches Bundesland schon 1919 gewünscht hatte, im Zeichen der Ruhrbesetzung vier Jahre später für unvermeidlich hielt; wobei er, dessen Denken einer realistisch-pessimistischen Komponente selten entbehrte, eine völlige Abtrennung seiner Heimat vom Deutschen Reich schlechtesten Falles in seinen Kalkül miteinbezog, indes er in Berlin wie in seinen Verhandlungen mit seinen französischen Partnern das Äußerste, Geschickteste tat, um einen solchen Unfug zu verhindern. Die von Erdmann veröffentlichten Dokumente, Protokolle, Notizen sind für diese kurze, hektische Epoche von kapitaler Bedeutung[2]. Sie zeigen schon den Meister der Kunst: vorsichtig sich schützend und abdeckend, immer nach allen Seiten spähend, nach der wünschbaren Möglichkeit, dem ,,kleineren Übel" zielend, vor allem, immer bemüht, die andere Seite ihr wahres Interesse, gleichzeitig aber die eigenen Landsleute erkennen zu lassen, wo des Gegners berechtigte Ansprüche lägen. Recht auf Reparationen, und besonders auf Sicherheit, das habe er. Jedoch: Ein von Deutschland künstlich abgetrennter, neutraler, schwacher, auf nichts beruhender Rheinstaat könnte ihm niemals nützen, was habe selbst die verbriefte belgische Neutralität ihm genützt? Wie anders ein befriedetes deutsches Bundesland am Rhein; nicht mehr militärisch besetzt, nur noch durch eine alliierte Gendarmerie polizierte und entmilitarisiert, ein Land, das zwischen Frankreich und Deutschland die Brücke bildete. Wie anders eine Verbindung realer Interessen, die Entstehung eines französisch-belgisch-deutschen Wirtschaftskomplexes im Westen! So in persönlichen Gesprächen und Verhandlungen, so, ungefähr, auch in öffentlicher Rede . . . Man halte dagegen die von beherrschter Freude zitternde Erklärung auf der Bonner Pressekonferenz vom 9. Mai 1950, nachdem am gleichen Tag Robert Schuman ihm seinen Vorschlag zur Montan-Union übermittelt hatte: „[. . .] es ist ein Vorschlag, der konkret ist, der nicht nur allgemeine Redensarten enthält, und es ist ein weitgehender Vorschlag, und es scheint mir – und seit mehr als 25 Jahren hat mir dieses Ziel vorgeschwebt – es scheint mir die Zusammenlegung dieser Grundproduktion wirklich eine echte Voraussetzung dafür zu schaffen, daß zwischen Frankreich und Deutschland in Zukunft jeder Konflikt ausgeschaltet ist."[3] Dagegen wieder eine kleine Beschreibung in den unlängst veröffentlichten Erinnerungen des Botschafters Seydoux, deren Szene etwa zehn Jahre später spielt: „Jedes Jahr am 14. Juli, wenn unser Empfang auf voller Höhe war, meldete man mir, daß sein Wagen gekommen sei. In großartiger Stimmung, hielt er sich nicht in den Salons auf, sondern begab sich auf die Terrasse, die auf den Abhang hinausführt, an dessen Fuß der prächtige Rhein seinen Ursprung zu nehmen scheint. Die Gäste, zu Hunderten versammelt, applaudierten ihm. Auf diesem Stückchen französischer Erde, vor dem sagenumwobenen Fluß, mit den ununterbrochen dahingleitenden Schiffen, sah Adenauer seinen Traum zum Leben erweckt."[4] Wenn und insoweit sein Traum damals zum Leben erweckt war – 35 Jahre früher konnte er es nicht. Der Träumer war schon damals reif dafür, aber seine Deutschen nicht, die Franzosen auch nicht; die Autorität auch des angesehensten Mannes im Rheinland konnte bei weitem nicht ausreichen, sie eines Besseren zu belehren. So fiel er in der großen Politik aus und gingen die Dinge ihren grauen Weg, ohne ihn. Bis zum Abbruch der deutschen Geschichte, so wie sie gewesen war, seit er lebte, oder seit sein Vater gelebt hatte, der Leutnant von Königgrätz.

Wenn da ein tiefer Bruch liegt – in seinem Leben ist keiner, vielmehr die erstaunlichste Kontinuität. Daß alles im Fluß sei, daß man auf die vergängliche Situation des Augenblicks nicht bauen dürfe, als ob sie das Definitive wäre, hat er wohl betont; eine schlichte Weisheit. Sie galt für die wechselnden Gegenstände und Bedingungen seines Denkens und Handelns, nicht für die Person. Die Rede, gehalten bei der Eröffnungsfeier der Kölner Universität 1919, die Rede gehalten in Madrid 48 Jahre später handeln buchstäblich vom Gleichen[5]: Von der Notwendigkeit eines vereinigten, mit sich selbst versöhnten Europa, wenn es, 1919, seine Privilegien bewahren, wenn es, 1967, in einer gefährlichen Umwelt sich nur eben noch behaupten wollte. Welcher Mut, welche Unabhängigkeit 1919 dazu gehörte, daran zu erinnern, daß die alte Kölner Universität durchaus übernational und eine Tochter der Sorbonne gewesen sei, können spätere Generationen sich kaum vorstellen. Was die „Weltanschauung" betrifft: „Geistige Dämme zum Schutze des Idealen gegen den alles überflutenden Strom des rein materiellen Denkens und Strebens zu errichten", forderte der Oberbürgermeister 1919, der Altbundeskanzler in seiner letzten Münchner Ansprache, Februar 1967[6]. Solche Dauerhaftigkeit des Geistes und Charakters bringt eine gewisse Monotonie mit sich. Um den Vergleich noch einmal zu wagen: Der Verächter der „Grundsätze", der verwegene geistige Abenteurer, der alles kann oder zu können glaubt, Erhaltung und Revolution, Königsherrschaft und Demokratie, Marktwirtschaft und Sozialismus, im Moralischen Ehrlichkeit und Roßtäuscherei, nach außen Bündnis mit dem Zaren und Bündnis mit den Jakobinern – unbestreitbar ist Bismarck der literarisch Interessantere. Aber das Geheimnis von Adenauers Erfolg liegt eben da; nicht nur, sicher auch da.

Womit übereinstimmt, daß die Adenauer-Forschung bisher nichts an den Tag gebracht hat, was das Bild des Mannes wesentlich verändern könnte. Sie hat Wissenslücken gefüllt, Zusätze, Retouchen angebracht; mehr nicht. Sie hat übrigens für die Bundeskanzlerzeit die ,,Erinnerungen" sehr stark zu Rat gezogen und mit gutem Recht. Ganz überwiegend beruht ja das Werk auf Protokollen, Arbeitsnotizen, Analysen, Briefen des Augenblicks; was, noch einmal, dem literarischen Reiz Abbruch tun mag, indem es den Quellenwert steigert[7].

In seinem Essay ,,Adenauers Deutschland – und Ostpolitik 1954–1963"[8] hat Klaus Gotto dem Kanzler im genannten Bereich mehr Elastizität und Ideenreichtum zuschreiben können, als gemeinhin angenommen worden war. Eine eigentliche Überraschung war es trotzdem nicht; die interessantesten Kernstücke, die es beweisen, standen schon im dritten Band der ,,Erinnerungen". Was hat unsereiner, zugleich Bewunderer und Kritiker Adenauers, ihm zu Lebzeiten vorgeworfen? Daß seine Politik nach Westen hin großartig konstruktiv sei, wenn man die Anfänge bedachte, trotz aller Rückschläge erfolgreich bis zum Unglaublichen, daß aber nach Osten hin ihr nichts entspreche; daß hier nichts sei als starre Verneinung, irreales Versprechen; daß, selbst wenn, unbeweisbarer, ja unwahrscheinlicherweise eine Vereinigung der beiden deutschen Teilstaaten in den ersten Jahren noch unter leidlich freien Bedingungen möglich gewesen wäre, Adenauers Option für den Westen sie absolut ausschließe; daß dann nur die Konsequenz bleibe, die Adenauer nicht zog: anzuerkennen, was nicht mehr zu ändern war und mit den kommunistischen Staaten einschließlich der DDR zu einem erträglichen, völkerrechtlich geregelten Verhältnis zu gelangen. Der Verfasser hat in den Jahren um 1960 geglaubt, daß ein solcher Versuch nach Osten hin, großzügig unternommen, eine ,,Evolution", Auflokkerung, ,,Liberalisierung" etc. zumal in der DDR einleiten könnte. Ein trauriger, auf Unkenntnis beruhender Irrtum, im Rückblick. Das Merkwürdige ist, daß Adenauer solche Illusionen bis zu einem gewissen Grade teilte. Soviel wie seinen Kritikern fiel diesem ideenreichen Staatsmann immer noch ein – wie ich mir hätte sagen dürfen, aber ich kannte ihn nicht. Zwar, bis zu einer rechtlichen Anerkennung der DDR, im Stil seines dritten Nachfolgers, wollte er niemals gehen. Wohl aber zermarterte er seinen Kopf, um Zwischenlösungen zu finden, die in Europa ,,Entspannung", in der DDR mehr Freiheit, vielleicht ganze Freiheit bedeuten würden. Damit meine ich nicht den sogenannten ,,Globke-Plan" von 1959 und 1961[9]. Des Staatssekretärs saubere Juristenarbeit gehört mehr zu den Alibi-Anstrengungen der Zeit: Formal beide deutschen Staaten durchaus mit gleichem Maße messend, sah er die Vereinigung auf einem Weg und zu einem Ziel vor, von denen der harmloseste Optimist nicht glauben konnte, daß sie für das russische Imperium erträglich wären. Viel ernsthafter war der Vorschlag, den Adenauer im März 1958 dem Botschafter Smirnow machte, die ,,Österreich-Lösung"[10]. Da war der Kanzler besten Glaubens, dringendsten, gewagtesten Willens – seine Landsleute würden ihn steinigen, wenn sie von seinem Angebot wüßten; da, wie 1924 in seinen Verhandlungen mit den französischen Diplomaten Laurent und Tirard, versuchte er die Russen von ihrem wahren Interesse zu überzeugen – so wie er es sah. Mit ihrer ,,Sowjetzone" würden sie nie Freude haben, die kommunistische Lebensform liege den Deutschen nun einmal nicht, den Russen wohl. Ein zu militärischer Neutralität verpflichteter, in der Lenkung seiner inneren Geschicke aber freier deutscher Oststaat, könnte des Botschafters Auftraggebern alles bieten, wessen sie bedürften . . . Redliche, vergebliche Liebesmühe. Dies imperiale Netz ist so gemacht, daß es reißen müßte, fort und fort, wenn eine Masche risse. Neues darf hinzukommen, das schon. Aber hergeben, tauschen, wie die unschuldigen Herrscherkinder vergangener Jahrhunderte, das nicht. So sieht der Verfasser es heute oder seit dem August 1968. So sah er es nicht, zehn Jahre früher. Völlig unbewußt war ihm, daß er in dem großen alten Manne in Bonn einen Genossen im Irrtum besaß.

Doch nicht ganz besaß. So ehrlich Adenauer es meinte – ,,Ich war gespannt, wie sich Moskau zu meinem Vorstoß verhalten würde"[11] – die ,,Österreich-Lösung" wie der zehnjährige ,,Burgfriede" blieben nur Experimente, Gedankenepisoden, im Widerspruch zu seiner dauernden, melancholischeren Erkenntnis. Die These, wonach die Bolschewisten sich nicht ändern, mitunter erweitert in dem Sinn, daß das ewige Rußland sich nicht ändere, daß Herrschaft über ganz Deutschland, über Europa, über den Planeten sein unverrückbares Ziel bleibe, zieht sich durch seine Äußerungen von 1945 bis zum Ende; überwiegend hat sie sein Handeln bestimmt. Trotzdem hoffte er in seiner Spätzeit, in der Nach-Dulles- und Kennedy-Zeit auf ,,Entspannung". ,,Überall, wo etwas zur Entspannung der Weltkonflikte geschah, da geschah auch etwas für Deutschland. Im Rahmen einer fortgesetzten Verhandlung über die Weltprobleme, die weltweiten Spannungen würde das Deutschlandproblem auch zu lösen sein."[12] Das mußte er wohl glauben oder zu glauben vorgeben, seitdem die versprochene ,,Roll-Back"-Politik seines Freundes Dulles in aller Diskretion aufgegeben worden war; in seinen ,,Erinnerungen" spielt er sie ein wenig herunter. Aber gleichzeitig glaubte er an ,,Entspannung" auch nicht, außer, wenn sie sich durch Freiheit für die ,,Zone" bewiese; wofür es nie das leiseste Zeichen gab. Anderes – etwa die Wiederherstellung der österreichischen Souveränität – bewies gar nichts, war Schein, diente nur dazu, die Wachsamkeit des Westens einzuschläfern. Die Lösung der deutschen Frage war nur noch als Frucht allgemeiner Entspannung zu erwarten, allgemeine Entspannung mußte, aber konnte es nicht geben. In meiner Besprechung seines zweiten Erinnerungsbandes machte ich auf den Zirkel aufmerksam, in dem der Bundeskanzler sich hier bewegte. Antwortend schrieb er, meine Ausführungen hätten allerlei Gedanken in ihm wachgerufen, teils zustimmende, teils kritische; er könne sie jedoch jetzt nicht zu Papier bringen, sie seien zum Teil noch nicht ausgereift[13]. Meinte er den Widerspruch, der ihm vorgerückt worden war? Ach leider, der war nicht nur in seinem Geist, der war in der Sache selber; hätte er noch ein paar Jahre gelebt und gedacht, er hätte ihn doch nicht lösen können. Friedliche Koexistenz mußte sein, aus den bekannten Gründen. Aber nie würde Koexistenz sein, über der wechselseitiges Vertrauen und Fairneß walteten, so fehlerhaft wie das russische Imperium konstruiert war von Anfang an; nie, in keiner absehbaren Zeit, würde der Kreml von seinen Zielen lassen: Erhaltung des Imperiums nicht nur, sondern seine Erweiterung, plötzliche oder allmählichste, direkte oder indirekte, bei nie zu erreichender Endgrenze.

Das Jahr, in dem Adenauer seine Hoffnung auf einen Triumpf der „Politik der Stärke" aufgab, läßt sich nicht bestimmen. Solche Veränderungen geschehen allmählich; vermutlich war es immer eine von Zweifeln oder besserem, traurigem Wissen angekränkelte Hoffnung gewesen. Seine Verneinung des Status quo von 1945 bis 1948 – DDR, polnische Westgrenzen, artikulierte er zeitweise in offensiver Sprache. Im Kern hatte sie defensive Bedeutung von Anfang an: Verneinung des Status quo zum Zwecke seiner Bewahrung. Eine völkerrechtliche Festigung ihrer ungeheuren Gewinne von 1945 würde den Regenten des Imperiums als Basis für ein neues Ausgreifen dienen. Daß er trotzdem um eine Auflockerung, nämlich eine vertragliche Erfassung des Status quo sich zeitweise bemühte, spricht für die Elastizität seines Geistes. Wirklichkeit blieb seinen Bemühungen in diesem Sinne versagt.

Nur spielerischer Weise dürfte die Frage gestellt werden, ob Adenauer, wäre er fünf bis zehn Jahre jünger gewesen, hätte er fünf bis zehn Jahre länger regiert, schließlich doch getan hätte, was sein dritter Nachfolger tat. Der historisch Handelnde ist außerhalb der ihm gesetzten Zeitgrenzen ernsthaft nicht zu denken. Nur diese Behauptung wage ich: die „Ostverträge" des Bundeskanzlers Brandt als solche lagen in der Logik der europäischen Situation und in der Logik von Adenauers Politik, welche aus dieser Situation hervorgegangen war, indem sie sie mitgestaltete. Keiner erkannte es klarer, als des Kanzlers großer Freund, General de Gaulle; und wollte Adenauer helfen, nicht ihm schaden, indem er aus seiner Intuition keinen Hehl machte. Polens Westgrenzen waren unveränderlich; das „Offenhalten" der deutschen Frage nur noch eine formale. Im guten, im traumhaft besten Fall wäre „Wiedervereinigung" nur verbunden mit einer Neutralisierung Deutschlands zu haben gewesen. Sie lehnte Adenauer auf das Allerentschlossenste ab – mit Grund, aber das tut nichts zur Sache. Was blieb aber dann, für den, der Frieden wollen mußte, auf die Dauer anderes als Anerkennung dessen, was keineswegs mehr aus der Welt zu schaffen war? – Das sentimentale Beiwerk, die messianischen Töne, das Spielen mit einem europäischen „Friedensbund" sind etwas anderes. Sie hätten Konrad Adenauer nicht gelegen. Auch sie haben keine Wirkung gehabt. Sie haben nichts genützt. Sie haben nichts geschadet. Sie sind verflogen.

Verwelkt sind auch so manche Positionen, die Adenauer energisch eingenommen hatte, verflogen die Gegenstände so mancher aufwühlenden Streiterei, die seine Epoche bezeichnete. Daß die Bundesrepublik das Reich rechtens fortsetze, daß Souveränität ihr gar nicht habe verliehen werden können, weil deutsche Souveränität, momentan außer Kraft gesetzt, im Prinzip unzerstörbar gewesen sei, hat er behauptet und gemeint; der „Alleinvertretungsanspruch" war die Folge davon. Es gibt ihn nicht mehr. Die „Bindungsklausel" der Verträge von 1952 und 1955 existiert noch auf dem Papier, aber neun von zehn Bundesbürgern dürften nicht mehr wissen, was sie bedeutet. Da man die „Wiedervereinigung" praktisch aufgegeben, soll heißen auf unausdenkbare Zukunft verschoben hat, wen kümmert noch, wozu ein vereinigtes Deutschland seinen westlichen Alliierten gegenüber verpflichtet wäre? . . . Eine Bestätigung von Adenauers praktischer Weisheit: Politik wird aus Situationen heraus gemacht, aber die ändern sich, und ferne Zukunft läßt sich nicht binden. Ein Staatsmann von Grundsätzen war er; kein Doktrinär. Mit der Möglichkeit diplomatischer Beziehungen zu Polen und der Tschechoslowakei hat er selber gelegentlich gespielt[14], ein Schritt, der, wenn getan, ein Abrücken der – nicht von ihm – sogenannten Hallstein-Doktrin bedeuten mußte.

So kann ich nicht finden, daß Adenauer in dem Streit um die Frage, wie Europa geeinigt werden sollte, durch „Institutionen“ oder durch freie Politik der Regierungschefs, sich je klar entschieden hätte. An Institutionen hing er wohl; an der Montan-Union, an der Verteidigungsgemeinschaft, deren Scheitern ihn so tief erschütterte, dann an der EWG. Keineswegs aber gehörte er zu jenen, die de Gaulle als „vaterlandslose Technokraten“ verachtete; schon allein darum nicht, weil er Deutschlands Beiträge zur Einigung Europas selber zu gestalten, mit eigener Hand zu bieten wünschte, nicht sie den Herrn von der Brüsseler Kommission zu überlassen. In Madrid: „(Großbritanniens) Eintritt in die EWG ist aber nicht dasselbe wie die Schaffung einer europäischen politischen Union. Ich möchte das sehr nachdrücklich betonen und ferner betonen, daß wir die politische Union vor allem brauchen.“[15] Hier auch: „Ich glaube, daß Frankreich und Deutschland den Kern der politischen Union Europas in Zusammenarbeit bilden können. Man sollte nicht allzu großen Wert auf die juristische Form eines solchen Zusammenschlusses legen. Ob nun eine Föderation oder Konföderation entsteht, oder welche Rechtsform es immer sein mag: Handeln, Anfangen ist die Hauptsache.“[16] Natürlich darf man den Politiker nicht auf eine einzige Rede festlegen, so als ob es eine ganze Wahrheit wäre; das weiß ich auch. Trotzdem glaube ich, daß er hier einen Gedanken aussprach, der in seinem Geist andere Gedanken überwog; daß er von seinem zärtlich geliebten Spätwerk, dem deutsch-französischen Freundschaftsvertrag, sich mehr erhoffte als von der EWG; daß er in Großbritannien ein gutes Land sah, aber kein gut europäisches, ungefähr wie de Gaulle, welch letzterer aussprach, was der Deutsche nicht aussprechen durfte; daß er im tiefsten Herzen „Karolinger“ war seit 1919 und immer blieb, „Atlantiker“ nur wurde aus Not, neuer, improvisierter Weise; daß er die Wahl zwischen beiden Prinzipien verwarf und haßte, aber, wenn sie ihm aufgezwungen wurde, dem deutsch-französischen Verhältnis als dem Nucleus eines Klein-Europa den Vorzug gab. Was wir seit seinem Rücktritt erlebten, haben solches Urteil, solche Gefühle nicht eigentlich widerlegt.

Ist er von de Gaulle betrogen worden? Natürlich merkte er bald, daß der General weiteren Sinnes war als er selber, mehrerlei jeweils großartige Ziele anstrebte oder andachte, eine „francophone“ Gemeinschaft, die bis nach Quebec reichte und tief nach Afrika, ein Europa „bis zum Ural“, und auch und vor allem, ein von Frankreich oder von ihm selber geführtes Klein-Europa. „Europa bis zum Ural“ hielt Adenauer für reinste Phantasterei; es wäre ja ein Europa bis nach Wladiwostok gewesen, also gar keines. Den Traum von wiedergeborener französischer Größe akzeptierte er, wenn auch nicht ohne Skepsis; der den Traum von deutscher Größe gar nicht hatte aufgeben müssen, weil er ihn nie gehegt hatte und nichts mehr perhorreszierte als seine Erneuerung; der übrigens die tief veränderten Machtverhältnisse auf Erden kannte, auf sie längst sich seinen Reim gemacht hatte. „Ich zerbräche mir jedoch den Kopf über die Art des Generals zu denken. Ich nähme an, daß zwei Ideen in de Gaulle gegeneinander kämpften: Frankreich als große Nation und Europa."[17] Der Widerspruch hätte wohl sich lösen lassen und Adenauer war bereit, ihn lösen zu helfen. Daß die Blütenträume der deutsch-französischen Freundschaft nicht reiften, lag weder an ihm, noch an de Gaulle. Wenn aber der General über die französische Außenpolitik allein entschied, so entschied Adenauer in seiner Spätzeit nicht mehr allein über die deutsche, wie er anfangs getan hatte, unter welchen Anstrengungen, mit welcher Kühnheit und List. Der Bundestag, seine eigene Fraktion nullifizierte mit jener berühmten Zusatzklausel den deutsch-französischen Vertrag in eben dem Moment, in dem er ihn ratifizierte. Im folgenden Jahr machte die „Atlantiker"-Regierung Erhard-Schröder den Vertrag vollends zum Spott. Adenauer hat es in seinem erzwungenen Ruhestand erlebt und litt darunter; wie sehr, wissen jene, die Zeuge davon waren. – Es gibt die Historikerschule, die, was immer in der außenpolitischen Sphäre scheinbar Wichtiges geschieht, auf soziale Strukturen im Inneren zurückführt, als etwas Unvermeidliches, oder beinahe. Es gibt die zweite, die, ohne die Lehre der ersten geradewegs zu verneinen, trotzdem an ein Maß von Freiheit außenpolitischer Entscheidungen glaubt: zu einer bestimmten, nie sehr langen Frist konnte eine Weiche so gestellt werden oder auch anders. In Adenauers Spätzeit, welche die Epoche de Gaulle-Adenauer war, ist meiner Meinung nach eine historische Stunde versäumt worden. Beweisen läßt sich das nicht.

Man hat gegen den großen Europäer eingewandt, er habe sein Europa kaum gekannt: gut nicht einmal Frankreich; viel weniger Italien, zu schweigen von Spanien oder Polen, selbst von der Schweiz, von Österreich[18]. Davon wäre die Folgerung, daß seine Politik eigentlich illusiv war: basierend auf für ihn abstrakten Größen, Formen und Farben der Landkarte, Zahlen, Namen, nicht auf dem wirklichen Leben und seiner Ökonomie. Ist dieser Einwand stichhaltig? Nun, gewiß hat es Politiker gegeben, die an ihrem Provinzialismus scheiterten, weil sie ihre gefährlichsten Partner im Spiel ganz einfach nicht verstanden; so Neville Chamberlain, der von der Tschechoslowakei in der Krise als einem „fernen, fremden Land" sprach. Andererseits: welcher erfolgreiche Staatsmann hat die Mächte, Länder, Völker, mit denen er umging, gekannt wie ein Spezialist, Globetrotter, internationaler Geschäftsmann sie kennt? Was war für Bismarcks wirkliche Impressionen „Europa" anderes als seine Höfe, dann ein paar Salons, Landsitze, Jagdreviere und Badestrände? Man kann eine Menge den Zeitungen entnehmen, auch den historischen Büchern, eine Menge sich erzählen lassen und eine Menge erraten; dergleichen gehört zum Talent. Das Wesen des russischen Imperiums erriet Adenauer recht genau, lange vor der Reise nach Moskau, während derer er seine Augen allerdings weit aufmachte. Von den Briten wußte oder fühlte er: Ihr Verhältnis zum Kontinent war nun einmal ein anderes als das der kontinentalen Völker; ihre nationalen Energien befanden sich im Niedergang; in veränderter Welt hatten sie den ihnen gemäßen Platz noch nicht gefunden. Brauchte er für seine Zwecke mehr zu wissen? Den französischen Nachbarn gegenüber ging er, wie schon einmal 1919, von dem aus, was war, ferner dann von dem, was wünschbar war, sein konnte, sein mußte. Dabei fehlte es ihm keineswegs an nur allzu treffenden Einsichten und Anschauungen. Zu de Gaulle, Mai 1961: „Er, de Gaulle, habe jetzt die große Aufgabe, Frankreich ein soziales Leben zu schaffen, das auch der jungen Generation dieses Leben sinnvoll und wertvoll mache. Nur dann werde sie gegen den Kommunismus immun bleiben. Soviel mir bekannt sei, habe Frankreich auf dem sozialen Gebiet sehr viel nachzuholen."[19] Ob, was da nachzuholen sei, sich mit den ungeheuren Kosten der Nuklearrüstung denn vereinbaren lasse? Hätte der General diese Mahnung beherzigt, sein Regime wäre sieben Jahre später vielleicht nicht so peinlich erschüttert worden. – Die Vereinigten Staaten kannte Adenauer vor 1945 eigentlich nicht. Sie waren nun die größte Macht auf Erden, sie hatten bald angefangen, sich seinem zerstörten Vaterland hilfreich zu erweisen, sie befanden sich in permanentem Konflikt mit dem russischen Imperium. Das genügte einstweilen für seinen Kalkül. Spätere Amerikareisen brachten einige Anschauung, zahlreiche menschliche Kontakte, fragmentarische Kenntnisse.

Während des Wahlkampfs von 1956 – glaube ich – hat Adlai Stevenson, Eisenhowers erfolgloser Gegenkandidat, einmal bemerkt, amerikanische Außenpolitik sei während der letzten Jahre nicht in Washington, sondern von dem deutschen Bundeskanzler Adenauer gemacht worden. Ein überpointiertes Urteil. Aber wahr oder viertelswahr, bedeutet es doch nicht, daß Adenauer eine eigentliche Amerikapolitik gehabt hätte, so wie er eine Ostpolitik hatte, die nur angeblich offensive Defensive, so wie er eine westeuropäische Politik hatte, das trotz aller Rückschläge nie erlahmende Streben nach „Integrierung". Der amerikanische Fall war klar. Die Vereinigten Staaten waren ihm gut und notwendig über alle Begriffe, weil und insoweit und solange sie die Atlantik-Pakt-Front hielten und an ihr kommandierten. Das war deutsches Lebensinteresse und ihr eigenes auch. Daran, wie sie es wahrnahmen, maß er ihre Vertreter. Zum Verfasser, über den Präsidenten Kennedy, 1966: „Der war kein Freund der Deutschen. Der war kein Politiker." Ein amerikanischer Politiker, im Gegensatz etwa zu einem englischen, mußte ein Freund der Deutschen sein, der Bundesrepublik, der Berliner, oder er verstand sein Handwerk nicht. Treue um Treue. Daß die Vereinigten Staaten nicht treu sein, daß sie von ihrem eigensten Interesse abirren könnten, fürchtete Adenauer seit dem Verschwinden der Generation, mit der er sich so eng liiert hatte, der Generation Eisenhower-Dulles. Nun warnte der amerikanische Präsident in der Paulskirche die Deutschen vor Fausts „Verweile doch, du bist so schön!" Adenauer, wir wissen es, war selber bereit, das starrste „Verweilen" aufzugeben; nicht zuletzt darum, weil seine Verbündeten nun solches von ihm erwarteten. Das traute er sich zu; er, der die Russen kannte, der der Front so nahe war, der nun erfahrenste Politiker Europas hätte die Veränderungen unter Kontrolle gehalten. Den Amerikanern traute er es nicht zu.

Die Furcht, die ihn bis zu seinem Tod nicht mehr verließ, ging auf zweierlei, in sich Verwandtes: ein amerikanisch-russisches Doppelgeschäft, um Europa zu neutralisieren – mithin etwas später zu sowjetisieren; eine Wiederkehr des alt-amerikanischen Isolationismus. Die letztere hielt ich damals für unmöglich und schrieb so. Man soll nie nie sagen. Möglich ist in der amerikanischen

Politik auch das Unmögliche für ein paar Jahre; während derer dann der ärgste Unfug geschehen kann. Es war dieser klare, ängstliche Blick auf das Amerika Kennedys und Johnsons, auf das schon in Vietnam verstrickte Amerika, der Adenauer schärfer als je sich sorgen ließ; der letzte, Fragment gebliebene Band seiner Erinnerungen könnte „Sorge um Europa“ heißen.

Wie denn überhaupt viel Sorge, viel Furcht im Herzen dieses hart geprüften Mannes war. Es hängt dies mit seiner so sehr langen, wach erlebten Lebensgeschichte zusammen. Der deutsche Bürgersohn aus der Bismarckzeit hatte so sehr viel Neues, Schlimmes mit seinem Denken bewältigen müssen. 1918/19 war ihm das vergleichsweise glatt gelungen; unter welchen seelischen Leiden und Anfechtungen 1933 bis 1945, darüber sind wir wohl noch nicht genügend unterrichtet. Die scheinbar so machtvolle, glanzvolle Anordnung, in die er hineingeboren worden war, gab er auf, aller späteren Theorien vom „Rechtsnachfolger“ ungeachtet. Statt dessen „Europa“ und die Bundesrepublik eingebettet in ihm. Das war nicht Wiederherstellung dessen, was vor 1914 gewesen war, des ihm von Haus aus Gewohnten. Ungefähr jedoch wie Arnold Toynbee kam Adenauer von der Erinnerung an das weltbeherrschende Europa nicht los. Was war Europa einmal gewesen? Alles. Was war es jetzt? Nichts. Was sollte es wieder werden? Etwas. Und es wurde wieder etwas; der seiner Regierung anvertraute Teil Deutschlands, der bei weitem größere, wie er immer wieder betonte, der auch. Wiederherstellung nicht; trotzdem in gewissem Sinn Restauration. Wiedererstarken Europas; Affirmation alter, lang schimpfierter menschlicher Werte und Grundsätze. Restauration war wirklich; es liegt kein Tadel darin. Immer aber ist sie für den, der sie vollzieht, der all die schlimmen Erfahrungen hinter sich hat, mit der Furcht verbunden, sie könnte nicht halten. Es war alles noch so neu, so zerbrechlich im Inneren, so ungesichert nach außen. Auch von der Erinnerung an die blutigen Narreteien, auf welche die Deutschen sich zweimal eingelassen hatten, kam er nicht los. Seine Landsleute waren noch nicht zur Ruhe gekommen; sie könnten wieder Narren werden, wenn man sie in Versuchung führte . . . Die Geschichte spricht ihr letztes Wort nie. Immerhin wird man, was diese Sorge betrifft, neun Jahre nach Adenauers Tod sagen dürfen, daß sein Werk solider war, als er glaubte, von seinen Nachfolgern fortgeführt, von heranwachsenden Generationen als Normalität akzeptiert wurde. Sein Tun war auf die Zukunft gerichtet, jedoch bestimmt und beschwert von einer Vergangenheit, welche für die um anderthalb oder zwei Generationen Jüngeren solche Last nicht mehr bedeuten kann. Nicht als ob die weite Welt zu seiner Zeit zur Furcht keinen Anlaß gegeben hätte, und heute keinen gäbe. Wie einer die auf ihn eindringende geschichtliche Wirklichkeit erlebt, hängt auch von ihm selber ab, Standort, Temperament, Lebensdaten.

Diese mußten dem epochalen Verstehen Adenauers Grenzen setzen, wie sehr er auch, tapfer und neugierig, sie zu erweitern strebte. Die historisch beispiellose Situation von 1945 hatte er früh und klar verstanden: die Teilung Europas, die beiden Weltmächte, die immensen, der amerikanischen Demokratie gestellten neuen Aufgaben. Hier war ein neues Weltbild, eine Art von erträglicher, wenn auch immer gefährdeter Ordnung. Maos China kam dazu, zumal seit Chruschtschow ihm seine chinesischen Sorgen offenbart hatte; eine andere

Weltmacht, die dritte, oder wenn auch sein Europa eine würde, die vierte, von der er sich machtlogisch sogar etwas erhoffte. Die vier ergaben ein System, welches, obgleich neu, doch unter die ihm vertrauten Kategorien ungefähr noch zu bringen war. Anders Afrika, Südostasien, Lateinamerika. Ich kenne keine Zeugnisse, die uns lehren könnten, daß, oder wie er sich mit dem Aufstand der ,,dritten", der ,,vierten" Welt auseinandersetzte; ich glaube, daß er es ernsthaft gar nicht mehr versuchte. Die Schaffung ,,dieser vielen kleinen neuen Staaten" hielt er für einen ,,furchtbaren Fehler", was sie, vom europäischen Standpunkt aus, ja auch war. Nicht sah er die fehlerhafte Unvermeidlichkeit; nur uralte Verwirrung. Sein Verhältnis zu Israel widerspricht dem keineswegs. Sollte die amerikanische Politik wirklich, wie ihr vorgeworfen wird – aber ich bezweifle es sehr – im Staate Israel sich einen Brückenkopf im Mittleren Osten erhalten wollen – das war Adenauers Interesse nicht. Es war ausschließlich moralischer Art. Das große Verbrechen, in den engen Grenzen des Möglichen, wieder gutzumachen, mit dem Staat der Juden ins Reine zu kommen, darauf allein war sein Sinn gerichtet, daran hielt er, trotz arabischer Proteste, unbeugsam fest. Er fürchtete die Araber nicht. Ihre aufsteigende Macht, von deren Zukünftigkeit einige Politiker seiner eigenen Partei recht wohl schon wußten, paßte nicht in sein Weltbild. So nicht die Verwandlung der ,,Vereinten Nationen" aus einer Koalition der Siegermächte in ein universales Welttheater, auf dem die Staaten der Dritten Welt, zusammen mit den kommunistischen, stets die Mehrheit haben würden. Was überhaupt dachte er von den UN? Ungefähr wie de Gaulle? Möglich, sogar wahrscheinlich; wieder war er nicht in der Lage seines Freundes, der, was immer er dachte, laut sagen durfte in aller Feierlichkeit. – In dem letzten Gespräch mit Rudolf Augstein, von diesem veröffentlicht ein paar Tage vor des Kanzlers Tod, spürt man ein Gefühl gequälten Fragens ohne Antwort, beinahe ein ,,ich verstehe die Welt nicht mehr", das etwas anderes ist als die klassische, man möchte sagen die wohlgeordnete Sorge, die Adenauer während seiner vierzehnjährigen Regierung so oft zur Schau trug[20]. Regelmäßig war es damals um die Faktoren gegangen, die sein neues, letztes Weltbild formten: ob sie sich noch so zueinander verhielten, wie das System es verlangte. Nun begann das Ganze sich zu verformen durch wildfremde Einflüsse von außen. Sein sensitiver Geist ahnte es. Seine Arbeit war getan. Er konnte da nicht mehr mitmachen.

Wir waren traurig, als er starb. Und doch war es Gnade, daß er nicht 95 oder 98 Jahre alt wurde. Es blieb ihm erspart, die beiden neuesten Nahostkriege zu erleben, die Anwendung der ,,Ölwaffe" und ,,Energiekrise", Europas gespalten-erbärmliches Verhalten ihr gegenüber; den Terrorismus der Palästinenser auf seinem Höhepunkt; die Internationale des Terrorismus samt ihren Sympathisanten und der Hilfe von Mächten, mit deren Vertretern wir umgehen müssen, als seien sie Gentlemen. Die zerstückelte Weltrevolution, gefördert von dem nacktesten, starr-konservativsten Imperium, das es in modernen Zeiten gab – diese ungewöhnlich widerwärtige Verbindung war, als er starb, bei weitem noch nicht so erfolgreich, wie sie heute ist. Mir fallen vier Zeilen aus einem Gedicht ein, in dem Algernon Swinburne den unbekannten Göttern dankt dafür:

That no life lives for ever;
That dead men rise up never;
That even the weariest river
Winds somewhere safe to sea . . .

Von dem Staatsmann der Sorge war hier die Rede. Von dem erzpraktischen Politiker ist anderswo viel die Rede gewesen: dem rauhen Wahlkämpfer und schlauen Wahlgeschenkmacher, dem Menschenverächter, der Mitarbeiter am Zügel hielt, verbrauchte, schnöde beiseite schob, dem lauernden, dreisten Unterhändler und kalkulierenden Menschenbehandler, dem Konstrukteur der breit und tief gesicherten, eigensten Machtfestung[21]. Gewiß doch. In der parlamentarischen Demokratie regiert man nicht aus bloßer Unschuld und Güte 14 Jahre lang wie ein König, reich und milde, der alten Zeit. Andererseits ist von dem Manne der Grundsätze gehandelt worden, dem Christen, der in einer historisch informierten, schlichten, starken Philosophie Rat fand[22]. Was mir dabei etwas zu kurz gekommen scheint, ist der im Innersten von Anfechtungen Heimgesuchte, der Skeptiker, der Zarte, der Zögernde. Davon steht freilich in seinen „Erinnerungen" gar nichts, auf Distanz legte er Wert. Es ist ferner, zumal ja in der einzelnen Seele soviel zusammenhaust und sie nie auf einen Nenner gebracht werden kann, der Menschenfreund, ja, der Idealist und Träumer. Das war er auch. Wenn er über das seinem Europa Mögliche sich Illusionen machte, so kamen sie nicht aus Unkenntnis. Sie kamen aus seinem Traum von dem, was den Europäern gut wäre, ihr Leben erhöhen würde. Über die Montan-Union, die doch ein vergleichsweise sachlich-dürres Unternehmen war: „Ich war überzeugt, daß die Montan-Union in ihren Auswirkungen nicht nur die wirtschaftlichen Verhältnisse unseres Kontinents, sondern das ganze Denken und das politische Empfinden des europäischen Menschen verändern würde. Ich war überzeugt, daß sie die Europäer aus der Enge ihres nationalstaatlichen Lebens herausführen würde in die Weite des europäischen Raumes, die dem Leben des einzelnen einen größeren und reicheren Sinn geben würde. Die Jugend aller europäischen Völker sehnte sich danach, in anderen Ländern Erfahrungen zu sammeln, zu lernen und zu wirken [. . .]
Aus Menschen, deren Gefühle noch zu diesem Zeitpunkt wesentlich durch Mißtrauen, Konkurrenzsucht und Ressentiments bestimmt wurden, würden Nachbarn und Freunde werden."[23] Er konnte es besser nicht sagen, die blühenden Phrasen lagen ihm nicht. Aber solche Sätze kommen aus dem Herzen. Von Plato stammt der Begriff des „geriebenen Idealisten", des Burschen, der zäh und schlau ist, selbst hinterhältig, bei der Durchsetzung des von ihm für recht Erkannten. Die Benennung paßt ein wenig zu Adenauer; gerieben war er allerdings, aber Idealist auch und schöpferisch aus der Idee. So, im heimatlichen Rahmen, als Oberbürgermeister; so als Staatsmann. Einer nach Millionen zählenden Schar von Menschen hat er nachweislich Gutes getan; von den 28000 in Rußland Gefangenen, die er aus Sklaverei befreite, bis zum „Wohlstand für alle", den entspannten Nerven der Menschen in jenen behaglichen fünfziger Jahren, den Campingplätzen, wo die Bürger Europas freundnachbarlich sich kennenlernten, eben wie er es von der Montan-Union erhofft hatte. Sollte er dagegen auch Schaden gestiftet oder doch zugelassen haben, so wäre es ein in

der Zukunft liegender, spekulativer, indirekter, ihm gar nie genau nachzuweisender. Selten sind die Politiker historischen Namens, von denen man im Guten so Reichliches, Sicheres, im Schlechten nur so Ungesichertes behaupten kann.

1 Vgl. Karl Dietrich Erdmann, Adenauer in der Rheinlandpolitik nach dem Ersten Weltkrieg, Stuttgart 1966, S. 307.
2 Vgl. Erdmann, Dokumente, passim, insbesondere S. 212ff., S. 303f. und S. 327ff.
3 Vgl. Hans-Peter-Schwarz (Hrsg.), Konrad Adenauer. Reden 1917–1967. Eine Auswahl, Stuttgart 1975, S. 175ff.
4 Vgl. François Seydoux, Beiderseits des Rheins. Erinnerungen eines französischen Diplomaten, Frankfurt am Main 1975, S. 243.
5 Vgl. Adenauer, Reden, S. 38ff. und S. 484ff.
6 Vgl. Adenauer, Reden, S. 492f.
7 Vgl. Hans-Peter Schwarz, Das außenpolitische Konzept Konrad Adenauers, Kap. II: Der Quellenwert der „Erinnerungen", in: Rudolf Morsey und Konrad Repgen (Hrsg.), Adenauer-Studien I (Veröffentlichungen der Kommission für Zeitgeschichte, Reihe B, Bd. 10), Mainz 1971, S. 73ff.
8 In: Rudolf Morsey und Konrad Repgen (Hrsg.), Adenauer-Studien III: Untersuchungen und Dokumente zur Ostpolitik und Biographie (Veröffentlichungen der Kommission für Zeitgeschichte, Reihe B, Bd. 15), Mainz 1974, S. 3ff.
9 Vgl. Der Globke-Plan zur Wiedervereinigung, bearbeitet und eingeleitet von Klaus Gotto, in: Adenauer-Studien III, S. 202ff.
10 Vgl. Konrad Adenauer, Erinnerungen 1955–1959 (Bd. 3), Stuttgart 1967, S. 376ff.
11 Vgl. Adenauer, Erinnerungen, Bd. 3, S. 379.
12 Vgl. Konrad Adenauer, Erinnerungen 1953–1955 (Bd. 2), Stuttgart 1966, S. 267.
13 Vgl. Brief an den Verfasser, Bonn, 1. Dezember 1966.
14 Vgl. Tagebuchaufzeichnungen von Heinrich Krone vom 22. Juli 1959 und 1. August 1959; Heinrich Krone, Aufzeichnungen zur Deutschland- und Ostpolitik 1954–1969, bearbeitet und eingeleitet von Klaus Gotto, in: Adenauer-Studien III, S. 153.
15 Vgl. Adenauer, Reden, S. 487.
16 Vgl. Adenauer, Reden, S. 488.
17 Vgl. Konrad Adenauer, Erinnerungen 1959–1963. Fragmente (Bd. 4), Stuttgart 1968, S. 56.
18 Vgl. Arnulf Baring, Außenpolitik in Adenauers Kanzlerdemokratie, München-Wien 1969, S. 57.
19 Vgl. Adenauer, Erinnerungen, Bd. 4, S. 103.
20 Vgl. Der Spiegel, Nr. 17 vom 17. April 1967.
21 So Baring, S. 185, S. 331 und anderwärts. Ähnlich in der Tendenz: Arnulf Baring, Sehr verehrter Herr Bundeskanzler! Heinrich von Brentano im Briefwechsel mit Konrad Adenauer 1949–1964, Hamburg 1974, insbesondere S. 368ff. Barings Charakteristik scheint mir ein wenig überpointiert. Könnte es nicht zum Beispiel sein, daß die schwärmerische Verehrung, mit der sein Außenminister zu ihm aufsah, dem allerdings auf Distanz Wert legenden Bundeskanzler ganz einfach etwas peinlich war?
22 So besonders durch Anneliese Poppinga, Konrad Adenauer. Geschichtsverständnis, Weltanschauung und politische Praxis, Stuttgart 1975. Die Autorin hat aus dem Verhältnis zwischen „Grundsätzlichem" und „Praxis" das Äußerstmögliche herausgeholt.
23 Vgl. Konrad Adenauer, Erinnerungen 1945–1953 (Bd. 1), Stuttgart 1965, S. 426.

HANS-PETER SCHWARZ

Der unbekannte Adenauer
Einige Aufgaben künftiger Forschung

Die Festreden zum Adenauer-Centennial sind verrauscht und größtenteils schon gedruckt. Auch die literarische Ausbeute ist erschienen oder kommt – wie der zweite Band dieser Festschrift – eben heraus. Selbst wer solchen durch die Zufälligkeit von Jahrestagen bedingten Veröffentlichungen mit einer gewissen Skepsis gegenübersteht, wird einräumen müssen, daß der Ertrag nicht nur quantitativ beachtlich ist.
Nützliche Forschungsberichte wie die von Rudolf Morsey und Helmut Grieser[1], die den Stand der Forschung bis zum Herbst 1975 präzis erfaßten, bedürfen bereits der Ergänzung. Allein im Zeitraum von der Buchmesse 1975 bis Juni 1976 erschienen: drei Festschriften und ein archivalisch wie bibliographisch gleicherweise ergiebiger Ausstellungskatalog[2], zwei Quelleneditionen[3] sowie über ein halbes Dutzend biographischer Skizzen, in denen auch viel eindrucksvolles Bildmaterial ausgebreitet ist – vor allem in dem wohlgelungenen Band von Ulrich Frank-Planitz[4].
In der Adenauer-Forschung herrscht also Aufbruchstimmung. Festredner und Publizisten aller politischen Richtungen, deutsche und ausländische Stimmen bestätigen sich gegenseitig, daß der erste Bundeskanzler der im guten wahrscheinlich bedeutendste Staatsmann seit Bismarck gewesen ist[5], was von der Forschung als Legitimation verstanden werden kann, diese Persönlichkeit mit größter Intensität und mit denkbar weitgespannten Fragestellungen zu untersuchen.
Wir werden also in den kommenden Jahrzehnten jede Menge von Publikationen erwarten können von der Art ,,Adenauer als . . .“ (Mensch, Außenpolitiker, Sozialpolitiker, Verwaltungschef, Memoirenschreiber usw.), ,,Adenauer und . . .“ (– Personen: de Gaulle, Erhard, John Foster Dulles, Franz Josef Strauß, Globke, usw.[6], oder: Adenauer und Frankreich, die USA, Rußland, Europa, das Abendland, der Staat usw.). Und obwohl es niemandem unverborgen ist, daß ohne volle Kenntnis des amtlichen Archivguts und ohne eine Vielzahl vorangehender Einzelstudien auch eine vorläufige, historiographischen Anforderungen voll gerecht werdende Biographie ein riskantes Unterfangen ist, wird diese Aufgabe doch manchen reizen.
Schwieriger ist es vorherzusagen, wohin sich die Forschung thematisch hinbewegen wird und hinbewegen sollte, welche politischen Auseinandersetzungen aus der Ära Adenauer in Gestalt wissenschaftlicher Kontroversen voraussichtlich erneut ausgetragen werden müssen, und wie Wissenschaft und Öffentlichkeit im Verlauf einer allseits vorangetriebenen Erhellung der Geschichte nach 1945 schließlich die geschichtliche Bedeutung Adenauers für die Bundesrepublik und für Europa einschätzen werden.
Die folgenden Ausführungen versuchen, sich im Hinblick auf diese Fragen ein

Stück Wegs voranzutasten – vorsichtig, und dabei mehr von Fragen als von Gewißheiten ausgehend. Zu prüfen ist, inwieweit wohl das, was wir heute schon – wenn auch vielleicht zu Unrecht – als gesicherte Erkenntnis betrachten, Bestand haben wird, sobald sich die Archive öffnen. Zu prüfen ist weiter, wo die immer noch weiten weißen Flecke auf der Landkarte unseres Wissens über Adenauer und seine Ära liegen, auch: wo die Erforschung der Persönlichkeit Adenauers mit umfassenderen Studien zur deutschen Geschichte und zur internationalen Politik verknüpft werden könnte und müßte.

Man begegnet heute einer relativ verbreiteten Neigung, den gegenwärtigen Kenntnisstand sowohl im Hinblick auf das Gesamtwerk wie auch in Einzelfragen schon als abgeschlossen zu betrachten. Selbst ein so erfahrener und mit allen Wassern historiographischer Skepsis gewaschener Historiker wie Golo Mann folgt dieser in zahlreichen Äußerungen zum Adenauer-Centennial erkennbaren Tendenz, wenn er mit Blick auf die bisherige Forschung schreibt, ,,daß die Adenauer-Forschung bisher nichts an den Tag gebracht hat, was das Bild des Mannes wesentlich verändern könnte. Sie hat Wissenslücken gefüllt, Zusätze, Retouschen angebracht: mehr nicht."[7]

Wie wollte sie auch, muß man allerdings fragen, da bisher weder der private Nachlaß noch das amtliche Archivgut systematisch ausgewertet werden konnten! Wir wissen aber aus der Geschichte der Bismarck- oder der Stresemann-Forschung, wie stark eine umfassende Auswertung aller Quellen das Bild einer großen Persönlichkeit vertiefen, doch auch verändern kann. So hat sich beispielsweise die populäre Klischeevorstellung vom ,,eisernen Kanzler" durch die geduldige Arbeit verschiedener Historikergenerationen entscheidend verändert. Und die Anfang der fünfziger Jahre überzogen idealistische Bewertung des ,,Europäers" Stresemann hat erst dann einer realistischeren Betrachtungsweise Platz gemacht, als Hans W. Gatzke, Anneliese Thimme und Henry Ashby Turner den gesamten noch vorhandenen Nachlaß auswerten konnten[8].

Auch wenn man, wie der Verfasser, vermutet, daß die künftige Forschung in weiten Partien unser heutiges Bild von Adenauer bestätigen, wenn auch vertiefen und bereichern wird, bleibt doch zu fragen: Wird dies für alle wesentlichen Bereiche gelten? Und was ist überhaupt ,,wesentlich", was bloß ,,Retusche"? Ist es wirklich eine bloße ,,Retusche", wenn die Forschung seit Erscheinen von Band 3 der Adenauer-Erinnerungen und aufgrund der Arbeiten von Klaus Gotto am Globke-Nachlaß das zuvor weithin verbreitete Bild vom ostpolitisch unbeweglichen Adenauer der Spätzeit aufgelöst hat? (Wobei wir heute noch nicht wissen, wie das neue Bild endgültig aussehen wird!) Und ist nicht gerade diese Veränderung des Bildes der Adenauerschen Ostpolitik, die im Centennial den Segen von Regierung und Opposition erhalten hat[9], auf neue Quellenfunde zurückgegangen? Das Feld ist also offen, und eben dies wird den ersten Bundeskanzler in den kommenden Jahrzehnten zu einem der interessantesten Objekte deutscher Geschichtsforschung machen, damit aber auch in der Öffentlichkeit das Andenken dieses lebendigen und vielschichtigen Mannes nachhaltiger wachhalten als es eine geistig festgezogene Adenauer-Orthodoxie könnte, von der wir bisher weitgehend verschont geblieben sind.

Im folgenden können nur einige Hauptthemen berührt werden: die Forschung zur Persönlichkeit Adenauers im engeren Sinne und anschließend die Forschungen zur Weltanschauung, zur Innenpolitik und zur Außenpolitik.

Bei außergewöhnlichen Staatsmännern interessiert jede Falte ihrer Persönlichkeit: nicht nur die wesentliche Frage, kraft welcher Führungsqualitäten sie sich durchgesetzt haben, sondern auch, wie sie sich im Ineinander von öffentlichem Wirken und Privatheit entwickeln konnten, wo die tieferen Quellen ihrer Aktivität zu finden sind, wie sie aus Erfahrung lernten, bis hin zu so privaten Eigentümlichkeiten, als da sind Temperament, Lebensstil, Geschmack, Daseinsrhythmus. Auch die Fragen nach Charakter, Lebensführung, Persönlichkeitsentwicklung, die bei durchschnittlichen Politikern eher als ziemlich unerheblich beiseite gelassen werden können, haben angesichts einer großen Persönlichkeit ihren Platz.

Was die Führungseigenschaften im engeren Sinn angeht, so liegen – nicht zuletzt in Band 1 der Festgabe ,,Konrad Adenauer und seine Zeit" – so zahlreiche übereinstimmende Aussagen von Zeitgenossen über Führungsstil und Führungstechniken vor, daß künftige, auf Akten gestützte Studien hier wohl nur noch Illustrationen beisteuern können. Auch was die Stärke des Diplomaten und Unterhändlers Adenauer ausmachte, wissen wir aus vielen Zeugnissen ausländischer und deutscher Zeitgenossen.

Die beste Zusammenfassung ist und bleibt die Studie von Horst Osterheld: ,,Konrad Adenauer. Ein Charakterbild"[10]. Doch daneben finden sich zahllose andere – etwa Walter Hallsteins brillante Porträtstudie ,,Mein Chef Adenauer", McCloys und Nahum Goldmanns Erinnerungsnotizen[11] oder Dean Achesons Skizze über seine erste Begegnung mit dem Kanzler[12].

Es mag mit dem Centennial zusammenhängen, daß die Äußerungen über den Führungsstil Adenauers – wie Karl Dietrich Bracher nicht ohne Erstaunen feststellt – durch Milde und Anerkennung charakterisiert sind. Selbst die zahlreichen Adenauer-Opfer in den Reihen der seinerzeitigen Opposition, bei den Freien Demokraten oder in der eigenen Partei, die sich heute über den Kanzler äußern, halten sich weitgehend an die Maxime ,,de mortuis nihil nisi bene".

Ein volles Verständnis des Führungsstils wird aber erfordern, daß auch der unbequeme, harte, schonungslose, machiavellistische Adenauer nicht verschwiegen wird, ein Bild, wie es in der Forschung vor allem von Arnulf Baring hell beleuchtet wurde[13], neuerdings von Gerd Bucerius in seinen sehr ,,subjektiven Beobachtungen" erneut in Erinnerung gerufen wurde, und – man kann seiner nicht vergessen, wenn vom Adenauer-Bild die Rede ist! – vor allem von Rudolf Augstein seit Anfang der fünfziger Jahre in unzähligen, freilich vergröbernden und verzerrten Reproduktionen unters Volk gebracht wird.

Die bisher erste Rekonstruktion des zupackenden, ganz und gar zweckrationalen und durchaus nicht schonungsvollen Führungsstils, die sich auf eine Auswertung von Akten stützt, hat vor kurzem Klaus Pabst in einer Studie über Personalpolitik und Führungsstil des Kölner Oberbürgermeisters vorgelegt[14].

Wie wenig selbstverständlich die bei Adenauer zu beobachtenden Führungsqualitäten sind, zeigt das Schicksal verschiedener seiner Nachfolger im Bundeskanzleramt. Selbst wenn also eine künftige quellengestützte Forschung in dieser Hinsicht nichts Neues zutage fördern dürfte, könnten solche Studien doch als eine Art moderner ,,Fürstenspiegel" dienen und den Blick der Öffentlichkeit für die Führungsqualitäten ihrer demokratischen Staatsmänner schärfen.

Anders als bezüglich der öffentlichen ,,Tugenden" Adenauers steht es im Hinblick auf den Menschen und Privatmann Adenauer. Er war kein Funktionär, der in der Politik aufgeht, hatte vielmehr ein lebendiges Innenleben und seinen Privatraum, die er allerdings von der Öffentlichkeit abzuschirmen wußte. Auch dieser Teil seiner Persönlichkeit kann und wird das legitime Interesse der Forschung beanspruchen; dabei ist die Verfügbarkeit des privaten Nachlasses abzuwarten. Das Phänomen des Mannes, der, als er schon die Schwelle zum Greisenalter überschritten hatte, über zwei Jahrzehnte hinweg ein Höchstmaß an Dynamik entfaltete und eine erstaunliche intellektuelle Präsenz unter Beweis stellte, ist wohl nur beim Blick auf das uns noch weithin verborgene Innen- und Privatleben voll verständlich. Man vergleiche etwa die wenigen Familienbriefe Adenauers, die sein Sohn Paul neuerdings veröffentlicht hat[15], mit den kalten Schreiben an Heinrich v. Brentano, die Arnulf Baring in seiner Edition abdruckt, um die emotionale Spannweite zu ermessen, der dieser Mann fähig war!

Mit besonderer Spannung wird man die Aufschlüsse erwarten, die eine diesbezügliche Forschung zur Religiosität Adenauers zutage bringen wird. Es sind genügend Zeugnisse aus seiner Umgebung bekannt (Paul Adenauer, Heinrich Krone, Wilhelm Hausenstein, Eugen Gerstenmaier, Horst Osterheld u. a.), die eindeutig von einer lebendigen Religiosität Zeugnis ablegen. Wie in der Bismarck-Forschung wird es aber auch hier nicht mit der bloßen Feststellung getan sein können, daß Adenauer ein praktizierender Christ war. Welcher Art war seine Katholizität? Wie ist diese Verbindung von naturrechtlichen Überzeugungen und liberaler Distanz zur Amtskirche, von praktischem Christentum und einer geradezu lutherisch anmutenden Trennung der beiden Reiche im Lebenslauf Adenauers erwachsen? Trifft die Vermutung zu, daß auch die Religiosität Adenauers sich entwickelt hat[16]? Und wo in der deutschen Frömmigkeitsgeschichte ist sie zu verorten, wo speziell in der Geschichte des deutschen Katholizismus, und wo war ihr Ort in den Strömungen des deutschen Nachkriegskatholizismus?

Die Problematik hängt eng mit dem später noch zu berührenden Komplex der politischen Ordnungsvorstellungen Adenauers zusammen, auch mit seinem Konzept der Christlich-Demokratischen Union. Hier interessiert nur seine persönliche Frömmigkeit – ein entscheidender Faktor, wenn man sich der vielen Stimmen zeitgenössischer, gerade auch katholischer Kritik erinnert, die ihn seinerzeit als grundsatzlosen, bloß gerissenen Taktiker und Zyniker verurteilt hatten.

Zu dem persönlichen Bereich Adenauers, über den wohl auch eine weitere Forschung nichts grundsätzlich Neues, aber wahrscheinlich Faßbareres bringen kann als die bisherigen biographischen Versuche, gehören sein Familiensinn, seine Naturliebe, sein Kunstsinn, sein kontrolliertes, aber lebendiges Gefühlsleben überhaupt. Die meisten, die ihn näher kannten, begreifen ihn als Mann erheblicher innerer Spannungen – als Skeptiker und Gläubigen, als zupackenden Tatmenschen, aber auch als Person, die für das Pianissimo zwischenmenschlicher Beziehungen Antennen besaß – wenn er nur wollte, als nachtragend und großzügig, als ,,weichen" und ,,harten" Adenauer (Anneliese Poppinga), als machtbewußten und demütigen Menschen – die Liste der Antinomien ließe sich beliebig verlängern. Anneliese Poppinga hat dazu in ihren beiden Büchern manches, wahrscheinlich Definitives dargestellt – aber wenn uns eine Biographie, gestützt auf schriftliche Zeugnisse, diesen durchaus nicht bloß aufs politische Funktionieren reduzierten Menschen im Werden und in concreto darzustellen weiß, wird dies ein wichtiger Beitrag zum Thema des Politikers im Zeitalter der Massendemokratie sein. Wahrscheinlich könnte eine solche Biographie erkennen lassen, wie es doch vor allem die traditionellen Werte waren, die ihm seine Überlegenheit verschafft haben. Willy Brandt, der ein gutes Gespür für diesen ihm innerlich fremden Mann hatte, trifft einen Zentralaspekt mit der Feststellung: ,,Der Uralte hatte Werte bewahrt, die sich als unverbraucht erwiesen."[17]

Ein Aspekt der Adenauerschen Persönlichkeit, der bisher noch der systematischen Behandlung harrt, ohne den aber diese Gestalt schlechthin unverständlich bliebe, ist der Rheinländer Adenauer und alles, was an Lebensbehaglichkeit und Lebenslistigkeit, an Freude am handfesten, eß- und trinkbaren Irdischen, an Verstellung, Jeckerei und Spottsucht damit verbunden ist. Gewiß erfassen die Anekdoten von Walter Henkels auch nur eine Schicht dieses vielbödigen Menschen – aber er war eben bisweilen mehr und weniger als ein ,,großer Politiker und tiefer Mensch" (Heinrich Krone), ein Mann, der sich auch mit anderen seinen Spaß machen konnte und selber oft Spaß am Leben hatte.

Verschiedene der biographischen Essays und der Erinnerungen älterer Weggenossen, die in den letzten Jahren erschienen sind, sprechen zwar mit Nachdruck vom tragischen, auch vom innerlich einsamen Adenauer – doch man sollte eben nicht vergessen, daß dies der alte Adenauer war. Ein noch zu schreibendes Gesamtbild wird auch den Kölner Oberbürgermeister nicht aussparen dürfen, und es wird auch davon sprechen müssen, daß selbst der alte Adenauer nicht bloß gelegentlich von düsteren Zukunftsphantasien bedrängt wurde, sondern daneben auch Stunden kannte, in denen er sich mit seinen Mitarbeitern behaglich an Austern und Champagner erfreute[18].

So ist zu hoffen, daß die künftige Forschung wie bisher den Versuchungen hagiographischer Darstellung entgeht und das Bedeutende dieses Menschen auch in seinen schwer vereinbaren Widersprüchen erkennt. Dabei wird wiederum die Persönlichkeitsentwicklung schärfer als bisher herauszuarbeiten sein.

Wenn es darum geht, Adenauer in der ganzen Weite seiner Menschlichkeit zu schildern und zu verstehen, wird der Formung durch Köln besondere Aufmerksamkeit zu schenken sein. Adenauer der Kölner, Adenauer der Besitzbürger, Adenauer, eine gesellschaftliche Zentralfigur des Rheinlandes vor 1933 – diese Themen sind noch nicht ausgeschöpft. Daneben steht, wie Morsey betont, ,,die geistige Verwurzelung Adenauers im politischen Katholizismus des Rheinlandes mit seiner demokratischen und sozialen Komponente und seiner Prägung durch die rheinische kommunale Selbstverwaltung"[19].

Beides – die bürgerliche Gesellschaft Kölns und der politische Katholizismus des Rheinlandes haben den ersten Bundeskanzler geprägt[20], dessen erfolgreichstes und bis heute florierendes Lebenswerk die Restauration der bürgerlichen

Gesellschaft in der Bundesrepublik ist. Die Forschung wird sich also mehr als bisher darum zu kümmern haben, welcher Art denn eigentlich das Bürgertum dieses Restaurators der bürgerlichen Gesellschaft war – eine Aufgabe, die weit über den Bereich der politischen Geschichte im engeren Sinne hinaus die kulturgeschichtlichen Zusammenhänge der ersten und zweiten Jahrhunderthälfte erfassen muß.

Gerade diese Thematik bedarf der Ausweitung über die individualpsychologische und individualsoziologische Analyse hinaus; sie muß in die noch nicht hinreichend geklärten Fragen von Adenauers Gesellschaftsverständnis und Gesellschaftskonzept führen.

Nicht daß das soziale Beziehungsfeld, in dem sich Adenauer bewegte, schon seine jeweilige Politik erklären würde – aber man muß es doch kennen und bewerten, will man sich der sehr viel weiter gehenden Frage zuwenden, welche ordnungspolitischen Gesamtvorstellungen Adenauer nach 1945 verfolgt, warum er bestimmte wirtschafts- und sozialpolitische Ziele angestrebt, andere toleriert und wieder andere verworfen hat.

Eine wissenschaftlich befriedigende Darstellung der Persönlichkeit Adenauers müßte ihn auch systematisch (und das heißt wieder in erster Linie: mit Blick auf seine Entwicklung) als Lernenden untersuchen. Welche Daseinszusammenhänge kannte er in den verschiedenen Tätigkeitsperioden aus eigener Erfahrung, womit ist er wenigstens indirekt in Berührung gekommen? Daß er mit öffentlichem Finanzwesen, Bauwesen, regionaler Wirtschaftspolitik, überhaupt mit der öffentlichen Verwaltung, mit Kirchenpolitik, Gewerkschaftswesen, regionaler und gesamtstaatlicher Parteipolitik aus seiner Oberbürgermeisterzeit bestens vertraut war, ist bekannt. Wie wir dank der intensiven Forschungen zur „Außenpolitik" des Kölner Oberbürgermeisters (Morsey, Erdmann, Recker) wissen, war Adenauer in den zwanziger Jahren auch mit den Kräften und Praktiken internationaler Politik viel besser vertraut als jene Konkurrenten vermuteten, die ihn in der Anfangsphase der Bundesrepublik als unerfahrenen Newcomer in diesem Feld ansahen.

Allerdings waren dies Erfahrungen, die er in einer vergangenen Epoche gemacht hatte. Was vom Einblick in die internationale Konstellation der Zwischenkriegszeit auf die Periode nach 1945 an Konzepten und Methoden übertragbar war, mußte nach dem Zweiten Weltkrieg erst ausprobiert werden. Natürlich brachte Adenauer in den ersten Nachkriegsjahren und auch noch im Anfang seiner Kanzlerschaft sehr viel weniger Kenntnisse der neuen Gegebenheiten mit als die ausländischen Partner, mit denen er zu verhandeln und gegen die er sich zu behaupten hatte. Das unterschied ihn allerdings nicht von anderen deutschen Nachkriegspolitikern. Im ganzen hatte er dank der Erfahrungen der Jahre 1919 bis 1926 schon zu Beginn seiner neuen Nachkriegskarriere mehr internationale Erfahrung als etwa Kurt Schumacher, Reinhold Maier, Jakob Kaiser, Otto Grotewohl – um nur einige Namen zu nennen. Was die Finessen diplomatischen Verhandelns anbelangte, war er selbst Emigranten wie Erich Ollenhauer, Ernst Reuter oder einem CSU-Politiker wie Josef Müller überlegen, die ihn freilich alle an praktischer Auslandskenntnis übertrafen. Relativ war er also selbst für die außenpolitischen Aufgaben vergleichsweise gut ausgerüstet.

Die Lücken seiner Kenntnisse ausländischer Regierungssysteme sowie der politischen und gesellschaftlichen Kultur der Partnerstaaten konnten von einem Staatsmann rasch ausgefüllt werden, der – wie alle seine Mitarbeiter bezeugen – Detailinformationen in sich hineinsog, fleißig und lernbereit war und den Sachverstand anderer zu nutzen wußte. Golo Mann hat recht: „Welcher erfolgreiche Staatsmann hat die Mächte, Länder, Völker, mit denen er umging, gekannt wie ein Spezialist, Globetrotter, internationaler Geschäftsmann sie kennt? Was war für Bismarcks wirkliche Impressionen ‚Europa' anderes als seine Höfe, dann ein paar Salons, Landsitze, Jagdreviere und Badestrände? Man kann eine Menge den Zeitungen entnehmen, auch den historischen Büchern, eine Menge sich erzählen lassen und eine Menge erraten; dergleichen gehört zum Talent."[21] Relativ war er also selbst für die außenpolitischen Aufgaben vergleichsweise gut ausgerüstet; und das Wesentliche ist eben: Er lernte erst als Parteivorsitzender in der britischen Zone und dann als Bundeskanzler erstaunlich rasch. Immerhin wird die Frage nach seinen konkreten Kenntnissen der Partner, auch nach seinen Kenntnislücken und nach seinen Informanten, zu den wichtigen Aufgaben künftiger Adenauer-Forschung gehören. Sie wird im einzelnen nachzuzeichnen haben, wie er sich unter Nutzung des Sachverstandes Dritter intuitiv, dank der Fähigkeit, gut zu beobachten, zuzuhören und seine Kenntnislücken[22] zu schließen, weitergeholfen, aber auch bisweilen getäuscht, manches nicht mehr gelernt hat und sich gerade in den Anfängen vorsichtig tastend seinen Weg suchen mußte. Man wird verschiedene, noch nicht voll verständliche Initiativen und Reaktionen der Anfangszeit auf solche Schwierigkeiten zurückführen müssen. Sicher: er war nach 1945 ein Politiker, der ungefähr wußte, wohin Westdeutschland gehen sollte, aber man darf auch nicht vergessen, daß er damals nicht nur ein Mann war, der ein Konzept hatte, sondern auch noch ein Lernender, der sich in einer ihm und allen deutschen Spitzenpolitikern nur teilweise vertrauten Welt zurechtfinden mußte. Daß er dabei anfänglich auf seine Vorstellungen aus der Zwischenkriegszeit zurückgriff (etwa mit der Idee „organischer Verflechtung" der deutschen und westlichen Volkswirtschaften[23]) war ganz natürlich. Die Frage der Kontinuität seiner außenpolitischen Vorstellungen insgesamt kann aber heute noch nicht abschließend beantwortet werden – sie scheint auch dem Verfasser heute schwieriger zu beantworten als vor zehn Jahren, und zwar weniger im Hinblick auf die Anfänge der Adenauerschen Nachkriegspolitik, wohl aber bezüglich der gesamten Adenauerschen Außenpolitik bis 1963.

Wenn es eine vorrangig wichtige Forderung an die künftige Forschung gibt, dann die, nicht bloß unentwegt nach den Konstanten seiner Politik zu suchen (sie sind in den letzten zehn Jahren oft genug und in vielen Fällen zu Recht hervorgehoben worden), sondern ebenso genau darauf zu achten, wie Adenauer gelernt und wie er sich verändert hat.

Es ist heute zuviel vom fertigen und vom unveränderlichen Adenauer die Rede. Erst wenn wir den lernenden, sich verändernden, mit der Zeit gehenden, an den Aufgaben wachsenden Adenauer in den Blick bekommen, werden wir auch den Menschen Adenauer richtig kennen, und nicht nur den Menschen, sondern auch seine Politik.

Trotz aller bisher schon geleisteten Arbeit steckt die wissenschaftliche Erfor-

schung der Politik Adenauers erst in den Anfängen. Daß diese Politik vielschichtiger, komplizierter, wandlungsfähiger war als vielfach angenommen wurde und wird, zeigen die Untersuchungen jener vergleichsweise wenigen Bereiche seiner Tätigkeit, über die wir auf der Grundlage schriftlicher Quellen oder aufgrund intensiver Befragungen heute schon genau, wenn auch noch nicht abschließend Bescheid wissen (z. B. Rheinlandpolitik in den zwanziger Jahren, die Periode 1945 bis 1949, die Präsidentschaftskrise 1959[24]). Ebenso zeigt sich in bezug auf die Deutschlandpolitik der Spätzeit, daß alle Versuche, die Politik des Kanzlers allein aus öffentlichen Äußerungen zu erschließen, auf Sand gebaut sind. Sollte es sich mit der Frankreichpolitik, der Europapolitik, der Militärpolitik des Kanzlers anders verhalten?
Die öffentlichen Äußerungen, die als Quelle hoch zu bewertenden „Erinnerungen" und andere verfügbare Zeugnisse lassen zwar einen weiten Konzeptionsrahmen Adenauers erkennen – aber eben einen sehr weiten und beweglichen Rahmen. Dennoch bleibt fürs erste – solange das Archivgut nicht zur Verfügung steht – nur die behutsame Konzeptionsanalyse oder dort, wo die Quellenlage partiell besser ist, die Erhellung von Teilbereichen. Einlinige methodische Ansätze können dabei nicht zum Ziel führen. Neben einer Deutung und Analyse der großen Linien, die sich aus den verfügbaren Selbstzeugnissen und aus Berichten Dritter ergeben, sind wir auf Kombinationen angewiesen, mit denen aus den bekannten Äußerungen und Handlungen die von ihm wahrscheinlich verfolgte Politik vermutungsweise erschlossen wird.
Das gilt für alle Bereiche: Weltanschauung, Innenpolitik, Außenpolitik.
Alle bisher vorliegenden Untersuchungen, vor allem die maßgebende Studie von Anneliese Poppinga, doch auch Arbeiten von Rudolf Morsey, Horst Osterheld, Hans Maier, Werner Weidenfeld machen deutlich, daß Adenauers Weltanschauung von relativ klaren, naturrechtlichen Grundsätzen und Handlungsmaximen ausging, die sowohl für seine innenpolitischen Ordnungsvorstellungen wie auch für die Außenpolitik ausschlaggebend wichtig waren. Die Legende vom Nur-Pragmatiker Adenauer, die schon zu Lebzeiten Adenauers wenig überzeugen konnte, läßt sich heute nicht mehr halten.
Was aber bedeuteten solche Grundsätze des christlichen Naturrechts in der Praxis? Man befindet sich auf relativ sicherem Grund mit der Feststellung, daß sie in erster Linie Kriterien zur Abgrenzung gegen andere Weltanschauungen hergaben: gegen die Staats- und Rassevergottung der Nationalsozialisten, gegen die (in der Weimarer Republik wie in den frühen Nachkriegsjahren noch relativ starke) antichristliche Orientierung der Linksparteien (aber auch der NSDAP), gegen den Anspruch politischer Kollektive auf Verfügungsgewalt über die Freiheit und Würde des Individuums. Wolfgang Jäger, der die programmatische Diskussion der Jahre nach 1945 sorgfältig untersucht hat und dazu einiges richtigstellt, arbeitet vor allem die personalistische Komponente dieser naturrechtlichen Grundvorstellungen heraus: „Er wurde nicht müde, als deren Kern ‚die hohe Auffassung von der Würde der Person und dem Wert jedes Menschen' herauszustellen."[25] Andere Forscher (Maier, Morsey, Hokkerts) haben überzeugend dargetan, wie diesem personalistischen Naturrechtsdenken von den Anfängen der Kölner Oberbürgermeisterzeit an eine stark soziale Komponente beigemischt war.

Insofern wäre es heute schon möglich, aufgrund der verfügbaren Quellen (hier sind vor allem die Grundsatzreden zwischen 1945 und 1948 sowie die von Helmuth Pütz herausgegebenen Protokolle des Vorstandes der CDU in der britischen Zone wichtig) Adenauers Platz in der katholisch-naturrechtlichen Tradition allgemein und seine Rolle bei der Renaissance des Naturrechts in der Nachkriegszeit im besonderen genauer zu bestimmen.
Dabei sollte die weltanschauliche Komponente in der Adenauerschen Politik freilich nicht übertrieben werden. Selbst gestaltungsfreudige und durchsetzungsfähige Politiker haben in Demokratien nur einen recht eingeschränkten Gestaltungsspielraum. Sie müssen ihre Kompromisse mit der Umwelt schließen, wenn sie reüssieren wollen. Goethes Stoßseufzer „es ist nichts trauriger anzusehen als das unvermittelte Streben ins Unbedingte in dieser durchaus bedingten Welt"[26] galt schon damals der Politik. Um an der Macht zu bleiben oder zur Macht zu kommen, muß das animal politicum seine Grundsätze dehnen, verbiegen, verhüllen, und die Eigenarten pluralistischer politischer Systeme sowie bürokratischer Willensbildungs- und Entscheidungsstrukturen erlauben auch einem Bundeskanzler und Parteivorsitzenden nur, jeweils partielle und bloß temporär wirksame Impulse zu erteilen. Insofern muß die künftige Untersuchung vor allem bei jenen unzähligen Entscheidungen ansetzen, wo jeweils die Grundsätze in mühsamer politischer Überzeugungs- und Führungstätigkeit konkretisiert werden.
Das bedeutet nicht, daß die vergleichsweise zahlreichen Grundsatzreden Adenauers zu den verschiedensten Bereichen nicht sorgfältig gewürdigt und als wichtiges Element seiner politischen Tätigkeit verstanden werden müssen. Die Forschung wird gut tun, auch in Zukunft den öffentlichen Darlegungen seiner Grundsatzpositionen genaue Beachtung zu schenken. Wenn ein Parteichef und Kanzler 20 Jahre lang im Zentrum der öffentlichen Aufmerksamkeit steht, dann kann erwartet werden, daß seine öffentlichen Begründungen – wie immer sie auch im Regierungsalltag relativiert werden – auf Anhänger und Gegner eine tiefe Wirkung ausüben.
Aber die Orientierung der Öffentlichkeit durch Darlegung weltanschaulicher, ordnungspolitischer, außenpolitischer Grundsätze und Argumentationen ist eben nur ein Teilaspekt der Wirkung eines Politikers. Der gesamte Bereich weltanschaulicher Begründung und Ausrichtung Adenauerscher Politik kann nur voll erhellt werden, wenn alle Zusammenhänge ins Blickfeld treten, in denen weltanschauliche Positionen für die Stellungnahme von Bedeutung sein könnten und gewesen sind. Die Forschung wird also die Feststellung Hans Buchheims beherzigen müssen, der mit Bezug auf Adenauer und in genauer Kenntnis der Akten im Bundeskanzleramt meint: „Jeder Mensch braucht ein Konzept von seinem eigenen Leben, eine persönliche Sinnorientierung, aus der heraus er handelt, und in die er alles, was er tut, einordnet. Es ist jedoch keineswegs sicher, daß dieser personale Sinn einer Handlung das trifft, was einer unter den Bedingungen der wirklichen Situation, in der er steht, tun muß, um seinem gesetzten Ziel näherzukommen. Deshalb muß man, wenn man rational handeln will, dem Sinn, den man selbst seinem Tun beilegt, mißtrauen; man muß sich statt dessen jederzeit unvoreingenommen der Wirklichkeit der Situation stellen, um zu ergründen, welches Verhalten sie im Hinblick auf das

angestrebte Ziel fordert [. . .] der Sinn des einzelnen Schrittes auf das Ziel hin ist nicht von ihm allein zu bestimmen, sondern unterliegt der Wirklichkeit seines Zusammenlebens mit anderen."[27]

So ist also – um das Problem am Beispiel der Kölner Oberbürgermeistertätigkeit zu illustrieren – etwa im Hinblick auf den Sozialpolitiker Adenauer die Frage zu stellen: Wo bewirkten die nach allgemeiner Überzeugung für Adenauer wesentlichen sozialen Komponenten seiner Weltanschauung eine nachweisbare andere Linie als sie beim Fehlen dieser Komponente denkbar gewesen wäre? Grundsätzliche Äußerungen zur Gesellschaftspolitik, wie Adenauer sie beispielsweise in einer großen Rede vor dem Katholikentag 1922 und verschiedentlich in späteren Betrachtungen zur Kommunalpolitik dargelegt hat[28], müssen dabei mit vielen konkreten Einzelfallentscheidungen der sozialpolitisch relevanten Tätigkeit verglichen werden.

Dasselbe gilt für die Entscheidungen der Jahre seit 1949. Hier ist die in diesem Band veröffentlichte Untersuchung von Hans Günter Hockerts über Adenauers Beitrag zur Rentenreform beispielgebend, sowohl durch den Versuch, der Konkretisierung von Grundsätzen nachzuspüren, wie auch durch die Skepsis, mit der dieser Verfasser die genuin sozialpolitische Motivlage zu den ebenfalls wesentlichen wahlkampftaktischen und außenpolitischen in Beziehung setzt. Ein interessantes Ergebnis dieser Studie ist jedenfalls die Feststellung, daß Adenauer, den man früher fälschlich für einen vorwiegend an partriarchalisch-fürsorgerischen Gesichtspunkten orientierten Sozialpolitiker gehalten hat, relativ stark durch auch heute völlig zeitgemäße sozialstrukturelle Überlegungen geleitet war. Wahrscheinlich muß also das etwas altertümliche und ungenaue Bild des Sozialpolitikers Adenauer, der vorwiegend vom Gedanken caritativer Fürsorge geleitet gewesen sei, recht bald auf Dauer ins Magazin wandern.

In ähnlicher Weise wie Adenauers Politik in Sachen Rentenreform müßten weitere Zentralbereiche der Sozialpolitik untersucht werden. Die Ergebnisse könnten dann jeweils einen Rückschluß darauf erlauben, wieweit die öffentlich bekundeten Grundsätze tatsächlich stark genug waren, um sich in concreto als verhaltensbestimmend zu erweisen. Wenn einmal die Arbeiten über die großen sozialpolitischen Taten der fünfziger Jahre – etwa die Lastenausgleichsgesetzgebung – vorliegen, dann wird dabei freilich auch deutlich werden, daß die gängige – in bezug auf die Außenpolitik des ersten Kanzlers freilich begründete – Vorstellung von der „Kanzlerdemokratie" einer starken Nuancierung bedarf, denn das Gewicht des Deutschen Bundestages gerade bei der sozialpolitischen Gesetzgebung der Jahre bis 1957 war erheblich.

Bezüglich der leitenden Vorstellungen Adenauers in der Wirtschaftspolitik muß methodisch ähnlich verfahren werden. Alfred Müller-Armack kommt bei einer Untersuchung des Verhältnisses Adenauers zum neoliberalen Ordnungsdenken zu dem Schluß: „Er war jedoch, von einer anderen Tradition juristisch-historisch bestimmten nationalökonomischen Denkens geprägt, in hohem Maße Pragmatiker, der der großen geistigen Wandlung, die nach dem Zweiten Weltkrieg vor sich ging, fremd gegenüberstand. Ich meine die Einordnung der Wirtschaftspolitik in eine wissenschaftliche Gesamtkonzeption, die durch die von der Freiburger Schule entwickelte neue Wettbewerbskonzeption, der Erhard in ganz besonderem Maße nahestand, und durch die Konzeption der

Sozialen Marktwirtschaft bestimmt wurde, die, unmittelbar nach dem Kriege von mir entworfen, 1949 durch die sogenannten Düsseldorfer Leitsätze in das Programm der CDU aufgenommen wurde. Dem Pragmatiker Adenauer erschien das, was als eine Renaissance des wissenschaftlichen Denkens in der Wirtschaftspolitik von den professoralen Vertretern gepriesen wurde, etwas fremd, sicher – seiner nüchternen Natur gemäß – einen Schuß zu enthusiastisch."[29] An anderer Stelle bemerkt Müller-Armack: „Die letzte Substanz der Unterschiedlichkeit war meist, daß Adenauer den vom wirtschaftspolitischen Ordnungsdenken des Wettbewerbs bestimmten Auffassungen Erhards fremd gegenüberstand."[30]

Auch diese Feststellung wird von der Einzelforschung zu erhärten sein. Immerhin sollte nicht vergessen werden, daß Adenauer es war, der Erhard und seinem Konzept der Sozialen Marktwirtschaft in der CDU in der britischen Zone im Vorfeld des Wahlkampfes 1949 mit zum Durchbruch verholfen hat. Wie sich jetzt in den Protokollen des Vorstandes der CDU in der britischen Zone nachlesen läßt, war es der damalige Vorsitzende der Zonen-CDU, der sich gegen die Einwände aus den Reihen der Sozialausschüsse (Albers, Kaiser) hinter Erhard gestellt und damit die Parteiorganisation auf den Weg zu den Düsseldorfer Leitsätzen gebracht hat[31]. Es bedürfte allerdings noch weiterer Untersuchungen, um über das bisher Bekannte hinaus festzustellen, welches Gewicht damals die Entscheidung Adenauers hatte. Dabei wäre nicht nur die Entwicklung der bürgerlichen Koalition im Frankfurter Wirtschaftsrat und der Plan Adenauers, eine kleine Koalition anzustreben, zu würdigen (denn schließlich lag der Schwerpunkt westdeutscher Wirtschaftspolitik in den entscheidenden Monaten zwischen Juni 1948 und August 1949 in Frankfurt[32]!) sondern auch ein bisher so vernachlässigter Wirkungsbereich Adenauers wie seine Tätigkeit als Vorsitzender der CDU-Landtagsfraktion in Nordrhein-Westfalen müßte in diesem Zusammenhang genauer untersucht werden.

Jedenfalls ist bisher auch hier in erster Linie das deutlich sichtbar, was Adenauer nicht wollte – eine staatssozialistische zentrale Verwaltungswirtschaft. Seine positiven Ordnungsvorstellungen waren im ganzen aber doch recht allgemein gehalten und stark pragmatisch, in keinem Fall aber waren sie von dem Konzept eines längst überholten Laissez-faire-Kapitalismus angekränkelt oder durch zu einseitige Bereitschaft gekennzeichnet, den Staat aus dem Wirtschaftsleben weitgehend herauszuhalten. Was läßt sich schließlich in der politischen Praxis nicht alles mit dem Grundsatz „machtverteilendes Prinzip" abdecken! Jedenfalls ließ er Erhard mit seiner Ordnungspolitik an langer Leine laufen, zumal dieser vollen Erfolg hatte; zum Neoliberalen ist er aber nicht geworden. Endgültiges kann aber beim heutigen Forschungsstand noch nicht ausgesagt werden: der Wirtschaftspolitiker Adenauer ist noch zu entdecken. Das gilt übrigens auch für einen so umstrittenen Bereich wie die Eigentumspolitik. Doch die Würdigung der Adenauerschen Wirtschaftspolitik wird unmöglich sein, wenn nicht zugleich auch die Bedeutung Ludwig Erhards in der Nachkriegsgeschichte der Bundesrepublik dargestellt und gewürdigt wird – dies ist eines der wichtigsten Desiderata deutscher Zeitgeschichtsforschung überhaupt. Daß die tieferen oder jedenfalls gelegentlichen wirtschaftspolitischen Meinungsdifferenzen zwischen Bundeskanzleramt und Bundeswirtschaftsmi-

nisterium je länger je mehr auch von persönlichen Gegensätzen geprägt waren, ist hinlänglich bekannt. Für das Verständnis der beiden Männer und der von ihnen verfolgten Wirtschaftspolitik ebenso interessant wenn nicht noch lohnender aber ist eben die Erhellung ihrer politischen Vorstellungen.
Generell gilt für Adenauers Wirtschaftspolitik, daß sich dieser Pragmatiker bei seinen Entscheidungen häufig auf den Rat von Praktikern aus der Wirtschaft stützte. Über die Einflüsse solcher Sachkenner – Hermann J. Abs, Robert Pferdmenges u. a. – ist schon manches geschrieben und vermutet worden. Neuerdings hat auch Hermann J. Abs selbst eine Darstellung seines Verhältnisses zu Adenauer gegeben[33]. Aber welches Gewicht solche und andere Berater in der Ära Adenauer hatten, ist ohne Einzelforschung ebensowenig auszumachen wie der so häufig behauptete starke politische Einfluß von Verbandsvorsitzenden wie Fritz Berg vom BDI oder Edmund Rehwinkel vom Deutschen Bauernverband.
Jeder Versuch, sich über Adenauers Wirtschaftspolitik Klarheit zu verschaffen, stößt freilich rasch auf den Sachverhalt, daß das Regieren in der Ära Adenauer als Ganzes historisch noch nicht zulänglich erforscht ist und auch noch nicht zulänglich erforscht sein kann. Die Beziehungen zwischen den großen Bürokratien und den Ressortchefs, das Verhältnis der Ministerien zu ihrer jeweiligen gesellschaftlichen „Klientel", das spezifische Gewicht von Bundesregierung, Ministerialverwaltung, Bundestag, Bundesrat, Verbänden in den vielfältigen Sachzusammenhängen – dies alles sind noch weitgehend weiße Flecke auf der Landkarte unserer historiographischen Kenntnis. Einzelstudien oder essayistische Gesamtdarstellungen liegen vor; systematische Arbeiten können erst in Gang kommen, wenn das entsprechende Archivgut freigegeben ist. Solange aber das Unterfutter des Regierens im Bonn der fünfziger und sechziger Jahre nicht aufgetrennt ist, läßt sich eben auch über den Innenpolitiker Adenauer nicht einmal Vorletztes, geschweige denn Definitives schreiben.
Das gilt nicht nur für die Gesellschaftspolitik und Wirtschaftspolitik, es gilt auch für Adenauers Kirchenpolitik, Familienpolitik, Bildungspolitik (soweit diese in den fünfziger Jahren überhaupt im Bundeskanzleramt interessierte), und es gilt nicht zuletzt für das wichtige Thema „Adenauer und die politischen Institutionen der Bundesrepublik", wozu aufmerksame Beobachter wie Theodor Eschenburg, Dolf Sternberger, Wilhelm Hennis u. a. zwar schon interessante allgemeine Feststellungen getroffen haben, über das empirische Einzelforschungen aber erst langsam in Gang kommen. In jedem dieser und anderer Bereiche ist davor zu warnen, die Essenz der Adenauerschen Politik allein aus öffentlichen Äußerungen des Kanzlers zu rekonstruieren.
Überblickt man die bisher vorliegenden Arbeiten zur Adenauer-Ära, so scheint es Grund zur Vermutung zu geben, daß wir wenigstens über ein Feld der Adenauerschen Innenpolitik gut Bescheid wissen – über das Verhältnis des Kanzlers zu anderen Parteien und zur eigenen Partei. Hier wurden die relevanten Positionen auch besonders scharf beobachtet und in der Presse verzeichnet. Auch die deutsche Politikwissenschaft hat sich des Themas „Parteien" mit besonderer Intensität angenommen. Dennoch ist erstaunlich viel unbekannt oder nur teilweise bekannt.
Auch dazu nur ein Beispiel. Zwar hat es nie an faszinierten Beobachtern gefehlt,

die Adenauers Taktik bei den Koalitionsbildungen beobachtet haben[34], aber nur wenige ahnten bisher, daß die Verhandlungen mit der SPD im Jahre 1962 so weit gediehen waren, wie uns jetzt Klaus Gotto darstellt[35]. Weitere Beispiele ließen sich leicht nennen.

Inwiefern übrigens die prinzipielle Bereitschaft des späten Adenauer, Anfang der sechziger Jahre mit der SPD eine Koalition zu bilden, mit seiner früheren Einschätzung dieser Partei vereinbar ist, wird zu den spannendsten Fragen künftiger Adenauer-Forschung gehören. Ist hier nicht der opportunistische, gelegentlich auch zu atemberaubend plötzlichem Kurswechsel fähige Adenauer mit Händen zu greifen? Oder wird die Forschung doch auch eine langsame Evolution seiner Einschätzung der SPD deutlich machen – eine Evolution, die von jener völligen Ablehnung ausging, die Konrad Repgen in seinem in diesem Band veröffentlichten Aufsatz in bezug auf die Bundestagswahl 1957 wie in einem Prisma einfängt[36]? Diese negative Einschätzung hielt Adenauer aber nicht davon ab, die Wandlungen der SPD Ende der fünfziger Jahre im Zusammenhang mit der Programmdiskussion, aber auch im Zusammenhang mit der Berlinkrise sorgsam zu registrieren und ebenso aus der Situation bei der FDP Schlüsse zu ziehen.

Auch die Meisterschaft, mit der Adenauer die kleineren Parteien mit Ausnahme der FDP zu umarmen und zu zerstören verstand und damit den ,,Wandel von einem Vielparteiensystem Weimarer Provenienz zu einem alternierenden Parteiensystem angelsächsischer Prägung" (Werner Kaltefleiter) vorangetrieben hat, wartet noch immer auf den Historiker, der dies systematisch darstellt, obwohl es eines der großen Themen der Ära Adenauer war, wie die deutsche bürgerliche Gesellschaft in der Bundesrepublik eine große Sammlungspartei der Mitte und rechts von der Mitte erhielt. Ebenso wird sich das Forschungsinteresse Adenauers Rolle als CDU-Vorsitzender mit sehr viel mehr Intensität annehmen müssen, als dies bisher der Fall war. Es fehlt immer noch an der Fortsetzung und Ergänzung der richtungweisenden Studie von Arnold J. Heidenheimer[37]. Freilich: wie soll eine solche Aufgabe bewältigt werden, solange die Politische Wissenschaft und die Geschichtswissenschaft der deutschen Öffentlichkeit die Parteigeschichte der CDU schuldig bleiben (mit der Parteigeschichte der SPD und der FDP steht es freilich nicht besser)!

Adenauer und das Parteiensystem der Bundesrepublik, Adenauer als Integrationszentrum der CDU – die Frage führt wieder zurück zur Weltanschauung des Kanzlers. Dieser Mann hat nicht nur einen seine Regierungen tragenden überkonfessionellen, sozialpolitischen, wirtschaftspolitischen und außenpolitischen Konsens geschaffen, der zeitweise von der DP und FDP bis hin zum BHE und den Sozialausschüssen der CDU reichte. Er hat nicht nur einen – immer gefährdeten und in den Jahren 1956 bis 1961 zerbrochenen – deutschlandpolitischen Kompromiß der Koalitionsparteien zustande gebracht. Er hat die Gegensätze zwischen Liberalismus und integralem Katholizismus, zwischen deutschnationalen Traditionen und Europabewegung, zwischen ,,Kanzlerdemokratie" und Verbändedemokratie, zwischen politischer Ausschaltung des NS-Gedankengutes und Integration früherer Nationalsozialisten zu meistern gewußt, ja er hat sogar die SPD domestiziert und in den sechziger Jahren zur Hinnahme der bürgerlichen Republik sowie der kompromißlosen Westbindung genötigt –

zumindest hat er die politischen Daten gesetzt, die dieser innerparteilichen Entwicklung auf seiten der Sozialdemokraten die Richtung gewiesen haben. Wer also die politische Leistung Adenauers vertieft würdigen möchte, müßte seine Ideenwelt und Politik auf dem Hintergrund der Ideenströmungen der damaligen Bundesrepublik darstellen[38].

Schon eine dermaßen differenzierte Untersuchung über den Konservativen Adenauer wäre eine wichtige Leistung. Es müßte alle wesentlichen ideologischen Lager des deutschen Nachkriegskonservatismus und Liberalkonservatismus, der Neoliberalen, des Sozialkatholizismus mit einbeziehen, die damals in den Bannkreis des großen Pragmatikers Adenauer gerieten und von ihm umorientiert, umgestaltet oder abgestoßen wurden. Und eine derartige Studie hätte den Kanzler alsdann in den weiteren Bezügen deutscher Geistesgeschichte im allgemeinen und der westdeutschen Ideologien im besonderen zu begreifen. Dann würde man wohl auch mit der unhaltbaren Vorstellung aufräumen müssen, als ob die Ära Adenauer insgesamt eine ideologisch ganz unbewegte, statische Periode gewesen sei.

Sie war es nicht einmal in der zweiten Hälfte der fünfziger Jahre so ausschließlich, wie dies aus der Rückschau erschienen ist, und sie hat dieses Etikett meist auch erst am Ende der Ära Adenauer oder danach aufgeklebt bekommen – zumeist von jenen Sozialisten, Linksliberalen und Nationalliberalen, die sich auf dem Höhepunkt Adenauerscher Wirksamkeit vom „Alten" ins Abseits der politischen Bedeutungslosigkeit verdrängt sahen und ihm das nicht vergessen wollten, oder die, wie die Wortführer der APO-Generation, zu Beginn der Amtszeit Adenauers noch in den Windeln gelegen hatten[39]. Die geschichtliche Gestalt Adenauers ist eben ohne die Ära, der er den Namen gab, nicht verständlich. Und wie alle umfassenderen Geschichtsepochen bekommen wir sie erst voll in den Blick, indem wir uns von ihr entfernen.

Das trifft auch auf die Außenpolitik Adenauers zu.

In den letzten Jahren hat sich das Interesse besonders der Deutschlandpolitik zugewandt, nachdem zuvor eine gewisse Konzentration des Forschungsinteresses auf die frühen fünfziger Jahre (Wiederaufrüstung und Deutschlandverträge) zu beobachten war. Zu diesem Themenkreis ist aber, gerade im Zusammenhang mit dem Adenauer-Centennial, so viel erschienen, daß sich weitere Ausführungen gegenwärtig erübrigen[40].

Auch hier ist das wichtigste Desiderat der Forschung eine vergleichende Darstellung, die Adenauers Deutschlandpolitik zu den gegenläufigen Strömungen bei SPD und FDP, doch auch in Teilen der eigenen Partei in Bezug setzen und deuten müßte. Daß daneben die Deutschland- und Ostpolitik nur aus dem Zusammen- und Gegeneinanderspiel mit den befreundeten und gegnerischen Regierungen begreifbar ist, versteht sich von selbst, setzt aber zugleich der Forschung Grenzen. Die Verfügbarkeit der Gegenakten wird ebenso auf sich warten lassen wie die der deutschen. Über das schon Bekannte hinaus können grundlegende neue Erkenntnisse eben nur durch Analyse der Feinstruktur von Adenauers Diplomatie gewonnen werden, und das heißt zugleich: wir werden bis in die neunziger Jahre zu warten haben, um ein einigermaßen vollständiges Bild zu erhalten. Nur bezüglich der Beziehungen zu den USA ist relativ bald mit neuen Erkenntnissen zu rechnen.

Ähnlich steht es mit Adenauers Sicherheitspolitik. Ihre Umrisse sind deutlich erkennbar. Es liegen vergleichsweise viele Einzelstudien vor, besonders über die Periode, in der der deutsche Wehrbeitrag im Zentrum der Kontroversen stand (Gerhard Wettig, Laurence Martin, Arnulf Baring, Udo F. Löwke, Hans Buchheim, Klaus von Schubert). Der Beitrag von Klaus Schwabe im vorliegenden Band zieht eine Zwischenbilanz[41] vor Beginn der neuen Forschungsphase, die dadurch gekennzeichnet sein wird, daß sich die Archive der USA öffnen.

Die Perioden von 1954 bis 1963 sind in den letzten Jahren vor allem durch die umfassend angelegten Arbeiten von Helga Haftendorn systematisch erforscht worden; sie zieht mit dem gleichfalls in diesem Band veröffentlichten Aufsatz „Adenauer und die Europäische Sicherheit" nochmals eine Quersumme. Daneben steht die Untersuchung von Hans-Gert Pöttering, nun aber auch die eingehende Analyse von Lothar Ruehl im vorliegenden Band. Da gerade zu diesem Themenkreis zahlreiche Studien vorliegen, die den Gesamtkomplex west-östlicher Sicherheitspolitik darstellen, wird sich die diesbezügliche Forschung künftig stärker, als dies in anderen Bereichen der Fall sein kann, auf eine Erhellung der persönlichen Beiträge des Bundeskanzlers zum Gesamtkomplex Sicherheitspolitik und speziell zur Militärpolitik konzentrieren können.

Hat Adenauer wirklich, wie vor allem Helga Haftendorn herausarbeitet, zu keiner Zeit grundlegende Alternativen oder starke Modifikationen auch nur erwogen? Welche Rolle spielte in seinen Vorstellungen die Einschätzung der amerikanischen, beziehungsweise der französischen Politik, auf die besonders Lothar Ruehl in seiner Studie eingeht? Müssen hier nicht verschiedene Phasen voneinander abgehoben werden? Wie haben sich Adenauers Vorstellungen von der Bedeutung der Kernwaffen verändert[42]? Vor allem aber auch: wie steht es mit den Einflüssen persönlicher Berater und von Amtsträgern in Schlüsselpositionen auf Adenauers Militärpolitik? Dabei wäre besonders der Einfluß militärischer Fachleute wie der Generale Heusinger und Speidel, aber auch der NATO-Oberkommandierenden – etwa von General Norstad – zu würdigen. Und auch hier stößt man wieder auf den erstaunlichen Sachverhalt, daß über eine der Schlüsselfiguren deutscher Nachkriegspolitik – Franz Josef Strauß – nur eine zeitlich eingegrenzte und recht vorläufige Untersuchung existiert[43]. Adenauer und Franz Josef Strauß – dies wird einmal ein ebenso aufregendes Kapitel künftiger Adenauer-Forschung sein wie Adenauer und Ludwig Erhard. Auch die Einflüsse von Politikern wie Heinrich Krone, Gerhard Schröder oder Eugen Gerstenmaier müssen in diesem Zusammenhang gewürdigt werden.

Anders als die Sicherheitspolitik gehört die Europapolitik des Kanzlers noch zu den Entwicklungsgebieten der Adenauer-Forschung. Natürlich fehlt es auch hier nicht an Aufrissen des Grundmusters (Anneliese Poppinga, Arnulf Baring, Terence Prittie). Eben erscheint Werner Weidenfelds lange erwartete Untersuchung, die die großen Linien der Europapolitik reich belegt analysiert. Aber selbst dieser profunde Kenner der Materie muß an vielen Stellen herausarbeiten, wieviel noch unklar ist. Bei der Europapolitik, so hat es den Anschein, ist alles in erster Linie gut austarierte und raffinierte Diplomatie: das deutsch-französische Verhältnis (bis 1957 durch die Saar-Frage kompliziert), insbesondere das Verhältnis zwischen Adenauer und de Gaulle, das Dreiecksverhältnis zwi-

schen Washington – Paris – Bonn, die Einstellung Adenauers zu den europäischen Institutionen, die deutsch-britischen Beziehungen. Da die Europapolitik Adenauers integraler Bestandteil seiner gesamten Außenpolitik ist, wird ein auf die amtlichen Akten gestütztes Buch über Adenauer und Europa, das irgendwann in ferner Zukunft einmal zu schreiben ist, auch zugleich ein Buch über die Gesamtanlage seiner Außenpolitik sein müssen.
Dabei dürfte sich aller Voraussicht nach auch der Europäer Adenauer als eingefleischter Pragmatiker entpuppen. Aber sein Pragmatismus war in den verschiedenen Phasen unterschiedlich akzentuiert, und es wird zu zeigen sein, wie lange und wie dauerhaft die in der Zwischenkriegszeit aufgegriffene Idee von der ,,organischen" wirtschaftlichen Verflechtung seinen Ansatz kennzeichnete. Ob und wie vorbehaltlos er tatsächlich in der ersten Hälfte der fünfziger Jahre eine bundesstaatliche Form Europas für möglich hielt und konkret darauf hinarbeitete, wird dabei ebenso zu erhellen sein wie die Fragen, welche Überlegungen seine Einstellung zur Europäischen Wirtschaftsgemeinschaft lenkten und wie sich in der Spätphase die Idee einer deutsch-französischen Achse mit dem Konzept einer politischen Union verflochten hat[44]. An unerforschten Zusammenhängen fehlt es also wahrlich nicht, auch nicht an ungeklärten Fragen des Verhältnisses zu anderen maßgebenden Persönlichkeiten: Adenauer und de Gaulle, Adenauer und Walter Hallstein, Adenauer und die großen christlichen Demokraten der fünfziger Jahre: Robert Schuman, Alcide de Gasperi, Joseph Bech! Man ist kein Prophet, wenn man feststellt, daß die zukünftige Forschung in dieser Hinsicht wohl überraschende Feststellungen machen wird. Das Bild des ,,Europäers" Adenauer ist erst in undeutlichen Umrissen erkennbar, und er wird wohl in den künftigen Jahrzehnten verschiedentlich neu porträtiert werden müssen, bis es Endgültigkeitscharakter haben wird.
Welcher Bereich Adenauerscher Außenpolitik auch künftig aufzugreifen ist, man wird an alle Darstellungen noch viel stärker als bisher die Forderung richten müssen, daß die Politik Adenauers im diplomatischen Kontext behandelt wird. Und nicht bloß in diesem.
Die Restauration der westeuropäischen Demokratien nach dem Zweiten Weltkrieg und die neue Blüte des Westens war auch ein Vorgang, der nicht mehr mit den Perspektiven einer Forschung voll erfaßbar ist, die die Staaten als allein wesentliche Untersuchungseinheiten versteht. Jene Parteien und Organisationen, die den europäischen Zusammenschluß auf ihre Fahnen geschrieben hatten, aber auch die Staatsmänner, Diplomaten, Militärs, Publizisten, Wirtschaftler, die seit Beginn des Kalten Krieges das politische Verbundsystem der freien Welt aufbauten – ihre Politik wird nur verständlich, wenn man sie auch als gemeinsame Bemühung transnational operierender Führungsgruppen versteht; ihre Konzepte sind nur als transnationale Konzeptionsmuster begreifbar. So wird auch die Gestalt Adenauers nicht kleiner, wenn man ihn als einen aus einer größeren Gruppe weitblickender, entschlossener und eng zusammenwirkender Politiker der Nachkriegszeit begrüßt, die gemeinsam vollbrachten, was den antitotalitären und antinationalistischen Gruppen Westeuropas während des Krieges programmatisch vorschwebte: den geistigen und politischen ,,Wiederaufbau des Westens"[45].

Die Perspektive dieses Ansatzes zum Verständnis der Gestalt und Leistung Adenauers wird sich dann freilich gegenüber der gegenwärtig vorherrschenden erweitern müssen. Bisher fragt die deutsche Adenauer-Forschung dann, wenn sie der Einbindung seiner Politik in den Gesamtkontext der internationalen Politik gewahr wird, in erster Linie danach, wie die Impulse der ausländischen Regierungen das Handeln des Bundeskanzlers mehr oder weniger stark determiniert haben. Diese Fragestellung ist wahrlich legitim und gibt gewiß einen Hauptschlüssel zum Verständnis der Politik des ersten Bundeskanzlers her. Aber langsam sollte die Forschung doch auch die Perspektive umkehren. Wie und in welchem Ausmaß hat die Politik der Bundesrepublik in der Ära Adenauer, insbesondere aber der Bundeskanzler selbst, die amerikanische, die französische Außenpolitik und die der anderen westeuropäischen Partner mitgeformt? Inwiefern war Adenauer eine schicksalhafte Gestalt eben nicht nur für sein eigenes Land, sondern für den gesamten Westen? Oder, mit der Fragestellung einer contrafactual history gefragt: wie wäre wohl die europäische Politik der fünfziger und frühen sechziger Jahre verlaufen, wenn in Westdeutschland nicht dieser Bundeskanzler das Beziehungsmuster westlicher Politik im Sinne seiner Vorstellungen mitgestaltet hätte? Wäre Adenauer ersetzbar gewesen? Hätte der allzeit latente deutsche Nationalismus so rasch überwunden, die partnerschaftliche Einbindung der Bundesrepublik in den Westen im ganzen so komplikationslos vollzogen werden, der deutsch-französische Gegensatz so vergleichsweise schnell, wenn auch alles andere als mühelos abgebaut werden können? Dies alles sind Fragen, die letztlich nur aus den Archiven der Partnerstaaten beantwortet werden können. Die Rückwirkungen Adenauerscher Außenpolitik auf die Politik der Partnerstaaten werden jedenfalls eines der wichtigsten Themen künftiger Adenauer-Forschung darstellen. Dann erst, wenn sie jene Weite der Perspektive erreicht hat und so zu einigermaßen haltbaren Aussagen kommt, wird der Rang Adenauers in der europäischen Geschichte der zweiten Jahrhunderthälfte endgültig bestimmt werden können. Vielleicht müssen wir dann auch unsere vorgefaßte Vorstellung revidieren, daß die Bundesrepublik Deutschland während der Adenauer-Ära weitgehend ein „penetriertes System" war, das fast ausschließlich auf die Impulse der Umwelt reagierte. Es wäre nicht überraschend, wenn solche Untersuchungen herausfinden würden, daß dieser erste Bundeskanzler eines geschlagenen Volkes, das als Objekt der internationalen Politik begann, den Gang der internationalen Entwicklung in sehr viel stärkerem Maße bestimmt hat als dies damals bewußt wurde und heute erinnert wird. Doch auch das sind erst Vermutungen über den „unbekannten Adenauer", dessen Persönlichkeit, Regierungskunst, Wollen und Bedeutung die Geschichtsforschung erst in diesen Jahren zu entschleiern beginnt.

1 Vgl. Rudolf Morsey, Zum Verlauf und Stand der Adenauer-Forschung, in: Helmut Kohl (Hrsg.), Konrad Adenauer 1876/1976, 2. Auflage, Stuttgart – Zürich 1976, S. 139–146. – Helmut Grieser, Konrad Adenauer im Urteil der Forschung, in: Geschichte in Wissenschaft und Unterricht, 27 (1976), S. 25–47.

2 Vgl. Konrad Adenauer. Oberbürgermeister von Köln. Festgabe der Stadt Köln zum 100. Geburtstag ihres Ehrenbürgers am 5. Januar 1976. Hrsg. von Hugo Stehkämper, Köln 1976. Der Band, der auch eine Bibliographie: Konrad Adenauer

1894–1945 enthält, kann mit seinen auf sorgfältiger Quellenarbeit beruhenden Studien über Adenauer vor 1946 schon jetzt als Meilenstein der Adenauer-Forschung bezeichnet werden. Er wird ergänzt durch einen gleichfalls vom Historischen Archiv der Stadt Köln (HAK) herausgegebenen Ausstellungskatalog: Konrad Adenauer: Seine Zeit, sein Werk. Ausstellung aus Anlaß des 100. Geburtstags am 5. Januar 1976, Köln 1976. – Konrad Adenauer und seine Zeit. Politik und Persönlichkeit des ersten Bundeskanzlers. Beiträge von Weg- und Zeitgenossen, Stuttgart 1976. – Konrad Adenauer 1876/1976 (Anm. 1). Diese beiden von der Konrad-Adenauer-Stiftung publizierten bzw. unterstützten Publikationen sind in erster Linie als Quellen für die künftige historische Forschung von Bedeutung: Sie zeigen, wie viele der dramatis personae der Ära Adenauer Mitte der siebziger Jahre Persönlichkeit, Politik, Leistungen und Fehlschläge des ersten Bundeskanzlers bewerten – was sie für richtig hielten und was sie übersehen oder verschweigen. Sie bringen nicht nur viele Einzelinformationen, sondern sind vor allem durch eine „fast paradoxe Übereinstimmung der Beurteilung im großen“ ausgezeichnet; milde Anerkennung und Neugierde überwiegen (so Karl Dietrich Bracher, Auf Mittelkurs, in: Konrad Adenauer 1876/1976, S. 57).

3 Vgl. Konrad Adenauer und die CDU der britischen Besatzungszone 1946–1949. Dokumente zur Gründungsgeschichte der CDU Deutschlands. Hrsg. von der Konrad-Adenauer-Stiftung. Einleitung und Bearbeitung Helmuth Pütz, Bonn 1975. Hier wird ein für das Verständnis der Adenauerschen Politik in den Jahren 1946–1949 besonders wichtiger Quellenbestand – die Wortprotokolle der Sitzungen des Zonenausschusses der CDU für die britische Zone – einer breiten Öffentlichkeit zugänglich gemacht. – Auch die von Hans-Peter Schwarz im Auftrag der Stiftung Bundeskanzler-Adenauer-Haus besorgte Auswahl von Adenauer-Reden (Konrad Adenauer. Reden 1917–1967. Eine Auswahl. Stuttgart 1975) enthält bisher unbekannte Quellen: ausgewählte Wortprotokolle aus Berichten Adenauers vor dem Bundesparteivorstand und vor dem Bundesparteiausschuß der CDU, die sich vor allem mit außenpolitischen Fragen befassen.

4 Vgl. Gerd Bucerius, Der Adenauer. Subjektive Beobachtungen eines unbequemen Weggenossen. Hamburg 1976. – Peter Berglar, Konrad Adenauer. Konkursverwalter oder Erneuerer der Nation? (Persönlichkeit und Geschichte, Bd. 87/88), Göttingen – Zürich – Frankfurt am Main 1975. – Eberhard Pikart, Theodor Heuss und Konrad Adenauer. Die Rolle des Bundespräsidenten in der Kanzlerdemokratie, Zürich 1976. – Ulrich Frank-Planitz, Konrad Adenauer. Eine Biographie in Bild und Wort, Bergisch-Gladbach 1975. – Horst Osterheld, Terence Prittie, François Seydoux, Konrad Adenauer. Leben und Politik (Bonn Aktuell), Bonn 1975. – Ingelore M. Winter, Der unbekannte Adenauer, Düsseldorf – Köln 1976. – Der Kuriosität halber sei auch noch das Buch von Gösta v. Uexküll genannt: Konrad Adenauer in Selbstzeugnissen und Bilddokumenten, Reinbek bei Hamburg 1976.

5 In den Lebenserinnerungen von Günter Henle (Weggenosse des Jahrhunderts. Als Diplomat, Industrieller, Politiker und Freund der Musik, Stuttgart 1968, S. 117) findet sich eine hübsche Anekdote: „Von Churchill wurde berichtet, er habe einmal zu Adenauer gesagt: ‚Sie sind der größte Staatsmann seit Bismarck.‘ Adenauers Antwort: ‚Das will nicht viel heißen, Sir Winston.‘“

6 Die ersten Bücher dieser Art sind schon erschienen: Arnulf Baring, Sehr verehrter Herr Bundeskanzler! Heinrich von Brentano im Briefwechsel mit Konrad Adenauer 1949–1964, Hamburg 1974. – Eberhard Pikart, Theodor Heuss und Konrad Adenauer (Anm. 4).

7 Vgl. Golo Mann, Konrad Adenauer – gewandeltes Bild, im vorliegenden Band S. 576–588.

8 Gemeint sind die Werke von Hans W. Gatzke: Stresemann and the Rearmament of Germany, Baltimore 1954. – Anneliese Thimme, Gustav Stresemann. Eine politische Biographie zur Geschichte der Weimarer Republik, Hannover – Frankfurt am Main 1957. – Henry Ashby Turner, Stresemann. Republikaner aus Vernunft, Berlin – Frankfurt am Main 1968 (1963).

9 „Zweifellos war Konrad Adenauer in seiner Außenpolitik beweglicher als viele es damals wie heute wahrhaben wollen. Auch aus neueren Dokumenten wissen wir, daß er eine aktive Ostpolitik betrieb. Diese Beweglichkeit der Adenauerschen Außenpolitik, seine Bereitschaft zur Entspannung mit Osteuropa dokumentierte sich beispielsweise in den sogenannten Globke-Plänen von 1959/60. Adenauers Ostpolitik war alles andere als phantasielos." (Helmut Kohl, Das politische Erbe Adenauers, in: Konrad Adenauer und seine Zeit [Anm. 2], S. 92f.). „Ich hörte ihm aufmerksam zu, wenn er im Gespräch mit mir ebenso unbefangen wie unvermittelt das Tabu der Hallstein-Doktrin berührte und davon sprach, daß man mit der Sowjetunion zu einem besseren Verhältnis kommen müsse. Neuere Publikationen über die sogenannten ‚Globke-Pläne', in denen die staatliche Realität der DDR nicht länger angefochten wurde, haben mich nicht überrascht." (Willy Brandt, Konrad Adenauer – Ein schwieriges Erbe für die deutsche Politik, in: Konrad Adenauer und seine Zeit, S. 106). So jetzt noch ausführlicher in Brandts Erinnerungen: Begegnungen und Einsichten. Die Jahre 1960–1975, Hamburg 1976, S. 50–70.

10 Vgl. Horst Osterheld, Konrad Adenauer. Ein Charakterbild, Bonn 1973.

11 Vgl. Konrad Adenauer und seine Zeit (Anm. 2), S. 132–136, S. 421–426, S. 427–436.

12 Vgl. Dean Acheson, Present at the Creation. My Years in the State Department, London 1969, S. 340–342.

13 Vgl. Arnulf Baring, Außenpolitik in Adenauers Kanzlerdemokratie. Bonns Beitrag zur Europäischen Verteidigungsgemeinschaft, München – Wien 1969, S. 20f.

14 Vgl. Klaus Pabst, Konrad Adenauers Personalpolitik und Führungsstil, in: Konrad Adenauer. Oberbürgermeister von Köln (Anm. 2), S. 249–294.

15 Vgl. Paul Adenauer, Briefe Konrad Adenauers an einen Sohn im Reichsarbeitsdienst 1941/42, in: Konrad Adenauer und seine Zeit (Anm. 2), S. 156–166.

16 Dafür finden sich sparsame Hinweise bei Gerstenmaier, Konrad Adenauer. Würdigung und Abschied, Stuttgart 1967, S. 29; Horst Osterheld, Konrad Adenauer (Anm. 10) S. 103.

17 Vgl. Willy Brandt, Konrad Adenauer – Ein schwieriges Erbe für die deutsche Politik, in: Konrad Adenauer und seine Zeit (Anm. 2), S. 107.

18 Vgl. Felix v. Eckardt, Konrad Adenauer – Eine Charakterstudie, in: Konrad Adenauer und seine Zeit (Anm. 2), S. 141.

19 Vgl. Rudolf Morsey, Zum Verlauf und Stand der Adenauer-Forschung, in: Konrad Adenauer 1876/1976 (Anm. 1), S. 140.

20 Dem Verlangen nach einer Biographie, die das soziale Umfeld berücksichtigt, versucht der leider oberflächliche biographische Essay von Ingelore M. Winter, Der unbekannte Adenauer, Düsseldorf – Köln 1976 zu entsprechen.

21 Vgl. Golo Mann, Konrad Adenauer – gewandeltes Bild?, S. 576–588.

22 Diese waren für aufmerksame Beobachter anfänglich noch offensichtlich. McCloy schreibt: „Anfangs war ich verwundert über seine, wie mir schien, extreme Naivität in außenpolitischen Angelegenheiten und insbesondere seine Unkenntnis der Vereinigten Staaten und deren konstitutionelle Spielregeln. Aber ebenso überraschte mich dann die Schnelligkeit, mit der er sich zurechtfand, die Lücken seiner außenpolitischen Kenntnisse schloß und Selbstsicherheit auf diesem Gebiet gewann." Vgl. John J. McCloy, Adenauer und die Hohe Kommission, in: Konrad Adenauer und seine Zeit (Anm. 2), S. 423.

23 Vgl. dazu meine Darstellung in: Vom Reich zur Bundesrepublik. Deutschland im Widerstreit der außenpolitischen Konzeptionen in den Jahren der Besatzungsherrschaft 1945–1949, Neuwied – Berlin 1966, S. 430. Dasselbe gilt für Arnulf Baring, Außenpolitik in Adenauers Kanzlerdemokratie (Anm. 13), S. 48–63.

24 Dies vor allem dank der Studie von Wolfgang Wagner, Die Bundespräsidentenwahl 1959, in: Rudolf Morsey und Konrad Repgen (Hrsg.), Adenauer-Studien II (Veröffentlichungen der Kommission für Zeitgeschichte, Reihe B, Bd. 13), Mainz 1972.

25 Vgl. Wolfgang Jäger, Adenauers Einwirkung auf die programmatische Entwicklung der CDU 1945–1949 in der Frage der Wirtschaftsordnung, im vorliegenden Band S. 427–452.

26 Vgl. Maximen und Reflexionen (252), Goethes Werke, Hamburger Ausgabe, Bd. 12, 2. Auflage, Hamburg 1956, S. 399.

27 Vgl. Hans Buchheim, Konrad Adenauer oder was Politik ist und wie sie gemacht wird, in: Konrad Adenauer 1876/1976 (Anm. 2), S. 74f.

28 Text in: Konrad Adenauer. Reden 1917–1967 (Anm. 3), S. 42–51. Ein vollständiges Verzeichnis von Adenauers öffentlichen Äußerungen bis Oktober 1945 findet sich in: Konrad Adenauer. Oberbürgermeister von Köln (Anm. 2), S. 597–618.

29 Vgl. Alfred Müller-Armack, Adenauer, die Wirtschaftspolitik und die Wirtschaftspolitiker, in: Konrad Adenauer und seine Zeit (Anm. 2), S. 205f. – Vgl. dazu auch ders., Die Anfänge der Sozialen Marktwirtschaft, in: Richard Löwenthal und Hans-Peter Schwarz (Hrsg.), Die zweite Republik. 25 Jahre Bundesrepublik Deutschland – eine Bilanz, Stuttgart 1974, S. 123–148.

30 Vgl. Müller-Armack, Adenauer, S. 207.

31 Vgl. Konrad Adenauer und die CDU in der britischen Besatzungszone (Anm. 3), S. 838–864.

32 Vgl. dazu Franz Alt, Es begann mit Adenauer. Der Weg zur Kanzlerdemokratie, Freiburg 1975. – Über den Wirtschaftsrat informiert auch Tilman Pünder, Das bizonale Interregnum. Die Geschichte des Vereinigten Wirtschaftsgebietes, Waiblingen 1964.

33 Vgl. Hermann J. Abs, Adenauer und die Wirtschaftspolitik der fünfziger Jahre, in: Konrad Adenauer und seine Zeit (Anm. 2), S. 229–245.

34 Neuere Darstellungen der Koalitionsverhandlungen 1961 finden sich bei Wolfgang E. Dexheimer, Koalitionsverhandlungen in Bonn 1961, 1965, 1969 (Untersuchungen und Beiträge zu Politik und Zeitgeschehen, Bd. 14), Bonn 1973. – Erich Mende, Die schwierige Regierungsbildung 1961, in: Konrad Adenauer und seine Zeit (Anm. 2), S. 302–325. Dazu auch Heribert Knorr, Die große Koalition in der parlamentarischen Diskussion der Bundesrepublik 1949–1965, in: Außenpolitik und Zeitgeschichte, B 33/74, 17. August 1974.

35 Vgl. Klaus Gotto, Der Versuch einer Großen Koalition 1962, im vorliegenden Band S. 316–338.

36 Vgl. Konrad Repgen, Finis Germaniae: Untergang Deutschlands durch einen SPD-Wahlsieg 1957?, S. 294–315.

37 Vgl. Arnold J. Heidenheimer, Adenauer and the CDU. The Rise of the Leader and the Integration of the Party, Den Haag 1960.

38 Eine derartige Studie könnte Alonzo L. Hamby's Untersuchung: Beyond the New Deal: Harry S. Truman and American Liberalism, New York – London 1973, zum Maßstab nehmen. Bezüglich der katholischen Geisteswelt werden die weiteren Darstellungen auf den Beitrag Karl Forsters in diesem Band aufbauen müssen neben dem Werk von Frederic Spotts, Kirchen und Politik in Deutschland, Stuttgart 1976.

39 Typisch dafür ist die linkskatholische Adenauer-Kritik, die Heinz Hürten im vorliegenden Band würdigt, oder auch Gösta v. Uexkülls biographische Skizzen (Anm.

4). Augsteins Publizistik oder auch ein Buch wie Otto Heinrich von der Gablentz', Die versäumte Reform. Zur Kritik der westdeutschen Politik, Köln – Opladen 1960, sind hier ebenso zu nennen wie die Veröffentlichungen aus dem Umkreis der „Gruppe 47". (Vgl. zur intellektuellen Opposition die Übersicht bei Ernst Nolte, Deutschland und der Kalte Krieg, München – Zürich 1975, S. 296–313, S. 371–380 und S. 426–433.)

40 Es sei hier statt weitere Ausführungen auf den zusammenfassenden Essay des Verfassers verwiesen (Das Spiel ist aus und alle Fragen offen, oder: Vermutungen zu Adenauers Wiedervereinigungspolitik, in: Konrad Adenauer 1876/1976 [Am. 2], S. 168–184, sowie auf die im vorliegenden Band veröffentlichten Studien von Boris Meissner, Andreas Hillgruber, Rainer Salzmann, Dieter Oberndörfer, Dieter Blumenwitz und Dieter Mahncke).

41 Vgl. Klaus Schwabe, Konrad Adenauer und die Aufrüstung der Bundesrepublik, S. 15–36.

42 Immerhin sind der deutschen Nuklearpolitik jener Zeit (und damit auch der Rolle Adenauers dabei) zwei wichtige Studien gewidmet worden: Dieter Mahncke, Nukleare Mitwirkung. Die Bundesrepublik in der Atlantischen Allianz 1954–1970, Berlin – New York 1972, und Catherine McArdle Kelleher, Germany and the Politics of Nuclear Weapons, New York – London 1975.

43 Vgl. Detlev Bischoff, Franz Josef Strauß, die CSU und die Außenpolitik. Konzeption und Realität am Beispiel der Großen Koalition, Meisenheim 1973.

44 Über die Entstehung des deutsch-französischen Vertrages sind wir vergleichsweise gut unterrichtet. Jetzt zusammenfassend und weiterführend Thomas Jansen, Die Entstehung des deutsch-französischen Vertrages vom 22. Januar 1963, im vorliegen den Band S. 249–271.

45 Titel eines programmatischen Buches von Michael Roberts, The Recovery of the West, London 1941. Die Darstellung dieser Strömungen harrt noch ihres Historikers; die Europabewegung (gegenwärtig vor allem von Walter Lipgens erforscht) war nur ein Teil dieser umfassenden Erneuerungsbewegung.

Abkürzungsverzeichnis

ABC-Waffen	atomare, biologische und chemische Waffen
APO	außerparlamentarische Opposition
BDA	Bundesvereinigung der Deutschen Arbeitgeberverbände
BDI	Bundesverband der Deutschen Industrie
BGBl	Bundesgesetzblatt
BHE	Bund der Heimatvertriebenen und Entrechteten
BK	Bundeskanzler
BKA	Bundeskanzleramt
BRD	Bundesrepublik Deutschland
BSP	Bruttosozialprodukt
CDU	Christlich-Demokratische Union
CSU	Christlich-Soziale Union
ČSSR	Československá Socialistická Republika
DBR	Deutsche Bundesrepublik (in der kommunistischen Terminologie gebrauchte Abkürzung für die Bundesrepublik Deutschland)
DDR	Deutsche Demokratische Republik
DGB	Deutscher Gewerkschaftsbund
DP	Deutsche Partei
dpa	Deutsche Presse-Agentur
DRP	Deutsche Reichspartei
EAC	European Advisory Commission
EDC	European Defense Community
EFTA	European Free Trade Association
EG	Europäische Gemeinschaft
EKD	Evangelische Kirche in Deutschland
Emnid	Erforschung der öffentlichen Meinung, Marktforschung, Nachrichten- und Informations-Dienst
EPG	Europäische Politische Gemeinschaft
EPU	Europäische Politische Union
ERP	European Recovery Program
Euratom	European Atomic Energy Community
EVG	Europäische Verteidigungsgemeinschaft
EWG	Europäische Wirtschaftsgemeinschaft
FDP	Freie Demokratische Partei
FH	Frankfurter Hefte
GB	Gesamtdeutscher Block
GBl	Gesetzblatt der Deutschen Demokratischen Republik
GG	Grundgesetz

GI	Government Issue
HAK	Historisches Archiv der Stadt Köln
HdbStKirchR	Handbuch des Staatskirchenrechts der Bundesrepublik Deutschland
JöR	Jahrbuch des öffentlichen Rechts der Gegenwart
KAB	Katholische Arbeiterbewegung
KPD	Kommunistische Partei Deutschlands
KPdSU	Kommunistische Partei der Sowjetunion
KSZE	Konferenz für Sicherheit und Zusammenarbeit in Europa
LAG	Lastenausgleichsgesetz
MdB	Mitglied des Bundestages
MLF	Multilateral Force
MRP	Mouvement Républicain Populaire
MWD	Ministerstwo wnutrennich del
NATO	North Atlantic Treaty Organization
ND	Neues Deutschland
NLP	Niedersächsische Landespartei
NPD	Nationaldemokratische Partei Deutschlands
NS	Nationalsozialismus
NSDAP	Nationalsozialistische Deutsche Arbeiterpartei
OEEC	Organization for European Economic Cooperation
Öffa	Deutsche Gesellschaft für öffentliche Arbeiten AG
RGBl	Reichsgesetzblatt
SBZ	Sowjetische Besatzungszone
SEATO	South East Asia Treaty Organization
SED	Sozialistische Einheitspartei Deutschlands
SFIO	Section Française de l'Internationale Ouvrière
SLBM	Submarine Launched Ballistic Missile
SPD	Sozialdemokratische Partei Deutschlands
SRP	Sozialistische Reichspartei
SS	Schutzstaffel
SSSR	Sojus Sowetskich Sozialistitscheskich Respublik
SU	Sowjetunion
TASS	Telegrafnoje Agentstwo Sowjetskowo Sojusa
UN	United Nations
UNO	United Nations Organization
USA	United States of America
USPD	Unabhängige Sozialdemokratische Partei Deutschlands
UdSSR	Union der Sozialistischen Sowjetrepubliken
WEU	Western European Union
WRV	Weimarer Reichsverfassung
ZaöRV	Zeitschrift für ausländisches öffentliches Recht und Völkerrecht
ZDF	Zweites Deutsches Fernsehen
ZK	Zentralkomitee

Personenregister

Der Name von Bundeskanzler Konrad Adenauer wurde nicht aufgenommen.

Sachregister

U

V

Herausgeber- und Autorenverzeichnis

BLUMENWITZ, Dieter
(1939), Dr. jur., o. Prof. für öffentliches Recht an der Universität Augsburg (seit 1972), für Völkerrecht, allgemeine Staatslehre, deutsches und bayerisches Staatsrecht und politische Wissenschaften an der Universität Würzburg (seit 1976).
Veröffentl. u. a.: Die Grundlagen eines Friedensvertrages mit Deutschland (1966), Der Schutz innerstaatlicher Rechtsgemeinschaften beim Abschluß völkerrechtlicher Verträge (1972), Feindstaatenklauseln (1972), Einführung in das anglo-amerikanische Recht (^{2}1976).

BUCHHEIM, Hans
(1922), Dr. phil., Wissenschaftlicher Mitarbeiter am Institut für Zeitgeschichte München (1951–1967), o. Prof. für Politikwissenschaften an der Universität Mainz (seit 1967).
Veröffentl. u. a.: Totalitäre Herrschaft. Wesen und Merkmale (1962), Anatomie des SS-Staates. Bd. 1 (1965).

FORSTER, Karl
(1927), Dr. theol., Priesterweihe (1953), Wissenschaftlicher Assistent am Grabmann-Institut der Universität München (1954–1957), Direktor der Katholischen Akademie in Bayern (1957–1967), Sekretär der Deutschen Bischofskonferenz (1966–1971), o. Prof. für Pastoraltheologie an der Universität Augsburg (seit 1971).
Veröffentl. u. a.: Die Verteidigung der Lehre des hl. Thomas von der Gottesschau durch Johannes Capreolus (1955), (Hrsg.) Studien und Berichte der Katholischen Akademie in Bayern, Bd. 1–40 (1958–1967), (Hrsg.) Befragte Katholiken – Zur Zukunft von Glaube und Kirche (1973), (Hrsg.) Priester zwischen Anpassung und Unterscheidung (1974).

GOTTO, Klaus
(1943), Dr. phil., Leiter des Archivs für Christlich-Demokratische Politik der Konrad-Adenauer-Stiftung e. V., Bonn, Geschäftsführer der Kommission für Zeitgeschichte e. V., Bonn (bis 1975).
Veröffentl. u. a.: Die Wochenzeitung Junge Front/Michael (1970), Adenauer, die CDU und die Wahl des Bundespräsidenten 1959, in: Konrad Adenauer. Ziele und Wege (1972), Adenauers Deutschland- und Ostpolitik 1954–1963, in: Adenauer-Studien III (1974), (Hrsg.) Heinrich Krone, Aufzeichnungen zur Deutschland- und Ostpolitik 1954–1969, ebd., Der Globke-Plan zur Wiedervereinigung, ebd.

HAFTENDORN, Helga
(1933), Dr. phil., o. Prof. für Politikwissenschaft, insbesondere Internationale Beziehungen, an der Hochschule der Bundeswehr Hamburg.
Veröffentl. u. a.: Sicherheitskonferenz (zusammen mit Hans-Peter Schwarz; 1971), Abrüstungs- und Entspannungspolitik zwischen Sicherheitsbefriedigung und Friedenssicherung. Zur Außenpolitik der Bundesrepublik Deutschland 1955–1973 (1974), Theorie der Internationalen Politik (1975).

HENLE, Wilhelm Hans
(1911), Dr. jur., Honorarprofessor der Universität München, Dozent an der Hochschule für Politik in München, Ministerialdirigent (bis 31. 1. 1976).
Veröffentl. u. a.: Die Ordnung der Finanzen in der Bundesrepublik Deutschland (1961).

HILLGRUBER, Andreas
(1925), Dr. phil., o. Prof. für Neuere und Neueste Geschichte in Freiburg i. Br. (1968–1972), für Mittlere und Neuere Geschichte an der Universität Köln (seit 1972).
Veröffentl. u. a.: Hitler, König Carol und Marschall Antonescu (1954, ²1965), Deutschlands Rolle in der Vorgeschichte der beiden Weltkriege (1967), (Hrsg.) Staatsmänner und Diplomaten bei Hitler 1939–1944 (1967–1970), Kontinuität und Diskontinuität in der deutschen Außenpolitik von Bismarck bis Hitler (1969, ³1971), Bismarcks Außenpolitik (1973), Deutsche Geschichte 1945–1972. Die „deutsche Frage" in der Weltpolitik (1974), Großmachtpolitik und Militarismus im 20. Jahrhundert (1974).

HOCKERTS, Hans Günter
(1944), Dr. phil., Wissenschaftlicher Assistent am Historischen Seminar der Universität Bonn, z. Zt. Stipendiat der DFG.
Veröffentl. u. a.: Die Sittlichkeitsprozesse gegen katholische Ordensangehörige und Priester 1936/37. Eine Studie zur national-sozialistischen Herrschaftstechnik und zum Kirchenkampf (1971), Konservatismus – Sand im Getriebe des Fortschritts?, in: Aus Politik und Zeitgeschichte B 4/74, Sozialpolitische Reformbestrebungen in der frühen Bundesrepublik, in: Vierteljahrshefte für Zeitgeschichte (im Druck).

HOLLERBACH, Alexander
(1931), Dr. jur., o. Prof. für Öffentliches Recht und Rechtsphilosophie an der Universität Mannheim (WH) (1966–1969), für Rechts- und Staatsphilosophie, Geschichte der Rechtswissenschaft und Kirchenrecht an der Universität Freiburg (seit 1969).
Veröffentl. u. a.: Der Rechtsgedanke bei Schelling (1957), Verträge zwischen Staat und Kirche in der Bundesrepublik Deutschland (1965), Neuere Entwicklungen des Katholischen Kirchenrechts (1974).

HÜRTEN, Heinz
(1928), Dr. phil., Assistent am Seminar für Wissenschaftliche Politik der Universität Freiburg, Tätigkeit in Erwachsenenbildung und Forschung, apl. Prof. (1971), Leitender Regierungsdirektor im Militärgeschichtlichen Forschungsamt (seit 1972).
Veröffentl. u. a.: Waldemar Gurian. Ein Zeuge der Krisen unserer Welt (1972), Neunzehntes und Zwanzigstes Jahrhundert, in: Elze-Repgen (Hrsg.), Studienbuch Geschichte (1974), Militär und Innenpolitik 1918–1924 (im Druck).

JÄGER, Wolfgang
(1940), Dr. phil., Assistent am Seminar für Wissenschaftliche Politik der Universität Freiburg (1967), Wissenschaftlicher Rat und Professor an der Universität Freiburg (1974).
Veröffentl. u. a.: Politische Partei und parlamentarische Opposition – Eine Studie zum politischen Denken von Lord Bolingbroke und David Hume (1971), Klassiker der Staatsphilosophie II. Texte und Einführungen (zusammen mit Dieter Oberndörfer; 1971), (Hrsg.) Partei und System. Eine kritische Einführung in die Parteienforschung (1973), Öffentlichkeit und Parlamentarismus. Eine Kritik an Jürgen Habermas (1973), Marx-Lenin-Mao. Revolution und neue Gesellschaft (zusammen mit Dieter Oberndörfer; 1974, ^{2}1975), (Hrsg. zusammen mit Dieter Oberndörfer) Die neue Elite. Eine Kritik der kritischen Demokratietheorie (1975).

JANSEN, Thomas
(1939), Dr. phil., Wissenschaftlicher Assistent an der Universität Mainz, Referent für Europapolitik der CDU/CSU-Fraktion im Deutschen Bundestag (1970–1971), Persönlicher Referent von Dr. Rainer Barzel, MdB (1972–1975), Stellvertretender Generalsekretär der Europa-Union Deutschland (seit Oktober 1975).
Veröffentl. u. a.: Abrüstung und Deutschlandfrage. Die deutsche Haltung in der Abrüstungsfrage 1954/56 (1968), Strukturelle Schwierigkeiten und Ansätze bei den Verhandlungen um eine Europäische Politische Union (1969), Europa – Bilanz und Perspektive. Ein Handbuch (zusammen mit Werner Weidenfeld; 1973).

KALTEFLEITER, Werner
(1937), Dr. rer. pol., Leiter des Sozialwissenschaftlichen Forschungsinstituts der Konrad-Adenauer-Stiftung (1970–1975), o. Prof. für Politische Wissenschaft an der Universität Kiel und Direktor des Instituts für Politische Wissenschaft (seit 1971).
Veröffentl. u. a.: Funktion und Verantwortung in den europäischen Organisationen (1964), Wirtschaft und Politik in Deutschland (1966, ^{2}1968), Die Funktionen des Staatsoberhauptes in der parlamentarischen Demokratie (1970), Im Wechselspiel der Koalitionen – Analyse der Bundestagswahl 1969 (1970), Zwischen Konsens und Krise – Analyse der Bundestagswahl 1972 (1973), Das labile

Gleichgewicht – Das amerikanische Parteiensystem nach den Wahlen von 1972 (zusammen mit Edward Keynes; 1973), Geheimhaltung und Öffentlichkeit in der Außenpolitik (zusammen mit Peter Krogh; 1974).

MAHNCKE, Dieter
(1941), M. A., Ph. D., Mitarbeiter des Forschungsinstituts der Deutschen Gesellschaft für Auswärtige Politik (1968–1974), o. Prof. für Politikwissenschaft an der Hochschule der Bundeswehr Hamburg (seit 1975).
Veröffentl. u. a.: Nukleare Mitwirkung. Die Bundesrepublik Deutschland in der Atlantischen Allianz 1954–1970 (1972), Westeuropäische Verteidigungskooperation (zusammen mit Karl Carstens; 1972), Berlin im geteilten Deutschland (1973), Seemacht und Außenpolitik (zusammen mit Hans-Peter Schwarz; 1974).

MAIER, Hans
(1931), Dr. phil., o. Prof. für Politische Wissenschaft an der Universität München (seit 1963); Mitglied des Dt. Bildungsrates (1966–70); Vorsitzender der Dt. Vereinigung für politische Wissenschaft (1970); Bayerischer Staatsminister für Unterricht und Kultus (seit 1970).
Veröffentl. u. a.: Revolution und Kirche (1959, ^{4}1975), Die ältere deutsche Staats- und Verwaltungslehre (1966), (Hrsg.) Klassiker des politischen Denkens (1968, ^{4}1972), Politische Wissenschaft in Deutschland (1969), Kirche und Gesellschaft (1972), Zwischenrufe zur Bildungspolitik (1972, ^{2}1973), Die Grundrechte des Menschen im modernen Staat (1973, ^{2}1974).

MANN, Golo
(1909), Dr. phil., Dr. h. c., Lektor für deutsche Literatur und Geschichte an der Ecole Normale Supérieure von Saint Cloud (1933–1935), Universität Rennes (1935–1936), Mitarbeiter und Redakteur an der Zeitschrift „Mass und Wert" in Zürich (1937–1940), Professor für Geschichte am Olivet College, Michigan (1942–1943), Professor für Geschichte am Claremont Men's College in Kalifornien (1947–1958), Gastprofessor an der Universität Münster (1958–1960), Professor für Neuere Geschichte und Politische Wissenschaften an der Technischen Hochschule Stuttgart (1960–1964), Honorarprofessor an der Technischen Hochschule Stuttgart (seit 1964).
Veröffentl. u. a.: Friedrich von Gentz, Geschichte eines europäischen Staatsmannes (1947, Taschenb. 1972), Vom Geist Amerikas (1954, ^{3}1961), Deutsche Geschichte des 19. und 20. Jahrhunderts (1958, ^{4}1974), Hrsg. und Mitarbeiter der Propyläen-Weltgeschichte, 12 Bde. (1959 ff.), Geschichte und Geschichten. Essays (1971), Zwölf Versuche. Essays (1973).

MEISSNER, Boris
(1915), Dr. jur., Dipl.-Volkswirt, Legationsrat I. Kl. a. D., Ostreferent der Forschungsstelle für Völkerrecht und ausländisches öffentliches Recht der Universität Hamburg (1946–1953), Angehöriger des Auswärtigen Dienstes

(1953–1959), Ordinarius für Ostrecht, Politik und Soziologie Osteuropas und Direktor des Seminars für Politik, Gesellschaft und Recht der Universität Kiel (1959–1964), Ordinarius für Ostrecht und Direktor des Instituts für Ostrecht der Universität Köln (seit 1964).
Veröffentl. u. a.: Rußland, die Westmächte und Deutschland (1953, ²1954), Sowjetunion und Selbstbestimmungsrecht (1962), Grundfragen sowjetischer Außenpolitik (zusammen mit Gotthold Rhode; 1970), Moskau-Bonn. Die Beziehungen zwischen der Sowjetunion und der Bundesrepublik Deutschland 1955–1973. Dokumentation mit Einführung. 2 Bde. (1975), Sowjetunion und Völkerrecht 1962–1973 (zusammen mit Dietrich Frenzke und Erika Chilecki; 1976).

MERKL, Peter H.
(1932), M. A., Ph. D., Instructor-Associate Professor of Political Science an der University of California, Santa Barbara (1958–1968), Professor of Political Science (seit 1968).
Veröffentl. u. a.: The Origin of the West German Republic (1963), Germany: Yesterday and Tomorrow (1965), Rassenfrage und Rechtsradikalismus in den USA (zusammen mit Otey M. Scruggs; 1966), Political Continuity and Change (1967, ²1972), Modern Comparative Politics (1970), German Foreign Policies, West and East (1974), Political Violence Under the Swastika: 581 Early Nazis (1975), Die Konservative Demokratie: Politische Soziologie der Vereinigten Staaten (1976).

NOELLE-NEUMANN, Elisabeth
(1916), Dr. phil., Redakteurin (1940–1943), anonyme journalistische Tätigkeit (ab 1943), Gründung des ersten deutschen Meinungsforschungsinstituts, Institut für Demoskopie Allensbach (zusammen mit ihrem Mann Erich Peter Neumann; 1947), seither Leitung des Instituts, Lehrbeauftragte für Publizistik an der Freien Universität Berlin (1961–1964), Berufung auf den Lehrstuhl für Publizistik der Universität Mainz, o. Prof. und Direktorin des Instituts für Publizistik (1964).
Veröffentl. u. a.: Meinungs- und Massenforschung in USA. Umfragen über Politik und Presse (1940), Umfrageforschung in der Rechtspraxis (zusammen mit Carl Schramm; 1961), Umfragen in der Massengesellschaft. Einführung in die Methoden der Demoskopie (1963, ⁷1976, französische und holländische Übersetzung 1966, tschechische Übersetzung 1968, spanische Übersetzung 1970), Hrsg. des Fischer Lexikon: Publizistik (zusammen mit Winfried Schulz; 1971).

OBERNDÖRFER, Dieter
(1929), Dr. phil., Mitarbeiter des Seminars für Wissenschaftliche Politik der Universität Freiburg (seit 1958), o. Prof. für Wissenschaftliche Politik und Soziologie an der Universität Freiburg, Direktor des Arnold-Bergstraesser-Instituts, Freiburg (seit 1964), Leiter des Sozialwissenschaftlichen Forschungsinstitutes der Konrad-Adenauer-Stiftung e. V., Bonn (seit Dezember 1975).

Veröffentl. u. a.: Von der Einsamkeit des Menschen in der modernen amerikanischen Gesellschaft (^{2}1961, spanisch 1964), Klassiker der Staatsphilosophie I und II, Texte und Einführungen (I zusammen mit Arnold Bergstraesser und II mit Wolfgang Jäger; 1962, ^{2}1975), (Hrsg.) Wissenschaftliche Politik. Eine Einführung in Grundfragen ihrer Tradition und Theorie (1965, ^{2}1966), (Hrsg.) Systemtheorie, Systemanalyse und Entwicklungsländerforschung (1971), Marx-Lenin-Mao. Revolution und neue Gesellschaft (zusammen mit Wolfgang Jäger; 1974; ^{2}1975), (Hrsg.) Africana Collecta I und II (1968, 1971), (Hrsg. zusammen mit Wolfgang Jäger) Die neue Elite. Eine Kritik der kritischen Demokratietheorie (1975).

REPGEN, Konrad
(1923), Dr. phil., o. Prof. für Neuere und Neueste Geschichte an der Universität Saarbrücken (1962–1967), Universität Bonn (seit 1967), Mitglied der Historischen Kommission der Bayerischen Akademie der Wissenschaften.
Veröffentl. u. a.: Märzbewegung und Maiwahlen 1848 im Rheinland (1955), Papst, Kaiser und Reich 1521–1644, Teil I/1 und 2 (1962/1965), Hrsg. der Veröffentlichungen der Kommission für Zeitgeschichte (1965 ff.), Hrsg. der Acta Pacis Westphalicae (1966 ff.).

RUEHL, Lothar
(1927), Dr. sc. pol., Bonner Korrespondent der Agence France Presse (seit 1949), Mitarbeiter und Pariser Korrespondent des ,,Spiegel" (1954–1959), Leiter des Nachrichtenbüros des Springer-Auslandsdienstes Paris (1960–1964), militärpolitischer und politischer Korrespondent (1964–1973), Leiter des Pariser Büros (1965) und stellvertretender Chefredakteur der ,,Welt" (1969), seither ZDF-Sonderkorrespondent für internationale Sicherheit und Militärpolitik in Brüssel.
Veröffentl. u. a.: Vietnam – Brandherd eines Weltkonfliktes? (1966), Machtpolitik und Friedensstrategie (1974).

SALZMANN, Rainer
(1936), Dr. phil., wissenschaftlicher Mitarbeiter an der Bundesanstalt für gesamtdeutsche Aufgaben im Referat ,,Dokumente zur Deutschlandpolitik" (1967–1971), Wissenschaftlicher Assistent an der PH Rheinland, Abt. Köln (1972–1975), seit August 1975 wissenschaftlicher Mitarbeiter am Archiv für Christlich-Demokratische Politik der Konrad-Adenauer-Stiftung e. V., Bonn.
Veröffentl. u. a.: Die schulpolitischen Vorstellungen der Parteien in der Dritten Reichsduma (1972), Dokumente zur Deutschlandpolitik. Hrsg. vom Bundesministerium für innerdeutsche Beziehungen. IV. Reihe/Bd. 6 (1975).

SCHWABE, Klaus
(1932), Dr. phil., Dozent in Freiburg (seit 1969), Prof. für Mittlere und Neuere Geschichte, mit besonderer Berücksichtigung der anglo-amerikanischen Geschichte, an der Universität Frankfurt (seit 1972).

Veröffentl. u. a.: Wissenschaft und Kriegsmoral. Die deutschen Hochschullehrer und die politischen Grundfragen des Ersten Weltkrieges (1969), Deutsche Revolution und Wilson-Frieden (1971), Woodrow Wilson (1971), Der amerikanische Isolationismus im 20. Jahrhundert – Legende und Wirklichkeit (1975).

SCHWARZ, Hans-Peter
(1934), Dr. phil., o. Prof. für Politische Wissenschaft an der Universität zu Köln (seit 1973).
Veröffentl. u. a.: Vom Reich zur Bundesrepublik. Deutschland im Widerstreit der außenpolitischen Konzeptionen in den Jahren der Besatzungsherrschaft 1945–1949 (1966), (Hrsg. zusammen mit Richard Löwenthal) Die zweite Republik. 25 Jahre Bundesrepublik Deutschland (1974), (Hrsg.) Handbuch der deutschen Außenpolitik (1975), (Hrsg.) Konrad Adenauer, Reden 1917–1967. Eine Auswahl (1975).

STERNBERGER, Dolf
(1907), Dr. phil., Redakteur der Frankfurter Zeitung (1934–1943), Hrsg. der Monatsschrift „Die Wandlung" (zusammen mit Karl Jaspers, Alfred Weber, Werner Krauss, dann Marie-Luise v. Kaschnitz; 1945–1949), Mitherausgeber der Zeitschrift „Die Gegenwart" (1950–1958), Lehrbeauftragter für Wissenschaft von der Politik an der Universität Heidelberg (1947), Honorarprofessor (1955), Berufung und Ernennung zum persönlichen Ordinarius in Heidelberg, Direktor am Institut für Politische Wissenschaft (1960), o. Prof. in Heidelberg (1962–1972), Ehrenpräsident des Deutschen PEN-Zentrums der Bundesrepublik Deutschland (1964–1970 Präsident).
Veröffentl. u. a.: Der verstandene Tod. Eine Untersuchung zu Martin Heideggers Existenzialontologie (1934), Panorama oder Ansichten vom 19. Jahrhundert (1938, ^{3}1955, Taschenb. 1974), Aus dem Wörterbuch des Unmenschen (zusammen mit Gerhard Storz und W. E. Süskind; 1957, ^{3}1968, Taschenb. 1970), Grund und Abgrund der Macht. Kritik der Rechtmäßigkeit heutiger Regierungen (1962), Machiavellis „Principe" und der Begriff des Politischen (1964), Nicht alle Staatsgewalt geht vom Volke aus. Studien über Repräsentation, Vorschlag und Wahl (1971), Heinrich Heine und die Abschaffung der Sünde (1972, Taschenb. 1975), Gerechtigkeit für das neunzehnte Jahrhundert. Zehn historische Studien (1975).

VOGELSANG, Thilo
(1919), Dr. phil., Leiter der Bibliothek des Instituts für Zeitgeschichte (seit 1951), Lehrauftrag für Zeitgeschichte an der Universität München (seit 1966), Stellvertreter des Direktors des Instituts für Zeitgeschichte (seit 1972), Honorarprofessor an der Technischen Universität München (1973).
Veröffentl. u. a.: Bibliographie zur Zeitgeschichte (seit 1953), (Hrsg.) Hermann Pünder, Politik in der Reichskanzlei 1929–1932 (1961), Reichswehr, Staat und NSDAP. Beiträge zur deutschen Geschichte 1930–1932 (1962), Hinrich Wilhelm Kopf und Niedersachsen (1963), Kurt von Schleicher. Ein General als

Politiker (1965), Das geteilte Deutschland (1966, [7]1976), Die nationalsozialistische Zeit. Deutschland 1933–1939 (zusammen mit Conrad F. Latour; 1967), Okkupation und Wiederaufbau. Die Tätigkeit der Militärregierung in der amerikanischen Besatzungszone Deutschlands 1944–1947 (1973).

WEIDENFELD, Werner
(1947), Dr. phil., Wissenschaftlicher Assistent am Institut für Politikwissenschaft der Universität Mainz (1971–1975), Professor für Politikwissenschaft an der Universität Mainz (seit 1975).
Veröffentl. u. a.: Jalta und die Teilung Deutschlands (1969), Die Englandpolitik Gustav Stresemanns. Theoretische und praktische Aspekte der Außenpolitik (1972), Öffnung nach Osten. Neue Wege deutscher Außenpolitik (1972), Europa – Bilanz und Perspektive. Ein Handbuch (zusammen mit Thomas Jansen; 1973), Konrad Adenauer und Europa. Die geistigen Grundlagen der westeuropäischen Integrationspolitik des ersten Bonner Bundeskanzlers (1976).

WILDENMANN, Rudolf
(1921), Dr. phil., Dipl.-Volkswirt, o. Prof. an der Universität Mannheim (seit 1964), mehrere Gastprofessuren an der State University of New York at Stony Brook und at Buffalo (seit 1969).
Veröffentl. u. a.: Partei und Fraktion (1954, [2]1955), Grundfragen des Wählens (zusammen mit Helmut Unkelbach; 1961), Macht und Konsens als Problem der Innen- und Außenpolitik (1963), Funktionen der Massenmedien (zusammen mit Werner Kaltefleiter; 1965), Zur Soziologie der Wahl (zusammen mit Erwin K. Scheuch; 1965), Die auto-mobile Gesellschaft (1976), Politische Soziologie in der BRD (1976), Hrsg. des Sozialwissenschaftlichen Jahrbuchs für Politik.

Memoiren und Reden

Konrad Adenauer Erinnerungen Band 1–4

„Mit dem, was dem Zusammenbruch Deutschlands im Jahre 1945 folgte, beginnt der 1. Band. Er soll meine Erinnerungen an das, was ich seit 1945 erlebt habe, wiedergeben, ohne Färbung. Er soll aber gleichzeitig den Leser in den Stand setzen, sich Gedanken zu machen über die Zukunft. Der Außenpolitik habe ich mich im 2. Band fast ausschließlich gewidmet. Auf die deutsche Innenpolitik werde ich im nächsten Band eingehen. Ein weiteres wichtiges Thema des folgenden Bandes wird Europa sein und insbesondere die Entwicklung unseres Verhältnisses zu Frankreich und das Verhältnis Europas zu Amerika." (Adenauer)

Bei den im 4. Band veröffentlichten Manuskripten handelt es sich um Fragmente, skizzenhafte erste Niederschriften über Gespräche und Verhandlungen mit Staatspräsident de Gaulle, Präsident Kennedy, Ministerpräsident Ben Gurion und anderen Staatsmännern. Adenauer hätte ihren Inhalt in den Gesamtzusammenhang der politischen Ereignisse jener Jahre gestellt und ihnen dabei ihre entsprechende Bedeutung zugewiesen. Der Tod hinderte ihn daran, sein Werk zu vollenden. Zu Beginn der einzelnen Kapitel stehen Zeittafeln. Sie wurden aus Arbeitspapieren Adenauers zusammengestellt und sollen dem Leser die Orientierung erleichtern.

Konrad Adenauer Reden 1917–1967

Eine Veröffentlichung der Stiftung Bundeskanzler-Adenauer-Haus, herausgegeben von Hans-Peter Schwarz. 496 Seiten mit 40 Fotos

Ergänzend zu Adenauers „Erinnerungen" erschien im Herbst 1975 eine Auswahl aus seinen Reden.

Das Buch ist zeitgeschichtlich und biographisch ein bedeutsames Dokument: Die Reden Konrad Adenauers spiegeln fünf Jahrzehnte deutscher Geschichte wider.

Für die Auswahl waren verschiedene Kriterien maßgebend:

- zeitgeschichtlich besonders wichtige Stellungnahmen
- Reden, die von besonderer biographischer Bedeutung sind
- charakteristische Stellungnahmen zu wichtigen Fragenkomplexen (z. B. Staat, Nation, Europapolitik, Ost-West-Spannungen, Wiedervereinigung, etc.)
- bisher unveröffentlichte Reden.

Diese Edition ist somit eine Sammlung repräsentativer Selbstzeugnisse, aus der Entwicklung, Konzepte, Grundanschauungen und konkrete Positionen anschaulich sichtbar werden.